DICTIONNAIRE

DE L'ARMÉE DE TERRE,

OU

RECHERCHES HISTORIQUES

SUR L'ART ET LES USAGES MILITAIRES

DES ANCIENS ET DES MODERNES,

PAR LE GÉNÉRAL BARDIN,

AUTEUR DU MANUEL D'INFANTERIE,
DU MÉMORIAL DE L'OFFICIER D'INFANTERIE, MEMBRE DE L'ACADÉMIE DES SCIENCES DE TURIN,
COLLABORATEUR DU COMPLÉMENT DU DICTIONNAIRE DE L'ACADÉMIE FRANÇAISE,
DU DICTIONNAIRE DE LA CONVERSATION,
DE L'ENCYCLOPÉDIE DES GENS DU MONDE, ETC., ETC.

ONZIÈME PARTIE.

LIEUT.-COLONEL.—MILICE. 5201 A 5520.

PARIS,

LIBRAIRIE MILITAIRE, MARITIME ET POLYTECHNIQUE

DE J. CORRÉARD,

LIBRAIRE-ÉDITEUR ET LIBRAIRE-COMMISSIONNAIRE,

RUE CHRISTINE, 1.

1840.

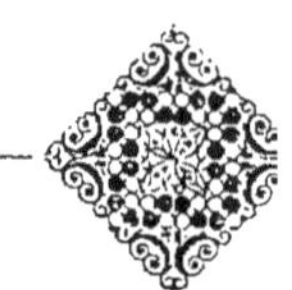

L'ouvrage aura environ 4,000 pages grand in-8° à deux colonnes, petits caractères (contenant la matière de 40 volumes ordinaires) fondus exprès. Il sera publié en 12 ou 14 parties d'environ 3 à 400 pages chacune. La pagination se suivra sans interruption, afin de donner aux souscripteurs la facilité de faire relier l'ouvrage en un ou plusieurs volumes. Quatre parties sont en vente, la cinquième paraîtra fin juillet prochain, ainsi de suite de trois en trois mois jusqu'à la fin de la publication.

Le prix de chaque partie est fixé à 7 francs, prix le plus bas qu'il soit possible d'établir.

Il sera tiré cent exemplaires sur papier vélin dont le prix sera double.

On ne payera rien d'avance.

La liste des souscripteurs sera imprimée à la fin de l'ouvrage.

N. B. Écrire avec soin le nom et l'adresse. Si c'est par la poste qu'on désire recevoir l'ouvrage, il faudra ajouter 1 fr. 60 c. par partie.

MM. les souscripteurs qui désireraient avoir des exemplaires sur papier vélin sont priés de l'indiquer sur leur souscription.

ON SOUSCRIT A PARIS :

CHEZ J. CORRÉARD, ÉDITEUR D'OUVRAGES MILITAIRES,
RUE DE TOURNON, 20.

J. DUMAINE, neveu et succ. de GAULTIER-LAGUIONIE, lib., rue Dauphine, 36.

AILLAUD, quai Voltaire, 11.

TREUTTEL ET WURTZ, rue de Lille, 17.

ARTHUS BERTRAND, rue Hautefeuille, 23.

HECTOR BOSSANGE, quai Voltaire, 11.

RORET, rue Hautefeuille, 10 *bis*.

Les héritiers DOORMAN, à la Haye.

JSSAKOFF, à Saint-Pétersbourg.

PERICHON, à Bruxelles.

MICHELSEN, à Leipzig.

Chez tous les Libraires de la France et de l'étranger, et pour les militaires chez MM. les Trésoriers ou Officiers-Payeurs des différents corps.

N. B. Les régiments qui souscriront pour 24 exemplaires en recevront 26, francs de port.

SAINT-CLOUD. — IMPRIMERIE DE BELIN-MANDAR.

dait le premier qui était particulièrement celui du COLONEL ; les autres BATAILLONS, s'il y en avait, étaient commandés par les plus anciens CAPITAINES qui prenaient le titre de CAPITAINES-COMMANDANTS ; mais les fonctions et le genre de SERVICE étaient si mal déterminés sous LOUIS QUATORZE et sous LOUIS QUINZE, qu'on voyait, dit M. le colonel CARRION (1824, A), *tel Lieutenant-colonel, pourvu du grade de brigadier des armées, commander le colonel auquel il était subordonné dans l'ordre habituel.* Nous avons vu que dans les corps commandés par des enfants, ses lisières étaient aux mains du Lieutenant-colonel. — Les FONCTIONS, comme nous l'avons déjà démontré, prirent un caractère nouveau depuis la restauration ; il semblait que cet OFFICIER aurait dû n'être que le substitut du COLONEL, son représentant en CAS D'ABSENCE ; c'eût été cependant payer cher un secours éventuel, c'eût été pousser loin la prévision, puisque le premier CHEF DE BATAILLON est censé avoir tout ce qu'il faut de capacité pour remplacer le COLONEL ; mais on fit revivre comme COMMANDANT EN SECOND les MAJORS A DEUX ÉPAULETTES, quoiqu'on n'eût pas oublié le peu d'harmonie qui avait régné entre les COLONELS et les MAJORS ; leurs collisions étaient une conséquence de la faible distance qui séparait les deux GRADES. Des considérations à ce sujet ont été mises au jour par quelques ÉCRIVAINS (*Journal des Sciences militaires,* 1829), qui ont agité la question de la suppression du GRADE de Lieutenant-colonel. — Le RÈGLEMENT DE 1791 (1er JANVIER) chargeait le Lieutenant-colonel, d'après les ordres du COLONEL, de tous les détails de SERVICE, POLICE, DISCIPLINE, INSTRUCTION et COMPTABILITÉ ; il était à la fois CHEF DE BATAILLON et MAJOR. Les dispositions de ce règlement ont cessé d'être applicables dans leur ancienne forme, quand le nouveau GRADE de Lieutenant-colonel a pris naissance. — Le RÈGLEMENT DE L'AN DEUX (2 FRIMAIRE), recopiant mal habilement le RÈGLEMENT DE 1791, voulait que le Lieutenant-colonel surveillât tous les détails du SERVICE, DISCIPLINE, INSTRUCTION du BATAILLON. — L'INSTRUCTION DE 1822 (5 JUILLET) sur l'inspection générale, voulait qu'à l'expiration de chaque SEMESTRE, le Lieutenant-colonel inscrivit sur le livre de punitions des officiers, des notes sur la conduite tenue par chacun d'eux pendant le SEMESTRE. De là, le nom de REGISTRE DE MORALITÉ donné à ce moyen de renseignement. — L'ORDONNANCE DE 1823 (19 MARS) décidait que les RETENUES à opérer sur les APPOINTEMENTS des OFFICIERS auraient lieu qu'il

suite de l'AVIS du Lieutenant-colonel. — Le Lieutenant-colonel est chargé de la tenue du LIVRE D'ORDRES et donne son attention à tous les détails qui s'y rapportent, et surveille les détails du service de santé. — Il tient un TABLEAU D'AVANCEMENT des SOUS-OFFICIERS, un registre des ACTIONS qui peuvent honorer les MILITAIRES du CORPS, enfin un JOURNAL DE GUERRE, et une relation des MARCHES et OPÉRATIONS MILITAIRES du CORPS. — Il reçoit à la PARADE les ADJUDANTS nouvellement nommés. — Dans les lieux de GARNISON dépourvus d'un COMMANDANT DE PLACE, le Lieutenant-colonel en fait fonction, à moins qu'il ne commande éventuellement en personne le CORPS. Si plusieurs Lieutenants-colonels étaient présents, le plus ancien parmi eux exercerait le commandement de la PLACE ; un ADJUDANT-MAJOR du RÉGIMENT seconde son chef dans ce genre de fonctions. Ainsi un colonel en garnison peut se voir subordonné à son Lieutenant-colonel, si ce dernier a le titre de commandant de place. — Il fait commencer dès le mois de FÉVRIER l'EXERCICE des SOUS-OFFICIERS ; il se concerte avec l'INSTRUCTEUR pour renouveler chaque année, au premier MARS, les CLASSES ; il dirige les EXERCICES des BATAILLONS D'INSTRUCTION ; il fait lui-même ou fait faire par l'INSTRUCTEUR la THÉORIE des OFFICIERS. — Il prête l'oreille (ORDONNANCE DE 1833 [2 NOVEMBRE]), s'il y a lieu, aux RÉCLAMATIONS qui, dans des cas extraordinaires, lui sont adressées par des MILITAIRES du CORPS, quelle que soit leur position ou leur GRADE. — En route, le Lieutenant-colonel se fait rendre compte de l'état des ÉCLOPPÉS dont le CHIRURGIEN-MAJOR a passé la VISITE ; il place, s'il le juge convenable, une SENTINELLE au DRAPEAU pendant les HALTES ; il prononce sur les PUNITIONS à infliger aux MILITAIRES arrêtés pendant la nuit comme auteurs de désordres dans le LIEU DE GÎTE. — N° 10. DEVOIRS. — L'ORDONNANCE DE 1818 (5 MAI) voulait que le Lieutenant-colonel, après avoir reçu le RAPPORT du CHEF DE BATAILLON DE SEMAINE, se rendît, avec lui et l'ADJUDANT-MAJOR DE SEMAINE, au RAPPORT chez le COLONEL. — L'ORDONNANCE DE 1833 (2 NOVEMBRE) réglait de nouveau ces objets. — Il doit aussi assister autant que possible à l'assemblée de la GARDE ; il reçoit les RAPPORTS des CAPITAINES DE DISTRIBUTIONS, de VISITES D'HÔPITAUX, etc. ; il se fait remettre le BILLET ou le RELEVÉ D'APPEL GÉNÉRAL DU SOIR. Il rend compte au COLONEL de toutes les PUNITIONS. — En l'absence du COLONEL, il lui adresse chaque semaine un RAPPORT sur le SERVICE, l'ADMINISTRATION du CORPS, etc. — Le DIMANCHE, le Lieutenant-colonel conduit, s'il y a lieu, le PORTE-DRApeau et les officiers chez le colonel pour lui rendre la visite accoutumée. — Toutes les fois que le corps prend les armes pour une inspection, le Lieutenant-colonel en prend le commandement et le ramène au quartier si l'inspection a eu lieu au dehors. — Il doit informer le colonel de toutes punitions infligées dans le corps. — Il doit diriger l'aide-major dans les travaux de rédaction du journal de guerre. — Il doit faire exercer l'aide-major d'une manière théorique et pratique en poussant son instruction jusqu'aux évolutions de ligne. — Il doit entretenir correspondance avec les chefs de détachements. — Conformément aux instructions sur l'inspection, il doit inscrire sur le livre de punitions des officiers les notes relatives à leur conduite, et lorsqu'il éprouve une mutation, il doit signer ce livre et le remettre à son successeur. — N° 11. Subordination. — Le Lieutenant-colonel ne peut avoir de congé de semestre que signé du ministre lui-même, conformément à l'ordonnance de 1818 (13 mai, 986-987). — Il ne peut s'absenter pour deux jours de la garnison qu'avec la permission du colonel, ni obtenir un congé de semestre sans l'agrément du ministre. — Il règle la marche de l'instruction tactique conformément aux dispositions que lui prescrit le colonel. — Il soumet au colonel les permis pour l'extérieur qu'il juge susceptibles d'être accordés. — Il est l'intermédiaire du colonel relativement à l'exécution de toutes les mesures qui concernent le service. — Il tient le colonel au courant de tout ce qui a rapport à l'acquittement des dépenses des officiers à l'auberge et du prix de la pension. — N° 12. Administration. — Le Lieutenant-colonel est de droit membre du conseil d'administration ; il est dépositaire de la seconde clef de la caisse à trois serrures. — Il est chargé de la reconnaissance, de l'examen et du visa de certaines créances. — Il se fait donner par le major tous les éclaircissements touchant l'administration et le magasin du corps. — Il concerte avec le chirurgien-major toutes les mesures nécessaires à l'établissement et aux soins de l'infirmerie. — Il décide le taux de l'abonnement au théâtre.

LIEUTENANT-COLONEL d'infanterie franco-suisse de garde royale. V. colonel d'infanterie française de ligne n° 5, 7. v. infanterie franco-suisse de garde royale. v. lieutenant. v. lieutenant-colonel n° 5.

LIEUTENANT-COLONEL d'infanterie franco-suisse de ligne. v. colonel d'infanterie française de ligne n° 5. v. infanterie franco-suisse n° 6. v. lieutenant. v. lieutenant-colonel n° 5.

LIEUTENANT-COLONEL du génie. v. génie idioplique n° 1. v. ingénieur militaire.

LIEUTENANT-COLONEL en campagne. v. aller au campement. v. domestique d'officier. v. en campagne.

LIEUTENANT-COLONEL en garnison. v. corps en garnison. v. en garnison.

LIEUTENANT-COLONEL en premier. v. chef de bataillon d'infanterie française de ligne n° 1, 2, 4, 5. v. en premier. v. grade de lieutenant-c...

LIEUTENANT-COLONEL en route. v. adjudant de semaine en route. v. cercle d'ordre en route. v. chef de bataillon de semaine en route. v. chef de poste de police en route. v. en route. v. garde de drapeau. v. garde de drapeau en route. v. halte de route.

LIEUTENANT-COLONEL en second. v. chef de bataillon d'infanterie française de ligne n° 1, 2, 4, 5. v. en second. v. grade de lieutenant-c... v. lieutenant-colonel d'infanterie française n° 1.

LIEUTENANT-COLONEL espagnol. v. espagnol., adj. v. milice espagnole n° 2.

LIEUTENANT-COLONEL général. v. colonel général. v. général, adj. v. lieutenant-colonel d'infanterie.

LIEUTENANT-COLONEL néerlandais. v. milice néerlandaise n° 1. v. néerlandais, adj.

LIEUTENANT-COLONEL piémontais. v. milice piémontaise n° 1. v. piémontais, adj.

LIEUTENANT-COLONEL portugais. v. milice portugaise n° 1. v. portugais, adj.

LIEUTENANT-COLONEL prussien. v. milice prussienne n° 2. v. prussien, adj.

LIEUTENANT-COLONEL russe. v. milice russe n° 1. v. russe, adj.

LIEUTENANT-COLONEL suédois. v. milice suédoise n° 1. v. suédois, adj.

LIEUTENANT-COLONEL suisse. v. milice suisse n° 2. v. suisse, adj.

LIEUTENANT-COLONEL turc. v. milice turque n° 4. v. turc, adj.

LIEUTENANT-COLONEL turco-égyptien. v. milice turco-égyptienne n° 5. v. turco-égyptien, adj.

LIEUTENANT-COLONEL wurtembergeois. v. milice wurtembergeoise n° 1. v. wurtembergeois, adj.

LIEUTENANT commissaire. v. commissaire des guerres n° 2.

LIEUTENANT d'armement (B, 4), ou lieutenant de détails, ou officier d'armement, ou officier de détails. Sorte de lieutenant d'infanterie française de ligne considéré dans une fonction administrative spéciale qui répond à peu près à celle ou à une de celles des anciens OFFICIERS DE DÉTAILS. — Le DÉCRET DE 1808 (18 FÉVRIER) attachait le Lieutenant d'armement à la COMPAGNIE de dépôt; le RÈGLEMENT DE 1806 (10 FÉVRIER) laissait sa nomination au choix du CAPITAINE D'HABILLEMENT; il le chargeait, sous les ordres de ce CAPITAINE, de décider à quel compte devaient être mises les RÉPARATIONS D'ARMES. — Le RÈGLEMENT DE 1822 (30 MARS) lui confiait spécialement les détails de l'ARMEMENT sous la direction du CAPITAINE D'HABILLEMENT, et mettait à sa disposition un SOLDAT pour la tenue des écritures et le service du MAGASIN. — Au besoin le Lieutenant d'armement a comme adjoints des SOUS-LIEUTENANTS D'ARMEMENT. — Le Lieutenant d'armement se fait présenter par le MAITRE ARMURIER les armes réparées, s'assure de la bonté de la RÉPARATION, constate que la lime en a respecté les MARQUES, et vise ensuite le BON dressé à cet égard. Il tient un REGISTRE dont l'INSTRUCTION DE 1811 (28 DÉCEMBRE) réglait la forme; il y inscrit la RÉPARATION, sa date, sa nature, etc., etc. — Il a la surveillance du MAGASIN où sont déposées les ARMES des absents; il ne les y reçoit qu'après qu'elles ont été visitées par l'ARMURIER, et réparées si besoin est. — Il s'assure que l'ARMURIER veille à la conservation des ARMES EN MAGASIN. — La CIRCULAIRE DE 1822 (7 OCTOBRE) enjoignait aux CONSEILS D'ADMINISTRATION de ne délivrer au MAITRE ARMURIER des PIÈCES D'ARMES que sur un récépissé enregistré par le Lieutenant d'armement. — Lors de la REVUE TRIMESTRIELLE, le Lieutenant d'armement présente à la vérification du SOUS-INTENDANT le REGISTRE D'ARMEMENT et le JOURNAL DE RÉPARATIONS; il sert à comparer le taux de l'ABONNEMENT, la quantité des RÉPARATIONS et le montant de la DÉPENSE. — L'ORDONNANCE DE 1831 (7 MAI) reconnaissait, par RÉGIMENT, sur pied de paix, un Lieutenant d'armement; elle l'attachait, à titre D'OFFICIER DE SECTION, à la COMPAGNIE HORS RANG; elle disposait que, si le RÉGIMENT se séparait en guerre, le Lieutenant d'armement marcherait avec les BATAILLONS DE GUERRE, joindrait à ses fonctions celle D'OFFICIER D'HABILLEMENT, et serait secondé par le PORTE-DRAPEAU. — L'ORDONNANCE DE 1832 (5 MAI, art. 28) traitait de ses fonctions en campagne. — Des détails analogues se retrouvent à l'article OFFICIER D'ARMEMENT; ce double emploi vient de ce que les ordonnances, mal d'accord entre elles, mentionnent, les unes le Lieutenant d'armement, les autres l'OFFICIER D'ARMEMENT, qui peut être d'un grade différent.

LIEUTENANT D'ARTILLERIE. V. ARTILLERIE. V. ARTILLERIE IDIOPLIQUE. V. CLOCHE DE FORTERESSE. V. ÉCOLE D'ARTILLERIE. V. OFFICIER D'ARTILLERIE N° 2. V. SERGENT DE BATAILLE.

LIEUTENANT D'ARTILLERIE D'INFANTERIE FRANCO-SUISSE DE LIGNE. V. ARTILLERIE D'INFANTERIE FRANCO-SUISSE DE LIGNE. V. COLONEL GÉNÉRAL D'INFANTERIE FRANCO-SUISSE DE LIGNE. V. INFANTERIE FRANCO-SUISSE DE LIGNE.

LIEUTENANT DE CAMPEMENT. V. CAMPEMENT. V. CAMPEMENT ACTIF.

LIEUTENANT DE CAVALERIE. V. CAVALERIE. V. GENDARMERIE DE LUNÉVILLE. V. OFFICIER N° 2.

LIEUTENANT DE COMPAGNIE D'ÉLITE. V. COLONEL D'INFANTERIE FRANÇAISE DE LIGNE N° 12. V. COMPAGNIE D'ÉLITE N° 2.

LIEUTENANT DE COMPAGNIE D'ORDONNANCE. V. CAPITAINE EN CHEF. V. COMPAGNIE D'ORDONNANCE N° 1.

LIEUTENANT DE CONNÉTABLE. V. CONNÉTABLE N° 5.

LIEUTENANT DE CONSEIL DE DISCIPLINE. V. CONSEIL DE DISCIPLINE V. LIEUTENANT D'INFANTERIE FRANÇAISE DE LIGNE N° 6.

LIEUTENANT DE CONSUL. V. CONSUL.

LIEUTENANT DE DÉTAILS. V. DÉTAIL. V. LIEUTENANT D'ARMEMENT.

LIEUTENANT DE DICTATEUR. V. DICTATEUR. V. MILICE ROMAINE N° 2. V. PRÉTEUR.

LIEUTENANT DE DISTRIBUTION. V. CORVÉE DE PAIN. V. DISTRIBUTION.

LIEUTENANT DE FUSILIERS. V. APPOINTEMENT. V. FUSILIER.

LIEUTENANT DE GARDE. V. GARDE. V. GARDE EN GARNISON.

LIEUTENANT DE GARDE ROYALE. V. GARDE ROYALE. V. GRADE SUPÉRIEUR.

LIEUTENANT DE GARDES DU CORPS. V. GARDES DU CORPS N° 2.

LIEUTENANT DE GENDARMERIE. V. GENDARME DU MOYEN AGE N° 2. V. GENDARMERIE.

LIEUTENANT DE GOUVERNEUR. V. GOUVERNEUR. V. GOUVERNEUR DE PROVINCE.

LIEUTENANT DE GRAND MAITRE DE L'ARTILLERIE. V. GRAND MAITRE DE L'ARTILLERIE.

LIEUTENANT DE GRAND MAITRE DES ARBALÉTRIERS. V. GRAND MAITRE DES ARBALÉTRIERS. V. INSPECTEUR GÉNÉRAL N° 1.

LIEUTENANT DE GRAND SÉNÉCHAL. V. GRAND SÉNÉCHAL.

LIEUTENANT DE GRENADIERS. V. ADJUDANT D'INFANTERIE FRANÇAISE DE LIGNE N° 6. V. APPOINTEMENT. V. COMPAGNIE DE GRENADIERS N° 1, 3. V. CONDAMNÉ A MORT. V. CORPS DE GARDE DE GRANDE PLACE. V. ÉCOLE D'ENSEIGNEMENT PRIMAIRE. V. GRENADIER. V. GRENADIER D'INFANTERIE FRANÇAISE DE LIGNE N° 2. V. OFFICIER DE FORTUNE.

LIEUTENANT de la cavalerie. V. cavalerie. V. officier n° 2.

LIEUTENANT de la colonelle. V. colonelle.

LIEUTENANT de légion. V. légion. V. légion de François premier. V. légion de Henri deux.

LIEUTENANT de l'empereur. V. empereur. V. grade d'officier. V. préfet de camp. V. préfet de légion.

LIEUTENANT de logement. V. aller au logement. V. logement.

LIEUTENANT de maréchal. V. maréchal de France; id. n° 1. V. inspecteur général n° 1. V. législation militaire (1412, janvier). V. tribunal du point d'honneur.

LIEUTENANT de maréchaussée. V. maréchaussée.

LIEUTENANT de musique. V. musicien n° 6. V. musique.

LIEUTENANT de police au camp. V. billet d'appel au camp. V. billet d'appel du soir au camp. V. corvée au camp. V. garde de camp. V. police au camp.

LIEUTENANT de première classe. V. lieutenant d'infanterie française de ligne n° 5. V. première classe.

LIEUTENANT de prévôt. V. archer de corps. V. connétablie. V. état-major de corps n° 1. V. gentilhomme. V. justice militaire. V. prévôt. V. prévôt d'armée. V. prévot de corps. V. prévôt des bandes. V. prévôt des maréchaux.

LIEUTENANT de recrutement. V. capitaine de recrutement. V. recrutement.

LIEUTENANT de robe courte. V. officier de robe courte. V. prévot des maréchaux. V. robe courte.

LIEUTENANT de robe longue. V. prévot des maréchaux. V. robe longue.

LIEUTENANT lieutenants) de roi (l'), ou lieutenant du roi, comme le dit quelquefois Brantome (1600, A), ou vice-roi, comme on disait en Italie et en Espagne. — Les auteurs qui en ont traité sont : Berriat (1817, A), Brantome (1600, A), Daniel (1721, A), Guignard (1725, B), Guillet (1686, B), Lachesnaie (1758, J), Odier (1817, E), Philippe de Clèves (1520, A), Potier (1779, X), Rohan, M. Sicard (1830). Le sujet sera examiné sous les rapports suivants : création, dénomination, fonctions. — N° 1. Création. — L'institution des Lieutenants de roi ou vice-rois, chargés d'un commandement de province, était ancienne déjà dans la milice espagnole, au temps où régnait Ferdinand, époux d'Isabelle. Brantome (1600, A) nous parle de *don Garcia, qui fut Lieutenant*

du roy et tué aux gerbes. — La France emprunta des Espagnols l'usage militaire de ce titre; Gaspard de Coligny, déjà maréchal de France, fut Lieutenant de roi en Champagne et en Picardie en 1516. Bonnivet, favori de François premier, et qui, comme dit Brantome (1600, A), *gouvernoit tout le faict de la guerre en son vivant, fut Lieutenant de roy à Fontarabie; il le fut delà les monts après Lautrec. Longueville, descendant de Dunois, fut Lieutenant de roy à Milan; mais le roy voulant l'employer aux dangers qui estoient le plus près de sa personne, le fist son lieutenant en son armée de Navarre.* — Lieutenant de roi, général d'armée et autrefois même connétable, avaient une signification peu différente; les uns et les autres dirigeaient à leur volonté et l'administration et la justice militaire, puisqu'il n'existait pas encore de ministre de la guerre. — Le blanc était une des couleurs que s'attribuaient les Lieutenants de roi. — François de Guise prit d'abord le titre de vice-roi, désignation inusitée dans le militaire de France; mais ensuite il se contenta du titre de lieutenant général des armées du roi au dedans et au dehors, ce qui équivalait à la qualification de premier ou de chef des Lieutenants de roi. — L'auteur que nous avons déjà cité raconte une grande querelle qui s'émut entre Dépernon et Longueville, Lieutenant de roi en Picardie; il blâme Dépernon qui ne voulait pas reconnaître la toute-puissance du *lieutenant général et gouverneur delà, bien qu'il eust grandes charges et grade; la représentation du roy en sa lieutenance est une grande chose.* — Quand le titre devint plus commun, quand la fonction commença à perdre de son importance, il y eut d'abord, à poste fixe, des Lieutenants de roi dans les seules provinces de Bretagne et de Normandie, savoir : deux dans la première, et sept dans la seconde. — Un grade d'abord si éminent avait déchu bientôt, il ne ressortissait plus qu'au service de garnison; son autorité était si incertaine qu'en 1645 (8 avril) le roi enjoignait aux officiers en garnison à Calais et à Montreuil, de reconnaître comme chef, en l'absence du gouverneur, le Lieutenant de roi auquel ils refusaient obéissance. — Les Lieutenants de roi avaient donc été successivement primés par les gouverneurs des forteresses, par les lieutenants généraux, et en certains cas par les commandants de place; enfin, on vit les corps privilégiés se refuser à obéir aux Lieutenants de roi. Tel a été dans l'armée française le sort des grades, à peu d'exceptions près; telles ont été les vicissitudes de la composition. — L'ordonnance de 1665 voulait que les conseils judiciaires se tinssent chez les gouverneurs, ou, à leur défaut, chez le Lieutenant de roi. — L'ordonnance de 1692 créa des Lieutenants de roi dans toutes les provinces; c'est alors qu'ils devinrent commandants de place ou substituts de commandants de place; on en comptait, en 1763, deux cent vingt-neuf, en outre des officiers d'état-major de place revêtus d'un moindre grade. Leurs brevets s'appelaient commissions; des capitaines pouvaient en être pourvus, et les citadelles pouvaient avoir pour commandant de place un Lieutenant de roi qui y représentait le gouverneur. Le commissaire des guerres marchait à la suite du Lieutenant de roi. — Les Lieutenants de roi ont été supprimés en 1791 (25 février), et leur qualification était devenue fausse, ridicule même, depuis qu'elle ne s'appliquait qu'à de simples commandants de place, et souvent d'une très-petite place. — On n'en a pas moins vu renaître le titre de Lieutenant de roi, en vertu de l'ordonnance de 1815 (4 octobre); ces officiers étaient tirés des grades de lieutenant inclusivement jusqu'à celui de maréchal de camp inclusivement; ces derniers ne comptaient pas dans le cadre de l'état-major général. — Le nombre des Lieutenants de roi était en 1828, y compris celui des commandants de postes, de cent soixante-six, quantité égale à celle des postes ou places de guerre reconnus. — En 1829 (31 mai), le ministre Decaux eut le bon esprit d'effacer de nouveau de nos coutumes ce titre inexact, et les commandants de place ont été substitués aux Lieutenants de roi. — N° 2. Dénomination, fonctions. — Donnons quelques exemples de la haute importance que le titre a eue. — Philippe de Clèves (1520, A) appelle Lieutenant de roi le connétable. — Brantome (1600, A) donne généralement le nom de Lieutenant de roi ou de lieutenant général du roi aux gouverneurs des provinces; dans ces deux cas l'expression n'était pas sans justesse, puisqu'elle s'appliquait à un représentant militaire du souverain. — Biron (1611, A) dit qu'on appelait simplement du nom de Lieutenant du roi le général qui commandait en chef l'armée. — Les personnages les plus distingués par le nom et par la faveur eurent ce titre, et même on prit dans le même sens le mot vice-roi, quoique non reconnu dans la législation militaire française; ainsi, le nouveau dictionnaire historique mentionne Langey Dubellay, comme ayant été vice-roi de Piémont, quoique véritablement il ne fût que Lieutenant de roi. — Dans le cours du dix-huitième siecle, l'emploi de Lieutenant de roi était dévolu à des capitaines ou à des lieutenants-colonels, tant les titres et les grades tendent à aller s'abaissant; ces Lieutenants de roi prenaient rang entre le gouverneur et le major; l'ordonnance de 1776 (18 mars) en fixait le nombre. — Ce qui concerne les fonctions de Lieutenant de roi considéré comme connétable, général d'armée, gouverneur, etc., est développé suffisamment à ces différents mots. — Les fonctions qui ont été celles du grade, pendant le dix-huitième siècle et depuis la restauration, sont expliquées aux mots commandant de place, major de place, ronde supérieure.

LIEUTENANT de roi maréchal de camp. v. colonel d'infanterie française de ligne n° 21. v. langue française. v. maréchal de camp.

LIEUTENANT de semaine. v. adjudant-major de semaine n° 1. v. distribution en route. v. officier de semaine. v. semaine.

LIEUTENANT de semaine au camp. v. au camp. v. billet d'appel au camp. v. semaine.

LIEUTENANT de sénéchaussée. v. bailli. v. sénéchaussée.

LIEUTENANT de serre-file. v. serre-file.

LIEUTENANT des gardes. v. exempt. v. gardes. v. gardes du corps.

LIEUTENANT des maréchaux. v. commissaire des guerres n° 1. v. maréchal. v. maréchal de France n° 9, 10. v. maréchaussée.

LIEUTENANT d'état-major de corps. v. aide-chirurgien n° 2. v. état-major de corps.

LIEUTENANT d'état-major général. v. aide-major actuel n° 2. v. corps d'état-major général. v. état-major général. v. adjoint à l'intendance.

LIEUTENANT d'habillement. v. bataillon régimentaire. v. capitaine d'habillement n° 1. v. habillement.

LIEUTENANT (lieutenants) d'infanterie française de ligne, (A, 1). Sorte de lieutenants à titre d'officiers de compagnies, qui exercent un grade qui n'était pas positivement connu dans les milices anciennes. Jacro (1777, G) compare cependant ces officiers aux accenses ou options. — L'autorité, les fonctions, les devoirs, le service des Lieutenants étaient tracés dans l'ordonnance de 1833 (2 novembre) et dans le traité de Krieg (1796, 1). — Le sujet va être traité dans l'ordre suivant : création, dénomination, nombre, nomination, avancement, uniforme, localisation, remplacement, logement, allocations, solde, droits, auto-

RITÉ, PRÉROGATIVES, RANG, FONCTIONS, DEVOIRS, RESPONSABILITÉ, SUBORDINATION, PUNITION, SERVICE. — N° 1. CRÉATION, DÉNOMINATION, NOMBRE. — Les BANDES do LOUIS DOUZE reçurent une organisation dans laquelle les subordonnés immédiats des CAPITAINES eurent le titre de Lieutenants. Ce même titre reparaissait dans l'ORDONNANCE DE 1527 (26 MAI). Cette fonction prit plus d'importance ensuite, et il fut institué deux Lieutenants dans chaque BANDE des LÉGIONS DE FRANÇOIS PREMIER. Quelquefois on tirait de cette classe d'OFFICIERS le SERGENT DES BANDES. — MONTGEON (1615, D) rapporte que sous CHARLES NEUF il vit licencier les Lieutenants et qu'on leur offrit de passer ENSEIGNES, s'il leur convenait de continuer à servir en descendant d'un GRADE. Ce même AUTEUR rapporte qu'ils furent rétablis bientôt. — On LICENCIA, ou, suivant la locution du temps, on CASSA, à la PAIX D'AIX-LA-CHAPELLE en 1748, les Lieutenants, et l'EMPLOI qu'ils exerçaient devint celui des CAPITAINES EN SECOND. — Cette suppression fut de peu de durée. — La dénomination de Lieutenant était vague dans le principe; elle ne s'appliquait pas spécialement d'abord à un GRADE plutôt qu'à un autre. Ainsi il y avait des LIEUTENANTS-CAPITAINES, des CAPITAINES-LIEUTENANTS; ces derniers avaient ce titre comme remplaçants du COLONEL et placés à la tête de la COMPAGNIE COLONELLE. — Il y a eu, comme nous l'avons dit en parlant des BANDES et des LÉGIONS, deux Lieutenants par COMPAGNIE. Avant le dernier DÉDOUBLEMENT du dix huitième siècle, il y avait également un LIEUTENANT EN PREMIER et un LIEUTENANT EN SECOND; depuis cette époque, il n'y a plus eu dans l'INFANTERIE FRANÇAISE DE LIGNE qu'un Lieutenant par COMPAGNIE. — N° 2. NOMINATION, AVANCEMENT. — Dans le commencement et pendant longtemps les Lieutenants étaient des OFFICIERS au choix du CAPITAINE lui-même. Quelques AUTEURS prétendent, mais avec peu de vraisemblance, que leur EMPLOI avait moins de solidité que celui de l'ENSEIGNE, parce que le ROI intervenait dans la nomination de ce dernier. — Depuis LOUIS QUATORZE et LETELLIER, la nomination des Lieutenants est devenue une prérogative royale; ils étaient tirés de la classe des ENSEIGNES, des SOUS-LIEUTENANTS, des SOUS-AIDES-MAJORS; ils recevaient des BUREAUX DU MINISTÈRE même leur BREVET, alors nommé COMMISSION. — Dans le siècle dernier, les stipulations des CONCORDATS ouvraient aux LIEUTENANTS un des débouchés au GRADE de CAPITAINE, et les Lieutenants d'INFANTERIE étaient certains, dit POTTIER (1780, X), de parcourir les GRADES par ancienneté, tandis

que ceux de CAVALERIE et de DRAGONS ne jouissaient pas de cet avantage, à cause de la VÉNALITÉ des COMPAGNIES. — La LOI DE L'AN TROIS (14 GERMINAL) et l'arrêté de l'AN DIX (25 GERMINAL) ont pendant longtemps tracé les règles suivies en fait d'AVANCEMENT. La LOI DE 1818 (10 AOUT) a dévolu à l'ANCIENNETÉ les deux tiers des EMPLOIS de Lieutenant. La LOI DE 1832 (14 AVRIL) modifiait ces dispositions. — Les instructions sur l'inspection voulaient que l'INSPECTEUR GÉNÉRAL dressât un tableau des Lieutenants susceptibles de devenir ADJUDANTS-MAJORS. — Les LIEUTENANTS DE FUSILIERS et de GRENADIERS sont-ils également susceptibles de passer CAPITAINES DE GRENADIERS? Le commandement des GRENADIERS ne devrait-il pas de préférence être donné à un CAPITAINE DE FUSILIERS? Ce sont autant de questions jusqu'ici mal résolues. — Depuis 1832 il fallait, pour être promu Lieutenant, avoir servi au moins deux ans comme SOUS-LIEUTENANT. — Les deux tiers des GRADES vacants de CAPITAINE étaient donnés à l'ancienneté aux Lieutenants, en vertu de la LOI DE 1832 (14 AVRIL). — N° 3. UNIFORME. — Les Lieutenants ont porté, suivant les temps, l'ESPONTON ou le FUSIL, l'ÉPÉE ou le SABRE. — L'uniforme des Lieutenants est distingué de celui des autres OFFICIERS PARTICULIERS de la même arme par l'ÉPAULETTE et le GALON de SCHAKO. — Le RÈGLEMENT DE 1767 (25 AVRIL) leur donnait des ÉPAULETTES différentes de celles qu'on nommait ÉPAULETTES pleines. Ces dernières étaient particulières aux CAPITAINES; la leur était losangée en carreaux de soie de la couleur tranchante de l'habit; la FRANGE de l'ÉPAULETTE était mélangée de soie, ce qui la différenciait de la GRAINE D'ÉPINARDS. — Pendant longtemps cette disposition ou celle qui substituait une simple RAIE de couleur tranchante au LOSANGE de 1767, ont été observées dans les TROUPES FRANÇAISES. Le ministre LATOUR-MAUBOURG par la DÉCISION DE 1821 (10 JUILLET) a abrogé cette LÉGISLATION; il a donné pour MARQUES DISTINCTIVES aux Lieutenants une ÉPAULETTE PLEINE placée à gauche, et une CONTRE-ÉPAULETTE pleine placée à droite. La vanité des Lieutenants y a trouvé son compte, parce que jusque-là ce système de distinction appartenait aux CAPITAINES; c'était pour leur amour-propre un petit dédommagement. — Un des inconvénients du nouveau système, c'est que de loin l'ÉPAULETTE DE SOUS-LIEUTENANT, placée à droite, peut être prise pour la distinction du MAJOR, de même que les DISTINCTIONS du CAPITAINE et du COLONEL peuvent être prises l'une pour l'autre. — En 1710, le FUSIL A BAIONNETTE était une des ARMES des Lieutenants; ils avaient cessé de le porter longtemps avant la fin du dernier siècle. — L'usage de la CANNE, qui s'était introduite à l'imitation des PRUSSIENS, mais sans que la loi l'autorisât, a été interdit aux Lieutenants par une décision ministérielle en 1776. — N° 4. LOCALISATION, REMPLACEMENT, LOGEMENT, ALLOCATIONS, TABLE, SOLDE. — En MANŒUVRES et en ORDRE DE BATAILLE, le Lieutenant est un OFFICIER SERRE-FILE; l'INSTRUCTION DE 1771 (11 JUIN) le plaçait derrière la deuxième FILE de la PREMIÈRE SECTION. L'ORDONNANCE du 19 JUIN le mettait derrière le centre de la COMPAGNIE. Le RÈGLEMENT DE 1791 (1er AOUT) le plaçait derrière le centre de la SECONDE SECTION. — En ORDRE DE COLONNE par SECTION, le Lieutenant cesse d'être OFFICIER SERRE-FILE et manœuvre comme CHEF DE SECTION. — Une CIRCULAIRE DE 1816 (25 JANVIER) décidait que les Lieutenants seraient placés dans les COMPAGNIES sans égard à l'ANCIENNETÉ DE GRADE. — En CAS DE SÉPARATION de la COMPAGNIE, le Lieutenant marche avec la SECONDE SECTION, parceque le commandement lui en est habituellement dévolu, soit par les règles qui concernent la POLICE, soit par celles qui ont trait à la TACTIQUE. — Le Lieutenant est naturellement remplacé en CAS D'ABSENCE par le SOUS-LIEUTENANT, comme il l'était autrefois par l'ENSEIGNE. — A la caserne son LOGEMENT consiste en une CHAMBRE DE PAVILLON qu'il partage avec le SOUS-LIEUTENANT. — L'INDEMNITÉ DE CHEVAL DE SELLE est allouée en route aux Lieutenants qui ont plus de cinquante ans d'âge. — Les autres ALLOCATIONS ne diffèrent point de celles auxquelles les OFFICIERS PARTICULIERS ont droit. — Les Lieutenants vivent à la même pension que les SOUS-LIEUTENANTS.

TABLEAU DE SOLDE.

ANNÉES.	LIVRES PAR AN.	EQUIVA-LENT en MONNAIE ACTUELLE.	OBSERVATIONS.
1527 (26 mai). .	360	1,495	Non compris la PAYE DE SOLDAT.
1562.{.	672	2,222	
1610.	600	1,296	
1637 (8 novemb.)	. . .	. . . .	Ils ont quarante sous par jour.
1651.	. . .	. . . .	Ils avaient par jour dix sous d'USTENCILE.
1660.	360	663	
1738.	. . .	. . . .	Ils avaient par jour une livre, deux sous, dix deniers.
1762.	600	606	
1797.	. . .	1,100	
An onze (8 flor.).	. . .	. . . .	Leur PENSION DE RETRAITE est fixée à 900 francs au maximum et 450 au minimum.
1811 (4 mars). .	. . .	1,100	
1814 (30 août). .	. . .	1,500	
1823 (19 mars)..	. . .	1,300	Cette ordonnance incorpore au traitement annuel l'allocation de SUPPLÉMENT DE SOLDE de 200 fr. — Les LIEUTENANTS A LA SUITE et AIDES-MAJORS n'ont droit qu'à la SOLDE de dernière CLASSE.
1826 (27 janvier).	. . .	. . . .	La plus value de 200 francs par mois se fond dans les appointements.
1829 (10 octobr.)	. . .	. . . .	Leur pension de retraite est fixée à 1,200 francs au maximum et 800 francs au minimum.

— N° 5. Droits, autorité, prérogatives, rang. — Le Lieutenant, en l'absence du capitaine, prend le commandement de la compagnie; Il dirige habituellement les détails de la seconde section. — Il a droit, en cas d'absence du capitaine, d'infliger au sous-lieutenant les mêmes punitions que le capitaine pourrait prononcer étant présent; hors ce cas, il n'est point autorisé à infliger au sous-Lieutenant les arrêts simples. — Il peut infliger la punition de la prison aux hommes de troupe de toutes les compagnies du corps; mais il en doit rendre compte au capitaine dans la compagnie duquel servent les hommes punis. — Le Lieutenant compte comme officier inférieur; sa position est déterminée par rapport à son capitaine, elle l'est mal par rapport à son sous-lieutenant; il le commande, comme le titre de sous-lieutenant en rend témoignage, quoiqu'il ne soit point autorisé à le punir s'il lui désobéit, comme le voudraient la hiérarchie et le simple bon sens. — Le décret de 1808 (18 février) n'a fait qu'accroître l'ambiguïté de la position des Lieutenants en divisant leur grade en première et seconde classe par nombre égal dans chacune. Odier (1818, E) s'est suffisamment étendu sur les reproches qu'on peut raisonnablement faire au système des classes. — Quel droit donnait le rang des lieutenants en premier sur les lieutenants, en second que reconnaissait l'ordonnance de 1788 (17 mars) et qui existent encore dans quelques armes? C'est une question qui n'est pas mieux résolue. — N° 6. Fonctions. — Dans les légions de François premier, les fonctions des Lieutenants étaient à peu près celles d'un chef de bataillon, et les fonctions des caps d'escouade approchaient de celles des Lieutenants actuels. Les changements considérables que le grade éprouva ensuite ne permettent guère d'établir des comparaisons entre les attributions des diverses époques. Ces détails d'ailleurs étaient peu développés dans les règlements. — Celui de 1791 (1er janvier) commença à déterminer avec plus de précision les fonctions des Lieutenants. Le règlement de 1792 (24 juin) s'étendait quelque peu à ce sujet. — Des fonctions de porte-aigle, de porte-drapeau, de trésorier de corps, ont concerné des Lieutenants, — L'ordonnance de 1818 (15 mai) réglait cette partie de la législation; elle autorisait le capitaine à employer à tous les détails d'administration, de police et de service les Lieutenants; elle considérait les Lieutenants et sous-lieutenants comme chefs de section administrative, et comme

se remplaçant réciproquement en cas d'absence momentanée de l'un des deux. — Au temps des conseils de discipline anciens, un Lieutenant en faisait partie. Depuis l'établissement des conseils permanents, il y siége un Lieutenant. — Dans les compagnies qui ne formeraient que deux ordinaires de soldats, le Lieutenant a la direction du premier ordinaire.—Des fonctions spéciales sont exercées en outre par les lieutenants d'armement, par ceux qui sont employés comme adjoints au capitaine d'habillement, au trésorier, etc., ou autrefois comme officiers payeurs. — Les fonctions tactiques des Lieutenants sont expliquées aux articles chef de section tactique, marche en bataille. — N° 7. Devoirs, surveillance, responsabilité, subordination, punitions.—Le règlement de 1766 (1er janvier) voulait que les Lieutenants fussent présents aux appels des hommes de leur section quand elle prenait les armes. — Le Lieutenant doit surveiller sa section, comme le capitaine surveille sa compagnie. — Des lois abrogées plaçaient au nombre des membres du conseil d'administration un Lieutenant. — Le règlement de 1792 (24 juin) et l'ordonnance de 1818 (15 mai) rendaient le Lieutenant responsable de sa section vis-à-vis de son capitaine. — L'ordonnance de 1818 (15 mai) charge les trois plus anciens Lieutenants des fonctions de juges aux conseils de discipline.—Au temps où Billon (1612, B) et Gaya (1679, A) écrivaient, les règles de la justice et de la subordination militaire étaient si mal déterminées encore, qu'un capitaine pouvait casser son Lieutenant. — L'ordonnance de 1818 (2 août) subordonnait les Lieutenants des compagnies à l'adjudant-major lieutenant du bataillon.—Depuis l'ordonnance de 1768, (1er mars) les Lieutenants ont de tout temps été susceptibles d'être punis des arrêts par les capitaines.—Toutes demandes formées par un Lieutenant pour permission, dispense, etc., doivent être soumises à son capitaine.—Les Lieutenants reçoivent par l'intermédiaire de leur capitaine les billets d'arrêts qui seraient dressés contre eux par les officiers supérieurs ou autres. — Une de leurs fonctions leur donne la qualification d'officier de section ou de chef de section. —N° 8. Service. — L'ordonnance de 1768 (1er mars) voulait que les Lieutenants fussent commandés de service par ancienneté de brevet. Depuis quarante ans cette règle est en désuétude, et les Lieutenants ne sont commandés, ainsi que cela doit être, qu'à raison du rang de la compagnie dont ils font partie. — Depuis le règlement de

1792, 24 (juin) le Lieutenant et le sous-lieutenant alternent pour le service de semaine. — Les lieutenants de fusiliers n'ont le commandement du corps de garde de la place d'armes qu'extraordinairement. Ce poste est habituellement dévolu au lieutenant de grenadiers ou à un capitaine. — Les gardes d'honneurs formées à l'arrivée d'un général de brigade ou de division (maintenant des maréchaux de camp et des lieutenants généraux) sont commandées par un Lieutenant. Cet officier fait partie de la garde d'honneur commandée pour la personne d'un général en chef.

LIEUTENANT d'infanterie franco-suisse. v. appointement. v. compagnie d'infanterie franco-suisse. v. conseil-gérant. v. infanterie franco-suisse. v. infanterie franco-suisse de garde royale. v. lieutenant d'infanterie française de ligne n° 5. v. rang militaire.

LIEUTENANT de connétable. v. connétable ; id. n° 4. v. maréchal de l'host.

LIEUTENANT d'ordonnance. v. chef de détachement de guerre n° 5. v. milice piémontaise n° 1. v. officier d'ordonnance. v. ordonnance.

LIEUTENANT du colonel. v. colonel. v. lieutenant-colonel. v. mestre de camp.

LIEUTENANT du génie. v. chefferie. v. corps du génie. v. gardes du génie. v. génie. v. ingénieur militaire.

LIEUTENANT du grand prévot. v. grand prévot de la connétablie.

LIEUTENANT du guet. v. guet. v. guet de Paris.

LIEUTENANT du roi. v. administration militaire. v. comte n° 2. v. justice militaire. v. lieutenant de roi. v. roi.

LIEUTENANT en pied. v. aide-major actuel n° 1. v. en pied.

LIEUTENANT en premier. v. en premier. v. grade. v. lieutenant d'infanterie française de ligne n° 1, 5.

LIEUTENANT en second. v. artillerie idioptique. v. en second. v. grade en second. v. lieutenant d'infanterie française de ligne n° 1, 5. v. officier d'artillerie ; id. n° 2. v. officier de compagnie. v. officier en second. v. sous-lieutenant n° 6.

LIEUTENANT français. v. butin. v. français, adj. v. ordre de Saint-Louis. v. paye. v. sergent de bande.

LIEUTENANT général, subs. masc. v. allocations de l... v. autorité de l... v. création de l... v. dénomination de l... v. droits de l... v. feld-marschall l... v. fonctions de l... v. garde de l... v. garde d'honneurs de l... v. grade de l... v. nombre de l....

LIEUTENANT général (A, 1). Sorte de lieutenants qui appartiennent à la classe des officiers généraux, et dont le titre s'est pris par opposition à celui des lieutenants particuliers ou des simples officiers, absolument appelés lieutenants. — En France, le terme est analogue au titre de général de division ; mais il en a différé, et dans la milice néerlandaise il existait des Lieutenants généraux en même temps que des généraux de division. — Les auteurs qu'on peut consulter touchant l'histoire ou les fonctions des Lieutenants généraux, sont : Audouin, Bardet (1740, A), Berriat (1817, A), Boisroger (1775, G), Carré (1785, E), Carrion (1824, A), Daniel (1721, A), Delafontaine 1675, A), Despagnac (1751, D), Despar (1755, A), Dubousquet (1769, B), Encyclopédie (1751, C), Feuquières (1750, A), Gaya (1679, A), général Girardin, p. 145, Guibert (1773, E), Guignard (1725, B), Guillet (1688), Guyot (1785), Hay (1757, H), Lachesnaie (1758, I), Leblond (1758, B), Odier (1817, E), Pinard, Potier (1779, X), Quincy (1741, E), Ray de Saint-Génies (1755, A), Rohan (1757, Q), M. Sicard, Viton. — Le sujet va être examiné sous les rapports suivants : création, dénomination, nombre, nomination, uniforme, allocations, droits, autorité, prérogatives, fonctions, punitions. — N° 1er. Création. — Des écrivains ont prétendu que les Lieutenants généraux existaient depuis le milieu du treizième siècle ; il y en a qui affirment qu'ils n'existent que depuis 1655 ; les uns et les autres ont raison, suivant l'acception qu'ils donnent à ce titre ; car son sens a été fort différent, s'il se rapporte à la phase qui règne de Louis neuf à Louis treize, ou à la phase qui s'étend de Louis treize jusqu'à nos jours. — Depuis que la langue française devient la langue des ordonnances et de la loi, les Lieutenants généraux sont des personnages revêtus d'un emploi considérable ; quelquefois leur qualification est synonyme de capitaine, de lieutenant du roi, de lieutenant de roi, de vice-roi, de gouverneur de plusieurs provinces, ou même de tout le royaume. — Dès l'an 1247, un Lieutenant pour le roy était institué en l'Ile de France, Soissonnois et partie devers Paris. En 1250, le maréchal Edouard de Beaujeu est capitaine pour le roy des parties de Picardie, de Boulogne et de Calais. En 1280, Jean, vicomte de Melun, est gouverneur et Lieutenant pour le roy en Champagne et Brie. Il y avait aussi un gouverneur de Bourgogne. — Il y avait un gouverneur de Normandie en 1501. — En 1341, Pierre de la Palice portait le titre de gouverneur des bailliages d'Amiens, Lille, Douay, et capitaine ou gouverneur des frontières de Flandres. L'année suivante, le maréchal de Prie était lieutenant de roy és parties de Flandres et Huinault. — Velly rapporte qu'en 1362 le roi Jean, prêt à s'éloigner du royaume, décerne au dauphin le titre de Lieutenant général. — En 1567, le duc d'Anjou, frère de Charles cinq, est Lieutenant général du roi en Languedoc. — En 1431, Barbazan est Lieutenant général dans les provinces de Champagne et de Brie. — En 1449, Dunois associait le titre de bâtard d'Orléans à ceux de Lieutenant général et de chef des arrière-bans de France. — Tous les gouverneurs, soit généraux, soit particuliers, s'étaient attribué le titre et le rang de Lieutenant général; c'est ce qui a commencé à faire décroître cette qualification. Les titres de grades et d'emplois, ainsi que nous l'avons démontré maintes fois, ont été de tout temps l'objet d'une convoitise et d'une usurpation continuelles. La puissance des habitudes est telle que les gouvernements finissent toujours par être forcés de légitimer l'intrusion. — L'édit de 1545 (6 mai) ne permettait, cependant, de prendre cette qualification de Lieutenant général, qu'aux neuf gouverneurs de provinces qui commandaient en Bourgogne, en Champagne et Brie, en Dauphiné, en Guyenne, dans l'Ile de France, en Languedoc, en Normandie, en Picardie, en Provence. — Henri deux, par lettres de 1547 (31 mars) nommait Jean Dalbon gouverneur du Lyonnais, Beaujolais et Dombes, et enjoignait au parlement de le reconnaître Lieutenant général, *nonobstant l'édit de François premier.* — En 1550, Guise le Balafré est Lieutenant général, et, à ce titre, il prime le connétable. — D'Epernon, sous Henri trois, était à la fois, comme dit Brantome (1600, A), Lieutenant général et colonel général de l'infanterie. — On appelait également lieutenant de roi ou lieutenant du roi ces dignitaires; ils étaient d'un rang plus élevé que ne l'est maintenant celui d'un général en chef. — Brantome dit que *Henri venant à la couronne, envoya M. Desse en Escosse (Ecosse) son Lieutenant général (en qualité de son); il commanda à des seigneurs plus grands que lui.* — Le nombre des fonctionnaires ayant titre de gouverneur et de lieutenant général s'augmenta considérablement pendant les guerres civiles, et fut réduit à douze par François deux; cette quantité s'éleva bientôt jusqu'à quarante et un. — Louis onze (1480, A) avait,

le premier, donné dans son livre une acception purement militaire à la dénomination de Lieutenant général, en appelant principal lieutenant, le lieutenant du chef de guerre; mais c'était un mot jeté en avant par l'écrivain, non une pensée de législateur. — Biron (1611, A) ne fait, dans son ouvrage, nulle mention des Lieutenants généraux, considérés comme revêtus tactiquement d'un grade militaire. — Beneton (1641, A) dit qu'avant 1638 il n'y avait pas de Lieutenants-généraux; il aurait dû dire, pour parler exactement, que, jusque-là, les Lieutenants généraux étaient des dignitaires dans une position militaire tout autre, et que c'est l'époque où, de lieutenants de roi et civils et militaires, ils entrent dans la hiérarchie, et deviennent Lieutenants généraux militaires, commissionnés et rangés dans l'ordre du tableau. Beneton appuie cette assertion sur le passage suivant extrait de l'histoire de Turenne : *A Lamothe, en Lorraine, quoiqu'il ne fût que colonel et n'eût que vingt-trois ans, on lui donna la commission de maréchal de camp, qui était alors le premier grade après celui de maréchal de France.* — Cette date 1638 ne paraît pas avérée. On lit dans l'Encyclopédie (1751, C) qu'en 1633 (6 février) le grade commençait à être connu, et que Saint-Chamand en avait les pouvoirs par une commission de ce jour. — Daniel (1721, A) rapporte positivement la création des Lieutenants généraux à la fin du règne de Louis treize. — Depuis le milieu du dix-septième siècle, le Lieutenant général commandait, dans un siége offensif, la première attaque. — A l'égard de ce grade ou emploi, il y a, depuis cette époque, deux classes de Lieutenants généraux à examiner : ceux qui étaient provinciaux, ceux qui étaient employés aux armées. La lieutenance provinciale amena les gouvernements honorifiques. Le roi s'étant fait directement représenter dans les provinces, les grandes familles qui y exerçaient presque héréditairement une sorte de royauté, y perdirent le gouvernement réel, et ne conservèrent qu'un vain titre de gouverneur sans autorité ni fonctions. Ce fut un coup mortel pour la féodalité. — Ne nous occupons que des Lieutenants généraux d'armée. — A la bataille de Rocroy, le maréchal de l'Hôpital était Lieutenant général sous le duc d'Enghien, en vertu d'une commission temporaire, et non d'un titre à vie, comme l'usage s'en établit plus tard. — Ce grade se classant comme désignatif du second personnage de l'armée, n'était pas sans ressemblance avec la charge antique de maître de la cavalerie. — Condé, devant attaquer l'Espagne, avait pour Lieutenant général le marquis de la Force, de même que Feuquières était le Lieutenant général du duc de Longueville; ils n'étaient pourvus que d'une simple commission mentionnée dans une lettre de service et pour la durée de la campagne. — Sous Louis treize, il y avait des Lieutenants généraux, mais non dans toutes les armées. — Sous Louis quatorze, la commission devient une charge, et plusieurs Lieutenants généraux sont attachés à une même armée; le rang des mestres de camp s'en abaisse d'autant. — En 1690, un Lieutenant général est placé à la tête des ingénieurs militaires. — À l'occasion de ce grade, prodigué jusqu'à l'abus, M. le colonel Carrion (1824, I) dit avec raison : *C'est une manie commune aux princes et aux chefs trop préoccupés de leur autorité, de multiplier autour d'eux les faveurs et les grades.* — La loi de 1791 (25 février) supprime les Lieutenants généraux pourvus d'une lieutenance générale, c'est-à-dire d'une sorte de gouvernement. — Le rapport de Dubois-Crancé sur l'organisation de l'armée témoigne qu'en 1795 (février) on commençait à regarder les Lieutenants généraux comme devant exercer l'emploi de généraux de division, et les maréchaux de camp celui de généraux de brigade. C'est l'époque où s'éteignent les Lieutenants généraux. — Bonaparte, peu après son avénement au consulat, fait revivre ce titre, mais pris sous une acception nouvelle; il s'applique plutôt à un emploi qu'à un grade; il prend plus d'importance qu'il n'en avait en dernier lieu; il est donné aux généraux de division commandant momentanément plusieurs divisions. Ainsi, dans l'armée de Masséna, Soult et Suchet sont Lieutenants généraux, c'est-à-dire prennent le pas sur les généraux de division. — La preuve que les Lieutenants généraux n'avaient pas un grade se trouve dans le décret de l'an douze (24 messidor); il ne fait pas mention des honneurs à rendre aux Lieutenants généraux, mais s'occupe seulement des généraux de division commandant un corps d'armée. — Le traitement annuel des Lieutenants généraux était de soixante mille francs. — En 1814 (16 mai), le grade de général de division fut aboli, et quoique la désignation de Lieutenant général fût dépourvue de justesse, elle fut préférée, parce que le mot était entouré d'un prestige de vieille cour. Il prit le sens qu'il avait reçu pour quelques instants du temps de Dubois-Crancé, mais avec l'apparence d'exprimer plus. — Napoléon, s'étant replacé sur le trône pendant cent jours, ne rétablit pas de généraux de division dans son état-major,

mais y maintint des Lieutenants généraux, quoique ce titre fût tout différent de ce qu'il était sous le consulat. Disposé à caresser les moindres intérêts de l'armée, décidé à flatter les petites vanités des chefs, Napoléon consent à laisser à ses vieux généraux les titres replâtrés de maréchaux de camp et de lieutenants généraux; il juge ce que leurs prétentions ont de puéril, mais il y compatit, persuadé que leur gloriole est moins touchée de la conservation des dénominations qu'il eût dû maintenir, qu'elle n'est flattée des qualifications qui, dans l'échelle hiérarchique et les souvenirs nobiliaires, avaient été d'un ordre plus élevé que les titres de général de brigade et de général de division. — Les parvenus les plus méritants s'abusent trop souvent sur leurs vrais titres de gloire. La qualification de généraux de division et de brigade était plus honorable qu'aucune autre; mais tel personnage, maréchal de camp sous Louis treize, avait été le second du général d'armée; tel personnage, Lieutenant général sous le consulat, avait été chef de plusieurs généraux de division; c'en était assez pour animer les ambitions et fasciner les jugements. À la création de la garde royale, il y est attaché quatre Lieutenants généraux; les gardes du corps trois fois moins nombreux que cette garde, en ont le même nombre; de pareils abus peuvent se passer de commentaire. — Lorsqu'il fut institué un corps d'état-major, des Lieutenants généraux en firent partie; cette mesure était toute de faveur, nullement d'utilité, le simple bon sens la réprouvait. — N° 2. Dénomination. — Plus d'un écrivain s'est persuadé que l'expression Lieutenant général signifiait lieutenant du général. C'est une erreur : elle signifiait remplaçant subordonné ; ainsi, il y a eu des Lieutenants généraux dans le civil, dans la magistrature, comme, de nos jours, des Lieutenants généraux de police, etc. — Un Lieutenant général était, en diplomatie, un remplaçant plus ou moins absolu ; en fait de chose militaire, c'était un généralissime commis par le roi. — Le titre de Lieutenant général est presque aussi ancien que le simple terme lieutenant; ce dernier, longtemps avant d'être militaire, s'appliquait à tous les agents chargés, en second, d'un gouvernement politique, d'un emploi civil, etc. Mais le terme était plus vulgaire que technique. — Le mot Lieutenant général, pris sous l'acception primitive de lieutenant de roi ou du roi, répondait au mot *legatus* des Latins, au mérarque du Bas-Empire. Tacite nous montre les légats comme des gouverneurs de province. Végèce (590, A) parle des légats de l'empereur comme de ses représentants aux ARMÉES. —Mais le mot, pris sous l'acception moderne, n'a pas d'analogues dans les milices anciennes. — Il régnait d'abord une telle confusion dans l'application du terme Lieutenant général militairement considéré, que dans les PATENTES par lesquelles les MARÉCHAUX DE FRANCE étaient investis d'un COMMANDEMENT EN CHEF, le ROI les nommait *nos Lieutenants généraux*, et que dans les PATENTES des Lieutenants généraux ordinaires se trouvait la phrase: *Sous l'autorité de nos Lieutenants généraux qui commandent en chef nos armées.* Cette citation n'est pas une des moindres critiques de notre LANGUE militaire. — Le titre ayant eu des significations variées et vagues, les COMMIS DE LA GUERRE ont cru le rendre plus précis en employant la lourde périphrase, Lieutenant général des ARMÉES DU ROI, locution que la grammaire et la logique improuvent également ; ce titre ne convient en rien à des militaires qui ne sont réellement que des GÉNÉRAUX DE DIVISION. — En se faisant ou en se laissant appeler, en 1814, Lieutenants généraux, les généraux de division ont cru renfler leur titre parce qu'il avait été à l'usage des nobles émigrés ; telle est la cause vraie et puérile de ce solécisme militaire. — Inutile à l'époque de sa création, comme M. le colonel CARRION (1824, A) et M. Rocquancourt l'avouent, louche dans ses nombreuses variations, le grade de Lieutenant général a laissé dans notre LANGUE un terme indéfinissable aujourd'hui, puisque le mot et la chose sont en contradiction évidente. Le *Journal des Sciences militaires*, tom. XXV, p. 215, fortifie les preuves déjà fournies à cet égard. — Le titre de Lieutenant général est un de ceux que les étrangers n'ont pas emprunté littéralement du FRANÇAIS ; ainsi, dans les milices du NORD, le grade qui y répond est celui de FELD-MARSCHALL-LIEUTENANT, c'est-à-dire lieutenant du FELD-MARSCHALL ou du GÉNÉRAL D'ARMÉE. — N° 5. NOMBRE. — En 1635, il y a en France un Lieutenant général ; il figure dans la GUERRE DE 1635. Dans la campagne de 1645, CONDÉ avait deux Lieutenants généraux. En tout Louis treize en créa vingt et un. Le nombre des Lieutenants généraux s'augmente en 1667 ; il se multiplie depuis 1672. — VENDOME, en 1697, employait six Lieutenants généraux et douze MARÉCHAUX DE CAMP. — Le grade se multiplie pendant la minorité du ROI ; mais ce fut surtout depuis la guerre de Hollande qu'il fut nommé des Lieutenants généraux en quantité. — En 1704 une seule promotion créa plus de soixante Lieutenants généraux. En tout Louis quatorze en créa quatre cent quatre-vingts.

—PUYSÉGUR (1748, C) dit que dans la GUERRE DE LA SUCCESSION, il y avait dans chaque GRANDE ARMÉE jusqu'à quarante Lieutenants généraux et autant de MARÉCHAUX DE CAMP. Ce judicieux ÉCRIVAIN s'étend à cet égard en une critique sage et fondée. —En 1763 leur nombre était de deux cent vingt-cinq en tout ; Louis QUINZE en créa cinq cent trente et un. En 1776, il y en avait cent cinquante et un. Le nombre a varié jusqu'en 1791, entre cent cinquante et deux cents. En 1775, il y en avait, suivant POT ER (1779, X), cent vingt et un.— En 1780, suivant BOHAN (1781, H), le nombre des Lieutenants généraux était de deux cent douze, en 1784 de deux cent seize, en 1788 de deux cent dix-sept. — Le DÉCRET DE 1790 (18 AOUT) reconnaissait trente Lieutenants généraux. Celui DE 1791 (20 MARS) ne changeait rien à ce nombre. — La LOI DE 1792 (27 JANVIER) l'augmentait de vingt. Cette quantité était maintenue par le DÉCRET de la même année (1er MAI). Mais en réalité il y en avait cent quatre-vingt-neuf ; alors leur succédèrent les GÉNÉRAUX DE DIVISION, qu'à leur tour ils remplacèrent à la restauration. — En 1814, il y en avait deux cent-quarante cinq ; en 1815, deux cent vingt-cinq ; en 1818, cent soixante-deux, ou suivant d'autres cent trente. — En 1819, comme on le voit au budget de 1820, on compte cent cinquante-sept Lieutenants généraux. — En 1822, le nombre des Lieutenants généraux mentionnés au budget précédent s'accroît de neuf ; nous disons mentionné au budget, parce qu'il s'agit non de la quantité effective, mais du nombre de ceux qui jouissent d'APPOINTEMENTS comme employés. — L'ORDONNANCE DE 1824 (1er DÉCEMBRE) reconnaît cent cinquante Lieutenants généraux ; le budget de 1825 témoigne qu'il en existe cent cinquante-sept. — En 1826, comme le porte le budget de 1827, il y en a cent soixante-dix dont quatre-vingt-dix-huit en activité, le reste en disponibilité ; cette quantité eût suffi aux besoins d'une ARMÉE d'un million d'hommes. — En 1828, il ne restait des deux cent quarante-cinq généraux de division laissés par Bonaparte que soixante-dix, et il en avait été créé soixante quinze nouveaux. — Le budget de 1828 présentait cent cinquante Lieutenants généraux dont cent trente-quatre employés, parmi lesquels treize comme GOUVERNEURS DE DIVISION MILITAIRE. La MAISON MILITAIRE en occupe à elle seule six, la GARDE ROYALE quatre, l'ARTILLERIE dix, le GÉNIE six. Il y en a plus de dix qui jouissent de sinécures, ou qui conservent leur emploi, sans faire partie du cadre ou qui ne dépendent pas du DÉPARTEMENT DE LA GUERRE.

—Le budget de 1829 fournit la preuve qu'il y avait cent quarante-quatre Lieutenants généraux, dont six du GÉNIE et neuf d'ARTILLERIE. Sur ce nombre il en était tenu en disponibilité quatre-vingt-cinq. — L'ORDONNANCE DE 1829 (24 MAI) réduisait à cent le nombre des Lieutenants généraux; elle est transgressée aussitôt que rendue. — En 1830, le total est de cent cinquante-cinq, dont quatre-vingt-huit en activité, le reste en disponibilité. — L'ORDONNANCE DE 1830 (15 NOVEMBRE) en fixait le maximum à cent cinquante. — Le budget de 1833 témoigne qu'il y en a en activité soixante-quatorze; en disponibilité, cinquante-deux; en réserve, vingt-cinq; en tout cent cinquante et un. — En supposant qu'un Lieutenant général doive commander quatre mille hommes (et il devrait en commander dix mille), le nombre des généraux de ce grade suffit en France à une armée de six cent mille hommes. — Il y avait en 1855 cent dix-sept Lieutenants généraux, non compris treize de réserve. — L'ORDONNANCE DE 1855 (9 JUILLET) en reconnaissait quatre-vingts dans le CADRE D'ACTIVITÉ, quarante dans le CADRE DE VÉTÉRANCE. — L'annuaire de 1859 (1er janvier) en reconnaissait au CADRE D'ACTIVITÉ quatre-vingt-dix-sept; en NON ACTIVITÉ, trente et un; au cadre de réserve, six; total, cent trente-quatre. — Nº 4. NOMINATION, UNIFORME, ALLOCATIONS. — Les Lieutenants généraux ont exercé en vertu de PATENTES; ce genre de rescrit différait de ce qu'on appelait PROVISIONS, et s'appliquait à d'autres CHARGES militaires; leurs PATENTES étaient distinguées aussi de celles des MARÉCHAUX DE CAMP qui s'appelaient BREVETS; elles portaient en préambule: POUVOIRS DE LIEUTENANT GÉNÉRAL, comme le témoigne DESPAGNAC (1751, D). — La NOMINATION des Lieutenants généraux a toujours dépendu ou du TOUR DU TABLEAU, ou du souverain, ou du chef de l'Etat. — Les Lieutenants généraux étaient tirés, ou censés tirés, de la classe des MARÉCHAUX DE CAMP; mais souvent on obtenait ce GRADE sans avoir rendu de réels services à l'Etat; il s'en est reproduit à des époques modernes quelques exemples. — L'ordonnance de 1818 (22 août) tirait les Lieutenants généraux des MARÉCHAUX DE CAMP ayant au moins quatre ans d'exercice dans le GRADE; alors un OFFICIER ne pouvait devenir Lieutenant général qu'à quarante-six ans; mais, en vertu de la LOI DE 1832 (14 AVRIL), il pouvait monter à ce GRADE à trente-sept ans. — L'UNIFORME des Lieutenants généraux a, depuis l'ORDONNANCE DE 1744 (1er FÉVRIER), été bleu, à GALONS ou BRODERIES d'or, mais il ne portait pas d'ÉPAULETTES: ces MARQUES

DISTINCTIVES sont en effet superflues sur des HABITS où la BRODERIE indique le GRADE. Elles sont ridicules sur tout HABIT où elles ne servent pas à retenir un baudrier. Les ÉPAULETTES à ÉTOILES furent placées sur les HABITS bleus, sans BRODERIE, des GÉNÉRAUX. Les GÉNÉRAUX de BONAPARTE, en se surchargeant de BRODERIES, y conservèrent les ÉPAULETTES de la république. — La CIRCULAIRE DE 1830 (11 SEPTEMBRE) donnait aux Lieutenants généraux la CEINTURE en filet d'or et de soie rouge. — En 1827, les Lieutenants généraux sont compris au budget pour trois millions soixante-quinze mille francs. En 1830, pour deux millions six cent cinq mille francs. — Le rapport sur le budget en 1852 (24 janvier) ne porte qu'à quinze mille francs l'ensemble de leur solde. — La PENSION DE RETRAITE des Lieutenants généraux, réglée par l'ORDONNANCE DE 1829 (10 OCTOBRE), était la même que celle qui était accordée aux COLONELS de l'INFANTERIE SUISSE de la GARDE et aux INTENDANTS MILITAIRES; cette assimilation en faveur de ces colonels et de ces intendants était un criant abus. — L'ORDONNANCE DE 1852 (5 AVRIL) disait en style échappatoire, que les Lieutenants généraux étaient admissibles à la retraite à soixante-cinq ans. — Nº 5. DROITS, AUTORITÉ, PRÉROGATIVES. — Dès l'institution des Lieutenants généraux, les COMMISSAIRES DES GUERRES furent astreints à leur rendre des comptes *et à faire les revues qu'ils leur ordonnaient*, comme disent les ORDONNANCES; ceci s'applique aux Lieutenants généraux qui étaient LIEUTENANTS DE ROI. - Les rescrits de ces derniers avaient force et caractère de LÉGISLATION. — Depuis 1635 les Lieutenants généraux commencèrent à avoir un GRADE équivalent à peu près à celui qu'ils ont maintenant, et après avoir été eux-mêmes GÉNÉRAUX D'ARMÉE, ils devinrent l'échelon intermédiaire entre les MARÉCHAUX DE FRANCE et les MARÉCHAUX DE CAMP, qui jusque-là, n'étaient séparés par aucun autre GRADE. — On peut inférer de l'ORDONNANCE DE 1650 (9 AVRIL), que depuis la décroissance du titre, les TROUPES montraient peu de déférence pour les Lieutenants généraux. Cette ORDONNANCE exprime qu'*il leur est dû obéissance*. — Les CAPITAINES DES GARDES de LOUIS QUATORZE et LOUIS QUINZE auraient cru déchoir en se laissant inscrire sur le tableau des Lieutenants généraux; il n'en eût pas été de même sous LOUIS TREIZE. — Dans le siècle dernier, la valeur vénale d'un Lieutenant général n'était pas tout à fait du tiers de celle d'un MARÉCHAL, c'est-à-dire que sa RANÇON, s'il était fait prisonnier, n'était que de quinze mille livres. — Sous le règne impérial, les Lieutenants généraux COMMAN-

DANT EN CHEF ont eu jusqu'à quatre AIDES DE CAMP et plus; maintenant ceux qui sont employés comme COMMANDANT EN CHEF ont trois AIDES DE CAMP et un OFFICIER D'ORDONNANCE; s'ils ne sont point EN CHEF, ils ont deux AIDES DE CAMP et un OFFICIER D'ORDONNANCE. Un de leurs AIDES DE CAMP est OFFICIER SUPÉRIEUR.— L'ORDONNANCE DE 1818 (13 MAI) déterminait, art. 1, 547, 580, l'autorité exercée par le Lieutenant général sous le rapport de la POLICE et de la DISCIPLINE. — L'ORDONNANCE DE 1832 (3 MAI) confiait aux Lieutenants généraux le commandement des AILES D'ARMÉE.— Les Lieutenants généraux employés comme COMMANDANTS DE DIVISION TERRITORIALE ont sous leurs ordres des MARÉCHAUX DE CAMP commandants de SUBDIVISIONS, ils sont autorisés à accorder sur la demande des COLONELS, des PERMIS D'ABSENCE de huit jours; ils ont la faculté d'accorder aux OFFICIERS des CONGÉS SANS SOLDE d'un mois au plus : on les nomme CONGÉS DE FAVEUR. Ils peuvent accorder des CONGÉS DE CONVALESCENCE ou de SEMESTRE AVEC SOLDE, comme l'indique l'ORDONNANCE DE 1823 (19 MARS); ils apposent leur VISA sur les CONGÉS qu'obtiennent les INTENDANTS MILITAIRES employés sous leurs ordres. Ils peuvent seuls décider, sur la proposition des COMMANDANTS DE PLACE, des changements à apporter dans le nombre des POSTES de la PLACE.— Le DÉCRET DE L'AN DOUZE (24 MESSIDOR) ne faisait pas mention d'HONNEURS particulièrement accordés aux Lieutenants généraux; mais, ce qui revenait au même, il réglait les HONNEURS accordés aux GÉNÉRAUX DE DIVISION commandant un CORPS D'ARMÉE. — Maintenant que le GRADE ne diffère pas de celui de GÉNÉRAL DE DIVISION, les Lieutenants généraux ne peuvent plus prétendre qu'aux HONNEURS dus aux GÉNÉRAUX DE DIVISION et à la GARDE D'HONNEURS qui leur était accordée. Ceux qui sont employés sont traités sur le même pied que les GRANDS OFFICIERS DE LA LÉGION D'HONNEUR et les INSPECTEURS GÉNÉRAUX.—Les Lieutenants généraux sont au nombre des FONCTIONNAIRES susceptibles d'être créés PAIRS; mais il fut un temps où ils devaient être mis à la retraite à l'âge de soixante-cinq ans; ils étaient, en cela, moins favorisés que les INTENDANTS MILITAIRES. — N° 6. FONCTIONS, PUNITIONS, — M. le colonel CARRION (1824, A) démontre qu'aussi longtemps que le système du SERVICE PAR BRIGADES a régné seul à la GUERRE, les Lieutenants généraux étaient des rouages inutiles, et que les AIDES DE CAMP du GÉNÉRAL EN CHEF eussent suffi à ce genre d'emploi. En effet, les Lieutenants généraux n'avaient point de poste fixe, si ce n'est à l'ATTAQUE DE DROITE, dans un SIÉGE OFFENSIF; ils ROULAIENT, c'est-à-dire changeaient cha-

que jour de poste et de troupe, et ne connaissaient ni le terrain ni les CORPS; leur principal devoir, comme dit PUYSÉGUR (1748, C), était, à titre de LIEUTENANT GÉNÉRAL DE JOUR, de répartir et de faire MONTER les GARDES.—Les MARÉCHAUX DE CAMP n'avaient pas de fonctions mieux déterminées; aussi, dans les vieux tableaux d'emplacement de CORPS, le nom des BRIGADIERS est mentionné, et jamais celui des Lieutenants généraux ni des MARÉCHAUX DE CAMP. — L'ORDONNANCE DE 1705 connaissait trois Lieutenants généraux par ARMÉE, un pour le CENTRE ou l'INFANTERIE, un pour chaque AILE de CAVALERIE. L'ENCYCLOPÉDIE (1751, C) dit qu'il y en avait de même trois pour la SECONDE LIGNE.—On a vu, dans les CORPS PRIVILÉGIÉS, des Lieutenants généraux être en même temps CHEFS DE CORPS. Ce système vicieux, suivant lequel un même personnage peut être à la fois COLONEL et GÉNÉRAL, est encore en vigueur dans les MILICES ANGLAISE, AUTRICHIENNE, etc. — Les Lieutenants généraux, soit à l'ARMÉE, soit comme COMMANDANTS DE DIVISION TERRITORIALE, visent les DEMANDES D'ARMES; ils transmettent au MINISTRE leur opinion relativement aux DEMANDES DE PERMISSION DE MARIAGE qui sont formées par des OFFICIERS SOUS leurs ordres; ils lui transmettent de même les DÉMISSIONS; ils communiquent aux CONSEILS PERMANENTS les lois pénales, en vertu d'une CIRCULAIRE DE 1816 (16 MARS). — Les fonctions d'INSPECTEURS GÉNÉRAUX et celles de COMMANDANT de la RÉSERVE d'une ARMÉE sont dévolues aux Lieutenants généraux.— L'INSTRUCTION DE 1831 (20 SEPTEMBRE) traçait quelques-uns des devoirs des Lieutenants généraux. — L'ORDONNANCE DE 1832 (3 MAI) affectait au GRADE des Lieutenants généraux le commandement d'un CENTRE D'ARMÉE, elle prenait parmi les Lieutenants généraux les CHEFS D'ÉTAT-MAJOR d'une ARMÉE commandée par un MARÉCHAL ou par un Lieutenant général. — On reconnaissait en 1783 que le silence gardé par le CODE PÉNAL au sujet des Lieutenants généraux était une omission qu'il importait de réparer; la lacune cependant existe encore.

LIEUTENANT GÉNÉRAL ANGLAIS. V. ANGLAIS, adj. V. MILICE ANGLAISE N° 2.

LIEUTENANT GÉNÉRAL ESPAGNOL. V. ESPAGNOL, adj. V. MILICE ESPAGNOLE N° 2.

LIEUTENANT GÉNÉRAL COMMANDANT UNE DIVISION. V. COMMANDANT DE DIVISION. V. CONSEIL PERMANENT N° 3. V. GÉNÉRAL DE DIVISION N° 5.

LIEUTENANT GÉNÉRAL D'ARTILLERIE. V. ARTILLERIE. V. GRAND MAITRE DE L'ARTILLERIE. V. LIEUTENANT GÉNÉRAL N° 3. V. POUDRERIE.

LIEUTENANT GÉNÉRAL DE JOUR. V. DE

JOUR. V. GARDE EN CAMPAGNE. V. LIEUTENANT GÉNÉRAL N° 6. V. MARÉCHAL DE CAMP N° 5, 6. V. SERVICE DE JOUR.

LIEUTENANT GÉNÉRAL de la MAISON, V. MAISON DU ROI N° 4.

LIEUTENANT GÉNÉRAL DE ROBE LONGUE. V. CONNÉTABLIE. V. ROBE LONGUE.

LIEUTENANT GÉNÉRAL des ARMÉES. V. ARMÉE. V. CONNÉTABLE N° 5. V. LIEUTENANT D'INFANTERIE FRANÇAISE DE LIGNE N° 2. V. LIEUTENANT GÉNÉRAL N° 2.

LIEUTENANT GÉNÉRAL du GÉNIE. V. GÉNIE. V. INGÉNIEUR MILITAIRE. V. LIEUTENANT GÉNÉRAL N° 5.

LIEUTENANT GÉNÉRAL ESPAGNOL. V. ESPAGNOL, adj. V. MILICE ESPAGNOLE N° 2, 5.

LIEUTENANT GÉNÉRAL INSPECTEUR GÉNÉRAL. V. INSPECTEUR GÉNÉRAL N° 5. V. LIEUTENANT GÉNÉRAL N° 6.

LIEUTENANT GÉNÉRAL PIÉMONTAIS. V. MILICE PIÉMONTAISE N° 1. V. PIÉMONTAIS, adj.

LIEUTENANT GÉNÉRAL PORTUGAIS. V. MILICE PORTUGAISE N° 1. V. PORTUGAIS, adj.

LIEUTENANT NÉERLANDAIS. V. MILICE NÉERLANDAISE N° 4. V. NÉERLANDAIS, adj.

LIEUTENANT PARAGUÉEN. V. MILICE PARAGUÉENNE. V. PARAGUÉEN, adj.

LIEUTENANT PARTICULIER. V. CONNÉTABLE. V. LIEUTENANT GÉNÉRAL. V. PARTICULIER.

LIEUTENANT PORTUGAIS. V. MILICE PORTUGAISE N° 1. V. PORTUGAIS, adj.

LIEUTENANT PRUSSIEN. V. MILICE PRUSSIENNE N° 4, 6, 9. V. PRUSSIEN, adj.

LIEUTENANT ROMAIN. V. MILICE ROMAINE N° 7. V. ROMAIN, adj. V. SOUS-CONSUL.

LIEUTENANT RUSSE. V. MILICE RUSSE N° 1, 2, 5. V. RUSSE, adj.

LIEUTENANT SUISSE. V. INFANTERIE FRANCO SUISSE N° 6. V. SUISSE, adj.

LIEUTENANT TURC. V. MILICE TURQUE N° 5. V. TURC, adj.

LIEUTENANT TURCO-ÉGYPTIEN. V. MILICE TURCO-ÉGYPTIENNE N° 5.

LIÈVRE, subs. masc. V. CHEVALIER DU L...

LIFLAMBE, subs. fém. V. ORIFLAMME.

LIFSTINGK. V. LIGER. V. LIGNE. V. NOMS PROPRES.

LIGE, adj. V. GAGE L... V. GARDES L... V. HOMMAGE L... V. HOMME L...

LIGE, adj. Le mot Lige exprimait un droit féodal plus puissant que celui qui attachait le SIMPLE VASSAL. Roquefort le dérive du LATIN *ligatus*. Il y avait des FIEFS simples et des FIEFS LIGES, comme le témoigne GUYOT (1785). Il y avait aussi des GARDES LIGES et des HOMMES LIGES, ou ayant rendu HOMMAGE LIGE.

LIGE-ESTAGE, subs. masc. V. SERVICE FÉODAL.

LIGNE, subs. fém. V. ADJUDANT-MAJOR DE L... V. ARMÉE DE L... V. ARRIÈRE-L... V. ARTILLERIE A CHEVAL DE L... V. ARTILLERIE A PIED DE L... V. ARTILLERIE DE L... V. ATTAQUE DE L... V. BATAILLON DE BATAILLE DE L... V. BATAILLON DE L... V. BATAILLON D'INFANTERIE FRANÇAISE DE L... V. BONNET DE POLICE DE L... V. BRIGADE DE L... V. CAMP SUR DEUX L... V. CARRÉ MÊME DIRECTION QUE LA L... V. CAVALERIE DE L... V. CAVALERIE LÉGÈRE DE L... V. CHASSEUR A CHEVAL DE L... V. CHIRURGIEN DE L... V. COIFFURE DE L... V. CONSEIL GÉRANT DE L... V. CONTRE-L... V. CONVERSION POUR FORMER UNE L... V. CORPS DE L... V. DÉFENSE DE L... V. DÉTERMINER LA L... V. DEUX L... V. DRAGON DE L... V. DRAGON FRANÇAIS DE L... V. DRAPEAUX, etc. SUR LA L... V. ÉCOLE DE L... V. EMPORTER LES L... V. EN L... V. ÉVOLUTION DE L... V. FEU DE L... V. FORCER UNE L... V. FORMER LA L... V. FORMER UNE L... V. FUSILIER DE L... V. GUIDES SUR LA L... V. HORS L... V. HUSSARD DE L... V. INFANTERIE DE BATAILLE DE L... V. INFANTERIE FRANÇAISE DE L... V. INFANTERIE FRANCO-SUISSE DE L... V. INFANTERIE LÉGÈRE DE L... V. INFANTERIE SUISSE DE L... V. INSPECTEUR GÉNÉRAL DE L... V. LANCIER DE L... V. MANŒUVRE DE L... V. MILITAIRE DE L... V. MOUVEMENT DE L... V. MUSIQUE DE L... V. OFFICIER DE L... V. ORDRE DE L... V. PASSAGE DE L... V. PASSAGE DES L... V. PASSEZ LA L... V. PERCER UNE L... V. REFUSER LA L... V. RÉGIMENT DE BATAILLE DE L... V. RÉGIMENT DE L... V. RÉGIMENT D'INFANTERIE DE L... V. RENVERSER UNE L... V. ROMPRE UNE L... V. SECONDE L... V. SERGENT DE L... V. SOLDAT DE L... V. SOUS-OFFICIER DE L... V. SUR LA L... V. TACTIQUE DE L... V. TRACER LA L... V. TROISIÈME L... V. TROUPE DE L...

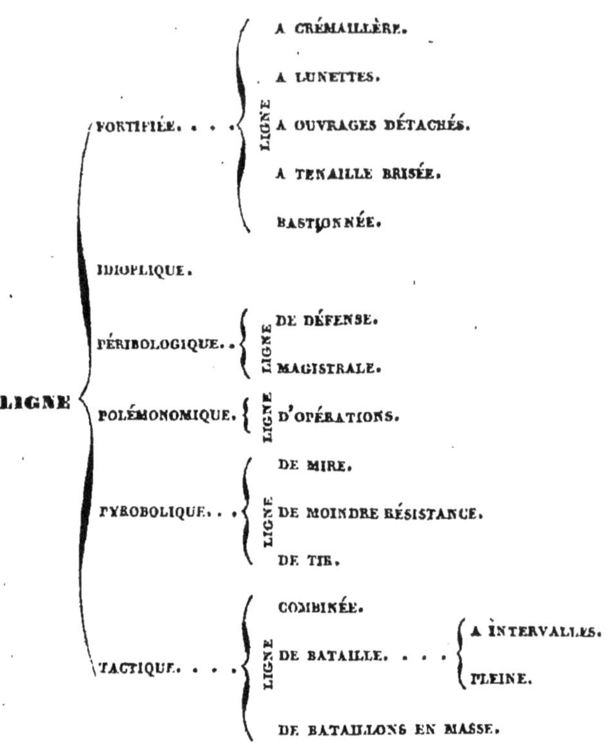

LIGNE (term. génér.). Mot qui est une corruption du LATIN; il donne en général l'idée d'un tracé rectiligne; c'est en ce sens qu'il a produit : ALIGNEMENT, ALIGNER; mais, dans la LANGUE MILITAIRE, son sens primitif a subi des modifications nombreuses, un nouvel ordre d'idées s'est établi; le terme est devenu impropre et obscur; donnons-en une preuve : « La position de l'ENNEMI » était défendue par de fortes Lignes. Notre » armée se forma en Ligne sur deux Lignes; » la PREMIÈRE était composée de TROUPES DE » LIGNE; un CHANGEMENT DE FRONT sur le » CENTRE de la PREMIÈRE LIGNE s'effectua, la » SECONDE LIGNE FIT PAR LE FLANC gauche et »· par DIVISIONS en Ligne, et quand elle eut » reformé sa Ligne, elle opéra le PASSAGE des » Lignes. Une ATTAQUE nous rendit maîtres » des LIGNES de l'ENNEMI. » — Pour débrouiller tant d'incohérences, distinguons le mot Ligne A REDANS, — CAMPÉE, — CAPITALE, — COURBE, — D'APPROCHES, — D'ARMÉE, — D'ATTAQUE, — D'AVANT-POSTE, — DE BATAILLE SUR TEL BATAILLON, — DE BATAILLON, — DE BRIGADES, — DE CAMP, — DE CAVALERIE, — DE CIRCONVALLATION, — DE COLONNE, — DE COMMUNICATION, — DE CONTRE-APPROCHE, — DE CONTREVALLATION, — DE DIRECTION, — DE DRAPEAU, — DE FEU, — DE FORTERESSE, — DE FRONTIÈRE, — DE JALONNEURS, — DE LÉGION ROMAINE, — DE MAGASINS, — DE POSTES, — DE RETRAITE, — DE SIÉGE DÉFENSIF, — DE SIÉGE OFFENSIF, — DE TENTES, — DE TRAJECTION, — DE TROUPES, — D'ÉCHIQUIER, — DÉFENSIVE, — DÉPLOYÉE, — D'ÉTAPE, — D'HOPITAUX, — D'INFANTERIE, — EN RETRAITE, — FICHANTE, — FIXE, — FLANQUANTE, — FORTIFIANTE, — FORTIFICATOIRE, — FORTIFIÉE, — IDIOPLIQUE, — MANIPULAIRE, — NAPOLITAINE, — OBJECTIVE, — OFFENSIVE, — PARALLÈLE, — PARATAXIQUE, — PÉRIBOLOGIQUE, — POLÉMONOMIQUE, — PYROBOLIQUE, — RASANTE, — RENVERSÉE, — RETRANCHÉE, — SIMPLE, — TACTIQUE, — TANT PLEINE QUE VIDE.

LIGNE (lignes) A CRÉMAILLÈRE (G., 4). Sorte de LIGNES FORTIFIÉES dont le nom indique la forme. — On en construit qui sont composées de deux BRANCHES DE CRÉMAILLÈRE bout à bout, de manière à donner des FEUX croisés en quatre sens différents. — On termine quelquefois chaque extrémité d'une CRÉMAILLÈRE par un FORTIN.

LIGNE A INTERVALLES (G, 6), OU ORDRE A INTERVALLES. Sorte de LIGNE DE BATAILLE analogue à l'ORDRE tant PLEIN que VIDE, quand ses INTERVALLES et ses FRONTS sont égaux. — La Ligne à intervalles est l'opposé de la LIGNE PLEINE OU MURAILLE.

LIGNE (lignes) A LUNETTES (G, 4). Sorte de LIGNES FORTIFIÉES qui, de loin à loin, ont le milieu de leurs COURTINES, ou quelques-uns de leurs ANGLES précédés d'une LUNETTE communiquant par sa GORGE avec l'intérieur de la ligne.

LIGNE (lignes) A OUVRAGES DÉTACHÉS (G, 4). Sorte de LIGNES FORTIFIÉES qui consistent en une suite d'OUVRAGES plus ou moins espacés entre eux, tels que BASTIONS, FLÈCHES, etc. Des PIÈCES analogues, quelle que soit la configuration des lignes et des OUVRAGES de cette espèce, couvrent au besoin les PORTES ou les ouvertures d'une ligne de ce genre.

LIGNE A REDANS. V. A REDAN. V. REDAN.

LIGNE (lignes) A TENAILLES BRISÉES (G, 4). Sorte de LIGNES FORTIFIÉES qui se brisent en plusieurs ANGLES SAILLANTS égaux entre eux, comme le sont entre eux les ANGLES RENTRANTS. Cette forme approche plus ou moins de celle des dents d'une scie. Les Lignes à tenailles donnent des TIRS OBLIQUES et des FEUX CROISÉS.

LIGNE (lignes) BASTIONNÉE (G, 6). Sorte de LIGNES FORTIFIÉES qui sont une suite de BASTIONS et de COURTINES, dans une direction plus ou moins rectiligne, plus ou moins prolongée. Les BASTIONS en sont peu saillants, et les COURTINES en sont quelquefois droites, quelquefois brisées à ANGLES RENTRANTS.

LIGNE CAMPÉE. V. CAMPÉ. V. CAMP MINCE.

LIGNE CAPITALE. V. CAPITAL, adj. V. CAPITALE DE FORTIFICATION.

LIGNE (lignes) COMBINÉE (G, 6). Sorte de LIGNES TACTIQUES ou de TROUPE D'INFANTERIE que DUBELLAY (1549, A) appelle BATAILLES; elles sont ici considérées chacune dans leur rapport avec une autre TROUPE qui s'y coordonne suivant certains préceptes d'ALIGNEMENT et de parallélisme. — Les ARMÉES AGISSANTES qui, les premières, se rangèrent sur deux lignes, furent celles qui combattirent à l'aide d'ÉLÉPHANTS ou de CHARS A FAUX; elles mettaient en tête ces quadrupèdes et les CHARS; ainsi l'ASIE a donné le premier exemple des Lignes combinées, mais la barbarie en avait laissé perdre l'usage; il était entièrement ignoré de la MILICE TURQUE. — La PHALANGE GRECQUE était en LIGNE SIMPLE OU PARATAXE. On trouve cependant quelque idée des Lignes combinées dans l'emploi de l'ÉPITAXE et de l'ORDRE AMPHISTOME. — La LÉGION ROMAINE combattit à la GRECQUE, sur une seule ligne, jusqu'à l'invention de ses MANIPULES et de leur ALIGNEMENT DE PROFONDEUR, jusqu'à la combinaison savante des

HASTAIRES, des PRINCES, des TRIAIRES. Quand la LÉGION s'ordonna par COHORTES, les ADDITS se tenaient entre les lignes des COHORTES. — Les SUISSES, au temps de MACHIAVEL, se formaient, comme il le rapporte, en LIGNE SIMPLE, à la manière GRECQUE, mais quelquefois par ÉCHELONS. — L'armée de GUSTAVE-ADOLPHE ne composa d'abord qu'une seule ligne, comme l'INFANTERIE SUISSE; ce prince inventa ensuite, à l'imitation des ROMAINS, les ARRIÈRES-LIGNES, MANŒUVRA sur cinq, les réduisit à trois. — Le CINQUAIN des avant-derniers siècles fut une imitation des lignes ROMAINES et des BRIGADES à cinq Lignes de GUSTAVE-ADOLPHE. — A la bataille des Dunes, en 1658, TURENNE forme trois Lignes; la TROISIÈME était une RÉSERVE; l'ARTILLERIE était en tête de la PREMIÈRE; la CAVALERIE était aux AILES. — Pendant le reste du règne de LOUIS QUATORZE l'armée se range sur deux Lignes à peu près de force égale. A ces époques le mécanisme des COLONNES COMBINÉES avait surtout pour objet de faire faire route aux Lignes, sans en intervertir l'ordre. — MONTÉCUCULI (1704, D) réglait en principe la distance entre la PREMIÈRE et la SECONDE Ligne à raison de trois cents pas. — Quelquefois c'était sur deux Lignes, quelquefois en LIGNE SIMPLE, que FRÉDÉRIC DEUX faisait exécuter ses grandes MARCHES D'ARMÉE. Quand il en formait deux, la PREMIÈRE était ordinairement du double plus forte que la SECONDE. — L'INSTRUCTION DE 1774 (11 JUIN) FORMAIT sur deux Lignes un RÉGIMENT de quatre BATAILLONS; ce système ne s'est pas maintenu. — Dans le siècle dernier il était de règle, si l'on en croit CUGNOT (1766, C), que les INTERVALLES répondissent de la PREMIÈRE LIGNE aux FRONTS de la SECONDE; c'eût été un ORDRE TANT PLEIN QUE VIDE; ordre aboli, puisque les INTERVALLES font à peine le demi-quart du FRONT; ordre impraticable, puisqu'il voudrait égalité de force des bataillons à la PREMIÈRE et à la SECONDE LIGNE. — L'usage moderne est de ne former l'ARMÉE que sur deux Lignes distantes de deux cents mètres; mais la distance en serait variable, suivant le RÈGLEMENT DE 1791 (1er AOUT, Evol. de Ligne, n° 451), et sa mesure égalerait un FRONT DE BATAILLON, plus un FRONT DE PELOTON, ou vingt-quatre pas. L'ORDONNANCE DE 1831 (4 MARS) jugeait trop faible cette distance; elle voulait que la seconde Ligne fût hors de PORTÉE DE FUSIL de l'ENNEMI. — L'art de disposer les Lignes est la première des combinaisons sur un CHAMP DE BATAILLE. — Une PREMIÈRE LIGNE, ou LIGNE PARATAXIQUE, ou front, comme l'appelle MONTÉCUCULI (1704, D), est toujours LIGNE DE BATAILLE; la SECONDE, ou LIGNE ÉPI-

TAXIQUE, ne l'est pas toujours, souvent elle est par MASSES et s'entremêle de COLONNES. C'est l'adoption du système de MESNIL-DURAND (1780, t. II, p. 155). — On appelle DÉBOITEMENTS ou ABDUCTIONS les trouées qui se font momentanément dans une Ligne. Les PASSAGES DE LIGNES s'accomplissent par DÉBOITEMENT. — La MANOEUVRE nommée CHANGEMENT DE POSITION était une manière de faire obliquer une Ligne. — Le CHANGEMENT DE FRONT SUR DEUX LIGNES est une des plus difficiles ÉVOLUTIONS. — Il a été traité des Lignes combinées dans DUBOUSQUET (1769, B), l'ENCYCLOPÉDIE (1751, C; 1785, C), LACHESNAIE (1758, I, aux mots *Garde du camp, Inspection générale, Ligne, Major de brigade*), SINCLAIRE (1773, L).

LIGNE COURBE. V. COURBE, adj. V. SCHNEIDER.

LIGNE d'APPROCHES. V. APPROCHES. V. POLIORCÉTIQUE. V. REDOUTE DE CAMPAGNE. V. SECONDE PARALLÈLE.

LIGNE d'ARMÉE. V. ARMÉE. V. LIGNE TACTIQUE. V. MILICE PRUSSIENNE N° 8.

LIGNE d'ATTAQUE. V. ATTAQUE. V. FAUSSE ATTAQUE. V. TRANCHÉE.

LIGNE d'AVANT-POSTE. V. AVANT-POSTE.

LIGNE (lignes) de BATAILLE (term. sousgénér.), ou CATACHRÈSE, ou LIGNE DÉPLOYÉE, ou LIGNE PARATAXIQUE, ou MONOTAXE. Sorte de LIGNE TACTIQUE qui constitue l'ORDRE DÉPLOYÉ. Elle se prend par opposition à l'ARRIÈRE-GARDE, à l'AVANT-GARDE, à la CLISE, à la COLONNE, à la RÉSERVE. C'est l'ORDRE dans lequel se développent une SUBDIVISION, une BRIGADE, une division, un corps d'armée, et dans lequel s'exécute la MARCHE des BATAILLONS EN BATAILLE. — Il y a une synonymie douteuse ou des différences mal déterminées jusqu'ici entre ORDRE DE BATAILLE, Ligne de bataille, RANG DE BATAILLE; quantité d'écrivains les confondent. Cependant on pourrait regarder une Ligne comme une des parties ou la partie apparente d'un ORDRE DE BATAILLE, puisque cet ORDRE est ou n'est pas sur plusieurs Lignes; on voit la Ligne de bataille d'une DIVISION ou d'une ARMÉE ennemie, on ne voit pas si l'ORDRE DE BATAILLE des ennemis comprend une SECONDE LIGNE. On voit le FRONT, on ignore la PROFONDEUR. — L'ORDRE DE BATAILLE des LÉGIONS ROMAINES, la PARATAXE et la SCIE de la MILICE GRECQUE, la PROSTAXE BYSANTINE ont servi de modèles aux Lignes de bataille des modernes, au CINQUAIN, au SIXAIN. — Avant l'adoption de l'ACCOUDEMENT, la Ligne était un MÉLANGE D'ARMES; sa partie à pied était à FILES tant pleines que vides, et à RANGS tant pleins que vides; il s'y établissait contiguïté, soit entre les FILES, soit entre les RANGS, au moyen du

DOUBLEMENT ou du DÉDOUBLEMENT; elle exécutait divers FEUX EN AVANÇANT; ce genre de FEU est depuis longtemps tombé en oubli. — L'ORDRE PROFOND développait peu la Ligne; les progrès de la BALISTIQUE et l'usage de l'ORDRE MINCE ont allongé outre mesure le FRONT de l'INFANTERIE: de là cette nécessité fâcheuse des MARCHES PROCESSIONNELLES; les ÉCRIVAINS du dernier siècle ont blâmé cet abus des FRONTS à perte de vue. *Quelle absurdité*, s'écrie LESSAC (1789, E), *que ces ordres de bataille d'une lieue et plus d'étendue! Si l'ennemi attaque la gauche pendant que le général est à droite, l'action peut s'engager, se poursuivre, s'achever sans qu'il y prenne la moindre part.* — La GUERRE DE LA RÉVOLUTION, par la combinaison des Lignes, des COLONNES, des RÉSERVES, y a remédié. La préférence donnée à la BAIONNETTE sur la BALISTIQUE des PETITES ARMES a contribué à ce changement de système; le PAS ACCÉLÉRÉ y a été presque seul employé, et quelquefois le PAS DE COURSE. — La forme et l'étendue des CAMPS ont été en général coordonnées à la mesure de la Ligne de bataille des ARMÉES AGISSANTES; ainsi les CAMPS MINCES ont été la conséquence de l'ORDRE MINCE. — Un FRONT DE BATAILLE est une partie d'une Ligne: c'est la face ou le RANG des CHEFS DE FILES qui regarde ou est censé regarder l'ENNEMI. — L'INFANTERIE en bataille est subordonnée à un CÔTÉ VISUEL: c'est celui du DRAPEAU DE DIRECTION. En bataille, en marche, elle est subordonnée à un POINT DE VUE. — Autrefois, en certaines MILICES, un PAS DE PELOTON disloquait momentanément une Ligne se portant en avant. — Si la Ligne de bataille n'est pas unique ou MONOTAXE, elle appartient au système des ÉPITAXES ou des LIGNES COMBINÉES. Quelquefois elle se brise en ÉCHELONS, s'aiguise en COIN, se ploie en CARRÉ; autrefois même elle VOLTAIT par CONTRE-MARCHE et se retrouvait par RÉVERSION; elle se RENVERSE quand elle fait tête par le TROISIÈME RANG. — Les INTERVALLES qui entrecoupent les Lignes ont en partie pour objet de faciliter la transmission des COMMANDEMENTS VOCAUX, de donner passage à d'autres ARMES, à certain MATÉRIEL, etc.; de déterminer plus nettement les points de PIVOTEMENT. — L'INFANTERIE en Ligne est ou de pied ferme ou en marche. — Les CHANGEMENTS DE FRONT OU CONVERSIONS EN BATAILLE sont le moyen de varier l'ASPECT des Lignes ou des RÉGIMENTS D'INFANTERIE qui sont de pied ferme; les DEMI A DROITE, les CHANGEMENTS DE DIRECTION en marchant en bataille sont un autre moyen d'en modifier l'ASPECT; ils s'exécutaient encore tout d'une pièce, ou en AIGUILLE DE

MONTRE pendant le cours de la GUERRE DE 1756; mais elles se sont simplifiées et améliorées. — Les CONVERSIONS A PIVOT FIXE sont un des moyens de ROMPRE de pied ferme la Ligne; mais on pratique aussi des ROMPEMENTS EN ARRIÈRE. — La MARCHE PAR LE FLANC ne doit être employée pour le déplacement d'une Ligne que dans le cas d'un trajet peu prolongé. — L'étendue d'une Ligne doit égaler la PROFONDEUR que la TROUPE aurait en ORDRE DE COLONNE FORMÉE AVEC DISTANCE ENTIÈRE ; si on FORMAIT A DEMI-DISTANCE la colonne, cette PROFONDEUR serait moitié moindre. — Une Ligne se ROMPT en COLONNE, soit HÉTÉROPLÉSIONNAIRE, soit MÉSOPLÉSIONNAIRE, etc.; elle se rétablit en bataille par DÉPLOIEMENT, en se conformant au JALONNEMENT des GUIDES GÉNÉRAUX et PARTICULIERS et du PORTE-DRAPEAU. La FORMATION est ou SUCCESSIVE ou SIMULTANÉE; elle a lieu, soit EN AVANT, soit FACE EN ARRIÈRE EN BATAILLE, soit A DEUX MOUVEMENTS, soit par INVERSION. — ÉCLAIRER les Lignes qui se FORMENT EN BATAILLE devant l'ENNEMI est le rôle des AVANT-GARDES. — Dans les MANŒUVRES D'INFANTERIE, la conservation de la DIRECTION de la Ligne regarde les ADJUDANTS-MAJORS, les AIDES DE CAMP. — Dans les MARCHES EN ÉCHELON, la Ligne peut se reformer ou par CONVERSION, ou par l'arrivée successive des BATAILLONS sur le JALONNEMENT qui DÉTERMINE LA LIGNE. — Toute MARCHE DE BATAILLON EN COLONNE tend vers une Ligne de bataille que traceront les SERGENTS DE REMPLACEMENT ou les GUIDES du côté opposé. — On appelle EXCENTRIQUES les RETRAITES qui ne sont pas parallèles à la CAPITALE de la Ligne. — Les inégalités de la MARCHE EN BATAILLE sont des A-COUPS ou des TEMPS D'ARRÊTS. — Les BATAILLONS DE DIRECTION sont l'âme de la Ligne de bataille; ils tracent sa CAPITALE. — Dans certains passages de l'ORDRE DE BATAILLE à l'ORDRE DE COLONNE, l'ALIGNEMENT des SUBDIVISIONS se prend du côté où doit se FORMER la Ligne. — Une Ligne ÉCHARPE, ou la TROUPE ÉCHARPE sur la Ligne quand la MARCHE EN BATAILLE cesse d'être rectiligne et perpendiculaire à la CAPITALE; une Ligne CRÈVE quand les AILES pressent sur le CENTRE. — On appelle tactiquement OBSTACLE les ACCIDENTS DE TERRAIN qui, dans le cours d'une MARCHE EN BATAILLE, nécessitent partiellement et éventuellement une ABDUCTION par le flanc ou une FORMATION EN COLONNE qui permettent à la Ligne de franchir l'OBSTACLE, sans se désaccorder, sauf cessation momentanée de contiguïté. — Les Lignes D'INFANTERIE doivent-elles combattre à FEU AJUSTÉ? doit-on exiger ce feu des seuls TRAVAILLEURS? C'est un des problèmes mal résolus

de la science. — La MILICE WURTEMBERGEOISE entrecoupe ses Lignes de FEUX AJUSTÉS et non ajustés. — M. le général JOMINI (1831, B) établit distinction entre ORDRE DE BATAILLE et Ligne de bataille. — Les AUTEURS qui ont traité de la question des Lignes de bataille sont : BARDIN (1807, D), DELATOUR (1514, A), DELIGNE (1780, I), ENCYCLOPÉDIE (1785, C), GAYA (1679, A), JOMINI (1830, A), LACHESNAIE (1758, I), LAVALLIÈRE (1695, E), LEBLOND (1758, B), MAIZEROY (1767, E; 1771, A), MIRABEAU (1788, C), PICTET (1761, I), PUYSÉGUR (1748, C), TRAVERSE (1758, D), TURPIN (1783, O), M. XILANDER. — L'ORDONNANCE DE 1831 (4 MARS) pouvait aussi être consultée. — La Ligne de bataille se distingue en LIGNE A INTERVALLES et EN LIGNE PLEINE.

LIGNE de BATAILLE sur le premier BATAILLON, interj. V. DÉPLOIEMENT PAR BATAILLON EN MASSE.

LIGNE de BATAILLE sur tels BATAILLONS, interj. V. BATAILLON. V. COMMANDEMENT D'AVERTISSEMENT.

LIGNE de BATAILLONS. V. BATAILLON. V. BATAILLON D'INFANTERIE FRANÇAISE DE LIGNE N° 7. V. BRIGADE D'ARMÉE. V. CINQUAIN. V. DÉPLOIEMENT. V. INTERVALLE DE CAMP. V. MOULLET. V. ORDONNANCE D'EXERCICE D'INFANTERIE. V. ORDRE BRISÉ. V. PIVOT TACTIQUE. V. SIXAIN.

LIGNE de BATAILLONS EN MASSE (G, 6). Sorte de LIGNE TACTIQUE dont le RÈGLEMENT DE 1791 (1er AOUT) ne regardait l'arrangement que comme un moyen intermédiaire de DÉPLOIEMENT total, ou comme susceptible seulement de porter une troupe d'infanterie en avant en bataille, chaque BATAILLON marchant comme s'il était isolé. L'ORDONNANCE DE 1831 (4 MARS) regarde au contraire l'ÉVOLUTION nommée Ligne de bataillons en masse, comme subordonnant la marche à un BATAILLON DE DIRECTION; elle veut que cette LIGNE marche en avant et en retraite, change au besoin de direction, se rompe, se reforme, s'invertisse.

LIGNE de BRIGADE. V. AUX CHAMPS. V. BRIGADE.

LIGNE de CAMP. V. CAMP. V. CAMP DE PASSAGE. V. CAMP D'INSTRUCTION, V. CAMP MINCE. V. CAMPEMENT TACTIQUE. V. COLONEL AU CAMP. V. DISTANCE DE L... V. PREMIÈRE L... V. SECONDE L...

LIGNE de CAVALERIE. V. CAVALERIE. V. CAVALERIE FRANÇAISE N° 7. V. CHARGE DE CAVALERIE. V. DISTANCE DE LIGNES. V. GUERRE DE 1701. V. INFANTERIE FRANÇAISE N° 8. V. INTERVALLE DE CAVALERIE. V. MILICE PRUSSIENNE N° 8. V. SECONDE L... V. TROISIÈME L... V. TACTIQUE, subs.

LIGNE de CIRCONVALLATION. V. CIRCON-

VALLATION. V. CROISADE DE 1188. V. FORT DE CAMPAGNE. V. FORTIN. V. LIGNE FORTIFIÉE. V. REDOUTE. V. SIÉGE.

LIGNE de COLONNE. V. COLONNE. V. COLONNE ÉPAGOGIQUE N° 4.

LIGNE de COMMUNICATION. V. COMMUNICATION STRATEUMATIQUE. V. LIGNE POLÉMONOMIQUE. V. MILICE RUSSE N° 7. V. TOPOGRAPHIE.

LIGNE de CONTRE-APPROCHE. V. CONTRE-APPROCHE.

LIGNE de CONTREVALLATION. V. CONTREVALLATION. V. CROISADE DE 1188. V. LIGNE FORTIFIÉE. V. MILICE GRECQUE N° 5. V. MILICE RUSSE N° 7.

LIGNE (lignes) de DÉFENSE (G, 4) ou LIGNE DÉFENSIVE. Sorte de LIGNE PÉRIBOLOGIQUE ou FORTIFICATOIRE, comme disent quelques ÉCRIVAINS. GANEAU et HARRIS l'appellent LIGNE FIXE DE DÉFENSE. — Chez les anciens et au moyen âge, la Ligne de défense était égale à l'espace d'une TOUR à l'autre, espace calculé autant que possible sur la PORTÉE des TRAITS et des PROJECTILES du temps. La POLIORCÉTIQUE moderne a changé la disposition des Lignes de défense. — Les modernes appellent Ligne de défense ou LIGNE DE FEU, une ligne tirée de l'extrémité de la COURTINE d'une FORTERESSE ou d'une partie de la COURTINE jusqu'à la FACE du BASTION, ou depuis l'ANGLE FLANQUANT jusqu'à l'ANLUE FLANQUÉ. — Les Lignes de défense sont FLANQUANTES ou FICHANTES, suivant que le PROJECTILE vient y frapper ou que le FEU rase la FACE flanquée; ce feu s'appelle aussi LIGNE RASANTE. — La mesure de la Ligne de défense a dépendu en tout temps de la nature des ARMES DE JET en usage et de leur CHAMP DE FEU; elle se règle à raison d'une PORTÉE faible; autrefois c'était celle du MOUSQUET, de 150 à 180 mètres, maintenant c'est celle du FUSIL; cette PORTÉE répond à la mesure des PIÈCES DE FORTIFICATION qu'il s'agit de défendre, à la mesure des TENAILLES, si cette PIÈCE existe; elle est de deux cent quarante à deux cent soixante mètres, qui sont à peu près la portée DE BUT EN BLANC du FUSIL tiré du REMPART. Les FORTS dont la DÉFENSE est de cette étendue s'appelaient FORTS ROYAUX. — LES AUTEURS qui sont entrés dans les détails de cette question, sont : BELAIR (1792), DESPREZ (1735, B), DEVILLE (Antoine), DUFAIN (1757, B), ENCYCLOPÉDIE (1751, C; id. aux volumes de planches; id. 1785, C), GUIGNARD (1725, B), GUILLET (1686, B), LACHESNAIE (1758, I, au mot *Mousquet*), MANESSON (1685, B), POTIER (1779, X), SIONVILLE (1756, E), le *Dictionnaire de la Conversation*, au mot *Défense*.

LIGNE de DIRECTION. V. DIRECTION. V.

DIRECTRICE DE BATAILLON. V. MARCHE DE BATAILLON EN BATAILLE. V. TACTIQUE, subs.

LIGNE de DRAPEAU. V. BANDIÈRE. V. DRAPEAU. V. FRONT D'ATTAQUE. V. FRONT DE BANDIÈRE.

LIGNE de FEU. V. FEU. V. FEU FICHANT. V. FEU PÉRIBOLOGIQUE. V. LIGNE DE DÉFENSE. V. OFFICIER DU GÉNIE N° 7. V. OUVRAGE DE CAMPAGNE. V. OUVRAGE DE FORTIFICATION. V. PARAPET. V. PASSAGE DE DÉFILÉ. V. PASSAGE DE LIGNES.

LIGNE de FORTERESSES. V. ARMÉE D'ENVAHISSEMENT. V. DÉFENSIVE. V. FORTERESSE. V. FRONTIÈRE. V. GARNISON. V. GUERRE DE SIÉGE. V. LIGNE POLÉMONOMIQUE. V. OFFICIER DU GÉNIE N° 4. V. PREMIÈRE LIGNE DE FORTERESSES. V. SECONDE LIGNE DE FORTERESSES.

LIGNE de FRONTIÈRES. V. FORTERESSE. V. FRONTIÈRE. V. GARNISON. V. MARQUIS.

LIGNE de JALONNEURS. V. JALONNEUR.

LIGNE de LÉGION ROMAINE. V. CENTURION EN CHEF. V. COIN TACTIQUE. V. LÉGION ROMAINE N° 5.

LIGNE de MAGASINS. V. LIGNE D'OPÉRATIONS. V. MAGASIN.

LIGNE de MIRE (G, 2, 5, 6). Sorte de LIGNE PYROBOLIQUE que parcourt l'œil d'un TIREUR D'ARME A FEU, quand il vise le BUT qu'il se propose d'atteindre. — Ce rayon visuel diffère de la LIGNE DE TIR en ce qu'il va droit à la CIBLE ou au BUT EN BLANC, tandis que la BALLE ou les PROJECTILES analogues n'arrivent à ce BUT que plus ou moins paraboliquement ou par la LIGNE DE TIR. — Des explications relatives à ce sujet se trouvent dans les traités de BARDIN (1807, D; 1809, B; 1814, E), BOHAN (1781, H), le général COTTY (1822, A), M. FRANCOEUR (au mot *Bouche à feu*), GASSENDI (1819), M. LEGRAND (1837, A), SILVA (1775, F) et enfin dans l'INSTRUCTION DE 1822 (30 MARS).

LIGNE de MOINDRE RÉSISTANCE (G, 2, 4). Sorte de LIGNE PYROBOLIQUE qui part du centre de la CHARGE d'un GLOBE, d'un FOURNEAU, d'un CANON, etc., et qui répond au côté qui offre le moins d'opposition à l'explosion. — Si l'ART DU MINEUR, si la précaution du tireur ne ménageaient une Ligne de MOINDRE RÉSISTANCE, l'ARME CRÈVERAIT, l'explosion d'une mine dans des directions toutes également centrifuges ne produirait pas l'effet à obtenir. — Dans un CANON chargé, la Ligne de moindre résistance est à l'opposite de la culasse. — Dans une MINE, la moindre résistance répond au côté qui doit porter préjudice à l'ENNEMI; c'est la ligne la plus courte à partir du centre du FOURNEAU et se dirigeant verticalement à la superficie et au centre de l'ENTONNOIR. — Tous les AUTEURS qui ont traité des MINES ont donné des éclaircissements sur ces points, dont s'occupent aussi : LACHESNAIE (1758, I),

JABRO (1777!, G), MAIZEROY (1775, E,) POTIER (1779, X), etc., le *Journal des Sciences militaires*, 1854, novembre, p. 206.

LIGNE de POSTES. V. FRÉDÉRIC DEUX (1821, A). V. POSTE, subs. masc.

LIGNE de RETRAITE. V. RETRAITE. V. RETRAITE STRATEUMATIQUE.

LIGNE de SIÉGE DÉFENSIF. V. LIGNE FORTIFIÉE. V. SIÉGE DÉFENSIF.

LIGNE de SIÉGE OFFENSIF. V. DEMI-LIGNE. V. LIGNE FORTIFIÉE. V. SIÉGE OFFENSIF. V. TRANCHÉE.

LIGNE de TENTES. V. CAMP DE TENTES. V. CAMP MINCE. V. CAMPEMENT TACTIQUE. V. CORDEAU DE FRONT. V. CUISINE DE CAMP. V. HÉMISTRIGE. V. TENTE.

LIGNE de TIR (G, 2, 5, 6), ou LIGNE DE TRAJECTION. Sorte de LIGNE PYROBOLIQUE que suit un PROJECTILE ou une BALLE lancée par une ARME A FEU. — Dans le FEU des ARMES A TIR DIRECT, la TRAJECTION est une légère courbe décrite par le MOBILE auquel l'élasticité de l'air oppose une résistance trois fois plus puissante que le degré de vitesse imprimée au COUP. — A son départ de l'EMBOUCHURE de l'ARME, la Ligne de tir est plus élevée que la LIGNE DE MIRE, elle la rejoint ensuite et par conséquent la rencontre deux fois, ce qui constitue le TIR qu'on appelle BUT EN BLANC. Le COUP est juste si au second ANGLE DE MIRE, la BALLE répond à la CIBLE ou au point visé. — La plus grande étendue de la Ligne de tir s'appelle CHAMP DE FEU. — Les traités dans lesquels il est question du sujet sont ceux de BARDIN (1807, D; 1809, B; 1814, E), BOHAN (1781, II), CANTELOUBE (1818, F), le général COTTY (1822, A), GUIBERT (1775, E), M. LEGRAND (1857, A), SILVA (1775 F), et enfin l'INSTRUCTION DE 1822 (50 MARS).

LIGNE de TRAJECTION. V. LIGNE DE TIR. V. TRAJECTION. V. TRAJECTOIRE.

LIGNE de TRIAIRES. V. TRIAIRE; id. n° 2, 4.

LIGNE de TROUPES. V. ARMES DE SERVICE ARMÉ. V. BATTERIE MASQUÉE. V. CAMP. V. COLONNE TACTIQUE. V. COURTINE. V. ENFILADE. V. LIGNE TACTIQUE. V. MÉSOPLÉSIONNAIRE. V. PARC D'ARTILLERIE. V. POSTE D'HONNEUR. V. PRINCE DE LÉGION ROMAINE. V. REDOUTE DE CAMPAGNE. V. SIGNAL TACTIQUE. V. TERRAIN STRATÉGIQUE. V. TROUPE.

LIGNE d'ÉCHIQUIER. V. ÉCHIQUIER. V. RETRAITE EN ÉCHIQUIER.

LIGNE DÉFENSIVE. V. CONTREVALLATION. V. FORTERESSE. V. LIGNE DE DÉFENSE. V. LIGNE FORTIFIÉE. V. TOPOGRAPHIE.

LIGNE DÉPLOYÉE. V. BATAILLE. V. DÉPLOYÉ, adj. V. LIGNE DE BATAILLE. V. ORDRE MIXTE. V. TIRAILLEUR.

LIGNE d'ÉTAPE. V. CASERNE. V. ÉTAPE. V. SERVICE DE ROUTE.

LIGNE d'HOPITAUX. V. HOPITAL. V. HOPITAL MILITAIRE. V. PREMIÈRE LIGNE D'HOPITAUX.

LIGNE d'INFANTERIE. V. BATAILLE. V. CHANGEMENT DE FRONT. V. DIVISION D'INFANTERIE. V. FEU DE BILLEBAUDE. V. INFANTERIE. V. INVERSION. V. RANGS D'INFANTERIE. V. RETRAITE EN ÉCHIQUIER. V. SECONDE LIGNE DE BATAILLE. V. SIGNAL TACTIQUE.

LIGNE (lignes) d'OPÉRATIONS (H), ou ligne de CONVOIS, comme les appelait VILLARS, ou LIGNE DE MAGASINS, comme les appelait ODIER (1824, E). Sorte de LIGNES POLÉMONOMIQUES, dont le sens est mal éclairci. MM. JOMINI, VAUDONCOURT et XILANDER ne tombent pas d'accord entre eux sur l'acception du mot. Essayons d'en donner une définition conforme au langage de la TOPOGRAPHIE et aux notions le plus généralement reçues. — Une simple JOURNÉE DE GUERRE, une longue CAMPAGNE, ont également leur Ligne d'opérations; cette dernière Ligne est le terrain des PLACES de secours, de GARNISONS, de DÉPOTS; c'est la chaîne des MAGASINS, des ENTREPOTS, des FORTERESSES, des ÉTABLISSEMENTS SANITAIRES, etc.; c'est la route aussi droite que possible que tiennent, à partir de la BASE D'OPÉRATIONS, les diverses COLONNES d'une ARMÉE AGISSANTE. La Ligne est ordinairement perpendiculaire à la BASE, elle en est la CAPITALE; mais suivant le but que l'ARMÉE se propose, la Ligne est ou à revers, ou oblique à raison des ANGLES qu'elle forme. — On nomme NOEUDS ou POINTS STRATÉGIQUES, les stations qui entrecoupent la Ligne; on nomme objectif ou LIGNE OBJECTIVE le but auquel elle tend. — Les RETRAITES les plus sûres sont celles qui s'écartent le moins de la Ligne d'opérations et qui sont le moins EXCENTRIQUES. — Conserver une Ligne d'opérations importait peu aux ROMAINS, quand leur MILICE florissait; leurs ARMÉES, habituées à la sobriété, étaient peu grosses, n'avaient pas d'ARTILLERIE, ne traînaient qu'un léger BAGAGE, se retranchaient les nuits ou pendant les repos, dans des CAMPS fermés; elles étaient comme des peuplades armées qui venaient s'asseoir au milieu des nations dépourvues de FORTERESSES et de défense. Il en fut ainsi jusqu'au temps où la lourdeur des CONVOIS, l'abus des BAGAGES, la quantité des BÊTES DE SOMME, l'attirail des MACHINES DE GUERRE appesantirent et encombrèrent les TROUPES ROMAINES; alors elles eurent pour NOEUDS STRATÉGIQUES, des CAMPS DE GUERRE A DEMEURE, des CAMPS DE VÉTÉRANS qui furent comme les sentinelles permanentes de leurs Lignes d'opérations. — Les circonstances sont, aujourd'hui, ce qu'elles étaient au temps de la décadence de la MILICE ROMAINE; les ARMÉES ne sauraient se passer d'une Ligne d'opérations; la bien choisir, l'assurer, en aviitailler convenablement les PLACES, la conserver soigneusement, prévenir le danger qu'elle soit PERCÉE, ne l'abandonner jamais volontairement, sont devenus une des premières règles de l'ART DE LA GUERRE. — VILLARS sauva la FRANCE à DENAIN, en coupant la Ligne d'opérations d'EUGÈNE. — Un des vices du PLAN DE CAMPAGNE de 1812 était le peu de solidité de la Ligne d'opérations, elle risquait au premier échec d'être interceptée. La France ne pouvait alimenter une ARMÉE D'INVASION, ni la Russie subvenir aux besoins d'une pareille foule; les PARCS devaient tirer de deux cents lieues les MUNITIONS de tout genre; chaque pas en avant était pour l'ARMÉE une cause d'affaiblissement; la moitié des CORPS était obligée de garder, de disputer, de ressaisir la Ligne d'opérations dont les COMMUNICATIONS étaient souvent difficiles, toujours suspectes et sans cesse interrompues. — BONAPARTE, privé de communications avec sa Ligne d'opérations, fût obligé à LEIPSIG de livrer une funeste BATAILLE, une BATAILLE DOUBLE. — LLOYD (1801, A) posait en principes que les Lignes d'opérations ne devaient pas excéder trente-cinq lieues; si c'est la totalité de la Ligne, la mesure est faible, et il y a peu de GÉNÉRAUX D'ARMÉE qui ne trouvassent timide le précepte; si c'est la distance d'un NOEUD à l'autre, la mesure est forte. — Ce même ÉCRIVAIN veut avec raison que les fleuves qui avoisinent parallèlement la Ligne d'opérations, soient occupés de l'une et de l'autre rives par l'ARMÉE. — M. le général JOMINI distingue les Lignes d'opérations en subdivisions nombreuses, et en traite dans l'examen qu'il fait de la reprise de la Silésie par FRÉDÉRIC DEUX; il envisage les Lignes comme offensives, défensives, rétrogrades, etc.; il les appelle SIMPLES ou à plusieurs COLONNES, suivant que l'ARMÉE s'avance en formant une pointe ou plusieurs têtes; il les regarde comme concentriques quand plusieurs COLONNES suivent vers un même point une Ligne de convergence partie de BASES différentes; il les nomme excentriques, si la BASE est unique et les buts différents. — D'autres ÉCRIVAINS ont appelé CONCENTRIQUES les MOUVEMENTS conformes à une Ligne d'opérations, et EXCENTRIQUES les autres. — Quelques ÉCRIVAINS donnent le nom de CONTRE-LIGNE d'OPÉRATIONS aux TROUPES ou aux CAMPS VOLANTS qui entreprennent sur les COMMUNICATIONS de l'ENNEMI. — *L'armée française, légère de bagages, industrieuse dans ses moyens de subsistance, a pu,* dit le général Fox, *s'émanciper jusqu'à un* *certain point de la rigueur des Lignes d'opérations.* Mais cette faculté était la critique de l'ADMINISTRATION et la ruine du pays. — On peut à l'égard des Lignes d'opérations consulter BULOW (1801, D), M. le colonel CARRION (1824, A), M. de CHAMBRAY (1830), l'ENCYCLOPÉDIE (1785, C), GASSENDI (1819), M. JACQUINOT, le général JOMINI (1819, B; 1830, A; 1831, B), LLOYD (1801, A), MONTECUCULI (1670, A), ODIER (1817, E), PUYSÉGUR (1748, C), le général VAUDONCOURT (1825, D), M. XILANDER (1829) et enfin le *Spectateur militaire,* t. XII, p. 234, et le *Journal des Sciences militaires* (neuvième livraison).

LIGNE EN RETRAITE. V. EN RETRAITE. V. PAS DE COURSE. V. PASSAGE DE LIGNE.

LIGNE ÉPITAXIQUE. V. ÉPITAXE. V. ÉPITAXIQUE. V. LIGNE COMBINÉE. V. SECONDE LIGNE.

LIGNE FICHANTE. V. FEU FICHANT. V. FICHANT. V. LIGNE DE DÉFENSE.

LIGNE FIXE de DÉFENSE. V. DÉFENSE. V. FIXE, adj. V. LIGNE DE DÉFENSE.

LIGNE FLANQUANTE. V. FLANQUANT. V. LIGNE DE DÉFENSE.

LIGNE FORTIFIANTE. V. FORTIFIANT. V. LIGNE FORTIFIÉE.

LIGNE FORTIFICATOIRE. V. FORTIFICATOIRE, adj. V. LIGNE DE DÉFENSE. V. LIGNE FORTIFIÉE.

LIGNE (lignes) FORTIFIÉE (term. sous-génér.), ou LIGNES FORTIFIANTES, ou LIGNES FORTIFICATOIRES, ou LIGNES RETRANCHÉES, comme les appellent divers ÉCRIVAINS. Sorte de LIGNES ou de RETRANCHEMENTS à FOSSÉ, à PARAPET, à BONNETTES ou composées de FLÈCHES. On en a fait usage en plaine, mais elles appartiennent surtout à la GUERRE DE SIÉGE. Elles présentent une liaison de DÉFENSES naturelles, de POSITIONS DÉFENSIVES, de BASTIONS, ou de REDOUTES espacés de deux cent quarante mètres environ; elles ont leurs PORTES défendues par des REDANS; elles participent en général de la FORTIFICATION IRRÉGULIÈRE. — Les LIGNES OFFENSIVES des GRECS contenaient des CASERNES en briques enfermées entre la CONTREVALLATION et la CIRCONVALLATION, distantes de cinq ou six mètres l'une de l'autre; ces Lignes étaient des MURAILLES en maçonnerie ou en charpente, surmontées de TOURS, garnies de BANQUETTES et formant un cercle ou des portions de cercle autour de la PLACE attaquée, de manière à la BRIDER par une sorte de longue CASEMATE; une espèce de ville en emprisonnait une autre. — Les LIGNES OFFENSIVES des ROMAINS étaient analogues aux RETRANCHEMENTS de leurs CAMPS. Des GALERIES de COMMUNICATION, ou VIGNES, régnaient parallèlement à la PLACE, et contribuaient à la force des OUVRAGES; les SIÉGES qu'ils formaient de

la sorte étaient de véritables BLOCUS. — PO-
LYBE (150, A) parle des Lignes des GAULOIS ;
ils avaient, dit-il, l'usage d'en sortir à la vue
de l'ENNEMI ; en agir ainsi est un précepte
posé de nos jours encore par les ÉCRIVAINS
qui ont traité des SORTIES. — Dans le MOYEN
AGE, les TROUPES attaquées attendaient, au
contraire, à l'abri du RETRANCHEMENT, leurs
adversaires. — DANIEL (1721, A) croit retrouver dans les récits du continuateur de
GUILLAUME DE TYR une description des LI-
GNES DE CIRCONVALLATION et de CONTREVALLA-
TION, au siége d'ACRE dans la CROISADE DE
1188. — Avant de s'appeler Lignes, ce
moyen d'ATTAQUE se nommait ASSIÉGEMENT
PAR BASTIDES ; les LIGNES DE SIÉGE OFFENSIF
ont succédé à cet assiégement ; elles avaient
pour objet d'assurer un INVESTISSEMENT, de
s'opposer à une armée de secours, de faire
tête aux SORTIES d'une GARNISON entrepre-
nante. — VAUBAN (1736, B) conseille d'é-
tablir à cinquante pas en avant des Lignes,
des bûchers de bois sec, qu'en cas d'attaque
de nuit on allume à un signal donné. —
CONDÉ, TURENNE, LUXEMBOURG ne goûtaient
pas le systéme des Lignes ; il n'a prévalu
qu'après eux chez les FRANÇAIS, encore bien
que VILLARS et CATINAT en désapprouvassent
la méthode ; elle est surtout tombée en discrédit dans l'ARMÉE FRANÇAISE depuis que MAURICE
DE SAXE (1757, A) et FRÉDÉRIC DEUX (1761,
G), s'en sont montrés antagonistes. C'est
l'époque ou l'on a commencé à y substituer
les GRAND'GARDES et les POSTES AVANCÉS.
M. PAIXHANS (1850) cependant essayait d'en
faire revivre l'usage. — FEUQUIÈRES (1750,
A) s'est appliqué à démontrer les avantages
et les désavantages du systéme des Lignes ;
ce que VAUBAN dit des CAMPS RETRANCHÉS
ressortit à la même question. — On lit dans
GUIBERT (1775, E) : *La faiblesse construit
des Lignes, la faiblesse les défend.* —
Cependant en 1631, près de Nuremberg,
WALSTEIN résista dans ses Lignes aux armes
SUÉDOISES ; GUSTAVE-ADOLPHE les attaqua avec
fureur, mais sans succès, et y laissa deux
mille morts. — Au siége de VIENNE, au
contraire, en 1683, les TURCS sont FORCÉS
dans leurs Lignes ; en 1706, celles qui
étaient élevées devant TURIN éprouvèrent
le même échec. — VILLARS emporta les
Lignes de Stolhoffen, BERWICK perça en
1735 celles d'Erlingen qui avaient douze
lieues de développement. La GUERRE DE
1741 offrit l'exemple de l'ESCALADE des
Lignes de Weissembourg. — Le principal
moyen de défense des Lignes modernes
consiste dans la résistance par le FEU. Le
principal moyen de les ATTAQUER consiste
dans des INSULTES D'EMBLÉE exécutées en co-

LONNE. — Il y a des ÉCRIVAINS qui appellena
absolument Lignes ou LIGNES DÉFENSIVES les
Lignes fortifiées ; mais la locution prête à
l'équivoque, car il y a des Lignes fortifiées
qui sont OFFENSIVES ; telles sont les LIGNES
DE CIRCONVALLATION. — On a recours à la
construction des Lignes, soit pour la DÉFENSE
des CAMPS, soit en rase campagne, soit dans
les SIÉGES OFFENSIFS, soit même dans des
SIÉGES DÉFENSIFS ; celles-ci se nomment CONTRE-
APPROCHES. — La destination des Lignes qui
retranchent un CAMP ou qu'on élève en rase
campagne, est de faire respecter une ARMÉE,
de garder la DÉFENSIVE, d'occuper une grande
étendue de TERRAIN ; dé COUVRIR un pays,
une FRONTIÈRE, de la préserver de CONTRIBU-
TIONS, d'opposer aux COURSES de l'ENNEMI
une barrière puissante, de favoriser la COM-
MUNICATION entre les diverses PLACES, de
rendre facile une POINTE en avant, de rendre difficile, lent, dangereux le cheminement des TRAVAILLEURS. — Les Lignes fortifiées se coordonnent aux sinuosités et aux
ACCIDENTS de TERRAIN, ainsi qu'à la direction des COURS D'EAU ; elles tirent avantage
de certaines configurations géologiques ;
elles sont plus sûres si une ARMÉE leur tend
la main ; elles doivent surtout leur force à
des escarpements qui les COUVRENT, à des
marais, à des obstacles naturels qui les avoisinent ; telles sont les FRONTIÈRES de plusieurs pays qu'on peut regarder comme
d'excellentes LIGNES DÉFENSIVES. — On comprend dans l'ensemble de la construction
des Lignes, les PORTES et les BASTIONS DÉTA-
CHÉS qui les défendent, les BARRIÈRES, le CHAMP
DE BATAILLE, les PONTS, s'il y a lieu d'en construire, les PLATES-FORMES à CANON, les ÉPAULE-
MENTS pour la CAVALERIE, les PUITS ou TROUS
DE LOUP qui les défendent ; les TRAVERSES qui
préservent d'ENFILADE les défenseurs des
OUVRAGES. — Les Lignes sont passagères et
diffèrent en cela des FORTERESSES qui forment
LIGNE permanente ; cependant on considère
la FORTIFICATION PASSAGÈRE à part des Lignes ;
ces dernières ont plus d'étendue, plus d'importance, et sans emporter une idée de perpétuité, elles exigent pourtant des TRAVAUX
plus consolidés que ceux des OUVRAGES de
la FORTIFICATION DE CAMPAGNE proprement
dite. — Nous avons vu construire, en 1794,
d'immenses LIGNES DÉFENSIVES, dans les
dunes, sous DUNKERQUE ; mais elles n'ont
pas été attaquées. — M. Charles DUPIN (1820,
B) dit en parlant des Lignes ANGLAISES :
*Les Anglais ont acquis une facilité rare
pour juger rapidement les meilleures
positions ; trop confiants dans l'élan de
nos troupes, nos généraux n'ont pas
craint d'attaquer de front de semblables*

positions, et ils ont échoué malgré des prodiges de valeur. — Les Lignes de Torrès-Vedras, destinées à couvrir LISBONNE, en 1815, ont été un modèle d'art et de travaux; une double Ligne de REDOUTES était unie par des TRANCHÉES; la première Ligne avait un développement de quarante-deux kilomètres, entrecoupé de cinq stations télégraphiques qui transmettaient en sept minutes, d'une extrémité à l'autre, les ordres donnés. Le total des OUVRAGES fermés était de cent vingt-six, dont cinquante-sept sur la PREMIÈRE LIGNE; les BATTERIES contenaient quatre cent vingt-sept pièces. — Quoique les forêts royales eussent fourni les bois, et que les journées d'ouvriers fussent à bas prix, le travail avait coûté deux millions cinq cents mille francs. — Quantité d'ÉCRIVAINS ont exercé leur plume à l'égard des Lignes; tels sont : BOISROGER (1775, G), BULOW (1801, D), DESPREZ (1735, B), ENCYCLOPÉDIE (1785, C), FRÉDÉRIC DEUX (1761, G), GASSENDI (1819), GAYA (1679, A), GUIBERT (1775, E), GUILLET (1686, B), JONES (1852), KHEVENHUELLER (1771, F), M. LEGRAND (1857, A), LACHESNAIE (1758, I, au mot *Place*), LOLOOZ (1766, A), MAIZEROY (1767, E; 1775, B), MAUBERT (1762, A), MÉCISZINSKI, M. PAIXHANS (1850), QUINCY (1741, E), SILVA (1768, K), et le *Journal des Sciences militaires*, t. XXVII, p. 285. — Nous nous bornerons à distinguer les Lignes fortifiées en LIGNE A CRÉMAILLÈRE, — A LUNETTES, — A OUVRAGES DÉTACHÉS, — A TENAILLES BRISÉES, — BASTIONNÉE.

LIGNE (lignes) IDIOPLIQUE (A, 1), ou CORPS DE LIGNE, ou TROUPES DE LIGNE. Sorte de LIGNE ou de portions, soit des MILICES ÉTRANGÈRES, soit de l'ARMÉE FRANÇAISE, nommées ainsi par opposition aux CORPS PRIVILÉGIÉS, aux GARDES NATIONAUX, etc. — Le mot Ligne, employé par abréviation, a pris naissance depuis la GUERRE DE LA RÉVOLUTION; il fut créé pour distinguer la GARDE NATIONALE de l'ARMÉE DE LIGNE; le MINISTÈRE DE LA GUERRE le consacra par une autre circonstance, ce fut le besoin de distinguer l'ARMÉE PRIVILÉGIÉE de l'ARMÉE sans PRIVILÉGES. — Le terme est jusqu'ici amphibologique, puisque des ÉCRIVAINS confondent à tort, TROUPE DE BATAILLE et TROUPE DE LIGNE. — La GENDARMERIE A PIED et A CHEVAL est-elle un CORPS DE LIGNE?... La Ligne est-elle une ARME PERSONNELLE; comprend-elle des ARMES communes à la GARDE du souverain? La CAVALERIE LÉGÈRE est-elle autre que celle de Ligne; un BATAILLON D'INFANTERIE LÉGÈRE ou DE LIGNE sont-ils chose différente? Nos législateurs n'ont pas résolu ces problèmes. — Dans une MILICE bien constituée, il n'y au-

rait pas de Ligne, ou il n'y en aurait que par opposition à certains CORPS à part, tels que des RÉGIMENTS COLONIAUX; à certaines AGRÉGATIONS qui ne sont qu'extraordinairement sur pied de guerre, telles que la GARDE NATIONALE, la LANDWEHR, la gendarmerie, les PARTISANS, les VOLONTAIRES, etc. Tout le reste de l'ARMÉE serait Ligne, puisqu'il accomplirait un SERVICE pareil, et ne se diviserait qu'en TROUPES DE BATAILLE et en TROUPES LÉGÈRES. C'est presque le cas de la MILICE AUTRICHIENNE, ce n'est pas celui de la MILICE ANGLAISE, ni de bien d'autres. — Dans les ARMÉES entremêlées de CORPS PRIVILÉGIÉS, il ne saurait exister d'équitables lois d'AVANCEMENT; la Ligne fourmille de REMPLAÇANTS; le PRIVILÉGE s'y empare des GRADES; les disputes de rang y sont incessantes; partout se rencontrent des différences fâcheuses et des variétés vaines; on les retrouvait depuis l'ATTRIBUT du BONNET DE POLICE et l'espèce des REVERS D'HABIT jusqu'aux ÉPAULETTES et aux ÉPÉES des OFFICIERS PARTICULIERS de l'ARMÉE FRANÇAISE. — La Ligne est une roturière qui enfante des nobles; leurs profusions ruinent leur mère, leurs GRADES SUPÉRIEURS et leur conduite hautaine l'humilient. — Il n'y avait par rapport à la Ligne aucune harmonie dans les ORDONNANCES D'UNIFORME, aucune proportion dans les ALLOCATIONS PÉCUNIAIRES dont jouissaient la GARDE IMPÉRIALE, la GARDE ROYALE, les GARDES DU CORPS; on croirait d'un autre pays les BUDGETS des BATAILLONS de la GARDE, leur GRAND ÉQUIPEMENT, leur HABILLEMENT comparés à ceux de la Ligne. — Dans l'INFANTERIE de Ligne, le FUSILIER avait pour toute ARME le fusil; dans la GARDE il avait de plus le SABRE. Si cette arme blanche était utile à l'un de ces FUSILIERS, elle manquait à l'autre, ou l'inverse. — Une ÉCOLE DE SOUS-OFFICIERS a pendant quelque temps alimenté de sujets l'INFANTERIE DE LIGNE de l'ARMÉE. — Les CADRES des COMPAGNIES DE DISCIPLINE sont tirés de la Ligne.

LIGNE MAGISTRALE (G, 4). Sorte de LIGNE PÉRIBOLOGIQUE et imaginaire qui suit la partie supérieure du cordon du REMPART d'une PLACE; elle indique le tracé primitif de l'ENCEINTE et la Ligne du pied de l'ESCARPE; elle exprime même, suivant l'opinion de quelques professeurs, l'intérieur du PARAPET. — Dans les plans, la Ligne magistrale est figurée par le trait principal, et c'est à partir de ce trait qu'on commence à compter les largeurs de chaque partie de la FORTIFICATION. Les GALERIES MAGISTRALES sont parallèles à la Ligne magistrale. — Les FRONTS DE BANNIÈRE sont regardés, dans quelques traités, comme une sorte de Ligne magistrale.

LIGNE MANIPULAIRE. V. COHORTE DE LÉ-

GION ROMAINE N° 2. V. CONTRE-MARCHE TACTIQUE. V. LÉGION ROMAINE N° 5. V. MANIPULAIRE. V. MANIPULE.

LIGNE NAPOLITAINE. V. MILICE NAPOLITAINE N° 1. V. NAPOLITAIN, adj.

LIGNE OBJECTIVE. V. LIGNE D'OPÉRATIONS. V. OBJECTIF.

LIGNE OFFENSIVE. V. LIGNE FORTIFIÉE. V. OFFENSIF.

LIGNE PARALLÈLE. V. ARMÉE ASSIÉGEANTE. V. PARALLÈLE, adj. et subs. V. PLACE D'ARMES.

LIGNE PARATAXIQUE. V. COLONNE ÉPAGOGIQUE N° 4. V. LIGNE DE BATAILLE. V. MILICE ANGLAISE N° 8. V. MILICE AUTRICHIENNE N° 7. V. PARATAXIQUE.

LIGNE PÉRIBOLOGIQUE (term. sous-génér.). Sorte de LIGNE qui appartient à la langue de l'ART DE L'INGÉNIEUR; elle s'applique à la DÉFENSE des PLACES et à leur construction; elle se distingue ici en LIGNE DE DÉFENSE et en LIGNE MAGISTRALE.

LIGNE PLEINE (G, 6), ou MURAILLE TACTIQUE, ou ORDRE PLEIN. Sorte de LIGNE DE BATAILLE, ainsi nommée par opposition à la LIGNE A INTERVALLE. — La PHALANGE simple des GRECS était une Ligne pleine. — La LÉGION ROMAINE fut une Ligne pleine avant que ses MANIPULES ou ses COHORTES s'ordonnassent en LIGNES TANT PLEINES QUE VIDES, ou en ÉCHIQUIER. On voit dans le passage suivant de FRONTIN (86, A), parlant de SCIPION, que quelquefois son ORDRE DE BATAILLE formait passagèrement MURAILLE : *Intervalla velitibus adimplevit, ne interlucerit acies,* il déguisa son ORDRE DE BATAILLE en insérant des VÉLITES dans les INTERVALLES; l'insertion accidentelle des PRINCES dans les autres Lignes amenait le même résultat. Redevenue PHALANGE, la LÉGION reprit la Ligne pleine. — A Ivry, HENRI QUATRE fit combattre son INFANTERIE en Ligne pleine. — PUYSÉGUR (1748, C) conseillait de ne faire marcher qu'en Lignes pleines les brigades en bataille. — Le système de l'ORDRE MINCE a donné naissance à celui des INTERVALLES et a fait oublier l'ORDRE PLEIN. — L'ORDONNANCE DE 1791 (1er Août, Évolutions de Lignes n° 596) appliquait partiellement le système de la Ligne pleine aux CHANGEMENTS DE DIRECTION DE BATAILLONS EN BATAILLE, et à l'ORDRE EN POTENCE. — Le mécanisme moderne des PASSAGES DE LIGNE a été une conséquence de l'usage des Lignes pleines. — La question des Lignes pleines a exercé les recherches et la plume de beaucoup d'ÉCRIVAINS; tels sont : M. le colonel CARRION (1824, A), l'ENCYCLOPÉDIE (1785, C), LACHESNAIE (1758, I), MAIZEROY (1767, E), MESNIL-DURAND (1774, B), PUYSÉGUR (1748, C), SINCLAIRE (1773, Q), TRAVERSE (1758, D).

LIGNE (lignes) POLÉMONOMIQUE (term. sous-génér.). Sorte de LIGNES qui appartiennent à la langue de l'ART DU GÉNÉRAL et au jeu des ARMÉES EN CAMPAGNE; elles dépendent des conceptions du MINISTRE de la guerre et du PLAN de guerre adopté par le souverain; elles embrassent les LIGNES DE FORTERESSES, les LIGNES DE COMMUNICATIONS, etc.; elles se distinguent surtout ici en LIGNE D'OPÉRATIONS.

LIGNE (lignes) PYROBOLIQUE (G, 2, 3, 4). Sorte de LIGNES qui appartiennent à l'ART DE L'ARTILLERIE, de la BALISTIQUE, de l'INGÉNIEUR, et dont M. LEGRAND (1837, A) a dit quelques mots; elles se distinguent en LIGNE DE MIRE, — DE MOINDRE RÉSISTANCE, — DE TIR.

LIGNE RASANTE. V. FACE DE BASTION. V. FEU RASANT. V. LIGNE DE DÉFENSE. V. RASANT.

LIGNE RENVERSÉE. V. RENVERSÉ, adj. V. RENVERSER UNE LIGNE.

LIGNE RETRANCHÉE. V. LIGNE FORTIFIÉE. V. RETRANCHÉ.

LIGNE SIMPLE. V. LIGNE COMBINÉE. V. LIGNE D'OPÉRATIONS. V. SIMPLE.

LIGNE (lignes) TACTIQUE (G, 6), ou LIGNE D'ARMÉE. Sorte de LIGNES que les GRECS appelaient PARATAXES, ÉPITAXES; les LATINS nommaient *acies*, les Lignes des LÉGIONS; VELLEIUS les appelait *ordo, ordines. Primus ordo* est la PREMIÈRE LIGNE. — Dans les usages des COMPAGNIES D'ORDONNANCE, une Ligne était un RANG; maintenant, le sens des mots Ligne et RANG est bien différent; et pourtant, ALIGNER, c'est dresser un RANG; RANGER une ARMÉE, former des Lignes; ainsi va la LANGUE. — Les FRANÇAIS ont d'abord dit, BATAILLE dans l'acception donnée, depuis le seizième siècle, au mot Ligne. M. JACQUINOT se sert du terme Ligne de soutien, dans le sens d'ARRIÈRE-LIGNE ou SECONDE LIGNE. — GRASSI (1817, H), témoigne que les ITALIENS appellent spécialement *schiera*, une Ligne tactique, et il fait, avec raison, la remarque que, faute d'une expression technique, les FRANÇAIS confondent Ligne d'hommes et Ligne tactique; quand ils disent qu'il faut se porter sur une Ligne, cela signifie qu'il faut occuper un TERRAIN, mais non pas aller heurter une LIGNE DE TROUPES; la locution est donc une des équivoques de l'ART MILITAIRE. — Fréquemment les ÉCRIVAINS modernes prennent le terme comme signifiant : étendue de TERRAIN DE MANOEUVRES égale à un FRONT DE BATAILLE, et sur lequel une TROUPE SE FORME ou est censée se FORMER EN BATAILLE; souvent aussi ils appellent absolument Ligne, une TROUPE dont l'ORDONNANCE n'a qu'un seul ASPECT par opposition aux CARRÉS ou aux COINS; en ce cas, la Ligne est la perpendiculaire de la HAUTEUR ou de la profondeur; toute Ligne de ce genre se partage en centre et en ailes.—Le plus ordinairement le mot Ligne donne une idée qui semble l'opposé de la colonne; pourtant on commande : en Ligne, à un bataillon par le flanc, et à ce commandement il se forme en colonne; c'est encore une autre équivoque. — Nous prenons ici le mot Ligne, et dans le sens de terrain propre au développement d'une armée, et dans le sens de l'arrangement d'une armée ou d'une partie d'armée faisant front ou étant censée faire front à l'ennemi; nous l'appliquons surtout à un ensemble d'infanterie destinée à combattre en corps de bataille et à se prêter aux divers systèmes de formations, à exécuter les passages de défilé, les passages de lignes. — Quand la formation de la Ligne doit avoir lieu, le commandant en chef détermine les points de direction qui répondent aux ailes; les aides de camp, les adjudants-majors, les adjudants s'y portent et y placent des jalonneurs.—Dans les manoeuvres de guerre, une Ligne est quelquefois couverte par une avant-garde, et fortifiée d'une seconde ligne de bataille.— Les changements d'ordre et les changements de front sont les éléments des mouvements des Lignes d'hommes et une circonstance de l'occupation ou de l'abandon des Lignes de terrain. — En certains cas, on raccorde une Ligne en marquant le pas.—Le règlement de 1776 (1er juin) a prescrit le premier les mouvements de lignes. — Mettre ou se mettre en ligne, est un genre de formation. — Des attaques centrales ont pour objet de percer une ligne. — On donne jalousie à l'ennemi pour l'attirer sur les points de la Ligne où l'on est le mieux en mesure de le recevoir.—On refuse une ligne pour éviter le combat.—Quelques notions sur des questions de ce genre se trouvent dans M. Legrand (1837, A).— Les Lignes tactiques se distinguent en ligne combinée, — de bataille, — de bataillons en masse.

LIGNE tant pleine que vide. v. intervalle d'infanterie. v. ligne pleine. v. manipule n° 1. v. passage de lignes. v. plein, adj. v. vide.

LIGUE, subs. fém. v. alliance. v. coalisé. v. confédéré. v. guerre de 1792.

LILIENSTEIN ; LILLE ; LILYBÉE. v. noms propres.

LIMAÇON, subs. masc. (F). Ordre tactique qui était pratiqué par l'infanterie des Espagnols et par les milices de Suisse et de Bourgogne. Notre mot caracol, pris de l'espagnol et qui y signifie colimaçon, exprimait un genre de spirale tactique analogue peut-être au Limaçon.—Suivant d'au-

tres données, le Limaçon aurait été l'enroulement en spirale des rangs d'infanterie formant le bataillon rond.—L'évolution du Limaçon consistait dans le déroulement du hérisson, dont les rangs partaient successivement par le flanc comme par une espèce de marche processionnelle. Le front ou limaçon était probablement de quatre hommes. Nous ne connaissons que Ganeau qui ait dit, sur ce sujet, quelques mots aux articles colimaçon et limaçon.

LIMÉNARQUE, subs. masc. v. marquis.

LIMITE, subs. fém. v. ban d'arrivée à la garnison. v. ban d'arrivée au camp. v. code pénal militaire. v. congé. v. crime. v. déserteur. v. déserteur a l'ennemi. v. forteresse. v. garnison. v. marche. v. topographie.

LIMITÉ (limitée), adj. v. congé limité. v. engagement limité.

LIMONIÈRE, subs. fém. v. affut. v. artillerie a cheval.

LINDBLOM ; LINDENAU ; LINDENBROG ; LINDNER ; LINDQUIST ; LINDSAY. v. noms propres.

LINÉAIRE, adj. v. pouce l....

LINPARD, subs. masc. v. aventurier.

LINGE a pansement. v. a pansement. v. ambulance a cheval. v. cantine d'ambulance. v. chirurgien. v. masse de médicaments.

LINGE de chambrée. v. blanchissage de chambrée. v. blanchisseuse. v. caporal d'escouade n° 2. v. caporal d'infanterie française de ligne n° 13. v. caporal d'ordonnance n° 2. v. caserne.

LINGE et chaussure. v. absence d'homme de troupe. v. bon de l... v. bonnet de coiffure. v. compte ouvert. v. controle de l.... v. décompte de l.... v. deniers de l.... v. deniers de petit équipement. v. effet de l.... v. état de l.... v. feuille de l.... v. havresac. v. intendant militaire n° 4. v. livre de compagnie. v. livret individuel. v. masse de l.... v. officier de section. v. paye. v. petit équipement. v. petite monture. v. revue de l.... v. sergent de subdivision. v. visite de l....

LINGK. v. noms propres.

LINGULE, subs. fém. (F). Mot pris du latin *lingula*, employé par César et par Aulu-Gelle (liv. x, chap. 25); il signifiait une étroite et longue épée, qui répondait probablement à l'espadille et que quelques-uns ont comparée au verdun.

LINKER. v. noms propres.

LINTEAU (subs. masc.) de barrière. v. chassis de barrière.

LINTEAU de palissade. v. palanque. v. palissade.

LION, subs. masc. v. ARMOIRIES. V. FLEUR DE LIS.

LIONASTRE ; LIPENNIUS ; LI-POWSKI ; LIPP-HOLSTEIN ; LIP-POLD ; LIPSE ; LIPSIUS. V. NOMS PROPRES.

LIQUEUR d'HOFFMANN. V. CAISSE DE PHARMACIE. V. HOFFMANN.

LIQUEUR SPIRITUEUSE. V. MILICE ANGLAISE N° 12. V. SPIRITUEUX.

LIQUIDATION. V. ACCESSOIRE DE SOLDE. V. APPOINTEMENTS. V. BON. V. CONSOMMATION DE COMPTE DE DÉTACHEMENT. V. DÉCOMPTE DE LIQUIDATION. V. ÉCRITURES COMPTABILIAIRES. V. PAYEMENT. V. REVUE DE LIQUIDATION. V. SOLDE. V. SOUS—INTENDANT N° 8.

LIQUIDE (liquides), subs. masc. (B, 1). Mot tout LATIN employé surtout au pluriel absolu pour exprimer un genre de PRESTA-TIONS INDIVIDUELLES qui, sur PIED DE GUERRE, sont éventuellement allouées pour un temps limité aux HOMMES DE TROUPE PRÉSENTS SOUS LES DRAPEAUX. — Le MINISTRE DE LA GUERRE, les GÉNÉRAUX EN CHEF et, dans certains cas, les GÉNÉRAUX COMMANDANT LES DIVISIONS, ordonnent extraordinairement ce genre de DIS-TRIBUTIONS. — Sur PIED DE PAIX, les Liquides, au lieu d'être l'objet d'une PRESTATION EN NATURE et HABITUELLE, sont représentés par une INDEMNITÉ DE VIVRES. — Les Liquides comprennent le VIN, le VINAIGRE et l'EAU-DE-VIE ; ils se délivrent par RATIONS journa-lières et par HOMME. — Jusqu'ici les HOMMES DE TROUPE seuls avaient droit à ce TRAITE-MENT DE GUERRE. La mesure était déraison-nable, puisqu'il est, en guerre, mille cir-constances où les OFFICIERS seraient dans l'impossibilité de se procurer, à prix d'ar-gent, des denrées de cette espèce ; aussi la loi était-elle souvent désobéie. Les commis-saires, les gardes-magasins, les QUARTIERS-MAITRES TRÉSORIERS faisaient ou laissaient faire la part des OFFICIERS. — S'assurer de la qualité des Liquides conservés en MAGA-SIN est un des objets de la surveillance con-fiée aux INSPECTEURS GÉNÉRAUX ; administrer les Liquides regarde l'INTENDANCE. — Les détails relatifs aux Liquides étaient traités dans le RÈGLEMENT DE 1792 (5 AVRIL), l'INS-TRUCTION DE L'AN CINQ (1er VENTOSE), l'ARRÊTÉ DE L'AN NEUF (25 FRUCTIDOR), le DÉCRET DE 1810 (30 JUIN), l'ORDONNANCE DE 1823 (19 MARS), le RÈGLEMENT DE 1827 (1er SEPTEMBRE). — Les questions administratives qui s'y rap-portent ont été pertinemment examinées par ODIER (1824, E), par M. VAUCHELLE, etc.

LIRE, subs. fém. V. LYRE.

LIS, subs. masc. V. CROISADE DE 1147. V. DÉCORATION DU L... V. FLEUR DE L... V. MACHI-NE. V. ORDRE DU L... V. PALISSADEMENT.

LISÉRÉ, subs. masc. V. BRIDE D'HABILLE-MENT. V. PASSE-POIL.

LISIÈRE, subs. fém. V. BERME DE FOR-TIFICATION.

LISIÈRE de DRAP. V. DRAP. V. DRAP DE TROUPE.

LISTE (subs. fém.) d'ADRESSES. V. ADJU-DANT DE SEMAINE EN ROUTE. V. ADRESSE. V. CHIRURGIEN EN ROUTE.

LISTE d'APPEL. V. ANCIENNETÉ DE SOLDATS. V. APPEL.

LISTE de CANDIDATS. V. CANDIDAT DE TROUPE. V. CAPITAINE DE GRENADIERS D'INFAN-TERIE N° 4. V. CAPITAINE D'INFANTERIE FRAN-ÇAISE DE LIGNE N° 12. V. COLONEL D'INFANTERIE FRANÇAISE DE LIGNE N° 31. V. GRENADIER D'IN-FANTERIE FRANÇAISE DE LIGNE N° 3. V. SOUS-OFFICIER N° 5.

LISTE de SENTINELLES. V. CAHIER D'AP-PEL. V. CAPORAL DE SEMAINE N° 2. V. SENTINELLE.

LISTE de SOUS-OFFICIERS DE SEMAINE. V. ADJUDANT DE SEMAINE N° 7. V. SOUS-OFFICIER DE SEMAINE.

LISTE d'ESCOUADE. V. CAPORAL D'ESCOUADE N° 8. V. ESCOUADE.

LISTE d'HOMMES DE GARDE. V. CAPORAL DE SEMAINE N° 2. V. HOMME DE GARDE. V. TOUR DE PIQUET.

LISTEL (subs. masc.) de CANON D'ARTIL-LERIE. V. CANON D'ARTILLERIE.

LIT, subs. masc. V. BOIS DE L... V. CAMA-RADE DE L... V. CHEVET DE L... V. CIEL DE L... V. COUVERTE DE L... V. DRAP DE L... V. DRAPS DE L... V. ÉTIQUETTE DE L... V. MATELAS DE L... V. RIDEAU DE L... V. RUELLE DE L...

LIT { DE BARAQUE. / DE CORPS DE GARDE. / MILITAIRE..... { LIT { DE TROUPE { LIT { A UNE PLACE. / DE SOLDAT. } / D'OFFICIER. } }

LIT (term. génér.). Mot qui est une corruption visible du LATIN ; il a pris des acceptions nombreuses, dont plusieurs sont fort éloignées de son sens le plus général. Il sera distingué ici en LIT A DEUX PLACES, — A RIDEAUX, — A TROIS PLACES, — DE BARAQUE, — DE BLANCHISSEUSE, — DE CAMP, — DE CAPORAL, — DE CASERNE, — DE CASERNEMENT, — DE CHAMBRE DE SOLDAT. — DE CORPS DE GARDE, — DE COURS D'EAU, — DE MAITRE, — DE PAVILLON, — DE PONT, — DE RIVIÈRE, — DE SERGENT, — DE TROUPE, — D'HOMME DE SERVICE, — D'HOMME DE TROUPE, — D'HOPITAL, — D'INFIRMERIE, — EN FER, — EN ROUTE, — MILITAIRE.

LIT A DEUX PLACES. V. A DEUX PLACES. V. APPEL DANS LES CHAMBRES DE SOLDATS. V. BOIS DE LIT. V. COUCHETTE EN FER. V. COUVERTE DE LIT A UNE PLACE. V. LIT A UNE PLACE. V. LIT DE SOLDAT. V. MILICE WURTEMBERGEOISE N° 9. V. MINISTRE DE LA GUERRE (ANNÉE 1780). V. TRAVERSIN.

LIT A RIDEAUX. V. A RIDEAUX. V. LIT D'OFFICIER.

LIT A TROIS PLACES. V. A TROIS PLACES. V. LIT DE SOLDAT. V. MINISTRE DE LA GUERRE EN 1780.

LIT (lits) A UNE PLACE (B, 1). Sorte de LITS DE TROUPE qui étaient autrefois à l'usage des SERGENTS, et qui, depuis le ministère de M. LATOUR-MAUBOURG, ont été généralement substitués aux LITS A DEUX PLACES, en vertu d'une DÉCISION DE 1826 (28 AOUT). Les anciens BOIS DE LIT de soldats ont été annuellement remplacés dans les CASERNES par des COUCHETTES EN FER garnies de COUVERTES et de TRAVERSINS proportionnés à ce nouveau genre d'EFFETS. — La MILICE AUTRICHIENNE essayait, en 1838, ce système.

LIT (lits) de BARAQUE (G, 4 ; H). Sorte de LITS qui appartiennent bien visiblement à l'ensemble des LITS MILITAIRES, mais qui pourtant en sont à part. — Ils participent de la forme des LITS DE CORPS DE GARDE ; ils se composent de parties nommées GITE DE CHEVET, GITE DE PIED, POTEAUX, TABLE.

LIT de BLANCHISSEUSE. V. BLANCHISSEUSE. V. LIT DE TROUPE.

LIT de CAMP. V. CAMP. V. CAMP D'INSTRUCTION. V. EFFETS DE CORPS DE GARDE. V. INFANTERIE N° 6. V. LIT DE CORPS DE GARDE. V. PRISON DE CASERNE. V. SALLE DE DISCIPLINE.

LIT de CAPORAL. V. CAPORAL. V. CASERNE.

LIT de CASERNE. V. CAHIER D'APPEL. V. CAPORAL D'ESCOUADE N° 2. V. CAPORAL D'INFANTERIE FRANÇAISE DE LIGNE N° 8. V. CASERNE. V. CHAMBRE DE CASERNE. V. LIT MILITAIRE.

LIT de CASERNEMENT. V. CASERNEMENT. V. LIT MILITAIRE.

LIT de CHAMBRE DE SOLDAT. V. CHAMBRE DE SOLDAT. V. LIT DE SOLDAT.

LIT de CORPS DE GARDE (E, 3 ; G, 4), ou LIT DE CAMP, suivant une expression devenue vicieuse dans notre LANGUE. Sorte de LIT dont la dénomination vient de ce que ce genre d'EFFETS a été autrefois d'usage dans les CAMPS D'INSTRUCTION. — BOREL (Pierre) et GANEAU donnent ACCUBE dans le sens de LIT DE CAMP, mais ne disent pas si c'est en prenant le mot dans le sens de Lit de corps de garde. — Les Lits de CORPS DE GARDE sont de mêmes forme et matière que les LITS DE BARAQUE. Le RÈGLEMENT DE L'AN HUIT (1er FRUCTIDOR) réglait leur dimension ; ceux de la PLACE et des CASERNES ont cinquante centimètres par homme, celui de la CHAMBRE de l'OFFICIER DE GARDE est d'une dimension proportionnée à cette CHAMBRE. — Les comités des inspecteurs, qui formaient, sous le ministre SÉGUR, une espèce de conseil de la guerre, avaient décidé, en 1784, que le nouveau règlement sur le SERVICE DE GARNISON prescrirait qu'à l'avenir les Lits de camp seraient garnis de toile ou de peaux rembourrées de foin ou de paille, afin de ménager les VÊTEMENTS des SOLDATS qui s'usaient sur des Lits de bois. — Cette idée était simple, économique et sage, mais la routine a prévalu. L'indifférence sur le bien-être de l'INFANTERIE date de loin.

LIT de COURS D'EAU. V. COURS D'EAU. V. RAVIN. V. RAVINE.

LIT de DOMESTIQUE. V. CAPITAINE D'INFANTERIE FRANÇAISE DE LIGNE N° 9. V. COLONEL D'INFANTERIE FRANÇAISE DE LIGNE N° 8. V. DOMESTIQUE. V. LIT DE TROUPE.

LIT de MAITRE. V. CAPITAINE D'INFANTERIE FRANÇAISE DE LIGNE N° 9. V. COLONEL D'INFANTERIE FRANÇAISE DE LIGNE N° 8. V. LIT D'OFFICIER. V. MAITRE.

LIT de PAVILLON. V. COLONEL D'INFANTERIE FRANÇAISE DE LIGNE N° 8. V. PAVILLON. V. PAVILLON DE CASERNE.

LIT de PONT. V. PONT. V. PONT DE BATEAUX. V. PONT DE CAMPAGNE.

LIT de RIVIÈRE. V. CHENAL. V. RECONNAISSANCE. V. RIVIÈRE.

LIT de SERGENT. V. LIT DE TROUPE. V. SERGENT.

LIT (lits) de SOLDATS (B, 1 ; C, 3). Sorte de LITS DE TROUPE qui ont été A TROIS PLACES jusqu'au ministère de M. de SÉGUR ; depuis lui ils furent A DEUX PLACES. Un siècle s'est écoulé avant qu'on se décidât à les réduire A UNE PLACE. — En fait d'institutions militaires, rien en FRANCE n'étant de jet, les résultats se contrarient. Les CASERNES et les CHAMBRES, construites originairement pour loger des HOMMES couchés trois à trois, se trouvent moitié trop étroites pour recevoir le nombre d'hommes auxquels elles étaient destinées. Les explorateurs en statistique disent : il y a en FRANCE tant de CASERNES, on peut y loger tant d'INFANTERIE, tel document le prouve ; mais les documents sont devenus faux, mais les recherches sont trompeuses, et de nouveaux calculs demandent à être établis. — Les COMITÉS DES INSPECTEURS avaient obtenu, en 1785 et 1784, du MINISTRE, qu'en quatre garnisons il serait fait essai de hamacs à l'anglaise. Un tapissier de METZ ayant proposé de faire à meilleur compte des LITS A UNE PLACE, ce fut un premier obstacle au projet des hamacs, qui fut abandonné comme tant d'autres. — La propreté des hommes, la salubrité, les mœurs demandaient que les Lits de soldats ne fussent qu'A UNE PLACE ; ce vœu s'est réalisé de nos jours. — Mais, aussi longtemps que les CHAMBRES seront dépourvues d'un emplacement propre à resserrer le BOIS DE CHAUFFAGE D'ORDINAIRE ou tout autre COMBUSTIBLE DE CUISINE, la propreté désirable ne saurait s'y établir. — Les réglements veulent que chaque Lit de soldat présente l'inscription du NOM de l'homme qui y couche.

LIT (lits) de TROUPE (term. sous-génér.), OU LIT D'HOMME DE TROUPE. Sorte de LITS MILITAIRES qui sont considérés à part des LITS D'OFFICIERS, et qui font partie des fournitures de casernement de l'INFANTERIE FRANÇAISE. — L'usage des Lits fournis par l'Etat est nécessairement postérieur à celui des CASERNES. Jusque-là l'INFANTERIE couchait comme elle pouvait, soit au compte des communes, soit aux dépens des particuliers, soit sur la paille. — Les BOIS DE LIT des SERGENTS étaient, en quelques pays, de forme particulière. Tous les Lits de troupe sont d'une même espèce, ainsi que les COUVERTES, depuis l'adoption des COUCHETTES EN FER. — L'ORDONNANCE DE 1818 (13 mai, art. 229) prescrivait l'usage des ÉTIQUETTES DE LITS ; elle défendait qu'on fumât au Lit, qu'on s'y couchât habillé, qu'on en retirât la paille, qu'on se servît des DRAPS ou COUVERTES pour s'essuyer, etc. — C'est la répétition d'une défense bien plus étudiée contenue dans le MARCHÉ DE 1807 (20 NOVEMBRE, sect. XII). — Dans quelques départements de FRANCE, les Lits de troupe étaient encore portés sur tréteaux en 1822. — La CIRCULAIRE DE 1822 (10 JUIN) disposait que les Lits de troupe seraient d'abord destinés au service des CORPS, ensuite aux BLANCHISSEUSES, ensuite aux DOMESTIQUES D'OFFICIERS jouissant de l'AMEUBLEMENT, et enfin aux EMPLOYÉS DE L'ARTILLERIE et DU GÉNIE à qui il ne pourrait être

délivré des LITS D'OFFICIERS. — Le RÈGLEMENT DE 1824 (20 JUILLET) voulait que les Lits soient adossés au mur sans le toucher ; l'intervalle doit être de cinquante centimètres. — Conformément aux marchés antérieurs à 1822, chaque Lit de troupe occupé était payé par le gouvernement vingt-deux francs trente centimes ; le prix du Lit non occupé n'était que de onze francs quarante centimes. Ces Lits étant à deux places, chaque HOMME DE TROUPE caserné coûtait donc onze francs et quelques centimes ; chaque HOMME NON CASERNÉ n'occasionnait qu'une dépense de cinq francs et quelques centimes. — Le MARCHÉ DE 1822 (25 MARS) et la TRANSACTION DE 1829 (8 AOUT) réglaient la composition des Lits. La CIRCULAIRE DE 1832 (25 FÉVRIER) voulait que le SOMMIER fût en regain, non en foin. — Depuis l'adoption des COUCHETTES EN FER, le prix alloué par le gouvernement, pour payement du Lit de chaque HOMME CASERNÉ ou non, est de quinze francs vingt-quatre centimes ; c'était un excédant de dépenses de plus d'un million par an, eu égard aux marchés précédents. — Nous avons donné, en parlant des CASERNES, quelques idées sur l'application des systèmes de COUCHAGE qui seraient peut-être une amélioration. Peut-être un jour imitera-t-on l'usage du collége militaire d'ANGLETERRE : là, pour que, dans le jour, les élèves ne puissent ni s'asseoir, ni se coucher sur leurs Lits, l'ensemble des EFFETS qui garnissent la COUCHETTE est, chaque matin, roulé et lié au moyen d'une SANGLE. — Les Lits de troupe se distinguent en LIT A UNE PLACE et en LIT DE SOLDATS.

LIT d'HOMME DE SERVICE. V. CASERNE. V. HOMME DE SERVICE.

LIT d'HOMME DE TROUPE. V. COUCHETTE EN FER. V. COUVERTE D'HOMME DE TROUPE. V. HOMME DE TROUPE. V. LIT DE TROUPE. V. PAILLASSE DE CASERNEMENT. V. TRAVERSIN.

LIT d'HOPITAL. V. HOPITAL MILITAIRE. V. SERVICE DE SANTÉ.

LIT d'INFIRMERIE. V. INFIRMERIE.

LIT (lits) d'OFFICIER (B, 1), OU LITS A RIDEAUX, comme les appelle l'INSTRUCTION DE L'AN TROIS (16 VENTOSE), OU LITS DE MAITRE, comme disaient les ordonnances anciennes. Sorte de LITS MILITAIRES qui garnissent les CHAMBRES des OFFICIERS dans les PAVILLONS. — Le MARCHÉ DE 1807 (20 NOVEMBRE) réglait les dimensions du BOIS DE LIT ; il déterminait tout ce qui avait rapport au CIEL, au BALDAQUIN, aux DRAPS, aux COUVERTES, aux MATELAS, aux RIDEAUX, aux PAILLASSES, aux TRAVERSINS. — L'INSTRUCTION DE L'AN TROIS (16 VENTOSE) réglait ce qui concernait les Lits d'officier ; les divers marchés qui y sont postérieurs ont, en général, confirmé ces règles d'administration. — Les Lits de chambres de PAVILLON ou de PRISON sont pareils. — Avant 1822, ces Lits coûtaient au gouvernement cinquante-neuf francs vingt-trois centimes lorsqu'ils étaient occupés, et trente francs soixante-quinze centimes lorsqu'ils ne l'étaient pas. — Le MARCHÉ DE 1822 (5 MARS) disposait que les Lits d'officiers, occupés ou non, seraient annuellement payés aux fournisseurs soixante-seize francs vingt centimes ; c'était, sans motifs, un renchérissement annuel de trois cent soixante-quinze mille cent cinquante-neuf francs. — Une CIRCULAIRE DE 1822 (10 JUIN) décidait que les Lits d'officiers seraient destinés aux OFFICIERS DE TROUPE de préférence à tous autres ; après eux aux OFFICIERS D'ÉTAT-MAJOR et SANS TROUPE ; enfin aux EMPLOYÉS DE L'ARTILLERIE et DU GÉNIE. — Aucun OFFICIER, logé autre part que dans un bâtiment militaire, n'a droit à la fourniture d'un Lit. — Le remplacement des chalits en bois par des COUCHETTES EN FER s'est opéré à partir de 1827 ; le devis de ces Lits est inséré dans le traité de l'entreprise des Lits militaires transmis par la CIRCULAIRE DE 1826 (28 AOUT).

LIT EN FER. V. CASERNE D'INFANTERIE. V. COUCHETTE EN FER. V. EN FER. V. MILICE BAVAROISE Nº 4. V. MILICE POLONAISE Nº 4.

LIT EN ROUTE. V. EN ROUTE. V. FOURRIER EN ROUTE. V. LANGE FOURNIE.

LIT (lits) MILITAIRE (term. génér.), ou LIT DE CASERNE, comme les appelle le RÈGLEMENT DE L'AN DEUX (30 THERMIDOR), ou ensemble d'EFFETS DE LITERIES. Sorte de Lits dont la dénomination est inexacte ; l'épithète qui y est affectée, porte en elle une erreur trop fréquente dans notre LANGUE MILITAIRE. Ces Lits seraient bien plus convenablement appelés LITS DE CASERNEMENT. — Qui contesterait que les Lits dont on fait usage au CAMP, dans les BARAQUES, dans les CORPS DE GARDE, et qui sont, comme disent les RÈGLEMENTS, sous la main du GÉNIE, ou sont des EFFETS AU COMPTE DU GÉNIE, sont les Lits les plus militaires qu'il se puisse ; et pourtant les Lits militaires appartiennent à un autre ordre d'idées, à un autre SERVICE, comme le témoigne l'INSTRUCTION DE 1822 (10 JUIN). — La LÉGISLATION et l'ADMINISTRATION DE LA GUERRE appellent ainsi ceux des CASERNES et des PAVILLONS ; ils sont livrés et entretenus par des ENTREPRENEURS ou FOURNISSEURS qui passent avec le MINISTÈRE DE LA GUERRE un MARCHÉ D'EFFETS DE LITERIES en adjudication publique ou supposée telle. — La FOURNITURE des Lits faisait partie de l'AMEUBLEMENT ; il comprenait jusqu'en 1822 des bois de Lit ; cet ameublement a subi une modification considérable depuis l'ordonnance qui adopte des couchettes en fer imitées des hamacs ANGLAIS, et depuis le MARCHÉ DE 1822 (5 MARS), contracté sous le ministère du maréchal BELLUNE, marché qui n'expirait qu'en 1841 ; il a été regardé comme onéreux, les discussions de la chambre relatives au budget le témoignent ; cette surcharge de dépenses a été reprochée au ministre qui a souscrit le marché. — Un des graves inconvénients des bois de Lits anciens était de recéler des punaises qui désolaient le SOLDAT. Tous les efforts du gouvernement, soit en achetant chèrement des recettes pour la destruction de ces insectes, soit en recourant à des badigeonnages ou des replâtrages, étaient de peu d'effet ou sans effet. A Auxonne, les SOLDATS D'ARTILLERIE étaient tellement tourmentés dans leurs CASERNES par les punaises, que sur huit cents hommes on en comptait habituellement cent à l'hôpital dont l'indisposition n'avait pas d'autre cause. — Quand le génie règle l'ASSIETTE du casernement, les Lits sont répartis en conséquence, et le nombre des Lits que chaque chambre contient est inscrit au-dessus et en dehors des PORTES. — Les Lits placés dans les chambres ne peuvent être transportés ailleurs, démontés, remis en MAGASIN, qu'en vertu de l'ordre ou de l'autorisation donnée par l'OFFICIER D'INTENDANCE ; ce qui regarde leur manutention est du ressort des PRÉPOSÉS. — Il a été traité des Lits militaires sous le point de vue administratif ou de police, par BARDIN (1807, D), BERRIAT, BRIQUET, CHENNEVIÈRE, ENCYCLOPÉDIE, GONVOT, LECOUTURIER (1825, A). — Ici les Lits militaires seront distingués en LIT DE TROUPE et en LIT D'OFFICIER.

LITEAU, subs. masc. v. DRAP DE TROUPE. V. ÉTOFFE D'HABILLEMENT.

LITERIE, subs. fém. V. EFFET DE L... V. LIT MILITAIRE. V. MAJOR CHEF DE BATAILLON Nº 9. V. MARCHÉ DE L... V. PAVILLON DE CASERNEMENT.

LITHOBOLE, adj. et subs. fém. V. CATAPULTE. V. MACHINE L...

LITHOGRAPHIE, subs. fém. V. MILICE PRUSSIENNE. V. TOPOGRAPHIE.

LITTÉRATURE MILITAIRE. V. ART MILITAIRE DE TERRE. V. MILITAIRE, adj. V. OUVRAGE DE L...

LITUE, subs. fém. v. BUCCINE. V. CLAIRON INSTRUMENTAL. V. TROMPETTE.

LIVRAISON, subs. fém. v. PRESTATION.

LIVRANCIER, subs. masc. v. FOURNITURE.

LIVRE, subs. fém. et masc. v. DEMI-L... V. PIÈCE D'UNE L...

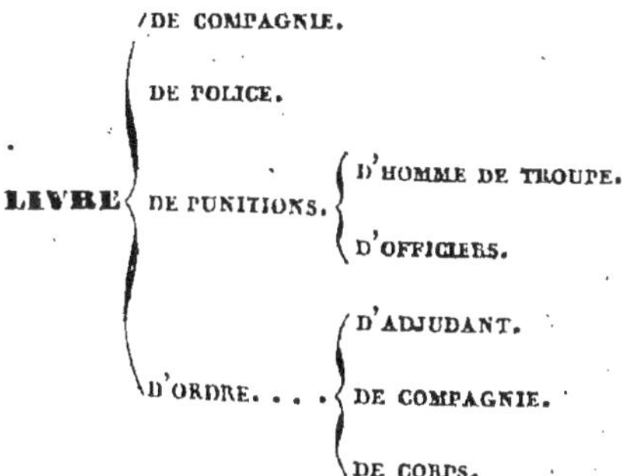

LIVRE, subs. masc. (term. génér.). Le mot Livre a une origine toute LATINE, il rappelle le nom que les ROMAINS donnaient à une pellicule souple et lisse qu'on trouve entre le bois et l'écorce de certains arbres. Les LATINS appelaient *liber*, cette peau qui leur servait de papier.—Ici le terme s'applique aux usages et à la LÉGISLATION des CORPS de l'INFANTERIE FRANÇAISE DE LIGNE; il a produit le mot livret. Il se distingue en LIVRE DE CAISSE, — DE CAPITAINE D'HABILLEMENT, — DE COMPAGNIE, — DE CONDUITE, — DE DEMI-SIGNALEMENT, — DE DÉTAILS, — DE POLICE, — DE PUNITIONS, — D'ORDINAIRE, — D'ORDRE, — D'ORDRE DE PLACE, — DU MAJOR, — MILITAIRE.

LIVRE (subs. fém.) de BALLES. V. BALLE. V. BALLE PROJECTILE.

LIVRE de CAISSE. V. CAISSE. V. REGISTRE DE CAISSE.

LIVRE de CAPITAINE D'HABILLEMENT. V. CAPITAINE D'HABILLEMENT.

LIVRE (livres) de COMPAGNIE (B, 1), ou REGISTRE DE COMPAGNIE, ou REGISTRE DE DÉTAILS. Sorte de livre analogue à ce que l'ORDONNANCE DE 1788 (1er JUILLET) appelait LIVRET DE SERGENT-MAJOR; c'était un CONTROLE SIGNALÉTIQUE, un mémento de DEMI-SIGNALEMENTS, un résumé de l'ADMINISTRATION DE COMPAGNIE; il mentionnait la formation des ORDINAIRES, la nature et la répartition du LOGEMENT de la COMPAGNIE, la situation de l'HABILLEMENT et autres EFFETS D'UNIFORME et d'ARMEMENT; les RECETTES et les DISTRIBUTIONS par ordre de dates; les ENTRÉES et les SORTIES de l'HOPITAL; les DÉPARTS de congédiés, les RETOURS de CONGÉ, le nombre des TRAVAILLEURS, etc.—L'ARRÊTÉ DE L'AN HUIT (8 FLORÉAL) nommait ce Livre REGISTRE DE DÉTAIL.—L'INSTRUCTION DE 1811 (28 DÉCEMBRE) et les INSTRUCTIONS sur l'INSPECTION GÉNÉRALE l'appelaient LIVRE DE DÉTAILS; l'ORDONNANCE DE 1825 (19 MARS) et la CIRCULAIRE DE 1827 (24 JANVIER), le regardaient comme un des REGISTRES DE COMPTABILITÉ, lui appliquaient le titre ici indiqué; car notre LÉGISLATION est peu arrêtée en fait de langage, et les dénominations n'y sont pas toujours rationnelles.—L'expression Livre de COMPAGNIE est vague et incomplète, car il y a bien d'autres Livres de compagnie, etc., etc.—Si ceux qui concernent les DÉTAILS de l'HABILLEMENT ne peuvent en route être transportés à la suite des COMPAGNIES, le FOURRIER les remet, pour le temps du voyage, au CAPITAINE D'HABILLEMENT; cet OFFICIER en prend soin, et les expédie pour leur destination.—Le Livre de la COMPAGNIE en contient l'état nominatif. Chaque HOMME DE TROUPE, inscrit sur la MATRICULE et dans une case du CONTROLE ANNUEL, occupe le verso d'un feuillet du Livre de compagnie; le recto en regard, ou feuillet subséquent, contient le COMPTE OUVERT de l'HOMME; ce COMPTE concorde avec son LIVRET INDIVIDUEL.—Immédiatement après la répartition du PRÊT, le montant en est inscrit sur le Livre. Le CAPITAINE le totalise à la fin de chaque TRIMESTRE, pour justifier de la délivrance des DENIERS DE POCHE et d'ORDINAIRE, et pour constater la concordance du CAHIER D'ORDINAIRE.—Il est fait inscription sur le Livre de compagnie du montant et de la date du payement de l'EXCÉDANT des MASSES DE LINGE ET CHAUSSURE. La perception du PAIN et celles des autres FOURNITURES y sont inscrites à mesure.—Il y est tenu nominativement état des JOURNÉES des TRAVAILLEURS, PERMISSIONNAIRES, GARNISAIRES et HOMMES PUNIS au corps; le versement fait sur leur SOLDE au profit de l'ORDINAIRE y est indiqué et totalisé trimestriellement; l'exactitude en est témoignée par la confrontation du LIVRET D'ORDINAIRE.—Le Livre de compagnie fait mention des sous-répartitions ou RETENUES faites aux hommes de troupe en cas de remboursement de dégradations. Il offre l'ARRÊTÉ de compte du FONDS DE MASSE des HOMMES PARTANTS. Il fournit les éléments de la rédaction des FEUILLES DE JOURNÉES.—Le Livre de compagnie est porté sur le TERRAIN par le SERGENT-MAJOR à l'époque des REVUES D'INSPECTION GÉNÉRALE, et il est présenté à l'INSPECTEUR qui s'assure si les comptes ouverts y ont été ponctuellement arrêtés.—Il est présenté au SOUS-INTENDANT ou à l'OFFICIER D'INTENDANCE pour la vérification des détails de l'ÉQUIPEMENT des HOMMES DE TROUPE.—Le CAPITAINE ne signe les FEUILLES DE JOURNÉES qu'après les avoir confrontées avec le Livre de compagnie.—Les ordonnances veulent qu'il soit tenu par le CAPITAINE; il y a en cela ambiguïté; le CAPITAINE a sous sa garde et sa surveillance ce Livre, mais c'est le FOURRIER qui y fait, par ses ordres, toutes les inscriptions voulues.—Les DÉTACHEMENTS partants qui se composent d'hommes tirés de plusieurs compagnies n'ayant pas de LIVRE DE DÉTAIL, il y est suppléé par une situation des MASSES que le TRÉSORIER dresse, qu'il fait viser au conseil et qu'il remet au CHEF du DÉTACHEMENT.—La DÉCISION DE 1824 (5 NOVEMBRE), regardant comme trop volumineux le LIVRE DE DÉTAIL, en a établi un nouveau modèle. — La CIRCULAIRE DE 1827 (24 JANVIER) chargeait de la fourniture de ce Livre le TRÉSORIER. — La DÉCISION DE 1828 (31 OCTOBRE) établissait deux Livres de compagnie; l'un, à feuillets mobiles, devait durer huit ans, et embrassait les services et les EFFETS D'UNIFORME; l'autre, renouvelable annuellement, contenait principalement les comptes de LINGE ET CHAUSSURE, le CONTROLE ANNUEL, les DISTRIBUTIONS, les SITUATIONS. M. LEGRAND (1857, A) et ODIER (1824, E) en traitent.

LIVRE de CONDUITE. V. CONDUITE. V. LIVRE DE PUNITIONS D'OFFICIERS. V. MILICE PRUSSIENNE N° 9. V. ORDRE DE CORPS.

LIVRE de DEMI-SIGNALEMENT. V. CONTROLE DE DEMI-SIGNALEMENT. V. DEMI-SIGNALEMENT.

LIVRE de DÉTAILS. V. DÉTAILS. V. LIVRE DE COMPAGNIE.

LIVRE de POLICE (C, 5; E, 5), OU LIVRET DE POLICE, comme l'appelle le RÈGLEMENT DE 1792 (24 JUIN), OU REGISTRE DE POLICE, comme le dénommaient les ORDONNANCES DE 1818 (15 MAI) et DE 1835 (21 DÉCEMBRE).—Sorte de LIVRE déposé au CORPS DE GARDE DE POLICE de la CASERNE; il est confié aux soins du chef du poste de la police; il est tenu à jour par l'ADJUDANT DE SEMAINE, qui le surveille, le signe, y inscrit les CONSIGNES DE POLICE, la date des ENTRÉES A LA SALLE DE DISCIPLINE, les adresses des OFFICIERS et des CHIRURGIENS, leur changement de domicile, l'état nominatif des CONSIGNÉS, etc., etc. Le CHEF DE BATAILLON DE SEMAINE l'examine et le vise le DIMANCHE.

LIVRE de PUNITIONS (term. sous-génér.), OU LIVRET DE PUNITIONS, comme l'appelle le RÈGLEMENT DE 1792 (24 JUIN), OU REGISTRE DE PUNITIONS, suivant les termes des instructions sur l'inspection générale. — Sorte de LIVRE qui jadis était connu, on ne sait pourquoi, sous le nom de Livre rouge. — Le format de ces REGISTRES était déterminé par les DÉCISIONS DE 1828 (30 AVRIL), par l'ORDONNANCE DE 1855 (2 NOVEMBRE), par la DÉCISION DE 1834 (5 FÉVRIER). Elles le voulaient à feuilles mobiles, fixées par deux vis; elles attribuaient un feuillet à chaque MILITAIRE. — En cas où le CHANGEMENT DE CORPS d'un MILITAIRE est ordonné, il est adressé au CORPS nouveau, par le CORPS ancien, un relevé des inscriptions des PUNI-

TIONS que le MILITAIRE changeant de CORPS aurait subies. — Il est du devoir des INSPECTEURS GÉNÉRAUX de s'assurer de la régularité et de se livrer à l'examen des Livres de punitions. — Il y a dans les CORPS deux sortes de Livres de ce genre, le LIVRE DE PUNITIONS D'HOMMES DE TROUPE et le LIVRE DE PUNITIONS D'OFFICIERS.

LIVRE de PUNITIONS D'HOMME DE TROUPE (C, 5). Sorte de LIVRE DE PUNITIONS tenu particulièrement dans chaque compagnie; il y est fait inscription des fautes graves, du genre de leur répression et de sa durée.

LIVRE de PUNITIONS D'OFFICIERS (C, 5), OU LIVRE DE CONDUITE. Sorte de LIVRE DE PUNITIONS où le COLONEL fait inscrire celles qui sont encourues par les OFFICIERS du corps. Les instructions sur l'inspection veulent qu'un feuillet y soit consacré au nom de chaque OFFICIER, que le LIEUTENANT-COLONEL inscrive, à l'expiration de chaque semestre, dans une colonne spéciale, les NOTES sur la conduite militaire et privée de l'OFFICIER pendant le semestre écoulé. — Ce Livre est consulté en cas d'avancement; il est soumis aux examens de l'INSPECTEUR GÉNÉRAL.

LIVRE de RECETTES D'HABILLEMENT. V. CAPITAINE D'HABILLEMENT N° 5. V. RECETTE D'HABILLEMENT.

LIVRE d'ORDINAIRE. V. CAHIER D'ORDINAIRE. V. ORDINAIRE. V. SOUS-INTENDANT N° 8.

LIVRE (livres) d'ORDRE (term. sous-génér.), OU REGISTRE D'ORDRES. Sorte de LIVRE dont la destination rappelle quelque peu ce que les LATINS nommaient *tessera*, TESSÈRE. —Les Livres d'ordre ont été prescrits depuis les ordonnances du dernier siècle; celle DE 1788 (1er JUILLET) voulait qu'aux époques de renouvellement, les anciens Livres d'ordre restassent en dépôt à l'état-major du corps. — La CIRCULAIRE DE 1827 (24 JANVIER) voulait que les Livres d'ordre fussent fournis par le TRÉSORIER.— Les Livres d'ordre se distinguent en LIVRE D'ORDRE D'ADJUDANT, — DE COMPAGNIE, — DE CORPS.

LIVRE d'ORDRE D'ADJUDANT (C, 5). Sorte de LIVRE D'ORDRE qui répond à celui que le RÈGLEMENT DE 1792 (24 JUIN) faisait tenir par l'adjudant-major. — L'ORDONNANCE DE 1818 (15 MAI) voulait qu'il fût tenu deux Livres d'ordre par l'ADJUDANT DE SEMAINE, l'un pour l'inscription des ORDRES de l'état-major général, l'autre pour celle des ORDRES du RÉGIMENT; l'un et l'autre sont remis aux ADJUDANTS ENTRANT EN SEMAINE par ceux qui en sortent. — L'adjudant signe lui-même son Livre quand il n'y a rien de nouveau.—Les Livres d'ordre sont présentés à la lecture des OFFICIERS D'ÉTAT-MAJOR du corps. Une DÉCISION DE 1820

(30 juillet) disposait qu'en témoignage de cette communication les Livres recevraient leurs signatures, celles de l'aumonier, celles des officiers de santé.

LIVRE d'ordres de compagnie (C, 5). Sorte de livre d'ordres qui, en conformité du règlement de 1792 (24 juin), devait être tenu par le sergent-major ; il y copiait les ordres donnés au régiment. Chaque officier de la compagnie rentrant au corps après absence était tenu de se faire représenter ce livre, pour y prendre connaissance des ordres qui avaient pu être donnés. — L'ordonnance de 1818 (15 mai) chargeait le fourrier des inscriptions à faire sur le Livre d'ordres ; elle voulait qu'il le présentât aux officiers de la compagnie qui, après en avoir fait lecture, y apposeraient leur signature.

LIVRE d'ordres de corps (C, 5). Sorte de livre d'ordres dont la tenue était prescrite par l'ordonnance de 1788 (1er juillet). Le règlement de 1792 (24 juin) voulait qu'il fût déposé chez le chef du corps, et que l'adjudant-major y fît, à quart de marge, les inscriptions voulues, et y insérât les ordres donnés par les généraux. — Il voulait qu'au retour des détachements, les ordres que leurs chefs auraient été dans le cas de leur donner fussent relevés et transcrits sur le livre de l'adjudant-major. — L'ordonnance de 1855 (24 décembre) chargeait le lieutenant-colonel de la tenue du Livre d'ordres du corps. — Un des premiers examens auquel se livre un inspecteur général à l'ouverture de sa revue, est l'inspection du Livre d'ordres ; il se le fait représenter aussitôt son arrivée.

LIVRE d'ordre de place. V. major de place n° 3. V. ordre de la place.

LIVRE du major. V. major. V. major capitaine n° 5. V. matricule.

LIVRE (subs. fém.) et demie. V. balle projectile. V. demi. V. fusée d'une livre et demie. V. pièce d'une livre et demie.

LIVRE (subs. fém.) et quart. V. quart. V. ribaudequin.

LIVRE (subs. fém.) et trois quarts. V. pièce d'une l... V. trois-quarts.

LIVRE (livres), (subs. masc.) militaire. V. académie militaire. V. art militaire de terre. V. auteur militaire. V. bibliothèque. V. milice autrichienne n° 2. V. milice prussienne n° 7. V. militaire, adj., V. Muller. V. Nikolai. V. officier d'infanterie française n° 4. V. ouvrage de littérature. V. salle d'assemblée. V. Tavannes.

LIVRÉE, subs. fém., v. casaque de l... V. habit de l...

DICTIONNAIRE DE L'ARMÉE.

LIVRÉE (livrées) (B, 1 ; F). Mot que l'histoire et la législation militaire répètent fréquemment, et que le *Dictionnaire de la Conversation* a défini. — Le terme tire son origine du verbe livrer, comme le prouve Spelman ; il était synonyme de chose délivrée, octroyée, accordée en pur don. Dans les cours plénières de la première et de la seconde race, le prince faisait distribuer des costumes, des habits, des écharpes aux personnages ou aux officiers de sa cour. Il en était de même dans l'intérieur du palais, soit périodiquement, soit extraordinairement ; voilà pourquoi Carré (1785, E) prend comme synonymes robe et Livrée. — A certaines solennités, aux célébrations de tournois, les seigneurs accordaient de semblables gratifications, de semblables enseignes à leurs courtisans, à leurs satellites, à leurs valets. — La galanterie affecta le même nom aux rubans, aux écharpes, que la noblesse, la chevalerie et les tenants recevaient des mains des dames comme encouragement ou faveur, comme récompense ou marque d'amour. On les appelait aussi nobloys. — Les Livrées ont chamarré les cimiers, le costume militaire, les régiments de prince, les régiments royaux ; elles ont été les traces des coutumes féodales ou d'une coquetterie galante ; elles ne sont plus qu'un témoignage de domesticité. — Les comparses des carrousels, les champions des combats a la foule, les hérauts étaient reconnaissables par ce genre de marques distinctives ; les gens d'armes du moyen âge, les lances fournies avaient l'écharpe de leur chef. Les casaques d'armes des compagnies d'ordonnance portaient une Livrée plus militaire, c'était celle de leur capitaine. Les Hugues avaient la Livrée du roi. Les étendards ont porté des couleurs et des armes fort diverses avant d'être à la Livrée du roi. — Il a été traité particulièrement des Livrées par M. Jacob. — A des époques modernes, les gouverneurs donnaient leur Livrée à leurs gardes a cheval ; les trompettes, les aiguillettes, certaines bandoulières, les colliers de tambour étaient, suivant les temps, à la Livrée ou du capitaine, ou du colonel, ou du roi. — L'assemblée nationale a proscrit en 1790 (20 juin) les Livrées ; la vanité et le bon plaisir les ont fait revivre. Depuis 1812 les habits de tambours et de trompettes, portés par des hommes autrefois comptant comme domestiques, ont été tour à tour dégarnis et bariolés de chevrons et de galons de livrée aux couleurs nationales ou aux couleurs royales.

LIVRER, verb. act., v. livrée.

LIVRER assaut. v. assaut. v. assaut de corps de place.

LIVRER bataille. v. attaque de lignes. v. bataille. v. bataille strateumatique. v. corps de réserve. v. devoir. v. fourrage armé. v. général d'armée nº 8. v. légion romaine nº 5. v. mouvement stratégique. v. position strateumatique. v. siége offensif.

LIVRER champ. v. baron nº 2. v. champ.

LIVRER combat. v. carte blanche. v. combat. v. combat strateumatique.

LIVRER la charge. v. charge. v. charge d'infanterie.

LIVRET, subs. masc. (term. génér.). Mot qui est pris comme diminutif de livre ; il a d'abord servi à désigner ce qu'on nomme actuellement cahier, controle, feuille d'appel, etc. Il appartient surtout à la langue de la comptabilité et de la police. Il se distingue en Livret d'appel, — d'armement, — de compte, — de détachement, de payement, — de punitions, — de revues, — de sergent-major, — de service payé, — de signalement, — de solde, — d'homme de troupe, — d'inspection, — d'ordinaire, — final, — individuel, — préliminaire.

LIVRET d'appel. v. appel. v. cahier d'appel.

LIVRET d'armement (B, 1). Sorte de Livret qui fait partie des livres de comptabilité d'un conseil d'administration. — Il est coté, paraphé, signé par un membre de l'intendance ; il est destiné à recevoir l'inscription des quantités et espèces de munitions d'exercice délivrées, et des distributions d'armes d'uniforme que les troupes reçoivent des magasins de l'Etat. Les consommations d'effets d'armement y sont constatées par la déclaration du directeur de l'artillerie, de l'officier à ce délégué ou du garde-magasin qui ont délivré ou qui donnent quittance d'armes rendues ; l'état dans lequel se trouvent ces armes y est énoncé. — Le Livret d'armement est soumis aux examens de l'inspecteur général aux époques de sa revue ; il est communiqué, dans le même cas, à l'officier d'artillerie qui seconde l'inspecteur.

LIVRET de compte. v. compte. v. livret individuel. v. milice piémontaise nº 9.

LIVRET de corps. v. corps. v. livret de payement.

LIVRET de détachement. v. détachement. v. livret de payement.

LIVRET (livrets) de payement (B, 1), ou livret de solde suivant Odier (1824, E). — Sorte de Livrets dont l'ordonnance de 1825 (19 mars) donnait le modèle. Leur objet est d'assurer la régularité de l'acquittement des prestations pécuniaires et de fournir les éléments d'une partie des inscriptions du registre de caisse. — Ce genre de Livrets était prescrit déjà par la loi de l'an deux (2 thermidor), sous la désignation de livret de solde. Les instructions de l'an trois (16 ventose) et de l'an six (1ᵉʳ floréal), et le décret de l'an treize (25 germinal) réglaient la manière de le diviser et de le tenir. — Les Livrets sont ou personnels ou collectifs ; ces derniers sont une des pièces principales de la comptabilité des corps et des détachements s'administrant eux-mêmes. Les premiers sont ceux des officiers sans troupe, le ministère les leur fournit gratuitement ; les autres sont ceux de corps et de détachements. — Les Livrets de corps sont signés par le conseil d'administration ; ils portent indication du nom et du grade du militaire délégué pour recevoir. L'officier d'intendance les cote, les paraphe, les signe. Le payeur y enregistre les sommes et avances qu'il remet au trésorier de corps ou aux parties prenantes. Le major y annote les sommes entrées en caisse par d'autres voies que par celle du payeur. Les inscriptions du Livret de payement sont confrontées avec celles de la masse de chauffage. — Le Livret que le conseil remet à un chef de détachement prêt à quitter le corps, ne diffère de ceux qui viennent d'être indiqués qu'en ce qu'il porte l'autorisation du conseil, exprime en quoi consiste le détachement, en arrête les comptes et mentionne les avances qui ont pu lui être faites et les droits qu'il peut faire valoir. — Les Livrets de payement ne servent que pendant un an. Suivant l'espèce à laquelle ils appartiennent, ils sont recueillis après l'année expirée par l'officier d'intendance, qui les renouvelle et qui adresse les anciens au ministre, ou bien ils sont déposés dans les archives des corps comme pièces comptables. L'instruction de 1811 (28 septembre) le prescrivait ainsi. — Il n'y a qu'un Livret pour toutes les fractions d'un même corps, dans un même département. — Les cas de délégations de traitement sont l'occasion de la délivrance d'un Livret ad hoc. — La décision de 1828 (31 octobre) voulait que le major gardât entre ses mains le Livret, et le confiât au trésorier pour la perception des fonds.

LIVRET de police. v. livre de police. v. police.

LIVRET de punitions. v. livre de punition. v. punition.

LIVRET de recettes d'habillement. v. capitaine d'habillement nº 3. v. inspecteur

GÉNÉRAL D'INFANTERIE N° 4. V. RECETTE D'HA-
BILLEMENT.

LIVRET de REVUE. V. FEUILLE D'APPEL.
V. REVUE.

LIVRET de SERGENT-MAJOR. V. CONTROLE
DE DEMI-SIGNALEMENT. V. LIVRE DE COMPAGNIE.
V. SERGENT-MAJOR.

LIVRET de SERVICE PAYÉ. V. CAPITAINE
D'INFANTERIE FRANÇAISE DE LIGNE N° 24. V.
MAJOR CHEF DE BATAILLON N° 4. V. SERVICE
PAYÉ.

LIVRET de SIGNALEMENT. V. COMMISSAIRE
DES GUERRES N° 6. V. CONTROLE ANNUEL. V.
SIGNALEMENT.

LIVRET de SOLDE. V. LIVRET DE PAYE-
MENT. V. MAJOR CHEF DE BATAILLON N° 10. V.
SOLDE. V. SOUS-INTENDANT N° 8. V. TRÉSORIER
DE CORPS N° 6.

LIVRET d'ÉTAPE. V. ÉTAPE.

LIVRET d'HOMME DE TROUPE. V. HOMME
DE TROUPE. V. LIVRET INDIVIDUEL.

LIVRET d'EMPLACEMENT de TROUPES. V.
CONTROLEUR DES GUERRES. V. EMPLACEMENT. V.
TROUPE.

LIVRET (livrets) d'INSPECTION (B, 1).
Sorte de LIVRETS qui servent de base aux
opérations des INSPECTEURS GÉNÉRAUX D'IN-
FANTERIE, et qui en conservent les résumés.
—Les instructions sur l'inspection appellent
LIVRETS PRÉLIMINAIRES la réunion des états
nominatifs fournis par chaque COMPAGNIE,
avec les observations du CAPITAINE, les détails relatifs aux ÉCOLES, les PROPOSITIONS de
RETRAITES, etc. Elles appellent LIVRET FINAL
celui qui est le résumé de la REVUE de l'INS-
PECTEUR GÉNÉRAL, et qui contient les ordres
qu'il laisse aux CORPS. — Les Livrets d'inspection sont dressés sur les modèles du MI-
NISTÈRE et déposés dans les ARCHIVES du
CORPS pour être représentés l'année suivante.

LIVRET d'ORDINAIRE. V. CAHIER D'ORDI-
NAIRE. V. LIVRE DE COMPAGNIE. V. ORDINAIRE.
V. REGISTRE DE COMPTABILITÉ. V. SERGENT-MAJOR
N° 10.

LIVRET FINAL. V. FINAL. V. LIVRET D'INS-
PECTION.

LIVRET (livrets) INDIVIDUEL (B, 1), ou
LIVRET DE COMPTE, comme dit la CIRCULAIRE
DE L'AN SIX (29 BRUMAIRE), ou LIVRET D'HOMME
DE TROUPE, ou Livret pour chaque HOMME,
comme le disait lourdement l'ORDONNANCE
DE 1823 (19 MARS). — Sorte de Livret fourni
à chaque HOMME DE TROUPE ENTRANT AU SER-
VICE. Il renferme son SIGNALEMENT, son NU-
MÉRO MATRICULAIRE, l'état de ses EFFETS DE
PREMIÈRE MISE, de ses ARMES, avec indication
de leur NUMÉRO, de tous ses EFFETS D'UNI-
FORME, et enfin son COMPTE OUVERT et cou-
rant. — Le Livret porte en tête un extrait

des mesures coërcitives du CODE PÉNAL. —
L'ARRÊTÉ DE L'AN HUIT (8 FLORÉAL) décidait
que les inscriptions voulues seraient faites
sur le Livret par le FOURRIER, et qu'elles ré-
pondraient à celles du REGISTRE de la COMPA-
GNIE ; mais la forme du Livret est restée
longtemps indéterminée. La CIRCULAIRE DE
L'AN HUIT (29 FRUCTIDOR) en faisait l'aveu, et
essayait, la première, d'y remédier.—L'INS-
TRUCTION DE 1808 (24 SEPTEMBRE) voulait qu'il
y fût fait inscription des EFFETS apportés par
les RECRUES, et susceptibles d'être utilement
employés à leur usage. — La CIRCULAIRE DE
1811 (16 NOVEMBRE) décidait que les Livrets seraient acquis aux frais de la MASSE DE LINGE ET
CHAUSSURE, comme les autres EFFETS DE PETIT
ÉQUIPEMENT. — Les ordonnances considèrent
en général les Livrets comme une ampliation
du LIVRE DE COMPAGNIE et comme un moyen de
confrontation et de vérification. Elles voulaient qu'ils fussent examinés, visés, arrêtés
à l'époque du DÉCOMPTE ; qu'ils le fussent à
toute époque de remplacement de SERGENT-
MAJOR ; que leurs enregistrements fussent
conformes à l'état des EFFETS existants et EN
SERVICE. —Les Livrets sont un des pivots de
la COMPTABILITÉ, un de ses importants RE-
GISTRES. Il y est fait inscription du payement
de la totalité du FONDS DE MASSE et des RE-
TENUES exercées sur les DENIERS DE POCHE
POUR RÉPARATIONS DE DÉGRADATIONS DE CASER-
NEMENT. Ils doivent cadrer avec les FEUILLES
DE DÉCOMPTE. Ils sont présentés aux REVUES
D'ADMINISTRATION. — Tout SERGENT - MAJOR
nouveau nommé et entrant en fonctions
doit vérifier, à son arrivée à la COMPAGNIE,
les EFFETS avec les Livrets. — Il est interdit
aux SERGENTS-MAJORS de les garder par devers eux. Chaque HOMME DE TROUPE doit être
porteur de celui qui lui est affecté. Cette
mesure, pourtant, ne saurait être rigoureusement observée, la nécessité et la complication des inscriptions s'y opposent.—Après
l'acquittement de l'EXCÉDANT DE MASSE, le Livret est arrêté et signé par le CAPITAINE, en
présence de l'HOMME. — Le CAPITAINE arrête
les Livrets des HOMMES rayés aussitôt qu'ils
cessent de compter à la COMPAGNIE. Il arrête
également, sans délais, ceux des HOMMES qui
entrent dans une POSITION éventuelle d'AB-
SENCE.—Les OFFICIERS DE SECTION surveillent
la conservation des Livrets, les examinent,
les comparent. Le SERGENT-MAJOR donne ses
soins à leur régulière tenue. Les MEMBRES DE
L'INTENDANCE, quand ils passent leur REVUE,
se les font représenter sur le TERRAIN. Le
MAJOR les examine aux REVUES DE PETIT ÉQUI-
PEMENT. — L'INSPECTEUR GÉNÉRAL D'INFAN-
TERIE s'assure de l'exactitude du contenu du
Livret ; il s'assure s'il est conforme au LIVRE

DE COMPAGNIE, constate si le prix de la vente des EFFETS BOURGEOIS OU EFFETS DE RECRUES y est mentionné. L'ORDONNANCE DE 1855 (2 NOVEMBRE) entrait dans ces détails traités aussi par ODIER (1821, E).

LIVRET PRÉLIMINAIRE. V. LIVRET D'INSPECTION. V. PRÉLIMINAIRE.

LIUDES, subs. masc. plur. V. LEUDE.

LLOYD; LOBINEAU; LOBRINUS. V. NOMS PROPRES.

LOCAGUE, subs. masc. V. DIMOERIE. V. FILE GRECQUE. V. LOCHAGUE. V. POLÉMARQUE.

LOCAL (locale), adj. V. AUTORITÉ L.... V. POSITION L...

LOCALISATION, subs. fém. (C, 2). Mot dont la racine ne demande pas à être expliquée. Ce néologisme répond à peu près à la locution POSITION OU PLACEMENT, mais avec cette différence que les termes POSITION LOCALE peuvent s'appliquer à des lieux, à un EMPLACEMENT de personnages ou d'AGRÉGATIONS, tandis que Localisation ne s'applique qu'à des HOMMES, ou à des CORPS. La position pourrait être un événement fortuit, imprévu, dont la cause serait ou ne serait pas connue; elle pourrait être une circonstance administrative, un genre de DROIT que la loi consacre, tandis que la Localisation est l'effet déterminé d'une cause connue. C'est une manière d'être placé sur les points et comme le veulent la LÉGISLATION ou des ORDRES régulièrement donnés pour une durée de temps plus ou moins longue. Si un autre terme français et académique rend cette suite d'idées, qu'il est indispensable de traduire, on le préférerait au mot Localisation, que l'ACADÉMIE n'a pas sanctionné. — La Localisation est le point de résidence, de CITÉ, de SITUATION assigné à un MILITAIRE, à une TROUPE, à un RANG par la loi, par les ordonnances, par le gouvernement. — Le CORPS du GÉNIE décide de l'EMPLACEMENT des CASERNES. Le MINISTRE détermine si le CASERNEMENT sera le mode de la Localisation des CORPS. — Dans beaucoup de cas, l'usage est de se servir du mot PLACE dans le sens de Localisation; mais il en résulte ambiguïté, à cause du grand nombre d'homonymes du terme PLACE. — La Localisation est une assiette militaire éventuelle qui modifie les PRESTATIONS, affecte l'ADMINISTRATION, se rattache aux formes et aux besoins du SERVICE, et découle des règles de mobilisation de l'ARMÉE. — La Localisation est une branche du GOUVERNEMENT STRATONOMIQUE; elle donne naissance aux sous-branches ou modifications que voici : BARAQUEMENT, BIVAQUEMENT, CAMPEMENT, CANTONNEMENT, CASERNEMENT, EMPRISONNEMENT, LOGEMENT PAR

BILLETS. — Sous le point de vue hygiénique, la Localisation militaire a exercé les recherches de RÉVOLAT.

LOCALISATION d'ADJUDANT. V. ADJUDANT. V. ADJUDANT D'INFANTERIE FRANÇAISE DE LIGNE N° 8.

LOCALISATION d'ARMURIER. V. ARMURIER DE CORPS N° 2.

LOCALISATION de BATAILLON. V. BATAILLON. V. BATAILLON D'INFANTERIE FRANÇAISE DE LIGNE N° 6.

LOCALISATION de CAPITAINE. V. CAPITAINE. V. CAPITAINE D'INFANTERIE FRANÇAISE DE LIGNE N° 7.

LOCALISATION de CAPORAL. V. CAPORAL. V. CAPORAL D'ESCOUADE N° 4. V. CAPORAL D'INFANTERIE FRANÇAISE DE LIGNE N° 7.

LOCALISATION de CAVALERIE. V. CAVALERIE. V. CAVALERIE FRANÇAISE N° 5.

LOCALISATION de CENTURION. V. CENTURION N° 4.

LOCALISATION de CHEF DE BATAILLON. V. CHEF DE BATAILLON D'INFANTERIE FRANÇAISE DE LIGNE N° 5.

LOCALISATION de CHEF DE DIVISION. V. CHEF DE DIVISION N° 2.

LOCALISATION de CHEF DE POSTE. V. CHEF DE POSTE D'HOMMES DE GARDE N° 1.

LOCALISATION de CHIRURGIEN. V. CHIRURGIEN. V. CHIRURGIEN-MAJOR D'INFANTERIE FRANÇAISE DE LIGNE N° 5.

LOCALISATION de COLONEL. V. COLONEL. V. COLONEL D'INFANTERIE FRANÇAISE DE LIGNE N° 6.

LOCALISATION de COMPAGNIE DE GRENADIERS. V. COMPAGNIE DE GRENADIERS N° 5.

LOCALISATION de COMPAGNIE DE VOLTIGEURS. V. COMPAGNIE DE VOLTIGEURS D'INFANTERIE FRANÇAISE DE LIGNE N° 3.

LOCALISATION de COMPAGNIE D'INFANTERIE. V. COMPAGNIE D'INFANTERIE FRANÇAISE DE LIGNE N° 7.

LOCALISATION de CONSEIL D'ADMINISTRATION. V. CONSEIL D'ADMINISTRATION DE RÉGIMENT N° 2.

LOCALISATION de CONSEIL PERMANENT. V. CONSEIL PERMANENT N° 2.

LOCALISATION de CORNET IDIOPLIQUE. V. CORNET IDIOPLIQUE N° 4.

LOCALISATION de CORPS RÉGIMENTAIRE. V. CORPS RÉGIMENTAIRE N° 3.

LOCALISATION de FOURRIER D'INFANTERIE. V. FOURRIER D'INFANTERIE FRANÇAISE DE LIGNE N° 5.

LOCALISATION de GÉNÉRAL DE BRIGADE. V. GÉNÉRAL DE BRIGADE N° 3.

LOCALISATION de GÉNÉRAL DE DIVISION. V. GÉNÉRAL DE DIVISION N° 3.

LOCALISATION de LIEUTENANT-COLO-
NEL. V. LIEUTENANT - COLONEL D'INFANTERIE
FRANÇAISE DE LIGNE N° 5.

LOCALISATION de LIEUTENANT D'IN-
FANTERIE FRANÇAISE DE LIGNE N° 4.

LOCALISATION de MAITRES OUVRIERS.
V. MAITRE OUVRIER N° 2.

LOCALISATION de MAJOR. V. MAJOR
CAPITAINE N° 2. V. MAJOR CHEF DE BATAILLON
N° 5. V. MAJOR LIEUTENANT-COLONEL N° 1.

LOCALISATION de MILICE POLONAISE.
V. MILICE POLONAISE N° 4.

LOCALISATION de MILICE PRUSSIENNE.
V. MILICE PRUSSIENNE N° 5.

LOCALISATION de MILICE SIKE. V. MI-
LICE SIKE N° 4.

LOCALISATION de MUSICIENS. V. MU-
SICIEN. V. MUSICIEN N° 5.

LOCALISATION de PORTE-DRAPEAU. V.
PORTE-DRAPEAU N° 4.

LOCALISATION de PUPILLES. V. PU-
PILLE N° 5.

LOCALISATION de RÉGIMENT. V. RÉGI-
MENT. V. RÉGIMENT FRANÇAIS N° 5.

LOCALISATION de SERGENTS. V. SER-
GENT. V. SERGENT D'INFANTERIE FRANÇAISE
N° 5.

LOCALISATION de SERGENTS-MAJORS.
V. SERGENT-MAJOR N° 4.

LOCALISATION de SOUS - INTENDANTS.
V. SOUS-INTENDANT N° 4.

LOCALISATION de SOUS-LIEUTENANTS.
V. SOUS-LIEUTENANT N° 4.

LOCALISATION de SOUS-OFFICIERS. V.
SOUS-OFFICIER ; id. N° 6.

LOCALISATION de TAMBOURS. V. TAM-
BOUR. V. TAMBOUR IDIOPLIQUE D'INFANTERIE
FRANÇAISE N° 4.

LOCALISATION DE TAMBOUR-MAJOR. V.
TAMBOUR-MAJOR ; id. N° 5.

LOCALISATION DE TRÉSORIER. V. TRÉ-
SORIER. V. TRÉSORIER DE CORPS N° 5.

LOCALISATION de TRIBUN. V. TRIBUN
ROMAIN ; id. N° 4.

LOCALISATION d'ENFANT D'HOMME DE
TROUPE. V. ENFANT D'HOMME DE TROUPE N° 5.

LOCALISATION d'ÉTAT-MAJOR DE CORPS.
V. ÉTAT-MAJOR DE CORPS N° 5.

LOCALISATION d'INFANTERIE FRAN-
ÇAISE. V. INFANTERIE FRANÇAISE N° 5.

LOCALISATION d'OFFICIER FRANÇAIS. V.
OFFICIER FRANÇAIS N° 8. V. RANGS D'INFANTERIE.

LOCAQUE, subs. masc. V. LOCHAGUE.

LOCATELLI. V. NOMS PROPRES.

LOCHAGUE, subs. masc. (F), ou LOCA-
GUE, ou LOCAQUE, ou LOKAGUE, comme dit
GUISCHARDT (1758. H). Mot tout grec, *locha-*

---

gos : c'est le nom que lui donne M. le colonel CARRION (1824, A) ; JABRO (1777, G)
l'appelle *locayo*. — Tel était le nom donné
dans la MILICE GRECQUE au chef de file d'un
LOCHOS, dont l'OURAGUE était le dernier
homme ou la queue. — Des Lochagues
étaient DIMOERITES, à titre de commandants
de DIMOERIES ; des Lochagues étaient ÉNOMO-
TARQUES à titre de commandants d'ÉNOMO-
TIES ; tous étaient PROTOSTATES, comme posés
en avant. — Il y a des ÉCRIVAINS qui ont
traduit, mais à tort, Lochague par CAPITAINE.
D'autres ont comparé les ORDINAIRES ROMAINS
aux Locagues. — BOUCHAUD 1757, G), M. le
colonel CARRION (1824, A), GUISCHARDT
(1758, H), MAIZEROY (1771), ROBINSON,
ROHAN (1757, Q), TURPIN (1785, O) peuvent
être consultés à ce sujet.

LOCHE, subs. masc. V. LOCQUE.

LOCHÉE. V. NOMS PROPRES.

LOCHIE, subs. fém. V. LOCHOS.

LOCHO, subs. masc. V. LOCHOS.

LOCHOS, subs. masc. (F), ou LOCHO,
comme l'écrit JABRO (1777, G), ou LOCHIE
suivant PRAISSAC (1622, A), ou LOQUE, comme
le dit BOISTE. Mot GREC dont le sens était
vague dans les MILICES des diverses contrées ; SCAPULA lui donne trois ou quatre synonymes. Les AUTEURS anciens l'emploient
dans le sens, tantôt de CENTURIE ou de CO-
HORTE, tantôt dans celui d'ÉNOMOTIE, de
MORA, de STIQUE, de FILE ou de TROUPE en
général. Quelquefois il se rapporte à un
système de composition usité dans la MILICE
GRECQUE, et suivant lequel un front est de
six, de huit, de dix OPLITES ; il s'applique
aussi aux CATAPHRACTES de la PHALANGE. THU-
CYDIDE laisse régner des doutes nombreux
touchant ce genre de SUBDIVISION. — Les
Lochos ATHÉNIEN et LACÉDÉMONIEN n'étaient
pas même chose ; ce dernier était un des
cinq grands CORPS de l'ARMÉE, ou le CORPS
formé par une des cinq tribus politiques.
M. le colonel CARRION (1824, A) donne une
idée générale de ces différences. — Le bataillon sacré s'appelait *Lochos ieros.* — La
plupart des ÉCRIVAINS classiques donnent au
Lochos le sens du mot FILE (*stichoi*). — La
force de ce Lochos a varié ; quand il n'était
que de dix hommes, il s'appelait aussi DÉ-
CURIE ; quand il était de seize hommes, le
Lochos était la moitié de la DILOCHIE, et le
double de la DIMOERIE : il comprenait cinq
personnages gradés qu'on pourrait comparer
à des SOUS-OFFICIERS ; c'étaient, le premier,
ou LOCHAGUE ; le cinquième, ou premier ÉNO-
MARCHE ; le neuvième, ou deuxième ÉNOMAR-
CHE ; le treizième, ou troisième ÉNOMARCHE ;
le seizième, ou OURAGUE. — Le premier de
ces personnages était le plus vaillant : le

dernier était le plus prudent. C'est du moins l'assertion un peu romanesque des vieux écrivains. Hésychius et Robinson peuvent être consultés à l'égard du Lochos.

LOCOMOTION, subs. fém. V. BATAILLON D'INFANTERIE FRANÇAISE DE LIGNE N° 7. V. CONTRE-MARCHE POLÉMONOMIQUE.

LOCOMOUVANT (locomouvante), adj. V. ALIGNEMENT DE BATAILLON L..., V. BATAILLON L...

LOCQUE, subs. masc. (F), ou LOCHE, ou LUCHET. Mot dont l'origine est inconnue; il servait à désigner un genre d'ARME dont parle ROQUEFORT, mais qu'il ne spécifie pas. — Le Locque, instrument aratoire nommé lochet, louchet, se transformait, au besoin, en une ARME de guerre dans les mains des gens de la campagne.

LODI ; LOEHNEYSEN ; LOEN. V. NOMS PROPRES.

LOGE, subs. fém. V. TREF.

LOGE A MONTE-RESSORT. V. A MONTE-RESSORT. V. CLOISON DE COFFRET DE GIBERNE DE SOUS-OFFICIER. V. COFFRET DE GIBERNE DE SOUS-OFFICIER. V. COMPARTIMENT DE GIBERNE. V. LOGEMENT. V. MONTE-RESSORT.

LOGEMENT, subs. masc. V. ALLER AU L... V. AU L... V. BILLET DE L... V. CAPITAINE DE L... V. CHANGEMENT DE L... V. COMTE DES L... V. CONSIGNE DE PIQUET DE L... V. DE L... V. DISTRIBUTION DE L... V. ÉTAT DE L... V. ÊTRE DE L... V. EXEMPTION DE L... V. LIEUTENANT DE L... V. MARQUER LE L... V. MASSE DE L... V. MOUVEMENT DE L... V. MUTATION DE L... V. NETTOIEMENT DE L... V. OFFICIER DE L... V. ORDONNANCE DE L... V. ORDRE DE L... V. PARAPET DE L... V. PIQUET DE L... V. PRESTATION DE L... V. QUARTIERS DE L... V. RÈGLEMENT DE L... V. SERVICE DU L...

LOGEMENT
- DE MILITAIRE
  - LOGEMENT ACTIF.
  - D'HABITATION
    - LOGEM. D'ÉTAT MAJOR GÉNÉRAL.
    - LOGEM. EN ROUTE.
- OFFENSIF.

LOGEMENT (term. génér.). Mot dérivé du LATIN *logeum*, ou plutôt, suivant VITRUVE, du GREC *logeion*, dont est venu l'ITALIEN *loggia*; il donnait idée d'une partie du théâtre des anciens, et du lieu où se tenaient les chœurs, les comparses. — ROQUEFORT (1833) dérive loge, et par conséquent Logement, du bas LATIN *logea, logia, logium*. — Dans les MILICES ROMAINE et BYZANTINE, les détails du Logement regardaient les MENSEURS, les MÉTATEURS, les comtes du LOGEMENT, *comes mansionarius*. — Le substantif français Logement se rapporte aux termes LOGE, LOGIS, DÉLOGEMENT, DÉLOGER, et correspond, surtout ici, à une PRESTATION EN NATURE, OU USAGÈRE. — Considéré militairement et par rapport aux usagers modernes et aux TEMPS DE GUERRE et DE PAIX, il se distingue en LOGEMENT A FEU, — A LA CASERNE, — A PARIS, — CHEZ L'HABITANT, — D'ADJUDANT, — D'ADJUDANT-MAJOR, — D'ASSIÉGEANT, — D'AUMONIER, — DE BLANCHISSEUSE, — DE CAPITAINE, — DE CAPITAINE EN ROUTE, — DE CAPORAL, — DE CAPORAL EN ROUTE, — DE CAVALERIE, — DE CHEF DE BATAILLON, — DE CHEMIN COUVERT, — DE CHIRURGIEN-MAJOR, — DE COLONEL, — DE COLONEL EN ROUTE, — DE COMMANDANT DE DIVISION, — DE COMPAGNIE, — DE COMPAGNIE EN ROUTE, — DE CORNET, — DE CORPS, — DE CORPS D'ÉTAT-MAJOR, — DE CORPS EN ROUTE, — DE DÉTACHEMENT, — DE FOURRAGE, — DE FOURRIER, — DE GARDE D'ÉQUIPAGES, — DE GARDES FRANÇAISES, — DE GÉNÉRAL, — DE GENS DE GUERRE, — DE GOUVERNEUR, — DE GRAND ÉTAT-MAJOR, — DE LIEUTENANT, — DE LIEUTENANT-COLONEL, — DE MAITRE OUVRIER, — DE MAJOR, — DE MILITAIRE, — DE MUSICIEN, — DE PASSAGE, — DE PETIT ÉTAT-MAJOR, — DE RETARDATAIRE, — DE SERGENT, — DE SERGENT-MAJOR, — DE SOLDAT, — DE SOUS-INTENDANT, — DE SOUS-LIEUTENANT, — DE SOUS-OFFICIER, — DE TAMBOUR, — DE TRÉSORIER, — DE TROUPE, — DE VAGUEMESTRE, — D'ÉCLOPPÉ, — D'ENFANT DE TROUPE, — D'ESCOUADE, — D'ÉTAT-MAJOR D'ARMÉE, — D'ÉTAT-MAJOR DE CORPS, — D'ÉTAT-MAJOR GÉNÉRAL, — D'HOMME DE TROUPE, — D'INFANTERIE, — D'OFFICIER, — D'OFFICIER D'ARTILLERIE, — D'OFFICIER EN ROUTE, — D'OFFICIER SUPÉRIEUR, — EN ARGENT, — EN CAMPAGNE, — EN CANTONNEMENT, — EN NATURE, — EN STATION, — MEUBLÉ, — NON EMPLOYÉ, — OFFENSIF, — PAR BILLET, — SOUS LA TENTE.

LOGEMENT A FEU. V. A FEU. V. CAPONNIÈRE. V. CAVIN. V. COFFRE DE FOSSÉ. V. LOGEMENT OFFENSIF. V. MEURTRIÈRE. V. MINE A FEU. V. MINE DÉFENSIVE. V. PLACE D'ARMES A FEU. V. SAC A TERRE. V. SERPENTEAU. V. SIÉGE OFFENSIF. V. SORTIE INTÉRIEURE.

LOGEMENT A LA CASERNE. V. A LA CASERNE. V. ARRIVÉE DE CORPS A LA GARNISON. V.

ASSIETTE DE LOGEMENT. V. CASERNEMENT. V. CASERNIER. V. CHAMBRE DE SOLDATS. V. CLEF DE CHAMBRE DE CASERNE. V. COLONEL D'INFANTERIE FRANÇAISE DE LIGNE N° 14. V. CONSERVATEUR DE BATIMENT MILITAIRE. V. INFANTERIE FRANÇAISE DE LIGNE N° 5. V. LIT DE SOLDAT. V. SECTION ADMINISTRATIVE. V. SERGENT-MAJOR N° 7.

LOGEMENT à Paris. V. INDEMNITÉ DE LOGEMENT. V. PARIS.

LOGEMENT actif (B, 1; E, 4). Sorte de LOGEMENT DE MILITAIRES, ou AVANT-GARDE d'un CORPS EN ROUTE. Sa fonction est d'ALLER AU LOGEMENT ou d'ÊTRE DE LOGEMENT; l'OFFICIER qui le conduit annonce, au lieu de gîte, l'ARRIVÉE du corps. — Par un des abus de notre LANGUE, cet ensemble de MILITAIRES s'appelle absolument le Logement; dans maintes circonstances, la locution est ambiguë, et si l'on n'y ajoute pas une épithète, elle se confond avec le LOGEMENT D'HABITATION, etc. — S'il s'agit d'un CORPS EN ROUTE SUR PIED DE PAIX, l'ADJUDANT DE SEMAINE, les FOURRIERS, et, en certains cas, les ÉCLOPPÉS, les MALADES, font partie du Logement; la moitié de la GARDE DE POLICE en est l'escorte; un homme par compagnie s'y réunit; le CAPITAINE DE SEMAINE en a le commandement; il est accompagné du TRÉSORIER porteur de la FEUILLE DE ROUTE. — Le Logement se met en route à l'instant où l'on BAT LA GÉNÉRALE, la DIANE ou le RAPPEL aux TAMBOURS. — Jadis l'AVANT-GARDE ou le PIQUET et le Logement étaient distincts et partaient en même temps; ainsi le prescrivait l'ORDONNANCE DE 1718 (8 AVRIL). Depuis sa publication, rien de complet et de positif sur ce sujet n'a paru; les dispositions tenant lieu de règles sont contradictoires, obscures et éparses dans divers documents.

LOGEMENT chez l'HABITANT. V. AUBERGE D'OFFICIER. V. BILLET DE LOGEMENT EN ROUTE. V. CANTONNEMENT. V. HABITANT. V. HOTE. V. LÉGISLATION EN 1824 (20 JUILLET). V. LOGEMENT DE MILITAIRE. V. LOGEMENT D'HABITATION. V. LOGEMENT EN ROUTE.

LOGEMENT d'ADJUDANT. V. ADJUDANT. V. ADJUDANT D'INFANTERIE FRANÇAISE DE LIGNE N° 10.

LOGEMENT d'ADJUDANT-MAJOR. V. ADJUDANT-MAJOR D'INFANTERIE FRANÇAISE DE LIGNE N° 8. V. CHAMBRE DE PAVILLON. V. INDEMNITÉ DE LOGEMENT D'ADJUDANT-MAJOR.

LOGEMENT d'ASSIÉGEANT. V. ASSIÉGEANT. V. FOUGASSE. V. LOGEMENT OFFENSIF.

LOGEMENT d'AUMONIER. V. AUMONIER DE CORPS N° 5, 6. V. CHAMBRE DE PAVILLON.

LOGEMENT de BLANCHISSEUSE. V. BLANCHISSEUSE DE CORPS.

LOGEMENT de CAPITAINE. V. CAPITAINE. V. CAPITAINE D'INFANTERIE FRANÇAISE DE LIGNE N° 9. V. CAPITAINE D'HABILLEMENT.

LOGEMENT de CAPITAINE EN ROUTE. V. BILLET DE LOGEMENT DE COMPAGNIE EN ROUTE. V. BILLET DE LOGEMENT D'OFFICIER EN ROUTE. V. CAPITAINE EN ROUTE. V. CHAMBRE DE PAVILLON. V. FOURRIER EN ROUTE.

LOGEMENT de CAPORAL. V. CAPORAL. V. CAPORAL D'INFANTERIE FRANÇAISE DE LIGNE N° 8. V. CHAMBRE DE SOLDATS.

LOGEMENT de CAPORAL EN ROUTE. V. CAPORAL EN ROUTE.

LOGEMENT de CAVALERIE. V. CAVALERIE. V. CAVALERIE FRANÇAISE N° 9. V. MARÉCHAL DES LOGIS DE LA CAVALERIE.

LOGEMENT de CHEF DE BATAILLON. V. CHEF DE BATAILLON D'INFANTERIE FRANÇAISE DE LIGNE N° 6. V. RAPPORT GÉNÉRAL.

LOGEMENT de CHEMIN COUVERT. V. AMAS D'OUTILS DE SIÉGE. V. CHEMIN COUVERT. V. LOGEMENT OFFENSIF. V. PIERRIER. V. TRAVERSE DE FORTIFICATION.

LOGEMENT de CHIRURGIEN-MAJOR. V. CHAMBRE DE PAVILLON. V. CHIRURGIEN-MAJOR D'INFANTERIE FRANÇAISE DE LIGNE N° 7.

LOGEMENT de COLONEL. V. CHAMBRE DE PAVILLON. V. COLONEL. V. COLONEL D'INFANTERIE FRANÇAISE DE LIGNE N° 8.

LOGEMENT de COLONEL EN ROUTE. V. ADJUDANT DE SEMAINE EN ROUTE. V. COLONEL EN ROUTE.

LOGEMENT de COMMANDANT DE DIVISION. V. COMMANDANT DE DIVISION N° 1.

LOGEMENT de COMPAGNIE. V. BILLET DE LOGEMENT DE COMPAGNIE EN ROUTE. V. COMPAGNIE. V. COMPAGNIE D'INFANTERIE FRANÇAISE DE LIGNE N° 7. V. LIVRE DE COMPAGNIE.

LOGEMENT de COMPAGNIE EN ROUTE. V. BILLET DE LOGEMENT DE COMPAGNIE EN ROUTE. V. CAHIER DE LOGEMENT EN ROUTE. V. CAPORAL EN ROUTE. V. COMPAGNIE EN ROUTE. V. CONVALESCENT DE CORPS EN ROUTE. V. FOURRIER D'INFANTERIE FRANÇAISE DE LIGNE N° 9. V. LOGEMENT EN ROUTE.

LOGEMENT de CORNET. V. CORNET IDIOPLIQUE N° 4.

LOGEMENT de CORPS. V. CORPS. V. CORPS RÉGIMENTAIRE N° 4. V. LOGEMENT D'HABITATION. V. OFFICIER DE CASERNEMENT. V. QUARTIER-MAITRE. V. SOUS-INTENDANT N° 7.

LOGEMENT de CORPS D'ÉTAT-MAJOR. V. ADJOINT A L'INTENDANCE. V. CORPS D'ÉTAT-MAJOR N° 5.

LOGEMENT de CORPS EN ROUTE. V. ADJUDANT-MAJOR PRÉCÉDANT LE CORPS. V. CAPORAL EN ROUTE. V. CORPS EN ROUTE SUR PIED DE PAIX. V. ÉTAPE.

LOGEMENT de DÉTACHEMENT. V. DÉTACHEMENT. V. LOGEMENT D'HABITATION.

LOGEMENT de FOURRIER. V. FOURRIER. V. FOURRIER D'INFANTERIE FRANÇAISE DE LIGNE N° 6.

LOGEMENT de GARDE D'ÉQUIPAGES. V. BILLET DE LOGEMENT DE C... V. GARDE D'ÉQUIPAGES.

LOGEMENT de GARDES FRANÇAISES. V. GARDES FRANÇAISES N° 5.

LOGEMENT de GÉNÉRAL. V. GÉNÉRAL. V. GÉNÉRAL FRANÇAIS N° 4. V. MARÉCHAL DE CAMP N° 4.

LOGEMENT de GENS DE GUERRE. V. GENS DE GUERRE. V. PENSION DE RETRAITE.

LOGEMENT de GLACIS. V. GLACIS DE FORTIFICATION. V. LOGEMENT OFFENSIF. V. TRAVERSE DE FORTIFICATION.

LOGEMENT de GOUVERNEUR. V. GOUVERNEUR DE PLACE DE GUERRE N° 5.

LOGEMENT de GRAND ÉTAT-MAJOR. V. BILLET DE LOGEMENT DE GRAND ÉTAT-MAJOR. V. GRAND ÉTAT-MAJOR.

LOGEMENT de LIEUTENANT. V. CHAMBRE DE PAVILLON. V. LIEUTENANT. V. LIEUTENANT D'INFANTERIE FRANÇAISE DE LIGNE N° 4.

LOGEMENT de LIEUTENANT-COLONEL. V. ADJUDANT DE SEMAINE EN ROUTE. V. LIEUTENANT-COLONEL D'INFANTERIE FRANÇAISE DE LIGNE N° 5.

LOGEMENT de MAITRE OUVRIER. V. BILLET DE LOGEMENT DE MAITRE OUVRIER. V. CHAMBRE DE MAITRE OUVRIER. V. MAITRE OUVRIER.

LOGEMENT de MAJOR. V. MAJOR. V. MAJOR D'INFANTERIE FRANÇAISE DE LIGNE.

LOGEMENT de MILITAIRES (term. sousgénér.). Sorte de LOGEMENT considéré par rapport aux MILITAIRES qui servent dans un corps. Les règlements ou ordonnances concernant l'ADMINISTRATION, la POLICE, le SERVICE, le CAMPEMENT, le CASERNEMENT, en tracent les règles, les documents qui, le plus anciennement, traitent spécialement du Logement, sont de 1638 (AVRIL), 1641 (4 OCTOBRE), 1642 (25 FÉVRIER), 1651 (4 NOVEMBRE), 1718 (8 AVRIL). — Jadis le CONNÉTABLE avait la haute main dans la répartition du Logement. Le ROI DES RIBAUDS, le GRAND PRÉVÔT, les COMMISSAIRES A LA CONDUITE, les COMMISSAIRES DES GUERRES en surveillaient les détails, en réglaient la distribution. — Les recherches de M. MONTEIL nous font connaître qu'au quinzième siècle les HOMMES D'ARMES NE devaient être logés chez les BOURGEOIS que s'ils montaient le GRAND CHEVAL. — Dans la MILICE ANGLAISE, l'ADMINISTRATION et les soins pris pour l'établissement du Logement concernent spécialement le QUARTIER-MAITRE GÉNÉRAL. — En FRANCE, le MINISTRE DE LA GUERRE ou les ÉTATS-MAJORS qui le représentent ou qui agissent sous son influence et

ses ordres, décident de tout ce qui touche au Logement, ou y concourent avec les AUTORITÉS CIVILES. LES ARRÊTÉS DE L'AN TROIS (25 VENDÉMIAIRE) et DE L'AN QUATRE (28 FRIMAIRE) s'occupaient de la matière. — Le RÈGLEMENT DE 1824 (20 JUILLET) et la DÉCISION DE 1829 (31 MARS) allouaient à l'HABITANT des indemnités, si la durée du Logement excédait trois nuits, comme le voulait la LOI DE 1792 (25 MAI). — L'ORDONNANCE DE 1855 (2 NOVEMBRE) consacrait un article aux règles du Logement, mais aucun document complet n'a satisfait encore à ce qu'on attendait; il devrait prévoir les CAS DE PAIX et DE GUERRE, la ROUTE, le CANTONNEMENT, la GARNISON, la STATION EN VILLE et chez l'HABITANT, les EXÉCUTIONS par GARNISAIRES, les protections par SAUVEGARDE. — La CIRCULAIRE DE 1857 (6 NOVEMBRE) récapitulait quelques dispositions des documents antérieurs. — On peut consulter à l'égard du Logement les traités de BARDIN (1807, D; 1809, B), M. BERRIAT (1825, F), BOMBELLES (1754, D), M. CANCRIN, DELAMONT (1693, C), M. GRIVET, GUIGNARD (1725, B), MORIN (1798), ODIER (1824, E), M. le général VAUDONCOURT (1825, D). — Le Logement se distingue en LOGEMENT ACTIF et en LOGEMENT D'HABITATION.

LOGEMENT de MUSICIEN. V. MUSICIEN. V. MUSICIEN N° 5.

LOGEMENT de PASSAGE. V. GRAND CHEVAL. V. LOGEMENT D'HABITATION. V. PASSAGE.

LOGEMENT de PETIT ÉTAT-MAJOR. V. BILLET DE LOGEMENT DE PETIT ÉTAT-MAJOR. V. PETIT ÉTAT-MAJOR.

LOGEMENT de RETARDATAIRE. V. BILLET DE LOGEMENT DE RETARDATAIRE. V. FOURRIER EN ROUTE. V. RETARDATAIRE.

LOGEMENT de SERGENT. V. SERGENT. V. SERGENT D'INFANTERIE FRANÇAISE DE LIGNE N° 5.

LOGEMENT de SERGENT-MAJOR. V. FOURRIER EN ROUTE. V. SERGENT-MAJOR N° 4. V. TAMBOUR D'INFANTERIE FRANÇAISE DE LIGNE.

LOGEMENT de SOLDAT. V. BILLET DE LOGEMENT DE SOLDAT. V. CASERNE. V. PAVILLON D'OFFICIER. V. SOLDAT. V. SOLDAT D'INFANTERIE FRANÇAISE DE LIGNE.

LOGEMENT de SOUS-INTENDANT. V. SOUS-INTENDANT N° 5.

LOGEMENT de SOUS-LIEUTENANT. V. CHAMBRE DE PAVILLON. V. SOUS-LIEUTENANT; id. N° 4.

LOGEMENT de SOUS-OFFICIER. V. SOUS-OFFICIER; id. N° 6.

LOGEMENT de TAMBOUR. V. BILLET DE LOGEMENT DE TAMBOUR. V. SERGENT-MAJOR EN ROUTE. V. TAMBOUR. V. TAMBOUR EN ROUTE. V.

TAMBOUR IDIOPLIQUE D'INFANTERIE FRANÇAISE N° 4.

LOGEMENT de TAMBOUR-MAJOR. V. TAMBOUR-MAJOR ; id. N° 5.

LOGEMENT de TRÉSORIER. V. CHAMBRE DE PAVILLON. V. TRÉSORIER. V. TRÉSORIER DE CORPS N° 5.

LOGEMENT de TRIBUN. V. TRIBUN ROMAIN ; id. N° 4.

LOGEMENT de TROUPE. V. BATIMENT MILITAIRE. V. CONTROLEUR DES GUERRES. V. LOGEMENT D'HABITATION. V. LOGEMENT EN ROUTE. V. MILICE CHINOISE N° 4. V. OFFICIER FRANÇAIS N° 8. V. SOUS-INTENDANT N° 6. V. TROUPE.

LOGEMENT de VAGUEMESTRE. V. VAGUEMESTRE.

LOGEMENT d'ÉCLOPPÉ. V. BILLET DE LOGEMENT D'ÉCLOPPÉ. V. ÉCLOPPÉ.

LOGEMENT d'ENFANT D'HOMME DE TROUPE. V. ENFANT D'HOMME DE TROUPE N° 4.

LOGEMENT d'ESCOUADE. V. ESCOUADE. V. LOGEMENT EN ROUTE.

LOGEMENT d'ÉTAT-MAJOR D'ARMÉE. V. ÉTAT-MAJOR D'ARMÉE N° 5. V. FOURRIER D'ARMÉE.

LOGEMENT d'ÉTAT-MAJOR DE CORPS. V. ÉTAT-MAJOR DE CORPS N° 5.

LOGEMENT d'ÉTAT-MAJOR GÉNÉRAL (C, 2), ou HOTEL DU COMMANDEMENT, suivant l'expression employée par ODIER (1824, E). Sorte de LOGEMENT DE MILITAIRES qu'on appelait autrefois le GOUVERNEMENT. — LES PLACES FORTES de FRANCE manquant en général d'ÉTABLISSEMENTS de ce genre, le gouvernement est réduit à des locations onéreuses pour des résultats en général mesquins ou insuffisants. — La totalité de l'ÉTAT-MAJOR militaire et administratif, soit permanent, soit passager, devrait, dans toutes les GARNISONS importantes, résider en un seul et même BATIMENT.

LOGEMENT d'HABITATION (term. sousgénér.). Sorte de LOGEMENT DE MILITAIRES faisant partie d'un CORPS. Ce Logement est distinct de l'agrégation de MILITAIRES qu'on appelle absolument aussi le Logement, et que nous nommons LOGEMENT ACTIF. Le Logement, envisagé ici sous le point de vue de l'INFANTERIE, est l'objet d'un DROIT ADMINISTRATIF. L'ORDONNANCE DE 1825 (19 MARS) déclarait qu'il était dû EN NATURE aux HOMMES DE TROUPE, dans toutes les POSITIONS qui donnent droit à une SOLDE DE PRÉSENCE. — Il est dû EN NATURE aux OFFICIERS sur PIED DE GUERRE ; il y est pourvu, ou par l'ADMINISTRATION MILITAIRE, ou par les AUTORITÉS LOCALES ; il est dû sur PIED DE PAIX, soit comme LOGEMENT MEUBLÉ, soit au moyen d'une INDEMNITÉ représentative ; il est dû à tous les MILITAIRES voyageant en CORPS ou isolément avec

FEUILLE DE ROUTE. — Le Logement consiste principalement en LOGEMENT CHEZ L'HABITANT, A LA CASERNE, SOUS LA TENTE ; il n'est dû chez l'habitant qu'à défaut de CASERNE, et que pour les TROUPES de PASSAGE ; si le LOGEMENT PAR BILLETS est accordé à des TROUPES qui doivent tenir résidence dans des lieux où existent des CASERNES ou des PAVILLONS, elles ne jouissent de ce Logement qu'à l'époque de leur arrivée, et pour une nuit ou trois nuits au plus. Le MAIRE ou les AUTORITÉS CIVILES ont la direction de la DISTRIBUTION et du service de ce Logement. — Une des plus anciennes ORDONNANCES sur le Logement est celle de 1467 (AVRIL) ; elle déterminait le genre des droits que les hommes de la LANCE FOURNIE avaient au Logement. — L'ORDONNANCES DE 1768 (1er MARS) la LOI DE 1791 (10 JUILLET), le RÈGLEMENT DE 1791 (12 OCTOBRE), la LOI DE 1792 (23 MAI), le RÈGLEMENT DE 1792 (24 JUIN), le RÈGLEMENT DE L'AN DEUX (30 THERMIDOR), l'INSTRUCTION DE L'AN TROIS (16 VENTOSE), le RÈGLEMENT DE L'AN QUATRE (22 GERMINAL), le RÈGLEMENT DE L'AN HUIT (25 FRUCTIDOR), prévoyaient les cas des LOGEMENTS DE PASSAGE, chez l'HABITANT, dans la CASERNE, aux PAVILLONS ; chargeaient les COMMISSAIRES DES GUERRES de cette surveillance et de celle des BATIMENTS MILITAIRES, et appliquaient les mêmes règles et au Logement des CORPS et au Logement des DÉTACHEMENTS. — L'ORDONNANCE DE 1818 (15 MAI) et le RÈGLEMENT DE 1824 (20 JUILLET) ont reproduit en partie ces dispositions. — Des règles nombreuses de la POLICE et de l'ADMINISTRATION des CORPS déterminent ce qui concerne le Logement, les effets mobiliers qui en font partie, la manière d'en prendre possession, etc., etc. — L'ADJUDANT DE SEMAINE, le PORTE-DRAPEAU et l'AIDE-MAJOR concourent à régler l'ASSIETTE du Logement à la CASERNE. Un ÉTAT en est dressé et visé par le MAJOR ; il est remis au COLONEL aussitôt que le CASERNEMENT du CORPS est établi. — Une demi-heure après la RETRAITE, l'HOMME DE TROUPE, en toute position, doit être rentré dans son Logement, à moins qu'un PERMIS ne l'en dispense. — Tout CHANGEMENT DE LOGEMENT sans PERMISSION est une infraction à la DISCIPLINE. — Il a été traité du Logement, sous le rapport, ou de son mécanisme, ou de son ADMINISTRATION, ou de son service, par BARDIN (1807, D ; 1809, E), M. BERRIAT (1812, A), BOMBELLES (1746, A), BRIQUET (1761, H), CHENNEVIÈRES (1750), D'HÉRICOURT (1756, G), ENCYCLOPÉDIE (1785, C), GORVOT, GUIGNARD (1725, A), LACHESNAIE (1758, I), LECOUTURIER (1825, A), MANESSON (1685, B), M. RUMPF (1824, F), SERVAN (1780, B), M. VAUCHELLE, la *Sentinelle de l'armée*, t. III, p. 66. — Ce genre de Logement se distingue en LOGEMENT D'ÉTAT-MAJOR GÉNÉRAL et en LOGEMENT EN ROUTE.

LOGEMENT d'HOMME DE TROUPE. V. BILLET DE LOGEMENT D'HOMME DE TROUPE. V. HOMME DE TROUPE N° 5. V. LOGEMENT D'HABITATION. V. LOGEMENT EN ROUTE. V. SOUS-INTENDANT N° 6.

LOGEMENT d'INFANTERIE. V. FOURRIER D'INFANTERIE FRANÇAISE DE LIGNE N° 9, 10. V. INFANTERIE FRANÇAISE DE LIGNE N° 5. V. MARÉCHAL DE BATAILLE. V. MARÉCHAL DES BANDES. V. MARÉCHAL DES LOGIS D'INFANTERIE.

LOGEMENT d'OFFICIER. V. AMEUBLEMENT DE PAVILLON. V. CASSATION DISCIPLINAIRE. V. CHAMBRE DE PAVILLON. V. CHEF DE BATAILLON D'INFANTERIE FRANÇAISE DE LIGNE N° 7. V. CHEF DE CHAMBRE DE PAVILLON. V. INDEMNITÉ DE LOGEMENT D'OFFICIER. V. LOGEMENT D'HABITATION. V. LOGEMENT EN ROUTE. V. MARQUISE. V. MILICE ANGLAISE N° 2. V. OFFICIER. V. OFFICIER D'INFANTERIE FRANÇAISE N° 7. V. PAVILLON DE CASERNE. V. RETENUE SUR APPOINTEMENTS. V. TRAITEMENT EN STATION.

LOGEMENT d'OFFICIER D'ARTILLERIE. V. CHEF D'ESCORTE D'ARTILLERIE. V. OFFICIER D'ARTILLERIE N° 5.

LOGEMENT d'OFFICIER EN ROUTE. V. BILLET DE LOGEMENT D'OFFICIER EN ROUTE. V. CAHIER DE LOGEMENT. V. EN ROUTE. V. FOURRIER EN ROUTE. V. LOGEMENT EN ROUTE. V. OFFICIER EN ROUTE.

LOGEMENT d'OFFICIER FRANÇAIS. V. OFFICIER FRANÇAIS N° 8.

LOGEMENT d'OFFICIER SUPÉRIEUR. V. AMEUBLEMENT DE PAVILLON. V. CHAMBRE DE PAVILLON. V. OFFICIER D'INFANTERIE FRANÇAISE N° 7. V. OFFICIER SUPÉRIEUR.

LOGEMENT EN ARGENT. V. EN ARGENT. V. INDEMNITÉ DE LOGEMENT. V. OFFICIER FRANÇAIS N° 9.

LOGEMENT EN CAMPAGNE. V. EN CAMPAGNE. V. FOURRIER D'ARMÉE. V. GRAND PRÉVÔT. V. GRAND PRÉVÔT DE L'HOTEL. V. MAUVILLON (F.-W.). V. MINISTRE DE LA GUERRE EN 1662. V. TRAITEMENT DE GUERRE.

LOGEMENT EN CANTONNEMENT. V. CANTONNEMENT. V. EN CANTONNEMENT.

LOGEMENT EN GARNISON. V. DAN D'ARRIVÉE A LA GARNISON. V. COMMANDANT DE PLACE N° 5. V. EN GARNISON. V. LOGEMENT D'HABITATION. V. OFFICIER DE CASERNEMENT.

LOGEMENT EN NATURE. V. AMEUBLEMENT DE PAVILLON. V. EN NATURE. V. LANCE FOURNIE. V. LOGEMENT D'HABITATION. V. MARÉCHAL DE FRANCE N° 6. V. OFFICIER FRANÇAIS N° 9. V. TRAITEMENT EN STATION.

LOGEMENT EN ROUTE (B, 1; E). Sorte de LOGEMENT D'HABITATION considéré surtout par rapport à l'INFANTERIE FRANÇAISE DE LIGNE. Lorsqu'elle voyage, l'ASSIETTE de ce Logement est ou doit être analogue à celle du LOGEMENT EN STATION. En TEMPS DE PAIX et dans l'INTÉRIEUR, c'est toujours un LOGEMENT CHEZ L'HABITANT; en TEMPS DE GUERRE et chez l'ÉTRANGER, il se marque à la CRAIE. — Il reste quelques souvenirs des usages que la MILICE ROMAINE observait au temps du Bas-Empire. La loi impériale qui a pour titre : *De metalis*, et les constitutions d'Honorius et d'Arcadius, témoignent que des MENSEURS (*mensores*) ou FOURRIERS répartissaient, chez les HABITANTS, les HOMMES DE GUERRE, mais ne leur permettaient d'occuper chez leur HOTE que le tiers de l'HABITATION. — Depuis ces époques, toute trace de règles a disparu jusqu'au rétablissement de celles dont nous avons parlé en traitant du Logement en général. — Les premières règles qui rétablirent les rapports du MILITAIRE et de l'HABITANT, et qui firent résulter des signes de la CRAIE le droit nommé PLACE AU FEU ET A LA LUMIÈRE, se rapportent au temps où CHARLES SEPT resta maître du royaume; jusque-là, et pendant ses guerres, la violence faisait seule le droit. — D'anciennes ordonnances sur les MARCHES ont donné le nom de MARQUEURS à des MILITAIRES dont la fonction était d'aller, à l'avance, marquer les Logements. — BOMBELLES (1746, A), DELAMONT (1671, A), KÉRALIO (1770, H), PRAISSAC (1614, A), sont les AUTEURS qui les premiers ont mis au jour quelques principes sur les MARCHES dans l'intérieur, et les principes de Logement auxquels elles donnent lieu. — Le RÈGLEMENT DE 1792 (23 MAI), mais surtout celui de l'AN HUIT (25 FRUCTIDOR), sont entrés dans les détails que résume la CONSIGNE du PIQUET DE LOGEMENT. L'ORDONNANCE DE 1818 (13 MAI) a recueilli dans ces documents ce qu'elle contient sur ce sujet. Le RÈGLEMENT DE 1824 (20 JUILLET) s'en occupait. — Les maires ou les AUTORITÉS LOCALES de chaque GÎTE reçoivent à l'avance avis des Logements qui doivent être fournis à des TROUPES DE PASSAGE munies d'une FEUILLE DE ROUTE. Un ADJUDANT-MAJOR du corps qui voyage part à l'avance et annonce le jour de l'ARRIVÉE du CORPS; le MAJOR est informé des mesures prises par cet officier au moyen d'une lettre qu'il trouve déposée à la MAIRIE du LIEU DU GÎTE. Des BILLETS DE LOGEMENT sont préparés, et leur DISTRIBUTION a lieu par CAMARADES DE LIT et de manière que les OFFICIERS et la TROUPE d'une même COMPAGNIE soient logés autant que possible dans une même rue, et que les CAPORAUX D'ORDINAIRE soient placés dans une maison où la CUISINE d'une ESCOUADE puisse être faite. — Les Logements des officiers de compagnie sont reconnus à l'avance par le fourrier. Il en est dressé un rôle. — Quand l'étendue d'un lieu de gîte ne permet pas d'y loger la totalité du corps, une partie de la troupe est dirigée sur les communes environnantes, et un officier du grade le plus élevé, parmi ceux qui font partie de la troupe distribuée au dehors, est chargé du commandement de ce détachement. — Un tableau des inconvénients, des tribulations qui accompagnent ce mode de gîte des troupes, est exposé dans la *Sentinelle de l'Armée*, t. iii, p. 42. — Les capitaines font tenir un cahier de logement, et reçoivent du sergent-major ou du fourrier toutes les indications sur la nature et l'assiette du Logement. — Les officiers de section visitent les Logements où sont établis leurs hommes pour s'assurer qu'ils ne commettent point de désordre. — Un état de logement ou relevé sommaire est remis au major par l'adjudant de semaine. — S'il est resté des billets non employés, l'arrière-garde en fait, à l'instant du départ, la restitution à la mairie. — En certains départements les habitants des villes sont dispensés du Logement en nature, s'ils mettent à la disposition de l'autorité des objets de couchage; il serait important qu'ils fussent confectionnés dans les formes, proportions et matières des effets ordinaires de literie de l'Etat, mais c'est une amélioration difficile à réaliser. Dans d'autres villes ou communes, l'usage de l'hospitalité à l'auberge s'est maintenu; plus d'un abus en sont la conséquence, toutes les prévisions réglementaires en sont bouleversées, toutes les précautions de surveillance en sont paralysées, et les militaires sont la plupart du temps relégués dans d'infâmes bouges, comme le raconte en détail la *Sentinelle de l'Armée*, t. ii, p. 350. — Le Logement en nature pèse surtout sur l'habitant des campagnes, mais des dédommagements lui sont accordés depuis 1824, comme nous l'avons dit. L'ordonnance de 1855 (2 novembre) déterminait ce qui avait rapport au Logement en route. — Un opuscule qui traite de la question administrative du Logement est dû à la plume de M. Nérat; le même sujet est traité dans le *Spectateur militaire*, t. xiv, p. 176.

LOGEMENT en station. V. billet de logement en station. V. en station. V. logement en route. V. traitement de station.

LOGEMENT meublé. V. ameublement de pavillon. V. logement d'habitation. V. meublé.

LOGEMENT non employé. V. billet de logement non employé. V. logement en route. V. non employé.

LOGEMENT (logements) offensif (II, 1), ou logement a feu, ou logement d'assiégeant. Sorte de logements ou de travaux de la guerre de siége offensif. — Dans les attaques de place, les approches des assaillants sont une suite de Logements depuis les parallèles et les places d'armes ou demi-parallèles jusqu'à l'occupation de la demi-lune, de la contrescarpe, de la brèche, — — Les claies, les fascines, les sacs a terre, sont les principaux matériaux de ces ouvrages; les amas d'outils en sont les moyens. — Dans l'ancien système, l'attachement du mineur avait lieu sous la protection d'un Logement construit à la suite de l'attaque et du couronnement du chemin couvert. Les Logements qui atteignent l'enceinte ont peu de développement; tels d'entre eux ne sont que pour six hommes. — Le Logement du chemin couvert se commence à un angle saillant où aboutit la tranchée, s'étend progressivement le long de chaque branche du chemin couvert, s'établit sur le haut du glacis en s'y enfonçant et s'y abritant d'un parapet de trois toises d'épaisseur. — Le logement établi sur la crête du glacis reçoit les batteries de brèche qui plongent dans le fossé. — La défense du chemin couvert s'acharne quelquefois à chasser l'assaillant de son Logement. — De la part d'un ennemi circonspect et humain, les fureurs d'un assaut se terminent par un Logement sur la brèche. — Quelquefois on trouve contre l'ennemi ses propres défenses, en s'emparant d'une gorge d'ouvrages et y construisant un Logement; quelquefois on transforme en un Logement l'entonnoir d'une fougasse qui a fait explosion. — Certains Logements se nomment nids de pie. — Dans la guerre défensive on appelle aussi logements a feu, les caponnières, les coffres de fossé, etc. — Les auteurs qui ont traité de ces genres de Logement sont : Desprez (1755, B), Dupain (1757, B), Encyclopédie (1785, C), Feuquières (1750, A), Gaya (1679, A), Lachesnaie (1758, I) aux mots *Insulter, Sortie*, etc.), Leblond (1762, G), Sionville (1756, E).

LOGEMENT par billet. V. billet de logement. V. caserne. V. casernement. V. combustible de cuisine de soldats. V. localisation. V. logement d'habitation. V. par billet.

LOGEMENT sous la tente. V. logement d'habitation. V. sous la tente. V. traitement de guerre.

LOGER (se), verb. récip. V. brèche offensive. V. logement.

LOGIS, subs. masc. v. CONNÉTABLE n° 7. v. MAJOR GÉNÉRAL DES L.... v. MARÉCHAL DE L.... v. MARÉCHAL DES L.... v. MARÉCHAL GÉNÉRAL DES L....

LOGIS du ROI. v. FOURRIER DES L.... v. MARÉCHAL DES L... v. ROI.

LOGISTE, subs. masc. v. ADMINISTRATEUR MILITAIRE. v. LOGISTIQUE. v. MINISTRE DE LA GUERRE n° 2. v. TRÉSORIER.

LOGISTIQUE, subs. fém. (II). Mot dérivé du substantif LATIN *logista*, dont le sens était tout militaire. Le Logiste était ADMINISTRATEUR, OU INTENDANT des ARMÉES ROMAINES, ou byzantines. — La Logistique, prise dans un sens général, est la science du raisonnement et du calcul. — Prise sous son acception technique, comme le font BOURSHEID (1782, II) et MULLER (John), elle s'éclaire des données de la STATISTIQUE, elle est la partie spéculative, rationnelle de l'ART MILITAIRE DE TERRE, l'appréciation du THÉATRE DE LA GUERRE, la combinaison des PLANS adoptés, le choix du TERRAIN des FORTERESSES, l'ensemble de la SCIENCE, la branche intellectuelle de l'ART du MINISTRE DE LA GUERRE. — BOURSHEID lui donne, en grande partie, le sens qu'on applique de nos jours au mot STRATÉGIE. D'autres ÉCRIVAINS prennent PHILOSOPHIE DE LA GUERRE sous même acception; mais ce mot est plus ambitieux que juste; les ÉCRIVAINS qui l'emploient sont : M. de CHAMBRAY (1827, 1829), M. le général JOMINI (1830, A) et LLOYD (1815, A).

LOI, subs. fém. v. CHEVALIER ÈS LOIS. v. EN LOIX. v. ÈS LOIS. v. PROMULGATION DE LOI. v. SIRE EN LOIS. v. SIRE ÈS LOIS.

LOI de la GUERRE. v. DROIT DE LA GUERRE. v. GUERRE. v. JURISPRUDENCE MILITAIRE.

GOMBETTE, ou de GONDEBAUD. v. GOMBETTE. v. GONDEBAUD. v. JUGEMENT DE DIEU. v. LÉGISLATION (502). v. RÈGLEMENT.

LOI MARTIALE (C, 5 ; F). Le mot Loi, renfermé en substance dans LÉGISLATION, vient du substantif LATIN *lex*, dérivé du verbe *ligare*, lier, contraindre. Le terme Loi martiale est emprunté des usages ANGLAIS; il donnait dans la GRANDE-BRETAGNE idée d'un rescrit législatif qui instituait une sorte de DICTATURE et faisait passer le pouvoir dans les mains du COMMANDANT de la FORCE MILITAIRE ACTIVE. Cette décision était précédée de la déclaration de l'ÉTAT DE GUERRE, ou résultait du besoin reconnu d'une légitime défense. — La LOI DE 1789 (29 OCTOBRE) a donné naissance à la Loi martiale française. — Le 17 juillet 1791 Bailly et LAFAYETTE, exposés aux insultes et au feu des bandits tumultueusement réunis, au Champ-de-Mars, sacrifiaient leur popularité à leur devoir, en faisant déployer le DRAPEAU ROUGE et exécuter la Loi martiale. — Ce fut un des chefs d'accusation du procès du vertueux Bailly. — Une LOI DE 1791 (5 AOUT) traitait de nouveau de ce moyen de répression des rassemblements illégaux qui troubleraient la tranquillité publique et compromettraient la sûreté des citoyens. L'AUTORITÉ CIVILE décidait de son application; la FORCE ARMÉE en était l'instrument; la Loi martiale était tombée en désuétude, mais n'avait pas été abrogée : quelques-unes de ces dispositions ont été remises en vigueur en 1831. — Quand cette mesure est déployée par l'AUTORITÉ, un OFFICIER CIVIL proclame successivement trois sommations qui enjoignent aux citoyens paisibles de se retirer, et qui contiennent la menace de recourir aux voies de rigueur pour dissiper l'ATTROUPEMENT.

LOI (lois) MILITAIRE. v. ADMINISTRATION. v. ADMINISTRATION MILITAIRE. v. ART MILITAIRE. v. AUTORISATION. v. BRIQUET (1761, II). v. BUTIN. v. CALOTTE DISCIPLINAIRE. v. COCARDE. v. CODE MILITAIRE. v. CODE PÉNAL MILITAIRE. v. CODE PÉNAL SUISSE. v. COLONEL D'INFANTERIE FRANÇAISE DE LIGNE n° 26. v. COMMISSAIRE DES GUERRES n° 6, 7. v. CONCORDAT. v. CONNÉTABLE n° 5. v. CONSEIL D'ADMINISTRATION DE RÉGIMENT n° 6. v. CONSEIL DE LA GUERRE n° 5. v. CONSIGNE DE SENTINELLE. v. CONSTITUTION. v. CORRESPONDANCE. v. CORPS D'INTENDANCE n° 6, 8. v. COUP DE PLAT DE SABRE. v. CRIME. v. DÉLIT. v. DÉLIT COMMUN. v. DESBANS. v. DISCIPLINE. v. DISCIPLINE FRANÇAISE. v. DROIT. v. DROIT DE LA GUERRE. v. ÉVÊQUE. v. FAUTE. v. FORMATION CONSTITUTIVE. v. GÉNÉRAL D'ARMÉE n° 9. v. GOUVERNEMENT STRATONOMIQUE. v. HABILLEMENT. v. INSPECTEUR AUX REVUES. v. INSUBORDINATION. v. INTENDANT MILITAIRE. v. JUGEMENT MILITAIRE. v. JUSTICE MILITAIRE. v. LÉGISLATION. v. POLÉMONOMIE. v. SENTINELLE. v. SOUS-INTENDANT n° 1. v. SUBORDINATION.

LOI MILITAIRE. v. LÉGISLATION MILITAIRE 1789 (20 octobre); 1790 (2, 18, 20, 24 et 27 juin, 19 juillet, 22 août, et 29 octobre, 6 décembre et 16 janvier); 1791 (25 février et 25 mars, 4 et 15 juin, 10 et 22 juillet, 5 et 6 août et 12 octobre); 1792 (5, 17 et 27 janvier, 29 février et 15 mars, 5, 15 et 16 mai (il y en a deux de même date), 25 mai, et 26 juillet, 2, 19 et 27 août, et 2 septembre); 1795 (30 avril et 7 mai); AN DEUX (21 brumaire, 11 et 19 ventôse, 4 et 12 germinal, et 27 prairial, 2 et 9 thermidor, et 16 fructidor); AN TROIS (7 et 18 vendémiaire, 25 brumaire et 22 frimaire, 28 nivôse et 19 pluviôse, 24 ventôse et 14 germinal, 18 floréal, 15, 26 et 30 messidor, 4 thermidor, 6 et 14 fructidor, et 2 complé-

mentaire); AN QUATRE (18 et 30 vendémiaire,
3 et 4 brumaire, 4, 15 et 16 nivôse, 17
germinal et 22 messidor, 18, 21 et 27 fructidor); AN CINQ (4 vendémiaire, 6, 13 et 17
brumaire, 25 floréal, 4, 10, 19 et 25 fructidor) ; AN SIX (18 vendémiaire, 15, 16, 18
et 24 brumaire, et 11 frimaire, 28 ventôse
et 28 germinal, 29 prairial, 14, 19, 25 et
27 fructidor); AN SEPT (14, 16 et 17 messidor, 2, 14, 25, 26 et 28 fructidor); AN HUIT
(25 frimaire, 4, 8 et 17 nivôse, et 17 ventôse);
AN NEUF (18 pluviôse); AN DIX (19 germinal
et 25 floréal); AN ONZE (23 frimaire, 2 et 6
floréal); AN TREIZE (25 ventôse); AN QUA-
TORZE (18 vendémiaire); 1806 (29 mars);
1807 (7 et 11 septembre); 1815 (15 mars);
1817 (25 mars et 29 juillet); 1818 (10 mars
et 10 août, et 19 juillet); 1820 (6 juillet);
1824 (9 juin); 1829 (15 juillet); 1830 (31
août et 15 décembre); 1851 (9 mars, et il y
en a deux de cette date, 22 mars et 11
avril; 1852 (21 mars et 14 avril); 1855 (14
avril); 1854 (19 mai). V. LEUDE. V. LOI SA-
LIQUE. V. LONGUE ABSENCE. V. MAZAS, V. MI-
LICE. V. MILICE ANGLAISE N° 2. V. MILITAIRE,
adj. V. MINISTRE DE LA GUERRE N° 6, 7, 13,
15. V. ORDONNANCE OFFICIELLE. V. PAIR DE
FRANCE. V. PEINE DE MORT. V. PHALANGE DE
MAIN DROITE. V. RÈGLEMENT. V. RÉPRESSION.
V. SAMUEL. V. TYTLER.

LOI PÉNALE. V. APPLICATION DE PEINE. V.
AUTEUR MILITAIRE (1824, M). V. CODE PÉNAL.
V. COMMISSAIRE DU ROI. V. CONSEIL PERMANENT
N° 5. V. FOUCHER. V. NOBLE. V. PÉNAL. V.
POLVÉREL. V. PONS. V. SAMUEL.

LOI SALIQUE. V. ARC. V. COUP. V. FEMME.
V. LÉGISLATION (cinquième siècle). V. PITHOU.
V. RÈGLEMENT. V. SALIQUE.

LOIGOZZI; LOIRE V. NOMS PROPRES.
LOKAGUE, subs. masc. V. LOCHAGUE.
LOKOBALISTE, subs. fém. V. BALISTE.
V. MILICE ROMAINE N° 4.

LOLOOZ; LOMBARD; LOMBARDI;
LOMBARDIE; LOMET; LONDANO;
LONDRES; LONGCHAMPS. V. NOMS
PROPRES.

LONG (longue), adj. V. ABSENCE L... V.
BANDE L... V. COURROIE L... V. EN LONG. V.
ÉPÉE L... V. GUÊTRE L... V. HABIT L... V.
LONGUE ABSENCE. V. OBUSIER L... V. PAN L...
V. ROBE L...

LONG BOIS. V. BOIS. V. BOIS D'HAST. V. FAIRE
LONG BOIS. V. HALLEBARDE. V. HALTE. V. PIQUE.

LONG COTÉ. V. BRANCHE DE FORTIFICATION
PERMANENTE. V. CONTRE-QUEUE D'YRONDE. V.
CORNE DE FORTIFICATION. V. COTÉ. V. FLANC DE
BASTION. V. OUVRAGE DE FORTIFICATION. V. TE-
NAILLE.

LONG FEU. V. CULASSE DE FUSIL. V. FEU.
V. FUSIL A PERCUSSION. V. TIR D'INFANTERIE.

LONGRINE, subs. fém. V. FRAISE DE
FORTIFICATION.

LONGUE ABSENCE (B, 1; C, 5). Position
d'un MILITAIRE ABSENT SANS CAUSE CONNUE.
Une ABSENCE LONGUE de plus de trois mois
motive RADIATION du contrôle, perte de FONDS
DE MASSE et dénonciation du RAYÉ comme
DÉSERTEUR. — L'application ou l'inexécution
de cette mesure ont également leurs inconvénients, et ont produit quantité d'abus;
c'est une des questions sur lesquelles la LOI
MILITAIRE ne s'explique pas nettement.

LONGUE ÉPÉE. V. ÉPÉE. V. LINGULE. V.
RAPIÈRE. V. SABRE. V. SOIE DE COCHON.

LONGUEUR, subs. fém. V. ARME DE L... .
V. DEMI-LONGUEUR. V. EN LONGUEUR. V. ÉPÉE
DE L...

LONNERGAN; LOPEZ. V. NOMS PRO-
PRES.

LOQUE, subs. masc. V. LOCHOS.

LORENTE; LORENTSEN; LORGNA.
V. NOMS PROPRES.

LORILLART, subs. masc. (F), ou ORIL-
LART. Mot provenu, suivant Roquefort, du
bas LATIN lorilardum, nom donné à un
ÉPIEU, un JAVELOT ou une LANCE dont le FER
avait forme d'oreille, auricularius.

LORINI. V. NOMS PROPRES.

LORIQUE, subs. fém. V. CUIRASSE. V.
HAUBERT.

LORME; LORRAINE; LORRIS. V.
NOMS PROPRES.

LORRAIN (lorraine), adj. V. GARDES
LORRAINES.

LORROISE, subs. fém. V. HACHE.

LOSANGE, adj. et subs. V. BATAILLON
LOSANGE. V. EN LOSANGE. V. MILICE GRECQUE
N° 6. V. ORDRE EN CARRÉ.

LOSANGE (subs. masc). de CAVALERIE.
V. CAVALERIE. V. CAVALERIE FRANÇAISE N° 7.
V. ILE ÉQUESTRE. V. RANGS DE CAVALERIE.

LOSANGE d'ÉPAULETTE. V. ÉPAULETTE V.
ÉPAULETTE DE CAPITAINE. V. ÉPAULETTE DE LIEU-
TENANT. V. ÉPAULETTE DE SOUS-LIEUTENANT.
V. ÉPAULETTE D'OFFICIER. V. LIEUTENANT D'IN-
FANTERIE FRANÇAISE DE LIGNE N° 3.

LOS RIOS; LOSSOW; LOSTEL-
NEAU; LOT; LOUBET; LOUIS. V.
NOMS PROPRES.

LOUP, subs. masc. V. ÉPÉE D'OFFICIER. V.
LAME D'ÉPÉE. V. PROCÉDÉ. V. PANSTERÈCHE.

LOUP de PLATINE. V. PLATINE. V. PLATINE
A BATTERIE.

LOUP DÉFENSIF (F). Mot qui répond, suivant Isidore, au LATIN lupus, harpago. C'é-
tait une TENAILLE DE FER dentelée dont on se
servait comme ARME DE PARAPET, et à l'aide
de laquelle on saisissait par la tête le BÉ-
LIER que les ASSIÉGEANTS faisaient jouer contre les REMPARTS.

LOUP offensif. v. épée. v. offensif.

LOURD (lourde), adj. v. cavalerie l... v. corps l... v. infanterie l... v. obusier l... v. pièce l....

LOUSTIC, subs. masc. v. infanterie franco-suisse.

LOUVOIS ; LOVERDO ; LOWEN-DAL ; LOYOLA ; LOYSEAU ; LUCAIN. v. noms propres.

LUCHET, subs. masc. v. locque.

LUCIEN. v. noms propres.

LUCOMONIE, subs. masc. (F), ou lucumonie. Mot dérivé du nom d'un personnage étrusque de l'antiquité ; le terme donne idée de l'organisation jusqu'ici mal connue de tribus ou de castes politiques et militaires de l'Étrurie. On suppose que les tribus de la milice romaine en furent une imitation.

LUCRATIF (lucrative), adj. v. récompense l....

LUCRÈCE ; LUCULLUS. v. noms propres.

LUCUMONIE. v. lucomonie.

LUDERS ; LUDLOW ; LUDOVICI ; LUDUVICI ; LUÈRE ; LUENIG. v. noms propres.

LUMIÈRE d'arme a feu. v. arme a feu.

LUMIÈRE, subs. fém. v. pan de lumière. v. place au feu et à la lumière.

LUMIÈRE de bombarde. v. bombarde. v. chambre de b...

LUMIÈRE de bombe. v. anse de bombe. v. bombe.

LUMIÈRE de canon. v. artillerie stratopédique. v. canon. v. chambre de bombarde. v. dégorgeoir. v. enclouage. v. étoupille. v. étoupillon. v. flamber. v. poudre a feu.

LUMIÈRE de carabine. v. carabine. v. couleuvrine. v. épinglette.

LUMIÈRE de fusil (B, 1), ou secret, suivant Gassendi. Le mot Lumière est une corruption du latin ; il s'applique au tir du fusil. d'infanterie, il exprime un trou cylindrique qui traverse un pan de canon à peu de distance du rempart de batterie, hormis dans le fusil koptipteur ; il communique du bouton de la culasse à la fraisure du bassinet ; il répond à une coche pratiquée à la tige de ce bouton ; il conduit la poudre d'amorce au tonnerre. — La marque du canon est à peu de distance de la Lumière. — Le diamètre d'une Lumière n'excède pas dix-huit points ; si, à force de servir, elle s'élargit de plus de quatre points, on la répare au moyen de l'opération qui s'appelle mettre un grain au canon. — Une Lumière trop évasée était un des inconvénients des fusils s'amorçant seuls ; tels étaient ceux de la mi-

lice prussienne. — Quand la Lumière s'obstrue ou s'engorge, on la débouche à l'aide de l'épinglette. — L'adoption de l'usage des amorces fulminantes diminuerait les ratés de platines, et préviendrait l'inconvénient des Lumières engorgées.

LUMIÈRE de grenade. v. falarique. v. grenade.

LUMIÈRE de mine. v. mine.

LUMIÈRE de pétard. v. pétard catabalistique.

LUMIÈRE d'éclairage. v. administration de la guerre. v. bois et lumière. v. bourgeois. v. chandelle. v. corps de garde. v. éclairage. v. extinction de feux. v. prison. v. salle de discipline.

LUMINAIRE, subs. masc. v. chauffage. v. combustible de cuisine. v. fourniture de luminaire.

LUMINEUX (lumineuse), adj. v. balle l... v. bombe l... v. cartouche l... v. fusée l... v. projectile l....

LUNDI, subs. masc. v. blanchisseuse de corps. v. bon de réparation.

LUNAIRE, subs. fém. v. embolon. v. évolution.

LUNE, subs. fém. v. demi-lune. v. lunette.

LUNEBOURG. v. noms propres.

LUNETTE (subs. fém). a flancs retirés. v. a flancs retirés. v. réduit de l...

LUNETTE d'armes. v. armes. v. armure de tête. v. casque.

LUNETTE d'avant-train. v. avant-train. v. pièce de campagne.

LUNETTE de bastion. v. bastion. v. bastion de forteresse.

LUNETTE de casque. v. armure de tête. v. casque.

LUNETTE de chemin couvert. v. chemin couvert. v. contre-mine permanente. v. tambour de fortification.

LUNETTE de coutelas. v. coutelas.

LUNETTE (lunettes) de demi-lune (G, 4). Le mot Lunette, pris ici dans le sens de petite demi-lune, est le nom d'un dehors ou d'une pièce à angle saillant qui couvre chacun des flancs d'une grande demi-lune, nommée par cette raison demi-lune a lunettes, pour être distinguée des demi-lunes a contre-gardes. — Les Lunettes sont des ouvrages construits aux angles du chemin couvert, à l'extrémité du glacis, ou au bord de l'avant-fossé ; on n'est pas d'accord si elles sont ou non ouvrages extérieurs. — Certains genres d'enveloppes, certaines redoutes, des dedans flanqués s'appellent aussi Lunettes. — Les Lunettes, ainsi que les demi-lunes, se partagent en demi-gorges. — Les grandes Lunettes s'appellent TENAILLONS. — Les demi-LUNES ACCORNÉES sont couvertes par une LU-NETTE. — Ces matiéres sont traitées par BELAIR (1795), CANTELOUBE, DESPREZ (1755, B), FEUQUIÈRES (1750, A), GANEAU, GUILLET (1686, B), LACHESNAIE (1758, I), LEBLOND (1762, G), LEGRAND (1857, A), MAIZEROY (1773, B), MANESSON (1685, B), SIONVILLE (1756, E).

LUNETTE de POIGNÉE D'ÉPÉE. V. POIGNÉE D'ÉPÉE.

LUNÉVILLE; LUNIER; LUPICINI. V. NOMS PROPRES.

LUSSAN (Mlle). V. NOMS PROPRES.

LUSTRATION, subs. fém. V. ARMI-LUSTRE.

LUTHIER. V. NOMS PROPRES.

LUTTE, subs. fém. V. COMBAT. V. GYM-NASTIQUE. V. PALESTRIQUE. V. PANCRACE. V. PAS D'ARMES.

LUTZEN. V. NOMS PROPRES.

LUXE, subs. mas. V. EFFET DE LUXE.

LUXEMBOURG; LUYNES; LU-ZARA; LLYALL. V. NOMS PROPRES.

LYCE, subs. fém. V. LICE.

LYCÉE, subs. masc. V. RUSSE. V. MILICE RUSSE N° 6. V. RUSSE, adj.

LYCURGUE; LYDIUS; LYON. V. NOMS PROPRES.

LYRE, subs. fém. V. CHANT MILITAIRE. V. DISCIPLINE. V. HARPE INSTRUMENTALE. V. INSTRUMENT A CORDES. V. INSTRUMENT DE MUSIQUE. V. LYRE. V. MILICE ÉGYPTIENNE N° 2. V. MILICE GRECQUE N° 4, 6.

LYS, subs. masc. V. FLEUR DE LYS.

Les chiffres entre parenthèses, qu'on rencontre dans le cours du texte, indiquent le millésime de l'année à laquelle appartiennent la citation ou l'événement.

Les abréviations entre parenthèses, qui sont en tête des articles, sont une concordance du tableau synoptique (*Disc. prélim.*, p. 10) et du vocabulaire sommaire (*Disc. prélim.*, p. 86-87). Ces abréviations donnent le moyen de remonter des conséquences aux principes.

D'autres abréviations indiquent le genre grammatical.

Les caractères italiques dénotent des phrases empruntées.

Les mots en petites capitales sont ainsi configurés comme réclames, comme preuve qu'on peut chercher à sa place générale alphabétique le mot représenté en lettres capitales.

MAASVICIUS; MABILLON; MA-BLY. V. NOMS PROPRES.

MACANAS, subs. masc. V. ARME CON-TONDANTE.

MACARON de PASSEMENTERIE. V. CHAPEAU A TROIS CORNES. V. OFFICIER D'INFANTERIE FRAN-ÇAISE N° 2. V. PASSEMENTERIE.

MAC-ARTHUR; MAC-CARTHY; MAC-DONALD. V. NOMS PROPRES.

MACE, subs. fém. V. MASSE D'ARMES. V. MASSUE.

MACÉDOINE; MACÉDONIEN. V. NOMS PROPRES.

MACÉDONIEN (macédonienne), adj. V. MILICE M...

MACELLER, verb. act. V. ARME CONTON-DANTE. V. COMBAT A LA MAZZA. V. MASSUE.

MACELLIER, subs. masc. V. COMBAT A LA MAZZA.

MACELOTE, subs. fém. V. MASSUE.

MACHAT (machats), subs. fém. V. MA-CHICOULIS. V. MASSUE.

MACHAULT. V. NOMS PROPRES.

MACHE, subs. fém. V. MASSUE.

MACHÉCOL, subs. fém. et masc. V. MACHICOULIS.

MACHECOLLIE, subs. fém. et masc. V. MACHICOULIS.

MACHECOULES, subs. fém. et masc. V. MACHICOULIS.

MACHECOULIS, subs. masc. V. PA-VOIS. V. MACHICOULIS.

MACHELOTE, subs. fém. V. MASSUE.

MACHÈRE, subs. fém. (F), ou MAQUÈRE. Mot que GANEAU et l'ENCYCLOPÉDIE (1751, C) dérivent du LATIN *machæra*, ou du grec *machaira*, nom donné à l'ÉPÉE ESPAGNOLE que les LÉGIONS ROMAINES adoptèrent. C'était un lourd POIGNARD à deux tranchants; le SABRE-POIGNARD moderne y répond.

MACHÉROPHORE, subs. masc. V. MILICE BYSANTINE.

MACHIAVEL. V. NOMS PROPRES.

MACHICOLIS, subs. fém. et masc. V. MACHICOULIS.

MACHICOULIS, subs. fém. et masc. (F), ou HÉRICON, suivant BOREL (Pierre); ou MACHECOL, MACHECOLLIE, comme dit M. MON-TEIL; ou MACHECOULES, MACHECOULIS, suivant CARRÉ (1783, E), ou MACHE-COULIS, MACHI-COLIS ou MACHINE COULIS, suivant HUET; MA-CHI-COLIS, comme l'écrit RABELAIS; ou MA-CIOLIS, ou MARCHECOULIS, MASECOULIS, MASSE-COULIS, comme le témoignent ROQUEFORT et SIONVILLE (1756, E); ou MASSICOULIS, à la manière dont l'écrit CARRÉ (1783, E). LEDU-

CHAT tire Mâchicoulis du latin *magna gula;* c'est une pure rêverie. — Le mot Mâchicoulis, quoique le plus usité de ceux qui viennent d'être mentionnés, est celui qui diffère le plus de l'expression primitive ; il signifiait, au MOYEN AGE, coup massacrant donné sur le col, du LATIN *mactare* et *collum*, ou de l'ITALIEN *mazzare,* d'où sont venus MACHAT et MAZZA. Remarquons cependant que l'ITALIEN rendait la même idée par le substantif *piombatojo,* et qu'ainsi il n'a pas été créateur de notre terme Mâchicoulis. — Le vieux terme MACHE-COL pourrait se traduire par casse tête ou macellement du col. La MACHECOLIIE était l'action de MACELLER. La MACHECOULIS était la MEURTRIÈRE verticale d'une FORTERESSE, d'un DONJON, d'une REDOUTE ; on faisait pleuvoir par ces ouvertures des corps pesants ou des matières destructives sur la tête de l'ENNEMI ; il ne pouvait toucher le pied de la muraille sans être exposé à la chute des PIERRES, des FEUX D'ARTIFICE, du plomb fondu, de la poix bouillante, etc. — Les REMPARTS à Mâchicoulis étaient couronnés extérieurement d'un balcon ou d'une GALERIE saillante et fermée du côté de l'ENNEMI ou entrecoupée de CRÉNEAUX ; le plancher de ce balcon, supporté sur des corbeaux, était percé de distance en distance et présentait des ouvertures analogues à ce qu'on appelle des judas, mais plus grandes. Ces judas répondaient surtout à l'emplacement des PORTES, mais il y en avait qui voyaient aussi dans le FOSSÉ ; celles-ci étaient une précaution contre les ESCALADES, contre le PÉTARD ; elles servaient à l'ASSIÉGÉ à renverser les ÉCHELLES des ASSIÉGEANTS ; la FORTERESSE en tirait encore une autre utilité, c'était par ces ouvertures du REMPART que nuitamment descendaient, à l'aide d'échelles de corde, ses ESPIONS ou les soldats envoyés reconnaître les TRAVAUX et surprendre les postes de l'ENNEMI s'il se gardait mal. — Depuis l'invention de la POUDRE et l'usage de la GROSSE ARTILLERIE de siége, les saillies des Mâchicoulis en dehors des OUVRAGES ne pouvaient plus résister aux chocs des projectiles ; la ruine de ces constructions laissait sans défense le côté extérieur des TOURS, rien n'empêchait plus que le MINEUR n'en vînt saper le pied. L'abolition des Mâchicoulis en fut la conséquence, on renonça aux TOURS ; on inventa les BASTIONS qui, en présentant un angle vers la campagne et des EMBRASURES latérales, ne permirent plus, de prime abord, l'accès du MINEUR. — Si la FORTIFICATION moderne a renoncé aux Mâchicoulis au-dessus des PORTES ou le long de l'ENCEINTE, elle a continué en quelques cas à y avoir recours ; des GALERIES

DE COMMUNICATION, où il en est encore pratiqué, sont devenues un moyen de défendre des PLACES basses avec plus d'obstination. M. CHOUMARA (1828) conseille même d'appliquer l'usage des Mâchicoulis aux CHEMINS DE RONDE qu'il voudrait voir rétablir. — Dans la GUERRE DE 1850 il a été construit des BLOCKHAUS A MACHICOULIS. — Les ÉCRIVAINS qui peuvent être consultés sur ces questions sont : BELAIR (1795, au mot *Encorbellement*), CADRÉ (1785, E), DANIEL (1721, A), DUBOUSQUET (1769, B), ENCYCLOPÉDIE (1751, C ; 1785, C), GASSENDI (1819), GOETZMANN, GUIGNARD (1725, B), LACHESNAIE (1758, I), LEGRAND (1857, A), MANESSON (1685, B), POTIER (1779, X), ROQUEFORT (1855), SIONVILLE (1756, E).

MACHINE (machines), subs. fém. (term. génér.), OU MACHINE DE GUERRE, OU MACHINE MILITAIRE. Le mot Machine, transmis à notre langue par le LATIN, est originairement tout GREC ; il dérivait d'un verbe qui signifiait *étudier, combiner.* — La définition LATINE des MACHINES DE GUERRE était celle-ci : *Machina est ubi non tam materia, quam artis ratio atque ingenii ducitur.* On appelle Machine les INSTRUMENTS, les inventions qui tirent leur mérite, non de la matière, mais du calcul et de l'ORGANISATION. — Toute espèce d'INSTRUMENT propre au COMBAT est une Machine, mais il faut appliquer au terme une acception plus technique ; il répond surtout à deux genres différents dans la STRATÉGIE des anciens, savoir à l'ARTILLERIE NÉVROBALISTIQUE dont la puissance de torsion était l'agent principal, et à certains grands ENGINS, soit inertes, soit mécaniques, construits surtout en charpentes, établis d'une manière fixe ou mobile, et qui la plupart jouaient par ressort, par réaction, par déclic, par échappement, par contre-poids, par des moteurs différents de ceux de l'ARTILLERIE A FEU, à vent, à vapeur. — Il y a des MACHINES BALISTIQUES et NÉVROBALISTIQUES, ce sont celles qui lançaient de loin, comme la CATAPULTE, etc. ; des MACHINES CATABALISTIQUES, ce sont celles qui frappaient de près, comme le BÉLIER ; des Machines de CHICANES, ce sont les CORBEAUX A TENAILLE, les CHAUSSES-TRAPES, les TOLLENONS, etc. ; des MACHINES DÉFENSIVES, des MACHINES FORTIFICATOIRES, ce sont les OUVRAGES nommés TOURS ROULERESSES, TUEF, CHATS, CHASTEILS, etc. ; enfin, des MACHINES A FEU, ce sont celles que l'ENCYCLOPÉDIE (1751, C) appelle PYROBOLES. — Il y a eu des Machines qu'on connaît mal, telles que le CORTEAU, le SENT, la SPIROLE, le LIS (*lilium*) que GANEAU suppose un palissadement. — Les révolutions de la FORTIFICATION et les systèmes des Machines sont intimement liés ; ainsi il y a trois périodes et trois modes divers : ce sont les Machines des anciens, celles du MOYEN AGE nommées ENGINS, celles des temps modernes nommées MOUSQUET, ARTILLERIE, CHICANES, TREUIL, TRIQUOISE.—La milice CHINOISE faisait, de temps immémorial, une application savante des machines ; AMYOT (1772, D ; 1782, O) nous en montre plusieurs dont il a rapporté de CHINE les dessins, et qui étaient en usage quinze ou vingt siècles avant Jésus-Christ ; tels sont les AFFUTS DE CANON, les PONTS MOBILES, les ÉCHELLES D'ESCALADE OU à GUÉRITE, les TARIÈRES DE SIÉGE, les SCAPHANDRES, OUTRES, RADEAUX, BATEAUX, PONTS VOLANTS, PALISSADES, et tant d'autres inventions plus nombreuses, plus artistement imaginées, plus savamment combinées que ne le furent jamais celles des ROMAINS. — On a débattu la vaine question de savoir si c'étaient les GRECS ou les ROMAINS qui avaient inventé les Machines ; l'usage primitif n'en appartient ni à l'un ni à l'autre de ces peuples ; elles sont originaires de l'ASIE ; elles y étaient portées à dos d'ÉLÉPHANTS ; les GRECS les reçurent de cette contrée, mais les connurent tard ; l'étude des temps héroïques et fabuleux, les récits de MOÏSE, les poésies d'HOMÈRE prouvent qu'elles ont été ignorées longtemps d'une grande partie de l'ORIENT et de l'EUROPE. VITRUVE dit que les CARTHAGINOIS, quand ils commencèrent à s'en servir, étaient depuis longtemps habiles et célèbres en d'autres branches des sciences.—PLUTARQUE témoigne qu'en l'an 513 de Rome, Périclés en apprit, au siége de Samos, l'emploi d'un certain Artemon, natif de Clazomène, et que ce général y fit l'application de la TORTUE et du BÉLIER. Ainsi l'introduction de ce système de guerre dans les MILICES GRECQUES répondrait à l'an 450 au moins ou 430 au plus avant Jésus-Christ. — Des ÉCRIVAINS pensent que ce fut à MANTINÉE que PHILOPÉMEN appliqua à la GUERRE DE CAMPAGNE l'artifice des Machines. — TITE LIVE vante l'habileté d'ARCHIMÈDE, dont les Machines savantes préservèrent longtemps SYRACUSE contre les efforts de l'ASSIÉGEANT.—VITRUVE parle du mécanicien Diogenètes de RHODES qui parvint à détruire le fameux HÉLÉPOLE qu'avait fait construire Démétrius POLIORCÈTES.—ATHÉNÉE pense que les ROMAINS perfectionnèrent les Machines dont la première idée appartenait aux GRECS ; cependant, si l'on en croit Tite Live, SERVIUS TULLIUS, qui vivait un siècle avant Périclés, avait créé deux CENTURIES D'OUVRIERS chargés, à la GUERRE, de la construction des Machines ; mais peut-être n'étaient-ce que des forge-

rons, des réparateurs d'ARMES. — Démêler avec précision les propriétés, les formes, la destination spéciale des Machines des anciens est devenu presque impossible, parce que leurs dénominations originaires ne sont pas moins confuses dans les anciens auteurs que la traduction de leurs appellations vulgaires n'est vague ou fausse dans les écrits modernes. Combien d'écrivains latins emploient à tort ou négligent de distinguer *vinea*, *pluteus*, *agger*, VIGNE, mantelet, tranchée ?—Quelle que soit l'époque de leur invention, il est sûr que, dans la MILICE ROMAINE, les Machines ne furent jusqu'au temps de Marius qu'une ARTILLERIE DE SIÉGE établie sur des BATTERIES à CRÉNEAUX et à MERLONS, ou une ARTILLERIE de l'ARMÉE DE MER, telle que le CORBEAU de DUILLIUS, etc. POLYBE ne fait mention des MACHINES BALISTIQUES de terre que comme ARMES NÉVROBALISTIQUES IMMOBILES ; il les dépeint comme employées surtout à la DÉFENSE des places et des RETRANCHEMENTS, et comme propres à favoriser le PASSAGE DES RIVIÈRES, à repousser une ESCALADE. — Les colléges des DENDROPHORES étaient chargés de leur fabrication.—Depuis CÉSAR, notamment, les Machines devinrent ARTILLERIE DE CAMPAGNE ; les LÉGIONS en eurent surtout de roulantes à leur suite. VELLEIUS parle de la défaite de deux LÉGIONS d'Antoine en Médie et de la perte de ses Machines. — Il y a eu des MACHINES TRICUBITALES dont la définition serait encore à faire et qui paraissent avoir été un genre de BALISTE. — Sous les successeurs d'AUGUSTE, la grande estime qu'on attacha aux machines à ROME et à BYSANCE fut, suivant l'opinion de M. le colonel CARRION (1824, A) et de MAIZEROY (1771, A), une preuve et une conséquence de la corruption de la MILICE, de la dépravation de la TACTIQUE. Les COHORTES avaient perdu leur mobilité, leur rapidité ; elles étaient paralysées par la pesanteur des attirails qui encombraient leurs CAMPS, elles devenaient inhabiles aux STRATAGÈMES ; elles étaient compromises par l'étendue et la fragilité de la LIGNE D'OPÉRATIONS ; n'ayant plus de confiance en elles-mêmes, elles recoururent à l'impuissante ressource et à la complication des Machines.—VITRUVE, en traitant des ARMES de ces époques, distinguait les Machines en GRANDES ARMES, des instruments ou ARMES DE MAIN qu'il nomme *organa*. — Au temps de VÉGÈCE (390, A), les Machines s'appelaient BALISTES, BÉLIERS, CHATS, CORBEAUX, EXOSTRES, FUSTIBALES, HARPES, MANTELETS, MANUBALISTES, MUSCULES, PLUTEUS, SAMBUQUES, SCORPIONS, TOLLENONS, TORTUES, VIGNES ; elles étaient sous la garde et la direction du PRÉFET DE CAMP.—Les ouvriers chargés de leur confection et de leur maniement s'appelaient MAITRES DES MACHINES, et au MOYEN AGE, MAITRES D'OEUVRES, comme le témoigne VELLY, à la date 1250. — Les anciens, lorsqu'ils se disposaient à attaquer une FORTERESSE, conduisaient à leur suite ou construisaient sur place les MACHINES DE SIÉGE; ils y employaient des TOURS rapprochées les unes des autres, ou des TORTUES qui servaient de REDOUTES, flanquaient les HÉLÉPOLES ou s'y joignaient par des espèces de COURTINES; mais les AUTEURS ne s'accordent pas sur le nombre de ces TOURS, ni sur leur forme, leur élévation, leur destination. On en induit que la manière d'opérer des ARMÉES ASSIÉGEANTES dépendait de la nature du pays, de l'étendue des ressources qu'il offrait, de l'énergie de la DÉFENSE, etc. Sur ces points d'antiquité, tout est obscur. On lit dans le *Journal des Savants* (année 1675, page 3), qu'un érudit nommé Césazanus renonça à commenter VITRUVE, par la difficulté qu'il éprouva à y expliquer ce qui avait rapport aux Machines de guerre. Comment ces points seraient-ils éclaircis aujourd'hui? Les savants qui en ont traité étaient, pour la plupart, étrangers à la SCIENCE DES ARMES. Aucun CABINET D'ARMES ne nous a conservé de modèles des Machines vraiment antiques; les glossateurs sont divisés tous, au sujet des différences qui caractérisaient les MACHINES A PIERRES OU les MACHINES A TRAITS, celles à TIR COURBE, celles à TIR DIRECT. Les figures que nous en ont laissées quantité d'artistes sont le fruit de leur imagination. L'esprit d'à-propos, l'inspiration, bien plus qu'une SCIENCE, positive et invariable, constituaient le mérite des INGÉNIEURS anciens; ils ont du reste déployé quelquefois d'admirables talents dans les SIÉGES DÉFENSIFS et OFFENSIFS . — On appelait MACHINES MURALES, *machinæ murales*, les instruments catabalistiques, les CHATS OFFENSIFS; on appelait *castrenses, tractoriæ, oppugnatoriæ, tectoriæ*, les Machines de CAMP, de TRAITS, de SIÉGES OFFENSIFS et à toiture ou d'abritement. — On donnait le nom de FRONDIBALE à une Machine qui était l'application en grand du système de la FRONDE. — Les anciens ont en général donné à leurs Machines des noms d'animaux; ces dénominations tenaient à des idées ingénieuses et justes, et n'étaient pas de pur caprice comme cela s'est vu dans l'enfance de notre ARTILLERIE. Ainsi chez les ROMAINS on voit le BÉLIER (*aries*), parce qu'il frappe de sa tête; le CHARDON (*tribulus*) espèce de CHAUSSE-TRAPE; le CHAT (*cattus*), c'est un instrument au moyen duquel on grimpe; les HÉRISSONS (*œricii*), ce sont des CHEVAUX DE FRISE garnis de piquants; les ONAGRES (*onagri*) ou ânes sauvages, parce qu'ils jettent des PIERRES en galopant ou en ruant, ou plus réellement parce que le jeu de la Machine prêtait à une comparaison érotique, et rappelait cette brillante faculté asine dont le Cantique des cantiques fait tant de récit. — Les SCORPIONS (*scorpiones*) se nommaient ainsi parce qu'ils lançaient des DARDS comparables à ceux du SCORPION; les CANCERS, parce qu'ils rampaient comme des ÉCREVISSES; les GALERIES COUVERTES ou les MINES (*cuniculi*, signifiant lapins) parce que les ASSIÉGEANTS fouillaient la terre, la creusaient en tanières; tels étaient aussi les RENARDEAUX, les TAUPES; les TORTUES (*testitudines*) parce qu'un toit servait d'abri aux défenseurs de cette Machine; les MUSCULES (*musculi*) qui signifie rats, parce que ces Machines étaient un moyen de saper les murailles en en échancrant le pied; les CORBEAUX DÉMOLISSEURS (*corvi demolitores*) parce que cet instrument était armé de griffes, comparées aux serres d'un CORBEAU. — Les Machines défensives étaient protégées par des PARAPETS, et recouvertes de matelassures, de CLIES, de FELTRES de papier grossier, de CENTONS, de tissus composés de câbles; on imbibait, dit-on, de vinaigre ces MANTELETS. PLINE, PAUSANIAS, STRABON, AMMIAN disent qu'on faisait même un grand usage d'alun et surtout de peaux crues pour préserver les Machines contre le danger de l'incendie et les ravages des FALARIQUES. — L'usage fréquent des Machines avait donné naissance à plusieurs proverbes tels que celui-ci: *Machinas post bellum afferre*, venir au secours quand le danger est passé. — TACITE dit que les BATAVES, les GERMAINS, les GAULOIS confectionnaient avec peu d'habileté les Machines, et n'y réussissaient qu'avec le secours des transfuges ou des prisonniers ROMAINS. — CÉSAR cependant parle avec admiration des ARSENAUX de MARSEILLE et des Machines que la GARNISON employait à sa DÉFENSE; mais les Marseillais, Phocéens d'origine, devaient à la GRÈCE les arts de la BALISTIQUE et de la CATAPELTIQUE. — Les MACHINES DE JET des anciens avaient, dit M. LISKENNE, une PORTÉE de trois cents toises; c'était leur maximum de projection, c'était le double de la PORTÉE à BALLE PERDUE du FUSIL DE MUNITION. — ROLLIN, dans la description qu'il fait du siége de RHODES, décrit les moyens que l'assiégé employait pour neutraliser l'effet des PROJECTILES de l'ennemi, et leur opposait, entre autres Machines, des roues tournantes. — Les GAULOIS, alliés des ROMAINS ou subjugués par eux, apprirent de leurs maîtres la pratique des Machines et l'enseignèrent aux FRANCS.

Ceux-ci, suivant GRÉGOIRE DE TOURS, commençaient à avoir quelque teinture de cette partie de l'ART DE LA GUERRE, et employaient la TORTUE BÉLIÈRE ; leurs Machines, peu répandues encore dans le siècle où le saint évêque écrivait, consistaient en GALERIES OU en BASTILLES ROULANTES qu'on approchait du pied des FORTERESSES après en avoir comblé le FOSSÉ. Telle fut la forme du siége de Commiinge par Leudégésile, qui commandait l'armée de Gontran, roi de Bourgogne. Ce siége est à peu près le seul de ceux de la PREMIÈRE RACE que les historiens aient décrit avec quelques détails. — Les Machines se conservèrent et se perfectionnèrent chez les BYSANTINS. ANNE COMNÈNE fait grand récit de la puissance de leur action ; elles jetaient les BRANDONS, les BRULOTS, le FEU GRÉGEOIS ; il y en avait à ressort d'air (*acrotonon*) ; il y en avait qui s'appelèrent, suivant leur forme et leur système, ANGON CATABALISTIQUE, ANISOCYCLE (en ressort de montre), DORIBOLE (jetant des lances), EUTHITONE (qui va devant soi), LITHOBOLE (à pierres), MONANCONE (à un seul style ou verge), OXIBOLE (lançant avec violence), PALINTONE (tendu à rebours), PETROBOLE (pierrier), (POLYBOLE (à divers PROJECTILES), PYROBOLE (lançant des PROJECTILES ENFLAMMÉS), suivant l'ENCYCLOPÉDIE (1751, C). — Au MOYEN AGE la BALISTIQUE exercée par les troupes de TAMERLAN et de GENGIS semble fabuleuse ; c'était la science originaire ramenée des lieux de son berceau. — En FRANCE, l'usage des Machines se perd après CHARLEMAGNE ; il reparaît sous LOUIS LE GROS et sous PHILIPPE AUGUSTE ; celui-ci renouvelle les Machines ROMAINES et entretient dans sa MILICE quantité d'INGÉNIAIRS, c'est-à-dire des constructeurs de BACULES, de CABULES, de CLIDES, de FONDELLES, de GATES, de MANGONNEAUX et de TRIQUOISES. — Dans les guerres qui appartiennent à la CROISADE DE 1208, les CHATS sont employés sans cesse ; les BALISTES, les TOURS ambulatoires, les GALERIES D'APPROCHES reparaissent. Louis NEUF s'en aide dans sa CROISADE DE 1248. — Les PASSAVANTS ont eu une destination analogue. — Après la mort du saint roi, on construit des CATAPULTES ; on confectionne des BEDAINES, des REDONDAINES ; des DONDAINES ; on creuse des MINES. — Dès le milieu du treizième siècle on commence à désigner sous le nom d'ARTILLERIE les Machines, mais les expressions ARTILLERIE, BOMBARDE, etc. s'appliquent d'abord et longtemps aux Machines d'ancien système, avant de s'appliquer aux MACHINES A FEU et A POUDRE. Les premières ont été sous la direction des MAITRES D'ARTILLERIE et du GRAND MAITRE DES ARBALÉTRIERS ; les dernières ont été du ressort du GRAND MAITRE DE L'ARTILLERIE. — Dans la

période où le bas LATIN est parlé, où le ROMAN s'y substitue, où le FRANÇAIS est naissant, les Machines prennent le nom d'ENGINS, mot traduit d'*ingenium* et devenu la souche du terme GÉNIE militaire ; tels de ces ENGINS se nomment HOURS et CHAFFAUTS, synonyme d'échafaud ; d'autres s'appellent CHIJERS, comme le témoigne VILLEHARDOUIN. M. ROQUEFORT désigne par les substantifs BOSO ou BOZO les ENGINS propres à abattre des murailles ; il rappelle comme MACHINES DE JET OU ENGINS A VERGE, les vieux termes MALVEISINE, MARTINET, SENT, COUILLART, FOUTOUER ; ces deux derniers mots étaient des allusions érotiques ; le dernier en en retranchant deux lettres et en déplaçant l'avant-dernière lettre, a formé le verbe grossier que le langage soldatesque emploie encore pour peindre l'action de donner des coups, de frapper hostilement ou brutalement. L'allusion que le soldat en fait n'était qu'indirectement le fruit d'une idée obscène ; là n'était pas le cynisme, il venait de plus loin ; il était dans la dénomination donnée aux ENGINS imités de l'ONAGRE des anciens que le MOYEN AGE comparait à un cheval entier ; cette locution, sous forme de verbe, s'est composée de même que fusil a produit fusiller, et que bombarde a produit bombarder ; elle n'est devenue verbe à régime que pour qu'elle ne se confondît pas avec le neutre. De ces anciennes locutions graveleuses, celles qui exprimaient les ENGINS se sont effacées, celles qui exprimaient leur action se sont conservées. La langue militaire avait demandé des métaphores au langage libidineux ; l'emprunt contraire a eu lieu quand la langue française est devenue plus réservée ; elle a, par une allusion détournée, pris dans le sens de parties naturelles le substantif ENGIN, pendant longtemps synonyme des synonymes de l'antique ONAGRE. — On combattait aussi à l'aide d'ESLAIRDES, d'ESLAIRDRES, d'ESLINGUES, espèce d'ARBALÈTES ; à l'aide de CATEIES, de FRONDES ou de FLÈCHES qui étaient mises en jeu par des soldats nommés ESLINGOURS ; de même les ESPINGARDES étaient manœuvrées par les ESPINGARDIERS et les RIBAUDEQUINS par les RIBAUDS. — Les ANGLAIS, dit GANEAU au mot BLINDE, avaient des Machines nommées *blif*, imitées de celles que les LATINS nommaient *blida*. — Les ITALIENS appelaient *trabocco*, bascule, dit M. GRASSI, un ENGIN qui lançait des PIERRES et des FEUX D'ARTIFICE par un système de mécanisme à contre-poids ; du nom de cette Machine CATAPULTIQUE sont venus le verbe *traboccare*, lancer, et nos mots TRÉBUCHET, balance, TRÉBUCHER, tomber. — Le PERDRIAU était un engin qui lançait en manière de mitraille quantité de PIERRES. Le CORTEAU, dont parle Raymond, était une Machine dont on ignore l'espèce. La TOURTORELLE lançait aussi des PIERRES, suivant GANEAU. — Jusqu'au quatorzième siècle, les guerriers n'avaient comme agents ou moteurs de leurs Machines que la puissance de leurs bras, la force de torsion des ÉCHEVEAUX, l'artifice des bascules et l'élasticité des ressorts; ainsi leur main communiquait son action à la FRONDE et au FUNDIBALE. La réaction des nerfs ou des ÉCHEVEAUX mettait en jeu leurs CATAPULTES et leurs BALISTES. L'ARC et la MANUBALISTE opéraient par l'effet du ressort; le déplacement du contre-poids mettait en mouvement les MARTINETS. — Depuis longtemps la POUDRE a changé tout ce système, et de nouvelles modifications résulteront peut-être de la découverte des ARMES A VAPEUR. — L'emploi de l'ARTILLERIE A FEU dégoûta des Machines nos ancêtres, parce qu'il suffisait d'un BOULET pour les démonter et les renverser; cependant sous CHARLES CINQ, quoique déjà les CANONS nommés ACQUEREAUX fussent connus, on continuait à se servir d'ARGANÈTES, de GOUFFORTS, de MANGONNEAUX, de RIBAUDEQUINS, de SARBES, de SPIROLES.—La disparition des Machines répond au règne de CHARLES SEPT. Dans les SIÉGES entrepris sous ce prince, il est question encore d'ENGINS A VERGE, mais des ARMES A FEU y figurent bien plus généralement. — Nous avons dit, en parlant des BALISTES et des CATAPULTES, que bien plus tard on s'en aida, mais extraordinairement. FOLARD (1727, A) prétend qu'en 1576, au siège de Tamar en ESPAGNE, on vit jouer encore des Machines d'ancien système; ce fut probablement pour la dernière fois. — Chronologiquement, les ENGINS succèdent aux Machines; les ARTIFICES, terme alors bien différent de ce qu'il est devenu, succèdent aux engins. Les ACQUEREAUX, les BOMBARDES, les CHICANES ont succédé aux ARTIFICES. Au lieu des Machines anciennes nous avons maintenant l'ARTILLERIE, les TRAVAUX de fortification qui en sont l'accessoire ou le moyen, tels que les CHICANES, CHAUSSES-TRAPES, CHEVAUX DE FRISE, HERSES, TROUS DE LOUP, etc. — Les ÉCRIVAINS qui donnent des lumières sur l'ensemble du sujet ou qui en traitent spécialement sont: AMMIAN MARCELLIN (380, A), APOLLODORE (150, A), APPIAN (150, A), ARRIEN, ATHÉNÉE (260, A), AUDOUIN, BAROCIUS (1572, A), BÉLAIR (1702), BITON (300 avant J.-C.), BOILLOT, CARNOT (1784, F), CARRÉ (1783, F), M. le colonel CARRION (1824, A), CÉSAR (51 avant J.-C.), CLAVIUS, COLLIADO, M. le général COTTY (1822, A), DANIEL (1721, A), DARU (1821), DENYS D'HALICARNASSE, DESPAGNAC (1751, D), DIODORE DE SICILE, DOUET, DUANE, ÉLIEN (70, A),

ENCYCLOPÉDIE (1751, C, aux mots *Logement*, *rideau*, et aux planches; 1785, C), ENÉE (350 avant J.-C.), FIALETTI, FLURANCE, FOLARD (1727, H), FORTIUS, FRONTIN (86, A), GASSENDI (1819), GAYA (1670, D), M. GRIVET, GROSE, GUIBERT (1773, E), GUISCHARDT (1758, H), HANZELET, HERDERSTEIN, HERDEGEN, HÉRODOTE, HÉRON (623, A), HESICHIUS, ISIDORE, JABRO (1777, G), M. JACOD, JOSEPH, JUSTE-LIPSE (1596, A), LACHESNAIE (1758, I, au mot *Chicane*, etc., et 1771, H), LECOUTURIER (1825, A), LÉON (900, A), LYDIUS, MAIZEROY (1770, E; 1771, A; 1778, H), MANDAR, MAUBERT (1762, F), MONCHABLON, MORETTI (don Fred.), MORITZ-MEYER, MUELLER (J.-M.), NEWTON (1782), ONOZANDRE (50, A), PHILON (290 avant J.-C.), PLUTARQUE (*Vie de Marcellus*), POPYBE (150 avant J.-C.), POTIER (au mot *Artillerie*), PROCOPE, QUINTE-CURCE, RAMELLI, RAY DE SAINT-GENIES (1755, A), ROBINSON, RODT, ROENNE, ROLLIN (*Histoire ancienne*), ROUSSEAU (Jacques), SANUTI, SARDI, M. SICARD (1830), SMITH (1779, H), STEWECHIUS (1569, A), STRABON, TACITE, TARDUCCI, THILOUREL, THUCYDIDE, TITE LIVE, URBICIUS, VALTURIN, VÉGÈCE (390, A), VITRUVE, VOLKIER (1536, A), M. WILKINSON, XÉNOPHON (370 avant J.-C.). — De curieuses images graphiques en sont données dans CARRÉ (1783, E), l'ENCYCLOPÉDIE (1751, C), DANIEL (1721, A), JUSTE-LIPSE, STEWECHIUS (1569, A), VITRUVE, VOLKIER, le *Dictionnaire de la conversation*. — Le terme Machine sera examiné dans l'application particulière de MACHINE INFERNALE.

MACHINE A FEU. V. A FEU. V. ARME A FEU. V. CANON D'ARTILLERIE. V. GRAND MAITRE DE L'ARTILLERIE. V. MACHINE. V. POUDRE A FEU. V. PYROTECHNIE. V. SPIROLE.

MACHINE A PIERRES. V. A PIERRES. V. ARTILLERIE FRANÇAISE. V. HÉLÉPOLE. V. MACHINE. V. MARTINET. V. ONAGRE.

MACHINE A POUDRE. V. A POUDRE. V. ARME A FEU. V. MACHINE. V. MALLÉOLE.

MACHINE A TIR COURBE. V. A TIR COURBE. V. CATAPULTE. V. LÉGION ROMAINE N° 5. V. MACHINE. V. SPIROLE.

MACHINE A TIR DIRECT. V. A TIR DIRECT. V. BALISTE. V. CATAPULTE. V. EUTHYTONE. V. LÉGION ROMAINE N° 5. V. MACHINE. V. MANUBALISTE.

MACHINE A TRAITS. V. A TRAITS. V. ARTILLERIE FRANÇAISE. V. MACHINE.

MACHINE A VAPEUR. V. A VAPEUR. V. ARME A VAPEUR.

MACHINE AÉROSTATIQUE. V. AÉROSTAT.

MACHINE BALISTIQUE. V. ADDIT. V. ARME BALISTIQUE. V. BALISTIQUE, adj. V. COHORTE DE LÉGION ROMAINE N° 5. V. MACHINE.

MACHINE CATABALISTIQUE. V. ARME CA-

TABALISTIQUE. V. BÉLIER. V. CATABALISTIQUE.
V. MACHINE.

MACHINE COULIS. V. COULIS. V. MACHI-
COULIS.

MACHINE D'ARTILLERIE. V. ARME A VA-
PEUR. V. ARTILLERIE. V. ARTILLERIE D'ARME-
MENT. V. ARTILLERIE FRANÇAISE. V. BARIL. AR-
DENT.

MACHINE de GUERRE. V. GUERRE. V. MA-
CHINE. V. MANGONNEAU. V. MARTINET. V. MER-
LON. V. OFFICIER DU GÉNIE N° 8. V. PARAPET.
V. PRÉFET D'OUVRIERS. V. SORTIE D'ASSIÉGÉS.
V. TROIE.

MACHINE de JET. V. ARME DE JET. V.
AUTEUR MILITAIRE (1771. H). V. JET. V. LA-
CHESNAIE (1771, H). V. MACHINE. V. MAIZE-
ROY (1770, E). V. MOUCHETTE. V. PRÉFET DE
CAMP.

MACHINE de SIÉGE. V. CHEVAL DE FRISE.
V. GUERRE SOUTERRAINE. V. MACHINE. V. SIÉGE.

MACHINE de TRAITS. V. MACHINE. V.
TRAIT.

MACHINE DÉFENSIVE. V. ARBRE DE CHEVAL
DE FRISE. V. CHEVAL DE FRISE. V. DÉFENSIF, adj.
V. MANTELET. V. ORGUE DE MORT.

MACHINE DORIBOLE. V. DORIBOLE, adj.
V. MACHINE.

MACHINE EUTHYTONE. V. EUTHYTONE,
adj. V. MACHINE. V. MACHINE A TIR DIRECT.

MACHINE FORTIFICATOIRE. V. FORTIFICA-
TOIRE, adj. V. MACHINE.

MACHINE FULMINANTE. V. ARTILLERIE
FRANÇAISE. V. FULMINANT. V. MILICE CHINOISE
N° 6. V. ORGUE A FEU.

MACHINE (machines) INFERNALE (F).
Sorte de MACHINES dont l'invention est aussi
ancienne que celle de la POUDRE. On pourrait les appeler grandes FOUGASSES portatives, grandes ARMES A FUSÉES. — De temps
immémorial la MILICE CHINOISE a fait usage
de CHARS qui étaient un moyen de transport,
un CAISSON de Machines infernales. — Les
anciens avaient des Machines infernales
maritimes; tels étaient les BRULOTS, qu'ils
nommaient *naves incendiariæ*. — STRADA
parle longuement de la Machine infernale
qui fut mise en usage au siége d'ANVERS en
1585. Elle avait été inventée par Jambelli,
ingénieur italien au service des HOLLANDAIS.
Elle renversa, en 1585, le pont construit
par Alexandre FARNÈSE sur l'Escaut. — La
GUERRE DE 1688 est la première GUERRE FRAN-
ÇAISE où l'on fasse jouer des Machines infernales. — Pendant le bombardement de
SAINT-MALO, en 1693, les ANGLAIS lancèrent
contre cette ville une Machine infernale de
cent barils de poudre, transportés sur une
GALIOTE de quatre-vingt-dix pieds de long;
ils renouvelèrent, avec peu de succès, les

mêmes tentatives contre DIEPPE et DUNKER-
QUE en 1694. — Une énorme BOMBE, cons-
truite en maçonnerie par ordre de LOUIS
QUATORZE, et destinée à renverser, en 1697,
le port d'Alger, rentra en FRANCE sans avoir
servi. — L'explosion de la Machine infernale du 3 nivôse, sous le gouvernement consulaire, est un événement bien connu. —
Fulton a inventé, en 1805, comme ARME à
l'usage de la MARINE, la TORPILLE. — Il a été
traité des Machines infernales par CARRÉ
(1785 , E), le général COTTY (1822 , A),
DANIEL (1721, A), l'ENCYCLOPÉDIE (1751, C),
GASSENDI (1819). LACHESNAIE (1758, I),
SAINT-REMY, SIONVILLE (1756, E), et par
quelques-uns des AUTEURS qui ont traité des
MINES.

MACHINE LITHOBOLE. V. CATAPULTE. V.
LITHOBOLE.

MACHINE MILITAIRE. V. ARMÉE FRAN-
ÇAISE. V. HANZELET. V. MACHINE. V. TRIBOU-
REL.

MACHINE MONANCONE. V. MACHINE. V.
MONANCONE.

MACHINE MURALE. V. MACHINE. V. MU-
RAL.

MACHINE NÉVROBALISTIQUE. V. ARME DE
TRAIT. V. ARME NÉVROBALISTIQUE. V. ARME
NÉVROBALISTIQUE DE GRANDE DIMENSION. V.
ARME NÉVROBALISTIQUE PORTATIVE. V. ASTIOCHE.
V. BOMBARDE. V. CANON D'ARTILLERIE. V. COU-
LEVRINE. V. FLÈCHE PROJECTILE. V. GRAND
MAITRE DES ARBALÉTRIERS. V. MACHINE. V. MAL-
LÉOLE. V. MOUCHETTE. V. NÉVROBALISTIQUE. V.
PERRIER. V. SPIROLE. V. TIR. V. TOUR PERMA-
NENTE.

MACHINE OXIBOLE. V. MACHINE. V. OXI-
BOLE.

MACHINE PALINTONE. V. MACHINE. V.
PALINTONE.

MACHINE PÉTROBOLE. V. MACHINE. V.
PÉTROBOLE.

MACHINE POLYBOLE. V. CATAPULTE. V.
MACHINE. V. MEISTER. V. POLYBOLE.

MACHINE TRICUBITALE. V. BALISTE. V.
TRICUBITAL.

MACHINE TRIPALMAIRE. V. BALISTE. V.
TRIPALMAIRE.

MACHOIRE (subs. fém.) de CHIEN
(B, 1). Le mot Mâchoire vient du latin
maxilla, maxillarius, qu'on prononçait
Makilla, d'où maquoire et mâchoire. — La
mâchoire d'un CHIEN DE FUSIL est l'espèce
d'étau où se place la PIERRE A FEU, enveloppée de son PLOMB. — Cette Mâchoire se divise en SUPÉRIEURE et en INFÉRIEURE; l'une
et l'autre sont percées d'un ŒIL. — La MA-
CHOIRE SUPÉRIEURE n'appartient pas à demeure
au CHIEN; elle y joue au moyen d'une VIS

à tête percée, et retient la PIERRE par l'effet de la pression du COLLET de cette VIS ; elle est à ENTAILLE, afin de s'élever et de s'abaisser à volonté le long de la CRÊTE. — Quand toutes les PIÈCES d'un FUSIL sont démontées, il est de règle d'assembler la MACHOIRE SUPÉRIEURE avant d'attacher le CHIEN à la noix. — La MACHOIRE INFÉRIEURE est d'une même pièce avec le CORPS du CHIEN ; elle est le couronnement de la GORGE du CHIEN.

MACHOIRE INFÉRIEURE. V. INFÉRIEUR. V. MACHOIRE DE CHIEN. V. ROUET.

MACHOIRE SUPÉRIEURE. V. CORPS DE CHIEN. V. CRÊTE DE CHIEN. V. MACHOIRE DE CHIEN. V. ROUET. V. SUPÉRIEUR, adj.

MACHUE, subs. fém. V. MASSUE.

MACIOLIS, subs. masc. V. MACHICOULIS.

MACLE, subs. fém. V. MAILLE.

MAÇON-CANONNIER, subs. masc. V. BOULET EN PIERRE. V. CANONNIER. V. MAILLE.

MAÇONNERIE, subs. fém. V. OUVRAGE DE FORTIFICATION PERMANENTE. V. OUVRAGE DE MAÇONNERIE.

MACQUE, subs. fém. V. MASSUE.

MAQUE, subs. fém. V. COMBAT A LA MAZZA. V. MASSUE.

MACUELLER, verbe actif. V. MASSUE.

MAQUÈTE, subs. fém. V. MASSUE.

MAQUETTE, subs. fém. V. MASSUE.

MADAGASCAR; MADELAINE; MADRID; MAESTRICHT. V. NOMS PROPRES.

MADRIER, subs. masc. V. PLATE-FORME. V. MINE A FEU. V. PONT DE BATEAU. V. PONT DE CAMPAGNE. V. PONT MILITAIRE. V. PONT VOLANT. V. PONTON. V. TAMBOUR DE FORTIFICATION.

MAFFEI. V. NOMS PROPRES.

MAGASIN, subs. masc. V. ARME EN M... V. COMPTABLE DE M... V. CONSIGNE DE SENTINELLE EN M... V. EN M... V. ENTRÉE EN M... V. GARDE DE M... V. GARDE-M... V. LIGNE DE M... V. REGISTRE DE M... V. SENTINELLE DE M... V. SITUATION DE M... V. SORTIE DE M... V. SOUS-OFFICIER DE M...

MAGASIN (term. génér.). Le mot MAGASIN dérive, suivant Roquefort, de l'ARABE *maghazin*, signifiant trésor; suivant d'autres, il vient du punique par l'intermédiaire de l'ITALIEN. — Le côté administratif du sujet a été l'objet des recherches mises au jour par MM. Bailyet (1817, D), Carrion (1824, A), Odier (1824, E), Vauchelle. — Le mot se distinguera seulement ici en MAGASIN DE CORPS et en MAGASIN DE VIVRES.

MAGASIN A FARINE. V. A FARINE. V. BOULANGERIE. V. INSPECTEUR GÉNÉRAL D'INFANTERIE N° 2.

MAGASIN A POUDRE. V. A POUDRE. V. ARME DE LONGUEUR. V. BAIONNETTE DE FUSIL. V. BASTION DE FORTERESSE. V. BLINDAGE DE PLACE ASSIÉGÉE. V. FACTION. V. FUSIL D'INFANTERIE. V. GUÉRITE. V. HALLEBARDE. V. OBUS. V. PARC DE SIÉGE. V. SENTINELLE DE MAGASIN A POUDRE.

MAGASIN d'ARMÉE. V. ADMINISTRATION D'ARMÉE. V. AIDE-MAJOR ACTUEL, N° 2. V. ARMÉE. V. ARMÉE FRANÇAISE N° 9. V. CAVALERIE FRANÇAISE N° 8. V. COMMUNICATION STRATEGMATIQUE. V. COURSE. V. FORTERESSE. V. GUERRE DE SIÉGE. V. MILICE ANGLAISE N° 2. V. MILICE AUTRICHIENNE N° 2. V. MILICE PRUSSIENNE N° 5. V. MILICE TURQUE N° 9. V. MINISTRE DE LA GUERRE N° 6; id. EN 1662, 1701. V. PARC. V. POLICE. V. RIZ. V. SELLE DE CAVALERIE. V. TOPOGRAPHIE. V. TRANSPORT.

MAGASIN d'ARMEMENT. V. ARME D'HOMME A L'HOPITAL. V. ARMEMENT. V. ARMEMENT DE TROUPE. V. CASERNE. V. FUSIL D'INFANTERIE. V. GRAND RESSORT DE PLATINE. V. MAGASIN DE CORPS.

MAGASIN d'ARMES. V. ARME. V. ARME DÉFENSIVE PORTATIVE. V. ARMEMENT DE TROUPE. V. ARMES. V. ARSENAL. V. CABINET D'ARMES. V. LIVRET D'ARMEMENT. V. MANUFACTURE D'ARMES. V. REMISE D'ARMES.

MAGASIN d'ARTILLERIE. V. ARSENAL. V. ARTILLERIE. V. BOULET DE CONDAMNÉ. V. COMMISSAIRE DES GUERRES N° 6. V. MAJOR CAPITAINE N° 4.

MAGASIN de CHAUFFAGE. V. CHAUFFAGE. V. CHAUFFAGE DE COMPAGNIE. V. CHAUFFAGE DE POSTE DE DÉTACHEMENT. V. COMBUSTIBLE DE CUISINE DE CASERNE.

MAGASIN (magasins) de CORPS (B, 1). Sorte de Magasins considérés ici par rapport AUX HOMMES DE TROUPE de l'INFANTERIE FRANÇAISE DE LIGNE EN GARNISON, par rapport aux REMISES D'ARMES, aux REVUES, etc. — Quelquefois on prend l'un pour l'autre Magasin de corps ou MAGASIN D'HABILLEMENT; mais cette synonymie manque de justesse. — Il commence à être question des Magasins de corps sous le ministère de Saint-Germain. L'ORDONNANCE DE 1776 (25 MARS) voulait qu'ils fussent toujours pourvus à l'avance des EFFETS nécessaires à deux cents hommes, et qu'ils fussent journellement ouverts pour l'entrée et la sortie des EFFETS. — Le RÈGLEMENT DE 1792 (1er JANVIER) et l'INSTRUCTION de la même date renfermaient sur ce sujet les plus savants détails qui aient été publiés; ils sont tombés en oubli presque en naissant. — Les instructions sur l'inspection, celle de 1806 (19 JUIN), celle de 1808 (24 SEPTEMBRE); les ORDONNANCES DE 1818 (15 MAI), 1823 (19 MARS) et 1824 (17 AOUT) éclairaient ou réglaient la matière. — Le

Magasin d'un CORPS est établi dans sa CASERNE. En vertu des plus modernes réglements, il se compose d'une ou de plusieurs CHAMBRES d'une dimension égale à une CHAMBRE de vingt-cinq lits ; il a trois destinations, et, autant que possible, il se compose de trois locaux distincts ; ils renferment les EFFETS D'ARMEMENT, DE PETIT ÉQUIPEMENT et d'HABILLEMENT. — Le Magasin, ou plutôt les Magasins, ou, comme dit l'INSTRUCTION DE 1806, le Magasin général, sont placés sous la direction et la surveillance du CAPITAINE D'HABILLEMENT ; cet officier en tient, comme COMPTABLE, les REGISTRES, les ÉTATS DE SITUATION, et les ÉCRITURES par RECETTES et DÉPENSES ou par ENTRÉES et SORTIES. Deux soldats placés sous ses ordres l'aident, l'un au BUREAU, l'autre dans la tenue des EFFETS D'UNIFORME et la surveillance du Magasin. Le BUREAU s'ouvre journellement à huit heures du matin ; les BONS ou BILLETS relatifs aux RÉPARATIONS y sont visés : les EFFETS y sont délivrés aux COMPAGNIES en échange des BONS D'EFFETS D'UNIFORME. — Les ARMES et EFFETS des PERMISSIONNAIRES ABSENTS PAR CONGÉ, des DÉCÉDÉS, des DÉSERTEURS, des HOMMES A L'HOPITAL, des PARTANTS, des RAYÉS, etc., y sont versés sans délai, à la diligence des CAPITAINES. — Le MAJOR a sous sa direction les Magasins ; ils sont visités deux fois par an par le COLONEL du CORPS. A chaque renouvellement du CONSEIL, à chaque remplacement du COLONEL ou du LIEUTENANT-COLONEL, un PROCÈS-VERBAL des MATIÈRES en Magasins et de leur état financier est dressé. — Lors des REVUES DE COMPTABILITÉ, le SOUS-INTENDANT visite en détail les Magasins. — Les Magasins sont examinés en détail par l'INSPECTEUR GÉNÉRAL à l'époque de son INSPECTION ; il est accompagné dans cette visite par le MEMBRE DE L'INTENDANCE et par le CONSEIL D'ADMINISTRATION. — Le MAJOR a, en tout temps, le droit de se faire représenter les EFFETS existant en Magasin. — En cas de ROUTE, les EFFETS susceptibles d'être arrangés en BALLOTS sont transportés sous cette forme à la suite du CORPS. — En TEMPS DE GUERRE les Magasins restent au BATAILLON DE DÉPOT. — Le MAGASIN D'ARMEMENT est surtout à part des deux autres ; il renferme des PIÈCES D'ARMES pour les besoins courants ; il contient une table ; il est garni d'un PORTE-ARMES pour cent fusils ou pour la vingtième partie du total des ARMES DE TROUPE du CORPS. La capacité de l'emplacement se calcule à raison de trente-deux centimètres par SABRE et GIBERNE accrochés, et de dix centimètres par FUSIL placé au PORTE-ARME ; ainsi le développement total du Magasin doit être de quarante-cinq à cinquante mètres, à moins

qu'il n'y soit pratiqué plusieurs rangées de RATELIERS et de PORTE-GIBERNES, formant entre eux comme autant de couloirs. — L'exposition du Magasin et les précautions prises doivent être telles, que les ARMES y soient garanties de l'ardeur du soleil et préservées d'humidité. — Les DISTRIBUTIONS y sont faites aux PARTIES PRENANTES par le LIEUTENANT ou l'OFFICIER D'ARMEMENT. — Le MAGASIN D'HABILLEMENT contient quatre tables de deux mètres, ou une seule d'une surface équivalente ; un bord des tables est divisé et marqué décimalement pour l'opération du métrage ; la pièce est pourvue des bancs nécessaires et des casiers ou RAYONS où se rangent les EFFETS D'UNIFORME ; ces objets sont les seuls que le GÉNIE MILITAIRE soit tenu de fournir. — Le développement des murs du Magasin doit être de quarante mètres au moins. — Un rouleau propre à suspendre les DRAPS, qui y glissent en face des jours d'une croisée, en facilite l'examen. — L'ORDONNANCE DE 1831 (7 MAI) reconnaît comme GARDE-MAGASIN un des SERGENTS de la COMPAGNIE HORS RANG. — Des dispositions en désuétude prescrivaient de tenir en réserve, dans le Magasin, de vieux EFFETS D'UNIFORME qui servaient à revêtir, pendant leur détention à la PRISON, les HOMMES mis au CACHOT. — L'arrangement et la dimension du Magasin des EFFETS D'ÉQUIPEMENT sont, à peu de différence près, les mêmes. — Dans la MILICE NÉERLANDAISE, des EFFETS D'UNIFORME D'OFFICIERS leur étaient fournis par des Magasins du CORPS.

MAGASIN de DENRÉES DE SIÉGE. V. DENRÉE DE SIÉGE. V. SIÉGE.

MAGASIN de FORTERESSE. V. DEHORS. V. FORTERESSE. V. GOUVERNEUR DE PLACE ASSIÉGÉE. V. SALAISONS.

MAGASIN de FOURRAGE. V. ÉTABLISSEMENT MILITAIRE. V. FOURRAGE. V. FOURRAGE DE DISTRIBUTION. V. INSPECTEUR GÉNÉRAL D'INFANTERIE N° 2. V. OFFICIER DU GÉNIE N° 7.

MAGASIN de GARNISON. V. GARNISON. V. INSPECTEUR GÉNÉRAL N° 5. V. SURPRISE DE PLACE.

MAGASIN de LITS MILITAIRES. V. AMEUBLEMENT. V. DÉPART DE CORPS. V. EFFET DE LITERIE. V. LIT MILITAIRE.

MAGASIN de PAIN. V. CORVÉE DE PAIN. V. DISTRIBUTION DE PAIN. V. FOURNIER D'INFANTERIE FRANÇAISE DE LIGNE N° 9. V. PAIN.

MAGASIN (magasins) de VIVRES (F; B, 1). Sorte de MAGASINS que les anciens ne connaissaient pas, si l'on en croit ROLLIN ; mais ROLLIN se trompe dans toutes les questions militaires ; la lecture de l'histoire prouve qu'ils munissaient pour trois et quatre ans les PLACES susceptibles de défense : comment au raient-ils appris que le biscuit, le *panis nauticus*, était susceptible d'être conservé pendant des siècles, comme l'affirme Pline, s'ils n'avaient eu une longue expérience des emmagasinements? — César parle sans cesse des provisions de vivres qu'il faisait : il en agit ainsi, dans le pays des Ubiens, à l'occasion de la révolte des Suèves. — Des historiens prétendent que Clovis trois, en 695, entretenait dans les provinces, et particulièrement aux frontières, des Magasins de vivres pour ses troupes. L'usage s'en serait, disent-ils, maintenu sous la seconde race ; mais, jusqu'au quinzième siècle, nous n'avons aucunes notions certaines sur des précautions administratives de ce genre. — Dans les usages modernes, les Magasins des forteresses y sont construits de manière à être à l'abri des projectiles de l'assiégeant ; ils sont à plusieurs étages consacrés, chacun, aux liquides, aux salaisons, au genre des denrées qui y peuvent être conservées le plus commodément. Les sentinelles nécessaires veillent à la sûreté des Magasins, et y observent des consignes particulières. M. Cancrin, Dupré-d'Aulnay, Hauser, Jabro (1777, G, au mot *Vivres*), Nodot, Potier (1779, X, au mot *Vivres*), M. Révéroni (1826), Tempelhof et le règlement de 1827 (1ᵉʳ septembre) peuvent être consultés sur ce sujet.

MAGASIN d'effets de campement. v. bidon de compagnie. v. effet de campement. v. gamelle.

MAGASIN d'effets d'équipement. v. effet d'équipement. v. magasin de corps.

MAGASIN d'habillement. v. habillement. v. magasin de corps. v. milice wurtembergeoise nᵒ 3. v. sergent-major nᵒ 8.

MAGASIN d'hopital. v. hopital. v. hopital militaire.

MAGASIN du génie. v. génie. v. génie idioplique.

MAGASIN en campagne. v. en campagne. v. parc.

MAGASIN militaire. v. cavalier de troupe. v. commandant de division nᵒ 4. v. commissaire des guerres nᵒ 6. v. conseil d'administration nᵒ 4. v. corps d'intendance nᵒ 9. v. départ de corps. v. effet de campement. v. établissement militaire. v. gouverneur de place assiégée. v. ligne d'opérations. v. liquide. v. masse régimentaire. v. militaire, adj. v. ministre de la guerre nᵒ 14. v. salaisons. v. sous-intendant nᵒ 6.

MAGDEBOURG; MAGGI; MAGIRI. v. noms propres.

MAGISTRAL (magistrale), adj. v. galerie m... v. ligne m...

MAGISTRAT civil. v. acte civil. v. action pour dettes. v. civil. v. habillement. v. maire. v. sous-préfet. v. tribunal.

MAGIUS. v. noms propres.

MAHEUTRE, subs. fém. et masc. (F), ou maheurtre, ou mahoitre, ou mahute, ou mahutre. Le mot Maheutre a été traité avec peu de clarté par Ducange (1733) et par Ménage ; il signifiait, suivant Roquefort, bandit, pillard, spadassin, homme de guerre. — *Le Maheutre et le Païsan*, ouvrage composé du temps de la Ligue, présente à son frontispice un cavalier armé de toutes pièces ; Gébelin en a conclu que c'était l'image d'un reitre ou d'un *meister* allemand, et il en déduit que Maheutre est une corruption de *meister*. — Il paraît certain, cependant, que l'infanterie a aussi compris des Maheutres, et que des Maheutres français portaient les armes bien avant que des reitres d'Allemagne vinssent servir en France. — Carpentier appelle mahutre la partie du bras qui règne de l'épaule au coude ; c'était une imitation ou une analogie du terme de fauconnerie mahute, signifiant haut de l'aile des oiseaux, comme le témoigne Boiste. — L'infanterie de Louis onze portait des habits dont la manche ou la mahute se terminait au coude ; ces habits s'appelèrent Maheutres par abréviation ; les soldats ainsi vêtus s'appelèrent également Maheutres, de même qu'on appelait cuirasse un homme cuirassé. — Le parti royaliste, au temps de la Ligue, avait, comme infanterie, des Maheutres ; l'indiscipline de ces soldats rendit synonymes les termes maheutre et bandit. — Par analogie aux Maheutres, c'est-à-dire aux avant-bras de l'habillement, on appela mahotes des ornements bouffants, des nids d'hirondelle, des enjolivures à bandelettes, à aiguillettes et à couleurs tranchantes placées sur les épaules de l'habit militaire. Le costume du quinzième siècle, dont M. Planche donne l'image, et celui du dix-septième, représenté dans les gravures de Gheyn (1608, A), montrent la forme des mahotes dont les épaulettes sont devenues l'imitation ou qu'elles ont remplacées.

MAHEURTRE, subs. fém. et masc. v. maheutre.

MAHMOUD. v. noms propres.

MAHOITRE, subs. masc. v. maheutre.

MAHOMET ; MAHOMÉTAN. v. noms propres.

MAHOTE, subs. fém. v. maheutre.

MAHUTRE, subs. masc. v. maheutre.

MAI, subs. masc. v. champ de mai. v. exercice d'infanterie.

MAIERO. v. noms propres.

MAIEUR, subs. masc. v. COMMUNE. V. MAIRE. V. MAJOR.

MAIGRE, adj. v. BOUILLON MAIGRE. V. RÉGIME MAIGRE.

MAIGRE, subs. masc. v. FAIRE MAIGRE. V. GUERRE DE 1741. V. RIZ.

MAIGRET. v. NOMS PROPRES.

MAIL (subs. masc.) d'ARMES (F), OU MAILLE D'ARMES, OU MAILLE DE PLOMB, OU MAILLET D'ARMES, OU MAILLOCHE, OU MAILLOTIN. Le mot Mail dérive du LATIN *malleus, malleolus,* MARTEAU, MAILLÉOLE, et exprime ici une ARME CONTONDANTE.—NICOT témoigne que le *Mail de plonc* (plomb) était une espèce de MARTEAU à long MANCHE. VELLY regarde cette ARME comme ayant été à l'usage des anciens GERMAINS, et ROQUEFORT prend dans le même sens Mail et FRAMÉE. — COTTY (1823), contrairement à l'opinion de NICOT, regarde les Mails et MAILLETS comme ayant le MANCHE court, et les MAILLOCHES, MAILLOTS et MAILLOTINS comme ayant le MANCHE long. Nous ne croyons pas entièrement exacte cette distinction. — Les ARCHERS A PIED du duché de BRETAGNE portaient *Mail de plom.* — Il a existé des différences entre les Mails, les MAILLETS, les MARTEAUX, mais ce sont des points mal connus. Il paraîtrait que le Mail était, dans la main du ROTURIER, ce que la MASSE D'ARMES était dans la main du NOBLE. Cependant on voit les expressions Mail et MAILLETS figurer dans des récits de combats de CHEVALIERS. — Au lieu d'avoir, comme le marteau ordinaire et moderne, une plane et un bec, le Mail avait deux planes. C'est ce qu'on peut déduire de la lecture de DESPAGNAC (1751, D) et de l'ENCYCLOPÉDIE (1785, C). Le marteau d'armes avait, au contraire, un piquant d'un côté, une tête arrondie de l'autre. — Au fameux combat des Trente, livré en BRETAGNE, Billefort, qui combattait du côté des ANGLAIS, frappait d'un MAIL DE PLOMB pesant vingt-cinq livres. Un chevalier français fut abattu d'un coup de Mail, un autre d'un coup de MARTEAU.—Dans la chronique manuscrite de DUGUESCLIN, il est fréquemment fait mention de MAILLETS. — Vers 1551, on faisait communément usage de MAILLOCHES pour briser les ARMURES DE FER et occire les BLESSÉS. Cette ARME différait probablement peu des MAILLETS. — Des MAILLETS DE PLOMB, fabriqués sous CHARLES CINQ, étaient conservés en magasin à Paris. En 1381 (1er mars), les Parisiens, indignés qu'au mépris des serments faits au sacre de CHARLES SIX, on les surchargeât d'impôts, s'enrégimentent en DIZAINES, CINQUANTAINES et CENTAINES, forcent l'hôtel de ville, s'emparent de ces ARMES et en font un instrument de carnage. Cette circonstance fit donner aux révoltés le nom de

MAILLES, MAILLIES, MAILLOTINS.—A la bataille de ROSBECQ, en 1382, les FLAMANDS combattaient à coups de Mails. — On se sert de MAILS DE PLOMB, en 1428, au siége d'ORLÉANS. — On voit, dans les mémoires du maréchal de FLEURANGES, que, pendant le règne de LOUIS DOUZE, les ARCHERS ANGLAIS étaient encore armés de MAILLETS.—Le nom et la figure des MAILLETS d'armes se sont conservés parmi les MEUBLES DE BLASON, et sont décrits et représentés dans l'*Encyclopédie du dix-neuvième siècle*, au mot *Arme.*

MAILHÉE, subs. fém. v. MAILLE, subs. fém.

MAILLE, subs. fém. v. A MAILLE. V. ARMURE DE M... V. BONNET DE M... V. BRASSARD DE M... V. CAP DE M... V. CAPUCHON DE M... V. CHAPERON DE M... V. CHAUSSES DE M... V. CHEMISE DE M... V. COIFFE DE M... V. COLLET DE M... V. COLLETIN DE M... V. CORSELET DE M... V. COSTUME DE M... V. COTTE DE M... V. CUIRASSE DE M... V. GANT DE M... V. GANTELET DE M... V. GORGET DE M... V. GOLLETTE DE M... V. GORGERETTE DE M... V. GORGERIN DE M... V. HABILLEMENT DE M... V. HARNAIS DE M... V. HAUSSE-COU DE M... V. JAQUE DE M... V. MANCHE DE M... V. SAYON DE M... V. SOULIER DE M... V. TABLIER DE M... V. TÊTE DE M... V. TRICOT DE M...

MAILLE (mailles) (F), OU LAISCHES, OU MACLE. Le mot Maille dérive du LATIN *macula*, nœud de filet de pêcheur. Il se retrouve dans l'ITALIEN *maglia*, dérivé du CELTIQUE *mael, maïl*, signifiant *fer*, suivant GÉBELIN. M. MEYRICK le tire du CELTIQUE *mael.* — FAUCHET emploie au singulier le mot; l'ACADÉMIE l'emploie au pluriel quand il est appliqué, comme génitif, à différentes PIÈCES D'ARMURE. — On appelle MAILHÉE, dit CARPENTIER, une COTTE ou un travail de MAILLES. On l'appelait aussi TREILLIS ou TREILLIS, comme le témoigne CARRÉ (1783, E). Il a produit le verbe DESMAILLER. — Il ne paraît pas, suivant M. ALLOU, que, dans l'antiquité, les ORIENTAUX et leurs imitateurs les GRECS et les ROMAINS aient connu les Mailles articulées, les MAILLONS entrelacés. Ce que les LATINS appelaient *circulus*, était des anneaux de métal, ou des plaques de cornes de cheval, cousus sur des tuniques de lin ou de peau. Ces vêtements s'appelaient *plumati*, quand les MAILLES ou ANNEAUX étaient disposés en plumes d'oiseaux ou en écailles de poissons. — Il faut remarquer, cependant, que les LATINS appelaient *catenæ, catenatæ*, des PIÈCES D'ARMURE que leur nom pourrait faire supposer avoir été analogues aux Mailles adoptées en FRANCE de 850 à 1066. — Les Mailles étaient les lacs ou le TRICOT de fil de

FER, ou D'ACIER, ou de CUIVRE qui composaient ou renforçaient l'ARMURE ; les BARDES, les JASERANS, les SOLERETS, les diverses pièces du COSTUME appelé, par cette raison, COSTUME DE MAILLES, HABILLEMENT DE MAILLES. Les ouvriers qui façonnaient la Maille, les Mailles, se nommaient, au témoignage de ROQUEFORT, TREFFILIERS, TRIFILIERS, comme on eût dit, qui tresse le fil. — Du onzième au quatorzième siècle, on connaissait bien des espèces de Mailles fort distinctes. On en trouve l'énumération dans les traités de M. ALLOU (1838) et de M. MEYRICK ; mais l'explication en serait déplacée ici, et ne concerne que les antiquaires. — L'examen attentif de certaines armures de choix prouve que chaque Maille se composait d'un anneau fabriqué à l'emporte-pièce, que quatre ou six brins ou anneaux de fil de métal épousaient, et qui y jouaient, après avoir été fermés ou par approche, ou par soudure, ou par rivure, au moyen de l'aplatissement de chaque aboutissant des anneaux. Le contournement particulier de ces brins, se mariant de Maille en Maille, faisait la principale différence de ce genre de harnois.—Le HAUBERT, dont la TRESLICE était, comme on disait d'abord, menu maillé, était une CUIRASSE mieux défendue et d'un travail plus délicat, plus riche, un JASERAN plus sûr contre la pointe des DAGUES. — L'usage des Mailles et des DOUBLES MAILLES, auxquelles s'adjoignaient des PIÈCES forgées, a fini lors de l'adoption de l'ARMURE PLATE.—Au nombre des MEUBLES DE BLASON étaient compris des Mailles de HAUBERT, ou des objets désignés par des termes qui en étaient synonymes. — L'ENCYCLOPÉDIE (1751, C) et celle *du dix-neuvième siècle*, au mot *Armure*, s'occupent de ce sujet.

MAILLE (subs. masc.) D'ARMES. V. ARMES. V. MAIL D'ARMES.

MAILLE (subs. fém.) de BARDES. V. BARDE.

MAILLE (subs. masc.) de PLOMB. V. MAIL D'ARMES. V. PLOMB.

MAILLÉ (maillée), adj. V. BONNET M... V. BRAS M... V. CHEMISE M... V. COTTE M... V. MAILLE, subs. fém.

MAILLEBOIS. V. NOMS PROPRES.

MAILLES, subs. fém. plur. V. MAILLE. V. ARMURE DE M... V. COTTE DE M... V. MANCHE DE M... V. PIÈCE DE M...

MAILLET D'ARMES. V. ARMES. V. MAIL D'ARMES. V. MAILLÉOLE. V. MILICE ANGLAISE N° 4.

MAILLET de CAMPEMENT. V. CAMPEMENT. V. EFFET ACCESSOIRE DE CAMPEMENT. V. TENTE.

MAILLET de CARABINE (F). Le mot Maillet, analogue par l'origine au mot MAIL,

vient, suivant GEBELIN, du CELTIQUE *mal*, tête ; il est un petit MARTEAU en bois dur. Le TIREUR de CARABINE s'en sert pour enfoncer la BALLE, en frappant sur le POUSSE-BALLE ; il le porte à droite et suspendu par la poignée, au moyen d'une attache tenue en sautoir.

MAILLET de PLOMB. V. MAILLE D'ARMES. V. PLOMB.

MAILLOCHE, subs. fém. V. MAILLE D'ARMES. V. MARTEAU D'ARMES.

MAILLON, subs. masc. V. MAILLE.

MAILLOT, subs. fém.

MAILLOTIN, subs. masc. V. CENTAINE. V. MAIL D'ARMES. V. MARTEAU D'ARMES.

MAILLY ; MAINBOURG. V. NOMS PROPRES.

MAIN, subs. fém. V. A LA MAIN. V. A MAIN. V. A MAIN ARMÉE. V. A UNE MAIN. V. ARME DE M... V. ARMES A LA M... V. ARQUEBUSE A M... V. BALISTE A M... V. CANON A M... V. CHEVAL DE M... V. COUP DE M... V. DARD A M... V. MAINS. V. PAUME DES M...

MAIN BASSE. V. BAS, adj. V. FAIRE MAIN BASSE.

MAIN de FER (F). Ce mot dérive du bas LATIN *manus ferrea*, pris comme synonyme de *harpago*. — La Main de fer était, dans l'antiquité et au MOYEN AGE, un genre d'ARMES DE PARAPET en forme de CROC. — Quelques ÉCRIVAINS distinguent la Main de fer et le CORDEAU DÉFENSIF, mais on ne suppose pas qu'ils pussent différer beaucoup, hormis peut-être par les dimensions.

MAIN HUMAINE. V. HUMAIN, adj. V. MUTILATION VOLONTAIRE. V. PHALANGE DE M...

MAIN LEVÉE. V. ACTE D'OPPOSITION. V. LEVÉ, adj. V. OFFICIER D'ÉTAT CIVIL.

MAINADAIRE, subs. masc. V. MENADIER.

MAINGARNAUD. V. NOMS PROPRES.

MAINS, subs. masc. plur. V. AUX MAINS. V. BRAS DE SOLDAT D'INFANTERIE. V. DEUX M... V. EN VENIR AUX M... V. JOUER DES M...

MAIRE, subs. masc. (term. génér.). Le mot Maire est une double corruption des substantifs LATINS *magister* et *major* ; il s'est changé en MAIEUR, MAYEUR, avant de prendre son orthographe actuelle ; il a produit le substantif MAIRIE. — Le mot Maire veut être examiné ici sous deux acceptions fort différentes, comme MAIRE DE COMMUNE et comme MAIRE DU PALAIS.

MAIRE de COMMUNE (B, 1 ; C, 3). Sorte de MAIRE qui appartient à la classe des MAGISTRATS CIVILS, et dont les fonctions ont des rapports avec le mécanisme et l'ADMINISTRATION militaire. — Depuis LOUIS LE GROS et depuis l'institution des COMMUNES, il existe en FRANCE des MAIRES ou des chefs municipaux (*majores communarum*), qui ont été désignés par des dénominations différentes suivant les temps et les pays. Ainsi ils se sont appelés BAILLIS, CONSULS, JURATS, MAYEURS, PRUD'HOMMES, PRÉVOTS, SÉNÉCHAUX; ces fonctionnaires étaient secondés, suivant les PROVINCES et les temps, par des CAPITOULS, des ÉCHEVINS, des OFFICIERS MUNICIPAUX. — Les Maires furent dans l'origine chargés de la levée de l'INFANTERIE COMMUNALE; au temps de CHARLES SEPT, ils avaient dans certaines COMMUNES, comme le témoigne M. MONTEIL, le droit de MONSTRES, c'est-à-dire de PASSER EN REVUE la GARNISON, même quand elle se composait de TROUPES du roi. — L'ORDONNANCE DE 1768 (1er MARS, titres XI et XXXII) confiait aux OFFICIERS MUNICIPAUX certaines fonctions qui avaient trait au MILITAIRE, et qui, par une analogie palpable, concernent actuellement le Maire ou ses représentants. Autrefois les Maires secondaient les INTENDANTS DE PROVINCE en certaines circonstances, et dans des limites prévues; ils pourvoyaient, avant qu'il n'eût été construit des CASERNES, au GITE et au logement des TROUPES en résidence; ils représentaient au besoin les COMMISSAIRES DES GUERRES et les MEMBRES de l'INSPECTION AUX REVUES. — Dans les usages modernes, les Maires et leurs ADJOINTS sont particulièrement chargés, comme avant eux l'étaient les BAILLIS, les ÉCHEVINS, les OFFICIERS MUNICIPAUX, de pourvoir au LOGEMENT des CORPS EN ROUTE dans l'intérieur; ils leur font délivrer les BILLETS DE LOGEMENT chez des HABITANTS présents. A défaut d'AUTORITÉS à ce compétentes, ils les PASSENT EN REVUE. — Les Maires concourent à la confection de certains ACTES DE L'ÉTAT CIVIL des MILITAIRES, donnent leurs soins à l'APPOSITION des SCELLÉS sur les EFFETS DES MILITAIRES DÉCÉDÉS EN GARNISON; ils délivrent en certains cas des BILLETS D'ENTRÉE À L'HOPITAL et des FEUILLES DE ROUTE provisoires nommées LAISSEZ-PASSER ou SAUF-CONDUITS, valables jusqu'au siége de la SOUS-PRÉFECTURE; ils visent certains BONS, et au besoin signent les MANDATS DE PASSAGE D'EAU ou de FOURNITURES DE CONVOIS; ils délivrent des CERTIFICATS DE BIEN VIVRE, à moins que des plaintes de la part des HABITANTS ne s'y opposent; ils assistent à la rédaction des PROCÈS-VERBAUX des CONSERVATEURS DE BATIMENTS militaires, interviennent dans des expertises relatives à des DISTRIBUTIONS EN ROUTE; ils informent les AUTORITÉS compétentes du DÉCÈS des ENROLÉS VOLONTAIRES faisant route; ils justifient, par leur récépissé, les remboursements pour fait de DÉGRADATIONS commises chez l'HABITANT

par des TROUPES DE PASSAGE. — Ils agissent de concert avec le COMMANDANT DE PLACE; ils représentent quelquefois les MEMBRES de l'INTENDANCE et le SOUS-PRÉFET, ou remplacent un SOUS-INTENDANT, s'il s'agit de PASSER EN REVUE des TROUPES EN ROUTE, ou d'apposer un visa sur diverses pièces; ils remplacent, s'il y a lieu, les CONSEILS DE PRÉFECTURE dans la VÉRIFICATION de certaines ÉTOFFES D'HABILLEMENT, quand les CORPS se plaignent de l'inexécution des MARCHÉS. — Les Maires recevaient les ENROLEMENTS VOLONTAIRES, conformément aux DÉCISIONS DE 1814 (3 SEPTEMBRE) et DE 1815 (12 JANVIER et 28 NOVEMBRE); ils dressaient les ACTES D'ENGAGEMENTS après qu'une VISITE sanitaire des ENROLÉS VOLONTAIRES avait été passée; mais ensuite les Maires de chefs-lieux de canton, et ceux-là seulement, depuis la LOI DE 1832 (21 MARS) et l'ORDONNANCE DE 1832 (28 AVRIL), recevaient les ENGAGEMENTS volontaires sur le vu d'un certificat d'aptitude et de bonne conduite délivré par l'OFFICIER ou le SOUS-OFFICIER commandant la GENDARMERIE; ils rédigeaient les attestations exigées pour l'admission des REMPLAÇANTS, conformément à l'INSTRUCTION DE 1832 (30 MARS). Si la qualité des VIVRES et celle des DISTRIBUTIONS faites à des CORPS EN ROUTE n'était pas satisfaisante, le Maire ferait remplacer, s'il y avait lieu, en suite d'expertise, les DENRÉES au compte du PRÉPOSÉ DES SUBSISTANCES. — L'ARRIVÉE des CORPS EN ROUTE est annoncée au Maire du lieu du GITE par l'INTENDANT MILITAIRE; le Maire reçoit en outre une SITUATION DE ROUTE des mains de l'ADJUDANT-MAJOR qui voyage en avant du CORPS; il assiste même, ou du moins ainsi le veut une ORDONNANCE non obéie et qui ne saurait l'être, il assiste (1818, 13 mai, art. 415) à la passation des MARCHÉS que conclut cet ADJUDANT-MAJOR pour la subsistance du CORPS qui arrivera. — Il vise les MANDATS DE FOURNITURE DE CONVOI ou de PASSAGE D'EAU. — En l'absence du COMMANDANT DE PLACE, le Maire reçoit la visite du TRÉSORIER du CORPS arrivant, et si la nature des DISTRIBUTIONS n'est pas jugée satisfaisante par le CAPITAINE DE SEMAINE, cet OFFICIER vient en porter ses plaintes au Maire. — L'heure du DÉPART du CORPS EN ROUTE est annoncée au Maire par le COLONEL ou le CHEF du CORPS. — S'il y a lieu, le Maire recueille les plaintes qui pourraient être portées par les HABITANTS contre les MILITAIRES d'un CORPS PARTANT. — Les ACTES que dresse l'OFFICIER D'ÉTAT CIVIL d'un CORPS sont analogues à ceux dont la rédaction concerne les Maires. — Les ORDONNANCES DE 1818 (13 MAI), DE 1823 (19 MARS), les CIRCULAIRES DE 1824 (30 SEPTEMBRE, 14 OCTOBRE et 16 NOvembre), 1825 (22 août), 1852 (22 avril), 1854 (25 juin), rappelaient les devoirs des Maires par rapport aux troupes.

MAIRE du palais (F) ou comte du palais, comme le dit l'Encyclopédie (1751, C, au mot *Sénéchal*). Sorte de maire ou de maître dont la dénomination rappelle une fonction exercée au temps des empereurs romains. Ils avaient un maître du palais, *magister palatii, major domus;* les rois d'Occident imitèrent cette coutume, ils créèrent un *major domus regiæ,* un majordome, un *magister palatis,* un palatin. — Les rois francs substituèrent à ce titre celui de patrice, ou les fondirent ensemble en faisant du patrice un général d'armée. — Le latin *magister* ou *major* est la souche visible du mot Maire. Dutillet, cependant, et Moréri lui donnent une étymologie différente, mais contestable; ils la tirent du saxon *mer major,* signifiant préfet ou surintendant; c'est prendre l'effet pour la cause. — Grégoire de Tours, comme le témoigne M. Sismondi, appelle les Maires du palais, tantôt préfets du palais, tantôt majordomes, tantôt nourriciers et baillis du roi, *nutritius* et *baiulus regis.* — M. Sismondi n'est pas éloigné de croire que, dans l'origine, ces Maires étaient plutôt les représentants des hommes libres et de la classe moyenne, que les délégués et les soutiens de l'aristocratie ou les mandataires du trône. — La création des Maires à vie répond en France à l'an 596 ou 600 environ, sous Clotaire deux. Leur premier diplôme est tracé en lettres de sang, comme le sont toutes les chartes du temps. Clotaire, aspirant au gouvernement de la monarchie entière, charge Warnachaire du meurtre de Brunehault; la Mairie perpétuelle ou à vie est le prix d'un assassinat; elle n'avait jusque-là été que temporaire. — L'autorité des Maires s'accroît en 675, sous Clotaire trois; de chefs de la domesticité, ils s'élèvent au premier grade de la milice, ils deviennent commandants des armées et princes. — Quand l'empire se divise en trois monarchies: Austrasie, Bourgogne et France, chaque royaume a son Maire du palais. — Les Maires deviennent les chefs des leudes; ceux-ci les élisent, exigent qu'ils rendent compte de leur administration et les destituent, s'ils en sont mécontents. — Les Maires travaillent à contre-balancer de désavantage d'une position si précaire; ils laissent s'éteindre les assemblées du champ de Mars, parce que les réunions des grands de la nation offusquent leur autorité; ils achètent les leudes et les comtes par des concessions; ils leur laissent prendre en

alleu ou à perpétuité les bénéfices dont ils n'avaient joui jusque-là que temporairement; ainsi la mairie et la féodalité sont la conséquence l'une de l'autre. — Vers l'an 650, Grimoald, fils de Pépin le vieux, associe la dignité de Maire à la royauté, sous le règne de Sigebert deux, roi d'Austrasie. — Velly nous montre, à la date 693, Pépin d'Héristal promulguant, au nom du roi, un édit qui enjoint aux ducs de prendre les armes à la première sommation du Maire du palais, et de conduire à l'armée, sitôt qu'il leur en donnera l'ordre, les contingents qu'ils sont tenus de fournir. Ainsi la législation militaire et l'exercice de la justice étaient dans les mains du Maire du palais; il était de plus le chef de l'armée, son ministre, comme le sont devenus ensuite le dapifer, le grand sénéchal, le connétable. — Charles Martel, Maire du palais, meurt en 741, après avoir dignement exercé le commandement des armées, et avoir donné le jour au premier roi de la seconde race. — Les papes, qui reconnaissent le gouvernement de fait toutes les fois qu'il se consolide ou qu'ils ont intérêt à le consolider, légitimèrent l'usurpation de Pépin et bénirent la seconde race; pour colorer cette consécration, ils déclarèrent qu'ils n'agissaient qu'en vue de rétablir par charité chrétienne l'unité du pouvoir. — Les Maires avaient creusé l'abîme de la première race; la seconde s'appliqua à énerver et à détruire l'autorité des Maires; mais à la décadence de cette lignée qui s'abâtardit à son tour, les Maires reprennent un pouvoir longtemps affaibli. — Tous les emplois tendent à se perpétuer; celui des Maires, d'abord domestique et révocable, devient viager et bientôt héréditaire. Les dignitaires revêtus de cet office de la couronne exercent comme premiers ministres, en unissant les fonctions de général d'armée et même de généralissime à leurs autres attributions. — Deux pouvoirs alors se partagent l'empire, mais le seul, le véritable est celui des Maires; ils gouvernent à l'ombre d'un trône où dorment les rois fainéants. — Robert le Fort, Maire du palais, devient duc de France vers 850; il prend le titre de grand-duc: *Dux Francorum, dux et princeps sub regulus,* roi en second; il est le chef de la maison de Capet. — Les rois de la troisième race ayant l'expérience des dangers qui résultaient de l'existence de la mairie, en répartissent les attributions entre quatre grands officiers de la couronne; elles se subdivisent même entre le roi des ribauds, le grand prévot, etc.; mais militairement le dapifer et le grand sénéchal lui succèdent. — On peut consulter sur ces divers points : DANIEL (1721, A), DESPAGNAC (1751, D), DUCANGE, DUCHESNE, EGINHARDT, FAVYN, GRÉGOIRE DE TOURS, LEFÉRON, MAIZEROY, PASQUIER, VELLY, VITON (1812, C), le *Dictionnaire de la Conversation.*

MAIRIE, subs. fém. V. ADJUDANT DE SEMAINE EN ROUTE. V. ADJUDANT-MAJOR PRÉCÉDANT LE CORPS. V. AFFICHE DE PUBLICATION DE MARIAGE. V. ARME DE GUERRE. V. ARME EMPORTÉE PAR DÉSERTEUR. V. ARME EXCÉDANTE. V. ARRIÈRE-GARDE DE CORPS EN TEMPS DE PAIX. V. CÉLÉBRATION DE MARIAGE. V. CERTIFICAT DE BIEN VIVRE. V. CHIRURGIEN EN ROUTE. V. COLONEL EN ROUTE. V. ÉCLOPPÉ. V. IMMATRICULÉ. V. JUGEMENT MILITAIRE. V. LOGEMENT EN ROUTE. V. MAIRE. V. MAJOR EN ROUTE.

MAIS, subs. masc. (B, 1). GRAIN ou graine céréale qui, dans certaines DIVISIONS TERRITORIALES, pouvait être délivrée comme DENRÉE dans la proportion d'un quart par RATION DE FOURRAGE.

MAISNARDIER, subs. masc. V. MENADIER.

MAISON. V. NOMS PROPRES.

MAISON, subs. fém. V. CAVALERIE DE LA M... V. COLONEL DE LA M... V. GENDARMERIE DE LA M... V. GÉNÉRAL DE LA M... V. GENTILHOMME DE LA M... V. GRENADIER DE LA M... V. INFANTERIE DE LA M... V. LIEUTENANT GÉNÉRAL DE LA M... V. MARÉCHAL DE CAMP DE LA M... V. MARÉCHAL DES LOGIS DE LA M... V. MOUSQUETAIRE DE LA M... V. NOBLE M... V. OFFICIER DE LA M... V. OFFICIER GÉNÉRAL DE LA M... V. OFFICIER SUPÉRIEUR DE LA M... V. SERGENT DE LA M... V. SOLDAT DE LA M... V. TRÉSORIER DE LA M...

MAISON de DÉTENTION. V. DÉTENTION. V. PÉNITENCIER.

MAISON de l'EMPEREUR. V. COLONEL GÉNÉRAL DE LA M... V. EMPEREUR.

MAISON du ROI (A, 1) ou MAISON MILITAIRE, sauf cette différence que la Maison du roi n'admettait que des NOBLES. Le mot Maison est une corruption du LATIN *mansio,* habitation.—A raison de l'acception que ce terme prend dans notre LANGUE, il n'est pas d'un heureux choix, puisqu'il exprime un ensemble de troupes et non un bâtiment royal. — Dans le CODE de l'ARMÉE FRANÇAISE, rien n'est plus vague que les principes de création, de composition, d'entretien d'une MAISON MILITAIRE; il n'y a pas eu de LÉGISLATION plus changeante.—Beaucoup de souverains n'ont qu'une simple GARDE; il en est ainsi dans les pays où régnent des principes d'économie et une sage CONSTITUTION MILITAIRE. L'ANGLETERRE, l'AUTRICHE, la PRUSSE n'ont pas de Maison.—En ESPAGNE, à ROME, à NAPLES, en PIÉMONT, des GARDES NOBLES,

des HALLEBARDIERS, des TRABANS sont le fond de la Maison.—Une brochure sous forme de pétition, publiée en 1829 par M. Barrey (de), signale les abus qui, suivant lui, régnaient dans la MAISON MILITAIRE de FRANCE.—Les auteurs qui peuvent être consultés sur le fond ou sur quelques détails du sujet, sont : BENETON (1735, A), CARNÉ (1783, E), M. le colonel CARRION (1824, A), DANIEL (1721, A), DUTILLET, ENCYCLOPÉDIE (1785, C), GUIGNARD (1725, B), LACHESNAIE (1758, I), LECOUTURIER (1825, A), MONTIGNY (1772, I), PINARD, et le *Dictionnaire universel de la France* (1771), le *Dictionnaire de la conversation.* — La MAISON MILITAIRE de FRANCE va être examinée sous les rapports suivants : CRÉATION, COMPOSITION, DÉNOMINATION, FORCE, AVANCEMENT, UNIFORME, ALLOCATIONS, SERVICE. — N° 1. CRÉATION.—Avant que la LANGUE FRANÇAISE fût parlée, des *ostiarii*, des *custodes*, ceux que commandait le ROI DES RIBAUDS étaient des valets en armes; on les croit la souche des GARDES DE LA PORTE. — Les uns regardent les SERGENTS D'ARMES, créés en 1191, les autres regardent la compagnie des GARDES DE LA PRÉVÔTÉ, créée en 1271, comme le noyau de la MAISON MILITAIRE. La première de ces opinions est la nôtre. Les ÉCUYERS DU CORPS en faisaient partie vers la fin du douzième siècle.—Depuis CHARLES CINQ, des ARCHERS DE LA GARDE, une GENS D'ARMERIE, des GENTILSHOMMES DE LA MAISON *ont bouche en cour.* —Depuis le siècle où règne FRANÇOIS PREMIER, des ARBALÉTRIERS A CHEVAL, des CHEVAU-LÉGERS, des CRANEQUINIERS entrent en scène. —Les COMPAGNIES de GENTILSHOMMES AU BEC DE CORBIN et les CORPS DE CARABINS appartiennent au règne de HENRI QUATRE. — Un ÉTAT-MAJOR de la Maison est créé en 1666 (30 décembre).—En 1668, une COMPAGNIE DE CHEVAU-LÉGERS est mise sur pied et devient GENDARMERIE de BOURGOGNE. Vers les mêmes époques on voit se créer les GENDARMES ANGLAIS, d'Anjou, etc., les GRENADIERS A CHEVAL, etc.—LOUIS QUATORZE, enclin à tous les genres de prodigalités, s'est environné de la Maison la plus fastueuse. Ses successeurs ont regardé le maintien de ce dispendieux usage comme une clause de testament, une condition d'héritage, une nécessité de la couronne. — La Maison de LOUIS QUINZE *prenait rang,* suivant les termes de DELIGNE, *entre la robe et l'épée.* SAINT-GERMAIN travailla à réduire la troupe dorée, comme l'appelle DELIGNE (1780, I). *C'était,* dit LESSAC, *un projet salutaire que celui de supprimer la plus grande partie de la Maison; mais cette idée ne lui appartenait* (au ministre SAINT-GER-

MAIN) *que par adoption ; il n'a pas eu la force de l'exécuter.* Les grenadiers à cheval et les mousquetaires furent abolis en 1775 (25 mai); les gendarmes et les chevau-légers furent simplement réduits.—La Maison à cheval est supprimée en 1788 (17 mars). La GARDE CONSTITUTIONNELLE lui succède; elle dura peu; le niveau révolutionnaire fit disparaître les derniers vestiges des TROUPES d'exception.—BONAPARTE n'institua pas de Maison, mais un autre abus prit naissance : une GARDE de cent mille hommes l'environna. — L'ORDONNANCE DE 1814 (12 MAI) supprimait la GARDE IMPÉRIALE et rétablissait la Maison; elle comprit alors des GARDES ROYAUX DE FRANCE; ils ont été remplacés par la GARDE ROYALE.—La seconde restauration a fait revivre des CORPS DE SOL-DATS OFFICIERS; il a fallu à la couronne le luxe de la Maison de LOUIS QUATORZE, les abus de la GARDE de BONAPARTE. —De cette époque a commencé une distinction entre deux corps, l'un PRIVILÉGIÉ, l'autre surpri-vilégié; contrairement aux anciens usages monarchiques, la GARDE est à part de la Maison; c'était un classement plus fiscal que nobiliaire; l'Etat payait l'une, la liste civile payait l'autre ou était censer la payer.—N° 2. COMPOSITION. —LES ANTRUSTIONS, les BARONS, les LEUDES ont été les HOMMES D'AR-MES de la tente ou du palais des premières races.—Des SÉNÉCHAUX, depuis la PREMIÈRE RACE, et le ROI D'ARMES depuis des époques mal connues, figurent parmi eux.—Le DA-PIFER; le GRAND SÉNÉCHAL, le CONNÉTABLE, le MARÉCHAL, les CLIENTS, la PRÉVÔTÉ, les RI-BAUDS, les SATELLITES ont été, depuis PHI-LIPPE AUGUSTE, les OFFICIERS et les SOLDATS DE LA MAISON.—Depuis CHARLES SIX, le GRAND PRÉVÔT DE L'HÔTEL exerce la haute juridic-tion sur les MILITAIRES de la cour et des châteaux. — Les COMPAGNIES D'ORDONNANCE, les HOQUETONS, la GRANDE GARDE, la PETITE GARDE servent du quatorzième au seizième siècle. — LOUIS ONZE confia la garde de son trône à des ARCHERS ÉCOSSAIS et supprima la GENDARMERIE DE LA MAISON, car il n'avait de luxe qu'en fait de vénerie et de chiens de chasse.—L'histoire fait mention d'une nom-breuse GARDE FLAMANDE à pied qui combat à RAVENNES en 1512; on ne la voit plus figurer depuis. — Quand PICARDIE, INFAN-TERIE, devient GARDES FRANÇAISES, quand HENRI QUATRE institue une GARDE SUISSE, ces deux CORPS font partie de la Maison; ils étaient, suivant quelques ÉCRIVAINS, la MAI-SON MILITAIRE, tandis que les HOMMES D'ARMES d'ordonnance, les MOUSQUETAIRES OU MAISON ROUGE, les GARDES DU CORPS, les COMPAGNIES DE GENTILSHOMMES, etc., étaient la Maison du roi; celle-ci n'admettait que des NOBLES sous le GUIDON, l'autre tolérait le service des ROTURIERS sous le DRAPEAU; l'une se con-tentait de CASERNES, il fallait à l'autre des HÔTELS.—Au temps de LOUIS QUATORZE, des COMMISSAIRES PROVINCIAUX, des COMMISSAIRES A LA CONDUITE, des MARÉCHAUX DES LOGIS sont attachés à la Maison, et MARQUENT à la CRAIE BLANCHE les LOGEMENTS de la Maison. — En 1763, cinquante-deux OFFICIERS GÉNÉRAUX étaient attachés à la Maison; c'est l'époque où la France était la moins militaire; c'est celle où tous les NOBLES de haute lignée vou-laient être généraux, ou FAIRE GARDE, c'est-à-dire avoir une sinécure dans la Maison; les moindres COLONELS y étaient BRIGADIERS des armées, des SOUS-LIEUTENANTS étaient COLONELS; il y avait en outre des BRIGADIERS et SOUS-BRIGADIERS de COMPAGNIE, comme dans le reste de la CAVALERIE. — En 1776, époque où les premières réformes allaient l'atteindre ou du moins y être essayées, elle comprenait une compagnie de CENT SUISSES, une de GARDES DE LA PORTE, une des GARDES DE LA PRÉVÔTÉ OU HOQUETONS ORDINAIRES, les GENDARMES DE LUNÉVILLE OU PETITE GENDAR-MERIE, les MOUSQUETAIRES NOIRS et GRIS, etc. —La Maison de la restauration était en de-hors des cadres de l'ARMÉE, quoique pour-tant elle y tînt par un continuel mouvement d'admissions et de rejets. Elle était com-posée de GRANDS OFFICIERS DE LA COURONNE, d'AIDES-MAJORS DE COUR, de GARDES DU CORPS A PIED ET A CHEVAL, de GARDES DE LA MANCHE, des MARÉCHAUX DE LOGIS DU ROI, des FOUR-RIERS DE LA MAISON, etc., etc.—Les simples GARDES DU CORPS A CHEVAL, admis d'abord par enrôlement libre, ont ensuite été tirés de l'ARMÉE DE LIGNE ou de l'ÉCOLE MILITAIRE; les GRENADIERS GARDES A PIED étaient tirés des GRENADIERS de l'INFANTERIE FRANÇAISE et FRANCO-SUISSE DE LA GARDE. — En 1829, elle comprenait onze GÉNÉRAUX, cent treize OF-FICIERS SUPÉRIEURS dont trente-trois ayant le GRADE SUPÉRIEUR, ce qui équivaut à quarante-quatre GÉNÉRAUX; deux cent quatre-vingt-deux OFFICIERS PARTICULIERS, dont deux cent seize ayant le GRADE SUPÉRIEUR, ce qui équi-vaut à trois cent vingt-neuf OFFICIERS SUPÉ-RIEURS. — A raison d'un officier par quinze hommes, cette quantité de GRADES suffirait largement au commandement d'une ARMÉE de vingt mille cinq cent quatre-vingts hom-mes. — N° 3. DÉNOMINATION.—VELLY parle, dès le temps de CHARLES HUIT, de la Maison du roi; mais c'est en 1604 que la loi com-mence à désigner sous le nom de MAISON MILITAIRE les troupes qui veillent près du trône; elles composent deux catégories, GARDE DE DEDANS et GARDE DE DEHORS.—Dans ce siècle, on ne faisait pas de distinction entre la GARDE et la Maison ; dans le siècle suivant, on ne faisait pas de distinction entre la Maison du roi et la MAISON MILITAIRE ; mais sous LOUIS DIX-HUIT et CHARLES DIX , les réglements employaient la désignation de Maison du roi, quoique la moins convenable des deux, s'il s'agit de TROUPES. — N° 4. FORCE. — De règne en règne , la Maison a été sans cesse s'accroissant jusqu'en 1825. Qui peut entrevoir où cet abus se fût arrêté sans la révolution de 1850 ?

ANNÉES.	FORCE.	OBSERVATIONS.
1500	818	*Journal des Sciences militaires*, t. XVI, p. 276.
1688	10,600	Y compris la GENDARMERIE.
1719	8,000	Y compris 2,000 de cavalerie et non compris les 16 compagnies de gendarmerie.
1735	9,911	Y compris GARDES FRANÇAISES et SUISSES ; sans les y comprendre elle était de 2,552 hommes.
1748	9,600	INFANTERIE et CAVALERIE y compris.
1749	8,860	
1761	. . . . . .	Son INFANTERIE est de 7,170 hommes.
1762	9,628	L'ORDONNANCE DU 10 DÉCEMBRE y reconnaît 3,414 cavaliers.
1767	9,021	Dont 8,591 GARDES A PIED et A CHEVAL.
1768	9,498	
1772	9,482	
1774	10,170	
1775	10,436	Ou, suivant M. le colonel CARRION (t. II, p. 391), 10,640, dont 3,414 CAVALERIE et 7,256 d'INFANTERIE.
1776	. . . . . .	L'ORDONNANCE DU 25 MARS réduit la CAVALERIE à 2,369 homm.
1780	8,155	
1784	. . . . . .	L'ORDONNANCE DU 25 JUILLET en réduit la CAVALERIE à 1,484 hommes, et en diminue considérablement les chevaux.
1787	8,500	
1814	4,620	Les GARDES DU CORPS y forment 6 COMPAGNIES ; il y a une garde de Monsieur. Le total des OFFICIERS est de 4,300 ; ce nombre excède d'un quart ce que la Maison à cheval a eu d'officiers au temps de sa plus grande force.
1815	1,463	ORDONNANCE DU 30 AOUT. Les seuls gardes du corps ou de l'intérieur du palais y sont compris.
1825	1,600	L'ordonnance du 1er février ne reconnaît que 4 COMPAGNIES. Le nombre des officiers y est de 1,130 ; mais en additionnant la GARDE ROYALE, on aura sur pied de paix 26,360 , et sur pied de guerre 35,320.
1827	1,412	Officiers de cavalerie et 356 GRENADIERS A PIED.
1828	1,360	*Journal des Sciences militaires*, t. II, p. 130. — Elle comprend en outre 354 hommes de troupe. Le budget l'évalue à 1,848 hommes ; M. BALLYET (1828, G) à 1,843 hommes et 1,436 chevaux ; sa force est la même sur pied de paix et sur pied de guerre.
1829	1,372	Y compris GARDES A PIED, MARÉCHAUX DES LOGIS DU ROI, FOURRIERS DES LOGIS DU ROI.
1830	1,804	

N° 5. AVANCEMENT, UNIFORME. — On lit dans le *Bulletin des Sciences militaires* (1829 [4 avril]) : *La Maison du roi est une pépinière inépuisable d'officiers généraux et supérieurs pour l'armée. Tous les huit ans, il en sort six lieutenants généraux, sept maréchaux de camp, vingt-deux colonels, cinquante-six lieutenants-colonels et cinquante-neuf chefs d'escadron, puisqu'aux termes de l'ordonnance du 22 mai, les officiers de la Maison du roi ont le grade supérieur de droit après huit ans. Sous un autre rapport ces officiers ne sont pas moins privilégiés, car ils obtiennent la retraite du grade qu'ils ont depuis quatre ans, pourvu qu'ils aient servi huit ans dans la maison militaire.* — L'uniforme de la Maison à cheval se distinguait surtout de celui de la CAVALERIE FRANÇAISE par l'HABIT LONG ; il se distinguait de celui de l'ARMÉE DE LIGNE par l'ÉPAULETTE A PETITES TORSADES et les GALONS D'HABIT. — N° 6. ALLOCATIONS, DROITS, SERVICE. — Les États généraux assemblés en 1484 se plaignent des dépenses excessives de la Maison de CHARLES HUIT ; elles étaient pourtant bien légères si on les compare à celles des deux derniers siècles ; celle de LOUIS QUINZE *coûtait plus à elle seule*, à ce que dit DELIGNE (1780, I), *que tout ce que Frédéric deux entretenait de troupes en Poméranie et en Silésie.* — En 1774, la MAISON MILITAIRE de FRANCE coûtait huit millions ; un système de prodigalités plus grandes a régné sous LOUIS DIX-HUIT et CHARLES DIX. — D'année en année, un luxe progressif en grossissait les DÉPENSES, les BUDGETS le témoignent ; de grandes économies ont été réclamées fréquemment et sans succès. — La Maison militaire n'étant nécessaire qu'à l'éclat de la cour et à la pompe des CÉRÉMONIES ROYALES, eût dû être entièrement au compte de la liste civile ; elle n'en acquittait qu'une faible partie, et c'était une onéreuse subvention du trésor public qui y suppléait. — Les COMMIS DE LA GUERRE ont inventé le mot inexact, *abonnement*, pour exprimer le prélèvement dont les MINISTRES grevaient ainsi le trésor : c'était comme s'ils eussent ajouté à la liste civile. — En 1818, la subvention était d'un million cinq cent mille francs. — En 1820, d'un million six cent quatre-vingt mille francs. — La DÉPENSE du CORPS était fixée, par ORDONNANCE DE 1827 (28 JANVIER), à une somme ou abonnement de trois millions trois cent quarante mille francs. — En 1828, elle était de trois millions quatre cent quatorze mille francs. Le total de la DÉPENSE montait à six millions. — En 1829, la comparaison des divers BUDGETS témoigne que la DÉPENSE de la Maison excédait d'un million quatre cent soixante mille francs le montant des DÉPENSES allouées en 1818. — S'il en faut croire les discussions de la chambre des députés en 1829, ce que coûtait la Maison eût suffi à l'entretien de quatre mille deux cents HOMMES DE CAVALERIE de ligne et à celui de huit mille HOMMES D'INFANTERIE. — En 1830, la Maison coûtait, y compris la GENDARMERIE D'ÉLITE, trois millions six cent soixante-neuf mille deux cent sept francs. — La Maison du roi avait droit, dans la proportion d'un quarantième, aux distributions des DÉCORATIONS de la LÉGION D'HONNEUR. — L'ORDONNANCE DE 1816 (30 AOUT) réglait la nature de son SERVICE. L'ORDONNANCE DE 1830 (11 AOUT) a prononcé la dissolution de la Maison. — Les services rendus l'épée à la main par la Maison ont été éclatants sous LOUIS QUATORZE : c'est le règne où elle a joué un rôle distingué à la guerre.

MAISON MILITAIRE. V. ARMÉE FRANÇAISE N° 4. V. BANDEROLE DE CHEVALIER. V. BÉNÉFICE MILITAIRE. V. CAPITAINE D'INFANTERIE FRANÇAISE DE LIGNE N° 3. V. CAVALERIE DE LIGNE. V. CÉRÉMONIE ROYALE. V. CHARGE D'INFANTERIE. V. CLIENT. V. COMMISSAIRE A LA CONDUITE. V. COMMISSAIRE DES GUERRES N° 7. V. COMPAGNIE DE GENTILSHOMMES. V. CONSTITUTION. V. CONVERSION. V. CORPS DE LA MAISON. V. COTTE D'ARMES. V. CRANEQUINIER. V. DISCIPLINE. V. ESCADRON. V. FOURRIER D'ARMÉE. V. GARDE CONSTITUTIONNELLE. V. GARDE ROYALE N° 4. V. GENDARMERIE DE LA MAISON. V. GENDARMERIE DE LUNÉVILLE. V. GENDARMERIE DE POLICE. V. GÉNÉRAL FRANÇAIS N° 1. V. GRAND MAITRE DES ARBALÉTRIERS. V. GRAND SÉNÉCHAL. V. GRENADIER A CHEVAL. V. HAUSSE-COL. V. HAUTBOIS. V. INFANTERIE FRANÇAISE N° 2, 6. V. INFANTERIE FRANÇAISE DE LIGNE N° 2. V. LIEUTENANT-GÉNÉRAL N° 3. V. MAISON DU ROI ; id. N° 2, 3. V. MARÉCHAUSSÉE. V. MILICE ANGLAISE N° 2, 5. V. MILICE AUTRICHIENNE N° 3. V. MILICE BYSANTINE. V. MILICE CHINOISE N° 1. V. MILICE DANOISE N° 1, 2. V. MILICE ESPAGNOLE N° 2, 4. V. MILICE FRANÇAISE N° 2. V. MILICE GRECQUE N° 8. V. MILICE NÉERLANDAISE N° 1. V. MILICE PIÉMONTAISE N° 1, 3. V. MILITAIRE, adj. V. MINISTRE DE LA GUERRE N° 14 ; id. ANNÉE 1775 ; 1830 (18 NOVEMBRE). V. MOUSQUETAIRE DE LA GARDE. V. OFFICIER DE CAVALERIE N° 3. V. ORDINAIRE DES GUERRES. V. ORDONNANCE D'UNIFORME. V. ORDRE DE SAINT-LOUIS. V. PENSION DE RETRAITE. V. PIONNIER A CHEVAL. V. RECRUTEMENT. V. RÉGIMENT D'INFANTERIE N° 2, tableau. V. REVERS D'HABIT. V. REVUE D'ADMINISTRATION. V. SECONDE LIGNE DE BATAILLE. V. TENTE. V. TORSADE D'ÉPAULETTE.

MAISON NAPOLITAINE. V. MILICE NAPOLI-
TAINE N° 1, 2. V. NAPOLITAIN, adj.

MAISON ROUGE. V. JUSTAUCORPS. V. MAI-
SON DU ROI. V. MOUSQUETAIRE DE LA GARDE. V.
ROUGE, adj.

MAISON ROYALE. V. CHEVALIER DE LA M...
V. ROYAL.

MAISTRE, subs. masc. V. MAITRE.

MAISTRE de CAMP. V. CAMP. V. MESTRE
DE CAMP. V. TERZE.

MAISTRE de l'ARTILLERIE. V. ARTILLERIE.
V. CHANCELIER. V. GÉNÉRAL EN CHEF N° 2. V.
GRAND MAITRE DE L'ARTILLERIE. V. MAITRE DE
L'ARTILLERIE.

MAISTRE des CANONS. V. CANON. V. COU-
LEVRINE. V. MAITRE DE L'ARTILLERIE.

MAISTRE d'ESTORMEY. V. ESTORMEY. V.
MAITRE D'ARMES.

MAITRE, subs. masc. V. A M... V. CLERC
A M... V. LIT DE M... V. QUARTIER-M... V. REN-
DRE M... V. SE RENDRE M... V. TAMBOUR-M...

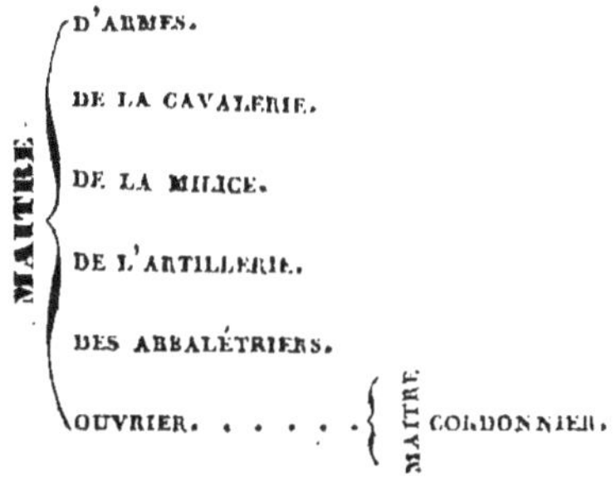

MAITRE (term. génér.), ou MAISTRE, ou
MESTRE. Mot fort ancien dans la LANGUE MI-
LITAIRE des contrées de l'OCCIDENT; elles l'ont
emprunté à la MILICE des ROMAINS. Au temps
où ils régnaient sur les GAULES, il y avait à
la tête de leurs LÉGIONS les officiers nommés
*magister juventutis exercitus, militum,
militiæ, fabrum.* — Lequel des peuples
ITALIENS, ESPAGNOLS, FRANÇAIS, a traduit le
premier, dans son idiome militaire, cette
locution des ARMÉES ROMAINES et de la MILICE
BYSANTINE? On l'ignore. Mais l'ITALIE l'employait militairement dès le huitième siècle;
la France s'en servait au moyen âge; les
ANGLAIS et les ALLEMANDS l'ont reçue des
FRANÇAIS. — L'expression Maître a été synonyme de *rex* quand la FRANCE parlait LA-
TIN, et de roi quand la LANGUE ROMANCE s'introduisit. — Le terme a signifié artisan,
CAVALIER, GÉNÉRAL EN CHEF, GENDARME, professeur, SEIGNEUR et tête couronnée. — Dans
le sens de GÉNÉRAL ou de CHEF DE TROUPE, le
mot Maître a subi le sort de toutes les désignations de GRADES; celui-ci a perdu de son

importance quand les Maîtres se sont multi-
pliés; il fallut alors créer des MAITRES GÉNÉ-
RAUX et des GRANDS MAITRES. Il y a eu le
GRAND MAITRE DES ARBALÉTRIERS, des CRANE-
QUINIERS, de l'ARTILLERIE, etc. — Le terme
Maître a fini par désigner, sous HENRI QUA-
TRE, les simples CAVALIERS, parce que, à titre
d'héritiers des GENS D'ARMES, ils se croyaient
de la lignée des GENTILSHOMMES, et non de la
race des FANTASSINS. Ce genre de Maître,
nous le caractérisons par l'appellation MAITRE
A CHEVAL. — Depuis les derniers siècles, la
mode, le caprice ont effacé de nos usages
militaires le mot Maître, si ce n'est sous
l'acception d'artisan; il s'est conservé chez
les ANGLAIS, les ALLEMANDS, dans les deux
péninsules; et nous avons repris du Nord le
mot barbare VAGUEMESTRE, moitié allemand,
moitié français. — Le mot Maître se distin-
gue ou s'est distingué en MAITRE A CHEVAL,
— ARMURIER, — ARTIFICIER, — BOTTIER, —
BOULANGER, — CANONNIER, — D'ARBALÉTRIERS,
— D'ARMES, — D'ARTILLERIE, — DE CONTRE-
POINTE, — DE LA CAVALERIE, — DE LA GARDE
DE PARIS, — DE LA MILICE, — DE L'ARTILLE-
RIE, — DE L'INFANTERIE, — DE MUSIQUE, —
DE POINTE, — D'ÉCOLE, — D'ENGINS, — DES
ARBALÉTRIERS, — DES COMPTES, — DES ENGI-
GNOURS, — DES GARNISONS, — DES MACHINES,
— DES MINOURS, — DES OUVRIERS, — D'ES-
CRIME, — D'ESPADON, — D'EXERCICE, — EN
FAIT D'ARMES, — D'HOTEL DU ROI, — D'ŒU-
VRES, — GÉNÉRAL, — GUÊTRIER, — INGÉNIEUR,
— MYRE, — OUVRIER, — PARTICULIER, —
SELLIER, — TAILLEUR.

MAITRE A CHEVAL. V. A CHEVAL. V. BRI-
GADE. V. CAVALERIE FRANÇAISE N° 2. V. CAVA-
LERIE LÉGÈRE. V. CAVALIER DE TROUPE. V. COM-
PAGNIE D'ORDONNANCE N° 5, 6. V. COUP COR-
RECTIONNEL. V. ESCADRON FRANÇAIS N° 5. V.
ÉRIMARKISIE. V. FOURRAGE DE DISTRIBUTION. V.
GENDARME DU MOYEN AGE N° 2, 5. V. GENDAR-
MERIE DE LA MAISON. V. GENTILHOMME. V. GRE-
NADIER A CHEVAL. V. GROSSE CAVALERIE N° 1. V.
LANCE FOURNIE. V. NOM DE GUERRE. V. RÉGI-
MENT DE CAVALERIE FRANÇAISE N° 3, 4. V. REI-
TRE. V. SATELLITE. V. SELLE DE CAVALERIE. V.
SERGENT MILITAIRE. V. SOLDAT. V. SOLDE. V.
TRIMACRISIE.

MAITRE ARMURIER. V. ARMURIER. V. BRI-
QUET. V. CONSEIL D'ADMINISTRATION N° 5. V.
GAGISTE. V. LIEUTENANT D'ARMEMENT.

MAITRE ARTIFICIER. V. ARTIFICIER. V. IN-
GÉNIEUR MILITAIRE.

MAITRE BOTTIER. V. BOTTIER. V. CAVALERIE
FRANÇAISE N° 2. V. MAITRE OUVRIER.

MAITRE BOULANGER. V. BOULANGER MILI-
TAIRE.

MAITRE CANONNIER. V. ARTILLERIE. V.
ARTILLERIE IDIOPLIQUE. V. CANON D'ARTILLERIE.

V. CANONNIER. V. COMPAGNIE DE CANONNIERS. V. COULÉVRINIER. V. INGÉNIEUR MILITAIRE.

MAITRE CORDONNIER (A, 1 ; B, 1). Sorte de MAITRE OUVRIER chargé de la confection et de l'entretien de la CHAUSSURE d'un CORPS, et de la direction des ouvriers CORDONNIERS, de la réparation des SOULIERS et des GIBERNES. —L'étymologie du mot CORDONNIER est mal connue. M. ROQUEFORT et BARBAZAN (1808) la tirent du nom de la ville de Cordoue qui fournissait un cuir estimé nommé cordouan ; de là vient qu'on a d'abord dit *cordoanier*, *cordubanier*, *cordouanier*. — Les ORDONNANCES DE 1788 (17 MARS), et 1791 (1er JANVIER) donnaient au Maître cordonnier le rang de CAPORAL ; la DÉCISION DE 1850 (26 NOVEMBRE) lui donnait grade de SERGENT ; l'ORDONNANCE DE 1851 (7 MAI) le reconnaissait SERGENT de la COMPAGNIE HORS RANGS.

MAITRE d'ARBALÉTRIERS. V. MAITRE DES ARBALÉTRIERS.

MAITRE d'ARMES (A, 1), OU ARMURE DOUBLE, OU MAISTRE D'ESTORMEY, en LANGUE ROMANCE, OU MAITRE D'ESCRIME, suivant l'ORDONNANCE DE 1851 (7 MAI), OU MAITRE EN FAIT D'ARMES, OU RUDIAIRE, du LATIN *rudiarius*, suivant ROQUEFORT. Sorte de MAITRE ou d'INSTRUCTEUR considéré par rapport à l'INFANTERIE FRANÇAISE DE LIGNE. — L'expression Maître d'armes est ancienne déjà. BRANTOME (1600, A) nous parle du Romain Bartholomée d'Urbin qui, de son temps, alla se noyer dans le Tibre, de regret d'avoir été battu le FLEURET à la main par un Milanais son élève. — LOUIS QUATORZE instituait les ÉCOLES D'ESCRIME en même temps qu'il proscrivait sévèrement le DUEL ; deux déterminations émanées d'une même autorité ne pouvaient être plus contradictoires. — Depuis qu'il existe des RÉGIMENTS il y a existé des MAITRES D'ESCRIME et surtout d'ESPADON, et il s'y est livré des ASSAUTS, quoique les réglements anciens n'en fissent aucune mention. —En 1788 et 1792, les réglements sur la police parlèrent les premiers de ce genre d'EXERCICE ; l'ORDONNANCE DE 1818 (13 MAI, art. 322) s'occupa des Maîtres et de leurs PRÉVOTS ; les DÉCISIONS DE 1824 (26 OCTOBRE) et la CIRCULAIRE DE 1825 (26 DÉCEMBRE) ont réglé ce qui a rapport aux ÉCOLES D'ESCRIME, aux effets dont elles sont pourvues par voie de PREMIÈRE MISE ; la décision de 1824 instituait des MAITRES DE POINTE ; elle leur accordait des honoraires réglés sur le nombre des élèves ; elle voulait qu'ils enseignassent pendant six mois sans aucune rétribution les nouveaux SOLDATS ; elle les chargeait de l'entretien et du renouvellement de tous les effets de la SALLE D'ARMES dont la dépense est autorisée, tels que PLASTRON, SANDALES, etc.

— L'ORDONNANCE DE 1851 (7 MAI) attachait à la COMPAGNIE HORS RANGS le Maître d'armes. La CIRCULAIRE DE 1852 (2 FÉVRIER) réglait les honoraires auxquels il avait droit et lui allouait une gratification proportionnelle, au lieu d'une indemnité spéciale par leçon. — Dans la MILICE DANOISE l'organisation constitutive comprend par chaque COMPAGNIE un Maître d'armes.

MAITRE d'ARTILLERIE. V. ARME PERSONNELLE N° 2. V. ARTILLERIE. V. CANON D'ARTILLERIE. V. CAPITULATION DE SIÉGE. V. ENGIN. V. FELDZEUGMEISTER. V. GRAND MAITRE DE L'ARTILLERIE. V. MACHINE. V. MAITRE DE L'ARTILLERIE. V. MARÉCHAL DE CAMP N° 6. V. MILICES ITALIENNES.

MAITRE de CONTRE-POINTE. V. CONTRE-POINTE. V. PANIER D'ESPADON. V. SABRE-POIGNARD.

MAITRE (maîtres) de la CAVALERIE (F). Sorte de MAITRES (c'est-à-dire de COMMANDANTS ou d'OFFICIERS, ou de GÉNÉRAUX ROMAINS qui ont été les aides ou les seconds des TRIBUNS), dont aucun mot des langues modernes ne caractérise exactement l'emploi, parce qu'il n'a pas d'analogue dans nos MILICES. Le terme *magister equitum* indiquait le second GRADE de l'ARMÉE, et le lieutenant du DICTATEUR ou de l'EMPEREUR. A la création du LIEUTENANT GÉNÉRAL des TROUPES FRANÇAISES, son office, tant qu'il fut unique, répondait en quelque chose à l'ancien *magister equitum*. — CÉSAR abolit la charge de Maître de la cavalerie ; CONSTANTIN la rétablit. Ces Maîtres de la seconde création héritèrent, suivant M. SISMONDI, de l'autorité du PRÉFET DU PRÉTOIRE et de ses VICAIRES, et eurent le détail des fonctions alors abolies du MAITRE DE LA MILICE. — Au temps où les FRANCS conquirent les GAULES, les Maîtres de la CAVALERIE, *magistri equitum*, commandaient, comme le témoigne VELLY, ou plutôt administraient la CAVALERIE des LÉGIONS ; ils distribuaient aux DUCS et aux COMTES les troupes qu'ils recevaient eux-mêmes du GRAND MAITRE DE LA MILICE. — Aux mêmes époques, les MAITRES DE L'INFANTERIE, *magistri peditum*, avaient dans la MILICE ROMAINE des attributions analogues ; les uns et les autres obéissaient aux GÉNÉRAUX D'ARMÉE OU GOUVERNEURS DE PROVINCES nommés *legati*, *duces*, *præfecti*.

MAITRE de la JEUNESSE. V. OFFICIER N° 2.

MAITRE de la MILICE (F). Sorte de MAITRE OU de CONNÉTABLE, ou de GÉNÉRALISSIME de la MILICE ROMAINE. Il commence à en être question dans l'histoire de la GAULE, sous le règne de VALENTINIEN DEUX, en 388, ou suivant TURPIN (1785, O) sous Dioclétien, l'an 1057 de Rome. Ce Maître de la milice avait été créé comme un échelon au-dessus des PRÉFETS DE LÉGION. — Le Maître de la milice de la GARDE s'appelait, suivant M. de Monveran, *Magister militum presentalis*, ou *magister militum presentalium* ou *presentaneorum* ; il faisait fonction de MINISTRE DU PERSONNEL de la guerre. L'emploi n'existait plus au commencement du siècle suivant ; les MAITRES DE LA CAVALERIE et DE L'INFANTERIE y avaient succédé. — Ce même titre, équivalant à celui de souverain, était usité à VENISE dès le commencement du huitième siècle, comme le témoigne DARU (t. 1er, p. 536). Sous ce titre ou sous celui de TRIBUN MILITAIRE, le GRAND MAITRE a exercé une autorité qui s'est substituée pendant cinq ans à celle des doges. — LACHESNAIE (1758, I) donne quelques renseignements sur les attributions attachées au titre de ce même OFFICIER.

MAITRE (maîtres) de l'ARTILLERIE (F), ou MAISTRE DE L'ARTILLERIE, OU MAISTRE DES CANONS. Sorte de MAITRES ou d'OFFICIERS qui ont fait partie de l'ÉTAT-MAJOR des ARMÉES ; leur création est antérieure dans la MILICE FRANÇAISE à l'invention des ARMES A FEU. — Sous LOUIS NEUF, en 1228, la fonction existait déjà. RAY DE SAINT-GENIES (1755, A) pense que l'histoire fait mention pour la première fois d'un Maître d'artillerie sous PHILIPPE LE BEL, et que, quoique soumis au GRAND MAITRE DES ARBALÉTRIERS, cet OFFICIER portait aussi le nom de GRAND MAITRE ; qu'il ne commandait pas cependant aux autres Maîtres d'artillerie quand il en fut créé, et qu'il ne centralisa leur comptabilité que depuis 1477. — Ces assertions de RAY DE SAINT-GENIES renferment plus d'une erreur. — Deux Maîtres d'artillerie exerçaient en 1291 ; l'un dirigeait l'ARTILLERIE du Louvre, l'autre celle de MORTAGNIS. Cette artillerie se composait d'ARBALÈTES, d'ENGINS, etc., mais non encore de CANONS. — Le chef des ARTILLEURS, quand une ville se rendait à eux par CAPITULATION, s'emparait des CLOCHES des églises, ou en exigeait le rachat pour indemniser l'ARMÉE ASSIÉGEANTE des dommages que son matériel avait pu éprouver. — Ce droit a été aussi celui du GRAND MAITRE DES ARBALÉTRIERS ; il devint l'héritage du GRAND MAITRE DE L'ARTILLERIE, quand, sous ce titre, cet OFFICIER fut GÉNÉRAL EN CHEF de l'ARTILLERIE. Cette création d'un chef suprême fit donner aux anciens Maîtres le titre de MAITRE PARTICULIER ; ils le gardèrent jusqu'en 1378. — PHILIPPE DE CLÈVES (1520, A), dont les écrits s'appliquent plus aux usages militaires des autres nations qu'aux coutumes de la FRANCE, appelle MAITRES D'ARTILLERIE des OFFICIERS subordonnés au MARÉCHAL DE CAMP,

et ayant sous leurs ordres les CANONNIERS et le GÉNIE ; il en était ainsi en HOLLANDE et en ESPAGNE. Ce système s'est maintenu en ANGLETERRE, en ITALIE, et le FELDZEUGMEISTER des ALLEMANDS en est une trace. — DUBELLAY (1555, A) parle du Maître d'artillerie d'une ARMÉE FRANÇAISE commandée par le ROI en personne ; mais il paraît indubitable qu'il sous-entend sous cette qualification le GRAND MAITRE DE L'ARTILLERIE ou celui qui en faisait fonction. — DANIEL (1721, A), DESPAGNAC (1751, D) et M. SICARD traitent de ces questions.

MAITRE de l'INFANTERIE. V. DUC N° 1. V. GOUVERNEUR DE PROVINCE. V. GRAND MAITRE DE LA MILICE. V. INFANTERIE. V. MAITRE DE LA CAVALERIE. V. MAITRE DE LA MILICE. V. MILICE ROMAINE N° 1, 2. V. OFFICIER N° 2. V. PRÉFET DU PRÉTOIRE.

MAITRE de MUSIQUE. V. APPEL DE MUSICIENS. V. ARME DE SOUS-OFFICIER D'ÉTAT-MAJOR. V. CHEF DE MUSIQUE. V. MUSICIEN. V. MUSIQUE. V. ORDONNANCE D'EXERCICE. V. TAMBOUR-MAJOR N° 9.

MAITRE de POINTE. V. BOTTE D'ESCRIME. V. MAITRE D'ARMES. V. POINTE.

MAITRE d'ÉCOLE. V. ÉCOLE. V. ÉCOLE D'ENSEIGNEMENT PRIMAIRE. V. SERGENT MAITRE D'ÉCOLE. V. SOUS-OFFICIER MAITRE D'ÉCOLE.

MAITRE d'ENGINS. V. ENGIN. V. GÉNÉRAL FRANÇAIS N° 4. V. GRAND MAITRE DES ARBALÉTRIERS. V. INGÉNIEUR MILITAIRE.

MAITRE des ANECDOTES. V. ANECDOTE. V. MILICE ROMAINE N°. 6.

MAITRE des ARBALÉTRIERS (F), OU ROI DES ARBALÉTRIERS, comme l'appelle PASQUIER. Sorte de MAITRE ou de GÉNÉRAL dont le titre n'est pas nettement éclairci dans les historiens ; en voici la raison : Depuis le commencement du douzième siècle il a existé un Maître des ARBALÉTRIERS. Vers les deux tiers de ce siècle, il s'appela GRAND MAITRE, les attributions restèrent à peu près les mêmes, le titre seul fut plus relevé ; sous PHILIPPE LE BEL, ainsi que le témoigne l'ORDONNANCE DE 1306, il existait au contraire un GRAND MAITRE qui avait pour second un Maître ; ces circonstances, qu'on n'a pas pris le soin de distinguer, ont causé les erreurs où tombent presque tous ceux qui ont défini l'emploi. — Au temps du roi JEAN, les Maîtres d'arbalétriers avaient une importante part du BUTIN, s'ils avaient assisté à l'action où les prises avaient été faites. — Nous ne nous occuperons ici que du Maître des arbalétriers du quatorzième siècle, puisque l'histoire de celui du douzième se fond dans celle du GRAND MAITRE. Celui du quatorzième siècle entrait probablement dans les détails de la confection et de la conservation des arbalètes et autres armes névrobalistiques, et en rendait compte au grand maître ; il passait ou faisait passer revue des gens de guerre, en vertu de l'arrêt de 1412 (janvier) ; il marchait aux armées où le roi assistait en personne ; il s'y tenait au corps de bataille et au centre du camp, tandis que le grand maître y servait comme général d'avant-garde ou d'arrière-garde. Pasquier fournit quelques lumières à l'égard des Maîtres des arbalétriers.

MAITRE des comptes. v. compte. v. trésorier.

MAITRE des engignours. v. engignour. v. grand maitre des arbalétriers.

MAITRE des garnisons. v. connétable n° 2. v. garnison.

MAITRE des machines. v. légion romaine n° 1. v. machine. v. milice romaine n° 2. v. officier. v. préfet de camp.

MAITRE des minours. v. grand maitre des arbalétriers. v. minour.

MAITRE des ouvriers. v. manufacture d'armes. v. ouvrier. v. officier n° 21. v. compagnie hors rangs.

MAITRE d'escrime. v. escrime. v. maitre d'armes.

MAITRE d'espadon. v. contre-pointe d'escrime. v. espadon. v. maitre d'armes. v. manteau d'habillement. v. panier d'espadon. v. sabre-poignard.

MAITRE d'exercice. v. antésignaire. v. arme au pied. v. attaquer l'arme. v. au pas. v. exercice. v. instructeur. v. instructeur en chef. v. redressez vos armes.

MAITRE d'hotel du roi. v. baton de commandement. v. grand prévot. v. hotel du roi.

MAITRE d'oeuvres. v. oeuvre. v. machine.

MAITRE en fait d'armes. v. armes. v. en fait d'armes. v. maitre d'armes.

MAITRE général. v. général, adj. v. grand maitre de l'artillerie. v. maitre.

MAITRE guétrier. v. guétrier. v. maitre ouvrier.

MAITRE ingénieur. v. ingénieur militaire. v. officier du génie n° 1.

MAITRE myre. v. myre.

MAITRE (maitres) ouvrier (term. sousgénér.) ou chef ouvrier. Sorte de maitres ou d'artisans qui entrent dans la composition des corps de l'infanterie française de ligne; ils y font partie du petit état-major comme non combattants; il y a de plus dans la cavalerie les maitres selliers. Ce qui les concerne va être examiné sous les rapports sui-

vants : création, composition, nombre, nomination, avancement, uniforme, localisation, logement, allocations, solde, rang, fonctions, devoirs, subordination. — N° 1er. Création, composition, nombre. — Les Maîtres ouvriers, ou du moins le maitre armurier, car il est le plus anciennement reconnu, n'ont commencé à avoir une position et une existence réglées que quand l'administration a eu pris elle-même des formes mieux déterminées. — L'ordonnance de 1765 (10 décembre) ne fait pas encore entrer dans la composition de l'état-major les Maîtres ouvriers. — L'ordonnance de 1823 (19 mars, art. 144) témoigne que les Maîtres ouvriers peuvent être ou gagistes, ou tirés de la classe des militaires combattants; s'ils sont gagistes, comptent-ils dans la catégorie des hommes de troupe? sont-ils répressibles des mêmes peines que le reste des immatriculés?... Ce sont des questions insolubles. — L'ordonnance de 1776 (25 mars) ne reconnaissait que l'armurier; celle de 1788 (17 mars) et le règlement de 1791 (1er janvier) reconnaissent de plus un maitre tailleur et un maitre cordonnier. — La loi de l'an sept (23 fructidor) reconnaissait un maitre guétrier; l'ordonnance de 1820 (23 octobre) le mentionnait encore; il a été aboli par l'ordonnance de 1825 (27 février). — N° 2. Nomination, avancement, uniforme, localisation, logement. — Le règlement de 1792 (24 juin), et la loi de l'an trois (14 germinal) remettaient la nomination des Maîtres ouvriers au conseil d'administration; ce principe s'est maintenu. — La loi de l'an trois (14 germinal) leur donnait des droits à l'avancement militaire; mais il s'est vu rarement qu'ils en aient profité, ils préféraient en général leur atelier aux fonctions d'un grade moins lucratif et plus pénible. Cette loi ne les admettait à l'exercice du grade réel qu'après avoir formé des sujets propres à les remplacer à l'atelier; elle n'autorisait leur passage à un grade plus haut qu'après un an de fonctions militaires. — L'ordonnance de 1831 (9 mai) donnait grade de sergent, dans son atelier, à chaque Maître ouvrier. — L'uniforme des Maîtres ouvriers est celui des sous-officiers du corps; ils ont le sabre pour tout armement. — L'instruction de 1822 (30 avril) donnait aux Maîtres ouvriers qui ont rang de sergent l'habit de drap fin. La décision de 1828 (31 janvier) déterminait ce que leur uniforme avait de particulier. — Quand le corps entier prend les armes, la place tactique des Maîtres ouvriers est à quatre ou cinq pas en arrière de la droite du premier bataillon. — Le règlement de 1792 (24 juin) voulait qu'ils logeassent, autant que possible, à la caserne. La loi de l'an deux (2 thermidor) ne leur donnait qu'une chambre pour leur logement et leur atelier. Ils sont maintenant plus convenablement traités : le règlement de 1824 (17 août) leur accorde, dans la caserne, deux chambres, dont l'une sert d'atelier à leurs travailleurs. Celle-ci est pavée et au rez-de-chaussée ; l'autre est le lieu de leur habitation. — Quand le corps est en route sur pied de paix, ils reçoivent leurs billets de logement par l'intermédiaire du vaguemestre. — N° 3. Allocations, solde. — Une décision de 1820 (15 juillet) disposait qu'à leur entrée au corps, la première mise de petit équipement leur était due. La circulaire de 1830 (22 février) réglait le taux de leur première mise, mais ils n'avaient pas droit à la prime d'entretien. — Le marché de chauffage de 1822 (1er avril) allouait aux Maîtres ouvriers la même ration de combustible qu'aux sous-officiers. — Le montant du prix de leurs travaux, des réparations qu'ils exécutent, des abonnements qu'ils accomplissent leur est payé mensuellement par le trésorier du corps, sur les états dressés par les capitaines, vérifiés par le major et quittancés par eux. — Aucun a-compte ne leur peut être délivré qu'en vertu de délibération. — La loi de l'an sept (25 fructidor) allouait annuellement, comme solde, aux Maîtres ouvriers, en outre de leurs droits aux autres prestations, cent neuf francs quatre-vingts centimes. Ainsi leur paye a toujours été fixe, quelle que fût l'assimilation de grade, comme le témoigne le décret de l'an treize (25 germinal) et la décision de 1821 (24 novembre), etc.—Ceux des Maîtres ouvriers qui comptent comme militairement immatriculés peuvent prétendre à la haute paye d'ancienneté. — N° 4. Rang, fonctions, devoirs, subordination. — Originairement, l'armurier avait rang de sergent, les cordonniers et le tailleur rang de caporal ; chacun portait les marques distinctives du grade respectif. — Les ordonnances de 1788 (17 mars) et 1830 (26 novembre) donnaient au maître tailleur rang de sergent.—Mais ces grades n'étaient que fictifs ; ils n'ont jamais établi que pendant une courte durée de temps, un droit aux attributions et à l'avancement qui peut y être attaché. La décision de 1831 (29 novembre) n'accordait aux Maîtres ouvriers gagistes que les marques du grade de sergent et les droits de discipline qui y sont attachés.—Le règlement de 1792 (1er janvier) et l'instruction qui y fait suite, sont les documents les plus étendus à l'égard des fonctions des Maîtres ouvriers.

— La décision de 1850 (14 décembre) leur défendait de se rendre entrepreneurs de toute confection ou fourniture étrangère à leur corps.—Les Maîtres ouvriers façonnent les effets neufs d'habillement et quelques-uns de petit équipement. Ils exécutent les réparations qui leur sont indiquées par les bons fournis à cet égard. Ils sont, suivant leur profession, responsables envers le conseil d'administration, les uns de la coupe des effets et de la bonté des façons, les autres de la qualité des matières et de la solidité du travail de leurs garçons. — Si le corps fait route, en temps de paix, ils concourent manuellement au chargement des équipages. — Quelques détails de plus sur ces matières sont donnés particulièrement à l'égard de l'armurier et du maître cordonnier, et suffisent au sujet. — L'arrêté de l'an huit (7 thermidor) voulait que chaque Maître ouvrier eût au moins deux enfants de troupe comme apprentis. La mesure était incomplète ou illusoire ; aussi Odier (1824, E) forme-t-il le vœu fort sage qu'ils soient tenus de dresser un certain nombre d'élèves par chaque compagnie. — Les Maîtres ouvriers sont sous les ordres du capitaine d'habillement et sous la direction des officiers de détails. Ils ne reçoivent d'ordres que d'eux. Ils ne sont autorisés à délivrer par eux-mêmes ni effets neufs, ni effets réparés. Ils doivent verser en magasin tout ce qu'ils confectionnent ou réparent.

MAITRE particulier. V. maître de l'artillerie. V. particulier, adj.

MAITRE sellier. V. cavalerie française. N° 2. V. maître ouvrier. V. sellier.

MAITRE tailleur. V. abonnement avec les maîtres ouvriers. V. bon de réparation d'habillement. V. capitaine d'habillement N° 3. V. compagnie hor rangs. V. habillement. V. maître ouvrier N° 4. V. ouvrier. V. tailleur.

MAIZEROY. V. noms propres.

MAJEUR (majeure), adj. V. galerie majeure.

MAJEUR, subs. masc. V. état civil.

MAJOLINO. V. noms propres.

MAJOR (majore), adj. V. adjudant-m... V. aide-m... V. canne de m... V. capitaine m... V. caporal m... V. chirurgien-m... V. colonel m... V. commandant de place m... V. compagnie m... V. état-m... V. fourrier m... V. garçon m... V. général m... V. infirmier m... V. officier m... V. ronde m... V. sergent-m... V. tambour-m... V. tribun m... V. trompette-m...

MAJOR, subs. masc. V. absence de m... V. adjudant-m... V. administration de m...

V. AIDE-M... V. AIDE-MAJOR ACTUEL. V. AIDE-MAJOR ANCIEN. V. AIDE-MAJOR GÉNÉRAL. V. ALLOCATIONS DE M... V. AUTORITÉ DE M... V. CANNE DE M... V. COMPOSITION DE M... V. CRÉATION DE M... V. DÉNOMINATION DE M... V. DEVOIRS DE M... V. DROITS DE M... V. ÉPAULETTE DE M... V. ÉPÉE DE M... V. FONCTIONS DE M... V. GRADE DE M... V. GROS M... V. INSPECTION DE M... V. INSTRUCTION DE M... V. LIVRE DU M... V. LOCALISATION DE M... V. LOGEMENT DE M... V. NOMBRE DE M... V. NOMINATION DE M... V. PENSION DE M... V. PUNITION DE M... V. RANG DE M... V. RONDE M... V. SECRÉTAIRE DE M... V. SERGENT-M... V. SOLDE DE M... V. SOUS-AIDE-M... V. SUBORDINATION DE M... V. SURVEILLANCE DE M... V. UNIFORME DE M...

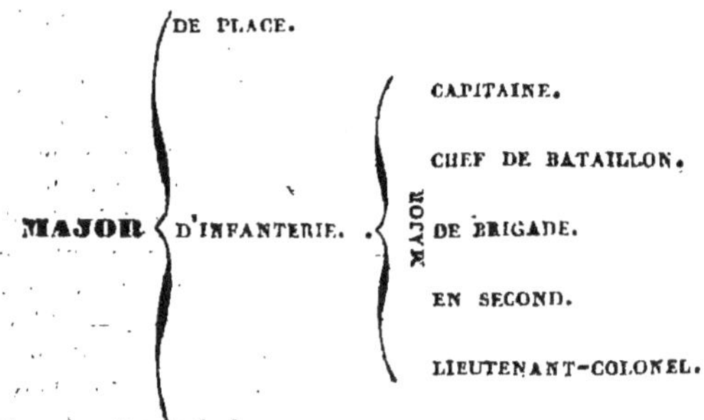

MAJOR (term. génér.). Mot LATIN francisé, dont les termes MAJORAT et MAJORITÉ sont dérivés ; il rend mal l'idée qu'il devrait exprimer ; en voici la cause : — En grammaire, le comparatif *major* signifie plus grand ; mais, logiquement, il s'est appliqué comme superlatif. Il a d'abord signifié le plus grand ; c'est en ce sens que, dans les coutumes municipales et au temps des MILICES COMMUNALES, on a donné aux personnages qui y présidaient la qualification de MAIEUR, MAIRE, MAJOR, MAYEUR. — La FÉODALITÉ, la couronne, les premières ARMÉES RÉGULIÈRES avaient eu des SERGENTS DE BATAILLE. Quand ces ARMÉES prirent de la force et de la consistance, et qu'elles se divisèrent par RÉGIMENTS et par GARNISONS, il fut créé, pour ces deux cas, un GRADE qui répondait, dans le service des villes de garnison et dans le service des CORPS, au SERGENT DE BATAILLE OU au SERGENT GÉNÉRAL. — Il n'était pas reconnu de Majors dans les troupes de FRANÇOIS PREMIER. — Il fut ensuite attaché dans les BANDES, et plus tard dans chaque RÉGIMENT, un OFFICIER employé comme CHEF de l'ÉTAT-MAJOR, comme surveillant des DÉTAILS, comme distributeur des ordres donnés aux SERGENTS ; par cette raison il s'appelait le plus grand des SERGENTS OU le SERGENT-MAJOR, comme le témoigne DELASIMONNE ; c'était un OFFICIER du RANG de CAPITAINE, mais classé cependant comme OFFICIER SUPÉRIEUR. — Un OFFICIER DE PLACE, qui distribuait le service aux SERGENTS de la GARNISON, fut également commissionné SERGENT-MAJOR DE PLACE ; c'était, en quelque sorte, le CHEF DE L'ÉTAT-MAJOR de la GARNISON. — La facilité de l'obéissance, la rapidité du commandement s'accordent mal avec les locutions prolixes, avec les titres composés ; les soldats, seuls créateurs de notre LANGUE, trouvèrent trop verbeuses les quatre syllabes de la qualification employée ; ils supprimèrent les deux premières ; ils firent substantif l'épithète. Le sens du mot en devint louche, puisque le Major n'était que le second ou le troisième OFFICIER du RÉGIMENT, et n'était premier que par rapport aux OFFICIERS PARTICULIERS. — On voit dans LAVALLIÈRE (1693, E) que, depuis le milieu du siècle, l'usage était d'appeler Major l'OFFICIER que les règlements continuaient encore à désigner sous le titre de SERGENT-MAJOR. — Une ORDONNANCE DE 1707 (1ᵉʳ AVRIL) qualifiait encore de SERGENTS-MAJORS les MAJORS DE PLACE ; mais depuis longtemps le SERGENT-MAJOR des GARDES DU CORPS s'appelait déjà simplement Major. DANGEAU parle, à la date de 1713 (11 février), de Brissac, *qui y étoit Major et chargé des détails des compagnies.* — Cependant l'habitude était tellement enracinée, que l'ENCYCLOPÉDIE (1751, C, au mot *Conseil*) appelle encore SERGENTS-MAJORS les Majors. — Il y avait plus d'un siècle qu'on avait perdu le souvenir de ces particularités, et que la seule dénomination de Major était reçue, quand le DÉPARTEMENT DE LA GUERRE créa SERGENTS-MAJORS les BAS OFFICIERS, jusque-là nommés SERGENTS D'AFFAIRES OU SERGENTS FOURRIERS. Ce SERGENT-MAJOR moderne n'avait rien de commun avec le SERGENT-MAJOR ancien, et le bon sens des soldats en avait donné la preuve en imaginant, par esprit de distinction, le mot GROS MAJOR. — Les régiments de JEUNE GARDE de BONAPARTE étaient commandés par des Majors qui avaient RANG et paye de COLONEL. Des COLONELS de l'ARMÉE passaient Majors dans la GARDE ; c'était une espèce d'avancement ; l'usage était de les appeler COLONELS MAJORS. Ce mot serait l'opposé de ce qu'il était destiné à signifier ; car ces OFFICIERS étaient réellement des colonels minors par rapport aux autres COLONELS de la garde, qui étaient GÉNÉRAUX. — Il était passé en usage, dans le dernier siècle, d'appeler MAJORITÉ et AIDE-MAJORITÉ la position ou l'emploi du Major ou de l'AIDE-MAJOR ; cette habitude ne s'est pas maintenue. — Si nous n'eussions expliqué ces différences des usages, ces anomalies de la LANGUE, ceux qui, à l'avenir, n'auraient pas la clef que nous donnons n'eussent trouvé sur ces matières qu'obscurité et contradiction ; c'est ainsi que deviennent inintelligibles tant de points d'antiquités. — Les attributions de l'emploi ont éprouvé plus de révolutions encore que le titre ; il n'est possible d'en donner idée qu'en le distinguant en : MAJOR A LA SUITE, — ACTUEL, — ANGLAIS, — ANGLO-AMÉRICAIN, — AU CAMP, — AUTRICHIEN, — DE BANDES, — DE CAVALERIE, — DE CORPS, — DE GARDES FRANÇAISES, — DE PLACE, — DE QUARTIER GÉNÉRAL, — DE RECRUTEMENT, — DE RÉGIMENT, — D'INFANTERIE, — DU GÉNIE, — EN CAMPAGNE, — EN PIED, — EN ROUTE, — ESPAGNOL, — GÉNÉRAL, — GÉNÉRAL DE LA GARDE, — GÉNÉRAL DE L'ARTILLERIE, — GÉNÉRAL DES DRAGONS, — GÉNÉRAL DES LOGIS, — GÉNÉRAL D'INFANTERIE, — GREC, — NÉERLANDAIS, — SUÉDOIS, — SUISSE, — PIÉMONTAIS, — PORTUGAIS, — PRUSSIEN.

MAJOR A LA SUITE. V. A LA SUITE. V. CHEF DE BATAILLON DE SEMAINE.

MAJOR ACTUEL. V. ACTUEL. V. MAJOR CHEF DE BATAILLON.

MAJOR ANGLAIS. V. ANGLAIS, adj, v. BATAILLON RÉGIMENTAIRE. V. MILICE ANGLAISE N° 2, 3.

MAJOR ANGLO - AMÉRICAIN. V. ANGLO-AMÉRICAIN. V. MILICE ANGLO-AMÉRICAINE N° 1.

MAJOR AU CAMP. V. AU CAMP. V. CAMP DE TENTES. V. TERRAIN DE CAMPEMENT.

MAJOR AUTRICHIEN. V. AUTRICHIEN, adj. V. MILICE AUTRICHIENNE N° 2, 5.

MAJOR CAPITAINE (F). Sorte de MAJOR D'INFANTERIE qui, sous ce titre, qui a succédé à celui de SERGENT-MAJOR, a fait partie de l'ÉTAT-MAJOR des RÉGIMENTS FRANÇAIS, depuis HENRI DEUX jusqu'en 1791. — Les AUTEURS qui en ont traité sont : AUDOUIN, BARDET (1740, A), BOMBELLES (1746, A), BRIQUET

(1761, H), DAUTHEVILLE (1762, K), DAVILA (1669, A), DELAMONT (1671, A ; 1695, C), DELASIMONNE, DESPAGNAC (1751, D), DEVILLE, DUMOUSQUET (1769, B), l'ENCYCLOPÉDIE (1785, C), GAYA (1679, A), KERENVEYER (1771, F, au mot *Appointement*), LACHESNAIE (1758, I), LAVALLIÈRE (1695, E), LEBLOND (1758, B), LOSTELNEAU (1647, B), MAIZEROY (1767, E), MEYNIER, PICTET (1761, I), POTIER (1779, X), PRAISSAC (1622), PUYSÉGUR (1748, C), QUINCY (1741, E), SALA, SERVAN (1780, B). — Ce sujet, devenu une pure question d'histoire, va être examiné sous les rapports suivants : CRÉATION, DÉNOMINATION, NOMINATION, UNIFORME, LOCALISATION, DROITS, AUTORITÉ, RANG, SURVEILLANCE, FONCTIONS, DEVOIRS, ADMINISTRATION, INSTRUCTION. — N° 1. CRÉATION, DÉNOMINATION, NOMINATION. — Il y avait un SERGENT-MAJOR OU SERGENT DE BATAILLE dans les BANDES de HENRI DEUX ; cet OFFICIER avait l'intendance de plusieurs COMPAGNIES. Les RÉGIMENTS D'INFANTERIE, quand ils se créèrent, eurent également, sous le même titre, un Major. — On trouve dans MEYNIER (1617) et dans DELASIMONNE un aperçu de l'autorité et des fonctions de cet emploi sous HENRI QUATRE et sous LOUIS TREIZE. Il est question de SERGENT-MAJOR dans les ORDONNANCES DE 1670 (28 FÉVRIER et 10 DÉCEMBRE) et dans celle DE 1677 (24 SEPTEMBRE) ; elles modifiaient celle de 1553 (DÉCEMBRE). — Ainsi, c'est à tort que le *Journal de l'Armée* (t. II, p. 168) affirme qu'en 1650 *il reçut le titre de Major*. Il est vrai que, dès cette époque, le besoin d'une simplification de langage avait introduit vulgairement cette abréviation ; mais ce n'est que bien plus tard que la coutume a imposé à la loi ce titre accourci. En fait d'usages militaires c'est la mode, mais rarement l'autorité ou le raisonnement qui ont fait la langue. — Depuis que le mot Major a été le seul usité, les BRIGADES D'ARTILLERIE avaient pour CHEF un Major ; de même un BATAILLON D'INFANTERIE était commandé sur le terrain par un Major. On voit dans PUYSÉGUR (1748, C) que, jusqu'à la paix de Nimègue, en 1678, le Major des RÉGIMENTS à plus d'un BATAILLON commandait le PREMIER BATAILLON OU BATAILLON du COLONEL. — L'ORDONNANCE DE 1762 (10 DÉCEMBRE) n'appelait plus SERGENTS-MAJORS ces OFFICIERS. Depuis plus d'un demi-siècle déjà, l'usage était de ne les désigner que par la seule qualification de Majors. — Sous LOUIS QUATORZE, le grade de Major s'obtenait par ancienneté, non par finances ou par faveur. — L'INSTRUCTION DE 1775 (30 MAI) exigeait vingt ans révolus de SERVICE pour l'AVANCEMENT à CE GRADE ; le CHANGEMENT DE RÉGIMENT était la condition de la NOMINATION. — Le nombre d'années fut réduit par l'ORDONNANCE DE 1776 (25 MARS); le BREVET pouvait être obtenu après douze ans de SERVICE effectif. — Cependant, en parlant des usages qui ont été suivis pour la NOMINATION des COLONELS, nous avons démontré que des principes si rigoureux n'avaient pas toujours été observés. — N° 2. UNIFORME, LOCALISATION, DROITS, AUTORITÉ. — Le Major, depuis qu'il était PREMIER CAPITAINE, était distingué par une double ÉPAULETTE DE CAPITAINE; sa FRANGE, en GRAINE D'ÉPINARDS, reposait sur un rang de FRANGE de soie; le RÈGLEMENT DE 1767 (25 AVRIL) en décidait ainsi. Il ne portait pas le HAUSSE-COL, parce que son service était censé continuel. — Une CANNE, dont celle des ADJUDANTS est un vestige, faisait en quelque sorte partie de l'UNIFORME des Majors; quelques-uns même, à ce que racontaient les vieux militaires, avaient dans le fourreau de l'ÉPÉE, au lieu d'une lame de métal, un nerf de bœuf ou une lame de baleine. — L'ORDONNANCE DE 1768 (1er MARS) voulait que le Major fût toujours logé le plus près possible du CORPS. — Les anciennes ordonnances plaçaient, en bataille, le Major à la gauche du COLONEL; mais cette place a varié suivant qu'il a existé ou non un LIEUTENANT-COLONEL ou un COLONEL EN SECOND, et suivant que le Major était ou non employé comme COMMANDANT de BATAILLON. — Avant que les COMPAGNIES passassent au compte du roi, les droits du Major étaient indéterminés et restreints, parce que c'était ordinairement un OFFICIER DE FORTUNE ou le moins opulent des CAPITAINES; mais depuis le MINISTÈRE de CHOISEUL les Majors acquirent une importance marquée, devinrent le centre et la cheville ouvrière de l'ADMINISTRATION du CORPS, et purent entrer dans l'ORDRE DE SAINT-LOUIS après vingt-deux ans de service; les CAPITAINES n'eussent pas pu nommer un CAPORAL ou un SOUS-OFFICIER, si ce n'eût été avec le concours du Major, dont l'opinion, à l'égard des CANDIDATS, se formait en consultant l'ADJUDANT sur leur capacité. — Depuis cette époque, un extrait de l'APPEL GÉNÉRAL était adressé au Major; il lui était rendu compte par écrit, par les OFFICIERS, de toute PUNITION infligée par eux aux HOMMES DE TROUPE, ainsi que du motif de la PUNITION; il pouvait l'abréger ou la prolonger; les OFFICIERS commandés de garde et qui se trouvaient indisposés lui en faisaient part. — Tout CONGÉ LIMITÉ n'était valable que revêtu de son visa. — Le Major se faisait apporter l'ORDRE de la place s'il n'avait pu se trouver à la PARADE. — En campagne, il désignait un VALET chargé de porter le FANION des BAGAGES. — Sous lui et sous son AIDE-MAJOR, un GARÇON-MAJOR faisait, comme le dit l'ENCYCLOPÉDIE (1751, C), le DÉTAIL du RÉGIMENT. — N° 3. RANG, SURVEILLANCE. — En 1574, comme le témoigne l'état de l'EXTRAORDINAIRE DES GUERRES, le SERGENT-MAJOR (c'était alors le nom du Major) était dernier CAPITAINE. Sa position était plus élevée en 1610; il avait le rang intermédiaire entre le LIEUTENANT-COLONEL et les CAPITAINES. — Sous LOUIS QUATORZE, on vit de simples Majors exercer les fonctions d'INSPECTEUR GÉNÉRAL. — Pendant ce règne et au commencement du suivant, le Major commandait, en MANŒUVRES, aux CHEFS DE BATAILLON, c'est-à-dire aux CAPITAINES COMMANDANTS ou FACTIONNAIRES; cependant il paraît qu'il ne prenait que son rang d'ancienneté parmi les CAPITAINES, puisque ce fut l'ORDONNANCE DE 1762 (10 DÉCEMBRE) qui institua PREMIER CAPITAINE le Major, et lui donna le commandement sur tous les autres CAPITAINES. Cette ordonnance exprimait textuellement, qu'en établissant les Majors *la troisième personne du régiment, en leur faisant un sort favorable, elle les rendrait inexcusables s'ils se portoient à quoique ce fût de contraire au bien du service.* — Cette précaution oratoire, cette admonition du règlement était à la fois un coup de patte aux Majors et aux COMMISSAIRES DES GUERRES; on en trouve l'explication en plusieurs passages. QUINCY (1726, D) dit des Majors d'infanterie qu'ils ont *paye de capitaine, sans compter les revenans bons.* JABRO (1777, G, au mot *Esprit militaire*) rapporte qu'avant CHOISEUL le traitement des Majors *étoit si modique, qu'ils étoient obligés, pour subvenir aux frais de leur emploi, de recevoir une certaine somme des capitaines, qui leur eût été retranchée si une compagnie, quelque foible qu'elle fût, n'eut pas passé pour complette à la revue du commissaire; de façon que ces Majors, dont la principale fonction étoit de maintenir la discipline et de faire exécuter les lois, étoient réduits à faire tout le contraire, à tromper journellement le roy et à recevoir pécuniairement de leurs camarades le salaire de leur infidélité.* — JABRO emprunte de DURÉROUVILLE le fond de cette opinion. — L'ORDONNANCE DE 1788 (17 MARS) voulait que le Major surveillât, avec le LIEUTENANT-COLONEL, tous les DÉTAILS de SERVICE, DISCIPLINE, POLICE et COMPTABILITÉ. — N° 4. FONCTIONS. — La TENUE, la DISCIPLINE, l'EXERCICE avaient, de tout temps, été surtout du ressort du Major; mais primitivement il était en même temps le chef de l'ADMINIS-

TRATION et même le caissier. L'ORDONNANCE DE 1762 (10 DÉCEMBRE) modifiait ses attributions et créait un TRÉSORIER, afin que le Major, disait l'ordonnance, *ne fût plus distrait de ses principales fonctions.* — L'ORDONNANCE DE 1766 (1er JANVIER) le chargeait de l'instruction générale du régiment; il était surtout l'instructeur du PELOTON DE DRAPEAU. — En campagne, les Majors faisaient fonctions de CAPITAINE RAPPORTEUR depuis l'institution des CONSEILS DE GUERRE. — L'ORDONNANCE DE 1768 (1er MARS) maintenait, sous le rapport de la POLICE, ses anciennes attributions; il était l'INSTRUCTEUR principal du CORPS; il COMMANDAIT, en route, les OFFICIERS DE LOGEMENT et était présent à la DISTRIBUTION DE L'ÉTAPE. Au camp, il présidait à la répartition du TERRAIN DE CAMPEMENT. — Il tenait le CONTROLE des OFFICIERS et les COMMANDAIT de SERVICE, ainsi que les HOMMES DE TROUPE; il COMMANDAIT, au CERCLE du RÉGIMENT, les SERGENTS DE RONDE; il y rendait les ORDRES donnés au GRAND CERCLE de la PARADE. — Il faisait, en CAS DE DÉPART, déposer les ARMES EXCÉDANTES au MAGASIN D'ARTILLERIE. — Dans les villes où il n'y avait pas d'ÉTAT-MAJOR DE PLACE, le plus ancien Major faisait fonctions de MAJOR DE PLACE. — De tout temps le Major, comme nous l'apprend PUYSÉGUR (1748, C), avait, en certaines circonstances, exercé le commandement d'un BATAILLON sur le TERRAIN; il en était ainsi dans la GUERRE DE SEPT ANS. L'INSTRUCTION DE 1776 (1er JUIN) lui donnait encore, *lors d'une action ou d'une manœuvre de guerre, le commandement du premier bataillon.* — La MILICE ANGLAISE ayant, sous LOUIS QUATORZE, tout imité des usages français, conserve cet usage; le Major y est le CHEF d'un BATAILLON ANGLAIS. — Anciennement, et dans la première moitié du dernier siècle, l'ADMINISTRATION de la JUSTICE MILITAIRE dans chaque RÉGIMENT, la répression des CRIMES, la mise à exécution des JUGEMENTS, la présidence des SUPPLICES regardaient particulièrement le Major. Quand un ACCUSÉ était jugé, le Major faisait dresser la SENTENCE, conformément aux formules imprimées, dont le modèle était envoyé par la cour. — S'il y avait lieu, le Major présidait à la DÉGRADATION. Si l'HOMME était absous, le Major, après lui avoir lu sa SENTENCE, le faisait élargir. — S'il s'agissait d'une EXÉCUTION par les mains du BOURREAU, et qu'on fût en campagne, le Major requérait le GRAND PRÉVOT de lui envoyer sur les lieux un exécuteur, à moins que le RÉGIMENT n'eût luimême une PRÉVOTÉ et un BOURREAU. — Il transmettait au COLONEL l'état des PRISONNIERS et les DEMANDES D'ÉLARGISSEMENT; il

enregistrait les RAPPORTS et les PUNITIONS. — Aux EXERCICES A LA MUETTE, il donnait les signaux aux FLIEGELMANS; sa CANNE donnait les SIGNAUX aux TAMBOURS. — S'il s'agissait de SIGNAUX DE BATTERIES, il les donnait, comme le témoigne BOMBELLES (1754, D), au moyen de sa CANNE. Le RÈGLEMENT DE 1791 (1er AOUT) a recopié la description de ces signaux; mais, comme alors il n'existait plus de MAJOR, il a chargé le TAMBOUR-MAJOR de faire les mouvements de CANNE. — Le Major présidait aux APPELS, recevait et réunissait les RAPPORTS. — Il notifiait aux CABARETIERS que, s'ils faisaient CRÉDIT sans y être autorisés par un billet de sa main, leurs réclamations, comme CRÉANCIERS, ne seraient pas susceptibles d'être accueillies. — N° 5. DEVOIRS, INSTRUCTION, ADMINISTRATION. — Le Major était tenu de porter au COMMANDANT DU-CORPS l'ORDRE de la PLACE, si le COMMANDANT n'avait pas assisté à la PARADE. — Il était tenu d'adresser au COLONEL, s'il s'absentait, le RAPPORT périodique du RÉGIMENT. — Il faisait faire par les BAS OFFICIERS un extrait des passages de l'ordonnance où il était mention de leurs devoirs. A l'ARRIVÉE du CORPS dans une PLACE, il remettait à l'OFFICIER qui y commandait l'ÉTAT DE SITUATION du RÉGIMENT. — Dans la première moitié du dernier siècle, comme le dit LACHESNAIE (1758, 1, au mot *Masse*), il tenait l'argent de la MASSE D'ENTRETIEN et de la MASSE DE LINGE ET CHAUSSURE; il en dirigeait l'emploi; il était le gardien et le directeur de la MATRICULE, qui, par cette raison, s'appelait LIVRE DU MAJOR. — Depuis l'ORDONNANCE DE 1762 (10 DÉCEMBRE), le maniement des deniers et le soin de dresser les ÉTATS DE SOLDE et d'APPOINTEMENTS passèrent des attributions du Major dans celles du TRÉSORIER. Les Majors continuèrent de centraliser, tant bien que mal, l'ADMINISTRATION, tinrent les CONTROLES ANNUELS, réglèrent les DÉCOMPTES DE LIQUIDATION et l'emploi de la MASSE D'ENTRETIEN, et, quoique subordonnés dans le CONSEIL D'ADMINISTRATION, ils furent les véritables directeurs de la COMPTABILITÉ, et comptaient avec le TRÉSORIER DE L'ARMÉE sans être presque soumis à CONTROLEMENT. — Depuis l'ORDONNANCE DE 1768 (1er MARS), ils se faisaient rendre compte à la fin de chaque mois, par l'ADJUDANT, de l'état et de la DÉPENSE des ORDINAIRES des BAS OFFICIERS. — Ils dirigeaient les DÉTAILS de l'HABILLEMENT et de la MASSE DE LINGE ET CHAUSSURE, qui, auparavant, avaient uniquement dépendu des CAPITAINES seuls, et qui n'étaient pas encore confiés à un CAPITAINE D'HABILLEMENT. — L'ORDONNANCE DE 1776 (25 MARS) les institua RAPPORTEURS du CONSEIL. — L'instruction des Majors, sous le point de vue de la TACTIQUE, n'avait en FRANCE, jusqu'au milieu du dernier siècle, aucune uniformité; il n'existait pour ainsi dire pas d'ordonnance sur les MANŒUVRES. Dans la GUERRE DE 1741, chaque Major s'ingéniait à sa manière, faisait essai des DÉPLOIEMENTS, imaginait des systèmes de MARCHES, puisait dans les vieux traités de WALHAUSEN, de LOSTELNEAU, etc., les ÉVOLUTIONS et le genre des FEUX qu'il jugeait préférable. En ce qu'il enseignait à son régiment, il apportait toutes les modifications que sa manière de voir lui suggérait. JABRO (1777, G), ancien Major lui-même, le déclare à l'article *Tactique*.

MAJOR CHEF DE BATAILLON (A, 1) ou MAJOR ACTUEL. Sorte de MAJOR D'INFANTERIE, dont l'emploi a pris naissance en 1815. — Les AUTEURS qu'on peut consulter à l'égard des fonctions de cet officier sont : LECOUTURIER (1825, A), ODIER (1818, E), le général PRÉVAL, M. VAUCHELLE. — Ce qui concerne le sujet sera considéré ici dans les détails suivants : CRÉATION, DÉNOMINATION, NOMINATION, AVANCEMENT, UNIFORME, LOCALISATION, REMPLACEMENT, ALLOCATIONS, DROITS, AUTORITÉ, SURVEILLANCE, FONCTIONS, DEVOIRS, INSTRUCTION, RESPONSABILITÉ, SUBORDINATION, ADMINISTRATION. — N° 1er. CRÉATION, DÉNOMINATION. — L'ORDONNANCE DE 1815 (3 AOUT) a institué dans chaque LÉGION un Major ayant RANG de dernier CHEF DE BATAILLON et faisant partie de l'ÉTAT-MAJOR; elle l'a fait moitié administrateur, moitié militaire. Les décisions postérieures l'ont dénommé OFFICIER D'ADMINISTRATION. Cette invention d'un rouage nouveau a été l'occasion d'un accroissement de dépense de plus de neuf cent mille francs. Le système qui a produit cette création était en projet dans les écrits de M. le général PRÉVAL; il s'est trouvé en position de le réaliser. — Le titre donné au Major était, comme on vient de le voir, ridicule, puisqu'il ne signifie rien de ce que le terme devrait exprimer. — N° 2. NOMINATION, AVANCEMENT. — La LOI DE 1818 (10 MARS) voulait que le Major fût choisi parmi les CAPITAINES TRÉSORIERS, les CAPITAINES D'HABILLEMENT ou les CAPITAINES ADJUDANTS-MAJORS, disposition mal entendue et trop absolue pour être en tout temps praticable. — La DÉCISION DE 1821 (25 JUIN) déclarait non admissibles au GRADE de Major les anciens ADJUDANTS-MAJORS passés au commandement d'une COMPAGNIE. La LOI DE 1832 (14 AVRIL) laissait au choix du ROI leur nomination. — La LOI DE 1815 (3 AOUT) réglait l'AVANCEMENT des Majors. — Originairement un débouché dans le

CORPS de l'INSPECTION AUX REVUES était promis aux Majors; la loi qui créa le CORPS D'INTENDANCE a fermé aux Majors cette porte, elle leur a été rouverte en 1822. — Ils pouvaient devenir CHEFS DE BATAILLON en pied, rouler par ARME, suivant l'ORDONNANCE DE 1818 (2 AOUT) avec les CHEFS DE BATAILLON pour l'AVANCEMENT au GRADE de LIEUTENANT-COLONEL, ou passer SOUS-INTENDANTS. Ce dernier genre d'AVANCEMENT donnait lieu à un abus. En obtenant une SOUS-INTENDANCE, le Major franchissait le GRADE de LIEUTENANT-COLONEL; de dernier CHEF DE BATAILLON il pouvait se réveiller avec un rang égal à celui de COLONEL. — La NOTICE DE 1815 (5 DÉCEMBRE) a réglé les détails de leur UNIFORME, elle leur faisait porter à droite l'ÉPAULETTE de CHEF DE BATAILLON. — N° 3. LOCALISATION, REMPLACEMENT, ALLOCATIONS. — La création des Majors étant postérieure de vingt-cinq ans au RÈGLEMENT sur l'exercice en vigueur jusqu'en 1831, rien ne déterminait quelle devait être leur place en bataille et leurs fonctions tactiques. Dans le silence de la loi, l'usage les plaçait à vingt-cinq pas en arrière du SECOND BATAILLON et à quatre pas de la gauche du COLONEL. — L'ORDONNANCE DE 1831 (4 MARS) disposait qu'en ordre de bataille, la place du Major était à la gauche du COLONEL; si le Major n'était pas présent, cette place devenait celle du LIEUTENANT-COLONEL. — Mais l'ordonnance de 1831 (4 mars) avait le tort de passer sous silence les fonctions des Majors en manœuvre. — Quand le RÉGIMENT défile sous les ordres du LIEUTENANT-COLONEL, devant le SOUS-INTENDANT, le Major se tient à la gauche du COLONEL et ne défile pas. — L'ORDONNANCE DE 1818 (13 MAI) plaçait le Major à la COMPAGNIE DE DÉPOT, s'il en était formé une; l'ORDONNANCE DE 1831 (7 MAI) lui donnait le commandement du DÉPOT en temps de guerre. — L'ORDONNANCE DE 1823 (19 MARS) défendait que ces OFFICIERS s'absentent plus de huit jours de leurs CORPS, à moins d'y être autorisés par un CONGÉ du MINISTRE. — En cas d'absence, ou s'il prend accidentellement le COMMANDEMENT du CORPS, le Major peut être remplacé par un CAPITAINE ancien OFFICIER COMPTABLE, susceptible à ce titre de devenir Major, mais non employé actuellement à des fonctions administratives spéciales. — La LOI DE 1815 (3 AOUT) fixait les APPOINTEMENTS des Majors; la CIRCULAIRE DE 1827 (24 JANVIER) réglait leurs frais de bureau. — La DÉCISION DE 1836 (20 JUILLET) exigeait qu'ils fussent montés. — Les LOIS DE 1829 (10 OCTOBRE) et 1831, réglaient les droits des Majors à la PENSION DE RETRAITE. — N° 4. DROITS, AUTORITÉ. — Le Major se fait rendre compte par le CAPITAINE DE SEMAINE de tout ce qui a rapport aux SUBSISTANCES et aux HOPITAUX ; il est informé par les FOURRIERS de toutes les PUNITIONS et de tous les DÉTAILS d'ADMINISTRATION ; il se fait remettre journellement par l'ADJUDANT DE SEMAINE la FEUILLE du rapport général, et, quand il y a lieu, un ÉTAT de l'ARGENT D'ENVOI ; il exige la communication de tous les ORDRES qui le concernent et qui ont pu être donnés au CORPS. — Il reçoit, tous les jours à onze heures, le RAPPORT que lui fait le CHIRURGIEN-MAJOR, et ils se concertent ensemble pour toute REVUE OU VISITE SANITAIRE. — Le Major a le droit de visiter, toutes les fois qu'il le juge à propos, les ATELIERS et les MAGASINS du CORPS, d'y constater les quantités d'EFFETS confectionnés et leur qualité, de se faire ouvrir la CAISSE du TRÉSORIER pour en reconnaître les valeurs, de se faire représenter, par le CAPITAINE D'HABILLEMENT, toutes les PIÈCES justificatives tant en matière qu'en finances, d'examiner l'état de la COMPTABILITÉ, de passer dans chaque COMPAGNIE une REVUE détaillée du PETIT ÉQUIPEMENT, de vérifier les MASSES INDIVIDUELLES, de s'assurer des produits provenus des TRAVAILLEURS, du LIVRET DE SERVICE PAYÉ, de la tenue des LIVRETS INDIVIDUELS, de l'inscription des EFFETS DE PREMIÈRE MISE. — Aucun OFFICIER COMPTABLE ne peut refuser au Major les renseignements qu'il exige en fait d'ADMINISTRATION ; il évoque toutes les contestations qui peuvent s'élever sur l'imputation du prix des RÉPARATIONS au compte des HOMMES DE TROUPE, il en réfère au CONSEIL qui décide. — En qualité d'agent du CONSEIL D'ADMINISTRATION, le Major exerce le droit de CONTROLE sur toutes les parties présentes du CORPS et le droit de correspondance avec tous DÉTACHEMENTS. — Si un FOURRIER est absent de sa COMPAGNIE, ou que l'emploi soit vacant, le Major se fait présenter par le CAPITAINE le SERGENT que ce CAPITAINE est dans l'intention de charger du service des DISTRIBUTIONS. — Le Major est appelé à donner son AVIS en cas d'une CASSATION encourue, si la FAUTE du PRÉVENU concerne l'administration. — Il a sous ses ordres le CAPITAINE DE DISTRIBUTIONS. — Il accorde, s'il y a lieu, dispense de devoirs pour la journée aux OFFICIERS DE DÉTAILS, et en informe le LIEUTENANT-COLONEL. — N° 5. SURVEILLANCE, FONCTIONS. — Le Major a sous sa surveillance les

ÉCOLES, l'INFIRMERIE, le MAGASIN, la CONFECTION des EFFETS, les RÉPARATIONS de l'ARMEMENT, les OFFICIERS DE DÉTAILS, l'ordre des PAYEMENTS, l'ADMINISTRATION des CAPITAINES, les FOURNITURES auxquelles les RECRUES ont droit, etc. Il intervient en toute RÉCEPTION D'EFFETS. — L'INSTRUCTION DE 1818 (24 OCTOBRE) le chargeait de surveiller, sous les ordres du COLONEL, tout ce qui concerne le RECRUTEMENT. — L'INSTRUCTION DE 1818 (5 DÉCEMBRE) lui prescrivait de remplir, aux époques voulues, les CONGÉS en blanc, et de les faire signer par le CONSEIL. — Les instructions sur l'INSPECTION voulaient qu'à la REVUE sur le terrain, passée par l'INSPECTEUR GÉNÉRAL, le Major lui remît la FEUILLE D'APPEL de l'ÉTAT-MAJOR et qu'il lui fît présenter par les OFFICIERS COMPTABLES les REGISTRES, ÉTATS, COMPTES OUVERTS qui doivent être soumis à cet officier général. — Le Major règle, conformément aux ordonnances, l'ASSIETTE du CASERNEMENT, et dirige l'OFFICIER chargé de cette partie. — En GARNISON, il reçoit à la PARADE GÉNÉRALE, des mains de l'ADJUDANT, la FEUILLE du RAPPORT GÉNÉRAL. — En TEMPS DE GUERRE, il reçoit et réunit les ACTES DE NAISSANCE, — DE MARIAGE, — DE DÉCÈS, et en tout temps il a sous sa surveillance l'OFFICIER DE L'ÉTAT CIVIL. — Il peut être appelé par le COLONEL à remplacer, pour le SERVICE DE SEMAINE et les EXERCICES, un CHEF DE BATAILLON absent, mais sans préjudice à l'accomplissement de toutes ses fonctions spéciales. — Une DÉCISION DE 1854 (1er MARS) appelait CAPITAINE MAJOR, le CAPITAINE qui, dans un BATAILLON RÉGIMENTAIRE, faisait fonctions de Major. — L'ORDONNANCE DE 1833 (2 NOVEMBRE) venait à peine de régler les attributions des Majors, que déjà l'ORDONNANCE DE 1835 (15 JUILLET) modifiait les dispositions de 1833. — N° 6. DEVOIRS. — En l'absence du COLONEL, le Major doit faire ses RAPPORTS accoutumés au LIEUTENANT-COLONEL, ou au CHEF DE BATAILLON COMMANDANT. — En tout temps il fournit au LIEUTENANT-COLONEL tous les renseignements relatifs à l'ADMINISTRATION, ne peut se refuser à aucun des éclaircissements à ce sujet, et se concerte avec lui pour régler ce qui a rapport aux réunions, rassemblements, REVUES, travaux administratifs ; il est tenu de se rendre les DIMANCHES et les JEUDIS chez le COLONEL ou chez le COMMANDANT du CORPS pour lui rendre verbalement compte de la marche du SERVICE ADMINISTRATIF dans tous ses DÉTAILS. — Le Major doit faire droit aux plaintes qui lui seraient adressées par des MILITAIRES du CORPS relativement à des infidélités ou des inexactitudes en fait de remises d'ARTICLES D'ARGENT. — La DÉCISION DE 1828 (31 OCTOBRE) instituait DÉPOSITAIRE du LIVRET DE PAYEMENT le Major, et voulait qu'il y fît les inscriptions, et s'assurât de la conformité des inscriptions que le TRÉSORIER appose sur le REGISTRE DE CAISSE; il était vérificateur en première instance des REVUES DE LA LIQUIDATION. — N° 7. INSTRUCTION, RESPONSABILITÉ, SUBORDINATION. — L'ORDONNANCE DE 1818 (13 MAI) voulait que le Major surveillât l'instruction tactique, qu'il professât la THÉORIE ADMINISTRATIVE, qu'il l'enseignât aux FOURRIERS, aux OFFICIERS COMPTABLES, à l'AIDE-MAJOR, qu'il rédigeât un RÈGLEMENT pour l'ÉCOLE RÉGIMENTAIRE. — L'ORDONNANCE DE 1833 (2 NOVEMBRE) traitait de nouveau de ces objets. — L'ORDONNANCE DE 1825 (19 MARS) faisait du Major un financier surchargé d'ÉCRITURES; les lois sur l'ÉTAT CIVIL le transforment en jurisconsulte, en tabellion militaire. Les règlements impliquent qu'il ne doit être étranger ni à la science manufacturière, ni aux opérations commerciales, puisqu'ils le veulent apte à juger, admettre ou rejeter les matières: ils supposent qu'il s'est occupé des arts mécaniques, puisqu'il faut qu'il apprécie et estime les FAÇONS et les RÉPARATIONS; ils insinuent qu'une teinture du droit ne lui est pas inutile, etc.—C'est trop exiger peut-être en demandant que le même personnage soit TACTICIEN, INSTRUCTEUR, scribe, familier avec les formes de la JUSTICE, professeur d'ADMINISTRATION, rédacteur en chef, RAPPORTEUR du CONSEIL, calculateur consommé et directeur de correspondance. — Attendre de ce fonctionnaire qu'il soit initié aux détails de notre variable LÉGISLATION et qu'il possède la science des MANŒUVRES d'UN BATAILLON ou d'une BRIGADE, c'est trop espérer. Celui qui serait expert dans une de ces branches, serait bien inhabile peut-être dans les autres. Les hommes universels sont rares. Un Major qui s'acquitterait complétement des obligations que la loi lui impose, ne trouverait le temps ni de dormir, ni de manger. Un Major accompli serait un excellent COLONEL, un parfait INTENDANT. De quelle classe pourraient être plus convenablement tirés les SECRÉTAIRES D'ÉTAT DE LA GUERRE que de la classe des Majors qui se seraient montrés à la hauteur de tout ce que la loi attend d'eux. — La DÉCISION DE 1824 (3 NOVEMBRE), regardant les Majors comme les contrôleurs en pre-mière instance des OPÉRATIONS des OFFICIERS COMPTABLES, les rendait responsables de toute erreur dans les COMPTES, documents, calculs qu'ils ont approuvés de leur signature; c'est à eux qu'elle imputait le vice des PIÈCES altérées, surchargées, les doubles emplois, les revirements de FONDS, et généralement toutes DÉPENSES illicites ou malversations.— Ils partagent, il est vrai, cette responsabilité avec le TRÉSORIER, tandis que de son côté le CONSEIL D'ADMINISTRATION répond au gouvernement de toutes les DÉPENSES qu'il autorise, de toutes les mesures qu'il prend. —L'ordonnance de 1833 (2 novembre), rendait pécuniairement responsable le Major des erreurs que pourrait commettre le conseil d'administration; la *Sentinelle de l'armée*, n° 3, critiquait cette mesure et déduisait les raisons du blâme qu'elle manifestait. — Les Majors obéissent aux COLONELS et aux LIEUTENANTS-COLONELS; ils défèrent aux décisions des SOUS-INTENDANTS; ils sont des agents du CONSEIL D'ADMINISTRATION. Les fautes, les négligences qu'ils commettraient en fait d'ADMINISTRATION sont recherchées, relevées par l'INTENDANT MILITAIRE ou le sous-intendant, qui au besoin requièrent le COLONEL d'infliger au Major fautif les PUNITIONS encourues. — N° 8. ADMINISTRATION. —Depuis l'ORDONNANCE DE 1815 (20 JANVIER), le Major exerçait CONTRÔLEMENT et surveillance sur toutes les branches de l'ADMINISTRATION et de la COMPTABILITÉ qui ressortissent soit au CORPS réuni, soit à des parties du CORPS qui seraient absentes du noyau principal. — Il est chargé du travail relatif à l'ADMINISTRATION de l'ÉTAT-MAJOR. — Si un DÉCÈS a lieu au CORPS et qu'un TESTAMENT existe, le Major en transmet l'avis au JUGE DE PAIX du domicile du défunt, afin que les HÉRITIERS en soient informés. — Il était aidé, conformément à l'INSTRUCTION DE 1818 (21 OCTOBRE), par un officier pour la tenue des ÉCRITURES et du REGISTRE MATRICULE; il lui était attaché par l'ORDONNANCE DE 1831 (7 MAI) un SOLDAT SECRÉTAIRE. — En cas de DISTRIBUTIONS non recevables, il devait, conformément à l'ORDONNANCE DE 1818 (13 MAI), aider de son intervention le CAPITAINE DE SEMAINE et l'accompagner près des AUTORITÉS auxquelles il serait dans le cas de porter plainte. — Il paraphe les REGISTRES du VAGUEMESTRE et appose tous les trois mois un arrêté sur ce REGISTRE. — Les DÉTAILS de l'ADMINISTRATION du Major étant compliqués, il convient de les examiner par rapport aux CONSEILS D'ADMINISTRATION, aux OFFICIERS COMPTABLES, à l'INTENDANCE, aux COMPAGNIES.—N° 9. ADMINISTRATION relative au CONSEIL D'ADMINISTRATION. —

Le Major concourt avec le CONSEIL à tous les DÉTAILS D'ADMINISTRATION et de COMPTABILITÉ, et à la surveillance de tous les agents en sous-ordre. Il reçoit du PRÉSIDENT et distribue à chacun des COMPTABLES que la chose concerne, les missives, les décisions administratives, etc. Il leur donne ses ordres en conséquence et les dirige dans l'accomplissement du travail qui en résulte. — Il soumet au PRÉSIDENT les objets des DÉLIBÉRATIONS; il explique et éclaircit toutes les questions conformément aux règlements. — Il donne ses soins à la rédaction des PIÈCES COMPTABLES et des DÉLIBÉRATIONS; il signe les CERTIFICATS D'EXISTENCE; il assiste aux séances comme RAPPORTEUR; il y donne lecture des PIÈCES ou les fait lire par le TRÉSORIER; il veille à ce que cet OFFICIER prenne toutes les notes nécessaires à la rédaction du PROCÈS-VERBAL des DÉLIBÉRATIONS. — Il est dépositaire, conformément à l'ORDONNANCE DE 1823 (19 MARS), des timbres et CACHETS à apposer sur les pièces signées du CONSEIL, sur les ÉCHANTILLONS TYPES, sur les CERTIFICATS, etc. — Il soumet au conseil les résultats de ses vérifications, et après la REVUE TRIMESTRIELLE il reçoit du THÉSORIER et présente au CONSEIL le tableau du DÉCOMPTE DE FONDS DE MASSE. — Il fait un rapport au sujet des ADJOINTS que le CAPITAINE D'HABILLEMENT est dans l'intention de s'attacher. — Il vise les BONS D'ARMES, d'EFFETS NEUFS, de LITERIES à délivrer au CORPS. — Il remet trimestriellement au CONSEIL un ÉTAT financier de l'actif et du passif, une SITUATION des MAGASINS, un ÉTAT des EFFETS A CONFECTIONNER et des EFFETS DE REMPLACEMENTS, un précis des BESOINS en ÉTOFFE et des DÉPENSES à faire. — A tout CHANGEMENT DE COLONEL, à tout renouvellement de CONSEIL, il établit un ÉTAT DE SITUATION en finance et en matière à partir des derniers COMPTES arrêtés; il met ce travail sous les yeux du nouveau CONSEIL et du nouveau COLONEL. — N° 10. ADMINISTRATION relative aux OFFICIERS COMPTABLES. — Le Major signe le PROCÈS-VERBAL de l'ÉTAT du CASERNEMENT conjointement avec le CONSERVATEUR DES BATIMENTS; le RÈGLEMENT DE 1816 (24 JUILLET) voulait même qu'il tînt un ÉTAT général du LOGEMENT. — Il préside aux DISTRIBUTIONS D'ARMES. Il dirige à la fin de chaque TRIMESTRE la confection des ÉTATS de RÉPARATIONS D'ARMES dressés par l'OFFICIER D'ARMEMENT et par le CAPITAINE D'HABILLEMENT; l'INSTRUCTION DE 1822 (7 OCTOBRE) le voulait ainsi. — L'ORDONNANCE DE 1823 (19 MARS, art. 685), exigeait que le Major inscrivît au LIVRET DE SOLDE du RÉGIMENT les RECETTES faites par le TRÉSORIER, soit dans l'intérieur du CORPS, soit à d'autres CAISSES qu'à celle du PAYEUR PU-

BLIC. — La DÉCISION DE 1824 (5 NOVEMBRE) lui prescrivait d'inscrire sur le REGISTRE JOURNAL l'emploi des FONDS confiés aux OFFICIERS COMPTABLES qui demandent un nouveau crédit; il constate, une fois par semaine ou plus souvent, dans le BUREAU du TRÉSORIER, la tenue des ÉCRITURES et la situation des FONDS. A chaque visite il appose sur le JOURNAL GÉNÉRAL un VISA simple ou un arrêté motivé; il vérifie tous les extraits, tous les CERTIFICATS que relève ou que dresse le TRÉSORIER. — Cette ordonnance (art. 858) voulait qu'il vérifiât les états dressés par le TRÉSORIER pour répartition de RETENUES en suite de DÉGRADATIONS DE CASERNEMENT ou dommages analogues. — N° 11. ADMINISTRATION relative à l'INTENDANCE et aux INSPECTIONS GÉNÉRALES. — Le Major adresse tous les jours au fonctionnaire de l'INTENDANCE s'il est dans la PLACE, et tous les cinq jours s'il n'y réside pas, l'ÉTAT des MUTATIONS. — Le Major remet au SOUS-INTENDANT, lors de la REVUE qu'il passe sur le terrain, la FEUILLE D'APPEL D'ÉTAT-MAJOR et l'état des MALADES A LA CHAMBRE, après avoir certifié véritables ces PIÈCES. — En tout temps il donne aux MEMBRES de l'INTENDANCE tous les éclaircissements exigés. — Après vérifications et inscription de MUTATIONS, il en adresse un relevé au SOUS-INTENDANT. — Aux REVUES que passe l'INSPECTEUR GÉNÉRAL, le Major lui présente la FEUILLE D'APPEL de l'ÉTAT-MAJOR et lui soumet tous les REGISTRES, documents, COMPTES OUVERTS, modèles d'EFFETS D'UNIFORME apportés par les divers OFFICIERS COMPTABLES; il assiste à toutes les SÉANCES que préside ce général, pour satisfaire aux questions qui lui seraient adressées; il l'accompagne dans la VISITE qu'il fait des MAGASINS et des CASERNES. — N° 12. ADMINISTRATION relative aux COMPAGNIES. — Le Major dirige, à titre d'agent et de RAPPORTEUR du CONSEIL, les CAPITAINES en tout ce qui regarde leur ADMINISTRATION et leur COMPTABILITÉ; il se fait au fur et à mesure remettre par eux le compte de la MASSE des DÉSERTEURS et l'état de leurs EFFETS. Le compte que le Major rend au CONSEIL est énoncé au REGISTRE DES DÉLIBÉRATIONS. Il reçoit chaque matin les ÉTATS DE SITUATION, et se fait remettre par le FOURRIER les MUTATIONS et l'état nominatif de tous les HOMMES RAYÉS ou s'absentant du CORPS; il signe l'état dressé pour la remise du FONDS DE MASSE des CONGÉDIÉS. — Au départ des DÉTACHEMENTS, il remet à leurs CHEFS les CONTROLES ANNUELS qui leur sont destinés; il reçoit de ces CHEFS et des CHEFS DE DÉTACHEMENTS EMBARQUÉS, pendant le temps de l'ABSENCE, les états de MOUVEMENTS et le relevé des MUTATIONS; il les enregistre. A la rentrée des DÉTACHEMENTS, il prend connaissance de tout ce qui a concerné leur ADMINISTRATION. — Il examine et confronte les FEUILLES DE TRAVAILLEURS. — Il signe trimestriellement tous les RÉGISTRES après vérification. — Il approuve par sa signature les BONS et les ÉTATS D'EFFECTIF des COMPAGNIES ; il donne ses soins aux DISTRIBUTIONS D'EFFETS D'UNIFORME. — Il vérifie et signe chaque mois les ÉTATS DE RÉPARATIONS dressés par les CAPITAINES pour le payement des MAITRES OUVRIERS. — Il fait passer et restituer à qui de droit l'ARGENT D'ENVOI qui aurait été adressé à des HOMMES DE TROUPE DÉCÉDÉS OU RAYÉS, sauf à prélever sur le montant de ces valeurs une somme égale aux dettes des HOMMES restés débiteurs envers le RÉGIMENT. — Il confronte tous les mois les CONTROLES ANNUELS des COMPAGNIES. — Il vérifie sur le CONTROLE GÉNÉRAL du CORPS les EXPÉDITIONS des FEUILLES DE JOURNÉES ; il les signe et les remet au TRÉSORIER ; il signe également les FEUILLES D'APPEL ; il vérifie toutes les fois qu'il le juge à propos, et périodiquement chaque TRIMESTRE, toutes les OPÉRATIONS ADMINISTRATIVES. — L'ORDONNANCE DE 1825 (19 MARS, art. 840), le chargeait de vérifier le COMPTE individuel des HOMMES qui quittent le CORPS pour passer dans un autre, et de s'assurer de l'inscription des EFFETS DE PREMIÈRE MISE auxquels les RECRUES ont droit. — Il accueille, s'il y a lieu, les RÉCLAMATIONS des HOMMES DE TROUPE se plaignant de la qualité des EFFETS D'UNIFORME qui leur sont fournis. — Il examine tous les trois mois les COMPTES des CAHIERS D'ORDINAIRE et en repasse les additions ; il tient état de tous leurs produits, conformément à la DÉCISION DE 1817 (50 AVRIL). — Il préside la réunion des CAPITAINES quand ils s'assemblent pour procéder aux ACHATS D'EFFETS DE PETIT ÉQUIPEMENT ; il visite périodiquement les FUSILS de chaque COMPAGNIE, en confrontant leurs NUMÉROS et l'inscription qui en doit être tenue. — En route, il vise les MARCHÉS DE VIVRES passés par l'ADJUDANT-MAJOR qui précède le CORPS.

MAJOR COLONEL. V. COLONEL. V. MAJOR.

MAJOR de BANDE. V. BANDE. V. MESTRE DE CAMP N° 1.

MAJOR (majors) de BRIGADE (F). Sorte de MAJORS D'INFANTERIE qui, dans l'ARMÉE FRANÇAISE, étaient employés éventuellement au camp ou dans un SIÉGE comme OFFICIERS D'ÉTAT-MAJOR ; ils ne cessaient pas d'appartenir à leur CORPS et y étaient censés présents. Ils étaient de jour tour à tour. — LOUIS TREIZE défendit que des AIDES DE CAMP fussent Majors de brigade. Ces fonctions ne devaient être remplie que par des Majors qui continuaient à s'acquitter des devoirs de leur emploi. — Les Majors de brigade étaient

les aides, les adjoints du BRIGADIER DES ARMÉES ; ils prenaient les ordres du MAJOR GÉNÉRAL, ou en son absence du MARÉCHAL DES LOGIS de l'ARMÉE ; ils recevaient de lui le CAMPEMENT et le répartissaient aux CORPS de la BRIGADE. L'application de la PEINE DE MORT les concernait. — L'ORDONNANCE DE 1778 (28 AVRIL) reconnaissait comme Major de brigade le plus ancien des MAJORS présents dans les RÉGIMENTS d'une BRIGADE D'INFANTERIE. — Le second Major de la BRIGADE marchait avec le CAMPEMENT et le commandait. — Le RÈGLEMENT DE 1792 (5 AVRIL) ne fait plus mention des Majors de brigade, parce que l'emploi de Major était aboli depuis l'année précédente. Il y est question dans le même sens de CHEFS DE BATAILLON DE BRIGADE ; mais ce fut une disposition sans résultats ; ce terme et l'autre sont également tombés en oubli. — La MILICE ANGLAISE reconnaît encore des Majors de brigade ; ils marchent hiérarchiquement après l'ASSISTANT ADJUDANT GÉNÉRAL. — Les AUTEURS à consulter au sujet des Majors de brigade sont : BOMBELLES (1746, A), DANIEL (1721, A), DELAFONTAINE (1675, A), DELAMONT (1671, A), DESPAGNAC (1751, D), DUBOUSQUET (1769, B), GAYA (1679, A), GUIGNARD (1725, B), GUILLET (1688, B), LACHESNAIE (1758, I), QUINCY (1741, E), le *Dictionnaire de la Conversation*.

MAJOR de CAVALERIE. V. CAVALERIE. V. LIEUTENANT-COLONEL D'INFANTERIE FRANÇAISE N° 1. V. RÉGIMENT DE CAVALERIE FRANÇAISE N° 2.

MAJOR de CORPS. V. CORPS. V. MAJOR DE PLACE ; id. N° 2. V. MAJOR D'INFANTERIE.

MAJOR de PLACE (A, 1 ; F). Sorte de MAJOR ou de SERGENT-MAJOR dont l'institution est moins ancienne que celle des SERGENTS-MAJORS ou MAJORS DE CORPS. — Les AUTEURS qu'on peut consulter sur ce sujet, sont : BARDIN (1807), BERRIAT (1812, A), DELAFONTAINE (1675, A), DELAMONT (1671, A), ENCYCLOPÉDIE (1751, C ; 1785, C), GUIGNARD (1725, B), GUILLET (1688, B), LACHESNAIE (1758, I). — Ce qui concerne les Majors de place sera examiné sous les rapports suivants : CRÉATION, COMPOSITION, NOMBRE, UNIFORME, ALLOCATIONS, DROITS, AUTORITÉ, RANG, SURVEILLANCE, FONCTIONS, DEVOIRS. — N° 1er. CRÉATION, COMPOSITION, NOMBRE, UNIFORME. — Les OFFICIERS nommés d'abord SERGENTS-MAJORS DE PLACE, comme le témoigne l'ORDONNANCE DE 1707 (1er AVRIL), ont, ainsi que beaucoup d'autres GRADES, existé avant que la loi eût rien prononcé. Tant que les CONNÉTABLES, les CASTELLANS, les GOUVERNEURS étaient des espèces de souverains dans leurs PLACES, chacun d'eux y réglait à sa manière le mécanisme du service et la police des mortes payes. — Depuis l'abolition des mortes payes et l'organisation plus régulière des états-majors, les sergents-majors devinrent officiers du roi, et plus tard un major de place fut l'aide, le bras droit du commandant de place, du gouverneur ou du lieutenant de roi. — L'emploi de Major était ordinairement confié à des officiers de fortune vieillis dans l'infanterie, et dont une place sédentaire devenait la retraite. — Les places d'une certaine importance avaient un Major, les autres n'en avaient pas, ou bien le Major en était en même temps le commandant. — Dans les places dépourvues d'état-major, l'un des majors de corps l'était en même temps de place. — L'abolition des Majors eut lieu en vertu des lois de 1791 (20 février et 10 juillet); leur suppression donna lieu à la création des secrétaires archivistes. — L'arrêté de l'an huit (26 germinal) les a rétablis; ils ont été reconnus par le décret de 1811 (24 décembre); ce nom devint celui des adjudants de place de première ou de seconde classe; ils étaient chargés du détail des forteresses de première et de seconde classe. — Ils ont d'abord été du grade de colonel ou de chef de bataillon. Il n'en était reconnu en 1828 que neuf dans tout l'état-major des places, savoir : six du grade de lieutenant-colonel et trois du grade de chef de bataillon. — L'ordonnance de 1829 (31 mai) admettait dans les places huit Majors du grade de chef de bataillon, et elle les employait dans quelques places de première classe. — L'uniforme des Majors comprenait dans l'origine un habit bleu garni de quelques galons d'or, une veste et culotte rouge à boutons jaunes. Depuis la guerre de la révolution ils ont le costume bleu. — N° 2. Allocations, droits, autorité, rang. — Les Majors jouissaient par droit d'usage de la pêche des fossés, de la récolte des herbages, des pâtures des fortifications; ils prélevaient certains droits sur les boissons des cantines; ils exigeaient des officiers qui montaient la garde une rétribution pour frais de fourniture de fauteuil à bascule, etc. Les lois, les ordonnances ont successivement aboli tous ces genres d'impôts, et depuis la guerre de la révolution le gouvernement a affermé les herbages, etc. — Le Major recevait à heure fixe le rapport de chaque poste et celui des caporaux de patrouille; il avait en certains cas le droit de passer l'inspection de la garde montante. — Il apposait, en cas de décès, les scellés sur les effets des généraux, des officiers particuliers, des chirurgiens militaires faisant partie de la garnison

ou étant de passage dans la place; mais il n'exerçait pas ce droit à l'égard des officiers à résidence fixe ou non employés; il assistait à la levée des scellés; procédait aux inventaires; faisait faire la vente publique des effets, et pouvait retenir, à titre d'honoraires, l'épée du décédé, et prélever une certaine retenue sur le montant de la vente. — Les Majors avaient droit de faire l'encan des objets pris sur l'ennemi et rapportés par les partis sortis de la place. — Les Majors exerçaient le commandement à défaut de gouverneur ou de lieutenant de roi. — Le rang des Majors de place était le même que celui des majors de corps; mais à grade égal ils les commandaient. — Ils ont eu, suivant les temps, sous leurs ordres pour les seconder, des capitaines de portes, des portiers-consignes, des éclusiers, des bateliers, des aides-majors, des sous-aides-majors. — N° 3. Surveillance, fonctions. — Les Majors étaient chargés de veiller à la conservation des fortifications, à l'entretien du mobilier des postes, aux fournitures de corps de garde, au transport des clefs des portes, à leur fermeture et ouverture, à l'accomplissement régulier de tout le service commandé; ils tenaient la clef des boîtes à marrons; ils veillaient à ce qu'aucun duel n'eût lieu dans la place. L'ordonnance de 1776 (25 mars) les chargeait d'une sorte de contrôle ou de police à l'égard des commissaires des guerres; elle voulait que le Major fût témoin de l'exactitude et de la sincérité des revues. — En cas d'arrivée de corps en route, il faisait avec le quartier-maître trésorier du corps la visite des casernes que la troupe devait occuper. — L'ordonnance de 1768 (1er mars) s'étendait à l'égard de leurs fonctions; elle a continué à être en vigueur bien longtemps après que le titre de Major de place a été aboli. — Conformément à ce règlement, le Major tenait un état des divers postes et de leur force, ainsi qu'un contrôle nominatif des officiers de tous les régiments de la garnison par ancienneté de commissions ou brevets; il se faisait remettre journellement la situation des corps; il faisait faire un roulement pour annoncer le défilement de la parade; il commandait nominalement au cercle d'ordre le service des officiers de garde et les visites d'hôpital, et sommairement celui des hommes de troupe, ainsi que les patrouilles, les rondes, les postes extérieurs; il donnait le mot d'ordre et transmettait particulièrement aux officiers majors le mot de ralliement. — Il tenait le livre d'ordre de la place; faisait transcrire ou distribuait l'ordre général du jour; inscrivait le service effectué, le nom et le grade

des CHEFS DE POSTE et des OFFICIERS commandés de RONDE ; il en tenait REGISTRE. — Il
faisait à pied ou à cheval, tous les soirs à une
heure différente, la RONDE MAJOR après le MOT
D'ORDRE donné, ou bien il la faisait faire par
l'AIDE-MAJOR. Il constatait dans cette RONDE
l'exactitude du MOT D'ORDRE et la présence
des HOMMES DE GARDE ; il s'assurait de l'état
de chaque CORPS DE GARDE et de son MOBILIER,
du bon état des ARMES, de la tenue et de la
vigilance des SENTINELLES. S'il faisait une seconde RONDE, elle n'était plus reconnue
comme RONDE MAJOR. — Il réunissait pour la
PARADE les TROUPES de la GARNISON, les rangeait, faisait avertir le COMMANDANT quand
elles étaient en bataille et que l'heure de
DÉFILER approchait ; il faisait BATTRE LE ROU-
LEMENT, ordonnait les MANOEUVRES s'il en devait être exécuté, faisait DÉFILER les GARDES
devant le COMMANDANT, faisait BATTRE A L'OR-
DRE, former et rompre le CERCLE. — En cas
de PROCÉDURES ordonnées, il se livrait à l'IN-
TERROGATOIRE du DÉLINQUANT et concourait
au JUGEMENT MILITAIRE comme le fait un capitaine rapporteur. — Il assistait au CONSEIL
DE DÉFENSE de la PLACE. — Au besoin et
en CAS D'ABSENCE, les Majors de place pouvaient être chargés par intérim des FONC-
TIONS de SOUS-INTENDANT. — N° 4. DEVOIRS.
— Les Majors devaient fournir aux POSTES un
REGISTRE DE RONDES, et recevoir les RAPPORTS
à l'AUBETTE ; ils devaient rendre compte au
COMMANDANT de la PLACE de la VISITE qu'ils
faisaient des POSTES ; ils se rendaient chez
lui à onze heures du matin ; ils y retour-
naient une heure avant la fermeture des
PORTES pour recevoir le MOT D'ORDRE. — Ils
devaient indiquer aux TROUPES les POSTES
D'ALARME. — Ils devaient recevoir aux POR-
TES et conduire sur la PLACE D'ARMES les
TROUPES DE PASSAGE, recevoir et examiner les
DÉSERTEURS ÉTRANGERS, visiter les CASERNES au
DÉPART des TROUPES, vérifier le PROCÈS-VERBAL
de l'état du CASERNEMENT, et rendre compte
au COMMANDANT des DÉGRADATIONS commises
par les PARTANTS.

MAJOR de QUARTIER GÉNÉRAL. V. COM-
MANDANT DE QUARTIER GÉNÉRAL. V. QUARTIER
GÉNÉRAL.

MAJOR de RECRUTEMENT. V. CONSEIL DE
RECRUTEMENT. V. MAJOR LIEUTENANT-COLONEL
N° 2. V. RECRUTEMENT.

MAJOR de RÉGIMENT D'INFANTERIE. V. JU-
GEMENT MILITAIRE. V. MAJOR. V. MAJOR GÉNÉ-
RAL. V. RÉGIMENT D'INFANTERIE. V. TAMBOUR-
MAJOR N° 5, 9.

MAJOR des GARDES FRANÇAISES. V. BRI-
GADIER DES ARMÉES. V. GARDES FRANÇAISES
N° 4.

MAJOR (majors) d'INFANTERIE (term.

sous-génér.). Sorte de MAJOR dont l'emploi et
les fonctions se rapportent en quelques points
aux attributions qui étaient confiées dans la
MILICE ROMAINE aux CENTURIONS DE PRINCES.
— Les MAJORS DE CORPS sont par leur création
antérieurs aux MAJORS DE PLACE. Ils sont considérés ici comme des OFFICIERS D'ÉTAT-MAJOR
de l'INFANTERIE FRANÇAISE DE LIGNE ; ils se
sont nommés dans l'origine SERGENTS-MAJORS ;
ils ont toujours fait partie de l'ÉTAT-MAJOR,
et ont été, suivant les temps, ou suppléants
des PRÉVÔTS DES BANDES, s'il ne s'en trouvait
pas sur les lieux, ou MEMBRES ou rapporteurs
du CONSEIL D'ADMINISTRATION. — Un ARRÊTÉ
DE L'AN QUATRE (30 VENTOSE) créait dans les
DEMI-BRIGADES à trois BATAILLONS, un quatrième
CHEF DE BATAILLON dont les fonctions rappelaient celles de l'ancien MAJOR. — Les fonctions que les Majors ont exercées, le RANG
qu'ils ont tenu, la manière dont s'opérait
leur REMPLACEMENT, ont tellement varié qu'on
ne peut en expliquer les différences qu'en
distinguant ces OFFICIERS en MAJOR CAPITAINE,
— CHEF DE BATAILLON, — DE BRIGADE, — EN
SECOND, — LIEUTENANT-COLONEL.

MAJOR du GÉNIE. V. GÉNIE. V. INGÉNIEUR
MILITAIRE.

MAJOR EN CAMPAGNE. V. APPOSITION DE
SCELLÉS. V. EN CAMPAGNE. V. JUGEMENT MILI-
TAIRE. V. MAJOR CAPITAINE N° 2, 4.

MAJOR EN PIED. V. EN PIED. V. MAJOR EN
SECOND.

MAJOR EN ROUTE. V. ADJUDANT DE SE-
MAINE EN ROUTE. V. ADJUDANT-MAJOR PRÉCÉ-
DANT LE CORPS. V. CAPITAINE DE DISTRIBUTIONS.
V. CERCLE D'ORDRE EN ROUTE. V. COLONEL EN
ROUTE. V. EN ROUTE. V. ÉTAPE. V. GITE. V.
LOGEMENT EN ROUTE. V. MAJOR CAPITAINE N° 4,
5. V. MAJOR CHEF DE BATAILLON N° 12. V.
MARCHÉ DE VIVRES EN ROUTE. V. OFFICIER DE
LOGEMENT.

MAJOR (majors) EN SECOND (F): Sorte
de MAJORS D'INFANTERIE institués par l'OR-
DONNANCE DE 1788 (17 MARS) en vue de remplacer les COLONELS EN SECOND. L'OFFICIER de
ce GRADE était tiré des CAPITAINES ayant cinq
ans de grade ; il commandait tous les CAPI-
TAINES, et spécialement en GARNISON le CA-
PITAINE DE POLICE ; il était subordonné au
MAJOR EN PIED, dont il devenait au besoin le
substitut. Une de ses fonctions était d'ALLER
AU LOGEMENT et AU CAMPEMENT. — Ce GRADE
EN SECOND était en quelque sorte l'école des
sujets destinés à devenir COLONELS ; car, par
une infraction à la HIÉRARCHIE, on devenait
COLONEL étant Major en second, et les MA-
JORS EN PIED n'arrivaient pas au commandement d'un RÉGIMENT. L'ORDONNANCE DE 1788
(17 MARS) reconnaissait encore le grade de
ces OFFICIERS ; l'ORDONNANCE DE 1791 (1er

janvier) les abolissait. — Les Majors en second ont reparu dans l'état-major de l'infanterie en vertu des décrets de 1811 (9 mars et 23 avril). Bonaparte en créait vingt avec cette légèreté qui de tout temps a bouleversé notre constitution militaire. — Aucun document n'expliquait quels devaient être l'emploi particulier, la place, les fonctions, les droits, l'avenir de ces officiers. — Guibert (1773, t. v, p. 199) avait traité de leur grade.

MAJOR espagnol. v. espagnol, adj. v. milice espagnole n° 2.

MAJOR (majors) général (F). Sorte de majors dont la dénomination, les fonctions, le rang, ont éprouvé des variations infinies; il faut se garder de confondre les Majors généraux des siècles passés, ceux de la guerre de 1775, ceux de Bonaparte, ceux de la garde royale, ceux de la guerre de 1823 et les généraux majors et les feld-maréchaux des milices étrangères. — Tous les grades ont été s'amoindrissant, parce qu'à la longue la désignation s'en délaye, s'énerve à force de passer de bouche en bouche; le titre de Major général est le seul qui ait été grandissant. — Avant que les bandes ne se fondissent pour former les régiments, les anciens sergents de bandes devinrent sergents de bataille. Dès François premier des sergents-majors de bataille devinrent majors. Quand des régiments se formèrent et se rassemblèrent, un sergent général ou maréchal de bataille était le chef des sergents de bataille; il devint Major général quand ces derniers devinrent majors de régiment; il en fut du moins ainsi dans les usages de la langue, sinon dans la lettre de la loi. — Daniel (1721, A) retrouve l'emploi de Major général mentionné dans un registre de l'extraordinaire des guerres dès l'an 1568. — En 1678 le major général des logis et ses aides, celui de l'infanterie et ses aides, celui de la cavalerie et ses aides, furent créés. — L'emploi de Major général était en désuétude depuis la guerre d'Amérique. — Tant que les divisions ont été la grande unité de l'armée française, des chefs d'état-major divisionnaires et un chef d'état-major général suffisaient au jeu de leur mécanisme; mais quand les corps d'armée ont englouti les divisions, quand tout grandissait de nom ou de fait, le titre de Major général a été rétabli : on n'avait pas d'idée juste de l'ancien emploi : on trouva ronflante la désignation ; on l'adopta au hasard ; on l'appliqua à faux; on la conçut sous des formes nouvelles. — Elle indiquait autrefois, sous le régime royal, certaines attributions d'un simple major, d'un sergent de

bataille, ou d'un colonel, distribuant les ordres du maréchal de camp aux majors de brigade ; elle devint, sous le régime impérial, la qualification d'un vice-connétable distribuant les ordres du quartier impérial aux divers corps d'armée. — La langue militaire a offert fréquemment en France de pareilles disparates. — Reprenons, comparativement, l'ordre historique du sujet : — Il existait, au temps de François premier et particulièrement en 1515, un sergent-major général de l'infanterie française; il y a eu des sergents généraux de bataille, des sergents-majors de bataille. — Ces institutions n'ont eu que peu de durée. Les Majors généraux créés sous Louis quatorze eurent de l'analogie avec ces fonctions anciennes ; le major du plus ancien régiment d'infanterie était de droit Major général. — Les Majors généraux distribuaient, en campagne, les ordres aux majors de l'infanterie par l'intermédiaire des majors de brigade, choisissaient le terrain de campement, et présidaient à l'organisation et au départ des partis. — Il fut créé ensuite un major général de l'artillerie, un des dragons, parce que ces armes ne voulaient plus se regarder comme infanterie. Il n'y avait pas de Major général de cavalerie; le maréchal général des logis en faisait fonction. C'était une différence sans objet, mais la constitution de l'armée française a toujours été décousue. — Ces Majors généraux étaient, chacun dans sa partie, comme les chefs de l'état-major d'un général. — Le rang des Majors généraux a été toujours incertain. En 1787 cet officier marchait de pair avec le maréchal général des logis de l'armée, mais plus anciennement il avait marché avant. — Dans les langues étrangères l'acception du terme se rapporte davantage à l'ancien Major général français, nullement à notre Major général moderne. — Dans les milices anglaise et piémontaise, le Major général, et dans les milices du Nord le général Major, commandent, en temps de guerre, une brigade sous les ordres d'un lieutenant général. — Suivant les termes de Catinat (lettre au duc de Savoye, 1684, novembre). un Major général était *distributeur d'ordres, porte-voix du général, sans autorité que celle qu'il emprunte de son amitié.* — Il semble que cette assertion de Catinat s'appliquerait tout aussi bien à l'ancien maréchal des logis; ce qui prouve combien les emplois ou grades étaient chose confuse. — Feuquières regarde le Major général comme un officier d'infanterie ayant un grade analogue à celui du maréchal des logis de la cavalerie, et comme subordonné au MARÉCHAL GÉNÉRAL DES LOGIS de l'ARMÉE; c'était le plus souvent un BRIGADIER. — Le simple major des GARDES FRANÇAISES avait de droit à l'ARMÉE la fonction de Major général. — Il y a des documents où le Major général est appelé Major général des logis de l'armée. — Conformément à l'ORDONNANCE DE 1778 (28 AVRIL), le Major général était, en campagne, l'aide du MARÉCHAL DE CAMP DE JOUR; il commandait aux MAJORS DE BRIGADE; il leur distribuait le TERRAIN DE CAMPEMENT; il réglait les DÉTACHEMENTS et les POSTES; il assistait au RASSEMBLEMENT des GARDES MONTANTES; il désignait et rassemblait les TROUPES pour l'ASSAUT; il réglait les TRAVAUX DE CAMPAGNE; il visitait les POSTES. Telles étaient les fonctions du général LAFAYETTE, Major général dans la GUERRE D'AMÉRIQUE. — Le Major général était chargé, comme l'explique GRIMOARD (1809, D), de recueillir les REVUES et les résultats des INSPECTIONS; de surveiller et de visiter les HÔPITAUX; de viser les CONGÉS, PERMISSIONS, demandes, réclamations; d'ordonner les payements, soit de SOLDE, soit de TRAVAUX D'ARMÉE, soit EXTRAORDINAIRES. La plupart de ces fonctions répondaient à celles du QUARTIER-MAITRE GÉNÉRAL des MILICES ÉTRANGÈRES; mais ce QUARTIER-MAITRE était initié à un secret ignoré des anciens MAJORS GÉNÉRAUX; il savait sur quel THÉATRE l'ARMÉE opérerait, et il dirigeait en conséquence les préparatifs. — Depuis le régime impérial le Major général était nécessairement dans cette confidence; il était par son rang devenu plus qu'un QUARTIER-MAITRE GÉNÉRAL. — LES ORDONNANCES DE 1815 (1er SEPTEMBRE et 31 DÉCEMBRE) ont mis à la tête de la GARDE ROYALE quatre Majors généraux; ces fonctions étaient dévolues à des MARÉCHAUX DE FRANCE comparables à de grands aides de camp; ils servaient par quartiers, étaient secondés par des AIDES-MAJORS GÉNÉRAUX; ils devenaient pendant quatre mois, à tour de rôle, les GÉNÉRAUX EN CHEF de la GARDE du souverain; ils commandaient le SERVICE EXTÉRIEUR; ils étaient les hauts surveillants de la police de la résidence. — En 1825 les principes et les termes étaient si peu réglés, que le MINISTRE DE LA GUERRE est, de titre, sinon de fait, Major général d'une ARMÉE, de l'ARMÉE, tandis que la GARDE avait pour elle seule quatre Majors généraux. Le Major général Marmont s'est acquitté le dernier, et dans de tristes circonstances, de ce scabreux emploi. — L'ORDONNANCE DE 1832 (5 MAI) donnait le titre de Major général au CHEF D'ÉTAT-MAJOR d'une ARMÉE composée de plusieurs ARMÉES; il était secondé par des AIDES-MAJORS GÉNÉRAUX; c'était une imitation irréfléchie des usages de BONAPARTE et des formes routinières de la restauration. — Les AUTEURS qu'on peut consulter à l'égard des Majors généraux sont : BARDET (1740, A), BOISROGER (1775, G), DANIEL (1721, A), DESPAGNAC (1751, D), DESPAR (1755, A), DUANE, DUBOUSQUET (1769, B), FEUQUIÈRES (1750, A), GAYA (1769, A), GRIMOARD (1775, B; 1809, D), GUIGNARD (1725, B), GUILLET (1686, B), LACHESNAIE (1758, I), au mot *Maréchal de bataille*,) LECOUTURIER (1819, A), MANESSON (1685, B), POTIER (1779, X), QUINCY (1741, E), VITOT.

MAJOR GÉNÉRAL de la GARDE. V. DOMESTIQUE MILITAIRE. V. GARDE ROYALE. V. MAJOR GÉNÉRAL.

MAJOR GÉNÉRAL de l'ARTILLERIE. V. ARTILLERIE. V. MAJOR GÉNÉRAL. V. MARÉCHAL DE CAMP Nº 6.

MAJOR GÉNÉRAL des DRAGONS. V. DRAGON. V. DRAGON FRANÇAIS Nº 4. V. MAJOR GÉNÉRAL. V. MARÉCHAL DE CAMP Nº 6.

MAJOR GÉNÉRAL des LOGIS. V. MAJOR GÉNÉRAL. V. LOGIS.

MAJOR GÉNÉRAL d'INFANTERIE. V. INFANTERIE. V. INFANTERIE FRANÇAISE Nº 2. V. MAJOR GÉNÉRAL. V. MARÉCHAL DE CAMP Nº 6. V. PARTI DE GUERRE.

MAJOR GREC. V. GREC, adj. V. OURAGUE.

MAJOR LIEUTENANT-COLONEL. (A, 1). Sorte de MAJOR D'INFANTERIE auquel nous sommes obligé de donner cette dénomination, pour le distinguer des diverses autres classes de Majors. — Ceux dont il est ici question rappellent une institution créée sous le règne de BONAPARTE, qui les avait, en quelque sorte, établis comme les conservateurs du MATÉRIEL, les fonctionnaires de l'ADMINISTRATION, tandis que les autres OFFICIERS SUPÉRIEURS étaient plutôt les directeurs de la TACTIQUE, les surveillants du SERVICE. Elle n'a pas survécu à sa chute. Ce GRADE a été aboli en 1814. — Les AUTEURS qu'on peut consulter à cet égard, sont : BARDIN (1807, D; 1809, B), M. BERRIAT, M. le général PREVAL. — Ce qui concerne ces officiers sera examiné sous les rapports suivants : CRÉATION, UNIFORME, LOCALISATION, ALLOCATIONS, AUTORITÉ, RANG, FONCTIONS, DEVOIRS, ADMINISTRATION. — Nº 1er. CRÉATION, UNIFORME, LOCALISATION, ALLOCATIONS. — Établir un GRADE dont les attributions eussent de l'analogie avec celles du MAJOR ancien ou du quatrième CHEF DE BATAILLON créé en l'an quatre, était un projet consigné dans un arrêté non promulgué, qui datait de l'an dix (12 vendémiaire), et qui concernait l'organisation de l'ARMÉE. — La création des Ma-

jors fut prononcée par l'ARRÊTÉ DE L'AN ONZE
(15 FLORÉAL) et par l'ARRÊTÉ DE L'AN DOUZE
(1ᵉʳ VENDÉMIAIRE); elle se liait à l'organisation du DÉPARTEMENT DE LA GUERRE, alors divisé en deux MINISTÈRES. Le COLONEL était
plutôt l'homme du PERSONNEL, le Major était
plutôt l'homme du MATÉRIEL et le représentant du MINISTRE DIRECTEUR. Aussi les MAJORS
ne faisaient-ils campagne que par exception;
ils commandaient habituellement le DÉPOT.
— L'institution du GRADE du Major a contribué à amoindrir le GRADE de CHEF DE BA-
TAILLON dont l'importance a été sans cesse
déclinant. — Le Major était distingué par
une double ÉPAULETTE de deux MÉTAUX, dont
la frange était à TORSADES. Les ÉPAULETTES
des LIEUTENANTS-COLONELS actuels en sont
une imitation. — La place que devait occuper en MANŒUVRES le Major n'était pas légalement déterminée dans les ORDONNANCES
D'EXERCICE, puisque cette création était postérieure de beaucoup à la promulgation du
RÈGLEMENT DE 1791 (1ᵉʳ AOUT) concernant
l'exercice. — Le Major résidait au BATAILLON
DE DÉPOT. — L'ARRÊTÉ DE L'AN DOUZE (5 VEN-
TOSE) réglait la SOLDE, les INDEMNITÉS REPRÉ-
SENTATIVES, d'ÉTAPE, etc., des Majors. — Le
DÉCRET DE L'AN DOUZE (1ᵉʳ VENDÉMIAIRE) et
l'INSTRUCTION DE 1811 (4 MARS) déterminaient
leur SOLDE. — N° 2. AUTORITÉ, RANG, FONC-
TIONS, DEVOIRS. — Le Major commandait le
DÉPOT GÉNÉRAL du CORPS; il occupait la deuxième place dans l'ÉTAT-MAJOR. Il était bien
plus réellement un COLONEL EN SECOND ou un
LIEUTENANT-COLONEL, qu'un OFFICIER à attributions comparables à celle des anciens Majors. — La distance, trop faible entre le GRADE
de Major et celui de chef de corps, a excité
quelques blâmes, parce qu'il y aurait, disait-on, conflit presque inévitable entre
ces deux autorités; parce que les FONCTIONS
de Major le subordonnaient au COLONEL pour
le service, mais ne le tenaient pas sous son
entière dépendance pour l'ADMINISTRATION;
il en résultait une contrariété dans les
rouages; et, comme le dit M. BARDYT (1817,
D, p. 226), *il y eut collision ou collusion.*
— Les lois de création et la CIRCULAIRE DE
L'AN QUATORZE (20 VENDÉMIAIRE) chargeaient
le Major des DÉTAILS, des INSPECTIONS administratives, de la TENUE de la TROUPE, de sa
DISCIPLINE, de sa POLICE, de l'ADMINISTRATION,
de la COMPTABILITÉ du CORPS et des COMPA-
GNIES. Quelques-unes des fonctions du QUAR-
TIER-MAITRE devenaient les siennes. — Les
Majors suppléaient les COLONELS, comme PRÉ-
SIDENTS de CONSEILS PERMANENTS. — En 1809,
les Majors d'infanterie devinrent les COLO-
NELS éventuels des GARDES NATIONALES faisant
partie de l'expédition destinée à reprendre

l'île de Walcheren. — Le DÉCRET DE L'AN
TREIZE (8 FRUCTIDOR) attachait un Major en
activité aux CONSEILS DE RECRUTEMENT. Il était
chargé de veiller à ce que des hommes at-
teints d'infirmités reconnues ne fussent pas
admis au SERVICE. Ces Majors jouissaient,
en ce cas, d'un SUPPLÉMENT DE SOLDE égal au
quart de leurs APPOINTEMENTS. — Les Majors
étaient tenus de donner connaissance au
MINISTRE des ACTIONS D'ÉCLAT par lesquelles
des MILITAIRES du CORPS se distinguaient aux
ARMÉES. — N° 3. ADMINISTRATION. — Le Major était RAPPORTEUR près du CONSEIL D'ADMI-
NISTRATION, sans en être MEMBRE; il n'avait,
aux SÉANCES, que voix consultative, à moins
qu'en l'absence du COLONEL il ne présidât.
Dans ce cas, par un renversement de principes, il devenait PRÉSIDENT et tenait une
CLEF de la CAISSE. Sans être MEMBRE du CON-
SEIL, il en était à la fois PRÉSIDENT et RAPPOR-
TEUR, quoique ce soit contradictoire. Telles
étaient les dispositions du DÉCRET DE L'AN
DOUZE (1ᵉʳ VENDÉMIAIRE). Il était chargé, con-
formément au DÉCRET DE L'AN TREIZE (25 GER-
MINAL), du CONTROLE GÉNÉRAL ou CONTROLES
ANNUELS du CORPS; il les coordonnait avec
ceux des COMPAGNIES et des détachements. A
cet effet, il recevait de chaque CAPITAINE les
ÉTATS DE SITUATION; il en transmettait le relevé au SOUS-INSPECTEUR, après vérification.
— Il avait la surveillance de la gestion de
la MASSE DE COMPAGNIE; il en établissait les
relevés généraux. — Il vérifiait les FEUILLES
D'APPEL et les FEUILLES DE JOURNÉES, tant des
COMPAGNIES que de l'ÉTAT-MAJOR. — Il rassemblait et mettait en ordre les RAPPORTS et
SITUATIONS qui lui étaient adressés tous les
dix jours par tout CHEF DE DÉTACHEMENT absent, soit en station, soit en route. — Il di-
rigeait et centralisait l'ADMINISTRATION de
l'ÉTAT-MAJOR. — Quand il commandait le
DÉPOT, il recevait de l'ARMÉE les ACTES DE DÉ-
CÈS survenus au CORPS, les ACTES DE MARIAGE,
les ACTES DE NAISSANCE en pays étranger. —
Il arrêtait les FEUILLES DE REVUES dressées
pour les INSPECTEURS AUX REVUES et pour les
INSPECTEURS GÉNÉRAUX. — Aux REVUES des
SOUS-INSPECTEURS, il leur remettait, après
l'avoir signée, la FEUILLE DE REVUE d'ÉTAT-
MAJOR. — Il adressait chaque mois, au MI-
NISTRE DE LA GUERRE, un état des DÉSERTEURS,
des HOMMES RAYÉS définitivement pour longue
absence, des HOMMES RAYÉS, mais RENTRANT
ensuite au CORPS, etc.

MAJOR NÉERLANDAIS. V. MILICE NÉERLAN-
DAISE. V. NÉERLANDAIS, adj.

MAJOR PIÉMONTAIS. V. MILICE PIÉMON-
TAISE N° 1, 9. V. PIÉMONTAIS, adj.

MAJOR PORTUGAIS. V. MILICE PORTUGAISE
N° 1. V. PORTUGAIS, adj.

MAJOR PRUSSIEN. V. MILICE PRUSSIENNE N° 2. V. PRUSSIEN, adj.

MAJOR SUÉDOIS. V. MILICE SUÉDOISE N° 1. V. SUÉDOIS, adj.

MAJOR SUISSE. V. INFANTERIE FRANCO-SUISSE N° 6. V. SUISSE, adj.

MAJOR TURC. V. MILICE TURQUE N° 2. V. TURC., adj,

MAJOR WURTEMBERGEOIS. V. MILICE WURTEMBERGEOISE N° 1. V. WURTEMBERGEOIS, adj.

MAJORAT, subs. masc. V. BÉNÉFICE MILITAIRE. V. FIEF. V. MAJOR. V. MILICE RUSSE N° 5. V. MILICE TURQUE N° 1. V. NOBLESSE. V. PENSION DE RETRAITE. V. RÉCOMPENSE. V. SERVICE PERSONNEL.

MAJORITÉ, subs. fém. V. AIDE-MAJORITÉ. V. MAJOR.

MAJORITÉ DE VOIX. V. CONSEIL DE RÉVISION JUDICIAIRE. V. SENTENCE. V. VOIX.

MAJORQUIN; **MAKINNON**. V. NOMS PROPRES.

MAJOUR, adj. et subs. masc. V. SERGENT M...

MAL VÉNÉRIEN. V. CARTOUCHE IMPRIMÉE. V. CHIRURGIEN-MAJOR D'INFANTERIE FRANÇAISE N° 13, 15, 18. V. VÉNÉRIEN, adj.

MALACCA. V. NOMS PROPRES.

MALADE, subs. masc. V. A MALADE. V. ALLOCATION. V. BILLET D'ENTRÉE A L'HOPITAL. V. BOUILLON MAIGRE. V. CHAMBRE DE SOLDAT. V. CHEF DE BATAILLON DE SEMAINE N° 2. V. CHIRURGIEN-MAJOR D'INFANTERIE FRANÇAISE N° 1, 12, 13, 14. V. COLONEL D'INFANTERIE FRANÇAISE DE LIGNE N° 38. V. COMPOSITION. V. CONDUCTEUR DE M... V. CONSCRIPTION. V. CONVALESCENT. V. CONVOI A LA SUITE. V. CONVOI MILITAIRE. V. EAU MINÉRALE. V. ÉCLOPPÉ. V. ÉTAT DE MALADES. V. GEHEMA. V. HOPITAL MILITAIRE. V. MILICE PRUSSIENNE N° 2. V. OFFICIER M... V. SERVICE JOURNALIER. V. SOLDAT M... V. TRAITEMENT DE M... V. TRANSPORT DE M...

MALADE A LA CHAMBRE. V. A LA CHAMBRE. V. BILLET DE MALADIE. V. CAPORAL DE SEMAINE N° 2. V. CHAMBRE DE CASERNE. V. CHIRURGIEN-MAJOR D'INFANTERIE FRANÇAISE DE LIGNE N° 12, 14, 15. V. COLONEL D'INFANTERIE FRANÇAISE DE LIGNE N° 25. V. CORPS D'INTENDANCE N° 8. V. EFFECTIF. V. ÉTAT DES MALADES A LA C... V. MAJOR CHEF DE BATAILLON N° 11. V. REVUE D'ADMINISTRATION. V. REVUE SUR LE TERRAIN. V. SERVICE JOURNALIER. V. SOUS-INSPECTEUR AUX REVUES. V. SOUS-INTENDANT N° 8.

MALADE A LA SALLE DE DISCIPLINE. V. A LA SALLE DE DISCIPLINE. V. CAPORAL DE POLICE. V. CHIRURGIEN-MAJOR D'INFANTERIE N° 12.

MALADE A L'HOPITAL. V. A L'HOPITAL. V. AIDE-CHIRURGIEN N° 2. V. ALIMENTS D'HOPITAL. V. BANDAGE HERNIAIRE. V. BARBE D'HOMME A L'HOPITAL. V. CAPITAINE DE VISITE D'HOPITAL. V. CHIRURGIEN-MAJOR DE CORPS N° 8. V. COLONEL D'INFANTERIE FRANÇAISE DE LIGNE N° 25. V. COMMISSAIRE DES GUERRES N° 6. V. CORPS D'INTENDANCE N° 8. V. EFFET DE MALADE A L'HOPITAL. V. ÉVACUATION DE MALADE A L'HOPITAL. V. HOMME A L'HOPITAL. V. HOPITAL MILITAIRE. V. INFIRMIER. V. LÉGERS ALIMENTS. V. MINISTRE DE LA GUERRE N° 14. V. RÉGIMENT FRANÇAIS N° 6. V. REVUE SUR LE TERRAIN. V. SOUS-INSPECTEUR.

MALADE A L'INFIRMERIE. V. A L'INFIRMERIE. V. CAPITAINE DE SEMAINE. V. CHIRURGIEN-MAJOR D'INFANTERIE FRANÇAISE N° 8. V. DRAPS DE LIT D'INFIRMERIE. V. INFIRMERIE. V. SERVICE JOURNALIER.

MALADE AU CACHOT. V. CACHOT. V. CHIRURGIEN D'INFANTERIE FRANÇAISE N° 12.

MALADE (malades) D'ARMÉE (B, 1). Le mot MALADE, dont l'étymologie est mal connue, paraît une abréviation de l'ITALIEN *ammalato*, ou de *male andare*, aller mal, qui a aussi produit MALANDRIN.—Le nombre des Malades des ARMÉES FAISANT CAMPAGNE s'est élevé quelquefois jusqu'à l'énorme quantité du tiers; ainsi, suivant Andreu (1762, p. 33), sous les yeux duquel passaient les états de situation, dans la campagne de Hanovre, il y avait vingt-six à vingt-sept mille malades, sur quatre-vingts à quatre-vingt-six mille hommes. Mais leur nombre équivaut, ordinairement, au dixième DES PRÉSENTS SOUS LES ARMES. Ceux dont les affections sont graves ou mortelles en forment le trentième; tels sont, du moins, les calculs généraux que M. CANCRIN a relevés, comme terme moyen des états de situation des diverses ARMÉES; mais, si l'on en croit le *Moniteur* (novembre 1835), les CAMPS D'INSTRUCTION formés en cette année à SAINT-OMER, Wattignies et Rocroy n'ont été que d'un cinquantième; ceux de COMPIÈGNE et de LUNÉVILLE n'ont donné qu'un Malade, l'un sur quarante-six hommes, l'autre sur trente-huit hommes; tandis que le terme moyen des Malades des GARNISONS est d'un dix-neuvième.— Dans la GUERRE DE LA RÉVOLUTION, il a péri quatre fois plus de malades par le désordre de notre système de guerre, suivant le général FOY, qu'il n'a péri d'hommes des coups de l'ennemi. Ces questions peuvent, au reste, être étudiées avec fruit dans les passages où ODIER (1824, E, t. VI) traite du SERVICE DE SANTÉ. — En cas de CAPITULATION conclue à la suite d'un SIÉGE, il est d'usage de stipuler que les Malades transportables à l'instant de la REDDITION de la PLACE seront emmenés dans des CHARIOTS COUVERTS; que ceux qui seront hors d'état de voyager seront laissés à la générosité du vainqueur, ainsi que les ADMINISTRATEURS, les OFFICIERS DE SANTÉ et les INFIR-

MIERS nécessaires, et qu'une SOLDE leur sera allouée. — Parmi les attirails d'un SIÉGE DÉFENSIF, il est rassemblé des BRANCARDS pour le transport des hommes tombant Malades. — L'ordonnance de 1835 (21 décembre) s'occupait des MALADES des corps en route. — Un système curatif qu'on nomme homœopathique commençait, en 1833, à s'appliquer aux Malades de l'ARMÉE AUTRICHIENNE.

MALADE EN CAMPAGNE. V. EN CAMPAGNE. V. GUERRE DE 1830. V. PRÉFET DE CAMP.

MALADE EN PERMISSION. V. EN PERMISSION. V. PERMISSIONNAIRE.

MALADE EN PRISON. V. CHIRURGIEN-MAJOR D'INFANTERIE FRANÇAISE DE LIGNE N° 12. V. EN PRISON. V. PRISON DE PLACE.

MALADE EN ROUTE. V. BILLET D'ENTRÉE A L'HOPITAL. V. CORPS DE GARDE DE PASSAGE. V. CHEF DE BATAILLON DE SEMAINE EN ROUTE. V. CHEVAL DE SELLE DE CONVOI. V. CHIRURGIEN EN ROUTE. V. EFFET DE MALADE EN ROUTE. V. EN ROUTE. V. FEUILLE DE ROUTE DE MILITAIRE ISOLÉ. V. FUSIL DE MALADE EN ROUTE. V. FUSIL D'INFANTERIE. V. LOGEMENT ACTIF. V. REVUE D'ADMINISTRATION. V. REVUE DE SUBSISTANCE EN ROUTE. V. SÉJOUR DE CORPS EN ROUTE.

MALADIE, subs. fém. V. ABSENCE AUTORISÉE. V. ABSENCE D'HOMME DE TROUPE. V. ABSENCE PAR MALADIE. V. ACTE DE DÉCÈS. V. ARME PERSONNELLE N° 2. V. BÄLDINGER. V. BILLET DE MALADIE. V. BILLET D'ENTRÉE A L'HOPITAL. V. BOEHMER (1765). V. CAMP D'INSTRUCTION. V. CATARACTE OPHTALMIQUE. V. CHIRURGIEN-MAJOR D'INFANTERIE FRANÇAISE DE LIGNE N° 15, 18. V. CONGÉ DE CONVALESCENCE. V. DAIGRAN (1780). V. DARU. V. DASNEVES (1797). V. DESTITUTION. V. DIASTASIS. V. EAU MINÉRALE. V. ÉTAT DE MALADIE. V. FIÈVRE. V. FIÉVREUX. V. FISTULE. V. FORCE ARMÉE. V. FORTERESSE. V. HAMILTON. V. HOPITAL MILITAIRE. V. HYDROPISIE. V. INFIRMERIE. V. INHABILETÉ AU SERVICE. V. KIRCKOFF. V. LANGHANS. V. LAZERNE (1755). V. LUDUVICI. V. MAIZEROY (1759). MONRO (1754, 1764). V. PAIN DE MUNITION. V. PERMISSIONNAIRE. V. PRINGLE (1771). V. REMYFORT (1686). V. REVOLAT. V. ROEDERER (1762). V. SCHAARSCHMIDT. V. SOUVILLE (1810). V. SWIETEN (1758). V. WILLIUS (1676).

MALADIE CHIRURGICALE. V. BLESSÉ. V. CHIRURGICAL. V. CHIRURGIEN D'HOPITAL.

MALADIE CUTANÉE. V. CAS DE RÉFORME. V. CHIRURGIEN-MAJOR D'INFANTERIE FRANÇAISE DE LIGNE N° 18. V. CONGÉDIÉ. V. CUTANÉ. V. GALE. V. INFIRMERIE. V. INFIRMITÉ.

MALADIE DE POITRINE. V. CAS DE RÉFORME. V. INFIRMITÉ. V. POITRINE.

MALADIE D'OFFICIER. V. OFFICIER. V. OFFICIER D'INFANTERIE FRANÇAISE N° 5.

MALADIE INTERNE. V. FIÉVREUX. V. INTERNE.

MALADIE LÉGÈRE. V. CASERNE. V. CHIRURGIEN-MAJOR D'INFANTERIE FRANÇAISE DE LIGNE N° 10, 18. V. CONSEIL D'ADMINISTRATION DE CORPS. V. GALE. V. GONORRHÉE. V. INFIRMERIE. V. LÉGER. V. MASSE DE MÉDICAMENTS. V. TRAITEMENT DE MALADIES LÉGÈRES.

MALADIE VÉNÉRIENNE. V. CHIRURGIEN-MAJOR D'INFANTERIE FRANÇAISE DE LIGNE N° 10, 18. V. CONGÉ DE SEMESTRE. V. CONGÉDIÉ. V. GALE. V. HOPITAL MILITAIRE. V. INSPECTEUR GÉNÉRAL D'INFANTERIE N° 4. V. PERMISSIONNAIRE. V. VÉNÉRIEN.

MALANDRIN (malandrins), subs. masc. (F). Mot qui a été la désignation d'un genre de TROUPE. L'académie de la Crusca tire le nom des Malandrins de *male andare*, vagabonder en faisant du mal, ou aller mal, être MALADE. On en pourrait induire que cette vieille expression, être mal en train, serait une corruption du substantif être Malandrin. — MÉNAGE ne dit rien de satisfaisant sur ce genre de dénomination; elle a été donnée, pendant les croisades, à des voleurs ARABES et ÉGYPTIENS et à des lépreux. On appelait maladreries, les léproseries, les dépôts de Malandrins. — Le LATIN barbare traduisit ce mot par *malandrinus, maledrinus*; de là l'ITALIEN *malandrino*, voleur de grand chemin. — Le sobriquet de Malandrins fut donné à des ARCHERS A CHEVAL de la plus ancienne CAVALERIE LÉGÈRE. On appelait également ainsi des AVENTURIERS qui ravageaient la FRANCE sous les règnes du roi JEAN et de CHARLES CINQ; ils étaient formés par GRANDES COMPAGNIES ou bandes; c'étaient des ramas de soldats licenciés ou transfuges; un de leurs chefs se faisait appeler *l'ami de Dieu, l'ennemi de tout le monde*. — Il y a des ÉCRIVAINS qui confondent les Malandrins avec les BRABANÇONS, les COTEREAUX, les RIBAUDS, les ROUTIERS, les TARD-VENUS; cependant il paraît que les Malandrins étaient généralement des cavaliers légers, tandis que plusieurs de ces autres TROUPES DE BRIGANDS se composaient d'HOMMES A PIED. WALSINGHAM dépeint les Malandrins dans le passage que voici : *Brigantinorum more semivestitus, gestans ad latus sagittas breves, qualiter utuntur equites illarum partium qui Malandrini dicuntur.* C'est un soldat à demi vêtu à la manière des BRIGANDS, portant à son côté de courtes flèches pareilles à celles dont se servent les CAVALIERS de ces diverses contrées (des contrées orientales) et qu'on nomme Malandrins. — On peut consulter, à l'égard des Malandrins, DUANE, l'ENCYCLOPÉDIE (1751, C), LACHESNAIE (1758, 1), MÉNAGE, ROQUEFORT (1833), VOLTAIRE (t. XVIII, p. 220), WALSINGHAM.

MALATESTA ; MALCHUS ; MAL-GRAPE ; MALHERBE. v. noms propres.

MALLECUS, subs. masc. v. épée.

MALLÉOLE, subs. fém. (F), ou flèche ardente, ou trait enflammé. Mot qui aurait dû être masculin, puisqu'il dérive du latin *malleolus,* signifiant crosse ou projectile ayant la forme d'une crosse, d'un fuseau ; les italiens en ont fait *malleolo.*—La Malléole était un genre de flèches dont la partie antérieure était environnée de joncs soufrés qui entouraient des substances combustibles ; on se servait de ces flèches en manière de brulots, elles portaient l'incendie ; elle ont donné l'idée des bombes. — Les légions romaines se servent de Malléoles depuis le second siècle ; Appien (150, A) décrit ces flèches a feu comme ayant la tête armée de plusieurs pointes, entre lesquelles on introduisait les matières incendiaires ; on les lançait avec un arc faiblement bandé, *emissa lentius invalido arcu,* pour que la flèche ne s'éteignît pas par un trajet trop rapide. — Nonius Marcellus (*De proprietate sermonum*) représente les Malléoles comme des faisceaux de jonc trempés dans de la poix ; c'eût été ainsi une espèce de mitraille incendiaire ; *Malleoli sunt manipuli spartei pice contecti...* etc. — Festus (Pompeius) dit qu'on appelle Malléoles, et de petits-mails ou maillets, et des flèches qui, probablement, leur ressemblaient par la forme. — Les Normands font usage de Malléoles au siége de Paris, en 887. — La Malléole était là falarique d'une petite arme de jet ; la falarique était une grande Malléole. — Quand le feu grégeois fut inventé, on en lançait à l'aide des Malléoles, ou des trabes.—Au quatorzième siècle, les acquereaux et les canons de l'artillerie française jetaient des flèches ardentes et du feu grégeois ; ce qui prouve que ce qu'on appelait dans l'origine artillerie, n'était pas du genre des machines a poudre, mais bien des machines névrobalistiques. — Les auteurs qui ont traité des Malléoles sont : Ammian (150, A), Appien (380, A), Carré (1785, E), M. le général Cotty (1822, A), l'Encyclopédie (1751, C ; id. au t. iii des planches), Gassendi (1819), Lachesnaie (1758, I), Maizeroy (1771, E), Potier (1779, X, au mot *Artillerie*).

MALLET ; MALLIOT ; MALORTY ; MALPLAQUET ; MALTE ; MALTER. v. noms propres.

MALTHE ; MALTHUS. v. noms propres.

MALVEISINE, subs. fém. (F), ou malvésine. Mot qui dérivait de l'adjectif malves, malvais (mauvais) ; il en était un diminutif,

comme on eût dit une petite mauvaise ; c'était le nom d'un engin ou machine de guerre du genre des pierriers.

MALVESINE, subs. fém. v. malveisine.

MALZET. v. noms propres.

MAMELIÈRE (mamelières), subs. fém. (F), ou mamellière, ou pectoraux. Ces mots, que Ganeau et Roquefort dérivent du bas latin *mamillaria,* était le nom d'une rondelle en métal de la largeur d'une soucoupe ; elle s'attachait au devant de certaines cuirasses ; il y avait une paire de Mamelières qui défendait le défaut de l'épaule des plastrons dont les épaulières n'étaient pas d'une assez grande dimension pour mettre à couvert cette partie. Les Mamelières s'attachaient à un bouton qui saillait en cet endroit de la cuirasse ; elles y jouaient avec une certaine liberté.—Au quinzième siècle, et même au commencement du seizième, les Mamelières étaient gravées et damasquinées ; leur centre supportait une chainette qui venait s'attacher à la poignée de l'épée et à l'extrémité supérieure du fourneau ; on supprima alors ces chainettes dont l'usage était bizarre.

MAMELLIÈRE, subs. fém. v. mamelière.

MAMELON, subs. masc. (G, 7). Mot dont l'étymologie s'explique d'elle-même. — En géologie, un Mamelon est une sommité de montagne, une élévation de terre, un des points culminants d'un pays montagneux ; les Mamelons en sont les derniers reliefs, s'en isolent, et y prennent des formes arrondies dont leur nom donne l'idée ; ils sont intermédiaires entre les hauteurs voisines et le glacis qui forme la plaine ; ils en raccordent la pente générale avec le plan légèrement incliné qui descend vers le récipient des eaux ou avec l'un des côtés des eaux du fond de la vallée.

MAMELON de garde d'épée. v. calotte de garde d'épée. v. garde d'épée.

MAMELOUC, subs. masc. v. mamelouck.

MAMELOUCK (mameloucks), subs. masc. (F), ou mamelouc, ou mameluc, comme le dit Boiste, ou mameluck, ou mamelus, comme on les appelait dans la croisade de 1248, ou mamlouk, ou mammeluc, comme l'écrit l'Encyclopédie (1751, C), ou mammeluc, comme l'écrit Voltaire, ou mammelus, comme l'écrit Lachesnaie (1758, I), ou mammolus. Ces mots turcs ou corrompus de l'arabe désignent une cavalerie célèbre de l'Orient. — Une troupe brillante de Mameloucks qui faisait partie de la garde impériale de Bonaparte, rappelait l'expédition des Français en Orient pendant la guerre de la révolution. — Volney est le premier auteur qui ait éclairé ce point curieux de l'histoire de l'Egypte ; le *Bulletin des Sciences militaires* (1831, p. 219) en a donné également un aperçu qu'on doit à M. Jargow, et un tableau animé de cette singulière milice aux temps où avait lieu l'expédition française est tracé par M. Thiers (t. x, p. 105); le *Dictionnaire de la Conversation* traite le même sujet. — Le sujet va être expliqué sous les rapports suivants : création, composition, dénomination, force, nombre, uniforme, tactique. — No 1. Création, composition. — Les Mameloucks sont nés au pied du Caucase ; ils furent introduits en Egypte par la désastreuse irruption des Mogols en 1227.—En 1230, le sultan, pour recruter cette troupe, fit acheter en Circassie douze mille jeunes garçons. Elle devient un corps privilégié et fait la loi à ses maîtres. En 1250, cette garde prétorienne égorge le sultan et en élit un autre. C'était l'époque des désastres de Louis neuf, désastres auxquels la malhabileté de ce prince n'a pas moins contribué que la valeur des Mameloucks qui écrasèrent son armée à Massoure. — D'esclave devenue despote, cette soldatesque féodale, en révolte contre son souverain, a tenu l'Egypte sous un joug de fer. — En 1517, Soliman leur enlève la possession de l'Egypte, et les raye presque de la milice turque; leur nom est comme oublié pendant deux cent trente ans, et jusqu'au tiers du dix-huitième siècle ; ils reparaissent alors avec éclat. — Vingt-quatre beys ou chefs de province tirés du corps des Mameloucks sont les seigneurs du pays et les généraux des troupes; devenus propriétaires puissants, ils se regardent comme indépendants de la Porte, accroissent le nombre des Mameloucks et dominent despotiquement le pays. Le pacha turc entretenu triennalement au Caire était plutôt le prisonnier des beys que le représentant du grand sultan. — Pendant plus de cinq siècles, les Mameloucks n'ont subsisté qu'en se recrutant aux bords du Phase et en Circassie ; ils ont dédaigné de s'allier à des femmes indigènes, ils n'ont jamais produit de lignée qui ait traversé deux générations, et leurs enfants mâles ne devenaient point Mameloucks. — Chacun de ces cavaliers avait un ou deux fellahs ou esclaves à pied ; ce servage était une trace du primitif service des fantassins. — Parmi les beys, se faisant presque toujours la guerre, le plus brave, ou le plus heureux, était le plus puissant; l'armée de chacun d'eux était de cinq à six cents Mameloucks, dont le chef était en même temps le propriétaire; quel-

quefois l'hérédité, plus souvent l'élévation d'un Mamelouck favori, perpétuait la classe des beys. A l'arrivée des Français, deux beys s'étaient, pour ainsi dire, partagé la souveraineté ; l'un à la tête des choses de la guerre, l'autre à la tête des choses civiles ; c'étaient le politique Ibrahim et le sabreur Mourad. — Les Mameloucks ont été détruits en partie, en 1815, par le vice-roi d'Egypte ; une grande partie de cette soldatesque est pourtant restée sur pied, mais a été répartie par ce prince sur des points éloignés. Il a craint d'affaiblir les qualités de cette cavalerie s'il l'eût constituée sur le pied européen. — Le *Spectateur militaire* (1828) témoigne qu'il y a dissentiment à l'égard des Mameloucks actuels; les uns les regardent comme un ramas d'aventuriers turcs passant, à leur gré, du service d'un pacha à celui d'un autre; suivant d'autres relations, ils comptent encore dans leurs rangs quelques vétérans qui appartenaient au corps si rudement licencié par Mehemed-Ali ; ils sont répandus sur la surface des pachalics par escadron de cinquante chevaux environ, commandés par des chefs dévoués aux pachas. — Les journaux prussiens prétendent que, au moyen de signaux télégraphiques, ou en leur dépêchant des courriers portés sur des dromadaires, cinquante mille Mameloucks pourraient être réunis en huit jours de temps par le vice-roi. — C'est probablement une grande exagération. — Volney faisait des Mameloucks de l'autre siècle un portrait peu à leur avantage : *Ignorants et superstitieux par éducation, ils deviennent farouches par les meurtres, séditieux par les tumultes, perfides par les cabales, lâches par dissimulation et corrompus par toute espèce de débauches.* — No 2. Dénomination, force, nombre. — Le terme Mamelouck signifie esclave militaire. Ménage le tire de l'arabe *almamluch*, signifiant qui est possédé par autrui. Volney le dérive du verbe arabe *malak*, posséder, et le traduit par homme possédé en propriété, et distingué par ce nom des esclaves ordinaires. — Suivant plusieurs relations, la force numérique des Mameloucks n'a jamais dépassé de beaucoup sept mille soldats ; leur nombre, en y comprenant les beys, les kachefs, les affranchis, les esclaves, les jeunes gens au-dessous de vingt ans, peut s'être élevé à neuf mille hommes; Volney les évaluait, en 1785, à dix mille cavaliers ordonnés en sept corps ou agrégations. On regarde en général cette quantité comme le maximum des forces que les vingt-quatre beys aient tenues sous les armes. Cependant M. Thiers les évalue à douze mille cavaliers. — Dans sa relation de la campagne d'ÉGYPTE, BERTHIER fait mention de quatre mille Mameloucks qui combattirent à Chebris; il en accuse six mille à la bataille des Pyramides. — N° 5. UNIFORME, TACTIQUE. — Les Mameloucks étaient distingués par un HABILLEMENT splendide et un riche HARNACHEMENT à l'orientale et à SELLE D'ARMES; le DJÉRID OU ARZEGAIE était, dans leur main, une arme terrible; ils avaient une ESPINGOLE ANGLAISE, plusieurs PISTOLETS de ceinture, une MASSE D'ARMES, un POIGNARD OU YATAGAN, un SABRE dont la lame, longue de deux pieds mesurée en ligne droite, avait trente pouces de développement; le SABRE COURBE des HUSSARDS en était une imitation. — Ils avaient pour instrument de MUSIQUE des TAM-TAMS. — *Ils ne connaissaient rien*, dit VOLNEY, *de notre art militaire; ils n'avaient ni uniforme, ni discipline, ni subordination; leur réunion est un attroupement, leur marche une cohue, leur combat un duel, leur guerre un brigandage.* — BONAPARTE en concevait une idée plus haute; il a dit: *Les Mameloucks, dans tout l'Orient* (M. LAS-CASES, t. v, p. 192), *étaient des objets de vénération et de terreur; c'était une milice regardée jusqu'à nous comme invincible.* — *Deux Mameloucks tenaient tête à trois Français, parce qu'ils étaient mieux armés, mieux montés, mieux exercés; ils avaient deux paires de pistolets, un tromblon, une carabine, un casque avec visière, une cotte de mailles, plusieurs chevaux et plusieurs hommes de pied pour les servir. Mais cent cavaliers français ne craignaient pas cent Mameloucks; trois cents étaient vainqueurs d'un pareil nombre; mille en battaient quinze cents; tant est grande l'influence de la tactique, de l'ordre et des évolutions! Murat, Leclerc, Lassalle, se présentaient aux Mameloucks sur plusieurs lignes; lorsque ceux-ci étaient sur le point de déborder la première, la seconde se portait à son secours par la droite et par la gauche; les Mameloucks s'arrêtaient alors, et convergeaient pour tourner les ailes de cette nouvelle ligne; c'était le moment qu'on saisissait pour les charger; ils étaient toujours rompus. — Avec cette poignée choisie* (ibid., t. v, p. 102), *et la canaille recrutée sur les lieux, pour être dépensée au besoin* (nous recommandons aux observateurs cette phrase sur le commun des SOLDATS), *je ne connais rien que je n'eusse renversé; Alger en trembla.* — La réputation des MAMELOUCKS a fait naufrage de-

vant les CARRÉS français; notre INFANTERIE a bravé les CHARGES de cette CAVALERIE FOUDROYANTE; elle leur a enlevé en 1798 l'ÉGYPTE; en 1811, l'INFANTERIE ALBANAISE les a assassinés, elle a anéanti leur corporation.

MAMELUC, subs. masc. v. MAMELOUCK.

MAMELUCK, subs. masc. v. MAMELOUCK.

MAMELUS, subs. masc. v. MAMELOUCK.

MAMLOUK, subs. masc. v. MAMELOUCK.

MAMMELUC, subs. masc. v. MAMELOUCK.

MAMMELUS, subs. masc. v. MAMELOUCK.

MAMMOLUS, subs. masc. v. MAMELOUCK.

MANACCI. v. NOMS PROPRES.

MANCANAS, subs. masc. v. ARME CONTONDANTE. V. CASSE-TÊTE. V. MASSE D'ARMES.

MANCE, subs. fém. et masc. v. MANCHE.

MANCHE, subs. fém. et masc. V. A MANCHE. V. ARCHER DE LA M... V. ARME A M... V. BAIONNETTE A M... V. DEMI-M... V. DEMI-QUART DE M... V. FRONDE A M... V. GARDES DE LA M... V. GILET A M... V. MANTEAU A M... V. PAR M... V. QUART DE M... V. QUARTIER DE M... V. TAMBOUR A M... V. TIMBALE A M...

MANCHE (term. génér.), ou MANCE suivant BARBAZAN (1808) ou MANKE. Mot provenu du LATIN *manica*, dérivé de *manus*. Appliqué aux ARMES, le terme est masculin : s'il a rapport aux VÊTEMENTS ou à la TACTIQUE, il est féminin. — Le vieux terme MANKE a produit MANICHOS. Manche au féminin a donné MANCHETTE. — L'expression ne sera ici l'objet de quelque développement que comme MANCHE TACTIQUE.

MANCHE (subs. masc.) d'ARME BLANCHE. V. ARME BLANCHE. V. DAGUE A BOELLES. V. POIGNÉE D'ÉPÉE. V. SOIE DE COCHON.

MANCHE (subs. fém.) d'ARQUEBUSIERS. V. ARQUEBUSIER. V. FEU A TERRE. V. FEU D'INFANTERIE.

MANCHE (subs. masc.) de BAIONNETTE. V. BAIONNETTE. V. DOUILLE DE BAIONNETTE. V. FUSIL D'INFANTERIE.

MANCHE (subs. fém.) de BATAILLON. V. BATAILLON. V. DEMI-RANG. V. MANCHE TACTIQUE.

MANCHE (subs. masc.) de BATON FOURRÉ. V. BATON FOURRÉ.

MANCHE (subs. masc.) de BONNET CHINOIS. V. BONNET CHINOIS.

MANCHE (subs. fém.) de CAPOTE. V. BOTTE D'HABILLEMENT. V. CAPOTE. V. CAPOTE D'INFANTERIE FRANÇAISE DE LIGNE. V. CORPS DE MANCHE DE CAPOTE.

MANCHE (subs. fém.) de CASAQUE. V. CASAQUE D'ARMES.

MANCHE (subs. masc.) de COUTEAU DE BRÈCHE. V. COUTEAU DE BRÈCHE.

MANCHE (subs. masc.) de CIMETERRE. V. CIMETERRE.

MANCHE (subs. masc.) de CRIC. V. CRIC.

MANCHE (subs. masc.) de FAUX. V. FAUX. V. FAUX DE CAMPEMENT. V. POIGNÉE DE MANCHE DE FAUX.

MANCHE (subs. fém.) de FRAC. V. BOUTON DE MANCHE DE FRAC. V. BOUTONNIÈRE DE MANCHE DE FRAC. V. FRAC.

MANCHE (subs. masc.) de FRONDE. V. FRONDE.

MANCHE (subs. fém.) de GILET. V. ATTRIBUT DE MANCHE DE G... V. BOUTON DE MANCHE DE G... V. BOUTONNIÈRE DE MANCHE DE G... V. CORPS DE G... V. CORPS DE MANCHE DE G... V. GILET.

MANCHE (subs. masc.) de HACHE. V. CULOT DE MANCHE DE H... V. DÉ DE H... V. DOLOIRE. V. HACHE. V. HACHE D'ARMEMENT. V. HACHE DE CAMPAGNE. V. HACHE DE GRENADIERS. V. HACHE DE SAPEUR. V. HALLEBARDE.

MANCHE (subs. fém.) de JAQUE. V. BRIGANDINE. V. BUFFLE DÉFENSIF. V. JAQUE.

MANCHE (subs. fém.) de JUSTAUCORPS. V. JUSTAUCORPS.

MANCHE (subs. masc.) de MAIL. V. MAIL D'ARMES.

MANCHE (subs. fém.) de MAILLES. V. BRAS MAILLÉ. V. BRASSARD DE MAILLES. V. GENDARME DU MOYEN AGE. V. HAUBERT. V. MAILLE. V. MAILLES.

MANCHE (subs. masc.) de MASSE D'ARMES. V. MASSE D'ARMES.

MANCHE (subs. fém.) de MOUSQUETAIRES A PIED. V. FEU DE CHAUSSÉE. V. FEU DE RANG. V. FEU D'INFANTERIE. V. MOUSQUETAIRE. V. MOUSQUETAIRE A PIED.

MANCHE (subs. fém.) de PELISSE DE HUSSARD. V. BOUDIN DE MANCHE. V. HUSSARD N° 4. V. MANCHE DE PELISSE. V. PELISSE DE HUSSARD.

MANCHE (subs. masc.) de PELLE. V. PELLE. V. PELLE DE CAMPAGNE. V. TENTE D'HOMMES DE TROUPE.

MANCHE (subs. masc.) de PIOCHE. V. PIOCHE. V. TENTE D'HOMMES DE TROUPE.

MANCHE (subs. fém.) de POURPOINT. V. POURPOINT.

MANCHE (subs. masc.) de RONDELLE. V. RONDELLE.

MANCHE (subs. masc.) de SABRE. V. LAME COURBE. V. SABRE. V. SABRE COURBE.

MANCHE (subs. fém.) de SAYON. V. SAYON.

MANCHE (subs. masc.) de SERPE. V. SERPE DE CAMPAGNE.

MANCHE (subs. masc.) de TIMBALE. V. TIMBALE A MANCHE.

MANCHE (subs. masc.) d'ÉCOUVILLON. V. ÉCOUVILLON.

MANCHE (subs. fém.) d'HABIT. V. AGRÉMENT DE PAREMENT. V. ATTRIBUT DE M... V. BOTTE D'HABILLEMENT. V. BOUTONNIÈRE DE MANCHE DE GILET. V. CARRÉ D'HABIT. V. CHEVRON D'ANCIENNETÉ. V. CORPS D'HABIT. V. DOUBLURE D'HABIT. V. HABIT. V. PAREMENT D'HABILLEMENT. V. SAPEUR D'INFANTERIE. V. SERGENT D'INFANTERIE FRANÇAISE DE LIGNE N° 4. V. SOLDAT.

MANCHE (subs. fém.) D'HABIT DE TAMBOURS. V. CAPORAL TAMBOUR. V. TAMBOUR IDIOPLIQUE D'INFANTERIE FRANÇAISE N° 5.

MANCHE (subs. fém.) (manches). TACTIQUE (F). Sorte de MANCHE ou SUBDIVISION plus ancienne dans l'INFANTERIE FRANÇAISE que l'institution des bataillons, si l'on prend BATAILLON dans un sens analogue à l'acception actuelle. — Quand les ARMES A FEU PORTATIVES devinrent plus communes dans l'INFANTERIE, le système de la FORMATION sur le TERRAIN partagea en trois masses les BATAILLONS (à cette époque bataillon signifiait ARMÉE ou TROUPE de dimension quelconque); les ARMES D'HAST occupaient le centre de cet ORDRE DE BATAILLE; les ARMES A FEU, réunies à une certaine distance, occupaient les AILES ou MANCHES; c'était la TACTIQUE SUISSE. Cette FORMATION qui ne fut pas observée longtemps répondait, à ce qu'il paraît, aux TERZES espagnoles. — Quand il y eut autant de PIQUIERS que d'arquebusiers ou de MOUSQUETAIRES, cet ORDRE DE BATAILLE semblait présenter trois masses à peu près pareilles, parce que les PIQUIERS étaient sur douze RANGS, les ARQUEBUSIERS ou MOUSQUETAIRES sur six. — Qu'on ne prenne pas cette assertion pour une vérité de tous les temps, de tous les lieux; le fait a été tel d'abord, mais les méthodes ont maintes fois varié. — Dans cette TROUPE ainsi rangée, le centre était le CORPS de l'INFANTERIE ou de la BATAILLE, les Manches en étaient les masses latérales, avec INTERVALLES; la CAVALERIE, avec INTERVALLES, en était les AILES. Ce nom d'AILE resta comme synonyme de CAVALERIE. — A mesure qu'on a recherché des SUBDIVISIONS plus commodes, une FORMATION plus maniable, des MARCHES plus faciles, un meilleur emploi des OFFICIERS, on a senti la nécessité de diviser les Manches en DEMI-MANCHES, en QUART DE MANCHE, en DEMI-QUART DE MANCHE. On DÉFILAIT de ces diverses manières. — BARDET (1740, A, p. 146) dit que la DEMI-MANCHE était la cinquième partie du BATAILLON; c'était ainsi partager un BATAILLON en cinq SUBDIVISIONS; le QUART DE MANCHE en était la neuvième partie. Ainsi diviser ou rompre le BATAILLON en QUARTS DE MANCHE, c'était le partager en neuf SUBDIVISIONS. Cette explication prouve qu'il n'y avait point d'analogie vraie et rationnelle entre Manche et DEMI-MANCHE. C'est avec cette inattention que l'autorité militaire a laissé se faire la LANGUE des armes. — Les deux Manches et le CORPS DE BATAILLE avaient chacun leur DRAPEAU; c'est ainsi qu'on combattait dans la GUERRE DE 1665. — DELAMONT (1671, A) témoigne que de son temps déjà, les Manches étaient changées en DEMI-RANGS; c'était la conséquence de la création des BATAILLONS à titre et à emploi permanents. — Le système des Manches fut aboli totalement quand les régiments d'INFANTERIE ne furent plus ARMÉS que de FUSILS, parce que les Manches progressivement grossies finirent par se toucher sans intervalle; dès lors plus de MARCHES PAR MANCHES. Ce changement répond à la GUERRE DE 1701: les COMPAGNIES devinrent, comme PELOTONS, UNITÉS du BATAILLON; mais le mot Manche se conserva par habitude jusqu'au milieu du dernier siècle, et plus tard même dans les CENT-SUISSES, quoique sa signification primitive fût perdue, et que les mots DEMI-RANG, QUART DE RANG, DEMI-QUART DE RANG qui l'avaient remplacée eussent disparu aussi. — Les ordonnances de DARGENSON et de CHOISEUL amenèrent une FORMATION mieux déterminée; le mot Manche et ses dérivés s'éteignirent. — Les MANŒUVRES que l'INFANTERIE PRUSSIENNE exécutait par DEMI-BATAILLON étaient encore une trace du système des Manches. — GRASSI (1817, H) témoigne qu'en 1760 les ITALIENS employaient encore le mot *manica*, pour exprimer la tierce partie du BATAILLON. — LACHESNAIE (1758, I) répète maintes fois encore le mot Manche, quoiqu'à l'époque où il écrivait il n'eût plus de sens. — MESNIL-DURAND (1780, K) a essayé de faire revivre dans ses systèmes le terme Manche, et avait même imaginé le mot MANCHETTE dans le sens de SUBDIVISION de six hommes de front. — Les AUTEURS qui pourraient donner quelques lumières sur ce sujet sont: BARDET (1740, A), DESPAGNAC (1751, D), DUBOUSQUET (1769, B), GRASSI (1817, H), GUILLET (1688, B), LACHESNAIE (1758, I), MESNIL-DURAND (1780, K), PICTET (1761, I), PUYSÉGUR (1748, C), M. le général ROGNIAT (1816, B).

MANCHETTE de CHEMISE. V. CHEMISE. V. CHEMISE D'ÉQUIPEMENT. V. LETTRE DE COMPAGNIE. V. OFFICIER D'INFANTERIE FRANÇAISE N° 2. V. ORDONNANCE D'UNIFORME.

MANCHETTE de GUÊTRE. V. GUÊTRE. V. GUÊTRE NOIRE. V. PAIRE DE M... V. PETIT ÉQUIPEMENT.

MANCHETTE de LANCE. V. LANCE. V. LANCE A MAIN.

MANCHETTE de SABRE-BRIQUET (B, 1). Le mot Manchette est employé ici par allusion aux Manchettes de certaines MANCHES; il exprime un travail de passementerie en laine à travers lequel passe la LAME du SABRE; cette

enjolivure en garnit le haut; elle tient entre la chape du FOURREAU et le QUILLON; elle est de la couleur du POMPON de la COMPAGNIE. — — Autrefois les SEMESTRIERS, les RECRUTEURS ornaient ainsi à leurs frais leur sabre. Aucun règlement ne reconnaissait la Manchette. — La GARDE NATIONALE, quand elle se créa, adopta ce colifichet; les COMPAGNIES D'ÉLITE ou l'INFANTERIE PRIVILÉGIÉE ont imité la GARDE NATIONALE. — La Manchette est une des inutilités de la TENUE.

MANCHETTE TACTIQUE. V. MANCHE TACTIQUE. V. TACTIQUE, adj.

MANCLABETE, subs. masc. V. BARDARIOTE.

MANDAR. V. NOMS PROPRES.

MANCLAVITE, subs. masc. V. BARDARIOTE.

MANDAT, subs. masc. (B, 1). Mot tout LATIN qui donne idée d'une espèce de LETTRE DE CHANGE ou d'une autorisation de PERCEPTION de matières ou de TRANSPORT gratuit, dans des cas où ce TRANSPORT n'est permis qu'à titre onéreux aux particuliers. — Dans la plus grande partie de ces circonstances, les Mandats sont du ressort du CORPS D'INTENDANCE et peuvent concerner les COMMANDANTS DE PLACE, les MAIRES, les PRÉFETS, les SOUS-PRÉFETS, les TRÉSORIERS. — Le RÈGLEMENT DE 1827 (1er SEPTEMBRE) s'occupait de divers MANDATS DE FOURNITURE.

MANDAT d'AMENER. V. AMENER. V. ARRESTATION JURIDIQUE.

MANDAT d'ARRÊTS. V. ARRESTATION JURIDIQUE. V. ARRÊT. V. FAUX TÉMOIN.

MANDAT de CONVOI. V. CONVOI. V. CONVOI A LA SUITE. V. SOUS-INTENDANT N° 8.

MANDAT de FOURNITURE. V. COLONEL EN ROUTE. V. CONVOI A LA SUITE. V. CONVOI MILITAIRE. V. CORPS D'INTENDANCE N° 8, 9. V. COUPON DE FOURNITURE. V. DISTRIBUTION EN ROUTE. V. ÉTAPE. V. FOURNITURE. V. INDEMNITÉ DE CHEVAL DE SELLE. V. MANDAT. V. MINISTÈRE DE LA GUERRE. V. MINISTRE DE LA GUERRE N° 8. V. PAIN DE MUNITION. V. SOUS-INTENDANT N° 8. V. SOUS-PRÉFET.

MANDAT de PASSAGE D'EAU. V. COLONEL EN ROUTE. V. COMMANDANT DE PLACE N° 9. V. MAIRE DE COMMUNE. V. MILITAIRE EN ROUTE. V. PASSAGE D'EAU.

MANDAT de PAYEMENT. V. BUDGET. V. COMMISSAIRE DES GUERRES N° 6. V. CONSEIL D'ADMINISTRATION N° 4. V. CORPS D'INTENDANCE N° 8. V. COUPON D'INDEMNITÉ. V. DÉCOMPTE EN DENIERS. V. EMPLOYÉ. V. ÉTAPE. V. ÉTOFFE D'HABILLEMENT. V. ÉTAT DE PAYEMENT. V. GUIBERT (Jean). V. INDEMNITÉ DE ROUTE. V. INDEMNITÉ DE ROUTE D'HOMME DE TROUPE. V. MANUFACTURE D'ÉTOFFES. V. MARCHÉ D'HABILLEMENT. V. MASSE D'HABILLEMENT. V. MINISTRE

DE LA GUERRE N° 9. V. OFFICIER D'INTENDANCE.
V. OFFICIER DE SANTÉ. V. ORDONNANCE COMPTA-
BILIAIRE. V. ORDONNANCE DE PAYEMENT. V.
PAYEMENT. V. POSTE AUX LETTRES. V. PROCÉ-
DURE MILITAIRE. V. RAPPEL PÉCUNIAIRE. V.
REVUE ÉCRITE. V. SOUS-INTENDANT N° 8. V.
TÉMOIN JUDICIAIRE.

MANDAT DE TRANSPORT PAR EAU. V. CHEF
DE DÉTACHEMENT EMBARQUÉ. V. DÉTACHEMENT A
TRANSPORTER PAR EAU. V. TRANSPORT PAR EAU.

MANDAT POUR SOLDE. V. DÉCOMPTE EN
DENIERS. V. SOLDE.

MANDATEUR, subs. masc. (F). Nom
que la MILICE BYSANTINE donnait aux ordonnances ou PORTEURS D'ORDRES ou de DÉPÊCHES,
comme le témoigne MAIZEROY (1771, A).

MANDE, subs. fém. (F). Mot qui était
synonyme de manne ou mannequin, comme
on eût dit, chose portée à la main ; il s'est
conservé dans la LANGUE ANGLAISE, *maund;*
il y signifie panier. — PHILIPPE DE CLÈVES
(1520, A) ne parle nulle part de GABIONS,
et ne rend nulle part la même idée que par
l'expression Mande. — Une des PUNITIONS
usitées de son temps consistait à y empri-
sonner un MILITAIRE comme en une cage.

MANDEMENT OFFICIEL. V. LÉGISLATION
MILITAIRE, 1504 (AVRIL), 1512 (28 DÉCEMBRE),
1547 (1ᵉʳ MAI). V. OFFICIEL, adj. V. ORDON-
NANCE OFFICIELLE. V. RÈGLEMENT.

MANDOSIANE, subs. fém. V. ÉPÉE.

MANDOSINE, subs. fém. V. ÉPÉE.

MANDOUSSIANE, subs. fém. V. ÉPÉE.

MANDRIN, subs. masc. V. CARTOUCHE A
FUSIL.

MANDRIN DE QUEUE. V. HUSSARD N° 4.
V. QUEUE DE CHEVELURE.

MANÉGE, subs. masc. V. CAVALERIE. V.
ÉTABLISSEMENT MILITAIRE. V. CAVALIER DE
TROUPE. V. SALLE D'EXERCICE.

MANESSON. V. NOMS PROPRES.

MANGAN, subs. masc. V. MANGONNEAU.

MANGANE, subs. fém. et masc. V. MAN-
GANELLE. V. MANGONNEAU. V. PERRIER.

MANGANELLE, subs. fém. (F), ou MAN-
GONELLE, ou MANGONNETTE, ou MANGOUNELLE,
suivant M. le général COTTY. Mot dérivé du
GREC, suivant DUANE, et qui se retrouve dans le
bas LATIN *manganella, manganellus;* il est
un diminutif des termes MANGANE ou MAN-
GONNEAU NÉVROBALISTIQUE ; il exprimait un
ENGIN qui jetait des petites PIERRES, par opposition à la PERRIÈRE (*petraria*) qui en jetait de grosses. — Il est question de Man-
ganelles dans CARRÉ (1785, E), M. le général
COTTY (1822, A), LACHESNAIE (1758, I).

MANGEUR, subs. masc. V. BUCCELLAIRE.
V. GARNISAIRE.

MANGONEAU, subs. masc. V. MAN-
GONNEAU.

MANGONEL, subs. masc. V. MANGON-
NEAU.

MANGONELLE, subs. fém. V. MAN-
GANELLE.

MANGONIAU, **MANGONIAX**, subs.
masc. V. MANGONNEAU.

MANGONNEAU (mangonneaux), subs.
masc. (F), ou MANGAN, MANGANE, mangon,
suivant DUANE, MANGONEAU, MANGONEL, MAN-
GONIAU, MANGONNEL, MANGONNIAU, qui faisaient au pluriel mangoniax, mangon-
neaulx, etc.; le substantif MANGANELLE en
était un diminutif. — On a pris comme synonymes de Mangonneau les substantifs AR-
BALÈTE DE PASSE, BALISTE, CAABLE, PERRIÈRE.
— Le mot Mangonneau dérive du GREC
mangganon, sorte de MACHINE dont on retrouve l'idée dans le LATIN *mangonium,*
signifiant artifice, finesse. Le bas LATIN a
appelé *manganum* ou *mangana,* une MA-
CHINE DE GUERRE de la MILICE BYSANTINE ou
une ARME A PIERRES en usage depuis le huitième ou neuvième siècle ; de ce terme l'ITA-
LIEN a fait *mangano.* — Le Mangonneau
était d'un effet assez puissant pour jeter des
cadavres humains ; de là l'expression ITA-
LIENNE *cadaveri manganati* que mentionne
GRASSI (1817, H), et qui signifie cadavres
lancés en manière de PROJECTILES. — ABBON
donne à croire que la MANGANE ou le mangonneau étaient une CATAPULTE ; GUILLAUME
DE TYR emploie le terme Mangonneau par
opposition au substantif PERRIÈRE (*petraria*).
— VELLY, à la date 1184, prétend que le
*Mangonneau, machine empruntée des
Turcs, et la perrière jetaient des pierres
d'une grosseur monstrueuse.* — En parlant des BALISTES, CANONS, CATAPULTES, MAN-
GANELLES et autres ENGINS, nous avons déjà
témoigné combien il est difficile de se former une idée juste de l'ARTILLERIE ancienne.
Ainsi, le mot Mangonneau s'étant pris
comme adjectif, on a appelé traits mangonneaux des MATRAS ou gros TRAITS de MA-
CHINES DE GUERRE, et ensuite, par abréviation
et faisant substantif cet adjectif, on a appelé Mangonneaux les TRAITS lancés, soit
par des BALISTES ou des MACHINES du système
ancien, soit même par de l'ARTILLERIE à feu.
FROISSARD ne parle des Mangonneaux que
sous la signification de PROJECTILES ; on doit
donc distinguer les Mangonneaux en NÉVRO-
BALISTIQUES, ou armes qui lancent, et en PRO-
JECTILES, ou armes lancées, comme on le
voit dans LEDUCHAT, dans l'ENCYCLOPÉDIE
(1751, C) et dans MÉNAGE. — En 1218,
Simon de Montfort est tué au siége de Tou-
LOUSE par une pierre monstrueuse, lancée
au moyen d'un MANGONNEAU NÉVROBALISTI-
QUE. — Des MANGONNEAUX PROJECTILES lancés

par des balistes ont eu jusqu'à quatre et cinq mètres de long ; ils transperçaient d'un même coup plusieurs rangs d'hommes. — Il y a eu des mangonneaux névrobalistiques en façon d'armes a tir direct ; ils portaient un arc d'acier de six à sept mètres de long qui lançait des falariques, des poutres. — Il y a eu des Mangonneaux qui étaient armes a tir courbe ; ils lançaient des boulets en pierres, des feux grégeois. — Les acquéraux ont succédé des premiers aux mangonneaux névrobalistiques et ont lancé des mangonneaux projectiles. — Les auteurs chez lesquels il est mention des Mangonneaux, de mangans, ou de leurs analogues, sont : Borel (Pierre, au mot *Baliste*), Carré (1785, E, aux mots *Mangan*) et *Mangane*), Duane, Encyclopédie (1751, C), Furetière (au mot *Baliste*), Ganeau, Hésychius, Juste-Lipse, Lachesnaie (1758, 1, au mot *Mangan*), Lorris, Maizeroy (1771), Ménage, Potier (1779, X), Roquefort (1853), Spelman, Velly.

MANGONNEAU Névrobalistique. V. Acquérau. V. Manganelle. V. Mangonneau. V. Névrobalistique.

MANGONNEAU projectile. V. Acquérau. V. Baliste. V. Mangonneau. V. Projectile.

MANGONNEL, subs. masc. V. Mangonneau.

MANGONNELLE, subs. fém. V. Manganelle.

MANGONNIAU, subs. masc. V. Mangonneau.

MANGOUNELLE, subs. fém. V. Manganelle.

MANGOURIT. V. Noms propres.

MANICROC, subs. masc. V. Manicrot.

MANICROT (manicrots), subs. masc. (A, 1), ou manicroc suivant Roquefort (1853). On a supposé ce mot venu de l'ancien mot manke, pour manche, *manica rupta* ; on l'a cru synonyme d'homme à manche accrochée. Roquefort (1853) pense avec quelque fondement que c'était, originairement, le nom d'un croc de fer ou d'un moignon artificiel fixé au bout du bras d'un invalide, en remplacement d'une main coupée. — Le nom de Manicrot a été donné, de tout temps, aux invalides de l'hôtel que la nature de leurs blessures met dans le cas d'emprunter, pour les besoins ordinaires de la vie, les secours d'un individu attaché à leur personne ; ils reçoivent à cet effet une paye plus favorable que les autres. — Le rapport qui précède le décret de 1791 (28 mars et 17 avril) fait synonymes Manicrot ou moine-lay ; cette synonymie ne paraît pas plausible. — Au nombre des Manicrots sont

compris les aveugles et les amputés privés, soit de leurs deux bras, soit de leurs deux jambes.

MANIE, subs. fém. (D, 4). Mot tout latin qui exprime une infirmité considérée comme un cas d'invalidité absolue et de nature à motiver réforme.

MANIEMENT (subs. masc.) d'armes (G, 6), ou maniement des armes de l'infanterie. L'une et l'autre de ces locutions étaient consacrées dans le règlement de 1791 (1er août). — Le mot Maniement dérive du latin *manus*. Pour en saisir ici le vrai sens, il faut se prêter à l'interprétation ; il ne s'agit pas des individus qui manient des armes, comme le font des inspecteurs ou des concierges d'arsenaux, mais du soldat d'infanterie, qui manie tactiquement, à l'exercice ou devant l'ennemi, son fusil conformément à des principes convenus. — Avant l'usage du fusil, on appelait exercice des hautes armes l'étude du Maniement des piques, hallebardes, espontons ; Ganeau en rend témoignage. — L'homme d'infanterie manie les armes, soit isolément, soit en troupe, soit sur une même base d'alignement, soit en colonne, soit à rangs ouverts, soit à rangs serrés. — Si le Maniement doit être simultané, il a lieu, soit à des signaux qui parlent aux yeux, soit à des commandements ou à des batteries qui parlent aux oreilles ; s'il doit être individuel, il est, en quelques cas, spontané, comme dans certains saluts avec armes. — L'ordonnance de 1750 (7 mai) est une des premières qui soit descendue dans les détails du Maniement d'armes ; elle voulait qu'un intervalle d'une seconde séparât l'exécution de chacun des temps des Maniements dont le commandement comportait plusieurs temps ; c'était une symétrie allemande. Cette durée d'une seconde était une mesure familière au soldat, parce que c'était celle du pas ordinaire ; il y avait, en cela, une concordance ingénieuse. Les ordonnances de 1766 (1er janvier) et de 1769 (1er mai) maintenaient cette règle. — Le Maniement des armes, ou plutôt le maniement de fusil, est une des leçons de différentes écoles tactiques de l'infanterie ; aussi, d'anciens règlements sur l'exercice, tels que l'ordonnance de 1766 (1er janvier), connaissaient-ils un grand et un petit maniement d'armes. Ce dernier était celui qui se faisait par une compagnie au plus et à rangs ouverts ; le grand, ou celui de tout le corps, se faisait, soit à la muette, soit à la voix. — L'ordonnance de 1769 (1er mai) et celle de 1766 (1er janvier) appelaient temps ce que nous appelons mouvement, et réciproquement. Le règlement de 1791 (1er août) démontrait, dans l'école du soldat, les temps, mais ne pratiquait, dans les études de l'école de peloton et de l'école de bataillon, que ceux de la charge en douze temps et de la charge précipitée. — L'ordonnance de 1831 (4 mars) voulait que, dans l'exécution des temps composés de plusieurs mouvements, on précipitât les premiers de ces mouvements ; c'était une règle dépourvue de sens. — Pour les hommes de troupe, c'est une des parties de l'exercice ; l'autre partie constitue les évolutions. — Le Maniement d'armes diffère quelque peu, s'il s'agit de celui des hommes de rang ou des sous-officiers. — Le Maniement d'armes contient une série d'autres maniements ou détails que, dans sa déplorable indigence, notre langue militaire n'a pas su exprimer par des substantifs, et qu'elle est réduite à représenter par des infinitifs et des périphrases. — La série des détails de l'école de soldat comprend : charge en douze temps, action d'apprêter les armes, en joue, redressement des armes, soin de mettre le chien au repos pour reporter les armes, action de les présenter, de se reposer sur les armes, de passer l'inspection, de mettre les armes a terre, de relever les armes, de porter les armes, de mettre l'arme au bras ou a volonté, de démettre la baïonnette (c'est-à-dire de l'ôter du fusil, mais non de l'y mettre), de passer l'arme sous le bras gauche, de porter l'arme, de mettre la baïonnette au canon, de croiser la baïonnette, de porter les armes, de descendre les armes, charge précipitée, charge a volonté, feux divers. — La plus grande partie de ces Maniements d'armes, l'action de mettre la baguette dans le canon, de renverser l'arme pour les honneurs funèbres, etc., sont également l'objet des études de l'école de peloton ; seulement l'ordre dans lequel ils doivent y être répétés est différent, et ils ne sont plus partagés par mouvements ; il n'en est même qu'un petit nombre qui soit partagé par temps. — Escamoter l'arme est interdit par les règlements. — On a blâmé, avec raison, l'abus des Maniements d'armes dans les grands rassemblements de troupe, dans les camps d'instruction, etc. Il n'en était jamais exécuté dans les manœuvres de Potzdam ; l'apprentissage en doit être renfermé dans les casernes et les garnisons. — Les instructions sur l'inspection voulaient que les inspecteurs généraux constatassent comment les Maniements d'armes s'exécutent dans les corps, quel est le degré d'instruction des hommes, quelle est la manière dont cette partie de l'exercice leur est commandée. — La circulaire de 1822 (17 mai) témoignait,

au reste, combien les principes établis sont encore incertains ou peu observés ; elle fixait à un quatre-vingt-dixième de minute la cadence des Maniements d'armes. L'ordonnance de 1851 (4 mars) a maintenu cette disposition. — Pendant les repos qui entre-coupent les leçons de l'école de bataillon, les adjudants-majors rendent compte au commandant des irrégularités qu'ils auraient remarquées dans les Maniements d'armes. — Dans les exercices de détails, les Maniements d'armes s'exécutent, ou sur un rang, ou à rangs ouverts. Ce dernier arrangement s'appelait autrefois ordre de parade. — Les règlements ont jusqu'ici passé sous silence un des plus importants Maniements d'armes, c'est l'escrime de la baïonnette. — On commence cependant partout à goûter la gymnastique et une de ses branches importantes, l'escrime. — Depuis 1851, le Maniement d'armes n'a plus lieu qu'à rangs serrés dans l'école de bataillon. — Les études du Maniement d'armes, cette répétition sans doute un peu fastidieuse des mêmes actes, des mêmes attitudes, ne doivent être ni dénigrées, non plus que toute étude élémentaire, ni l'objet d'une trop minutieuse pratique ; la perfection des Maniements d'armes serait un indice qu'on s'y livre au préjudice des manœuvres. — Dans le siècle dernier, la milice autrichienne, qui brillait par le Maniement d'armes, par la précision des mouvements, imités des signaux des fliegelmans, péchait par les manœuvres ; mais sa lenteur à attaquer l'arme, mais une multitude de puériles gesticulations rendaient théâtrale et nullement militaire l'apertise des fantassins d'outre-Rhin et de Prusse. — L'utilité du Maniement d'armes est d'assouplir le soldat, de lui faire trouver moins lourd et peu embarrassant le havre-sac, de le plier à être attentif aux commandements de l'instructeur, de le familiariser avec la voix de ses chefs, de l'habituer à passer de l'état d'immobilité à une mobilité uniforme et calculée. Le but de cet apprentissage est surtout d'habituer beaucoup d'hommes en troupe à agir comme agirait un seul homme. — En outre des Maniements d'armes français, presque tous admis dans la milice anglaise, elle pratique le Maniement des massues. — Les auteurs qui ont donné des préceptes ou mis au jour des observations sur ce sujet, sont : Bardet (1740, A), Bardin (1807, D), Baudouin, Bohan (1781, H), Bonel (Pierre), Breen (1618, A), Brezé (1779), Despagnac (1751, D), Dubousquet (1769, B), l'Encyclopédie (1785, C), Gualdo (1642), Guibert (1775, E), Guichardin, Lachesnaie (1758, I, au mot *Exer-*

cice, etc.), LEBLOND (1758, B), LECOUTURIER (1825, A), LOSTELNEAU (1647, B), MARZIOLI, MIRABEAU (1788, C), NAUDÉ, PICTET (1701, I), PUYSÉGUR (1748, C), SCHEIDMANTEL (1800, F), SCHULTZ D'ASCHEREDEN (1789, F), SERVAN (1780, B), SINCLAIRE (1775, I, t. II, p. 6), TRAVERSE (1758, D), VARENNES (1771, Q), la *Sentinelle de l'Armée*, t. II, p. 355.

MANIEMENT d'ARMES A RANGS OUVERTS. V. ORDONNANCE D'EXERCICE D'INFANTERIE. V. RANGS OUVERTS.

MANIEMENT d'ARMES DE SOUS-OFFICIER. V. ARME DE SOUS-OFFICIER. V. AVANCEMENT AU GRADE D'OFFICIER PARTICULIER. V. EXERCICE D'OFFICIER. V. FUSIL DE SOUS-OFFICIER. V. MANIEMENT D'ARMES. V. SOUS-OFFICIER ; id. Nº 1.

MANIEMENT d'ARMES D'OFFICIER. V. FUSIL D'OFFICIER. V. OFFICIER.

MANIEMENT de BAIONNETTE. V. BAIONNETTE. V. BAIONNETTE DE FUSIL. V. PINETTE.

MANIEMENT de BOUCLIER. V. BOUCLIER. V. TORTUE TACTIQUE.

MANIEMENT de DRAPEAU. V. DRAPEAU. V. DRAPEAU D'INFANTERIE FRANÇAISE DE LIGNE. V. HONNEURS. V. SALUT DE DRAPEAU.

MANIEMENT de SABRE. V. BRIQUET. V. SABRE.

MANIEMENT de FUSIL. V. APPRÊTEZ VOS ARMES. V. BERGER. V. FUSIL. V. FUSIL DE REMPART. V. INSTRUCTEUR. V. MANIEMENT D'ARMES.

MANIEMENT de LANCE. V. LANCE. V. LANCE A MAIN.

MANIEMENT d'ÉPÉE. V. ÉPÉE. V. JEU D'ESCRIME. V. OFFICIER D'INFANTERIE FRANÇAISE.

MANIEMENT des ARMES. V. ARMES. V. EFFET DE LUXE. V. FRANC ARCHER. V. MANIEMENT D'ARMES. V. MILICE DANOISE Nº 6. V. MILICE PRUSSIENNE Nº 7. V. MILICE RUSSE Nº 7. V. ORDRE DE PARADE.

MANIER (verbe actif) des FORCES, des MASSES, des TROUPES. V. ART MILITAIRE. V. FORCE. V. MASSE. V. TROUPE.

MANIFESTE, subs. masc. (F, H). Mot tout LATIN qui donne idée d'un *factum* politique publié par des puissances qui se disposent à GUERROYER, et cherchent à persuader ou à démontrer que le bon droit est de leur côté. Ce mémoire à consulter s'appuie de tous les subterfuges de la diplomatie, énumère les griefs et expose, sinon les motifs, au moins les prétextes de la GUERRE. — Avant la révolution, un ROI D'ARMES publiait les Manifestes dans les carrefours, à la tête des TROUPES ou des GARDES BOURGEOISES, au son des TAMBOURS et des TROMPETTES, et en présence de certains corps de magistrature

ou de justice. — Des HÉRAUTS D'ARMES, simulacres de ceux de l'ancienne CHEVALERIE et qui n'en avaient plus que le TABAR, assistaient à cette cérémonie ; on insérait dans les gazettes et l'on affichait ensuite le Manifeste ; il en était de même et des DÉCLARATIONS DE GUERRE et des TRAITÉS DE PAIX. — La GUERRE DE LA RÉVOLUTION a changé ces usages ; une délibération législative ou une simple annonce dans le *Moniteur* ont appris aux nations les nouvelles de PAIX ou de GUERRE. — Le mot Manifeste est un de ceux que le *Dictionnaire de la Conversation* a expliqués.

MANIPULAIRE, adj. et subs. masc. V. COHORTE DE LÉGION ROMAINE. V. FILE ROMAINE. V. INTERVALLE M... V. LIGNE M... V. MANIPULE Nº 4. V. MILICE ROMAINE Nº 2. V. ORDRE M...

MANIPULE, subs. masc. V. DISTANCE DE M... V. ENSEIGNE DE M... V. FRONT DE M... V. HAMPE DE M... V. INTERVALLE DE M... V. OFFICIER DE M... V. PETIT M... V. TACTIQUE DE M... V. TRIBUN DE M...

MANIPULE (F.). Mot tout LATIN qui donne idée d'une SUBDIVISION de l'ancienne LÉGION ROMAINE ; c'était, suivant les temps, une AGRÉGATION CONSTITUTIVE ou une AGRÉGATION TACTIQUE, comparable à la fois au PELOTON et à la COMPAGNIE de l'INFANTERIE moderne. — Le Manipule a conservé à peu près sa forme originaire, et a été GRAND MANIPULE depuis le SIÉGE DE VÉIES, l'an 354 de ROME, jusqu'au temps des SCIPIONS ou de MARIUS. Un autre genre de Manipule, ou PETIT MANIPULE, a existé ensuite. La basse latinité a employé Manipule dans le sens vague de TROUPE ; c'est ainsi que, dans de vieux ÉCRIVAINS, il est question de Manipules de RIBAUDS. — Les AUTEURS qui ont traité de la LÉGION et le *Dictionnaire de la Conversation* peuvent être consultés à l'égard des Manipules, et le sujet va être considéré sous les rapports suivants : CRÉATION, COMPOSITION, DÉNOMINATION, FORCE, NOMBRE, UNIFORME, SUBORDINATION, TACTIQUE. — Nº 1. CRÉATION. — Des AFRICAINS, des GRECS fugitifs, les ÉTRUSQUES, à ce que dit MAIZEROY (1766, E), enseignèrent aux pâtres et aux colons du Latium l'ordre en PHALANGE. Cette INFANTERIE, entrecoupée de faibles INTERVALLES, était une masse de SOLDATS du genre de ceux qu'on appela depuis PRINCES (*principes*) ou principaux, parce qu'ils étaient le CORPS DE BATAILLE par rapport aux HASTAIRES, qui étaient leurs vélites. De même les GRECS distinguaient ARMURE MOYENNE OU PELTASTES, ARMURE PESANTE OU PHALANGITES. — La LÉGION ainsi ordonnée en MONOTAXE, ou troupe sur une seule LIGNE, présentait d'autant moins de FRONT à l'ENNEMI que l'ARMÉE n'était alors qu'une POIGNÉE d'hommes. On y remédia, ou du moins on lui donna un aspect plus formidable, en la partageant par des INTERVALLES égaux aux FRONTS, ou en faisant la LIGNE TANT PLEINE QUE VIDE. Tels furent les Manipules des ARMÉES CONSULAIRES: ils eurent pour AVANT-GARDE les plus jeunes SOLDATS, armés d'une HASTE et de divers PROJECTILES. Ces VOLTIGEURS masquaient, comme un mince rideau, les INTERVALLES; ils ne les laissaient vides que quand ils couraient INSULTER l'ENNEMI; ils y trouvaient, au retour, un refuge. — ROME grandissait; les alliances et une CONSCRIPTION savamment combinée grossissaient l'armée. Ces Manipules, qui ne formaient qu'une LIGNE, furent trouvés trop fragiles; ils offraient des flancs vulnérables quand les ARMÉS A LA LÉGÈRE voltigeaient trop loin, ne se retiraient pas assez vite, rentraient en désordre. SERVIUS TULLIUS obvia à ce défaut en créant TROUPE solide et AVANT-BATAILLE les HASTATS ou HASTAIRES, jusque-là VÉLITES, mais alors mûris par l'expérience et la guerre; ils quittèrent un rôle que prirent de plus jeunes SOLDATS, mais ils conservèrent leur nom et furent répartis en Manipules à l'instar des PRINCES, dont ils masquèrent, à une DISTANCE réglée, mais mal connue, les INTERVALLES. — Voilà la LÉGION arrivée à l'ORDRE SUR DEUX LIGNES de Manipules, VÉLITES non compris; mais ces modifications appartiennent à des époques qu'on ne saurait déterminer avec précision. — Le SIÉGE de VÉIES, qui dura de longues années, retint en permanence les TROUPES de ROME. Jusque-là les guerres n'avaient été que de courtes excursions; celleci, en se prolongeant, fut une grande école de manœuvres; une SOLDE régulière y fut servie; des ROMAINS y blanchirent sous le harnais. Que de causes propres à changer la face de l'ARMÉE! — Des PRINCES, devenus VÉTÉRANS, aspirèrent à des distinctions; on sentit le besoin de stimuler le zèle, de récompenser les SERVICES, d'honorer les blessures; les PRINCES éprouvés furent transformés en TRIAIRES, réserve robuste, Manipules d'élite qui furent placés en troisième LIGNE. — On appela COHORTE l'ensemble de trois Manipules de même numéro dans chaque LIGNE. Ainsi, une COHORTE était une espèce de colonne de trois armes différentes; c'était une AGRÉGATION purement TACTIQUE, non CONSTITUTIVE. — Tel fut le complément du système manipulaire; il se soutint jusqu'à l'époque où les Manipules, perdant leur forme, s'amalgamèrent dans une COHORTE d'une nature nouvelle. En d'autres termes, les Manipules, tout en conservant leur nom, cessèrent d'être une AGRÉGATION TACTIQUE quand les COHORTES devinrent une AGRÉGATION à la fois TACTIQUE et CONSTITUTIVE. — Ainsi GUISCHARDT (1758, H), disant que, sous César, il ne se voyait plus de Manipules, dit une chose vraie dans le fond, mais inexacte dans les termes. — BENETON (1741, A) prétend que ce n'est que depuis la bataille de BÉNÉVENT (275 ans avant J.-C.) que les Manipules se forment. En cela, il est en contradiction avec les AUTEURS qui font remonter cette formation au siége de VÉIES. BENETON mérite peu de confiance; il s'égare en beaucoup de points, et confond COHORTE et Manipule. — GUISCHARDT et M. le colonel CARRION (1824, A) sont d'avis que les Manipules se fondirent en COHORTES phalangiques l'an 647 de ROME (107 ans avant J.-C.); cette modification avait peut-être commencé dès le temps des SCIPIONS. La constitution manipulaire a donc existé près de trois siècles; mais il faut se garder de croire, comme vérité démontrée, les dates que citent les ÉCRIVAINS; ainsi DECRAMMEVILLE (1791, D) élève des doutes à l'égard de l'extinction du GRAND MANIPULE; il prétend qu'à une époque bien postérieure à MARIUS, à la bataille de PHARSALE, César avait des Manipules de cent vingt hommes; il croit les COHORTES phalangiques créées plus tard; il doute qu'aucune autorité avant ARRIEN puisse être invoquée à cet égard. — N° 2. COMPOSITION. — Il paraît que la CENTURIE et le Manipule furent d'abord une même chose, ou, en d'autres termes, que cent hommes se rangeaient sous l'ENSEIGNE nommée Manipule; un CENTURION commandait cette TROUPE. — On jugea qu'elle était trop faible, et elle fut portée progressivement de cent à cent soixante hommes; cette quantité excédant les forces d'un seul chef, un second CENTURION fut créé; de là l'usage de diviser le Manipule en deux AGRÉGATIONS administratives; elles reçurent le nom de CENTURIES, quoiqu'il fût devenu inexact, puisque cette AGRÉGATION n'était plus de cent, mais de soixante à quatre-vingts hommes. — JADRO (1777, G) dit que la LÉGION était de dix cohortes, de trente Manipules, de soixante CENTURIES; c'est vrai ou non, suivant l'époque. — POLYBE (150 avant J.-C.), dans les passages où il disserte sur le CAMPEMENT, donne les dimensions des CAMPS ROMAINS par Manipules et celle des CAMPS des ALLIÉS par COHORTES. — Les AUTEURS qui traitent des derniers temps de la république, ne parlent jamais des Manipules des alliés, mais toujours de leurs COHORTES, ce qui autoriserait à supposer que cette formation par COHORTES, formation moins composée, moins savante, mais plus rapidement obtenue, fut imitée par les Romains prenant modèle sur les alliés, quand, au milieu des troubles et des révolutions politiques, il s'est agi de mettre sur-le-champ des troupes sur pied, sans choix d'hommes, sans égard à des services antérieurs, sans rechercher de l'habileté personnelle. — Il ne se voyait plus de Manipules dans la milice byzantine. — N° 3. Force, nombre. — La force des Manipules a d'abord été de cent hommes ; ainsi centurie ou Manipule étaient même chose. Quand les hastaires devinrent troupe solide, les Manipules furent de cent vingt, de cent quarante. Depuis la création des triaires, les Manipules de hastaires et de princes furent de cent quarante, de cent soixante hommes ; ceux de triaires étaient moitié moins gros. La force des centuries, quand elles furent une subdivision du Manipule, et la force des décuries se proportionnèrent à ces divers pieds. — On n'est pas parfaitement éclairé sur les époques de ces changements ; mais on sait que le système décimal fut toujours observé. — Suivant l'Encyclopédie (1751, C), il y avait sous Romulus dix Manipules par légion ; il y en avait trente sous le consulat de Marius. — Quand les cohortes devinrent phalangiques, cessèrent d'être ordonnées en colonne, ne se rangèrent plus qu'en bataille, les Manipules et les centuries étant devenus une même chose, leur force fut ce que nous avons indiqué en parlant des centuries. — Beneton (1741, A) prétend que les Manipules étaient au nombre de dix ; il confond en cette occasion Manipule et cohorte, ou bien il confond les époques. — Le nombre des Manipules des légions consulaires a été de dix, de vingt, de trente, suivant que la légion a été progressivement sur deux, sur trois lignes. — Le nombre des Manipules de la cohorte de César, cohorte qui commençait à devenir constitutivement phalangique, était de trois ; il s'éleva ensuite à quatre, à cinq, à six, et dans certains genres de cohortes à douze. — N° 4. Dénomination. — Le mot Manipule a eu trois significations différentes ; il a été terme générique, terme spécial, terme vulgaire ou vague. On lit dans Ovide (faste trois) :

Pertica suspensos portabat longa maniplos;
Inde manipularis nomina miles habet.

Un manipule d'herbe est l'enseigne de guerre
Qui donnait au soldat le nom de manipulaire.

Donat et Isidore reproduisent la même pensée : ils témoignent de l'usage primitif de porter à l'armée, comme signe de ralliement, soit des couronnes d'herbe à l'extrémité d'une hampe, soit une poignée de foin ; *fasciculos stipulæ vel herbæ alicujus pro signis ferebant,* les enseignes consistaient en un faisceau de chaume ou d'herbe quelconque. — Par métaphore, on prit ensuite sous le nom de Manipule, l'agrégation guidée par l'enseigne romaine nommée Manipule. — Suivant d'autres étymologistes, ces agrégations s'appelaient ainsi parce que les manipulaires ou maniplaires qui les composaient se tenaient par la main ; de là serait venue l'expression une poignée d'hommes, une poignée de soldats ; Varron le donne à entendre. Le Manipule ou petite main est, suivant lui, la moindre troupe sous une même enseigne : *manipulos dicimus exercitus minimas manus quœ unum sequuntur signum.* — Nous venons de voir le tout pris pour sa partie, de même on a appelé plus tard enseigne une troupe à enseigne, bande une troupe à bande. — Ce second sens de l'expression Manipule s'est modifié. — Le Manipule-troupe a été d'abord ce qu'une compagnie est en administration, et ce qu'un peloton est en tactique ; mais il était une unité de la légion, tandis qu'un peloton n'est pas une unité d'un régiment. — Quand l'amalgame de trois Manipules consulaires forma une cohorte phalangique, ce qui eut lieu au temps de Marius, on appela centurie chacune des trois subdivisions de la cohorte ; c'était une application nouvelle et différente donnée à ce mot centurie. Cette synonymie a trompé quantité d'auteurs, tels que Rohan (1784, H) ; ils s'égarent également pour la plupart quant à l'acception du mot, et dans ce qu'ils disent de la création ou de l'abolition du Manipule. — Au temps de Justin et de Suétone, *maniplus, manipulus* signifiait gantelet, ceste. — Au temps de Végèce (590, A), le grand manipule était tombé en oubli, on ne connaissait plus que le petit manipule ; *manipulus* et *contubernium* étaient synonymes et signifiaient chambrée, décurie, escouade. Cette troupe s'appelait Manipule ou poignée, parce que quand elle se constituait ou se recrutait, les hommes de l'escouade se donnaient une poignée de main en signe sacramentel de l'agrégation. — N° 5. Uniforme, subordination. — Au temps du grand et du petit manipule, le bouclier était marqué soit d'une couleur particulière, soit du numéro de l'agrégation. — L'Encyclopédie (1751, C, au mot *Légion romaine*) dit qu'il était donné aux Manipules une enseigne pourpre qui désignait, au moyen de lettres initiales, la cohorte et la

LÉGION. L'ENCYCLOPÉDIE eût dû indiquer à quelle époque ont appartenu ces usages. — Il y avait, suivant M. le colonel CARRION (1824, A), deux CENTURIONS OU OFFICIERS et deux SERRE-FILES par Manipule ; il en fut effectivement ainsi quand le Manipule consulaire comprit deux CENTURIES. — Chaque Manipule était commandé par un CENTURION qui d'abord était unique, qui ensuite fut aidé par un second ; l'un s'appelait *centurio prior*, l'autre *centurio posterior* ou *minor*. — Chaque premier CENTURION d'un Manipule de TRIAIRES commandait non-seulement ses deux CENTURIES, mais les deux Manipules formant colonne en avant de lui ; il était, tactiquement parlant, chef de sa COHORTE. — Le CENTURION du premier Manipule de TRIAIRES, ou premier de tous les CENTURIONS de la LÉGION, commandait habituellement sa COHORTE et extraordinairement les trente Manipules de la LÉGION, s'il ne se trouvait pas sur les lieux et à la tête de la LÉGION, un TRIBUN, un PRÉTEUR. — Telles furent les formes consacrées jusqu'à MARIUS et CÉSAR ; mais depuis ces époques jusqu'à la corruption de la MILICE, on est mal éclairé sur la hiérarchie qui fut en vigueur. — Suivant quelques apparences, un GRAND MANIPULE était commandé par un DUCÉNAIRE ; mais c'est un fait mal éclairci dans l'histoire des EMPEREURS et dans les annales byzantines. — N° 6. TACTIQUE. — Les Manipules ne se rangèrent pas d'abord sur trois LIGNES ; leur ORDONNANCE consistait en un CORPS DE BATAILLE d'hommes D'ÉLITE qu'on appelait les PRINCES ; ils étaient précédés d'une AVANT-GARDE de HASTAIRES qui combattaient à la débandade, *velitatim*, et non en ORDRE solide comme ils le firent depuis. — Les Manipules étaient déjà des DIVISIONS de la LÉGION, mais on ignore s'ils étaient à INTERVALLES ou jointifs ; ils avaient une ENSEIGNE À HAMPE, *signum*, et non une ENSEIGNE à draperie, *vexillum*. — Sous SERVIUS TULLIUS, les HASTATS OU HASTAIRES cessèrent d'être ARMÉS A LA LÉGÈRE, cédèrent leurs fonctions à une nouvelle espèce de TROUPE ou d'ARME, eurent les VÉLITES pour AVANT-GARDE et devinrent PREMIÈRE LIGNE d'ordre solide ; les PRINCES passèrent en SECONDE LIGNE. — GUISCHARDT (1758, H) dit d'une manière générale que les Manipules se rangeaient en ÉCHIQUIER ; ce n'est là qu'une vérité relative ; ils ne purent former QUINCONCE ou ÉCHIQUIER qu'après la création d'une triple LIGNE ; tant qu'il n'y en eut que deux, les INTERVALLES de la seconde étaient couverts par les FRONTS de la première. — Une troisième LIGNE fut instituée : ce fut l'ÉLITE de la LÉGION, tant en HOMMES DE TROUPE qu'en

OFFICIERS ; on donna le nom de TRIAIRES aux vieux SOLDATS qui la composèrent. — Les PRINCES, quoique leur nom cessât d'être juste, puisqu'ils cessaient d'être les principaux et qu'ils ne tenaient plus la tête de la LÉGION, les PRINCES conservèrent cependant le même titre : on ne voulut pas les mécontenter en les en dépouillant. Cette disparate survenue entre le mot et son application eut lieu longtemps avant que ROME eût des historiens. Ceux qui prirent la plume, ayant perdu la trace des changements, n'ont pas ressaisi la racine de la dénomination, et son étymologie a été déclarée inintelligible par des modernes. — L'invention de l'ORDRE proprement MANIPULAIRE et consulaire, ou l'ORDRE EN ÉCHIQUIER, appartient à une époque inconnue ; on le rapporte, ainsi que l'organisation des LIGNES COMBINÉES, au temps où les ROMAINS campaient au pied de VÉIES, de l'an 347 à l'an 357 de ROME. — BENETON (1741, A) est d'avis même que ce n'est que depuis lors que les Manipules prirent naissance ; mais l'opinion de cet ÉCRIVAIN est de peu de poids. — Depuis l'adoption de cet ORDRE, les Manipules de HASTAIRES et de PRINCES furent de douze, de quatorze, de seize FILES ayant un FRONT de vingt-quatre à trente-deux mètres et formant un carré long. — Le TERRAIN INDIVIDUEL était de deux mètres, les INTERVALLES égalaient les FRONTS. — Quant aux Manipules de TRIAIRES, le nombre et la disposition de leurs RANGS, de leurs FILES, de leurs INTERVALLES sont moins bien éclaircis ; les dessins qui accompagnent le mot LÉGION donnent idée des suppositions admises. — Quelquefois les Manipules se rangeaient, non en QUINCONCE, mais à INTERVALLES directs ; par là les trois Manipules, portant même numéro dans chaque LIGNE, formaient COIN (*cuneatur*). Ainsi, par exemple, le premier des HASTAIRES, des PRINCES, des TRIAIRES, le second des HASTAIRES, des PRINCES, des TRIAIRES, etc., formaient une COHORTE alignée en profondeur. Ce mot cohorte avait un sens alors bien différent de ce qu'il a signifié depuis. — Les DISTANCES de Manipule à Manipule sont une question mal débrouillée ; M. le colonel CHAMBRAY les suppose de trente-trois toises (soixante-six mètres), M. le général ROGNIAT les croit de trente toises ; mais de quelle époque ces écrivains veulent-ils parler ? — TITE LIVE témoigne que, dans les GUERRES PUNIQUES, on se rangeait *manipulatim*. — Quand la LÉGION prit la forme qu'elle eut depuis MARIUS et CÉSAR, quand elle cessa d'être UNITÉ TACTIQUE et que ce fut la COHORTE qui le devint, le TERRAIN INDIVIDUEL se réduisit de moitié ainsi que la HAUTEUR TACTIQUE ; les HASTAIRES,

PRINCES, TRIAIRES se fondirent en un même corps ; les LIGNES, au lieu de se couper en Manipules, se disposèrent en COHORTES ; la forme des CAMPS ROMAINS en fut entièrement modifiée. — M. le général ROGNIAT affirme que chaque Manipule s'allongeait sur un seul RANG de soixante toises (cent vingt mètres) de long. Nous ne savons ni à quelle époque rapporter la proposition, ni le degré de confiance que l'assertion mérite. — M. le général VAUDONCOURT (1825, D) pense que, depuis les premiers essais des COHORTES PHALANGIQUES, l'ORDRE par Manipules fut encore quelquefois pratiqué ; qu'en opposant la mobilité à la solidité, il triompha des PHALANGES ; que ce ne fut qu'après MARIUS que l'ORDRE par COHORTES prévalut, et que de ce moment seulement les Manipules n'y combattirent plus que mêlés. — M. le colonel CABRION (1824, A) se montre persuadé que la préférence donnée à la COHORTE en forme de PHALANGE fut le signal de la dépravation de l'ART. — FOLARD (1727, A) et TURPIN (1783, O) regardent, au contraire, cette formation par COHORTES comme ayant été préférable à l'ORDRE en Manipules et comme plus propre à résister aux HOMMES DE CHEVAL. — M. le colonel CHAMBRAY (1827) partage leur opinion, et se plaint que les historiens ne nous aient pas fait connaître avec précision la place des Manipules en ORDRE DE BATAILLE ; qu'ils n'aient pas indiqué les règles de la FORMATION, le TERRAIN INDIVIDUEL, les DISTANCES, etc., entre les LIGNES ; mais ce qu'ils ont le moins débrouillé, c'est la place et le jeu des Manipules dans les MARCHES D'ARMÉES.

MANIPULE de HASTAIRES. V. CORVÉE AU CAMP. V. HASTAIRE N° 2, 4.

MANIPULE de PRINCES. V. CORVÉE AU CAMP. V. PRINCE. V. PRINCE DE LÉGION ROMAINE.

MANIPULE de TRIAIRES. V. CENTURION DE TRIAIRES. V. TRIAIRE ; id. N° 4.

MANIPULE PYROTECHNIQUE. V. FUSÉE DE GUERRE. V. PYROTECHNIQUE.

MANKE, subs. fém. V. MANCHE.

MANLIUS; MANN; MANNINGHAM. V. NOMS PROPRES.

MANŒUVRE, subs. fém. V. BATAILLON DE M... V. CAMP DE M... V. CHAMP DE M... V. CONTRE-M... V. EN M... V. GRANDE M... V. MARCHE-M... V. MASQUER UNE M... V. PAS DE M... V. PROMPTE M... V. RÈGLEMENT DE M... V. TERRAIN DE M...

MANŒUVRE (term. génér.), ou MANŒUVRE D'ARMÉE, OU MANŒUVRE DE CAMPAGNE. Ce mot, traduit du bas LATIN *manubrium* et signifiant ouvrage de main, a ce sens,

si l'on consulte les dictionnaires ; mais en TACTIQUE, si ce n'est quand il s'agit de la TORTUE antique, il signifie opération des jambes. Cette inconséquence de notre LANGUE s'est effacée par la puissance de l'usage, et c'est le mot maniement d'armes qui exprime le travail des mains. — Voici comment s'expliquent deux acceptions si opposées. — Les mots Manœuvre, MANŒUVRER, MANŒUVRIER sont usités dans la MARINE depuis que l'idiome FRANÇAIS et la MARINE existent. Un ouvrage écrit au commencement du siècle passé est intitulé *le Manœuvrier*, comme si l'on disait le MARIN par excellence. — Primitivement les Manœuvres étaient les cordes du vaisseau ; l'acception ensuite s'est étendue, l'on a appelé Manœuvre le résultat du travail des bras des MARINS maniant les cordes ; les GRANDES ÉVOLUTIONS des divisions navales, par une nouvelle métonymie, se sont appelées Manœuvres. — Ce terme était inconnu ou peu pratiqué dans l'ARMÉE française avant le dernier siècle ; l'ART MILITAIRE DE TERRE l'a emprunté à la MARINE dont les ÉVOLUTIONS et les divisions sont bien antérieures à celles de l'INFANTERIE. FURETIÈRE est un des premiers ÉCRIVAINS où l'on trouve le mot appliqué aux TROUPES de terre ; il reparaît dans les notes de l'ouvrage de PUYSÉGUR (1748, C), mais non dans son texte ; cet AUTEUR se sert des substantifs MOTIONS et ÉVOLUTIONS. La langue soldatesque a imposé le terme Manœuvre à la langue de la SCIENCE ; ce patronage et cette intrusion ne sont que trop fréquents. — De nos jours, le substantif MANŒUVRIER se francise dans les usages de la TACTIQUE. — Les ITALIENS, comme le témoigne GRASSI (1817, H), emploient le mot ÉVOLUTION dans tous les cas où nous nous servons du mot Manœuvre ; cet AUTEUR blâme l'emploi de ce dernier terme, et cherche à le repousser de la LANGUE ITALIENNE. — Nous nous occuperons surtout des MANŒUVRES D'INFANTERIE. — Une définition étendue du mot Manœuvre serait ici une redite, puisque l'explication s'en retrouve dans le parallèle que nous avons fait des ÉVOLUTIONS et des Manœuvres ; quelques notions succinctes suffiront. — Dans bien des livres les expressions Manœuvres ou ÉVOLUTIONS sont prises l'une pour l'autre. C'est ainsi qu'il est souvent question des MANŒUVRES DE BATAILLON ; mais, à notre sens, ÉVOLUTION DE BATAILLONS serait une locution plus exacte. — Les Manœuvres sont l'ensemble des évolutions des TROUPES et des MANIEMENTS D'ARMES ; elles constituent, à la fois, et l'art de MARCHER le plus profitablement contre l'ENNEMI, ou en sa présence, et le plus habile emploi des ARMES A FEU et des

ARMES BLANCHES; c'est le sens que paraissait lui donner l'ORDONNANCE DE 1818 (13 MAI, art. 314).—Dans les ACTIONS DE GUERRE, l'ordonnance des TROUPES est combinée pour la facilité des Manœuvres; une JOURNÉE s'entame et se développe à l'aide des ÉVOLUTIONS apprises; l'affaire se résout par le jeu mécanique des ARMES. — *Toute Manœuvre,* dit LLOYD (1785, Q), *qui ne convient pas au terrain est absurde et ridicule.* On ne saurait appliquer absolument ce précepte aux ÉVOLUTIONS; elles sont ce qu'elles sont indépendamment du TERRAIN; c'est à celui qui les y applique à les choisir convenables. —Il y a des Manœuvres de NATATION; mais elles seraient plus convenablement appelées ÉVOLUTIONS, puisqu'elles rappellent les évolutions de terre.—On nomme aussi Manœuvres, des MARCHES et des OPÉRATIONS considérées indépendamment du mécanisme de l'EXERCICE et des ÉVOLUTIONS; ainsi, DONNER DE LA JALOUSIE, FAIRE MONTRE de ses FORCES, opposer des CONTRE-MANŒUVRES à l'ENNEMI, c'est aussi MANŒUVRER. — Les Manœuvres sont le complément des MOUVEMENTS; ceux-ci sont plutôt d'inspiration; celles-là sont plutôt de science apprise, de règle écrite.—Enfin on a appelé Manœuvre, et c'est encore une exception, le RALLIEMENT qui, au moyen de BATTERIES, de SONNERIES ou autres SIGNES, rassemble et remet en ordre une TROUPE éparpillée. Ce ralliement ne participe point des ÉVOLUTIONS, et c'est une Manœuvre des jambes dans laquelle le MANIEMENT DES ARMES n'entre pour rien. Avouons que fréquemment la LANGUE fait faute à l'ART. —Les GRECS manœuvraient par CLISR, par ÉPAGOGUE, par PARATAXE; c'était nécessairement aussi le fond des Manœuvres, des MANIPULES et des COHORTES; mais le mécanisme des ÉVOLUTIONS des LÉGIONS est mal connu, on sait seulement que les principes en étaient liés aux études de la GYMNASTIQUE, et fort simples d'abord, et qu'elles imitèrent ensuite la forme du globe, des TENAILLES, de la SCIE. — L'INFANTERIE moderne manœuvre ou EN BATAILLE, OU PAR LE FLANC, OU EN COLONNE; ce sont trois ORDRES fondamentaux, il n'y en a point d'autres; car la RETRAITE en ÉCHIQUIER, les CARRÉS, les ÉCHELONS, la pluralité des LIGNES rentrent dans l'une ou dans l'autre de ces dispositions, ou n'en sont que des applications modifiées. — Les COLONNES OUVERTES appartiennent aux ÉVOLUTIONS; les COLONNES SERRÉES par DIVISIONS, aux Manœuvres.—Les Manœuvres sont des OPÉRATIONS DE GUERRE soit réelles et devant l'ENNEMI, soit simulées sur le TERRAIN de l'EXERCICE; leur précision et leur à-propos dépendent de l'habileté du GÉNÉRAL D'ARMÉE, de

l'intelligence des AIDES DE CAMP, du concours des ADJUDANTS, des ADJUDANTS-MAJORS, des CHEFS DE BATAILLON et DE DIVISION, des GUIDES DE BATAILLE. Dans les MANŒUVRES DE DIVISION, l'exécution des opérations ne concerne pas aussi directement les COLONELS que les autres militaires qui viennent d'être indiqués; l'importance des BATAILLONS y efface celle des RÉGIMENTS, et les GÉNÉRAUX DE BRIGADE n'y sont que les échos des COMMANDEMENTS.— JADRO (1777, G) définit les Manœuvres : *Mouvements de corps entiers exécutés dans des vues générales, tandis que les évolutions ne sont que des moyens particuliers et les éléments des Manœuvres.*—Les anciens les faisaient à la voix des HÉRAUTS et au son des INSTRUMENTS. Il est impossible d'expliquer pourquoi les modernes ont préféré à cette dernière pratique l'usage si imparfait des COMMANDEMENTS VOCAUX. —Le premier essai de Manœuvres étudiées n'a eu lieu que depuis l'institution des COMPAGNIES D'ORDONNANCE et l'institution du camp où des GENDARMES sont rassemblés en 1480. Nous avons indiqué combien les progrès de cette science furent lents. — Sous LOUIS QUINZE, les Manœuvres étaient propres, tout au plus, à faire de l'effet dans les PARADES; elles étaient sans application utile à la GUERRE. — Le perfectionnement de l'art des Manœuvres fut préparé par FRÉDÉRIC DEUX; il appliqua, dans ses CAMPS D'INSTRUCTION, le mécanisme des ÉVOLUTIONS au génie des Manœuvres utiles; il en fit une grande école du COUP D'ŒIL et une savante image des BATAILLES; GISORS en donna un avant-goût; DUMOURIEZ travaillait, en 1772, à retracer les découvertes PRUSSIENNES; à la même époque, PIRSCH les importait de PRUSSE, en se naturalisant Français; GUIBERT (1773, E) en a savamment exposé le système. L'INFANTERIE FRANÇAISE essayait, en 1774, les CHANGEMENTS DE FRONT et les DÉPLOIEMENTS; SAINT-GERMAIN leur donnait forme légale en 1776. — Les Manœuvres eurent alors pour unité la COMPAGNIE-DIVISION; il en fut ainsi jusqu'à la réunion du CONSEIL DE LA GUERRE en 1788; c'est la première assemblée délibérante qui ait savamment traité des ÉVOLUTIONS. — Jusque-là, combien de causes s'étaient opposées à ce que l'INFANTERIE apprît rien de sérieux; une de ces causes, bien secondaire à la vérité, mérite cependant d'être indiquée; on redoutait, on évitait d'exercer ou de faire MANŒUVRER les TROUPES le 31 du mois, parce que ce jour-là elles n'avaient ni SOLDE ni VIVRES. — Si, avant la GUERRE DE LA RÉVOLUTION, on avait, en campagne, pratiqué des MANŒUVRES DE LIGNE dont le secret était dans la tête des

GÉNÉRAUX D'ARMÉE, on n'en avait encore jamais étudié en temps de paix ou d'armistice le mécanisme sur le terrain ; celles du CAMP DE BOULOGNE peuvent être regardées comme les premières qui aient été, pour l'ARMÉE FRANÇAISE, un apprentissage de grandes combinaisons tactiques. — Mais il nous manquera longtemps encore deux documents indispensables, deux livrets de difficile rédaction ; c'est une ÉCOLE DE BRIGADE et une ÉCOLE DE DIVISION. — Quelques règles sont élémentaires en fait de Manœuvres ; telles seraient surtout la rapidité, la simplicité, le petit nombre d'ÉVOLUTIONS, la facilité de les exécuter à proximité de l'ENNEMI, la juste supputation de la mesure et de la durée du CHEMINEMENT, la conservation de l'ALIGNEMENT, des INTERVALLES entre les FRONTS et des DISTANCES entre les LIGNES, la subordination des AILES par rapport au CENTRE, la promptitude des DÉPLOIEMENTS, la sûreté des mouvements par lesquels l'AVANT-GARDE ÉCLAIRE l'ARMÉE ou en MASQUE les Manœuvres ; le concert des COLONNES qui DÉBOUCHENT, la régularité des ÉCHELONS et de l'ÉCHIQUIER, l'à-propos des FORMATIONS diverses, des INVERSIONS, des ABDUCTIONS, des CHARGES et du concours de l'ARTILLERIE A CHEVAL. Mais combien d'autres vœux à former, d'autres doutes à dissiper ! Les ORDONNANCES ne tranchent même pas la question du nombre des RANGS de l'INFANTERIE. — Les Manœuvres de PETITE GUERRE simulée se terminent par un DÉFILEMENT au PAS ACCÉLÉRÉ que, d'abord, on a appelé PAS DE MANŒUVRE. — On lit dans LASCASES (t. II, p. 179), que BONAPARTE a dit que : *Une des plus belles Manœuvres dont il* (qu'il) *se rappelait, était celle qu'il avait exécutée à Eckmuhl.* — Les instructions sur l'inspection veulent que l'INSPECTEUR GÉNÉRAL constate comment les Manœuvres s'exécutent, et quel est le degré d'INSTRUCTION du corps à cet égard ; elles veulent que les MARÉCHAUX DE CAMP les fassent exécuter à l'improviste. — Mais un RÉGIMENT, un BATAILLON ne font pas de Manœuvres proprement dites ; leurs EXERCICES se bornent à des ÉVOLUTIONS ; ce sont les brigades et non leurs fractions qui MANŒUVRENT ; aussi a-t-il été absurde d'abolir les GÉNÉRAUX DE BRIGADE. Si l'on eût demandé aux COMMIS qui rédigeaient les instructions sur l'inspection, et décidaient de l'organisation de l'ARMÉE, quelle différence ils faisaient des ÉVOLUTIONS et des Manœuvres, et qu'elles étaient jadis les fonctions des MARÉCHAUX DE CAMP actuellement censés GÉNÉRAUX DE BRIGADE, leur réponse eût été embarrassée. — Les AUTEURS qui ont traité du sujet qui vient de nous occuper sont :

AUDOUIN, BESSEL (1783, M), BLAND (1711), BOHAN (1781, H), BOISROGER (1779, L), BONNEVILLE (1762, L), BRERETON, BUGEAUD (1815, A), CANTELOUBE (1818, F), CARRION (1824, A), DELANOUE (1760, F), DEMIAN, DESPAGNAC (1751, D), DESPAR (1753, A), DIEBITSCH (1801), DUBOUSQUET (1769, B), DUTEIL (1782, L), ENCYCLOPÉDIE (1785, C), GISORS (1767, D ; 1770, M), GUALDO-PRIORATO (1642), GUIBERT (1773, E), GUIGNARD (1725, B), GUYARD (1804, A), HEFFMEYER, HELLMODT (1779, I), HOLTZENDORFF (1777, K), KEITH (1804), M. LABAUME (Griffet de), LACHESNAIE (1758, I, aux mots *Garde, Tactique,* etc.), LEBLOND (1758, B), LECOUTURIER (1825, A), LELOUTEREL (1825, I), LEORIER (1820, E), LINDENAU (1780, G), LLOYD (1766, N), MAIZEROY (1771, A ; 1777, E), MESNIL-DURAND (1780, K), MEUNIER (1824, A), MIRABEAU (1788, C), MOSCH (1787, A), PECOUD (1818, C), PICTET (1761, I), PIRSCH (1782, A), POTIER (1779, X), POULTIRET (1786, B), PUYSÉGUR (1748, C), ROBINSON, ROGNIAT (1816, B), RUSSELL (1805, B), SCHAUENBURG (1800, A), SCHULTZ D'ASCHERADEN (1789, F), SERVAN (1780, B), M. SICARD, SILVA (1792, C), SINCLAIRE (1773, L), SIONVILLE (1756, E), TURPIN (1783, O), VACCA (1806, F), WALKER, WERKAMP (1791), WILLIAMSON (1782, I), ZACH (1814), quelques auteurs anonymes (1773, B ; 1776, B), le *Dictionnaire de la Conversation.* — Le mot Manœuvre sera surtout distingué ici en MANŒUVRE DE FLANC, — D'HIVER, — D'ENSEMBLE.

MANŒUVRE, subs. masc. v. SAPEUR.

MANŒUVRE D'ARMÉE. V. ARMÉE. V. ARMÉE AGISSANTE Nº 2. V. ÉCLAIRER. V. GÉNÉRAL DE DIVISION Nº 3. V. GRANDE MANŒUVRE. V. MANŒUVRE. V. MILICE DANOISE Nº 6. V. MILICE SIKE Nº 5. V. PASSAGE DE DÉFILÉ EN RETRAITE. V. PASSAGE DE LIGNES. V. RECONNAISSANCE DE TERRAIN. V. TACTICOGRAPHIE.

MANŒUVRE D'ARTILLERIE. V. ARMÉE FRANÇAISE Nº 8. V. ART MILITAIRE. V. ARTILLERIE. V. ARTILLERIE IDIOPLIQUE. V. ARTILLERIE STRATOPÉDIQUE. V. ARTILLERIE A CHEVAL. V. BATTERIE DE CAMPAGNE. V. BRICOLE DE CANONNIERS. V. GREWENITZ. V. INFANTERIE FRANÇAISE Nº 8. V. LÉGISLATION FRANÇAISE 1836 (12 MARS). V. MARESCHAL. V. MILICE ANGLAISE Nº 8. V. MILICE PRUSSIENNE Nº 8. V. MORTIER. V. PIÈCE DE CAMPAGNE. V. PROLONGE. V. TACTICOGRAPHIE. V. TACTIQUE, subs.

MANŒUVRE DE BATAILLON. V. ADJUDANT D'INFANTERIE FRANÇAISE DE LIGNE Nº 17. V. BATAILLON. V. BATAILLON D'INFANTERIE FRANÇAISE DE LIGNE Nº 7. V. CANTELOUBE. (1818, F). V. CHARPENTIER. V. CHEF DE BATAILLON D'INFANTERIE FRANÇAISE DE LIGNE Nº 1, 5. V. FRONT DE BATAILLON. V. MAJOR CHEF DE BATAIL-

LON N° 7. V. MANŒUVRE. V. PASSAGE DE LIGNES. V. PASSAGE D'OBSTACLE.

MANŒUVRE de BRIGADE. V. AILE DE BRIGADE. V. BRIGADE. V. BRIGADE D'INFANTERIE FRANÇAISE. V. COLONEL D'INFANTERIE FRANÇAISE DE LIGNE N° 25. V. DÉPLOIEMENT DE BRIGADE. V. GÉNÉRAL DE BRIGADE N° 3. V. MAJOR CHEF DE BATAILLON N° 7. V. PASSAGE DE DÉFILÉ. V. STRATÉGIE.

MANŒUVRE de CAMPAGNE. V. CAMPAGNE. V. DEMIAN. V. MANŒUVRE. V. MILICE ANGLAISE N° 8. V. MILICE AUTRICHIENNE N° 6.

MANŒUVRE de CAVALERIE. V. ARMÉE FRANÇAISE N° 8. V. CARACOLE. V. CAVALERIE. V. CAVALERIE FRANÇAISE N° 7, 8. V. CHEF D'ESCADRON. V. CHEMINEMENT ÉQUESTRE. V. CHEMINEMENT PÉDESTRE. V. COUP DE LANCE. V. ESCADRON FRANÇAIS N° 5. V. GENDARME DU MOYEN AGE N° 7. V. GUERRE DE 1665. V. HACKETT. V. LANCE FOURNIE. V. MASSE TACTIQUE. V. MAIZEROY (1777, F). V. MILICE ROMAINE N° 7. V. MILICE RUSSE N° 7. V. ORDRE EN LOSANGE. V. PONT DE CAMPAGNE. V. RANGS DE CAVALERIE. V. SONNERIE. V. WITTINGHAM. V. ZIETHEN.

MANŒUVRE de CHEVALERIE. V. CAVALERIE FRANÇAISE N° 7. V. CHEVALERIE.

MANŒUVRE de DIVISION D'ARMÉE. V. DIVISION D'ARMÉE. V. DIVISION D'INFANTERIE. V. ESCADRON. V. MANŒUVRE. V. STRATÉGIE.

MANŒUVRE de FLANC (H, 2). Sorte de MANŒUVRES qui réussissent surtout dans la DÉFENSIVE; elles déroutent l'ENNEMI; elles le contraignent à une concentration hasardeuse ou à une RETRAITE imprévue. — BONAPARTE, en 1814, n'a résisté avec soixante mille hommes à la ligue européenne que par l'habile emploi des Manœuvres de flanc.

MANŒUVRE de GUERRE. V. ABDUCTION. V. ARTILLERIE A CHEVAL. V. AUTEUR MILITAIRE (1780, G). V. DÉPLOIEMENT DE BRIGADES. V. ÉVOLUTION. V. FILE DE BATAILLON. V. GÉNÉRAL D'ARMÉE N° 7. V. GUERRE. V. INGÉNIEUR GÉOGRAPHE N° 1. V. LIGNE TACTIQUE. V. MANŒUVRE. V. SIGNAL TACTIQUE. V. SONNERIE. V. STRATÉGIE. V. TENAILLE.

MANŒUVRE de LIGNE. V. BATTERIE DE CAISSE. V. ÉCHELON TACTIQUE. V. ÉCHIQUIER TACTIQUE. V. ÉCOLE DE BATAILLON. V. ÉVOLUTION DE LIGNES. V. LIGNE. V. MEUNIER (1814, A). V. SONNERIE D'INFANTERIE.

MANŒUVRE de LANCIERS. V. LANCIER.

MANŒUVRE de NAGEURS. V. NAGEUR. V. NATATION.

MANŒUVRE de PHALANGE. V. PHALANGE. V. PHALANGE AMPHISTOME.

MANŒUVRE de PONT. V. PASSAGE DE DÉFILÉ. V. PONT. V. PONT DE CAMPAGNE.

MANŒUVRE de PONTONS. V. PONTON. V. PONTONNIER. V. PORTE DE FORTERESSE.

MANŒUVRE de PORTES DE PLACES. V. BANDOULIÈRE. V. CONSIGNE DE POSTE DE PORTE DE FORTERESSE. V. PORTE DE FORTERESSE. V. PORTE DE PLACE.

MANŒUVRE de PROFONDEUR. V. DISPOSITION CONTRE LA CAVALERIE. V. PROFONDEUR.

MANŒUVRE de RETRAITE. V. CARRÉ TACTIQUE. V. CAVALERIE FRANÇAISE N° 8. V. DÉFENSE EN RASE CAMPAGNE. V. RETRAITE.

MANŒUVRE de TIRAILLEURS. V. COMPAGNIE D'INFANTERIE FRANÇAISE DE LIGNE N° 9. V. INFANTERIE FRANÇAISE N° 8. V. SONNERIE D'INFANTERIE. V. TIRAILLEUR.

MANŒUVRE de TROUPES EN GARNISON. V. COMMANDANT DE DIVISION TERRITORIALE N° 3. V. TROUPES EN GARNISON.

MANŒUVRE de TROUPES LÉGÈRES. V. POULTIRET. V. TROUPES LÉGÈRES.

MANŒUVRE de VOLTIGEURS. V. CORNET IDIOPLIQUE N° 5. V. VOLTIGEUR.

MANŒUVRE d'EAUX. V. CONTRE-MINE PERMANENTE. V. EAU. V. ÉCLUSE DE FORTERESSE. V. FOSSÉ INONDÉ.

MANŒUVRE DÉFENSIVE. V. CARRÉ TACTIQUE. V. DÉFENSIF, adj. V. DOUBLE HAIE.

MANŒUVRE (manœuvres) d'ENSEMBLE (G, 6). Sorte de MANŒUVRES ainsi nommées dans la DÉCISION DE 1825 (12 AOUT); elle veut qu'autant que possible les INSPECTEURS GÉNÉRAUX D'ARMES réunissent à la fin de leur inspection les RÉGIMENTS, pourvu qu'ils n'aient qu'une DEMI-JOURNÉE D'ÉTAPE à parcourir, que les RÉGIMENTS se forment une fois en BRIGADES, une fois en DIVISIONS. Ainsi la loi française commence à entrevoir le besoin de deux ÉCOLES qui manquent à notre TACTIQUE, l'ÉCOLE DE BRIGADE et l'ÉCOLE DE DIVISION.

MANŒUVRE d'ESCORTE. V. CHEF D'ESCORTE DE CONVOI. V. ESCORTE. V. ESCORTE DE CONVOI.

MANŒUVRE (manœuvres) d'HIVER (G, 6). Sorte de MANŒUVRES prescrites par l'ORDONNANCE DE 1818 (15 MAI, art. 314); elle veut qu'elles aient lieu dans les temps secs, après le départ des SEMESTRIERS, deux fois par semaine, en CAPOTE et le SAC sur le dos.

MANŒUVRE d'INFANTERIE. V. ADJUDANT-MAJOR D'INFANTERIE FRANÇAISE DE LIGNE N° 8. V. ARMÉE FRANÇAISE N° 7. V. AUTEUR MILITAIRE (1778, C; 1780, G). V. AVANCEMENT AU GRADE D'OFFICIER PARTICULIER. V. BANDE A PANSEMENT. V. BUGEAUD (1815, A). V. CHEF DE SUBDIVISION TACTIQUE. V. CHEMINEMENT ÉQUESTRE. V. CHIRURGIEN-MAJOR DE CORPS N° 6, 14. V. COLONNE STATIONNAIRE. V. COMMANDANT DE DIVISION TERRITORIALE N° 3. V. DE PIED FERME. V. DISTANCE. V. DOU-

BLEMENT. V. DRAGON FRANÇAIS N° 6. V. DRAPEAU D'INFANTERIE FRANÇAISE DE LIGNE. V. DUTEIL. V. ESPÉRISPASME. V. EMBOLON. V. ENDIVISIONNEMENT. V. FACE EN ARRIÈRE EN BATAILLE. V. FORMATION SUR LA DROITE EN BATAILLE. V. GRENADIER D'INFANTERIE FRANÇAISE DE LIGNE N° 8. V. GUIDE GÉNÉRAL. V. HEFFMEYER (1815, B). V. INFANTERIE N° 8. V. INSTRUCTION. V. INSTRUMENT DE MUSIQUE. V. JALONNEUR. V. LABAUME (GRIFFET DE). V. LATTRÉ. V. LELOUTEREL (1825, I). V. LEORIER (1820, E). V. LINDENAU (1780, G). V. LIEUTENANT D'INFANTERIE FRANÇAISE DE LIGNE N° 4. V. MAIZEROY (1777, E). V. MAJOR CAPITAINE N° 5. V. MAJOR CHEF DE BATAILLON N° 7. V. MANŒUVRE. V. MASSE TACTIQUE. V. MÉTROBATE. V. METTRE DES FILES EN ARRIÈRE. V. MILICE GRECQUE N° 6. V. MILICE HANOVRIENNE N° 2. V. MILICE PIÉMONTAISE N° 6. V. MILICE SUISSE N° 5, 7. V. MINISTRE DE LA GUERRE EN 1830 (18 novembre). V. OFFICIER D'INFANTERIE. V. ORDONNANCE D'EXERCICE D'INFANTERIE. V. PÉCOUD (1818, C). V. PINETTE. V. PIVOTEMENT DE TÊTE. V. PLOIEMENT. V. PORC-ÉPIC. V. PORTE-DRAPEAU N° 2. V. RANGS D'INFANTERIE. V. RANGS OUVERTS. V. RÉGIMENT D'INFANTERIE FRANÇAISE N° 2. V. RETRAITE EN ÉCHIQUIER. V. ROGNIAT (1806, A). V. ROULEMENT. V. SAPEUR D'INFANTERIE. V. SCHAUENBURG (1800). V. SCIE TACTIQUE. V. SCORPION. V. SECTION TACTIQUE. V. SÉMAPHORE. V. SERGENT D'INFANTERIE FRANÇAISE DE LIGNE N° 4. V. SIGNAL TACTIQUE. V. SILVA (1792, C). V. SONNERIE. V. SOUS-INTENDANT N° 7. V. SOUS-OFFICIER N° 6, 10. V. SUBDIVISION DE COLONNE. V. TACTICOGRAPHIE. V. TAMBOUR IDIOPLIQUE D'INFANTERIE FRANÇAISE N° 4. V. TENAILLE. V. TERZE. V. VACCA (1806, F).

MANŒUVRE D'INFANTERIE LÉGÈRE. V. FORESTIER. V. GUYARD (1804, A). V. INFANTERIE LÉGÈRE N° 7. V. PSILITE.

MANŒUVRE GRECQUE. V. GREC, adj. V. MILICE GRECQUE N° 7. V. PSILITE.

MANŒUVRER, verbe act. et neut. V. ABDUCTION PAR PELOTONS. V. ADJUDANT-MAJOR D'INFANTERIE FRANÇAISE DE LIGNE N° 11. V. ARTILLERIE IDIOPLIQUE. V. AGIR. V. BATAILLON D'INFANTERIE FRANÇAISE DE LIGNE N° 7. V. BATAILLON RÉGIMENTAIRE. V. CADENCE. V. CAVALERIE. V. CAVALERIE FRANÇAISE N° 7. V. CENTRE. V. CHEF DE BATAILLON D'INFANTERIE FRANÇAISE DE LIGNE N° 10. V. CHEF DE DIVISION. V. CHEMINEMENT ÉQUESTRE. V. COLONNE TACTIQUE. V. COUP DE LANCE. V. DIVISION D'ARMÉE. V. DIVISION DE BATAILLON. V. ESCADRONNER. V. ÉVOLUER. V. ÉVOLUTION. V. EXERCICE D'INFANTERIE. V. EXERCITE. V. FORMATION EN AVANT EN

BATAILLE. V. FORTIFICATION. V. GARDE A VOUS. V. GUIDE DE SUBDIVISION. V. INFANTERIE FRANÇAISE DE LIGNE N° 8. V. INVERSION. V. LANCE FOURNIE. V. MANŒUVRE. V. MILICE PRUSSIENNE. V. MILICE SIKE N° 5. V. MOUVEMENT STRATÉGIQUE. V. NATATION. V. PANNE. V. PAS ORDINAIRE. V. RANGS DE CAVALERIE. V. RANGS OUVERTS. V. RÉGIMENT D'INFANTERIE FRANÇAISE N° 2. V. ROULEMENT. V. SALLE D'EXERCICE. V. STRATÉGIE. V. TACTIQUE, subs. V. TERRAIN INDIVIDUEL.

MANŒUVRER A LA PROLONGE. V. A LA PROLONGE. V. ARTILLERIE A CHEVAL. V. CAISSON D'ARTILLERIE. V. PIÈCE DE CAMPAGNE. V. PROLONGE.

MANŒUVRER UN PONT-LEVIS. V. CHEF D'AVANCÉE. V. PONT-LEVIS.

MANŒUVRER UNE ARQUEBUSE, UNE CATAPULTE, UNE PIÈCE. V. ARQUEBUSE. V. ARQUEBUSE A CROC. V. ARTILLERIE D'INFANTERIE. V. BRAQUER. V. CANON. V. CANON D'ARTILLERIE. V. CATAPULTE. V. PIÈCE. V. PIÈCE D'ARTILLERIE.

MANŒUVRER UNE TROUPE. V. TROUPE.

MANŒUVRIER, adj. et subs. V. AIDE DE CAMP N° 4. V. CONGÉ DE SEMESTRE. V. MANŒUVRE. V. TACTIQUE, subs.

MANQUANT A L'APPEL, aux appels. V. A L'APPEL. V. ABSENCE. V. ABSENT IRRÉGULIÈREMENT. V. ADJUDANT D'INFANTERIE FRANÇAISE DE LIGNE N° 15. V. ADJUDANT-MAJOR DE SEMAINE N° 4. V. ADJUDANT-MAJOR D'INFANTERIE FRANÇAISE DE LIGNE N° 12. V. APPEL. V. APPEL DE POLICE. V. APPEL DE PRISE D'ARMES. V. APPEL DE SOUPE EN GARNISON. V. APPEL GÉNÉRAL. V. BOURGEOIS. V. CABARET. V. CAPORAL EN ROUTE. V. CHEF DE BATAILLON DE SEMAINE N° 2. V. COLONEL D'INFANTERIE FRANÇAISE DE LIGNE N° 23. V. COMMANDANT D'ARRIÈRE-GARDE DE CORPS SUR PIED DE PAIX. V. ÉTAT DE SITUATION. V. GARDE DE POLICE EN GARNISON. V. HOMME DE TROUPE N° 8. V. OFFICIER INFÉRIEUR. V. SOUPE.

MANQUANT A L'APPEL DE SOIR EN GARNISON. V. APPEL DE SOIR EN GARNISON. V. CHEF DE POSTE DE POLICE EN GARNISON. V. SERGENT CHEF DE POSTE.

MANQUANT A L'APPEL EN GARNISON. V. APPEL EN GARNISON. V. GARDE DE POLICE EN GARNISON. V. OFFICIER DE SEMAINE. V. SERGENT-MAJOR N° 7.

MANQUANT A L'APPEL EN ROUTE. V. ADJUDANT D'INFANTERIE FRANÇAISE DE LIGNE N° 18. V. APPEL EN ROUTE. V. BILLET DE LOGEMENT DE RETARDATAIRE. V. CABARET. V. COMMANDANT D'ARRIÈRE-GARDE DE CORPS.

MANQUANT A LA SOUPE. V. A LA SOUPE. V. APPEL DE SOUPE EN GARNISON. V. SOUPE.

MANQUANT EN ROUTE. V. APPEL EN ROUTE. V. CAPORAL EN ROUTE. V. EN ROUTE.

MANQUE (subs. masc.) ou manquement A L'APPEL. V. A L'APPEL. V. APPEL DE JOUR EN GARNISON. V. PUNITION.

MANQUE à l'INSTRUCTION. V. INSTRUCTION. V. PUNITION.

MANQUE AU SERVICE. V. AU SERVICE. V. SERVICE.

MANQUER (verb. act.) la PARADE. V. PARADE. V. PARADE D'ESCRIME.

MANQUER (verb. act.) la PASSE. V. FAQUIN. V. PASSE.

MANSARDE (subs. fém.) (B, 2) de TENTE. Ce mot, dont le nom de l'architecte Mansard donne l'origine, exprime la double pente ou l'appentis de la TENTE des OFFICIERS PARTICULIERS et des HOMMES DE TROUPE. La Mansarde avait sept pieds carrés sur neuf de haut; celle des officiers était enveloppée et recouverte par la MARQUISE. — Le CHEVALET DE PIQUET était recouvert d'un MANTEAU en Mansarde.

MANSFELD; MANSFIELD. V. NOMS PROPRES.

MANSION, subs. masc. V. CAMPEMENT. V. ÉTAPE. V. MILICE ROMAINE N° 11.

MANSIONNAIRE, subs. masc. V. ÉTAPIER. V. MILICE ROMAINE N° 2.

MANSTEIN; MANT-CHEOUS. V. NOMS PROPRES.

MANTEAU, subs. masc. V. A M... V. PORTE-M...

MANTEAU (term. génér.), ou MANTEL. Mots provenus du LATIN *mandum, mantelum, mantellum, mantile, mantum,* ou, suivant GÉBELIN, de *mantus, mantellus.* Ils ont produit les expressions DÉMANTELER, MANTELET, MANTILLE. On peut, à cet égard, consulter BAIF, DUCANGE, MÉNAGE, WACHTER. — Le terme Manteau se distingue en MANTEAU D'ARMES, — D'ARMURE, — D'HABILLEMENT.

MANTEAU A MANCHES. V. A MANCHES. V. HABIT.

MANTEAU COURT. V. ARME DÉFENSIVE PORTATIVE. V. CHLAMYDE. V. COLLET D'HABILLEMENT. V. COTTE D'ARMES. V. COURT, adj. V. HABIT. V. HÉRAUT D'ARMES N° 2. V. JUSTAUCORPS. V. MANTEAU D'HABILLEMENT. V. MILICE ESPAGNOLE N° 8. V. MILICE GRECQUE N° 4. V. OFFICIER D'INFANTERIE FRANÇAISE N° 2. V. PALETOT. V. POURPOINT. V. SAYON. V. SERGENT D'ARMES. V. TABAR.

MANTEAU D'ARMES (B, 1; F). Sorte de MANTEAU dont le nom est amphibologique; il indique, un EFFET DE CAMPEMENT, une partie de CUIRASSE, un enjolivement de BLASON, nommé aussi MANTELET D'ARMES et LAMBREQUIN. — Nous ne nous occuperons ici que de l'EFFET DE CAMPEMENT, ou plutôt d'ABRITEMENT, et nous expliquerons ses homonymes sous le titre de MANTEAU D'ARMURE, etc. — Le Manteau d'armes appartient au système des CAMPS modernes, et n'est en usage que depuis l'adoption des FUSILS; on s'en sert surtout dans les CAMPS D'INSTRUCTION; cependant tels réglements en prescrivent l'emploi et dans les CAMPS DE TENTES et même dans ceux DE BARAQUES; mais cette disposition a été rarement observée. — Le Manteau d'armes est une petite TENTE conique de coutil qui s'ajuste sur le haut du CHEVALET D'ARMES, et s'enfile sur son MONTANT; les CHEVAUX DE PELOTONS transportaient ces Manteaux; il y en avait deux par COMPAGNIE, conformément aux ORDONNANCES DE 1755 (15 FÉVRIER), DE 1778 (28 AVRIL), DE 1788 (12 AOUT); ils avaient six pieds de haut, un pied neuf pouces de circonférence dans la partie supérieure et dix-neuf pieds de circonférence par le bas, dont deux pour croiser et se recouvrir le long de l'ouverture; ils devaient être marqués en noir du nom du RÉGIMENT et du NUMÉRO de la COMPAGNIE. — Le Manteau d'armes était ôté pendant le jour, quand le temps était beau, depuis le départ des GARDES jusqu'à la RETRAITE; le faire ôter et remettre était un soin du SERGENT-MAJOR. — Au temps où les COUVRE-PLATINES étaient en usage, ils étaient attachés aux FUSILS placés sous le Manteau d'armes. — Le Manteau du CHEVALET DE PIQUET, au lieu d'être conique, était en MANSARDE de même hauteur et à deux côtés; chaque toit ou MANSARDE avait un pied de pente. — L'ARRÊTÉ DE L'AN CINQ (23 MESSIDOR) évaluait à cinquante-trois francs les Manteaux sans traverses ni piquets. — Le TARIF DE 1831 (13 NOVEMBRE) considérait les Manteaux comme étant ou en toile ou en coutil; il faisait une différence de ceux des COMPAGNIES et de ceux du PIQUET. — L'INSTRUCTION DE 1856 (5 AOUT) en disait quelques mots. — Quant aux Manteaux d'armes, en les considérant comme synonyme de mantelets d'armes et comme un enjolivement de blason, ils paraissent être une trace d'une espèce de voile qui, suivant les temps, pendait du haut du casque. C'est probablement de ce genre de Manteau ou de MANTELET que veut parler LODINEAU, quand il dit qu'on appelait HAMBRÉGE leur garniture intérieure.

MANTEAU D'ARMURE (F), ou BOUCLIER DE BRAS, ou GARDE-BRAS, ou GRAND GARDE. Sorte de MANTEAU qui faisait partie de l'ARMURE DE FER PLEIN et y était adhérent. C'était une palette de fer battu, légèrement gondolée, et disposée dans une direction verticale ; elle s'attachait, au moyen de vis ou de boulons, sur le côté gauche de la CUIRASSE, et y était indépendante du BRASSARD ; elle régnait depuis le dessus de l'épaule jusqu'aux environs du coude ; elle se prolongeait en avant comme un BOUCLIER à demeure ; suivant quelques opinions, elle était attachée aux ARMURES de TOURNOIS ou de CARROUSELS ; suivant d'autres sentiments, les ARMURES de guerre prirent le Manteau depuis l'usage général de la POUDRE.

MANTEAU (manteaux) d'ARTILLERIE. Sorte de MANTEAUX ou d'ENGINS en bois qui servaient de garantie ou d'abri à l'ARTILLERIE DE SIÉGE dans les guerres de CHARLES SEPT, comme le témoigne M. de BARANTE, à l'année 1450.

MANTEAU (manteaux) de CAVALERIE. V. CAVALERIE. V. CAVALERIE FRANÇAISE N° 5. V. GOUJAT. V. MANTEAU D'HABILLEMENT. V. MINISTRE DE LA GUERRE EN 1824 (4 AOUT). V. MOUSQUETAIRE DE LA GARDE. V. SELLE DE CAVALERIE. V. TENTE.

MANTEAU de CHEVALIER. V. CHEVALIER. V. CHEVALIER DE JUSTICE. V. CHEVALIER DU MOYEN AGE N° 4. V. INSIGNE. V. MILICE FRANÇAISE N° 4.

MANTEAU de DRAGON. V. DRAGON. V. DRAGON FRANÇAIS N° 4.

MANTEAU de GENDARME, ou de GENS D'ARMES. V. GENDARME. V. GENDARME DU MOYEN AGE N° 4, 6. V. REVUE.

MANTEAU de GUÉRITE. V. CAPOTE DE SENTINELLE. V. GUÉRITE. V. SENTINELLE.

MANTEAU de HÉRAUT D'ARMES. V. HÉRAUT D'ARMES. V. HÉRAUT D'ARMES N° 2.

MANTEAU d'HABILLEMENT (A, 1 ; F), ou CUCULE suivant GANEAU. Sorte de MANTEAU qui va être ici l'objet d'un aperçu succinct. Il intéresse à peine l'INFANTERIE ; cependant des décisions modernes le rangent au nombre des EFFETS D'HABILLEMENT des OFFICIERS de cette ARME. — C'est surtout sous un point de vue historique qu'il convient de donner quelques explications à l'égard du Manteau, puisqu'il en est fait mention en beaucoup de passages de notre traité. — Le Manteau militaire des ROMAINS a été une INSIGNE, une ENSEIGNE, un VÊTEMENT, un ornement, une ARME DÉFENSIVE, ou du moins les traducteurs ont rendu, avec peu de justesse peut-être, par le substantif Manteau, plusieurs substantifs latins qui avaient probablement des acceptions fort diverses, mais aujourd'hui confuses ; sur ce sujet, la plus grande obscurité règne chez tous les ÉCRIVAINS ; il y a témérité de la part des mo-

dernes, quand ils prétendent donner comme certaines leurs définitions, ou comme exactes les comparaisons ; nous allons simplement réunir quelques assertions, quelques suppositions plus ou moins fondées, qui ne sont en quelque sorte qu'un relevé de ce qui a été écrit sur le sujet. — Les LÉGIONS ROMAINES ont donné à des VÊTEMENTS plus ou moins semblables, à ce qu'on appelle généralement CAPOTE, Manteau ou SURTOUT, les noms : *abolla, bardocucullus, chlamys, cucullus, lacerna, linna palla, pallia, pallium, paludamentum, penula, sagum, subarmalis.* — Il est resté dans le français les mots CHLAMYDE, CUCULLE, LACERNE, PAILE, PAILLE (CARRÉ (1783, E) en rend témoignage), PALUDAMENTUM, SAYE, SAYON. — En général ce qui avait forme de Manteau ne se portait qu'à la GUERRE. — L'*abolla* était une simple pièce d'étoffe, ou une houppelande de SOLDAT qu'on a comparée au CUCULLE et aux premières CAPES. La CHLAMYDE, le paludamentum, étaient de laine, et se portaient par-dessus l'ARMURE ; le SAYON était une peau à poil ; le BARDOCUCULLE était surmonté d'un CAPUCHON ; la CHLAMYDE fut empruntée par les ROMAINS aux GRECS ; c'était, suivant les uns, un MANTEAU COURT, une veste sans manches ; c'était, suivant d'autres, un SURTOUT comparable au paludamentum, au SAYON, à la LACERNE, au CUCULLE, enfin au CAPOT qu'on a nommé CAPE de Béarn. — SUIDAS prétend que NUMA inventa la CHLAMYDE ; mais JABRO (1777, G), MONCHABLON et tant d'autres témoignent qu'elle était bien plus anciennement en usage chez les GRECS. — Il y a des AUTEURS qui appellent également *chlamydati* et *paludati* les hommes armés en guerre. — Le CUCULLE (*cuculla, cucullio, cucullus*) était un SURTOUT, un VÊTEMENT à capuchon ; les Illyriens et les GAULOIS en faisaient usage ; sa couleur était brune comme l'est encore le surtout des pêcheurs des bords de l'Adriatique ; c'est surtout le CUCULLE qui paraît se rapprocher de la CAPE de Béarn plutôt que la CHLAMYDE ; celle-ci n'était pas à CAPUCHON. — La LACERNE était une CAPOTE contre le mauvais temps. — Le *paludamentum* est rendu dans les dictionnaires par HOQUETON ou COTTE D'ARMES ; la précision de l'interprétation est douteuse. Le *paludamentum* était d'origine ÉTRUSQUE ; Rosin l'a retracé dans ses antiquités romaines comme un Manteau de peu d'ampleur qui descend des épaules au gras de jambe. — Suivant quelques opinions, le *paludamentum* était ou blanc ou rouge ; PLINE atteste qu'il était pourpre, et que c'était la couleur du commandement. — Isidore n'appelle paludamentum que le Manteau des GÉNÉRAUX ; il en était peut-être ainsi de son temps ; mais il paraît que, à d'autres époques, tout Manteau de guerre s'appelait de ce nom. — Quelques-uns ne veulent voir dans ce VÊTEMENT que la COTTE D'ARMES des chefs par opposition au SAYON des SIMPLES SOLDATS. JUVÉNAL en effet le donne à entendre ; JARRO (1777, G), au contraire, regarde le *paludamentum* comme un ornement militaire, non comme une COTTE D'ARMES ; il dit que celui des GÉNÉRAUX et des EMPEREURS se portait agrafé sur la poitrine ou sur l'épaule droite, afin de laisser libre le bras droit ; il cite SUÉTONE qui, en parlant de Vitellius, regardait comme une violation des lois reçues que cet empereur se fût permis d'entrer dans ROME couvert de cet ornement. — Le VÊTEMENT qu'on nommait *penula* était une CAPE de la plus médiocre qualité, un CAMAIL y était attaché. — Le SAYON (*sagus, sagum, sagulum*), qu'on a traduit aussi par SAYE, était un HABIT de guerre, comme le prouve le proverbe *ad saga ire,* PRENDRE LES ARMES, s'enrôler, ou, comme on dirait aujourd'hui, endosser l'uniforme ; c'était donc un HABIT de soldat ; il était de toutes autres couleurs que le blanc ou le pourpre, l'étoffe en était grossière. Cependant SALLUSTE parle du SAYON (*sagum*) de Metellus ; HIRTIUS parle du SAYON (*sagulum*) de SCIPION ; ainsi ce nom s'appliquait quelquefois à la pourpre des GÉNÉRAUX. — Le SUPERHUMÉRAL a été traduit par COTTE D'ARMES ; c'était peut-être un mot générique. — MALLIOT donne sur ces questions des éclaircissements. — De tous les noms du Manteau ROMAIN, celui de la CHLAMYDE s'est conservé à peu près seul dans le MOYEN AGE. Le MOINE DE SAINT-GALL (780) raconte, en parlant des FRANCS : *Qu'un Manteau* (une CHLAMYDE) *double, de couleur blanche ou bleue, et de forme carrée, leur sert de surtout, descend devant et derrière depuis les épaules jusqu'aux pieds ; sur les côtés il couvre à peine les genoux.* — Tel était, suivant VELLY, le Manteau bleu de CHARLEMAGNE. — La gendarmerie se présentait à certaines MONTRES en robe ou Manteau. — A des époques plus modernes, le Manteau devient un habit de cour et de femmes ; il recouvrait une partie du POURPOINT ; il s'agrafait avec de riches BOUCLES EN MÉTAL qu'on appelait FRÉMAILLETS ; celui des CHEVALIERS, des GENDARMES, des SOLDATS, s'est appelé, suivant les temps, BLIAUD, CAPE, CASAQUE, CHAPE, COTTE D'ARMES, HOQUETON, HUCHE, HUGUE, PALETOT, RISTE (ou Manteau de REITRE), ROBE D'ARMES, SOC, SUPERHUMÉRAL, SURCOT. — Au temps de

FRANÇOIS PREMIER, les GENS D'ARMES passaient la revue en ROBE ou CASAQUE par opposition à la MONSTRE en GRANDE TENUE. — Depuis l'époque où le Manteau devient une partie indispensable du COSTUME, l'ART DE L'ESCRIME concourt à en déterminer l'ampleur ; ainsi la manière dont il était taillé et dont il pendait sur le bras gauche était d'accord avec les principes de l'ART DES ARMES. On donnait dans les DUELS une grande attention à la manière de s'en envelopper, de s'en abriter comme d'une ARME DÉFENSIVE ; l'habileté consistait à le présenter en plusieurs doubles à la POINTE de l'ÉPÉE de l'adversaire, afin de la briser ou d'en amortir le COUP. C'était une partie importante des leçons du MAITRE D'ESCRIME. Aussi la forme de ce Manteau est-elle ITALIENNE OU ESPAGNOLE, parce que c'est de ces deux pays que l'ESCRIME est originaire. Quelquefois on combattait avec la convention de ne pas rester revêtu du Manteau ; mais c'était surtout contre les surprises nocturnes et les attaques imprévues que les académistes enseignaient le maniement du Manteau. Son usage a tombé après le règne de LOUIS TREIZE, et surtout quand la rage des DUELS a commencé à s'affaiblir. — En 1650, le MANTEAU DE CAVALERIE devient légalement un EFFET D'UNIFORME. Le roi en fait fournir par les villes ; ils coûtaient dix-neuf livres pièce. — Des hommes de pied ont porté aussi dans le même siècle le Manteau ; PARROCEL en fournit la preuve. — Une CIRCULAIRE DE 1792 (15 JANVIER) accordait aux OFFICIERS D'INFANTERIE la permission de porter des Manteaux ; l'usage en fut de peu de durée, puisque bientôt les officiers particuliers furent mis à pied, et qu'un VÊTEMENT à manches est plus commode pour un fantassin. — Une DÉCISION DE 1821 (28 AVRIL) permettait aux OFFICIERS D'INFANTERIE l'usage d'un PETIT MANTEAU OU GRAND COLLET. — La MILICE AUTRICHIENNE comprenait un genre D'INFANTERIE levée sur les frontières de la TURQUIE, et qui s'appelait les MANTEAUX ROUGES. — Les Manteaux de soldats des MILICES TURCO-ÉGYPTIENNE et TURQUE ont conservé les formes antiques.

MANTEAU D'OFFICIER D'INFANTERIE. V. GRAND COLLET. V. MANTEAU D'HABILLEMENT. V. OFFICIER D'INFANTERIE. V. PETIT MANTEAU.

MANTEAU ROUGE. V. MANTEAU D'HABILLEMENT. V. MILICE AUTRICHIENNE N° 2. V. RÉGIMENT FRONTIÈRE. V. ROUGE.

MANTEL, subs. masc. V. HABIT. V. MANTEAU.

MANTELET, subs. masc. (F; G, 4), ou MANTELET DÉFENSIF. Mot qui a la même racine que le substantif MANTEAU ; il exprime une MACHINE de guerre destinée à masquer le soldat et à neutraliser l'effet des projectiles auquel il serait exposé sans cet intermédiaire. — L'usage des Mantelets est de toute antiquité; Amiot (1782, O) donne les images de quantité de machines chinoises qui étaient des Mantelets d'une forme ingénieuse. — Les Mantelets des Romains étaient des boucliers roulants, façonnés en clayonnages et recouverts de cuirs crus. Ils ramparaient les soldats qui faisaient jouer le bélier. — Les tortues étaient garnies de Mantelets. — Il y avait, suivant Folard (1727, A), des Mantelets à demeure, très-élevés, et maintenus entre deux mâts; ils étaient formés de cilices. — Suivant Jabro (1777, G), les Latins nommaient cette machine *crates, gerra, gerrones; pluteus, vinea, oryx.* Ce dernier mot signifiait primitivement chèvre, parce que la peau de ce quadrupède servait à la fabrication des Mantelets, des cêtres, des galeries d'approches. — Plaute dit proverbialement : *Ad eum vineas pluteosque agam,* Je l'attaquerai de tous mes moyens, j'emploierai contre lui toutes mes ressources. — Tite Live dit de Scipion, qui avait emporté de force la ville de Ségeste : *Vineis pluteisque cepit.* — César (51, A) distingue des claies les Mantelets; en parlant d'Antoine, qui surprit les navires d'un lieutenant de Pompée, il indique que ces barques étaient garnies de Mantelets et de claies, *scaphas magnarum navium cratibus ac pluteis contexit.* — Quinte-Curce aussi distingue les claies (*crates*) des vignes (*vineæ*). — Le Mantelet nommé *pluteus* était porté sur roues. — Juste Lipse établit cette différence que la vigne était un Mantelet double et couvert; le Mantelet ou muscule, un parapet simple et mobile. — Festus et son commentateur Paul Diacre appellent *pluteus* une machine recouverte de peaux crues; des claies aussi se garnissaient de même, et ces deux genres de défenses s'appelaient, disent-ils, *militares.* — Abbon, dans la description du siége de Paris, dit que les Normands construisaient des logements nommés *tentoria,* où se tenaient à couvert sept à huit soldats, et qui répondaient à ce que les Latins avaient appelé *crates, pluteus.* — Les milices modernes se sont servi des Mantelets; le moyen age en construisait ses taudis; mais ils sont maintenant de peu d'usage. C'étaient des parois ou des parapets ambulants composés de madriers en chêne, à l'épreuve de la balle, et portés sur deux roues de charrue, à l'essieu desquels était fixé un timon en fourche; les sapeurs des assiégeants poussaient devant eux cette machine qui servait de pavesade aux assaillants et aux mineurs.

— Depuis Vauban, les gabions farcis ont remplacé les Mantelets. — Une partie des écrivains qui traitent des machines se sont occupés des Mantelets; il en est particulièrement question dans M. le général Cotty (1822, A), Deville (Antoine), l'Encyclopédie (1751, C), Guignard (1725, B), Guillet (1686, B), Maizeroy (1765, B), Manesson (1685, B), Sionville (1756, E).

MANTELET d'armes. v. armes. v. manteau d'armes.

MANTELET défensif. v. défensif. v. mantelet.

MANTILLE, subs. fém. v. ceinture militaire. v. cotte d'armes. v. hoqueton. v. manteau.

MANTINÉE ; MANTOUE. v. noms propres.

MANUBALISTAIRE, subs. masc. v. manubaliste. v. milice romaine. n° 2. v. soldat.

MANUBALISTE, subs. fém. (F). Mot tout latin qui exprime une baliste a main, *balista manualis,* avec laquelle combattait l'infanterie des anciens. — Végèce (590, A) dit que les légions romaines l'appelaient autrefois scorpions, *scorpiones dicebant quas nunc manubalistas vocant; ideò sic nuncupati quod parvis subtilibusque spiculis inferant mortem.* On appelait scorpions les Manubalistes de notre temps; leur ancien nom venait de ce que ces armes jetaient des dards aigus dont la piqûre était mortelle. — Cugnot (1766, C) croit que cette machine tenait le milieu entre l'arbalète et la baliste. — Maizeroy (1767 E) appelle manubalistaires (*manubalistarii*) les soldats qui étaient préposés à la manœuvre des Manubalistes. Ils se nommaient aussi tragulaires. — M. le colonel Carrion (1824, A) dit qu'au temps de leur corruption les légions avaient chacune cinquante-cinq Manubalistes, qu'il appelle aussi petites balistes, balistes de campagne, grandes arbalètes. Il suppose qu'elles étaient des machines à tir direct, placées pendant une action générale dans les intervalles des cohortes. Il affirme qu'elles furent en usage dans les troupes antérieurement aux plus grandes armes, telles que les onagres, etc. — Les récits de Tite Live autorisent à croire que de son temps une Manubaliste ou une petite baliste n'étaient pas même chose. Ainsi l'on peut regarder comme incomplètes jusqu'ici les définitions qui ont été données des Manubalistes. — On peut consulter sur ce sujet M. le général Cotty (1822, A), Gassendi (1819), Héron (217 avant J.-C.), Lacuesnaie (1758, I), Maizeroy (1771, E).

MANUFACTURE, subs. fém. (term. génér.). Ce mot, dont l'étymologie ne demande pas à être expliquée, se rapporte ici aux Manufactures, soit nationales, soit particulières, qui pourvoient à certaines fournitures propres à l'ARMÉE FRANÇAISE ; il se distinguera ici en MANUFACTURE D'ARMES et en MANUFACTURE D'ÉTOFFES.

MANUFACTURE (manufactures) d'ARMES (B, 1). Sorte de MANUFACTURES qui de tout temps ont été d'indispensables ÉTABLISSEMENTS publics dans les pays à grandes ARMÉES ; mais cette branche d'histoire et d'ART est une des moins éclaircies de toutes. — Quand les ROMAINS eurent étendu loin de ROME leur puissance, un de leurs soins fut d'instituer en diverses villes des ARSENAUX où se forgeait l'ARMEMENT de leurs nombreuses LÉGIONS. Elles étaient sous la direction du maître des OUVRIERS, *magister fabrum ;* on peut en prendre une idée dans l'une des dissertations de l'ENCYCLOPÉDIE (1785, C, au mot *Arme*). Ce serait une étude épineuse et de peu d'utilité que de rechercher depuis quelle époque STRASBOURG a fourni les ARMES de divers genres ; AUTUN, les CUIRASSES ; MACON, les FLÈCHES, les TRAITS, les PROJECTILES de tout genre ; REIMS, les ÉPÉES, les FAISCEAUX, les HACHES des LICTEURS ; Amiens, Soissons et Trèves, les BALISTES, les BÉLIERS, les BOUCLIERS et les HARNOIS DE FER. — De tout temps le choix de l'emplacement des Manufactures à dépendu d'une certaine industrie locale, de quelques circonstances particulières telles que le voisinage des cours d'eaux, l'abondance des mines ou du combustible, la commodité des débouchés, la ressource des forêts voisines, le concours d'une population laborieuse, etc. ; mais ces considérations commerciales, ces causes matérielles ne devraient pas prédominer seules. Il est fâcheux que rarement une habile combinaison politique, un sage esprit de prévoyance, aient dans la France moderne présidé à l'établissement des FABRIQUES de ce genre. — Quand ROME était pour ainsi dire sans frontières, peu importait sur quel point le travail des armes s'exécutait ; mais quand le peuple roi s'est brisé en une quantité de peuples nouveaux, la place de leurs ARSENAUX eût dû dépendre de méthodes nouvelles. — Au temps des ROMAINS l'ARMEMENT était de peu de valeur, et une rapide FABRICATION pouvait remédier aux pertes ; de nos jours un MAGASIN D'ARMES de guerre est d'un prix incalculable, et remplacer ce qu'il contient exige un temps infini et des dépenses ruineuses. — Au MOYEN AGE, chaque SEIGNEUR FIEFFÉ ou SOUVERAIN s'armait à sa manière,

lui et les siens. L'ESPAGNE, l'ITALIE, l'ORIENT pourvoyaient au commerce des armes ; il est donc peu surprenant qu'aucun principe ne se soit établi ; mais depuis le rétablissement du pouvoir monarchique, depuis qu'un GRAND MAITRE DE L'ARTILLERIE eut la surintendance des ARMES, aucun progrès n'a eu lieu dans l'importante question de l'assiette des Manufactures. L'ART MILITAIRE est à cet égard si peu arrêté, qu'on débat de nos jours la question de savoir s'il faut, ou non, des Manufactures, si on les laissera ou non sur la FRONTIÈRE, si on les abritera ou non sous de puissantes FORTERESSES ou de larges CAMPS RETRANCHÉS, si on les chargera de la FABRICATION des ARMES D'OFFICIERS aussi bien que DE TROUPE ; ce sont autant de lacunes dans le CODE MILITAIRE. — Les LAMES de SABRE ne se forgent qu'à Klingenthall, Manufacture instituée depuis 1730. — Ce sont surtout les FUSILS, les MOUSQUETONS, les PISTOLETS DE TROUPE, les MONTE-RESSORT, les PIÈCES DE RECHANGE, que les autres Manufactures confectionnent sous la surveillance des OFFICIERS D'ARTILLERIE ; il fut un temps où les fourreaux de baïonnette s'y confectionnaient, et les mêmes Manufactures ont pendant quelque temps fourni aussi des CARABINES. — Les procès-verbaux des séances de la CONVENTION (an deux, 3 brumaire) témoignent qu'avant la GUERRE DE LA RÉVOLUTION on ne fabriquait annuellement en FRANCE que cinquante mille FUSILS, et que toutes les puissances réunies n'en faisaient confectionner que deux cent mille par an. A cette époque les seules Manufactures de la ville de PARIS produisirent jusqu'à mille FUSILS par jour. — Considérées par rapport à l'INFANTERIE, les Manufactures d'armes sont et doivent être l'école des ARMURIERS DE CORPS ; ils y doivent être formés surtout dans la partie qu'on nomme l'AJUSTAGE. — S'il s'agit des travaux des CANONNIERS, une des importantes attentions des INSPECTEURS, des CONTROLEURS et des CHEFS OUVRIERS est de s'assurer des imperfections inapparentes des ARMES, telles que l'inexactitude de la mesure de l'AME, les soufflures, pailles, travers, etc. Ils constatent l'examen par l'empreinte de MARQUES convenues. — Les PIÈCES D'ARMES DE RECHANGE ou de RÉPARATIONS sont achetées brutes par les CORPS, qui ne peuvent les tirer que des Manufactures nationales, et doivent en acquitter de suite le prix à l'ENTREPRENEUR ; les ARMURIERS DE CORPS doivent seulement les finir et les mettre en place ; celles qui seraient susceptibles de rejet seraient présentées à l'INSPECTEUR GÉNÉRAL par l'OFFICIER D'ARMEMENT. — Une LOI DE 1792 (19 AOUT) avait reconstitué sur un pied nouveau les Manufactures ; le RÈGLE-MENT DE L'AN XIII (1er VENDÉMIAIRE) détermi-nait les lieux de leur établissement. — Une ORDONNANCE DE 1822 (20 NOVEMBRE) réglait les dispositions à observer. — En 1828 la FRANCE comptait sept FABRIQUES D'ARMES. — Dans les discussions du budget de 1828 le général Sébastiani a dit que cent mille FUSILS d'un nouveau MODÈLE fabriqués en 1822 se trouvaient hors de service, et qu'ainsi une dépense de trois millions trois cent mille francs avait été faite en pure perte ; c'étaient des fusils de forme anglaise et propres à l'INFANTERIE ne combattant que sur deux rangs. — Nous rapportons ce fait comme un témoignage du peu d'unanimité à l'égard de cette question : les FUSILS devraient-ils être confectionnés par les soins du commerce ou par les Manufactures d'armes ? Car un ministre n'eût pas osé à la légère se livrer à un si ruineux caprice, s'il n'eût suffi que de quelques ordres donnés mysté-rieusement à des Manufactures fermées au public. — On peut consulter à l'égard des Manufactures : CARNÉ (1785, E), le général COTTY (1806, A ; 1832, A), GASSENDI (1819), LACHESNAIE (1758, I), ODIER (1818, E).

MANUFACTURE (manufactures) d'É-TOFFES (B, 1). Sorte de MANUFACTURES insti-tuées et dirigées en FRANCE par l'industrie particulière, mais admises à l'entreprise de la FOURNITURE des TROUPES, en vertu de MARCHÉS passés entre le MINISTRE DE LA GUERRE et les chefs de ce genre d'établissements.— Un BUREAU du MINISTÈRE nommé DIRECTOIRE D'HABILLEMENT a été pendant longtemps chargé de tous les travaux administratifs, de toutes les mesures qui concernaient cette branche du SERVICE DE L'HABILLEMENT des ARMÉES. Des INSPECTEURS *ad hoc*, qui étaient membres de ce BUREAU, avaient mission de visiter périodiquement les FABRIQUES, et s'assuraient que dans les procédés de la FABRICATION toutes les exigences du cahier des charges, telles que le genre de tissu et de teinture, l'aunage, les PORTÉES, etc., étaient régulièrement observées. — Ces INSPECTEURS ont été supprimés par ORDON-NANCE DE 1824 (31 MARS). — C'était un ho-locauste offert par la faiblesse du ministre à l'impéritie de la législature. *Rien, dit* Odier (1824, E, t. VI) *ne prouve mieux le peu d'attention que le public donne aux choses de l'administration de la guerre* (Odier n'a pas osé accuser l'inhabileté des députés) *que la discussion de la chambre en 1820 pour la suppression au budget du traitement de six inspecteurs des fa-briques qui travaillaient pour l'armée.* — Les CONSEILS D'ADMINISTRATION des CORPS

D'INFANTERIE recevaient directement des Ma-nufactures les ÉTOFFES qu'ils étaient autori-sés à en tirer ; les récépissés qui constataient que les quantités, qualités et espèces étaient celles que le gouvernement octroyait, de-venaient dans les mains des FABRICANTS des MANDATS dont le MINISTÈRE ordonnait l'ac-quittement par le TRÉSOR PUBLIC. — S'il s'é-levait entre les CONSEILS D'ADMINISTRATION et les FABRICANTS des difficultés touchant les qualités, les CONSEILS DE PRÉFECTURE étaient appelés à en connaître et transmettaient au MINISTRE leur avis motivé.

MANUS. v. NOMS PROPRES.

MANUTENTION, subs. fém. v. BOULAN-GERIE MILITAIRE. V. DÉPENSE DE MANUTENTION. V. ENTREPRISE DE FOURNITURE. V. MILICE SYR. N° 2.

MANUTENTIONNAIRE, subs. masc. V. BOULANGERIE MILITAIRE. V. MUNITIONNAIRE. V. PAIN DE MUNITION.

MAQUELETTE, subs. fém. v. MASSUE.

MAQUÉRIE, subs. fém. v. MACHÈRE.

MAQUILLEUR, subs. masc. (F). Mot provenu du LATIN *mangonizare*, tromper, maquignonner. LACHESNAIE (1758, I) té-moigne qu'on donnait ce nom à des BOU-LANGERS qui suivaient, sans y être autorisés, les ARMÉES ; ils parvenaient, par des ma-nœuvres frauduleuses, à se procurer la plus belle FARINE des BOULANGERIES MILITAIRES ; ils en fabriquaient du PAIN BLANC qu'ils ven-daient aux officiers ou au quartier général. — Le nom de Maquilleur, pris dans le sens d'escroc qui triche au jeu, s'est conservé dans l'argot des voleurs.

MARAIS, subs. masc. v. APPUI FIXE. V. QUARTIERS DE CANTONNEMENT. V. TOURBE DE MARAIS.

MARASME, subs. masc. (D, 5). Mot tout LATIN, suivant BOISTE ; il donne idée d'une maigreur qui annonce un état de con-somption. C'est une des INFIRMITÉS considé-rées comme CAS DE RÉFORME.

MARATHON. v. NOMS PROPRES.

MARAUDAGE, subs. masc. (C, 5) ou MARAUDE. Ces mots peu anciennement admis dans les ORDONNANCES proviennent-ils du substantif maraud, pris dans le sens de fri-pon, comme le donne à entendre NICOT (1564), ou bien maraud dérive-t-il de MA-RAUDE ? La question est difficile à résoudre. — GÉBELIN suppose que maraude vient du CELTIQUE *mar*, bois, forêt ; c'est une étymo-logie douteuse. — MÉNAGE prétend retrouver le mot maraud dans l'HÉBREU, et écrit, on ne sait pourquoi, non pas MARAUDE, mais ma-rode, synonyme de picorée ; il conjecture, contre toute raison, que le mot marode pourrait venir du nom d'un seigneur flamand.

de Mérode, qui faisait la guerre en MARAU-
DEUR. Mais cette supposition ridicule tombe
d'elle-même, puisqu'on trouve dans le vieux
dictionnaire français-italien de Oudin les
mots maraudaille, maraude, marauderie. —
Le mot s'est germanisé dans les guerres civiles du seizième siècle ; les ALLEMANDS en
ont fait le verbe *marauden* et le substantif
marauder. — Maraudage est employé de
préférence dans le style de la loi, comme le
témoignent le CODE DE L'AN CINQ (21 BRUMAIRE)
et le RÈGLEMENT DE L'AN HUIT (25 FRUCTIDOR).
L'expression MARAUDE est moins moderne,
mais elle a reparu dans le RÈGLEMENT DE
1816 (24 JUILLET) ; elle a donné naissance
au substantif MARAUDEUR. C'est surtout de
MARAUDE qu'il est question dans les récits de
guerre des derniers siècles. — Le Maraudage et la MARAUDE sont un VOL de VIVRES,
un DÉGAT chez l'HABITANT ; ils sont au PILLAGE
et à la DÉVASTATION ce qu'un DÉLIT est à un
crime ; mais ce DÉLIT est si fréquent que les
TROUPES se familiarisent avec l'expression et
ne lui attribuent rien de plus flétrissant
qu'au mot BUTIN. On entend des hommes
pleins d'honneur dire au retour de la guerre :
Nous étions obligés de vivre de maraude.
— En vain la LÉGISLATION s'est évertuée à
réprimer la MARAUDE, à la classer en Maraudage en TROUPE, à MAIN ARMÉE, de SOUS-OFFI-
CIERS, d'OFFICIERS, de VIVANDIER, par RÉCI-
DIVE, etc., etc., combien rarement avons-
nous vu, dans le cours de tant de CAMPA-
GNES, des JUGES sévir contre des MARAU-
DEURS ? La GUERRE et surtout les GUERRES D'IN-
VASION permettent-elles qu'on respecte le
garde-manger de l'habitant ; et comment
empêcher qu'un soldat qui meurt de faim et
que quelques verres de brandevin viennent
d'étourdir, ne passe du buffet aux armoires
pour y prendre les souliers, le linge dont il
est dépourvu ? Ce serait aux habiles prévisions de l'ADMINISTRATION, non aux commodes conseils de la morale, non aux impuis-
santes répressions de la JUSTICE, à extirper la
MARAUDE ; mais si l'on ne parvient à faire
revivre les CAMPS RETRANCHÉS des ROMAINS, à
renouveler les merveilles, fabuleuses peut-
être, du temps de Scaurus, les merveilles
moins douteuses de la DISCIPLINE de GUSTAVE-
ADOLPHE, il faut ou renoncer à la GUERRE,
ou l'accepter avec son hideux cortége de
tous les genres de Maraudage. — Telle était
la GUERRE D'ESPAGNE. On lut, en 1811 (14
novembre), un ordre du jour jusque-là sans
exemple, comme le témoignent les Mémoires de Mme d'Abrantès (t. XIV, p. 9), *tel
bataillon sera de maraude......* On lit
quelques pages plus loin, que dans une retraite, un général longtemps célébre ou-

blia douze cents maraudeurs qui tombèrent
aux mains, c'est-à-dire à des tortures exercées par des cannibales. — Tel fut inévita-
blement aussi la GUERRE DE RUSSIE ; on en
trouve le témoignage dans le traité de M. le
colonel de CHAMBRAY (1825, t. I, p. 106).
On lit dans M. le général de SÉGUR (Philippe) : *On laissait partout des traîneurs,
des hommes égarés près lesquels les officiers passaient indifféremment, il y aurait eu trop à reprendre ; on avait trop à
faire personnellement pour s'occuper des
autres ; beaucoup de ces hommes isolés
étaient des maraudeurs qui feignaient une
maladie ou une blessure pour s'écarter ensuite, ce qu'on n'avait pas le temps d'empêcher et ce qui arrivera toujours dans
ces grandes foules qu'on pousse en avant
avec tant de précipitation ; l'ordre intérieur ne pouvait exister au milieu d'un
désordre général.* — En 1812, un spectacle
et des excès pareils se renouvelèrent en SAXE ;
la MARAUDE et l'ABANDON DE CORPS étaient
poussés au point que les MARAUDEURS établis
dans les maisons dévastées y vivaient par
petites républiques, et s'y défendaient à main
armée contre les invasions d'usurpateurs
nouveaux, ou contre les poursuites de la
GENDARMERIE ; un ordre du jour signé du
major général et imprimé à Dresde, que
nous reçûmes officiellement, enjoignait de
les FUSILLER prévôtalement. Nous n'avons pas
vu mettre à exécution la menace. — Mais le
grand capitaine qui combattait alors mé-
rite-t-il seul ce reproche ? L'ARMÉE de TU-
RENNE ne vivait que de maraude ; celle de
VENDOME portait partout le PILLAGE. — Dans
la GUERRE DE 1741 les GALÈRES DE TERRE in-
ventées par MAURICE DE SAXE, dans la GUERRE
DE 1756 les terribles exécutions du GRAND
PRÉVOT faisant BRANCHER sans procès les MA-
RAUDEURS, la DISCIPLINE de SAINT-GERMAIN, les
COUPS DE PLAT DE SABRE et DE BATON n'ont été
que des remèdes impuissants. Nourrissez et
payez les HOMMES DE GUERRE, pourvoyez à
leurs indispensables besoins, ne mettez à
leur tête que des GÉNÉRAUX purs, et vous
serez alors en droit de fulminer les prohibi-
tions contre le PILLAGE des VIVRES ; la raison
et la loi pourront être enfin d'accord. Mais
ce vœu est un rêve, et l'impossibilité d'allier
la morale et les armes fait la sanglante critique de la GUERRE. Le général FOY en parlant des temps modernes disait : *Celui-là
serait mort de faim qui aurait attendu
pour manger, que l'administration de
l'armée lui fît distribuer la ration de
pain et de viande.* — L'usage des CAMPS
MINCES et l'impuissance des GRAND'GARDES
favorisent les MARAUDEURS. Les CHIRS les

plus renommés eux-mêmes n'ont pas tous fait preuve de désintéressement. — Les AUTEURS qu'on peut consulter sur ce sujet sont: BARDIN (1807, D ; 1813, B), BERRIAT (1817, A), BOMRELLES (1746, A), DUBOUSQUET (1769, B), ENCYCLOPÉDIE (1751, C, au mot *Maraude*; 1785, C), FOY, GRIMM (correspondance), LACHESNAIE (1758, I), LAROCHE (1770, L), LECOUTURIER (1825, A), SAINT-GERMAIN (Correspondance), le *Dictionnaire de la Conversation.*

MARAUDE, subs. fém. V. ADMINISTRATION D'ARMÉE. V. ARMÉE FRANÇAISE N° 1. V. MARAUDAGE. V. NOURRITURE. V. ORDINAIRE D'HOMME DE TROUPE. V. PILLAGE.

MARAUDEUR, subs. masc. V. CAVALERIE LÉGÈRE. V. COMPOSITION. V. COUP DE BATON. V. COUP DE PLAT DE SABRE. V. GRAND'GARDE. V. GRAND PRÉVOT. V. MARAUDAGE. V. MILICE AUTRICHIENNE. V. PRÉVOT D'ARMÉE. V. PRÉVOT DE CORPS. V. SCHLAGUE.

MARBOT. V. NOMS PROPRES.

MARBRE, subs. masc. V. TABLE DE M...

MARC; MARCA; MARCEL; MARCELLI; MARCELLUS; MARCHAIS; MARCHAND. V. NOMS PROPRES.

MARCHAND, subs. masc. V. CRÉDIT COMMERCIAL. V. GRAND PRÉVOT. V. HABILLEMENT. V. MARCHE. V. MARCHÉ. V. PRÉVOT DE CORPS.

MARCHANDISE, subs. fém. V. ARRÊTÉ DE COMPTABILITÉ. V. CONSEIL D'ADMINISTRATION N° 6. V. COMMISSAIRE AUX RÉCEPTIONS D'EFFETS. V. MARCHÉ D'HABILLEMENT. V. VAGUE-MESTRE.

MARCHANGY. V. NOMS PROPRES.

MARCHANT (marchante), adj. et part. V. AILE MARCHANTE DE BATAILLON. V. EN MARCHANT.

MARCHARD. V. NOMS PROPRES.

MARCHE, impér. sing. et subs. fém. V. BATAILLON DE M... V. BATTRE LA M... V. CHANGEMENT DE DIRECTION DE SUBDIVISION EN M... V. CHANGEMENT DE DIRECTION EN M... V. CHEF DE PELOTON, DEUX PAS EN AVANT, MARCHE. V. COLONNE DE M... V. COLONNE EN M... V. COMMISSAIRE DE M... V. CONTRE-MARCHE. V. COUVRIR UNE M... V. DÉROBER UNE M... V. DOUBLE M... V. ÉCLAIRER UNE M... V. EN MARCHE. V. FERMER LA M... V. FORCER UNE M... V. GAGNER UNE M... V. JOUR DE M... V. JOURNÉE DE M... V. ORDONNANCE DE M... V. OUVRIR LA M... V. OUVRIR LES M... V. OUVRIR UNE M.., V. ORDRE DE M... V. POUSSER UNE M... V. RÉGIMENT DE M... V. RÈGLEMENT DE M... V. SCIENCE DES M...

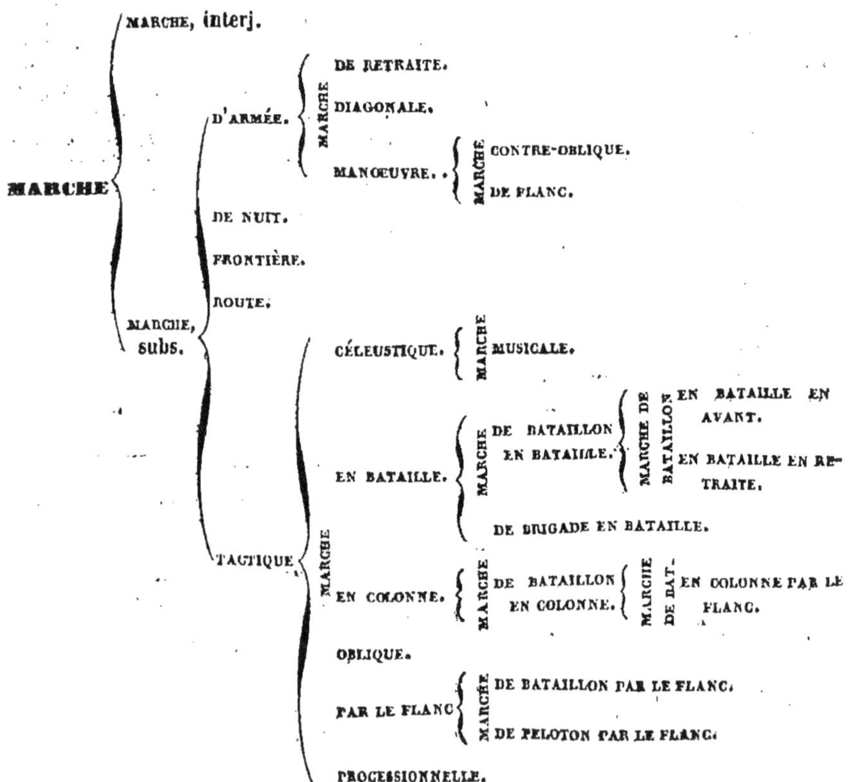

MARCHE (term. génér.). Ce mot dérive, ou du CELTIQUE *mar, mare,* cheval, puisqu'en bas LATIN et en ITALIEN *marchiare, marchare* et *cavalcare, equitare* étaient synoymes, comme le dit CAPENEUVE ; ou bien il vient de l'ALLEMAND *march, marck,* qui s'est reproduit dans le bas LATIN *margo ;* on trouve dans le même sens *marca* dans les CAPITULAIRES de CHARLEMAGNE ; ces substantifs *marca, margo* ont signifié borne milliaire, démarcation, FRONTIÈRE ; sous ce point de vue GÉBELIN croit à l'origine CELTIQUE *mar,* borne, partage, marque, signe ; ils ont laissé dans l'ESPAGNOL *comarca ;* dans le LATIN barbare ce genre de limite s'est exprimé par *marchia, marchio ;* il est entré dans la composition des substantifs MARCHIS, MARQUIS, MARQUISAT, et peut-être dans celle du substantif MARÉCHAL. BARDAZAN (1808) veut même qu'il ait donné naissance aux termes MARCHAND et MARCHER. — Concluons-en que s'il s'agit de l'action de MARCHER, la racine serait GAULOISE ; que s'il s'agit de LIMITE, elle serait FRANCO-TEUTONNE ou celtique. — L'expression Marche demande à être définie, comme interjection et comme substantif.

MARCHE (interj.), impératif, qui appartient surtout à la MARCHE TACTIQUE ; en ce cas, il compose tantôt un COMMANDEMENT D'EXÉCUTION, tantôt un COMMANDEMENT GÉNÉRAL. — Il se rapporte aussi au SERVICE DES POSTES et à la police des PONTS DE FORTERESSE ; il est prescrit par la CONSIGNE donnée à la SENTINELLE d'une PORTE DE FORTERESSE, et compose un CRI ordinairement précédé des mots ARRÊTE LA-BAS ; dans l'autre siècle il était itératif, on disait : *Marche, Marche.* — En tactique, le terme est quelquefois précédé des mots EN AVANT ; il en est ainsi dans certaines MARCHES PAR LE FLANC, et alors il est synonyme de marchez ou partez, mais il est quelquefois précédé du mot TOURNEZ A DROITE, — A GAUCHE. — Quand il vient après le mot HAUT LES ARMES, il signifie *disloquez-vous ;* ces locutions, qui auraient été d'un français plus correct, n'ont pas été admises, mais auraient eu l'inconvénient de la longueur de la désinence ; on leur a préféré, à tort ou à raison, l'impératif singulier Marche, qui se prononce comme d'une seule syllabe, ce qui favorise l'accomplissement plus instantané du COMMANDEMENT. — Dans l'ORDRE EN COLONNE, A DISTANCE ENTIÈRE, le mot Marche est répété par les CHEFS DE SUBDIVISION ; dans l'ORDRE EN BATAILLE, il n'est prononcé devant le BATAILLON que par le CHEF DE BATAILLON.

MARCHE, subs. fém. (term. génér.). Le mot Marche a autrefois signifié FORTERESSE ; il est principalement considéré ici dans le sens de MARCHE MILITAIRE, c'est-à-dire de déplacement ou de locomotion d'une TROUPE ou d'un MILITAIRE. Par un des abus si familiers à la LANGUE, on appelle également Marche une MARCHE MUSICALE ; telle est la *Marche du roi de Prusse.* — Pour éviter la confusion des termes, quelques AUTEURS, tels que TURPIN (1785, O), appellent judicieusement le MARCHER, ce qu'on désigne vulgairement sous la désignation de MARCHER MILITAIRE, mais l'usage n'a pas ratifié l'innovation. — Les règles administratives concernant les troupes ou les hommes en Marche sont développées dans le traité d'ODIER (1824, E, t. III). — Le terme se distingue en MARCHE A BATTERIE SOURDE, — A BRUIT, — A LA CHARGE, — A PIED, — A RANGS SERRÉS, — AVEC ARMES ET BAGAGES, — AU PAS DE ROUTE, — CADENCÉE, — CENTRALE, — CONCENTRIQUE, — D'ARMÉE, — D'ARRIÈRE-GARDE, — D'AVANT-GARDE, — DE BATAILLON EN BATAILLE PAR LE FLANC, — DE BATAILLON EN COLONNE PAR SECTION, — DE BRIGADE D'INFANTERIE EN COLONNE, — DE CAVALERIE, — DE CARRÉ, — DE COLONNE, — DE CONVOI DE CORPS, — DE DÉTACHEMENT, — DE FRONT, — DE GARNISON, — DE GUERRE, — DE HAIE, — DE NUIT, — DE TAMBOURS, — DE TROUPES, — D'ÉQUIPAGES, — DES VERGES, — D'INFANTERIE, — DIRECTE, — EN ARRIÈRE, — EN AVANT, — EN COLONNE PAR LE TROISIÈME RANG, — EN FRONT, — EN RETRAITE, — EN VOITURE, — ÉPAGOGIQUE, — EXCENTRIQUE, — FORCÉE, — FRONTIÈRE, — INVERTIE, — MILITAIRE, — NATURELLE, — NOCTURNE, — OBLIQUE BRISÉE, — OFFENSIVE, — PAR EAU, — PAR LE CENTRE, — PAR MANCHE, — PAR PELOTON, — PAR QUATRE, — PARALLÈLE, — PARATAXIQUE, — PERPENDICULAIRE, — RENVERSÉE, — RÉTROGRADE, — ROUTE, — STRATÉGIQUE, — TACTIQUE.

MARCHE A BATTERIE SOURDE. V. BATTERIE SOURDE. V. CÉRÉMONIE FUNÈBRE.

MARCHE A BRUIT. V. A BRUIT. V. BRUIT DE CAISSE.

MARCHE A LA CHARGE. V. A LA CHARGE. V. CHARGE IMPULSIVE.

MARCHE A PIED. V. A PIED. V. INDEMNITÉ DE ROUTE.

MARCHE A RANGS SERRÉS. V. A RANGS SERRÉS. V. ARME A VOLONTÉ. V. MARCHE DE BATAILLON EN COLONNE. V. PAS CADENCÉ.

MARCHE AVEC ARMES ET BAGAGES. V. ARMES. V. AVEC ARMES, etc. V. BAGAGE. V. MARCHE D'ARMÉE. V. MARCHE-ROUTE. V. MILICE ROMAINE N° 9.

MARCHE AU PAS DE ROUTE. V. AU PAS DE ROUTE. V. COLONNE EN ROUTE. V. ESPACE DE RANG.

MARCHE CADENCÉE. V. CADENCE. V. CA-

DENCÉ. V. GROSSE CAISSE. V. GYMNASTIQUE.
V. MARCHE TACTIQUE. V. PAS CADENCÉ. V.
ROUFFLE.

MARCHE céleustique (term. sous-
génér.). Sorte de MARCHE TACTIQUE ou d'AIR
DE TAMBOUR ou de MUSIQUE exécutés sur une
CADENCE et un mètre déterminés; ainsi la
BATTERIE varie de la plus vive à la plus lente
des mesures de PAS MILITAIRE, s'il s'agit de
la Marche AUX CHAMPS ou de la CHARGE. —
*Les airs des Marches, disait en 1765
Jean-Jacques, fort mécontent de la MUSIQUE
militaire de son temps, remplissent assez
mal cet objet; les troupes françaises
ayant peu d'instruments militaires pour
l'infanterie, hors les fifres et les tambours, ont aussi fort peu de Marches, et
la plupart très-mal faites. Mais il y en a
d'admirables dans les troupes allemandes.*
— Maintenant les MUSIQUES françaises n'ont
rien à envier à celle d'outre-Rhin. — On a
donné à un PAS REDOUBLÉ le nom de *Marche
du roi de Prusse.* — Les Marches céleustiques comprennent maintenant des MAR-
CHES MUSICALES et des MARCHES DE TAMBOURS ;
dans le principe, ces deux genres de Marches n'en faisaient qu'une, puisque les TAM-
BOURS ne battaient qu'avec l'accompagnement du petit nombre d'INSTRUMENTS qu'on
avait alors ; rien n'offre une image plus
exacte de cet ancien système que les Marches de notre INFANTERIE LÉGÈRE actuelle,
quand les CLAIRONS jouent en même temps
que les TAMBOURS BATTENT. — Suivant l'article *Marche de musique*, inséré dans le
*Dictionnaire de la Conversation, les
Marches sont, pour l'ordinaire, à deux
reprises, avec un alternatif ou trio, quelquefois elles se composent d'un seul morceau qui se joue de suite ; mais, dans ce
cas, elles doivent être d'une assez longue
étendue, et rappeler plusieurs fois le
motif principal. Il y a deux sortes de
Marches militaires* (c'est-à-dire qui diffèrent par la cadence tactique), *la Marche
proprement dite* (elle s'appelle maintenant
le pas ordinaire) *à quatre temps, et le pas
redoublé* (depuis 1791 le pas redoublé n'est
plus reconnu, le pas accéléré l'a remplacé) *
à deux temps. Ce dernier est d'un mouvement plus animé et convient mieux au
pas accéléré des troupes ; il est plus usité
que la Marche* (que le pas ordinaire) *dont
le mouvement grave et modéré imprime
à la musique quelque chose de cérémo-
nieux ou de solennel. La Marche à quatre temps ne s'emploie le plus souvent
qu'aux revues, à la parade, ou dans
quelques autres circonstances analogues.*
— Un décret des cortès de 1822 (9 avril)

declarait nationale la Marche militaire de
Riégo ; c'était le chant des troupes qui
avaient rendu célèbre l'Ile de Léon. — On
peut consulter à l'égard des Marches militaires BARDIN (1807, D), DELAFONTAINE
(1675, A), l'ENCYCLOPÉDIE (1751, C), LA-
CHESNAIE (1758, I, au mot *Service*). Il sera
donné quelques éclaircissements de plus au
sujet des MARCHES MUSICALES.

MARCHE CENTRALE. V. CENTRAL. V.
MARCHE DE BATAILLON EN COLONNE.

MARCHE CONCENTRIQUE. V. CONCENTRI-
QUE. V. RETRAITE EXCENTRIQUE.

MARCHE CONTRE-OBLIQUE (H, 2). Sorte
de MARCHE MANŒUVRE qui consiste à attaquer
l'AILE que REFUSE un ENNEMI qui prend l'of-
FENSIVE en ORDRE OBLIQUE, ou diagonalement.

MARCHE (marches) d'ARMÉE (term. sous-
génér.) ou MARCHE DE GUERRE. Sorte de MAR-
CHES dont la combinaison est une des hautes
et difficiles parties de l'ART DE LA GUERRE. —
Le système des Marches des GRECS, considéré sous le rapport et de la GRANDE GUERRE
et de la TACTIQUE, est mal éclairci ; les débats, les contradictions à cet égard, rendent
rebutantes les recherches. L'ORDONNANCE de
la PHALANGE ne permettait guère qu'elle se
partageât en GROUPES ISOLÉS ou à INTERVALLES,
sa force tactique se fût évanouie ; les ARMÉES
de ces peuples, les MACÉDONIENS exceptés,
opérèrent, d'ailleurs, rarement sur un THÉÂ-
TRE étendu ; on ne saurait, cependant, citer
avec trop d'admiration la retraite pour ainsi
dire fabuleuse des dix mille, l'à-propos de leurs
RUSES, la justesse de leurs précautions, et le
secours qu'ils tirèrent de l'ART jusque-là inconnu des ABDUCTIONS et des PASSAGES DE DÉFI-
LÉS. XÉNOPHON a dû à sa retraite son immortalité, comme ALEXANDRE l'a due à sa Marche
en ASIE. —Les historiens ROMAINS nous entretiennent de la Marche nommée *agmen
quadratum*; il paraît, suivant les uns,
que c'était une forme de MARCHE-ROUTE avec
ARMES ET BAGAGES; on pourrait induire de
plusieurs récits de TITE LIVE, que c'était un
genre de MARCHE TACTIQUE, une MARCHE DE
CARRÉ se séparant de ses BAGAGES, puisque
cet écrivain, parlant de SERVIUS, dit qu'il
se porta sans BAGAGES contre les SAMNITES
sous forme de *agmen quadratum*; AMMIAN
MARCELLIN donne à entendre que le *quadratum agmen* était une Marche de nature
à mettre mieux en garde les TROUPES contre
les ATTAQUES de l'ENNEMI: d'autres pensent
que dans son centre l'ARMÉE enfermait ses
BAGAGES; mais ces faits et tant d'autres sont
enveloppés d'obscurité, et peut-être inexpli-
cables à jamais. — On a trop vanté les Marches, ou, comme disent poétiquement les
historiens, le vol des *aigles romaines*;

l'exiguïté des armes du légionnaire, la cohésion des troupes en une seule colonne presque homogène, presque toute d'infanterie de bataille, l'habitude d'une imperturbable symétrie, d'une discipline devenue une seconde nature, la simplicité des bagages, la sobriété des soldats, rendaient aisé ce qui est si difficile pour les milices modernes et pour ces troupes improvisées, la plupart inaccoutumées à une vie d'ensemble, travaillées du besoin du luxe, ne pouvant se passer de boissons fermentées, surchargées d'artillerie, ne vivant qu'à grand renfort de matériel, et encombrées de femmes et de valetaille. — Avouons cependant que les légions de Rome ont réalisé un phénomène dont il ne se verra plus d'exemple, si, comme on s'accorde à le dire, des hommes de pied marchant en grosse troupe étaient parvenus, à force d'exercice, à faire huit lieues en cinq heures ; mais nous en doutons, d'autant que ce qu'on appelait heure n'avait pas une durée égale en toute saison et que la dimension des stades a été fort diverse. — Tant que les Romains combattirent par manipules, tant qu'il fut d'usage de parquer constamment en un seul camp l'armée entière, la délicatesse du mécanisme et la rigidité des méthodes ne permirent guère que les légions manœuvrassent désunies ; leurs marches de guerre étaient tout à fait tactiques, mais elles devinrent combinées et stratégiques depuis la création de l'empire et l'institution des cohortes, depuis l'abandon du système et de la protection des camps retranchés, depuis la multiplication de la cavalerie et les opérations sur d'immenses théâtres. — Les Marches de César dans les Gaules étaient stratégiques ; mais, plus anciennement, on commençait à connaître l'artifice des colonnes combinées, ou du moins le groupement d'un corps de réserve, en correspondance avec des corps plus ou moins distants entre eux ; l'histoire rapporte que, par une conception inusitée jusque-là, Amilcar partageant son armée en plusieurs colonnes de marche, dut à cet essai la victoire qu'il remporta sur les Romains. — Charlemagne combina plusieurs fois dans des vues stratégiques de grandes Marches, des Marches de plusieurs peuples. — La science des Marches se perd au moyen âge ; quelques combinaisons reparaissent au treizième siècle ; Philippe Auguste doit avoir eu une teinture de cette science ; Duguesclin, au dire de Velly, serait parmi les généraux d'armée le premier qui eût senti l'importance des Marches et qui en eût appliqué les ressources. — Au quatorzième siècle, quand le souverain dé-

ployait l'étendard royal, il marchait comme général du corps de bataille ; le connétable était général d'avant-garde ; il était accompagné de ses barons, c'est-à-dire de son état-major ; le prévôt des maréchaux présidait à la police des troupes. — Après les bas siècles, tout l'artifice des Marches ne consistait encore, comme au temps du grand sénéchal, qu'en une répartition d'hommes par masses nommées eschelles et un peu plus tard d'avant-garde, corps de bataille et arrière-garde ; l'ordre en cinquain qui succéda à ce système en fut un raffinement. — On doit à Machiavel (1510, A) la première pensée du perfectionnement de la science des Marches ; mais ses conseils ont germé tard ; c'est Montécuculi (1704, D) qui les a développés. — L'institution des maréchaux de bataille, des maréchaux des logis d'armée, des commissaires ordinaires, eut en partie pour objet l'ordre et la police des Marches. —On a fait grand récit de l'habileté de Farnèse qu'Henri quatre n'avait pu inquiéter, parce que Farnèse marchait entre deux haies de chariots ; mais il faut supposer qu'il n'avait qu'une poignée de monde ; qu'il marchait à pas de tortue à travers champs, et qu'il n'avait rien à craindre de l'effet de l'artillerie, car la moindre batterie eût renversé un si frêle rempart. — L'ordonnance ou ordre du jour de 1638 (avril) qu'on trouve dans les collections du dépôt de la guerre, peut être regardé comme le plus ancien document officiel que la France possède sur la matière. — La science des Marches sur plusieurs colonnes combinées a été retrouvée, on peut même dire inventée par Guillaume de Nassau et habilement pratiquée par Gustave-Adolphe. Turenne brilla en cette partie. On lit dans ses Mémoires qu'on remarqua, comme une innovation surprenante, le changement qu'il opéra en parvenant à marcher *de manière à pouvoir à toute heure se mettre dans un moment en bataille sans confusion.* Mais il n'avait pas encore poussé à perfection cette partie de l'art du général d'armée, quand il ne se porta que déployé aux lignes d'Arras et à la bataille d'Ensheim. — En 1646, *il part,* dit Bonaparte (le général Montholon, t. ii. p. 26), *de Mayence, il fait deux cents lieues au travers d'un pays ennemi ;* mais la faible proportion des armées que commandait Turenne rend moins surprenante cette rapidité. — Dans les campagnes du maréchal de Luxembourg, les Marches, quoique embarrassées souvent et lourdes encore, deviennent cependant savantes et quelquefois vives ; mais ensuite la force exagérée des armées les priva d'agilité ; tous les historiens le déplorent. —

Vers le même temps, MONTÉCUCULI rendait classique la symétrie et l'agencement des COLONNES COMBINÉES; mais ce n'était pas encore la science des Marches que, de nos jours, on appellerait STRATÉGIQUES. Quelques principes généraux et de tous les temps appartiennent cependant à cet habile capitaine. — *Il faut*, dit MONTÉCUCULI, *considérer dans la Marche le lieu, le temps, le soupçon, le dessein; elle est réglée sur le chemin à faire, sur le temps pour la faire; sa fin est de pouvoir se changer tout d'un coup par des mouvements simples et en ordre de bataille.* — BONAPARTE a dit à ce même sujet (le général MONTHOLON, t. II) en parlant d'EUGÈNE : *En 1706, il partit de Trente, remonta le Pó, passa le Tanaro, tourna les lignes françaises; cette Marche est un chef-d'œuvre d'audace.* — PUYSÉGUR (1748, C) apporte dans l'exécution des Marches un changement prodigieux; en onze minutes il déploie onze colonnes de l'armée du maréchal de LUXEMBOURG; on voit dans ses œuvres qu'il mettait en pratique ce prétexte de FEUQUIÈRES : « *de marcher ou comme on est campé, ou comme on veut camper, ou comme on veut combattre.* » — On s'appliquait à la science d'OUVRIR LES MARCHES; mais on ne savait pas encore déterminer la durée du CHEMINEMENT, et combiner l'arrivée des TROUPES et des CONVOIS sur un point donné et à une distance connue, au moyen du calcul, de la vitesse classique de la Marche et de la dimension normale ou MESURE du PAS de l'HOMME DE PIED et du CHEMINEMENT de campagne de la CAVALERIE. — Des OFFICIERS D'ÉTAT-MAJOR rompus de bonne heure à ce genre d'étude peuvent seuls calculer les éventualités des MARCHES DE GUERRE, en combiner avec justesse les résultats, et assurer par la précision des DÉPARTS celles des ARRIVÉES. Or comment y eût-on réussi alors? puisque la création des ÉTATS-MAJORS GÉNÉRAUX est bien plus moderne, que la vitesse et la MESURE DE PAS étaient des problèmes à deviner, et que les routes alors peu nombreuses étaient détestables. — Jusqu'à l'invention des CARTES TOPOGRAPHIQUES qui date à peine d'un siècle, des combinaisons en grand étaient impossibles; les Marches étaient une science encore neuve ou du moins bien incomplète avant les OPÉRATIONS du grand FRÉDÉRIC; ses Marches ont donné naissance à la STRATÉGIE. — On abuse de tout; la GUERRE de 1778, guerre dont FRÉDÉRIC n'aimait point à parler, fut bornée à des Marches, à des travaux de RETRANCHEMENT; cette campagne, sans résultat comme sans gloire, a été comparée à une fade par-

tie d'échecs, où l'on serait convenu de ne se pas faire mat. — Quantité d'AUTEURS que nous indiquerons bientôt ont consacré de nombreuses pages au développement des principes des Marches; le résumé en serait déplacé ici. Bornons-nous à quelques citations, à quelques aperçus. — Une partie importante de la science des Marches restait, cependant, sans règles écrites. Nous voulons parler des passages de TROUPES sur des eaux congelées, car ce sont des cas rares dont cependant les campagnes de Hollande, de Pologne et de Russie ont laissé de mémorables souvenirs. Des expériences nombreuses et exactes ont démontré que le minimum d'épaisseur de la GLACE, pour qu'elle porte de l'INFANTERIE, doit être de sept pouces. Encore cette INFANTERIE ne doit-elle se hasarder sur les surfaces glacées que par files et sur des lignes de planches. Mais une fois que l'épaisseur de la GLACE est parvenue à un pied, elle est susceptible de porter, sans danger pour les passagers, toute espèce de TROUPES, de MATÉRIEL et d'ARTILLERIE. — *L'Encyclopédie des Gens du monde* (au mot *Glace*) s'étend sur ces importants détails, et fait connaître de plus les moyens, soit de briser, par des précautions défensives (comme quand il s'agit en hiver de rendre impraticable la surface glacée des FOSSÉS INONDÉS), les napes de GLACES, soit d'en fortifier, dans des cas offensifs, le volume, en recouvrant de paille les surfaces du passage. On recouvre d'eau cette paille, ce qui ajoute plusieurs pouces à l'épaisseur déjà existante. — Les traités des derniers siècles considèrent les Marches comme PERPENDICULAIRES à l'ENNEMI, comme OBLIQUES, ou comme PARALLÈLES. Dans le premier cas elles avaient lieu en COLONNES COMBINÉES, formées, chacune, en partie de la PREMIÈRE LIGNE, en partie de la SECONDE LIGNE. Dans le second cas, elles avaient lieu EN BATAILLE et se composaient, les unes des premières LIGNES, les autres de troupes de deuxième LIGNE; des règles si compassées, mais fort inégalement observées, ont fait place à d'autres usages. — M. le général JOMINI a considéré sous le double point de vue de la TACTIQUE et de la STRATÉGIE, les ORDRES DE MARCHE pratiqués par FRÉDÉRIC DEUX et ceux que propose GUIBERT (1773, E). — Les Marches doivent toujours avoir lieu comme si elles s'exerçaient à portée des PROJECTILES de l'ENNEMI, comme si elles devaient être contrariées par une ATTAQUE, par des EMBUSCADES; elles doivent, en conséquence, être ÉCLAIRÉES par des RECONNAISSANCES nombreuses et continuelles, être facilitées au besoin par des travaux de PIONNIERS, et s'entrecouper de courtes HALTES pour le ralliement des hommes momentanément restés en arrière. — L'importance de ce genre d'étude faisait regretter à Puységur (1748, C; 2 vol., p. 75) que l'art du mécanicien ne se fût pas exercé à démontrer, par des modèles en petit, le jeu et les MOUVEMENTS des Marches. — Si les Marches se font sur plusieurs COLONNES, chacune d'elles doit être précédée d'une AVANT-GARDE à laquelle on attache des OUVRIERS et, s'il le faut, des PONTONNIERS avec leurs outils et leurs matériaux. — Les PASSAGES DE DÉFILÉS font la principale difficulté des Marches à petite distance de l'ENNEMI, non-seulement à cause du danger, mais aussi à raison du fâcheux ralentissement que l'obstacle ou l'étranglement de la route occasionnent; de là les minutieuses recherches des tacticiens pour la sûreté de cette OPÉRATION délicate. — Dans les DÉFILÉS au travers des lieux fourrés, sur les MONTAGNES, l'INFANTERIE marche en tête. Ce rôle est, au contraire, celui de la CAVALERIE dans les pays découverts. — Il était de principe, en certaines ARMÉES, de faire en plaine marcher la CAVALERIE au centre des COLONNES D'INFANTERIE; plus généralement, la CAVALERIE formait les AILES, et en plaine elle OUVRAIT la route de la COLONNE dont elle dépendait, c'est-à-dire préparait et rendait praticable le CHEMIN de la COLONNE. — On n'a pas observé ces principes minutieux de l'OUVERTURE des Marches, que le RÈGLEMENT DE 1792 (5 AVRIL) retraçait encore; l'ART s'est modifié sans l'intervention de la loi, en opposition même à ce qu'elle prescrivait. — Des règles moins exclusives ont prévalu dans la GUERRE DE 1792, et jamais les Marches n'avaient, jusque-là, produit les résultats qu'elles ont alors donnés.— Les ORDRES DES MARCHES sont combinés, minutés, distribués par l'ÉTAT-MAJOR GÉNÉRAL; ils se règlent sur la position de l'ENNEMI, le point où il faut se rendre, l'état des CHEMINS, de sorte que les diverses ARMES, si elles doivent prendre des routes différentes, se trouvent sur le chemin qui répond le mieux à leur manière de combattre. — Des OFFICIERS D'ÉTAT-MAJOR s'occupent de l'OUVERTURE des Marches, c'est-à-dire reconnaissent à la tête d'une ESCORTE les mauvais pas; choisissent des CHEMINS d'une largeur égale à celle du FRONT des COLONNES; font exécuter les réparations possibles, ou les élargissements nécessaires; font rétablir les PONTS brisés, s'assurent de la solidité des BACS; reconnaissent le fond des GUÉS; placent, aux carrefours, des POSTES ou des VÉDETTES chargés de désigner la ROUTE à suivre. Cette précaution est prise, au besoin, soit en arrière de l'AVANT-GARDE pour que le CORPS DE BA-

TAILLE ne s'égare pas, soit en arrière de la principale COLONNE, pour que l'ARRIÈRE-GARDE ou les hommes restés en arrière prennent le bon CHEMIN. — La science des Marches ne doit pas être étrangère, non plus, aux OFFICIERS DU GÉNIE et aux INGÉNIEURS GÉOGRAPHES: longtemps on les a vus en être les régulateurs et en suivre les détails. — On juge la direction des marches de l'ENNEMI, quand le soleil donne, en observant si les rayons sont directement réfléchis. En ce cas, l'ENNEMI marche à vous; si les rayons viennent de gauche à droite ou l'inverse, l'ennemi se prolonge vers un de vos flancs; si les reflets sont rares et divergents, il se retire. Le volume et la direction des nuages de poussière, la nature des bruits, leurs distances, leur accroissement ou leur affaiblissement sont aussi des indices. — Le plus ou moins de résistance des DÉCOUVERTES que l'ENNEMI POUSSE en avant, témoigne si elles sont en l'air ou soutenues, si elles forment RIDEAU, si elles composent une AVANT-GARDE suivie de FORCES respectables. — On lit dans BONAPARTE (M. le général MONTHOLON, 1823, t. II, p. 171).: *Il est des cas où une armée doit marcher sur une seule colonne; il en est où elle doit marcher sur plusieurs. Une armée ne chemine pas ordinairement dans un défilé de douze pieds de largeur; les chaussées ont quatre ou six toises, et permettent de marcher sur deux rangs de voitures et sur quinze à vingt hommes de front. Presque toujours on peut cheminer sur la droite et la gauche des chaussées. On a vu des armées de cent vingt mille hommes, marchant sur une seule colonne, prendre leur ordre de bataille en six heures de temps.* — Ces principes vagues, ces assertions dépourvues de principes pourraient paraître contestables à plus d'un ÉCRIVAIN dogmatique; elles s'accordent mal avec le souvenir de ce que nous avons vu faire à BONAPARTE lui-même; il suffirait comme preuve de citer ce qu'on a écrit sur la plus audacieuse de ses campagnes. — On lit dans M. le général de SÉGUR (Philippe, 1825) une peinture trop vraie de nos Marches en RUSSIE: la campagne de SAXE n'a que trop renouvelé les mêmes désordres. « *On traversait les cours d'eau à* » *des gués bientôt gâtés; les régiments* » *qui venaient ensuite passaient ailleurs,* » *où ils pouvaient; on s'en inquiétait* » *peu. L'état-major négligeait ces dé-* » *tails; personne ne restait pour indi-* » *quer le danger s'il y en avait, ou le* » *chemin s'il en existait plusieurs: cha-* » *que corps d'armée semblait n'être là* » *que pour lui; chaque division pour elle*

» seule ; *chacun pour soi, comme si du*
» *sort de l'un n'eût pas dépendu celui de*
» *l'autre.* » On lit dans M. le colonel de
Chambray (1825, B) : « *L'énorme quantité*
» *de nos voitures et leur pesanteur acheva*
» *de rendre les chemins impraticables.*
» *Les corps en Marche furent retardés.*
» *Le soldat souffrit beaucoup, quantité*
» *de chevaux périrent ; on trouvait sur la*
» *seule route de Wilna plus de dix mille*
» *de leurs cadavres qui y répandaient*
» *l'infection.* » Dans la retraite de Saxe en
1813, des généraux de mauvaise école ne se
gardaient plus, ne se précautionnaient de
rien, suivant le *Journal de l'Armée*, t. ii.
Les divisions de jeune garde n'avaient
pas un pionnier devant elles, L'infanterie
du corps d'armée du maréchal Mortier dé-
fila la veille de la bataille de Dresde à travers une brèche de mur où il ne passait pas
trois hommes à la fois ; celui qui en parle
ici y était ; il n'eût pas fallu à quinze pionniers un quart d'heure pour ménager un
passage à trente hommes de front. On ne
saurait calculer combien de temps, combien
d'hommes ont été maintes fois perdus par
une telle incurie. — Bonaparte s'en rapportait plus à son coup d'œil, à ses hautes
inspirations, aux ressources de son génie,
qu'à d'attentives précautions ; mais le secret
de la stratégie, dont les Marches ne sont
qu'une partie, est mort avec lui. — Gouvion
Saint-Cyr (1831), antagoniste des marches
forcées, dit que *les personnes peu habituées*
aux mouvements des grandes armées ne
concevront peut-être pas qu'elles ne puis-
sent faire plus de deux lieues par jour.
M. de Ségur (1835, t. ii, p. 185), au contraire, donne idée de la possibilité d'un trajet trois fois plus rapide, dans le passage où
il tourne en ridicule la lenteur de l'armée
de Charles huit, se portant sur Rome et
Naples. — Les dispositions promulguées par
la loi française, à l'égard des marches et des
haltes qui doivent les entrecouper, se bornent aux insuffisants documents que renferment les règlements sur le service de campagne, règlements renouvelés en 1832. —
Des dispositions modernes voulaient que
l'étude des Marches fût approfondie dans
les écoles d'état-major, et qu'en campagne
le détail des mesures prises pour leur exécution fût l'objet d'un compte rendu dans
les rapports officiels et dans les correspon-
dances avec le ministre ; elles voulaient aussi
que le chauffage fût fourni, en campagne,
au moyen d'abatis de bois régulièrement ordonnés ; c'est un précepte qui s'est rarement
réalisé. Il est pénible de ne pouvoir extraire
de la législation que d'aussi incomplets ren-

seignements sur d'aussi importantes questions. — En Angleterre, les officiers d'état-
major, attachés au quartier-maître général,
sont chargés des reconnaissances ; ils les
poussent, si faire se peut, jusqu'à une distance d'un jour de Marche de l'armée ; de
retour, à cinq heures du soir, au quartier
général, ils rapportent leurs esquisses ou
croquis qu'on raccorde en un travail général sur lequel se règlent les positions et
la Marche du lendemain. — Le règlement
de 1816 (24 juillet) prescrivait, avec raison,
que dans chaque corps les détails des Marches fussent mentionnés dans le journal de
guerre. — On dit : couvrir, dérober, éclairer, gagner, forcer, ouvrir une Marche. —
Les Marches d'armée et les marches-routes,
considérées par rapport aux règles du système
administratif qui s'y rapporte, ont été traitées
par MM. Cancrin et Vauchelle. — Les auteurs
qu'on peut consulter, quant à la partie classique et stratégique du sujet, sont : Adriano,
Bohan (1781, H), Boisröger (1775, G), Bottée (1758, F), Brandt (1829), M. le colonel
Carrion (1824, A), Charles (1818, A), Croce,
Cugnot (1766, C), Daniel (1721, A), Darut
(1789, B), Delafontaine (1675, A), Delanoue (1760, F), Deligne (1780, I), Despagnac (1751, D), Despar (1753, A), Dubousquet (1769, B), Dupain (1774, G), Encyclopédie (1785, C), Ferrettus, Feuquières (1750,
A), Folard (1727, A), Frédéric (1761, G),
Gisors (1770, H), Gouvion Saint-Cyr (1831),
Grimoard (1775, B ; 1809, D), Guibert
(1773, E), Guignard (1725, B), Hay (1757,
H), M. Jacquinot, Jarry (1789, H), M. le
général Jomini (1819, B), Josèphe, Kéralio
(1757, F), Khevenhueller (1771, F), Kinski,
Lachesnaie (1758, I), Lallemand (1825),
Laon (1652, B), Lavallière (1693, F), Le-
blond (1758, B), Lecouturier (1825, A),
M. Léorier (1820, E), Lloyd (1762, M),
Machiavel (1546, B), Maizeroy (1766, 1767,
A ; 1771, A ; 1773, A, B), Maltzer, Ma-
nesson (1685, B), Mesnil-Durand (1774,
E), Montécuculi (1704, D), M. le colonel
Okouneff, M. le général Pelet (1827), Po-
tier (1779, X), M. le général Preval (1827),
Puységur (1748, C), Quincy (1741, E),
M. Rocquancourt, M. le général Rogniat
(1816, B), M. Rumpf (1824, F), Santa-Cruz
(1738, A), Servan (1780, B), Silva (1778,
F), Sinclaire (1773, L), Sionville (1756,
B), Thiébault (1809), Traverse (1758, D),
Turpin (1783, O), M. Urbain, Vandermeere,
Werklein, M. Xilander, Zanthier (1778,
M), enfin les ordonnances (*ordonanças*)
espagnoles (1728, A), le *Journal autri-*
chien (1822), le *Journal de l'Armée*, t. iii,
p. 4. — On distingue les Marches d'armée

en marche de retraite, — diagonale, — manœuvre.

MARCHE d'arrière-garde. v. arrière-garde d'armée agissante. v. bagage de corps en route. v. marche d'armée.

MARCHE d'avant-garde. v. avant-garde d'armée agissante. v. avant-garde de troupe. v. marche d'armée.

MARCHE de bataillon en bataille (term. sous-génér.). Sorte de marche en bataille qui est l'objet des études de l'école de bataillon ; elle y est enseignée et comme marche directe et comme marche oblique ; elle a lieu quelquefois par le premier, quelquefois par le troisième rang ; dans le premier cas elle est en ordre naturel , dans le second elle est marche renversée. — L'instruction de 1769 (1er mai) et l'instruction de 1774 (11 juin) sont les premiers documents qui se soient occupés de cette partie de la tactique. — Les principes que le règlement de 1791 (1er août) prescrivait pour l'exécution de cette Marche, exigeaient des procédés impraticables dans la chaleur d'une bataille, mais utiles sur le terrain d'étude, comme instruction des bataillons de direction et comme démonstration de l'utilité d'une ligne directrice toujours perpendiculaire au front de la ligne de bataille ; ces moyens consistaient dans l'arrière-jalonnement, concordant à la base d'alignement et dirigé par le chef de bataillon. — L'ordonnance de 1851 (4 mars) voulait également qu'une directrice fût tracée pour chaque bataillon ordonné en colonne double. — Les abductions remédient aux obstacles partiels que rencontre le front des bataillons. — Les guides généraux et la garde du drapeau sont les instruments régulateurs de la Marche en bataille. — Dans les changements de direction, l'aile pivotante de la ligne marque le pas et le drapeau ne fait que le demi-pas. — Si la direction de la marche en bataille s'altère, si elle dévie de la capitale, le chef de bataillon fait réparer cette défectuosité par l'adjudant et l'adjudant-major ; chacun y contribue en ce qui le concerne en commandant : Point de direction, plus a droite ou a gauche. — Pendant la Marche, le chef en rectifie s'il est besoin la cadence, par le commandement : Au pas. L'adjudant-major commande, s'il est besoin : Chef de tel ou tel peloton sur la ligne. — Après les haltes, l'alignement se rectifie au commandement sur le centre alignement. — Les principes que pose le règlement tendent à éviter que cette Marche ne soit incertaine et sans ensemble ; qu'il n'y ait des flottements, des poussées, des pressions, des files

ouvertes, des a-coups, des temps d'arrêt. — En toute circonstance, les chefs de pelotons se tiennent au rang qui marche le premier. — Les formations successives qui terminent une marche en bataille par échelon sont jalonnées par les guides de subdivisions. — L'importance qu'on a attachée à la marche en bataille a été proportionnée à l'estime qu'on a accordée au combat a feu. — La guerre de 1792 a donc peu d'exemples des marches en bataille, parce que la charge et la baïonnette furent préférées au feu. — La Marche de bataillon en bataille se distingue en marche de bataillon en avant et en marche de bataillon en retraite.

MARCHE de bataillon en bataille en avant (G, 6) ou marche parataxique offensive. Sorte de marche de bataillon en bataille qui, en certains cas, s'entrecoupe de feux en avançant. Les principes et la direction de cette Marche sont assurés au moyen de l'arrière-jalonnement. — Le chef de bataillon se porte à quarante pas en arrière du drapeau, l'adjudant-major à quarante pas en avant. Ils se font face et forment ainsi les deux points extrêmes d'un alignement. Le chef de bataillon établit entre le troisième rang et lui un jalonneur qui fait face en arrière ; après cette opération il recule et place un second arrière-jalonneur à vingt-cinq pas du premier. — Pendant la Marche, le porte-drapeau est à six pas en avant du premier rang. — Le chef de bataillon maintient le prolongement perpendiculaire à la base de direction, en faisant, au besoin, le commandement : Point de direction, plus a droite, ou plus a gauche ; le porte-drapeau rectifie en conséquence sa position et son point de vue ; l'adjudant et l'adjudant-major s'en assurent ; le règlement les place tous les deux en avant du premier rang pour qu'ils puissent y veiller. — Si des accidents de terrain obstruent partiellement cette Marche, certaines abductions, certaines formations en colonne en cas d'obstacle en sont le remède. — Après le commandement halte ! le porte-drapeau reste hors rang, à moins qu'il ne soit commandé : Drapeau et guides a vos places ! — S'il ne doit pas être pris un alignement général, il est commandé : Chefs de peloton, rectifiez l'alignement ! L'adjudant-major les raccorde par le commandement : Chefs de tel peloton sur la ligne, rentrez ! sortez !

MARCHE de bataillon en bataille en retraite (G, 6), ou marche en retraite, comme s'exprimait le règlement de 1791 (1er août). Cette dernière locution est incomplète ; celle qui rend ici l'ensemble de la pensée est prolixe; peut-être pourrait-on dire MARCHE PARATAXIQUE RÉTROGRADE. — La MARCHE EN RETRAITE d'un BATAILLON EN BATAILLE est annoncée par le COMMANDEMENT: BATAILLON, DEMI-TOUR A DROITE! Ainsi elle a lieu par le TROISIÈME RANG, elle s'exécute au COMMANDEMENT: BATAILLON, EN AVANT MARCHE! (quoiqu'on marche réellement en arrière); elle diffère surtout de la MARCHE PARATAXIQUE EN AVANT, en ce que les ARRIÈRE-JALONNEURS, si le BATAILLON est BATAILLON DE DIRECTION, FONT FACE à la troupe en retraite, au lieu de rétrograder du côté opposé, comme ils le font, quand elle avance; leur placement est assuré successivement par un officier et un sous-officier au lieu de l'être par le CHEF DE BATAILLON. Le PORTE-DRAPEAU, après avoir passé au TROISIÈME RANG, devenu PREMIER, marche en avant des serre-files ou à huit pas du TROISIÈME RANG. L'ADJUDANT et l'ADJUDANT-MAJOR marchent également en avant et à peu de distance du TROISIÈME RANG. — Le bataillon CONTRE-VOLTE s'il doit exécuter des FEUX EN RETRAITE. — Il évite les difficultés partielles que le terrain lui oppose en recourant aux ABDUCTIONS ou aux FORMATIONS EN COLONNE EN CAS D'OBSTACLE.

MARCHE DE BATAILLON EN BATAILLE PAR LE FLANC. V. BATAILLON PAR LE FLANC. V. CHEF DE PELOTON. V. MARCHE DE BATAILLON PAR LE FLANC.

MARCHE DE BATAILLON EN COLONNE (G, 6), OU MARCHE ÉPAGOGIQUE. Sorte de MARCHE EN COLONNE qui a lieu par SUBDIVISIONS dont la force varie. Elle s'exécute surtout par DIVISIONS dans les GRANDES ÉVOLUTIONS. — Avant le milieu du dernier siècle, cette Marche s'opérait à RANGS DEMI-OUVERTS, c'est-à-dire à quatre pieds, ou à RANGS OUVERTS, c'est-à-dire à huit pieds : ces différences compliquaient le mécanisme des CHANGEMENTS DE DIRECTION. — Maintenant elle s'exécute toujours à RANGS SERRÉS, si ce n'est au PAS DE ROUTE. L'ORDONNANCE DE 1766 (1er JANVIER), qui ne faisait nulle mention de la MARCHE PAR LE FLANC, prescrivait d'employer la MARCHE EN COLONNE, même pour se rendre au TERRAIN D'EXERCICE. — Les hommes du PREMIER RANG de chaque SUBDIVISION conservent la TÊTE DIRECTE dans la MARCHE EN AVANT, ou la tournent tant soit peu à droite ou à gauche dans les CONVERSIONS, afin de juger quelle doit être la longueur de leur PAS et de combien doit creuser le RANG pour que le guide et le PIVOT se voient l'un l'autre. — Le CHEF DE BATAILLON, après avoir déterminé et désigné un POINT DIRECTEUR, annonce l'exécution de cette Marche par les mots: COLONNE EN AVANT! Il indique ensuite si le GUIDE doit être à droite ou à gauche ou au centre; dif-

férence qui résulte des cas où la Marche est, ou NATURELLE, ou RENVERSÉE, ou CENTRALE. — La DIRECTION de la Marche est réglée sur des POINTS DE VUE qui consistent, soit en un ou en deux objets sur une même ligne, soit en JALONNEURS placés à l'avance. — Des ABDUCTIONS de diverses espèces servent à remédier aux OBSTACLES que rencontre une COLONNE. — Toute MARCHE EN COLONNE est censée mener à une LIGNE DE BATAILLE, et la CAPITALE TACTIQUE de toute COLONNE est supposée aboutir devant ou derrière cette LIGNE, ou bien à sa gauche ou à sa droite. — L'habileté des ADJUDANTS, des ADJUDANTS-MAJORS et des GUIDES est pour beaucoup dans la précision de la Marche d'une COLONNE. — Les études du CADRE OUVERT sont le meilleur moyen qu'un CHEF DE BATAILLON puisse employer pour dresser à la connaissance du CÔTÉ de la DIRECTION et à la pratique des CHANGEMENTS DE DIRECTIONS, les GUIDES DE SUBDIVISION, les GUIDES GÉNÉRAUX, les CHEFS DE PELOTON et de SUBDIVISION; il n'y a pas de plus sûr apprentissage du mouvement des AILES DE SUBDIVISION, du mécanisme des PIVOTS, de l'art de la conservation des DISTANCES et d'une ponctuelle simultanéité quand la COLONNE s'arrête. — Quelquefois une LIGNE se rompt en COLONNE pour exécuter une Marche par le centre; cette manière est peu ancienne dans nos règlements; l'application en était restreinte, depuis 1791, à la COLONNE D'ATTAQUE. — L'ORDONNANCE DE 1831 (4 MARS) a appliqué plus largement le principe. — LÉON (900, A) témoigne que l'usage de son temps était de ne faire marcher une COLONNE que par le centre; cette manière de rompre, de défiler, de se reformer demande moitié moins de temps et d'espace que par les AILES; c'était un vestige, on le suppose, de l'ordonnance de la PHALANGE GRECQUE; le même mode se retrouvait dans la tactique grossière des TURCS, dont le DRAPEAU gouvernait, emmenait, ramenait toute la troupe. Les modernes auraient dû dédaigner moins ces règles grecques, byzantines et turques; c'est cette pensée qui a produit les écrits et animé la polémique de FOLARD (1727, A), JABRO (1777, G), MAIZEROY (1766, F), MESNIL-DURAND (1780, K). — Les BANDES de LÉON n'avaient qu'un DRAPEAU, il était au centre; il partait pour mettre la COLONNE en Marche, emmenant avec lui les FILES de son entourage, et devenant TÊTE DE COLONNE pour toute la BANDE dont les AILES se rapprochaient et s'accouplaient. — Quand la TACTIQUE se régénéra au temps de HENRI QUATRE, elle fut une imitation grossière de la TACTIQUE GRECQUE et des formes BYZANTINES; mais on ne put adopter la MARCHE EN COLONNE par le centre, parce que les corps qui répondaient aux BANDES de LÉON, au lieu d'un ARMEMENT unique, avaient deux genres d'ARMES; au lieu d'un DRAPEAU ils en avaient trois, celui des MOUSQUETAIRES et les deux DRAPEAUX des PIQUIERS; or, c'était à un de ces derniers à prendre le devant, puisqu'il était de l'essence des PIQUIERS de former le centre. — A la suppression des PIQUIERS, les BANDES ou RÉGIMENTS d'infanterie française conservèrent deux DRAPEAUX placés à deux points différents; il fallut donc encore DÉFILER par la droite ou par la gauche. — Lors de l'adoption absolue de l'ORDRE MINCE, vers 1750, les deux DRAPEAUX par BATAILLON existaient encore, quoique accoudés alors l'un à l'autre et au centre; l'habitude de ne DÉFILER que par les flancs se conserva lorsqu'il ne fut plus reconnu qu'un seul DRAPEAU; la routine plus que le raisonnement en décida. — L'ORDONNANCE DE 1788 (20 MAI) et le RÉGLEMENT DE 1791 (1er AOUT) ne permettaient pas qu'une COLONNE marchât autrement que par son PREMIER RANG, soit en ORDRE NATUREL, soit en ORDRE INVERTI. L'ORDRE DU JOUR publié en l'an treize, au sujet des CARRÉS D'ÉGYPTE, transgressait cette règle, en faisant marcher en quelques cas les SUBDIVISIONS par le TROISIÈME RANG; l'ORDONNANCE DE 1831 (4 MARS) a confirmé l'innovation. — On peut consulter, à l'égard de la Marche en colonne : FOLARD (1727, A), GISORS (1767, D), GUIBERT (1773, E), KINSKI, MAIZEROY (1766, F), MESNIL-DURAND (1774, E), PICTET (1761, I), PUYSÉGUR (1748, C). — La Marche de bataillon en colonne sera distinguée ici en MARCHE DE BATAILLON EN COLONNE PAR LE FLANC.

MARCHE DE BATAILLON EN COLONNE PAR LE FLANC (G, 6). Sorte de MARCHE DE BATAILLON EN COLONNE exécutée par une TROUPE qui, étant de pied ferme, a FAIT PAR LE FLANC. — L'INSTRUCTION DE 1769 (1er MAI) faisait exécuter cette marche; le RÉGLEMENT DE 1791 (1er AOUT) n'en parlait pas, si ce n'est dans les CHANGEMENTS DE DIRECTION; on est forcé pourtant d'en faire usage, soit pour remédier, après une HALTE, à une fausse DIRECTION, soit que le terrain manque pour rompre, soit dans l'exécution du DÉPLOIEMENT PAR BATAILLON EN MASSE.

MARCHE DE BATAILLON EN COLONNE PAR SECTION. V. BATAILLON EN COLONNE PAR SECTION. V. CHEF DE PELOTON. V. COLONNE PAR SECTION. V. SERGENT DE REMPLACEMENT.

MARCHE DE BATAILLON PAR LE FLANC (G, 6). Sorte de MARCHE PAR LE FLANC, que l'INFANTERIE FRANÇAISE a empruntée à la MILICE PRUSSIENNE; l'ordonnance en fait peu usage. Cette Marche ne peut et ne doit ja-

mais être qu'A RANGS SERRÉS; ainsi la Marche par le flanc est inexécutable s'il y a plus de cinquante à soixante pas à faire, si les hommes ont le sac sur le dos, s'ils doivent mettre l'ARME A VOLONTÉ, si le terrain n'est pas parfaitement uni. — On avait cherché à remédier à tant de difficultés par l'invention du PAS DE FLANC. — A force de vaines études, un BATAILLON parvient-il, sur un sol bien égal, à exécuter avec ensemble cette Marche lourde, peu militaire, rarement utile? Ce n'est qu'un tour de force, sans mérite comme sans objet. — En route l'INFANTERIE ne doit pas marcher par le flanc; l'ORDONNANCE DE 1818 (13 MAI) a transgressé pourtant ce sage précepte, comme nous l'avons dit en parlant de la position ambiguë des CAPITAINES EN ROUTE. — La MARCHE PAR LE FLANC ne doit être employée dans les GRANDES MANŒUVRES que quand le BATAILLON ayant à raccorder les intervalles, a trop peu de chemin à faire pour que cela vaille la peine de ROMPRE PAR DIVISION. — Dans la MARCHE PAR LE FLANC le PAS est DONNÉ par l'ADJUDANT-MAJOR ou SERGENT D'ENCADREMENT ou au CAPITAINE qui marche le premier. Les autres CAPITAINES se règlent sur leur précurseur; tous DONNENT LE PAS à leur REMPLACEMENT. Le PREMIER RANG s'y conforme; les autres rangs se règlent sur le premier. — L'ordonnance regarde comme indifférent qu'en cette Marche la GARDE DU DRAPEAU soit dans le rang ou hors du rang. Cependant, hors du rang, cette GARDE et les GUIDES GÉNÉRAUX contribueraient mieux à la simultanéité du PAS. — Quand le BATAILLON FAIT PAR LE FLANC, les CHEFS DE PELOTON, par quelque flanc qu'on marche, restent près de leur SERGENT DE REMPLACEMENT; l'ADJUDANT est le régulateur du PAS du PORTE-DRAPEAU. — Les CHANGEMENTS DE DIRECTION PAR FILE sont conformes aux sinuosités de la MARCHE PAR LE FLANC. — Un des moyens de reformer la ligne est de commander : SUR LA DROITE OU LA GAUCHE PAR FILE EN BATAILLE. — Nous indiquerons quelques différences de principes entre cette Marche et celle de PELOTON PAR LE FLANC.

MARCHE DE BRIGADE D'INFANTERIE EN BATAILLE (G, 6). Sorte de MARCHE EN BATAILLE exécutée par un nombre de BATAILLONS jusqu'ici mal déterminé. — A la fin du dix-septième siècle, marcher en bataille était si difficile encore, faute de moyens réguliers d'ALIGNEMENT, qu'à la bataille des Dunes, TURENNE, dont l'ARMÉE avait une lieue de front, mit trois heures pour franchir sans désunion le quart de lieue qui le séparait de l'ennemi. — PUYSÉGUR (1748, C) regardait la LIGNE PLEINE comme la seule propre à la

Marche en bataille; cette opinion n'a pas réussi. — MAURICE DE SAXE (1757, A) se plaint de l'impossibilité de bien marcher en LIGNE PLEINE; les maîtres de l'ART n'étaient nullement d'accord en FRANCE; il était réservé aux étrangers de devenir nos professeurs. — Depuis le dix-huitième siècle les INFANTERIES PRUSSIENNE et AUTRICHIENNE exécutaient la Marche en bataille au moyen de deux GUIDES GÉNÉRAUX à chaque AILE; ils se réglaient sur les DRAPEAUX réunis au centre. Dans l'INFANTERIE AUTRICHIENNE, le colonel commandeur (par opposition au colonel propriétaire) marchait en avant du DRAPEAU, et assurait ainsi le point de vue. — Tels furent les principes de TACTIQUE que nos premiers règlements imitèrent, et dont les derniers perfectionnèrent la théorie; mais jamais la pratique n'en fut aussi savante que chez nos voisins. — Les Marches prussiennes étaient admirables; à l'exercice, l'INFANTERIE faisoit, en toute espèce de terrain, huit cents pas de suite, et entrecoupait de FEUX EN MARCHANT ce trajet. FRÉDÉRIC DEUX a fait marcher EN BATAILLE des lignes de vingt BATAILLONS, occupant quatre mille mètres et parcourant sans désunion un espace de douze cents pas. — Jusqu'au milieu du dernier siècle nul principe sur ce mécanisme n'était encore arrêté en France; chaque chef d'armée ou de régiment réglait à sa guise les moyens d'exécution de la Marche en bataille; mais elle n'était pas, à beaucoup près, aussi difficile qu'elle l'est devenue depuis l'adoption de l'ORDRE MINCE; la profondeur des CORPS et le peu d'étendue du front simplifiaient le problème. — L'ORDRE MINCE eut pour résultat d'élargir de plus du double le FRONT, et il rendit dix fois plus difficile la Marche; la LIGNE DE BATAILLE était, suivant l'expression moqueuse de MESNIL-DURAND (1774, B), *un léger ruban que le vent tourmente.* — L'ORDONNANCE DE 1755 (6 MAI) est la première qui dise quelques mots de la MARCHE EN BATAILLE; elle composait la LIGNE d'autant d'INTERVALLES que de FRONTS PLEINS; elle plaçait les BATAILLONS de SECONDE LIGNE en face des vides; le CENTRE devait légèrement creuser, afin qu'il fût vu des AILES. Cet ORDRE TANT PLEIN QUE VIDE rappelait celui des LÉGIONS ROMAINES. — L'INSTRUCTION DE 1769 (1er MAI) n'avait pas encore recours aux principes qui ont été admis ensuite; le DRAPEAU, au lieu de marcher en avant, était précédé de quatre SOUS-OFFICIERS à la tête desquels était un OFFICIER SUPÉRIEUR. — LES RÈGLEMENTS DE 1766 (1er JANVIER) et ceux de SAINT-GERMAIN entrèrent un peu plus avant dans ces hautes questions de TACTIQUE; mais ce fut le RÈ-

GLEMENT DE 1791 (1er AOUT, *Évol. de lig.*) qui expliqua savamment le mécanisme des Marches. Les règles en sont devenues mathématiques; les moyens de DIRECTION ont été appliqués avec habileté et justesse; les INTERVALLES se sont diminués, ils ont servi comme d'embrasure à des PIÈCES A LA SUÉDOISE; les deux LIGNES ont marché sur le PROLONGEMENT d'une même CAPITALE perpendiculaire à une seule BASE DE DIRECTION; les MARCHES EN ÉCHELON ont été pratiquées. — — Le RÈGLEMENT DE 1791 est devenu européen, et l'ORDONNANCE DE 1831, qui y a été substituée, lui était bien inférieure, puisque l'abolition du pas ordinaire en a brisé les plus savantes combinaisons. — Le COMMANDANT EN CHEF de plusieurs BRIGADES marchant en bataille donne son attention au BATAILLON DE DIRECTION et à son exact PROLONGEMENT; les CHEFS DE BRIGADE et de RÉGIMENT surveillent chacun la Marche de leur CORPS et la conservation des INTERVALLES; les CHEFS DE BATAILLON s'occupent de la cohésion et de l'ordre intérieur; les ADJUDANTS et ADJUDANTS-MAJORS appliquent leurs soins à l'ALIGNEMENT de leur BATAILLON; les GUIDES GÉNÉRAUX et la GARDE DU DRAPEAU coordonnent la rectitude et raccordent la LIGNE; les AIDES DE CAMP y sont JALONNEURS A CHEVAL. — Mais la manière savante de porter en avant et déployées les brigades, les divisions, est-elle praticable devant l'ENNEMI, au moyen des principes admis et par des TROUPES qui n'y seraient pas rompues par un exercice opiniâtre? la question fondamentale du système est là. — La GUERRE DE LA RÉVOLUTION a, pour ainsi dire, proscrit le PAS ORDINAIRE; on n'a vu sous BONAPARTE ni grandes Marches déployées, ni FEUX EN AVANÇANT; les DÉPLOIEMENTS à petite portée et les CHARGES ont été les grands ressorts de la GUERRE. Il ne nous appartient pas de décider qui avait raison de FRÉDÉRIC ou de BONAPARTE; mais convenons que les MARCHES EN BATAILLE ne peuvent, hormis à portée de l'ENNEMI, et dans le cas des CHARGES, s'exécuter autrement qu'au PAS ORDINAIRE, et qu'on ne peut adopter exclusivement le PAS ACCÉLÉRÉ, à moins qu'on ne raye de l'ordonnance les PASSAGES D'OBSTACLE, les FEUX EN AVANÇANT, la MARCHE OBLIQUE, les CHANGEMENTS DE DIRECTION DE BATAILLONS, les PASSAGES DE LIGNE. — Mais il faudrait s'entendre sur ces suppressions, et la chose est délicate; jusque-là, ce qui vient d'être dit du PAS ORDINAIRE, toute surannée que la proposition paraisse, reste dans toute sa force. — BOTTÉE (1758, F), GUIBERT (1775, E), MIRABEAU (1788, C), peuvent être consultés surtout sur ce genre de Marches.

MARCHE de BRIGADE D'INFANTERIE EN COLONNE. V. AIDE DE CAMP N° 4. V. BATAILLE STRATEUMATIQUE. V. BRIGADE D'INFANTERIE EN COLONNE. V. CHEF DE BATAILLON D'INFANTERIE FRANÇAISE DE LIGNE N° 10. V. COLONNE DE TROUPES. V. EN COLONNE.

MARCHE de CARRÉ. V. CARRÉ. V. CARRÉ TACTIQUE. V. MARCHE D'ARMÉE.

MARCHE de CAVALERIE. V. CARACOLE. V. CAVALERIE. V. CAVALERIE FRANÇAISE N° 7, 8. V. CHEMINEMENT ÉQUESTRE. V. CHEMINEMENT PÉDESTRE. V. CLAIRON INSTRUMENTAL. V. MARCHE D'ARMÉE. V. MARCHE-ROUTE. V. MARCHE TACTIQUE. V. MÉLANGE D'ARMES. V. MUSIQUE. V. SONNERIE.

MARCHE de COLONNE. V. ARRÊTER LA COLONNE. V. CHEF D'ÉTAT-MAJOR D'ARMÉE. V. COLONNE. V. COLONNE DE ROUTE. V. COLONNE DE TROUPES. V. COLONNE ÉPAGOGIQUE N° 4. V. COMBAT STRATEUMATIQUE. V. DRAPEAU BLANC. V. GUIDE DE SUBDIVISION. V. SUBDIVISION DE COLONNE.

MARCHE de CONVOI. V. BAGAGE DE CORPS. V. CHEF D'ESCORTE DE CONVOI. V. CHEMINEMENT DE CONVOI. V. CONVOI. V. CONVOI POLÉMONOMIQUE. V. CORPS D'INTENDANCE N° 9, 10. V. DÉFENSE DE CONVOI. V. OFFICIER D'ARTILLERIE N° 5.

MARCHE de CORPS. V. BON ORDRE. V. CAVALERIE FRANÇAISE N° 8. V. CORPS. V. CORPS EN ROUTE. V. FUSIL D'HOMME EN ROUTE. V. INFANTERIE FRANÇAISE DE LIGNE N° 10. V. OFFICIER D'ARTILLERIE. V. OFFICIER FRANÇAIS N° 9. V. PIQUET. V. REVUE ÉCRITE.

MARCHE de DÉTACHEMENT. V. DÉTACHEMENT. V. DÉTACHEMENT EN ROUTE.

MARCHE (marches) de FLANC (H, 2). Sorte de MARCHES-MANŒUVRES que la langue devrait se garder de confondre avec les MARCHES PAR LE FLANC; c'est une inadvertance qu'on peut reprocher à l'ORDONNANCE DE 1851 (4 MARS). Le RÉGLEMENT DE 1791 (1ᵉʳ AOÛT) appelait Marche de flanc, dans l'école du soldat, la Marche qu'on pourrait nommer OBLIQUE, si l'on empruntait aux MILICES GRECQUES ce terme. — Les ÉCRIVAINS appellent Marche de flanc une MARCHE PARALLÈLE au FRONT de l'ENNEMI; SINCLAIRE (1775, L) met en opposition Marche de flanc et MARCHE OBLIQUE, ou pour mieux dire MARCHE DIAGONALE. — Les AUTEURS déclarent unanimement qu'on doit s'abstenir des Marches de flanc en présence de l'ENNEMI, à cause du danger que court une troupe qui présente le FLANC à un FRONT; quelquefois, cependant, on a recours à des Marches de flanc pour DÉBORDER l'ENNEMI, mais l'opération est délicate. — On lit dans les Mémoires de BONAPARTE (M. le général MON-

THOLON, t. I, p. 5) : *Il faut éviter les Marches de flanc, et lorsqu'on en fait, il faut les faire les plus courtes possibles et avec une grande rapidité.* — Il n'était pas établi, et c'est une faute, de différence entre cette Marche et celle par le flanc dans l'ORDONNANCE DE 1851 (4 MARS). — Les auteurs qui traitent des Marches de flanc sont : M. CARRION (1824, A), ENCYCLOPÉDIE (1785, C), GUIBERT (1773, E), MAIZEROY (1773, A, B), PUYSÉGUR (1748, C), SERVAN (1780, B), SILVA (1778, F), SINCLAIRE (1773, L).

MARCHE de FRONT. V. FRONT. V. MARCHE EN BATAILLE. V. MARCHE PAR LE FLANC. V. PHALANGE GRECQUE.

MARCHE de GARNISON PRISONNIÈRE. V. CAPITULATION DE SIÉGE. V. GARNISON PRISONNIÈRE. V. GUERRE. V. GUERRE D'INVASION.

MARCHE de GUERRE. V. CAMP VOLANT. V. GUERRE. V. HALTE DE ROUTE. V. MARCHE D'ARMÉE. V. MILICE AUTRICHIENNE N° 7. V. PROMENADE MILITAIRE. V. SERVICE DE CAMPAGNE. V. STRATAGÈME. V. TIRAILLEUR. V. TOPOGRAPHIE.

MARCHE de HAIE. V. HAIE.

MARCHE de NUIT (G, 6; H, 2). Sorte de MARCHE prise sous deux acceptions différentes; l'une est le nom d'une MARCHE DE TAMBOURS, que les ITALIENS appellent : *sordina*, SOURDINE, parce qu'elle se bat à bas bruit; l'autre est une MARCHE NOCTURNE, une ROUTE parcourue DE NUIT par une COLONNE, une ARMÉE, etc. Les régles qui s'y rapportent ont été l'objet des traités de BARDET (1740, A), BARDIN (1807, D), BOMBELLES (1746, A), M. le colonel CARRION (1824, A, t. I, p. 145), COLOMBIER (1772, C), KHEVENHUELLER (1771, F); SINCLAIRE (1775, L).

MARCHE de PELOTON PAR LE FLANC (G, 6). Sorte de MARCHE PAR LE FLANC, dont les principes diffèrent en quelques points de ceux de la MARCHE DE BATAILLON PAR LE FLANC. Ainsi, quand le PELOTON fait PAR LE FLANC gauche, le CHEF DE PELOTON se porte prés du SOUS-OFFICIER CHEF de la FILE de gauche.

MARCHE de RETRAITE (H, 2). Sorte de MARCHE D'ARMÉE dont tous les MOUVEMENTS sont directement ordonnés par le CHEF DE L'ARMÉE lui-même, parce que ce genre de Marche étant brusque et souvent imprévu, ne comporte pas la méthode et les symétriques précautions des cas ordinaires; la MARCHE OFFENSIVE, au contraire, est une opération dont le CHEF D'ÉTAT-MAJOR doit combiner les mouvements particuliers et répartir en détail les ordres.

MARCHE de TAMBOURS. V. MARCHE CÉLEUSTIQUE. V. MARCHE DE NUIT. V. TAMBOUR.

MARCHE de TRANSPORTS. V. TRANSPORT.

MARCHE de TROUPES. V. DRAPEAU DE BEFFROI. V. ÉTAPE. V. FÉODALITÉ. V. MARCHE-ROUTE. V. MILICE ÉGYPTIENNE. V. MILICE NÉERLANDAISE N° 1. V. MINISTRE DE LA GUERRE N° 7; id. EN 1662. V. RAPPORT. V. RETRANCHEMENT. V. SIGNAL STRATEUMATIQUE. V. TOPOGRAPHIE. V. TROUPE. V. TROUPE EN MARCHE.

MARCHE d'ÉQUIPAGES. V. ÉQUIPAGES. V. TRAIN DES ÉQUIPAGES.

MARCHE des VERGES. V. BATTERIE DE CAISSE. V. VERGES.

MARCHE DIAGONALE (H, 2). Sorte de MARCHE D'ARMÉE ainsi nommée, parce que, au lieu d'être PERPENDICULAIRE au FRONT de l'ENNEMI, elle s'y dirige en écharpe. La MARCHE OBLIQUE, au contraire, s'y dirige parallèlement; cependant on donne, mais inexactement, à des MARCHES-MANŒUVRES le nom d'OBLIQUES, quoiqu'elles soient réellement diagonales. — Des SUBDIVISIONS DE COLONNE exécutent en certains cas une Marche diagonale.

MARCHE d'INFANTERIE. V. ALTE. V. BAGAGE DE CORPS EN ROUTE. V. BATAILLON D'INFANTERIE FRANÇAISE DE LIGNE N° 6 et 7. V. BATTERIE EN ROUTE. V. BEFFROI. V. CHARGE DE SOLDAT. V. CHEMINEMENT PÉDESTRE. V. CLAIRON IDIOPLIQUE. V. COLONEL D'INFANTERIE FRANÇAISE DE LIGNE N° 2, 23. V. COLONNE DE TROUPES. V. COMPRESSION DE RANGS. V. DRAPERIE DE DRAPEAU. V. GUÊTRE DE TOILE. V. HALTE. V. HAVRE-SAC. V. INFANTERIE. V. INFANTERIE FRANÇAISE N° 8, 10. V. INSTRUMENT DE MUSIQUE. V. MARCHE-ROUTE. V. PELOTONNEMENT. V. PORTE-DRAPEAU N° 7. V. RÉGIMENT D'INFANTERIE FRANÇAISE N° 2. V. TABOURIN. V. TERZE.

MARCHE DIRECTE. V. DIRECT. V. MARCHE DE BATAILLON EN BATAILLE. V. MARCHE OBLIQUE. V. MARCHE TACTIQUE.

MARCHE EN ARRIÈRE. V. EN ARRIÈRE. V. MARCHE TACTIQUE. V. PAS EN ARRIÈRE. V. RANGS OUVERTS.

MARCHE EN AVANT. V. EN AVANT. V. GUIDE DE SUBDIVISION. V. MARCHE DE BATAILLON EN BATAILLE. V. MARCHE DE BATAILLON EN BATAILLE EN RETRAITE. V. MARCHE DE BATAILLON EN COLONNE. V. MARCHE TACTIQUE. V. PASSAGE D'OBSTACLE EN RETRAITE. V. PORTE-DRAPEAU N° 7. V. TAMBOUR INSTRUMENTAL D'INFANTERIE FRANÇAISE.

MARCHE EN BATAILLE (term. sous-génér.), OU MARCHE EN FRONT, comme disent quelques AUTEURS. Sorte de MARCHE TACTIQUE qui serait plus convenablement appelée MARCHE PARATAXIQUE. — La Marche en ORDRE DE BATAILLE faisait partie des EXERCICES de la MILICE ROMAINE; mais on ignore quels en étaient les moyens de JALONNEMENT, de PIVOTEMENT, de DIRECTION. — Dans les derniers

siècles, des MARCHES D'ARMÉE s'exécutaient en BATAILLE ou de FRONT; l'accroissement numérique des TROUPES et la réduction du nombre des RANGS ont rendu impraticable ce moyen de CHEMINEMENT. — La Marche en bataille demande à être expliquée, en reprenant le sujet un peu avant l'époque où l'INFANTERIE s'est divisée et a manœuvré par BATAILLONS; sans cela, ce qu'on lit des temps anciens serait inintelligible. — Au temps de TURENNE, l'INFANTERIE n'était encore qu'en COMPAGNIES et en RÉGIMENTS embrigadés d'une manière disparate; les CORPS DE BATAILLE étaient composés de PIQUIERS; les MOUSQUETAIRES formaient à chaque AILE un groupe isolé; la COMPRESSION des RANGS n'était pas en usage, les OFFICIERS PARTICULIERS étaient armés d'ESPONTONS; quand le CORPS était en bataille de pied ferme, ou marchait hors de la portée de l'ENNEMI, les OFFICIERS se tenaient en avant, le COLONEL à trois pas, les CAPITAINES à deux, les LIEUTENANTS à un. — Quand on approchait de l'ENNEMI et qu'on devait faire PIQUES basses et ESPONTONS bas, cet ORDRE ou disposition tactique se modifiait. — Le COLONEL se retirait dans l'intervalle qui séparait les PIQUIERS et l'aile droite; les OFFICIERS rentraient dans les vides ménagés entre les FILES, et s'y inséraient en PREMIER RANG; les HAUTEURS, le nombre des RANGS, les vides diminuaient d'autant; chaque OFFICIER, le COLONEL excepté, était accoudé de deux SOLDATS, de façon, disaient les tacticiens, que chaque OFFICIER *eût la moitié du corps dans le premier rang pour voir à droite et à gauche.* Quelque chose de ce système s'est maintenu dans la CAVALERIE. — Avant le milieu du dernier siècle, rien, au surplus, n'était clairement réglé à l'égard des Marches. PUYSÉGUR (1748, C) le déclare à maintes reprises; des différences dans les principes et la pratique ont en effet progressivement résulté de l'invention des BATAILLONS, de la diminution successive des PIQUIERS, de l'abolition des PIQUES, de l'AMINCISSEMENT des RANGS, de la ressource du PAS OBLIQUE, de la création des SOUS-LIEUTENANTS, du placement des OFFICIERS, non plus d'une manière confuse, changeante, indépendante de leur COMPAGNIE, mais d'une manière fixe et en contiguïté avec leur COMPAGNIE, etc., etc. L'ART a modifié considérablement le mécanisme de cette Marche en proportion du développement de la LIGNE DE BATAILLE, et il ne faut souvent prendre que comme exceptions ce que nos devanciers proposent comme règles ou comme souvenirs d'histoire. — TURENNE et ses successeurs eussent vainement essayé de faire MARCHER les ARMÉES comme le fit FRÉDÉRIC; un musicien, si habile qu'il soit, pourrait-il faire de l'harmonie avec des instruments discordants, et rien n'était plus disparate que les CORPS D'INFANTERIE; on ne connaissait ni GUIDES, ni GARDE DE DRAPEAU, ni principes d'ALIGNEMENT, ni PASSAGES DE DÉFILÉS, ni ADJUDANTS et ADJUDANTS-MAJORS, ni CHEFS DE BATAILLON, ni SERGENTS DE REM-PLACEMENT; rien ne réglait les fonctions des AIDES DE CAMP; les règles de la Marche en bataille ne datent que de l'adoption de l'OR-DRE MINCE et des fonctions tactiques attri-buées aux PORTE-DRAPEAU. — LES ORDON-NANCES DE 1755, 1766, 1769 (1er MAI), 1774, etc., sont les premières qui traitent de la Marche des BATAILLONS EN BATAILLE: elles y employaient le PETIT PAS; celle de 1764 (20 MARS) la faisait exécuter au PETIT PAS. Les incertitudes sur le mode préférable se sont prolongées même depuis que l'ORDRE MINCE a prévalu; jusqu'au RÈGLEMENT DE 1791 (1er AOUT) tout était tâtonnement. — Ce RÈGLEMENT démontrait les principes de la Marche en bataille, dans les ÉCOLES DE PELO-TON et DE BATAILLON; ainsi que dans les ÉVO-LUTIONS DE LIGNE, il s'étendait sur les PAS-SAGES D'OBSTACLE. — La Marche en bataille est ordinairement par le PREMIER RANG, quel-quefois par le TROISIÈME; elle se change quelquefois en MARCHE PAR LE FLANC; mais ce n'est, pour ainsi dire, qu'une exception. — Un moyen particulier de conserver l'ALI-GNEMENT de la Marche en bataille est pro-posé dans l'ENCYCLOPÉDIE (1785, C, suppl.). — L'ORDONNANCE DE 1831 (4 MARS) n'ap-portait que quelques modifications insigni-fiantes aux anciens principes, elle établis-sait l'usage de l'ARME SUR L'ÉPAULE DROITE, de la COLONNE DOUBLE, etc., mais une inno-vation capitale a été de n'employer dans les exercices de bataillon que le PAS ACCÉLÉRÉ. — Les AUTEURS qui ont exercé leurs recher-ches touchant la Marche en bataille sont: BOMBELLES (1754, D), BOTTÉE (1758, F), DA-RUT (1789, B, 7e mém.), GISORS (1768, H), GUIBERT (1773, E), LACHESNAIE (1758, I, au mot *Ligne*), LAURENT (1773, H), MAIZEROY (1773, A), MESNIL-DURAND (1780), MIRABEAU (1748, C), PICTET (1761, I), PUYSÉGUR (1748, C), SERVAN (1780, B), SILVA (1768, K), SIN-CLAIRE (1773, L) et l'ORDONNANCE DE 1831 (4 MARS). — Les Marches en bataille se dis-tinguent en MARCHE DE BATAILLON EN BATAILLE, — DE BRIGADE EN BATAILLE, — EN ÉCHELONS.

MARCHE EN COLONNE (term. sous-gé-nér.). Sorte de MARCHE TACTIQUE considérée ici par rapport aux mouvements d'une CO-LONNE ÉPAGOGIQUE, aux ROMPEMENTS d'une COLONNE DE ROUTE, aux dispositions d'un PASSAGE DE DÉFILÉ, mais non au jeu des co-

LONNES COMBINÉES; elle a lieu, suivant l'oc-casion, en COLONNE A DEMI-DISTANCE; — A DISTANCE ENTIÈRE, — SERRÉE. Elle est l'élé-ment des CONTRE-MARCHES et des MARCHES-MA-NOEUVRES; elle est appuyée sur des GUIDES DE SUBDIVISION, au nombre desquels figure le SERGENT D'ENCADREMENT et les SERGENTS DE REMPLACEMENT. — Examinons-la comme MAR-CHE DE BATAILLON EN COLONNE. L'ORDONNANCE DE 1831 (4 MARS) y a apporté des modifications qui ne sont pas toutes aussi plausibles que la suppression de la PROMPTE MANOEUVRE.

MARCHE EN COLONNE PAR LE TROISIÈME RANG. V. CHEF DE PELOTON. V. CHEF DE SUBDI-VISION TACTIQUE. V. COLONNE TACTIQUE. V. OR-DONNANCE D'EXERCICE D'INFANTERIE. V. PAR LE TROISIÈME RANG.

MARCHE EN CROUPE (F). Sorte de MARCHE-ROUTE qui a quelquefois été usitée pour jeter rapidement des CORPS D'INFANTERIE sur un point éloigné. — La Marche en croupe s'est appliquée maintes fois aux PASSAGES des RI-VIÈRES ou des GUÉS. — La GUERRE DE 1701 donna un mémorable exemple des Marches en croupe; neuf cents CAVALIERS, portant chacun un GRENADIER derrière eux, et con-duits par le duc de Roquelaure, du Boulou en Roussillon jusqu'au port d'Agde, y réus-sirent, par une incroyable célérité, à re-pousser un débarquement des ANGLAIS. — La création des COMPAGNIES DE VOLTIGEURS avait, en grande partie, pour objet de trans-porter en un besoin pressant des hommes de petite taille sur des chevaux dont le CA-VALIER leur tendait la main; mais ce moyen a été rarement mis en pratique.

MARCHE EN ÉCHELONS (G, G). Sorte de MARCHE EN BATAILLE que pratique un CORPS s'avançant par BRIGADES, ou une BRIGADE D'INFANTERIE gagnant du terrain par BATAIL-LONS, celui de gauche ou de droite tenant la tête, les autres espacés à une distance dé-terminée, et ordinairement telle que, par un mouvement de CONVERSION, exécuté à la fois par chaque BATAILLON, la LIGNE DE BA-TAILLE puisse se trouver formée à l'ordinaire et avec les INTERVALLES voulus. — Dans l'OR-DRE EN ÉCHELONS, les BATAILLONS se protégent réciproquement et opèrent en ORDRE OBLIQUE. — Dans les ÉVOLUTIONS DE LIGNES, les CHAN-GEMENTS DE DIRECTION DE BATAILLONS EN BA-TAILLE, soit en avant, soit en retraite, sont momentanément une Marche en échelons.

MARCHE EN FRONT. V. EN FRONT. V. MAR-CHE EN BATAILLE.

MARCHE EN POSTE (F). Sorte de MARCHE-ROUTE dont FRONTIN, TITE LIVE, etc., offrent des exemples. En l'an de Rome 546, le con-sul Claudius Néron, opposé à ANNIBAL, dé-tache de son camp dix mille hommes, à

l'insu de l'ENNEMI; il court, à leur tête, à la rencontre d'Asdrubal, qu'il écrase, et dont il rapporte la tête pour la jeter dans les lignes d'ANNIBAL; grâce aux chariots préparés, il avait en six jours, dit M. le colonel CARRION (1824, A, p. 245), fait quatre-vingt-dix lieues et gagné une bataille. — La GUERRE DE 1701 renouvela cet exemple d'une TACTIQUE qui ne connaît pas de distance. — En 1710, le duc de Noailles, campé à Roussillon, conduit en poste douze pièces de canon en LANGUEDOC, s'y joint au duc de Roquelaure, et fait échouer une EXPÉDITION ANGLAISE dirigée sur les ports d'Agde et de Cette. — Dans la GUERRE DE 1741, des détachements d'ARTILLERIE sont transportés sur des VOITURES de poste, du camp de COURTRAY à DOUAI, alors dégarnie d'ARTILLEURS. — En 1758, de BREST à Lamballe, l'INFANTERIE, conduite en poste, repousse les ANGLAIS. — Dans la GUERRE DE 1792, des CORPS D'INFANTERIE ou d'ARTILLERIE ont été maintes fois transportés, soit au moyen de CHEVAUX DE POSTE, soit à l'aide de RELAIS, fournis par les communes, à défaut de POSTE AUX CHEVAUX. — Ce moyen de TRANSPORT était réglé par la CIRCULAIRE DE 1809 (6 MAI). — En 1793, l'ARMÉE de MAYENCE arrivait en poste à la Vendée; des TROUPES de l'intérieur et l'ARMÉE INFERNALE se portaient en poste au secours de DUNKERQUE. — En janvier 1797, les volontaires de VIENNE couraient en poste grossir l'ARMÉE AUTRICHIENNE que Dalvinzi commandait en ITALIE. — En 1806, la GARDE IMPÉRIALE, à peine de retour à PARIS, après la victoire d'AUSTERLITZ, en repartait pour la SAXE, sur le bruit des hostilités dont la PRUSSE menaçait la FRANCE; l'INFANTERIE et les HOMMES DE CHEVAL démontés qui avaient quitté la capitale le 20 septembre, passaient le RHIN le 1er octobre, et combattaient à IÉNA le 14. — En 1837, comme le témoigne le *Journal des Débats* (25 août), *un régiment belge* voyageait sur wagons; et, suivant un calcul que nous n'oserions certifier juste, mais qui est formulé dans un traité de M. de SAINTE-CROIX (1837) : *Vingt mille hommes d'infanterie, trois mille chevaux, soixante pièces d'artillerie, le tout comparable à 4,550 toises cubes, occuperaient 9,270 mètres sur les rails d'un chemin de fer. Cent machines suffiraient pour imprimer à cette armée une vitesse de six lieues à l'heure; le prix peut être évalué à quatre francs par kilomètre par tonne; ainsi on peut transporter vingt-cinq mille hommes à cent lieues, en vingt-quatre heures, pour 72,480 francs.* — L'INDEMNITÉ DE ROUTE, dans le cas des Marches en poste, s'acquitte en raison des

JOURNÉES, mais non des distances franchies.

MARCHE EN RETRAITE. V. ARRIÈRE-GARDE D'ARMÉE AGISSANTE. V. CHEF DE BATAILLON D'INFANTERIE FRANÇAISE DE LIGNE N° 10. V. CHEMIN MILITAIRE. V. EN RETRAITE. V. GRAND SÉNÉCHAL. V. MARCHE DE BATAILLON EN RETRAITE. V. MARCHE EN BATAILLE EN RETRAITE. V. PASSAGE D'OBSTACLE EN RETRAITE. V. PORTE-DRAPEAU N° 7. V. PORTÉE DE FUSIL. V. TAMBOUR INSTRUMENTAL D'INFANTERIE FRANÇAISE.

MARCHE EN VOITURE. V. EN VOITURE. V. INDEMNITÉ DE ROUTE.

MARCHE ÉPAGOGIQUE. V. COLONNE ÉPAGOGIQUE N° 4. V. ÉPAGOGIQUE. V. MARCHE DE BATAILLON EN COLONNE. V. MARCHE EN COLONNE.

MARCHE EXCENTRIQUE. V. EXCENTRIQUE. V. RETRAITE EXCENTRIQUE.

MARCHE FORCÉE. V. CAMP D'INSTRUCTION. V. EAU-DE-VIE. V. EXERCICE D'INFANTERIE. V. FORCÉ. V. MARCHE D'ARMÉE.

MARCHE (marches) FRONTIÈRE (F), ou MARQUE. Sorte de MARCHES ou de gouvernements politiques et militaires autrefois confiés à un CAPITAL, à un COMMARCHIS, à un MARCHIS, à un MARÉCHAL, à un MARGRAVE, à un MARQUIS, à un personnage important et de haute NOBLESSE s'acquittant d'un SERVICE FÉODAL. — Les peuples qu'on a appelés *Marcomans*, du FRANCO-TEUTON *mark*, frontière, et *man*, homme, étaient les riverains des MARCHES ou des FRONTIÈRES. — FROISSART emploie fréquemment le terme Marche dans le sens de démarcation. — On appelait MARQUE, COMARQUE ou COMMARCHIE, du bas latin *commarchia*, la ligne ou la lisière qui séparait deux territoires, deux DOMAINES limitrophes. Sanche premier, roi de Portugal, partageait, à la fin du douzième siècle, ce royaume en *comarcas*; de nos jours encore, la province où est enclavée Rome s'appelle *Comarca*. Une province de FRANCE s'appelait la *Marche*. Il y avait, en ITALIE, la Marche trévisane, la Marche d'Ancône; la province de Castille était une des Marches d'ESPAGNE.

MARCHE INVERTIE. V. INVERTI. V. MARCHE DE BATAILLON EN COLONNE.

MARCHE (marches) MANŒUVRE (term. sous-génér.). Sorte de MARCHES D'ARMÉE que la STRATÉGIE exécute en présence ou dans le voisinage de l'ENNEMI, et qui sont propres à changer rapidement l'ordre de Marche en ORDRE DE BATAILLE. — La nature du terrain, la position de l'ENNEMI, le POINT DE VUE sur lequel on se dirige, la ligne où l'on veut s'établir, décident de la forme et du nom que prennent les Marches-manœuvres; le plus souvent elles sont OBLIQUES ou plutôt

DIAGONALES. — Les Marches de la PHALANGE GRECQUE avaient lieu en COLONNE PAR LE CENTRE et par accouplement; notre COLONNE D'ATTAQUE en a été une imitation. — L'emploi des Marches-manœuvres occasionne quelques modifications relatives aux INTERVALLES; moins l'INFANTERIE EN COLONNE s'entrecoupe d'INTERVALLES, plus ses MANOEUVRES s'accomplissent avec rapidité. — En 1796 et 1797 les Marches autour de Mantoue, en 1805 les mouvements de la grande armée, et, depuis 1808, les Marches continuelles des FRANÇAIS en ESPAGNE ont égalé tout ce que la STRATÉGIE des anciens a pu accomplir de plus pénible. — GUIBERT (1773, E, t. II) considère comme Marches-manœuvres les CHANGEMENTS DE FRONT des ARMÉES, parce qu'il regarde ces MOUVEMENTS de COLONNES comme ne s'accomplissant pas à l'aide d'ÉVOLUTIONS. — Les AUTEURS qui peuvent être consultés au sujet des Marches-manœuvres, sont : BESSEL (1783, M), FEUQUIÈRES (1750, A), FOLARD (1727, A), GUIBERT (1773, E), LALLEMAND (1825), MONTECUCULI (1704, D). — Les Marches-manœuvres se distinguent en MARCHE CONTRE-OBLIQUE et en MARCHE DE FLANC.

MARCHE MILITAIRE, subs. fém. V. MARCHE. V. MARCHE CÉLEUSTIQUE. V. MÉTROBATE. V. MILITAIRE, adj. V. MILICE AUTRICHIENNE N° 2. V. MILICE GRECQUE N° 2. V. PROMENADE. V. TESSÈRE.

MARCHE (marches) MUSICALE (G, 6). Sorte de MARCHES CÉLEUSTIQUES à deux ou à quatre temps jouée par les MUSICIENS d'un CORPS; l'usage était de les commencer par une croche ou une noire avant la mesure, parce que *le levé de la mesure marquait le levé de la jambe.* — Une mesure à trois temps ne se prêterait au PAS, dit l'ENCYCLOPÉDIE (1751, C), qu'autant que *la césure se fit sentir de deux en deux temps, c'est-à-dire à moins que le compositeur n'ait écrit un air à quatre temps comme s'il était à trois.* — La DÉCISION DE 1825 (13 OCTOBRE), relative au genre des CLARINETTES à employer, s'occupait du TON des Marches.

MARCHE NATURELLE. V. MARCHE DE BATAILLON EN COLONNE. V. NATUREL.

MARCHE NOCTURNE. V. ARRIÈRE-GARDE DE CORPS EN TEMPS DE PAIX. V. AVANT-GARDE D'ARMÉE AGISSANTE. V. BATTERIE DE CAISSE. V. CAPORAL EN ROUTE. V. CHEF DE DÉTACHEMENT DE GUERRE N° 4. V. CHEMIN MILITAIRE. V. MARCHE DE NUIT. V. MÈCHE DE MOUSQUET. V. NOCTURNE. V. PASSAGE DE RIVIÈRE EN RETRAITE.

MARCHE OBLIQUE (G, 6), ou MOUVEMENT DE BIAIS. Sorte de MARCHE TACTIQUE au moyen de laquelle un homme, un FRONT, un BATAILLON EN BATAILLE gagnent du terrain vers un FLANC, sans cesser d'en gagner en avant d'une manière parallèle à la disposition primitive. — La Marche oblique est l'opposé de la MARCHE DIRECTE; elle a lieu soit en ORDRE DE BATAILLE, soit en ORDRE DE COLONNE; elle diffère de la MARCHE DE FLANC et de la MARCHE DIAGONALE, parce que celles-ci n'ont pas lieu en ORDRE DE BATAILLE; elle ne peut s'exécuter qu'au PAS ORDINAIRE, hormis dans les ROMPEMENTS DE PELOTON; elle peut servir, dans la MARCHE des BRIGADES EN BATAILLE, à réparer l'altération que la mesure des INTERVALLES éprouverait. — La Marche oblique n'était pas connue en TACTIQUE avant PUYSÉGUR (1748, C); on lui doit l'idée de ce mécanisme. MIRABEAU (1788, C) en a le premier exposé les principes. — Dans la Marche oblique des BATAILLONS EN BATAILLE, l'ADJUDANT est le régulateur du degré d'obliquité que le PORTE-DRAPEAU observe. — La Marche oblique cesse au commandement : EN AVANT. — Pendant la GUERRE DE LA RÉVOLUTION, la Marche oblique a été rarement exécutée en ordre de bataille. — La MARCHE oblique en COLONNE avait lieu dans les ROMPEMENTS. — On donne quelquefois aussi le nom de Marches obliques à des MARCHES D'ARMÉE, à des MARCHES-MANOEUVRES qui, en réalité, sont, non obliques, mais DIAGONALES.

MARCHE OBLIQUE BRISÉE. V. BRISÉ, adj. V. CHANGEMENT DE POSITION. V. OBLIQUE.

MARCHE OFFENSIVE. V. APPUYER. V. CHEF DE BATAILLON D'INFANTERIE FRANÇAISE DE LIGNE N° 10. V. CHEF DE DÉTACHEMENT DE GUERRE N° 4. V. CHEF D'ÉTAT-MAJOR D'ARMÉE. V. CHEMIN MILITAIRE. V. GRAND SÉNÉCHAL. V. MARCHE DE BATAILLON EN BATAILLE EN AVANT. V. MARCHE DE RETRAITE. V. OFFENSIF.

MARCHE PAR EAU. V. PAR EAU. V. PASSAGE D'EAU.

MARCHE PAR LE CENTRE. V. CENTRE. V. MARCHE DE BATAILLE EN COLONNE. V. MARCHE-MANOEUVRES. V. PAR LE CENTRE.

MARCHE PAR LE FLANC (G, 6). Sorte de MARCHE TACTIQUE dont la dénomination est peu ancienne; on disait auparavant FAIRE A DROITE OU A GAUCHE. — Il ne faut pas confondre la Marche par le flanc et la MARCHE DE FLANC. — La CLISE était l'élément de la Marche par le flanc des PHALANGES de la MILICE GRECQUE. On a prétendu que le *quadratum agmen* était la Marche par le flanc de la MILICE ROMAINE; la MARCHE PROCESSIONNELLE des derniers siècles avait lieu par le flanc. — Avant l'usage de la COMPRESSION des RANGS, la Marche PAR LE FLANC était facile au moyen des DOUBLEMENTS DE FILES. — — La perfection à laquelle était parvenue l'INFANTERIE PRUSSIENNE dans la Marche, soit par un FLANC, soit par l'autre, tenait autant à l'habitude mécanique du PAS qu'au système du RANG DE TAILLE. — La Marche par le flanc a, en certains cas, pour objet de prolonger une TROUPE D'INFANTERIE sur une LIGNE ou pareille ou parallèle à la LIGNE que cette TROUPE occupait étant en bataille ; chaque homme fait une portion de CONVERSION sous lui-même, la FILE d'un FLANC devient FRONT, les CHEFS DE FILE du FRONT habituel cessent de l'être, et le CHEF DE PELOTON, d'HOMME DE RANG qu'il était en bataille, devient HOMME HORS RANG ; les CHEFS DE SECTION conservent leur place de SERRE-FILES, quoique n'étant plus SERRE-FILES. — Les PASSAGES DE DÉFILÉ EN RETRAITE commencent par le flanc. — Les ROMPEMENTS EN ARRIÈRE ont lieu par le flanc. — Les principes de la Marche par le flanc, dans l'ÉCOLE DU SOLDAT de 1791, contenaient une erreur. Le RÈGLEMENT disait (n° 227) : qu'on passera de la MARCHE DE FRONT à la MARCHE DE FLANC sur l'un ou sur l'autre pied indistinctement. C'est impossible ; il faut que le COMMANDEMENT soit fait à l'instant où le pied qui est opposé au nouvel aspect est sur le point de poser à terre. — Appliquer au mouvement des SUBDIVISIONS la Marche par le flanc est l'élément des DÉPLOIEMENTS et de l'action de faire FACE EN ARRIÈRE EN BATAILLE. — La Marche par le flanc ne s'exécute par BATAILLON que dans quelques cas rares, et dans ce cas le PORTE-DRAPEAU en est un des instruments régulateurs ; la Marche de bataillon en colonne lui doit être préférée toutes les fois qu'il y a possibilité. — La Marche par le flanc ne doit être étudiée habituellement que par SUBDIVISION. — Une simple DIVISION ÉPAGOGIQUE, si elle a le sac sur le dos ou si le terrain n'est pas très-uni, ne peut exécuter cette Marche sans s'allonger défectueusement ; c'est ce qu'autrefois on appelait DÉFILER. Pour prévenir ce défaut, on fait MARCHER la troupe l'ARME AU BRAS ; ce serait une infraction aux principes que d'exécuter la Marche par le flanc avec l'ARME A VOLONTÉ. — Le terrain d'une TROUPE PAR LE FLANC doit être égal au terrain de cette TROUPE en bataille ; cette condition cesse d'être possible après un trajet de vingt pas, même sur un sol uni. Ainsi, toute TROUPE de plus de huit à dix files, toute troupe qui peut former plus d'une section et qui est par le flanc dans un trajet ou une route, marche défectueusement, à moins que le chemin ne permette pas de se tenir sur quatre de front ; c'était du moins la conséquence des principes consacrés par le RÈGLEMENT DE 1791 (1er AOUT), qui interdisait également, et avec raison, la Marche par le flanc à une TROUPE ayant l'ARME A VOLONTÉ. — La forme d'exécution de la Marche

par le flanc diffère, si cette marche s'exécute par un BATAILLON ou par un PELOTON isolé. Le RÈGLEMENT a établi une légère différence dans les formes de l'exécution : elle veut qu'on commande : EN AVANT, MARCHE, à un BATAILLON PAR LE FLANC, et qu'on commande uniquement : MARCHE, à un PELOTON PAR LE FLANC. En voici la cause : plus une TROUPE est nombreuse, plus il faut à l'avance fixer son attention par le COMMANDEMENT D'AVERTISSEMENT. — Une Marche par le flanc cesse par le fait de l'EMPELOTONNEMENT. — A l'égard des Marches par le flanc on peut consulter : HOLTZENDORFF (1777), LACHESNAIE (1758, I, au mot Rompre), LOLOOZ (1766, A), MIRABEAU (1788, C), SINCLAIRE (1773, L). L'ORDONNANCE DE 1831 (4 mars) confondait par mégarde la Marche par le flanc et la MARCHE DE FLANC. — La Marche par le flanc se distingue en MARCHE DE BATAILLON PAR LE FLANC et en MARCHE DE PELOTON PAR LE FLANC.

MARCHE PAR MANCHES. V. MARCHE TACTIQUE. V. MARCHE TACTIQUE. V. MOUSQUETAIRE A PIED. V. PAR MANCHE.

MARCHE PAR PELOTON. V. EMPELOTONNEMENT. V. PAR PELOTON.

MARCHE PAR QUATRE. V. MARCHE TACTIQUE. V. PAR QUATRE.

MARCHE PARALLÈLE. V. MARCHE D'ARMÉE. V. PARALLÈLE, adj.

MARCHE PARATAXIQUE. V. ABDUCTION EN BATAILLE. V. ADJUDANT D'INFANTERIE FRANÇAISE DE LIGNE N° 17. V. ADJUDANT-MAJOR D'INFANTERIE FRANÇAISE DE LIGNE N° 11. V. AIDE DE CAMP N° 4. V. AILE DE BATAILLON. V. AILE PIVOTANTE DE BATAILLON. V. ALIGNEMENT DE TROUPES. V. ART MILITAIRE. V. AU PAS. V. BASE DE DIRECTION. V. BATAILLE STRATEUMATIQUE. V. BATAILLON DE DIRECTION. V. CADRE OUVERT. V. CAPITALE TACTIQUE. V. DIRECTRICE DE BATAILLON. V. BATAILLON D'INFANTERIE FRANÇAISE DE LIGNE N° 6, 7, 10. V. CHANGEMENT DE DIRECTION DE BATAILLON EN BATAILLE. V. CHEF DE PELOTON. V. COLONEL D'INFANTERIE FRANÇAISE DE LIGNE N° 23. V. COTÉ DE DIRECTION. V. DIRECTION DE BATAILLON EN BATAILLE. V. DRAPEAU D'INFANTERIE FRANÇAISE DE LIGNE. V. FEU EN AVANÇANT. V. FEU EN MARCHANT. V. FEU EN RETRAITE. V. FLOTTEMENT. V. FRONT DE BATAILLON. V. GARDE DE DRAPEAU. V. GUIDES GÉNÉRAUX. V. INTERVALLE D'INFANTERIE EN BATAILLE. V. JALONNEMENT. V. LIGNE DE BATAILLE. V. MARCHE DE BATAILLON EN BATAILLE. V. MARCHE EN BATAILLE. V. PARATAXIQUE. V. PAS OBLIQUE.

MARCHE PERPENDICULAIRE. V. MARCHE D'ARMÉE. V. MARCHE DIAGONALE. V. PERPENDICULAIRE.

MARCHE PROCESSIONNELLE (l'). Sorte de MARCHE TACTIQUE dont l'INFANTERIE faisait usage, comme le témoigne Decrammeville (1789, A), avant qu'on eût découvert l'art des déploiements et des évolutions par subdivisions. — On suppose que le limaçon était une Marche processionnelle. — Quand, au temps de Turenne, un bataillon en bataille devait faire face du côté opposé, il n'y parvenait qu'au moyen d'une contremarche de tout le bataillon, qui, à cet effet, faisait par le flanc et deux fois par file. Ce mouvement lourd et long s'appelait processionnel, parce qu'on le comparait au circuit que fait une procession autour d'une église. — Dans le dix-septième siècle et jusqu'au règne de Frédéric deux, on ne savait former la ligne, un jour d'action, que par la Marche processionnelle; c'est-à-dire que, pour atteindre le point où devait appuyer la droite de la future ligne de bataille, on exécutait une marche par le flanc qui se prolongeait parallèlement à l'ennemi. Si l'on arrivait trop près de lui, on lui prêtait longtemps le flanc; si on arrivait trop loin, il fallait plusieurs heures pour s'approcher en bataille de la ligne ennemie, parce qu'on ignorait l'artifice géométrique des jalonnements et des alignements. — Il n'y a plus que le rompement par la droite ou l'inverse qui participe de la Marche processionnelle.

MARCHE renversée. v. marche de bataillon en bataille en colonne. v. renversé.

MARCHE rétrograde. v. grand sénéchal. v. marche de bataillon en bataille en retraite. v. retraite d'escrime. v. retraite en échiquier. v. retraite stratégique. v. rétrograde.

MARCHE (marches) route (E, 4), ou marche de troupes. Sorte de marche dont la langue militaire a composé le nom d'une manière peu satisfaisante, et que le ministère de la guerre a admis, quoique peu logique. — La Marche-route est un mouvement, un voyage de troupes, considéré plutôt sous le rapport du service, de la police, du bon ordre et des logements, que sous celui de la tactique ou de la stratégie. — Xénophon (570 ans avant J.-C., *Cyrop.*) dit qu'aux jours de marche ordinaire, tout est réglé chez les Perses avec autant d'ordre qu'en un jour de bataille; nul soldat n'eût osé s'écarter d'un seul pas de son enseigne. — Les clases, les doublements, les dédoublements étaient les éléments des marches des armées grecques. — Les Romains distinguaient deux sortes de marches : l'une avec armes et bagages, l'autre avec armes seulement. Cette partie de la discipline et de l'administration était devenue rigide et

savante sous les empereurs. On en trouve la preuve dans ce que disent Cassiodore, Plutarque, Tacite, Tite Live, en parlant des marches des armées et des vivres qu'elles touchaient sous la surintendance du préfet du prétoire. — Justinien surtout avait établi des règles sévères concernant les marches des troupes; il soumit à de rudes punitions les généraux romains qui rançonnaient les villes de passage ou en exigeaient des rachats. — A l'égard des marches des anciens, on ne saurait étendre les recherches jusqu'aux formes de l'administration qu'ils observaient dans leurs routes de simple déplacement; la trace de ces usages est perdue. — Les beffrois de la féodalité s'élevèrent comme autant d'observatoires, dont la destination principale était de découvrir de très-loin les marches de troupes. — Avant l'usage des armées régulières, les marches d'infanterie se composaient, pour ainsi dire, d'autant de femmes que d'hommes. — En passant à des temps plus modernes, nous jetterons un coup d'œil rapide sur les méthodes, la police, le service des troupes en route, dans les diverses positions que les règlements prévoient. — Avant la lutte du calvinisme et les guerres françaises de ces époques, on regardait comme démesurée une journée de marche de six à sept lieues; mais les actions plus chaudes, moins compassées des guerres civiles donnèrent d'autres idées; elles prouvèrent l'importance de la célérité des marches. — Les premiers principes qui furent tracés à l'égard des marches de troupe, en temps ordinaire et dans l'intérieur, ne remontent qu'au dix-septième siècle. Billon (1641, A) est le plus ancien auteur qui les ait résumées et éclaircies. — En vertu d'un usage dont le fonds et l'origine sont inconnus, les tambours prétendaient se faire donner cinq sous par chaque moulin qui se trouvait sur le passage de la troupe. — Etait-ce à raison de cinq sous par chaque tambour? était-ce à cinq sous pour la totalité, ou, comme on disait, pour la bande des tambours? Nous l'ignorons. — L'ordonnance de 1680 (1er avril), voulant mettre un terme à cette exécution, prononça peine des galères contre les tambours qui continueraient à exiger cette contribution. — Dans le siècle suivant, les commissaires a la conduite, dont nous entretiennent Funderfelt (1711, A) et Manesson (1685, B), furent institués par le besoin senti de régulariser les mouvements des troupes qui, jusque-là, avaient fait la désolation des campagnes. — La ligne mieux tracée des chemins militaires, l'établissement de l'étape, le mécanisme de l'extraordi-

NAIRE furent un soulagement heureux. —
L'ORDONNANCE DE 1647 (25 FÉVRIER) renfermait des dispositions comminatoires dans
les cas où, de connivence avec les ÉTAPIERS,
il serait ordonné une DOUBLE MARCHE aux
RÉGIMENTS D'INFANTERIE. — Les ORDONNANCES
DE 1702 (10 JUIN et 14 JUILLET), pour ôter
tout prétexte aux exigences des TROUPES
envers les HABITANTS, décidaient qu'à l'avenir les SUBSISTANCES seraient fournies aux
HOMMES DE TROUPE le trente et unième jour
du mois, si la TROUPE était en marche ce
jour-là; mais si, le TRENTE ET UN, la TROUPE
arrivait dans sa GARNISON, on refusait au
SOLDAT la SOLDE, ce qui occasionna maintes
fois de graves désordres, puisqu'il fallait
qu'il attendît à jeun la distribution, souvent
tardive, du PRÊT du lendemain. — A mesure
qu'il fut promulgué des ordonnances sur la
JUSTICE MILITAIRE, sur le SERVICE EN CAMPAGNE,
sur la POLICE en temps de paix, les mesures
de détails se développèrent, les FOURNITURES
à faire furent réglées; des principes s'établirent touchant les HALTES des CORPS, les
BATTERIES EN ROUTE, les VISITES DE HAVRE-SACS,
les REVUES ADMINISTRATIVES des TROUPES, la
forme des AVANT-GARDES et des ARRIÈRE-GARDES, l'envoi et l'emploi des ORDONNANCES,
le service des GARDES préposées à la surveillance du DRAPEAU et de la CAISSE; on vit devenir plus méthodiques, plus précis le cheminement des CONVALESCENTS et des CONVOIS,
l'emploi des FANIONS de bagages, les DEVOIRS
des CAPITAINES, des CHEFS D'ESCORTE, des CHIRURGIENS, des COLONELS, des GUIDES. — Le
nombre et l'espèce des FEMMES A LA SUITE
devinrent un peu moins scandaleux. — Les
plus anciennes de ces améliorations ne datent que de 1727, les autres ne se sont opérées que lentement et de nos jours. — Les
règlements relatifs aux CORPS FAISANT ROUTE,
EN TEMPS DE PAIX OU DE GUERRE, étaient de
1727 (13 JUILLET), 1755 (17 FÉVRIER), 1768
(1ᵉʳ MARS), 1791 (1ᵉʳ AOUT), 1792 (5 AVRIL),
AN HUIT (25 FRUCTIDOR), 1818 (15 MAI). —
L'ORDONNANCE DE 1755 (17 FÉVRIER) prévoyait les cas où les RÉGIMENTS en marche
FERAIENT ROUTE dans l'intérieur du royaume
par CANTONNEMENTS, au lieu de prendre gîte
dans les lieux de passage. — Les ORDONNANCES OU les RÈGLEMENTS sur les marches
devraient comprendre : LOGEMENT, CONVOI,
ÉTAPE, FOURRAGES, POLICE, forme de REVUES,
genre d'ALLOCATIONS. — Le CONSEIL DE LA
GUERRE, en 1788, se disposait à promulguer
sur ces principes un RÈGLEMENT DE MARCHE,
qu'il n'eut pas le temps de mettre au jour,
mais qui était promis par l'article 64 du
RÈGLEMENT DE 1788 (1ᵉʳ JUILLET). — Le RÈGLEMENT DE 1791 (1ᵉʳ AOUT) prescrivait le

mécanisme de la COLONNE DE ROUTE des CORPS
D'INFANTERIE, système plus savant, plus spécieux en théorie qu'observé en pratique.
Le RÈGLEMENT DE L'AN HUIT, qu'on doit à
CARNOT, était le plus développé, le plus spécial qui eût encore paru ; mais il n'embrassait pas les cas des MARCHES EN POSTE OU EN
CROUPE, et ne donnait point à connaître à
qui, par qui, de quelle manière il devait
être transmis, dans les cas de longue route,
un RAPPORT de l'état du CORPS et des événements de la ROUTE. — La régularité des
marches a, de tout temps, été regardée
comme la preuve évidente de la DISCIPLINE ;
on pourrait supposer qu'elle était relâchée
sous le régime de la restauration, en lisant
les reproches sévères et même durs que
contient une CIRCULAIRE DE 1822 (6 SEPTEMBRE). — Maintenant, sous le rapport des
DISTANCES à parcourir, des mesures administratives à observer, des combinaisons militaires qu'on pratique, les marches se divisent par JOURNÉES; celles qui ne durent
qu'UN JOUR ne donnent pas le droit à la perception de la SOLDE DE ROUTE. — Les marches doublées, triplées, les ARMÉES transportées en charrettes de poste, le vol si
rapide des AIGLES de BONAPARTE, sont autant de souvenirs dont il ne reste des
traces écrites que dans des ordres du jour
publiés sur des points trop distants pour
que la loi les ait enregistrés. — Des RÈGLEMENTS modernes, tels que celui DE 1816
(24 JUILLET), DE 1833 (2 NOVEMBRE), ont recommandé la pratique des PROMENADES MILITAIRES comme moyen d'apprentissage des
marches. — L'absence de règles positives
sur la question des GARNISONS plus ou moins
mobiles, plus ou moins sédentaires, a occasionné quantité de déplacements non
moins nuisibles aux CORPS que les marches
de ces CORPS n'ont été onéreuses au TRÉSOR
PUBLIC. — Les AUTEURS qu'on peut consulter
à l'égard du mécanisme des marches, sont:
BARDET (1740, A), BARDIN (1807, D), BERRIAT (1812, A), BILLON (1612, B), BOMBELLES
(1746, A), BRIQUET (1761, H), M. le colonel
CARRION (1824, A), l'ENCYCLOPÉDIE (1785,
C), FUNDERFELT (1711, A), GUIGNARD (1725,
B), KERENWEYER, au mot *Compte*), KHEVENHUELLER (1771, F), LACHESNAIE (1758, I,
aux mots *Conduite*, *Recrue*), MANESSON
(1685, B), le général ROGNIAT (1816, B),
SERVAN (1780, B), XÉNOPHON (370 ans avant
J.-C.). — Considérées comme MARCHES D'INFANTERIE, les Marches-routes se distinguent
en MARCHES EN CROUPE et MARCHES EN POSTE.

MARCHE STRATÉGIQUE. V. MARCHE D'ARMÉE. V. RECONNAISSANCE DE TERRAIN. V. STRATÉGIE. V. STRATÉGIQUE.

MARCHE (marches) tactique (G, 6). Sorte de marche considérée, par rapport à l'infanterie française, soit comme étude ou emploi des différents pas militaires sur un champ d'exercice, soit comme moyen d'accomplir les évolutions. — On suppose que les anciens ont connu la marche cadencée et qu'elle se réglait au son des flutes, des fouets, des harpes; ce sont des points aussi mal éclaircis que la plupart des manœuvres antiques. — En France, cette partie de la tactique a considérablement varié depuis la création d'une infanterie régulière divisée par bataillons et compagnies; mais c'était des lois si capricieuses, si disparates d'un corps à l'autre, que le souvenir des méthodes s'est en partie effacé; aucun règlement ne s'en occupait; les écrivains contemporains en laissent ignorer le mécanisme; on est réduit fréquemment à des conjectures. — On sait seulement qu'alors le nombre des compagnies n'influait en rien sur les formes de la Marche; elles étaient au nombre de dix, de dix-sept, de treize, etc., par régiment ou par bataillon, sans que, pour cela, on marchât par dix-sept, par treize pelotons ou subdivisions, etc. — La marche en bataille se pratiquait comme nous l'avons dit. — La marche ou mouvement par quatre était en usage dans l'infanterie comme dans la cavalerie. — Vers le milieu du dix-septième siècle et dans la guerre de 1665, on appelait marche par manches, une espèce de marche en colonne qui s'exécutait dans la forme que voici. — On faisait partir en tête la manche de droite, c'est-à-dire le groupe de mousquetaires ou l'aile qui formait le tiers, environ, d'un régiment; venait ensuite le corps de bataille ou les piquiers du régiment; enfin la manche de gauche ou le groupe de mousquetaires formant le troisième tiers fermait la Marche. — Si le chemin était trop étroit, un doublement de rangs amoindrissait de moitié le nombre des files, en augmentant du double le nombre des rangs; les files se rapprochaient l'une de l'autre en proportion, ce qui diminuait de moitié le front; au besoin, le front se réduisait encore une fois de moitié; pour cela faire les files restantes, au lieu de continuer à être espacées, se rapprochaient jusqu'à l'accoudement; c'était ainsi passer de l'ordre dilaté à l'ordre supprimé. — Si, de nouveau, le chemin se trouvait trop étroit, la troupe défilait, c'est-à-dire que les deux files de droite marchaient en avant; les deux files suivantes, après avoir fait halte, marchaient derrière. Ce système, emprunté des Grecs, a été le rudiment de la marche en colonne et de la marche par

le flanc. — Depuis la création des grenadiers, et depuis 1680 environ, le nombre des manches ou subdivisions en était indépendant; la compagnie de grenadiers formait division à part. — Au temps de l'existence des manches et de la Marche en trois groupes, les grenadiers seuls étaient accompagnés de leurs officiers; les capitaines des autres compagnies, par une règle assez bizarre, comme le dit Leblond (1758), marchaient, moitié à la tête de la première subdivision, moitié à la tête de la dernière; quant aux officiers subalternes de fusiliers, le tiers d'entre eux était à la première subdivision, le tiers à la seconde et le tiers à la troisième; il n'y avait nul principe raisonnable et étudié dans cette forme de Marche. — Vers les deux tiers du dix-septième siècle les piquiers, au lieu de former le tiers, formèrent le cinquième du bataillon ou régiment; car alors bataillon ou régiment avaient souvent un même sens. On continua à associer à part les piquiers, on divisa en deux chaque manche de mousquetaires; ainsi la Marche s'opérait en cinq subdivisions, dont quatre de mousquetaires; cela s'appelait être par demi-manche; on partagea ensuite par moitié ces demi-manches, ce qui équivalut à dix subdivisions, dont huit de mousquetaires et deux de piquiers : on poussa la division jusqu'au demi-quart de manche. Il en fut ainsi jusqu'en 1703, époque où les piquiers devinrent mousquetaires. — Jusqu'à la guerre de 1733, on continua à diviser ces derniers par demi, par quart de manche, etc.; des majors d'infanterie, à défaut de règles écrites, adoptèrent d'eux-mêmes un langage différent, abolirent le terme manche et divisèrent le bataillon en huit subdivisions non compris grenadiers et piquet; ces innovations amenèrent la concordance qui s'est établie et maintenue entre le nombre constitutif des compagnies et la forme des subdivisions tactiques. — L'invention du pas cadencé modifia les méthodes de la Marche individuelle et de l'exercice en général; jusque-là son allure avait de la liberté dans un espace donné et assez ouvert; elle devint gênée sur un espace restreint. Chaque fantassin, à la manière manipulaire, avait joui, dans les évolutions, d'un terrain individuel de quatre pieds carrés, et s'y tenait à files ouvertes : l'art d'emboîter le pas en le faisant simultanément du même pied, et de le reprendre en cas d'inadvertance par le contre-pas, réduisit de plus de moitié le terrain de chaque soldat, amena ainsi la compression habituelle et permanente des rangs et des files, occasionna l'abolition des doublements et des

DÉDOUBLEMENTS : il donna naissance à l'ordre mince à files serrées; les files augmentèrent dans la proportion de la diminution des rangs; ainsi l'étendue des fronts resta à peu près la même. — Les inconvénients de cette compression étaient devenus inévitables depuis la suppression des piquiers. — Les Allemands, dont l'esprit d'ordre va quelquefois jusqu'à outrer les méthodes, tombèrent, à l'égard de la Marche, dans la minutie; ils s'appesantirent sur le pas d'école, sur l'étude des aplombs; ils cherchèrent à justifier ce puéril apprentissage, en disant que la régularité de la Marche dépend autant de l'équilibre parfait du corps que de la mesure inaltérable du pas. — Les Prussiens forcèrent nature par l'invention de beaucoup de pas de dimension et de cadence différents. Frédéric deux s'en servit, parce qu'il en trouva l'usage établi dans son armée; toute l'Europe se fit imitatrice; les Français, qui ne juraient alors que par ce grand roi, ne furent pas des derniers à se livrer aux emprunts; leurs ordonnances, cependant, apportèrent une louable simplification au système prussien. — Maurice de Saxe (1757, A) avait dit que *le secret de la guerre est dans les jambes du soldat.* Turpin (1783, O) avait affaibli cette pensée en disant que *la Marche est l'important de l'exercice, et que sa précision prépare le succès des manœuvres.* Maurice avait en vue la rapidité des marches d'armée; Turpin, la symétrique exécution de la marche tactique. — Les Anglais ont fait faire des progrès aux méthodes d'enseignement, en employant le métrodate pour l'étude des Marches. — M. Francœur a proposé de perfectionner l'art des reconnaissances en employant le pédomètre, pour supputer la longueur des Marches. — Il n'existe, depuis 1791, que trois modes de Marches, savoir : en bataille, en colonne, et par flanc; mais on pourrait porter à quatre cette quantité, en disant qu'on fait par le flanc en ba-

taille, et par le flanc en colonne. — La marche par le flanc n'est jamais qu'une marche en avant et directe, les autres sont ou directes ou obliques. La marche en bataille est en avant ou en arrière, la marche en colonne n'est qu'en avant. — L'ordonnance de 1831 (4 mars) a modifié quelques détails, mais non ces principes. — Les Marches sont démontrées dans l'école de peloton et de bataille, et dans les évolutions de ligne. Les inspecteurs généraux de l'infanterie sont chargés de constater si les principes de l'ordonnance sont, à cet égard, observés. — Un moyen suspensif de la Marche, mais qui n'en interrompt pas la cadence, consiste à marquer le pas. — Le commandement peloton précède en certains cas la Marche. — En 1795, Custine institua l'école de Cambrai en vue de simplifier par l'adoption d'un pas unique les principes de la Marche. — En France, il a été tour à tour permis ou interdit à l'infanterie d'étudier la Marche au son de la caisse. — Dans la milice anglaise, cette étude a lieu avec le secours de la musique ou des tambours; mais on fait battre cinq ou six mesures avant le commandement d'exécution; comme pour accoutumer l'oreille du soldat au degré de vitesse qu'on va exiger. — Les auteurs qu'on peut consulter au sujet de la Marche sont : Bardin (1807, D; 1809, B), Bohan (1781, H), Duane (aux mots *March* et *Marche*), Encyclopédie (1785, C), Gisors (1770, M), Guibert (1773, E), Lachesnaie (1758, I), Laurens (1773, H), Lecouturier (1725, A), Maizeroy (1767, E), Maurice de Saxe (1757, A), Mirabeau (1788, C), Pictet (1761, p. 164), Saint-Germain (1779, C), Schultz, Sinclaire (1773, L). — Ces Marches tactiques se distinguent en marche céleustique, — en bataille, — en colonne, — oblique, — par le flanc, — processionnelle.

MARCHÉ, subs. masc. v. jour de m... v. passation de m... v. passer marché. v. passer un marché.

MARCHÉ { ADMINISTRATIF.. { DE VIVRES EN ROUTE. / D'HABILLEMENT.

MARCHÉ (term. génér.). Ce mot s'est écrit et prononcé aussi marqué, resté dans l'anglais *market*. Suivant quelques suppositions, il aurait pour racine le substantif marche; il est plus probable qu'il est une corruption du latin *mercatus*, d'où viennent aussi marchand et marchandise. — Il exprime un emplacement public, une stipulation commerciale, un acte administratif;

il n'en doit être ici question que sous ce dernier point de vue, et par rapport à l'administration militaire. Le terme sera donc examiné sous le sens de marché administratif, — d'abonnement, — d'armement, — d'armée, — de chauffage, — de fourrage, — de literies, — de subsistances, — de transport, — de vivres, — d'étoffes d'habillement, — ministériel.

MARCHÉ (marchés) ADMINISTRATIF (term. sous-génér.). Sorte de MARCHÉS qui sont passés, ou par les CAPITAINES de l'INFANTERIE FRANÇAISE ou autres ARMES, ou par les CONSEILS D'ADMINISTRATION des RÉGIMENTS, ou par l'État lui-même, qui en délègue le droit au MINISTRE DE LA GUERRE; de cette dernière espèce étaient les MARCHÉS DE CHAUFFAGE; ils étaient contractés pour une certaine durée d'années. Celui de 1858 expirait en 1842. — Des AGENTS, des PRÉPOSÉS, les ARMES SAVANTES, des INTENDANTS MILITAIRES peuvent, en divers cas, passer des Marchés : mais cette mesure d'ADMINISTRATION est interdite aux OFFICIERS SUPÉRIEURS des TROUPES, aux QUARTIERS-MAITRES TRÉSORIERS, etc. — Les MARCHÉS MINISTÉRIELS se sont aussi nommés TRAITÉS, ainsi que le témoigne le RESCRIT de la LÉGISLATION MILITAIRE de 1556 (26 OCTOBRE). De là les expressions traitant, sous-traitant, sous-traité. — L'ORDONNANCE DE 1824 (21 AVRIL) embrassait les opérations des Marchés ministériels. — La MILICE ANGLAISE a la première donné l'exemple des Marchés entre les chefs de troupe et le prince; on les appelait INDENTURE. — Le plus ancien traité pour FOURNITURES DE VIVRES que nous retrouvions est de 1583; ainsi les AUTEURS qui ne rapportent ce mode administratif qu'à HENRI DEUX, auraient pu pousser plus haut les recherches. — Le GRAND MAITRE DE L'ARTILLERIE PASSAIT LES MARCHÉS qui concernaient sa partie. — Au temps de LOUVOIS, comme le témoigne AUDOUIN (t. II, p. 225), les Marchés qui intéressaient l'ARMÉE n'étaient encore passés que par le CONTRÔLEUR GÉNÉRAL, non par le MINISTRE DE LA GUERRE; de nombreux inconvénients résultaient de cette disposition. — Depuis que le DÉPARTEMENT DE LA GUERRE a été chargé de la PASSATION des Marchés, le corps des COMMISSAIRES DES GUERRES en avait la direction et le contrôle. — Les Marchés ou TRAITÉS qui concernent le MINISTRE DE LA GUERRE ou ses délégués spéciaux, sont un des éléments de la confection des BUDGETS, donnent naissance à l'établissement des MASSES; ils comprennent le COMBUSTIBLE, les CONVOIS, les ÉTAPES, les HOPITAUX, les LITS MILITAIRES, les FORTIFICATIONS, les VIVRES. — Les Marchés ont lieu par suite de SOUMISSIONS soit patentes, soit cachetées; ces SOUMISSIONS sont une déclaration ou un engagement par écrit qui témoignent qu'à des conditions énoncées dans un projet d'ADJUDICATION, un SOUMISSIONNAIRE se propose de concourir dans certaines limites à la réalisation du Marché. — M. VAUCHELLE établit distinction entre les Marchés de gré à gré, — par adjudication publique, — d'urgence; il indique les stipulations qui doivent y être énoncées ou implicitement comprises et les effets qui doivent en résulter. — De ruineux abus ont résulté de l'initiative laissée en fait de Marchés à l'arbitraire des ministres et à la cupidité des faiseurs. — Ces Marchés, entamés sans habileté, se terminaient sans contrôlement. — Un ministre maintenant étranger (Evain) fut sous Napoléon, dans les cent jours, chargé de fonctions ministérielles; il eut à acheter quatorze mille chevaux. Il fut surpris, à ce que disent ses biographes, qu'après le Marché signé on voulut lui tenir compte d'une somme qui représentait autant de fois trois napoléons qu'il y avait eu de chevaux livrés. Ce n'était pas tout à fait un bénéfice de cent mille francs qui revenait, disait-on, au signataire. Il eut la vertu de ne pas se conformer à l'usage, et exigea proportionnellement autant de chevaux de plus au profit de l'État. — Les ministres de Napoléon se conduisirent, en général, avec le même désintéressement. Nous n'avons pas recherché à quelles époques il en aurait été autrement avant et après les ministres du régime impérial. Des historiens, peut-être prévenus, insinuent que des prévarications auraient eu lieu plus d'une fois. La législature s'occupe de risibles économies, quand elle fait la guerre aux traitements, au lieu de la faire aux passations des Marchés et à l'accomplissement des stipulations; le fourrage, par exemple, coûte quarante-cinq mille francs par jour; n'est-il pas déplorable que des orateurs perdent des journées par un débat relatif à cinq ou six mille francs d'appointements, quand peut-être on peut avoir pour quarante mille francs par jour ce qui en coûte quarante-cinq mille. — Restreignons-nous à la question des Marchés PASSÉS dans l'intérieur des CORPS D'INFANTERIE; l'examen ne saurait en remonter bien haut, puisque l'ADMINISTRATION des CORPS est elle-même une découverte peu ancienne; ils ont principalement pour objet l'ÉQUIPEMENT des HOMMES DE TROUPE et leur PETIT ÉQUIPEMENT; ils ne peuvent être négociés ni par les OFFICIERS SUPÉRIEURS, ni par des MEMBRES DE CONSEIL agissant non collectivement; ils sont la condition préalable de tout ACHAT, ne peuvent s'entamer que sur proposition écrite et conforme aux DEVIS, TARIFS et MODÈLES; ne peuvent être souscrits qu'en vertu de DÉLIBÉRATION, se conclure que sur ÉCHANTILLONS, avoir force qu'avec la sanction du CORPS DE L'INTENDANCE, se résoudre qu'après vérification d'EXPERTISE; enfin leurs DÉPENSES ne peuvent être soldées que sur FACTURES acquittées par le FOURNISSEUR, et au moyen des valeurs tirées de la CAISSE A TROIS SERRURES. — L'ORDONNANCE DE 1825 (19 MARS, art. 659) énumérait les Marchés dont la passation était autorisée dans les CORPS. — Une mesure fiscale qui était une erreur en ADMINISTRATION, et qui était blâmable à l'égal de toute RETENUE SUR ALLOCATION (sauf les RETENUES POUR DETTES privées), frappait d'une retenue les Marchés PASSÉS par les CORPS; l'ORDONNANCE DE 1814 (12 DÉCEMBRE) avait enfanté cette disposition; l'ORDONNANCE DE 1819 (20 OCTOBRE) l'a abrogée. — L'ORDONNANCE DE 1853 (2 NOVEMBRE) entrait en quelques détails à l'égard des Marchés. — Les AUTEURS que nous avons mentionnés, en traitant des ENTREPRISES DE FOURNITURES, et principalement MORIN (1798) et ODIER (1824, E, t. VI, p. 46), peuvent être consultés au sujet des Marchés. — Nous allons donner quelque attention aux MARCHÉS DE VIVRES EN ROUTE, et aux MARCHÉS D'HABILLEMENT.

MARCHÉ d'ABONNEMENT. V. ABONNEMENT. V. ABONNEMENT AVEC LES MAITRES OUVRIERS. V. CONSEIL D'ADMINISTRATION DE RÉGIMENT N° 4.

MARCHÉ d'ARMÉE. V. ARMÉE. V. COMMISSAIRE DES GUERRES N° 6.

MARCHÉ d'ARMEMENT. V. ARMEMENT. V. FUSIL D'INFANTERIE.

MARCHÉ de CHAUFFAGE. V. BUCHE. V. CORPS DE GARDE DE GARNISON. V. CHAUFFAGE. V. FOURRIER D'INFANTERIE FRANÇAISE N° 7. V. GRAND MOIS D'HIVER. V. MARCHÉ ADMINISTRATIF. V. MASSE DE CHAUFFAGE. V. RÈGLEMENT.

MARCHÉ de FOURRAGE. V. FOURRAGE. V. FOURRAGE DE DISTRIBUTION.

MARCHÉ de LITERIES. V. ARMOIRE D'OFFICIER. V. BOITE A MARRONS. V. BRANCARD A CHAUFFAGE. V. BROUETTE DE CORPS DE GARDE. V. CAPOTE DE SENTINELLE. V. CHAISE. V. CLASSE DE CORPS DE GARDE. V. COUCHETTE EN FER. V. COUVERTE DE LIT A UNE PLACE. V. COUVERTE D'OFFICIER. V. DRAPS. V. DRAPS DE LIT D'INFIRMERIE. V. EFFETS DE CASERNEMENT. V. EFFETS DE LITERIE. V. FAUTEUIL A BASCULE. V. INFIRMERIE. V. LIT MILITAIRE. V. LITERIE. V. MARCHÉ ADMINISTRATIF. V. MARRON DE SERVICE. V. RÈGLEMENT. V. TRAVERSIN.

MARCHÉ de SUBSISTANCES. V. SUBSISTANCES. V. LÉGISLATION AN QUATRE (4 PLUVIOSE).

MARCHÉ de TRANSPORT. V. TRANSPORT.

MARCHÉ de VIVRES. V. CORPS D'INTENDANCE N° 9. V. MARCHÉ ADMINISTRATIF. V. SUBSISTANCE. V. VIVRES.

MARCHÉ (marchés) de VIVRES EN ROUTE (B, 1; E, 4). Sorte de MARCHÉS ADMINISTRATIFS qui, en temps ordinaire et dans l'inté-

rieur du royaume, sont PASSÉS par l'ADJUDANT-MAJOR qui précède le CORPS. — Il est stipulé dans ces Marchés que les DISTRIBUTIONS seront faites par ESCOUADE, et que si le CORPS est divisé, elles auront lieu autant que possible dans chaque CANTONNEMENT. — Les originaux des Marchés sont certifiés par le visa du MAJOR du CORPS. — Le RÈGLEMENT DE 1817 (1er SEPTEMBRE) traitait des Marchés de vivres; mais dans ce dernier cas il s'agit non des vivres d'un CORPS, mais de ceux de l'ARMÉE.

MARCHÉ d'ÉQUIPEMENT. V. ÉQUIPEMENT. V. ÉQUIPEMENT D'HOMMES DE TROUPE. V MARCHÉ ADMINISTRATIF.

MARCHÉ d'ÉTOFFES D'HABILLEMENT. V. DÉCATIR. V. ÉTOFFE D'HABILLEMENT. V. INFANTERIE LÉGÈRE N° 8. V. MARCHÉ D'HABILLEMENT. V. RÈGLEMENT.

MARCHÉ (marchés) d'HABILLEMENT (B, 1). Sorte de MARCHÉS ADMINISTRATIFS qui concernent en partie les CORPS, et en partie le MINISTRE DE LA GUERRE; c'est lui qui décide quelles manufactures fourniront aux commandes et à quel prix d'ACHAT; il arrête les ÉCHANTILLONS, il détermine la nature des MARQUES des ÉTOFFES, il en règle la VÉRIFICATION et la RÉCEPTION. Les CORPS reçoivent directement ensuite des FABRIQUES les MARCHANDISES; le CONSEIL D'ADMINISTRATION en constate la qualité, l'état, la conformité avec les ÉCHANTILLONS TYPES, s'assure si elles ont ou non des TARES, et il tire à vue sur le MINISTRE DE LA GUERRE, en délivrant à cet effet aux FOURNISSEURS les MANDATS destinés à l'acquittement du prix des ÉTOFFES, sur le VU du Marché. — Les Marchés d'habillement, c'est-à-dire le libellé qui les contient et les constate, sont au nombre des PIÈCES JUSTIFICATIVES, sur lesquelles s'appuient les COMPTES rendus par les CAPITAINES D'HABILLEMENT. — Les Marchés prévoient les contestations qui pourraient s'élever entre les FOURNISSEURS et les PARTIES PRENANTES; ils soumettent à l'intervention des CONSEILS DE PRÉFECTURE les parties intéressées et leurs experts; au besoin les SOUS-PRÉFETS et les MAIRES sont appelés à l'EXPERTISE. — Les TARES, les TROUS, les imperfections nommées RIDAUDURES, sont, de la part des commissions de réception et des arbitres, l'objet d'un dédommagement par évaluation de métrage. — Depuis le MARCHÉ DE 1855, le retrait pour DÉCATISSAGE n'était plus passé en compte aux FABRICANTS. — Le *Journal militaire* donne presque annuellement un double des Marchés. — Lors de la discussion du budget, M. Havin a développé, dans la séance du 14 mars 1852, de profondes observations sur le genre d'intrigues, sur les condescendances, sur les faux-fuyants qui rendent illusoires les économies premières des adjudications ; il a frappé de blâme les Marchés qui ont été passés sous le ministère POLIGNAC ; cependant les ratifier a été inévitable ; M. le maréchal GÉRARD et le CONSEIL D'ETAT consultés à cet effet s'y sont vus obligés. — Un Marché à trop long terme, celui DE 1835 (4 DÉCEMBRE), embrassait les années 1836, 1857, 1838, 1859 et 1840.

MARCHÉ MINISTÉRIEL. V. CAVALERIE FRANÇAISE N° 9. V. LÉGISLATION. V. MARCHÉ ADMINISTRATIF. V. MINISTÉRIEL. V. PRESTATION EN NATURE. V. RÉGLEMENT. V. TRANSPORT.

MARCHECOULIS, subs. masc. V. MACHICOULIS.

MARCHER, subs. masc. V. MARCHE, subs.

MARCHER, verb. neut. V. A MARCHER. V. ABDUCTION EN BATAILLE. V. AILE DE SUBDIVISION. V. ARRIÈRE-GARDE D'ARMÉE AGISSANTE. V. AVANT-GARDE D'ARMÉE AGISSANTE. V. CAMP. V. COMMANDEMENT VOCAL. V. CONTRE-MARCHE. V. GRAND SÉNÉCHAL. V. INFANTERIE N° 7. V. ORDONNANCE TACTIQUE. V. TACTIQUE.

MARCHER A LA CHARGE. V. A LA CHARGE. V. BATAILLE STRATEUMATIQUE. V. PAS DE CHARGE.

MARCHER A LA SAPE. V. A LA SAPE. V. MINEUR FRANÇAIS. V. SAPE PLEINE. V. SAPE VOLANTE. V. SIÉGE OFFENSIF.

MARCHER A L'ENNEMI. V. A L'ENNEMI. V. ABSENCE D'HOMME DE TROUPE EN MARCHANT A L'ENNEMI. V. COMBAT STRATEUMATIQUE. V. ABANDON EN MARCHANT. V. MOT DE RALLIEMENT.

MARCHER DE FRONT. V. DE FRONT. V. FRONT TACTIQUE. V. LANGUE FRANÇAISE.

MARCHER EN AVANT. V. EN AVANT. V. SONNERIE D'INFANTERIE.

MARCHER EN BATAILLE. V. AILE MARCHANTE DE BATAILLON. V. CHANGEMENT DE DIRECTION EN MARCHANT EN BATAILLE. V. CHANGEMENT DE POSITION. V. COLONNE ÉPAGOGIQUE N° 4. V. ÉCHARPER. V. EN BATAILLE. V. EXERCICE TACTIQUE. V. FEU EN AVANÇANT. V. MARCHE EN BATAILLE. V. MARCHE STRATEUMATIQUE. V. SORTIE D'ASSIÉGÉS.

MARCHER EN COLONNE. V. COLONNE ÉPAGOGIQUE N° 4. V. CORNET INSTRUMENTAL. V. EN COLONNE. V. LÉGION ROMAINE N° 5.

MARCHER EN RETRAITE, terme ambigu qui est censé substantif. V. COLONNE ÉPAGOGIQUE N° 4. V. BATTERIE DE CAISSE. V. EN RETRAITE. V. RETRAITE TACTIQUE. V. SONNERIE D'INFANTERIE.

MARCHER PAR CANTONNEMENT. V. CANTONNEMENT. V. PAR CANTONNEMENT.

MARCHER PAR LE FLANC. V. CHEF DE SECTION TACTIQUE. V. COLONNE COMBINÉE. V. MARCHE PAR LE FLANC. V. MOUVEMENT TACTIQUE. V. ORDONNANCE D'EXERCICE D'INFANTERIE. V. RÉCEPTION DE DRAPEAUX.

MARCHER EN RETRAITE. V. PAR SECTION. V. RÉCEPTION DE DRAPEAUX.

MARCHER PAR LE FLANC DROIT. V. PAR LE FLANC DROIT. V. SONNERIE D'INFANTERIE.

MARCHER PAR LE FLANC GAUCHE. V. PAR LE FLANC GAUCHE. V. SONNERIE D'INFANTERIE.

MARCHER PAR LE TROISIÈME RANG. V. TROISIÈME RANG.

MARCHER SOUS LES DRAPEAUX, L'ÉTENDARD, LES ENSEIGNES. V. DRAPEAU. V. ENSEIGNE. V. ENSEIGNE D'ÉQUIPEMENT. V. ÉTENDARD. V. SOUS LES DRAPEAUX.

MARCHESAN ; **MARCHI**. V. NOMS PROPRES.

MARCHIS, subs. masc. V. MARCHE. V. MARCHE FRONTIÈRE. V. MARQUIS.

MARCILLAC; **MARCULF**; **MARCUS**. V. NOMS PROPRES.

MARÉCHAL, subs. masc. V. AIDE MARÉCHAL. V. ANCIEN M... V. AUMONIER DE M... V. BATON DE M... V. CHIRURGIEN DE M... V. CLERC DES M... V. COMMIS DES M... V. COUR DES M... V. FELD-MARÉCHAL. V. GARDE DE M... V. GRADE DE M... V. GRAND M... V. HONNEURS AUX M... V. LIEUTENANT DE M... V. MARQUE DISTINCTIVE DE M... V. PAYE DE M... V. PRÉVOT DE M... V. PROMOTION DE M... V. RÉCEPTION DE M... V. SECRÉTAIRE DE M... V. SOLDE DE M... V. TRIBUNAL DES M...

MARÉCHAL		
DE BATAILLE.		
DE CAMP.		
DE FRANCE.	MARÉCHAL	GÉNÉRAL DES CAMPS ET ARMÉES.
DE L'HOST.		
DE TOURNOIS.		
DES BANDES.		
DES LOGIS.	D'ARMÉE.	
	DE LA CAVALERIE.	
	D'INFANTERIE.	

MARÉCHAL (maréchaux), term. génér., OU MARESCAL, MARESCAUX, MARESCHAL, MARISCAL, MARISSAL, MARSCHAL. Ces mots proviennent, suivant DANIEL (1721, A), FURETIÈRE, GRASSI (1817, II), etc., du vieux ALLEMAND, ou du FRANCO-TEUTON, ou du SAXON *mar*, *march*, *marach*, cheval, et de *scalch*, *schalk*, chef, maître, commandant. GÉBELIN et M. MONTEIL regardent, au contraire, *schalck* comme signifiant serviteur. Suivant eux, un Maréchal est un homme qui sert à cheval ou près des chevaux. — PAUSANIAS, en ses *Phociques*, déclare que l'expression *mark* est CELTIQUE. Il est certain qu'elle est restée dans le bas breton. Elle a laissé dans la langue ANGLAISE le substantif *mare*, jument. — TURNÈBE prétend, avec peu de vraisemblance, que le terme ici examiné vient de *major* et de *caballus*. Suivant NICOT, le mot *polemarcus*, maire du CAMP ou CHEF DE GUERRE, a été l'origine du titre de Maréchal, militairement considéré. Cette supposition est sans fondement, car le terme n'a pas deux étymologies. Le Maréchal d'écurie et le Maréchal de guerre tiennent à la même racine. — MATHIEU PARIS a rêvé que le terme provenait de *martis senescalcus*, sénéchal du dieu Mars. — D'autres, suivant FURETIÈRE, se sont ingéré la racine *myre-cheval*, médecin de cheval, parce que c'était originairement, dit M. DULAURE, un homme qui pansait et ferrait les chevaux. — M. BLEIN (1820) suppose le mot venu de l'ALLEMAND *march-all, marchez tous*. Comment serait-ce exact, puisque c'est du mot français MARCHE, signifiant action de marcher, que les Allemands ont fait le verbe barbare *marchiren*. — L'auteur anonyme des étymologies germaniques affirme qu'il n'y a pas eu d'expression plus altérée, plus détournée de sa source que celle de Maréchal. Elle se serait formée de *mehier*, qu'il explique par *major*, et de *stalher*, homme d'étable ou maître de chevaux (*magister equitum*); le tout signifierait grand écuyer ou principal maître de l'écurie. Le mot se serait écrit *mehstalheve*, titre qui, suivant lui, est celui que porte, dans de vieux titres, l'électeur ou duc de Saxe, et qui signifie Maréchal ou commandant la cavalerie. — Voici encore un système différent. M. ROQUEFORT veut que la première moitié du terme ici examiné vienne du TEUTON *marck*, MARCHE FRONTIÈRE. Ainsi Maréchal serait analogue à MARQUIS et à MARGRAVE, signifiant gardiens de FRONTIÈRES. — La première de toutes ces étymologies est la plus probable, puisque, suivant CARPENTIER, les substantifs MARÉCHAUCIE, *mareschalcia*, MARESCHAUCIE, MARESCHAUSSÉE, ont pendant longtemps signi-

fié écurie, et que MARESCALCIER, MARESCHAUSER, MARESCHAUSSER ont signifié ferrer un cheval. — Le LATIN barbare a traduit le composé ALLEMAND ou FRANCO-TEUTON par *marescalcus*, *marescallus*, *mareschallus*; on les trouve dans les CAPITULAIRES. — L'expression latinisée se rencontre dans les constitutions napolitaines et dans les anciennes lois allemandes; elle est mentionnée dans la LOI SALIQUE. On y lit : *Si marescallus qui super duodecim caballos est, occiditur, undecim solidis componatur*; que celui qui s'avisera de tuer un Maréchal qui a sous son gouvernement douze chevaux, soit condamné à onze sous de composition, c'est-à-dire d'amende. Ce genre de meurtre était, comme on voit, à bon marché sous la PREMIÈRE RACE. Mais il s'agit ici d'un des gens de la maison du prince, et non d'un officier du GRADE DE MARÉCHAL DE FRANCE. — Dans le protocole de la bulle d'or, l'électeur de Saxe était *archi-marscallus*. — La question historique des Maréchaux est mal éclaircie; ils figurent jusque dans le style mystique, mais on ignore depuis quand. C'est aux généalogistes théologiens à débrouiller comment, dans la maison française des Levis, les mâles sont, par primogéniture, *Maréchaux honoraires de la foi*. Cette qualité que portait le pair de France Levis (Guy-Henri-Joseph-Thérèse, marquis de), mort en 1828 (août), a été énoncée (*Courrier français*, n° 231) dans ses billets d'enterrement. Cette dignité est probablement acquise à la famille des Levis, à cause de sa parenté avec la vierge MARIE, leur tige se rattachant, comme chacun sait, à la tribu de Lévi. Reste à savoir si la qualification de *Maréchal de la foi* participe des usages de la cour, de la domesticité, des arts mécaniques ou de la guerre, et si elle désignait un homme de palais, d'écurie, de forge ou de FRONTIÈRE. — En 1850 (décembre), le prince Agostino Chigi est *Maréchal perpétuel de la sainte Église, et gardien du conclave*. — Il y a eu, suivant M. MONTEIL, des Maréchaux de ville. C'était une dignité dont il n'explique pas les attributions; peut-être était-ce le titre donné au directeur du CAMP, CLOS, à l'administrateur des péages que la LICE produisait ou alimentait. — Reprenons l'ensemble du sujet. — Ce sont surtout les CARROUSELS, les TOURNOIS qui ont transformé en OFFICIERS de guerre les Maréchaux qui, jusque-là, étaient simplement OFFICIERS de palais. Il était naturel que, dans des divertissements équestres, dans des JOUTES à cheval, des HOMMES DE CHEVAL fussent les ministres de la LICE, les surveillants, les maîtres de cérémonie; de là les qualifications de MARÉCHAL D'ARMES, MARÉCHAL DE L'HOST, MARÉCHAL DE TOURNOIS. L'expérience acquise dans ce genre de service les transforma en MARÉCHAUX DE CAMP ou DU CAMP, etc. — Quand le CONNÉTABLE, jusque-là chef d'écurie, devint CHEF DE GUERRE, les Maréchaux qui lui étaient subordonnés devinrent GÉNÉRAUX sous ses ordres. La fonction des Maréchaux cessant d'être servile, la qualification aurait dû changer en même temps que les attributions. Il n'en fut pas ainsi, parce que, s'étant latinisé, le mot était devenu commun aux diverses provinces de l'Occident qui se divisèrent en nations à idiomes différents. Le terme s'enracina, parce qu'en fait d'usages militaires il y a de peuple à peuple imitation et analogie de langage. On vit donc exister un Maréchal de JÉRUSALEM, partageant avec son CONNÉTABLE le droit de GONFALON. Il y eut des MARÉCHAUX D'ANGLETERRE. Plusieurs des capitaines qui assiégeaient ORLÉANS, en 1428, en portaient le titre. Il y eut un Maréchal de SAVOIE, comme il y avait depuis longues années des MARÉCHAUX DE FRANCE. — Ainsi s'est introduit et perpétué dans la LANGUE FRANÇAISE un mot louche, qui, quand on l'emploie dépourvu d'un génitif ou d'un adjectif, laisse douter s'il s'agit d'un artisan obscur ou d'un DIGNITAIRE éminent. — Les AUTEURS qu'on peut consulter sur la matière, sont : MM. BLEIN, BOREL (Pierre), FURETIÈRE, MÉNAGE, PHILIPPE MOUSKES, VOSSIUS, WACHTER. — Le mot Maréchal va être examiné sous les rapports suivants : MARÉCHAL D'ARMES, — DE BATAILLE, — DE CAMP, — DE CAMP D'ARTILLERIE, — DE CAMP DE CAVALERIE, — DE CAMP DE JOUR, — DE CAMP DE LA MAISON, — DE CAMP DE TOURNOIS, — DE CAMP DU GÉNIE, — DE CAMP GÉNÉRAL, — DE CAMP INSPECTEUR, — DE CAMP PORTUGAIS, — DE CAMP SUISSE, — DE FRANCE, — DE LOGIS, — DE L'HOST, — DE TOURNOIS, — D'EMPIRE, — DES CAMPS, — DES BANDES, — DES LOGIS, — DES LOGIS CHEF, — DES LOGIS DE CARABINS, — DES LOGIS DE COMPAGNIE D'ORDONNANCE, — DES LOGIS DE LA MAISON, — DES LOGIS DE GENDARMERIE, — DES LOGIS DU ROI, — DES LOGIS EN CHEF, — DU CAMP, — DU PALAIS, — DU ROI, — GÉNÉRAL, — GÉNÉRAL DE CAMP, — GÉNÉRAL DES LOGIS DE LA CAVALERIE, — GÉNÉRAL DES LOGIS DE L'ARMÉE.

MARÉCHAL D'ARMES. V. ARMES. V. MARÉCHAL. V. MARÉCHAL DE CAMP. V. MARÉCHAL DE TOURNOIS. V. ROI D'ARMES.

MARÉCHAL (maréchaux) de BATAILLE (F). Sorte de MARÉCHAUX que DANIEL (1721, A), LACHESNAIE (1758, 1), POTIER (1779, X), supposent créés sous le règne de LOUIS TREIZE; mais ils sont dans l'erreur. Une ORDONNANCE DE 1589 (JUILLET)

réglait les détails de cette charge, qui remplaçait l'emploi de SERGENT GÉNÉRAL. Elle voulait que le Maréchal de bataille marchât après les MARÉCHAUX DE CAMP, qu'il reçût des MARÉCHAUX DES LOGIS le LOGEMENT de l'INFANTERIE, le TERRAIN DE CAMPEMENT; qu'il RANGEÂT les troupes avec l'aide des SERGENTS DE BATAILLE; qu'il ASSIT LES GARDES; qu'il prît ordre des MARÉCHAUX DE CAMP et les rendît aux SERGENTS-MAJORS (c'est-à-dire aux MAJORS); qu'il visitât les POSTES; écoutât les plaintes, y fît droit et transmît les ordres en employant, comme ORDONNANCES, les ARQUEBUSIERS à cheval. — M. COURTIN (au mot *Division*) rapporte l'institution du grade au règne de CHARLES NEUF; il est probable que l'emploi du moins, sinon le titre, exista depuis qu'il fut donné un chef aux SERGENTS DE BATAILLE. — Cet emploi des sergents de bataille répondait aux fonctions anciennes des MARÉCHAUX DE FRANCE, fonctions que ces Maréchaux dédaignaient ou qu'ils ne pouvaient plus remplir dans des ARMÉES devenues trop nombreuses. — Une LETTRE du roi de 1655 (27 MAI) témoigne que ce GRADE ou emploi était à la nomination du COLONEL GÉNÉRAL DE L'INFANTERIE. — L'ordonnance de 1657 (22 mai) réglait les fonctions de la CHARGE de Maréchal de bataille d'infanterie; il avait le droit d'exercer en toute ARMÉE sur l'infanterie; le sergent de bataille n'avait au contraire le droit d'exercer que dans l'ARMÉE qui était mentionnée dans son brevet ou sa commission. — La CHARGE de Maréchal de bataille a subsisté dans l'ARMÉE jusqu'en 1666, ou, suivant l'ENCYCLOPÉDIE (1751), jusqu'en 1672. LAVALLIÈRE et FABERT sont au nombre des militaires distingués par qui elle a été exercée. — Au siége de Lérida, où périt le premier, il se trouvait trois Maréchaux de bataille. — FURETIÈRE dit (au mot *Bataille*) que la fonction des Maréchaux de bataille était celle des MARÉCHAUX DE CAMP et des MAJORS GÉNÉRAUX; on pourrait induire, de là, que ce dernier GRADE est postérieur à l'autre, ce serait une erreur; il y eut seulement cumulation de fonctions quand la suppression des MARÉCHAUX DE BATAILLE eut lieu, ou plutôt les MARÉCHAUX DE CAMP décrurent en dignité et tombèrent à n'être plus que Maréchaux de bataille. — On voit dans LAVALLIÈRE (1675, B) que l'accomplissement du SERVICE, qu'on appelait ÊTRE DE JOUR ou être en jour, regardait les Maréchaux de bataille; qu'ils prenaient directement les ordres du GÉNÉRAL, et qu'ils concouraient avec le

MARÉCHAL DE CAMP à la conception et à la distribution des ORDRES DE MARCHE et de CAMPEMENT. — Des ordonnances royales que ce même ÉCRIVAIN rapporte, sans en fournir les dates (p. 78), témoignent qu'il y a eu un Maréchal de bataille de l'INFANTERIE, et qu'il a été quelquefois chargé de missions comparables à celles d'un INSPECTEUR GÉNÉRAL D'ARMES. — Sous Louis QUATORZE, un Maréchal de bataille était chargé d'indiquer aux MARÉCHAUX DES LOGIS l'emplacement des différentes GARDES d'un CAMP; pendant les MARCHES D'ARMÉE ou les jours d'action, il se concertait avec le MARÉCHAL DE CAMP DE JOUR; il RANGEAIT L'ARMÉE EN BATAILLE. — Le dernier Maréchal de bataille que mentionne l'histoire, est de Fougerais; il figure sous ce titre en 1666, dans les revues que Louis QUATORZE passait. — Quoique la charge fût éteinte bien avant la fin du dix-septième siècle, comme le témoigne GUILLET (1686, B), ou que les fonctions en fussent gérées par les MARÉCHAUX DE CAMP, elle continua nominalement à exister dans le RÉGIMENT des GARDES FRANÇAISES jusqu'à son licenciement en 1789; elle y avait été créée en titre d'office; l'officier qui l'achetait, en recevait les appointements sans exercer de fonctions; c'était un des abus du temps, un des vices des CORPS PRIVILÉGIÉS. — LOSTELNEAU (1647, B) a publié un ouvrage intitulé : *Le Maréchal de bataille.* A l'égard de ce même grade, POTIER (1779, X) fournit un article.

MARÉCHAL (maréchaux) de CAMP (A, 1; F) ou ARRAIOUR, ou ARRAYER, mot resté dans l'ANGLAIS, ou ARRAYEUR, ou MARÉCHAL DES CAMPS ET ARMÉES, ou MARÉCHAL DU CAMP. Sorte de MARÉCHAUX dont l'histoire se rattache à celle des ARRAIOURS (arrangeurs d'hommes) du MOYEN AGE, à celle des MARÉCHAUX D'ARMES, — DE BATAILLE, — DE FRANCE, — DE L'HOST, à celle des MARÉCHAUX GÉNÉRAUX DES LOGIS, des SERGENTS GÉNÉRAUX DE BATAILLE, des BRIGADIERS DES ARMÉES. Le vague du terme vient de ce qu'il a à la fois conservé sa forme, et pris, suivant les temps, des acceptions diverses qu'on n'a pas encore débrouillées, et qui tiennent autant au vieux cérémonial des cours et des CARROUSELS qu'aux usages plus récents de la guerre. — Les AUTEURS qui ont traité des Maréchaux de camp de l'ARMÉE FRANÇAISE sont nombreux, parce que c'est une des qualifications qui a eu le plus de durée; on peut donc consulter BARDET (1740, A), BILLON (1641, A), BIRON (1611, A), BOISROGER (1775, G), M. le colonel CARRION (1824, A),

DANIEL (1721, A), DELAFONTAINE (1675, A), DELASIMONNE, DESPAR (1755, A), DUBELLOY (1548, A), DUBOUSQUET (1769, B), ENCYCLOPÉDIE (1751, C; 1785, C), GAYA (1679, A), général GIRARDIN, p. 145, GUIGNARD (1725, B), LACHESNAIE (1758, I, aux mots *Fonction, Maréchal*), LAVALLIÈRE (1693, E), LEBLOND (1748, B; 1758, B), MANESSON (1685, B), PINARD, PRAISSAC (1622, A), PUYSÉGUR (1648, C), QUINCY (1741, E), RAY DE SAINT-GENIES (1755, A), ROHAN (1757, Q), TURPIN (1785, O), VELLY, t. VI, p. 119, VITON. — Pour exposer les différences entre l'emploi ancien ou passager, les assimilations bientôt disparues, le GRADE positif des Maréchaux de camp, examinons leur CRÉATION, DÉNOMINATION, NOMBRE, NOMINATION, AVANCEMENT, UNIFORME, ALLOCATIONS, AUTORITÉ, PRÉROGATIVES, FONCTIONS. — N° 1. CRÉATION. — Rien de difficile comme de fixer ici une date d'institution. Les Maréchaux de camp sont aussi anciens que la FÉODALITÉ, si on les considère comme PRÉSIDENTS DE CHAMP CLOS, OU CAMP CLOS; ils sont, sous l'antique qualification d'ARRAIOURS, aussi anciens que la LANGUE ROMANE et que les vieilles règles de guerre de la monarchie. — Sous les premiers règnes de la TROISIÈME RACE, leur titre et celui de Maréchal de France ne sont qu'un; leur dignité touche d'un côté au GÉNÉRAL, de l'autre au CAPITAINE. — Depuis FRANÇOIS PREMIER, leur qualification implique un GRADE MILITAIRE ou plutôt un emploi résultant d'une COMMISSION en vertu de laquelle un Maréchal de camp sert comme LIEUTENANT du GÉNÉRAL D'ARMÉE. — En 1552, HENRI DEUX, par grâce insigne, nomme Maréchal de camp son favori Tavanes; il n'y avait pas encore de différence entre MARÉCHAL DE FRANCE et Maréchal de camp. — En 1598, HENRI QUATRE constitue l'emploi de Maréchal de camp en titre d'OFFICE; si l'attribution n'est pas encore précise, la position du moins est légale et caractérisée. — Cependant plusieurs ÉCRIVAINS, et M. le colonel CARRION (1824, A, t. I, p. 519) disent que c'est *au commencement du règne de Louis quatorze que l'état de Maréchal de camp devint un grade régulier et permanent;* il serait plus exact de dire que c'est depuis lors qu'il y eut prodigalité des PATENTES, comme on disait alors. — Depuis Louis TREIZE, la création des LIEUTENANTS GÉNÉRAUX fait tomber d'un échelon les Maréchaux; ils ne sont plus que leurs AIDES, leurs SERGENTS DE BATAILLE. — Les Maréchaux de camp sont abolis en 1793. — Cette mobilité des règles de la composition, cette perpétuelle et fatale introduction de GRADES nouveaux, cette multiplication d'offices mal définis, a produit, à l'égard des Maréchaux, le même effet de dépréciation qu'à l'égard de presque tous les autres OFFICIERS. — De 1814 à 1830 des GÉNÉRAUX DE BRIGADE ou des COMMANDANTS DE PLACES sont désignés sous le titre faux et ridicule de Maréchaux de camp. — N° 2. DÉNOMINATION. — Le nom des Maréchaux de camp a exercé la juste critique du *Journal des Sciences militaires* (t. XXV, p. 215). — Leur titre appliqué à la MILICE FRANÇAISE comme signifiant Maréchal de GUERRE ou de CAMPAGNE, par opposition au titre de MARÉCHAL DE TOURNOIS, s'est traduit en allemand par FELD-MARSHALL, ce qui répond à présent à la qualification de MARÉCHAL DE FRANCE; c'est une des preuves que les Maréchaux de camp et les MARÉCHAUX DE FRANCE ont été d'abord une seule et même chose. — Le MAJOR GÉNÉRAL, en quelques MILICES ÉTRANGÈRES, avait le GRADE analogue à celui des modernes Maréchaux de camp. — Dans la MILICE PIÉMONTAISE, le titre de MAJOR GÉNÉRAL équivaut, non au même titre français, mais à celui de Maréchal de camp ou de BRIGADIER. — L'histoire rapporte que MONTLUC était MARÉCHAL DE FRANCE; il l'était, comme avaient été Maréchaux de leurs pays, ceux de JÉRUSALEM, de BOURGOGNE, etc.; mais le fait est que Montluc n'était que Maréchal de camp. — On peut induire de la lecture de DUBELLOY (1548, A) que, dès le règne de FRANÇOIS PREMIER, il y avait des FONCTIONS exercées par des officiers appelés Maréchaux de camp; mais ce n'était qu'un terme chevaleresque approprié à un EMPLOI que le roi ou le GÉNÉRAL faisait remplir pendant tout ou partie d'une CAMPAGNE, comme plus anciennement il l'était par le maréchal de l'host; ce n'était pas un titre permanent, encore moins une CHARGE, mais une COMMISSION passagère, un OFFICE révocable du jour au lendemain. — Cette substitution de l'expression de camp à l'expression de l'host n'a pas été remarquée par les ÉCRIVAINS qui ont prétendu que les Maréchaux de camp appartiennent au RÈGNE DE FRANÇOIS premier. Il y avait, depuis des siècles, des MARÉCHAUX DE FRANCE qui étaient MARÉCHAUX DE L'HOST, c'est-à-dire de camp. — A cette époque la langue commençait à se polir, la dénomination de MARÉCHAL DE L'HOST ne convenait plus, parce que le mot HOST tombait en désuétude; l'expression Maréchal de camp fut alors employée dans

le parler vulgaire, plus que dans la loi qui, en FRANCE, n'a jamais su s'occuper de la langue de la GUERRE. — Quand on eut multiplié les Maréchaux de camp, la dénomination n'avait plus d'exactitude, elle était même ridicule. — Le titre de Maréchal de camp, supprimé avec raison comme un *non sens* en 1793 (21 février), est reconnu de nouveau par l'ORDONNANCE DE 1814 (16 MAI); le ministre DUPONT crut devoir cette concession aux courtisans longtemps oisifs qui reprenaient un service maintenant sans danger ni fatigues, après avoir eu dans leur jeunesse le titre amphibologique et la nobiliaire incapacité des Maréchaux de camp. — BONAPARTE, réduit à caresser les faiblesses de la vanité humaine, laissa, pendant les cent jours, à ses GÉNÉRAUX DE BRIGADE le titre de Maréchal de camp; ils y tenaient parce qu'ils avaient cru, en le recevant, se retremper et se fondre dans les notabilités de l'émigration. — N° 5. NOMBRE. — On voit dans un état de la France de 1598, qu'il n'y avait alors qu'un seul Maréchal de camp en titre d'OFFICE; il y eut ensuite un Maréchal de camp par ARMÉE, il était secondé par des AIDES qu'on nomma d'abord AIDES DE CAMP, mais qui prirent d'eux-mêmes la qualification de Maréchaux de camp dès le règne de HENRI QUATRE. MONTGOMMERY en rend témoignage dans le passage suivant où il se révolte de voir les Maréchaux de camp, c'est-à-dire les aides, vouloir commander aux chefs de corps; ces chefs ne doivent, dit-il, prendre les ordres que du *seul Maréchal général de camp; quant aux aides de camp, lesquels s'appellent maintenant tous Maréchaux de camp, ils ne lui doibvent commander.*— Cette usurpation de titre amena celui de premier, ou de MARÉCHAL DE CAMP GÉNÉRAL, dont il est traité par DELASIMONNE et ROHAN (1757, Q). Le fils du Maréchal de BIRON était premier Maréchal de camp à la bataille d'IVRY. — BASSOMPIERRE était premier Maréchal de camp en 1622. Ceux-ci commandaient aux autres sans rouler avec eux. — Cette modification survenue dans la qualification enfanta les LIEUTENANTS GÉNÉRAUX. Le MARÉCHAL DE CAMP GÉNÉRAL s'indignait que ses seconds se parangonassent, comme on disait alors, à lui; les autres s'obstinaient à conserver le titre devenu usuel dans la société et dans l'ARMÉE. Le roi y apporta un mauvais remède; il autorisa le vrai Maréchal de camp à s'intituler LIEUTENANT GÉNÉRAL, et confirma dans leur titre usurpé les nouveaux Maréchaux de camp. De semblables conciliations sont l'erreur du pou-

voir et un effet des fascinations de cour.
— Le nombre des Maréchaux de camp
s'accrut dans la guerre de 1635, et surtout à la fin du règne de Louis treize.
Condé, dans la campagne de 1643, est
secondé par deux lieutenants généraux et
deux Maréchaux de camp. — En 1660,
il y a en France cinq Maréchaux de camp,
y compris Choiseul envoyé avec ce titre
à Candie. — Leur nombre devient démesuré sous Louis quatorze et dans la guerre
de 1688. Vendôme, à la tête de quarante
mille hommes, en 1697, avait six lieutenants généraux, et de huit à douze Maré-

chaux de camp. — Puységur (1748, C, p.
39) déclare qu'ensuite il y en eut, par
grande armée, jusqu'à quarante et autant
de lieutenants généraux; qu'ils passent
toute proportion dans la guerre de 1741,
et qu'en 1745 il y avait dans la Flandre seule quatre-vingt-seize Maréchaux
de camp. Ajoutez-y autant d'aides de
camp et trois fois plus de domestiques, et
vous aurez quatre à cinq cents hommes
et douze à quinze cents chevaux. Il y a
loin de là au maréchal de l'host et à ses
deux chevaux.

En 1765, la France a. . . 319 Maréchaux de camp.
1776. 366
1781. 466
1784. 506
1787. 500
1788. 506
1790 décret (18 août). 60
1792. 955
1814. . . . . 416, ou, suivant d'autres, a 450
1815. 450
1818. . . . . 592, ou, suivant d'autres, a 560.
1824 (1er décembre). . 300
1825. 518

En 1827 il y en avait 154 en activité et
135 en disponibilité; c'était un total de
289; c'était autant qu'on eût exigé une
armée de 500,000 hommes. — La totalité
des Maréchaux de camp coûtait en 1827
3,616,000 francs; cette dépense est réduite
en 1830 à 3,215,000 francs. — En 1828,
des 450 généraux de brigade laissés par
Bonaparte, il n'en restait plus que 60; il en
avait été fait 252. Le nombre de ceux du
cadre de l'état-major général de l'infanterie, de la cavalerie était de 276; la maison militaire et celle des princes en absorbaient à elles seules 18; la garde royale
en comprenait 7; l'artillerie 14; le génie
9. Le total général était de 299, non compris 15 qui, sans faire partie du cadre,
conservaient leur titre et leur emploi, et
exerçaient des fonctions indépendantes du
ministère de la guerre. — En 1829 il y en
a 290, dont 9 du génie et 14 d'artillerie;
sur la totalité 175 sont disponibles. — Une
ordonnance de cette même année (24 mai)
en arrête le nombre à 200. — En 1830
leur quantité est de 285, dont 119 en activité; il y en a presque le double en retraite,
dont 575 honoraires; les colonels de l'infanterie franco-suisse de la garde sont Maréchaux de camp; les chefs du corps de l'intendance prétendent au même titre. —

L'ordonnance de 1830 (15 novembre) en
fixait le nombre à 250. — Le budget de
1833 en exprime le nombre, à raison de
136 en activité, 65 en disponibilité, 61 en
réserve; en tout 262. — Il était reconnu
en 1835 160 Maréchaux de camp dans le
cadre d'activité, 80 dans le cadre de vétérance. — L'Annuaire militaire de 1839
(1er janvier) faisait état de 128 Maréchaux
de camp au cadre d'activité, 43 en non
activité, 15 au cadre de réserve; total:
186. — N° 4. Nomination, avancement,
uniforme, allocations. — Les Maréchaux
de camp ont d'abord été employés temporairement: ils n'eurent un grade permanent que sous Henri quatre. — Dans le
siècle suivant, la multiplication du grade et
la profusion des lettres de service devinrent
un criant abus. — Depuis lors l'emploi mal
déterminé des Maréchaux de camp les classait dans la catégorie des officiers généraux.
Un colonel ou un brigadier, soit par l'ordre
du tableau, soit par la faveur royale, devenait Maréchal de camp et quittait son régiment; mais des régiments franco-étrangers
avaient pour colonel un Maréchal de camp,
et ce dernier grade s'était multiplié dans les
gardes françaises, dans les gardes du corps,
etc. — Dans les usages des milices autrichienne et russe, les officiers parvenus au

GRADE de GÉNÉRAL continuaient à compter dans l'INFANTERIE ou la CAVALERIE, suivant qu'ils avaient fait partie de l'une ou de l'autre. Cela ne s'étendait pas jusqu'à l'ARTILLERIE et au GÉNIE, qui n'étaient d'abord que des troupes sans consistance et à peine militaires. Ce principe de la continuité des mêmes fonctions était raisonnable, car il faut avoir exercé l'emploi de GÉNÉRAL d'une ARME avant de pouvoir se regarder comme GÉNÉRAL de toutes ARMES ; au contraire, en FRANCE, un OFFICIER parvenu au GRADE de Maréchal de camp n'appartenait plus à aucune arme ; il était censé en savoir assez pour commander à toutes, et d'ordinaire il était également inhabile à l'égard de chacune. — L'ORDONNANCE DE 1818 (2 AOUT, art. 10) a réglé l'avancement ; elle exigeait un service de quatre ans dans le GRADE, comme titre d'aptitude à l'obtention de celui de LIEUTENANT GÉNÉRAL. — Depuis l'ORDONNANCE DE 1744 (1er FÉVRIER) jusqu'à la GUERRE DE LA RÉVOLUTION, les Maréchaux de camp portaient l'HABIT bleu galonné ou brodé en or, sans ÉPAULETTES ; il différait de celui des LIEUTENANTS GÉNÉRAUX, comme DAUTHVILLE (1762, K) le témoigne ; en 1814 ils ont pris l'HABIT à BRODERIES plus riches, et en outre les ÉPAULETTES à ÉTOILES des GÉNÉRAUX DE BRIGADE. — La CIRCULAIRE DE 1850 (11 SEPTEMBRE), donnait aux Maréchaux de camp une CEINTURE en filet d'or et de soie blanche. — L'ORDONNANCE DE 1823 (19 MARS, art. 163, 424, etc.) réglait les ALLOCATIONS de droit ; la DÉCISION DE 1826 (10 AVRIL.) déterminait, à l'égard de ceux qui étaient COMMANDANTS DE SUBDIVISION TERRITORIALE, le LOGEMENT affecté en nature au compte de l'État. Leurs émoluments étaient évalués à quinze mille francs ; dans le rapport sur le budget en 1832 (24 janvier) les moins rétribués touchaient quinze mille six cent trente-quatre francs. — L'ORDONNANCE DE 1829 (10 OCTOBRE) fixait leur pension de retraite. — L'ORDONNANCE DE 1832 (5 AVRIL) exprimait vaguement qu'ils pourraient être admis à la retraite à soixante-deux ans ; il restait douteux si c'était une mesure obligatoire ou facultative. — N° 5. AUTORITÉ, PRÉROGATIVES. — Même difficulté ici qu'à l'égard des autres questions ; des distinctions sans nombre veulent être faites. — L'AUTORITÉ du MARÉCHAL DE FRANCE ou du MARÉCHAL DE L'HOST, titres synonymes, a d'abord été, par rapport à celle du CONNÉTABLE ou du GÉNÉRAL EN CHEF, ce qu'un second est à un premier ; mais les CHEVALIERS ne l'entendaient pas ainsi, et refusaient obéissance au maréchal ; ils ne reconnaissaient d'ordres que ceux du CONNÉTABLE. — Sous FRANÇOIS

PREMIER le Maréchal de camp ne venait qu'après le CHANCELIER : sous HENRI QUATRE il prenait rang avant le MARÉCHAL DE BATAILLE. — Quand il y a eu un MARÉCHAL GÉNÉRAL DE CAMP, ses AIDES s'intitulèrent d'eux-mêmes Maréchaux de camp ; mais ils étaient moins qu'un COLONEL. — Quand le MARÉCHAL GÉNÉRAL est devenu LIEUTENANT GÉNÉRAL, les Maréchaux de camp étaient par rapport à lui ce qu'un troisième est à un second ; ils avaient COMMANDEMENT sur les chefs de corps. — Le rang a de nouveau changé depuis qu'il y a eu et beaucoup de LIEUTENANTS GÉNÉRAUX et beaucoup de Maréchaux de camp : alors commença l'institution du SERVICE DE JOUR. Le MARÉCHAL DE CAMP DE JOUR devint l'AIDE du LIEUTENANT GÉNÉRAL DE JOUR ; ceux qui n'étaient pas de jour étaient des hors-d'œuvres dans le système ; ils se tenaient au MONT PAGNOTE. — DARUT (1789, B) démontre dans quel désordre était cette branche de la HIÉRARCHIE ; tous les Maréchaux de camp devaient obéir au MARÉCHAL DE CAMP DE JOUR, ce qui était dérisoire et impraticable, parce que, vis-à-vis d'un égal ou d'un cadet, des gentilshommes hautains ne se pliaient pas à l'obéissance pour vingt-quatre heures, et que s'ils lui eussent obéi, le MARÉCHAL DE CAMP DE JOUR aurait été par le fait au-dessus des LIEUTENANTS GÉNÉRAUX qui n'auraient pas été de jour, et qui n'avaient rien à commander. — Le temps altère incessamment les GRADES ; celui de Maréchal de champ n'a pas été exempt de cette inévitable dépréciation ; il n'était plus sous LOUIS SEIZE qu'un titre vain pour la plupart des titulaires, puisqu'il y en avait cinq cents et plus dont quantité n'étaient au fond que des COLONELS, et dont bien d'autres n'avaient jamais servi, comme cela s'est vu encore de 1814 à 1850. — En vertu de l'ORDONNANCE DE 1829 (10 JUIN) les Maréchaux de camp prenaient rang avant les INTENDANTS. — L'autorité que les Maréchaux de camp exerçaient sur les COLONELS de l'INFANTERIE FRANÇAISE de ligne a été réglée dans l'ORDONNANCE DE 1818 (13 MAI, art. 1, 547, 580) ; ils intervenaient par un AVIS motivé dans la CASSATION des SOUS-OFFICIERS, transmettaient les DEMANDES DE PERMISSION DE MARIAGE, se faisaient informer des CONGÉS OUTREPASSÉS, etc. — Les prérogatives des Maréchaux de camp étaient pareilles à celles dont les GÉNÉRAUX DE BRIGADE jouirent à leur création : ils avaient un AIDE DE CAMP ; il leur était attribué une GARDE D'HONNEUR de quinze hommes. Depuis 1825 ils avaient un OFFICIER D'ORDONNANCE. — N° 6. FONCTIONS. — Depuis qu'en FRANCE les OPÉRATIONS DE GUERRE ont été soumises à l'esprit de combinaison, depuis que des CORPS plus ou moins semblables à des BATAILLONS ont été organisés, depuis que l'ARMÉE s'est partagée en BRIGADES et qu'elle s'est développée sur un FRONT étendu, il a été institué des fonctions plus ou moins analogues à celles des ARRAIOURS, ou arrangeurs d'hommes, et ce genre d'attributions a été mis d'accord avec les principes un peu mieux étudiés du SERVICE DE CAMPAGNE et de la haute TACTIQUE. — Quand le GRAND SÉNÉCHAL commandait l'ARMÉE, le CONNÉTABLE la mettait en ARROY, c'est-à-dire en ORDRE DE BATAILLE; si elle pliait, si elle se DÉBANDAIT, elle tombait en DÉSARROY; tout le travail de l'ARRAIOUR était perdu. — Quand, par l'abolition du SÉNÉCHAL, le CONNÉTABLE est devenu CHEF suprême, le maréchal, sorti comme lui des dignités qui ressortissaient aux écuries, était MARÉCHAL DE L'HOST et s'appelait maréchal français par opposition à ceux de BOURGOGNE, de BRETAGNE, de NORMANDIE; RAY DE SAINT-GENIES (1755, A, p. 30, note) en fournit les preuves.—Quand par l'abolition du CONNÉTABLE le MARÉCHAL DE FRANCE est devenu GÉNÉRAL EN CHEF, il a eu pour second ou pour AIDE un Maréchal de camp, qui, à son tour, s'est donné des AIDES ou lieutenants; à leur tour, ceux-ci ont pris le titre de MARÉCHAL DE CAMP GÉNÉRAL, alors que leur chef s'intitulait maréchal de France. — DANIEL (1721, A) témoigne de cette ancienne synonymie du MARÉCHAL DE FRANCE et du MARÉCHAL DE L'HOST; la subordination du maréchal à l'égard du CONNÉTABLE est confirmée dans l'extrait suivant d'un registre de la chambre des comptes : *Les maréchaux* (car depuis que le maréchal français fonctionnait comme maréchal de l'host, il y avait non plus un, mais plusieurs maréchaux) *de l'host sont au dessoubz de lui* (du connétable, général en chef), *et ont leur office distincte de recevoir gens-d'armes, ducs, barons, chevaliers, écuyers et leurs compaignons.* — Ici recevoir signifie répartir sur le terrain, grouper tactiquement.—Depuis le seizième siècle le MESTRE DE CAMP prend rang au-dessous du Maréchal de camp. — Sous HENRI QUATRE, la direction à donner au COMMISSAIRE GÉNÉRAL DES VIVRES, la manière d'employer les ESPIONS et les GUIDES D'ARMÉE et tout ce qui intéressait la CASTRAMÉTATION et la TACTIQUE, étaient du ressort du Maréchal de camp; c'était un CHEF D'ÉTAT-MAJOR l'épée à la main; c'était un MESTRE DE CAMP commissionné temporairement comme Maréchal de camp. — La totalité de ses fonctions embrassait celles qui sont devenues propres au MARÉCHAL GÉNÉRAL DES LOGIS et au MAJOR GÉNÉRAL. *Le Maréchal de camp, di-*

sait BIRON (1611, A), *est la voix et le commandement du général, le portefaix et le sommier de l'ost et de l'armée.* — Une grande estime était acquise à un bon Maréchal de camp; ainsi BRANTOME (1600, A) nous dit, en parlant de BIRON (celui qui fut décapité), *on peut dire que c'est le plus digne Mareschal de camp de la chrétienté.* — Ici, MARÉCHAL DE FRANCE et de camp sont synonymes; en d'autres termes, l'éloge s'adresse au MARÉCHAL DE FRANCE exerçant en GUERRE. — Au commencement du dix-septième siècle les Maréchaux de camp étaient en FRANCE ce que le SERGENT GÉNÉRAL DE BATAILLE était dans les TROUPES ÉTRANGÈRES, c'est-à-dire chargés, surtout un JOUR DE BATAILLE, de mettre en ordre et de placer tactiquement les ENSEIGNES. M. le colonel CARRION (1824, A) est d'avis que cette création renouvelait en quelque sorte les attributions du QUESTEUR ou du POLÉMARQUE de l'antiquité; mais TURPIN (1785, O) s'étend en détails qui prouvent qu'aucune vraie similitude ne se retrouve entre le primitif Maréchal de camp français et les formes hiérarchiques des MILICES ANCIENNES. — Sous LOUIS TREIZE il se vit encore des ARMÉES où il n'était pas attaché de LIEUTENANT GÉNÉRAL; ainsi le Maréchal de camp y tenait le second rang : il y était, par rapport au GÉNÉRAL, ce que les OFFICIERS MAJORS étaient par rapport au COLONEL. — Pendant le règne suivant, comme on le voit dans FEUQUIÈRES (1750, A) et LEBLOND (1748, B), le MARÉCHAL DE CAMP DE JOUR aidait en CAMPAGNE le LIEUTENANT GÉNÉRAL DE JOUR, dans le placement des POSTES et des GARDES; il faisait le détail du SERVICE, recevait l'ORDRE, le distribuait au MAJOR GÉNÉRAL de l'INFANTERIE, au MARÉCHAL GÉNÉRAL DES LOGIS DE LA CAVALERIE, au MAJOR GÉNÉRAL DES DRAGONS, au MAJOR GÉNÉRAL DE L'ARTILLERIE, aux PRÉPOSÉS du GÉNÉRAL DES VIVRES, au PRÉVOT de l'ARMÉE et au CAPITAINE DES GUIDES; il dirigeait les MAITRES de l'ARTILLERIE avant qu'ils n'eussent un MAJOR; il disposait des ESPIONS. — Il marchait à la tête du CAMPEMENT; il marquait au MARÉCHAL GÉNÉRAL DES LOGIS DE L'ARMÉE le TERRAIN du CAMP et du QUARTIER GÉNÉRAL; il indiquait au MARÉCHAL GÉNÉRAL DES LOGIS DE LA CAVALERIE les points où devaient appuyer les AILES et se poster la CAVALERIE. — Il donnait au MAJOR GÉNÉRAL DE L'INFANTERIE le terrain de son ARMÉ, il posait les GARDES EXTÉRIEURES, et après avoir assuré toutes les GRAND'GARDES, il se portait au-devant du GÉNÉRAL pour lui rendre compte de l'état des choses. Il visitait ensuite les GARDES. — Dans les CAMPS DE SÉJOUR il dirigeait les FOURRAGES ARMÉS après avoir échelonné les postes employés à leur sûreté. — Dans les ASSAUTS, au temps de HENRI QUATRE, il décidait de la vie des PRISONNIERS DE GUERRE. — Depuis la création du LIEUTENANT GÉNÉRAL le Maréchal de camp avait, dans les SIÉGES OFFENSIFS et les ATTAQUES DE FRONT, le commandement de la SECONDE ATTAQUE; celle de DROITE appartenait au LIEUTENANT GÉNÉRAL; si l'offensive se bornait à une seule ATTAQUE, il y secondait le LIEUTENANT GÉNÉRAL. — Un JOUR DE BATAILLE le Maréchal de camp se tenait à l'AVANT-GARDE jusqu'à l'instant où l'armée était à proximité de l'ENNEMI ENGAGEANT LE COMBAT: il faisait alors rentrer les GARDES et se rendait à son poste, c'est-à-dire à la droite s'il était premier, ou MARÉCHAL DE CAMP GÉNÉRAL. — Ces règles n'étaient pas dépourvues de science; elles embrassaient des précautions importantes: de nos jours on les regarde apparemment comme futiles, puisqu'aucun règlement ne détermine par quel grade et de quelle manière ce mécanisme s'accomplirait. — Dans les GUERRES DE 1733, 1741, 1756 les fonctions des Maréchaux de camp étaient entièrement dénaturées, comme le témoigne TURPIN(1783, O, t. I, p. 341). — Les ORDONNANCES DE 1788 (17 MARS et 12 AOUT) employaient les Maréchaux de camp comme BRIGADIERS de deux RÉGIMENTS: c'était une modification de l'ancien système du SERVICE DE JOUR; elle a amené la création plus plausible des GÉNÉRAUX DE BRIGADE. — En 1814 un esprit de vertige a fait revivre le titre de Maréchal de camp, qui ne répondait plus ni aux usages, ni aux temps, ni aux choses. Les FONCTIONS ne participaient plus en rien de leur ancien caractère; elles étaient principalement celles des GÉNÉRAUX DE BRIGADE; voilà pourquoi nous en avons tracé le détail à l'article GÉNÉRAL DE BRIGADE. — De 1814 à 1830, des Maréchaux de camp étaient AIDES DE CAMP; d'autres, COLONELS DE CORPS PRIVILÉGIÉS; d'autres, COMMANDANTS D'ARMES; d'autres, LIEUTENANTS DE ROI; d'autres, CHEFS D'ÉTAT-MAJOR; d'autres, commandants de SUBDIVISION TERRITORIALE. — Il a été traité de ces fonctions diverses à chacun de ces articles. — L'ORDONNANCE DE 1818 (13 MAI) et les instructions sur l'inspection contenaient en grande partie ce qui se rapporte au service et aux attributions des Maréchaux de camp, en temps de paix, sauf les différences d'ARMES; car les Maréchaux de camp restaient attachés à l'ARME dont ils avaient fait partie avant de devenir OFFICIERS GÉNÉRAUX. — Depuis l'abolition des INSPECTIONS PRÉPARATOIRES, des Maréchaux de camp ont commencé à être employés comme INSPECTEURS GÉNÉRAUX D'INFANTERIE, etc., etc. Un article du *Spectateur militaire* (t. II, p. 45) démontre les abus et les inconvénients de cette mesure — L'INSTRUCTION DE 1831 (20 SEPTEMBRE) enjoignait aux Maréchaux de camp employés dans l'intérieur, d'adresser une fois par semaine au LIEUTENANT GÉNÉRAL un ÉTAT DE SITUATION et les MUTATIONS des RÉGIMENTS sous ses ordres. — L'ORDONNANCE DE 1832 (3 MAI) permettait que les CHEFS D'ÉTAT-MAJOR des ARMÉES commandées par un LIEUTENANT GÉNÉRAL fussent tirés de la classe des Maréchaux de camp.

MARÉCHAL de camp ADJOINT. V. ADJOINT A L'INSPECTION. V. INSPECTEUR GÉNÉRAL; id. N° 5. V. REVUE D'INSPECTEUR GÉNÉRAL.

MARÉCHAL de camp COMMANDANT DE BRIGADE. V. COMMANDANT DE BRIGADE. V. DETTE D'OFFICIER.

MARÉCHAL de camp COMMANDANT DE SUBDIVISION. V. CASSATION DE SOUS-OFFICIER. V. COMMANDANT DE SUBDIVISION. V. DETTE D'OFFICIER. V. COLONEL D'INFANTERIE FRANÇAISE DE LIGNE N° 11, 17, 19, 25, 32. V. COMMANDANT DE SUBDIVISION. V. DEMANDE DE PERMISSION DE MARIAGE. V. DÉMISSION. V. MARÉCHAL DE CAMP N° 4.

MARÉCHAL de camp D'ARTILLERIE. V. ARTILLERIE. V. MARÉCHAL DE CAMP N° 3. V. POUDRERIE.

MARÉCHAL de camp de CAVALERIE. V. CAVALERIE. V. MARÉCHAL DE CAMP N° 3, 4.

MARÉCHAL de camp de GARDE ROYALE. V. GARDE ROYALE N° 2, 4. V. MARÉCHAL DE CAMP N° 5.

MARÉCHAL de camp de JOUR. V. BRIGADIER DES ARMÉES. V. CAMPEMENT ACTIF. V. CAMPEMENT TACTIQUE. V. GUERRE DE 1756. V. HIÉRARCHIE MILITAIRE. V. JOUR. V. MAJOR GÉNÉRAL. V. MARÉCHAL DE BATAILLE. V. MARÉCHAL DE CAMP N° 5. V. MARÉCHAL DES LOGIS D'ARMÉE N° 5. V. SERVICE DE JOUR.

MARÉCHAL de camp de la MAISON. V. MAISON. V. MAISON DU ROI N° 5. V. MARÉCHAL DE CAMP N° 5.

MARÉCHAL de camp de TOURNOI. V. MARÉCHAL DE TOURNOI. V. TOURNOI.

MARÉCHAL de camp D'INFANTERIE. V. ARME PERSONNELLE N° 2. V. INFANTERIE. V. MARÉCHAL DE CAMP N° 5.

MARÉCHAL de camp DU GÉNIE. V. GÉNIE. V. INGÉNIEUR MILITAIRE. V. MARÉCHAL DE CAMP N° 5.

MARÉCHAL de camp ESPAGNOL. V. ESPAGNOL, adj. V. MILICE ESPAGNOLE N° 2, 5.

MARÉCHAL de camp GÉNÉRAL. V. GÉNÉRAL, adj. V. MARÉCHAL DE CAMP N° 5, 6.

MARÉCHAL de camp INSPECTEUR. V. INSPECTEUR. V. INSPECTEUR GÉNÉRAL N° 1, 5. V.

MANŒUVRE. V. OFFICIER INSTRUCTEUR. V. REVUE D'INSPECTEUR GÉNÉRAL.

MARÉCHAL de camp portugais. V. MILICE PORTUGAISE N° 1. V. PORTUGAIS, adj.

MARÉCHAL de camp suisse. V. INTENDANT MILITAIRE N° 2. V. SUISSE, adj.

MARÉCHAL (maréchaux) de FRANCE (A, 1). Sorte de maréchaux qui ont joué, sous la seconde race, un rôle de domesticité dans la cour du souverain; qui, sous la troisième race, ont occupé un poste éminent, et qui, dans les deux derniers siècles, ont été à la tête de l'état-major de l'armée. — Quand l'armée royale se composait d'une poignée d'hommes, quand le ban féodal était la force principale, le Maréchal (et ce n'est pas sans intention que nous évitons ici de le qualifier du titre de Maréchal de France) était un courtisan l'épée à la main, un commensal placé aux avant-postes du trône, et chargé de tenir en bride les chefs féodaux. — Du douzième au quinzième siècle, un Maréchal ne ressemblait en rien à ceux du dix-huitième ; les historiens ont trop négligé ces distinctions, le sujet en est resté mal éclairci. — La prépondérance des Maréchaux, en prenant le mot dans son sens, l'importance de leur grade actuel ne datent que de la création de l'armée française et de la multiplication des grades militaires; cette révolution n'a eu lieu qu'à partir de Henri quatre: en voici des preuves. — Gilles de Laval, de la famille des Montmorency, né en 1396, condamné en Bretagne pour d'horribles forfaits à être brûlé vif en 1440, est connu dans l'histoire sous le nom de Maréchal de Rais, de Raiz ou de Retz. C'était, disent les biographes, un Maréchal de France; non, c'était un maréchal de Bretagne que Charles sept employa comme maréchal de l'host ou maréchal de camp; s'il eût été Maréchal de France à même titre que de nos jours, eût-il exercé dès l'âge de vingt ans cette charge ou cet emploi? — De même Montluc, auquel, disent les historiens, Henri trois en 1574 donna le baton de Maréchal n'avait jamais eu de grade effectif plus élevé que celui de mestre de camp, qui répond ou à peu près au titre de colonel à fonctions passagères; il n'était en réalité qu'un maréchal de l'host. — Les auteurs qui fournissent des détails sur le sujet sont: Anselme, Audouin, M. Berriat, Carré (1785, E), Daniel (1721, A), Delasimonne (1625), Despagnac (1751, D), Dumoulin, Dutin (1838, A), l'Encyclopédie (1751, C), Furetière, le général Girardin (p. 145), Guignard (1725, B), Lachesnaie (1758, I), Leblond (1758, B), Lecouturier (1825,

A), Leperon, Odier (1824, E), M. le général Oudinot, Pasquier, Pinard, Portier (1779, X, au mot Duel), Preval (1859, E), Viton. — Procédons dans l'ordre suivant à l'examen qui va nous occuper : CRÉATION, DÉNOMINATION, NOMBRE, NOMINATION, UNIFORME, ALLOCATIONS, SOLDE, DROITS, PRÉROGATIVES, RANG, FONCTIONS. — N° 1. CRÉATION. — La question de la création des Maréchaux est complexe. S'agit-il de la qualification, de la fonction primitive, de la charge ou dignité ou office militaire du commandement en chef? Ce sont autant de particularités qui se rattachent à des dates différentes. — Le titre et la fonction seront l'objet de recherches particulières, le rang et le grade demandent un examen différent; car il n'en a été traité jusqu'ici que dans des descriptions confuses. — A la date de 783, Velly témoigne que le connétable de Charlemagne, c'est-à-dire le chef de ses écuries, avait sous lui deux Maréchaux dont la fonction répond à celle de premier écuyer. Un Maréchal était donc déjà un dignitaire; car dans les temps de despotisme, dans les pays de servitude, un varlet de cour est un seigneur. — Dès l'an 1179, le comte de Champagne avait sénéchal, connétable, Maréchal, c'est-à-dire maître d'hôtel, chef de troupes, lieutenant de ce chef. — La dignité du Maréchal, circonscrite d'abord dans le palais des rois de France, comme dans celle des seigneurs souverains, devint militaire probablement avant, mais peu avant l'époque où le connétable monta au rang de généralissime ; depuis cet événement le Maréchal fut l'aide de camp du connétable ; il eut le commandement de l'avant-garde. Il en était ainsi au temps de Philippe Auguste, comme le témoigne ce passage de Guillaume le Breton au sujet du Maréchal Henri :

Cujus erat primum gestare in prœlio pilum,
Quippe Marescalli claro fulgebat honore.

Le rang de Maréchal environnait d'éclat
Le guerrier qui guidait l'avant-garde au combat.

Des fonctions analogues étaient celles du maréchal des Templiers pendant le cours des croisades; il était l'aide ou le lieutenant du grand maître; il agissait comme son chef d'avant-garde. — Les auteurs ont rapporté à la date 1185 la création de la charge de Maréchal français; mais il n'était qu'un employé de cour à titre révocable, qu'un fonctionnaire de la milice à titre passager; quand il exerçait en guerre il devenait maréchal de l'host, il agissait comme GÉNÉRAL D'AVANT-GARDE dans une ARMÉE dont le COMMANDEMENT était exercé par le CONNÉTABLE ; mais si le ROI commandait en personne, le CONNÉTABLE avait la direction de l'AVANT-GARDE, et le Maréchal n'était plus qu'un simple ARRAIOUR, ou que le surveillant de l'ARRIÈRE-GARDE. — Quand il y eut plusieurs Maréchaux, le titre de Maréchal de l'host distinguait celui-ci des Maréchaux employés au CAMP. — Sous le roi JEAN, on 1361, les Maréchaux deviennent OFFICIERS DE LA COURONNE, mais cependant la fonction de cour ne cesse pas encore d'être révocable. En 1389, Boucicaut, âgé de vingt-cinq ans et n'ayant jamais commandé, était, dit l'histoire, Maréchal de France, mais en réalité n'était que MARÉCHAL DE CAMP. Le MARÉCHALAT supprimée en 1793 (21 FÉVRIER), a été rétabli par le SÉNATUS-CONSULTE de l'AN DOUZE (28 FLORÉAL). — N° 2. DÉNOMINATION. — Le germanisme latinisé *marescallus* était employé chez celles des peuplades de l'Occident où le sicambre s'était mêlé au langage primitif ; il y avait des maréchaux de BOURGOGNE, des maréchaux d'ALLEMAGNE, etc. L'acception n'était peut-être pas partout la même ; en tel lieu elle pouvait avoir quelque chose de plus palatin, comme on disait alors ; en tel autre lieu avoir un caractère plus militaire ; mais en général elle donnait idée d'une autorité éminente, et d'un CHEF soit d'administration, soit de TROUPES ; son rang était, suivant les temps ou les pays, ou plus ou moins élevé que celui des FONCTIONNAIRES qu'on a appelés CAPITAINES GÉNÉRAUX. — Les SEIGNEURS FÉODAUX avaient aussi leur Maréchal ; pour distinguer des maréchaux de BOURGOGNE, de CHAMPAGNE, de BRETAGNE, celui ou ceux qui étaient attachés au ROI DE FRANCE, on se servit, comme le témoigne l'histoire, de la périphrase *Mareschallus regis Franciæ*. RIGORD, historien de PHILIPPE AUGUSTE, donne, par ellipse, la qualification de *Mareschallus Franciæ* au Maréchal Henri qui combattit sous les ordres de ce prince, en Poitou et en Anjou : telle est l'origine du titre actuel ; alors il était encore bien vague, n'exprimait qu'un mince OFFICIER GÉNÉRAL, n'emportait nullement idée d'un GUERRIER revêtu du droit du COMMANDEMENT supérieur ; il n'a signifié que bien plus tard GÉNÉRAL EN CHEF. — Dans le siècle suivant, Philippe MOUSKES parle de Maréchaux, mais paraît confondre ce titre avec celui de principal administrateur ou de CHEF jouissant d'une autorité importante ; en voici le témoignage :

Quand ils virent par mésestance (mauvais état)

Le royaume ensi (ainsi) *dekair* (déchoir),
Por (pour) *la tiere* (le rang) *mioux* (mieux) *sos-*
                              tenir (soutenir)
(Ils) *establirent un Mariscal* (Maréchal).

— En traitant du CONNÉTABLE, nous avons mentionné de vieilles chartes anglaises qui témoignent de cette similitude primitive, ou de cette confusion des deux expressions CONNÉTABLE et Maréchal. — AUDOUIN croit que ce fut FRANÇOIS PREMIER qui mit en usage le titre de Maréchal de France ; nous avons prouvé qu'il figure bien plus anciennement dans les AUTEURS. — Le MARÉCHAL DU ROI prit volontiers ce titre de Maréchal de France, parce que les OFFICES accompagnés de ce génitif supposaient une FONCTION sans parité, un personnage sans égaux dans sa partie, comme l'étaient ou l'avaient été le CHANCELIER de France, etc., le DUC DE FRANCE, etc. — Pour plusieurs OFFICES, l'adjonction de l'épithète de pays fut le témoignage d'une transition de l'état domestique à l'état politique. Quand le DAPIFER de la MAISON DU ROI ou son SÉNÉCHAL se change en un personnage politique, il devient GRAND SÉNÉCHAL ; quand le grand écuyer du palais ou CONNÉTABLE devient un FONCTIONNAIRE éminent, il s'intitule CONNÉTABLE DE FRANCE : disons-en autant du DUC DE FRANCE qui contribue à la chute de la PREMIÈRE RACE, et du MARQUIS DE FRANCE qui participe aux révolutions dont surgit la TROISIÈME RACE. — Le titre fut conséquent à un principe aussi longtemps qu'il n'exista qu'un seul Maréchal, mais la qualification devint irrégulière quand il fut institué plusieurs fonctionnaires de ce même rang ; ils se fussent alors plus convenablement appelés Maréchaux militaires ; mais, quoique le titre natal ne comportât pas de pluriel, les derniers nommés s'empressèrent par gloriole de l'adopter, tout incorrect qu'il devînt : ainsi s'est composée la LANGUE MILITAIRE. — Quand l'OFFICE du Maréchal est devenu une CHARGE DE LA COURONNE, les Maréchaux eussent cru déroger en consentant à être moins que GÉNÉRAUX D'ARMÉE : ils ont trouvé indigne d'eux la fonction de MARÉCHAL DE L'HOST, du CAMP ou DE CAMP : ils ont laissé ce titre aux AIDES qui les secondaient à la GUERRE. — Le titre de Maréchal de France ou de la couronne se maintenait pour distinguer d'eux les Maréchaux de SEIGNEURS souverains, les Maréchaux de pays, d'Etats et de provinces. On voit figurer à la cour de France, en 1558, le Maréchal de CHAMPAGNE, le Maréchal de Normandie, etc. — En certains pays, il y a encore de nos jours des Maréchaux de diètes, comme il y en avait jadis d'attachés à certains ORDRES NOBILIAIRES. — Vers 1540, les Maréchaux furent salués par le roi du titre de cousins; ils n'avaient jusque-là été en titre d'étiquette que ses chers amis. — L'usage, sinon la loi, avait introduit la locution GRAND MARÉCHAL français; on en a le témoignage dans le titre même d'un livre anonyme (1658, A). Nous avons vu renaître cette désignation louche et même fausse dans la fastueuse série des dignités impériales. — Un AUTEUR de l'autre siècle a blâmé avec raison la dénomination de nos Maréchaux comme *un titre vicieux*, *en ce qu'il n'implique pas nécessairement emploi et laisse douter s'il indique un grade ou une dignité*; le reproche a cessé d'être fondé depuis 1818. — Quand BONAPARTE fit revivre, à tort ou à raison, l'institution des Maréchaux à titre de RÉCOMPENSE à d'anciens généraux en chef, il les appela Maréchaux d'empire, parce qu'il sentit que l'ancienne appellation avait été faussée par le temps, et ne s'était maintenue que par routine; il leur donna une qualification différente, mais qui n'était pas plus logique, car toute l'armée était d'empire, comme tous les GRADES étaient de FRANCE. — La LOI DE 1818 (2 AOÛT) a considéré le MARÉCHALAT comme comportant GRADE et DIGNITÉ. L'ORDONNANCE DE 1832 (9 MAI) continuait à faire usage de l'expression DIGNITÉ. Les MILITAIRES conçoivent bien ce que c'est qu'un grade, mais ni eux ni les publicistes ne conçoivent ce que c'est de nos jours qu'une DIGNITÉ. On l'a demandé en 1833, à la tribune, aux ministres; un d'eux a répondu que c'était le titre inséré dans le brevet des Maréchaux Clausel et Gérard; le subterfuge était adroit, mais la solution peu satisfaisante. On sait le cas qu'il faut faire des routines de protocoles et d'étiquette. — Par une bizarrerie dont il se voit plus d'un exemple, l'ALLEMAND, qui nous a donné la racine de l'expression Maréchal, a repris de nous le mot français et l'a germanisé dans la locution barbare FELD-MAR-SCHALL, locution qui signifie MARÉCHAL DE CAMP, et qui semble une traduction inexacte, tandis que ce n'est pas la traduction qui a failli, mais le sens de l'original qui s'est altéré. — La MILICE ESPAGNOLE, qui depuis le commencement du dernier siècle a tout emprunté de la FRANCE, n'en a pas pris ses Maréchaux; la vieille dénomination de CAPITAINE GÉNÉRAL y répond, comme y répond en PORTUGAL le titre de MARÉCHAL GÉNÉRAL. — Il est facile de se rendre compte de ces différences: quand l'ALLEMAGNE imitait la FRANCE, les Maréchaux français n'étaient que des MARÉCHAUX DE CAMP; quand l'ESPAGNE et le PORTUGAL imitaient les Maréchaux de France, ceux-ci étaient de-

venus des CAPITAINES GÉNÉRAUX ou des GÉNÉRAUX EN CHEF. — N° 5. NOMBRE. — Le chiffre des Maréchaux de France a varié par plusieurs causes, et surtout à raison de l'accroissement de l'ARMÉE FRANÇAISE. Dans son expédition d'ORIENT, PHILIPPE AUGUSTE emmène à sa suite, en 1185, Albéric Clément qui est tué à Saint-Jean-d'ACRE: l'histoire le connaît sous la qualification de MARÉCHAL DU ROI; cette circonstance est digne de remarque; il n'était encore qu'un domestique du roi. Albéric était le PRÉVOT du GRAND SÉNÉCHAL Thibaut, tué au même siége, et que RIGORD appelle *princeps militiæ*; peut-être l'office de Maréchal, considéré comme militaire, est-il plus ancien dans l'ARMÉE que celui de CONNÉTABLE, comme DANIEL (1721, A) est disposé à le croire: peut-être le Maréchal n'est-il devenu militaire que quand l'emploi de SÉNÉCHAL est échu en héritage au CONNÉTABLE; laissons aux savants le débat de ces questions à peu près insolubles. — VELLY témoigne qu'en 1205 et en 1255, il n'y a encore qu'un Maréchal; c'était bien assez dans une armée qui ne consistait, pour ainsi dire, que dans une GARDE DE SOUVERAIN; le BAN et ARRIÈRE-ban étaient la vraie ARMÉE, et le Maréchal n'avait, dans le principe, rien à y faire. — En 1240, il y avait deux Maréchaux, suivant POTIER (1779, X), parce que les CROISADES, mettant sous les ordres directs des souverains, des troupes plus nombreuses et qui n'appartenaient plus au système du BAN, il fallait que les CHEFS D'ARMÉE se fissent aider ou représenter par un plus grand nombre d'OFFICIERS de haut rang. — LOUIS NEUF partant pour l'AFRIQUE, en 1270, y est accompagné de deux Maréchaux; c'était comme si BONAPARTE eût emmené en ÉGYPTE deux SOUS-CHEFS D'ÉTAT-MAJOR, afin d'en avoir un à substituer à l'autre, s'il y périssait; car alors, et on ne peut trop le répéter, un CONNÉTABLE n'était qu'un LIEUTENANT DE ROI ou un chef d'état-major; un Maréchal n'était qu'un AIDE DE CAMP de CONNÉTABLE, faisant fonction de CHEF D'ÉTAT-MAJOR et commandant l'AVANT-GARDE ou l'ARRIÈRE-GARDE. Ce nombre reste le même jusqu'à CHARLES SEPT. — En 1424 (1er février) et en 1420 (21 juin), ce prince en institua un troisième, puis un quatrième; les nécessités des temps expliquent encore cette augmentation. A cette même époque, Henri d'ANGLETERRE, prenant le titre de ROI DE FRANCE, instituait, de son côté, des Maréchaux, en même temps que le véritable ROI DE FRANCE en créait dans son ARMÉE. *Chaque parti*, dit VELLY à la date 1420, *en fit sept ou huit*, quoiqu'il n'en fût, constitutivement, reconnu que quatre. En 1437, il n'y en avait plus que trois.

Cette quantité retomba sous CHARLES HUIT à deux. — FRANÇOIS PREMIER, prince batailleur, fastueux, tournant au profit de la couronne les FORCES dont les SEIGNEURS avaient disposé jusque-là, créa un troisième Maréchal. Il en institue un quatrième en 1515 (7 janvier), un cinquième en 1516 (8 décembre); il les crée à vie; ils n'étaient, jusque-là, que commissionnés. Après la bataille de PAVIE et la captivité du roi, il n'en fallait plus autant; leur nombre se restreint à trois en 1531. — A partir de ce règne, la faveur de la cour faisait les Maréchaux; c'était l'alliance d'une vieille DIGNITÉ de palais et d'un moderne GRADE D'ARMÉE; ce fut à qui y serait promu dans un temps d'éclat, pour la cour et pour les guerriers. Aussi le nombre s'en augmenta de nouveau. — Il s'en voit quatre sous HENRI DEUX; CHARLES NEUF, en 1570 (28 novembre), en ajoute un cinquième. — HENRI TROIS en nomma deux de plus à son retour de POLOGNE; en 1574 (septembre), les Etats regardèrent ce total comme excessif; ils en firent au ROI de vifs reproches, parce que les nominations avaient lieu bien moins pour l'avantage ou l'utilité de l'ARMÉE que dans l'intérêt des courtisans; aussi dans l'édit de réforme (art. 270), HENRI TROIS s'engageait-il à ne reconnaître que quatre Maréchaux. — Pendant la Ligue, de nombreuses nominations eurent lieu dans chaque parti; la politique contraignit HENRI QUATRE à reconnaître Maréchaux les anciens ligueurs qui en avaient porté le titre. — Le nombre des Maréchaux fut illimité sous ce règne et sous LOUIS TREIZE; sous LOUIS QUATORZE il s'éleva à douze, et s'accrut encore; d'abus en abus, on en compta seize en 1651; ils étaient vingt après la promotion de 1703. — En prostituant un titre rarement mérité, les Valois et leurs successeurs donnèrent le signal de cette fatale dépréciation des GRADES, qui se répète de règne en règne. GUIGNARD (1725, B) et son copiste LACHESNAIE (1758, I) ont donné la nomenclature chronologique de tous les Maréchaux de FRANCE; M. SICARD l'a complétée; c'est un détail aujourd'hui sans intérêt; c'est, de plus, un renseignement trompeur; ils confondent, sous une même appellation, des GRADES ou des emplois divers, ils ne font pas distinction des Maréchaux domestiques, des Maréchaux guerriers, des MARÉCHAUX DE L'HOST, des MARÉCHAUX DE CAMP et des Maréchaux qui ont exercé le GÉNÉRALISSIMAT. — Après le règne de LOUIS QUATORZE, il est conservé dix-huit Maréchaux. — De 1703 à 1788, le nombre varie entre quinze et seize. — Le DÉCRET DE 1791 (4 MARS) les réduit à six. — BONAPARTE, qui avait de grandes récompenses à décerner

à ses GÉNÉRAUX, et qui ne le cédait pas en faste à LOUIS QUATORZE, créa en L'AN DOUZE (28 FLORÉAL) dix-huit MARÉCHAUX D'EMPIRE, dont quatre Maréchaux membres du sénat. — Un DÉCRET DE L'AN DOUZE (8 FRUCTIDOR) mentionnait seize Maréchaux. — Il y en avait vingt en 1815. — Les ORDONNANCES DE 1818 (2 AOUT) et DE 1829 (24 MAI) fixaient à douze le nombre des Maréchaux de France. On invoquait, de 1830 à 1834, cette règle, tout en la violant en 1832. Il est révélé que la FRANCE avait quatorze Maréchaux en pied et un honoraire, parce qu'en 1851 (juillet) deux Maréchaux avaient été nommés en dérogation aux ordonnances précédentes. La législation de la guerre n'a jamais eu de base solide. — Ce nombre quatorze ou quinze excède ce qui se voit dans les autres royaumes; des principes plus sages avaient été admis en 1791, s'il en faut croire des écrivains qui prédisent qu'on s'en rapprochera et qu'on dégagera de l'exercice de l'emploi le droit de possession viagère. — En 1833, il y avait quatorze Maréchaux, y compris un voyageur à l'étranger, mais non compris les AMIRAUX. C'était plus que le monde civilisé n'avait de GRADES ANALOGUES. — On ne mentionnait en 1835 que douze Maréchaux. — N° 4. NOMINATION. — Le GRADE, ou le RANG, ou l'EMPLOI, car on ne sait lequel de ces mots convient le mieux dans l'application actuelle, ne sont devenus, précisément, un haut échelon de la HIÉRARCHIE MILITAIRE, que depuis que des LETTRES DE NOMINATION OU PATENTES furent entérinées au parlement. M. le général OUDINOT témoigne de ce genre d'enregistrement, mais les exemples en sont rares. — Avant le règne de LOUIS QUATORZE, plus d'un protégé devint Maréchal, quoiqu'il n'eût jamais servi, ou quoiqu'à peine il eût âge d'homme. — Sans remonter jusqu'à PHILIPPE AUGUSTE, qui donnait par faveur ce titre à un enfant, parce qu'il était fils de Maréchal, sans rappeler Boucicaut fait Maréchal à vingt-cinq ans, on peut surtout citer Conchini, qui devint Maréchal d'Ancre, *sans avoir jamais tiré l'épée*, dit VOLTAIRE. — LOUIS TREIZE, qui ouvrit son règne en faisant assassiner par ses GARDES Conchini, en juin 1617, donna, en récompense de ce meurtre, à Vitry leur CAPITAINE, le BATON DE MARÉCHAL. Vitry avait bien mérité de son maître par une autre action : *aidé de l'exempt Mateville, il s'était porté avec une troupe de gens armés à la prison du Châtelet, en avait battu et mis en fuite la garde, en avait fait sauter les portes avec le pétard, et avait mis le baron en liberté* (le baron de Beauveau, faux monnayeur). Louis le Juste sanctionna cette violation de toute justice, en défendant au parlement de faire aucune recherche ultérieure contre le condamné Beauveau et le Maréchal Vitry. — Les receptions de Maréchaux ont toujours, sous les régnes anciens, manqué de dignité, parce que les monarques étaient trop habitués à voir, dans ces personnages, des officiers de leur maison et des serviteurs à qui ils donnaient le droit de bâtonner d'autres serviteurs. — Louis treize, entrant à Hesdin par la brèche en 1639, s'y arrêta, et présentant sa canne à la Meilleraye, il lui dit : *Je vous fais Maréchal de France, voilà le bâton que je vous en donne.* — Le lieu de la réception, au moins, était militairement choisi, mais c'était dans sa chambre à coucher, et en robe de chambre, que Louis quatorze procédait aux réceptions ; il faisait passer, en guise de baton de commandement, sa canne dans les mains des Maréchaux d'une même promotion. Dangeau en est le garant. — A cet abus succéda un abus contraire ; c'était l'ordre du tableau. — En vertu de la loi de 1818 (2 aout) les Maréchaux de France sont tirés des lieutenants généraux (généraux de division) ayant exercé un commandement en chef à la tête de plusieurs divisions. Mieux valait l'institution de Bonaparte ; il fallait, pour parvenir au maréchalat, avoir gagné une bataille rangée, ou avoir assiégé et pris deux places fortes. C'était dire aux ambitieux : Sauvez la patrie, vous serez illustres ; soyez généraux habiles, vous serez Maréchaux. Mieux valait ce conseil que celui-ci : Soyez courtisan. — Toute création de ce grade, en temps de paix, tombe dans l'abus. — On a attribué à Louis dix-huit un mot heureux qu'il adressait aux élèves de l'école de Saint-Cyr : *Il y a un bâton de Maréchal au fond de chaque giberne, il faut savoir l'en faire sortir.* Pour que le mot ne fût pas une déception, il eût convenu que la cour eût pris l'engagement de se conformer au programme que Napoléon s'était proposé, et que lui-même avait enfreint. — Mais en 1827, un étranger obtint, par une double violation des lois anciennes et formelles de la monarchie, le baton de Maréchal, sans avoir porté giberne, ni avoir fait partie de l'ancienne armée française : ce ne fut qu'en 1828 (26 mars) que ses lettres de grande naturalisation furent soumises à la chambre des pairs ; le prince de Hohenlohe, à la fois Maréchal et colonel du régiment de son nom, cumula abusivement sous Charles dix deux titres, comme cela se voit dans les milices étrangères qui ont encore des colonels propriétaires qui sont officiers généraux. — N° 5. Uniforme. — Les armoiries des Maré-

chaux sont les plus anciennes marques distinctives de leur uniforme ; bien des écrivains ont cru que la hache en était le symbole primitif ; sur d'anciens tombeaux, sur des portes de vieux châteaux *on voit les armes de divers Maréchaux de France, cotoyées de haches d'armes.* — On lit dans Duhaillan, que du temps de Henri trois, *les Maréchaux coustumièrement mettoient aux côtés de leurs armoiries une hache d'armes, comme le connestable une épée nue.* — Mais ces accompagnements d'armes, tant du connétable que des Maréchaux, furent des ornements postiches inventés par le caprice des hérauts d'armes. Lacolombière a mis en vogue, de son pur mouvement, plusieurs de ces emblèmes, et la loi les a complaisamment consacrés : ce qui le prouve, c'est que, dans divers papiers de la chambre des comptes sur lesquels est l'empreinte du sceau du connétable de Clisson et du Maréchal de Gié, il n'est figuré, ni batons, ni haches, ni épée. — Dans le dernier siècle, le cartel des Maréchaux a commencé à reposer sur deux batons fleurdelisés, disposés en croix de Saint-André et ombragés de drapeaux. Le doyen des Maréchaux, à titre de représentant du connétable, accompagnait son écu d'un dextrochère armé d'une épée. — Depuis l'abolition de la coiffure de fer, les Maréchaux ont pris le chapeau ; mais en cérémonie de cour, une immense perruque flottait jusqu'au bas de leur cuirasse. A la perruque succédèrent les trois queues. — De nos jours, le chapeau, autrefois à deux volants, s'est relevé à trois faces ; il est bordé d'un galon d'or, on le surmonte d'une dispendieuse aigrette nommée esprit, et pour rappeler les modes de l'Œil de bœuf, l'élégance des gentilshommes et la coquetterie des chevaliers, on a garni son pourtour d'une plume blanche frisée. — Depuis que les vêtements de drap ont fait oublier l'armure de fer, l'habillement des Maréchaux a été en général orné de riches broderies. — L'ordonnance de 1744 (1er février), qui attribuait aux généraux français un uniforme, gardait le silence à l'égard des Maréchaux ; d'eux-mêmes, ils se donnèrent des habits bleus, qui pour les uns étaient pareils à ceux des lieutenants généraux, qui pour d'autres étaient chargés de broderies sur toutes les tailles. — Cette magnificence n'a pas suffi aux généraux en chef de la république quand ils sont devenus maréchaux d'empire ; ils ont ajouté de leur propre mouvement les épaulettes à quatre étoiles, les attributs de retroussis et jusqu'aux jarretières brodées. Un d'eux, ancien *garde-française,* avait même repris les talons rouges.

— LE GLAIVE ou l'ÉPÉE DE COMMANDEMENT, le BATON bleu, les NŒUDS dorés à bâtons croisés, l'ÉCHARPE ou CEINTURE à TORSADES d'or sont leurs INSIGNES spéciaux. — L'ORDONNANCE DE 1816 (14 AOUT) a sanctionné ces coutumes, s'est occupée avant tout de leur HABIT DE CÉRÉMONIE; leur a donné pour HABIT DE TENUE l'HABIT DE CÉRÉMONIE des LIEUTENANTS GÉNÉRAUX, et pour PETIT UNIFORME l'habit de tenue de ces OFFICIERS GÉNÉRAUX. — En les écrasant ainsi sous un accoutrement de théâtre, la loi n'a-t-elle en vue que l'éclat de la représentation; car le GLAIVE n'est d'aucun usage à cheval; le BATON et la CEINTURE ne sont à la GUERRE qu'un embarras, le CHAPEAU et sa PLUME FRISÉE craignent le vent, la pluie et la poussière; le poids et la somptuosité de l'HABIT n'en permettent l'emploi que dans un carrosse ou un palais? Ainsi est faite notre LÉGISLATION. — L'ORDONNANCE DE 1856 (19 AOUT) réglait l'uniforme.— N° 5. ALLOCATIONS, SOLDE.— A l'imitation du CONNÉTABLE, les Maréchaux exerçaient arbitrairement, sur les dépenses de l'ARMÉE et sur les gages des GENS DE GUERRE, des RETENUES consacrées par l'usage, et dégénérées en extorsions et en concussions.— Une lettre de PHILIPPE DE VALOIS adressée au Maréchal de Moreul avait pour objet de tempérer ces abus. — CHARLES CINQ avait également interdit les PRÉLÈVEMENTS dont les Maréchaux frappaient la SOLDE des TROUPES. — Sous PHILIPPE DE VALOIS, et positivement en 1547, les Maréchaux touchaient, en temps de guerre, cinq cents livres par mois, et rien en temps de paix; ils avaient, en guerre, un cheval fourni des écuries du roi. — En 1515, et par le tarif de 1562, ils avaient, par mois de quarante-cinq jours, mille livres, pour le temps de présence à l'armée, ou de mission particulière. Ils pouvaient cumuler avec cette PAYE un traitement comme gouverneurs. — En 1598, leurs gages, on appelait ainsi les APPOINTEMENTS, étaient, en temps de paix, de douze mille livres par an, et en temps de guerre, de huit mille livres par MOIS de quarante-cinq jours. Il était, en outre, attaché à la personne des Maréchaux, et entretenu par l'Etat, un CAPITAINE DES GARDES et quelques GARDES DU CORPS, quatre AIDES DE CAMP, de petits officiers, un CHIRURGIEN, un AUMONIER, un SECRÉTAIRE. La dépense de tout ce personnel montait, sous Louis quatorze, suivant l'*Armée* (journal, p. 22), par année à 89,988 livres, non compris deux mille neuf cent cinquante rations de pain, etc. — Au temps où écrivait DANIEL (1721, A), il en était encore ainsi. — Les émoluments annuels étaient fixés à trente mille livres par l'ORDONNANCE

DE 1788 (17 MARS), en outre du LOGEMENT et des FOURRAGES. Les Maréchaux GOUVERNEURS DE PROVINCE touchaient, en outre, six mille livres par chaque mois de résidence. — Le DÉCRET DE 1791 (4 MARS) maintenait les appointements des Maréchaux à trente mille francs. Le DÉCRET DE L'AN DOUZE (28 FLORÉAL) attachait quarante mille francs à la DIGNITÉ. — Le DÉCRET DE L'AN DOUZE (8 FRUCTIDOR, art. 2) portait, non que le traitement de la dignité serait indépendant, mais qu'il *pourra être cumulé avec les appointements qui sont attachés aux fonctions militaires ou civiles dont ils pourront être pourvus.* — Sous le régime impérial, la solde, en y comprenant les accessoires du GRADE, était de quarante-huit mille cinq cent soixante francs, mais les traitements de COMMANDEMENT, etc., montaient à cent mille francs et plus : tel de ces DIGNITAIRES cumulait en dotations, décorations, gouvernements et pensions, un million, comme le témoigne M. le général OUDINOT. — L'ORDONNANCE DE 1823 (19 MARS) et ses tarifs peuvent être consultés à l'égard des PRESTATIONS et de la SOLDE actuellement alloués aux Maréchaux. Les budgets témoignent qu'en 1828 quarante mille francs d'émoluments sont attachés au titre de Maréchal, et que ceux qui commandent la GARDE ROYALE ont, à titre de MAJORS GÉNÉRAUX, vingt-cinq mille francs en sus. — Il n'est pas attribué de PENSION DE RETRAITE aux Maréchaux; une fiction admise leur suppose une activité à vie; dans son système d'allocations la MILICE ANGLAISE se montre mieux avisée. — L'ORDONNANCE DE 1852 (9 MAI) réduisait le taux des appointements des Maréchaux à trente mille francs. — N° 7. DROITS. — Les droits des Maréchaux ont varié en proportion de l'importance du titre, et de la concentration ou du morcellement de leur pouvoir. — Quand il n'existait qu'un ou deux DIGNITAIRES de ce rang, ils avaient, à titre d'adjoints du CONNÉTABLE, l'inspection des écuries du ROI : triste vestige de la servilité originaire de l'EMPLOI. — Autrefois, le Maréchal était à la fois et SEIGNEUR FÉODAL ayant BANNIÈRE, ou troupe à BANNIÈRE, et seigneur de cour ayant action sur l'ARMÉE ROYALE, mais non sur les CHEVALIERS, du moins au temps des croisades. — En imitation de l'ancien droit de BANNIÈRE, chaque Maréchal avait, au quinzième siècle et sous le règne des Valois, des ESTAFIERS, des GARDES, une COMPAGNIE D'ORDONNANCE plus ou moins forte. — Dans le treizième siècle, ils se faisaient délivrer, dit VELLY, à la date 1225, la SELLE, le HARNAIS, les HOSTILS (outils ou ARMEMENT) des militaires CONDAMNÉS prévôtalement A MORT. —L'ordonnance de 1572 leur attribuait des fonctions d'inspecteurs généraux. — Le rescrit de 1411 (22 mai) leur donnait juridiction, à l'exclusion du maître des arbalétriers, sur les archers à pied et les canonniers : celui de 1412 (janvier) les maintenait dans le droit de passer revue des gens de guerre ; ils s'y faisaient aider par des prévôts, des clercs, des commis. En l'absence du connétable, ils donnaient le mot et promulguaient même des ordonnances. — L'édit de 1704 (août) maintenait le doyen des Maréchaux dans le droit d'assigner leurs départements aux commissaires provinciaux : on voit dans Chennevières (1750, C) que de son temps ce droit était devenu alors un de ceux du ministre de la guerre. — Les Maréchaux avaient le droit de créer, à l'époque de leur investiture, un commissaire des guerres. — En ce cas, leurs ordonnances, comme le témoigne celle de 1659 (4 mai), avaient force d'ordonnance royale ; ils en octroyaient la charge à un protégé, ou bien la vendaient à un de leurs familiers, à leur secrétaire particulier, qui l'exerçait ou la rétrocédait à bénéfice. Cette nomination d'un commissaire ordinaire était une trace des usages en vigueur sous Charles sept : alors les commissaires des guerres dépendaient des Maréchaux, ils étaient leurs agents, leurs commis, leurs scribes : ils étaient censés ne passer revue des gendarmes que quand le Maréchal ne le pouvait en personne. — Sous ce même règne, les Maréchaux avaient entrée au conseil de guerre, c'est-à-dire à l'espèce de conseil d'État présidé par le prince, et où il était traité des affaires de la guerre. — L'ordonnance de 1590 (5 novembre) remettait aux Maréchaux le droit de prononcer sur le sort des prisonniers de guerre faits à la suite d'un assaut. — Notre législation est si défectueuse, le commandement hiérarchique est chose si vague, que de nos jours le droit de donner le moindre ordre à un membre du corps de l'intendance n'est acquis à un Maréchal qu'autant qu'il a en chef le commandement de l'armée. C'est à ce titre seul qu'il peut adresser une réquisition à l'intendant de l'armée. Ce dernier a le droit de faire précéder d'observations son acquiescement. — Les Maréchaux à titre de généraux en chef ont quatre aides de camp, dont un colonel, un chef de bataillon, deux capitaines ; l'ordonnance de 1823 (5 février) leur en accorde en campagne jusqu'à six, et en outre deux officiers d'ordonnance. — N° 8. Prérogatives. — On voit dans les Mémoires de Puységur qu'en 1638, l'espèce de salut qui consiste dans la batterie aux champs, n'était pas dû d'une manière bien déterminée aux Maréchaux ; c'était un cas de litige

entre eux et les chefs de corps. Hors du royaume, ils se faisaient rendre cet honneur à titre de représentants du roi ; mais dans l'intérieur, cette batterie, ce cérémonial étaient réservés à la personne du monarque. Cette distinction avait pris naissance quand l'armée de Henri quatre marcha à Juliers ; on battait pour le Maréchal de la Châtre qui la commandait. — Les ordonnances de Louis quatorze ont levé ces difficultés ; en tous lieux, depuis lors, la batterie aux champs a été un honneur rendu aux Maréchaux par les tambours. — Madame de Sévigné rapporte les grands débats qui s'émurent au sujet des prétentions des Maréchaux, qui exigeaient que la noblesse et les officiers leur donnassent du monseigneur dans leurs lettres. Louis quatorze intervint en 1675, et donna raison aux Maréchaux. — Les ordonnances de ce même prince attachaient, de droit, depuis 1705, le titre de chevalier des ordres à celui de Maréchal de France. Catinat seul en refusa les insignes, en déclarant qu'il n'était pas de race noble et n'y avait pas droit. Cette modestie contraste avec les talons rouges un instant reparus sous l'empire. — Le décret de l'an douze (24 messidor) réglait ce qui concerne l'entrée des Maréchaux dans les villes, les haies de troupes qui bordent les rues où ils passent, les saluts de troupe et de drapeaux, la force et la forme de leurs gardes, leur réception par le commandant de la place, les honneurs rendus par les gardes, sentinelles, tambours, porte-drapeau, etc., les visites de corps, la prérogative de donner le mot. — Les Maréchaux avaient préséance sur les colonels généraux, mais ce principe ne pouvait se maintenir quand il existait un colonel général de l'infanterie, quand des princes du sang étaient colonels généraux, etc. — En certains pays, l'usage voulait qu'à la mort des Maréchaux ou des officiers d'un grade analogue, les drapeaux de son armée se couvrissent de crêpe. — Un usage à la fois tudesque et féodal, qui naissait au temps de Henri Estienne (1583), comme il le déclare, voulait qu'en France l'épouse d'un Maréchal fût une maréchale, et qu'il fût décerné à ses restes mortels les mêmes honneurs funèbres que comportait le rang de son mari. C'étaient les seules femmes d'officiers généraux à qui il fût accordé de pareilles prérogatives. — La loi de 1831 (11 avril) a octroyé aux veuves des Maréchaux des pensions de faveur. — L'exercice de tout emploi, et avant tout autre celui de général en chef, est ou doit être limité par l'âge d'aptitude à la retraite ; mais un principe reçu excepte de cet amortissement la classe des Maréchaux. Une fiction les considère comme exempts d'infirmités, d'affaiblissement mental, de vieillesse, de blessures. Eux et même des INTENDANTS MILITAIRES jouissent d'une activité sans terme. Leur solde est une RÉCOMPENSE A VIE; elle échappe aux modifications que celle des autres GRADES et emplois éprouve quand l'âge apomaque a sonné. Que la guerre, disent les antagonistes de ce système, éclate après une longue paix, il faudra donc créer des Maréchaux, sans se défaire de ceux qui seront devenus l'ombre d'eux-mêmes et ne seront plus qu'une surcharge pour la TRÉSORERIE, ou bien transgressera-t-on, pour satisfaire à des ambitions légitimes et pour avoir de vrais CHEFS DE GUERRE, les règles qui limitent le nombre des GRANDS FONCTIONNAIRES de l'ARMÉE; ce moyen serait la mise en retraite des vieux Maréchaux.— Quand la GUERRE DE 1775 éclata, des MILITAIRES accablés d'ans et d'infirmités venaient d'être pourvus du BATON sous le ministère de DUMUY. Ils durent laisser des LIEUTENANTS GÉNÉRAUX entrer en campagne à leur place, car ceux à qui le COMMANDEMENT eût dû appartenir n'avaient ni la vigueur ni l'envie de l'exercer. — Quand la GUERRE DE LA RÉVOLUTION devint imminente, la cour ne savait de quel bois faire flèche. Elle croyait la France déjà envahie, *parce que, disait-on à Versailles,* comme le rapporte l'abbé de Pradt, *le Maréchal de Broglie était bien vieux.* — Il faut que le BATON DE COMMANDEMENT, dit AUDOUIN (t. III, p. 362), *soit un signe de commandement et non un appui de la vieillesse.* — L'ordonnance de 1832 (5 mai) attribuait aux CHEFS D'ÉTAT-MAJOR des Maréchaux le titre de CHEF D'ÉTAT-MAJOR GÉNÉRAL. — Un des droits des Maréchaux a consisté à n'être jamais mis à la retraite. Les INTENDANTS MILITAIRES jouissaient de ce même avantage. — N° 9. RANG. — La DIGNITÉ de Maréchal de France était du nombre de celles qu'on appelait CHARGES DE LA COURONNE. Dans un acte du roi JEAN, de 1361 (25 janvier), relaté dans un arrêt du duc d'Orléans, que rapporte ANSELME, *est narré que les offices de Maréchaux de France appartiennent à la couronne, et l'exercice auxdits Maréchaux, qui en font au roy foi et hommage.* — Cet HOMMAGE était une imitation, mais une variété de l'HOMMAGE féodal. Il ne consistait que dans le SERMENT prêté entre les mains du ROI le jour de l'investiture.— Mentionner le mot HOMMAGE, c'est impliquer idée de la révocabilité, puisque la félonie était justiciable du SUZERAIN, et punissable de la confiscation du fief, si celui de qui il mouvait était assez puissant pour sévir, et assez fort pour mettre à exécution la sentence.—Sous HENRI QUATRE, on ne considérait pas le rang comme aussi élevé qu'on l'a fait depuis. L'ingénieur Boisguérin, promu à ce grade par ce prince, préféra, à ce que dit AUDOUIN, être gouverneur de la ville de Loudun. —A la renaissance des Maréchaux, en 1804, il s'est ému une haute question : Ont-ils une CHARGE ou un GRADE? La réponse était facile. Au temps des OFFICES, ils en avaient UN; au temps des CHARGES, ils en avaient une. Au temps des GRADES, il faut bien qu'ils en prennent un. Or, CHARGE, DIGNITÉ, OFFICE et GRADE sont militairement la même chose, sauf la distinction à faire des époques. — Le poëte Guillaume LEBRETON employait vaguement, génériquement, le titre *marescallus* comme signifiant GRAND OFFICIER; car quand le ROI marchait à l'ARMÉE, c'était le GRAND SÉNÉCHAL ou le CONNÉTABLE qui était le Maréchal de l'ARMÉE, et qui y prenait poste en avant du ROI. — Jusqu'à l'institution d'une ARMÉE RÉGULIÈRE et PERMANENTE, le rang de Maréchal de France n'avait, militairement, que peu d'importance. Ce n'était encore que le Maréchal d'une petite troupe, d'une petite partie du CAMP. — Cependant plusieurs écrivains ont cru, sur la foi du poëte, que Henri Clément, Maréchal de Louis, fils de Philippe Auguste, était revêtu d'une dignité transcendante. Il se fondait sur ce vers de Guillaume Lebreton :

Jure Marescalli cunctis præclarus agebat.

Son titre le plaçait en tête des guerriers.

Cette métaphore poétique veut seulement dire que le Maréchal commandait l'avant-garde; il n'est pas même certain qu'il eût le pas sur le GRAND MAITRE DES ARBALÉTRIERS, et il paraît constant que le rang n'a pris de la consistance que postérieurement à FRANÇOIS PREMIER et même à HENRI QUATRE. — Ce qui confirme ces assertions, c'est que ce fut HENRI DEUX qui, le premier, honora de la qualification de cousin les Maréchaux et leur donna, à titre de GRANDS OFFICIERS DE LA COURONNE, rang après les PRINCES. — Le rang que les Maréchaux avaient d'abord occupé dans la HIÉRARCHIE MILITAIRE se maintint tant qu'il se proportionna au nombre d'ARMÉES que la FRANCE pouvait tenir sur pied; mais quand la CHARGE devint une proie de courtisan et se multiplia sans nécessité, elle perdit une partie de son lustre en perdant de son utilité. Elle déclina cependant moins que cela ne fût arrivé, si le MARÉCHALAT n'eût pris un caractère politique par l'institution, en 1556, de la cour de justice nommée table de marbre, par l'érection du tribunal du point d'honneur, par l'organisation de la connétablie et de la maréchaussée, par la qualification de lieutenants généraux du roi, par des droits de police sur la classe noble, par l'influence accordée aux lieutenants ou prévôts des Maréchaux, qui étaient les délégués de leur juridiction. — Dans le dix-huitième siècle, l'évaluation vénale d'un Maréchal fait prisonnier était de cinquante mille livres; c'était, à raison de son rang, le taux de sa rançon. — Le nouvel ordre politique qui renversait, en 1791, l'ancien système et reconstituait sur d'autres bases la police et la justice du royaume, ne maintenait que par tolérance, par une concession faite à l'armée, l'existence des Maréchaux, dont les attributions principales, politiques et juridictionnelles venaient de s'évanouir, après avoir été de tout temps une entrave, une contrariété pour le ministère la guerre. Toutes ces lois de 1791 ne reconnaissaient la fonction que comme un grade, non une dignité. Une législation plus nerveuse abolit le grade le 21 février 1793; une ordonnance de bon plaisir l'a fait revivre, mais comme une vaine image de l'ancien pouvoir. — La loi de 1807 (11 septembre) a rehaussé, par le titre de grand fonctionnaire, le rang des Maréchaux: c'était une de ces déceptions de langage dont il se retrouve à cette époque plus d'un exemple. — Quoique les usages français s'opposassent formellement, comme nous l'avons dit, à ce que des étrangers devinssent Maréchaux de France, on a pourtant la certitude, s'il en faut croire le *Courrier français* (1827, 12 mars), que l'Almanach royal de Londres, en 1826, mentionne le Maréchal de France Wellington comme joignant ce titre à ceux de feld-maréchal d'Angleterre, d'Autriche, de Russie, de Prusse et des Pays-Bas, maréchal général du Portugal, capitaine général d'Espagne. — La restauration a hérité du faste militaire de l'empire; elle en achetait les dignitaires en repoussant leurs subordonnés. Elle a conservé aux Maréchaux une dignité; mais qui l'a dit? Eux-mêmes. Dans quelle disposition est-ce écrit? Dans des documents rédigés par un Maréchal et signés par des princes qui n'entendaient rien à ces questions. Quel est le jury, le tribunal de juges désintéressés et compétents qui y ait donné son attache? Aucun. Le bon sens, la logique, la langue, l'esprit de la loi sont également violés en cela. — Les dignités de cour ont été une amorce jetée à la féodalité par le pouvoir absolu; c'était un moyen de transition à un gouvernement

moins mauvais. Mais les temps sont changés, et les charges de cour sont incompatibles avec la législation nouvelle. — Admettre qu'un Maréchal est dignitaire, c'est recourir à un subterfuge pour maintenir un grade à vie, c'est consacrer le principe absurde du commandement perpétuel; le mouvement nécessaire de l'avancement en est interrompu, le gouvernement des armées en est compromis; le cours inévitable des ans et leur escorte d'infirmités témoignent du ridicule de cette fiction politique. — Et remarquez que tous les Maréchaux vivent vieux. — Pour cimenter leur inamovibilité, ils disent: nous avons une dignité! Mais une dignité qui commande à tous les grades et n'a d'influence ni en cour, ni en politique, n'est autre chose qu'un grade plus élevé. — On concevrait une dignité qui tirerait de l'armée un militaire pour en faire un homme de palais, un homme de pairie; mais une dignité qui tire de l'armée un officier pour en faire un haut officier de l'armée!..... — Comment concilier ce mélange, ce contraste d'une dignité et d'un grade? Supposons qu'à la suite d'événements politiques, un ou plusieurs Maréchaux franchissent sans congé les frontières de France; cessent-ils ou non d'être Maréchaux? Ils auraient dû, à titre de généraux, avoir l'assentiment du ministre et du prince; ils auraient dû, à titre de militaires, être mis en jugement comme déserteurs à l'étranger; mais, à titre de dignitaires, ils voyagent où bon leur semble. N'abdiquant que l'inscription sur l'annuaire et se résignant à ajourner la perception de leurs appointements, si même ils ne les font palper secrètement par des fondés de pouvoirs, les mettra-t-on en jugement comme ayant abandonné leur poste? La dignité couvrira-t-elle la disparition? blanchira-t-elle l'évasion? sera-t-elle le bouclier où s'émoussera l'épée de la justice? Oui, apparemment! et même il leur reste l'espoir de rentrer sous le manteau de dignitaire, de reprendre le commandement de l'armée. Nous livrons l'examen de ces difficultés aux juristes en épaulettes à étoiles. — Ces anomalies ont résisté à la puissance des argumentations, parce que le maréchalat était une sommité présentée en perspective à la roture. De là ce mot spirituel et poétique: une giberne contient un bâton. Mais logique et figures de rhétorique sont deux choses. — Depuis 1830, les amiraux et les Maréchaux prennent rang entre eux à raison de la date du brevet. — N° 10. Fonctions. — Les Maréchaux furent d'abord les aides d'écurie du connétable, préposé lui-même à la haute surveillance des chevaux du roi. Du-

LAURE prétend même retrouver originairement leurs fonctions confondues avec celles
des Maréchaux ferrants du palais; c'est peu
croyable. Mais nous n'avons à nous occuper
ici que des fonctions militaires et du COM-
MANDEMENT qu'ils ont exercé sous la TROI-
SIÈME RACE. — Dans le principe, MARÉCHAL
DE L'HOST, MARÉCHAL DE CAMP, Maréchal de
France, MARÉCHAL DES LOGIS D'ARMÉE, MARÉ-
CHAL DE BATAILLE étaient même chose, suivant les temps où ces titres étaient en usage.
BIRON (1611, A), Maréchal lui-même, donne
la preuve de cette assertion : *Au temps
passé, les Maréchaux de France faisaient
l'état de Maréchaux de camp ; là où était
le souverain, ils menaient ordinairement
l'avant-garde* (quand le CONNÉTABLE n'y
était pas); *de là vient que le titre est
commun, du Maréchal de France et du
maréchal de camp.* — Sous PHILIPPE AU-
GUSTE, le titre n'emportait pas toujours fonctions, et n'était ni héréditaire, ni même à
vie. RIGORD témoigne cependant que ce
prince en décora honorifiquement plusieurs
individus de même maison, dont quelques-
uns étaient en bas âge, mais sans préjudice
à la non hérédité. — Au treizième siècle,
des MARÉCHAUX DE FRANCE ont été PORTE-ORI-
FLAMME. — Sous PHILIPPE LE BEL, l'AMIRAL et
le Maréchal pouvaient être également appelés, l'un ou l'autre, dans l'ARMÉE DE TERRE,
aux mêmes fonctions. Des lettres de 1328
(5 juillet), adressées au sire de Morcul,
témoignent de l'amovibilité de la fonction.
—En vertu des ordonnances qui avaient vigueur vers ces époques, les Maréchaux, à
titre de LIEUTENANTS du CONNÉTABLE, ne pouvaient agir en campagne qu'en conformité
de ses ordres; ils réglaient en conséquence
l'ORDRE DE BATAILLE. — Au quinzième siècle,
les Maréchaux étaient chargés de la POLICE
de l'ARMÉE; leur prévôt ou GRAND PRÉVÔT
était le délégué spécial qui les représentait
dans ce genre de fonctions. — Au temps de
CHARLES CINQ, des Maréchaux de France et
des Maréchaux de province entouraient le
trône. Ainsi, FROISSART nous apprend que
MARCEL, prévôt des marchands pendant les
troubles de la minorité de CHARLES CINQ, fait
poignarder dans le palais, et en présence du
dauphin, deux Maréchaux, l'un de France et
l'autre de Champagne. — Sous PHILIPPE DE
VALOIS, un Maréchal qui acceptait une autre
fonction se démettait du MARÉCHALAT; ainsi
ce prince, en choisissant pour gouverneur
de son fils, Morcul, Maréchal de France, le
trouva peu empressé à accepter une fonction qui l'obligeait à déposer le BATON. —
Sous CHARLES CINQ, Arnoul Daudréhem renonça au grade de Maréchal de France pour
obtenir celui de PORTE-ORIFLAMME. — BRAN-
TÔME (1600, A) remarque que, sous FRANÇOIS
PREMIER, le maréchal d'Annebaut, étant devenu AMIRAL, ne conserva le titre de Maréchal que par une faveur particulière du roi.
— Jusqu'à ce règne, l'OFFICE de Maréchal
était révocable; mais ce prince créa à vie
Gaspard de COLIGNY. — Une ordonnance
de HENRI DEUX, rendue en 1547, assignait à
chaque Maréchal un département; c'était
une circonscription territoriale dans laquelle
il était le chef et l'INSPECTEUR GÉNÉRAL de la
gendarmerie et des autres TROUPES. La FRANCE
était partagée en trois départements; chacun des trois Maréchaux s'engageait par SER-
MENT à en visiter les provinces, à y faire des
MONSTRES périodiques de la GENDARMERIE, à
recueillir les plaintes portées contre les GENS
DE GUERRE. Cette ordonnance témoigne que
l'usage de ces INSPECTIONS et des REVUES périodiques des COMPAGNIES D'ORDONNANCE avait
été négligé sous les règnes précédents. HENRI
DEUX entendait en faire revivre la coutume;
l'intention était sage. Quoi de plus contraire
à la raison et aux intérêts des TROUPES que
de laisser, pendant la paix, les principaux
FONCTIONNAIRES de l'armée se borner au rôle
de courtisan. — Dans l'édit de réforme
dressé par HENRI TROIS pendant les états de
Blois, ce prince déclare que dorénavant on
ne pourra cumuler plusieurs charges, et il
cite particulièrement (art. 267) celles d'AMI-
RAL et de MARÉCHAL. — Dans les temps anciens, les OFFICIERS DE PRÉVÔTÉ étaient employés comme JUGES MILITAIRES, sous la présidence d'un MARÉCHAL ou de son représentant, le GRAND PRÉVÔT. — L'ORDONNANCE DE
1566 (9 FÉVRIER) renvoyait par-devant le
CONNÉTABLE et Maréchaux considérés comme
JUGES, ceux des NOBLES coupables entre eux
de voies de fait. — L'ORDONNANCE DE 1575
(3 AOUT) donnait aux Maréchaux séance à la
TABLE DE MARBRE; leur juridiction était re-
présentée dans les provinces par leurs LIEU-
TENANTS, subdélégués ou PRÉVÔTS, qui connaissaient en première instance des cas
ressortissant à la COUR DES MARÉCHAUX. —
Jusqu'à la GUERRE DE LA RÉVOLUTION, les
Maréchaux étaient JUGES du POINT D'HON-
NEUR, et connaissaient du cas des BILLETS
D'HONNEUR quand les officiers signataires
n'avaient pas satisfait à la DETTE. — Ils sié-
geaient, comme chefs de CONNÉTABLIE et MA-
RÉCHAUSSÉE, à la TABLE DE MARBRE, siège de
l'amirauté, de la CONNÉTABLIE et des eaux et
forêts; l'ANCIEN ou le DOYEN des Maréchaux
représentait le CONNÉTABLE. — Plusieurs CO-
LONELS DES GARDES FRANÇAISES avaient été
Maréchaux de France. — Depuis l'abolition
du CONNÉTABLE, le DOYEN des Maréchaux

exerçait les fonctions de CONNÉTABLE à la cérémonie du sacre. — Le DÉCRET DE 1791 (4 MARS) décidait que les Maréchaux ne rempliraient que des fonctions militaires ; c'était une mesure sage qu'aucune législature n'avait encore consacrée. — Sous le règne impérial, la DIGNITÉ de Maréchal reparut en même temps que toutes les superfluités de l'ancienne cour ; mais rien ne déterminait la nature de l'EMPLOI. Un des motifs qui prévalurent était bien moins de donner des supérieurs aux GÉNÉRAUX DE DIVISION que de faire revivre des porteurs d'INSIGNES pour la procession du couronnement. — Si toute HIÉRARCHIE suppose fonctions, le MARÉCHALAT devrait en comporter de précises, être un GRADE à attributions vraiment militaires ; l'institution, au contraire, viole le principe : *Point de brevet sans grade ; point de titre sans emploi.* Faut-il, en France, des Maréchaux inoccupés, et n'exerçant, en temps de paix, aucun COMMANDEMENT sur les DIVISIONS de l'ARMÉE et du territoire ? Quel besoin y a-t-il de tenir sur pied des cardinaux militaires, trop comparables à ceux qui, dans l'église, élevés au-dessus des pasteurs, n'exercent cependant pas de droits pastoraux, et se reposent sur des subalternes de l'étude de la théologie ? — Des considérations de ce genre ont exercé la plume de M. le général RLEIN (1820, p. 7, note) ; il développe les motifs sur lesquels il appuie la proposition de supprimer la CHARGE des Maréchaux. Cette proposition a été renouvelée dans les débats du budget par un ancien général d'artillerie : M. Demarçay, dans la séance du 15 mars 1832, s'est prononcé contre l'institution du MARÉCHALAT. — BONAPARTE plaça au COMMANDEMENT de l'HOTEL DES INVALIDES un Maréchal, comme s'il eût voulu que l'ADMINISTRATION la plus dispendieuse et la plus ténébreuse de l'ARMÉE FRANÇAISE restât hors de l'influence du MINISTÈRE DE LA GUERRE. — Les ORDONNANCES DE 1815 (1er SEPTEMBRE et 31 DÉCEMBRE) ont rabaissé au titre de MAJORS GÉNÉRAUX les Maréchaux attachés à la GARDE ROYALE. Nous disons rabaissés, parce que, autrefois, des MAJORS GÉNÉRAUX étaient des officiers d'un grade très-peu élevé. — En 1828, il a été attaché au CONSEIL SUPÉRIEUR DE LA GUERRE trois Maréchaux de France. Cette mesure, fausse, malhabile, a concouru à paralyser un dispendieux aréopage, mort sans avoir rien engendré. Des membres de grades subordonnés pouvaient-ils lutter, dans le débat des questions, avec des personnages qu'il fallait appeler *monseigneur ?* Le MINISTÈRE DE LA GUERRE lui-même se mettait en tutelle, puisque la prépondérance de trois Maréchaux étouffait la voix du MINISTRE ;

au lieu de le seconder et de l'éclairer, ils l'écrasaient. — L'institution de la pairie a relevé en partie les Maréchaux modernes de l'incapacité politique des Maréchaux anciens. Dans cette branche de pouvoirs, leur expérience peut et doit être utile ; mais il n'y devrait être admis, comme PAIRS, que des Maréchaux émérites. Ceux qui sont dans la force de l'âge auraient bien assez de fonctions militaires qui devraient leur être en tout temps affectées. Ce principe prévaudra un jour, s'il est conservé des Maréchaux ou des dignitaires d'un ordre pareil.

MARÉCHAL de LOGIS. V. LOGIS. V. MARÉCHAL DES LOGIS.

MARÉCHAL de l'HOST (F). Sorte de MARÉCHAL ou d'OFFICIER qui, dans les vieux ÉCRIVAINS classiques, n'est autre que le MARÉCHAL DE FRANCE agissant sous le CONNÉTABLE, ou même est identique au CONNÉTABLE s'il combat dans une ARMÉE commandée par le ROI. L'expression Maréchal de l'host ne peut cependant se traduire que par MARÉCHAL DU CAMP OU MARÉCHAL DE CAMP. — Il y aurait à faire cette distinction, que le maréchal de France était un commensal du palais et devenait Maréchal de l'host quand il était employé activement à la GUERRE. Il en fut ainsi du douzième au seizième siècle. — On lit dans BONNOR '(1488, A) : *La première (chose), c'est le duc de Bataille* (le CHEF de l'AVANT-GARDE) *que, aujourd'hui, on appelle le connestable ou le Mareschal de l'host.* — PHILIPPE DE CLÈVES (1520, A), qui, quoiqu'il écrivît en français, n'écrivait pas pour les Français, emploie l'expression Maréchal de l'host pour signifier MARÉCHAL DE CAMP ; il en fait le PRÉVOT du CONNÉTABLE, ou le troisième personnage, si le souverain commande l'HOST, l'ARMÉE ; il le considère comme CHEF de l'AVANT-GARDE, CHEF D'ÉTAT-MAJOR et GRAND JUGE ; il place sous lui, comme lieutenant, le MARÉCHAL DES LOGIS. — ESPIONNAGE, haute POLICE, intendance des VIVRES, ORDRE DE BATAILLE, etc., sont du ressort du Maréchal. *Il doit avoir gens élevés* (lettrés) *et connoissants affaires de justice.* Sa SOLDE doit, par mois, être calculée à raison de deux sous par HOMME D'ARMES et d'un sou par ARCHER OU PIÉTON. Il décide des fortifications de l'HOST ; il est lieutenant du CONNÉTABLE ; il a le dixième du BUTIN ; il occupe le rang intermédiaire entre les CAPITAINES et le GÉNÉRAL D'ARMÉE ; outre son GRAND CHEVAL, il a pour cheval de fatigue un COURTAUT. — Il n'est plus question, depuis FRANÇOIS PREMIER, que de MARÉCHAUX DE CAMP et non de MARÉCHAUX DE L'HOST ; c'est l'époque où le maréchal de France et le MARÉCHAL DE CAMP commencent à être distincts ; le dernier est l'AIDE DE CAMP de l'autre.

MARÉCHAL (maréchaux) de TOURNOI (F) ou MARÉCHAL D'ARMES, comme les appelle VELLY, ou MARÉCHAL DE CAMP DE TOURNOI. Sorte de MARÉCHAUX qui étaient les sergents, *servientes*, les interprètes du PRÉSIDENT et des JUGES du CAMP ; ils étaient ordinairement au nombre de deux, et se sont aussi appelés AIDES DE CAMP. — Ils étaient à cheval et ARMÉS DE TOUTES PIÈCES, ils faisaient ou faisaient faire par les HÉRAUTS D'ARMES l'appel des combattants et des COMPARSES, rangeaient les QUADRILLES, leur assignaient leur poste, transmettaient ou répétaient les signaux, donnaient l'ordre des jeux ou des JOUTES en proférant les mots *laissez aller*, et en jetant leur gant ; ils étaient les seuls non combattants qui restassent dans la LICE pendant la durée de l'action, ils s'y tenaient immobiles et comme deux statues équestres placées, l'une près du PRÉSIDENT, l'autre près du trône de la *royne de beauté ;* de là, chacun d'eux jugeait les coups, faisait observer les règles, faisait cesser, au signal du PRÉSIDENT, le COMBAT. — Telles étaient leurs fonctions dans les COMBATS A PLAISANCE ; mais ils intervenaient aussi comme juges dans les COMBATS DE JUGEMENT, dans les DUELS A MORT. — On voit à JENDIEUR une canne en bois noir, qui probablement était un bâton de Maréchal de tournoi : sa partie supérieure est grosse comme le bras, elle va en s'amincissant ; sa pomme et son bout sont en ivoire ; le bout peut s'en retirer à volonté. La partie inférieure du bâton est perforée cylindriquement de manière à ce que, dégarnie de son bout, le bois enclave le manche d'un poignard, dont toute la lame est plate, longue d'un pied et sans garde ni croisette ; la naissance du manche du poignard est également ornée d'une boule d'ivoire. Au besoin ce bâton, ce signe du commandement devenait ainsi une arme de parade, et même de défense ou d'intervention.

MARÉCHAL D'EMPIRE. V. COLONEL GÉNÉRAL DE LA MAISON. V. EMPIRE. V. MARÉCHAL DE FRANCE N° 2, 3, 5.

MARÉCHAL des BANDES (F). Sorte de MARÉCHAL dont l'histoire parle peu ; on voit dans les ordonnances de STROZZI, ordonnances que nous a conservées BILLON (1641, A), que ce COLONEL GÉNÉRAL DE L'INFANTERIE avait, comme OFFICIER D'ÉTAT-MAJOR, un Maréchal des bandes ; une de ses fonctions était la répartition des LOGEMENTS des TROUPES ; il était d'un rang inférieur au MESTRE DE CAMP.

MARÉCHAL des CAMPS et ARMÉES du ROI.

V. ARMÉE. V. CAMPS. V. MARÉCHAL DE CAMP. V. ROI.

MARÉCHAL des LOGIS (term. sous-génér.). Sorte de MARÉCHAL dont la qualification est, dans l'acception qu'elle va prendre ici, tout à fait distincte du titre pareil maintenant donné à des SOUS-OFFICIERS DE CAVALERIE ou à des OFFICIERS DE PALAIS. — Le terme demande, en conséquence, à être distingué en MARÉCHAL DES LOGIS D'ARMÉE, — DES LOGIS DE CAVALERIE, — DES LOGIS D'INFANTERIE.

MARÉCHAL des LOGIS CHEF. V. CAVALERIE FRANÇAISE N° 2. V. CHEF. V. MARÉCHAL DES LOGIS DE LA CAVALERIE.

MARÉCHAL des LOGIS D'ARMÉE (F), ou MARÉCHAL GÉNÉRAL DES LOGIS DE L'ARMÉE. Sorte de MARÉCHAL DES LOGIS qui a joué, dans la MILICE FRANÇAISE, un rôle à peu près comparable à celui de SOUS-CHEF D'ÉTAT-MAJOR. Les Maréchaux des logis ont eu un PRÉVOT comparable aux PRÉVOTS DES MARÉCHAUX. — Les Maréchaux des logis ont été abolis en 1789 ; mais les émigrés au service d'ANGLETERRE connaissaient encore ce titre à des époques bien plus modernes ; ainsi à QUIBERON, d'HERVILLY était MARÉCHAL GÉNÉRAL DES LOGIS. — La création des ADJUDANTS GÉNÉRAUX a eu pour objet l'accomplissement d'une partie des anciennes fonctions des Maréchaux des logis. — Ce sujet, assez embrouillé à cause de la diversité des dénominations de l'emploi suivant les époques, a été traité par BARDET (1740, A), BOISROGER (1773, G), DANIEL (1721, A), DELAFONTAINE (1675, A), DESPAGNAC (1751, B), FAUCHET, GAYA (1679, A), GUIGNARD (1725, B), LACHESNAIE (1758, I), MANESSON (1685, B), PRAISSAC (1622, A), PUYSÉGUR (1748, C), QUINCY (1741, E), SOLEMNE. — Nous tâcherons d'éclaircir ce qui concerne les Maréchaux des logis, en en traitant dans l'ordre suivant : CRÉATION, DÉNOMINATION, NOMBRE, DROITS, RANG, FONCTIONS. — N° 1. CRÉATION. — FAUCHET dit que les Maréchaux des logis sont fort anciens dans les troupes de France, et qu'ils y ont été connus, soit sous le nom de MARÉCHAUX, soit sous celui de FOURRIERS. — Il serait plus exact de dire qu'autrefois les MARÉCHAUX DE FRANCE, quand ils faisaient campagne, s'acquittaient des fonctions de Maréchaux des gîtes, *marescalci hospitiorum*, de Maréchaux de l'host, de Maréchaux des logis, ou qu'ils avaient comme lieutenant un Maréchal des logis, ainsi que le témoigne PHILIPPE DE CLÈVES (1520, A). — La CHARGE vénale de Maréchal des logis de l'ARMÉE fut créée en 1664, mais l'EMPLOI existait depuis longtemps comme COMMISSION temporaire ; le titulaire de cette CHARGE commença à s'acquitter d'une manière permanente d'une partie des fonctions jusque-là exercées ou dirigées par le maréchal de camp ; il paraît que ce ne fut qu'en 1690 que fut instituée la dénomination de maréchal général des logis de l'armée ; du moins Puységur (1648, C) dit que ce fut en cette année que le premier il en fut revêtu ; il passa à ce rang de celui d'aide-major du régiment du roi ; on en peut inférer que le grade de Maréchal des logis pouvait répondre à celui de mestre de camp. — N° 2. Dénomination. — Le nom qui désignait les primitifs Maréchaux des logis, a été remplacé par la désignation de maréchal général des logis et maréchal général des logis des camps et armées. — Le grade qui, dans les milices étrangères, y correspondait était celui de quartier-maître général. — Quand des compagnies d'ordonnance s'organisèrent, chacune d'elles eut son Maréchal des logis ; plus tard les bandes d'infanterie eurent aussi chacune le leur ; les uns et les autres étaient soumis au Maréchal des logis de l'armée ; la similitude de leurs titres a laissé de la confusion dans les souvenirs de leur emploi. — De François premier à Louis quatorze, un général d'armée donnait à son gré le titre de Maréchal des logis de l'armée ; c'était une commission, non un grade ; de même, de nos jours, le vaguemestre exerce un emploi sans être revêtu d'un grade. — Lavallière (1693, E) se sert de l'expression maréchal général des logis, tandis qu'au contraire Delafontaine (1675, A) et Feuquières (1750, A) ne font pas usage de l'épithète. Les écrivains n'étaient pas plus unanimes à cet égard que les ordonnances. — Lorsque l'emploi fut à la nomination du monarque, il commença à être désigné par la qualification mareschal général des logis ; mais l'ancienne appellation prévalut bien plus tard. — Darut (1789, B) témoigne combien était ridicule ce titre, et parce que cet officier ne s'occupait que très-secondairement des logis, et parce que la désignation se confondait avec celle de plusieurs emplois subalternes. — N° 3. Nombre, droits. — Il n'y eut qu'un Maréchal des logis de l'armée tant que la France ne tint sur pied qu'une armée. — Le nombre de ces Maréchaux augmenta ensuite à proportion ; on voit dans Guignard (1725, B) que de son temps, outre le Maréchal des logis de l'armée, il y avait deux Maréchaux ordinaires des logis de l'armée en titre d'office. Ces charges, depuis le milieu de l'autre siècle, étaient vénales ; les titulaires étaient employés à raison d'un par armée, à moins qu'ils n'en fussent pas jugés capables par le général, qui dans ce cas faisait remplir la fonction par un officier de son choix. — Les Maréchaux des logis s'étaient attribué le droit de tirer un bénéfice pécuniaire des matériaux des camps désemparés. — N° 4. Rang. — Dans les quinzième et seizième siècles, le Maréchal des logis était le troisième personnage de la milice française ; Philippe de Clèves (1520, A) le témoigne et nous fait connaître que de son temps cet officier n'a au-dessus de lui que le maréchal de l'host et le connétable, ou le roi. On peut dire qu'alors c'était un grade. — Sous Louis quatorze ce n'était plus un grade, mais une charge ou une commission ; le rang de Maréchal des logis répondait à celui de brigadier, ou de colonel d'état-major, mais subordonné au maréchal de champ ; cependant il jouissait, comme le témoigne Guignard (1725, B), d'une solde de 6,500 livres d'appointements, et de vingt rations de pain, ce qui était plus qu'un brigadier. — N° 5. Fonctions. — Jadro (1777, G) compare les fonctions primitives de ces officiers à celles des métateurs de la milice romaine ; ils ont aussi de l'analogie avec les fonctionnaires qui, à la décadence de l'empire, s'appelaient *comes mansionarius*, et au moyen age, *marescalcus hospiliorum*. — Philippe de Clèves (1520, A) dit du Maréchal des logis, qu'il fait les revues et monstres, perçoit le dixième denier des appointements du maréchal de l'host, ouvre les routes, distribue les guides, gouverne les espions, tient les controles et roles. Il a un guidon plus long que celui des archers du prince. La position de cette enseigne indique *au desloger, de quel côté doibt marcher l'host.* — Ces descriptions données par un auteur qui, peut-être, avait plus en vue les coutumes espagnoles que françaises, font du moins connaître que déjà le maréchal de France ou le fonctionnaire du grade qui y répondait, commençaient à se décharger sur un subalterne d'une partie de leurs anciens devoirs. Le maréchal de l'host cessait d'être un chef d'état-major d'armée ; c'était le Maréchal des logis qui le devenait. Delafontaine (1675, A) dit que le Maréchal des logis de l'armée a telle charge sur toute l'armée, que le Maréchal des logis du régiment sur le régiment. — On voit dans Despagnac (1751, D) que de son temps encore, le Maréchal des logis de l'armée entrait directement en rapport avec le général d'armée ; quoique d'un rang inférieur cependant au maréchal de camp, il commandait le tour de service des officiers généraux, il prenait et distribuait le mot, il donnait l'ordre des fourragements, et n'avait du reste aucune autorité personnelle sur les TROUPES, quoiqu'il fût l'intermédiaire de tous les détails. — Dans le dix-huitième siècle, le Maréchal des logis avait trois ou quatre AIDES, autrefois nommés FOURRIERS D'ARMÉE; il était appelé aux séances des CONSEILS assemblés dans les circonstances épineuses, il y siégeait comme RAPPORTEUR. — PUYSÉGUR (1748, C) affirme qu'il est le créateur de l'*art du Maréchal des logis*; PUYSÉGUR a en effet exercé ce grade mieux qu'on ne l'avait encore fait avant lui, mais son assertion n'en est pas moins inexacte, et elle prouve qu'il n'avait pas lu les leçons données depuis plus d'un siècle par PHILIPPE DE CLÈVES. — Au temps de FEUQUIÈRES (1750, O), ainsi qu'il en rend témoignage, le Maréchal des logis était un OFFICIER D'ÉTAT-MAJOR chargé de tenir un état des TROUPES, de faire les RECONNAISSANCES du pays, de procéder à l'OUVERTURE des MARCHES et à la direction des COLONNES COMBINÉES, de commander le CAMPEMENT, d'y marcher avec le MARÉCHAL DE CAMP DE JOUR et le CAPITAINE des GUIDES, de répartir le TERRAIN au MAJOR GÉNÉRAL, ou aux MAJORS DE BRIGADE; il désignait l'emplacement du QUARTIER GÉNÉRAL, des QUARTIERS des TROUPES, des PARCS, des AMBULANCES; il distribuait à chaque CHEF de COLONNE, la veille d'une MARCHE, le précis de ce qui concernait ce CHEF, et il remettait à chaque OFFICIER DE JOUR une copie de l'ORDRE général de la MARCHE; il marquait le CAMP avec le MARÉCHAL DE CAMP DE JOUR; ce dernier s'acquittait ensuite du reste de l'opération. — Le Maréchal des logis de l'ARMÉE était un personnage distinct du MARÉCHAL DES LOGIS DE LA CAVALERIE; mais les rapports établis entre eux étaient peu clairement déterminés. — Au temps où écrivait DANIEL (1721, A), le Maréchal des logis de l'armée avait sous ses ordres un officier Maréchal des logis par RÉGIMENT D'INFANTERIE, et un bas officier Maréchal des logis par COMPAGNIE DE CAVALERIE. — BOISNOGEN (1773, G) regardait le Maréchal général des logis comme le CHEF de l'ÉTAT-MAJOR; *il est*, dit-il, *le bras droit du général, il possède tous ses secrets; il est secondé par les aides ou adjudants généraux; un aide Maréchal des logis fait auprès d'un officier général détaché de l'armée, ce que le Maréchal général fait auprès de celui qui commande l'armée.* — On en peut conclure qu'alors le Maréchal des logis avait rang de GÉNÉRAL. — DARUT (1789, B) aussi a traité pertinemment des fonctions de cet EMPLOI; il voulait que le Maréchal des logis rassemblât les documents, les cartes propres à étudier et à éclairer le TERRAIN; qu'il se livrât

au détail des OPÉRATIONS que le GÉNÉRAL D'ARMÉE fait concourir à un ensemble d'action; mais cet ÉCRIVAIN témoigne combien les principes relatifs à la dénomination, au rang, aux rapports, aux attributions de cet EMPLOI militaire, étaient restés jusque-là vagues et incomplets. — La création des ADJUDANTS GÉNÉRAUX a fait oublier l'emploi des Maréchaux des logis d'armée.

MARÉCHAL des LOGIS de CARABINS. V. CARABIN.

MARÉCHAL des LOGIS de CAVALERIE. V. CAPITAINE DE BANDE. V. CARABIN. V. CAVALERIE. V. CAVALERIE FRANÇAISE N° 2. V. COMPAGNIE D'ORDONNANCE N° 1. V. DRAGON FRANÇAIS N° 4. V. MARÉCHAL DES LOGIS D'ARMÉE N° 5. V. MARÉCHAL DES LOGIS DE LA CAVALERIE. V. SERGENT DE BANDE. V. SERGENT MILITAIRE.

MARÉCHAL des LOGIS de COMPAGNIE D'ORDONNANCE. V. COMPAGNIE D'ORDONNANCE N° 2.

MARÉCHAL des LOGIS de GENDARMERIE. V. GENDARMERIE. V. GENDARMERIE DE POLICE N° 1.

MARÉCHAL des LOGIS de la CAVALERIE (F). Sorte de MARÉCHAL DES LOGIS qu'il ne faut pas confondre avec les MARÉCHAUX DES LOGIS DE CAVALERIE, qui se distinguent en simples Maréchaux des logis, et en MARÉCHAUX DES LOGIS CHEFS, OU EN CHEF. L'ORDONNANCE DE 1762 (21 DÉCEMBRE) instituait les Maréchaux des logis; il n'y avait eu jusque-là que des BRIGADIERS; l'ordonnance de 1776 (25 mars) reconnaissait un MARÉCHAL DES LOGIS CHEF. — L'emploi de Maréchal des logis de la CAVALERIE a été créé en 1594 par CHARLES NEUF, il est devenu une CHARGE sous LOUIS QUATORZE. GUIGNARD (1725, B) témoigne que de son temps ce FONCTIONNAIRE s'appelait MARÉCHAL GÉNÉRAL DES LOGIS DE LA CAVALERIE; ses fonctions étaient distinctes de celles de l'ancien Maréchal des logis de l'ARMÉE, devenu MARÉCHAL GÉNÉRAL DES LOGIS DES CAMPS ET ARMÉES. — Le Maréchal des logis de la CAVALERIE, au sujet duquel on peut consulter DANIEL (1721, A) et BUSSY-RABUTIN, avait des AIDES qui au besoin le remplaçaient ou le représentaient. — Quoiqu'il marchât, à ce qu'il paraît, l'égal du MARÉCHAL DES LOGIS de l'ARMÉE, il en recevait cependant le LOGEMENT, ce qui semble impliquer une sorte de subordination. — DARUT (1789, B) ne s'accorde pas avec FEUQUIÈRES (1750, A) dans le passage où le premier de ces ÉCRIVAINS dit que ce Maréchal avait un rang égal à celui de MAJOR GÉNÉRAL et de MARÉCHAL GÉNÉRAL DES LOGIS DE L'ARMÉE; mais il paraît que s'il eut d'abord la supériorité, il ne vint qu'en seconde ligne sous les règnes suivants. Cette

CHARGE était un peu plus ancienne que le grade de MAJOR GÉNÉRAL, et elle était à l'égard de la CAVALERIE ce que le MAJOR GÉNÉRAL était à l'égard de l'INFANTERIE, ou de quelques autres armes. Tantôt le major a eu le pas sur le Maréchal, tantôt ce fut le contraire, tant les lois de la COMPOSITION étaient vagues. — L'abolition de l'emploi a eu lieu en même temps que celle des MARÉCHAUX DES LOGIS D'ARMÉE.

MARÉCHAL des LOGIS de la MAISON. V. MAISON. V. MAISON DU ROI N° 2. V. SOUBRE-VESTE.

MARÉCHAL des LOGIS D'INFANTERIE (F). Sorte de MARÉCHAL DES LOGIS dont il est question dans DANIEL (1721, A), DELAFONTAINE (1675, A), GOYA (1679, A), PRAISSAC (1622, A); il y en avait un par BANDE ou par RÉGIMENT; il recevait du MARÉCHAL DES LOGIS de l'armée le TERRAIN ou l'emplacement du LOGEMENT, et le distribuait au MARÉCHAL DE BATAILLE et aux FOURRIERS. — QUINCY (1741, E) témoigne que, depuis le commencement du dix-huitième siècle, il était encore reconnu, dans chaque RÉGIMENT, un officier exerçant cet emploi, mais que *la plupart des colonels tournent la paye à leur profit, ou en gratifient quelque officier :* cette paye était de quinze livres par mois; il avait ustencile d'enseigne et de prévôt; son rang répondait au rang de sous-lieutenant. — GUIGNARD (1725, B) dit de ces Maréchaux des logis que, de son temps, les MESTRES DE CAMP (chaque colonel) mettaient dans leur poche les appointements de cet emploi, *qui coûte au roy et qui ne sert à rien.* — Le grade ou emploi de Maréchal des logis, aboli dans l'INFANTERIE FRANÇAISE DE LIGNE par l'ORDONNANCE DE 1762 (10 DÉCEMBRE), existait encore, en 1764, dans l'ÉTAT-MAJOR des GARDES FRANÇAISES, car le propre des CORPS PRIVILÉGIÉS est de perpétuer les anomalies. A cette même époque, le QUARTIER-MAITRE D'INFANTERIE de ligne répondait à l'ancien Maréchal des logis.

MARÉCHAL des LOGIS du ROI. V. MAISON DU ROI N° 2. V. ROI.

MARÉCHAL des LOGIS EN CHEF. V. EN CHEF. V. MARÉCHAL DES LOGIS DE LA CAVALERIE.

MARÉCHAL de CAMP. V. CAMP. V. HÉRAUT D'ARMES N° 5. V. MARÉCHAL DE CAMP. V. MARÉCHAL DE L'HOST.

MARÉCHAL du PALAIS. V. CONNÉTABLE N° 2. V. PALAIS.

MARÉCHAL du ROI. V. MARÉCHAL DE FRANCE N° 2, 5. V. ROI.

MARÉCHAL FERRANT. V. FERRANT, adj. V. MARÉCHAL. V. MILICE PORTUGAISE N° 1. V. TREF.

MARÉCHAL GÉNÉRAL. V. GÉNÉRAL, adj. V. GÉNÉRAL D'ARMÉE N° 3.

MARÉCHAL GÉNÉRAL de CAMP. V. AIDE DE CAMP N° 1. V. CAMP. V. MARÉCHAL DE CAMP N° 3, 5.

MARÉCHAL GÉNÉRAL des CAMPS et ARMÉES (F). Sorte de MARÉCHAL DE FRANCE dont DESPAGNAC (1751, D) compare le rang à celui de CAPITAINE GÉNÉRAL ou de GÉNÉRALISSIME; mais un parallèle juste est difficile à établir. — Anselme et DANIEL (1721, A) témoignent que les LETTRES PATENTES ou PROVISIONS de cette DIGNITÉ ont été octroyées à cinq MARÉCHAUX DE FRANCE. Biron, second du nom; Lesdiguières, en 1691; TURENNE, en 1660; VILLARS, en 1733; MAURICE DE SAXE, en 1744. Mais PINARD et POTIER en citent onze. Ce titre n'a plus reparu. — Ce titre donnait dans un siége le commandement général et la direction de toutes les opérations: mais le cas était sujet à des exceptions nombreuses; surtout si le Maréchal général était le cadet d'un autre MARÉCHAL DE FRANCE. — Les AUTEURS sont mal d'accord touchant le rang que cette DIGNITÉ tenait dans l'ÉTAT-MAJOR de l'ARMÉE FRANÇAISE, comme le témoignent AUDOUIN, Bussy-RABUTIN, DANIEL (1721, A), LACHESNAIE (1758, I), PINARD, POTIER, RAMSAY, VITON. — L'autorité alors entendait si mal les lois de la COMPOSITION, que les attributions restèrent indéterminées, ou varièrent suivant les titulaires, puisqu'à proportion du degré de faveur accordée par le roi ou le ministre, le Maréchal général roulait avec les autres MARÉCHAUX, ou au contraire les commandait; dans ce dernier cas, le grade était comme un échelon entre le CONNÉTABLE et les Maréchaux; ainsi TURENNE, en 1660, eut le commandement sur trois Maréchaux qui, à la vérité, crurent leur honneur intéressé à ne pas obéir, et aimèrent mieux se faire exiler que d'y obtempérer. En 1670, il fut déclaré que le Maréchal général TURENNE ne roulerait pas avec les autres Maréchaux; c'était en quelque sorte un dédommagement de ce qu'il n'était pas CONNÉTABLE. En France, le titre s'est éteint avec ce grand homme. — La MILICE PORTUGAISE, qui, à l'égard de ce titre, a été imitatrice des FRANÇAIS, avait pour Maréchal général, depuis 1815, le duc de WELLINGTON.

MARÉCHAL GÉNÉRAL des LOGIS de la CAVALERIE. V. AIDE-MARÉCHAL GÉNÉRAL. V. CAVALERIE. V. CAMPEMENT ACTIF. V. ÉTAT-MAJOR D'ARMÉE N° 2. V. MARÉCHAL DE CAMP. V. MAJOR GÉNÉRAL. V. MARÉCHAL DE CAMP N° 6. V. MARQUEUR.

MARÉCHAL GÉNÉRAL des LOGIS de l'ARMÉE. V. AIDE-MARÉCHAL GÉNÉRAL. V. ARMÉE. V.

camp désemparé. v. campement actif. v. campement tactique. v. chef d'état-major d'armée. v. conseil d'armée agissante. v. espion d'armée. v. état-major d'armée n° 2. v. fourrier d'armée. v. maréchal de camp; id. n° 6. v. maréchal des logis d'armée. v. maréchal des logis de la cavalerie. v. marqueur. v. préfet de cavalerie. v. quartier général. v. terrain de campement.

MARÉCHAL général des logis des camps et armées. v. armée. v. camp. v. maréchal des logis d'armée n° 2. v. maréchal des logis de la cavalerie. v. marqueur. v. quartier-maître général.

MARÉCHALAT, subs. masc. v. maréchal de France n° 1, 2, 4, 9, 10.

MARÉCHALE, subs. fém. v. guerre de 1792. v. maréchal de France n° 8.

MARÉCHALERIE, subs. fém. v. cavalerie.

MARÉCHAUCIE, subs. fém. v. maréchal.

MARÉCHAUSSÉE, subs. fém., ou marescalcie, ou mariescalier, ou marescalsie, ou marescauchie, ou mareschaucie, ou mareschauciée, ou mareschaussée. — Le mot Maréchaussée a une racine commune avec l'expression maréchal; il a, dans les temps anciens, été la traduction du bas latin *mareschalchia* et l'analogue de *cavalcata;* ces ceux termes latins, ces chevauchées signifiaient garde des frontières et impôt levé par les seigneurs féodaux pour la subsistance de leurs chevaux et hommes d'armes. — On lit dans le *Traité de police* (t. i, liv. i) que, dans les Gaules, les Romains tenaient, de lieue en lieue, des postes chargés de la répression du brigandage : c'était un genre de Maréchaussée. — Lachesnaie (1758, I) dit, avec sa légèreté ordinaire, que la Maréchaussée a été créée en 1060, sous Philippe premier; mais Paris composait presque seul alors toute la France, la langue française n'était pas créée, le mot latin comportait des acceptions fort diverses. — En 1060, c'est une compagnie de connétablie de la maison; un prévot la commandait. — Velly, à la date 1265, attribue à Louis neuf l'institution des Maréchaussées et de leurs tribunaux. Ce serait une question à discuter et à éclairer. — De tout temps, le grand sénéchal, le connétable, les maréchaux ont eu sous leurs ordres des hommes d'armes ou des troupes plus ou moins analogues aux corps de la Maréchaussée, et qui s'étaient nommés sénéchaussée et connétablie. — Successivement, François premier, Charles neuf, Louis treize, ont institué des corps qui se sont fondus dans la Maréchaussée. — Les ordonnances de 1356, 1555, 1570 (29 dé-

cembre), 1575 (5 août), 1586, 1618, mentionnaient la maréchaussée et connétablie, comme la justice ou la voie de répression, exercée par les maréchaux, leurs lieutenants, à la table de marbre, et leurs prévots, sur les *gens de guerre en garnison et aux champs.* — Les troupes d'archers de la prévoté, les diverses compagnies d'archers, qui existaient, en 1520, sous les ordres de prévots généraux, de prévots provinciaux, du chevalier du guet, ont été la souche de la Maréchaussée réorganisée par l'édit de 1720 (mars); les capitaines de ce corps continuèrent à s'appeler prévots; ils étaient secondés d'un lieutenant et d'un exempt; un certain nombre de compagnies était sous les ordres d'un grand prévot; ils exerçaient la police des quartiers généraux. — Le nom de Maréchaussée, affecté à une juridiction et synonyme de droit ou justice des maréchaux, amena le nom de cavalier de la Maréchaussée, et par syncope, celui de Maréchaussée devenu la dénomination de la troupe, troupe qu'on appelait judicielle. — Dans l'ordonnance de 1682 (11 juillet), le nom de Maréchaussée n'est plus celui d'un ressort ou juridiction, mais d'une troupe de cavalerie. Ainsi la Maréchaussée, *mareschalchia*, a été d'abord le tribunal qui avait succédé à la sénéchaussée, et s'était fondu dans la connétablie, sous la présidence du connétable et des maréchaux de France. Le terme a enfin désigné le genre de cavalerie subordonné à ces maréchaux, depuis l'abolition du connétable. — La Maréchaussée ne sera examinée ici que comme le principal élément de la force publique intérieure, et comme une cavalerie de police qui a fait partie de l'armée française jusqu'en 1790 (18 août, 22 septembre), époque de l'institution de la gendarmerie nationale, aujourd'hui quatre fois plus nombreuse et trois fois plus coûteuse que jadis, mais contribuant plus efficacement au maintien de la police et du bon ordre dans le royaume. — La Maréchaussée se recrutait parmi d'anciens militaires, de vieux sous-officiers ayant honorablement servi dans les régiments de cavalerie; ils pouvaient, après en avoir fait partie pendant vingt ans, être admis à l'hotel des Invalides avec un rang qui les assimilait à la gendarmerie de la maison. — L'édit de 1720 (mars) avait donné à la Maréchaussée sa forme et sa dénomination modernes : il la classait à la suite de la gendarmerie de la maison; de là le nom mal imaginé de gendarmerie que la Maréchaussée se fit donner, à l'époque de sa refonte, en 1790. — Une compagnie de maréchaussée organisée en 1750, sous le nom de prévoté

DE L'HOTEL, fut supprimée en 1778, et réorganisée en 1780. — On appelait aussi PRÉVOTÉ la troupe de Maréchaussée qui, à l'ARMÉE, était chargée de la POLICE du QUARTIER GÉNÉRAL. — La force de la Maréchaussée était, en 1765, de trois mille trois cent soixante hommes; en 1776, de quatre mille quatre cents cavaliers; en 1784, de trois mille huit cents; en 1788, de quatre mille six cent neuf; en 1791, de quatre mille sept cents non compris les OFFICIERS DE ROBE COURTE. — Sous Louis QUINZE, comme le témoigne LACHESNAIE (1758, I), il y avait trente et une compagnies, en outre de quelques autres telles que celles de la PRÉVOTÉ, des monnaies, de l'Ile de France, de la CONNÉTABLIE, de ROBE COURTE, de l'ARMÉE, du GUET A PIED et A CHEVAL. — La BANDOULIÈRE, l'AIGUILLETTE, le BAUDRIER étaient distinctifs de la Maréchaussée; cette troupe était répartie et faisait le service par COMPAGNIES, ESCOUADES et BRIGADES. — Ses fonctions primitives consistaient à battre la campagne pour surveiller les malfaiteurs; une ancienne ordonnance que mentionne AUDOUIN (t. III, p. 218) veut qu'elle fasse *chevauchées par les champs sans demeurer ès villes, et netoye les païs de leurs establissements, de voleurs et vagabonds.* — Sous Louis QUINZE, ses fonctions la classaient en général dans l'ARMÉE SÉDENTAIRE; cependant des troupes de Maréchaussée faisaient campagne sous les ordres des PRÉVOTS. — En temps de paix, les CONGÉS DE SEMESTRE étaient soumis au visa des chefs de la Maréchaussée. En tout temps elle exerçait une surveillance particulière sur les hommes à CARTOUCHES JAUNES. Les CORPS en route dans l'intérieur étaient flanqués et suivis par des CAVALIERS de Maréchaussée, qui se relevaient de résidence en résidence, pour réprimer, au besoin, les désordres commis par des TRAINARDS. — Le corps de la Maréchaussée a été subordonné à des INSPECTEURS GÉNÉRAUX, au nombre de trois; c'étaient des MESTRES DE CAMP (COLONELS); elle a été commandée par de GRANDS PRÉVOTS, INSPECTEURS; c'étaient de simples chefs d'escadron, à raison d'un par généralité. Elle avait des OFFICIERS D'ÉPÉE, des OFFICIERS DE ROBE COURTE et des EXEMPTS. — La Maréchaussée coûtait, en 1772, deux millions cinq cent mille francs; la somme s'est élevée ensuite à quatre millions, y compris l'Ile de Corse, le casernement, les appointements des OFFICIERS JUDICIAIRES OU JUDICIELS. — On peut, à cet égard, consulter le budget discuté en 1822. — Des institutions analogues à notre Maréchaussée n'étaient connues ni en AUTRICHE, ni, en général, dans l'ALLE-

MAGNE; les troupes régulières y étaient, sans exception, employées à toutes les fonctions qui intéressent la sûreté publique, qui assurent l'accomplissement des actes de la JUSTICE et qui concourent à la répression des CRIMES : mieux vaut le système français. — Les AUTEURS qu'on peut consulter touchant la Maréchaussée sont : AUDOUIN, BAUCLAS, BOREL (Pierre), BRIQUET (1761, H), CARRÉ (1785, E), CHENNEVIÈRES (1750, C), FURETIÈRE, le général GIRARDIN, GUIGNARD (1725, B), LACHESNAIE (1758, I; id. au mot *Robe courte*), LECOUTURIER (1825, A), SAUGRAIN, M. TENAILLE CHAMPTON, le *Dictionnaire de la Conversation.*

MARÉCHAUSSÉE NÉERLANDAISE. V. MILICE NÉERLANDAISE Nº 1, 2. V. NÉERLANDAIS, adj.

MARENGO; MARES. V. NOMS PROPRES.

MARESCAL (marescaux), subs. masc. v. MARÉCHAL.

MARESCALCIE, subs. fém. v. MARÉCHAUSSÉE.

MARESCALCIER, verb. act. v. MARÉCHAL.

MARESCALIER, subs. masc. v. MARÉCHAUSSÉE.

MARESCALSIE, subs. fém. v. MARÉCHAUSSÉE.

MARESCAUCHIE. V. MARÉCHAUSSÉE.

MARESCAUX, subs. masc. v. MARÉCHAL.

MARESCHAL, subs. masc. v. MARÉCHAL.

MARESCHAUCIE, subs. fém. v. MARÉCHAL. V. MARÉCHAUSSÉE.

MARESCHAUCIÉE, subs. fém. v. MARÉCHAUSSÉE.

MARESCHAUSER, verb. act. et neut. v. MARÉCHAL.

MARESCHAUSSÉE, subs. fém. v. CONNÉTABLIE. V. MARÉCHAL. V. MARÉCHAUSSÉE.

MARESCHAUSSER, verb. act. v. MARÉCHAL.

MARESCOT. V. NOMS PROPRES.

MARGIS, subs. masc. v. MARQUIS.

MARGOT, subs. masc. v. AVENTURIER.

MARGRAVE, subs. masc. v. CAPTAL. V. FORTERESSE. V. FRONTIÈRE. V. MARCHE FRONTIÈRE. V. MARÉCHAL. V. MARQUIS. V. SEIGNEUR.

MARGUERIE. V. NOMS PROPRES.

MARIAGE, subs. masc. v. ACTE DE CÉLÉBRATION DE M... V. ACTE DE M... V. ACTE DE PUBLICATION DE M... V. AFFICHE DE PUBLICATION DE M... V. AUTORISATION DE M... V. CAS DE M... V. CÉLÉBRATION DE M... V. CERTIFICAT EN CAS DE MARIAGE. V. DEMANDE

DE PERMISSION DE M... V. PERMISSION DE M...
V. PERMIS DE M... V. PUBLICATION DE M...

MARIAGE (B, 3), ou MARIAGE DE MILITAIRE; le mot dérive du bas LATIN *maritagium*, mentionné par DUCANGE. — Le droit ou la restriction, l'encouragement ou la prohibition du Mariage des MILITAIRES ont été, suivant les pays, les temps, les ÉCRIVAINS, favorisés ou contrariés, prônés ou blâmés; la préférence à donner au système, qui le favoriserait ou l'interdirait, est une des questions obscures, négligées ou controversées du DROIT PUBLIC et de la JURISPRUDENCE MILITAIRE des FRANÇAIS; on en trouve quelques preuves dans l'ENCYCLOPÉDIE (1785, C, aux mots *Capitaine, Congé*, etc.) — MAURICE DE SAXE (1757, A), propose le Mariage pour une durée de cinq ans; la raison publique a fait justice de cette extravagance. — SERVAN (1780, B) avait en vue d'exciter au Mariage dans son projet de COLONISATION; VOLTAIRE (*Dictionnaire philosophique*) au mot Mariage et Mirabeau (1788, C), conseillent le Mariage des HOMMES DE TROUPE. COLOMBIER (1772) et LACHESNAIE (1758, 1) dépeignent les inconvénients de la présence des FEMMES dans les RÉGIMENTS; ils démontrent le peu d'accroissement de population qui en résulte, les embarras, les attirails, les querelles, les zizanies qui en sont la conséquence, et la difficulté de donner une destination, une éducation aux ENFANTS qui en proviennent. *Dans la société intime et permanente du Mariage*, dit Lessac (1785, A), *la femme communique toujours à l'homme une partie de sa faiblesse.* — Il énumère les guerriers célèbres qui se vouèrent au célibat; il cite ANNIBAL, CATINAT, CHARLES DOUZE, ÉPAMINONDAS, EUGÈNE, MAURICE DE SAXE, MONTÉCUCULI, PYRRHUS, SCIPION, TILLY, TURENNE. — Il remarque qu'ALEXANDRE était maître de l'ASIE avant de se marier, et que FRÉDÉRIC et CÉSAR connurent à peine le lien de l'hymen. — Suivant les ministères, suivant l'opinion particulière des COLONELS, le Mariage a été traversé de difficultés ou toléré; des coutumes, des usages plutôt que la loi régissent la matière. — L'avantage ou l'inconvénient qui pourraient résulter du système admis, se rattachent à des questions de morale et d'économie politique dont la discussion serait déplacée ici; bornons-nous à quelques recherches historiques sur le sujet. — L'ENCYCLOPÉDIE (1785, C, au mot *Force militaire*) dit, dans un article confus, qu'en FRANCE on encourageait surtout le Mariage des SOLDATS DES CORPS FRANCO-ÉTRANGERS, et que les ENFANTS mâles qui

en provenaient étaient tenus à SERVIR toute leur vie. Cette assertion eût demandé à être accompagnée de quelques preuves. — L'ORDONNANCE DE 1681 (13 DÉCEMBRE), relatée par BRIQUET, défendait aux ecclésiastiques du royaume de donner la bénédiction nuptiale à des militaires, *si ce n'est en conformité des ordonnances.* L'ORDONNANCE DE 1681 (15 DÉCEMBRE) ne permettait, dans aucun cas, aux AUMÔNIERS des corps d'exercer cette fonction pastorale. — L'ORDONNANCE DE 1685 (1ᵉʳ FÉVRIER) interdisait aux officiers le Mariage, si ce n'est avec l'agrément de l'INSPECTEUR GÉNÉRAL. — L'ORDONNANCE DE 1686 (6 AVRIL), que cite MONDESIR (1781, C), et que rappelle l'ENCYCLOPÉDIE (1785, C, au mot *Congé*), a eu une longue durée; elle interdisait aux HOMMES DE TROUPE le Mariage, à moins d'une AUTORISATION du COLONEL, sinon ils perdaient leur RANG D'ANCIENNETÉ, et n'obtenaient plus leur CONGÉ ABSOLU qu'à la suite du CONGÉ D'ANCIENNETÉ des HOMMES enrôlés postérieurement au Mariage non autorisé. — GUIGNARD (1725, B) témoigne, mais sans s'appuyer sur l'autorité des ordonnances, que de son temps les OFFICIERS MAJORS des places ne pouvaient se marier que du consentement du roi, et que rarement cette permission était accordée, si la DEMANDE regardait une habitante de la ville où était employé l'officier; on retrouve une précaution sage et une pensée militaire dans cette prohibition. — L'ORDONNANCE DE 1724 (7 OCTOBRE) défendait aux OFFICIERS et SOLDATS INVALIDES de se marier sans autorisation, sous peine d'être renvoyés de l'hôtel. — Ces mesures relatives aux hommes de troupe et aux aumôniers avaient un but louable, celui de prévenir la polygamie et de donner force à l'action conservatrice de l'ÉTAT CIVIL. — On voit dans KÉRALIO (1770, H), que dans la MILICE PRUSSIENNE, à partir des grades élevés jusqu'au grade inclus de capitaine, le Mariage était permis, sauf l'agrément du roi, *quoiqu'il aimerait mieux que ses officiers ne se mariassent point;* qu'il était presque interdit aux officiers subalternes de prendre FEMME, qu'il était permis aux soldats d'origine prussienne de se marier, sauf l'assentiment du COLONEL. Ces usages prussiens ont eu une certaine influence sur les règles admises dans les autres États. — Dans la MILICE AUTRICHIENNE, huit soldats sur cent pouvaient être autorisés à se marier. — L'ORDONNANCE DE 1788 (1ᵉʳ JUILLET) ayant manifesté l'intention de fixer ou de retenir longtemps dans leurs GARNISONS les RÉGIMENTS FRANÇAIS, à la manière prussienne, elle se montrait plus disposée à tolérer le mariage des soldats qu'à s'y opposer. — Un décret de 1793 (8 mars) dégageoit les militaires des anciennes entraves, et les autorisait à se marier suivant leur volonté, et sans être tenus à demander l'agrément de leurs supérieurs ; une loi de l'an iii (18 vendémiaire) revenait sur ces dispositions révolutionnaires, elle soumet le Mariage à des formes sévères. — Les formalités de la célébration des Mariages ont été l'objet d'une décision de l'an treize (2 complémentaire). — Le décret de 1808 (16 juin) et la décision de 1808 (10 aout), les circulaires de 1815 (15 février), ne permettent le Mariage des officiers de tout grade en activité, qu'avec l'assentiment du ministre de la guerre, celui des hommes de troupe qu'avec l'assentiment du conseil d'administration. — Des règles mieux conçues, plus détaillées qu'elles ne l'avaient été jusque-là, émanèrent du code civil : l'instruction de 1809 (15 novembre), qui en appliquait aux militaires les dispositions, distingue les mariages d'hommes de troupe et d'officiers, les mariages a l'armée et en France. — Des éclaircissements importants et nombreux furent donnés, des règles positives déterminèrent l'âge d'habileté au Mariage, les causes de prohibition ou de dispense, ou de dissolution, la convocation des conseils de famille, les demandes à former, les autorisations à obtenir ; les fonctionnaires ou autorités civiles chargés de la célébration, les cas où les contractants seraient enfants naturels, les affiches et les délais de publications, la délivrance des certificats. — Depuis ces importantes promulgations, la rédaction des actes de mariage, d'opposition, respectueux, les formulaires des actes de publication et de célébration, se rattachent à des principes fixes et connus ; cette mesure fondamentale de l'état civil devint un des bienfaits de l'époque ; les hommes de troupe, sous peine de nullité, ne purent prendre femme qu'avec l'agrément du conseil ; les officiers, sous peine de destitution, ne purent contracter Mariage qu'avec l'assentiment du colonel, du général de brigade, du ministre. — L'ordonnance de 1823 (19 mars) voulait que la matricule des régiments mentionnât les Mariages, soit des officiers, soit des hommes de troupe, en indiquant s'ils sont contractés avant ou depuis l'entrée au corps ; le controle annuel des compagnies doit également en faire mention, mais sans détail ; les congés absolus doivent porter, à la suite du signalement, le certificat des cas de mariage, contractés ou non pendant le cours du ser-

vice, conformément à la circulaire de 1830 (13 mars) et de 1834 (9 février). L'instruction de 1854 (25 juin) et la décision de 1856 (21 mai), s'occupaient aussi du même objet, et une décision de 1836 (21 juin) tendait de nouveau à prévenir les abus en fait de mariages d'officiers. — S'il n'y a pas cas de Mariage, l'état de célibat doit être nominalement exprimé. — Mais rien n'a éclairé la question que voici : Le gouvernement penche-t-il pour ou contre le Mariage des militaires ? se borne-t-il à y être indifférent ? — Les auteurs qu'on peut consulter sur le fond du sujet sont : Audouin, Bardin (1807, D ; 1809, B), Bertoch, Briquet (1761, H), Colombier (1772, E), Despagnac (1751, D), Dhéricourt (1756, G), Encyclopédie (1785, C), Guignard (1725, B), Kéralio (1777, H), Lachesnaie (1758, I), Lecouturier (1825, A), Lessac (1785, A), Maurice de Saxe (1757, A), Mirabeau (1788, C), Mondesir (1781, C), Servan (1780, B), Voltaire ; un traité anonyme, *Réflexions sur la maréchaussée* ; le *Journal de l'Armée*, t. iv, p. 226.

MARIAGE a l'armée. v. a l'armée. v. acte de mariage a l'a... v. mariage.

MARIAGE de militaire. v. mariage. v. milice autrichienne n° 2. v. militaire, subs. v. officier d'état civil.

MARIAGE d'homme de troupe. v. homme de troupe n° 8. v. mariage. v. pupille.

MARIAGE d'officier. v. certificat en cas de mariage. v. inspecteur général n° 4. v. mariage. v. milice autrichienne n° 2. v. officier. v. officier français. v. officier d'infanterie française n° 7.

MARIAGE en France. v. acte de mariage en France. v. France. v. mariage.

MARIE. v. noms propres.

MARIÉ (mariée), adj. v. homme m... v. officier m... v. soldat m... v. sous-officier m...

MARIGNAN. v. noms propres.

MARIN, subs. masc. v. adjudant d'infanterie française de ligne n° 2. v. aiguillette. v. armée de mer. v. armée de terre. v. bidon. v. biscuit. v. chatiment. v. chemise a feu. v. corps privilégié. v. enrolement volontaire. v. estrapade. v. femme a la suite des corps. v. flibustier. v. gamelle. v. garde impériale n° 2. v. justice militaire. v. manoeuvre. v. milice anglaise n° 3. v. milice autrichienne n° 3. v. paletot. v. tactique, subs.

MARIN (marine), adj. v. affut marin.

MARINE, subs. fém. v. aborder. v. académie de marine. v. académie militaire.

V. ACTE DE DÉCÈS D'EMBARQUÉ. V. ADJUDANT. V. ADJUDANT D'INFANTERIE FRANÇAISE DE LIGNE N° 2. V. ADMINISTRATION. V. ADMINISTRATION DE MARINE. V. ADOUBER. V. AMIRAL. V. ANGE. V. ARBORER. V. ARDERSOIR. V. ARME A VAPEUR. V. ARME D'ABORDAGE. V. ARMÉ EN GUERRE. V. ARMÉE AUXILIAIRE FRANÇAISE. V. ARMÉE DE MER. V. ARMÉE DE TERRE. V. ARMÉE FRANÇAISE N° 4, tableau. V. ARMÉE PERMANENTE. V. ARRIVÉE. V. ARSENAL. V. ART MILITAIRE DE MER. V. ART MILITAIRE DE TERRE. V. ARTILLERIE D'ARMEMENT. V. ARTILLERIE DE MARINE. V. AU LARGE. V. AUMONIER DE CORPS N° 8. V. AUTEURS MILITAIRES (1678, D ; 1775, B ; 1779, X). V. AVARIE. V. BAILLY. V. BANDIÈRE. V. BARGE. V. BASTINGUE. V. BATTERIE D'ÉVOLUTIONS. V. BATTERIE FLOTTANTE. V. BERCHE. V. BIDON. V. BISCUIT. V. BLANC NATIONAL. V. BORD NAVAL. V. BORDÉE. V. BOSSE. V. BOUCHE A FEU. V. BOUCLER. BRANCARD A BLESSÉ. V. BRULOT. V. BUTIN. V. CAPITAINE D'ÉTAT-MAJOR GÉNÉRAL. V. CARTOUCHE INCENDIAIRE. V. CHARGE. V. CHIRURGIEN DE CORPS. V. COMMANDEMENT VOCAL. V. CONGÉ. V. CONSIGNE. V. CONTROLE ANNUEL. V. CONVOI. V. CORNETTE BLANCHE. V. CORPS ROYAL. V. COUCHETTE EN FER. V. COURIR. V. CRIQUE. V. COUTEAU DE BRÈCHE. V. CROISADE. V. DÉBOUCHÉ. V. DIANE. V. DIVISION D'ARMÉE. V. DOUGLAS. V. DRAPEAU TRICOLORE. V. ÉCOLE. V. ÉCOUTE. V. EN PANNE. V. ENSEIGNE. V. ÉPÉE LONGUE. V. ESCADRE. V. ÉTAT-MAJOR D'ARMÉE N° 3. V. ÉTAT MILITAIRE. V. FLAMME A HAMPE. V. FLIBUSTIER. V. GABIELLE. V. GARGOUSSE. V. GARNISON DE BORD. V. GRENADE A MAIN. V. GUERRE DE 1741, DE 1756, DE 1775, DE 1855. V. GYMNASTIQUE. V. HACHE. V. HAVRE-SAC. V. INFANTERIE FRANÇAISE N° 6. V. INSTRUMENT DE MUSIQUE MILITAIRE. V. JURISPRUDENCE MILITAIRE. V. LANGUE. V. LANGUE ANGLAISE. V. LANGUE FRANÇAISE. V. LÉGISLATION ; id., 1670 (28 février). V. MACHINE INFERNALE. V. MANŒUVRE. V. MASQUE. V. MASSE D'ARMES. V. MAT DE TENTE. V. MILICE ANGLAISE N° 3. V. MILICE ROMAINE N° 2, 7, 9. V. MILICE RUSSE N° 6. V. MILICE VÉNITIENNE. V. MILICES ITALIENNES. V. MINISTRE DE LA GUERRE N° 1, 2 ; id. EN 1761, 1817 (12 SEPTEMBRE), 1824 (4 AOUT) ; id. EN 1830 (18 NOVEMBRE). V. MINISTRE DE LA MARINE. V. MITRAILLE. V. MORTIER. V. OBUS. V. OBUSIER-CANON. V. OFFICIER D'ADMINISTRATION. V. OFFICIER D'ADMINISTRATION DE MARINE. V. OFFICIER DE MARINE. V. PALETOT. V. PANNE. V. PASSE-VOLANT. V. PAVILLON. V. PAVILLON DE MARINE. V. PAVILLON DISTINCTIF. V. PERTUISANE. V. PISTOLET. V. PLATINE DE PIÈCE D'ARTILLERIE. V. PONTON. V. POTIER (1779, X). V. PRÉLART. V. PUPILLE N° 1. V. RANÇON. V. RALLIER. V. RATION. V. RECOUSSE. V. RÉCOMPENSE. V. RÉGIMENT DE MARINE. V. RÉGIMENT D'INFANTERIE FRANÇAISE N° 2, tableau. V. REVUE. V. SAC DE VILLE. V.

SACRE. V. SÉMAPHORE. V. SERVICE DES COLONIES. V. SIGNAL STRATEGMATIQUE. V. SIPHON A MAIN. V. SOLDAT DE MARINE. V. TAMPON D'ARTILLERIE. V. TRIBU ROMAINE. V. ZÉNI (1840).

MARINI ; MARINO ; MARION. V. NOMS PROPRES.

MARIONNETTES, subs. fém. plur. (G, 6). Mot qui répond, suivant·FURETIÈRE et MÉNAGE, à celui de petites filles, petites Marions, dérivé de MARIE, nom de femme, jadis très-commun.—Les Marionnettes étaient un genre de BATTERIE DE CAISSE que les TAMBOURS appelaient aussi la FRICASSÉE, le RIGODON. Cette BATTERIE avait quelque ressemblance avec la DIANE, et s'exécutait d'une manière rompue. Son nom était une allusion à son emploi ; elle répondait à la BATTERIE DES VERGES qui s'exécutait pendant la FUSTIGATION des hommes. — LACHESNAIE, aux mots *Baguette, Fonction* (1758, 1), témoigne qu'on BATTAIT LES MARIONNETTES pendant la durée du CHATIMENT des FEMMES DE MAUVAISE VIE, quand elles passaient par les BAGUETTES ou les VERGES d'un RÉGIMENT, ou qu'elles montaient le CHEVAL DE BOIS. — Une BATTERIE pareille ou peu différente avait lieu pendant les DÉGRADATIONS DE DÉSERTEURS, et s'appelait MÈRE MICHEL.

MARISCAL, subs. masc. V. MARÉCHAL.

MARISSAL, subs. masc. V. MARÉCHAL.

MARITIME, adj. V. CLASSE M... V. COMBAT M... V. CONVOI M... V. DESCENTE M... V. EXPÉDITION M... V. FORT M... V. PORTERESSE M... V. FORTIFICATION M... V. TRANSPORT M...

MARIUS ; MARLBOROUGH. V. NOMS PROPRES.

MARMITE, subs. fém. V. A MARMITE. V. BOMBE. V. EN MARMITE.

MARMITE (term. génér.). Mot que MÉNAGE tire du LATIN *marmor*, marbre, parce que, dit-il, une Marmite était anciennement un vaisseau de marbre en forme de mortier. Cette étymologie est peu satisfaisante. — GÉBELIN veut faire venir le mot du CELTIQUE *mar*, grand, et *mel*, vase. — Il n'est pas invraisemblable que Marmite soit ARABE. — Le mot Marmite a, dans l'histoire militaire, plus d'importance qu'il ne le semble d'abord. La locution LATINE *vasa colligere*, rassembler les Marmites, rendait la locution française DÉTENDRE, ou se disposer à DÉCAMPER. — La Marmite des JANISSAIRES était révérée et portée à la tête de la troupe ; à l'égal d'une BANNIÈRE de premier ordre. — Les peuples de l'ORIENT ont rendu, de tout temps, une sorte de culte à cet ustensile fondamental de l'administration domestique. La MILICE TURQUE en a fourni de mémorables exemples. Les MEUBLES DE BLASON, qu'on nomme improprement CHAUDIÈRES, et qui se retrouvent dans le BLASON de quantité de *ricos hombres* de PORTUGAL et d'ESPAGNE, sont une trace des Marmites ARABES. Ces NOBLES ont mis à honneur de faire figurer sur leur ÉCU ces instruments de CUISINE, comme un souvenir des COMMANDEMENTS MILITAIRES qu'ils exerçaient, et de l'obligation où ils étaient de fournir à leurs soldats leurs Marmites de guerre, et de pourvoir à leur nourriture. Il y avait, par cette raison, deux degrés de NOBLESSE, celle de BANNIÈRE, qui rappelait un COMMANDEMENT suprême, et la NOBLESSE DE CHAUDIÈRE, qui était de second ordre. — Les CHAUDIÈRES héraldiques sont ou échiquetées, ou fascées, ou accompagnées d'un serpent, symbole de prudence, ou plutôt, en ce cas, de précaution. — Les Marmites, dans l'acception vulgaire, vont être distinguées en MARMITES DE CAMPAGNE et en MARMITES DE CASERNE.

MARMITE (marmites) de CAMPAGNE (B, 1; H). Sorte de MARMITES qui font partie des EFFETS DE CAMPEMENT. Au lieu d'être cylindriques, elles sont aplaties et légèrement concaves verticalement d'un côté. Cette concavité avait pour objet de faciliter le transport, et d'être plus à plat contre le bât du CHEVAL DE PELOTON. — Le COUVERCLE de la Marmite était destiné, comme l'indique l'INSTRUCTION DE L'AN TROIS (16 VENTOSE), à servir de CASSEROLE; il y était ajouté à cet effet un manche ou poignée ronde en fer. — Un SAC ou ÉTUI de toile ou de coutil devait envelopper la Marmite; mais à peine faisait-on campagne que l'ÉTUI était perdu.—L'ORDONNANCE DE 1778 (28 AVRIL), confirmée par celle DE 1788 (12 AOUT), indiquait les dimensions des Marmites, et voulait qu'elles fussent fabriquées en fer battu et étamé. Auparavant elles étaient en cuivre. — Conformément au TARIF DE 1831 (13 NOVEMBRE), elles faisaient partie des USTENSILES DE CAMPEMENT, étaient ou en fer battu ou en ferblanc, étaient à l'usage de huit hommes ou de seize hommes, et s'enfermaient dans un SAC, au moyen duquel les hommes les portent, en route, à leur tour de CORVÉE. — La MILICE AUTRICHIENNE commence à faire porter par les soldats eux-mêmes leurs Marmites. — La MILICE PRUSSIENNE est en tout temps pourvue de ses Marmites.

MARMITE (marmites) de CASERNE (B, 1). Sorte de Marmite dont la matière, l'espèce, les formes n'ont dépendu longtemps que de la routine et des coutumes du pays; actuellement, seulement, on commence à en soumettre l'emploi à des expé-

riences, on sent le besoin de fixer des principes. — Le CORPS DU GÉNIE militaire, dans les attributions duquel sont les Marmites des CASERNES, les appelle administrativement CHAUDIÈRES; cet usage vient de ce que tous les vases des FOURNEAUX des CASERNES ne sont pas indistinctement destinés à la cuisson de la VIANDE : si ce mot collectif CHAUDIÈRE peut convenir, le terme Marmite ne saurait cependant s'effacer du langage militaire; car, en pur français, les chaudières servent à chauffer un liquide quelconque; les Marmites servent à faire cuire la VIANDE et à obtenir le BOUILLON de la SOUPE. — Une question difficile a été traitée avec savoir et profondeur dans le *Journal des Sciences militaires* (t. II, 27ᵉ et 33ᵉ livraisons) : les Marmites doivent-elles être grandes ou petites? doivent-elles être à demeure ou susceptibles d'être enlevées des FOURNEAUX ? — Occupons-nous des Marmites sous le rapport de la matière, de la forme, de la capacité, de l'emploi, de la consommation du COMBUSTIBLE. — Celles en usage sont en fonte; en cuivre elles seraient plus légères, plus durables, plus pénétrables par la chaleur; leur matière conserverait de la valeur quand elles seraient hors de service; mais le cuivre abandonné au soin des soldats présenterait de grands dangers. — On a essayé des Marmites en tôle forte, on les a employées dans les cuisines des vétérans casernés à Paris : on en avait reconnu l'utilité et l'avantage; cependant la préférence a été donnée aux Marmites en fonte. — Le fond des Marmites est extérieurement convexe, à raison d'une légère courbe; ce peu de concavité laisse moins perdre de calorique que ne le ferait une forme plus semi-sphérique. — Le plus ou le moins de profondeur de la Marmite influe sur la transmission de la chaleur; l'augmentation du diamètre, en leur donnant peu de hauteur, les rend d'un meilleur service; elles offrent plus de développement à la radiation des flammes du foyer, puisqu'elles lui présentent une plus grande surface de chauffe. — Elles ne doivent pas être absolument cylindriques, afin d'être plus aisément introduites dans le FOURNEAU, et d'en sortir plus librement; elles doivent excéder de deux ou trois pouces la surface du FOURNEAU.—Les Marmites dont on se sert peuvent contenir soixante-quatre litres; mais elles n'en doivent recevoir que soixante pour la liberté de l'ébullition. — A côté de chaque Marmite, il doit être établi une CHAUDIÈRE de la contenance de quinze à vingt litres, chauffable à la fumée du même FOURNEAU; elle fournit l'eau chaude pour les différents besoins du service, ou bien elle sert à la confection du bouillon d'os. — Des Marmites de moindre proportion sont indispensables pour l'usage des cuisines de sous-officiers. —Les Marmites de soixante-quatre litres ont plusieurs défauts ; leur poids, qui est de quarante-cinq à cinquante kilogrammes, en rend le maniement et le transport difficiles et dangereux ; elles fatiguent et détériorent promptement les fourneaux ; l'épaisseur du métal favorise peu l'échauffement du contenu ; on les emplit souvent trop peu, ce qui les fait rougir et fendre ; elles sont, en ce cas, irréparables ; leurs anses, trop faibles pour la pesanteur du vase, se détachent quelquefois pendant qu'on le manœuvre ; le bouillon brûlant se répand et occasionne des accidents graves. — Le règlement de 1824 (17 aout) ne donnait qu'une Marmite par compagnie ; l'instruction de 1827 (15 aout) confirmait cette disposition et voulait qu'elles continssent soixante-quatre litres. L'intention était bonne, mais le principe blámable ; car il faut qu'une Marmite soit maniable, et si elle devait contenir la nourriture de plus de soixante-dix hommes, elle demanderait trop de capacité ; il faut donc, suivant la force de la compagnie, une Marmite ou plusieurs. — Une Marmite ordinaire ne devrait servir que pour la soupe de quarante ou de cinquante hommes ; elle doit contenir, pour chaque mangeur, un litre et un dixième d'eau ; ainsi la Marmite de quatre escouades ou d'une section aurait un diamètre de quarante centimètres et une hauteur de quarante centimètres, pèserait environ trente kilogrammes, et serait garnie de fortes anses qui permissent de la retirer pour la nettoyer. — Le plus grand effet à produire, pour échauffer la Marmite sur un fourneau héliçoïde, ne demande par heure, pour soixante litres, que huit kilogrammes de bois ou huit kilogrammes de charbon de terre. — Autrefois, dans les cheminées des casernes, une livre de bois donnait une livre de soupe; mais les perfectionnements des caléfacteurs sont tels, que suivant le *Journal des Sciences militaires* (27e livraison, p. 494) on peut faire cinq cents kilogrammes de soupe, en ne dépensant en combustible que trois francs deux centimes.

MARMITE d'hopital. v. hopital. v. hopital militaire.

MARMONT ; **MARNIER** ; **MAROLLES** ; **MAROLOIS**. v. noms propres.

MARON, subs. masc. v. marron.

MAROT ; **MAROZZO**. v. noms propres.

MARQUAGE (subs. masc.) d'effets. v. capitaine d'habillement n° 5. v. capitaine

d'infanterie française de ligne n° 25, 26. v. effet. v. effet d'uniforme. v. marque de fusil.

MARQUARD. v. noms propres.

MARQUE, subs. fém. (term. génér.). Mot qui a la même étymologie que le mot marche, et qui en a été synonyme, comme le témoigne l'article marche-frontière; Roquefort (1855) est au contraire d'avis qu'il vient de l'allemand *merken,* dont se seraient formés l'italien *marcare* et l'espagnol *marcar.* Il sera seulement distingué ici en marque de buffleterie , — de fusil, — distinctives.

MARQUE d'armes. v. arme. v. arme de troupe. v. armement de troupe.

MARQUE d'armement. v. armement. v. armement de troupe. v. crosse de fusil.

MARQUE de baguette. v. baguette. v. marque de fusil.

MARQUE de baionnette. v. baionnette de fusil. v. lame de baionnette. v. marque de fusil.

MARQUE de banderole. v. banderole de giberne. v. marque de buffleterie.

MARQUE de baudrier. v. baudrier. v. baudrier de sabre de troupe. v. marque de buffleterie.

MARQUE de bois de fusil. v. bois de fusil. v. gachette de platine. v. marque de fusil.

MARQUE de bonnet de police. v. bonnet de police d'homme de troupe.

MARQUE de briquet. v. briquet.

MARQUE de buffleterie (B, 1). Sorte de marque exécutée au moyen d'un fer brûlant, contre le côté de la chair ; elle indique le numéro d'armement. — La Marque de la banderole est empreinte vers le point où la bande croise sur le baudrier ; la même Marque est répétée aux extrémités de la bande, près de la couture du contre-sanglon, afin d'empêcher le soldat de rogner à sa guise les bandes, s'il les trouve, trop longues pour sa taille. — La Marque du baudrier est empreinte à deux endroits, savoir : vers le point où la bande croise en dessous de la banderole et près de l'extrémité formant contre-sanglon. —La Marque de la banderole de l'étui de hache est pareille à celle de la banderole de giberne. — La Marque de la bande du collier de tambour répond à la poitrine du tambour. — Quelques dispositions relatives aux Marques étaient prescrites par l'ordonnance de 1855 (2 novembre).

MARQUE de canon de fusil. v. canon de fusil. v. lumière de fusil. v. marque de fusil.

MARQUE de CHEVAUX. V. AUTEUR (1818, B). V. CHEVAL. V. CAVALERIE FRANÇAISE N° 2, 9. V. LÉGISLATION, ANNÉE 1555.

MARQUE de CORDEAU. V. CORDEAU. V. CORDEAU DE FRONT.

MARQUE de CROSSE DE FUSIL. V. CROSSE DE FUSIL. V. MARQUE DE FUSIL.

MARQUE de DÉSERTEUR. V. DÉSERTEUR. V. MILICE ANGLAISE N° 10.

MARQUE (marques) de FUSIL (B, 1). Sorte de MARQUES particulières au FUSIL D'INFANTERIE français; M. le général COTTY, GASSENDI et l'INSTRUCTION DE 1806 (19 JUIN) peuvent être consultés à cet égard. — Le système du MARQUAGE des ARMES est très-peu ancien, comme le témoignent d'HÉRICOURT (1756, G) et l'ENCYCLOPÉDIE (1785, C, suppl., au mot *Arme*); l'auteur de cet article, imprimé en l'an cinq, dit avoir vu de loin à loin quelques RÉGIMENTS en adopter la coutume; il conseille d'imiter les Romains qui marquaient leurs ARMES du nom du soldat et de celui de la troupe; il propose d'appliquer aux armes la LETTRE DE COMPAGNIE et le NUMÉRO du soldat. — Depuis que les ARMES furent fabriquées dans des MANUFACTURES nationales, elles en portèrent l'empreinte. — Maintenant les Marques de FUSIL sont, les unes nationales, les autres régimentaires; ces dernières consistent en une LETTRE et un NUMÉRO gravés; elles ont pour objet d'empêcher que les soldats ne changent entre eux leurs FUSILS. — Les Marques nationales ont pour objet d'empêcher que les fusils ne puissent être achetés, vendus ou dénaturés par PIÈCES; elles sont appliquées ou poinçonnées par les soins des INSPECTEURS, CONTROLEURS ou RÉVISEURS des MANUFACTURES; elles témoignent que les épreuves ont démontré la régularité et la bonté de la PIÈCE marquée; elles s'appliquent à la BAGUETTE, à la BAIONNETTE, au CANON, à la MONTURE, à la PLATINE. — La Marque de la BAGUETTE est empreinte près de la POME. — Celle de la BAIONNETTE est au COUDE et à la LAME. — La Marque du BOIS de MONTURE est un incrustement en bois de bout, fixé près la QUEUE de la GACHETTE et sur la CROSSE. — La Marque du CANON est un R et un F ou un contrôle analogue; ce poinçonnement est à un demi-pouce au-dessus de la LUMIÈRE, sur le PAN du CANON; quand la PLATINE est en place, on voit la moitié de cette Marque qui ne doit jamais être limée par l'ARMURIER du RÉGIMENT: le soin de cette surveillance regarde le LIEUTENANT D'ARMEMENT. — Les Marques de la PLATINE sont à l'intérieur et à l'extérieur du CORPS. — La Marque intérieure est sur le REMPART du BASSINET. Elle ne doit jamais être limée.

MARQUE de GILET. V. GILET.

MARQUE de HAVRE-SAC. V. HAVRE-SAC.

MARQUE de PLATINE. V. BASSINET DE FUSIL. V. CORPS DE PLATINE DE FUSIL. V. MARQUE DE FUSIL. V. PLATINE.

MARQUE de RESPECT. V. ADJUDANT D'INFANTERIE FRANÇAISE DE LIGNE N° 21. V. POLICE. V. RESPECT.

MARQUE de SABRE. V. SABRE. V. SABRE D'HOMME DE TROUPE.

MARQUE de SERVICE. V. CORVÉE DE CORPS DE GARDE. V. HAUSSE-COL. V. SERVICE.

MARQUE de SOLDAT ROMAIN. V. MILICE ROMAINE N° 2, 10. V. SOLDAT. V. SOLDAT ROMAIN.

MARQUE de SOULIERS. V. DERNIÈRE SEMELLE. V. SOULIER.

MARQUE de SUPPLICE. V. DÉSERTEUR. V. FLEUR DE LIS. V. MILICE ANGLAISE N° 10. V. PASSE-VOLANT. V. SUPPLICE.

MARQUE d'EFFETS. V. CONTROLE ANNUEL DE COMPAGNIE. V. CORPS D'INTENDANCE N° 7. V. EFFET. V. EFFETS D'HABILLEMENT. V. EFFET D'UNIFORME. V. INSPECTEUR GÉNÉRAL D'INFANTERIE N° 4. V. INTENDANT MILITAIRE N° 4. V. LETTRE DE COMPAGNIE. V. MATRICULE. V. SOUS-INTENDANT N° 8.

MARQUE d'ÉTOFFES. V. ÉTOFFE. V. ÉTOFFE D'HABILLEMENT. V. MARCHÉ D'HABILLEMENT.

MARQUE d'HABILLEMENT. V. CONTROLE ANNUEL DE COMPAGNIE. V. EFFET D'HABILLEMENT. V. HABILLEMENT.

MARQUE d'HONNEUR. V. DÉCORATION. V. DÉPOUILLE OPIME. V. HONNEUR. V. MÉDAILLE D'HONNEUR. V. MILICE PIÉMONTAISE N° 1. V. RÉCOMPENSE.

MARQUE (marques) distinctive (A, 1). Sorte de MARQUES qu'il serait mieux d'exprimer par un substantif un et sans épithète, tels que les mots DÉCORATION, DISTINCTION, INSIGNE, etc.; les ORDONNANCES éviteraient ainsi des équivoques, puisque par exemple les termes MARQUE D'HABILLEMENT, de DÉSERTEUR, de CONDAMNÉ, de SOLDAT ROMAIN rendent des idées différentes, en s'appliquant pourtant à des opérations également distinctives; malheureusement cette amélioration désirable de langage est repoussée par la puissance des routines et le peu de ressources de la LANGUE. — En ceci les ITALIENS ont sur nous l'avantage: ils appellent *il distintivo* ce que nous nommons Marque distinctive, pris dans un sens honorable et comme témoignage du RANG d'un personnage. — L'expression Marque distinctive est générique, par rapport aux ATTRIBUTS qui sont des EFFETS ou des moyens de DISTINCTION de sous-ordre. — Les Marques distinctives vont être traitées ici comme constituant une des branches primordiales de cette partie de l'ADMINISTRAtion que depuis quelques années on appelle uniforme. — La nécessité reconnue et l'application plus ou moins expressive et de détails des symboles extérieurs et militaires sont de toute antiquité; suivant les temps et les contrées, ils se sont appelés : aigle, ailettes de cuirasse, armoiries, bannière, baton, baton de commandement, baudrier, bouclier, ceinture, cornette, cotte d'armes, couronne de casque, couleurs, écu, éperons, fleur de lis, girouette, hache, haubert, livrée, pannonceau, sarment, skytale, souliers a la poulaine. — Ainsi, bien avant les temps où l'habillement proprement dit a succédé au costume de fer, un système plus ou moins arbitraire ou étudié a régné dans quelques armées ; de là cette science du blason dont les hérauts d'armes étaient les casuistes, science qui, dans le principe, ne se proposait que de constater l'origine, le rang, l'importance des chefs de troupe ; mais il s'en fallait de beaucoup que des principes méthodiques, approfondis, conformes aux besoins des armées modernes, décidassent du choix des moyens. — Machiavel (1510, A), nourri de l'étude des anciens, concevait l'importance des Marques distinctives propres à classer les grades et à caractériser les emplois; il proposait d'en renouveler l'usage : il s'est écoulé deux siècles et demi avant que le conseil de Machiavel n'ait fructifié. — Depuis qu'aux armes de fer des gendarmes du moyen age, la casaque, puis l'habit ont succédé, de nouveaux accessoires sont devenus les attributs, les variétés, les moyens de distinction et de remarque des armes personnelles, des hommes, des barons, des corps, des rangs de certaines fonctions ; tels ont été les agréments, les accessoires, les emblèmes ci-après : l'aigle, l'aigrette, l'aiguillette, le bordé, le bouton métallique, les brandebourgs, les broderies, les cannes, le chevron, la cocarde, le cor de chasse, le demi-chevron, la dragonne, les drapeaux, l'écharpe, les épaulettes, les étoiles, les galons, la grenade, la hallebarde, le hausse-col, la houppette, le médaillon, les ordres décoratifs, les parements, la plume frisée, le plumet, les pompons, les souliers a la poulaine, les torsades, enfin les décorations des ordres de chevalerie, et ces insignes commémoratifs qui accompagnent à leur enterrement les dignitaires, les fonctionnaires à qui des honneurs funèbres sont décernés par les troupes. — Des usages incohérents, des modes incomplètes avaient jusque-là été en vigueur. — Puységur (1748, C) conseille de distinguer entre elles les compagnies et les hommes de troupe revêtus de grades, et d'imiter en cela les Romains ; ce passage de

cet auteur prouve que le système des Marques distinctives était encore bien peu perfectionné ; l'habit à broderie de toutes façons que portaient jusqu'en 1725 les officiers, leur esponton, leur cuirasse, leur hausse-col étaient à peu près toutes les Marques distinctives en usage dans les corps. — L'ordonnance de 1747 (19 janvier) commençait à donner aux sergents des agréments ou un bordé aux parements ; elle n'établissait de différence dans l'habit de troupe et d'officier que la qualité du drap et le bouton doré ou argenté ; l'épaulette n'a pris naissance que plus tard. — Dauthville (1762, K) et Guynet proposent comme innovation, de distinguer chaque grade d'infanterie *comme les lieutenants généraux le sont des maréchaux de camp.* — L'ordonnance de 1762 (10 décembre) arrêtait en principe qu'il serait fait usage des Marques distinctives. — Les règlements de 1766 (1er janvier) et de 1767 (25 avril) s'occupèrent des premiers de la distinction des grades de l'infanterie française, et consacrèrent le terme Marque distinctive reproduit encore dans l'ordonnance de 1818 (2 aout). — M. Sicard a traité des anciennes Marques distinctives. — Les détails des Marques distinctives françaises en usage sous l'empire et la restauration ont été consignés dans les dessins et les descriptions d'un ouvrage consacré à l'uniforme (1818, B). Une décision de 1817 (5 septembre) voulait que ce travail fît loi ; d'autres mesures ont été prises, et l'ouvrage n'a même pas été publié. — Un nouveau système de Marques distinctives est celui des milices turco-égyptienne et turque ; les croissants et les diamants y figurent.

MARQUE distinctive d'adjudant. v. adjudant. v. adjudant d'infanterie française de ligne n° 7. v. canne d'adjudant.

MARQUE distinctive d'appointé. v. appointé.

MARQUE distinctive d'ancienneté. v. ancienneté. v. ancienneté individuelle. v. chevron d'ancienneté.

MARQUE distinctive d'armurier. v. armurier n° 2.

MARQUE distinctive de bataillon. v. bataillon. v. bataillon d'infanterie française de ligne n° 5.

MARQUE distinctive de caporal. v. brandebourg. v. caporal d'infanterie française de ligne n° 6. v. couleur tranchante.

MARQUE distinctive de caporal tambour. v. caporal tambour. v. canne de caporal.

MARQUE distinctive de cavalerie. v. cavalerie. v. cornette. v. cornette de cavalerie légère.

MARQUE DISTINCTIVE de CENTURION. V. CENTURION Nº 4.

MARQUE DISTINCTIVE de COMPAGNIE. V. AIGRETTE. V. COMPAGNIE. V. COMPAGNIE DE CENTRE. V. COMPAGNIE DE VOLTIGEURS Nº 4. V. COMPAGNIE D'ÉLITE Nº 4. V. COMPAGNIE D'INFANTERIE FRANÇAISE DE LIGNE Nº 6.

MARQUE DISTINCTIVE de CONDUCTEURS. V. CONDUCTEUR. V. CONDUCTEUR DE BÊTE DE SOMME.

MARQUE DISTINCTIVE de CONNÉTABLE. V. CONNÉTABLE Nº 5.

MARQUE DISTINCTIVE de CORPS PRIVILÉGIÉS. V. CORPS PRIVILÉGIÉ.

MARQUE DISTINCTIVE de FOURRIER. V. FOURRIER. V. FOURRIER D'INFANTERIE FRANÇAISE DE LIGNE Nº 4.

MARQUE DISTINCTIVE de FRATER. V. FRATER.

MARQUE DISTINCTIVE de HÉRAUT D'ARMES. V. HÉRAUT D'ARMES Nº 5.

MARQUE DISTINCTIVE de HUSSARD. V. HUSSARD. V. HUSSARD Nº 4.

MARQUE DISTINCTIVE de LÉGION ROMAINE. V. LÉGION ROMAINE Nº 4.

MARQUE DISTINCTIVE de LIEUTENANT-COLONEL. V. LIEUTENANT-COLONEL Nº 2.

MARQUE DISTINCTIVE de LIEUTENANT GÉNÉRAL. V. LIEUTENANT GÉNÉRAL Nº 4. V. MARQUE DISTINCTIVE.

MARQUE DISTINCTIVE de MAITRE OUVRIER. V. MAITRE OUVRIER Nº 4.

MARQUE DISTINCTIVE de MARÉCHAL. V. BÂTON DE MARÉCHAL. V. MARÉCHAL. V. MARÉCHAL DE FRANCE, Nº 5. V. MARQUE DISTINCTIVE.

MARQUE DISTINCTIVE de MILICE GRECQUE. V. MILICE GRECQUE Nº 4.

MARQUE DISTINCTIVE de MILICE RUSSE. V. MILICE RUSSE.

MARQUE DISTINCTIVE de RÉGIMENT. V. COULEUR TRANCHANTE. V. DRAPEAU. V. FANION TACTIQUE. V. RÉGIMENT. V. RÉGIMENT D'INFANTERIE DE LIGNE.

MARQUE DISTINCTIVE de SERGENT. V. MARQUE DISTINCTIVE. V. MILICE ANGLAISE Nº 4. V. SERGENT D'INFANTERIE FRANÇAISE DE LIGNE Nº 4. V. SERGENT MAJOR Nº 4.

MARQUE DISTINCTIVE de SOUS-OFFICIER. V. MASSE D'ENTRETIEN. V. SOUS-OFFICIER; id. Nº 5.

MARQUE DISTINCTIVE de TAMBOUR. V. BRANDEBOURG. V. CANNE DE CAPORAL. V. CANNE DE TAMBOUR-MAJOR. V. TAMBOUR.

MARQUE DISTINCTIVE d'EMPLOYÉ. V. EMPLOYÉ.

MARQUE DISTINCTIVE d'ÉTAT-MAJOR DE CORPS. V. ÉTAT-MAJOR DE CORPS Nº 2.

MARQUE DISTINCTIVE d'HOMME DE TROUPE. V. HOMME DE TROUPE Nº 5. V. MÉDAILLE. V. MÉDAILLON.

MARQUE DISTINCTIVE d'INFANTERIE. V. INFANTERIE. V. INFANTERIE FRANÇAISE Nº 2, 4.

MARQUE DISTINCTIVE d'OFFICIER. V. BOUTON D'OFFICIER. V. CUIRASSE. V. DRAGONNE D'OFFICIER. V. ÉPAULETTE D'OFFICIER. V. ÉPAULETTE A TORSADES. V. ESPONTON. V. GRADE D'OFFICIER. V. GRAINE D'ÉPINARDS. V. HAUSSE-COL. V. INSIGNE. V. MILICE AUTRICHIENNE Nº 4. V. MILICE SIKE Nº 5. V. MILICE TURCO-ÉGYPTIENNE Nº 5. V. OFFICIER. V. OFFICIER COMPTABLE. V. OFFICIER EN SECOND. V. PAREMENT D'HABILLEMENT. V. RÉGIMENT FRANÇAIS Nº 4.

MARQUE INFAMANTE. V. FLEUR DE LIS. V. INFAMANT. V. INFANTERIE Nº 10. V. MILICE ANGLAISE Nº 10. V. PASSE-VOLANT. V. PEINE.

MARQUÉ, subs. masc. V. MARCHÉ.

MARQUÉE, subs. fém. V. MARQUISE. V. TENTE D'OFFICIER.

MARQUER (verb. act.) A LA CRAIE. V. A LA CRAIE. V. CRAIE. V. MAISON DU ROI Nº 2.

MARQUER le CAMP. V. ALIGNEMENT DE CAMP V. CAMP. V. CAMP DE TENTES. V. CAMPEMENT ACTIF. V. PAS DE CAMP.

MARQUER le LOGEMENT. V. CANTONNEMENT. V. CRAIE. V. MAISON DU ROI Nº 2. V. FOURRIER D'ARMÉE. V. LOGEMENT. V. LOGEMENT EN ROUTE. V. MARQUEUR. V. PAS DE CAMP.

MARQUER le PAS (G, 6), OU SIMULER LE PAS, pour parler plus correctement. Le verbe marquer a la même étymologie que le substantif MARCHE, mais la LANGUE donne à ce verbe et à ce substantif un sens bien contraire. — La locution Marquer le pas est une de celles qui, par un vice en linguistique, manque de substantif; il faudrait dire : SIMULATION DE PAS; mais tel n'est pas encore l'usage. — L'action de Marquer le pas est un des moyens de conserver la CADENCE de la MARCHE TACTIQUE, tout en stationnant; ainsi l'HOMME DE PIED avance successivement les jambes sans gagner de terrain. — La démonstration de cette SIMULATION a lieu, dans l'ÉCOLE DU SOLDAT, au PAS ORDINAIRE et au PAS ACCÉLÉRÉ; l'exécution en est indiquée par le COMMANDEMENT D'AVERTISSEMENT : MARQUEZ LE PAS. — Le PELOTON d'une SUBDIVISION en MARCHE, qui doit ROMPRE, marque le pas pour accomplir son DÉDOUBLEMENT. — Ce balancement sur place a été regardé par quelques tacticiens comme une application puérile, comme un jeu de théâtre; cependant Marquer le pas est d'une pratique indispensable, si une partie de la troupe marche, quand l'autre ne se porte pas en avant, comme cela arrive à l'AILE PIVOTANTE d'un BATAILLON, pendant une MARCHE EN BATAILLE. — On Marque aussi le pas, quand un OBSTACLE, un passage de défilé arrête momentanément une partie d'une troupe à laquelle on ne veut pas laisser perdre le pas. — La SIMULATION du PAS de tout un BATAILLON devant l'ENNEMI peut avoir pour objet de tromper l'adversaire sur la vitesse de la MARCHE, de déguiser un stationnement, de raccorder une LIGNE, d'éviter les HALTES qui nécessitent de longs ALIGNEMENTS de pied ferme et de simplifier les COMMANDEMENTS. FRÉDÉRIC DEUX s'est mille fois servi de ce moyen, mais il a été peu pratiqué depuis.

MARQUER les POSTES. V. CAVALERIE LÉGÈRE. V. OFFICIER D'ÉTAT-MAJOR. V. POSTE.

MARQUER les SECTIONS. V. SECTION. V. SECTION TACTIQUE.

MARQUEUR (marqueurs) (subs. masc.) (F) ou MÉTATEUR. Le mot Marqueur est peu usité, mais mentionné pourtant dans les lois françaises. — Dans la MILICE ROMAINE, au temps de VÉGÈCE (590, A), les Marqueurs, comment le disent AUDOUIN et JARRO (1777, G), *metatores*, avaient une fonction à part de celle des MENSEURS, ou mesureurs; les premiers choisissaient l'emplacement du CAMP, en déterminaient l'assiette; les autres en distribuaient en détail le TERRAIN. — On voit dans d'HÉRICOURT (1756, G) et dans l'ORDONNANCE DE 1755 (17 FÉVRIER, art. 42) et dans l'ENCYCLOPÉDIE, qu'on appelait alors Marqueurs, ceux qui, à l'instar des anciens MESTRES DE CAMP, faisaient fonctions de MARÉCHAUX GÉNÉRAUX DES LOGIS, soit de la CAVALERIE, soit de l'ARMÉE, et qui MARQUAIENT LES LOGEMENTS.

MARQUEZ. V. NOMS PROPRES.

MARQUEZ (imp.) le PAS (interj.). V. COMMANDEMENT D'AVERTISSEMENT. V. GUIDE DE SUBDIVISION. V. MARQUER LE PAS. V. PAS.

MARQUEÇON, subs. masc. V. MARQUIS.

MARQUIS, subs. masc. (F), ou MARCHIS suivant BARBAZAN (1808) et BOREL (Pierre), ou MARGIS ou MARQUIÇON suivant ROQUEFORT. — Ces mots dérivent du bas LATIN *marchio, marchionis*; ce substantif, venu du CELTIQUE, était employé déjà sous CHARLEMAGNE et sous LOUIS LE DÉBONNAIRE, pour signifier : GOUVERNEUR OU COMMANDANT DE CAVALERIE ou maître d'une MARCHE, COMMANDANT OU CHEF de FRONTIÈRE. AIMOIN prenait dans le même sens, *comes limitum, custos limitis*, gardien ou COMTE de FRONTIÈRE. — Le genre de TENTES nommées marquises tire, si l'on en croit des étymologistes mal informés, sa dénomination du titre des marquis. — Soit en LATIN, soit en LANGUE ROMANE, le nom de marquis rappelait, comme le démontrent ROQUEFORT et LACHESNAIE (1758 1), la dénomination BYZANTINE des LIMINARQUES, ou surveillants des FRONTIÈ-

NES; cette qualification répondait à l'adjectif purement latin *liminaris*. — Le LATIN barbare *marchio*, était une corruption du FRANCO-TEUTON *marck*, MARCHE-FRONTIÈRE, et une modification du bas LATIN *margo*, signifiant démarcation. ALCIAT, BOREL (Pierre), l'ENCYCLOPÉDIE (1751, C), FAUCHET, FURETIÈRE, MÉNAGE, NICOT, PASQUIER, WACHTER, peuvent être consultés sur ces matières. — On peut regarder les expressions MARGRAVE, *margraf*, et Marquis comme ayant été synonymes; l'un est le mot originaire resté dans l'ALLEMAND; l'autre est sa traduction transmise par la filière du LATIN. — Il y a aussi quelques rapports mal déterminés entre CAPITAL, MARÉCHAL et Marquis, considérés comme OFFICIERS de guerre, ou comme GÉNÉRAUX. — On appelait COMMARCHIS, du bas LATIN *commarchus*, le CHEF d'un MARQUISAT limitrophe d'un autre MARQUISAT, ou bien le Marquis chargé, de concert avec des personnages de haute NOBLESSE, de la surveillance d'une LIGNE DE FRONTIÈRES; c'était un genre de SERVICE FÉODAL. — Les SEIGNEURS ont commencé à figurer depuis la SECONDE RACE dans la MILICE FRANÇAISE; ceux de l'EMPIRE GERMANIQUE s'appelaient *comites limitanei*. M. SICARD ne les croit créés en FRANCE que depuis le règne de LOUIS DOUZE; ce qui a pu induire en erreur cet ÉCRIVAIN, c'est qu'ils y étaient jusque-là peu nombreux, mal classés nobiliairement. La partie de l'empire de CHARLEMAGNE où il s'était établi le plus de MARQUISATS ou de margraviats était l'ITALIE et l'ALLEMAGNE; il y avait bien moins de Marquis que de DUCS et de COMTES dans la partie de l'empire devenue la FRANCE, ou bien c'étaient des DUCS et des COMTES qui, en même temps, étaient Marquis ou LIMINARQUES. — En 877, comme le témoigne M. SISMONDI, Boson, beau-frère de CHARLES LE CHAUVE, était Marquis de Provence et DUC de Lombardie. En 1067, un MARQUIS DE FRANCE est le régent du royaume, comme un DUC DE FRANCE avait de fait régi l'État avant la fin de la SECONDE RACE. — Vers ces époques le titre de Marquis était un de ceux auxquels pouvait aspirer un BANNERET. — Électifs d'abord comme les FONCTIONNAIRES de même ordre, les Marquis ne se sont pas montrés moins empressés qu'eux à convertir en domaines seigneuriaux les territoires confiés à leur COMMANDEMENT; fréquemment CHARLEMAGNE travailla à réprimer ces envahissements; mais après son règne les Marquis parvinrent à se perpétuer dans les districts qu'ils administraient; ces districts étaient, la plupart, diocésains; plusieurs y usurpèrent l'autorité temporelle et spirituelle; des évêques se firent SEIGNEURS OU COMTES-MARQUIS, ou bien des Marquis se firent évêques et SEIGNEURS. Ainsi, dans le quatorzième siècle, les ducs de Lorraine ajoutaient à leur qualification celle de Marquis de Lohcréenne. Ce sont des points d'HISTOIRE militaire aussi obscurs que peu intéressants. — Tandis qu'en ITALIE, quantité de CONDOTTIERI surmontaient leur CASQUE d'une COURONNE de Marquis, le titre s'est éteint ou a passé de mode dans l'intérieur de la FRANCE; des provinces limitrophes cependant étaient encore MARQUISATS; ainsi les ducs de Lorraine étaient Marquis, parce que la Lorraine était une MARCHE. Les gouverneurs d'Anjou s'intitulaient Marquis, parce que l'Anjou confinait à la BRETAGNE. — Pendant plusieurs siècles, les Marquis furent comme étrangers à la NOBLESSE de FRANCE; aussi n'est-il pas question de cette classe de NOBLES dans les dispositions de la jurisprudence française, où se développaient les prérogatives nobiliaires, telles que le droit de tenir FORTERESSE, d'y LEVER PONT-LEVIS, d'exercer un GOUVERNEMENT. LAURIÈRE, en donnant la classification des BARONS et autres personnages distingués des époques postérieures aux croisades, passe également sous silence les Marquis. LEGENDRE, LACHESNAIE (1758, I), le général COTTY (1822, A), en font de même en traitant des distinctions nobiliaires du CASQUE. —Depuis les invasions des FRANÇAIS en ITALIE au seizième siècle, la qualification de Marquis reprit faveur; elle décore, dans le siècle suivant, des élégants, des merveilleux; mais,

Depuis que de son chef chacun s'est marquisé,

comme le dit SCARRON; *depuis que la France abonde en Marquis faits par eux-mêmes,* suivant FURETIÈRE, il s'attacha du ridicule à leur titre, soit parce que Molière et ses successeurs les –ont montrés fats, joueurs, libertins et escrocs, soit parce que la scène bouffe avait dévoué de longue main, aux railleries du parterre, ses *tulipano.*— Le bon la Fontaine aussi ne leur reproche-t-il pas d'oser se donner des PAGES. — Le comte d'Oxford, en Angleterre, est le premier qui, en 1385, ait pris le titre de Marquis. — Le Danemark, la Pologne, la Suède n'ont pas admis ce genre de qualification. — Depuis la GUERRE DE LA RÉVOLUTION, notre fréquentation en ITALIE avec ses innombrables et chétifs Marquis n'a pas purgé le titre de ce qu'il avait de futile et de frivole : BONAPARTE, en reconstituant une NOBLESSE, n'osa pas y amalgamer des Marquis; mais l'émigration, remise en possession du trône et du pouvoir, rattacha cet anneau de la vieille chaîne. — Il y a eu, en 1814,

incertitude si le Marquis était plus ou moins que le COMTE; mais comme l'ancienne création des marquisats tenait le milieu entre les duchés et les comtés, et qu'en ANGLETERRE le fils d'un DUC était Marquis, ces précédents ont été décisifs en FRANCE; le Marquis a pris le PAS sur le COMTE, et ceux qui sont intéressés à cette question se persuadent qu'il en a été ainsi depuis que le titre n'indique plus qu'un RANG et a cessé d'exprimer une fonction; ils ignorent que, suivant les temps et les pays, la primauté a varié; que la jurisprudence nobiliaire est à cet égard fort embrouillée; qu'ALCIAT conteste aux Marquis le pas sur les COMTES, et que ces derniers marchent après les ducs, suivant l'assertion de VELLY (t. I, p. 420). —Un aperçu relatif à ces questions est consigné dans le *Dictionnaire de la Conversation.*

MARQUIS de FRANCE. v. FRANCE. v. MARÉCHAL DE FRANCE, N° 2. v. MARQUIS.

MARQUISAT, subs. masc. v. MARCHE. v. MARQUIS.

MARQUISE, subs. fém. (B, 1; E, 1) ou MARQUÉE, OU TENTE A DOUBLE TOIT. — On a dit sans preuves, on a cru à la légère que la qualification des MARQUIS avait donné naissance au substantif MARQUISE; l'assertion n'est pas juste. On a d'abord appelé tentes marquées de raies celles qui l'étaient, par opposition aux tentes de couleur unie; on a dit par abréviation une MARQUÉE, mot resté dans l'ANGLAIS; par corruption les soldats français ont fait de marquée, Marquise; car c'est le simple soldat qui a créé notre LANGUE MILITAIRE. — Une Marquise exprime un genre de TENTE qui autrefois, si l'on en croit LACHESNAIE (1758, I), recouvrait une TENTE d'étoffe précieuse, ou de toile fine. — Dans le sens actuel, et depuis le siècle dernier, une Marquise était consacrée au LOGEMENT des OFFICIERS campés, et surtout des OFFICIERS SUPÉRIEURS; nous avons encore, en 1793, campé près DUNKERQUE sous des Marquises; l'usage s'en était perdu depuis l'abolition des CAMPS DE TENTES. — On appelait Marquise la totalité de ce LOGEMENT de toile qui entourait à cinq ou six pieds une TENTE D'OFFICIER SUPÉRIEUR, à deux ou trois pieds une TENTE D'OFFICIER PARTICULIER; mais réellement cet EFFET DE CAMPEMENT ne consistait qu'en un PAVILLON à double MURAILLE, en une double TENTE en coutil bleu et blanc, qui en enveloppait une autre en toile unie, comme le témoigne l'ORDONNANCE DE 1753 (17 FÉVRIER) et celle DE 1778 (28 AVRIL). La Marquise s'étendait en appentis double sur la CANONNIÈRE des OFFICIERS PARTICULIERS; la surtente des OFFICIERS SUPÉRIEURS était carrée comme le PAVILLON à

MANSARDE affecté à leur grade. — La partie supérieure de la Marquise des officiers supérieurs s'appelait PARASOL, et ses parties verticales MURAILLES; des CORDES l'arrêtent à des PIQUETS. — L'INSTRUCTION DE 1792 (1ᵉʳ MARS) mentionnait encore les Marquises. — Le TARIF DE 1831 (13 NOVEMBRE) décrivait comme de toile ou de coutil cet EFFET D'ABRITEMENT; il serait préférable qu'il ne fût que de l'une ou de l'autre espèce. — L'INSTRUCTION DE 1836 (3 AOUT) ne donnait lieu à aucun perfectionnement. — Sur ce sujet on peut consulter BENETON (1755, A), l'ENCYCLOPÉDIE (1785, C; id. au mot *Tente*), GASSENDI, LACHESNAIE (1758, I, au mot *Tente*), LECOUTURIER (1825, A), MAIZEROY (1771, A), le *Journal de l'Armée*, t. IV, p. 358.

MARRON, subs. masc. (term. génér.) OU MARON, suivant DUPAIN (1783, F), GUIGNARD (1725, B), LACHESNAIE (1758, I). Ces mots dérivent, suivant BOREL (Pierre), du vieux substantif MESREAU, ou, suivant DEVILLE (1674), de MERREAU, signifiant marque ou jeton. Le jeu que les enfants appellent marelle tiendrait à une corruption analogue. — Les Marrons sont au nombre des EFFETS DE CORPS DE GARDE; ils ont été ronds ou carrés, en carton ou en cuivre; ils sont ronds et en fer-blanc; ils sont confiés au soin des CAPORAUX DE CONSIGNE; ils se distinguent en MARRONS DE DISTRIBUTION et en MARRONS DE SERVICE.

MARRON (marrons) de DISTRIBUTION (E, 4). Sorte de MARRONS qui sont remis journellement par un OFFICIER D'ÉTAT-MAJOR DE PLACE à chaque poste, autrefois ils l'étaient par les fourriers; ils servent à établir le droit que le POSTE peut avoir à certaines DISTRIBUTIONS DE BOIS ET LUMIÈRES. Ces Marrons sont confiés, à une heure déterminée par le CAPORAL DE CONSIGNE, aux HOMMES DE CORVÉE qui vont chercher le CHAUFFAGE, et en échange de ce qu'ils reçoivent ils laissent au fournisseur les Marrons qui équivalent à un reçu régulier de la FOURNITURE faite; ainsi le prescrivait une circulaire de messidor an onze. — Le fournisseur réintègre ensuite ces Marrons dans le BUREAU de l'ÉTAT-MAJOR.

MARRON de PATROUILLE. V. MARRON DE SERVICE. V. PATROUILLE.

MARRON de RONDE. V. MARRON DE SERVICE. V. OFFICIER DE GARDE. V. RONDE.

MARRON (marrons) de SERVICE (E, 3). Sorte de MARRONS qui servent à témoigner que le SERVICE des RONDES EN GARNISON et des PATROUILLES s'accomplit avec régularité et aux HEURES voulues. — La MILICE ROMAINE faisait usage, pour une fin à peu près pareille, de marques qui s'appelaient *synthema*, tes-

sera. PLINE prétend que ce fut Palamède qui inventa ce moyen de surveillance et de ponctualité; les TRIBUNS DE COHORTE remettaient chaque soir, aux différents POSTES, le SYNTHÈME ou la TESSÈRE. — L'ORDONNANCE DE 1678 (1ᵉʳ MARS, titre 14, art. 12, 13, 15, 19) voulait que le numéro et l'heure des PATROUILLES fussent indiqués sur les MARRONS DE PATROUILLE; elle fixait l'heure où ils devaient être distribués, par qui ils devaient être vérifiés, etc. — Les modernes MARCHÉS DE LITERIES veulent que les MARRONS DE RONDE soient numérotés au poinçon. — Les Marrons sont contenus dans une BOITE *ad hoc* ou espèce de tirelire fermant à clef; ils s'enfilent par leur milieu le long d'une broche de fer. — Le CHEF du POSTE ou le CAPORAL DE CONSIGNE renvoient le matin, à neuf heures, à l'ÉTAT-MAJOR la BOITE A MARRONS; un OFFICIER MAJOR l'ouvre, la vérifie, constate que les Marrons sont enfilés dans l'ordre où ils doivent se trouver; il renvoie la BOITE, vide et fermée, au CORPS DE GARDE et conserve les Marrons pour les distribuer aux GARDES MONTANTES, à l'heure de la parade. — Autrefois, quand les FOURRIERS étaient ce que sont maintenant les SERGENTS-MAJORS, c'étaient eux qui percevaient, remettaient aux OFFICIERS DE RONDE les Marrons qui les concernaient.

MARS, subs. masc. et nom propre. V. LIEUTENANT-COLONEL D'INFANTERIE FRANÇAISE DE LIGNE Nº 9. V. PREMIER MARS.

MARSAILLE. V. NOMS PROPRES. V. FELD-MARSCHAL.

MARSCHAL, ou **MARSCHALL**, subs. masc. V. GRAND PRÉVOT. V. MARÉCHAL. V. MILICE ANGLAISE Nº 2.

MARSEILLAISE, subs. fém. V. ARME FRANÇAISE. V. MILICE ESPAGNOLE Nº 8. V. MILICE POLONAISE Nº 1.

MARSEILLE; **MARSHALL**; **MARSEGLI**; **MARSIN**; V. NOMS PROPRES.

MARTEAU, subs. masc. V. CHIEN-MARTEAU.

MARTEAU (term. génér.), ou MARTEL, ou MARTIAU, ou MARTIAX, mots dérivés du LATIN *martellus, martiolus, martulus*. Ils ont produit les substantifs MARTINET et MARTELEIS; ce dernier signifiait cliquetis ou choc d'armes. On lit dans Guillaume GUYART,

> *Moult fu fier le Martelleis*
> *La noise (bruit) et les cliqueteis.*

Le mot sera surtout considéré ici dans le sens de MARTEAU D'ARMES.

MARTEAU d'ARMES (F). Sorte de MARTEAU qui était au nombre des ARMES CONTONDANTES en usage au MOYEN AGE. — Suivant Despagnac (1751, D) et l'Encyclopédie (1785, C), cet instrument différait du mail d'armes en ce que l'une et l'autre des parties du fer du mail étaient carrées, à angles adoucis et à tête arrondie; tandis qu'une des parties du fer du Marteau était carrée ou arrondie, et l'autre en forme de pointe, ou de tranchant, ou de hache. Carré (1783, E) dit que le Marteau d'armes était plus pesant que la maulloche et le maillotin. — Les Marteaux d'armes servaient surtout à cheval; ils différaient de la canne d'armes et de l'angon a main, en ce que le manche du Marteau était plus court.

— Brantome (1600, A) témoigne que la milice française renonça aux Marteaux d'armes et aux masses d'armes dans le cours du quinzième siècle. — On voyait à Jend'heur des Marteaux d'armes dont la forme différait de ceux que Carré (1783, E) a dépeints, et de ceux que le Muséum d'artillerie renfermait. — Une description et un dessin des Marteaux d'armes se trouvent dans l'*Encyclopédie du dix-neuvième siècle,* au mot *Arme.*

MARTEAU de faucheur. v. faucheur. v. faux de campement.

MARTEAU de hache. v. barbole. v. corps d'étui de hache. v. hache. v. hache de grenadier. v. serpe d'armes.

MARTEL, subs. masc. v. armure. v. marteau.

MARTELEIS, subs. masc. v. marteau.

MARTELLO, subs. masc. (F). Mot italien usité en Corse pour exprimer un genre de tour ou de pièce défensive isolée, de nature à résister quelque temps à un assaut qui serait immédiatement livré après un débarquement. — En 1794 les Anglais ont emprunté de la Corse le nom et l'usage des Martello; ils ont armé de ce genre d'ouvrages leurs côtes en deçà et au delà des mers. — Ces tours étaient bien plus anciennement connues dans la milice portugaise sous le nom d'alataya. — Ces tours ont environ dix mètres de hauteur; elles sont voûtées et à l'épreuve de la bombe; leur porte est à la hauteur d'un premier étage; on y entre par une échelle ou par un pont-levis; elles ont des meurtrières, et quelques-unes peuvent tirer des boulets rouges : M. Ch. Dupin (1820, B) entre dans une explication détaillée à cet égard. — Les tours maximiliennes, nouvellement adoptées par la milice autrichienne et répandues sur plusieurs points de l'Italie, sous le nom de tours maximiliennes, sont analogues aux Martello corses et anglais. En 1833 (juillet) trente-deux tours de ce genre s'élèvent aux approches de Lintz et défendent le Danube;

elles sont unies entre elles; elles ont vingt-quatre mètres de diamètre et neuf d'élévation; une citerne y est contenue; elles ont une cave de trois mètres, et se distribuent en deux étages qu'une plate-forme surmonte; le rez-de-chaussée est le magasin des vivres; le premier sert de logement, le second est l'arsenal, dix pièces de siége garnissent la plate-forme; la dépense d'une tour s'évalue à cinquante mille francs. — Lintz est devenue ainsi un formidable camp retranché susceptible de protéger une garnison de quatre mille hommes, et de défendre l'entrée du Tyrol allemand. — Le *Bulletin des Sciences militaires,* t. ix, p. 182, et le *Journal des Sciences militaires,* t. xvi, p. 411 et 441, s'étendent en quelques détails sur ces matières. Le *Spectateur militaire,* t. xix, p. 50, contient une description des tours maximiliennes, en donne des gravures explicatives et offre un examen critique de leur emploi.

MARTÉNA ; MARTIAL. v. noms propres.

MARTIAL (martiale), adj. v. architecture martiale. v. cour martiale. v. loi martiale.

MARTIAU, subs. masc. v. marteau.

MARTEAX, subs. masc. v. marteau.

MARTIN ; MARTINET. v. noms propres.

MARTINET correctionnel (F). Le *Dictionnaire de la Conversation,* au mot *Baïonnette,* dit que le colonel Martinet, inspecteur d'infanterie sous Louis quatorze, introduisit dans la discipline française la flagellation au moyen du fouet ou de l'ancienne boulaie, qui prit de son nom le nom de Martinet. Cet usage, qui ne prit pas de racines en France où d'autres supplices furent préférés, donne une idée du chat a neuf queues des Anglais. — Des ordonnances ont aussi donné le nom de Martinet à un fouet a vêtements, parce que le fouet correctionnel servait à ce double usage.

MARTINET (subs. masc.) nevrobalistique (F). Le mot Martinet est un diminutif de marteau. Suivant M. Roquefort, il donnait idée d'une machine de guerre propre à jeter des pierres; c'était, suivant Ganeau et Lobineau, une petite arbalète.

MARTINEZ. v. noms propres.

MARTINGALE, subs. fém. (term. génér.). Mot emprunté à la langue des manéges, et provenu peut-être de certaines formes de l'ancien costume; c'est dans ce dernier sens qu'il se retrouve dans l'italien, dans l'espagnol et dans Rabelais. — Dans le langage des hommes de cheval il signifie

COURROIE propre à maintenir, à retenir; dans les usages de l'infanterie il signifie partie d'étoffe ou de BUFFLE servant d'attache; on l'a employé aussi dans le sens de JUGULAIRES analogues aux anciennes BAVIÈRES. Il se distingue en MARTINGALE DE CAPOTE et en MARTINGALE DE GIBERNE.

MARTINGALE de CAPOTE (B, 1). Sorte de Martingale ou de bandelette de drap distinguée en Martingale de droite et Martingale de gauche; au besoin elles servent à pincer le bas de la taille des CAPOTES à large dos des HOMMES DE TROUPE de l'INFANTERIE DE LIGNE. Chaque Martingale est arrêtée par un bout au moyen d'une couture; elle est de l'autre bout percée d'une BOUTONNIÈRE ou garnie d'un BOUTON qui s'attachent au besoin.

MARTINGALE de GIBERNE (B, 1). Sorte de MARTINGALE ou de patte en BUFFLE fixée par un de ses bouts à la BOÎTE de la GIBERNE; l'extrémité opposée de la Martingale est percée d'une BOUTONNIÈRE qui s'attache au BOUTON A MARTINGALE de l'habit, de la capote, du pantalon ou du baudrier de sabre.

MARTINIQUE. V. NOMS PROPRES.

MARTIOBARBULE, subs. masc. (F). Mot tout LATIN, *martiobarbulus*, qui a servi de désignation à une ARME DARDELLE et peut-être à une ARME DE DÉCLIC; elle s'est aussi appliquée à un genre de troupe; dans le premier cas le terme était synonyme de PLOMBÉE, *plombata, plumbata*; il s'est conservé dans l'ITALIEN *martiobarbulo*, signifiant JAVELOT ou gros TRAIT; dans le scond cas, Martiobarbule et MATTIAIRE étaient même chose, suivant GANEAU. — TURNÈBE pense que le substantif *martiobarbulus* a été un dicton, une ironie des anciens guerriers; mais ce n'est pas clairement prouvé.—JABRO (1777, G) croit que le nom de Martiobarbule viendrait, sans qu'on en sache la cause, du nom d'un poisson nommé mulet ou barbeau du mois de mars: c'est l'opinion de l'auteur anonyme d'un ouvrage intitulé : *De rebus bellicis*; peut-être était-ce une arme à double dent comme les deux barbes du barbeau, ce qui coïnciderait avec le sentiment de CARRÉ (1783, F), dont nous dirons quelque chose. — Des SOLDATS de la MILICE ROMAINE OU BYZANTINE portaient des FLÈCHES PLOMBÉES, et ont pris de la dénomination de cet instrument leur qualification; VÉGÈCE (590, A) dit que deux LÉGIONS DE MARTIOBARBULES de six mille hommes chacune combattirent en ILLYRIE; les empereurs Dioclétien et Maximien, parvenus à l'empire, donnèrent, comme distinction honorable, à ces Martiobarbules le nom de *ioviani* et de *herculiani*, JOVIENS, HERCU-

LIENS. — CARRÉ (1785, E) regarde le Martiobarbule comme même chose que le BARBOLE OU HACHE D'ARMES; nous ignorons jusqu'à quel point cette opinion est fondée. — LÉON (900, A) et l'ENCYCLOPÉDIE (1785, C, au mot *Arme*) témoignent que le Martiobarbule était une ARME de PSÍLITE; il ne paraît pas cependant que ce genre de troupe ait fait usage de HACHES D'ARMES.— On trouve quelques éclaircissements touchant les Martiobarbules dans GANEAU, MODESTE (275, A), M. DE MONTVERAN.

MARTIUS; **MARZAGLIA**; **MARZARI**; **MARZÉNADO**; **MARZIOLI**; **MASCHI.** V. NOMS PROPRES.

MASOLES, subs. masc. plur. v. CROATES.

MASECOULIS. V. MACHICOULIS.

MASQUE, subs. masc. V. BATAILLE STRATEGMATIQUE. V. CAMP RETRANCHÉ. V. CHARGE DE CAVALERIE. V. DÉROBER LE TRAVAIL. V. LEVER LE MASQUE. V. POSITION STRATEGMATIQUE. V. REMPART DE FORTERESSE. V. TERRAIN.

MASQUE (subs. masc.) de CASQUE (F). Le mot Masque dérive, suivant SAUMAISE, du GREC *maska*, suivant ROQUEFORT de l'ITALIEN *masca*, ou de l'ESPAGNOL *mascara*; suivant FURETIÈRE, du bas LATIN *masca*, faux visage; il vient, suivant Borel (Pierre), de *tala-masca*, déguisement, qui a laissé dans la MARINE, talmache, et qui avait donné son nom aux CHIFFRES STÉGANOGRAPHIQUES qu'on appelait *litteræ talasmascæ*. — Le Masque faisait partie des ARMETS, des CASQUES FERMÉS, des SALADES DE CAVALERIE, etc. Il comprenait MENTONNIÈRE, NASAL, VENTAIL, VISIÈRE, pièces qui jouaient en s'abaissant ou en se relevant; mais il y avait aussi des Masques qui fermaient en pivotant de droite à gauche au moyen de charnières; il y en avait à Masque immobile et formant une espèce de grouin; M. ALLOU (1855) les appelle *en bec d'oiseau*. Ils redoutaient moins les piquants de la HACHE D'ARMES. — On a pris, mais à tort, MEZAIL comme synonyme de Masque. — Les BOURGUIGNOTES n'avaient pas de Masque, ou n'avaient seulement que des parties de Masque. — Jean Chandos, dit FROISSART, ne porta jamais de CASQUE A MASQUE; ce fut une des causes de sa mort. — La BAVIÈRE ou les BAVIÈRES ont été les parties du Masque à l'égard desquelles les antiquaires se montrent le moins d'accord.

MASQUE de SALADE. V. MASQUE DE CASQUE. V. MUSIQUE. V. SALADE. V. SALADE DE CAVALERIE.

MASQUE d'ESCRIME. V. ÉCOLE D'ESCRIME. V. ESCRIME.

MASQUÉ (masquée), adj. V. BATTERIE M...

MASQUER (verb. act.) une BATTERIE, — un CORPS, — une MANOEUVRE, — un MOUVEMENT, — une OPÉRATION, — un PASSAGE, — une TROUPE. V. ATTAQUE VOLANTE. V. BATTERIE. V. BATTERIE DE COTE. V. CHEMIN COUVERT. V. CORPS. V. CORPS DE TROUPE. V. DÉTACHEMENT DE GUERRE. V. EMBUSCADE. V. ESCARMOUCHE. V. ESCORTE DE CONVOI. V. MANOEUVRE. V. MOUVEMENT. V. MOUVEMENT STRATÉGIQUE. V. OPÉRATION. V. ORDRE CONCAVE. V. ORDRE OBLIQUE. V. PASSAGE. V. TROUPE.

MASSARIO. V. NOMS PROPRES.

MASSE (masses), subs. fém. V. A MASSE. V. ABANDON EN M.... V. ALIGNEMENT DE M.... V. BATAILLON EN M... V. CHANGEMENT DE DIRECTION EN M... V. CLASSE DE M... V. COLONNE EN M... V. COLONNE SERRÉE EN M... V. COMPLET DE M... V. DÉCOMPTE DE FONDS DE M... V. DÉCOMPTE DE M... V. DÉFENSE DE M... V. DÉPLOIEMENT DE M... V. DÉPLOYEZ LES M... V. EN MASSE. V. EN MASSE, SERREZ LA COLONNE. V. ÊTRE EN M... V. EXCÉDANT DE FONDS DE M... V. FONDS DE M... V. INTERVALLE DE M... V. ORDRE EN M... V. PAR M... V. PAYEMENT DE M... V. PORTE-M... V. PORTION DE M... V. PREMIÈRE M... V. PREMIÈRE PORTION DE M... V. REGISTRE DE M... V. SE FORMER EN M... V. SECONDE PORTION DE M... V. SERRER EN M... V. TABLEAU DE M...

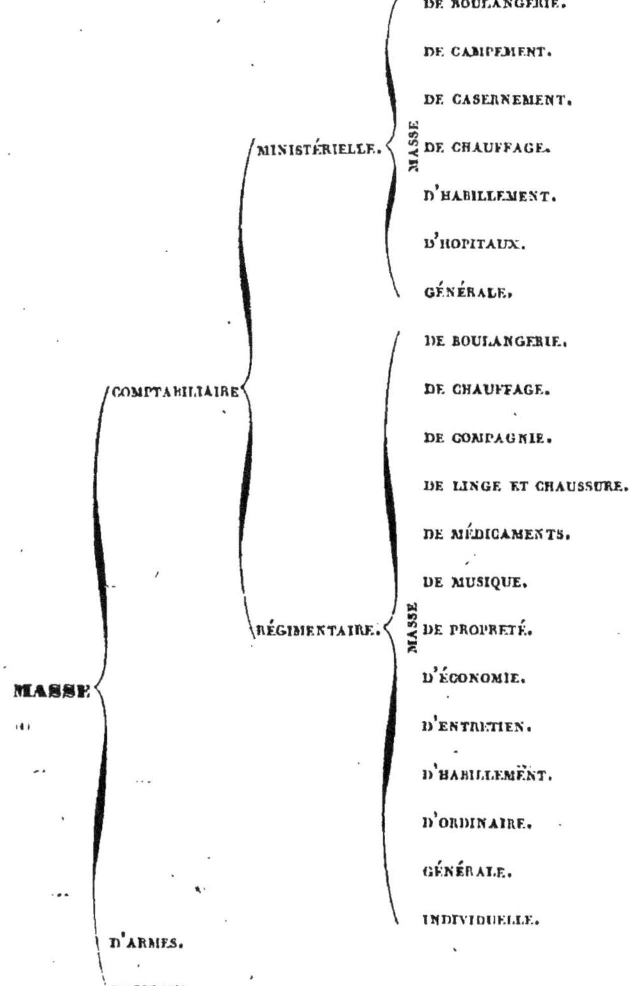

MASSE, subs. fém. (term. génér.). Mot tout LATIN, *massa*, venu du GREC, comme le témoigne FURETIÈRE; MÉNAGE le tire de l'ESPAGNOL *mas*, venu, dit-il, du LATIN *magis*; il a donné naissance à l'expression MASSIF; il prend des acceptions diverses suivant qu'il se rapporte à un genre d'ARME, à une mesure d'ADMINISTRATION, à un mode tactique; il se distingue en MASSE ADMINISTRATIVE, — COMPLÈTE, — COMPTABILIAIRE, — D'ABONNEMENT, — D'ARMES, — DE CAISSON, — DE CANTINE, — DE CAVALERIE, — DE CHAUFFAGE DE CORPS DE GARDE, — DE CHEVAUX DE BAT, — DE CONDAMNÉ, — DE CONVOI, — DE CORPS, — DE CULTE, — DE DÉSERTEUR, — DE DÉTENU, — DE FOURRAGE, — DE HARNACHEMENT, — DE LOGEMENT, — DE PETIT ÉQUIPEMENT, — DE PLUMES, — DE RECRUES, — DE REMONTE, — DE RÉPARATIONS, — DE SERVICE DIVIN, — DE SOLDAT, — DE SOUS-OFFICIER, — DE TRAVAILLEUR, — DE TROUPES, — D'EFFETS DE CAMPEMENT, — D'ÉQUIPEMENT, — D'ÉTAPE, — D'HABILLEMENT D'OFFICIER, — D'HOMME DE TROUPE, — D'INFANTERIE, — D'OFFICIERS, — D'OUTILS DE CAMPEMENT, — D'USTENSILE, — D'USTENSILES DE CAMPEMENT, — INDIVIDUELLE, — PÉCUNIAIRE, — PROJECTILE, — SECRÈTE, — SERRÉE, — STRATEUMATIQUE, — TACTIQUE.

MASSE ADMINISTRATIVE. V. MASSE COMPTABILIAIRE. V. MILICE WURTEMBERGEOISE N° 9.

MASSE COMPLÈTE. V. COMPLET, adj. V. MASSE DE LINGE ET CHAUSSURE.

MASSE (masses) COMPTABILIAIRE (term. sous-génér.), OU MASSE ADMINISTRATIVE, OU MASSE PÉCUNIAIRE. Sorte de MASSES qui sont un produit de PRESTATIONS PÉCUNIAIRES; elles concernent, soit des MILITAIRES considérés individuellement, soit des CORPS : ces dernières sont gérées par le MINISTRE DE LA GUERRE, ou par le CORPS même; les premières le sont par le CONSEIL D'ADMINISTRATION; celles dont les CORPS perçoivent le MONTANT se payent sur ÉTATS D'EFFECTIF, comprenant, soit la totalité des MILITAIRES du CORPS, soit seulement le total des HOMMES DE TROUPE; les unes s'acquittent à raison du COMPLET, les autres à raison de l'EFFECTIF; le REGISTRE-JOURNAL en fait mention. — L'usage des MASSES INDIVIDUELLES ou de réserve est de toute antiquité dans les MILICES GRECQUES. POLYEN dit qu'IPHICRATE retenait à ses SOLDATS le quart de leur SOLDE, pour leur en former une masse de réserve; les GRATIFICATIONS des tribus aux COHORTES des LÉGIONS ROMAINES s'encaissaient comme fonds de réserve. — DOMITIEN régla que dans ses ARMÉES la masse n'excéderait pas mille pièces, ce qui pouvait équivaloir à soixante et dix ou quatre-vingts francs; les PORTE-ENSEIGNES étaient les trésoriers de ce genre d'épargne;

SUÉTONE explique positivement cette circonstance. — Dans les TROUPES FRANÇAISES, les Masses sont un ABONNEMENT légal, qui constitue un DROIT fixe à certaines ALLOCATIONS en numéraire; la PRESTATION et la valeur financière qui y pourvoient s'appellent également Masses; dans un sens détourné, et par une figure, on a appliqué le terme au mécanisme de la disposition légale et au maniement des deniers. — Les Masses seront surtout considérées ici comme MASSES D'INFANTERIE; la plupart ne sont que MASSES D'HOMMES DE TROUPE; celles DE CAMPEMENT, DE CASERNEMENT, DE CHAUFFAGE, DE CONVOI, DE LOGEMENT, D'ÉTAPE, D'HOPITAUX, sont ou ont été, en tout ou en partie, MASSES D'HOMMES DE TROUPE et MASSES D'OFFICIERS. — Les Masses n'ont d'abord été qu'une mesure instituée dans l'intérieur des RÉGIMENTS, et sans que le gouvernement le sût ou s'en occupât, sans que les REVUES y prissent part; quand les CAPITAINES étaient les seuls arbitres d'une ADMINISTRATION naissante, sans contrôle et longtemps occulte et indépendante, quelques-uns cherchèrent à établir de l'ordre dans la COMPTABILITÉ; à cet effet ils opérèrent des RETENUES sur la SOLDE pour fournir à certaines DÉPENSES individuelles; la balance de la somme dépensée et de la FOURNITURE faite donnèrent ou furent censées donner un reliquat; il devint l'objet d'un DÉCOMPTE plus ou moins scrupuleusement réalisé. Le SOLDAT, car c'est lui qui a fait notre LANGUE MILITAIRE, le SOLDAT nomma Masse, par rapport à cet argent dormant et distribuable, ce qu'il nommait GRENOUILLE, par rapport aux valeurs continuellement actives et non distribuables de l'ORDINAIRE; qu'on ne s'étonne donc pas si, linguistiquement, le mot Masse est peu satisfaisant : ODIER (1818, E) en reconnaissait l'impropriété, et proposait d'y substituer le terme ABONNEMENT, qui ne vaudrait pourtant guère mieux, à cause des épithètes qu'il exigerait pour s'appliquer par spécialités. — Le gouvernement accepta les usages établis et leurs appellations; en 1680, il reconnaissait une MASSE DE PROPRETÉ. — Depuis 1762, les COMPAGNIES étant passées au compte du roi, et cessant d'être dans la dépendance unique des CAPITAINES, le mode des Masses en usage se régularisa, et le principe en fut appliqué en 1764, en 1776, par le CONSEIL DE LA GUERRE en 1788, par l'ORDONNANCE DE 1790 (5 JUIN), par le DÉCRET DE 1791 (1ᵉʳ et 11 FÉVRIER) et par l'INSTRUCTION DE 1791 (1ᵉʳ AVRIL). — Le nombre des Masses s'accrut successivement beaucoup, et plusieurs d'entre elles ont été, suivant les temps, ou MINISTÉRIELLES, ou RÉGIMENTAIRES. — Le système des Masses a été aboli presque entièrement en l'an deux ; il exigeait un esprit de prévision et des supputations incompatibles avec la création des assignats, les désordres du maximum, le chaos des réquisitions : il a repris faveur en l'an quatre, il a été rétabli totalement par l'ARRÊTÉ DE L'AN SEPT (26 FRUCTIDOR) : cet arrêté fut rendu sur le rapport lumineux et profond de PETIET qui, dès l'an trois et pendant son ministère, avait jugé, avec raison, que l'application de la méthode des Masses est l'élément des BUDGETS D'ARMÉE ; le travail qu'il avait mis au jour reposait sur les combinaisons que voici : l'ARMÉE étant censée s'élever à un total de ...., la DÉPENSE à faire pour ses VIVRES, ses REMONTES, ses ÉTAPES, ses FOURRAGES, etc., peut s'évaluer à une somme de .... ; il faut donc répartir, à raison d'un quotient annuel et individuel, cette somme par chaque MILITAIRE de telle ARME, de telle ou telle CATÉGORIE ; puis déduire de là la mesure du CRÉDIT à obtenir du trésor, et la proportion du CRÉDIT à ouvrir à chaque PARTIE PRENANTE. — L'ARRÊTÉ DE L'AN HUIT (23 FRUCTIDOR) établissait trois CLASSES DE MASSES, les MINISTÉRIELLES, les mixtes, les RÉGIMENTAIRES ; des REGISTRES différents durent y être affectés. — La CIRCULAIRE DE L'AN ONZE (14 VENDÉMIAIRE) reconnaissait neuf Masses ; une partie s'en acquittait sur FEUILLE DE QUINZAINE. — L'ARRÊTÉ DE L'AN ONZE (17 FRIMAIRE) et l'INSTRUCTION DE 1806 (24 JUILLET) modifiaient les principes jusque-là reçus. L'INSTRUCTION DE 1808 (24 SEPTEMBRE) considérait comme Masse l'INDEMNITÉ DE CONVOI. — Le DÉCRET DE 1810 (16 MAI) déterminait la forme du PAYEMENT des Masses. — Les règles qui concernaient les Masses étaient développées dans l'ORDONNANCE DE 1825 (19 MARS) ; mais le MINISTRE DE LA GUERRE en avait détruit toute l'harmonie par l'ORDONNANCE DE 1830 (21 FÉVRIER). — Les ÉCRIVAINS qui peuvent être consultés à l'égard du système des variations, du maniement et du détail des Masses sont : M. BAILLET (1817, D), BARDIN (1807, D ; 1811, H ; 1815, C ; 1814, E), BERRIAT (1812, A), BOHAN (1781, H), ENCYCLOPÉDIE (1785, C, supplém.), HOUEMONE (1818, D), LACHESNAIE (1758, I), LECOUTURIER (1825, A), LEGOUPIL, MORIN (1798), OMER (1818, E ; 1824, E), M. GUILLET (1686), M. VAUCHELLE. — Par rapport aux usages actuels ou peu anciens, distinguons la Masse comptabiliaire en MASSE MINISTÉRIELLE et en MASSE RÉGIMENTAIRE.

MASSE D'ABONNEMENT. V. ABONNEMENT. V. MILICE PIÉMONTAISE N° 4.

MASSE (masses) D'ARMES (F), ou MACE, resté dans l'ANGLAIS et écrit ainsi dans BOREL (Pierre), CARRÉ (1783, E), VELLY. Sorte de Masses ou d'ARMES CONTONDANTES qui ont donné leur nom aux MASSIERS ; les MASSES ont été en usage de tout temps chez les ORIENTAUX ; les CHARS de la MILICE ÉGYPTIENNE en étaient garnis, et M. WILKINSON donne le dessin de quantité de Masses. Cette arme a été empruntée par les CHEVALIERS et les GENS D'ARMES du MOYEN AGE, à l'époque de leurs expéditions d'AFRIQUE : peut-être, cependant, est-elle plus ancienne chez les FRANÇAIS, peut-être fut-elle une modification de ce MARTEAU D'ARMES dont s'est si puissamment servi, dit-on, CHARLES MARTEL. — Les Masses d'armes étaient propres à estropier les GUERRIERS EN COTTES DE MAILLES ; plus tard, elles servaient à rompre les CUIRASSES PLEINES ; on conjecture que les NOBLES qui se servaient habituellement de la Masse portaient la CUIRASSE SANS FAUCRE. — La Masse est une des ARMES qui se rapproche le plus de celles des hommes dans un état de nature ; elle rappelle la MASSUE ou le MANCANAS du sauvage, le PATOU ou l'ASSOMMOIR de l'INDIEN, le lissan de l'Arabe, le CASSE-TÊTE des Caraïbes, le PIL des CASTADOURS, le morgenstern ou étoile du matin de la MILICE SUISSE du MOYEN AGE. — La Masse était une MASSUE perfectionnée dont se servaient les NOBLES, les SERGENTS D'ARMES ; elle avait le MANCHE en métal ; il était court et cylindrique ; la TÊTE de l'ARME était en fuseau, mais les formes et les ornements en ont varié à l'infini. Il se voyait à CHANTILLY des Masses d'armes dont la tête, façonnée en manière de grille, ressemblait à une lanterne d'engrenage ; les unes étaient à MANCHE uni, d'autres avaient une POIGNÉE ; l'extrémité du MANCHE, opposée à sa mailloche, portait un anneau, afin que la Masse pût se suspendre par une chaîne ou une courroie à la SELLE D'ARMES ou au poignet du COMBATTANT. — A l'abbaye de Roncevaux, on montrait encore dans le siècle dernier les Masses attribuées à ROLAND et à Olivier ; elles se composaient d'un rameau gros comme le bras et long de deux pieds et demi, la poignée en était garnie d'une espèce de manchette ; l'extrémité opposée du MANCHE portait trois chaînons qui arrêtaient un globe de quatre kilogrammes ; un de ces globes était sphérique et de fer, l'autre était en airain de forme ovale et cannelée. Si de pareilles ARMES ont servi à la guerre, et autrement que sur le haut d'un rempart, les guerriers qui les maniaient devaient être d'une vigueur maintenant sans exemple. — Ce genre d'ARMES qui n'était pas en forme de mail ne s'est appelé qu'improprement Masse d'armes ; des ÉCRIVAINS se sont plus correctement servi des termes SCORPION ou

FOUET D'ARMES : le FOUET était à boule unie; le scorpion était à PIQUERONS ou pointes de fer en dards de hérisson. La Masse des CHE-VALIERS ECCLÉSIASTIQUES était sans PIQUERONS. — A la bataille de Brenneville, en 1119, LOUIS LE GROS abat sous sa Masse d'armes un Anglais qui se disposait à le faire prisonnier. — L'histoire a rendu célèbre la Masse d'armes de Jean sans Pitié, évêque de Liége, et celle de PHILIPPE DE DREUX, évêque de Beauvais : ces guerriers prétendaient que cette manière d'occire ne répandait pas le sang. — Les SERGENTS D'ARMES OU GARDES DU CORPS de Louis NEUF étaient armés d'une Masse d'airain : de là le nom de SER-GENT A MASSE; le CONNÉTABLE la retirait aux gardes qu'il cassait. — LOUIS NEUF combattait les infidèles de la Masse et de l'épée. — Les ARBALÉTRIERS et l'INFANTERIE COMMUNALE s'escrimaient à coups de Masses qu'on nommait BOUGES ou PLOMBÉES, parce que la TÊTE en était en métal creux rempli de plomb : ces Masses étaient à HAMPE de bois et avaient sept à huit pieds de long. — Il y avait des STRADIOTS dont l'AZEGAIE était garnie à l'un de ses bouts d'un globe de métal en manière de Masse d'armes. — La GARDE ROYALE de CHARLES HUIT et les STRADIOTS de LOUIS DOUZE portaient Masse d'armes; les ARGOULETS la tenaient attachée à l'arçon gauche de la SELLE. CARRÉ (1785, E, p. 507) nous montre au contraire un GENDARME DU MOYEN AGE dont la Masse est fixée contre l'arçon droit, la TÊTE en haut. — BRANTOME (1600, A) témoigne que, depuis le quinzième siècle, cette ARME ne fut conservée que dans les COMPA-GNIES des GENTILSHOMMES AU BEC DE CORBIN, mais qu'on cessa de s'en servir à la guerre. — Cette assertion n'est pas entièrement juste : d'une part, le BEC A CORBIN différait sensiblement de la Masse; d'autre part, la MA-RINE n'a jamais renoncé à l'usage des Masses d'armes; il y en avait, il y en a encore en réserve sur tous les VAISSEAUX armés; elles sont destinées à repousser l'ABORDAGE. — Les Masses que portaient les CHEVALIERS dans les TOURNOIS sont reléguées parmi les MEU-BLES DE BLASON. — Les PACHAS de l'ORIENT avaient, en guise de BATON de commandement, une Masse de cuivre doré. — Les GARDES DU CORPS de Louis QUATORZE ont eu la Masse d'armes. — Les huissiers des palais royaux ou HUISSIERS D'ARMES ont, en France, conservé longtemps la Masse; le BATON des ROIS D'ARMES et des HÉRAUTS D'ARMES était un simulacre de leur ancienne Masse. — Les MAMELOUCKS au service de France avaient, à l'instar de leurs frères d'EGYPTE, une Masse d'armes à MANCHE de cuivre, et à TÊTE de fer taillée en ailes ou côtes longi-tudinales; on voit encore dans l'arsenal de Vincennes des ARMES de ce modèle. — En donnant à cette troupe dorée une Masse, ARME inutile, surcharge embarrassante, on revenait à l'enfance de l'ART, on sacrifiait à la mode et à la coquetterie. Nos ancêtres avaient abandonné le MAIL, le MARTEAU, la Masse, depuis que le COSTUME DE FER avait disparu; la Masse était inutile depuis qu'il n'y avait plus à briser de robustes ARMURES pour achever les BLESSÉS qui ne demandaient pas MERCI, ou n'avaient pas moyen de PAYER RANÇON; mais, depuis qu'un autre genre d'HABILLEMENT avait pris faveur, depuis qu'aux CHAPLIS avait succédé la fulmination des ARMES PYROBALISTIQUES, la Masse n'était plus, pour des HOMMES DE CHEVAL, qu'un hochet militaire; elle ne pouvait plus servir qu'à la défense d'un PARAPET ou d'un BAS-TINGAGE. — Les AUTEURS qu'on peut consulter à l'égard des Masses d'armes sont : CARRÉ (1785, E, p. 196), DANIEL (1721, A, p. 455), ENCYCLOPÉDIE (1785, C, au mot *Arme* et aux planches), GASSENDI, GOETZMANN, M. PLAN-CHÉ, l'*Encyclopédie du dix-neuvième siècle* (au mot *Arme*).

MASSE de BOULANGERIE (B, 1). Sorte de MASSE qui, suivant les temps, a été ou MINIS-TÉRIELLE ou RÉGIMENTAIRE. Le CONSEIL DE LA GUERRE créé en 1787 la constituait sous cette dernière forme; mais le système de la fabrication du PAIN dans l'intérieur des CORPS ne fut pas de longue durée. — Le RÈGLEMENT DE 1793 (3 MARS) réglait la matière. Ce genre de DÉPENSE dépendait directement du MINIS-TRE; un DIRECTEUR GÉNÉRAL en a eu ensuite le maniement. — La Masse de boulangerie est destinée à pourvoir aux FOURNITURES de PAIN DE MUNITION, soit en STATION, soit en ROUTE DANS L'INTÉRIEUR. — L'ORDONNANCE DE 1788 (20 JUIN) la fixait à quarante-cinq livres; en 1791 et 1793 (3 MARS) elle était à quarante-huit; en L'AN SEPT (26 FRUCTIDOR) à cinquante et un francs par an et par homme. — La GARDE DE PARIS gérait elle-même sa Masse de boulangerie.

MASSE de CAISSON. V. CAISSON. V. CAISSON D'INFANTERIE.

MASSE de CAMPEMENT (B, 1), ou MASSE D'EFFETS DE CAMPEMENT. Sorte de MASSE MINIS-TÉRIELLE qui, suivant les temps, a été fondue dans la MASSE DE CASERNEMENT ou en a été distraite. Elle a fait partie de la MASSE GÉNÉ-RALE, soit fictivement, soit réellement. — La LOI DE L'AN SEPT (26 FRUCTIDOR) amalgamait les Masses de campement, de CASER-NEMENT et de LOGEMENT; elle en établissait le taux à vingt francs par an et par homme comptés au complet, non compris la GENDAR-MERIE. L'ARRÊTÉ DE L'AN HUIT (25 FRUCTIDOR) isolait le campement. — Une CIRCULAIRE DE L'AN ONZE (14 VENDÉMIAIRE) distinguait de la Masse de campement la MASSE D'USTENSILES. — Le DÉCRET DE 1806 (25 FÉVRIER) introduisait dans la MASSE GÉNÉRALE une Masse de campement, à raison de cinquante centimes par homme et par an; c'était une distraction de la MASSE MINISTÉRIELLE de CAMPEMENT. — Une CIRCULAIRE DE 1807 (2 JUIN) en réglait le mode de payement. — La BOUTEILLE CLISSÉE, OU BIDON D'HOMME DE TROUPE, la GAMELLE, les OUTILS, les EFFETS portatifs de CAMPEMENT, les dépenses de certains TRANSPORTS, etc., étaient fournis au compte de cette Masse. — La CIRCULAIRE DE 1812 (50 DÉCEMBRE) décidait que la MASSE D'OUTILS DE CAMPEMENT ne serait pas payée aux CORPS et qu'elle ne figurerait pas sur les REVUES.

MASSE de CANTINE D'AMBULANCE. V. CANTINE D'AMBULANCE. V. CHEVAL DE BAT.

MASSE de CASERNEMENT (B, 1). Sorte de MASSE MINISTÉRIELLE qui s'est amalgamée d'abord avec celle de LOGEMENT, plus tard avec celle de CAMPEMENT. — Le DÉCRET DE 1791 (27 SEPTEMBRE) établissait la Masse de CASERNEMENT et de LOGEMENT sur le pied de seize livres dix sous par an pour tout MILITAIRE français; elle devait pourvoir à tous les frais d'USTENSILES, d'AMEUBLEMENT, de locations, de payements d'INDEMNITÉS, d'achat d'EFFETS DE CAMPEMENT et à leur TRANSPORT. — La LOI DE L'AN SEPT (26 FRUCTIDOR) la portait à vingt francs au complet de l'ARMÉE. — L'ARRÊTÉ DE L'AN HUIT (28 FRUCTIDOR) en distrayait le CAMPEMENT.

MASSE de CAVALERIE. V. ARTILLERIE A CHEVAL. V. CAVALERIE. V. CAVALERIE FRANÇAISE N° 7. V. INFANTERIE N° 8. V. INTERVALLE DE CAMP.

MASSE de CHAUFFAGE (B, 1). Sorte de MASSE tour à tour MINISTÉRIELLE et RÉGIMENTAIRE qui pourvoyait aux frais du COMBUSTIBLE DE CUISINE dans les CASERNES; il n'y a pas de MASSE COMPTABILIAIRE qui ait subi autant de variations dans ses TARIFS. — Le COMBUSTIBLE a été, en général, fourni par des ENTREPRENEURS avec qui le MINISTRE passait marché; leurs FOURNITURES étaient acquittées au compte de la Masse. — L'ARRÊTÉ DE L'AN HUIT (23 FRUCTIDOR) remit aux CORPS l'administration de leur Masse de chauffage et d'USTENSILES DE CAMPEMENT; elle était acquittée par douzième et par mois. — L'ARRÊTÉ DE L'AN NEUF (23 VENDÉMIAIRE) voulait que cette Masse pourvût aux dépenses des GAMELLES, etc. — La perception de la Masse de chauffage au profit des DÉTACHEMENTS éloignés du CORPS a été longtemps une mesure mal déterminée; le RÉGLEMENT DE L'AN DIX (9 BRUMAIRE) en donne la preuve. — La LOI DE L'AN SEPT (26 FRUCTIDOR) fixait la Masse de chauffage à dix francs par an et par homme au complet; les OFFICIERS n'y avaient pas droit; les SERGENTS, les FOURRIERS, le PETIT ÉTAT-MAJOR avaient droit à DOUBLE RATION. — L'ARRÊTÉ DE L'AN DIX (8 NIVOSE) l'abaissait à neuf francs. — L'ARRÊTÉ DE L'AN ONZE (7 FLORÉAL) a distrait de la Masse de chauffage la portion qui pourvoyait au COMBUSTIBLE des CORPS DE GARDE; il fixait la Masse de chauffage, ainsi réduite, à dix francs. — L'INSTRUCTION DE L'AN TREIZE (12 FRUCTIDOR) l'appelait Masse de CHAUFFAGE EN ARGENT, comme si, en définitive, toutes les masses n'étaient pas en argent; elle appelait l'autre portion CHAUFFAGE EN NATURE. — L'INSTRUCTION DE 1807 (31 DÉCEMBRE) cherchait à établir à cet égard de l'uniformité; l'INSTRUCTION DE 1808 (24 DÉCEMBRE), voulait que son REGISTRE fût confronté avec le LIVRET DE PAYEMENT. — A raison de l'EFFECTIF, on peut supputer communément le taux de la Masse à cinq centimes par homme et par jour pendant les MOIS D'HIVER, à moitié moins pendant les MOIS D'ÉTÉ. — Il sera fait d'importantes économies sur cette DÉPENSE, si l'on construit dans toutes les CASERNES des FOURNEAUX conformes aux modèles économiques d'invention moderne.

MASSE de CHAUFFAGE DE CORPS DE GARDE. V. BOIS ET LUMIÈRE. V. CHAUFFAGE DE CORPS DE GARDE. V. CORPS DE GARDE DE GARNISON.

MASSE de CHEVAUX DE BAT. V. CHEVAL DE BAT.

MASSE de CONDAMNÉ. V. CONDAMNÉ. V. FONDS DE MASSE DE CONDAMNÉ.

MASSE de COMPAGNIE (B, 1). Sorte de MASSE RÉGIMENTAIRE tour à tour établie et abrogée. — L'ORDONNANCE DE 1788 (1er JUILLET) en instituait une; elle s'alimentait au moyen de RETENUES opérées sur la PAYE des HOMMES DE TROUPE qui encouraient PUNITION, ainsi qu'au moyen d'une AMENDE frappée sur la HAUTE PAYE des OFFICIERS suspendus de leur GRADE, et égale à la moitié de cette HAUTE PAYE. — Ce système, longtemps oublié, a repris vigueur par le DÉCRET DE 1806 (10 AVRIL). Cette Masse avait pour objet de pourvoir aux DÉPENSES de BLANC A BUFFLE, de BLANCHISSAGE, de MONTE-RESSORT, de CIRE A GIBERNE, etc. Elle se composait des AMENDES d'HOMMES DE TROUPE, de RETENUES exercées sur la SOLDE des TRAVAILLEURS, de la concession de certaines PERMISSIONS, du produit de certaines VENTES D'EFFETS, etc. Le MAJOR avait la direction de cette Masse et la surveillance du REGISTRE où les détails en étaient inscrits. — Le DÉCRET DE 1811 (2 MAI) a supprimé cette Masse.

MASSE de CONVOI. V. CONVOI. V. CONVOI A LA SUITE. V. MASSE GÉNÉRALE.

MASSE de CORPS. V. CORPS. V. MASSE RÉGIMENTAIRE. V. SARRAU.

MASSE de CULTE. V. CHAPELLE DE CORPS. V. CULTE DIVIN.

MASSE de DÉSERTEUR. V. DÉSERTEUR. V. MAJOR CHEF DE BATAILLON N° 12. V. REGISTRE DE DÉLIBÉRATIONS.

MASSE de DÉTENU. V. DÉTENU. V. DÉTENU MIS EN JUGEMENT.

MASSE de FOURRAGE. V. FOURRAGE. V. FOURRAGE DE DISTRIBUTION.

MASSE de HARNACHEMENT et FERRAGE. V. HARNACHEMENT. V. FERRAGE. V. MASSE DE LINGE ET CHAUSSURE.

MASSE de LINGE ET CHAUSSURE (B, 1), ou MASSE DE PETIT ÉQUIPEMENT. Sorte de MASSE RÉGIMENTAIRE qui intéresse l'ADMINISTRATION des HOMMES DE TROUPE, non compris l'ADJUDANT, le PETIT ÉTAT-MAJOR et les ENFANTS DE TROUPE. — Elle n'existait qu'arbitrairement ou facultativement, mais non légalement ni nominalement encore, à la fin du dix-septième siècle, comme le témoigne FUNDERFELT (1695, D). On voit dans cet ÉCRIVAIN que, de son temps, l'USTENCILE EN ARGENT ou payé par le roi, et ainsi nommé par opposition à l'USTENCILE EN NATURE fourni par les HABITANTS, était employé à habiller et équiper le SOLDAT, et que les CAPITAINES, au lieu de distribuer cet USTENCILE pécuniaire, en réservaient le montant pour pourvoir au VÊTEMENT et à l'ENTRETIEN. — La Masse de linge et chaussure existe depuis un siècle; l'ORDONNANCE DE 1749 (1er JUILLET) s'en occupait une des premières. Le mot avait de l'exactitude d'abord, parce qu'il ne s'agissait, dans le principe, que de CHEMISES et de SOULIERS; il manqua de justesse depuis que cette Masse a pourvu à des DÉPENSES qui, telles que la COCARDE, l'ÉPINGLETTE, etc., ne sont ni LINGE, ni CHAUSSURE; mais notre langue fourmille d'imperfections de ce genre. — Des décisions modernes ont adopté la locution MASSE INDIVIDUELLE imaginée par ODIER (1818, E); mais cette appellation ne vaut guère mieux. — Le MAJOR (CAPITAINE) a eu originairement la direction et le maniement de cette masse; la même gestion a regardé ensuite les CAPITAINES et le CONSEIL D'ADMINISTRATION. — L'ORDONNANCE DE 1764 (20 MARS) réglait la RETENUE dont la Masse était le résultat; cette RETENUE exercée sur la SOLDE était de seize deniers par SERGENT et de huit deniers pour le surplus des HOMMES DE TROUPE de l'INFANTERIE. — La DÉCISION DE L'AN SIX (29 BRUMAIRE) et l'ARRÊTÉ DE L'AN SIX (7 NIVOSE) la portaient à cinq centimes; l'ARRÊTÉ DE L'AN HUIT (8 FLORÉAL) à huit centimes; le DÉCRET DE 1810 (30 DÉCEMBRE) à dix centimes. — Les DÉCRETS DE 1790 (28 FÉVRIER, 6 et 24 JUIN), le RÈGLEMENT DE 1793 (31 DÉCEMBRE), la LOI DE L'AN SEPT (26 FRUCTIDOR) et surtout l'ARRÊTÉ DE L'AN HUIT (8 FLORÉAL), ont approfondi ce qui concernait ce genre de Masse; de là dérivaient toutes les règles encore suivies et reproduites dans l'ORDONNANCE DE 1825 (19 MARS). — La CIRCULAIRE DE 1809 (8 MAI) portait à quarante francs cinquante centimes le taux de la MASSE DE SOUS-OFFICIERS, CAPORAUX y compris, et à vingt-sept francs la MASSE DE SOLDAT. Le DÉCRET DE 1810 (30 DÉCEMBRE) portait la première à quarante francs, la seconde à trente. — La Masse de linge et chaussure est la propriété de l'HOMME DE TROUPE, au nom duquel elle s'établit; mais tant qu'il est au SERVICE il ne peut en disposer, et n'a droit qu'à la perception de ce qui, à époque fixe, excède le COMPLET du DÉPÔT. Le CAPITAINE gère, sous sa responsabilité, pour le compte du soldat les DENIERS de la Masse, sous la surveillance du CONSEIL D'ADMINISTRATION; les FONDS en sont gardés en CAISSE, sans être à la disposition de ce CAPITAINE. — La Masse des RECRUES se formait de prime abord d'une PREMIÈRE MISE, qui était, comme le témoigne la DÉCISION DE 1821 (8 DÉCEMBRE), de quarante francs; elle pouvait ainsi fournir de suite aux DÉPENSES d'EFFETS nécessaires à l'ENROLÉ. La Masse s'alimentait ensuite au moyen des DENIERS DE PETIT ÉQUIPEMENT, au moyen de VERSEMENTS VOLONTAIRES pour la compléter, au moyen de versements comme bénéfices de GARNISAIRES, de TRAVAILLEURS, de SERVICE PAYÉ; au moyen du versement d'une plus forte portion de la SOLDE dans le cas de certaines PERMISSIONS. Ainsi le prescrivaient la DÉCISION DE 1817 (30 AVRIL), l'ORDONNANCE DE 1818 (15 MAI, art. 356), l'ORDONNANCE DE 1825 (19 MARS, art. 827). Son COMPLET était, pour les SERGENTS, de quarante francs, pour les autres HOMMES DE TROUPE de trente. — La Masse pourvoyait aux acquisitions et au remplacement d'EFFETS DE PETIT ÉQUIPEMENT et de PETITE MONTURE, dont la DÉCISION DE 1821 (8 DÉCEMBRE), le RÈGLEMENT DE 1822 (30 MARS) et les TARIFS déterminaient l'espèce, le prix, le nombre, et dont la qualité et les dimensions étaient conformes aux ÉCHANTILLONS et MODÈLES. — La CULOTTE DE TOILE et le PANTALON DE TOILE ont figuré parmi ces EFFETS. — La Masse subvenait à certaines RÉPARATIONS qui avaient lieu en vertu d'un BON *ad hoc*; elle pourvoyait à l'entretien des EFFETS DE PREMIÈRE MISE, au remboursement de PERTES D'EFFETS provenant de la faute de l'HOMME et mises à son COMPTE par qui de droit, au REMPLACEMENT de SACS A DISTRIBUTION et des

TOURNEVIS, aux DÉGRADATIONS résultant de son fait, aux IMPUTATIONS de certaines AVANCES en nature faites aux ISOLÉS. — L'ordonnance de 1823 (19 mars) voulait (art. 825) qu'une DÉLIBÉRATION spéciale du CONSEIL pût seule autoriser ces DÉPENSES ; elle déterminait (art. 733) la forme et la tenue du REGISTRE consacré à cette masse. — On appelait DÉPOT INDIVIDUEL la somme représentative du COMPLET des DENIERS toujours en réserve ; celui des SOUS-OFFICIERS et CAPORAUX et celui des SOLDATS n'est pas le même ; il ne se délivrait qu'aux CONGÉDIÉS. On appelait FONDS DE MASSE l'EXCÉDANT du DÉPOT ; il était décompté périodiquement. — Il n'était délivré des CONGÉS LIMITÉS qu'aux HOMMES pourvus d'une MASSE COMPLÈTE. — Le TABLEAU de la Masse de linge et chaussure était dressé trimestriellement par COMPAGNIE ; ce tableau constituait la FEUILLE DE SITUATION INDIVIDUELLE, comme l'appelait l'ORDONNANCE DE 1823 (19 MARS). Des dispositions peu praticables voulaient qu'un résumé de ce TABLEAU fût mis en évidence au moyen d'une AFFICHE INTÉRIEURE. — Tout HOMME DE TROUPE recevant son CONGÉ ABSOLU, ou partant par TRANSCORPORATION, avait droit au DÉCOMPTE du DÉPOT et du FONDS DE MASSE ; tout DÉSERTEUR cesse d'y avoir droit. — La portion de Masse appartenant à des DÉTACHEMENTS prêts à quitter le CORPS, et devant s'administrer à part, était remise à leur CONSEIL ÉVENTUEL ou à leur CHEF. — En cas de passage par TRANSCORPORATION, le DÉPOT INDIVIDUEL des PARTANTS était adressé directement par le CONSEIL D'ADMINISTRATION qui en était détenteur, au CONSEIL qui devait l'encaisser. — La loi prévoyait le cas où, en pays étranger, un indispensable ÉCHANGE DE MONNAIE grèverait d'une perte le FONDS de la Masse. — Une surveillance générale des Masses de corps était attribuée au MAJOR, qui rendait compte périodiquement au COLONEL de tout ce qui y avait rapport. — La SITUATION de la Masse était établie trimestriellement, en présence des HOMMES, par le CAPITAINE, en même temps qu'il faisait la REVUE des EFFETS du SAC ; cette situation était ensuite réglée contradictoirement entre les CAPITAINES et le TRÉSORIER ; ce dernier inscrivait sur le REGISTRE de la Masse le résultat des FEUILLES DE SITUATION INDIVIDUELLE. — A chaque TRIMESTRE, le REVENANT BON, établi sur FEUILLE DE DÉCOMPTE, est remis à l'individu y ayant droit, s'il a le SAC garni et le DÉPOT complet. — Au CRÉDIT et à la DÉPENSE, la Masse est chargée des annotations ou déclarations de RETENUES opérées en vertu d'OPPOSITION légale. — Les ÉCRITURES du REGISTRE DE LA MASSE DE LINGE ET CHAUSSURE sont vérifiées par les SOUS-INTEN-

DANTS, au moyen de la comparaison des TARIFS ministériels et du rapprochement des FEUILLES DE SITUATION avec les inscriptions que présentent le LIVRE DE COMPAGNIE et le LIVRET INDIVIDUEL ; l'INSPECTEUR GÉNÉRAL s'assure de l'accomplissement de toutes les dispositions que la loi prescrit à ce sujet. — En ADMINISTRATION générale, il ne devait être touché à la Masse que pour les DÉPENSES que son nom indique. Le RÈGLEMENT DE 1806 (10 FÉVRIER, art. 62) le prescrivait ; mais combien de fois, même en temps de paix, la perception de la SOLDE et des MASSES n'éprouve-t-elle pas d'inévitables retards ! Cette circonstance était surtout fréquente en temps de guerre. — On sent combien un CORPS pourrait souffrir s'il lui était interdit d'emprunter extraordinairement, et pour une courte durée, sur des fonds qui dorment, les DENIERS qui feront vivre la troupe. — Mais des emprunts de ce genre, sous des prétextes quelquefois peu fondés, ont occasionné de graves abus ; pour y obvier, un ARRÊTÉ DE 1825 (16 NOVEMBRE) a ordonné que les FONDS en fussent déposés au trésor royal. Une DÉCISION DE 1825 (22 JANVIER) a étendu cette mesure aux MASSES D'HABILLEMENT, de HARNACHEMENT et d'ENTRETIEN. — Remarquons qu'en temps de guerre cette mesure deviendrait impraticable. — L'ORDONNANCE DE 1829 (27 SEPTEMBRE) l'appelait MASSE DE PETIT ÉQUIPEMENT, et mettait à son compte divers EFFETS D'UNIFORME qui, jusquelà, avaient été acquittés sur les crédits du MATÉRIEL du MINISTÈRE. — L'ORDONNANCE DE 1830 (21 FÉVRIER) l'appelait MASSE INDIVIDUELLE, ou plutôt l'y amalgamait et la rendait indépendante de cette portion de solde, divisée en deniers de poche et deniers d'ordinaire. — L'ORDONNANCE DE 1831 (21 NOVEMBRE) a apporté des modifications au système de la MASSE INDIVIDUELLE. — L'ORDONNANCE DE 1832 (26 JANVIER) se servait encore de l'expression Masse de linge et chaussure, et déterminait le genre d'EFFETS qui en motivaient les ALLOCATIONS. — Les DÉCISIONS DE 1834 (16 MAI et 3 JUILLET) mettaient au COMPTE de cette Masse certaines RÉPARATIONS D'ARMEMENT. — La DÉCISION DE 1829 (29 AOUT) et la CIRCULAIRE DE 1837 (16 AOUT) déterminaient les cas du versement du montant de cette Masse dans la CAISSE DES DÉPOTS ET CONSIGNATIONS. — Il a été particulièrement traité de la Masse de linge et chaussure par M. LEGRAND (1857, A).

MASSE DE LOGEMENT. V. BIDON DE CORPS DE GARDE. V. CAPOTE DE GUÉRITE. V. EFFET DE CORPS DE GARDE. V. GAMELLE. V. LOGEMENT. V. MASSE COMPTABILIAIRE. V. MASSE DE CAMPEMENT. V. MASSE DE CASERNEMENT. V. TRANSPORT.

MASSE de MÉDICAMENTS (B, 1). Sorte de MASSE RÉGIMENTAIRE créée par l'ARRÊTÉ DE L'AN DOUZE (9 FRIMAIRE). Son objet était de pourvoir aux FRAIS de TRAITEMENT de MALADIES LÉGÈRES dans l'intérieur des CORPS, aux dépenses de BANDAGES HERNIAIRES, aux achats de LINGE A PANSEMENT et de CHARPIE. — La Masse de médicaments a été prélevée d'abord sur la MASSE D'HOPITAUX. Elle était, en l'an douze, de trente-deux centimes par an et par homme sur pied de paix. Elle a été réunie à la MASSE GÉNÉRALE le premier vendémiaire an quatorze.

MASSE de MUSIQUE (B, 1). Sorte de MASSE RÉGIMENTAIRE qui était extra-légale et en dehors de la comptabilité, mais justifiée par la nécessité et consacrée par l'habitude. Elle se formait d'une RETENUE proportionnelle exercée sur les APPOINTEMENTS des OFFICIERS. Elle remédiait, mais faiblement, à l'insuffisance des fonds que le gouvernement accordait pour la SOLDE et l'entretien des MUSICIENS.

MASSE de PETIT ÉQUIPEMENT. V. BIDON D'HOMME DE TROUPE. V. CAPORAL D'INFANTERIE FRANÇAISE DE LIGNE N° 9. V. CHEMISE D'ÉQUIPEMENT. V. EFFET ACCESSOIRE D'UNIFORME. V. EFFET DE CAMPEMENT. V. MASSE INDIVIDUELLE. V. MASSE DE LINGE ET CHAUSSURE. V. MILICE PIÉMONTAISE N° 9. V. MILICE PRUSSIENNE N° 10. V. MILICE TURQUE N° 9. V. MOUCHOIR. V. PANTALON DE TOILE. V. PETIT ÉQUIPEMENT. V. PLUMET. V. POMPON. V. PREMIÈRE MISE DE PETIT ÉQUIPEMENT. V. PRÊT DE COMPAGNIE. V. SARRAU. V. SOULIER. V. TITRE D'AVANCE.

MASSE de PLUMES. V. PANACHE. V. PLUME. V. PLUMET.

MASSE de PROPRETÉ (F). Sorte de MASSE RÉGIMENTAIRE créée ou du moins reconnue par l'ORDONNANCE DE 1680 (25 SEPTEMBRE). Elle se formait d'une RETENUE d'un sou exercée sur le PRÊT du soldat qui MONTAIT une garde pour de l'argent, et d'un sou sur le PRÊT de chaque TRAVAILLEUR, comme prix du SERVICE qu'on faisait pour lui. — On voit dans l'ENCYCLOPÉDIE (1785, C, au mot *Congé*), qu'à la fin du dernier siècle, les HOMMES EN CONGÉ laissaient un sou par jour pour cette Masse.

MASSE de RÉPARATIONS. V. RÉPARATION. V. MASSE D'ENTRETIEN. V. SAPEUR D'INFANTERIE.

MASSE de RECRUES. V. INSPECTEUR GÉNÉRAL D'INFANTERIE N° 5. V. MASSE DE LINGE ET CHAUSSURE. V. PREMIÈRE MISE DE PETIT ÉQUIPEMENT. V. RECRUE.

MASSE de REMONTE. V. MASSE COMPTABLIAIRE. V. REMONTE.

MASSE de SERVICE DIVIN. V. CHAPELLE DE CORPS. V. SERVICE DIVIN.

MASSE de SOLDAT. V. MASSE DE LINGE ET CHAUSSURE. V. SOLDAT. V. SOLDAT D'INFANTERIE FRANÇAISE.

MASSE de SOUS-OFFICIER. V. MASSE DE LINGE ET CHAUSSURE. V. SOUS-OFFICIER. V. SOUS-OFFICIER D'INFANTERIE FRANÇAISE.

MASSE de TRANSPORT. V. TRANSPORT.

MASSE de TRAVAILLEUR. V. MASSE DE LINGE ET CHAUSSURE. V. TRAVAILLEUR. V. TRAVAILLEUR DE CORPS.

MASSE de TROUPES. V. ARME DÉFENSIVE PORTATIVE. V. MASSE TACTIQUE. V. MILICE AUTRICHIENNE N° 7. V. OFFICIER D'ARTILLERIE N° 6. V. PETITE GUERRE. V. SIXAIN. V. STRATÉGIE. V. TROUPE.

MASSE d'ÉCONOMIE (F), OU MASSE NOIRE, OU MASSE SECRÈTE. Sorte de MASSE RÉGIMENTAIRE que Bohan (1781, H) regardait comme la vicieuse et fondamentale pratique de la COMPTABILITÉ de son temps, et comme un coupable *revirement de parties*. — Guibert (1789, 1) traite aussi des Masses secrètes, que, dit-il, *on n'empêchera jamais*. — Odier (1818, E) mentionne les Masses d'économie comme un *des abus de la guerre*, et comme une conséquence presque inévitable des défauts de la LÉGISLATION, de la mode des nombreuses MUSIQUES, etc. M. BALLYET aussi en traite (1817, D, p. 255). — Les CIRCULAIRES DE 1815 (14 FÉVRIER), 1818 (7 DÉCEMBRE), 1823 (21 AVRIL), 1827 (1er et 27 JANVIER), prohibaient ce genre de Masses. Les instructions recommandaient aux INSPECTEURS GÉNÉRAUX D'INFANTERIE d'employer *tous les moyens en leur pouvoir pour découvrir s'il existe une Masse secrète.* — Les Masses d'économie sont reconnues et légalement autorisées dans la MILICE PIÉMONTAISE.

MASSE d'EFFET DE CAMPEMENT. V. EFFET DE CAMPEMENT. V. MASSE DE CAMPEMENT.

MASSE d'ENTRETIEN (B, 1). Sorte de MASSE RÉGIMENTAIRE des HOMMES DE TROUPE de l'INFANTERIE, qui a pour objet les dépenses de certains EFFETS D'UNIFORME. Elle s'appelait autrefois MASSE RÉGIMENTAIRE. Elle a été une des subdivisions de la MASSE GÉNÉRALE. Ses ressources et ses charges ont varié. Originairement, le MAJOR était dépositaire et dispensateur des deniers de cette masse. — L'ORDONNANCE DE 1762 (10 DÉCEMBRE) instituait une Masse d'entretien, à raison de cinq livres par an et par HOMME. La LOI DE L'AN DEUX (2 THERMIDOR) la fixait à deux livres cinq sous par mois et par HOMME. — La CIRCULAIRE DE L'AN TROIS (28 THERMIDOR) la voulait de six livres par an et par HOMME. — La LOI DE L'AN SEPT (26 FRUCTIDOR) rétablissait cette Masse qui, comme presque toutes les autres, avait été abolie. Elle la fixait à huit francs par an pour l'infanterie de bataille, à neuf francs pour l'infanterie légère. — La Masse d'entretien a été une fraction de la masse d'habillement; elle a été fondue par l'arrêté de l'an douze (17 frimaire) dans la masse générale; elle a, suivant les temps, pourvu aux dépenses pour décatissage, confection et réparation d'effets d'habillement et de grand équipement, acquisition de pièces d'armes, travaux d'armement exécutés par l'armurier du corps, remplacement et entretien des monte-ressorts, acquisition de caisse a trois serrures, impression de feuilles d'appel, frais de bureau de trésorier, de capitaine d'habillement, d'adjudants, de sergents-majors; frais de culte, honoraires de commis de quartier-maître ou de sous-officiers attachés à un officier payeur en fonctions; première mise de petit équipement, de souliers, sacs a distribution; renouvellement et entretien des instruments de musique, menus frais de tambours, dépense d'étude de cible, école d'escrime, certaines épaulettes a frange, etc. — La Masse d'entretien se grossissait du versement du décompte de petit équipement des déserteurs, du prix de la vente de leurs effets, et de ceux du petit équipement des décédés. Elle s'est alimentée aussi de quelques autres fonds et dépôts de masse. En équivalent, elle devrait venir au secours de la masse de linge et chaussure, si celle-ci se trouvait grevée par la mort ou la désertion de ceux qui y redoivent. Ce revirement avait lieu quand il existait une seconde portion de la masse générale. — L'ordonnance de 1825 (19 mars) voulait que le montant de la Masse d'entretien fût mensuellement payé aux corps sur le pied du complet des hommes de troupe. — Le ministre Clermont-Tonnerre a surchargé cette Masse d'une quantité de dépenses nouvelles imaginées et adoptées à la légère. Ainsi la circulaire de 1827 (22 janvier) lui imposait l'éclairage des casernes, etc. — Un nouveau tarif en était dressé par décision de 1827 (15 décembre); il voulait qu'elle s'appelât masse générale d'entretien, de la musique, des écoles et de l'équipement. Elle se divisait en deux portions. — La décision de 1828 (22 janvier) voulait que les fonds disponibles de cette Masse fussent versés dans les caisses du trésor. — L'ordonnance de 1830 (21 février) en fixait le montant, le tarif, la nature; elle la chargeait des frais de l'habillement des enfants de troupe. Elle mettait à son compte certains effets d'équipement, tels que ceux des sapeurs et tambours-majors, les banderoles de drapeaux, les bre-

telles de fusil, la canne du caporal tambour, le clairon et son cordon, les clarinettes en si, et en général les dépenses de musique, les cuissières, les épaulettes des compagnies d'élite, les marques distinctives de sous-officier, les fanions, certains effets d'habillement, certains effets d'infirmerie, tels que sarraux, etc. — La décision de 1851 (14 juin) mettait au compte de la Masse d'entretien la fourniture d'un extrait de l'ordonnance de tactique à délivrer aux sous-officiers. — L'ordonnance de 1852 (26 janvier) l'augmentait d'un centime par jour par homme de troupe à pied, et de cinq centimes par homme de troupe à cheval, comme le témoigne le *Journal de l'Armée*, 1855, p. 48. Les hommes de troupe de la première de ces espèces étant au nombre de 350,000, c'était annuellement un accroissement de dépenses de 1,277,500 fr.

Les autres étant au nombre de 50,000, c'était une augmentation de. 922,500

Ainsi un ministre, qui peut-être ne s'était pas fait rendre compte de ce chiffre, grevait, d'un trait de plume, le trésor d'une somme de. . . . 2,200,000 fr. pour des dépenses dont plus d'une était d'une utilité contestable. — L'ordonnance de 1852 (26 janvier) la nommait Masse générale d'entretien. Les dépenses des écoles régimentaires la concernaient. — Chercher à retracer positivement la composition actuelle et la destination de la Masse d'entretien, serait superflu; la chose est d'une nature trop mobile. — Quelques mots en ont été dits par M. Legrand (1857, A).

MASSE d'équipement. V. équipement. V. masse d'habillement. V. masse générale. V. transport.

MASSE d'étape. V. étape. V. masse comptabilaire. V. masse ministérielle.

MASSE d'habillement (B, 1). Sorte de masse en partie ministérielle, en partie régimentaire. L'arrêté de 1808 (24 septembre) prenait comme synonymes Masse générale ou d'habillement. — L'ordonnance de 1666 (15 décembre) prescrivait une retenue de trente sous par mois sur la paye des soldats et cavaliers pour habillement, linge et chaussure. — On voit dans l'Encyclopédie (1785, C, au mot *Habillement*) que l'ordre dans cette partie et le système de la Masse ne datent que du ministère de Dargenson. — L'ordonnance de 1762 (10 décembre) établissait une Masse d'habillement à raison d'un sou par homme et par jour. En 1767, elle pourvoyait à l'équipement des sapeurs d'infanterie, qu'alors on nommait PORTE-HACHE. L'INSTRUCTION DE 1775 (2 SEPTEMBRE) réglait l'administration de la Masse d'habillement ; elle se formait de vingt deniers par jour par chaque sergent, et de dix deniers pour les autres HOMMES DE TROUPE d'infanterie. Il en a été ainsi jusqu'à la fin du dernier siècle. — Le RÈGLEMENT DE 1791 (31 MARS) l'appelait MASSE D'HABILLEMENT et D'ÉQUIPEMENT. Elle en acquittait les DÉPENSES, mais restait à la disposition du MINISTRE. — La LOI DE L'AN SEPT (26 FRUCTIDOR) y comprenait explicitement le GRAND ÉQUIPEMENT, et la fixait à vingt-cinq francs par HOMME DE TROUPE D'INFANTERIE DE BATAILLE, et vingt-cinq francs par HOMME DE TROUPE D'INFANTERIE LÉGÈRE. — L'ARRÊTÉ DE L'AN ONZE (17 PRIMAIRE) réunissait à la Masse d'habillement celle d'ENTRETIEN, et donnait à cet ensemble le nom de MASSE GÉNÉRALE, puis la divisait en deux PORTIONS, la première MINISTÉRIELLE, la seconde RÉGIMENTAIRE. — Plus tard, la MASSE D'ENTRETIEN a été rétablie, et le DÉCRET DE 1806 (25 AVRIL) a rendu à la Masse d'habillement son nom. — Le montant de la partie de la Masse d'habillement, non dépendante des CONSEILS D'ADMINISTRATION, a toujours été payé sur ORDONNANCE directe du MINISTRE. — La fixation de la Masse, conformément aux DÉCRETS DE 1806 (25 AVRIL et 6 JUILLET), était, pour l'INFANTERIE DE BATAILLE DE LIGNE, de quarante-huit francs vingt-neuf centimes par homme et par an; elle était, pour l'INFANTERIE LÉGÈRE, de quarante-neuf francs cinquante centimes : différence inutile qui était une critique de notre LÉGISLATION. — La VENTE des EFFETS DE DÉSERTEURS a tourné au profit de cette Masse pendant un certain temps. — La valeur de la Masse est trop variable, et suivant les temps et suivant les ARMES, pour que de plus grands développements prennent place ici. — La Masse d'habillement a pourvu, quant à la portion dont le MINISTRE DISPOSE ou disposait directement, au payement des ÉTOFFES fournies par les FABRICANTS et énoncées dans les MANDATS délivrés par les CORPS, comme récépissé de la FOURNITURE. — L'autre PORTION a pourvu, suivant les temps, sous la direction du CAPITAINE D'HABILLEMENT, aux CONFECTIONS, aux RÉPARATIONS constatées par des BILLETS ou des BONS, aux BANDEROLES DE DRAPEAU, aux BONNETS À POIL, aux BOTTES D'ADJUDANTS, aux BRETELLES DE PANTALONS, aux DRAGONNES D'HOMMES DE TROUPE, aux EFFETS DE PREMIÈRE MISE, aux ÉPAULETTES D'ADJUDANT et DE VOLTIGEURS, aux ÉPINGLETTES, à l'impression des FEUILLES D'APPEL, aux SACS À DISTRIBUTION. — Cette nomenclature témoigne combien est peu juste le terme Masse d'habillement. Ainsi va la LANGUE. — Ce

qui vient d'être dit n'a trait qu'à la Masse d'habillement des HOMMES DE TROUPE ; mais, depuis quelques années, il a été reconnu une MASSE D'HABILLEMENT D'OFFICIER. ODIER (1818, E) en développait dans son traité l'utilité. Son opinion a influé sur la décision adoptée. Une CIRCULAIRE DE 1817 (30 AVRIL) autorisait les COLONELS D'INFANTERIE à l'établir, à condition que ce fût avec le libre consentement des OFFICIERS. Elle déterminait le montant de la RETENUE permise ; elle chargeait de la tenue de ce COMPTE le TRÉSORIER ; elle prescrivait aux INTENDANTS MILITAIRES et aux INSPECTEURS GÉNÉRAUX D'INFANTERIE de s'assurer qu'il ne se glissât, en cette partie, aucun abus. — Une DÉCISION DE 1828 (22 JANVIER) laissait en dépôt au trésor les fonds de la Masse d'habillement de la TROUPE, comme ceux de la MASSE DE LINGE ET CHAUSSURE. — L'ORDONNANCE DE 1830 (21 FÉVRIER) retranchait de la Masse d'habillement les pantalons d'étoffe. Cette mesure a été de peu de durée. — La CIRCULAIRE DE 1831 (8 DÉCEMBRE) mettait au compte de la MASSE INDIVIDUELLE les ÉPAULETTES de COMPAGNIE D'ÉLITE et d'autres EFFETS jusque-là au compte de la Masse d'habillement.

MASSE D'HABILLEMENT D'OFFICIERS. V. HABILLEMENT D'OFFICIER. V. INSPECTEUR GÉNÉRAL D'INFANTERIE N° 4. V. OFFICIER. V. OFFICIER D'INFANTERIE FRANÇAISE N° 2. V. TRÉSORIER DE CORPS N° 6.

MASSE D'HOMME DE TROUPE. V. CONDAMNÉ. V. FONDS DE MASSE D'HOMMES DE TROUPE. V. HOMME DE TROUPE N° 5. V. MASSE COMPTABILIAIRE. V. MASSE D'HOPITAUX. V. MILICE RUSSE N° 5. V. RAPPORT DE COMPAGNIE.

MASSE D'HOPITAUX (B, 1). Sorte de MASSE MINISTÉRIELLE qui est à la fois MASSE D'HOMMES DE TROUPE et D'OFFICIER ; elle a pourvu, pendant un certain temps, à la MASSE DE MÉDICAMENTS ; elle était évaluée dans le dernier siècle, en TEMPS DE PAIX, à neuf francs par an, pour le complet général de l'ARMÉE ; il y était ajouté un supplément de six francs et la retenue des DENIERS D'HOPITAUX ; en TEMPS DE GUERRE le taux de la Masse était doublé. — La LOI DE 1791 (1er FÉVRIER) supprima les INFIRMERIES RÉGIMENTAIRES, et éleva, en temps ordinaire, la Masse à quinze francs; on l'a évaluée sur le pied de huit centimes environ par homme et par jour ; mais une appréciation scrupuleuse serait l'objet d'un calcul trop compliqué, impossible presque. L'établissement ou la suppression des INFIRMERIES RÉGIMENTAIRES modifiant la dépense, les retenues des DENIERS D'HOPITAUX ont varié ; les ALLOCATIONS DES OFFICIERS DE SANTÉ étaient en dehors de cette fixation. L'état de paix ou de guerre change tous les calculs, il est donc impossible d'asseoir une base ; on en trouve la preuve dans un rapport lumineux de PETIET, publié en l'an sept (25 fructidor) concernant les MASSES COMPTABILIAIRES. Il suffira de dire, qu'en TEMPS DE PAIX, on compte par an et par homme vingt-deux journées d'hôpitaux dont le prix, depuis le commencement de la guerre de la révolution, a varié de soixante-dix centimes à deux francs.

MASSE D'INFANTERIE. V. INFANTERIE. V. MASSE COMPTABILIAIRE. V. ORDRE DE BATAILLE. V. TERZE. V. TÉTRAPHALANGARCHIE.

MASSE D'OFFICIER. V. AUMONIER DE CORPS N° 5. V. COLONEL D'INFANTERIE FRANÇAISE DE LIGNE N° 11. V. COMPTE DE MASSE. V. INTENDANT MILITAIRE N° 5. V. MASSE D'HABILLEMENT. V. MASSE COMPTABILIAIRE. V. MASSE D'HOPITAUX. V. MASSE INDIVIDUELLE.

MASSE D'ORDINAIRE (B, 1). Sorte de MASSE RÉGIMENTAIRE d'abord confiée aux CAPITAINES, et retirée ensuite de leurs mains pour être gérée par le CONSEIL D'ADMINISTRATION : elle a été créée par DÉCRET DE 1806 (12 MARS) ; elle pourvoyait au PAIN BLANC, à la demi-livre de VIANDE, aux LÉGUMES ; elle était de quinze centimes par homme et par jour. — Le DÉCRET DE 1810 (30 DÉCEMBRE) a fondu cette Masse dans la SOLDE.

MASSE D'OUTILS DE CAMPEMENT. V. MASSE DE CAMPEMENT. V. MASSE GÉNÉRALE. V. OUTIL. V. OUTIL DE CAMPEMENT.

MASSE D'USTENSILES. V. DÉCOMPTE DE LIQUIDATION. V. USTENSILE.

MASSE D'USTENSILE DE CAMPEMENT. V. MASSE DE CAMPEMENT. V. MASSE DE CHAUFFAGE. V. MASSE GÉNÉRALE. V. USTENSILE DE CAMPEMENT.

MASSE GÉNÉRALE (B, 1). Sorte de MASSE en partie RÉGIMENTAIRE, en partie MINISTÉRIELLE, suivant les temps ; toutes les autres MASSES RÉGIMENTAIRES, comme l'indique le nom de celle-ci, n'en étaient que des subdivisions : celle D'HABILLEMENT en a été, tour à tour, une partie séparée ou intégrante. — L'ORDONNANCE D'ADMINISTRATION DE 1776 (25 MARS) comprenait dans la MASSE GÉNÉRALE de l'INFANTERIE FRANÇAISE la MASSE D'HABILLEMENT, D'ÉQUIPEMENT, D'ENTRETIEN ; elle y prélevait l'HABILLEMENT des RECRUES et le prix des RÉPARATIONS, elle en faisait acquitter mensuellement le montant ; elle portait à trente-six livres par homme, au complet, la Masse générale. — Le RÈGLEMENT DE 1792 (1er JANVIER) élevait la Masse générale à trente-neuf francs par HOMME DE TROUPE D'INFANTERIE DE BATAILLE, et à quarante-deux francs par HOMME DE TROUPE D'INFANTERIE LÉGÈRE. — Une circulaire de l'an

deux (brumaire, *Journal militaire*, t. VIII, p. 96) témoignait qu'à cette époque, la PORTION de la Masse générale qui était à la disposition des CONSEILS D'ADMINISTRATION venait d'être supprimée ; les CORPS y suppléaient en dressant des ÉTATS DE BESOIN, et faisant des demandes de fonds. — Le système ancien fut rétabli en l'an sept ; la Masse générale se divisa en PREMIÈRE et SECONDE PORTIONS, l'une gérée par le MINISTRE, la dernière mise à la disposition des CORPS ; elle comprenait la MASSE D'ENTRETIEN, elle soldait le prix des FAÇONS D'HABILLEMENT et les FOURNITURES du GRAND ÉQUIPEMENT, constatées par des FACTURES régulières, etc., etc. Un REGISTRE de cette Masse était tenu particulièrement. — L'ARRÊTÉ DE L'AN ONZE (17 PRIMAIRE) dénommait Masse générale l'ensemble de la MASSE D'ENTRETIEN et d'HABILLEMENT. — Une CIRCULAIRE DE L'AN ONZE (5 MESSIDOR) prélevait sur la SECONDE PORTION les FRAIS DE BUREAU. — Le DÉCRET DE L'AN TREIZE (25 GERMINAL) en faisait payer le montant à l'effectif sur REVUES ; depuis l'an quatorze, la MASSE DE MÉDICAMENTS s'y était fondue. — L'INSTRUCTION DE 1806 (10 FÉVRIER) réglait la comptabilité de la Masse. — Le DÉCRET DE 1806 (25 FÉVRIER) y ajoutait cinquante centimes par an, comme représentant une Masse D'OUTILS, d'USTENSILES et d'EFFETS DE CAMPEMENT. — Un DÉCRET DE 1806 (25 AVRIL) en réunissait les deux PORTIONS, et la rendait RÉGIMENTAIRE ; un REGISTRE y était consacré. — En 1811 (9 mars), les GRATIFICATIONS DE PREMIÈRE MISE y furent ajoutées. — Pendant un temps, elle a fait les avances des frais de CONVOIS A LA SUITE, mais la MASSE DE CONVOIS a été convertie en FOURNITURES en nature par entreprise. — La Masse générale était passible de remboursement d'EFFETS D'IMPUTATIONS, quand l'exactitude de la réclamation était reconnue. — L'ORDONNANCE DE 1830 (21 FÉVRIER) mettait au compte de la Masse générale les dépenses d'entretien des MUSICIENS. — L'ORDONNANCE DE 1832 (26 JANVIER) établissait le tarif de la Masse générale d'entretien.

MASSE (masses) INDIVIDUELLE (B, 1). Sorte de MASSE RÉGIMENTAIRE dont le nom est de l'invention d'ODIER (1818, E) ; il cherchait à substituer à celui de la MASSE DE LINGE ET CHAUSSURE une désignation moins incorrecte. Le terme était consacré par l'ORDONNANCE DE 1833 (2 NOVEMBRE, art. 20) ; il n'avait pas plus d'exactitude que celui qu'il remplaçait, puisque l'ordonnance l'appliquait aux HOMMES DE TROUPE, l'ADJUDANT non compris, et que la MASSE D'OFFICIER est pourtant aussi une Masse individuelle. — L'ORDONNANCE DE 1830 (21 FÉVRIER) et la CIRCULAIRE DE 1850

(28 FÉVRIER) ont consacré de nouveau l'expression Masse individuelle ; elles la composaient de l'ancienne MASSE DE LINGE ET CHAUSSURE augmentée d'une nouvelle série d'EFFETS qui jusque-là avaient fait partie de la MASSE D'HABILLEMENT ; elles la chargeaient des RÉPARATIONS D'HABILLEMENT, du TONNELET, etc. — Elle se formait d'une PREMIÈRE MISE allouée à tout HOMME nouveau ; elle était entretenue au moyen d'une RETENUE SUR SOLDE ou d'une PRIME JOURNALIÈRE ; elle se grossissait du produit de certaines PERMISSIONS. Cette PRIME D'ENTRETIEN était l'occasion d'un reproche de plus à faire à la LANGUE, puisque, quoiqu'on l'appelât JOURNALIÈRE, elle était en réalité mensuelle, et à terme échu. — Les AIDUDANTS et MAITRES OUVRIERS n'y participaient pas. — L'ORDONNANCE DE 1831 (21 NOVEMBRE) et la CIRCULAIRE DE 1851 (8 DÉCEMBRE) maintenaient la désignation de Masse individuelle, mais lui rendaient son ancienne forme en ne mettant plus à sa charge les dépenses de quelques EFFETS D'HABILLEMENT et d'ÉQUIPEMENT tels que le BONNET DE POLICE, le PANTALON D'ÉTOFFE en outre du PANTALON DE TOILE, et les ÉPAULETTES de COMPAGNIES D'ÉLITE ; elle pourvoyait aux AIGRETTES, PLUMETS, POMPONS, BRETELLES DE PANTALON, CALEÇONS, etc.— On voit combien de variations a subi cette Masse et celles qui s'y sont fondues ; ces vicissitudes des règlements, ces caprices de ministres tournaient au préjudice du trésor, puisque la Masse individuelle, rendue plus coûteuse en 1830, à raison de ses charges nouvelles, restait au même taux en 1831, quand une DÉPENSE moindre lui était imposée. — L'ORDONNANCE DE 1832 (26 JANVIER), interprétée dans l'INSTRUCTION DE 1832 (10 FÉVRIER), offrait le tarif des Masses, et donnait la série des EFFETS dont elle se composait ; elle en élevait la DÉPENSE à raison d'un centime par HOMME DE PIED, de cinq centimes par HOMME DE CHEVAL. En supposant les HOMMES DE TROUPE A CHEVAL à raison de cinquante mille, c'était par jour, deux mille cinq cents francs ; en supposant que les HOMMES DE TROUPES A PIED montassent à trois cent quarante mille hommes, c'était par jour, trois mille quatre cents francs. Ce total de cinq mille neuf cents francs par jour faisait par an deux millions cent cinquante-trois mille francs. Ainsi, à tort ou à raison, un MINISTRE DE LA GUERRE s'attribuait le droit de surcharger d'une pareille somme les contribuables. — Une CIRCULAIRE DE 1833 (23 DÉCEMBRE) modifiait la PRIME D'ENTRETIEN. — Un ÉTAT des Masses est remis aux CHEFS DE DÉTACHEMENT s'administrant eux-mêmes. — Les CHANGEMENTS DE CORPS sont le motif de l'envoi d'un ÉTAT de

MASSE DE PETIT ÉQUIPEMENT. —Les DÉPARTS de PERMISSIONNAIRES sont l'occasion d'un ARRÊTÉ DE DÉCOMPTE de leur MASSE ; inscription en est faite sur la FEUILLE DE MOUVEMENTS. — La surveillance des MASSES INDIVIDUELLES est une des attributions des GÉNÉRAUX. — Quelques détails concernant les Masses étaient traités dans la CIRCULAIRE DE 1834 (15 NOVEMBRE). Celle de 1837 (10 FÉVRIER) n'autorisait la remise de leur Masse aux ENFANTS D'HOMMES DE TROUPE parvenus à l'âge de dix-huit ans, qu'en cas où ils contracteraient un ENGAGEMENT VOLONTAIRE. — La CIRCULAIRE DE 1837 (16 AOUT) se servait synonymement et prolixement de la double expression MASSE DE LINGE ET CHAUSSURE et Masse individuelle.

MASSE (masses) MINISTÉRIELLE (term. génér.). Sorte de MASSES COMPTABILIAIRES, dont le vote résulte du BUDGET, et dont la gestion dépend des décisions du MINISTRE DE LA GUERRE ; elles diffèrent surtout des MASSES RÉGIMENTAIRES en ce que la DÉPENSE qu'elles entraînent n'est soldée qu'après FOURNITURES, conformément aux conditions d'un MARCHÉ par adjudication, et en vertu de bons spéciaux tirés sur le trésor. — Les Masses ministérielles, à l'exception de celles DE CAMPEMENT, DE CASERNEMENT, D'ÉTAPE, D'HOPITAUX, ont plus ou moins et pendant plus ou moins longtemps été complexes, c'est-à-dire participant en même temps de la nature des MASSES RÉGIMENTAIRES. — Ici elles seront distinguées en MASSE DE BOULANGERIE, — DE CAMPEMENT, — DE CASERNEMENT, — DE CHAUFFAGE, — D'HABILLEMENT, — D'HOPITAUX, — GÉNÉRALE.

MASSE NOIRE. V. ADMINISTRATION INTÉRIEURE. V. MASSE D'ÉCONOMIE. V. MINISTÈRE DE LA GUERRE. V. MUSICIEN N° 7. V. NOIR.

MASSE PÉCUNIAIRE. V. DIRECTEUR MINISTRE N° 7. V. MASSE COMPTABILIAIRE. V. MINISTRE DE LA GUERRE EN 1743. V. PÉCUNIAIRE. V. PRESTATION PÉCUNIAIRE. V. QUESTEUR. V. QUINZAINE.

MASSE PROJECTILE. V. ARME PROJECTILE. V. CATAPULTE. V. CORPS PROJECTILES. V. ÉLÉPHANT. V. MILICE GRECQUE N° 4. V. PIERRIER, subs. masc. V. PROJECTILE.

MASSE (masses) RÉGIMENTAIRE (term. sous-génér.) ou MASSE DE CORPS, Sorte de MASSE COMPTABILIAIRE dont les CONSEILS D'ADMINISTRATION ont la gestion, et que les CORPS perçoivent sur REVUES par AVANCE ou A BON COMPTE ; ainsi les fonds perçus peuvent être ou n'être pas consommés, soit en tout, soit en partie, tandis que les MASSES MINISTÉRIELLES ne donnent lieu à payement qu'au prorata d'une DÉPENSE consommée. — Les Masses ont été tour à tour accordées, retirées, rendues aux CORPS ; quand ils cessaient de pourvoir aux achats, il y était suppléé par des fournitures en nature. — Bohan (1781, H) témoignait de l'inconvénient qu'il y avait à charger de l'administration des Masses les officiers d'état-major. — La loi de l'an deux (2 thermidor) supprima les Masses, et fit tout fournir aux troupes par les magasins ; cependant certaines Masses ou abonnements continuèrent dans l'intérieur des corps, comme le témoigne la longue circulaire de l'an trois (16 pluviose), qui en expliquait l'emploi : cette circulaire était de Petiet, devenu ministre en l'an quatre. — Les Masses se sont modifiées par diverses circonstances, telles que celles de la levée de corps de nouvelle formation ; elles ont varié par suite des abus et des prodigalités que les corps privilégiés ont occasionnés. — Avant la guerre de la révolution, elles comprenaient celles de boulangerie, de linge et chaussure, de quinze livres, de propreté, d'hopital régimentaire. — Parmi les Masses régimentaires, celles de boulangerie, de chauffage, d'habillement et la masse générale ont plus ou moins participé, suivant les temps, de la nature des masses ministérielles. — Les Masses régimentaires se distinguent ou se sont distinguées en masse de boulangerie, — de chauffage, — de compagnie, — de linge et chaussure, — de médicaments, — de musique, — de propreté, — d'économie, — d'entretien, — d'habillement, — d'ordinaire, — générale, — individuelle.

MASSE secrète. v. inspecteur général d'infanterie n° 4. v. secret, adj.

MASSE serrée. v. serré, adj. v. tactique, subs.

MASSE strateumatique. v. art de la guerre. v. artillerie d'infanterie. v. bataille strateumatique. v. cavalerie française n° 7. v. champ de bataille. v. chemin militaire. v. coin tactique. v. masse tactique. v. mélange d'armes. v. strateumatique.

MASSE (masses) tactique (G, 6 ; H, 2), ou colonne serrée. Sorte de masse ou d'ordre qui, en tactique, est l'opposé de l'ordre en bataille et de l'ordre par le flanc. — Le terme a produit le verbe moderne masser, et le substantif peu usité enmassement. — Vulgairement le mot Masse, appliqué aux hommes, donne idée d'une agglomération ; mais, appliqué aux manœuvres de l'infanterie et de la cavalerie, il donne idée d'une série de pelotons ou autres subdivisions de forme et de force égales entre elles, se tenant moins dilatées qu'en ordre à distance entière ou à demi-distance ; c'est ce que les Latins appelaient *agmen, cuneus, globus,* orbis, turma. — Les récits de l'histoire emploient quelquefois militairement le mot Masse dans le sens vulgaire ; mais c'est en ce cas un terme non de tactique, mais de guerre. C'est une masse strateumatique, ou une masse de troupes, considérée indépendamment du plus ou moins de force et d'épaisseur de ces troupes, et indépendamment de la concordance et de l'harmonie de leurs mouvements, ou de leur manière d'être par rapport à d'autres Masses. — Des écrivains se sont persuadés que Charles Martel dut à l'ordre en masse la victoire qu'il remporta ; ce fait d'armes est resté enveloppé d'obscurité, ses détails sont à peu près du domaine de la fable ; cependant on peut conjecturer que ce n'était qu'en se tenant massés, que les Francs purent résister à la cavalerie sarrasine ; ils se souvenaient encore de l'ordre épais des légions romaines, et de la solidité du coin et du globe antiques. — L'adoption du costume de fer a isolé le guerrier, n'a fait prévaloir que la vaillance personnelle, a entretenu l'esprit de prouesse et a fait périr l'art de la guerre, parce que cet art a pour rudiments le maniement simultané des Masses, et l'obéissance d'un grand nombre d'hommes agissant à la voix d'un seul. — Sous sa signification militaire, le terme Masse ne se trouve pas dans Fontière. Delanoue (1760, F) est le premier auteur qui lui ait donné l'acception analogue à celle qu'il prend ici. — Les expressions techniques être en masse, se former en masse, serrer en masse, ne datent que du milieu du dernier siècle ; elles n'appartiennent qu'au système de l'ordre mince de l'infanterie ; ce n'est que plus tard que la cavalerie lui a emprunté les colonnes en masse. — Tant que l'infanterie a été sur plus de trois ou de quatre rangs, la locution être serré à la pointe de l'épée répondait à peu près à ce que les ordonnances plus modernes appellent être en masse. — Conformément à l'instruction de 1769 (1er mai), il n'était ménagé qu'un pas de distance entre les subdivisions serrées en Masse, elles formaient colonne compacte ; le règlement de 1791 (1er août) les espaçait de deux mètres. — L'invention des colonnes serrées en masse est due à Frédéric deux ; suivant Guibert (1773, E), elle a fait abandonner le mécanisme des anciennes conversions en bataille, et a donné la facilité de déborder subitement l'ennemi. — Un autre genre de Masse a été imaginé et proposé sous le nom de colonne tranchée. Bauman (1778, D) proposait de disposer les Masses en ordre à trois attaques. — Le général Meunier (1805, E ; 1814, A) était d'avis d'établir entre les Masses un intervalle égal à un front de peloton, et de les faire manœuvrer dans toutes les directions. — Lebrier propose, comme défense contre la cavalerie, la formation par Masses à distance de déploiement de bataillons. — M. le général Pelet propose de faire manœuvrer indifféremment, par le premier ou le troisième rang, les Masses ; cette méthode renversait les principes admis dans le réglement de 1791. — Les Masses d'une seconde ligne répondent par un alignement de profondeur aux dispositions de la première ligne. — Un système moderne a composé un ordre mixte de Masses enchâssées entre des lignes. — Dans les grandes évolutions, les aides de camp sont les régulateurs et les appuis des déploiements des Masses ; mais dans cette proposition, et c'est un vice de la langue, le substantif pluriel masses n'a pas le même sens qu'il prend au singulier, ce qui rend difficile la distinction ; ainsi un bataillon, une colonne sont en Masse, une brigade est en masses ou par masses. Une troupe serrée en masse diffère d'une ligne rangée par Masses ; dans le premier cas, la Masse est un minimum de distance, dans le second elle est un moyen intermédiaire de déploiement et de grande formation en bataille. — Deligne (1780, 1) a tracé quelques préceptes sur ce qu'il appelle la Masse et les Masses par le flanc.

MASSÉ (massée), adj. v. ordre massé.

MASSE-COULIS, subs. fém. v. machicoulis.

MASSÉNA. v. noms propres.

MASSENBACH. v. noms propres.

MASSER, verbe act. et récip. v. légion romaine n° 1. v. masse tactique.

MASSES, subs. fém. pl. v. alignement de masses. v. classe de masses. v. déploiement de masses. v. masse tactique.

MASSIAC. v. noms propres.

MASSICOULIS, subs. masc. v. machicoulis.

MASSIER, subs. masc. v. garde royale n° 1. v. masse d'armes. v. sergent d'armes.

MASSIF (massive), adj. v. boulet m... v. bouton m...

MASSIF subs. masc. (de batterie,) (G, 2 ; H). Le mot Massif, originairement adjectif, a la même racine que le substantif masse ; il exprime un tambour, un épaulement de fortification ou une traverse, un support de baliste, une batterie, abstraction faite des bouches à feu qui la garnissent et des artilleurs qui la servent ; le Massif comprend, suivant l'espèce de batterie, les parties nommées embrasure, genouillère, merlon, parapet, plate-forme.

MASSIF de rempart. v. boulet en métal. v. brèche offensive. v. rempart. v. rempart de forteresse.

MASSON, MASSOT, MASSOURE. v. noms propres.

MASSUE, subs. fém. (F), ou mace, ou maçue, ou maquette suivant Gareau, mache, machue, macque, maçue, mil, porre, soste, sot, souste, soute, thençon, suivant Borel (Pierre) et Roquefort. — Ce dernier écrivain donne pour synonymes à ces substantifs, bourlette, bourlotte, bolades, bollade, venus du bas latin *bola* ; il cite comme diminutifs, les expressions maçuète, maçuette, maquelette, masuète, massuette, dérivés du latin *massa*, et du bas latin *machua, maxuca, mazuca* ; il dit qu'on appelait machat le coup de massue ; c'est peut-être le même terme que mazza, analogue à estramaçon, et sur lequel disserte Brantome (1600, A) au sujet du combat à la mazza. — Enfin il affirme que l'on appelait macelote, machelote, la tête de la Massue ; mais suivant Barbazan elle se nommait cibale, comme semblable au renflement d'une ciboule. — Gareau appelle boutou la Massue des Caraïbes. Cette quantité de termes bas latins, romans, français, etc., qui ont varié de siècle en siècle, sont maintenant tombés en oubli, et ne sont relatés ici que comme témoignage de l'importance et de la longue durée de la Massue, considérée comme arme de guerre. La multitude de synonymies est un epierre de touche qui ne trompe jamais ; nous avons eu plus d'une occasion de le faire remarquer. — Les Romains, comme le témoigne Lucrèce, appelaient *clava*, la Massue ; ils donnaient à une Massue à piquants le nom de *clavelina*, dont on suppose, à tort ou à raison, que serait provenu javeline, arme projectile, comme l'ont aussi été la Massue, l'arzegaie ; etc. Ce nom de *clava* venait, ou de ce que la Massue était armée de clous, ou plutôt de ce qu'elle avait forme d'un clou à grosse tête. — Les Latins appelaient *clavatores* les guerriers armés d'une Massue. — Les substantifs masse, Massue viendraient, si l'on s'en rapporte à Gédelin, du celtique *mad, maid*, bois ; ils ont produit les verbes maceller, maqueller, assommer à coups d'armes contondantes. — L'usage de la Massue a été universel ; il est antérieur à l'invention de l'arc ; on le retrouve dans les monuments égyptiens et dans les usages de la milice grecque ; la Massue était l'ARME de la nature, celle de Caïn, d'Hercule, de Samson ; sa longueur était de trois à quatre pieds. — Suivant quelques opinions, la CATEIE des Francs était une Massue PROJECTILE. — Au temps de la conquête d'ANGLETERRE, la Massue était un BÂTON DE COMMANDEMENT de second ordre. Cet usage se retrouvait chez les Orientaux. — Des usages de la vie commune, la Massue est devenue ARME militaire ; la masse d'armes en a été le perfectionnement, dans des dimensions plus petites, et en matières plus précieuses, mieux façonnées. — La Massue a été employée dans la MILICE FRANÇAISE, jusqu'à la découverte de la POUDRE ; GUILLAUME LEBRETON et Orderic Vitalis (*Hist. eccl.*), AUTEUR du douzième siècle, témoignent combien l'usage de la massue était répandu : c'était l'ARME de choix de plus d'un ecclésiastique, c'était l'ARME principale de la CAVALERIE LÉGÈRE, des RIBAUDS, des ENFANTS PERDUS ; elle participait du BEC DE FAUCON, du CASSE-TÊTE, du GIBAULT, du PIL. — Guillaume GUYART parle d'une Massue particulière, la MAQUE TORTE. — ROQUEFORT prétend qu'*au bout de quelques-unes étaient quelquefois placés de petits moulins, afin qu'au besoin les soldats pussent y moudre leur blé.* — BOREL (Pierre) avait en sa possession, à ce qu'il dit, une Massue de ce genre. — Au temps de GUSTAVE-ADOLPHE, les ALLEMANDS se servaient, comme ARME DE PARAPET, d'une Massue cerclée en fer, qu'ils nommaient *morgenstern*, nom qu'on a aussi donné au FOUET D'ARMES. — Au commencement du dix-huitième siècle, la MILICE RUSSE n'avait pas renoncé aux Massues ; il s'en voit encore dans les MILICES PERSANE et TURQUE. Dans la GUERRE DE LA RÉVOLUTION, les TYROLIENS soulevés ont combattu à coups de Massue les FRANÇAIS. — Le maniement des deux Massues que les ANGLAIS appellent *dumb-bells* s'exécute, dans la MILICE ANGLAISE, suivant une théorie détaillée dans DUANE (1810, E) ; c'est un exercice gymnastique et primaire imposé aux RECRUES D'INFANTERIE, et qui a pour objet de distendre la poitrine, d'assouplir les bras, de les habituer à des mouvements en arrière, et de fortifier les muscles. Cet apprentissage rappelle la VENTILATION romaine et la SCIOMACHIE grecque. Nous traitons de cet exercice au mot NIL. — Quelques détails à l'égard des Massues se trouvent dans CARRÉ (1785, E), DANIEL (1721, A), DESPAGNAC (1751, D), ENCYCLOPÉDIE (1785, C, au mot ARME), LACHESNAIE (1758, A), MÉNAGE, ROBINSON, l'*Encyclopédie du dix-neuvième siècle*, (au mot ARME).

MASSUE PROJECTILE. V. MASSUE. V. PROJECTILE, adj.

MASSUE TORTE. V. MASSUE. V. TORT, adj.

MASSUET. V. NOMS PROPRES.

MASSUÈTE, subs. fém. V. MASSUE.

MASSUETTE, subs. fém. V. MASSUE.

MAST, subs. masc. V. MAT DE TENTE.

MAT de CHEVALET. V. CHEVALET. V. CHEVALET D'ARMES. V. CHEVALET DE PIQUET.

MAT de PAVILLON. V. PAVILLON. V. PAVILLON DE CAMP. V. PIQUE.

MAT de TENTE (B, 1). Le mot Mât ou MAST suivant ROQUEFORT (1835) ou MONTANT est emprunté à la langue de la MARINE, et vient, suivant MÉNAGE, de l'ALLEMAND *mast*, d'abord littéralement reproduit en français ; ici il exprime le support du milieu de la TENTE ; on l'appelle aussi FOURCHE, mais il y a cette différence que les bois à FOURCHES avaient deux Mâts à six pieds de distance, et que les TENTES à Mât n'ont qu'une FOURCHE OU TREF. — Le Mât a deux mètres ou six pieds et demi de haut et dix centimètres d'équarrissage ; il se monte et se démonte en deux parties ; il emboîte par son milieu la TRAVERSE ; il est enfoncé d'un demi-pied en terre. — Dans un DÉCAMPEMENT régulier, tous les Mâts s'abattent à la fois à un signal donné.

MATA, subs. fém. V. A LA MATA. V. COMBAT A LA MATA.

MATACHINADE (subs. fém.) ou MATASSINADE. Mot que MÉNAGE dérive de l'ESPAGNOL *matachines*, qu'on trouve dans Covarruvias. On peut aussi bien le supposer de l'ITALIEN *mattacchino*, dérivé de *matto*, fou. — On appelait au seizième siècle MATACHINS, MATASSINS, comme les appellent GANEAU, ROQUEFORT, TABOUROT, les acteurs, les bouffons masqués qui exécutaient les Matachinades ou DANSES DE L'ÉPÉE ; ils avaient un CORCELET, un MORRION doré, un BOUCLIER, des grelots aux jambes et l'ÉPÉE A LA MAIN. Danser ainsi tout armé, s'exprimait par MATACHINER, MATASSINER ; c'était une image imparfaite de l'ancienne DANSE PYRRHIQUE.

MATACHINER, verb. neut. V. MATACHINADE.

MATAMOR, subs. masc. V. CAPITAINE D'INFANTERIE FRANÇAISE DE LIGNE N° 2.

MATARA, subs. masc. V. MATRAS.

MATARAS, subs. masc. V. MATRAS.

MATASSIN, subs. masc. V. MATACHINADE.

MATASSINADE, subs. fém. V. MATACHINADE.

MATASSINER, verb. neut. V. MATACHINADE.

MATELAS, subs. masc. V. MATRAS.

MATELAS, subs. masc. (B, 1). Mot dérivé suivant MÉNAGE, de *mataritium*, usité au temps de Louis neuf et venu du LATIN *matta*, natte ; aussi dit-il que Matelas est une corruption du vieux français *materas*. GÉLELIN suppose qu'ils ont pour racine le CELTIQUE *mad, mat,* élevé. — Le Matelas est considéré ici comme un des EFFETS DE LITERIE des CASERNES ; il s'est proportionné suivant les temps à la mesure des COUCHETTES à trois, à deux, à une place. — Depuis les ordonnances de DARGENSON, le Matelas des soldats reposait sur une PAILLASSE et était rembourré de laine ; il devait peser, avec son CHEVET OU TRAVERSIN, trente-cinq livres. — L'ORDONNANCE DE 1788 (1er JUILLET) voulait que les Matelas fussent visités de temps en temps, pour qu'on s'assurât qu'ils ne contenaient pas de cordes, d'outils, d'instruments suspects ; les ordonnances subséquentes se sont relâchées de ces rigides dispositions, elles veulent seulement que de temps en temps les Matelas soient battus le SAMEDI et exposés à l'air. — Le MARCHÉ DE 1822 (5 MARS) disposait que le Matelas du BOIS DE LIT à deux places aurait onze décimètres de largeur, et serait de onze kilogrammes de laine et de deux kilogrammes de crin ; que celui des couchettes en fer serait de six cent soixante-seize millimètres (25 pouces) de largeur, garni de huit kilogrammes de laine et de deux kilogrammes de crin. Ce Matelas étant sur fond sanglé n'a pas de PAILLASSE. — Les Matelas d'officier sont au nombre de deux, larges de neuf décimètres trois quarts ; chacun d'eux est garni de onze kilogrammes de laine et deux de crin. Des Matelas de HAMAC étaient en service dans la GUERRE DE 1830. — La CIRCULAIRE DE 1837 (12 SEPTEMBRE) s'occupait du numérotage des Matelas.

MATELOTE, subs. fém. V. PANTALON A LA M...

MATERAS, subs. masc. V. MATELAS. V. MATRAS.

MATÈRE, subs. masc. V. JAVELINE. V. MATRAS. V. MATTIAIRE.

MATÉRIAUX (subs. masc. pl.) de SIÉGE. V. AMAS DE MATÉRIAUX. V. BLINDAGE. V. PARC DE SIÉGE. V. RÉGIMENT DU GÉNIE. V. REVERS DE TRANCHÉE. V. SAC. V. SIÉGE. V. SIÉGE OFFENSIF. V. SITUATION DE M...

MATÉRIEL (matérielle), adj. V. ARME M... V. ARTILLERIE M...

MATÉRIEL, subs. masc. V. PERTE DE M...

MATÉRIEL (B, 1). Mot employé par FEUQUIÈRES (1750, A) dans le sens de MUNITIONS ; il est passé, depuis le dernier siècle à peine, dans la LANGUE de la loi ; elle le prend par opposition au mot PERSONNEL ; cette distinction du reste est incomplète ; les COMMIS DE LA GUERRE ont oublié d'indiquer si les CHEVAUX de l'ARMÉE appartiennent au PERSONNEL ou au Matériel. — Le PERSONNEL, si l'on ne consultait que la signification positive, ne comprendrait que les individus, leurs grades, l'état civil ; mais, administrativement, il s'y rattache des branches telles que la SOLDE et les MASSES, prises par opposition aux autres PRESTATIONS qui ont continué à faire partie du Matériel. — En prenant le mot dans son acception la plus générale, le Matériel des ARMÉES de l'antiquité se composait des MACHINES, des ENGINS, des ATTIRAILS analogues. Le Matériel des ARMÉES modernes se compose surtout de tout ce qui est relatif à l'ARMEMENT et à l'ARTILLERIE. Le ministre Petiet a le premier conçu l'importance d'un BUDGET du Matériel. — La LOI DE L'AN SEPT (26 FRUCTIDOR) fixait les dépenses du Matériel de la guerre. — Les MAJORS LIEUTENANTS-COLONELS étaient les surveillants et en quelque sorte les conservateurs responsables du Matériel des CORPS. — Le Matériel des CORPS est l'objet des examens des INSPECTEURS GÉNÉRAUX. — M. le général VAUDONCOURT estime que le Matériel FRANÇAIS que la restauration a cédé aux ARMÉES ennemies, présentait une valeur de plus de cent millions de francs. — Dans la MILICE ANGLAISE, les PERTES de Matériel qui ont lieu du fait de la guerre sont constatées, dans l'intérêt de la comptabilité du trésor, avec des soins et une précaution inconnus en FRANCE. — Il y avait dans l'armée française un MATÉRIEL ADMINISTRATIF, c'est-à-dire une fraction du MINISTÈRE, un ensemble de BUREAUX, un genre de travail qui dépendait du DIRECTEUR MINISTRE et des COMMISSAIRES DES GUERRES ; notre LANGUE MILITAIRE, si bizarrement défectueuse, comprenait dans ce Matériel, SOLDE DE RETRAITE, RÉFORME, etc. — M. VAUCHELLE a traité de ce genre de Matériel, de sa COMPTABILITÉ, de ses DÉPENSES, de ses ÉTATS DE SITUATION. — A l'égard des autres genres de Matériel, on peut consulter : M. BALLYET (1817, D, p. 546), BREITHAUPT, COTTY (1822, A ; 1832, A), LECOUTURIER, M. MAUDUIT, MORIN, M. PIOBERT ((1837), le *Spectateur militaire*, t. XXIV, p. 507 ; l'*Encyclopédie des Gens du monde*, au mot *Équipages*.

MATÉRIEL ADMINISTRATIF. V. ADMINISTRATIF. V. BUREAU DE LA GUERRE. V. COMMISSAIRE DES GUERRES N° 6. V. EXTRAORDINAIRE DES GUERRES. V. HOTEL DES INVALIDES. V. MASSE DE LINGE ET CHAUSSURE. V. MATÉRIEL, subs. V. MINISTÈRE DE LA GUERRE. V. POLICE.

MATÉRIEL d'AMBULANCE. V. AMBULANCE.

MATÉRIEL d'ARMÉE. V. ADMINISTRATION DE LA GUERRE. V. APPROVISIONNEMENT D'ARMÉE. V. ARME MATÉRIELLE. V. ARMÉE. V. ARMÉE FRANÇAISE Nº 9. V. ARMEMENT STRATEUMATIQUE. V. ARSENAL. V. ARTILLERIE D'ARMEMENT. V. BAGAGE. V. BUDGET. V. CHARGE PORTATIVE. V. CHEF D'ÉTAT-MAJOR D'ARMÉE. V. COMMISSAIRE DES GUERRES Nº 6. V. COMMUNICATION STRATEUMATIQUE. V. COMPOSITION. V. DÉFAITE. V. DÉFILÉ. V. DIRECTEUR MINISTRE. V. ÉQUIPAGE. V. ÉTAT DE SITUATION. V. FORTERESSE. V. GARNISON. V. INFANTERIE FRANÇAISE Nº 6. V. INSPECTEUR. V. INSPECTEUR AUX REVUES. V. INTENDANT MILITAIRE Nº 4. V. LIGNE DE BATAILLE. V. MARCHE D'ARMÉE. V. MILICE ANGLAISE Nº 2, 7. V. MILICE RUSSE Nº 2, 10. V. MINISTÈRE DE LA GUERRE. V. MINISTRE DE LA GUERRE Nº 6, 15, 16. V. OFFENSIVE. V. OFFICIER D'ARTILLERIE Nº 6. V. ORDRE DE BATAILLE. V. PONT DE CAMPAGNE. V. PUPILLE Nº 2. V. RÉSERVE. V. SIÉGE. V. SKEUOPHORIE. V. STRATÉGIE. V. TACTIQUE. V. TRAIN. V. TRANSPORT.

MATÉRIEL d'ARMEMENT. V. ARME MATÉRIELLE. V. ARMEMENT.

MATÉRIEL d'ARTILLERIE. V. ARTILLERIE. V. ARTILLERIE D'ARMEMENT. V. ARTILLERIE DE CAMPAGNE. V. ARTILLERIE DE SIÉGE DÉFENSIF. V. ARTILLERIE FRANÇAISE. V. ARSENAL. V. BATTERIE D'ARTILLERIE. V. CABINET D'ARMES. V. CAMP RETRANCHÉ. V. COLONNE SKEUOPHORIQUE. V. COMBAT STRATEUMATIQUE. V. COMMANDANT DE DIVISION Nº 3. V. COMMANDANT DE PLACE Nº 5. V. CORPS D'ÉTAT-MAJOR. V. DIRECTEUR MINISTRE. V. ÉQUIPAGE D'ARTILLERIE. V. FORTERESSE. V. GUERRE DE 1825, 1830. V. INFANTERIE Nº 8. V. LAISNÉ. V. MARCHE D'ARMÉE. V. MILICE ANGLAISE Nº 4. V. MILICE AUTRICHIENNE Nº 2. V. MILICE NÉERLANDAISE Nº 1. V. MILICE PIÉMONTAISE Nº 5. V. MILICE SYKE Nº 2, 5. V. MINISTÈRE DE LA GUERRE. V. MORTIER. V. OFFICIER D'ARTILLERIE Nº 3, 4. V. PARC. V. PARC D'ARTILLERIE. V. PAS CADENCÉ. V. PIÈCE DE BRONZE. V. PONT DE BATEAUX. V. PONT DE CAMPAGNE. V. PONTON. V. PONTONNIER. V. PROLONGE. V. REDDITION DE PLACE. V. RONDELLE. V. SIÉGE. V. SIÉGE OFFENSIF. V. THÉATRE DE GUERRE. V. TOUR MAXIMILIENNE. V. TRANSPORT. V. ZENI, (1840).

MATÉRIEL de CAMPAGNE. V. BRIGADE D'ARMÉE. V. CAMP DE GUERRE. V. CAMPAGNE. V. CHARGE PORTATIVE. V. CHARRIOT D'ARTILLERIE. V. CHEF DE DÉTACHEMENT DE GUERRE Nº 4. V. CHEMINEMENT DE CONVOI. V. CORPS STRATEUMATIQUE. V. CORRESPONDANCE MINISTÉRIELLE. V. ÉQUIPAGE. V. FUSIL DE REMPART. V. PARC. V. PIÈCE D'ARTILLERIE. V. PONT DE CAMPAGNE. V. TERRAIN DE CAMPEMENT.

MATÉRIEL de CONVOI. V. CHEF D'ESCORTE DE CONVOI. V. CHEMINEMENT DE CONVOI. V. CONVOI. V. CONVOI POLÉMONOMIQUE.

MATÉRIEL de CORPS. V. BIVAC. V. COLONEL D'INFANTERIE FRANÇAISE DE LIGNE Nº 4. V. CORPS. V. INSPECTEUR GÉNÉRAL D'INFANTERIE Nº 4. V. MAJOR LIEUTENANT-COLONEL Nº 1. V. MATÉRIEL.

MATÉRIEL de GARNISON. V. COMMISSAIRE DES GUERRES Nº 5. V. FALOT. V. FORTERESSE. V. GARNISON. V. HOTEL DES INVALIDES.

MATÉRIEL de GUERRE. V. ARMER. V. CAPITULATION DE GUERRE. V. GUERRE.

MATÉRIEL de la GUERRE. V. GUERRE. V. DIRECTEUR MINISTRE. V. EMPLOYÉ.

MATÉRIEL de SIÉGE. V. SIÉGE. V. TRANCHÉE.

MATÉRIEL des ÉQUIPAGES. V. TRAIN DES ÉQUIPAGES.

MATÉRIEL d'HOPITAL. V. HOPITAL MILITAIRE. V. INFIRMERIE. V. INTENDANT MILITAIRE Nº 4.

MATÉRIEL du GÉNIE. V. APPROVISIONNEMENT DE SIÉGE DÉFENSIF. V. CORPS D'ÉTAT-MAJOR. V. DIRECTEUR MINISTRE. V. GÉNIE. V. LAISNÉ. V. MINISTÈRE DE LA GUERRE. V. OFFICIER DU GÉNIE Nº 7. V. TRANSPORT.

MATÉRIEL PRUSSIEN. V. MILICE PRUSSIENNE Nº 4, 7. V. PRUSSIEN.

MATERIS, subs. masc. v. MATRAS.

MATHÉMATIQUES, subs. fém. pl. V. AIDE-MAJOR ACTUEL Nº 2. V. ART MILITAIRE DE TERRE. V. BARTH. V. BONVICINO. V. BREZILLAC. V. CASERNE. V. COLONEL D'INFANTERIE FRANÇAISE DE LIGNE Nº 13. V. CROISADE. V. ÉCOLE DE MATHÉMATIQUES. V. ÉCOLE MILITAIRE. V. ERSCH. V. FORTERESSE. V. GÉNÉRAL D'ARMÉE Nº 9. V. HENRION. V. HÉRIGON. V. HERMAN. V. HOSTE. V. MILICE AUTRICHIENNE Nº 1. V. MILICE BYZANTINE. V. MILICE NÉERLANDAISE Nº 4. V. NOUAILLE. V. OFFICIER D'ARTILLERIE; id. Nº 6. V. PAS CADENCÉ. V. PERNETY. V. ROBINS. V. SEMPILIO. V. SCIENCES MATHÉMATIQUES. V. TAYLOR. V. TOSCA. V. WIDEBURG.

MATHIAN; MATHIEU. V. NOMS PROPRES.

MATIÈRES, subs. fém. pl. V. ACTE ADMINISTRATIF. V. ADMINISTRATION. V. BORDEREAU D'AVANCES. V. CHANGEMENT DE COLONEL. V. COMPTABILITÉ DE CORPS. V. COMPTE. V. CONFECTION D'EFFETS D'HABILLEMENT. V. DENIER. V. DÉPENSE COMPTABILIAIRE. V. ÉCRITURES COMPTABILIAIRES. V. EN MATIÈRES. V. ENTRÉE DE MATIÈRES. V. ENTREPRISE DE FOURNITURES. V. ÉTAT DE SITUATION. V. GESTION. V. HABILLEMENT. V. INSPECTEUR GÉNÉRAL D'INFANTERIE Nº 4. V. MAGASIN DE CORPS. V. PRESTATION. V. PRESTATION EN NATURE. V. RÉGIE. V. RÉQUISITION DE M... V. RETENUE SUR DÉPENSES.

MATIN. subs. masc. v. APPEL DE M...
v. APPEL DU M... v. DIX HEURES DU M... v.
DIX HEURES ET DEMIE DU M... v. HUIT HEURES
ET DEMIE DU M... v. RÉVEILLE-MATIN. v. ROU-
LEMENT DE M... v. SOUPE DE M... v. TENUE
DE M...

MATINÉE, subs. fém. v. APPEL DE M...
v. APPEL GÉNÉRAL DE M...

MATRAS, subs. masc. (F) ou MATABA
suivant BOREL (Pierre), ou MATARAS selon
CARRÉ (1783, E), ou MATELAS, ou MATERAS
suivant MÉNAGE, ou MAÊTRE suivant GANEAU
au mot GÈSE, ou MATERIS suivant l'ENCYCLO-
PÉDIE (1785, C, au mot *arme*), ou MA-
TRASSE, ou MATRES, ou MATTIAIRE, ou PÉTAIL.
—Le mot Matras vient du LATIN *matara,
mataris, materis;* on trouve *matarum*
dans Tite Live. ROQUEFORT le tire du bas
LATIN *matarus;* GÉBELIN du GAULOIS *matara.* C'était ou un DARD A MAIN ou une
FLÈCHE du genre des CARREAUX ou traits,
ou une espèce de GÈSE ou de Matras. —
STRABON et CASENEUVE regardent le mot
MATERAS comme GAULOIS; c'était, disent-ils,
un gros TRAIT que les CELTES lançaient à
la manière du PILUM romain. CÉSAR (51 avant
J.-C.) parle aussi du *matara* ou *mataris*
GAULOIS. — Suivant CARRÉ (1785, E), les
ALLOBROGES avaient pour ARME le MATÈRE,
mais c'était, à son avis, une JAVELINE à FER
crochu. — On croit que les Matras lancés
par les grandes ARMES NÉVRODALISTIQUES
étaient entièrement de métal. — Au MOYEN
AGE, le Matras était au nombre des ARMES
DE DÉCLIC que lançaient les ESPINGARDES,
les BALISTES et les MOUSQUETS d'invention
primitive. En 1129, dit MÉZERAI, LOUIS LE
GROS est blessé d'un coup de Matras à la
cuisse. — Il y avait aussi des Matras de
petit échantillon que les ARCHERS portaient
dans leurs TROUSSES.— BOREL (Pierre) prend
comme synonymes, à ces époques, MATRAS
et BOUGEON; c'était ainsi une espèce de
BOUGE PROJECTILE. Ce même ÉCRIVAIN assure
que les bouteilles des chimistes, qu'on
nomme encore Matras, doivent ce nom à
une ressemblance de forme avec la tête du
BOUGEON. — Le Matras de la MILICE FRAN-
ÇAISE a été un gros TRAIT d'ARBALÈTE de
grande dimension ou un PROJECTILE de
MANGONNEAU; sa tête était en boule au lieu
d'être en pointe; elle écrasait ou meurtris-
sait au lieu de percer. Ambroise PARÉ rend,
à ce sujet, témoignage; la FLÈCHE de ce
genre dont il donne le dessin porte, au
lieu de FER, une tête arrondie en œuf.—
De la forme de l'ARME venait le vieux verbe
MATRASSER, assommer. — Reguard rapporte
que les Lapons ne tirent qu'avec des Matras les petits gris, dont ils veulent ména-

ger la fourrure. — CARRÉ (1785, E), le
général COTTY (1822, A), DANIEL (1771,
A), l'ENCYCLOPÉDIE (1785, C), FURETIÈRE,
GASSENDI, ROQUEFORT (1835) peuvent être
consultés touchant l'usage de ce genre
d'ARMES.

MATRASSE, subs. masc. v. MATRAS.
MATRASSER, verb. act. v. MATRAS.
MATRES, subs. masc. v. MATRAS.
MATRICE, subs. fém. v. ÉCHANTILLON
MATRICE.

MATRICULAIRE, adj. v. NUMÉRO M...
v. SERVICE M... v. SIGNALEMENT M...

MATRICULE (subs. fém.) (B, 1), ou
CONTROLE GÉNÉRAL DE SIGNALEMENT, ou CON-
TROLE MATRICULE, ou REGISTRE MATRICULE suivant ODIER (1824, E); les ordonnances
ont longtemps employé ces trois locutions
dans le sens d'INSCRIPTION de SERVICES, avant
d'adopter le simple terme ici examiné : son
usage date de la restauration. — Le mot
Matricule est tout LATIN, il a été d'abord
militaire, a cessé de l'être et l'est redevenu.
— VÉGÈCE (390, A) témoigne que l'*al-
bum* qu'on nommait *matricula ordinum,*
était un recensement officiel et légal des
SOLDATS. — MÉNAGE témoigne que *matricu-
latus* était synonyme de *solidatus,* homme
à payer; d'où sont venus l'italien *soldato*
et le français SOLDAT. — Au MOYEN AGE,
on appelait en FRANCE Matricule, le rôle des
pauvres d'une paroisse; indigents ou *im-
matriculez* étaient synonymes; le commis
qui les enregistrait, s'appelait le *matriculaire.* — Avant l'année 1666, aucune règle
écrite n'existait dans l'ARMÉE, au sujet de l'INS-
CRIPTION ou enregistrement matriculaire; des
CONTROLES DE SIGNALEMENT commencèrent à
cette époque à être tenus; mais les progrès
furent si lents qu'au milieu du dernier siècle, comme le témoigne LACHESNAIE (1758, 1,
au mot *Signalement*), on appelait vaguement encore LIVRE DU MAJOR ce qu'on a
nommé ensuite REGISTRE MATRICULE; à cette
époque il n'en était pas encore tenu un
double au MINISTÈRE DE LA GUERRE. — Le CODE
DE 1795 (12 mai, sect. 4, tit. 118) punissait
de cinq ans de fers le FAUX dont se rendait coupable l'homme qui se faisait inscrire sur la Matricule sous un autre NOM
que le sien. — Dans les usages de l'ADMI-
NISTRATION moderne considérée par rapport
à l'INFANTERIE FRANÇAISE, il existe MATRICULE
MINISTÉRIELLE et MATRICULE RÉGIMENTAIRE,
c'est-à-dire contradictoirement tenue, l'une
au MINISTÈRE DE LA GUERRE, l'autre à l'ADMI-
NISTRATION des CORPS. Le MINISTÈRE tient en
outre une Matricule des MILITAIRES SANS
TROUPE. — La Matricule contient, par ordre
de date d'arrivée, l'inscription des NOMS des

ENROLÉS, et ceux de leurs père et mère, leur LIEU DE NAISSANCE, leur AGE, leur DERNIER DOMICILE; il leur donne un NUMÉRO d'ordre qui ne varie jamais; il mentionne la nature du SERVICE, ou par APPEL, ou par ENROLEMENT libre, l'époque de l'ARRIVÉE AU CORPS ou de l'ENTRÉE AU SERVICE dans d'autres CORPS; il énonce les circonstances qui intéressent l'existence militaire et l'ÉTAT CIVIL, telles que ACTION D'ÉCLAT, BLESSURES du fait de l'ENNEMI, CAMPAGNES, CAPTIVITÉ chez l'ENNEMI, CLASSE HIÉRARCHIQUE, DÉCORATIONS obtenues, DÉCÈS, DÉSERTION, JUGEMENTS, EMPRISONNEMENT judiciaire, GRADE, illégalité de JOURNÉES D'ABSENCE, MARIAGE, paternité, RADIATION, SERVICE antérieur; enfin les relations entre REMPLAÇANTS et REMPLACÉS, entre SUPPLÉANTS et SUPPLÉÉS. — Les inscriptions successives sur la Matricule sont un relevé des renseignements fournis par les CONTROLES ANNUELS. Sur ceux-ci les sorties sont l'objet d'une RADIATION; sur la Matricule elles ne sont l'objet que d'une annotation. — Les inscriptions sur la MATRICULE MINISTÉRIELLE sont un relevé des renseignements périodiquement adressés au MINISTRE, relatant les inscriptions couchées sur la Matricule des CORPS depuis le dernier envoi. — Un relevé de la Matricule, sous le nom de CONTROLE SIGNALÉTIQUE, fait partie du livre de compagnie. — Les certificats ou déclarations d'ACTIVITÉ et d'ANCIENNETÉ DE SERVICE sont un extrait des inscriptions de la Matricule. — La MATRICULE RÉGIMENTAIRE est confiée au TRÉSORIER du CORPS et tenue par lui au DÉPOT où au lieu principal de l'ADMINISTRATION; elle ne doit jamais être emportée hors du royaume. — Les COLONELS sont spécialement chargés de faire inscrire, sans délai, les ABSOLUTIONS ou les CONDAMNATIONS des DÉSERTEURS, et les noms des DÉSERTEURS GRACIÉS et RENTRÉS. — S'assurer de la tenue régulière de sa Matricule est un des devoirs des INSPECTEURS GÉNÉRAUX. — Une importante question qui reste irrésolue, serait de savoir si les GAGISTES doivent ou non être immatriculés. — Les lois sur les APPELS instituaient, depuis 1818, une Matricule n° 2; c'était un REGISTRE à part qui devait contenir les noms des JEUNES SOLDATS désignés, mais non arrivés au CORPS. — L'ORDONNANCE DE 1823 (19 MARS, art. 747) et les CIRCULAIRES DE 1823 (29 AOUT) et DE 1824 (12 MARS) ont compliqué inutilement la règle, en instituant des MATRICULES D'HOMMES DE TROUPE et des MATRICULES D'OFFICIERS, et en exigeant que ce fût à part des HOMMES DE TROUPE que fussent immatriculés les ENFANTS DE TROUPE. Un relevé de ces catégories particulières eût pu être dressé pour la facilité des renseignements : mais toute inscription matriculaire ne devrait former, par chaque CORPS, qu'une seule et même série d'imperturbables NUMÉROS. Les tables de matière, les catalogues raisonnés suffiraient aux recherches. — Le numérotage de la Matricule est, il faut le dire, une cause d'embarras et de difficultés sur lesquels la loi ne s'est pas encore prononcée. Le rapide renouvellement des CORPS grossissait la série des chiffres, jusqu'à quatre et cinq; on a été plusieurs fois obligé de recommencer la série ordinale pour ne pas atteindre à six chiffres. Le NUMÉRO MATRICULAIRE étant le même que ce qu'on appelle numéro de l'homme, c'est-à-dire le numéro de la marque des EFFETS D'UNIFORME, il en résultait, à cause de la grosseur des nombres, grand embarras et grande dépense pour marquer les effets; aussi y avait-il des CORPS où on les marquait du NUMÉRO de l'armement.— Les différences mal à propos établies entre les MATRICULES D'HOMMES DE TROUPE et celles d'OFFICIERS portent sur les points que voici : la PROFESSION de l'HOMME DE TROUPE et son DERNIER DOMICILE sont indiqués; la position antérieure à l'admission comme OFFICIER est seule indiquée; le SIGNALEMENT de l'HOMME DE TROUPE et les cas de DÉSERTION sont un objet d'inscription; la même précaution n'est pas prise à l'égard de l'OFFICIER, comme si jamais OFFICIER n'eût déserté ou émigré et qu'il ne fût pas nécessaire que son signalement fût connu.

MATRICULE d'EMPLOYÉS. V. EMPLOYÉ.

MATRICULE d'HOMMES DE TROUPE. V. ABSENCE PROHIBÉE. V. ACTION D'ÉCLAT. V. APPEL CONSCRIPTIF. V. BLESSURE. V. CAMPAGNE D'HOMMES DE TROUPE. V. ENFANT D'HOMME DE TROUPE N° 1. V. ENROLÉ VOLONTAIRE. V. HOMME DE TROUPE. V. JUGEMENT MILITAIRE. V. MATRICULE.

MATRICULE d'OFFICIERS. V. BLESSURE. V. CAMPAGNE. V. CLASSE HIÉRARCHIQUE. V. GRADE D'OFFICIER. V. MATRICULE. V. OFFICIER.

MATRICULE d'OFFICIERS DE PLACE. V. MINISTÈRE DE LA GUERRE. V. OFFICIER D'ÉTAT-MAJOR GÉNÉRAL.

MATRICULE MINISTÉRIELLE. V. MINISTÉRIEL. V. OFFICIER D'ÉTAT-MAJOR. V. MATRICULE.

MATRICULE RÉGIMENTAIRE. V. MATRICULE. V. RÉGIMENTAIRE.

MATRICULÉ (matriculée), adj. V. CASE DE CONTROLE ANNUEL. V. CHEF DE MUSIQUE. V. GAGISTE. V. IMMATRICULÉ. V. MATRICULE.

MATSKO; MATT; MATTHIEU. V. NOMS PROPRES.

MATTIAIRE, subs. masc. (F.). Mot dérivé, selon GANEAU, du LATIN *mattiarius*, qu'il regarde comme synonyme de MARTIOBAR-

BULE. Le Mattiaire était, suivant Carré (1785, E), un genre de BARBULE, une arme comparable aux matras ou aux matères. — AMMIEN MARCELLIN parle des Mattiaires dans le sens de TROUPES BYZANTINES ; l'*Encyclopédie du dix-neuvième siècle* (au mot *Arme*) en parle sous l'autre acception.

MATTON, subs. masc. Mot que mentionne RABELAIS, comme signifiant un genre de PROJECTILE D'ARTILLERIE, ou une PIÈCE D'ARTIFICE.

MATTUSCHKA ; MAUBERTH ; MAUBEUGE ; MAUCLÈRE ; MAUGENBERT ; MAULAUDI ; MAUPERTUS ; MAURE ; MAURICE ; MAURITIUS. V. NOMS PROPRES.

MAURESQUE, subs. fém. V. CAMPESTRE.

MAUVAISE VIE. V. FILLE DE M... V. FEMME DE M... V. VIE.

MAUVILLON ; MAXEN. V. NOMS PROPRES.

MAXIMILIEN (maximilienne), adj. V. TOUR MAXIMILIENNE.

MAXIMILIEN ; MAXIMIN ; MAXWELL ; MAY. V. NOMS PROPRES.

MAY, subs. masc. V. TOURNOI.

MAYENCE ; MAYER. V. NOMS PROPRES.

MAYNEAU, subs. masc. V. TOUR DE FORTIFICATION.

MAYEUR, subs. masc. V. MAIRE ; V. MAJOR.

MAYERICK. V. NOMS PROPRES.

MAZARIN ; MAZAS ; MAZÉ. V. NOMS PROPRES.

MAZÈRE, subs. fém. V. JAVELINE.

MAZZA, subs. fém. V. A LA MAZZA. V. MASSUE.

MAZZIOLI. V. NOMS PROPRES.

MÉCANIQUE, adj. V. ARME M... V. PLATINE M... V. TORTUE-M...

MÉCÈNES. V. NOMS PROPRES.

MÈCHE, subs. fém. V. A MÈCHE. V. CACHE-MÈCHE. V. COMPASSER LA MÈCHE. V. PORTE-MÈCHE. V. SOUFFLER LA MÈCHE.

MÈCHE (term. génér.), ou MESCHE. Mot que MÉNAGE tire du GREC *mixa* ; DUCANGE et MAIZEROY (1771, A) donnent à entendre qu'on se servait, pour le FEU GRÉGEOIS, d'une Mèche que PIGAFETTA (1602, A) appelle *esca*. — Le terme Mèche, appliqué aux ARMES A FEU, donne idée d'une cordelette moins grosse que le petit doigt entourant une baguette PORTE-MÈCHE, et servant à l'ARTILLERIE pour mettre le feu aux PIÈCES. Ce qui concerne ce sujet et les MÈCHES INCENDIAIRES a été traité par le général COTTY (1822, A) et par GASSENDI. — Il ne sera donné ici quelques explications qu'au sujet des Mèches dont l'INFANTERIE se servait avant l'u-

sage des PIERRES A FEU ; elles se composaient d'étoupes de chanvre rendues combustibles par des préparations indiquées dans les ouvrages de CARRÉ (1785, E), LACHESNAIE (1758, I), SIONVILLE (1756). Une fois allumées par un bout, elles brûlaient sans s'éteindre. — On conservait les Mèches en barils. Chaque GRENADIER portait la sienne dans un CACHE-MÈCHE ; chaque ARQUEBUSIER ou MOUSQUETAIRE l'attachait à son FOURNIMENT ou autour du bras. — La conserver ALLUMÉE, en abandonnant une PLACE rendue, était une des conditions habituelles des CAPITULATIONS. — L'usage de la Mèche a laissé chez les soldats une locution proverbiale ; quand ils disent : il n'y a pas Mèche, ils donnent idée d'une chose impossible comme de tirer une ARME à laquelle faute de Mèche on ne peut METTRE LE FEU. — Le mot se distingue en MÈCHE D'ARQUEBUSE et en MÈCHE DE MOUSQUET.

MÈCHE A CANON. V. A CANON. V. COFFRE A MUNITIONS.

MÈCHE ALLUMÉE. V. ALLUMÉ. V. BALLE EN BOUCHE. V. BRÈCHE PRATICABLE. V. CAPITULATION DE SIÉGE. V. FEU D'ÉCLAIRAGE. V. GRENADE A MAIN. V. HONNEURS DE LA GUERRE. V. MÈCHE. V. MOUSQUET. V. REDDITION DE PLACE. V. RONDE. V. TRANCHÉE.

MÈCHE COMPASSÉE. V. ARME A FUSÉE. V. COMPASSÉ.

MÈCHE D'ARQUEBUSE (l'). Sorte de MÈCHE qui, au temps des ARQUEBUSES A CROC, était portée au moyen d'un BOUTE-FEU, et ensuite au moyen d'un SERPENTIN. Il en était délivré six toises à chaque ARQUEBUSIER. L'INFANTERIE n'a cessé d'employer de cette manière ses ARMES A FEU PORTATIVES, que quand l'ARQUEBUSE A SERPENTIN prit naissance et se garnit d'une PLATINE A MÈCHE. On fit usage de ce SERPENTIN jusqu'à l'invention des ARQUEBUSES A ROUET, que les DRAGONS portèrent des premiers. — Les Mèches des ARQUEBUSES A FEU ont plus d'une fois favorisé des RUSES DE GUERRE : en 1521, le maréchal de Foix, défendant PARME, où la BRÈCHE était déjà pratiquée, résolut d'abandonner cette partie de la ville et de traverser la rivière ; il distribua sur la crête des MÈCHES ALLUMÉES, elles trompèrent l'ENNEMI en lui faisant croire qu'une quantité d'ARQUEBUSIERS gardaient la BRÈCHE.

MÈCHE DE BOMBE. V. BOMBE. V. ÉTOUPILLE.

MÈCHE DE CANON. V. BOUTE-FEU. V. CANON. V. CANON D'ALARME. V. CANON D'ARTILLERIE. V. LANCE A FEU. V. MILICE CHINOISE N° 6.

MÈCHE DE CRUCHE A FEU. V. CRUCHE A FEU.

MÈCHE DE FOUGASSE. V. FOUGASSE.

MÈCHE DE GRENADE. V. CACHE-MÈCHE. V. GRENADE. V. GRENADE A MAIN. V. GRENADIÈRE D'ÉQUIPEMENT.

MÈCHE de MINE. V. FOURNEAU DE MINE. V.
MINE.

MÈCHE de MOUSQUET (F). Sorte de MÈCHE
dont les MOUSQUETAIRES à pied se servaient
d'abord à la main, et plus tard au moyen
d'un SERPENTIN qui tombait sur l'AMORCE. —
Ils portaient, enroulée autour de la FOURCHETTE
ou empaquetée au bas de la BANDOULIÈRE,
leur provision de Mèches ; elle était réglée
à six aunes en 1646 ; elle pendait à droite
et en arrière des autres parties du FOURNI-
MENT. — Quant aux DRAGONS, du moins ceux
de GUSTAVE-ADOLPHE, en 1620, leur Mèche
était retenue à l'entour d'un crochet qui sur-
montait la TÉTIÈRE de leur BRIDE. — La BOITE
A MÈCHE a été le moyen le plus moderne de
la tenir en sûreté et inaperçue. — Depuis
l'adoption du SERPENTIN, la Mèche était roulée à plusieurs tours sur le bras droit et allumée seulement d'un bout que la main tenait;
quand il s'agissait de faire feu, ce bout s'a-
justait au SERPENTIN. — La mode vint ensuite de porter la Mèche pendante à la main
et allumée par les deux bouts qui se tenaient
entre les deux premiers doigts ; c'est ainsi
que nous la montre GHEYN (1608, A). COM-
PASSER et SOUFFLER la Mèche étaient un des
temps de l'EXERCICE du MOUSQUET ; AMÉCHER
l'arme c'était la garnir de sa Mèche. — L'IN-
FANTERIE, quand elle devait exécuter une
CHARGE l'épée à la main, était obligée d'é-
teindre ses Mèches ; c'était une des raisons
qui rendaient rares les CHARGES D'INFANTERIE.
— La Mèche était surtout embarrassante à
cheval, à cause de l'occupation que la BRIDE
donnait à la main gauche. — La Mèche était
lourde, embarrassante, décelait les Marches
NOCTURNES et la situation des POSTES, se con-
sumait souvent sans utilité, craignait le vent
et la pluie, était dangereuse dans le voisinage des POUDRES, mais manquait rarement
de mettre le feu à la CHARGE. Le FUSIL, au
contraire, RATAIT souvent ; telle fut la cause
qui dans le principe mit en discrédit le CHE-
NAPAN, le MOUSQUET A ROUET, le FUSIL ; bien
des troupes ne se servirent qu'avec répugnance de la PLATINE A BATTERIE. — La
manière de porter la Mèche, de la tenir,
d'en faire emploi est expliquée avec exactitude, clarté et détails dans GHEYN (1608, A)
et LOSTELNEAU (1647, B) ; elle entourait encore le bras droit des JANISSAIRES dans le
siècle dernier.

MÈCHE de PÉTRINAL. V. PÉTRINAL.

MÈCHE de PIERRE A FEU. V. BISEAU DE
PIERRE. V. PIERRE A FEU.

MÈCHE de RONDE. V. FALOT. V. RONDE.

MÈCHE de SERPENTEAU. V. SERPENTEAU.

MÈCHE de TOURTEAU. V. TOURTEAU.

MÈCHE INCENDIAIRE. V. INCENDIAIRE. V.
MÈCHE.

**MECHLENBURG ; MECKLEN-
BOURG.** V. NOMS PROPRES.

MÉDAILLE (subs. fém.) d'HONNEUR (F).
Le mot Médaille vient, suivant CASENEUVE,
du LATIN *metallum*, et se retrouve dans le
bas LATIN *medallia*, et dans l'italien *me-
daglia*. MÉNAGE et d'autres étymologistes le
tirent de l'ARABE ; il a produit l'augmentatif
MÉDAILLON. — Après s'être emparé de la
forteresse de Notebourg, sur le lac de La-
doga, PIERRE premier distribua des Médailles
d'or aux OFFICIERS. — Telle est l'origine de
l'usage des Médailles qui sont portées de nos
jours comme MARQUES D'HONNEUR, dans les
MILICES ALLEMANDES, BADOISE, BAVAROISE, ES-
PAGNOLE, NÉERLANDAISE, PIÉMONTAISE, PRUS-
SIENNE, RUSSE, SUISSE, WURTEMBERGEOISE. Elles
y sont principalement une DÉCORATION D'HON-
NEUR DE TROUPE ; elles se distribuent en général collectivement et sont remémoratives
d'une ACTION, d'une CAMPAGNE, d'une GUERRE
ou d'un congé. — Depuis la bataille de WA-
TERLOO la MILICE ANGLAISE a imité cette
mode, comme le témoigne M. Ch. DUPIN.

MÉDAILLON (subs. masc.) de VÉTÉ-
RANS (F), OU PLAQUE DE VÉTÉRANCE. Le mot
Médaillon a la même étymologie que le mot
MÉDAILLE ; il rappelle une DÉCORATION que
l'ORDONNANCE DE 1771 (16 AVRIL) accordait
aux HOMMES DE TROUPE, comme équivalant à
trois CHEVRONS D'ANCIENNETÉ : c'était la RÉ-
COMPENSE des services roturiers, et la MAR-
QUE DISTINCTIVE attestant vingt-quatre ans de
présence sous les drapeaux et l'accomplissement de trois CONGÉS dans le même corps.
Un BREVET et une HAUTE PAYE y étaient attachés. — Le Médaillon consistait en une
PLAQUE ovale de drap rouge ou de couleur
pareille à celle du REVERS ; un cadre de cuivre l'entourait ; il présentait deux épées de
cuivre en sautoir. Ce signe, cousu sur l'HA-
BIT du SOLDAT, se portait sur le côté gauche
de la poitrine. — Le Médaillon était remis
avec cérémonie aux récipiendaires en présence du CORPS RANGÉ SOUS LES ARMES. — Le
Médaillon a été aboli en 1791 (6 AOUT).

MÉDÉ. V. NOMS PROPRES.

MÉDECIN. subs. masc. V. AIDE-MÉDE-
CIN.

MÉDECIN (D, 5 ; F), OU FISICIEN, OU MÉ-
DECIN MILITAIRE, OU MÈGE, OU MEIDE, OU MEIGE,
OU METGE, OU MEYE, OU MIÉGE, OU MIÈRE, OU
MIRE, OU MISSE, OU MYRE, comme le témoignent BARBAZAN, BOREL (Pierre), LOBRIS,
ROQUEFORT. — Le mot Médecin est d'origine
toute LATINE ainsi que plusieurs de ces synonymes, mais quelques autres ont une racine mal connue. — Ces termes, quoique

l'acception en ait été confondue, ont présenté cependant au MOYEN AGE une différence ; ainsi les FISICIENS ou physiciens, mots
restés dans la LANGUE ANGLAISE, répondaient
davantage aux docteurs en médecine de nos
jours : ils n'étaient que Médecins ; les autres étaient de la classe des OFFICIERS DE SANTÉ
exerçant et la CHIRURGIE et la MÉDECINE. —
Les Médecins de la MILICE ROMAINE obtenaient
sous le règne d'AUGUSTE le rang de CHEVA-
LIERS. — Dans les ASSISES DE JÉRUSALEM en
1099 il n'est question que de MIÉGES. — Des
ARABES ou des GRECS sont les seuls Médecins
qui se voient aux CROISADES, si ce n'est depuis Louis NEUF. Pitard accompagnait en
cette qualité ce monarque, comme Miron
suivit CHARLES HUIT, comme Fernel marchait
en Flandre près de HENRI DEUX. — Dans
les vieux récits relatifs aux ARMÉES, ce sont
surtout les MYRES qui sont MÉDECINS MILI-
TAIRES ; Lonris en fournit la preuve. — Au
quatorzième siècle les FISICIENS étaient en
général ecclésiastiques ; ils n'allaient visiter
leurs malades qu'après avoir dit la messe.
— CHARLES SEPT abolit le statut ridicule qui
ne permettait qu'aux seuls clercs et non aux
hommes mariés l'exercice de la MÉDECINE.
— Ne nous occupons que des MÉDECINS D'AR-
MÉE, et d'une manière succincte, puisqu'il
n'y a dans les corps, conformément aux
usages modernes, que des CHIRURGIENS, non
des Médecins. Par extraordinaire il y avait,
à ce que dit AUDOUIN (t. III, p. 60), dans le
régiment de Sully, un Médecin. Rien alors
n'était encore réglé en fait de SERVICE DE
SANTÉ. — Des AUTEURS allemands ont désigné les Médecins d'armée par le terme
tout à fait grec POLÉMIATRE. Quantité de Médecins habiles suivaient les armées de Cyrus ; HOMÈRE nous en montre au siége de
TROIE : Dioscoride fut Médecin des ARMÉES
de Néron. — On retrouve, dit AUDOUIN p.
424) les noms des Médecins des ARMÉES de
Claude et de Galien ; il existe une lettre
d'ANTONIN adressée au Médecin de la seconde LÉGION. — VÉGÈCE (590 , A) parle de
ceux de son temps ; ils exerçaient en même
temps la CHIRURGIE. — Ces souvenirs de l'antiquité nous donnent idée d'opérateurs qui
appliquaient les secours de la botanique,
mais on ne voit nulle part de directeurs
d'ÉTABLISSEMENTS SANITAIRES ; rien ne fait pré-
sumer qu'il existait des HOPITAUX ouverts
aux militaires ; les bienfaits de la MÉDECINE
et l'invention des Médecins devaient donc
être de bien peu d'effet. — La LOI DE L'AN
CINQ (15 BRUMAIRE) a soumis au jugement
des TRIBUNAUX MILITAIRES les Médecins. —
Le CONSEIL DE SANTÉ attaché au DÉPARTEMENT
DE LA GUERRE est présidé par un MÉDECIN

D'ARMÉE. — L'ARMÉE FRANÇAISE a compris des
MÉDECINS EN CHEF, des MÉDECINS D'HOPITAUX,
etc. ; elle comprenait en 1850 un MÉDECIN
INSPECTEUR, dix MÉDECINS PRINCIPAUX, quarante
MÉDECINS ORDINAIRES, dix-neuf MÉDECINS ORDI-
NAIRES COMMISSIONNÉS, dix MÉDECINS ADJOINTS
et dix ADJOINTS COMMISSIONNÉS ; telle était la
composition et la force de l'ÉTAT-MAJOR MÉ-
DICAL. — Les AUTEURS qui peuvent donner
des lumières touchant les Médecins d'armée
sont ASSALINI, AUDOUIN, COLOMBIER (1772,
C), l'ENCYCLOPÉDIE (1785, C, sup., au mot
Force), HAMILTON, LÉCOUTURIER, OEHME,
SCHMIDT (Joseph).

MÉDECIN ADJOINT. V. ADJOINT. V. MÉDE-
CIN.

MÉDECIN ANGLAIS. V. ANGLAIS, adj. V.
MILICE ANGLAISE.

MÉDECIN COMMISSIONNÉ. V. COMMIS-
SIONNÉ. V. MÉDECIN.

MÉDECIN D'ARMÉE. V. ARMÉE. V. ARMÉE
FRANÇAISE. V. ASSALINI. V. HAMILTON. V. MÉ-
DECIN. V. MÉGEDUX. V. SCHMIDT (Joseph).

MÉDECIN des GARDES FRANÇAISES. V.
GARDES FRANÇAISES N° 2.

MÉDECIN D'HOPITAL. V. BILLET DE SOR-
TIE. V. BILLET D'ENTRÉE. V. CAS DE RÉFORME. V.
FIÉVREUX. V. HOPITAL. V. HOPITAL MILITAIRE.
V. MÉDECIN. V. OEHME.

MÉDECIN EN CHEF. V. EN CHEF. V. MÉDECIN.

MÉDECIN INSPECTEUR. V. INSPECTEUR. V.
MÉDECIN.

MÉDECIN MILITAIRE. V. OEHME. V. MÉ-
DECIN. V. MILITAIRE, adj.

MÉDECIN ORDINAIRE. V. MÉDECIN. V. OR-
DINAIRE, adj.

MÉDECIN PRINCIPAL. V. MÉDECIN. V.
PRINCIPAL.

MÉDECINE (subs. fém.) D'ARMÉE. V. AR-
MÉE. V. CROISADE. V. ÉLÉPHANT. V. HOPITAL
MILITAIRE. V. IAEGER. V. MÉDECIN. V. MÉDECINE
MILITAIRE. V. MEYSEREY.

MÉDECINE HOMÉOPATHIQUE. V. HOMÉO-
PATHIQUE. V. HOPITAL MILITAIRE. V. MÉDECINE
MILITAIRE. V. MILICE AUTRICHIENNE N° 2. V.
MILICE SAXONNE N° 1.

MÉDECINE MILITAIRE (D, 5), ou MÉDE-
CINE D'ARMÉE. Le mot Médecine a la même
racine que le substantif MÉDECIN. — La Médecine est une des subdivisions de cette partie que dans le CODE des ARMÉES on appelle
SANTÉ, SERVICE DE SANTÉ, STRATOTHÉRAPEU-
TIQUE. — Il n'en peut être ici question qu'en
quelques lignes, puisque comme science elle
ne saurait nous occuper, et que, quant à
l'application militaire, il en a été suffisamment traité aux articles AIDE-CHIRURGIEN,
CHIRURGIEN-MAJOR, CONSEIL DE SANTÉ, HOPI-
TAL, MÉDECIN, OFFICIER DE SANTÉ, SOUS-AIDE

CHIRURGIEN. — La Médecine militaire était si peu avancée au seizième siècle, que le premier empirique venu pouvait se dire médecin et en exercer la profession. Le célèbre fou Brusquet, devenu depuis le bouffon de Henri deux, dut sa grande fortune à l'audace homicide avec laquelle il se présenta en 1545 au camp d'Avignon sous la robe doctorale; il n'avait pas les premières notions de l'art de guérir, et tua tant de Suisses que le connétable se disposait à le faire pendre; il faut entendre ce récit de la bouche même de Brantôme (1600, A) : *Son premier advancement (de Brusquet) fut au camp d'Avignon où il se jetta venant de son pays de Provence pour gagner la pièce d'argent, et contrefaisant le médecin; il se mit, pour mieux jouer son jeu, au quartier des Suisses et des lansquenets, desquels il tiroit grands deniers; il les envoyoit ad patres drus comme des mouches; mais le pis fut descouvert par le grand desgat qu'il faisait. La connoissance en étant venue à M. le connétable, il le voulut faire pendre; mais on rapporta à M. le dauphin (depuis Henri deux) qui estoit lors là, que c'estoit le plus plaisant homme qu'on vist, et le connoissant fort plaisant, et qu'il lui donneroit bien un jour du plaisir, il l'osta d'entre les mains du prévost du camp*, etc. — Ainsi se rendait ou se modifiait la JUSTICE PRÉVÔTALE. — Quelques vues sur les moyens curatifs appliqués aux ARMÉES et sur les systèmes des MÉDECINS MILITAIRES ont été adressées aux CORPS par le MINISTRE DE LA GUERRE, en l'an quatre (6 et 25 prairial) sous le titre d'avis (*Journal militaire*, t. x, p. 901). — Des écoles ou INSTITUTS de CHIRURGIE MILITAIRE sont établis dans la MILICE PRUSSIENNE. — La MILICE AUTRICHIENNE a essayé depuis quelques années de la Médecine hôméopathique. Les militaires saxons sont, suivant le *Spectateur militaire* (t. XIX, p. 247), autorisés à se faire traiter suivant le système homéopathique dans les hôpitaux, si telle est leur intention. — Il existe dans la MILICE PRUSSIENNE des académies ou écoles spéciales de Médecine militaire. — Les traités de WALTHER (1785, C) et de M. RUMPF (1824, F) offrent un catalogue étendu sur des écrivains qui ont traité de la Médecine militaire; on peut particuliérement consulter sur ce même sujet : AUDOUIN (p. 424), BALDINGER (1778, P), BROKLESBY, BUECHNER, COLOMBIER (1772, C), DESGENETTES, DICKEL, EICKHEIMER, FABRICE DE HILDEN, GAMET, GEHEMA, HECKER, HORNE, JAEGER, KRAMER, LAZERME, LEBÈGUE, MEDERER, MEYSEREY,

MINDERER, MONRO, NAUDÉ, PORTIUS, RHUMEL, RICHARD DE HAUTESIERK, ROMANUS (FRANC). SCHMIDT (1664, 1772), SKENERGER, VANRUSTINGH.

MEDERER. V. NOMS PROPRES.

MÉDIATION (subs. fém.) ARMÉE. V. ARMÉ, adj. V. GUERRE DE 1831.

MÉDICAL (médicale), adj. V. ART M... V. ÉTAT-MAJOR M... V. GÉOLOGIE M... V. PERSONNEL M... V. SERVICE M...

MÉDICAMENT, subs. masc. V. ACHAT DE M... V. AMBULANCE A CHEVAL. V. CAISSE DE PHARMACIE. V. CHIRURGIEN MILITAIRE. V. CHIRURGIEN EN ROUTE. V. CHIRURGIEN-MAJOR D'INFANTERIE DE LIGNE N° 18. V. DELAHAIE. V. EAU-DE-VIE. V. HOPITAL MILITAIRE. V. INFIRMERIE. V. INTENDANT GÉNÉRAL. V. KRUEGER (3, G). V. MASSE DE MÉDICAMENTS. V. MILICE ANGLAISE N° 12. V. MILICE PRUSSIENNE N° 2. V. PREMIÈRE MISE DE M... V. RICHARD DE HAUTESIERK.

MÉDICIS; MÉDINA; MEDRANO. V. NOMS PROPRES.

MEIDE, subs. masc. V. MÉDECIN.

MEG, subs. masc. V. MEGG.

MÈGE, subs. masc. V. MÉDECIN.

MEGEDUX, subs. masc. (F). Mot mentionné par BOREL (Pierre) et employé par VILLEHARDOUIN dans le sens de GÉNÉRAL D'ARMÉE, comme le témoigne ROQUEFORT; le terme est, suivant la supposition de BARBAZAN, un composé de *major dux*, capitaine principal : cette étymologie est douteuse. — Il y a des ÉCRIVAINS qui ont regardé le composé de Megedux comme signifiant maréchal ferrant. — On pourrait conjecturer avec autant de vraisemblance, que la désignation moderne de CHIRURGIEN ou de MÉDECIN D'ARMÉE y répond.

MEGG, subs. masc. V. ARME DE DEMILONGUEUR. V. ARME D'ESTOC. V. CAVALERIE. V. ÉPÉE LONGUE. V. HUSSARD N° 4.

MEHAGNÉ, subs. masc. V. MEHAIGNÉ.

MEHAIGNÉ, MEHAIGNÉE, MEHAIGNEZ, adj. et subs. masc. ou MEHAGNÉ (F). Mot dérivé du bas LATIN *machamium, machainium, mahainium*, qui signifiaient, suivant M. ROQUEFORT, blessure, mutilation; ces racines latines ont produit le verbe trivial et populaire *mécaniser*, en usage pour signifier mettre à mal. Le substantif Mehaigné est analogue à l'ITALIEN *magagnato*, vieux, perclus; on disait Mehaigné dans le sens où l'on a dit ensuite BLESSÉ, ESTROPIÉ, MUTILÉ. LORRIS et les ÉTABLISSEMENTS de 1250 en rendent témoignage. Les Méhaignés pouvaient décliner le JUGEMENT DE DIEU. Faire relever et secourir les Méhaignés était une des fonctions des HÉRAUTS du MOYEN AGE.

MÉHÉE, v. noms propres.

MÊLÉE, subs. fém. v. mêlée.

MÉHUN, v. noms propres.

MÈHDE, subs. masc. v. médecin.

MEIDELL, v. noms propres.

MEIGE, subs. masc. v. médecin, v. mège.

MEIFARTH; MEINECKE; MEINERT; MEINICKE; MEINIG; MEISTER, v. noms propres.

MÉLANGE (subs. masc.) d'armes (F, G, 6) ou ordre entremêlé. Le mot Mélange, l'adjectif mêlé, le substantif mêlée, proviennent également du latin *miscere*, ou, suivant Ménage, du bas latin *misculare*, qu'on a d'abord traduit par le verbe mesler. — La locution Mélange d'armes était didactique dans les derniers siècles; elle s'est pour ainsi dire effacée maintenant du langage de la tactique : la cause en est simple. Quand l'infanterie des modernes était peu nombreuse, le Mélange d'armes était une organisation permanente des troupes, une ordonnance passagère et tactique par petites fractions. Depuis que l'infanterie est devenue un instrument de premier ordre, une agglomération considérable, le Mélange d'armes ou plutôt le concours des armes n'a plus lieu par grosses masses les jours d'action; l'appui réciproque que les armes diverses se prêtent est une haute combinaison que l'art de la guerre applique suivant le terrain. — Faute d'un terme juste, les militaires qui ont discuté sur cette matière se sont mal compris, comme il est arrivé si souvent; dire qu'il faut admettre ou proscrire le Mélange des armes, c'est ne rien dire, si l'on n'est à l'avance convenu, ou qu'il s'agit de la combinaison des grosses colonnes de cavalerie, d'infanterie, d'artillerie, ou qu'il s'agit d'un ordre de bataille dans lequel ces armes alternent, s'entrecoupent par petites agrégations. — La phalange de la milice grecque et la légion romaine tiraient toutes deux leur force d'un habile Mélange d'armes. — Les douzième et treizième siècles offrent des exemples du Mélange d'armes; à Bouvines, l'infanterie communale est intercalée dans des groupes de gens d'armes. Au Pont-de-l'Arche, Louis onze, ou plutôt Desquerdés, entremêlaient la cavalerie et l'infanterie. — A la renaissance de l'infanterie, le Mélange d'armes devient un système général; des pelotons de fantassins se tenaient entre les gros de cavalerie; c'était une conséquence de l'usage plus répandu des armes à feu. — Les escadrons espagnols s'entremêlent à Pavie de quinze cents arquebusiers à pied en petites subdivisions; on attribue à cet ordre de bataille la défaite de

la gendarmerie française. — Le duc de Guise avait tiré un habile parti du Mélange, par petits pelotons, des arquebusiers à pied et de la cavalerie légère. — L'emploi de ce moyen est donc ancien; on a prétendu à tort que Coligny et Henri quatre en étaient les inventeurs; on en a fait honneur aussi à Gustave-Adolphe, parce qu'ils avaient tous pour principes, comme on disait alors, de placer des *arquebuses aux estriers des escadrons*. Gustave suppléait ainsi, par ses mousquetaires à pied, à la faiblesse de sa cavalerie, et maintes fois il dut la victoire à ce jeu tactique. — Les Nassau, Rohan, Condé, Turenne, Montecuculi pratiquent le Mélange d'armes. — Ce que le système avait de défectueux avait été jugé à Mariendal, à Rocroy, à Hochstett; les pelotons à pied abandonnés par leur cavalerie furent massacrés par l'ennemi. — En 1674, Turenne, à la bataille d'Ensheim, place cinq escadrons entre ses lignes; c'était un Mélange d'armes de nouveau genre; cette innovation décèle le général qui voit de haut. — La bataille d'Almanza fut perdue par suite du Mélange des bataillons et des escadrons. — Des écrivains du dix-septième siècle et Folard, si passionné pour les vieilles modes, recommandent le Mélange d'armes. — Maurice de Saxe (1757, A) sentit ce qu'avait de vicieux et de débile un système qui mettait l'infanterie dans la nécessité de régler son pas sur celui des chevaux, ou qui forçait la cavalerie à raccourcir sa marche pour ne pas abandonner ses hommes de pied. Ce prince, que Bonaparte accuse de manquer d'esprit, en montra beaucoup en cela. — Frédéric deux consomma cette grande révolution de l'art militaire. — Tant que la cavalerie avait exécuté au pas les charges et combattu par le feu, le Mélange d'armes était possible, utile même au jeu d'éléments si imparfaits; mais aussitôt que la cavalerie a eu pris la vélocité qui fit la vraie force de celle de Frédéric, le mélange par petites troupes est tombé en discrédit; il n'a plus eu lieu que par grosses masses; il ne s'agit plus que les armes se mélangent, mais s'étayent, s'échelonnent, s'appuient, et que des corps se prêtent un secours efficace, tout en restant assez respectables pour n'être pas dans la dépendance des troupes qui les secondent. — *Ce n'est plus de mélanger les armes qu'il est question*, disait judicieusement Guibert (1773, K), *c'est de les soutenir*. — Les légions de Louis quinze, modelées sur le vieux type des corps mélangés, témoignèrent de la lenteur des progrès de l'art; les légions départementales que Gouvion avait créées, son projet avorté d'ar-

TILLERIE, d'INFANTERIE et la confusion de l'arme des LANCIERS et des CHASSEURS, étaient des contre-sens encore plus marqués ; car le ministre généralisait un principe qui sous Louis QUINZE n'était qu'exceptionnel (1). — WARNERY (1828, D) a démontré l'erreur où tombaient les sectateurs du Mélange d'armes : M. le colonel MARBOT a développé cette opinion. La question a été débattue par BAUDRAN (1777, D), BOHAN (1781, H, t. II, p. 122), M. le colonel CARRION (1824, A), DELANOUE (1760, F, t. II), l'ENCYCLOPÉDIE (1785, C, aux mots *Cavalerie, Ordre*), FOLARD (1727, A), GISORS (1767, D), LACHESNAIE (1758, I, aux mots *Cavalerie, Ordre*), MAIZEROY (1766, F, t. I, II, p. 98 ; 1767, E, p. 242 ; 1775, B, p. 165), MAURICE DE SAXE (1757, A), MESNIL-DURAND (1780, K), PIRSCH (1782, A), TRAVERSE (1758, D), TURPIN (1783, O).

MÉLANGE de GRAINS. V. COMMISSAIRE DES GUERRES N° 6. V. GRAIN. V. GRAINS DE MANUTENTION. V. MEMBRE DE CONSEIL.

MÉLARCHIE, subs. fém. V. NÉRARCHIE.

MELDER. V. NOMS PROPRES.

MÊLÉ (mêlée), adj. V. BATONS MÊLÉS. V. MÉLANGE.

MÊLÉE, subs. fém., ou MERLÉ, ou MELLÉE, ou MESLÉE suivant ROQUEFORT (1853). Ces mots ont la même origine que le mot MÉLANGE ou proviennent du bas LATIN *melsia*. —Au MOYEN AGE, les ÉTOURS, les COMBATS ALA FOULE étaient le simulacre d'une Mêlée. Le langage pittoresque en a tiré les expressions EN VENIR AUX MAINS, se jeter dans la Mêlée. —La MILICE ESPAGNOLE se reconnaissait dans la Mêlée au moyen du SIGNE DE CAMPAGNE. —La Mêlée est l'état de confusion qui résulte d'un ASSAUT ou d'une CHARGE, d'un engagement où se manifeste une vive résistance ; elle est une conséquence de l'emploi des ARMES BLANCHES ; aussi les Mêlées étaient-elles plus fréquentes dans les MILICES ANCIENNES que chez les modernes ; aussi les Mêlées de la CAVALERIE sont-elles plus communes que celles d'INFANTERIE. — Les armées mal disciplinées, telles que l'étaient celles des TURCS, font d'une BATAILLE une Mêlée. — Malheur à l'ARTILLERIE dans une Mêlée ; elle est hors de son rôle. — On dit le fort, le milieu, l'horreur de la Mêlée. — Les ITALIENS ont le substantif *zuffa*, signifiant Mêlée furieuse ; un terme analogue nous manque. — La TACTIQUE tend à rendre le plus rares possible les Mêlées, et à ne les risquer que petites et partielles ; suivant la remarque judicieuse de M. ROCQUANCOURT, *elles échap-*

(1) Voir la note page 3067.

pent à la puissance morale et ne sont pas du domaine de l'art.

MELFITANO ; MELFORT ; MELHORN. V. NOMS PROPRES.

MELLÉE, subs. fém. V. MÊLÉE.

MELLIET ; MELLINET. V. NOMS PROPRES.

MELON, subs. masc. V. BOMBE. V. EN MELON.

MELUN ; MELZO. V. NOMS PROPRES.

MEMBRE. V. PERTE DE M...

MEMBRE (term. génér.). Mot tout LATIN qui sera surtout examiné comme MEMBRE DE CONSEIL D'ADMINISTRATION.

MEMBRE d'ARMÉE. V. ARMÉE. V. BRIGADE D'ARMÉE. V. DIVISION D'ARMÉE.

MEMBRE de COMMISSION MILITAIRE. V. COMMISSION MILITAIRE.

MEMBRE (membres) de CONSEIL D'ADMINISTRATION D'INFANTERIE (B, 1). Sorte de MEMBRES dont le nombre et la qualité ont varié, à raison de quantité de lois et de la forme différente des CONSEILS D'ADMINISTRATION DE DÉPOT et des CONSEILS ÉVENTUELS. Le COLONEL du CORPS les a de tout temps présidés ; les CHEFS DE BATAILLON ou le plus ANCIEN d'entre eux, des OFFICIERS de tout GRADE, le MAJOR, des HOMMES DE TROUPE en ont fait partie d'une manière soit permanente, soit passagère, soit périodique. — L'ORDONNANCE DE 1762 (10 DÉCEMBRE) chargeait de la gestion des COMPTES de chaque RÉGIMENT trois OFFICIERS ; on les nommait les COMMISSAIRES DE LA CAISSE. — L'ORDONNANCE DE 1776 (25 MARS) instituait cinq Membres de CONSEIL y compris le plus ANCIEN CAPITAINE. — Celle DE 1788 (20 JUIN) reconnaissait neuf Membres y compris cinq CAPITAINES. — Le RÈGLEMENT DE 1792 (1er JANVIER) y attachait tous les OFFICIERS SUPÉRIEURS, ainsi que trois CAPITAINES annuellement renouvelés. — La LOI DE L'AN DEUX (19 VENTOSE) établissait dans chaque BATAILLON DE VOLONTAIRES un CONSEIL de treize Membres, dont huit de tous GRADES et cinq SOLDATS. — La LOI DE L'AN CINQ (25 FRUCTIDOR) réunissait par CONSEIL de DEMI-BRIGADE sept Membres, savoir, le CHEF, trois CAPITAINES, un LIEUTENANT ou SOUS-LIEUTENANT, un SOUS-OFFICIER, un CAPORAL ou VOLONTAIRE. — Depuis 1805 les SOUS-OFFICIERS ont cessé d'en faire partie. — Le DÉCRET DE 1808 (21 DÉCEMBRE) n'admettait que cinq Membres, y compris un CAPITAINE et un SOUS-OFFICIER ; des SUPPLÉANTS sont désignés. — L'ORDONNANCE DE 1815 (20 JANVIER) rassemblait huit Membres, dont trois SUPPLÉANTS. — Celle DE 1823 (19 MARS, art. 634) confiait l'ADMINISTRATION à cinq Membres, dont deux CAPITAINES. — Les Membres du CONSEIL ont été nommés ou choisis, suivant les temps, soit par élection, soit en vertu d'un droit d'ANCIENNETÉ, soit en vertu d'un droit résultant du GRADE. — Maintenant ceux qui doivent être périodiquement réélus, soit comme fonctionnaires à demeure, soit comme SUPPLÉANTS, sont nommés ou choisis sous la sanction de l'INSPECTEUR GÉNÉRAL. — Un droit que la loi confère aux Membres du CONSEIL, consiste à faire, en SÉANCE, des propositions que le PRÉSIDENT est tenu de mettre en DÉLIBÉRATION; il leur est également loisible d'inscrire au bas des DÉLIBÉRATIONS les OPINIONS ou réserves qu'ils croient de nature à mettre à couvert leur responsabilité. — Le rang que tiennent les Membres du conseil était réglé par l'ARRÊTÉ DE L'AN HUIT (8 FLORÉAL) : il y est énoncé que le PRÉSIDENT prend au CONSEIL la première place, les Membres se rangent alternativement à sa droite et à sa gauche, suivant leur GRADE ou leur rang d'ANCIENNETÉ; le QUARTIER-MAITRE ou le TRÉSORIER se met vis-à-vis le PRÉSIDENT. — Le RÈGLEMENT DE 1809 (51 AOUT, art. 80) voulait qu'un Membre du CONSEIL fût chargé de la surveillance du REGISTRE du VAGUEMESTRE. — Des Membres du conseil, suivant d'anciennes régles, étaient chargés des fonctions de COMMISSAIRE AUX RÉCEPTIONS D'EFFETS; d'autres devaient assister aux MÉLANGES des GRAINS DE MANUTENTION; cette dernière mesure était une théorie peu praticable. — Chacune des CLEFS de la CAISSE A TROIS SERRURES est confiée à un Membre de GRADE différent ; défense lui est faite de s'en dessaisir et de la confier. — Les Membres se réunissent aux heures que fixe l'ORDRE DU JOUR ; leurs noms s'inscrivent en tête du PROCÈS-VERBAL de la SÉANCE. — A leur entrée en fonction, ils assistent à la reddition des COMPTES de leurs prédécesseurs, se font représenter les deniers que mentionne le dernier ARRÊTÉ DE COMPTABILITÉ, mais ne deviennent responsables que des valeurs mentionnées dans l'ARRÊTÉ libellé à l'occasion de leur installation. — Les Membres assistent aux ENTRÉES DE DENIERS EN CAISSE. — Ils ne peuvent être chargés isolément d'aucun ACHAT ou de la PASSATION d'aucun MARCHÉ.— Ils sont responsables de la ponctuelle inscription des DÉLIBÉRATIONS sur le REGISTRE, et de l'observation des formes de la COMPTABILITÉ. Leurs APPOINTEMENTS sont passibles d'une RETENUE du cinquième en cas de mécompte, de distraction de deniers et de RETENUES ILLÉGALES. Un aperçu de leurs attributions et de leurs devoirs a été tracé par M. BALLYET (1817).

MEMBRE de CONSEIL DE DÉFENSE. V. COMMISSAIRE DES GUERRES N° 4. V. CONSEIL DE DÉFENSE.

MEMBRE de CONSEIL DE DISCIPLINE. V. CONSEIL DE DISCIPLINE.

MEMBRE de CONSEIL DE GUERRE. V. CONSEIL DE GUERRE. V. RÉVISION JUDICIAIRE.

MEMBRE de CONSEIL DE RÉVISION. V. CONSEIL DE RÉVISION.

MEMBRE de CONSEIL DE SANTÉ. V. CONSEIL DE SANTÉ.

MEMBRE de CONSEIL D'ENQUÊTE. V. CONSEIL D'ENQUÊTE.

MEMBRE de CONSEIL ÉVENTUEL. V. CONSEIL ÉVENTUEL.

MEMBRE de CONSEIL EXTRAORDINAIRE. V. CONSEIL EXTRAORDINAIRE.

MEMBRE de CONSEIL GÉNÉRAL D'ADMINISTRATION. V. CONSEIL GÉNÉRAL D'ADMINISTRATION.

MEMBRE de CONSEIL JUDICIAIRE. V. ANCIENNETÉ DE GRADE. V. ASCENDANT. V. CHEVAL DE SELLE DE CONVOI. V. CONSEIL JUDICIAIRE. V. CONSEIL PERMANENT N° 1. V. DESTITUTION. V. HAUSSE-COL. V. MILICE NÉERLANDAISE N° 6.

MEMBRE de CONSEIL PERMANENT. V. ACCUSÉ. V. COLONEL D'INFANTERIE FRANÇAISE DE LIGNE N° 35. V. COMMANDANT DE DIVISION N° 2. V. CONSEIL PERMANENT N° 1. V. DESTITUTION.

MEMBRE de CONSEIL SPÉCIAL. V. ASCENDANT. V. CONSEIL SPÉCIAL. V. DESCENDANT.

MEMBRE (membres) de la LÉGION D'HONNEUR (C, 4). Sorte de MEMBRES qui sont revêtu de divers GRADES et admis en vertu de SERMENT. — Le nombre des Membres de la LÉGION était, dans le principe, d'accord avec le montant des revenus de l'ORDRE. Les titulaires, et surtout les CHEVALIERS, s'accrurent hors mesure; mais le gouvernement impérial suppléait par des subventions à l'insuffisance des revenus de l'ordre. Le régime de la restauration a tari les sources d'une partie des TRAITEMENTS, et, au mépris de la parole jurée, les Membres de l'ordre ont été longtemps soumis à d'inégales réductions. — Les lois sur la Légion d'honneur, l'ORDONNANCE DE 1816 (26 MARS), la CIRCULAIRE DE 1817 (25 JUILLET) voulaient que les Membres n'avançassent que de GRADE en GRADE. Cette régle a été plus d'une fois violée à partir de 1814. — Les lois déterminaient le SERMENT que les Membres faisant partie d'un CORPS MILITAIRE devaient signer en présence du CONSEIL D'ADMINISTRATION. Dans le principe, ce serment était une déclaration de haine à la FÉODALITÉ. — Elles exigeaient que le PROCÈS-VERBAL de la RÉCEPTION des Membres fût adressé au GRAND CHANCELIER, ainsi que l'avis des DÉCÈS ; elles autorisaient, à cet égard, le CONTRE-SEING qui affranchit les MISSIVES; elles donnaient aux Membres de l'ORDRE DE SAINT-LOUIS le pas sur ceux de la LÉGION D'HONNEUR. — La LÉ-

GISLATION a statué sur les cas des peines ou des punitions de discipline emportant cassation de sous-officiers légionnaires, sur les dégradations des condamnés, sur l'envoi de la copie des jugements à transmettre au ministre de la guerre, sur les délégations de traitements, sur le droit au salut du port d'armes de la part des sentinelles, etc. — Le décret de 1809 (11 avril.) réglait les honneurs auxquels les Membres ont droit, et leurs places dans les cérémonies publiques. La guerre de 1830 fit naître un instant l'espoir que l'arriéré de la Légion serait soldé. — *L'empereur, dit M. le baron Mounier, ne se renferma pas dans le cercle légal. Au commencement de 1814, on comptait environ 30,000 Membres; au 1er janvier 1851, leur nombre s'élevait à 42,894, et au 1er novembre 1838 à 50,598. Cet accroissement illimité a produit son effet naturel. Ceux qui distribuent la décoration, comme ceux qui l'obtiennent, ont cessé d'y attacher le même prix. Elle a été donnée avec légèreté et reçue avec tiédeur.*

MEMBRE de l'INSPECTION. V. CONSEIL D'ÉTAT. V. CONSEIL PERMANENT Nº 1, 5. V. CORPS D'INTENDANCE Nº 5. V. ÉTAT-MAJOR DE PLACE, V. INSPECTEUR AUX REVUES. V. INSPECTION AUX REVUES. V. MAIRE DE COMMUNE. V. MINISTÈRE DE LA GUERRE, V. SOUS-OFFICIER Nº 5.

MEMBRE de l'INTENDANCE. V. ABATAGE DE CHEVAUX. V. ACTE DE DÉCÈS AUX HOPITAUX D'ARMÉE. V. ABSOUS. V. ACTE DE NOMINATION DE FACTEUR. V. ACTE DE REMPLACEMENT. V. ACTE D'ENGAGEMENT. V. ADJOINT A L'INTENDANCE. V. ADJUDANT-MAJOR PRÉCÉDANT LE CORPS. V. ADMINISTRATION D'ARMÉE. V. APPEL ADMINISTRATIF, V. APPEL DE TROUPE. V. APPEL D'OFFICIER DE COMPAGNIE. V. APPOSITION DE SCELLÉS. V. ARMEMENT DE TROUPE, V. ARRÊTÉ DÉFINITIF. V. ARRÊTÉ PROVISOIRE. V. ARRIVÉE DE CORPS EN ROUTE. V. ARSENAL. V. ASSIETTE DE CASERNEMENT, V. ARTILLERIE DE CORPS, V. AUTORITÉS CIVILES. V. AVARIE D'EFFETS EN MAGASIN. V. AVARIE PAR DÉGRADATION. V. BILLET D'ENTRÉE A L'HOPITAL. V. BLESSURE. V. BON. V. BRODERIE D'HABITS. V. CAPITAINE DE CONSEIL D'ADMINISTRATION. V. CEINTURE DE MEMBRE DE L'INTENDANCE. V. CHAUFFAGE. V. CHIRURGIEN DE CORPS. V. COLONEL D'INFANTERIE FRANÇAISE DE LIGNE Nº 22, 29. V. COMMISSION D'EXAMEN. V. CONGÉ LIMITÉ. V. CONSEIL D'ADMINISTRATION DE RÉGIMENT Nº 4. V. CONSEIL DE RÉVISION JUDICIAIRE. V. CONSEIL D'ÉTAT. V. CONSEIL PERMANENT Nº 1, 5. V. CONSOMMATION D'EFFETS D'ARMEMENT. V. CORPS D'INTENDANCE Nº 2, 3, 6, 8, 9, 10. V. COUPON D'INDEMNITÉ DE ROUTE. V. CRÉDIT COMPTABILIAIRE. V. CROIX DE SAINT-LOUIS. V. CUISINIER. V. DÉCOMPTE DE LIQUIDATION. V. DÉCOMPTE

EN DENIERS. V. DEMANDES DE MUNITIONS. V. DÉTACHEMENT ADMINISTRATIF, V. DÉTACHEMENT DE CORPS. V. DIRECTEUR D'HOPITAL. V. DISTRIBUTION EN ROUTE. V. EAU MINÉRALE. V. ENRÔLÉ VOLONTAIRE. V. ÉQUIPEMENT D'HOMME DE TROUPE. V. ÉTAT DE SITUATION. V. ÉTAT D'EFFECTIF. V. ÉTAT-MAJOR D'ARMÉE Nº 4. V. ÉTAT-MAJOR DE PLACE. V. ÉTAT QUATRIDIAIRE. V. EXERCICE COMPTABILIAIRE. V. EXTRAIT DE REVUE. V. FACTEUR. V. FEMME D'OFFICIER. V. FEUILLE D'APPEL. V. FEUILLE DE ROUTE. V. GÉNÉRAL EN CHEF Nº 4. V. GÉNÉRAL FRANÇAIS Nº 4. V. HOMME DE TROUPE Nº 5. V. INDEMNITÉ DE PERTE. V. INSPECTEUR AUX REVUES. V. INTENDANCE. V. INTENDANT DE PROVINCE. V. INTENDANT MILITAIRE Nº 5. V. LICENCIEMENT. V. LIVRET D'ARMEMENT. V. LIVRET INDIVIDUEL. V. MAIRE DE COMMUNE. V. MINISTÈRE DE LA GUERRE. V. MINISTRE DE LA GUERRE Nº 6, 12, 13. V. MOT. V. NOMINATION DE M.., V. OFFICIER FRANÇAIS Nº 3, 15. V. ORDONNANCE OFFICIELLE. V. PAIN DE MUNITION. V. PAYEMENT. V. PENSION DE RETRAITE. V. PERMISSION. V. PERMISSIONNAIRE. V. PIÈCE D'ARMES. V. PLACE A GARNISON. V. PRÉFET DE DÉPARTEMENT. V. PROCÈS-VERBAL. V. RÉCEPTION DE DRAPEAU. V. REGISTRE DE CAISSE. V. RÉQUISITION DE MEMBRE DE L'INTENDANCE. V. RETRAITE DE MEMBRE DE L'INTENDANCE. V. REVUE D'ADMINISTRATION. V. REVUE D'INSPECTEUR GÉNÉRAL D'ARMES. V. SALUT AVEC ARMES. V. SOLDE, subs, fém. V. SOUS-INTENDANT; id. Nº 1, 2, 8. V. SOUS-PRÉFET. V. TRANSPORT DIRECT.

MEMBRE de l'ORDRE DE SAINT-LOUIS. V. MEMBRE DE LA LÉGION D'HONNEUR. V. ORDRE DE SAINT-LOUIS.

MEMBRE de RÉGIMENT. V. BATAILLON D'INFANTERIE FRANÇAISE. V. CHEF DE BATAILLON D'INFANTERIE FRANÇAISE DE LIGNE Nº 7. V. RÉGIMENT. V. RÉGIMENT D'INFANTERIE FRANÇAISE Nº 2.

MEMBRE de TRIBUNAL MILITAIRE. V. ACCUSATEUR. V. CRIME. V. DISPONIBILITÉ. V. MESSE MILITAIRE. V. MILICE PRUSSIENNE Nº 0. V. MESTRE DE CAMP Nº 3. V. TRIBUNAL MILITAIRE. V. PRÉVOT D'ARMÉE.

MEMBRE d'ORDRE DE CHEVALERIE. V. HONNEURS FUNÈBRES. V. MINISTRE DE LA GUERRE Nº 7. V. ORDRE DE CHEVALERIE. V. ORDRE DU BAIN. V. PRINCE FRANÇAIS. V. SENTINELLE.

MEMBRE HUMAIN. V. AMPUTATION. V. CÉCITÉ. V. HUMAIN, adj. V. INVALIDE. V. PERTE DE MEMBRE.

MÉMOIRE de PROPOSITION. V. ADMISSION A LA RETRAITE. V. MINISTRE DE LA GUERRE Nº 10. V. PENSION DE RETRAITE. V. PROMOTION D'OFFICIER. V. PROPOSITION. V. PROPOSITION D'ADMISSION A LA RETRAITE. V. RÉFORME. V. SOUS-OFFICIER Nº 4.

MÉMOIRE MILITAIRE. V. AIDE-MAJOR ACTUEL Nº 1, 2. V. APPOSITION DE SCELLÉS. V.

ARCHIVES, v. HISTORIQUE. v. MILICE AUTRICHIENNE N° 2. v. MILITAIRE, adj. v. OFFICIER D'ÉTAT-MAJOR GÉNÉRAL. v. OFFICIER D'INFANTERIE FRANÇAISE N° 6. v. RECONNAISSANCE DE TERRAIN.

MÉNACE, subs. fém. v. CRIME.

MÉNADIER, OU MESNADIER, OU MESNARDIER, OU MAINADAIRE. GANEAU, au mot MAISNARDIER, suppose que ces mots viennent du gascon *mesnada*, maison. parce que des espèces de défenseurs de la maison ou de gardes du corps arragonais s'appelaient MAISNARDIERS. Il viendrait, suivant d'autres opinions, de MENADE, bande d'hommes menés, et signifierait ainsi MENEUR OU CONDUCTEUR OU CHEF DE TROUPE. Les Menadiers d'ESPAGNE étaient des gentilshommes de la maison, royale, de la classe des *ricos hombres*, au moins du côté de leur père. Les MENADIERS D'ITALIE étaient des brigands enrégimentés. Il y a eu des SOLDATS D'INFANTERIE qui sous le nom de Menadiers ont PORTÉ LES ARMES.

MÉNAGE. v. NOMS PROPRES.

MÉNAGER (ménagère), adj. v. GAGES MÉNAGERS.

MÉNANDRE; MENDO; MENDOZA; MÉNÉNIUS. v. NOMS PROPRES.

MENER, verbe act. v. BANNIÈRE. v. BANNERET N° 5. v. BANNIÈRE. v. BANNIÈRE SEIGNEURIALE.

MENER BATTANT (II, 2). Locution toute ITALIENNE : *Menar battendo, rimettere battendo;* abréviations de MENER TAMBOUR BATTANT. Ces expressions signifient HARCELER dans sa RETRAITE l'ENNEMI; le RAMENER, quand ses attaques ont échoué; le poursuivre dans sa FUITE.

MENER de FRONT. v. DE FRONT. v. FRONT. v. FRONT TACTIQUE. v. LANGUE FRANÇAISE.

MENER la BATAILLE, une CHARGE. v. BATAILLE. v. BATAILLE TACTIQUE. v. CHARGE. v. CHARGE IMPULSIVE.

MENER TAMBOUR BATTANT. v. MENER BATTANT. v. TAMBOUR BATTANT.

MENESTEREX, subs. masc. v. MÉNESTREL.

MENESTEREZ, subs. masc. v. MÉNESTREL.

MÉNESTREL, subs. masc. (F), ou MENESTEREX, ou MENESTEREZ, ou MENESTREU, ou MENESTREUR, ou MENESTRIER, mots provenus du latin *minister, ministellus,* petit ministre, suivant ROQUEFORT. — Ces mots ont eu longtemps une acception militaire. — Les anciens Ménestrels ont eu de l'affinité avec les BARDES qui formaient le collège poétique des druides, et dont les fonctions consistaient à recueillir les faits des GUERRIERS, et à enflammer le soldat par des CHANTS, comme

l'avaient fait les HÉRAUTS primitifs des MILICES GRECQUES, les EXCITATEURS de la MILICE BYZANTINE. Les premiers Ménestrels ont été des BARDES devenus chrétiens; ils ont été les ministres, les substituts, le cortége des HÉRAUTS D'ARMES. — Au MOYEN ÂGE, les Ménestrels composaient l'orchestre des TOURNOIS, sonnaient les FANFARES qui précédaient l'entrée des COMPARSES, exécutaient les airs que provoquaient les HUÉES ou CRIS; ils constituaient la MUSIQUE militaire du temps, ils étaient les CHANTEURS des troupes, comme le témoignent CARRÉ (1785, E) et VELLY (t. III, p. 259; t. XII, p. 578). — A la guerre ils entonnaient les CHANTS MILITAIRES, ils marchaient en tête de la CHEVALERIE; ainsi à Hastings, en 1066, l'écuyer Taillefer meurt glorieusement dans ses fonctions de Ménestrel. — Il faut donc distinguer ces Ménestrels militaires des Ménestrels civils, que les romans de la chevalerie errante ont mis en vogue, et que l'histoire dépeint comme menant une vie turbulente et relâchée. Le nom de ceux-ci indiquait des joueurs d'INSTRUMENTS A CORDES, qui accompagnaient les TROUBADOURS; quelquefois même il exprimait génériquement les TROUBADOURS, canteours, narrateurs, JONGLEURS. PHILIPPE AUGUSTE expulsa de France cette classe de Ménestrels; ses successeurs les rappelèrent; ils se firent encore maintes fois reprendre de justice.

MÉNESTREU, subs. masc. v. MÉNESTREL.

MÉNESTREUR, subs. masc. v. MÉNESTREL.

MÉNESTRIER, subs. masc. v. MÉNESTREL.

MÉNESTRIER. v. NOMS PROPRES.

MENEUR (subs. masc.) de GENS D'ARMES. v. COMMISSAIRE DES GUERRES N° 2. v. GENDARME DU MOYEN AGE N° 6. v. GENS D'ARMES. v. MENADIER. v. OFFICIER FRANÇAIS N° 3.

MÉNICLE, subs. fém. v. CADÈNE.

MÉNIL; MENIN; MENNI. v. NOMS PROPRES.

MENAU. v. NOMS PROPRES.

MÉNOYDES, subs. masc. v. PEPHLEGMENON.

MENSEUR (menseurs), subs. masc. (F). Mot dérivé du LATIN *mensor,* tout GREC lui-même; il s'est francisé dans plusieurs traités, et dans l'ENCYCLOPÉDIE (1785, C, au mot *Castramétation*); MAIZEROY (1771, A, p. 55) emploie, au contraire, le terme MENSURATEURS; AUDOUIN, MESUREURS. — Les Menseurs ont appartenu aux usages des MILICES ROMAINE et BYZANTINE, comme le témoignent VÉGÈCE (590, A), et LÉON (900); ils *dressent le camp, distribuent le terrain, tracent le* *retranchemènt.* — Ils répartissaient en détail le TERRAIN des CAMPS ROMAINS; aussi portaient-ils avec eux un CORDEAU; MAIZEROY (1767, E, t. Ier) les regarde comme des FOURRIERS distincts des MÉTATEURS; ces derniers étaient, plus en grand, les distributeurs de LOGEMENTS, les MARQUEURS d'emplacements; les premiers étaient plutôt employés à la reconnaissance des ROUTES et aux CAMPEMENTS TACTIQUES; les uns et les autres avaient quelque analogie avec nos modernes OFFICIERS D'ÉTAT-MAJOR GÉNÉRAL.

MENSUEL (mensuelle), adj. V. REVUE M... V. SITUATION M...

MENSURATEUR, subs. masc. V. MENSEUR.

MENTONNET, subs. masc. V. ANSE DE BOMBE.

MENTONNIÈRE, subs. fém. (term. génér.). Mot dont le substantif menton est la racine; il a un sens différent s'il s'agit d'un CASQUE ancien et d'un CASQUE moderne ou d'un SCHAKO. Nous nommerons JUGULAIRE cette dernière et ne nous occuperons que de l'ancienne MENTONNIÈRE DE CASQUE.

MENTONNIÈRE de CASQUE (F). Sorte de MENTONNIÈRE dont la forme a tellement varié pendant le MOYEN AGE, qu'une description précise en serait impossible ou trop compliquée. — Des ÉCRIVAINS ont dit que la Mentonnière était la PIÈCE basse des casques; mais ce n'est pas positivement vrai, c'était une des parties du MASQUE; ainsi il y avait des Mentonnières qui n'étaient pas la pièce la plus basse, mais qui soutenaient un GORGERIN ou un HAUSSE-COU; d'autres, non; il y en avait qui faisaient un tout avec le GORGERIN; d'autres qui en étaient distinctes. — Il y avait des Mentonnières en deux PIÈCES qui fermaient en volets, d'autres qui jouaient à pivots, d'autres d'une seule PIÈCE. — CARRÉ (1785, E) les regarde, en général, comme une des parties du MEZAIL, ou plutôt du MASQUE. — Les Mentonnières ont consisté, en général, en une platine ou travail de métal retraint, qui répondait aux oreilles et au menton du GUERRIER, et qui enveloppait et défendait ces parties. — Des Mentonnières d'une certaine forme se sont nommées OREILLONS, d'autres se sont appelées BAVIÈRES; mais c'était en ce cas la partie prise pour le tout; car la BAVIÈRE était, suivant quelques opinions, la matelassure intérieure de la Mentonnière; elle était en velours ou en soie. — La Mentonnière de HEAUME jouait à charnière ou se mouvait d'une manière correspondante au mouvement de la VISIÈRE dont elle était le support. La Mentonnière de la BOURGUIGNOTE était immobile. — La BARBUTE était, à ce qu'on croit, un CASQUE à Menton-

nière. — Le CABASSET avait une petite Mentonnière de forme à ne pas gêner l'enjoue des PISTOLETS, c'est-à-dire des ARMES A FEU dont se servaient les PISTOLIERS. — La CAPELLINE, quoique du genre des CASQUES OUVERTS, avait une Mentonnière; mais ce qu'on appelait en général CASQUE OUVERT n'en portait pas. — La Mentonnière, suivant M. Allou, *était une partie non mobile, faisant corps avec les faces latérales et reposant sur le gorgerin.* — Le casque moderne de certains CORPS de CAVALERIE FRANÇAISE a une Mentonnière, mais elle n'a rien de commun avec celle d'ancienne forme; cette Mentonnière est une JUGULAIRE de SCHAKO.

MENTONNIÈRE de SCHAKO. V. JUGULAIRE. V. SCHAKO.

MENTOR (subs. masc.) de RÉGIMENT (F). Ce terme, mis en usage depuis Fénelon, sous forme du substantif, rappelle le temps des CADETS: on les mettait en pupillat sous des OFFICIERS âgés; cette morale et paternelle pédagogie était confiée à des gentilshommes pauvres ou à de sages OFFICIERS DE FORTUNE.

MENU. V. NOMS PROPRES.

MENU (menue), adj. V. POUDRE M...

MENU BAGAGE. V. BAGAGE. V. BAGAGES DE CORPS. V. CONVOI A LA SUITE.

MENU ENTRETIEN. V. EFFET DE MENU ENTRETIEN. V. ENTRETIEN. V. PETIT ÉQUIPEMENT.

MENU VAIR. V. CHEVALIER DU MOYEN AGE N° 4. V. COTTE D'ARMES. V. CROISADE. V. INSIGNE. V. MILICE ANGLAISE N° 12. V. MILICE FRANÇAISE N° 4. V. ORDRE DE LA GENETTE. V. VAIR.

MENUE RÉPARATION. V. HOMME DE TROUPE N° 11. V. RÉPARATION.

MENUEL, subs. masc. V. COR DE CHEVALIER. V. INSTRUMENT DE MUSIQUE.

MÉON. V. NOMS PROPRES.

MÉOU, subs. masc., ou ME-OU. V. LANCE A MAIN.

MER. V. ARMÉE DE M... V. ART MILITAIRE DE M... V. ARTILLERIE DE M... V. BATIMENT DE M... V. CAMPAGNE DE M... V. COMBAT DE M... V. DÉCÈS. V. ÉQUIPAGE DE M... V. FORCE DE M... V. GÉNÉRAL DE M... V. GUERRE DE M... V. HOMME DE M... V. MILITAIRE DE M... V. OUTRE-M... V. PAR M... V. PORT DE M... V. SAMBUQUE DE M... V. SERVICE DE M... V. SUR M... V. TORTUE DE M...

MÉRARCHIE, subs. masc. V. MÉRARQUE.

MÉRARCHIE, subs. fém. (F), ou MÉRARKIE; JÄHNS (1777, G) prend par erreur dans le même sens MÉLARCHIE. — Le mot Mérarchie, auquel ROBINSON donne TELOS et ÉPIXÉNAGIE pour synonymes, est tout GREC; il se compose de *meros*, portion, et de *arché,* pouvoir; c'était le nom donné à une

AGRÉGATION D'OPLITES formant une moitié de la PETITE PHALANGE GRECQUE et un huitième de la TÉTRAPHALANGARCHIE; un MÉRARQUE la commandait. — BOUCHAUD (1757, G), M. DILLON, GUISCHARDT (1758, H), BORAK (1757, Q) prennent dans le même sens les termes TÉLARCHIE, TÉLÉARCHIE OU TÉLÉARKIE, TÉLÉIARCHIE. Les expressions TÉLARCHIE et TÉLARQUE étaient, en effet, purement GRECQUES; elles présentaient une nuance mal connue. — La Mérarchie était la réunion de deux CHILIARCHIES; elle se composait de cent vingt-huit STIQUES OU FILES, et en tout de deux mille quarante-huit hommes; on a donné à peu près au mot MORA la même acception. — La MÉRIE de la MILICE BYZANTINE a été, quelques siècles plus tard, une modification de la Mérarchie. — On peut consulter à cet égard M. le colonel CARRION (1824, A), LISKENNE, t. i, p. 512, gravure, TURPIN (1785, O, p. 599), et les ÉCRIVAINS qui viennent d'être cités.

MÉRARKIE, subs. fém. v. COMPAGNIE COLONELLE. V. MÉRARCHIE.

MÉRARQUE, subs. masc. (F), ou MÉRARCHE, OU TÉLARCHE, OU TÉLARQUE, OU TÉLÉARQUE. Le mot Mérarque a la même étymologie que MÉRARCHIE; il exprime le chef de ce genre de TROUPE dans la MILICE GRECQUE. — Au temps d'ÉLIEN (70, A) les premiers Mérarques de chaque PETITE PHALANGE se plaçaient, celui de la première et celui de la troisième, à la gauche de la PHALANGE; celui de la seconde et de la quatrième, à la droite. — Avant le règne de LÉON (900, A), un TURMARQUE, suivant l'ENCYCLOPÉDIE (1785, C, au mot *Cavalerie*), était HUPOSTRATÉGUE, c'est-à-dire, secondait l'empereur, considéré comme premier officier ou HUPERSTRATÉGUE. Par cette raison MAIZEROY (1771, A) compare ces Mérarques aux LIEUTENANTS GÉNÉRAUX modernes. — Au temps de LÉON (1771, A), les Mérarques de la MILICE BYZANTINE étaient changés en TURMARQUES, et les MÉRARCHIES en MÉROS, OU GRANDES MÉRIES, OU TURMES; ils avaient le pas sur les DRONGUAIRES et les COMTES.

MERCENAIRE, adj. et subs. v. AVENTURIER. V. BARBUTE. V. BANDE M... V. ENGAGEMENT M... V. ENRÔLEMENT M... V. GÉSATE. V. INFANTERIE M... V. MILICE ANGLAISE N° 5. V. MILICE FRANÇAISE N° 2. V. MILICE PIÉMONTAISE N° 2. V. MILICE ROMAINE N° 2, 10. V. MILICE SUISSE N° 1. V. MILICE VÉNITIENNE. V. PAYE. V. RECRUTEMENT. V. SCIRITES. V. SERVICE M...

MERCI. V. DEMANDER M... V. DUEL.

MERCY, subs. fém. v. CORNETTE DE TOURNOI. V. GLAIVE DE MERCY. V. MASSE D'ARMES.

MERCY de DIEU. V. DIEU. V. MISÉRICORDE.

MERCURIALIS; **MERCY**; V. NOMS PROPRES.

MÉREAU (méreaux), subs. masc. v. MARRON. V. MONNAIE OBSIDIONALE.

MÈRE MICHEL. V. MARIONNETTES.

MÉRIAGE. V. NOMS PROPRES.

MÉRIE, subs. fém. (F), ou CHILIARCHIE. Mot tout GREC, *meira*, signifiant portion, qui appartient aux usages de la MILICE BYZANTINE. Il avait quelque anologie avec l'ancienne expression MÉRARCHIE. LÉON (900, A) distingue de GRANDES et de PETITES MÉRIES. La GRANDE MÉRIE, ou le MÉROS, ou la TURME était une AGRÉGATION TACTIQUE commandée par le MÉRARQUE OU TURMARQUE; elle était composée de trois PETITES MÉRIES OU DRONGES.

MÉRIS, subs. masc. v. JAVELOT.

MÉRITE (subs. masc.) MILITAIRE. V. MILICE ESPAGNOLE N° 2. v. MILITAIRE, adj. v. ORDRE DU MÉRITE.

MÉRISIER, subs. masc. v. BOIS DE FUSIL.

MERKKES; **MERLE.** V. NOMS PROPRES.

MERLETTE, subs. fém. (F). Mot qui rappelle le bas LATIN *merla*, ou *merula*, qui a aussi produit MERLON. — Suivant Boiste, une Merlette était un genre d'ARMURE DE TÊTE, ou de CASQUE, dont on ignore l'espèce.

MERLIN. V. NOMS PROPRES.

MERLIN, subs. masc. v. EFFET DE CORPS DE GARDE.

MERLON, subs. masc. (G, 2, 4), ou TRÉMEAU, suivant FURETIÈRE, GANEAU, LACHESNAIE (1758, I), SIONVILLE (1756, E). Mot venu de l'italien *merlo*, provenu lui-même, suivant FURETIÈRE, du LATIN *merulum*, ou du bas LATIN *merla*, ou *merula*; il serait ainsi augmentatif de MERLETTE. Il exprimait le haut d'une MURAILLE, ou d'une BRETÈCHE, entrecoupé de CHÉNEAUX, ou une partie de PARAPET entre deux MEURTRIÈRES. — Dans l'antiquité les Merlons des BATTERIES où JOUAIENT les MACHINES DE GUERRE avaient plus d'élévation que ceux des modernes. — Dans les usages actuels un Merlon est en petit un tambour défensif; c'est une partie d'un MASSIF de BATTERIE; c'est l'exhaussement compris entre deux EMBRASURES, et réuni par la GENOUILLÈRE de l'ouvrage. On appelle au contraire BATTERIE À BARBETTE celle qui est sans MERLONS. — Un Merlon a quatre mètres dans sa grande longueur; LACHESNAIE (1758, I) et les ÉCRIVAINS qui lui servent de guides, ne lui donnent que neuf pieds du côté de la BATTERIE, et six pieds du côté de l'ENNEMI; sa hauteur est ordinairement de deux mètres, et son épaisseur de six. — L'extrémité d'un coffre de batterie se termine en demi-merlons.

MÉROS, subs. masc. (F). Mot grec signifiant portion, et par extension, grande ou principale portion. C'était la désignation, comme le témoigne l'Encyclopédie (1785, C, au mot *Cavalerie*), de l'agrégation tactique ou turme qui, dans la milice byzantine, répondait à l'ancienne phalange, et se composait de trois méries. — Un mérarque commandait le Méros. Suivant Robinson on appelait quelquefois Méros la phalangarchie. — Maizeroy appelle grande mérie le Méros, dans la traduction qu'il donne de Léon (900, A).

MÉROVINGIENS, subs. masc. plur. v. Mersenne. v. noms propres.

MEBREAU, subs. masc. v. marron.

MESCHE, subs. masc. v. a mesche. v. mèche.

MESLÉE, subs. fém. v. mêlée.

MESNADIER, subs. masc. v. menadier.

MESNARDIER, subs. masc. v. menadier.

MESNIL. v. noms propres.

MÉSOPLÉSIONNAIRE, adj. (G, 6). Mot dérivé de *mezo*, milieu, et de plesion ; il donne idée d'une colonne compacte formée par le milieu d'une ligne ou d'un front de troupe.

MESRAG, subs. masc. Mot arabe, nom d'une sorte d'arzegaie ou de lance à corde, encore actuellement en usage tant pour la guerre que pour la chasse parmi les Arabes du nord de l'Afrique. Le Mesrag a de six à huit pieds de long, y compris le fer qui est à quatre arêtes et souvent long d'un pied.

MESREAU. v. marron.

MESS, subs. masc. v. milice anglaise n° 2. v. table d'officiers.

MESSAGER, adj. v. boulet messager.

MESSE céleustique. v. céleustique, adj. v. messe militaire. v. sonnerie d'infanterie.

MESSE (subs. fém.) militaire (E, 1, 3). Le mot Messe est une corruption du latin barbare *missa*. Ici il a trait au service des camps et des garnisons. — Cette indication par un substantif et une épithète qui se heurtent, ce mélange d'idées où se confondent les mystères d'une religion de paix, et les coutumes reçues dans une profession de sang, paraissent irrationnels ; mais en tout temps, dans toutes les croyances, le sacerdoce s'est appuyé sur les armes, et les chefs militaires ont appelé, comme auxiliaire, la religion. — L'évêque Cromer, écrivain du

seizième siècle, témoigne dans son histoire de Pologne, qu'au moyen age les chevaliers tiraient l'épée dans l'église pendant la lecture de l'Évangile ; ils ne la remettaient dans le fourreau que quand le prêtre qui officiait prononçait *gloria tibi, Domine.* — De cette pratique de chevalerie, bien plus ancienne que le seizième siècle, est advenu l'usage des prières militaires auxquelles assistaient, en armes ou sans armes, les troupes des milices étrangères et les régiments de l'armée française. — Les anciennes lois françaises relatives aux tribunaux militaires, ordonnaient que la réunion des membres en séance n'eût lieu qu'après la Messe entendue. Mais la milice française n'a connu que fort tard les Messes en musique, célébrées en temps de paix par des aumôniers *ad hoc.* S'il faut en croire Audouin, qui avait porté la soutane avant l'uniforme, ce furent l'avarice, la vanité, la galanterie qui donnèrent naissance à ces célébrations plus mondaines que pieuses. — Suivant cet auteur, le cardinal de Fleury, sans avoir eu intention d'établir dans les troupes les ministres d'un culte, attacha aux régiments d'infanterie un ecclésiastique comme instituteur des cadets : *L'expérience démontre que ces prêtres n'avaient aucune aptitude. Dargenson supprima cadets et instituteurs. Les prêtres n'ayant plus d'emploi, et ne voulant pas perdre leurs appointements, offrirent de dire la Messe aux jours de fête. Les corps venaient d'établir des revenus pour payer une musique; ils trouvèrent occasion de faire entendre cette musique dans les églises; les Messes de régiments, spectacle du matin, où la religion gagna peu, commencèrent les liaisons des officiers et des dames.* — En campagne, suivant l'ordonnance de 1778 (28 avril), la Messe devait être dite les fêtes et les dimanches ; l'ordonnance de 1788 (12 août) prescrivit qu'elle fût célébrée tous les jours. Le règlement de 1792 (5 avril, titre 12), cessa de faire mention de la prière du soir ; mais il réglait à quelle heure la Messe serait battue. L'absence d'aumôniers dans les corps de volontaires et le tumulte de la guerre firent tomber en désuétude l'usage de la Messe et de la prière en commun. — L'infanterie vit les anciennes formes religieuses se rétablir dans les garnisons qu'elle occupait ; les errements de 1788 (1er juillet) furent reproduits dans l'ordonnance de 1818 (15 mai) ; elle décida que la Messe serait battue à l'heure que le colonel ordonnerait ; la troupe, précédée de la garde montante, des tambours et de la musique, était conduite, sans armes, par le CHEF DE BATAILLON DE SEMAINE et par les OFFICIERS DE SEMAINE, et se rendait par le flanc à l'église. Les COMPAGNIES se partageaient dans la nef à droite et à gauche, laissant le centre vide; trois hommes tirés de la GARDE ou d'un PIQUET commandé spécialement, étaient posés à l'AUTEL. La GARDE ainsi que ces hommes étaient reposés sur les armes jusqu'au moment de l'ÉLÉVATION; à cet instant l'OFFICIER SUPÉRIEUR commandait au PIQUET de porter les armes, de les présenter et de mettre le genou à terre. Pendant l'ÉLÉVATION les TAMBOURS battaient AUX CHAMPS. Après l'ÉLÉVATION la TROUPE se relevait et se reposait sur les armes. — Le règne de la restauration fit revivre les AUMONIERS, les CHAPELLES DE CORPS et la célébration des Messes militaires. — Le MINISTRE Clermont-Tonnerre rétablit même les dispendieuses MUSIQUES DE CAVALERIE: les Messes des CORPS A CHEVAL furent ainsi solennisées plus élégamment. — Sous ce MINISTÈRE, les AUMONIERS prirent une importance qu'ils n'avaient pas encore eue; dans certains corps ils étaient presque colonels. — De 1815 à 1830, l'intervention du grand aumônier, au sujet de la célébration des Messes militaires, intervention sans exemples sous les règnes précédents, avait établi une sorte de juridiction sur les régiments. L'Eglise les regardait comme ses contribuables, et prenait part à l'INDEMNITÉ DES FRAIS DU CULTE. Les décisions ministérielles qui avaient trait à ce genre de police et d'administration, étaient élaborées dans la sacristie de la grande aumônerie. Le MINISTRE DE LA GUERRE n'avait plus qu'à signer. Quelques souvenirs historiques qui ont rapport à la Messe se trouvent dans DUROSQUET (1769, B) et dans l'ENCYCLOPÉDIE (1785, C, au mot *Bénédiction de drapeaux*), mais il n'est pas à notre connaissance que d'autres ÉCRIVAINS, si ce n'est AUDOUIN, en aient traité. — Pour la clarté du langage on pourrait distinguer la Messe en MESSE CÉLEUSTIQUE et en Messe sacrée. Ainsi le TAMBOUR BAT LA MESSE, l'AUMONIER dit la Messe.

MESSIE. V. NOMS PROPRES.

MESSIRE, subs. masc. V. CHEVALIER DE JUSTICE. V. GENTILHOMME. V. SIRE.

MESTRE. V. NOMS PROPRES.

MESTRE, adj. et subs. masc. V. MAITRE. V. QUARTIER-MESTRE.

MESTRE de CAMP, adj. V. RÉGIMENT MESTRE DE C...

MESTRE (subs.) de CAMP, (term. génér.) OU MAISTRE DE CAMP. — Le mot Mestre de camp, plus usité que l'autre dans les ordonnances, mais moins employé par les ÉCRIVAINS, tient à l'étymologie expliquée

n° 2; il s'applique surtout ici à l'INFANTERIE FRANÇAISE; il caractérise un haut GRADE D'OFFICIER, un EMPLOI, une CHARGE, qui ont eu, sauf quelques interruptions, une durée de deux siècles et demi; l'usage s'en est effacé en 1788, 17 MARS, et probablement ne reparaîtra plus, à cause du barbarisme de la dénomination. — Les AUTEURS qui se sont occupés de ce sujet sont : BASTA (1606), BENETON (1742, A), BILLON (1641, A), BRANTOME (1600, A; id. n° 1), CARRION (1824, A), CENTORIO, DANIEL (1721, A), DELAFONTAINE (1675, A), DELASIMONNE, DESPAGNAC (1751, I), DUBELLAY (1548, A), GUIGNARD (1725, B), LACHÉSNAIE (1758, I), LEBLOND (1758, B), LECHUGA, LECOUTURIER, MAIZEROY (1767, E; 1775, B), MANESSON (1685, B), POTIER (1779, X), PRAISSAC (1622, A), QUINCY (1741, E), RUSCELLI, et un auteur anonyme (1617, E). — Le mot demande à être considéré sous les rapports suivants : CRÉATION, DÉNOMINATION, NOMBRE, NOMINATION, ALLOCATIONS, RANG, FONCTIONS. — N° 1. CRÉATION. — De tout temps, le titre de MAITRE a eu une acception militaire; il a donné l'idée d'un GRADE dans diverses MILICES; les ROMAINS et les BYZANTINS avaient le *magister exercituum, equitum, peditum, juventutis.* — Les TOURNOIS, les CARROUSELS, furent présidés par des MESTRES OU MARÉCHAUX. En ESPAGNE, le premier de ces titres était plus en usage; en FRANCE, on se servait du second. Les Mestres de camp de l'INFANTERIE ESPAGNOLE furent un vestige de cet usage. — BRANTOME (1600, A) remarque que sous LOUIS ONZE il n'existait pas encore de Mestre de camp; le GRADE analogue était rempli par des CAPITAINES EN CHEF. — La MILICE ESPAGNOLE connaissait, sous Ferdinand et Isabelle, le GRADE de *maestro* ou *maestre de campo.* — Primitivement, le Mestre de camp était un CHEF DE CORPS, temporairement chargé de réunir dans un CAMP diverses troupes dont il prenait le COMMANDEMENT; car alors il n'y avait pas de GRADES fixes pour une destination de ce genre. — Vers le milieu du seizième siècle, ou peu avant, le Mestre de camp français était éventuellement le LIEUTENANT du COLONEL GÉNÉRAL DE L'INFANTERIE; il était audessus du MARÉCHAL DES BANDES. — Une ordonnance de HENRI DEUX décidait que le Mestre de camp et le SERGENT MAJOR (c'est-à-dire le SERGENT DE BATAILLE ou le MAJOR des BANDES) n'auraient ni l'un ni l'autre de COMPAGNIE, ce qui prouve qu'ils en avaient une sous FRANÇOIS PREMIER. — En même temps qu'un seul OFFICIER, sous la désignation de Mestre de camp, commandait toute l'INFANTERIE, sous les ordres du COLONEL GÉNÉRAL, il y avait dans les provinces des OFFICIERS qui, ayant sous leurs ordres une ou plusieurs BANDES, prenaient d'eux-mêmes la désignation de Mestre de camp; car en fait de titres ou appellations militaires, ce fut toujours l'ARMÉE qui fit la loi à la cour, ou au MINISTÈRE, et presque jamais le contraire ne s'est vu; cette propension à l'usurpation des titres amena la désignation de MESTRE DE CAMP GÉNÉRAL de l'INFANTERIE; elle resta au véritable ou principal LIEUTENANT du COLONEL GÉNÉRAL de l'INFANTERIE, et quand il y eut un COLONEL GÉNÉRAL en delà et en deçà des monts, il se vit de même deux MESTRES DE CAMP GÉNÉRAUX. — En 1544, être CHEF DE CORPS ou Mestre de camp, était à peu près équivalent. — En 1547, il y avait en même temps et des COLONELS particuliers, et des MESTRES DE CAMP PARTICULIERS; ils se donnaient à leur guise l'une ou l'autre de ces qualifications. — Sept LÉGIONS créées en 1557 étaient chacune sous les ordres d'un Mestre de camp; c'est l'époque où la loi commençait à consacrer une appellation jusque-là de caprice. D'autres corps étaient commandés, en 1558, par un COLONEL; ces diverses dénominations s'étaient multipliées sans mesure depuis HENRI DEUX, comme le témoigne BENETON (1741, A). — Depuis la création des RÉGIMENTS, leurs COMMANDANTS furent par habitude et improprement qualifiés de Mestres de camp. — Nous allons voir alterner dans l'INFANTERIE les désignations de COLONELS et de Mestres, suivant qu'il y a abolition ou existence de la CHARGE de COLONEL GÉNÉRAL; mais dans la CAVALERIE, où ce haut GRADE de colonel général se maintint plus également et plus longtemps, le titre de Mestre de camp y eut, pour cette cause, plus de durée. Depuis que les Mestres de camp exercèrent sur des COMPAGNIES ou des corps D'INFANTERIE un COMMANDEMENT permanent, ils leur donnèrent un DRAPEAU à leurs ARMES, jusqu'au temps où LOUIS QUATORZE n'y laisse plus figurer que les siennes. — N° 2. DÉNOMINATION. — Le mot a pris son orthographe vicieuse, parce qu'il a été une traduction littérale de l'ESPAGNOL *maestre de campo*. Plus d'un ÉCRIVAIN a cherché à y remédier, en l'écrivant MAÎTRE, comme l'ont fait BASTA, DELASIMONNE, DUBELLAY (1548, A), etc. etc.... — BRANTOME (1600, A) l'écrit tantôt d'une manière, tantôt de l'autre; mais la forme primitive du terme s'est conservée cependant jusqu'à la fin du dernier siècle, quoique l'Académie ne reconnût plus un s dans le milieu de l'expression MAÎTRE; et quoique, dans la LANGUE MILITAIRE, l'ap-

pellation fût fausse, puisqu'un RÉGIMENT n'est pas un CAMP, et que le CHEF d'un corps n'est pas le MAÎTRE d'une troupe campée. Le terme était ridicule, s'il s'agissait du temps de paix et d'une troupe en garnison. BRANTOME témoigne que, de son temps, le mot n'avait pas généralement encore une signification qui répondît à celle qu'il a eue ensuite; à cette époque, avoir CHARGE de Mestre de camp, c'était être appelé au COMMANDEMENT d'un RASSEMBLEMENT DE TROUPES. — Vers la fin du seizième siècle, quand des COMPAGNIES furent réunies pour former les corps qui commencèrent à s'appeler RÉGIMENTS, celui des CAPITAINES qui devint le COMMANDANT d'un RÉGIMENT prit le titre de Mestre de camp. Dans l'INFANTERIE, ces Mestres de camp étaient subordonnés au COLONEL GÉNÉRAL, ou à un des COLONELS GÉNÉRAUX de l'arme. — SOUS LOUIS QUATORZE, quand le COLONEL GÉNÉRAL DE L'INFANTERIE fut supprimé, les MESTRES DE CAMP D'INFANTERIE reçurent ou prirent le nom de COLONELS, mais les CHEFS de la CAVALERIE ne cessèrent pas d'être Mestres de camp, parce qu'il continuait à exister un COLONEL GÉNÉRAL DE CAVALERIE. — Les COLONELS D'INFANTERIE reprirent la dénomination de Mestres de camp, conformément à l'ORDONNANCE DU 5 AVRIL 1780, qui créait de nouveau un COLONEL GÉNÉRAL DE L'INFANTERIE. — Mais comme en FRANCE la mode est plus forte et quelquefois mieux avisée que la loi, le nom de Mestre de camp n'a figuré, de 1780 à 1788, que dans le texte des brevets; car dans les usages de la LANGUE, dans les conversations, et même dans les rapports militaires, on ne se servait que du mot COLONEL. — Le mot Mestre de camp était si bizarrement employé, qu'on voit dans les projets de formation de l'INFANTERIE, qu'avait conçus le ministre SÉGUR, qu'il devait y avoir par RÉGIMENT un Mestre de camp commandant, un MESTRE DE CAMP EN SECOND, et un lieutenant-colonel. Donner un lieutenant-colonel à des corps où il n'y avait pas de colonel, était un bizarre abus de la langue. — N° 3. NOMBRE. — Sous HENRI DEUX, il y avait un Mestre de camp pour tout le Piémont, c'était Salvoison. BRANTOME (1600, A) dit : *Sur le déclin de François deux, et du commencement de Charles neuf, ne se trouva en la France qu'un seul Mestre de camp, à cause de la paix, qui fit rentrer les compagnies dans les garnisons*, etc. — Cela prouve qu'il n'existait plus qu'un corps où il y eût des COMPAGNIES enrégimentées, les autres COMPAGNIES étant des cadres indépendants. — Sous CHARLES NEUF, il y eut trois Mestres de camp, savoir : *le capitaine*

Sarlabons, le capitaine Richelieu, le capitaine Romello; tous trois eurent leur régiment à part, et sous eux trois et leurs régiments, toute l'infanterie française fut rangée à la mode des levées espagnoles. Il y en avait qui trouvaient cette pluralité de Mestres de camp un peu étrange. Cette manière espagnole s'appelait les TERZES, (*terzas* ou plutôt *terzos*). — Mais ce nombre changea bientôt d'une manière non moins étrange; l'histoire du GRADE des MESTRES DE CAMP ressemble à celle de tous les autres GRADES; il a été en se multipliant à profusion et se dépréciant en proportion. BRANTOME (1600, A) dit ailleurs : *Si tous nos Mestres de camp et sergents majors montaient à cheval en nos batailles, on y verrait plutôt des compagnies de gens de cheval que de pied, tant il y a de ces gens-là.* — Il ajoute : *Je suis marry* (fâché) *que je ne puis faire le roole* (dénombrement) *de tant de braves Mestres de camp et capitaines; la tête me fait mal quand je les veux repasser, car il y en a une milliace; il y en a tant eu, il s'en est tant fait, que si on bat les buissons, on en verra sortir un Mestre de camp. L'abus est tel dans l'infanterie, que les Mestres de camp se font par douzaines.* — L'ORDONNANCE DE 1665 (25 JUILLET), relative à la JUSTICE MILITAIRE, prescrivait d'appeler, comme MEMBRES DES TRIBUNAUX, des CAPITAINES et, s'il se pouvait, des Mestres de camp. Cette disposition prouve combien alors le nombre en était grand. — Nº 4. NOMINATION, ALLOCATIONS, RANG. — Dans le principe, les Mestres de camp n'exerçaient que par COMMISSION, elle se terminait ou se renouvelait après la campagne; des CAPITAINES étaient nommés Mestres de camp, soit d'un RÉGIMENT, soit de plusieurs COMPAGNIES; ainsi BRANTOME dit : *furent faits Mestres de camp d'une volée, Bussy, Lussé et Lavardin chacun de quatre compagnies.* — Les incertitudes qui régnaient à l'égard du rang relatif des Mestres de camp et des COLONELS ont amené les grandes querelles touchant le DRAPEAU BLANC; la multiplication des DRAPEAUX de cette couleur en a été la conséquence. — Le Mestre de camp était d'un rang plus élevé que le MARÉCHAL DES BANDES; il n'obéissait aux ordres du SERGENT DE BATAILLE, ou des AIDES du MARÉCHAL DE CAMP, que quand ces OFFICIERS étaient les interprètes de l'ordre du GÉNÉRAL lui-même, à ce que disent quelques AUTEURS; mais au contraire le Mestre de camp était subordonné au SERGENT DE BATAILLE, à ce que dit DANIEL, et aux BRIGADIERS quand il en fut créé, comme le

témoigne MANESSON. Il faudrait étudier et classer minutieusement les époques pour expliquer ou justifier ces assertions, et la plupart des écrivains exposent les faits sans en indiquer la concordance avec les époques. Il est vrai de dire que des ordonnances donnèrent au sergent de bataille le commandement à l'égard du Mestre, et que d'autres prescrivirent le contraire. — Quelquefois un COLONEL, employé à titre de Mestre de camp, jouissait en ce cas d'un surcroît d'émoluments, comme le témoigne BRANTOME (1600, A). — Le RÈGLEMENT DE 1657 (8 NOVEMBRE), donnait *un escu par jour de solde* aux Mestres de camp. — Le règlement de 1651 (4 NOVEMBRE) lui reconnaissait huit chevaux et deux livres tournois par jour pour USTENCILE. — Le rang de Mestre de camp a répondu suivant les temps à celui d'OFFICIER GÉNÉRAL, de SERGENT DE BATAILLE, de MARÉCHAL DES LOGIS, de BRIGADIER, de CHEF DE CORPS. — Dans le principe, ils étaient les LIEUTENANTS d'un CAPITAINE ou d'un GÉNÉRAL, et marchaient immédiatement après. — Dans son projet de composition, DUBELLAY (1548, A) subordonnait à chaque COLONEL un Mestre de camp. — Dans le dix-septième siècle, le rang des Mestres de camp baissa par la création des MARÉCHAUX DE CAMP à GRADE permanent, puis par celui des LIEUTENANTS GÉNÉRAUX, puis par celui des BRIGADIERS. — Depuis LOUIS QUATORZE, les Mestres de camp ont eu RANG de COLONELS, avec ou sans fonctions. — Nº 5. FONCTIONS. — Sous le nom de Mestres de camp, des OFFICIERS D'INFANTERIE de la MILICE FRANÇAISE exercent de 1544 à 1661, de 1721 à 1730, de 1780 à 1788. L'existence du GRADE, ou du moins du titre, avant de s'éteindre, s'était ainsi entrecoupée de deux abolitions par l'effet de la préférence donnée au titre de COLONEL. Ces variations, résultats de motifs futiles, avaient produit le changement de désignation des COMPAGNIES COLONELLES et des COMPAGNIES MESTRES DE CAMP. — Originairement, et quand il n'y avait pas de GRADES fixes, la fonction des Mestres de camp consistait à assigner dans le CAMP l'ORDRE DE BATAILLE et le TERRAIN aux diverses BANDES; le GÉNÉRAL désignait un de ses CAPITAINES pour cet emploi. — Quand le GRADE des Mestres de camp devint permanent, celui d'entre eux qui était désigné comme MÉTATEUR OU MARQUEUR, devenait temporairement MARÉCHAL DE CAMP, ou SERGENT GÉNÉRAL; ainsi, dans les écrits historiques, tel militaire est mentionné pendant quelque temps comme MARÉCHAL DE CAMP, et au bout de quelques mois il ne figure plus que comme Mestre de camp. — Quand il y eut à GRADE permanent un ou plusieurs MARÉCHAUX DE CAMP, ceux-ci donnèrent, pour le détail du campement, leurs ordres aux Mestres de camp. Un Mestre de camp, dans cette position, c'était ce que le MARÉCHAL DES LOGIS DE L'ARMÉE est devenu plus tard. — Sous FRANÇOIS PREMIER, les BANDES étaient des CORPS sans liaison entre eux et de forme disparate ; quand plusieurs étaient réunies, elles obéissaient à un MARÉCHAL DE CAMP, secondé par un Mestre de camp. Plus tard, l'amalgame des bandes changea en COLONELS permanents les mestres de camp. — HENRI DEUX créa quelques RÉGIMENTS et quelques LÉGIONS ; plusieurs de ces CORPS furent commandés par des Mestres de camp, d'autres par des COLONELS. — BRANTOME 1600, A) témoigne que, vers 1550, *Dérance était Mestre de camp de dix enseignes.* Ce même auteur appelle Mestre de camp un capitaine AYANT CHARGE de quatre mille hommes. Il dit en parlant de BAYARD, *que le roy luy donna charge de mille hommes de pied* (l'institua colonel d'un corps d'infanterie de mille hommes) ; *toutefois il remonstra au roy qu'il avoit trop de gens sous sa garde que ces mille* (en en ayant mille). *Aujourd'hui nos Mestres de camp ne font pas cela, car ils en prennent trois mille, quatre mille, dix mille, voire même vingt mille.* — *Il y en a qui ont eu cette opinion, qu'il falloit qu'aucuns Mestres de camp fussent à cheval le jour de la bataille.* — En un temps où le COLONEL GÉNÉRAL lui-même était à pied en ORDRE DE BATAILLE, il n'est pas surprenant que les Mestres de camp ne fussent pas montés ; mais le besoin, comme l'insinue BRANTOME, s'en faisait sentir. — LACHESNAIE (1758, 1) prétend que, depuis HENRI DEUX, les fonctions de Mestres de camp répondaient à celles qui étaient confiées plus anciennement au SERGENT-MAJOR DE BATAILLE, et qui ont été remplies à des époques plus modernes par les LIEUTENANTS GÉNÉRAUX, les MARÉCHAUX DE CAMP, les BRIGADIERS D'ARMÉE, les COMMISSAIRES AUX MONTRES, les INSPECTEURS GÉNÉRAUX. — Sous CHARLES NEUF, les CHEFS DE CORPS nommés COLONELS perdirent ce titre, et reçurent celui de Mestre de camp et dans l'INFANTERIE et dans la CAVALERIE. — A la PAIX DE VERVINS, HENRI QUATRE conserve les Mestres de camp des RÉGIMENTS, ainsi qu'une ou deux de leurs COMPAGNIES. — Depuis que le Mestre de camp était devenu OFFICIER À BREVET, et pendant le dix-septième siècle, il y avait des MESTRES DE CAMP COMMANDANTS, des MESTRES DE CAMP EN PIED, des MESTRES DE CAMP EN SECOND, des MESTRES DE CAMP ORDINAIRES, des

MESTRES DE CAMP GÉNÉRAUX, des MESTRES DE CAMP RÉFORMÉS, des MESTRES DE CAMP PAR COMMISSION ; ces derniers n'avaient pas de RÉGIMENT.

MESTRE DE CAMP COMMANDANT, V. ADJUDANT D'INFANTERIE FRANÇAISE DE LIGNE N° 4. V. COMMANDANT. V. MARÉCHAL DE FRANCE. V. MESTRE DE CAMP N° 2, 5.

MESTRE DE CAMP DE CARROUSEL. V. CARROUSEL. V. COMBAT A LA FOULE.

MESTRE DE CAMP DE CAVALERIE. V. CAVALERIE. V. CAVALERIE FRANÇAISE N° 8. V. CAVALERIE LÉGÈRE. V. CORNETTE D'ÉQUIPEMENTS. V. CROATE. V. CUIRASSIER. V. ÉTENDARD. V. MARÉCHAUSSÉE. V. MESTRE DE CAMP N° 1, 2. V. SERGENT DE BATAILLE.

MESTRE DE CAMP D'INFANTERIE. V. COLONEL D'INFANTERIE FRANÇAISE DE LIGNE N° 4. V. GARDES FRANÇAISES N° 2. V. INFANTERIE. V. INFANTERIE FRANÇAISE DE LIGNE N° 2, 9. V. MESTRE DE CAMP N° 2. V. SERGENT DE BATAILLE.

MESTRE DE CAMP EN PIED. V. EN PIED. V. LIEUTENANT-COLONEL D'INFANTERIE FRANÇAISE DE LIGNE N° 1. V. MESTRE DE CAMP N° 5.

MESTRE DE CAMP EN SECOND. V. COLONEL D'INFANTERIE FRANÇAISE DE LIGNE N° 4. V. COLONEL EN SECOND. V. EN SECOND. V. GRADE EN SECOND. V. LIEUTENANT-COLONEL D'INFANTERIE FRANÇAISE DE LIGNE N° 1. V. MESTRE DE CAMP N° 2, 5.

MESTRE DE CAMP ESPAGNOL. V. ESPAGNOL, adj. V. TERZE.

MESTRE DE CAMP GÉNÉRAL (F). Sorte de MESTRE DE CAMP dont le GRADE antérieur à la création du MINISTÈRE DE LA GUERRE a figuré dans différentes ARMES. — Dans le principe, il s'appelait simplement Mestre de camp ; ses fonctions étaient analogues à celles de SERGENT-MAJOR, comme le témoigne BRANTOME (1600, A) en ce passage : *Le capitaine Salin, le jour qu'on pensoit donner la bataille aux Turcs* (à Malte, 1565), *fit, ce jour-là, office de Mestre de camp général et de sergent-major.* — Quand des CHEFS DE CORPS se donnèrent la qualification de MESTRES DE CAMP, le GRADE de celui qui jusque-là avait exercé seul, dut être distingué par l'épithète qui caractérise son rang plus élevé. — LACHESNAIE (1758, I) et MANESSON (1685, B) ne citent le Mestre de camp général que comme un GÉNÉRAL qui commandait la CAVALERIE LÉGÈRE en l'absence du COLONEL GÉNÉRAL de cette ARME. — Le duc d'ALBE était Mestre de camp général des terzes d'ESPAGNE. — GUIGNARD (1725, B) dit que cette charge fut créée en FRANCE en 1555 (elle le fut en 1552) et qu'elle fut érigée en titre d'office sous CHARLES NEUF. — DANIEL (1721, A) parle au contraire du Mestre de camp général de l'INFANTERIE, et témoigne que des ordonnances de HENRI DEUX et de FRANÇOIS PREMIER en font mention. — BASTA et VITON ont donné quelques renseignements sur ces matières. — LOUIS QUATORZE créa en 1684 la charge de MESTRE DE CAMP GÉNÉRAL DES DRAGONS. — Il a existé aussi un MESTRE DE CAMP GÉNÉRAL DES CARABINS. — Des sinécures de ce genre se maintinrent jusqu'à la révolution. En 1790 (9 février), LAMETH disait à l'assemblée, en faisant un rapport touchant les COLONELS GÉNÉRAUX, les COMMISSAIRES GÉNÉRAUX, les Mestres de camp généraux : *Ces places si avantageuses à ceux qui les possèdent, si inutiles au service, toujours blâmées, toujours conservées, disparaîtront.*

MESTRE de CAMP GÉNÉRAL de CARABINS. V. ATTACHÉ DE CHANCELLERIE. V. CARABIN. V. MESTRE DE CAMP GÉNÉRAL.

MESTRE de CAMP GÉNÉRAL de CAVALERIE. V. CAVALERIE. V. CAVALERIE LÉGÈRE. V. CORNETTE D'ÉQUIPEMENT. V. CORNETTE IDIOPLIQUE. V. JUSTICE MILITAIRE. V. MESTRE DE CAMP GÉNÉRAL.

MESTRE de CAMP GÉNÉRAL de DRAGONS. V. DRAGON. V. DRAGON FRANÇAIS N° 1. V. MESTRE DE CAMP GÉNÉRAL.

MESTRE de CAMP ORDINAIRE. V. MESTRE DE CAMP N° 5. V. ORDINAIRE, adj.

MESTRE de CAMP PROPRIÉTAIRE. V. COLONEL PROPRIÉTAIRE. V. MINISTÈRE DE LA GUERRE. V. PROPRIÉTAIRE.

MESTRE de CAMP RÉFORMÉ. V. MESTRE DE CAMP N° 5. V. RÉFORMÉ.

MESTRE de CAMP PAR COMMISSION. V. COMMISSION. V. COMMISSION D'EMPLOI. V. MESTRE DE CAMP N° 5.

MESURE, subs. fém. (term. génér.). Mot d'origine LATINE qui ne demande ici quelques explications qu'à l'égard de la MESURE DE CHARGE.

MESURE A POUDRE. V. A POUDRE. V. MESURE DE CHARGE.

MESURE CÉLEUSTIQUE. V. BATTEMENT CÉLEUSTIQUE. V. CÉLEUSTIQUE, adj. V. MARCHE TACTIQUE.

MESURE de CHARGE (B, 1 ; G, 3) ou MESURE A POUDRE. Sorte de MESURE en ferblanc ou en cuivre qui servait au MOUSQUET A MAIN, ou était remplacée par un COFFIN. — Les TIREURS DE CARABINE ont continué à faire emploi de Mesure de charge, comme le témoigne GASSENDI ; elle est comparable à un dé à coudre et contient, rase, quatre grammes soixante centigrammes (un gros seize grains) de POUDRE FINE. — Les CHASSEURS A PIED de la MILICE DANOISE portent la Mesure en cuivre suspendue sur la banderole de la giberne, à la hauteur de la poitrine.

MESURE de PAS. V. CADENCE. V. CONVERSION A PIVOT FIXE. V. DÉPLOIEMENT. V. GUIDE TACTIQUE. V. MILICE PRUSSIENNE N° 8. V. PAS. V. PAS ACCÉLÉRÉ. V. PAS ALLONGÉ. V. PAS CADENCÉ. V. PAS DE FLANC. V. PAS DE PIVOT. V. PAS DE ROUTE. V. PAS D'ÉCOLE. V. PAS EN ARRIÈRE. V. PAS LIBRE. V. PAS OBLIQUE. V. PAS ORDINAIRE. V. PAS TACTIQUE. V. PAS UNIQUE. V. PETIT PAS. V. TAMBOUR INSTRUMENTAL.

MESURE d'ESCRIME. V. COUPER LA MESURE. V. DÉGAGER LA MESURE. V. ESCRIME. V. GAGNER LA MESURE.

MESURE d'HABIT. V. HABIT.

MESURE D'HABILLEMENT. V. HABILLEMENT.

MESURE SANITAIRE. V. COLONEL D'INFANTERIE FRANÇAISE DE LIGNE N° 58. V. SANITAIRE.

MESURER (se), verb. récip. V. ATTAQUE DE GUERRE. V. HÉRAUT D'ARMES N° 4.

MESUREUR, subs. masc. V. MENSEUR.

MÉTABOLE, subs. fém. (F). Mot tout GREC signifiant changement et venant, suivant ROQUEFORT (1835), de *meta*, à l'inverse, et de *ballein*, jeter. ÉLIEN (70 , A) et MAIZEROY (1771, A) l'appliquent techniquement dans le sens d'une VOLTE en troupe ; c'était le renversement de la PHALANGE FAISANT FRONT à l'opposite ou voltant. DILLON, GUISCHARDT (1758, H), JABRO (1777, G), SUIDAS, disent que c'était une double CRISE ou le DEMI-TOUR de la MILICE GRECQUE. C'était le demi-tour à droite, suivant ROBINSON.

MÉTAL, subs. masc. V. BOUCLE EN M… V. BRIDE D'ÉPAULETTE D'OFFICIER. V. DEUX MÉTAUX. V. EN MÉTAL.

MÉTALLIQUE, adj. V. BOUTON MÉTALLIQUE.

MÉTATEUR, subs. masc. (F). Mot dérivé du LATIN *meta*, borne ou limite. Le Métateur, *metator*, était un OFFICIER ou un INGÉNIEUR de la MILICE ROMAINE ; une de ses principales fonctions était de déterminer le TERRAIN, l'ASSIETTE DU CAMP, comme le faisaient à d'autres époques le GROMATICIEN, le PRÉFET DE CAMP. — Les lexicologues et plus d'un ÉCRIVAIN confondent les Métateurs et les MENSEURS ; les uns et les autres avaient également dans leurs attributions la CASTRAMÉTATION et le LOGEMENT ; mais ces emplois étaient distincts au temps où Végèce (390, A) écrivait, comme il l'explique positivement ; ils n'étaient au contraire confiés qu'à un seul personnage au temps de LÉON (900, A). Cet ÉCRIVAIN le donne à entendre dans un passage assez obscur que MAIZEROY (1771, A, p. 56) a traduit. Il paraît que de son temps les anciennes fonctions des Métateurs et des MENSEURS étaient fondues dans celles des ANTICENSEURS. — Suivant JABRO (1777, G), les Métateurs s'acquittaient des devoirs qui ont été dans les temps modernes ceux des MESTRES DE CAMP, des MARÉCHAUX DES LOGIS DE L'ARMÉE, des CHEFS D'ÉTAT-MAJOR ; ils allaient reconnaître les lieux où l'ARMÉE se portait, faisaient construire des PONTS, ouvrir des ROUTES, aplanir des lieux difficiles, réparer les CHEMINS où devaient passer les TROUPES ; ils avaient sous leurs ordres les GUIDES, et veillaient à ce qu'il ne fût fait aucun dommage aux HABITANTS. — Leur emploi était si important, leur caractère si respecté, que la loi romaine impériale *de metatis* condamnait à la peine des faussaires ceux qui effaçaient les marques que les Métateurs traçaient de leur main sur les portes des habitations où ils arrêtaient des LOGEMENTS. Les constitutions d'HONORIUS et d'ARCADIUS sont précises à ce sujet et en traitent avec étendue. — CICÉRON, dans ses *Philippiques*, nous donne idée d'un Métateur comme d'un homme habile et expérimenté : *Peritus metator et callidus.* — VÉGÈCE (390, A) définit ainsi leur emploi : *Metatores qui præcedentes, locum eligunt castris*, arpenteurs qui déterminent à l'avance le TERRAIN des CAMPS. Les Métateurs étaient donc plutôt chargés alors du CAMPEMENT POLÉMONOMIQUE, et les menseurs du CAMPEMENT TACTIQUE ; les premiers étaient plutôt des directeurs de travaux, et les seconds, comme on peut le juger dans MAURICE (590, A) et dans TURNÈBE, s'occupaient davantage du mécanisme des opérations : *mensores qui loca castris metendis metiuntur*, MENSEURS qui s'occupaient en détail d'ordonner les formes du CAMP. — L'ENCYCLOPÉDIE (1785, C, au mot *Castramétation*), GAIGNE (1801, C) et TURPIN (1783, O) ont donné quelques éclaircissements sur ce sujet et sur cette classe mal connue d'OFFICIERS D'ÉTAT-MAJOR.

MÉTEIL, subs. masc. v. BLUTAGE. v. FARINE. v. PAIN DE MUNITION.

METELLA, subs. fém. v. BACULE. v. ESCALADE. v. GABION.

METGE, subs. masc. v. MÉDECIN.

MÉTHODIQUE, adj. v. GUERRE M... v. SIÉGE M...

MÉTIER des ARMES. v. ARMES. v. AUTEUR MILITAIRE. v. BARBE. v. COMPAGNIE D'INFANTERIE FRANÇAISE DE LIGNE N° 4. v. COMMISSAIRE DES GUERRES N° 6. v. CONSCRIPTION. v. CONSEIL D'ADMINISTRATION DE RÉGIMENT N° 6. v. ÉTAT MILITAIRE. v. FAUTEUR DE DÉSERTION. v. GÉNÉRAL D'ARMÉE N° 9. v. GRADE EN SECOND. v. INFANTERIE FRANÇAISE N° 3. v. INITIATION MILITAIRE. v. INSTRUCTION. v. INVALIDE. v. LANGUE GRECQUE. v. LOEN. v. OFFICIER FRANÇAIS N° 2. v. ORDONNANCE IDIOPIQUE. v. POSTE D'HONNEUR. v. PROFESSION DES ARMES. v. RECRUTEMENT. v. SINGULAIRE. v. SOUS-OFFICIER N° 3. v. TACTIQUE, subs. v. TAILLE DE MILITAIRE. v. TOUR DE PIQUE.

MÉTRAL. v. NOMS PROPRES.

MÉTRIQUE, adj. v. CORDEAU M... v. PAS M...

MÉTROBATE, subs. masc. (G, 6) ou COMPTE-PAS, OU MÉTRONOME, OU PODOMÈTRE comme l'appelle FURETIÈRE. Le mot Métrobate dérive du GREC *métron*, CADENCE, et de *bainô*, je marche. Il exprime un genre de CHRONOMÈTRE que BRIQUET (1761, H) appelait COMPTEUR MILITAIRE. Le Métrobate est presque aussi ancien que le PAS CADENCÉ de l'INFANTERIE ; mais l'usage de cette CÉLEUSTIQUE n'a pas été encouragé en FRANCE, et y est, pour ainsi dire, inconnu. — Le Métrobate est une petite pendule pyramidale, sans cadran ni aiguille, et à balancier visible ; on le fait marcher ou on l'arrête à volonté. Cette machine simple et ingénieuse est préférable aux MONTRES MÉTROMÉTRIQUES qui avaient le même objet, mais que le tact ou la sonnerie rendent trop chères. Son balancier a des oscillations assez bruyantes pour faire entendre d'une certaine distance la division horaire. On en règle le mouvement de manière à diviser la minute en un nombre donné de PAS MILITAIRES, c'est-à-dire en 76, 90, 100, 120, etc. — Le Métrobate peut servir à résoudre les problèmes suivants : — Proportionner les PAS de l'INFANTERIE à la nature et aux inclinaisons du TERRAIN. — Varier la vitesse de la MARCHE, suivant qu'on gravit ou qu'on descend une montagne, ou suivant que des hommes dispos font route sur un terrain plan. — Cadencer le PAS GYMNASTIQUE. — Marquer la vitesse des mouvements de NATATION, pour qu'une troupe de NAGEURS franchisse une distance donnée dans une eau tranquille ou dont la vitesse du courant serait évaluée. — Coordonner la proportion relative des CHEMINEMENTS d'infanterie et des autres ARMES. — Ainsi le Métrobate peut concourir à régler les MARCHES, dresser les TAMBOURS, rendre uniformes les BATTERIES et les SONNERIES, assurer la précision des MANŒUVRES ; ces résultats supposent la combinaison des CADENCES de l'instrument et de la dimension des PAS, à raison de trois par deux mètres, sur un terrain libre et uni ; la longueur du PAS serait moindre sur un sol incliné. — Le ministre FELTRE avait proposé à BONAPARTE d'appliquer à l'instruction de l'INFANTERIE le Métrobate. Ce prince dédaigna cette proposition, comme au-dessous de ses hautes conceptions. — La MILICE ANGLAISE fait généralement emploi du Métrobate ; il y en a à plusieurs pendules, marquant à la fois le PAS ORDINAIRE, le PAS ACCÉLÉRÉ, le PAS DE CHARGE; ce sont les utiles ornements des SALLES D'EXERCICE.

MÉTROMÉTRIQUE, adj. V. MONTRE MÉTROMÉTRIQUE.

MÉTRONOME, subs. masc. V. MÉTROBATE.

MÉTRONOMIQUE, adj. V. MONTRE MÉTRONOMIQUE.

METTINGH. V. NOMS PROPRES.

METTRE (verbe act.) à CONTRIBUTION. V. A CONTRIBUTION. V. CONTRIBUTION DE GUERRE.

METTRE à FEU ET A SANG. V. GUERRE PRIVÉE.

METTRE A LA QUEUE DE LA COMPAGNIE. V. A LA QUEUE. V. COMPAGNIE. V. QUEUE DE COMPAGNIE. V. QUEUE DE LA COMPAGNIE.

METTRE à la RETRAITE. V. INTENDANT MILITAIRE N° 2. V. RETRAITE.

METTRE A L'ORDRE. V. A L'ORDRE. V. ORDRE DU JOUR. V. PUNITIONS.

METTRE A MORT. V. A MORT. V. SUPPLICE.

METTRE A SAC. V. A SAC. V. CARTE BLANCHE. V. GUERRE PRIVÉE. V. PILLAGE. V. SAC DE VILLE. V. SIGNAL STRATEUMATIQUE.

METTRE AU CACHOT. V. AU CACHOT. V. PRISON DE PLACE.

METTRE AU PAS. V. AU PAS. V. PAS CADENCÉ.

METTRE AU REPOS. V. AU REPOS. V. FUSIL.

METTRE (se) AU SERVICE. V. AU SERVICE. V. SERVICE PERSONNEL.

METTRE AUX ARRÊTS. V. AUX ARRÊTS. V. ARRÊTS.

METTRE BAS LES ARMES. V. ARMES. V. ARMES BAS. V. BAS LES ARMES. V. CAPITULATION. V. CAPITULATION DE GUERRE. V. PRISONNIER DE GUERRE. V. STRATAGÈME.

METTRE des FILES EN ARRIÈRE (G, 6).— Le verbe Mettre est tout LATIN; il exprime ici une ÉVOLUTION d'infanterie, que le RÈGLEMENT DE 1791 (1ᵉʳ AOUT) n'a pas su exprimer par un substantif. Cette MANŒUVRE, qui suppose rencontre de certains OBSTACLES, s'appelait jadis et pourrait encore s'appeler ABDUCTION; son effet est de réduire par l'AILE DROITE ou gauche, ou par les deux AILES, l'étendue du FRONT d'une SUBDIVISION DE COLONNE, sans que le GUIDE cesse de faire partie du premier rang. Le CHEF DE SUBDIVISION l'annonce par le commandement d'avertissement, UNE FILE DE DROITE OU DE GAUCHE EN ARRIÈRE, etc. L'inverse de cette manœuvre est de FAIRE RENTRER DES FILES EN LIGNE.

METTRE des FILES EN LIGNE. V. FAIRE

RENTRER DES FILES EN LIGNE. V. FILE EN LIGNE. V. FORMATION EN COLONNE D'UNE TROUPE EN MARCHE.

METTRE des TROUPES EN BATAILLE. V. BATAILLE TACTIQUE. V. CONTRE-MARCHE INFLEXIONNAIRE. V. COTÉ VISUEL. V. DISTANCE. V. EN BATAILLE. V. FEU DE PARAPET. V. FORMATION EN BATAILLE. V. PROTAXE. V. SE METTRE EN BATAILLE. V. TACTIQUE, subs. V. TROUPE EN BATAILLE.

METTRE des TROUPES SUR PIED. V. ENROLEMENT VOLONTAIRE. V. PIED. V. SUR PIED. V. TROUPE.

METTRE des PELOTONS EN ARRIÈRE. V. ABDUCTION. V. MILICE GRECQUE N° 6. V. PELOTON EN ARRIÈRE.

METTRE EN CAMPAGNE. V. ARMÉE FRANÇAISE N° 9. V. COMMANDANT DE PLACE ASSIÉGÉE. V. EN CAMPAGNE. V. FÉODALITÉ. V. GUERRE DÉFENSIVE. V. INFANTERIE COMMUNALE N° 5. V. PARTI DE GUERRE.

METTRE EN FAISCEAU. V. EN FAISCEAU. V. FAISCEAU. V. FAISCEAU D'ARMES.

METTRE EN FUITE. V. CHASSE. V. EN FUITE.

METTRE EN GAGE. V. DÉLIT. V. EFFET D'UNIFORME. V. EN GAGE.

METTRE (se) EN GARDE. V. EN GARDE. V. ESCRIME. V. JAMBE. V. PASSE D'ARMES.

METTRE EN GARNISON. V. EN GARNISON. V. GARNISON.

METTRE EN HAIE. V. BORDER LA HAIE. V. EN HAIE. V. HAIE TACTIQUE.

METTRE EN JOUE (G, 5) OU COUCHER EN JOUE. Ces locutions sont peu anciennes, parce que dans l'origine les ARMES A FEU analogues au FUSIL moderne ne se tiraient pas contre la joue, mais en face de la poitrine. On exprimait cette action d'AJUSTER, en disant : COUCHER le PÉTRINAL, l'ARQUEBUSE, c'est-à-dire les disposer horizontalement devant le milieu de la poitrine. On commença à COUCHER EN JOUE le MOUSQUET; MANESSON (1685, B) le témoigne; ce n'était plus devant la poitrine, mais dans le creux de l'épaule droite qu'on le disposait; de là est resté l'usage du verbe COUCHER et du substantif PLAQUE DE COUCHE.

METTRE EN JUGEMENT. V. ACCUSÉ. V. EN JUGEMENT. V. CONSCRIPTION. V. CORPS D'INTENDANCE N° 6. V. REMPLAÇANT. V. SOUS-OFFICIER N° 11.

METTRE EN LIGNE. V. EN LIGNE. V. FORMATION SUR LA DROITE. V. LIGNE TACTIQUE.

METTRE EN MARCHE. V. DÉFAITE. V. DISTANCE. V. EN MARCHE. V. PAYE.

METTRE EN PRISON. V. EN PRISON. V. PRISON DE PLACE.

METTRE EN RÉFORME. V. EN RÉFORME. V. RÉFORME D'OFFICIER.

METTRE EN SERVICE. V. ARMEMENT DE TROUPE. V. EN SERVICE.

METTRE EN TRAIN. V. CARABINE. V. EN TRAIN. V. POUSSE-BALLE.

METTRE GARNISON. V. GARNISON.

METTRE HORS DE COMBAT. V. COMBAT. V. COMBAT CONTRE INFANTERIE.

METTRE HORS DE SERVICE. V. HORS DE SERVICE. V. SORTIE EXTÉRIEURE.

METTRE HORS D'INSULTE. V. APPUI FIXE. V. HORS D'I... V. INSULTE.

METTRE la BAGUETTE DANS LE CANON. V. BAGUETTE DANS LE CANON. V. MANIEMENT D'ARMES.

· **METTRE** la BAIONNETTE AU CANON. V. BAIONNETTE AU CANON. V. MANIEMENT D'ARMES.

METTRE l'ARME A VOLONTÉ. V. L'ARME A VOLONTÉ. V. MANIEMENT D'ARMES.

METTRE l'ARME AU BRAS. V. L'ARME AU BRAS. V. MANIEMENT D'ARMES.

METTRE le BLOCUS. V. BLOCUS. V. BLOQUER. V. TOPOGRAPHIE.

METTRE le CAMP. V. CAMP.

METTRE le CHIEN AU REPOS. V. CHIEN AU REPOS.

METTRE le FEU. V. BOUTE-FEU. V. FEU. V. LANCE A FEU. V. MANIEMENT D'ARMES. V. MÈCHE V. MINE A FEU. V. PYRITE. V. TIR.

METTRE le SIÉGE. V. SIÉGE.

METTRE le SAC. V. SAC. V. SAC DE VILLE.

METTRE l'ÉPÉE A LA MAIN. V. ARQUE-BUSIER A PIED. V. DUEL. V. ÉPÉE A LA MAIN. V. TERRAIN INDIVIDUEL.

METTRE les ARMES A LA MAIN. V. A LA MAIN. V. ARMES A LA MAIN.

METTRE les ARMES A TERRE. V. ARMES A TERRE. V. MANIEMENT D'ARMES.

METTRE les ARMES EN FAISCEAU. V. AR-MES EN FAISCEAU. V. FAISCEAU D'ARMES.

METTRE SOUS LES ARMES. V. A L'ORDRE AUX TAMBOURS. V. ALERTE DE BRUIT. V. APPEL ADMINISTRATIF. V. ARMÉE FRANÇAISE n° 9. V. BREVET D'OFFICIER. V. DIANE. V. MONTRE ADMINISTRATIVE. V. RECRUE. V. SERGENT. V. SOUS LES ARMES.

METTRE SUR PIED. V. ENROLEMENT VO-LONTAIRE. V. JUSTICE MILITAIRE. V. SUR PIED.

METTRE UN GRAIN. V. GRAIN. V. GRAIN DE CANON DE FUSIL.

METZ. V. NOMS PROPRES.

MEUBLE (meubles) (subs. masc.) de BLA-SON. V. ARME DÉFENSIVE PORTATIVE. V. ARMOI-RIES. V. ARMURE. V. AVENTURIER. V. BANDE D'É-QUIPEMENT. V. BANDELAIRE. V. BEFFROI. V. BLA-SON. V. BOUTEROLLE. V. CAPELLINE. V. CAVA-LERIE FRANÇAISE n° 5, 7. V. CHÂTEAU. V. CHAUSSE-TRAPE. V. CHEF. V. CHEVRON. V. CRÉ-

NEAU. V. DARD A MAIN. V. DEXTROCHÈRE. V. DOLOIRE. V. ÉCHARPE. V. ÉPERON DE BOTTES. V. FANION. V. FLÈCHE PROJECTILE. V. FLEUR DE LIS. V. FRÉMAILLET. V. FUSÉE HÉRALDIQUE. V. GANTELET. V. GIREL. V. GIROUETTE. V. GON-FALON. V. GOUSSET. V. GUIDON. V. HACHE. V. HACHE D'ARMEMENT. V. HERSE DE FORTERESSE. V. HEUSE. V. LAMBEL. V. LANCE A MAIN. V. LICE. V. MAIL D'ARMES. V. MAILLE. V. MARMITE. V. MASSE D'ARMES. V. MEZAIL. V. MORION. V. PAL. V. PROBOSCIDE. V. RANCON. V. ROC. V. ROCHET. V. RUSTRE. V. SAUTOIR. V. TAILLÉ. V. TARGE. V. TENANT HÉRALDIQUE. V. TÊTE NOIRE. V. TOUR DE FORTIFICATION. V. TOURNOI. V. TRABE. V. VERGUE. V. VOL.

MEUBLE (meubles) de CASERNEMENT. V. CASERNEMENT. V. EFFET DE CASERNEMENT.

MEUBLE (meubles) d'OFFICIER. V. AMEU-BLEMENT. V. CRÉANCIER. V. OFFICIER.

MEUBLÉ (meublée), adj. V. LOGEMENT M...

MEUNG ; MEUNIER ; MEURSIUS. V. NOMS PROPRES.

MEURTRE de BLESSÉ. V. BLESSÉ. V. CRIME.

MEURTRIER (meurtrière), adj. V. GA-LERIE M... V. TONNEAU M...

MEURTRIÈRE, subs. fém. (G, 6). Mot dérivé, suivant MÉNAGE, du bas latin *mordrum, murdrum*, meurtre, ou homicide prémédité ; on le retrouve dans MATHIEU PARIS ; il vient originairement, suivant Du-CANGE, de l'ALLEMAND ; il est resté dans l'AN-GLAIS *murder*. — Les ITALIENS se servent de l'expression *feritoja*, lieu d'où l'on frappe, ou ARBALESTRIÈRE ; le substantif *feri-tore*, TIRAILLEUR, en est provenu, ou y est analogue. — Les Meurtrières se sont ap-pelées ARCHIÈRES et BARBACANES. MACHIAVEL (1510, A) lui donne le nom de CANONNIÈRES. — L'ENCYCLOPÉDIE (1785, C, au mot *Cré-neau*) et LEBLOND (1758, B) prennent comme synonymes Meurtrière et CRÉNEAU ; mais, correctement parlant, les Meurtrières étaient l'entre-deux des CRÉNEAUX des CHA-TEAUX antiques, et répondaient aux mo-dernes EMBRASURES ; il y avait des Meur-trières d'une forme différente : c'étaient les MACHICOULIS. — Les Meurtrières sont des ouvertures verticales ménagées à travers un mur, un ouvrage, un corps de garde, une tour ; elles ont du côté extérieur deux à trois pouces de large, et de l'autre côté un évase-ment proportionné à l'épaisseur de la mu-raille ; leur hauteur est de douze à quinze pouces ; elles donnent moyen de TIRER sur l'ENNEMI avec de PETITES ARMES ; elles ne re-çoivent qu'un FUSIL, et ne servent qu'à un seul homme. — La Meurtrière est évasée du dehors au dedans ; l'embrasure l'est dans le sens inverse. Voici à quoi tient cette différence. — Les PIÈCES DE REMPART ayant peu de mobilité, il faut que leur moindre pivotement suffise pour qu'elles battent dans des directions nombreuses; de là le besoin de l'évasement de l'EMBRASURE du côté de la campagne. Les JOUES des MERLONS étant ordinairement en terre, le PROJECTILE de l'ENNEMI s'y enfonce et ne cause pas de dommage par des COUPS DE BRICOLE. — La Meurtrière au contraire est aussi peu ouverte que possible en dehors, et pour prévenir les COUPS DE BRICOLE qui y seraient à craindre et pour que l'ENNEMI ne puisse pas s'y introduire, ni essayer même d'y passer le FUSIL; le TIREUR supplée à ce défaut d'évasement extérieur par sa mobilité en se jetant à gauche ou à droite, de manière à voir dans les différentes directions. — Les Meurtrières sont ou très-basses ou au-dessus de l'ENNEMI pour qu'il n'en puisse tirer aucun profit. — Des BLOCKHAUS, des CAPONNIÈRES, des ÉCHAUGUETTES, des GUÉRITES, des MARTELLO, des PLACES D'ARMES, des réduits construits dans des DEMI-LUNES, sont ou ont été des LOGEMENTS à Meurtrières. CRÉNELER une maison où l'on veut se défendre, c'est la percer de Meurtrières; on les espace ordinairement de deux à trois pieds; quelquefois on en pratique entre deux une troisième qui est au niveau du sol; l'homme s'y couche pour y FAIRE FEU. — LECOINTE (1759, B) recommande aux défenseurs des Meurtrières de ne tirer que quand le voisin a achevé de CHARGER, afin que la défense ne soit jamais dégarnie de FEU.

MEXIA; MEXIQUE. V. NOMS PROPRES.

MEXICAIN (mexicaine), adj. V. ARMÉE M... V. ARTILLERIE M... V. BATAILLON M... V. BRIGADE M... V. CAVALERIE M... V. COMPAGNIE M... V. GÉNÉRAL M... V. INFANTERIE M... V. MILICE M... V. MINISTRE M... V. OFFICIER M... V. RÉGIMENT M... V. SOLDAT M... V. TROUPE M...

MEYE, subs. masc. V. MÉDECIN.

MEYER; MEYNIER; MEYRICK; MEYSEREY. V. NOMS PROPRES.

MEZAIL, subs. masc. (F). Mot que BOREL (Pierre) dérive du GREC *meson*. Il vient directement des vieux termes français *mey*, *mez*, qui signifiaient milieu, analogue à l'ITALIEN *mezzo*. Le Mezail était le milieu ou la ligne tombante du CASQUE FERMÉ, le profil du MASQUE ou de la GRILLE du HEAUME. Cependant l'*Encyclopédie du dix-neuvième siècle* prend comme synonymes MASQUE et Mezail. — Le Mezail comprenait, suivant CARRÉ (1783, E), MENTONNIÈRE, NASAL, VENTAIL, VISIÈRE; mais c'est à notre avis une explication fausse, c'est le MASQUE qui contient ces parties. — Comme MEUBLES DE BLA-

SON les Mezails de prince sont tarés, c'est-à-dire posés de front.

MEZE, subs. fém. V. MILICE ANGLAISE N° 9.

MEZERAI; MECALOZ; MICHAUD; MICHEL; MICHELLI; MICHELOTTI; MÈDE. V. NOMS PROPRES.

MIÈGE, subs. masc. V. HOPITAL MILITAIRE. V. MÉDECIN.

MIÈRE, subs. masc. V. MÉDECIN.

MIÈTHE. V. NOMS PROPRES.

MIGERAT, subs. masc. V. DARD. V. TRAIT PROJECTILE.

MI-GLAIVE, subs. masc. V. ARME DE DEMI-LONGUEUR. V. DEMI-PIQUE. V. GLAIVE. V. HALLEBARDE.

MIGNON, subs. masc. V. CANON D'ARTILLERIE.

MIGOUT. V. NOMS PROPRES.

MIGRAINE, subs. fém. V. GRENADE.

MIL, subs. masc. (F). Mot PERSAN qui signifie MASSUE. Suivant une brochure parue dans les premiers mois de 1859, et publiée par un lieutenant d'infanterie, touchant l'EXERCICE ANGLAIS et ANGLO-INDIEN des deux massues, cet EXERCICE se nommait aussi maniement du Mil : il paraît avoir été imité des usages des Persans par l'ARMÉE indoue, et a été emprunté aux INDIENS ou Indous par la milice anglaise d'EUROPE. Cette MASSUE en bois dur, pesant de deux à cinq kilogrammes, suivant le degré de force ou d'habitude de ceux qui s'en escriment, est mise en jeu suivant une théorie étudiée et variée; elle est propre à fortifier le système musculaire et à rendre ambidextre, puisque chacune des mains est armée de son Mil, et le fait agir simultanément; c'est à cette étude que les ORIENTAUX seraient redevables, dit-on, de la faculté d'abattre d'un seul coup une tête humaine. — On peut consulter, au sujet du jeu des massues, DUANE (1810, E, au mot *Dumb-bells*).

MILAN; MILANAIS; MILBURNE; MILET. V. NOMS PROPRES.

MILICE, subs. fém. V. BATAILLON DE M... V. COMTE DE LA M... V. GRAND MAITRE DE LA M... V. MAITRE DE LA M... V. OFFICIER DE M... V. PRINCE DE LA M... V. RÉGIMENT DE M... V. TIRAGE A LA M...

MILICE (term. génér.), ou MILITIE suivant M. ROQUEFORT, ou BAISE. Les premiers de ces mots sont tout LATINS; ils dérivaient suivant l'ENCYCLOPÉDIE (1751, C) de *milœ* qui aurait produit *miles*; *milœ* ou *millia* se rapportaient aux LEVÉES ROMAINES qui avaient lieu dans le principe à raison de mille hommes par tribu. — Le terme de Milice a été tour à tour admis ou négligé, technique ou vague. — Depuis deux siècles le terme AR-

MÉE, peu clair lui-même, a prévalu sur l'expression Milice, ou plutôt a fait confusion avec elle. — Les écrivains du dernier siècle les emploient l'un pour l'autre; ces termes diffèrent pourtant; l'armée est une Milice vivante; la Milice contient et des forces actives, et une armée morte, ou un ensemble de mortes-payes, comme on disait jadis; les invalides, les militaires en retraite, ne sont pas dans l'armée, ils sont dans la Milice, ils sont compris dans son budget; la garde nationale, les landwehr, les landsturm, les milices bourgeoises et provinciales, l'yeomanry anglaise, l'insurrection hongroise, les lanzas de la Péninsule, les Cosaques irréguliers ne sont qu'extraordinairement soldés et attachés à l'armée; en tout temps ils sont une partie intégrante de la Milice. — La Milice se conçoit indépendamment des idées de paix ou de guerre; il n'en était pas de même de l'armée quand le mot a pris naissance, puisqu'il signifiait troupe en état de guerre. — Les avénements au trône, les changements de dynastie, les créations de corps sont l'occasion d'un serment exigé de l'armée; mais quelle que soit la main qui tient ou qui prend le sceptre, nul serment n'est exigé de la partie inerte de la Milice; cette catégorie, morte pour l'armée, rentre dans la jouissance pleine des droits civils, en France du moins, et ne diffère de la classe des autres citoyens que parce que la société lui accorde obséquieusement des titres qui ont cessé d'être réels. On salue de la qualification de colonel ou de général des militaires qui n'exercent plus les fonctions des grades que ces termes expriment; ces militaires ne conservent d'autres droits que de revêtir l'uniforme commémoratif. L'armée, au contraire, ne jouit de la liberté civile que sous des restrictions graves et nombreuses; les titres que les officiers y prennent sont, ou du moins devraient toujours être ceux des emplois qu'ils remplissent effectivement ou qu'ils sont habiles à remplir. Néanmoins ce mot Milice est difficile à définir; depuis Louis quatorze des ministres peu logiciens l'ont dénaturé. La Milice roturière, on pourrait presque dire paysanne, que ce prince a créée, a été une petite partie de la Milice nationale. De même il y a, ou il y a eu, des Milices provinciales dans les milices anglaise, danoise, espagnole, piémontaise, paraguéenne, suédoise, russe. — Bonaparte (*Maximes du prisonnier de Sainte-Hélène*, 1820) aurait dit : *Il ne peut plus y avoir de Milice mercenaire en Europe depuis que les nations se transportent sur le champ de bataille.* Ici l'auteur pseudonyme de l'ou-

vrage confond armée et Milice. — Les inexactitudes de l'expression sont sensibles dans Daniel (1721, A). Il dénomme (p. 159) Milices, des genres particuliers de troupes, et ce qu'il appelle la Milice, dans le titre même de son ouvrage, est l'ensemble de ces troupes. — Jabro (1777, G), faisant allusion à la Milice alors composée de paysans conscrits qui ne devenaient militaires que par extraordinaire, dit : *Par une singularité assez bizarre, un nom donné par tous les peuples du monde pour exprimer des guerriers, est chez nous une expression qui doit donner une idée contraire.* — Essayons une définition rationnelle; le sujet est neuf à traiter. — La Milice d'un État embrasse les forces militaires, les réserves, les vétérans, les mortes-payes, les gardes bourgeoises nationales, municipales, provinciales, urbaines, les corps sédentaires, la landwehr, le landsturm. — La partie active de la Milice s'appelle force armée; elle se partage, si l'État est maritime, en armée de terre et en armée de mer. — La partie non mobile de la Milice, sauf des cas extraordinaires, est la garde nationale ou les corps d'une nature analogue. — La partie inactive est celle qui a acquis le droit du repos et la jouissance d'une retraite pécuniaire, sur quelque élément qu'elle ait combattu et en quelque arme qu'elle ait servi. — Mais ce droit à la libération et aux pensions n'est pas une règle générale en Europe. La milice anglaise ne connaît que des demi-payes ou l'admission aux Invalides; elle ne connaît point de pensions de retraite. Des pensionnaires, dans quelques milices de l'Allemagne, ne cessent pas d'être à la disposition du gouvernement et sous la juridiction militaire; enfin les feld-maréchaux du Nord, les capitaines généraux du Midi, les maréchaux de France, sont censés propres à un service sans terme; pour eux, les appointements toujours, la retraite jamais; c'est une trace des anciennes charges de cour. — Milice ou état militaire sembleraient devoir être même chose, la conséquence serait logique; telle n'est pas cependant la pensée du ministère français, puisque les Annuaires qu'il publie sous le nom d'États militaires ne comprennent que l'armée, et ne mentionnent ni la partie non active, ni la garde nationale. — De même la locution embrasser l'état militaire ne fait allusion qu'à l'armée; la langue le veut ainsi à tort ou à raison. — Le sujet est à considérer sous les points de vue politique, stratologique, administratif. — Sous les rapports d'économie politique il importe que la Milice soit nationale; les corps étrangers ont causé la ruine de CARTHAGE et de ROME ; ils ont fait la honte des Milices italiennes. — Il faut que l'institution de la Milice réponde de la DISCIPLINE, concoure au maintien de l'ordre public et préserve la patrie d'ATTAQUES étrangères ou du moins avise à tous les moyens d'y résister ; il faut que le droit de délibérer à l'antique manière des CHAMPS DE MAI, à la moderne manière des clubs, lui soit interdit sans retour ; que sa protection s'étende avec égalité sur toutes les classes de citoyens ; que sa CONSTITUTION, la force, le nombre des AGRÉGATIONS soient d'accord avec la population de l'empire, les finances du pays, l'humeur plus ou moins remuante des peuples, l'attitude des Etats voisins, l'étendue des FRONTIÈRES, l'importance des FORTERESSES et des COLONIES ; que la destination à donner aux LEVÉES soit une conséquence de la nature géologique des provinces et de la disposition morale de leurs habitants ; que la présence des DÉSERTEURS ÉTRANGERS n'y soit pas un encouragement à la DÉSERTION des indigènes ; que l'appel des MERCENAIRES étrangers n'y blesse pas l'orgueil du pays ; que le REMPLACEMENT n'y soit qu'un faible accessoire du RECRUTEMENT ; que l'AVANCEMENT y soit de forme immuable ; que les DESTITUTIONS ne s'y infligent qu'au nom de la loi ; que peines et récompenses, tout s'y règle et se fasse au grand jour, et y soit sanctionné par le vote national, si le gouvernement est représentatif. — Sous le rapport de l'ART il faut que la COMPOSITION de la Milice réponde à l'état des autres connaissances ; qu'un CONSEIL ou une ACADÉMIE décide de la marche de la SCIENCE DES ARMES ; qu'il ne soit admis ni CORPS PRIVILÉGIÉS, ni GRADES superflus ; que les variations de FORCES se calculent sur des PIEDS fixes et prévus ; que jamais FEMME D'OFFICIER ne figure dans une MARCHE D'ARMÉE ; qu'il ne s'y voie pas de CORPS, d'ARMES, de CATÉGORIES inutilement disparates, ou dispendieusement surabondantes ; que son instruction, sa destination, les applications de la JUSTICE soient au niveau de la civilisation du pays et des mœurs du siècle ; que son éducation soit une, invariable, méthodique ; que sa législation soit claire, brève, et que le CODE n'en soit retouché qu'à des époques fixes. — Sous le rapport administratif, que les DÉPENSES du CORPS D'ÉTAT-MAJOR et l'exubérance des armes savantes n'y dévorent pas le BUDGET ; que la reddition des COMPTES y soit en tout temps sûre et rapide ; que l'UNIFORME soit simple et non moins strict pour l'OFFICIER que pour l'HOMME DE TROUPE ; que les DÉDOUBLEMENTS n'y soient ordonnés qu'en vertu d'une rigoureuse nécessité, et non par caprices ou com-

plaisances ; que les plans du gouvernement dominent les velléités du MINISTÈRE de la guerre et de la marine ; que la refonte de tout le mécanisme des bureaux, le bouleversement de toutes les ORDONNANCES ne soient pas la conséquence inévitable de l'arrivée de chaque nouveau MINISTRE. — Entrons dans l'examen historique de la chose. — Si nous regardons le mot Milice comme impliquant une idée de nationalité, de légalité, comme indiquant un Etat dans l'Etat, l'existence du système appartient aux temps les plus reculés de la CHINE, de la PERSE, de l'EGYPTE, de la GRÈCE et de ROME. — Aux époques du débordement des barbares il n'y a plus de Milices, il n'y a que des hordes où tout individu propre aux ARMES est soldat ; les femmes, les vieillards, les enfants n'y appartiennent pas moins à la guerre qu'à la cité. — On est fondé à supposer qu'à l'exemple des chefs de sa RACE, CHARLEMAGNE entretenait des CADRES D'ARMÉES PERMANENTES ; il y attachait pour chaque expédition des contingents temporaires ; ceux-ci devaient administrativement se suffire, et n'avaient pour SOLDE que le PILLAGE, les RANÇONS et surtout la valeur vénale des vaincus faits esclaves ; on n'alimentait la glèbe qu'en les y enchaînant. Cette renaissance d'un système de Milice n'offrait qu'un grossier essai. — Pendant le reste du MOYEN AGE, en FRANCE, et dans les royaumes qui ont été le démembrement de l'empire de CHARLEMAGNE, il y a eu des ARMÉES FÉODALES, le BAN et ARRIÈRE-BAN, les rôles des chevetains, la CHEVALERIE, des navires armés, des galères, des MILICES COMMUNALES ; mais, hormis à BYZANCE et à VENISE, il n'existait nulle part une Milice nationale permanente. — Une administration plus prévoyante que celle de la FÉODALITÉ, un système moins inique que celui des rois faux-monnayeurs pouvaient seuls mettre sur pied des Milices ; leur rétablissement est donc postérieur à la découverte de l'art financier qui répartit, lève et applique les impôts. — De Milice à Milice les TACTICIENS ont été l'objet d'un curieux commerce continental. Dans les quatorzième et quinzième siècles l'ALLEMAGNE en approvisionnait l'ITALIE ; dans le seizième et dix-septième siècles elle les exportait en RUSSIE ; sous LOUIS QUINZE elle les imposait à la FRANCE et les louait au PORTUGAL. La FRANCE qui en a acheté par manie en a vendu par surabondance au monde entier, et dans le dix-neuvième siècle elle en partageait avec la PRUSSE et l'Angleterre le monopole en ORIENT, en PERSE, dans l'INDE. Si les cargaisons d'instructeurs et de stratégistes ne parlaient pas la même langue, ils y enseignaient une même science, la science française. — Dans les siècles derniers les Milices ont fait peu pour le pays, tout pour leurs souverains. Ceux-ci ont fait peu pour elles ; ils ne se sont occupés que des intérêts de l'OFFICIER ; la roture de l'ARMÉE les touchait faiblement. — Une importante et difficile question de la statistique politique et de la JURISPRUDENCE militaire de l'EUROPE, est le rapport à établir entre le chiffre de la population d'un pays agricole et commerçant et le chiffre des troupes indigènes qui y peuvent être mises sur pied. — Une autre question dans laquelle les intérêts militaires et les intérêts philanthropiques sont difficiles à concilier, est celle qui a en vue le plus ou moins de facilité des REMPLACEMENTS, des EXEMPTIONS, des SUBSTITUTIONS. — Suivant l'ENCYCLOPÉDIE (1751, C) la Milice *peut se proportionner à raison de dix mille hommes par million d'habitants. Dans les Milices anciennes on a forcé cette mesure en levant jusqu'au huitième de la population ; maintenant il est reçu qu'on ne saurait en lever plus d'un centième.* — Suivant MONTESQUIEU, un prince qui a un million de sujets *ne peut, sans se détruire lui-même,* tenir sur pied plus de dix mille hommes de troupe. — Cependant l'exemple de la FRANCE témoigne que, sans porter au pays un notable préjudice, un million d'habitants peut dans les grands besoins

fournir vingt mille soldats. — Abordons plus spécialement le sujet dans un parallèle des Milices des diverses nations ; traçons l'aperçu des dissemblances qui les caractérisent, du rang d'ancienneté qu'elles tiennent, des institutions qu'elles ont créées ou se sont empruntées. — Un trait de ressemblance existe entre les MILICES D'AUTRICHE, D'ESPAGNE, DE FRANCE, DES PAYS-BAS, DE PRUSSE ; elles se composent de TROUPES TEMPORAIRES, en grande partie NATIONALES ; ces dernières sont mises sur pied par des APPELS, et subsidiairement par des ENGAGMENTS LIMITÉS. — D'autres règles sont observées en ANGLETERRE, en RUSSIE, en SUÈDE, en SUISSE, en TURQUIE. Dans la première de ces contrées l'ENGAGEMENT est généralement à long terme dans les TROUPES NATIONALES ; la CONSCRIPTION n'est pas établie. En RUSSIE la CONSCRIPTION a été de vingt-cinq ans, et ensuite de vingt et vingt-deux, ce qui égale presque un ENGAGEMENT A VIE, et ce qui constitue une armée de TROUPES PERMANENTES et non TEMPORAIRES ; en SUÈDE et en TURQUIE quelque chose des BÉNÉFICES féodaux se retrouve encore de nos jours. — En SUISSE la Milice se compose au besoin de toute la population virile, valide, propre aux ARMES. — Voici la statistique conscriptionnelle et la proportion entre le RECRUTEMENT et la population chez les principales nations, de 1815 à 1830.

La Milice BELGE levait 1 soldat sur. .	42 habitants.
——— HOLLANDAISE.	43
——— DANOISE.	51
——— RUSSE.	57
——— SUISSE.	68
——— NORWÉGIENNE ⎫	76
——— SUÉDOISE. . . ⎭	
——— FRANÇAISE.	77
——— PRUSSIENNE.	86 ; ou, suivant le *Spectateur militaire,* t. XV, p. 83, sur 115.
——— TURQUE.	92
——— BAVAROISE.	115, ou, suiv. le *Spectateur milit.,* sur 95.
——— SAXONNE.	116
——— WURTEMBERGEOISE.	117
——— AUTRICHIENNE.	118, ou, suiv. le *Spectateur milit.,* sur 116.
——— PORTUGAISE.	139
——— DES PAYS-BAS.	142
——— PIÉMONTAISE.	165
——— ANGLAISE.	229, ou, suiv. le *Spectateur milit.,* sur 266.
——— NAPOLITAINE.	247
——— ESPAGNOLE.	278, ou, suiv. le *Spectateur milit.,* sur 275.
——— DES ÉTATS-UNIS.	1,977, ou, suiv. le *Spectat. milit.,* sur 1,926.

Mais des renseignements différents sont donnés dans le *Journal des travaux de la société française de statistique,* 1852 (4 octobre) et 1834 (octobre, p. 70). — Recherchons dans les principales Milices l'AGE MILITAIRE LÉGAL ; la durée du SERVICE exigé ; la quanlité et la durée des congés limités en temps de paix. — Dans la milice anglaise, l'enrolement volontaire est de sept ans, de quatorze ans, à vie. Point de congés limités; on s'engage depuis l'âge de douze à treize ans. — Dans la milice autrichienne, sept ans, ou perpétuité de service par engagement; quatorze ans de service conscriptionnaire; congés temporaires en raison d'un quart de l'effectif dans les corps allemands et italiens : point de congés pour les Hongrois; les recrues sont prises dans les classes inférieures de la société, de dix-neuf à vingt-neuf ans d'âge. — Dans la milice bavaroise, six ans de service. L'homme de pied y entre par conscription à dix-neuf ans et peut obtenir huit mois de congé par an; il n'est tenu en réalité qu'à servir vingt-quatre mois en six ans. — Dans la milice danoise, huit ans de service dans la ligne, et huit ans dans la réserve qui n'est organisée que nominalement. Le soldat reste sous les drapeaux les deux premières années sans interruption; il est en congé dans ses foyers pendant les six années qui suivent; il est tenu de reparaître dans les troisième, quatrième, cinquième et sixième années de service, pendant vingt-huit jours, aux grandes manœuvres d'automne. En réalité, il ne sert que deux ans et quatre mois. — Dans la milice française, huit années de service sous les drapeaux; mais ce nombre a varié avant et après la restauration; congé pendant six mois de l'année en raison du dixième de l'effectif. Le service commence à vingt ans. — Dans la milice hanovrienne, six ans de service dans la ligne, ou quatre dans la garde. Dans la ligne, le conscrit est présent la première année tout entière; dans les cinq autres années, il n'est tenu qu'à paraître un mois sous les drapeaux à l'époque des grandes manœuvres. Dans la garde on accorde des congés de manière qu'un quart de l'effectif soit toujours présent. — Dans la milice hessoise, douze années de service; des congés en raison des trois quarts de l'effectif dans la ligne, et de la moitié dans la garde. — Dans la milice des Pays-Bas, cinq ans de service : congés temporaires pendant toute l'année à raison d'un cinquième de l'effectif. — Le tirage au sort a lieu de dix-huit à vingt ans. — Dans la milice prussienne, trois années de service effectif dans l'armée permanente avec congés temporaires dans les deuxième et troisième années; deux ans de service dans la réserve, ce qui est en réalité un congé dans les foyers. L'enrolement conscriptionnaire commence, à l'âge de vingt ans sur les contrôles de l'armée permanente; ensuite l'inscription a lieu de vingt-cinq à trente-deux ans dans le premier ban de la landwehr; de trente-deux à quarante ans dans le second ban; de dix-sept à vingt ans et de quarante à cinquante ans dans le landsturm; l'heure apomaque ou d'exemption par bénéfice d'âge est alors sonnée. — Dans la milice russe, vingt ans de service dans la garde et vingt-deux ans dans la ligne; point de congés, les recrues peuvent être âgées de quarante ans. — Dans la milice suédoise, les soldats nationaux sont une espèce de tenanciers, de bénéficiers, de timariots qui relèvent de la couronne, possèdent des biens fonds à certaines conditions; ils restent au service aussi longtemps que possible pour ne pas perdre leurs priviléges. — La véritable armée permanente est composée d'enrolés volontaires (tant indigènes qu'étrangers) : la durée de la capitulation est de six ans, des congés temporaires sont accordés en raison du tiers de l'effectif. — Dans la milice wurtembergeoise, six ans de service; le soldat n'est tenu sous les drapeaux que les six premiers mois; il paraît aux grandes manœuvres d'automne, qui durent trois à quatre semaines : il est, le reste du temps, en congé dans ses foyers; le conscrit ne sert en réalité sur ses six ans que sept ou huit mois, y compris l'aller et le retour au domicile. — Des détails plus spéciaux de cette nature vont se développer dans la description particulière de chaque Milice. — Les plus instructives parmi les Milices sont celles de l'antiquité; les étudier, et surtout celles de Grèce et de Rome, c'est dégager une inconnue, car l'examen des principes qui y avaient vigueur éclaire la filière des imitations. — La Milice de la Chine est la plus curieuse; elle forme le point de départ de l'antiquité orientale, et nous étonne par des rapports avec les choses modernes de l'Occident; elle est restée debout depuis des époques qui touchent aux temps fabuleux. — La Milice byzantine est le chaînon gréco-italique de l'antiquité et des usages de nos jours. — La moins connue est celle des Scindiens, peuple des bords de l'Indus; le *Bulletin des Sciences militaires*, 1826, p. 413, et le *Journal asiatique* en donnent une esquisse. — La plus singulière est celle de la Cochinchine; les fourchettes de table servent à donner le mot d'ordre, et l'équipement du soldat comprend un jeu d'échecs. — La plus savamment organisée, celle que le législateur a coulée de jet, est celle du Wurtemberg; toutes les autres sont des pièces de rapport assemblées par hasard et conservées par routine d'une manière plus ou moins appropriée aux exigences des temps et aux besoins du pays. — La plus luxueuse, la plus onéreuse pour le trésor est celle d'Angleterre ; mais elle vaut ce qu'elle coûte ; car si elle perd les petites parties, elle gagne les parties d'honneur, et un de ses détachements suffit pour brider, comme maréchaussée, quatre-vingt millions d'Indiens. — La plus esclave de la mode, la moins persistante dans ses formes est celle de France ; il lui faut du clinquant ou de la gloire, il lui faut son franc-parler, ses grognards ; c'est la seule qui, au besoin, transforme ses soldats en généraux, sans qu'ils aient l'air de parvenus. — Celle qui coûte le moins et qui se ressemble le plus, quoique comparable à un fleuve provenu de bien des sources, est celle d'Autriche. — La plus menaçante, sans être peut-être la plus forte, car les géants sont rarement robustes, est celle de Russie. — Celle naguère le mieux dressée, et en 1831 la plus étonnante, est celle de Pologne. — La plus petite suffit au plus grand des empires ; pour l'Amérique du Nord, cette possibilité est une bonne fortune. — La Milice du Portugal est une pastiche européenne. — Celle de Prusse était grande en venant au monde ; vieille avant l'âge, caduque au siècle de la virilité française, elle s'est suicidée en 1806, mais comme le phénix. — Jadis foudre des deux mondes, longtemps précepteur de l'Europe, le soldat espagnol avait cédé la lice à ses élèves ; il s'est réhabilité un instant dans la guerre péninsulaire ; il rappellerait de sa dégénérescence si une impulsion lui faisait reprendre, à l'école de la nécessité, ses degrés, et retrouver ses anciens généraux. — La Milice piémontaise est sous l'influence de deux planètes dont elle a été tour à tour satellite ; l'astrologie sonderait en vain son avenir. — La Suisse, respectable vétéran des corps à pied, était changée en un encan, où la bravoure et les beaux hommes s'étaient mis à prix. — La Suède, passager météore, sous deux rois soldats, a nationalisé la féodalité ; elle a enseigné à l'Autriche les troupes frontières, et à la Russie les colonisations des steppes. — En Perse, le progrès des armes se borne à l'adoption de la baïonnette. — La milice danoise compense en facultés intellectuelles ce que le destin lui refuse en forces positives. — La milice turque, effroi de l'Europe quand nos ancêtres s'essayaient en politique et en civilisation, se débat entre l'espoir et un précipice, entre la vie et la mort ; si elle périt, ce sera du moins, selon les ordonnances de la faculté moderne, suivant les lois du *Nizam djedid*. — Une de celles que le sort a condamnées à faire le moins, l'armée du Hanovre, s'en dédommage par le mérite intrinsèque ; plus d'une grande

puissance pourrait lui demander des leçons de cavalerie et apprendre d'elle tout ce que vaut une studieuse persévérance. — Enfant de l'Orient et du Nord, peuple à cheval comme ses tartares ancêtres, la Milice hongroise conserve quelque chose de son âpreté du dixième siècle. Le Hongrois de l'ancien temps et celui du nouveau se sont peints en 1831 dans les sympathies des hautes classes pour la Pologne, et dans l'horreur des paysans pour les préservatifs contre le choléra. — De tous les Etats militaires le Paraguay est celui où les grades sont le moins prodigués et où la tenue est le plus simple. Là, point d'officiers généraux ni supérieurs. Il ne se voit, pour trente mille hommes en chapeaux ronds, qu'un seul capitaine. — Il y a des Milices que l'analyse peut grouper sur l'arrière-plan du tableau. — Quelques-unes sont au berceau dans l'Amérique du Sud ; si elles sont viables et grandissent, les historiens ne leur manqueront pas : c'est le seul horoscope qu'il soit permis de tirer. — Celles de l'Allemagne et du Nord sont représentées à l'aréopage littéraire des armes par des écrivains qui se montrent à la hauteur de cette savante mission. — Celles d'Italie attendent des événements qui les retrempent ; plus elles sont distantes des Apes, plus cette régénération serait urgente et difficile. — Les écrivains qui se sont spécialement occupés des Milices diverses, sont : Cugnot (1766, C), Daniel (1721, A), Dilich (1607), Encyclopédie (1785, C, p. 161, 557), Equilaz, Imbotti, M. le colonel Marbot (1820), Rottek, Rumpf (1824, F, au chapitre *Histoire*), Ruscelli (1595), Servan (1780, B), Turner (1683), et enfin les écrivains mentionnés à l'article armée. — Essayons un examen plus circonstancié des Milices anglaise, anglo-américaine, autrichienne, badoise, bavaroise, belge, bourgeoise, brésilienne, buénos-ayrienne, bysantine, carthaginoise, chinoise, colombienne, communale, danoise, des Pays-Bas, égyptienne, espagnole, française, grecque, haïtienne, hanovrienne, hellénique, hessoise, hollandaise, mexicaine, napolitaine, néerlandaise, norvégienne, paraguéenne, persane, perse, piémontaise, polonaise, portugaise, provinciale, prussienne, romaine, russe, sarde, saxonne, suédoise, suisse, sike, turco-égyptienne, turque, vénitienne, wurtembergeoise, et enfin les milices italiennes.

MILICE active. v. actif, adj. v. milice mexicaine.

MILICE allemande. v. allemand, adj. v. milices allemandes.

MILICE américaine. v. américain, adj. v. milice anglo-américaine.

MILICE ANCIENNE. V. ANCIEN, adj. V. MILICES ANCIENNES.

MILICE ANGLAISE (F). Sorte de MILICE dont les FORCES DE TERRE vont principalement nous occuper. — A partir des CROISADES, ses EXPÉDITIONS ont eu de l'éclat. — Depuis la révolution du dix-septième siècle, la GRANDE-BRETAGNE a cessé de vivre par les ARMES, ou du moins de s'appuyer sur une ARMÉE DE TERRE; l'ESPRIT MILITAIRE y perdait ce que la mer, le commerce, l'économie politique y gagnaient. — Cependant, depuis 1665, il n'y a pas eu de grande GUERRE européenne où les Anglais ne soient intervenus. — L'ARMÉE a dû à MARLBOROUGH de la gloire et des améliorations; elle a été conduite avec habileté par un Français, devenu lord Galloway. Mais l'époque d'un perfectionnement dans l'ART MILITAIRE était loin encore. De 1688 jusqu'au milieu du siècle, elle s'est traînée sur de vieux modèles organisés à la française; elle était régie à la hollandaise, comme au temps où des CORPS HOLLANDAIS étaient ses troupes d'élite. Les règlements incomplets de Guillaume, traduits du hollandais par BLAUD, étaient le code qu'elle suivait. Sa LANGUE, ses usages, ses GRADES, tout, depuis ses FANIONS jusqu'à la forme de ses CEINTURONS DE TROUPE, rendaient témoignage de ses emprunts. — On lui reprochait l'incohérence et la vétusté des règles; il y régnait un mélange confus de modes civiles et de formes militaires; l'infériorité des TROUPES DE TERRE, comparées à l'ARMÉE NAVALE, était frappante; ses OFFICIERS étaient en tel discrédit, qu'on ne dépeignait dans les royaumes unis un homme ignorant, inutile, brillant et désœuvré, qu'en disant : c'est un COLONEL, comme par opposition à un capitaine de bord. — Mais l'armée de terre a fait des progrès marqués depuis le généralissimat du duc d'YORCK. L'humanité de ce prince tempéra une JURISPRUDENCE acerbe; par son impartialité dans la répartition de l'AVANCEMENT, il mit des bornes au scandale de la faveur; par sa fermeté et la droiture de ses vues, il contraignit les COLONELS à souffrir que les FOURNITURES fussent soumises à un examen, à des inspections; il leur a retiré le droit de nommer aux GRADES D'OFFICIERS; il a réduit les COLONELS PROPRIÉTAIRES à de simples sinécures; il a transformé les LIEUTENANTS-COLONELS en de vrais commandants de corps. S'il n'a pas extirpé tous les abus, comme le prouvent ces sinécures et l'impropriété des appellations encore reçues, du moins il a modéré le mal. — Depuis la GUERRE DE LA RÉVOLUTION, des circonstances particulières, des événements inattendus, l'indignation née du blocus conti-

nental ont donné à la Milice une impulsion inaccoutumée; la DISCIPLINE, l'habileté, la patience de ses ARMÉES AGISSANTES ont prouvé qu'elle ne resterait en arrière d'aucune autre, si elle ne devait se borner à être le bouclier de la propriété, des lois, de l'industrie et du commerce. — On ne saurait néanmoins déguiser ce qui prête à la censure. — Plus d'un événement fâcheux a fait douter que les Anglais eussent cette ténacité, cette force d'âme des Français. Ceux-ci, à moitié nus, vivent de quelques châtaignes dans les neiges des Alpes, s'enferment à Ancône, à Gênes, et y luttent jusqu'à l'extrémité contre la faim, les habitants et les ennemis. Les Anglais, largement pourvus de tout et à peine présentés au feu, s'éloignent de Toulon en 1793, n'osent toucher Quiberon, n'aventurent que des convois d'armes dans la Vendée, capitulent à Aleckmaer en 1799 par effroi de la disette, perdent courage, en 1808, à Buénos-Ayres, où un assaut a échoué, se résignent à être défaits à Walcheren, en 1809, plutôt que de braver des conscrits et la fièvre; ils rétrogradent en 1813, des bastions et des rues de Berg-op-Zoom, devant un assiégeant inférieur en nombre, et qu'ils ont surpris et à demi vaincu. — Mais sur d'autres points l'armée s'est montrée brillamment. — L'ANGLETERRE, qui était à peine regardée, il y a un demi-siècle, comme un gouvernement à état militaire, a créé une ARMÉE prépondérante; son ARTILLERIE, ses CARONADES, ses FUSÉES sont devenues modèles; elle a étonné ses ALLIÉS et ses adversaires par son aplomb sur les CHAMPS DE BATAILLE d'ITALIE, d'ESPAGNE, de WATERLOO: elle a servi de type à d'autres Milices, telles que celles du BRÉSIL, du PORTUGAL, des PAYS-BAS, de toute l'INDE; plus d'une institution venue d'elle se retrouve même dans les MILICES DANOISE, HANOVRIENNE, FRANÇAISE, PRUSSIENNE, etc. — Cependant, quoique les mieux traités et les plus heureux entre les SOLDATS du monde, plus d'un ANGLAIS faussait le SERMENT personnel que lui impose l'Etat. La DÉSERTION dans l'intérieur était fréquente, et plus d'un ordre de jour du général WELLINGTON témoigne que, même aux époques où l'étoile FRANÇAISE pâlissait, des ANGLAIS quittaient leurs rangs pour passer dans les nôtres. — Un chancre caché ronge cette Milice, un spleen incurable y travaille le SOLDAT A VIE; de là l'horreur que le simple militaire éprouve pour le SERVICE, et surtout pour le SERVICE de l'INDE; de là tant de subterfuges pour adoucir une si affreuse position. Tels SOLDATS ont la persévérance de feindre pendant une année une affection paralytique, qui ne se décèle que par quelque imprudence d'ivrogne ou ne cède qu'à la menace des poursuites de la justice. — On lit dans l'ouvrage périodique nommé *Gagliani's Messenger* (24 septembre 1829), qu'on vient de reconnaître que le trésor anglais est annuellement grevé de trente mille livres sterling par le fait des fraudes en matières de PENSIONS MILITAIRES. Les impotences prétendues, les ophthalmies simulées, les blessures volontaires et mutilantes sont innombrables. — Les AUTEURS qui, sur l'ensemble du sujet, font autorité, sont : ADYE, ARMSTRONG, BEAMISH, BRÉRETON, M. le général de CARA-MAN, M. le colonel CHAMBRAY (1814, 1835), CONGRÈVE (1827), CORNWALLIS, CUNINGHAM, CUTHBERTSON (1779, T), DALRYMPLE, DAVITY, DICKINSON, DOUGLAS (1781), DOYLE, DUANE (1810, E; id. au mot *War*), DUNDAS (1798, E), M. Ch. DUPIN (1820, B), ENGLISH, le général FOY, le général GIRARDIN (p. 160), GROSE (1788), HERRIES, JACKSON (1803, 1804), JACOBY, JAMES (1799, B; 1807, B), JONES (John, 1821), MACDONALD (1804, H), MARCHARD, MOORE, MULLER (John), PALMIER, PHIPP, PLANCHÉ, ROBINSON, ROBSON, RUSSELL, SAMUEL, SIMES, SINNOT, SMEZO, SMIRKE, SONTAG, STEWART, SUASSO, VOLZ, WALKER, WELSH, WILLIAMSON, WILSON (Robert), WITHMORE. — Enfin des AUTEURS anonymes (1804, C; 1817, D), le *Journal militaire de Berlin* (1818), le *Journal des Sciences militaires* (1826, t. III; id. 1837, p. 291; id. 1838, p. 209), le *Spectateur militaire* (t. XIII, p. 657; id. juin 1827; id. t. XVI, p. 236, 252; id. t. XVII, p. 476; id. t. XXI, p. 451, 455, 688; id. t. XXII, p. 199, 211, 662; id. t. XXVI, p. 663), le *Bulletin des Sciences militaires* (1824, p. 50 et 535; id. juin 1829; id. mars 1850), la *Revue des Armées* (t. I, p. 114), l'*Almanach de la Cour de l'empire britannique*, la *Gazette militaire générale de Darmstadt* (1852, septembre), l'*Encyclopédie des Gens du monde*, au mot *Garde*), le *Journal de l'Armée* (t. I, p. 340; id. t. II, p. 226; id. t. III, p. 48), le *Journal des travaux de la Société de statistique* (t. V, p. 10), l'*Annuaire des Armées de terre* (p. 228), la *Sentinelle de l'Armée* (t. III, p. 171). — Développons le sujet en le considérant sous les rapports : CRÉATION, COMPOSITION, FORCE, NOMBRE, UNIFORME, ALLOCATIONS, RANG, INSTRUCTION, TACTIQUE, SUBORDINATION, PUNITIONS, PEINES, SERVICE, ADMINISTRATION. — N° 1. CRÉATION. — La Milice de terre des ANGLAIS existait déjà au temps de GUILLAUME LE CONQUÉRANT, de HENRI DEUX, de RICHARD PREMIER, d'ÉDOUARD TROIS, mais elle n'était anglaise que de nom. Les soldats de GUILLAUME

étaient originaires de NORMANDIE; les troupes de HENRI étaient un ramas de BRABANÇONS. RICHARD commandait à des AVENTURIERS, à des COTEREAUX enrôlés sur le continent. La GRANDE-BRETAGNE ne fournissait à ÉDOUARD TROIS et à son fils que les HOMMES D'ARMES et les ARCHERS; le reste était indigène de nos provinces les plus belliqueuses. Les AVENTURIERS à pied étaient levés en Gascogne, en GUYENNE. La NORMANDIE était le centre de la remonte et du RECRUTEMENT des GENS D'ARMES ANGLAIS. — La Milice anglaise, si l'on en excepte les gardes du corps de Henri sept et d'Élisabeth, n'existe, comme royale et nationale, que depuis CHARLES DEUX. Il créa trois régiments d'infanterie et deux escadrons qui furent la souche des troupes de ligne. L'armée, successivement accrue sous des règnes belliqueux, était, au commencement de 1792, de 42,668 hommes, dont 25,512 servaient au delà des mers. — L'armée anglaise a été d'abord une institution politique, plutôt qu'un CORPS guerrier. CHARLES DEUX et Jacques deux l'ont établie sur le patron de celle de LOUIS QUATORZE. On y retrouvait les mêmes CORPS, quant à la forme, les mêmes espèces d'ARMES PERSONNELLES, la vénalité des EMPLOIS, la rigueur des CHATIMENTS, une hiérarchie pareille des GRADES, la dénomination des ENSEIGNES, des BRIGADIERS, des AIDES DE CAMP, des LIEUTENANTS-COLONELS, des MAJORS DE BRIGADE, et des COMPAGNIES COLONELLES, LIEUTENANTES-COLONELLES et MAJORES. — Cette similitude était un résultat de l'intimité qui régnait entre CHARLES DEUX et LOUIS QUATORZE. CHARLES, qui n'était distrait de sa politique cauteleuse que par le soin de ses plaisirs, le goût du luxe, l'admiration de l'éclat du trône français, imita l'organisation des troupes du grand roi, comme il avait emporté de France les volumineuses perruques d'apparat. — Jusqu'à nos jours, l'armée anglaise était restée ce qu'elle était en 1660. Celle de France, au contraire, avait éprouvé une révolution considérable depuis la CONSTITUTION de 1762. Mais quiconque, sous LOUIS QUINZE, eût voulu retrouver l'image de l'ARMÉE de LOUIS QUATORZE, n'aurait eu qu'à jeter les yeux sur l'ANGLETERRE. Son ARMÉE DE TERRE avait des errements si peu nationaux, que le plus ancien traité dogmatique relatif à l'INFANTERIE était de 1708, parce qu'on ne lisait et qu'on ne traduisait en ANGLETERRE que des AUTEURS où des documents FRANÇAIS OU HOLLANDAIS. A la vue du CAMP DE BOULOGNE, l'ARMÉE ANGLAISE se régénéra. *L'élan national, dit le général FOY, se tourna vers les étendards de l'armée de terre, longtemps dédaignés.*—*Bientôt*, ajoute ce même AUTEUR, *l'Angleterre fit descendre ses propres soldats sur les champs de bataille, et l'Europe revit des funérailles anglaises.* — N° 2. COMPOSITION. — Jetons un regard sur le passé. La tapisserie de Bayeux témoigne qu'au onzième siècle les TROUPES n'étaient presque que d'INFANTERIE, et que l'ARC était leur ARME à peu près unique. Il en existait encore, comme on va le voir, des traces en 1838. — Au quatorzième siècle, des corps de PIONNIERS ANGLAIS étaient organisés, et l'ARMÉE conduisait à sa suite des FOURS DE CAMPAGNE et des MOULINS PORTATIFS. Elle était, en cela, plus avancée que les TROUPES de FRANCE. On lit dans HALLAM (t. II, p. 120) : *Les armées de nos rois* (d'Angleterre) *étaient composées de troupes stipendiées, recrutées en grande partie parmi les chevaliers et les gentilshommes ; mais comme ils servaient moyennant paye, et nullement en vertu de leur naissance ou de leur tenure, ils ne conservaient rien du caractère féodal.* — Il y a ici plus d'une erreur, ou bien c'est prendre pour généralité une particularité. Les ANGLAIS se recrutaient bien plus d'AVENTURIERS et d'AUXILIAIRES étrangers que de GENTILSHOMMES indigènes. Cependant l'organisation en PENNONIES et en BANNIÈRES que décrit Froissart, le genre de GRADES, les fonctions des HÉRAULT D'ARMES, l'autorité exercée sur les TROUPES par la NOBLESSE, étaient autant de traces toutes féodales. Mais un esprit de commerce s'infiltrait dans les vieux usages. Les NOBLES se faisaient entrepreneurs d'hommes et marchands de paysans et d'ARCHERS ; ils ne conduisaient plus leurs vassaux par droit de TENUE, mais par l'appât d'une rétribution. Ainsi, pendant cette GUERRE séculaire DE LA SUCCESSION que HALLAM a en vue dans le traité qu'il a mis au jour, une PAYE était servie comme au temps des CROISADES, comme au temps des CONDOTTIERI. Une ADMINISTRATION était organisée, des chefs féodaux en assuraient le service en passant, avec le prince, des MARCHÉS qu'on nommait ENDENTURES. — Les GENTILSHOMMES PENSIONNAIRES, compagnie d'une quarantaine d'hommes du genre des *life guards,* que LACHESNAIE (1758, I, au mot *Pensionnaire*) décrivait dans le siècle dernier, était un dernier vestige des LANCES FOURNIES. — Passons à l'examen des temps plus modernes. — Il existait encore, en 1838, une trace des époques où l'ARC était l'arme nationale par excellence. Au couronnement de la reine Victoria, le GRAND MAITRE des ARCHERS royaux figurait dans le carrosse qui transportait en cérémonie la souveraine. — L'institution du MINISTÈRE de la guerre et des colonies a été une conséquence de la grande révolution constitutionnelle ; mais il n'a pris que peu avant la fin du dernier siècle ses formes et sa solidité actuelles. Les ANGLAIS ont judicieusement reconnu que, dans un pays dont le roi ne peut combattre en personne, ce ministère n'est pas de nature à être géré comme les autres départements du cabinet, et à fonctionner par le jeu unique du ressort constitutionnel, mais qu'il faut militairement distinguer l'action de la force publique et la direction des finances ; car le salut de l'Etat peut tenir à la stabilité des institutions militaires, à la solidité des moyens mis en œuvre, et à l'habile direction des détails. Or un MINISTRE, révocable à chaque triomphe d'opinion, peut-il perpétuer des institutions ? L'ARMÉE devrait donc, si elle ne dépendait que de lui, ou tomber ou vivre avec lui. Pour se préserver d'une pareille appréhension, le MINISTRE ou secrétaire d'Etat de la guerre et des colonies, *war-minister,* est le grand ordonnateur, le haut intendant, le pourvoyeur, le financier sur qui pèse la responsabilité, mais rarement il est OFFICIER GÉNÉRAL. Il est l'interprète des plans du cabinet et des opérations extérieures et politiques. Il est aidé, quant à l'armée de terre, par le SECRÉTAIRE DE LA GUERRE, *secretary at war,* sorte de SOUS-MINISTRE ou de directeur ministre non responsable, qui est chargé de l'administration et du payement du MATÉRIEL, et qui survit aux modifications du cabinet. Mais les dépêches et papiers importants qui regardent l'ARMÉE, dit M. DUANE (au mot *Minister*), passent d'abord par les mains du SECRÉTAIRE D'ÉTAT MINISTRE DE LA GUERRE, avant d'être soumis au parlement, et avant que le SECRÉTAIRE A LA GUERRE ne s'occupe de leurs détails. Les affaires courantes, le mécanisme ordinaire, les marchés de troupes regardent particulièrement le SECRÉTAIRE A LA GUERRE et le QUARTIER-MAITRE GÉNÉRAL ; mais la partie virile, agissante, organique du MINISTÈRE est soumise au COMMANDEUR EN CHEF (*commander in chief*). Il est l'âme des mouvements, le conservateur de l'organisation, le foyer qui anime et entretient l'ARMÉE ; il est le centre des nominations, le créateur des ordonnances, le régulateur de la tactique ; il s'occupe du perfectionnement, de l'espèce et de la destination du MATÉRIEL ; il agit comme dispensateur des fonds et calculateur des BUDGETS ; il donne aux GÉNÉRAUX en chef ou COMMANDEURS spéciaux et temporaires, *commanders,* leurs instructions ; il centralise leur correspondance. C'est à lui que recourt le MINISTRE d'Etat, quand il s'agit de communiquer aux chambres, ou au cabinet, des états de situation, des détails d'organisation, des renseignements militaires. Ainsi les détails de l'administration regardent le SECRÉTAIRE à la guerre ; la haute conception des plans se maintient dans la perpétuité du COMMANDEUR EN CHEF, espèce de CONNÉTABLE constitutionnel non guerroyant. — Le SECRÉTAIRE D'ÉTAT DE LA GUERRE et des colonies suit les chances du cabinet, sans que la machine administrative en ressente des secousses ou en éprouve d'altérations. — L'ARTILLERIE et le génie ont, sous le nom de *ordnance*, une espèce de MINISTÈRE à part. Le maître général de l'ordonnance les dirige. — La composition de l'ARMÉE ANGLAISE est moins changeante que celle de FRANCE. Le bouleversement du ministère n'y amène pas la ruine et le renouvellement des institutions ; elles sont défendues par le COMMANDEUR EN CHEF, gardien de la CONSTITUTION militaire. Elles ont pour archiviste, pour dépositaire, le sous-secrétaire. — La Milice anglaise de terre comprend l'ARMÉE régulière des trois royaumes, les MILICES des comtés, qui sont une espèce de GARDE NATIONALE, et l'ARMÉE INDIENNE.— Occupons-nous d'abord de l'ARMÉE régulière. — Elle recevait une forme nouvelle à la restauration de 1660, et s'organisait à la hollandaise en 1689. Depuis 1806, les trois royaumes se sont partagés en districts de RECRUTEMENT.—Elle a, en tout temps, porté dans ses expéditions hors frontières plus d'INFANTERIE que de CAVALERIE. Ses FORCES sont dispersées dans ses îles, ses colonies, ses stations, ses comptoirs. Si une guerre éclatait sur le continent, et que le gouvernement crût utile d'y participer, il regardait comme des dépôts militaires la RUSSIE et l'ALLEMAGNE; il semait des subsides, et recueillait des alliés.—Le roi avait, en 1833, cinquante-trois AIDES DE CAMP, dont un LIEUTENANT GÉNÉRAL, les autres COLONELS. En 1832, le *Times* témoignait combien il était peu rationel qu'un monarque qui, constitutionnellement, ne pouvait faire la guerre, eût près de lui cinquante à soixante officiers portant le titre d'aide de camp. Seraient-ils conservés, demandait ce journal, si une reine s'asseyait sur le trône? — Presque partout des abus de ce genre se voient, mais ne sont nulle part aussi exagérés. Un DIRECTEUR MINISTRE, *secretary at war*, fonctionnaire responsable vis-à-vis du MINISTRE, a le maniement de l'ADMINISTRATION; un QUARTIER-MAITRE GÉNÉRAL, un COMMISSAIRE GÉNÉRAL, et leurs ASSISTANTS, représentent à l'ARMÉE le MINISTRE. Un PROVOST-MARSCHAL-GÉNÉRAL, image de l'ancien GRAND PRÉVÔT de France, a mission de donner, en campagne, force à la loi, de diriger les châtiments, de présider aux exécutions. — Un ADJUDANT GÉNÉRAL, des ASSISTANTS, des DÉPUTÉS et des OFFICIERS D'ÉTAT-MAJOR ont chacun une fonction fixe, et forment, autour du COMMANDEUR EN CHEF, une sorte d'ACADÉMIE MILITAIRE. La MILICE RUSSE a emprunté quelque chose de ce système. — Les GÉNÉRAUX D'ARMÉE se nomment field-maréchal, s'ils sont en exercice. Ils jouissent d'attributions plus étendues que celles du GRADE correspondant dans notre ARMÉE; mais leur GRADE est, en général, une sinécure. — On comptait dans la milice anglaise, en 1828, six FELD-MARÉCHAUX, quatre-vingt-douze GÉNÉRAUX, deux cent treize LIEUTENANTS GÉNÉRAUX, deux cent vingt MAJORS généraux, et, en tout, cinq cent trente et un OFFICIERS GÉNÉAUX. Sur cette quantité démesurée, il y en avait cent trente-cinq qui étaient, en même temps, COLONELS. En 1833, le nombre total des OFFICIERS GÉNÉRAUX et supérieurs était de quinze cents. — Il n'y avait que trois FELD-MARÉCHAUX en 1832. Il y en avait, en 1833, sept, mais y compris le roi des Belges. — A la suite des feld-maréchaux viennent les GÉNÉRAUX, dont le grade répond à peu près à celui de nos LIEUTENANTS GÉNÉRAUX chefs de corps d'armée. —Les LIEUTENANTS GÉNÉRAUX rappellent nos anciens GÉNÉRAUX DE DIVISION. Les MAJORS GÉNÉRAUX représentent nos anciens GÉNÉRAUX DE BRIGADE. — *La Sentinelle de l'Armée* (1835, n° 22) témoigne qu'en 1835 une discussion élevée à la chambre des communes venait de donner la preuve qu'il existait quatre cent seize GÉNÉRAUX, et, en totalité, onze mille deux cent quatre-vingt-quatre OFFICIERS, ou un OFFICIER pour sept hommes. — Les officiers d'état-major, *staff-officers* (littéralement le corps ayant BATON DE COMMANDEMENT), servent sous les ordres de l'ADJUDANT GÉNÉRAL et du QUARTIER-MAITRE GÉNÉRAL; ils passent pour l'un des CORPS les plus distingués, et peut-être le premier de l'EUROPE. Jusqu'en ces derniers temps, c'étaient des officiers de corps, détachés au nombre de quatre au plus par chaque corps, et y ayant servi quatre ans; ils y rentraient au sortir de l'ÉTAT-MAJOR; ils étaient CAPITAINES OU OFFICIERS INFÉRIEURS. Depuis la fin du dernier siècle, il en est employé qui sortent de ce COLLÉGE MILITAIRE; ceux qui y avaient fait leur éducation servirent avec distinction dans les expéditions d'ÉGYPTE, de PORTUGAL, d'ESPAGNE, et furent répartis, par nombre égal, en chaque DIVISION D'ARMÉE. — Le QUARTIER-MAITRE GÉNÉRAL remplit quelques-unes des fonctions d'un CHEF D'ÉTAT-MAJOR d'ARMÉE et d'un directeur du DÉPÔT DE LA GUERRE; son ASSISTANT, ou *barrak master, general*, est chargé du détail du CAMPEMENT, du BARAQUEMENT, du CASERNEMENT, de l'AMEUBLEMENT, des LOGEMENTS D'OFFICIERS, etc. — L'ADJUDANT GÉNÉRAL est un CHEF D'ÉTAT-MAJOR attaché à la personne du COMMANDEUR ; il est le lien central de la DISCIPLINE et de l'ADMINISTRATION ; il est la cheville ouvrière du mécanisme de l'ARMÉE ; son ASSISTANT est au-dessus des MAJORS DE BRIGADE. — Les MAJORS GÉNÉRAUX avaient rang au-dessus des BRIGADIERS ; ils sont, sans intermédiaires maintenant, au-dessus des COLONELS. — Le GRAND PRÉVOT est désigné sous la qualification de *marshall*. — Les chefs du SERVICE DE SANTÉ forment l'ÉTAT-MAJOR MÉDICAL. — Si l'on en croit le général FOY et le *Spectateur militaire*, t. XV, p. 395, *des criminels condamnés à mort aux assises des comtés* étaient admis dans les rangs de l'ARMÉE. — La loi connaît depuis peu d'années des ENGAGEMENTS LIMITÉS, mais elle a continué à recourir à des ENGAGEMENTS A VIE, et ils sont fréquents ; le taux de leur prime s'élevait, suivant le général. FOY (p. 218), à 25 livres 17 schellings et 6 pences, environ 600 francs ; l'imprévoyance, la passion des boissons enivrantes, l'appât de quelques guinées de plus, gouvernent et entraînent le malheureux qui par une signature imprudente aliène la liberté de toute sa vie. Il ne perçoit pourtant, en dédommagement d'un tel sacrifice, qu'une somme plus forte seulement du quart ou du tiers que celle qu'il recevrait pour un ENGAGEMENT de sept ans. — M. Charles DUPIN (1820, B) a démontré, dans des tableaux détaillés, qu'au temps où il écrivait, l'IRLANDAIS ne s'engage que pour la vie ; que l'ANGLAIS contracte dix fois plus d'engagements à vie que d'ENGAGEMENTS LIMITÉS ; que les miliciens en contractent trois fois plus, et que l'ECOSSAIS limite ordinairement la durée de son SERVICE. — En soumettant à un rapport commun les totaux du RECRUTEMENT chez les trois peuples de la GRANDE-BRETAGNE, on voit que les ENGAGEMENTS LIMITÉS sont à peu prés de huit cents, quand les engagements à vie sont à peu prés de deux mille cinq cents. — Ce que l'engagement à vie a d'odieux, surtout en Angleterre, c'est que les parents ou tuteurs d'un enfant de moins seize ans qui le décident à contracter un engagement à vie, touchent deux guinées de récompense ; ainsi chez un peuple où le mot philanthropie retentit sans cesse, les mêmes bouches qui proscrivent la traite des noirs, encouragent cette prime commerciale, autorisent une espèce d'encan d'enfants blancs, et permettent qu'un impubère décide, pour jamais,

de son indépendance, à un âge où il n'a pas encore le droit de disposer de la moindre parcelle de sa fortune. Cependant la loi anglaise prouve, par quelques correctifs, qu'elle respecte la liberté individuelle ; elle prend de sages précautions avant de considérer comme valides les engagements ; elle pose des barrières aux surprises, à l'imprévoyance ; elle compatit aux égarements du désespoir. Ainsi un engagement à prix d'argent n'est définitif qu'après quatre jours écoulés ; il n'est indissoluble que quand un officier civil a fait à l'homme qui s'engage la lecture des PEINES contre la DÉSERTION, et a reçu son SERMENT MILITAIRE. — La TAILLE exigée pour l'admission des RECRUES dans la Milice anglaise, varie suivant qu'ils sont appelés à servir en Europe ou dans l'INDE, et suivant qu'ils doivent appartenir à l'INFANTERIE ou à la CAVALERIE ; elle est fixée dans la CAVALERIE PESANTE à raison d'un mètre 675 millimètres à un mètre 700 millimètres ; celle de la CAVALERIE LÉGÈRE d'un mètre 575 millimètres à un mètre 700 millimètres ; celle de l'INFANTERIE est d'un mètre 550 millimètres à un mètre 650 millimètres. Mais pour les CORPS qui servent en EUROPE, le minimum de la CAVALERIE est d'un mètre 650 millimètres, et le minimum de l'INFANTERIE d'un mètre 625 millimètres. — Ce n'est que pour le service de l'INDE qu'on recrute dans une taille plus basse. — L'ARTILLERIE et le GÉNIE ne font qu'un seul CORPS sous le GRAND MAITRE DE L'ARTILLERIE ; les PONTONNIERS sont attachés au GÉNIE, les fonctions d'ARTIFICIERS et de MINEURS ne sont pas distinctes. Le nombre des OFFICIERS D'ARTILLERIE est, en 1831, suivant le *Spectateur militaire*, t. XVI, p. 263, de quatre cent trente-cinq, dont soixante-deux SUPÉRIEURS. Le nombre des OFFICIERS du GÉNIE est de deux cent dix-neuf, dont trente-huit supérieurs. — Des INGÉNIEURS GÉOGRAPHES ont été créés depuis 1806. — Les RÉGIMENTS D'INFANTERIE LÉGÈRE, ou RÉGIMENTS LÉGERS, prennent rang d'ancienneté dans la série générale de l'INFANTERIE ; ainsi ils étaient désignés en 1850 sous les numéros 43, 51, 53, 60, 68, 71, 85, 90. Un RÉGIMENT s'appelle BRIGADE de TIRAILLEURS ; telle est une BRIGADE d'INFANTERIE légère de deux BATAILLONS ; un régiment s'y appelle FENCIBLE. — L'usage des FIFRES s'est maintenu dans l'INFANTERIE ; en 1852 ils faisaient encore partie de ce qu'on appelait la bande des TAMBOURS. — Il n'existe pas de GENDARMERIE, mais un *prevost marshal*, imité de l'ancien GRAND PRÉVOT DE FRANCE, aidé d'un détachement de la troupe à cheval d'état-major, nommée *staff corps of cavalry*, exerce la police et la

JUSTICE PRÉVOTALE sans recours ni appel. —
Un corps de TIREURS DE FUSÉES, institué en
1814 (1er janvier), a servi sous le général
WELLINGTON, à l'armée des Pyrénées et à
WATERLOO; il a été réorganisé, en 1822,
sous le nom de *Rocket-troop*, et fait partie
de l'ARTILLERIE. Plusieurs RÉGIMENTS d'ARTIL-
LERIE ont aussi des compagnies de TIREURS
de FUSÉES. — Au lieu d'aumôniers, il est
entretenu des CHAPELAINS subordonnés à un
CHAPELAIN GÉNÉRAL; ils ne suivaient pas toujours les corps à la guerre. — Il n'est pas
reconnu de CHEFS DE BATAILLON; des MAJORS
en font office, ou même des CAPITAINES ayant
brevet de MAJORS; car souvent d'anciens
OFFICIERS ont le brevet du grade immédiatement supérieur, en touchent les émoluments, en remplissent les fonctions et n'en
ont pourtant pas le rang réel; ce sont de
blâmables anomalies. — Les OFFICIERS non
commissionnés, c'est-à-dire les SERGENTS et
les CAPORAUX, sont en nombre bien inférieur
à ceux de FRANCE; il y en a soixante-douze
au lieu cent douze; cette différence établit
en faveur du MILITAIRE FRANÇAIS une sorte
de compensation de la SOLDE moindre. —
Des FEMMES, dans une proportion déterminée, faisaient partie de l'ARMÉE. — Le
général FOY témoigne que *dans les embar-
quements* on permet à six femmes par
compagnie de suivre le bataillon; s'il va à
une expédition continentale, à douze; s'il
est destiné pour les colonies, à toutes les
femmes légitimes, si c'est un bataillon de
vétérans. — Le général WELLINGTON en
autorisait une par vingt hommes s'embar-
quant pour l'étranger. — Le roi d'ANGLE-
TERRE n'a pas le droit de lever, en TEMPS DE
PAIX, des troupes, ou de retenir plus d'un
an sur pied une ARMÉE non librement con-
sentie; un tel acte violerait la loi, *is against
law*; ainsi la partie permanente de la FORCE
armée est censée, par une fiction politique,
mourir chaque année. Le principe régéné-
rateur de sa composition est dans la charte
annuelle qu'on nomme *mutiny-act*, rescrit en cas de rébellion; il a pour préliminaire un considérant qui exprime la nécessité de retenir sur pied un nombre déterminé de TROUPES; il est l'objet d'une révision
plus apparente que réelle, et l'occasion
d'une disposition confirmative qu'on nomme
bill de prolongation. Par ce rajeunisse-
ment, la sanction parlementaire prorogé,
améliore ou modifie l'ORGANISATION, le chiffre, la JUSTICE des TROUPES. — La COMPOSI-
TION et la CONSTITUTION de la Milice de terre
prêtent et au blâme et à l'éloge; les preuves
qui vont en être fournies se rapportent surtout aux méthodes en usage de 1815 à

1850; ce qui concerne cette période pourrait être approfondi davantage par le lecteur,
s'il consultait les annuaires et l'état trimes-
triel des promotions publiées à Londres,
ainsi que le *Journal militaire et naval*.
— Quoique la FORMATION, les LOIS, la JURIS-
PRUDENCE de la Milice anglaise soient imparfaites, plus d'une leçon peut être puisée dans
ses COURS MARTIALES, ses règles nommées
articles de guerre, sa LÉGISLATION nerveuse, l'éducation de ses CARABINIERS, la
tactique de ses FUSÉES, et surtout la combinaison de son BUDGET. — Elle nous a donné
le sage exemple de l'intervention de l'AUTO-
RITÉ CIVILE dans les formes du RECRUTEMENT.
— Mais aussi de graves reproches lui ont été
adressés par de recommandables ÉCRIVAINS.
On y peut-être officier à quatorze ans. Le
SOLDAT se recrute, en général, dans la lie
de la nation; la LIGNE, *line*, la GARDE,
lifes-guards, et les MILICES manquent de
fraternité. — Les GARDES A CHEVAL répondent
à ce qui s'appelait en FRANCE, sous Louis
DIX-HUIT, MAISON MILITAIRE. Parler de CORPS
PRIVILÉGIÉS, c'est sous-entendre tous les abus
que nous avons signalés. — Dans les gouvernements modernes deux genres d'AVAN-
CEMENT sont adoptés; ici ni l'un ni l'autre
ne sont à l'abri de la censure. — On lit dans
M. LASCASES (t. II, p. 258) que BONAPARTE
parlant à Wilks de l'ORGANISATION de l'ARMÉE
ANGLAISE, *s'est arrêté sur son mode d'a-
vancement, s'étonnant que chez un peuple où il existait l'égalité des droits, les
soldats devinssent si rarement officiers.*
Comment pourraient-ils le devenir en un
pays où les grades s'achètent presque tous.
— Effectivement, à peine voit-on quelques
ADJUDANTS, quelques QUARTIERS-MAÎTRES, sortir de la classe des SOUS-OFFICIERS. On cite, il
est vrai, en 1831 le colonel d'un régiment
d'infanterie, qui n'était qu'un simple quartier-maître en Sicile; mais aucune perspective n'est offerte, aucun avenir n'existe pour
la presque totalité des malheureux dont la
plupart ont souscrit un esclavage à vie. —
Une injuste réprobation éloignait des GRA-
DES D'OFFICIERS les regnicoles catholiques.
Lever ce genre d'interdiction était une des
pensées dominantes du célèbre Canning. —
Dans la plupart des CORPS, l'ancienneté et le
mérite des OFFICIERS ne donnent pas seuls la
clef des GRADES; plusieurs s'obtiennent à
prix d'argent dans la LIGNE et dans la GARDE;
l'opulence et la haute NOBLESSE exploitent les
EMPLOIS principaux. — Mais la partie distinguée des HOMMES DE TROUPE y trouve un
dédommagement dans la considération dont
jouit la classe des SOUS-OFFICIERS. Ils s'appellent OFFICIERS sans brevet, *non commis-*

sioned officers. Ils sont composés d'hommes beaux et choisis, ce qui est facile, puisque leur carrière est bornée, et leur remplacement rare. Ils sont vêtus avec élégance, traités avec égards, et émolumentés décemment. Ils ne peuvent être punis de CHATIMENTS corporels qu'au préalable ils n'aient été cassés, et ils tiennent à conserver leur EMPLOI dont la perte les priverait d'un état heureux et respecté. Cette classe réunit en général à la bonne conduite l'instruction et la dignité, et témoigne à ses OFFICIERS autant de déférence qu'elle en obtient de ses inférieurs. — Les hommes de troupe n'arrivent que par exception au GRADE d'OFFICIER; il y avait deux manières d'obtenir l'épaulette, ou en passant par les ÉCOLES pour devenir ENSEIGNES, ou en achetant un emploi d'ENSEIGNE. — L'AVANCEMENT avait lieu de trois manières, par ancienneté, au choix avec conditions, à prix d'argent avec conditions. — Dans l'ARTILLERIE, le GÉNIE, le TRAIN, l'ÉTAT-MAJOR GÉNÉRAL, l'AVANCEMENT est à l'ancienneté; c'est l'imitation de notre ancien ORDRE DU TABLEAU. Dans l'INFANTERIE on ne peut acheter une lieutenance qu'après avoir servi un an comme ENSEIGNE; un EMPLOI de CAPITAINE, qu'après avoir servi deux ans comme LIEUTENANT; un emploi de MAJOR, qu'après avoir servi trois ans comme CAPITAINE. — Les OFFICIERS de la GARDE du souverain jouissent de ce qu'on appelle *brevet rank*; ce qui peut se traduire par position d'un officier breveté au grade supérieur, par privilége sans rang effectif. Cette distinction fait le désespoir des OFFICIERS de la LIGNE, à ce qu'affirme M. JAMES (1799, B). — Quelques OFFICIERS de LIGNE jouissent il est vrai, comme nous l'avons dit, de ce même avantage. — L'OFFICIER opulent peut regarder comme indubitable son AVANCEMENT, pourvu qu'il tienne une conduite passable; pour s'élever, il ne lui faut que de la patience et de l'argent : grâce à une mise de fonds dans laquelle il rentrera, il peut vivre sans émulation; une fois LIEUTENANT-COLONEL, son nom et sa famille lui tiennent lieu de transcendance. L'état de quiétude dans lequel il végète est un présage que l'OFFICIER engourdi produira un GÉNÉRAL médiocre. L'inconvénient est de peu d'effet dans un pays où il y a surabondance d'OFFICIERS GÉNÉRAUX, et où l'ARMÉE de terre ne tient qu'un rang secondaire; mais dans des pays où l'ÉTAT-MAJOR n'excéderait pas le nécessaire et où la MILICE DE TERRE jouerait le premier rôle, l'introduction de l'AVANCEMENT à l'anglaise engendrerait l'insouciance et tuerait l'émulation. — Dans les CORPS à pied et à cheval, la

NOMINATION royale et l'AVANCEMENT A L'ANCIENNETÉ sont les deux seuls titres reconnus: au-dessus du grade de LIEUTENANTS-COLONELS, le souverain prononce; au-dessous de ce GRADE, l'ANCIENNETÉ décide, mais avec l'agrément du roi. — La vente de l'EMPLOI ou OFFICE est permise à l'OFFICIER du GRADE inférieur qui a acquis l'ANCIENNETÉ. Ce système rappelle notre ancien mode de CONCORDAT, et de vénalité des CHARGES et OFFICES; mais il contre-balance, suivant M. le colonel CHAMBRAY, l'abus des distinctions tranchées et des priviléges, en introduisant dans une armée non conscriptionnaire une classe d'hommes que la fortune et l'éducation mettent au-dessus des prolétaires; ainsi les plus capables, les plus honorés commandent à ceux que l'indigence ou l'inconduite ont jetés dans les liens du service. — Par là les cadres se renouvellent en OFFICIERS jeunes, puisque celui qui a vingt ans de service, du dégoût, des infirmités, ou le besoin physique d'une vie calme, trouve à la fois et un moyen de fortune et une voie commode de RETRAITE. — Mais ce mécanisme propre à l'ANGLETERRE, pays de libéralité, sauf l'armée, la noblesse et les coutumes féodales, serait inadmissible dans les autres gouvernements constitutionnels; il faudrait changer leurs mœurs et leurs usages avant de l'y introduire. — Toutefois les corps d'OFFICIERS professent une sorte d'égalité au sujet de laquelle plus d'un observateur s'est trompé en se persuadant qu'elle tient à un sentiment républicain, tandis qu'elle résulte d'un sentiment chevaleresque, puisqu'elle appartient à cette pensée que noble et OFFICIER sont même chose, et qu'un noble est l'égal d'un noble. C'est une continuation de ces mœurs françaises (car tout dans l'armée anglaise était français de Henri quatre à Louis quatorze), de ces mœurs qui ne permettaient pas à un colonel français de refuser à un enseigne de tirer l'épée avec lui. Cette égalité ne consacre de hiérarchie anglaise que dans le service militaire, et ne l'admet qu'obséquieusement, non de droit, dans la vie ordinaire. Cette égalité se manifeste dans les usages du MESS. Le MESS est un trait de mœurs, une affaire de haute importance pour les OFFICIERS d'un même RÉGIMENT. Ce mot est le terme français *mets* travesti sous une autre orthographe. Prenant le tout pour la partie, les ANGLAIS appellent ainsi la TABLE, la PENSION. Nul OFFICIER d'un corps, s'il n'est marié, ne peut se dispenser, quel que soit son GRADE, de vivre au MESS. Nul OFFICIER, à son arrivée au CORPS, ne peut se refuser à acquitter au profit du MESS une contribution proportionnée au GRADE. L'ordinaire s'entretient ensuite par des retenues mensuelles. Cette masse de table, économiquement administrée, pourvoit aux dépenses premières d'un somptueux mobilier et aux frais journaliers d'un confortable service. Des SOLDATS dispensés de prendre les armes, et transformés en DOMESTIQUES du MESS, y servent sous une brillante livrée. Chaque OFFICIER exerce à son tour les fonctions de président de TABLE. — Cette coutume anglaise tourne, au reste, à l'avantage de la confraternité, de l'esprit de corps et de l'union de tous les commensaux. — Les OFFICIERS SUPÉRIEURS s'appellent officiers de campagne, *field-officer.* Cette qualification semble peu logique. — Les RÉGIMENTS d'INFANTERIE ANGLAISE ne sont la plupart qu'à un BATAILLON ; quelques-uns se divisent en deux BATAILLONS. Dans les temps de guerre, le soixantième régiment est seul de huit BATAILLONS ; la force des COMPAGNIES, comme le témoigne M. Ch. DUPIN (1820, B), s'est élevée quelquefois, dans les dernières guerres, jusqu'à deux cents hommes ; ainsi les cadres sont dépourvus de symétrie ; les BATAILLONS, forts de neuf à douze cents hommes, sont trop gros ; la CAVALERIE, formant le sixième de l'ARMÉE, est, proportion gardée, trop nombreuse ; les AGRÉGATIONS ne sont pas convenablement pondérées, et ce qui devrait être fondamental est arbitraire, incertain ou vague. — Ainsi une simple circulaire du COMMANDEUR EN CHEF, comme le témoigne *Gagliani's Messenger* (1825 [5 avril]), forme les BATAILLONS à dix COMPAGNIES, dont six de service et quatre de dépôt : c'est un total, rangs et files, de sept cent vingt hommes. — En 1828, il existait, dans les trois royaumes et dans les possessions lointaines, cent huit RÉGIMENTS D'INFANTERIE, dont quinze seulement d'ANGLETERRE proprement dits. La plupart ne sont que d'un BATAILLON ; les BATAILLONS sont de dix COMPAGNIES, dont deux de FLANC, une de GRENADIERS et une LÉGÈRE, *light company ;* six sont toujours complètes, et s'appellent COMPAGNIES de dépôt. — En 1828, l'effectif total d'un BATAILLON est de huit cent trente-cinq hommes ; il serait, en temps de guerre, de douze cents. — En 1834, l'infanterie, non compris l'armée moderne, comprenait, suivant le *Spectateur militaire* (t. XVI, p. 261), cent quatorze bataillons et quatre mille quatre-vingt-dix-neuf officiers, dont trois cent quarante-deux officiers supérieurs. — Il y a vingt-six RÉGIMENTS DE CAVALERIE nationaux, dont quatorze de ligne d'ANGLETERRE proprement dits ; ils sont génériquement DRAGONS ; trois sont de la GARDE ; vingt-trois sont DRAGONS LÉGERS (*dragoon guards ; light dragoons*) ; leurs ESCADRONS sont à deux COMPAGNIES. —

La cavalerie de bataille se compose de la CAVALERIE de la MAISON DU ROI et des DRAGONS de la GARDE. — La CAVALERIE LÉGÈRE de ligne se compose des DRAGONS LÉGERS ; mais, quoiqu'on les appelle généralement ainsi, ils comprennent cependant plusieurs ARMES ; ainsi il n'y a, proprement parlant, que treize RÉGIMENTS DE DRAGONS ; il y en a cinq qui sont DRAGONS OU CHASSEURS, il y en a quatre qui sont HUSSARDS, il y en a quatre qui sont LANCIERS ; ces derniers sont imités de ceux de France, mais comprennent des CARABINIERS (des tireurs de carabine). Le général FOY donne quelques détails différents (p. 288). — Les RÉGIMENTS DE CAVALERIE se divisent en quatre ESCADRONS et huit COMPAGNIES ; mais quelques-uns ne sont que de six COMPAGNIES ; les sous-officiers s'y nomment, comme dans l'INFANTERIE, SERGENTS et CAPORAUX. — Les COMPAGNIES s'y appellent TROUPES (*troop*). — Le pied de guerre des RÉGIMENTS de cavalerie n'est pas toujours le même, on en a vu s'élever jusqu'à douze cents chevaux et plus. — Le *Spectateur militaire* (t. XVI, p. 263) évalue, en 1834, le nombre des escadrons à cent quatre et celui des officiers à six cent soixante-quinze, dont soixante-dix-neuf officiers supérieurs. — En 1830, il existe cent deux RÉGIMENTS D'INFANTERIE dont cinq de la GARDE. — Une particularité de cette Milice, c'est que chaque branche d'ÉCONOMIE, de GOUVERNEMENT, de SERVICE, etc., dépend d'un chef spécial ; ainsi le CULTE, le CAMPEMENT, la JUSTICE, etc., ont chacun le leur ; tandis qu'au contraire, par une antinomie qui rappelle les coutumes AUTRICHIENNES et RUSSES, il se voit des généraux qui sont colonels ; le RÉGIMENT et le BATAILLON se confondent ; ni l'un ni l'autre n'a de CHEF spécial, puisque l'un obéit à un GÉNÉRAL ou à un COLONEL, l'autre à un LIEUTENANT-COLONEL ou à un MAJOR. Partout la routine est à côté du perfectionnement. — Terminons ce sujet par quelques remarques sorties de la bouche de BONAPARTE. — On lit dans M. le général Montholon (*le Prisonnier de Sainte-Hélène,* p. 251) : *Les institutions des Anglais sont vicieuses : 1° ils n'opèrent leur recrutement qu'à prix d'argent, si ce n'est que fréquemment ils vident leurs prisons dans leurs régiments ; 2° leur discipline est cruelle ; 3° l'espèce de leurs soldats est telle, qu'ils ne peuvent en tirer que des sous-officiers médiocres, ce qui les oblige à multiplier les officiers hors de proportion ; 4° chacun de leurs bataillons traîne à sa suite des centaines de femmes et d'enfants ; aucune armée n'a autant de bagages ; 5° les places d'officiers sont vénales ; les lieutenances, les bataillons, les* compagnies s'achètent ; 6° un officier est à la fois major dans l'armée et capitaine dans son régiment : bizarrerie fort contraire à tout esprit militaire.—BONAPARTE oublie que cette bizarrerie existait dans sa garde impériale ; les GRADES n'y étaient pas ceux de l'emploi ; ainsi un GÉNÉRAL y était COLONEL, un MAJOR y était colonel major, un CAPORAL y était SERGENT, etc., etc.—Le RECRUTEMENT anglais n'admettant que l'ENROLEMENT libre, et n'étant pas de nature à mettre, au besoin, le plus de FORCES possible sur pied, est regardé comme un des moins parfaits ; cependant le pays tire parti des citoyens par une sorte de CONSCRIPTION, dont les pairs et les membres du parlement sont seuls exempts. Tous les Bretons de seize à quarante-cinq ans, ayant droit de paroisse, sont assujettis au tirage et entrent dans la MILICE, mais ne seraient appelés à combler l'incomplet des CORPS actifs qu'en cas de circonstances graves ou d'insuffisance des ENROLEMENTS ordinaires. — Malgré la précocité de l'AGE MILITAIRE, la Milice anglaise est difficilement et faiblement recrutée, s'il s'agit de porter au loin des forces offensives ; mais elle forme facilement au contraire une puissante ARMÉE de défense, au moyen de la levée des Milices des comtés. Tel est le côté plausible et philosophique de son institution, et comme l'a dit M. Charles DUPIN : *Le ministère, avare d'un sang si difficile à remplacer, est forcé d'interdire à son ambition ces expéditions hasardeuses qui, tentées avec des forces immenses, enivrent et corrompent par leurs succès, autant qu'elles épuisent et désespèrent par leurs revers.* — La remarque est juste, s'il s'agit des GUERRES européennes ; mais la proposition est-elle aussi exacte s'il s'agit de l'INDE et des empiétements sans terme dont cette contrée est le théâtre ? — Pendant les dix années où la GUERRE commencée en 1792 a été le plus acharnée entre les Anglais et les Français, les pertes de l'ARMÉE AGISSANTE n'ont jamais outrepassé neuf pour cent, y compris les DÉSERTEURS et les LIBÉRÉS qui entrent pour un tiers dans la perte totale ; tandis que les législateurs de la conscription française ont toujours supputé le recrutement à raison de vingt pour cent ; cette différence est digne des méditations du philosophe ; elle prouve en faveur des méthodes anglaises, mais en même temps elle témoigne de cette philanthropie locale et intéressée, de ce patriotisme égoïste qui expose aux hasards des combats plus d'étrangers que d'ANGLAIS ; le gouvernement a une balance où il pèse le sang. — *Si l'on réfléchit sur les moyens divers employés par le*

gouvernement ANGLAIS *pour subvenir à tous les besoins du soldat, et sur la prudence des chefs militaires qui n'exigeaient jamais des forces de l'homme ce qui dépasse la juste limite de nos efforts et de nos privations, on cessera d'être étonné de la faiblesse des pertes de l'armée britannique.* — *Une armée de terre incessamment ravitaillée par une armée navale, recevant des farines lorsque le blé manque sur le théâtre de la guerre ; du biscuit tout fait, lorsqu'il serait trop long et trop difficile d'établir et de transporter des fours de campagne ; double ration de viande, lorsque la simple ration de pain manque ; de l'argent toujours, et près du double de la solde des soldats européens ; avec tant de secours, une armée dont les soldats ménagés avec un extrême soin lorsqu'ils sont en santé, bi n traités dans les hôpitaux, bivouaquent rarement et campent le plus souvent sous des tentes, une telle armée doit conserver une foule d'hommes susceptibles de supporter des fatigues ordinaires, et qui auraient promptement succombé sans la réunion de tant de soins dignes d'éloges.* — *Se montrant avare du sang de ses soldats, le gouvernement anglais avait un grand avantage. Le nombre des vétérans allait sans cesse croissant dans son armée ; elle devenait chaque jour plus propre aux grandes choses.* — *Quelles que soient les pertes de la Grande Bretagne, jamais puissance de l'Europe ne triomphera d'elle en espérant l'épuiser par la guerre la population de cet empire.* — Ces opinions cependant, émises par M. Charles Dupin, ont rencontré quelques controverses. On lit les paroles suivantes de BONAPARTE (le général GOURGAUD, 1823, t. II, p. 194, art. 1er) : *L'opinion généralement reçue que les Anglais ménagent leurs soldats est fausse, ils en sont au contraire prodigues ; ils les exposent continuellement dans des expéditions hasardeuses, dans des assauts contre toutes les règles de l'art, dans des colonies malsaines.* — Il y a à répondre que dans des colonies malsaines ils envoient l'écume de la nation ; que ce ne fut que dans des cas d'exception ou par l'inexpérience du CORPS DU GÉNIE, que des TROUPES anglaises ont été employées aventureusement dans des ASSAUTS : que ce fut un fait, non un usage.— La Milice anglaise est de toutes la plus avancée, si l'on considère l'harmonie de ses principaux rouages administratifs, l'accord de leurs mouvements avec le régime constitutionnel, la puissance de la DISCIPLINE, la capacité des OFFICIERS D'ÉTAT-MAJOR GÉNÉRAL, l'humanité et les soins envers les ORPHELINS. — Elle est la moins avancée de l'EUROPE, si l'on considère la vénalité des EMPLOIS, la superfétation des GRADES, la confusion de leur pouvoir, les sinécures des COLONELS PROPRIÉTAIRES et des CHAPELAINS, le monopole des fournitures, la pénalité encore empreinte de barbarie, et le ruineux esprit de luxe des OFFICIERS. — Elle coûte trop à l'Etat, et par la futilité de la tenue et par le prix exagéré des choses de détails, et par le fréquent et inutile renouvellement des EFFETS D'UNIFORME. — L'Angleterre n'a qu'une grande forteresse, c'est Portsmouth ; mais elle a plusieurs autres places maritimes. — En dehors de l'ARMÉE RÉGULIÈRE sont les MILICES PROVINCIALES ; elles répondent aux LANDWEHRS d'ALLEMAGNE ; elles sont la GARDE NATIONALE mobile des comtés ; elles alimentent l'ARMÉE de ligne quand il faut suppléer à l'insuffisance des ENROLEMENTS libres. Elles comprennent des FENCIBLES, des VOLONTAIRES, et des CORPS soldés. La YEOMANRY était distribuée en trois cent quarante-six DÉTACHEMENTS, et comptait en 1835 mille cent cinquante-neuf officiers et un total de dix-huit mille quatre cent cinquante-neuf hommes ; il venait d'être question de la supprimer ; elle était inégalement répartie ; quantité de comtés n'en avaient pas. Elle coûtait soixante-seize mille cent cinquante livres sterling. — Les MILICES PROVINCIALES à pied et à cheval étaient, suivant l'ENCYCLOPÉDIE (1751, C), de plus de vingt mille hommes, nommés *train-bandes* ou *traines bands*. Le total des Milices était évalué, dans le dernier siècle, à deux cent mille hommes, mais elles ont monté bien plus haut. — Des fencibles font le service de MALTE. — Les TROUPES ÉTRANGÈRES que la GRANDE-BRETAGNE a tenues à sa solde, en EUROPE, sont ou ont été des émigrés FRANÇAIS, des HANOVRIENS, des PORTUGAIS, des SUISSES et des TROUPES empruntées aux souverainetés ou aux empires qui troquaient du sang contre des subsides. Des CORSES et des GRECS ont été employés, mais non sur le pied de troupes anglaises ; quelques corps ALBANAIS servaient dans les îles Ioniennes. — Des détails de ce genre se trouvent dans le *Spectateur militaire* (t. XVI, p. 261). — Hors d'EUROPE, la GRANDE-BRETAGNE a tenu sur pied des AMÉRICAINS, des INDOUS, des NÈGRES, des mahométans. — L'armée anglaise ou indo-anglaise a un caractère tout particulier ; elle n'est pas immédiatement au service de la GRANDE-BRETAGNE, elle appartient à la compagnie des Indes-Orientales qui, de mercantile, est devenue une puissance militaire et

un gouvernement conquérant ; ce ne sont plus des bénéfices de denrées qu'elle recherche, ce sont des accroissements de territoires et de populations tributaires qu'elle ambitionne. Elle s'est faite entrepreneur à prix ferme, et se charge de guerroyer, d'asservir, de pressurer et de civiliser. Elle solde une armée égale en nombre à celles des royaumes de premier ordre, sur un sol plus peuplé qu'aucun empire existant ; cette dépense est annuellement de deux cent trente à deux cent cinquante millions ; et cet empire, composé d'une quantité de nations parlant plus de trois cents idiomes différents, était en 1811 de quarante millions d'âmes, et en comprenait en 1822 quatre-vingt-neuf millions cinq cent soixante-dix-sept mille deux cent six ; mais ce nombre ne contenant ni la totalité de la présidence du Bengale, ni celle du gouvernement de Madras, c'est-à-dire d'une étendue de terrain égale au cinquième du territoire anglo-indien, M. PEBRER (t. II, p. 277) évaluait, en 1832, à près de cent cinquante millions d'âmes les populations soumises directement ou indirectement à la compagnie des Indes-Orientales. — L'*Encyclopédie des Gens du monde* (au mot *Britannique*) élevait bien moins haut la population des possessions anglaises. — Les décisions de la *Cour des directeurs de la compagnie* règlent l'organisation de l'ARMÉE de l'INDE : plans de campagne, travaux de fortifications, correspondance, soins d'administration, choix de généraux et d'officiers, tout dépend de cette cour. Le gouvernement anglais parvient habilement ainsi à se soustraire à une responsabilité pesante, à intéresser glorieusement une simple compagnie, et à ouvrir un riche débouché aux OFFICIERS de terre qu'il n'emploie pas sur le sol de la métropole. — L'armée indienne est en temps de paix de cent cinquante à deux cent mille hommes, en grande partie indigènes ; en temps de guerre elle pourrait s'élever au double. — Elle est répartie, non compris Ceylan, en trois présidences ou grands gouvernements militaires : Madras, le Bengale et Bombay. — En 1824, indépendamment de vingt et un mille cinq cents Européens, la compagnie tenait sous les armes dans les trois présidences, douze mille hommes d'artillerie et huit mille huit cents cavaliers, ce qui composait avec les TROUPES à pied un total de cent quatre-vingt-quatorze mille huit cents combattants, tout prêts à faire campagne. — Le recrutement de l'Inde s'opère par enrôlement volontaire. Il est alimenté au nombre de trente à quarante mille hommes par des mahométans et par la race des *Raijepoutes* ou *Rajpootes*, destinés dès l'enfance à la carrière des armes, et qui, même en labourant leurs champs, ne quittent ni l'épée ni le BOUCLIER. Il n'y est plus admis de brahmines. — Dans la nécessité de prévenir des secousses, des révoltes dont on a vu plus d'un exemple, la compagnie emprunte au gouvernement et entretient un nombre convenu de TROUPES métropolitaines et des soldats anglais enrôlés pour le service de l'Inde. — On appelle CIPAIES l'armée indigène. Ses OFFICIERS sont à la nomination de la compagnie; ils sont plus favorisés, mieux traités, mieux payés que les officiers de l'ARMÉE ANGLAISE au service de la compagnie. Des rivalités, des jalousies locales, un égoïsme de trafiquants enrichis expliquent cette injustice et cette ingratitude; au contraire les soldats métropolitains au service de la compagnie sont des lords au petit pied, largement abreuvés de liqueurs spiritueuses, à peu près libres quoique casernés; ils ont à peine à entretenir et à nettoyer leurs armes; chacun d'eux se repose sur trois ou quatre esclaves du soin de faire pour lui les corvées et la cuisine, de le raser, de cirer sa chaussure, de brosser ses vêtements. — Les CIPAIES sont recrutés dans les castes guerrières de l'Indostan; elles donnent des SOLDATS vigoureux et dévoués, quoique le peuple indou cependant ne soit pas regardé comme naturellement belliqueux; mais l'Indou est soumis au dogme de la fatalité, et sa sobriété égale sa résignation; aussi ses officiers peuvent-ils tout en attendre. *Le Bulletin des Sciences militaires*, 1831, p. 191, fournit à cet égard de curieux aperçus.— Les CIPAIES étaient ordonnés en BATAILLONS jusqu'en 1796; ils le sont maintenant en RÉGIMENTS à deux BATAILLONS de cinq COMPAGNIES chaque; les BATAILLONS ont pour chef un LIEUTENANT-COLONEL ou un MAJOR; cette organisation a été l'ouvrage de lord Wellesley. — L'ARTILLERIE et la CAVALERIE le cèdent à peine à celle d'EUROPE. — En campagne un OFFICIER a un luxe asiatique, un domestique nombreux, dix à douze chevaux. L'ARMÉE est accompagnée d'ÉLÉPHANTS, de CHAMEAUX; elle a tout l'attirail oriental; elle rappelle, à une meilleure discipline près, les anciennes ARMÉES PERSES. — Ce qu'elle comprend en plus petit nombre, ce sont des combattants; en plus grand nombre, des valets, comme le témoigne le *Bulletin des Sciences militaires*, 1827, p. 410. En campagne, les premiers sont dans la proportion des autres, comme un est à dix! Il n'y a pas de SOLDAT qui n'ait son GOUJAT; un CAPITAINE en a vingt, un MAJOR trente, un GÉNÉRAL cent; ce sont des esclaves INDIENS semblables à

des spectres ambulants. — Dans un pays dépourvu de MAGASINS, l'ARMÉE traîne tout à sa suite; ses attirails, ses bestiaux sont innombrables ainsi que la multitude d'hommes chargés d'en prendre soin. Ils sont, il est vrai, armés de MOUSQUETS A MÈCHE, de SABRES, de PIQUES, de BOUCLIERS, etc. Mais ces ARMES ne sont qu'un fardeau dans des mains inhabiles à s'en servir. — Des bandes de porteurs de palanquins suivent les troupes pour le service des malades et des officiers. — Des troupeaux de vaches laitières viennent ensuite pour l'usage des officiers; puis les troupes de jongleurs, de musiciens, de comédiens et de bayadères; *une armée est une ville roulante*, qui peut à peine faire cinq à six lieues par jour, parce qu'il lui faut son luxe et sa bonne chère, ses délicatesses et ses courtisanes. — Le journal anglais *le Globe* rapportait en 1834 (août) que lord William Bentinck, faisant une tournée d'inspection, faisait porter son bagage par cent trois ÉLÉPHANTS, treize cents CHAMEAUX et huit cents chars à bœufs, sous l'escorte d'un RÉGIMENT d'INFANTERIE et d'un RÉGIMENT de CAVALERIE. — En 1837, deux décrets de son successeur, du 17 avril et du 31 mai, instituaient un ordre militaire indo-anglais, et un ordre du mérite, comme le témoignait le *Spectateur militaire*, t. 24, p. 673. — Une partie des CIPAIES sont MAHOMÉTANS, les autres de la religion de Brahma. Cette différence ne cause aucun trouble, elle est regardée même comme politiquement utile; elle prévient les séditions; l'une des deux castes dénoncerait les complots de l'autre culte. — Ce qui concerne les CIPAIES a été traité dans l'histoire politique de l'Inde par Malcolm (Sir John, t. II, p. 226), par M. DUANE (1810, E, au mot *Indian company*), ainsi que dans les mémoires de M. WELSH, et dans le *Bulletin des Sciences militaires* (juin 1831, p. 226). — N° 3. FORCE. — Dans le cours du dix-septième siècle, un RÉGIMENT de CAVALERIE était de cinq cents hommes; un RÉGIMENT D'INFANTERIE, de deux mille hommes; une COMPAGNIE D'INFANTERIE, de cent à deux cents hommes. — Dans le commencement du dernier siècle, les TROUPES RÉGULIÈRES de terre n'excédaient guère, en temps de paix, vingt-quatre mille hommes; les MILICES des comtés, vingt-deux mille hommes; c'était à peu près quarante-six mille hommes, dont trente mille, les invalides y compris, stationnaient sur les établissements britanniques et le reste en Irlande. — Dans la GUERRE DE 1756, les Milices des comtés s'élevèrent à trente-cinq mille, les forces nationales et étrangéres dépassèrent deux cent vingt mille, non compris les TROUPES employées à GIBRALTAR, en AFRIQUE, en AMÉRIQUE, aux INDES. A la fin du siécle les MILICES seules étaient évaluées à deux cent mille hommes ; de 1803 à 1805, quand une DESCENTE menaçait le pays, elles se sont élevées à un million d'hommes. — Mais en temps ordinaire, la Milice anglaise de terre proprement dite ne saurait rivaliser de nombre avec celles des grandes puissances, tant à cause de la quantité d'indigénes que sa marine occupe, que parce que la population ANGLAISE est trop faible pour alimenter de SOLDATS regnicoles une grosse ARMÉE. — Le peuple ANGLAIS qui, pendant la durée du dernier siécle, a eu cinquante ans de GUERRE, a vu cependant sa population, celle de l'INDE y comprise, croître de quatrevingts pour cent, et depuis le dix-neuviéme siécle l'accroissement a été double. — *Le Journal militaire* (t. XVI, p. 259) énumére, tant dans les trois royaumes qu'à l'extérieur, colonies non comprises, cinquante-cinq FORTERESSES ; mais à l'exception de six places maritimes, il n'y a, en ANGLETERRE même, que des CHATEAUX FORTS.— En 1836, vingt-quatre millions sept cent quatre-vingt-quinze mille habitants étaient agglomérés sur un sol de quatre-vingt-dix mille neuf cent cinquante milles carrés. — Les FORCES défensives et offensives de terre ont gagné au prorata de la population. — La MARINE a répondu à ce mouvement.— Il y avait en 1814 cent quatorze mille marins ; ils étaient en 1828 au nombre de cent quatre-vingt-un mille ; les navires ont augmenté de sept mille de 1814 à 1828 ; la GRANDE-BRETAGNE en possédait à cette derniére époque vingt-trois mille trois cent cinquante-six. Jamais puissance n'avait rassemblé tant de matelots et de VAISSEAUX.— Actuellement le CORPS du GÉNIE, des SAPEURS et des MINEURS est de treize cents hommes. — La GARDE DU SOUVERAIN est dans la proportion du dix-huitième du total de la Milice. —La CAVALERIE est le sixième de l'INFANTERIE ; mais plus d'un ÉCRIVAIN, tel que Stewart, regarde comme exagérée et blâmable cette proportion. — Chaque RÉGIMENT de CAVALERIE de ligne est de trois cent soixante-huit hommes ; mais la force en a différé beaucoup. — L'ARTILLERIE à cheval est de six cents hommes. — L'ARTILLERIE à pied est de six mille quatre cents hommes.— Le corps à cheval des RAQUETTES (*rocket-troop*) comprend cent soixante hommes dont quatre-vingt-dix-sept soldats ou RAQUETIERS, et de trente-six soldats du train.

—Un tableau des forces militaires des Etats européens publié par le *Spectateur militaire* (juin 1827) porte l'effectif de l'armée anglaise, en temps de paix, à quatre-vingtquatre mille hommes, et en temps de guerre, à deux cent trente mille hommes, non compris les hommes tenus sur pied, en tout temps, par la compagnie des Indes. — Suivant d'autres documents, en cette même année, la force de la Grande-Bretagne, officiers et troupes, est de 86,803 h. —Celle de l'Inde est de. . . . 25,559

112,342 h.

— *Le Bulletin des Sciences militaires*, 1827, p. 558, évaluait à trente mille Européens la force militaire des nationaux dans l'INDE, et à deux cent cinquante mille CIPAHIS la force indienne ; mais le nombre vrai des combattants serait bien inférieur à ce total. — En 1828, le pied de paix est de cent deux mille hommes, et le pied de guerre de quatre cent mille y compris les soldats de l'INDE. Le contingent fédéral de la MILICE HANOVRIENNE, qui est de treize mille hommes, n'entre pas dans ce nombre. — La compagnie des INDES tient sur pied, y compris les forces de toutes les stations, plus de deux cent mille hommes de terre et vingt mille hommes de mer. — Le BUDGET de cette même année ne solde que quatre-vingt-onze mille hommes ; le surplus de l'ARMÉE ANGLAISE mis à la disposition de la compagnie des INDES est soldé par elle. —En 1829, l'effectif des FORCES de terre, non compris les troupes de l'INDE et l'ÉTAT-MAJOR, est de quatre-vingt-neuf mille deux cent quatre-vingt-sept OFFICIERS et hommes de troupe. — La force des vingt-six RÉGIMENTS de CAVALERIE est évaluée à neuf mille trois cent quatre-vingt-un chevaux. — Les FORCES purement anglaises mises à la solde de la compagnie des INDES orientales sont de vingt mille cent cinquante-cinq officiers et hommes de troupe. En 1830, le BUDGET témoigne que la force de la MAISON MILITAIRE est de quatorze mille hommes. Ce BUDGET paye quatre-vingt-huit mille hommes, mais le total des FORCES est de cent cinquante mille. — En 1830, il existait : FELD-MARECHAUX, 5

GÉNÉRAUX.	40
LIEUTENANTS GÉNÉRAUX. .	50
GÉNÉRAUX MAJORS. . . .	240
COLONELS.	240
LIEUTENANTS-COLONELS. .	738
MAJORS.	820
CAPITAINES.	1,600
LIEUTENANTS.	2,372
CORNETTES, ENSEIGNES. .	1,250
	7,484

—En 1831, l'ARMÉE active, l'Inde non comprise, est de quatre-vingt deux mille quarante-deux hommes; l'ARMÉE nationale employée dans l'INDE est de vingt-mille neuf cent soixante-seize hommes. — Au premier janvier 1832 un document officiel donne le tableau suivant :

ARMÉE régulière.	51,571
ARTILLERIE.	4,589
TROUPES de marins.	4,524
Milice d'état-major (*militia staff*).	2,627
VOLONTAIRES de Grande-Bretagne.	20,399
YEOMANRY d'Irlande.	32,422
TROUPES de police d'Irlande.	7,367
	———
	125,299

— Le nombre des OFFICIERS GÉNÉRAUX est hors de toute proportion; il excéde même le chiffre de ceux de FRANCE, où l'abus en cette partie était cependant poussé si loin à la même époque. — En 1831, le *Spectateur militaire* (t. XII. p. 471) estime les forces des trois royaumes à quatre-vingt-huit mille quarante-deux soldats. Ce même recueil, (t. XIX, p. 230) les évalue en 1834 à quatre-vingt-neuf mille présents et à un effectif de cent treize mille cent quarante-neuf hommes. — Le budget anglais discuté le 27 mars 1833 à la chambre des communes établit l'effectif à quatre-vingt-onze mille deux cent quatre-vingt-neuf hommes. Le chiffre, non compris l'INDE, est de soixante-dix-huit mille cinq cent trois en ANGLETERRE, en Irlande de vingt-trois mille cent trente-cinq, dans les commandements à l'extérieur trente-trois mille cinq cent quatre-vingt-cinq. — M. PERRER, dans son savant ouvrage (t. II, p. 278) évaluait, dans les Indes orientales, les TROUPES régulières et irrégulières à un total de deux cent vingt-trois mille quatre cent soixante et un hommes, dont soixante-douze mille sept cent quatorze Européens. — Le *Spectateur militaire*, t. XVIII, p. 75, offrait un tableau officiel de l'état des forces britanniques en 1834. — Le *Journal de statistique*, t. V, p. 67, comprenant sous un même chiffre les troupes de la Péninsule et de l'extérieur, les évaluait, en 1834, à cent dix mille trois cent quinze hommes. — Les forces anglaises dans l'INDE, indigènes non compris, ne s'élevaient, en 1793, qu'à cinq mille trente-neuf hommes; elles étaient montées, en 1833, à dix-sept mille deux cent quatre-vingt-huit hommes ; faible nombre, si l'on songe que la population indienne était à cette dernière époque de cent cinquante millions d'âmes. — Le *Spectateur militaire*, t. XV, p. 83 : t. XVI. p. 252,

donne des nombres différents. — Le *Constitutionnel* donnait en 1835 (9 octobre) un état détaillé des forces anglaises; le total en était de cent mille sept cent quatre-vingt-dix hommes. — En 1837, suivant le *Journal de statistique universelle*, t. VIII, p. 672, la force de l'armée indienne était de deux cent dix mille sept cent cinquante-sept hommes. On lisait dans le journal la *Presse* du 30 janvier 1839, que *les forces militaires entretenues dans les diverses parties de l'empire* (c'est-à-dire dans soixante et onze établissements coloniaux) se *se montaient à quatre cent cinquante-trois mille hommes, dont plus de la moitié consiste en Milice nationale.* — Nº 4. UNIFORME. — Passons rapidement en revue les principales parties de l'UNIFORME. — L'armure anglaise des temps anciens est décrite dans l'*Echo britannique*, dans MEYRICK, SKELTON, STOTHARD. — L'Angleterre a eu son ORIFLAMME OU ENSEIGNE NATIONALE; elle s'appelait *reafan* ou *raven;* mot qui, au sentiment de SPELMAN, signifiait corbeau. Si le vent, en agitant la DRAPERIE, laissait voir cet oiseau, le succès était certain ; si la DRAPERIE pendait et tenait caché le symbole de la victoire, le présage était sinistre. — ASSUÉRUS, AUTEUR latin du neuvième siècle, et évêque de Salisbury, raconte de bonne foi, dans l'histoire d'Alfred, ce phénomène. — M. REY appelle *reufen* cette ENSEIGNE qui fut enlevée aux DANOIS au temps d'Alfred. — Au quatorzième siècle, les ANGLAIS employaient à la défense des villes, les BOULETS EN PIERRE, les BALISTES et les CANONS; ils attaquaient les places à l'aide de BASTILLES, de TAUDIS et de BOMBARDES. — Les ARMURES PLATES des troupes du prince Noir et leurs HOQUETONS, *akétons* ou COTTES D'ARMES, sont devenues une mode européenne; le grand ARC, *long-bow*, introduit par GUILLAUME LE CONQUÉRANT, avait, dans l'INFANTERIE, la préférence sur l'ARBALÈTE; le MAILLET OU MAIL D'ARMES a été l'arme de main des ARCHERS ANGLAIS; l'ATÉGAR a été la LANCE des CHEVALIERS. — La Milice anglaise avait comme COULEUR NATIONALE le BLANC, quand nos ancêtres avaient le ROUGE; la BANNIÈRE anglaise de Saint-Georges était blanche, chargée d'une croix rouge; il en était ainsi à POITIERS en 1356, et à AZINCOURT en 1416. A cette dernière bataille, dit MAZAS, se voyait *le grand étendard d'Angleterre, une partie de bleu et de rouge, écartelé de lis.* M. REY prétend, au contraire, que les anciens ducs de Normandie et de Guienne avaient donné le rouge aux ANGLAIS. Mais nous ne croyons pas l'histoire des COULEURS mieux dé rouillée en ANGLETERRE qu'elle ne l'est en FRANCE. Toutefois, dans la préface de ses études historiques, M. de Chateaubriand dit : A l'époque des guerres d'Edouard trois, la couleur nationale française était le rouge, et la couleur nationale anglaise le blanc. — L'armée anglaise a renoncé au blanc, sa couleur des croisades, pour s'approprier le rouge, couleur de notre oriflamme ; il en était ainsi en 1320. — La France y perdit à la fois et son enseigne, et la livrée de Saint-Denis. Le drapeau anglais est resté rouge avec une triple croix rouge et bleue. — Les grenadiers portaient encore le buffle défensif, quand il était aboli dans les autres armées. —Suivant M. Monteil, l'usage de l'habit rouge bordé de jaune était adopté dès le seizième siècle en Angleterre; mais d'autres écrivains sont d'avis que les Anglais ont emprunté des Français l'habit d'uniforme et la cocarde; des Allemands, l'écharpe et le deuil; des Hollandais le fanion; des Prussiens le bonnet à poil conique; mais le havre-sac anglais est bien anglais d'origine, et ce qu'il a de particulier eût mérité que les étrangers y donnassent plus d'attention. — Elisabeth faisait fabriquer en 1562 les premiers canons en bronze que l'Angleterre ait possédés. — La Milice anglaise a fait usage depuis 1693 de la baionnette, à l'imitation de la France; mais les siennes sont plus longues. — Son fusil d'uniforme diffère par la longueur, par le calibre, par les garnitures, de celui de France; il a éprouvé nouvellement quelques modifications. Ses armes à feu portatives sont à canon bronzé. Elles ont été longtemps fournies par le commerce et ont commencé en 1804 à être fabriquées au compte de l'Etat, dans la Tour de Londres. — L'équipement de l'infanterie anglaise comprenait un ceinturon porte-baionnette, comme nos hommes de pied l'ont porté dans le principe. — A l'imitation des anciens dragons de France, la cavalerie anglaise portait encore en 1742, à ce que rapporte M. Meyer (Moritz), le mousqueton sur le dos, la bouche en haut, la crosse dans un chausson. — Ses casques de cuir ont été imités par notre infanterie en 1790. —Ses bugles ou cors d'infanterie légère, originaires, suivant quelques opinions, du Hanovre, lui ont été empruntés par la Prusse et la France; nous les nommons clairons. — Ses armes à feu ont été l'objet de l'examen de M. Schimmbach. — Son armée navale a approprié des platines à des armes de grand calibre. La milice belge a admis cette innovation dans son artillerie de campagne. — L'habillement, le harnachement, l'équipement sont supérieurs en qualité aux effets dont on se sert en France; ils sont presque des objets de luxe; le soin est poussé jusqu'à donner au soldat des brosses à bassinet attachées à l'épinglette. — Le premier janvier de chaque année, un habillement est donné à chaque homme de troupe, mais l'étoffe en est médiocre; à la même époque, une paire de bottes courtes est délivrée; tous les deux ans une coiffure complète est donnée. — L'usage des tentes était presque oublié en Europe, que l'armée anglaise s'abritait encore sous la toile. En 1812, il fut envoyé d'Angleterre en Espagne des effets de campement de tout genre, et même des échelles d'escalade; elles sont rentrées ensuite dans les magasins de Portsmouth. — L'infanterie de bataille est en rouge; ses habits sont chamarrés de brandebourgs comme ceux de la milice danoise et de nos anciennes gardes suisses : la garde de Louis dix-huit avait imité cette futile et dispendieuse bigarrure. L'habit des riflemen est vert; excellente couleur pour des troupes légères et des soldats qui combattent éparpillés. — L'habit du génie, autrefois bleu, a été changé en rouge depuis 1815, parce que le général Wellington trouvait qu'en Espagne les officiers du génie étaient trop reconnaissables, et par conséquent trop exposés. — Les officiers ont l'épaulette et la ceinture; tous ceux de l'Inde ont l'aiguillette d'or sur l'épaule droite. — Des petits drapeaux figurés en couleur tranchante ornent les manches d'habits des sergents d'infanterie qu'on appelle *colour serjeant*, ce qui équivaut à sergent de drapeau, premier sergent de la compagnie, et chargé de la garde du drapeau. Cette marque distinctive leur vaut une paye plus forte, et ne s'accorde, suivant le général Fox, qu'*au plus brave et au plus méritant*. — Au commencement de la guerre péninsulaire, les troupes avaient encore les cheveux poudrés; l'abolition de cet usage est due à John Moore. — Il y a des corps qui portent sur le schako le mot Péninsule; il y a des gibernes, des étendards où est écrit Waterloo, en souvenir de ce que les corps y ont combattu. — L'infanterie a quitté une des dernières la culotte; il lui est délivré des gants de peau. — La couleur principale de l'infanterie et de la grosse cavalerie est l'écarlate; celle de l'infanterie hanovrienne et de la cavalerie légère anglaise est le bleu foncé. — Des détails touchant ces coutumes sont fournis par M. Planché. — L'armement des troupes de l'infanterie ne comprend de sabres que pour les sergents; ils ont en outre une hallebarde à large fer, de trois mètres de hauteur. —La confection de l'armement passait pour avoir fait, en quelquesunes de ses parties, moins de progrès que le reste ; le fusil anglais est pareil à celui des milices danoise et hollandaise ; mais déjà quantité de fusils a piston se fabriquent en Angleterre. — Le matériel de l'artillerie est magnifique. — L'infanterie écossaise a conservé le costume des *Highlanders* ; en vain un bill de Georges deux prescrivit-il la culotte ; les plus obéissants ne se résignèrent à la porter que sous le bras, sur l'épaule, ou au bout de leur canne. Les hommes de troupe portent, en guise de pantalon, le pagne ou petit jupon en tonnelet, qui ne passe pas le dessus du genou ; il s'appelle *kilt* ou *feile bheag ;* il est en étoffe de laine, nommée tartan ; il est barriolé de couleurs tranchantes, dont les quadrilles varient suivant le clan du colonel. — Le kilt est d'un usage fatigant pour qui n'y est pas habitué, surtout pendant une longue marche, parce que se portant sans caleçon, son frottement continuel à la même place de la cuisse coupe la peau quand elle n'y est pas encore endurcie. Quant à l'officier écossais, sa pudicité dissimule le nu sous la transparence d'un pantalon de soie couleur de chair. — Le plaid de tartan s'est changé en camisole à ceinture ; l'ancienne arme de taille, la cley-more, et le bouclier, sont relégués dans les romans. — Les jambes de l'Ecossais sont nues, à l'exception de leur partie inférieure, il est chaussé d'un demi-bas bleu sur lequel tranchent des raies rouges qui rappellent les ligatures de la chaussure romaine ; le fantassin écossais porte des souliers depuis qu'il a renoncé à la chaussure grossière des montagnes, qui consistait en un morceau de peau de bœuf, le poil en dehors, qu'on appelait *brogues* ou *cuoran ;* ce dernier mot était venu visiblement du *corium* des Latins. — La forme du bonnet écossais est toute nationale. — Dans les grandes revues en parade, les officiers eux-mêmes portent le kilt, en dessous duquel ils ont un caleçon court comme ceux des nageurs, ou même un pantalon collant couleur de chair ; ils ont en bandoulière l'écharpe de taffetas, dont la couleur et les quadrilles rappellent le tartan du clan. — La cornemuse marche à la tête de l'infanterie écossaise. — Les cipayes de l'Inde portent l'habit veste rouge sans col, et le haut de chausses écossais en coton blanc ; ils ont les jambes et les cuisses nues, des souliers en pantoufles, un collier à la sauvage en graines brunes, la buffleterie noire. — L'infanterie du Bengale a la toque noire ou le béret, celle de Madras a le schako bleu de ciel. — Le matériel de l'Inde est parfait, considérable, et toujours en état ; les troupes de la compa-

gnie sont à même d'entrer en campagne au premier ordre. — En Angleterre les fusées des raquetiers à cheval sont portées dans des fontes en avant de la selle ; les fusées de six livres y sont au nombre de six ; celles de trois livres, au nombre de douze ; celles d'une livre et demie, au nombre de vingt-quatre. — En outre des chevalets roulants, il est porté dans chaque section, en guise de lance, un tube par un raquetier ; on y introduit la fusée pour y mettre le feu. — Il a été traité particulièrement de l'uniforme par Marchard. — N° 5. Allocations. — Quelques renseignements sur les anciennes formes allocatives ont été donnés par M. Bontemps, par Servan (1780, B), etc. — La Milice anglaise est la première où il ait été appliqué, dès le moyen age, à une armée agissante, un système d'allocations appuyé sur quelques principes étudiés. Des primes d'enrolement nommées écuage ont été offertes ; une large solde a été servie, des fournitures réglées ont eu lieu ; l'avitaillement par entreprise s'est institué, comme le témoignaient les contrats ou endentures anciens des gouverneurs de place. — Dans la grande lutte entre la France et l'Angleterre, l'armée d'Edouard trois était soldée à un taux dispendieux ; elle en tirait une supériorité marquée, parce que ses gens d'armes sortaient de la riche *yeomanry ;* ses archers appartenaient à la classe moyenne, ses aventuriers abondaient de tous les pays. Ainsi la tête de l'armée était nationale, et la masse était dévouée ou du moins bridée et facilement renouvelée ; mais comment se maintenait ce système ? C'était par des moyens que les rois de France ne pouvaient mettre en œuvre. Dans tous les lieux où combattait l'Anglais, tout était mis au pillage ; le pillage du roi d'Angleterre alimentait le trésor qui assurait à ses troupes une solde ; le pillage du soldat était son supplément de solde, son indemnité de campagne. Les rois de France au contraire, hors d'état de payer des aventuriers, réduits aux troupes féodales qui souvent refusaient de marcher, et forcés de tolérer le pillage sans en tirer fruit, et au préjudice des contributions et du fisc, se trouvaient dans une position d'infériorité sans remède ; de là une guerre de trois siècles. — En 1546, les gages, on nommait ainsi la paye, les gages d'un comte anglais étaient par jour de six sous huit deniers ; ceux de bannerets et de barons, de quatre sous ; ceux d'un chevalier, de deux sous ; d'un écuyer, d'un sou ; d'un archer a pied ou d'un habeler (archer a cheval), de trois deniers, d'un gallois, de deux deniers. — Les levées d'hommes se faisaient par ENTREPRISE ; les HOMMES DE CHEVAL se fournissaient d'ARMES et se montaient à leur compte. — Cette marche d'une guerre plus régulière a influé sur le succès des batailles de CRÉCY et de POITIERS, comme la valeur calme d'une infanterie manœuvrière et outillée a décidé du succès d'AZINCOURT. — Un reste de ces coutumes domine encore dans l'ARMÉE ANGLAISE; ainsi le fond en est MERCENAIRE: les AUXILIAIRES s'y achètent chèrement et au comptant: le système des ENTREPRISES a prévalu sur celui des RÉGIES et des FOURNITURES par économie. — Le plus grand soin est apporté à la régularité et à l'abondance des SUBSISTANCES; si EN CAMPAGNE la RATION DE PAIN vient à manquer, il est délivré une RATION double de VIANDE. — La PAYE est une fois plus forte que celle des autres états, et, suivant M. Ch. DUPIN, la supériorité de la hiérarchie anglaise est due à la largesse avec laquelle les SOUS-OFFICIERS sont traités. — Le terme moyen de la dépense de la MAISON MILITAIRE proprement dite s'élève, par homme, à cent cinquante livres sterling, ou trois mille sept cents francs; le total de la dépense est, en 1828, de deux millions trois cent mille francs. — Il est telle position où un GRADE est une fortune. Les OFFICIERS ANGLAIS qui commandent les Indous jouissent, à ce titre, d'APPOINTEMENTS considérables, et en outre ils perçoivent de riches allocations comme chefs de districts; il n'est pas rare de voir un simple CAPITAINE toucher annuellement trente à quarante mille francs. — Quelques renseignements plus étendus touchant les allocations pourraient être puisés dans le *Journal des Sciences militaires* (1826, 15ᵉ livraison); les tableaux de la solde en 1831 se trouvent dans le *Bulletin des Sciences militaires* 1831, p. 49 : *le Spectateur militaire*, t. XVII, p. 478, et t. XIX, p. 550, s'occupait de ce sujet, et rappelait que, dans les discussions du parlement en 1834, on estimait la paye d'un simple fantassin à huit francs soixante et onze centimes par semaine, non compris les dépenses pour habillement, logement, chauffage, éclairage et indemnité pour boisson. Suivant d'autres évaluations, il ne touchait au contraire que cinquante-huit centimes par jour. — Le *Journal de l'Armée*, t. III, p. 52, évalue la paye du simple soldat d'infanterie, y compris le prix de la bière, *beer-money*, à vingt-cinq ou vingt-six sous, dont il faut défalquer, dans les trois royaumes, environ seize pour bière, café, légumes, pain et viande. — On a cité cette solde comme bien supérieure à celle de France; en réalité elle la surpasse peu, à

raison du haut prix des spiritueux, qui sont une nécessité, de la dépense plus forte du blanchissage, et des habitudes d'une armée à qui il faut journellement son café. — Les dispositions rémunératoires que le gouvernement anglais applique à ses armées sont d'une forme particulière. — Une solde de RETRAITE n'est accordée en ANGLETERRE à des OFFICIERS que comme exception. L'OFFICIER qui cesse de servir activement reste à la disposition du GOUVERNEMENT, et jouit de la moitié de sa PAYE (*half-pay*), mais seulement dans des PAYS qui sont en paix avec la GRANDE-BRETAGNE. La marche de l'ancienneté de l'OFFICIER n'en est pas interrompue; c'est un système vicieux et dispendieux. — Les OFFICIERS à DEMI-SOLDE y étaient dans une position indéterminée et fausse; cette imperfection a diminué. — La DEMI-PAYE excède de beaucoup les PENSIONS DE RETRAITE les plus fortes de l'Europe; le maximum de celle d'un GÉNÉRAL D'ARMÉE outrepasse cinquante mille francs. Nulle part ailleurs une pension n'est appliquée à ce genre de GRADE, à moins qu'on y compare l'usage français, de solder jusqu'à leur mort, comme en activité, des MARÉCHAUX, quels que soient leur âge et l'affaiblissement de leurs organes. — La demi-solde accordée aux OFFICIERS, après vingt-cinq ans de SERVICE, équivaut à la totalité de leurs APPOINTEMENTS ; celle d'un ENSEIGNE ou d'un CORNETTE est deux fois plus forte que celle d'un SOUS-LIEUTENANT du continent. — Les OFFICIERS de l'ORDONNANCE, c'est-à-dire du GÉNIE, de l'ARTILLERIE et du TRAIN, n'achetant point leurs GRADES, jouissent, en recevant leur RETRAITE, de la PENSION de VÉTÉRANCE ; elle est un peu plus faible que la solde de l'activité, mais un peu plus forte que la RETRAITE des autres corps, pour lesquels le prix de la vente de l'EMPLOI est une grande bonification. — Des DÉCRETS que rapporte le *Bulletin des Sciences militaires* (mars 1830) déterminent, sur un plan étendu et sage, le droit et les conditions de l'achat des CONGÉS, l'échelle des RÉCOMPENSES pour BLESSURES, la fixation des PENSIONS de DEMI-SOLDE. — Depuis 1829 (1ᵉʳ décembre), le LIEUTENANT GÉNÉRAL jouissait de quatorze mille six cents francs, le COLONEL de six mille six cent seize francs, le MAJOR de quatre mille francs, le CAPITAINE de trois mille cent quatre-vingt-quatorze francs, le LIEUTENANT de mille huit cent vingt-huit francs. — Une décision de 1833 (7 février) réglait le taux des pensions des hommes de troupe. — Avant 1822 (22 mars) elles consistaient, après quatorze ans de service, en une PENSION de soixante centimes par jour; elles étaient le double après vingt et un ans ; mais il n'en était plus accordé, depuis 1833, qu'après vingt et un ans de service, et toutes avaient été réduites de moitié. — Une ordonnance de 1836 (18 août) s'étendait sur de nouvelles dispositions relatives au bracelet distinctif de l'ancienneté de service, à une haute paye qui accompagnait ce signe, au droit de rachat du congé. — Le *Spectateur militaire* (t. xix, p. 55 ; t. xxii, p. 442), la *Sentinelle de l'armée* (1835, 20 avril), donnaient sur ces matières quelques renseignements. — Le *Dictionnaire de la Conversation* (au mot *Solde*) présentait le tarif en vigueur en 1839. — N° 6. Rang. — Le RANG que la Milice anglaise a occupé en Europe a été tour à tour glorieux, inférieur, brillant. — Crécy, Poitiers, Azincourt avaient vu pâlir l'étoile française. — Le succès de la seconde bataille de Hochstett, en 1704, et le génie de Marlborough mettent l'ARMÉE ANGLAISE au premier rang. — Le peu d'habileté qu'elle déploie à Hastembecke et à Fontenoi entament sa réputation. — Ses défaites aux États-Unis, ses désastres, depuis 1792, en France, aux Pays-Bas, en Hollande, achèvent de la discréditer ; son DÉBARQUEMENT en Egypte, ses victoires en Calabre et en Portugal, sa contenance et sa DISCIPLINE en Espagne, sauf dans les prises d'assaut, la remettent en honneur, et ses progrès depuis le commencement du siècle sont immenses. — On lit dans Bonaparte (1822) : *Les Français avaient, au commencement de la guerre, un grand mépris pour les troupes anglaises* (de terre). *Ce mépris venait peut-être du peu de réussite des expéditions du duc d'Yorck, du défaut de vigilance de ses avant postes et des désastres qui ont frappé ses armées. Néanmoins nos soldats avaient tort ; les Anglais étaient braves.* — *Cette opinion erronée fut cause que Reynier fut battu par Stuard. Vos troupes étaient presque toutes d'Anglais ; Reynier n'avait en partie que des Polonais.* — Bonaparte insinue dans ses mémoires qu'il y aurait folie de la part de l'Angleterre à devenir puissance militaire de terre ; cependant est-il une ARMÉE DE TERRE qui gouverne et exploite un plus large domaine que l'Inde? — Mais, au sein de l'Europe, l'Angleterre a-t-elle eu besoin d'une ARMÉE DE TERRE pour s'agrandir? La GUERRE DE SEPT ANS lui a donné Manille, la Havane, le Canada, l'Acadie couverte de FORTIFICATIONS FRANÇAISES. — La chute de Tippoo-Saïb a valu à la Grande-Bretagne l'immense territoire qui, au temps du gouverneur Dupleix, était possession française.

— La GUERRE DE 1792 a arraché à la France Malte et Corfou ; les troupes anglaises ont trouvé sur le premier de ces points un second Gibraltar. — L'île de France pouvait gêner la puissance anglaise, l'île de France n'est plus française ; il n'a été laissé au trône de Louis dix-huit qu'un simple champ de culture qu'on appelle l'île Bourbon. — Sainte-Lucie était l'avant-poste de la Martinique et de la Guadeloupe ; Sainte-Lucie a été retranchée de notre archipel des Antilles et s'est *agroupée* à Antigoa, la Barbade, la Jamaïque ; nos établissements sur la côte de Guinée ont également changé de maître. — La Martinique et la Guadeloupe nous ont été laissées, parce qu'elles coûtent plus qu'elles ne rendent ; la première guerre maritime nous en expulsera. Qui sait les prévisions dont Alger est l'objet? — Au préjudice d'autres intérêts et d'autres pays, et au profit constant de l'Angleterre, nous avons vu sous son trident se métamorphoser ses dominations. Elle a vendu Gênes au Piémont ; Heligoland ferme l'embouchure de l'Elbe et bride le passage du Sund ; les stations des Orcades barrent les communications de la marine du Nord ; les stations de la Manche tiennent en blocus les flottes de Hollande et de France ; l'île de la Providence est la forteresse du canal de Bahama ; la côte ferme est sous le canon de l'île de la Trinité ; un rocher devenu célèbre, celui de Sainte-Hélène, est un point qui domine l'Afrique et l'Amérique ; les Portugais se sont vu enlever leurs établissements du Malabar ; Ceylan et le cap de Bonne-Espérance ont été ravis aux Hollandais ; un monde tout entier, la Nouvelle-Hollande, a grossi les colonies des trois royaumes. — N° 7. Instruction. — La discipline des troupes d'Edouard trois et de Henri cinq avait amené à une haute perfection le maniement de l'arc, le tir de l'arbalète, la science des approvisionnements. Des règles d'administration militaire existaient alors que les troupes françaises en étaient entièrement dépourvues. — A la manière des Romains, les archers anglais s'étaient pliés à porter sur eux des paulx ou pieux, dont ils construisaient les parapets de leurs champs de bataille. — Ces pieux leur donnèrent la victoire à Azincourt, où se faisaient massacrer, du côté des Français, des gentilshommes sans infanterie, des braves étourdis, des chevaliers ivres. — L'art de dresser, comme auxiliaires, des quadrupèdes de la race canine distinguait, surtout au moyen âge, la Milice anglaise. Au temps du règne de Charles-Quint, elle entretenait encore des meutes de chiens guerriers ; sous

le règne d'ELISABETH, elle combattait encore
à coups DE FLÈCHES. — Les importants progrès de sa CHIRURGIE MILITAIRE ont devancé
les efforts de la nôtre. — Cette Milice montra beaucoup de bravoure et quelque savoir
dans les guerres de MARLBOROUGH, peu d'habileté dans celle de 1741 ; elle ne fit pas
moins de fautes que les autres armées dans
celle de 1756. On connaît l'issue de la
GUERRE D'AMÉRIQUE. — Après cette GUERRE,
on pourrait dire cette défaite, l'ARMÉE de terre
ne fit aucun des progrès dont les autres puissances de l'EUROPE donnaient le signal. Elle
n'avait, dit GUIBERT (1773, E), *ni tactique,
ni généraux* ; ses OFFICIERS y étaient livrés
au vin et peu instruits ; le grade de COLONEL
PROPRIÉTAIRE s'y accordait à des enfants au
berceau. M. le colonel CHAMBRAY (1824) rapporte qu'*on vit une femme y obtenir l'emploi de cornette de cavalerie*. On s'était
apparemment trompé de sexe en faisant
officier un enfant trop jeune. — Les ÉVOLU-
TIONS se faisaient par traditions et sans principes ; le caprice des chefs de corps en décidait. — Tels RÉGIMENTS ne manœuvraient
jamais. De 1780 à 1792, l'armée anglaise
n'était pas beaucoup plus habile que ne l'é-
taient les corps français sous CHARLES NEUF
ou LOUIS TREIZE. — Si l'on en croit le général FOY (1852), *jusqu'à ces dernières années, pas un auteur national n'avait
écrit, ex professo, sur les parties savantes de la guerre*. Le reproche de FOY est
exagéré, LLOYD était Anglais. — Depuis
1741 seulement, elle possédait une école
destinée à l'enseignement des OFFICIERS du
GÉNIE et de l'ARTILLERIE ; peu de résultats en
avaient été obtenus en fait de cheminement :
Pas la moindre notion, dit le général FOY,
*des procédés infaillibles qui conduisent
l'assiégeant, pied à pied, au cœur des
défenses*. — Remarquable par l'espèce des
hommes, la perfection du matériel, mais
médiocre sur le terrain au commencement
de la GUERRE DE LA RÉVOLUTION, elle devint
excellente à l'époque de la GUERRE D'ESPA-
GNE ; elle se montre aussi propre aux BA-
TAILLES DÉFENSIVES qu'au temps d'ÉDOUARD
TROIS. — Si des ATTAQUES PAR STRATAGÈMES
lui ont mal réussi, comme BERG-OP-ZOOM en
fournit la preuve en 1812, Talaveyra, Sainte-
Euphémie, Busaco, Saint-Martial, Waterloo
témoignent combien sont formidables ses
FEUX ROULANTS. Le général FOY attribue cette
supériorité à une DISCIPLINE plus calme, plus
silencieuse. — Mais sa CAVALERIE était loin
d'avoir l'habileté que promettaient la pres-
tance des hommes et la beauté des CHEVAUX.
— Le CORPS DU GÉNIE, dans les SIÈGES qu'il
entreprit, se montra moins habile que les

INGÉNIEURS français. BADAJOS et Burgos en
fournissent les preuves ; les ASSAUTS sanglants et les larges BRÈCHES de cette campagne sont mémorables. — Depuis le commencement du siècle elle est devenue l'é-
mule de l'ARMÉE DE MER ; les Milices du
BRÉSIL, des ÉTATS-UNIS, du PIÉMONT, du
PORTUGAL, de PRUSSE lui ont emprunté beaucoup ; ses ACADÉMIES militaires, lieux de réunions libres et savantes, ont pris un accroissement qui passe toute croyance ; ses FUSÉES
ont été imitées par l'AUTRICHE et le DANE-
MARK ; le nom du colonel CONGRÈVE est devenu européen ; elle a étudié la théorie des
ARMES A VAPEUR. Son ARTILLERIE de campagne
et ses ÉQUIPAGES ont fait d'incroyables progrès ; elle avait agrandi les roues de devant,
n'en avait plus que d'un échantillon, avait
augmenté la facilité de tourner, avait adopté
un seul FLASQUE, avait rendu commun à la
PIÈCE et au CAISSON un même AVANT-TRAIN ;
les artilleurs pouvaient n'amener au combat
que les bouches à feu sans CAISSONS et faire
transporter à l'aide des AVANT-TRAINS les
MUNITIONS. Il est vrai que l'alourdissement
du COFFRET rendait, en quelques circonstances, impossible la manœuvre à la PROLONGE.
— L'ARTILLERIE anglaise se servait surtout
d'OBUSIERS LONGS ; elle avait fait d'importantes épreuves en BALISTIQUE, simplifié sa TAC-
TIQUE, perfectionné le chargement des FUSÉES
et l'emploi des SHRAPNELLS, attaché des PLA-
TINES à des ARMES DE GRAND CALIBRE et rendu
plus rapides les effets des bouches à feu ;
son artillerie avait, sur l'artillerie des autres
puissances, l'avantage de la commodité des
rechanges, de la prestesse du déploiement
des PIÈCES en BATTERIE, de la promptitude de
l'ajustage de l'AFFUT sur l'AVANT-TRAIN ; ses
voitures avaient un roulage plus facile, servaient de WURSTS, se prêtaient à un plus facile emmagasinement de MUNITIONS, et s'é-
taient approprié un mode d'attelage qui
permet, à volonté, l'accouplement de deux
CHEVAUX de front ou l'arrangement par file
à limonière. — Un article étendu sur l'instruction de l'artillerie anglaise se trouve
dans le *Journal des Sciences militaires*
(1838, p. 215), et confirme ce que nous venons de dire. — Le *Journal militaire de
Berlin* (1818), M. Ch. DUPIN, le *Spectateur militaire* (t. XI, p. 22), avaient témoigné avec éloges de ces perfectionnements.
— Les presses hydrauliques rendaient commodément transportable le FOIN. — Un DÉ-
POT DE LA GUERRE a été établi, de nos jours,
à l'instar de celui de FRANCE ; il est dans les
attributions du QUARTIER-MAITRE GÉNÉRAL ;
une précieuse BIBLIOTHÈQUE y est attachée.
— Vers la fin de la GUERRE DE LA RÉVOLU-

TION, la Milice anglaise se fait remarquer par l'exactitude de sa DISCIPLINE, la régularité de SES MARCHES D'ARMÉES, la méthode de ses CAMPEMENTS et de ses CANTONNEMENTS. Ils étaient reconnus stratégiquement par les OFFICIERS D'ÉTAT-MAJOR, qui, ensuite, dirigeaient le CAMPEMENT tactique sous la direction des OFFICIERS du GÉNIE. — Les CHAMPS DE MANŒUVRES sont choisis et reconnus par les INGÉNIEURS GÉOGRAPHES. — Lors des marches d'armée, et la veille du départ, les OFFICIERS du QUARTIER-MAITRE GÉNÉRAL partent en RECONNAISSANCE vers des points déterminés, et explorent le TERRAIN jusqu'à une distance à peu près équivalente à une journée de marche. De retour à cinq heures du soir au quartier général, ils y fournissent les aperçus et les croquis qu'ils ont dû lever sur leur route. Il est procédé au raccord de ces croquis, pour en composer un plan de la marche du lendemain. — Depuis 1801, elle a, à Sandhurst, un COLLÉGE MILITAIRE divisé en deux DÉPARTEMENTS; l'un, appelé *junior department,* est une ÉCOLE MILITAIRE du premier degré, où sont admis des CADETS GENTILSHOMMES. Ils étudient la GYMNASTIQUE et la SCIENCE MILITAIRE; ils sont destinés à devenir OFFICIERS D'INFANTERIE et de CAVALERIE. — L'autre s'appelle *senior department,* et forment les OFFICIERS D'ÉTAT-MAJOR. Ils étudient la FORTIFICATION au moyen de modèles de grande dimension. Ils ont poussé à la perfection le DESSIN appliqué aux RECONNAISSANCES et à la TOPOGRAPHIE. Les élèves qui s'y sont formés ont déjà figuré aux ARMÉES. Ceux qui étaient assez âgés à l'époque de la GUERRE D'EGYPTE, y firent leurs premières armes. Leur instruction s'est continuée ensuite dans le COLLÉGE MILITAIRE. — L'ÉCOLE D'ÉTAT-MAJOR française a été une imitation de l'institution anglaise. — Depuis 1809, une ÉCOLE D'ENSEIGNEMENT PRIMAIRE, suivant la méthode lancastrienne, est fondée dans chaque RÉGIMENT ANGLAIS. — Depuis 1829, un journal militaire mensuel est publié, et se compose d'un cahier de huit à neuf feuilles d'impression, grand in-8°, Londres. Il est intitulé *United service journal and naval and military magazine.* D'autres feuilles, qui ne sont militaires qu'en partie, ou qui ne ressortissent qu'à la marine, se nomment, l'une, *Correspondance générale, Correspondance des ports;* l'autre, *Portefeuille de l'éditeur,* etc. — Le CHEMINEMENT comparé de l'INFANTERIE et de la CAVALERIE commence à être approfondi. — L'INFANTERIE s'est livrée avec fruit au maniement du FIL, aux EXERCICES A FEU, au tir de la CARABINE, aux expériences de la CIBLE. Mais, en 1832, cette BALISTIQUE était trop peu cultivée, si l'on en croit

le *Journal united service* n° 46. Elle étudie la MARCHE et les BATTERIES de TAMBOURS au moyen du MÉTROBATE dont ses SALLES D'EXERCICE sont pourvues. L'ARTILLERIE n'est pas restée en arrière. Le duc de WELLINGTON a fait construire, en 1824, une épaisse muraille en briques figurant une face de bastion et consacrée aux applications de l'étude du TIR EN BRÈCHE. — L'ÉTAT-MAJOR, commandé par le QUARTIER-MAITRE GÉNÉRAL, est un des plus savants de l'EUROPE. — Les travaux de TOPOGRAPHIE, levés sur une grande échelle, embrassent tous les TERRAINS militaires de l'ANGLETERRE. L'étude de la FORTIFICATION PASSAGÈRE y est poussée aussi loin que dans les ÉCOLES DU GÉNIE. — L'ÉTAT-MAJOR se recrute parmi les OFFICIERS D'INFANTERIE et de CAVALERIE qui, ayant servi dans les CORPS jusqu'à l'âge de vingt et un ans, ont passé ensuite trois ans dans le COLLÉGE MILITAIRE. Ce même système règne en PRUSSE. — Les OFFICIERS, après avoir fait nombre dans l'ÉTAT-MAJOR, reviennent à leur RÉGIMENT, et suivant le besoin ils en sont rappelés par le QUARTIER-MAITRE GÉNÉRAL pour le service de l'ÉTAT-MAJOR. — Le mécanisme du travail des INSPECTEURS GÉNÉRAUX est savamment ordonné; les rapports en sont recueillis par l'ADJUDANT GÉNÉRAL et soumis au COMMANDEUR. — L'ESCRIME A CHEVAL, et surtout l'ÉQUITATION, pratiquées depuis 1819, commencent à faire des progrès. La CAVALERIE, peu maîtresse jusqu'ici de ses CHEVAUX, arrivera à les gouverner mieux, et deviendra plus propre au combat, en acquérant une des qualités qui lui manquaient. — A Chelsea, une ÉCOLE D'ENFANTS DE TROUPE, destinée au service de l'INFANTERIE, s'exerce particulièrement à la GYMNASTIQUE. — L'ARMÉE de la compagnie, tenue et disciplinée à l'européenne, ne le cède en rien aux TROUPES ANGLAISES quant à l'instruction. — Du reste, l'ARMÉE de terre compte peu d'ÉCRIVAINS militaires et n'a que deux ouvrages périodiques; l'un d'eux paraît mensuellement depuis 1827. Chaque volume se compose de l'ensemble des publications trimestrielles. Il s'appelle *United service, naval and military magazine.* — N° 8. TACTIQUE. — Embrassons d'abord d'une manière générale le sujet, jetons ensuite un coup d'œil sur les TACTIQUES modernes d'INFANTERIE, de CAVALERIE, d'ARTILLERIE. — Nous avons parlé de quelques variétés de l'ancien CRI D'ARMES des ANGLAIS, de leurs ARBALÈTES en usage encore au temps d'ELISABETH, de leur ORDRE en trois BATAILLES ou masses espacées à la manière des troupes de LOUIS QUATORZE, et de leurs MACHINES INFERNALES. — Dans toute la GUERRE DE LA SUCCESSION de FRANCE, l'IN-

FANTERIE anglaise se montra mieux dressée, plus manœuvrière, mieux armée que la nôtre. Les ARCHERS A CHEVAL anglais devinrent, suivant FAUCHET, le modèle de ceux de FRANCE. Notre infériorité résultait de la vicieuse forme du gouvernement français, et de cette prépotence de la CHEVALERIE qui s'opposait à tout esprit d'unité. La supériorité des PIÉTONS ANGLAIS était une conséquence de leur dextérité à tirer de l'ARC, des encouragements que le gouvernement donnait à cet EXERCICE, et de la nécessité d'étudier des MANOEUVRES pour se maintenir au sein d'un pays qui n'était pas le leur. — La CAVALERIE elle-même n'était pas inhabile à combattre à pied, et y mettait même de la vanité, comme le témoigne VELLY, à l'année 1465. Aussi, de nos jours encore, à la manière PRUSSIENNE, un certain nombre d'ESCADRONS étaient dénommés BATAILLON. — Mais quand l'ART a fait ailleurs des progrès plus sérieux, les ANGLAIS n'ont adopté qu'avec lenteur la manière de combattre des autres ARMÉES. Ils n'ont quitté qu'à regret l'ARC et l'ARBALÈTE. Aussi le Tasse les appelait-il le peuple *sagittaire*. Ils ont renoncé des derniers aux GRENADES A MAIN et aux HALLEBARDES. GUSTAVE-ADOLPHE et TURENNE avaient adopté depuis longtemps l'ORDRE SUR DEUX LIGNES, alors que l'ARMÉE ANGLAISE n'occupait que sur une seule LIGNE le CHAMP DE BATAILLE. — Elle renonçait, en 1689, aux CHARGES D'INFANTERIE jusque-là exécutées le SABRE à la main. Les GRENADIERS A CHEVAL de la GARDE, TROUPE cuirassée, au lieu de charger avec le SABRE, chargeaient à cheval avec la BAIONNETTE, après avoir fait des FEUX D'ENSEMBLE. — L'INFANTERIE abandonnait la PIQUE après la bataille de FLEURUS, en 1690; elle prenait, en 1693, la BAIONNETTE. Elle adoptait, un demi-siècle plus tard, les PIÈCES SUÉDOISES, qu'elle nommait *batalionguns*. — Depuis le milieu du siécle, les règlements de tactique étaient empruntés, comme le dit M. Charles DUPIN, de ceux qu'avait composés un GÉNÉRAL PRUSSIEN qu'il ne nomme pas. Ce GÉNÉRAL était SALDERN. Mais chaque colonel instruisait à sa manière son régiment, et en 1790 la Milice anglaise était encore faible et peu manœuvrière, comme le témoigne le général FOX, écho en cela de Guibert. Elle continuait à pratiquer les anciens FEUX DE CHAUSSÉE (*street-fire*), abandonnés en France depuis le milieu du siècle. — Les règlements prussiens furent conservés jusqu'en 1792, époque où ils furent remplacés par ceux de FRANCE. La TACTIQUE anglaise en revenait à ses primitifs précepteurs, et elle dut à ses commandeurs en chef l'accord et l'ensemble

qui commencèrent à régner dans l'armée anglaise. — En 1796, le général Dundas, revêtu de la dignité de commandeur, régla par de nouvelles ordonnances l'EXERCICE et les MANOEUVRES de CAVALERIE, d'INFANTERIE, d'INFANTERIE LÉGÈRE et de TIRAILLEURS. La clarté est le grand mérite des institutions qu'il promulgua. La théorie du SALUT militaire, considérée comme de haute importance, en était la première leçon. Des tacticiens français sont d'avis que quelques inutilités déparent le document anglais. Il a été presque suivi sans modification jusqu'à la fin de la GUERRE. — L'ordonnance de l'INFANTERIE de bataille, et la mesure de son TERRAIN INDIVIDUEL, étaient calquées presque entièrement sur le RÈGLEMENT français de 1791; il ne s'y trouvait que quelques différences dans le PORT D'ARMES moins vertical, dans les règles mécaniques de la MARCHE, dans le MANIEMENT D'ARMES, dans les EMBATAILLEMENTS OU ENCOLONNEMENTS, et dans les passages d'un ORDRE à un autre. Mais une ingénieuse manœuvre, d'invention anglaise, est le CARRÉ DE RALLIEMENT, inusité parmi nous, et décrit dans le *Bulletin des Sciences militaires* (1825, p. 410). —L'instruction de l'infanterie légère était dès lors et est restée plus spéciale et plus savante qu'en FRANCE. — Il a été ajouté aux emprunts que l'ANGLETERRE nous faisait, un jeu ou ESCRIME des deux MASSUES; le *Bulletin des Sciences militaires* (1827, p. 85) en donne un aperçu théorique. — M. SMIZO (1826, H) est le plus moderne AUTEUR qui puisse être consulté à cet égard. — Après les expéditions d'EGYPTE et de HOLLANDE, les efforts du nouveau COMMANDEUR portèrent leurs fruits; il établit de 1803 à 1805 des CAMPS D'INSTRUCTION; il donna aux TROUPES à pied une physionomie différente; elles n'étaient plus reconnaissables pendant la GUERRE D'ESPAGNE. A cette époque les GÉNÉRAUX anglais dressèrent en moins de deux ans d'excellents RÉGIMENTS PORTUGAIS. Les Mémoires de Napoléon (M. le général MONTHOLON, 1823, t. II, p. 89) ont rendu aux Anglais cette justice : *L'armée anglo-portugaise est devenue aussi manœuvrière que l'armée française ; on a* (les Français *ont*) *été battu par suite des événements de la guerre, des manœuvres et des fautes de stratégie, à* Talaveyra, *à* Salamanque, *à* Villoria. — En ESPAGNE la Milice anglaise était formée par DIVISIONS ayant chacune leur ARTILLERIE à raison de deux pièces par mille hommes; le nombre des BATAILLONS a varié de quatre à dix dans ses DIVISIONS, et de deux à quatre dans ses BRIGADES. — La conduite des GÉNÉRAUX anglais dans la GUERRE péninsulaire a été circonspecte et méthodique dans les affaires de plaine; ils semblaient moins s'être promis de triompher que s'être engagés à ne point se laisser vaincre; gagner du temps et perdre peu d'hommes était leur pensée dominante; les GÉNÉRAUX d'un rang subordonné ne se fussent jamais hasardés à engager d'eux-mêmes une action, comme cela s'est vu trop souvent dans l'ARMÉE FRANÇAISE. — Aux mêmes époques l'ARMÉE NAVALE de la GRANDE-BRETAGNE, si supérieure à tout ce qui s'était jamais vu, n'a pas toujours fait bonne guerre; en 1812 elle a combattu comme l'avaient fait les vieux DANOIS, les Pictes. La cité de Washington en AMÉRIQUE a cruellement expié sa reddition aux armes britanniques; les vainqueurs y incendièrent les bâtiments publics et une bibliothèque précieuse. Ils expièrent à leur tour ce bombardement; leur flotte détruite à Baltimore et leur ARMÉE prisonnière en payèrent les représailles. — D'honorables Anglais ont gémi sur ces calamités. Nous ne sommes plus au siècle où GUERRE et dégât étaient synonymes. — La TACTIQUE de l'INFANTERIE et de la CAVALERIE témoignent une sage unité de vues; la manière dont leurs compagnies se subdivisent est la même. Ainsi un RÉGIMENT de CAVALERIE qui met pied à terre est regardé comme un BATAILLON; c'est un vestige des modes du quatorzième siècle. — Les TIRAILLEURS à pied combattent deux à deux, sans mélange de cavaliers; les corps en ligne les alimentent, mais ne les renouvellent pas. — Les CHARGES exécutées par l'INFANTERIE et la CAVALERIE ont été l'objet de savantes études dont la FRANCE ne s'est pas encore occupée. — L'INFANTERIE a conservé ou repris une MANŒUVRE française du temps de LOUIS QUATORZE, MANŒUVRE qu'avec raison notre ARMÉE a répudiée; elle consiste à ROMPRE PAR QUATRE, comme la CAVALERIE; elle a conservé aussi l'ancien usage français de placer des SERGENTS à la GARDE DU DRAPEAU; on les appelle sergents de drapeaux. — Les RÉGIMENTS d'INFANTERIE, en général d'un seul BATAILLON, sont depuis 1756 de dix COMPAGNIES-PELOTONS, dont deux COMPAGNIES DE FLANC; les règlements, et même celui que renouvelait l'édition de 1813, les formaient sur trois rangs, et ne permettaient que par exception l'ordre sur deux rangs; mais l'INFANTERIE ANGLAISE s'écartait de cette disposition depuis 1808, et un ordre du jour de 1810, publié au nom du duc d'YORK, a modifié la loi. L'INFANTERIE ne se forme que sur deux rangs; ils en composent quatre au besoin par des DOUBLEMENTS tant soit peu analogues à ceux de l'avant-dernier siècle, mais sans mélange

de FILES. La suppression du TROISIÈME RANG a été imitée par plusieurs ARMÉES. — Les Milices anglaise et ANGLO-AMÉRICAINE étaient les seules où cet AMINCISSEMENT fût admis; la MILICE SUISSE a imité ce système, et, à tort ou à raison, plusieurs ÉCRIVAINS, tels que M. le colonel CHAMBRAY et BONAPARTE luimême, conseillent cette pratique. Les pas de l'INFANTERIE sont de l'ancienne proportion PRUSSIENNE; son PAS OBLIQUE est bien plus lent que le nôtre. — L'INFANTERIE anglaise s'est montrée impassible, solide, mais peu aventureuse; elle se saisissait de positions avantageuses, peu abordables, se tenait sur une habile défensive, et n'attaquait que quand elle était sûre de la supériorité du nombre : si, dans quelques SIÉGES OFFENSIFS, elle en a agi autrement, elle a eu à s'en repentir. — Elle a dû le gain des grandes BATAILLES où elle a triomphé des FRANÇAIS, à nos audacieuses imprudences, à la supériorité de son FEU, à la qualité de sa POUDRE, au SANG-FROID de ses hommes. Ainsi, à Sainte-Euphémie, pendant le siége de Gaële, REYNIER, persuadé que des Français ne pouvaient être battus, est allé à marche forcée se faire écraser par le feu d'une ARMÉE ANGLAISE débarquée sur la côte de NAPLES; il voulut la charger en colonne sans tirer, il en fut reçu avec sang-froid et à bonne portée; il essaya alors de se déployer et fut perdu. Ce fut depuis la GUERRE DE LA RÉVOLUTION le premier grand succès d'INFANTERIE à infanterie sur le continent européen. Un Français, un député, M. de Sade, alors aide de camp de sir John Stuard, passe pour avoir grandement contribué au gain de l'affaire. — Ce qu'elle avait fait sur les rivages de la Calabre, elle l'a répété au mont Busaco, aux affaires de Vimiero et de Talaveyra, à la bataille de Waterloo; elle appliqua d'une manière nouvelle les ressources du feu de l'INFANTERIE. — Elle puisait l'énergie de la résistance dans l'emploi préalable et l'à-propos de la mousqueterie. On en trouve dans le *Journal de l'Armée* (1833, p. 12) les témoignages dans le passage suivant : *Les lignes anglaises déployées à l'avance et placées autant que possible dans des plis de terrains ou en arrière des crêtes des hauteurs, se couvraient par des essaims de tirailleurs qui, en refluant vers elles, les instruisaient de notre approche. Lorsque les têtes de nos colonnes étaient bien démasquées, les Anglais les accueillaient par une décharge presque à bout portant, et dont les ravages étaient terribles; aussitôt après cette fusillade la ligne anglaise s'ébranlait, la baïonnette en avant, assail-*

lait nos masses ébranlées et réussissait presque toujours à les disperser. Si ce résultat n'était pas obtenu promptement, les soldats anglais se reployaient en toute hâte derrière une seconde ligne postée comme la première, et où nous était réservée une nouvelle épreuve. — En Espagne, l'infanterie anglaise exécutait des feux de deux rangs sans changer de fusils ; elle visait juste, chargeait avec calme, employait des balles fortes et perdait peu de coups. — Quand elle recevait en ordre déployé la charge d'une colonne d'attaque, le bataillon attaqué détachait son premier et son dernier peloton qui se lançaient en tirailleurs contre le flanc de la colonne, tandis que les huit pelotons restants exécutaient le feu successif par file. Si cette manœuvre était impuissante, le bataillon se retirait derrière sa seconde ligne, et s'y reformait tandis que celle-ci essayait les mêmes moyens de défense. — Quelquefois l'infanterie, après avoir exécuté des feux de bataillon, s'ébranlait en ordre et chargeait en bataille, les armes vides et le chien abattu. — Un réglement (1817, B) a mis au jour quelques dispositions (*addenda*) dont la guerre avait introduit l'usage. — De nos jours, et dans l'Inde et en Angleterre, des carabiniers d'infanterie se servent de fusées qu'on appelle *rifle-rockets*. — Les recrues renouvellent l'antique exercice que les Grecs appelaient sciamachie, ou combat solitaire, et que les Romains appelaient *ventilatio*. Virgile peint par ce terme l'action par laquelle les athlètes se dégourdissaient les bras et préludaient à la lutte. — Les corps légers, armés de carabines et nommés par cette raison *riflemen*, exécutent des feux analogues aux anciens feux de files et agissent en tirailleurs au son des bugles ; ces instruments, qui se font entendre de fort loin, donnent les signaux des manœuvres et indiquent ce que fait l'ennemi. — Le *Spectateur militaire* (t. xix, p. 250) témoigne qu'en 1835 l'instruction de l'infanterie de bataille embrassait la tactique de l'infanterie légère. — L'infanterie hanovrienne le dispute pour la précision de la tactique à l'infanterie anglaise. — L'infanterie écossaise marche au son de la cornemuse ; sa mélodie âpre et mélancolique rappelle le régime féodal des clans. — Les Milices des comtés sont exercées au moins une fois chaque année. — A l'instar des Prussiens, la cavalerie se divisait par bataillons de cinq escadrons. — Dans les grandes manœuvres, des cavaliers désignés pour jalonneurs sont reconnaissables par un signe distinctif, et sont chargés de contenir les spectateurs et d'empêcher qu'ils ne nuisent aux mouvements des troupes : c'est une espèce de gendarmerie de circonstance. — Le système de formation des escadrons veut que les chevaux de la plus grande taille soient vers le centre, et que les autres soient aux ailes ; c'est le mode inverse du rang de taille que la cavalerie autrichienne observe. — Dans les armées agissantes, la cavalerie anglaise est de peu d'utilité, soit que les généraux la ménagent à raison du prix des chevaux, soit qu'ils se défient de son habileté. — On lit dans Bonaparte (1822) : *La cavalerie anglaise n'est en rien comparable à l'infanterie. Les cavaliers ne peuvent retenir leurs chevaux ; ces animaux sont trop bien nourris, tenus trop chaudement, quoique négligés par leurs cavaliers.* — On lit dans Fleury de Chaboulen (t. ii, p. 165) : *Leur cavalerie ne vaut pas la nôtre, mais leur infanterie est redoutable, tire juste, tient ferme, et si on la culbute, elle se rallie cent pas plus loin et revient à la charge.* — Ce qui a été dit de la composition, de la force, de l'instruction de l'artillerie anglaise laisse peu à y ajouter. — Il s'y est introduit l'usage d'asseoir sur le coffret de l'avant-train deux des canonniers de l'artillerie à cheval. — Leurs batteries, d'abord de cinq canons de six et d'un obusier de vingt-quatre léger, commencent à être de cinq canons de neuf, à peu près égal au huit français, et d'un obusier lourd. En 1825, l'artillerie anglaise avait la supériorité sur celles de toutes les autres nations ; les écrivains étrangers lui en rendaient le témoignage. De 1827 à 1829, son système, son matériel, ses manœuvres ont été imités par les Français. — Pendant un siècle et demi les Anglais avaient été les copistes serviles et peu habiles des routines de nos pères : le rôle est changé ; mais les Français, il est vrai, ont été les imitateurs réfléchis d'un système habilement perfectionné ; ils en ont tout pris, sauf l'escadron de fusées. — Le corps du génie anglais s'est montré utile auxiliaire des autres armes dans la construction des lignes fortifiées et des tours nommées martello. Il a moins réussi dans la conduite des siéges. — N° 9. Subordination. — Deux branches d'autorité, l'une responsable, l'autre non, servent d'intermédiaire entre le roi et l'armée, entre le parlement et l'armée. Le commandeur en chef est l'homme du roi. Le ministre secrétaire d'Etat pour la guerre et les colonies, *secretary at war*, est à la fois et membre du cabinet et responsable envers le parlement ; il répartit les ordres de mouvements extérieurs, dirige la partie financière de

l'administration, exerce l'ordonnancement.
— Le COMMANDEUR EN CHEF a un pouvoir qui
équivaut à celui qui pourrait être déféré à
un GÉNÉRAL D'ARMÉE à poste fixe, à un GÉNÉ-
RALISSIME perpétuel en résidence ; il décide
des questions qui pourraient être soumises,
suivant la coutume d'autres pays, à un conseil de la guerre, à une ACADÉMIE MILITAIRE,
à un conseil aulique. — Ce pouvoir central,
prompt, unique, est-il préférable à une autorité balancée, temporisante et collective
comme celle des bureaux du ministre de la
guerre de France ? Un tel sujet n'est pas de
nature à être traité ici, mais il y a des ÉCRI-
VAINS qui pensent que les institutions anglaises l'emportent à quelques égards sur les
nôtres. — Dès le siècle dernier, TURPIN
(1783, O) disait de cette Milice : *Il n'existe
peut-être aucune armée où la hiérarchie
soit marquée par des degrés aussi forte-
ment prononcés. La distance qui sépare
le soldat du simple caporal est immense ;
celle qui sépare celui-ci du sergent est
plus grande encore ; enfin les officiers
semblent former une classe d'êtres d'une
autre nature que celle des sous-officiers.*
— Mais cette subordination est quelquefois
plus routinière que rationnelle ; le sentiment ou l'habitude de l'ordre semble cons-
pirer contre l'ordre même ; ainsi dans tel
RÉGIMENT où le MAJOR se trouvait plus ancien que le LIEUTENANT-COLONEL, il avait
droit, dans les GRANDES PARADES, de DÉFILER
avant son SUPÉRIEUR ; ainsi momentanément
le SUBORDONNÉ commandait le CHEF du CORPS.
— Cette importance attachée à l'ancienneté
des militaires rejaillit même sur leurs femmes : ainsi dans un bal donné par un militaire, la danse ne peut être ouverte que par
l'épouse du plus ancien officier, quel que soit
son grade ; cette règle ne peut être inter-
vertie que dans le cas où des danseuses
titrées figurent sur les banquettes ; la classe
du titre décide du droit d'ouvrir le bal. —
Tout officier est tenu de vivre à la table commune, à la table du grade, à la MEZE, mot
venu du portugais *meza*, ou du mot français
mets, ou du latin *mensa* ; mais c'est moins
sous le rapport de la subordination, que
pour entretenir la fraternité, l'esprit de corps,
la régularité de conduite. — Des COURS MAR-
TIALES, soit générales, soit régimentaires,
prononcent sur le sort des coupables ; à
l'ARMÉE elles instruisent sur-le-champ, sans
enquête ; elles condamnent sans appel ; elles
font pendre celui qu'elles jugent l'avoir
mérité. — On lit à ce sujet dans BONAPARTE
(le général MONTHOLON, 1823, t. II, p. 58) :
*La discipline anglaise est une discipline
d'esclaves, c'est le patron devant le serf.*

*Elle ne se maintient que par l'exercice
de la plus épouvantable terreur. Un
pareil état de choses dégraderait et avili-
rait le caractère français, qui a besoin
d'une discipline paternelle, plus fondée
sur l'honneur et les sentiments.* Ce passage
est empreint d'exagération, de nombreuses
preuves le démontrent. — L'étude des
dernières guerres témoigne cependant qu'en
PORTUGAL et en ESPAGNE, la DISCIPLINE anglaise a été relâchée, et qu'elle a été au
contraire rigide en FRANCE ; il y aurait trop
à s'étendre pour expliquer ce contraste d'une
armée modérée au milieu du pays le plus
ennemi, et montrant moins de retenue au
sein de nations amies. M. Ch. DUPIN n'a fait
qu'effleurer cette question, et elle a été mal
jugée par Mme de STAEL. — N° 10. PUNITIONS,
PEINES. — Voici le côté sombre du sujet ;
mais toute construction répond à sa base ;
le genre de la COMPOSITION des TROUPES
apporte avec lui ses exigences. Les répressions et la moralité doivent être en équilibre. — Donner une juste définition des
PUNITIONS et des PEINES modernes est difficile, parce que l'action de la DISCIPLINE et
l'action de la JUSTICE régimentaire se confondent en bien des cas ; les nuances entre
les CONSEILS DE DISCIPLINE et les COURS MAR-
TIALES sont peu marquées. — Une PUNITION
infligée aux hommes de troupe et empruntée de l'ancienne MILICE FRANÇAISE était celle
de l'HABIT RETOURNÉ ; un CHATIMENT de même
origine était celui des BAGUETTES, ou *gantlope*, sorte de FUSTIGATION *(flogging)*
nommé aussi, suivant DUANE, le GANTELET.
Passer par les baguettes s'appelait courir le
gantelet, *to run the gantlope, the gauntlet.*
— Les CHATIMENTS des hommes de troupe
se ressentaient de cet esprit d'aristocratie
qui a survécu au dix-septième siècle ;
c'étaient la MORT par la potence, la dépor-
tation soit à terme, soit à vie, la MARQUE, le
FOUET. — L'ESPIONNAGE est puni de la corde ;
la DÉSERTION et la RÉVOLTE entraînent l'AR-
QUEBUSADE ; les PEINES CORPORELLES sont l'INCAR-
CÉRATION et le FOUET. — Ces formes répressives ont cependant reçu quelques adoucissements en 1804, comme le témoigne avec
détails M. Charles DUPIN. — Les débats de
la chambre des communes indiquent, en
1824, quatre espèces de PUNITIONS : l'EXPUL-
SION, l'AMENDE, la PRISON, le FOUET. —
Quoique l'ENROLEMENT soit volontaire, et que
par conséquent la DÉSERTION soit bien plus
criminelle que dans les pays à conscription,
pays où le service est une violence faite à
la liberté individuelle, cependant la loi
anglaise ne punit la DÉSERTION simple ou à
l'intérieur que de trois mois d'incarcération,

ou de cinq semaines de PRISON SOLITAIRE ; mais cette peine s'aggrave de celle de la MARQUE. — Cependant nous lisons dans le *Spectateur militaire* (t. XXIV, p. 441), qu'en mars 1857, un enrôlé de dix-huit ans, déserteur après six semaines de SERVICE, a reçu cent cinquante COUPS DE FOUET, et il y a survécu ; apparemment il y avait plus que désertion simple ou à l'intérieur. — La proposition de la suppression du FOUET, applicable aux MILITAIRES ANGLAIS, a été écartée par la grande majorité des votes du parlement anglais en 1857 ; tandis que le 24 février 1855, s'il en faut croire le *Spectateur militaire* (t. XXIV, p. 442), le gouverneur général des INDES orientales l'a supprimé dans les CORPS indiens. — En Europe l'essai de la suppression du FOUET eut lieu en 1856, mais le nombre des hommes livrés aux COURS MARTIALES se doubla. Il n'avait été sous le régime du FOUET que de quatre mille sept cent huit, il monta à huit mille neuf cent soixante-cinq ; aussi le parlement, à une grande majorité, en rétablit l'usage en 1858. — On lit dans le *Spectateur militaire* (t. XXVI, p. 670) : En 1651, il y eut mille six cent trente-sept soldats condamnés à la prison ; en 1857, il y en eut trois mille deux cent soixante-quinze ; on attribue cette augmentation à la suppression du fouet. — Nous supposons que cette notice concerne les troupes de l'Inde, non de l'Europe. — L'application des PEINES, la direction des PROCÉDURES MILITAIRES est confiée, dit le général Foy, *à un corps de magistrats civils ; leur chef, qui réside à Londres, a le titre de juge avocat général ; ses adjoints (deputy judge avocate general) sont détachés dans les armées ; c'est à eux qu'il appartient d'informer.* — Si un DÉLIT est commis dans un CORPS EN ROUTE SUR PIED DE GUERRE, un JUGEMENT est rendu en plein air par une COUR MARTIALE, à la manière prescrite par le CODE PÉNAL de l'INFANTERIE SUISSE ; cette JURISPRUDENCE se nomme *drums-head-trial*, ce qui signifie : épreuve capitale sur le TAMBOUR ; une pile de TAMBOURS est tout l'ameublement du TRIBUNAL. — Une FLAGELLATION à la nègre, un KNOUT, ont succédé aux BAGUETTES ; le CHATIMENT a lieu en présence du CHIRURGIEN, et tire son nom d'un genre d'escourgée qu'on appelle CHAT A NEUF QUEUES, *cat of nine tails* ; c'est le fouet à battre les habits, ou un MARTINET à neuf lanières. On en administre les coups sur le dos du patient couché nu sur un banc ou sur une paillasse, ou bien, en campagne, on l'attache les mains en l'air à un triangle de bois. L'abolition de cette FUSTIGATION, nommée *strept*, a été plusieurs

fois réclamée dans le parlement. La discussion du budget de 1828 a fait de nouveau ajourner la suppression du CHAT A NEUF QUEUES. En 1855, la discussion sur ce sujet a été écartée à une majorité de cent cinquante et une voix contre cent quarante. — Des recherches de statistique que renferme le *Constitutionnel* (22 juillet 1856) donnent comme résultats, que, du 24 août 1855 au 1er juillet 1856, il a été administré cinq cent quatre-vingt-huit fustigations, dont deux cent soixante-dix pour désobéissance ou rébellions ; quatre-vingt-neuf pour ivresse pendant le service ; cent trente-neuf pour vente d'effets d'uniforme ; cinquante-deux pour vols entre camarades ; et quarante-sept pour conduite déshonorante. — La punition du CACHOT (*solitary confinement*), commence, depuis quelque temps, à être employée et substituée aux autres moyens correctifs. — Les mesures de DISCIPLINE, les rapports dont elle est l'objet concernent immédiatement l'ADJUDANT GÉNÉRAL. Le CODE PÉNAL MILITAIRE en vigueur, *mutiny-act*, date de 1689 ; annuellement une décision législative en révise les dispositions ; mais la propension que les Anglais ont à conserver les vieilles choses a maintenu une justice exceptionnelle, rapide, puissante. On a cherché la justification de cette mesure dans la composition toute prolétaire de l'armée, dans le recrutement exercé dans les plus basses classes, quelquefois au sein des prisons, dans la passion désordonnée du soldat pour les boissons enivrantes ; de ce système dérive le droit facultatif laissé aux GÉNÉRAUX d'attacher plus ou moins de juges aux COURS MARTIALES. Ce nombre varie de cinq à treize, et le plus généralement de onze à treize ; mais il se modifie suivant le lieu où stationnent les troupes. — Un conseil de treize juges de divers corps inflige les peines graves ; un conseil régimentaire (*regimental*) de cinq officiers applique des punitions moindres ; un conseil de trois juges prononce sur des châtiments manuels. — Le CONSEIL a une grande latitude quant à l'application des PEINES ; il peut prononcer, à l'égard des HOMMES de troupe, des SUPPLICES, des MUTILATIONS qui rappellent les jugements du MOYEN AGE. Si le DÉLIT emporte la mort, le condamné est transporté au lieu de l'exécution sur la même charrette que la potence où il finira ses jours. — Les CONSEILS DE DISCIPLINE tiennent le milieu entre les mesures qui sont du domaine de la haute JUSTICE, et l'application des punitions que les militaires gradés ont le droit de prononcer. — Une JUSTICE extra-légale, mais tolérée, participe à la fois des TRIBUNAUX D'HONNEUR, de la CALOTE, et de la SAVATE française. Le général Foy la dépeint comme composée de trois SOLDATS qu'un SERGENT OU CAPORAL préside, et la nomme *tribunal de confiance. Ses coups de courroie, dit-il, sa justice hâtive, préviennent souvent une justice plus sévère.* — S'il s'agit de personnages haut placés, et d'OPÉRATIONS DE GUERRE qui intéressent l'honneur national, une COMMISSION D'ENQUÊTE convoquée par le roi prononce, s'il y a lieu, l'avis de traduire devant une COUR MARTIALE le PRÉVENU ; mais le temps où l'on fusillait sur le rivage l'amiral Byng est bien loin. — Les OFFICIERS ne sont soumis qu'à des PEINES analogues à celles des autres contrées ; leur état, du reste, avait une stabilité que d'autres gouvernements ne lui assuraient pas : ainsi, suivant ADYE, le roi n'eût dépossédé de son GRADE un OFFICIER qu'à la suite d'un avis préalable d'une cour d'enquête ; c'était, il est vrai, du fait des usages plutôt que de la loi ; c'était une conséquence do l'importance d'une classe de MILITAIRES tout à fait distincte de la classe des SOLDATS. — Si des OFFICIERS sont déférés à la COUR MARTIALE générale, elle a droit de prononcer, s'il y a lieu, des réprimandes particulières ou publiques, une suspension soit du rang, soit de la SOLDE, et enfin la destitution. — Une justice de famille s'exerce aussi, mais sans que la loi s'en mêle. Un jugement prononcé par les collègues met un collègue en *conventry*, c'est-à-dire en état de répulsion ou de séquestration ; aucun de ses camarades ne peut ni frayer avec lui ni lui parler, si ce n'est pour affaire de service. C'est une mesure bien autrement austère que ne l'était la CALOTE française. — Du reste, si les mesures répressives sont plus acerbes qu'en FRANCE, le code anglais ne connaît ni les FERS, ni le BOULET ; si le fouet, *flogging*, y est usité, les TRAVAUX PUBLICS ne sont pas en usage. Le fond du CODE pénal est moitié moins rigoureux que le nôtre : ainsi la PEINE DE MORT peut être appliquée en vingt et un cas au militaire anglais, quand en FRANCE elle est prescrite en quarante-trois cas. Les détentions n'excèdent guère quatre mois, et la PRISON SOLITAIRE quarante-deux jours. — On peut à peine, dans l'ARMÉE ANGLAISE, en temps de paix, citer par an une EXÉCUTION A MORT. — Les OFFICIERS A DEMI-SOLDE cessent d'être soumis au code pénal de l'ARMÉE. Le général Ross ayant été, pendant sa demi-solde, traduit en 1785 devant une COUR MARTIALE, les douze juges furent unanimement d'avis qu'il n'était pas leur justiciable. — La chambre des communes a décidé en 1835, que le *mutiny-act* serait révisé, et que les

CHATIMENTS CORPORELS seraient restreints ; une circulaire ministérielle du 24 août 1833 n'a maintenu les PUNITIONS CORPORELLES que dans le CAS DE RÉCIDIVE, d'insubordination ou de résistance aux ordres de service, d'ivresse dans le service, de détournement d'effets d'uniforme. — Une commission de sept membres, présidée par le lieutenant général Wharncliff, était chargée en 1835 de rechercher les moyens d'adoucir la discipline. — La *Sentinelle de l'armée* (t. II, p. 127) et le *Spectateur militaire* (t. XIII, p. 657 ; t. XVI, p. 557 ; t. XXII, p. 211) traitent de ces questions ; ce dernier journal témoigne (t. XVIII, p. 74), par un état comparatif qui avait été soumis au parlement, que de 1831 à 1854 le nombre des PUNITIONS infligées avait diminué de près de moitié. — Un aperçu des formes de la JUSTICE ANGLAISE a été publié par M. FOUCHER. Des détails de même nature sont consignés dans le *Spectateur militaire* (t. XXI, p. 599 ; t. XXV, p. 610) et dans l'*Encyclopédie des Gens du monde* (au mot *Discipline*). — N° 11. SERVICE. — Le service sera considéré ici comme un devoir commun et national, comme l'accomplissement d'une fonction personnelle, comme un mode de guerroyer ou de veiller à la tranquillité publique. — La durée du service sous les DRAPEAUX dépend des conditions de l'ENROLEMENT contracté ; ainsi la prolongation en est variable. — Les hommes tirés des MILICES et incorporés dans l'ARMÉE, quand des circonstances extraordinaires l'exigent, ne sont tenus qu'à un service de cinq ans, et seulement sur le territoire et pour sa défense. — Les CHAPELAINS, bien plus utiles que nos aumôniers, ont des fonctions plus pénibles, plus philanthropiques ; il ne s'agit pas pour eux, d'une messe basse par dimanche et d'un rare échange de quelques paroles au tribunal de la pénitence, mais de diriger, présider les écoles, mais de visiter, consoler, secourir tous les malades au moins deux fois la semaine, mais de répandre et renouveler la prédication autant de fois que se renouvelle l'auditoire du prêche. — Les COLONELS PROPRIÉTAIRES servent rarement avec leur RÉGIMENT, parce que la plupart sont OFFICIERS GÉNÉRAUX. Des abus de cette espèce ne sauraient manquer d'amener une révision, un remaniement, dont les bills d'émancipation et de réforme auront été les préliminaires. — La Milice anglaise a entrepris, pour la première fois dans la GUERRE D'ESPAGNE, de réduire des PLACES DE GUERRE par les travaux d'un SIÉGE RÉGULIER. C'est une particularité et un essai que les annales de l'ART enregistreront ; les ASSAUTS de SAINT-SÉBASTIEN et de BADAJOZ resteront comme de sanglants souvenirs. — Après la bataille de Maïda en 1806, des médailles de COMPAGNONS DU BAIN furent distribuées. — Depuis WATERLOO, des MÉDAILLES D'HONNEUR délivrées à l'instar des DÉCORATIONS de quelques autres Milices du Nord, sont un témoignage des services que le médailliste rendait à l'époque d'une circonstance que la MÉDAILLE rappelle. — Les services et le mérite des OFFICIERS plébéiens n'ont commencé à obtenir l'ORDRE DU BAIN que depuis 1815. — *Ne demandez point à cette armée de sacrifices patriotiques*, a dit le général FOY, *elle ne servira pas sans solde et sans être bien vêtue ; elle ne combattra point à jeun, mais bien nourrie et bien habillée ; elle sera supérieure dans la défensive, quoique inférieure dans l'offensive.* — Son activité, au jugement de M. Ch. DUPIN, *n'a pas les élans prodigieux dont nous avons tant de fois offert de mémorables exemples, mais elle se montre toujours la même.* — N° 12. ADMINISTRATION. — Rassemblons quelques idées sur l'ADMINISTRATION qui touche au gouvernement de l'État, sur l'ADMINISTRATION politique qui embrasse les grands intérêts militaires de l'ANGLETERRE et de ses alliés. — Nous résumerons ce dernier sujet dans un aperçu des dépenses que les GUERRES modernes ont occasionnées à la GRANDE-BRETAGNE. — Les règlements qui régissent l'ARMÉE et embrassent son administration s'appellent *articles de guerre ;* la dénomination n'est pas heureusement choisie : ces articles sont noyés dans le recueil nommé *General regulations and orders for the army*. C'est une sorte de code embrouillé et grossi des additions nommées *Addenda to the general regulations*. — L'ANGLETERRE, privée d'un véritable système administratif militaire, apprit à ses dépens, dans la GUERRE mal conduite de l'AMÉRIQUE, combien il lui importait d'y remédier ; la paix continentale retarda les résultats de cette conviction. — Depuis la GUERRE DE LA RÉVOLUTION, l'Angleterre s'est créé réellement un ministère de la guerre ; mais le hasard, il faut l'avouer, a plus favorisé l'institution que ne l'a fait la prudence humaine ; si le pouvoir n'était pas tombé aux mains d'un COMMANDEUR EN CHEF à la fois prince du sang, militaire et ayant fourni une longue carrière, la Milice anglaise n'occuperait pas le rang qu'elle tient. — L'administration générale des TROUPES est la plus coûteuse du monde ; ses dépenses excèdent du double celles des TROUPES FRANÇAISES. — Suivant les lois anglaises, les PERTES D'EFFETS et de MATÉRIEL sont constatées à la fin de chaque campagne ; les PERTES D'EFFETS particuliers sont l'objet d'une INDEMNITÉ. Après la première expédition d'ESPAGNE, les pertes individuelles d'ÉQUIPAGES se montaient, suivant M. Ch. DUPIN, à mille francs par OFFICIER et à un franc par SOLDAT. Quant aux pertes d'effets non individuels, c'est-à-dire d'armement, de campement, de grand équipement, le chiffre s'en établissait dans l'intérêt de la comptabilité de l'État. — Le relevé des pertes de BAGAGE individuel est dressé par le QUARTIER-MAÎTRE GÉNÉRAL sur les renseignements des chefs de corps. L'examen de ces déclarations est soumis à une commission de GÉNÉRAUX qui décide s'il y a lieu à INDEMNITÉ et en fait rembourser le montant. — L'ADJUDANT GÉNÉRAL présente au parlement le relevé des PERTES en fait de MATÉRIEL et de PERSONNEL. — Un principe dont la rectitude est digne de remarque a consacré l'usage d'un rapport mensuel que les CORPS anglais sont tenus de dresser ; ils fournissent, par l'envoi qu'ils en font à l'autorité, une sorte de récépissé des injonctions et des communications qui leur ont été adressées, en y indiquant le sommaire du contenu et la date de la réception. — L'ADMINISTRATION régimentaire était calquée sur celle de la HOLLANDE ; elle n'avait fait aucun progrès pendant le dernier siècle ; elle péchait par l'absence de principes étudiés et d'impulsion commune ; elle souffrait l'intervention d'agences privées, manquait de centralisation ou de contrôlement, ne faisait pas intervenir la concurrence dans les FOURNITURES ; aujourd'hui encore elle ignore la science de clore ses REVUES, d'apurer ses COMPTES, de balancer périodiquement ses DÉPENSES en DENIERS et en matières, et de démontrer par opérations authentiques la sincérité des ÉTATS. — Le COLONEL TITULAIRE n'est, à proprement parler, dit M. le colonel CHAMBRAY (1824), *qu'un entrepreneur chargé de l'habillement et autres fournitures ; le gouvernement lui accorde des sommes plus fortes que les dépenses à faire ; ainsi les bénéfices sont autorisés.* — Les COLONELS se font aider dans ce lucratif commerce par des fondés de pouvoirs nommés agents-régimentaires. — Le SERVICE MÉDICAL et le système des HÔPITAUX n'offre pas moins d'abus. Les CHIRURGIENS-MAJORS sont à la fois des entrepreneurs d'HÔPITAUX RÉGIMENTAIRES et des fournisseurs de MÉDICAMENTS. Ces usages fort anciens rappellent le temps où les GOUVERNEURS DE PLACE, qui commandaient au nom d'ÉDOUARD TROIS, étaient les entrepreneurs généraux du matériel et du personnel de la forteresse, et s'y engageaient au moyen d'une endenture, *charta endentata*. — Des COMMISSAIRES AUX

REVUES avaient des fonctions analogues à celles de nos COMMISSAIRES DES GUERRES ; mais l'usage des CONSEILS D'ADMINISTRATION ne s'est pas établi ; chaque RÉGIMENT adopte, à peu près à sa guise, la marche et les formes d'économie qu'il juge préférables ; aussi l'administration de détails entraîne-t-elle peu d'écritures ; mais elle est toute disparate. — L'ensemble administratif est géré ou dirigé par l'ADJUDANT GÉNÉRAL ANGLAIS, au lieu d'être contrôlé par un CORPS D'INTENDANCE ; ce laisser aller est ruineux. — Un criant abus est le droit de monopole concédé à perpétuité à un apothicaire et à ses descendants, en vertu d'une patente de Georges deux. Les dépenses de MÉDICAMENTS, une fois plus fortes qu'elles ne devraient l'être, ont surpassé, de 1785 à 1806, vingt millions de francs. — Les DEMI-SOLDES sont négociables, ou objets de délégations, comme le serait un titre de rente viagère ; mais, pour être en droit de les vendre, il faut avoir moins de soixante ans et obtenir d'un médecin l'attestation qu'on n'a aucune infirmité de nature à menacer l'existence du vendeur. — Une dépense considérable résulte des PRIMES pour l'ENGAGEMENT VOLONTAIRE ; au commencement de 1812, époque où le prix en fut le plus élevé, l'ENGAGEMENT A VIE était payé vingt-quatre livres sterling ; l'ENGAGEMENT LIMITÉ, dix-neuf livres. — Les FOURNISSEURS font des fortunes scandaleuses. — La FLAGELLATION menace le soldat qui se plaindrait que son FOURRIER lui fait payer cher de mauvais souliers. — Les COLONELS, rarement au régiment, résident au loin, se livrent de là aux détails de l'UNIFORME, et exploitent comme une ferme l'habillement. — Mais quelques avantages rachètent en partie ces imperfections. — Le BUDGET de l'ARMÉE est devenu le modèle de ceux de tous les gouvernements représentatifs. — Depuis l'introduction du système de casernement en 1792, il n'y en a pas de plus confortable en EUROPE ; les CASERNES sont un modèle de tenue et de propreté. Les COUCHETTES EN FER en sont grossières, il est vrai, mais établies à un prix modéré. — Les EFFETS D'UNIFORME DES HOMMES DE TROUPE, sauf le fusil, si l'on en croit M. le général COTTY (1822, A, au mot *Fusil anglais*), et ceux de MENU ENTRETIEN sont du meilleur choix. — Les EFFETS DE CAMPEMENT et le LOGEMENT concernent en grand le QUARTIER-MAITRE GÉNÉRAL (*barrak master general*), et en détails son ASSISTANT. — Les CAISSONS A BLESSÉS, la perfection des MUNITIONS anglaises, des BALLES D'ÉPREUVES, des BOULETS, des CARTOUCHES A BALLE et A POUDRE devraient éveiller notre émulation. — Le SOLDAT anglais est le mieux vêtu,

logé, nourri de l'EUROPE. — Le département de l'ordonnance fournit à l'ARMURIER de chaque RÉGIMENT une FORGE PORTATIVE et une caisse à outils. — La Milice anglaise est la seule qui soit l'objet d'un compte rendu à la législature et constatant le résultat du RECRUTEMENT, l'accroissement des CORPS, leurs pertes. — Le gouvernement tient constamment en magasin trente mille HARNAIS dans le meilleur état ; il peut ainsi à tout instant organiser une EXPÉDITION de terre. — L'ARMÉE une fois en campagne, aucune dépense n'est épargnée pour la conservation des hommes et des CHEVAUX. Le BISCUIT, des LIQUEURS SPIRITUEUSES, le FOIN comprimé par la presse hydraulique sont transportés par mer à d'immenses distances ; les privations les plus tolérables possible sont seules imposées ; le BIVAC est chose presque inconnue ; les besoins sont largement satisfaits ; une SOLDE double de celle des autres troupes de l'EUROPE est exactement servie ; des FEMMES partagent le sort de l'ARMÉE, secourent, pansent, encouragent les blessés. — En hiver les SOLDATS reçoivent des gilets de flanelle ; dans les pays malsains, on leur distribue du rhum où il a été infusé du quinquina. Cette libéralité, ces précautions conservent les ARMÉES anglaises ; la consommation d'hommes y est moindre d'un tiers ou d'un quart que dans les autres ARMÉES. — Des principes sages par le fond, s'ils ne sont pas plausibles dans tous les détails, ont fait du partage du BUTIN un large moyen de RÉCOMPENSE. — Le DÉPUTÉ ADJUDANT GÉNÉRAL recueille les ÉTATS DE SITUATION et les détails des FORMATIONS de corps, l'ADJUDANT GÉNÉRAL les résume et les certifie comme renseignements parlementaires. — En vertu d'une décision de 1830, le PAIN et le BISCUIT se confectionnent à la mécanique. — L'ARTILLERIE de terre et de mer coûte annuellement quarante millions. — La dépense de l'ARTILLERIE à pied est de six millions cinq cent mille francs, celle de l'ARTILLERIE A CHEVAL de sept cent quarante mille francs. — La dépense du CORPS DU GÉNIE est d'un million soixante mille francs. — Celle d'un RÉGIMENT DE CAVALERIE est de quatre cent vingt-deux mille francs ; celle d'un RÉGIMENT D'INFANTERIE de six cent vingt-sept mille francs. — La dépense du CASERNEMENT a été évaluée, en 1828, pour les trois royaumes à deux millions et demi. — Les DEMI-PAYES se montent, en 1828, à quatre millions huit cent mille francs. — Le BUDGET de 1828 porte à cent soixante-quatre millions cinq cent mille francs la dépense de l'ARMÉE entretenue aux frais du trésor. Les TROUPES prêtées à la compagnie des Indes orientales par le gouvernement coûtent à cette compagnie vingt millions. — Les dépenses que cent mille hommes occasionnent au trésor anglais monteraient à deux cent quarante-six millions conformément au chiffre du budget anglais, tel que l'indique le rapporteur du budget français en 1832 (séance du 24 janvier). — Le prix moyen de l'homme, ou, comme on dit, l'homme moyen coûterait deux mille quatre cent soixante-deux francs, et la solde des généraux anglais serait plus que le double de celle des grades correspondants en France. Cependant, en 1824, Odier (t. iii) n'évaluait qu'à dix-huit cents francs la dépense totale que le simple soldat occasionne à l'État. — De 1803 jusqu'en 1815, l'Angleterre, pour alimenter la guerre contre la France, a répandu dans la circulation de l'Europe et aux Indes trois millions deux cent vingt-sept mille sept cent quinze fusils, ou, suivant d'autres relevés, plus de trois millions neuf cent mille armes a feu portatives acquises au compte du trésor. Dans ce total ne sont pas compris ceux que le commerce a exportés; elle a distribué plus de deux millions de ces fusils à ses alliés. — De 1795 à 1815, les dépenses de terre et de mer et les subsides se sont élevés à vingt milliards, suivant le *Journal de statistique universelle* (février 1855). On estime que la lutte contre le blocus continental a coûté à elle seule quatorze milliards. — De 1688 à 1814, l'Angleterre a été tourmentée par soixante-quatre années de guerre contre la France; elles ont coûté à la Grande-Bretagne deux milliards vingt millions sterling, ou quarante milliards six cent millions de francs. — De 1810 à 1814, chaque année de guerre de la Péninsule a coûté, à ce qu'affirme M. de Montveran, vingt-cinq millions sterling. — Avant la guerre de la révolution, la dette anglaise était de deux cents millions; elle est de huit cent millions à l'issue de cette guerre. — Quelques détails curieux concernant l'administration anglaise se trouvent dans M. Cancrin et dans le *Spectateur militaire* (t. xvi, p. 256).

MILICE anglo-américaine (F), ou milice américaine, ou milice des États-Unis. Sorte de milice qu'il était difficile de dénommer d'une manière satisfaisante; car, Milice des États-Unis n'est pas une locution lexiquement admissible; il fallait l'appeler anglo-américaine; non qu'elle soit à demi anglaise, mais parce que le peuple américain a le malheur de n'avoir pas une langue à lui et qu'il parle anglais. Cette Milice est née à peine depuis l'autre siècle; ses progrès ont été presque insensibles d'abord. M. Duane atteste qu'elle manquait, en 1810, d'un sys-

tème commun, et que chaque État réglait à sa manière ce qui intéressait la défense générale; cependant depuis cette époque elle a commencé à recevoir une organisation plus fixe. — Si l'on en croyait cet écrivain la conscription serait originaire d'Amérique; mais elle est bien autrement ancienne. — En 1825 la désertion s'est élevée à plus de huit cents hommes; cette perte d'un homme sur huit est sans exemple dans les autres Milices. — Il n'en est pas qui offre un contraste plus frappant de la puissance des forces que le pays peut rassembler, et du petit nombre de soldats tenus sur pied; on n'en compte qu'un sur mille neuf cent soixante et dix sept âmes. C'est une conséquence de la position particulière des États-Unis; une population peu compacte et un sol qu'aucun voisin puissant ne menace, n'exigent pas un plus grand développement de troupes. — On conçoit donc que l'histoire et la législation de l'armée américaine ayant exercé peu d'écrivains, on ne peut guère recourir qu'aux notions données par M. Duane, M. Seybert, par quelques ouvrages périodiques, le *Journal militaire autrichien*, 1851; le *Bulletin de statistique universelle*, 1852, p. 85; le *Spectateur militaire*, t. xiv, p. 552; le *Journal de l'Armée*, t. iii p. 92, l'*Annuaire des armées de terre*, 1856, p. 584, etc. — Examinons le sujet sous les rapports suivants : création, composition, force, uniforme, instruction, tactique, administration. — Nº 1. Création, composition, force. — La guerre de 1775, lutte improvisée où les Français jouent le principal rôle, eut pour soldats indigènes les dissidents, dont le nombre serait difficile à récapituler. — A la paix de 1783, l'armée de l'Union se dissout; il n'est pas reconnu en Amérique de force réglée sur pied de paix. — En 1785 (avril), l'état militaire s'élève à huit cents hommes formant un régiment d'infanterie et deux compagnies d'artillerie; ce nombre est porté au double de 1787 à 1790. — La nouvelle constitution reconnaît douze cent seize hommes sous les armes; mais elle autorise le président à requérir pour la défense des frontières autant de troupes miliciennes que les circonstances l'exigeraient. — En 1790, le total de l'armée s'élevait à quinze cents hommes, et la population des États-Unis n'atteignait pas quatre millions d'habitants. — En 1791, un nouveau régiment d'infanterie est formé de deux mille recrues. — En 1792, trois autres régiments d'infanterie sont créés; l'un d'eux prend forme légionnaire, par l'adjonction d'un escadron de dragons légers en quatre compagnies; c'était le total de la cavalerie américaine. — En 1794, huit cents artilleurs sont organisés; ils se réunissent aux compagnies déjà sur pied et deviennent indépendants de l'infanterie; un corps du génie est amalgamé à l'artillerie. — Ces augmentations successives avaient élevé à six mille hommes l'armée. — En cette même année de grands efforts défensifs répondirent aux démonstrations de l'Angleterre. Des fortifications maritimes s'élevèrent; trois cent cinquante pièces furent réparties en vingt batteries stables. — En 1796, l'armée permanente fut réduite à trois mille hommes; elle se composait de quatre régiments d'infanterie de ligne, de deux escadrons de dragons, et du corps d'artillerie et du génie. — L'infanterie ne se partageait pas par bataillon; chaque régiment était de neuf compagnies toutes de fusiliers. — La présidence d'Adams fut marquée par des améliorations. — En 1798, des dissensions entre le gouvernement français et l'Amérique motivèrent de sérieuses mesures. Un nouveau régiment d'artillerie fut institué; un enrôlement de dix mille hommes fut autorisé pour trois ans, en outre de toutes les compagnies de volontaires qu'il fut possible d'appeler. — En 1799, l'effectif était de vingt-quatre régiments d'infanterie de bataille, un d'infanterie légère, un bataillon de voltigeurs, trois régiments de cavalerie; le génie et l'artillerie continuèrent à faire corps ensemble; la levée des volontaires était évaluée à soixante-seize mille hommes. — L'ensemble des troupes était de cent mille. — Le rétablissement de l'harmonie entre les deux Etats amena la réduction des forces. — A l'avénement de Jefferson à la présidence, la force effective retomba à trois mille hommes. Le génie commence à faire corps à part, une école ou institut de cadets nommé Académie militaire fut fondé à Westpoint; telle était la situation des choses en 1802. — Washington, jusqu'à la fin de sa carrière, a éprouvé une résistance opiniâtre toutes les fois qu'il proposa d'accroître les forces permanentes. Une loi de 1803 (2 décembre) n'en solde qu'une très-petite quantité. — L'année 1808 ayant amené des hostilités entre l'Angleterre et l'Union, la milice américaine est augmentée de dix mille hommes; elle était en 1812 de vingt-cinq mille hommes, dont dix régiments d'infanterie ; elle s'accrut encore les années suivantes et comprit trois régiments de tirailleurs (*riflemen*). — Depuis 1812, les troupes régulières mises sur pied devaient s'élever de soixante à soixante-dix mille hommes; mais cet effectif n'a pas été atteint. — En cette même année, l'armée américaine se mesure avantageusement avec celle

d'Angleterre, et se montre vaillante et solide. — La paix de 1815 amena la réduction de l'armée sur pied de paix, la force en fut réglée d'abord à dix mille hommes; mais depuis 1821 l'armée permanente de terre n'a pas été de plus de six mille hommes, comme le témoigne le *Spectateur militaire*, t. ix, p. 624. — A la fin de 1825, cette Milice s'elévait à cinq mille six cent quatre-vingt-quatre hommes, dont cinq cent quarante officiers, ou, suivant d'autres documents, elle était de six mille cent quatre-vingt-quatre hommes à l'effectif, et de cinq mille sept cent dix-neuf sous les armes. — L'armée s'est accrue d'un tiers environ, à la suite des événements survenus en France depuis 1830. Elle était, en 1835, de huit mille deux cent vingt et un hommes, non compris quinze mille miliciens. La population du pays était, à la même époque, de quatorze millions d'âmes. — L'état-major se composait d'un major général, deux brigadiers généraux, un adjudant général, deux inspecteurs généraux, un quartier-maître général, deux quartiers-maitres, un commissaire général des subsistances; c'est un total de dix officiers. — Il y avait, en outre, vingt aides quartiers-maitres tirés des officiers de ligne, et employés comme officiers d'état-major; deux commissaires des vivres et trente aides-commissaires sont également tirés de la ligne et employés dans le corps administratif. — Le payeur général avait rang de colonel; quatorze officiers payeurs, rang de major. — En 1830, la population des Etats-Unis était de douze millions huit cent cinquante-six mille quatre cent sept. — L'armée avait encore des cadets en 1835, quoique l'acception du mot ne soit rien moins que républicaine, puisqu'elle donne idée de puînés de famille noble. — L'état-major médical ou sanitaire était composé d'un chirurgien général, huit chirurgiens-majors, et quarante-cinq aides-chirurgiens. — Le corps du génie est de cent quinze officiers. — L'infanterie était de sept régiments, de cinq cent quarante hommes au total ; l'artillerie, de quatre régiments de cinq cent quarante-cinq hommes chacun. — Ces troupes étaient réparties en deux corps dans les districts militaires de l'Est et de l'Ouest; l'un était commandé par le général Gaynes, l'autre par le général Scott. — La force réelle et sur pied n'était guère supérieure à ce total en 1828 : mais il y a une telle différence entre la partie active de la Milice et les ressources de l'Etat, qu'en cette même année un compte rendu officiellement au congrès, par le ministre d'Etat secrétaire de la guerre, témoigne que les

TROUPES MILICIENNES, non compris celles de la Floride qui ne sont pas encore organisées, composent un million cent cinquante mille cent cinquante-huit hommes enrôlés, armés et exercés. — Depuis la réduction de l'armée, en 1821, la division de l'Est, commandée par le général Gaynes, se composait de deux mille huit cent quatre-vingt-quinze hommes d'INFANTERIE et d'ARTILLERIE. — La division de l'Ouest, commandée par le général Atkinson, était de deux mille quatre cent soixante-trois hommes d'INFANTERIE. — Un acte du congrès de 1831 (2 mars) réduisait l'ARMÉE active de dix mille à six mille cent quatre-vingt-huit hommes ; un ÉTAT-MAJOR général ne comprend qu'un GÉNÉRAL major et deux BRIGADIERS GÉNÉRAUX. Le total des OFFICIERS D'ÉTAT-MAJOR est de cent dix-neuf hommes. Quatre RÉGIMENTS D'ARTILLERIE composent deux mille deux cent quarante hommes commandés par deux cent quatorze OFFICIERS, sept régiments d'infanterie composent trois mille huit cent vingt-neuf hommes. — En 1833, les forces américaines sous les armes étaient de six mille quatre cent douze hommes, savoir : trois cent quatre-vingt-treize dragons, mille sept cent quatre-vingt-huit artilleurs, trois mille deux cent cinquante-cinq fantassins ; mais le chiffre des Milices s'élevait à un million trois cent seize mille six cent quinze hommes. Du 1er janvier au 30 septembre, les conscrits incorporés formaient un total de mille trente-six hommes. — Aucune troupe analogue à notre GENDARMERIE n'est établie aux ÉTATS-UNIS. — Le *Spectateur militaire* (t. II, p. 419 ; t. XV, p. 83 ; t. XIX, p. 230) peut être consulté touchant les forces américaines. — N° 2. UNIFORME, INSTRUCTION.— En 1832, des CARABINES nommées *halls-patent-rifle* sont mises en usage dans la Milice anglo-américaine ; leur construction répond au système des FUSILS A LA MONTALEMBERT. — L'instruction de la MILICE AMÉRICAINE n'a jusqu'ici suivi, en quelques parties, que de loin celle des autres Milices ; la TOPOGRAPHIE y est restée en arrière ; ses livres élémentaires sont empruntés à la FRANCE et à l'ANGLETERRE. Cependant des OUVRAGES qui intéressent la science des armes commencent à se répandre en AMÉRIQUE. Le *Dictionnaire militaire de* DUANE (1810, E) y a vu le jour à une époque où la FRANCE n'avait encore aucun ouvrage de cette nature qui fût au niveau de la science. — Quelques écrivains ont regardé comme un fait important les essais des armes à la PERKINS. — Les TIRAILLEURS AMÉRICAINS passent pour les plus adroits parmi ceux de toutes les autres ARMÉES. — L'INSTITUT de Westpoint est devenu

un établissement qui contient deux cent cinquante ÉLÈVES ; la LANGUE FRANÇAISE y est enseignée ; on ne l'y parle pas correctement, mais du moins les AUTEURS FRANÇAIS y sont compris. — N° 3. TACTIQUE, ADMINISTRATION. — Depuis 1786 jusqu'en 1810, le système de TACTIQUE du baron Steuben fut en vigueur ; en 1810 et 1811 il fut remplacé par ceux de l'adjudant général DUANE et du BRIGADIER GÉNÉRAL Smith ; c'était un mélange d'usages empruntés des auteurs ANGLAIS et RUSSES ; chaque CORPS D'ARMÉE ou chaque RÉGIMENT adoptait, à sa fantaisie, l'une ou l'autre de ces méthodes ; ce désordre, ce défaut d'unité frappèrent le gouvernement qui, au commencement de 1814, nomma, sous la présidence du général Scott, une commission chargée d'y remédier : elle adopta le système français, entremêlé de quelques usages anglais ; son travail fut consacré par une loi du congrès en 1815, et suivi par toute l'armée ; il a subi depuis quelques changements importants. — L'ARTILLERIE n'avait encore aucuns principes arrêtés quand parut, en 1820, l'ouvrage de l'ALLEMAND Henri, compilation tirée de AUTEURS français ; elle devint le rudiment des artilleurs. — Les règles de TACTIQUE des MILICES PROVINCIALES restèrent différentes de celles de l'ARMÉE ; cette modification fut approuvée par le congrès en 1826 et 1827. — Le système de défense des côtes de la Louisiane est regardé comme complet ; le capitaine du génie Chase s'occupe à fortifier les points maritimes de la Floride ; on présume que dans quelques années l'ensemble de la défense ne laissera rien à désirer. — Une sage distribution des FORCES est encore à créer ; mais le littoral est protégé par des BATIMENTS DE MER et des ARMES A VAPEUR dont l'essai et les perfectionnements sont dus à l'AMÉRIQUE. — L'administration était sans principes en 1812 ; il n'existait d'autres règles que la volonté des chefs ; cette branche s'est améliorée depuis 1818, quand M. Colhoun a été appelé au secrétariat de la guerre. — La législation est vacillante ; comme le témoignent les changements perpétuels que l'ARTILLERIE a subis et le traité publié par CROSS, compilation de toutes les lois militaires promulguées par le congrès jusqu'en 1825. — D'importantes mesures administratives ont, du reste, été prises. Il s'est élevé deux manufactures nationales d'armes ; il existe vingt-quatre arsenaux, mais principalement comme dépôts, parce que les grands travaux de fonderie sont exécutés par entreprise et adjugés à des compagnies par le gouvernement. — En 1820, l'état de New-Yorck compte neuf arsenaux, garnis de quarante-cinq mille fusils, et neuf grands magasins d'effets d'uniforme. — En 1850, il existe en AMÉRIQUE quarante et une PLACES DE GUERRE et onze arsenaux. — En 1851, le budget est de trois millions de dollars, dont neuf cent cinquante et un mille deux cents pour travaux de fortifications. — Le tarif de la solde américaine, en 1851, se trouve dans le *Spectateur militaire* (onzième année, p. 621).

MILICE ASIATIQUE. V. ASIATIQUE. V. CATAPHRACTE. V. FUSÉE DE GUERRE.

MILICE ATHÉNIENNE. V. ATHÉNIEN, adj. V. CHANT MILITAIRE. V. MILICE GRECQUE N° 1.

MILICE AUTRICHIENNE (E), OU IMPÉRIAUX, OU KEISERLICK, comme l'appelaient vulgairement les soldats français. Sorte de MILICE qui occupe un des premier rangs ; son histoire, son mécanisme, son savoir-faire sont un sujet d'intéressantes études ; sage, économe, persévérante, soumise, elle s'est montrée propre surtout à la plus difficile des GUERRES, à la GUERRE DÉFENSIVE ; elle est du reste toujours un peu en arrière de son siècle : ainsi, quoiqu'il ne s'y voie plus d'ARCS, d'arquebuses, de trabes, elle a encore des ARCHERS, des ARQUEBUSIERS, des TRABANS. — Comme toutes les autres Milices, elle a prêté et emprunté, donné et reçu ; son ÉQUITATION participe de l'ITALIENNE et de l'ESPAGNOLE ; ses HULLANS sont POLONAIS, sa LANDWEHR est PRUSSIENNE, ses TROUPES légères sont HONGROISES et ORIENTALES, ses FUSÉES DE GUERRE sont ANGLAISES ; sa LANGUE MILITAIRE est en grande partie FRANÇAISE, son organisation de campagne est celle que pratiquait BONAPARTE. — Ses institutions écrites ont reçu plus tard qu'ailleurs une sanction légale ; chez un peuple calme les traditions font loi ; mais l'esprit d'ordre chez elle dégénère en obstination ; elle applique encore à ses PROJECTILES CREUX les calculs de la pesanteur spécifique qui était propre aux PIERRES A CANON. Pourtant elle a devancé ou devance maintenant, en quelques points, l'ARMÉE FRANÇAISE ; on en peut citer pour preuves ses corps de RAQUETIERS, son ARTILLERIE DE CAVALERIE, l'organisation de sa LANDWEHR, l'appui que lui assurent ses RÉGIMENTS FRONTIÈRES, le peu de dépense qu'elle entraîne, la facilité qu'elle a de doubler ses forces sans créer de corps nouveaux. — L'EUROPE a essayé ou admis comme types sa CONSCRIPTION, ses COLONISATIONS, son CORPS D'ÉTAT-MAJOR, ses HUSSARDS, ses CARABINES tyroliennes, ses CORNETS D'INFANTERIE LÉGÈRE, ses FANIONS, plus d'une pièce de son costume, le mécanisme tactique de ses GUIDES GÉNÉRAUX. — Les TROUPES LÉGÈRES autrichiennes sont devenues les modèles partout imités : MIRABEAU (1788, C) témoigne que, dans

les guerres contre la Prusse, son INFANTERIE LÉGÈRE s'est montrée excellente, et que, dans les GUERRES DE 1741 et DE 1756, les CROATES ont puissamment concouru à préserver d'une chute imminente la maison d'AUTRICHE. — Un gouvernement méthodique, opiniâtre et sans luxe, dispose d'une population nombreuse et obéissante ; les habitants sont pauvres, les hommes robustes, le pays fournit à bas prix à tous les besoins de la vie, et suffit à l'avitaillement et à l'entretien des troupes les moins dépensières qu'on ait vues. Que d'éléments de réussite pour l'organisation d'une ARMÉE ! — Mais quelques taches déparent le tableau ; le mécontentement, le malaise tourmentent les pays annexés à l'empire et occupés par les Autrichiens ; le fisc de Vienne est un avare qui pompe le numéraire des provinces conquises, repousse les produits qui en sont natifs et ne regorge rien qu'à sa porte et entre les mains des agents indigènes. — La marche uniforme de la machine militaire est d'autant plus étonnante qu'il n'y a pas de peuple qui ne soit un amalgame d'autant de peuples. — Les AUTEURS et les OUVRAGES qu'on peut consulter sur les détails nombreux de ce vaste sujet sont : ANTHE, BERGMAYER (1827), M. de BEURMANN, BRAMBILLA, BUNDSCHUH, DELIGNE (1780, I), FLAMMENSTERN (1823), FRIEDERICI, le général GIRARDIN, p. 158, GOMETZ, GUIBERT (1803, D), GUTSMUTH, HUFELER, KHÉVENHUELLER (1759, C), LECOUTURIER (1825, D), LIEBENSTEIN, MARCEL DE SERRES, MONTECUCULI (1769, I), MYLES, NEYPERG (*Mémoires manuscrits de*), ODIER (1824, E), ORLANDINI, M. le général OUDINOT, M. RAVICHIO (1832), RÉGAL (1717, A ; 1759, F), M. RUMPF (n° 3517), RUEHLE, SCHELS, SCHMETTAU (*Mémoires de*), STIX, TRAUTMANN, VÉGA, WALDINUZZI, WANGGO, WERKLEIN, ZANTHIER (1779, F), un ouvrage anonyme (1780, G), le *Journal des Campagnes* de 1758 et de 1759, les *Ordonnances* rendues en 1807, le *Journal militaire autrichien*, 1819 ; le *Journal militaire de Leipzig*, (1826 octobre), *Allgem. milit. Zeitung*; le *Bulletin des Sciences militaires*, 1827, p. 57; l'*Annuaire d'Autriche*; le *Journal des Sciences militaires*, 1826, 15ᵉ livraison, p. 139 ; 1834, p. 6, 141, 143 ; avril, p. 5; t. xxix, p. 5; le *Journal des travaux de la Société de statistique*, t. v, p. 10 et 143; l'*Annuaire des armées de terre, etc.*, 1856 ; l'*Annuaire militaire d'Autriche* imprimé à Vienne; le *Journal de l'Armée*, t. i, p. 214, 278; t. iii, p. 87; t. iv, p. 179, 325, 351, 547; le *Spectateur militaire*, t. xvi, p. 252, 703; t. xviii, p. 589; t. xxi, p. 690;

t. XXII, p. 204 ; t. XXV, p. 309 ; t. XXVI, p. 662 ; la *Sentinelle de l'Armée*, t. II, p. 326 ; t. III, p. 171 ; t. IV, p. 309, 317 ; le *Journal l'Armée*, p. 117 ; l'*Encyclopédie des Gens du monde*, au mot *Garde*. — Ce qui se rapporte à la Milice autrichienne va se diviser de la manière suivante : CRÉATION, COMPOSITION, FORCE, UNIFORME, ALLOCATIONS, SOLDE, INSTRUCTION, TACTIQUE, SUBORDINATION, PUNITIONS, PEINES, ADMINISTRATION. — N° 1. CRÉATION. — Quelques parties de cette Milice sont ou plus ou aussi anciennes que celles qui y correspondent. Dans la Milice de FRANCE, quelques branches savantes sont plus modernes ; en Autriche la Milice est sous l'empire d'anciennes coutumes françaises entremêlées de traditions ITALIENNES et ESPAGNOLES ; en voici la raison. — La GENS D'ARMERIE du duché de BOURGOGNE, modelée sur celle de FRANCE, mais mieux disciplinée, est devenue, pour ainsi dire, un effet de succession de la maison d'AUTRICHE. La supériorité de l'INFANTERIE ESPAGNOLE et les grandes vues de CHARLES-QUINT ne pouvaient manquer d'influencer les TROUPES A PIED de l'Allemagne, quand le sceptre impérial s'étendait sur les deux péninsules ; enfin les MATHÉMATIQUES et l'ÉQUITATION cultivées en ITALIE devaient réagir sur les Tudesques continuellement en relation avec cette frontière et cette vassale de l'empire. — Il serait sans intérêt pour l'ART moderne de faire remonter des recherches historiques avant l'époque où la GENS D'ARMERIE quitte l'ARMURE DE FER, ou le PIÉTON dépose la PIQUE et l'ARQUEBUSE à FORQUINE, où le CAVALIER n'a plus qu'un seul CHEVAL. Vers ces époques une scission politique ou des délimitations plus tranchées entre l'ITALIE, l'AUTRICHE et l'ESPAGNE donnent une physionomie plus nationale à la Milice d'Autriche. — D'abord la CAVALERIE, toute composée de NOBLES, était convoquée en manière de BAN FIEFFÉ. — En 1570, la CAVALERIE commence à se diviser en RÉGIMENTS et en COMPAGNIES de CUIRASSIERS ; l'ART MILITAIRE triomphait des coutumes féodales. — D'autres CORPS, qui s'appelaient DIVISIONS, étaient de deux ESCADRONS. — Au quinzième siècle, des CARABINIERS A CHEVAL commencent à être employés. — Les HUSSARDS existaient depuis l'année 1447 ; Mathias Corvin, roi de Hongrie, décida que vingt paysans fourniraient un CAVALIER LÉGER, un *huzzar*, c'est-à-dire vingtième. C'était l'INSURRECTION HONGROISE. Quant aux HUSSARDS A PIED, ils s'appelaient HEIDUQUES. — Avant MAXIMILIEN premier, mort en 1527, l'ARMÉE était un chaos ; sous ce prince, l'ARTILLERIE fit des progrès, l'ESCADRON de forme moderne prit

naissance. — Georges de Fronsberg, général célèbre de cette époque, forma des PIQUIERS ; la CAVALERIE cessa d'être la force par excellence, la NOBLESSE commença à servir à pied. — Dans le cours du même siècle il est institué des CORPS DE LANCIERS à cheval nommés *sperrciter*. Les ARQUEBUSIERS piémontais que Rodolphe deux forma en furent tirés ; dans la GUERRE DE TRENTE ANS, les ARQUEBUSIERS s'éteignirent ; les DRAGONS créés par le célèbre Ernest de Mansfeld leur succédèrent ; au besoin ils mettaient pied à terre pour combattre comme INFANTERIE ; c'étaient les CORPS qui, les premiers, avaient été armés de BAIONNETTES ; ils portent en manière d'AIGUILLETTE leurs CORDES A FOURRAGE ; de cette coutume est venue la mode actuelle de l'AIGUILLETTE, ornement futile, ridicule et dont l'origine est peu relevée, dont l'usage n'est pas sans danger, et dont le costume de quantité de laquais dégoûtera les officiers. — MONTECUCULI, partisan de l'INFANTERIE, commença à la répartir en RÉGIMENTS de dix ENSEIGNES de trois cents hommes chacune. Ce système est changé quant aux dénominations et aux subdivisions ; il s'est maintenu quant à la force des AGRÉGATIONS. — En 1717, le CORPS du GÉNIE prend naissance. — En 1746, au milieu des embarras d'une vive GUERRE, le prince de Hildburghausen institue la frontière militaire, les TROUPES FRONTIÈRES. Il colonise d'abord la Croatie, ensuite l'Esclavonie, la Transylvanie, etc. Ainsi, depuis l'Adriatique autrichienne jusqu'à l'extrémité de la Transylvanie, un cordon territorial profond de douze, dix-huit, vingt lieues, se peuple, dans une étendue de plus de trois cents lieues, de SOLDATS indigènes ; des COLONISATIONS à la manière des ROMAINS s'associent ; elles forment la barrière vivante que l'Autriche oppose aux TURCS. Dans les GUERRES d'EUROPE, elles deviennent l'INFANTERIE de fatigue et de résistance. — Le CORPS des SAPEURS est créé en 1760 et attaché à celui du GÉNIE. Vers le même temps, le maréchal de LASCY institue le CORPS D'ÉTAT-MAJOR. — Vers 1771, sous le règne de Charles six, une COMPAGNIE DE CARABINIERS est attachée à chaque RÉGIMENT de CUIRASSIERS. — En 1772, l'ARTILLERIE DE CAMPAGNE reçoit une organisation nouvelle ; l'ARTILLERIE DE CAVALERIE prend naissance de 1778 à 1780, à l'occasion de la GUERRE des TURCS. — Les BOMBARDIERS ou servants d'OBUSIERS et de MORTIERS sont créés en 1786 ; la LANDWEHR s'introduit en 1818 ; à l'imitation de celle de PRUSSE ; cent quarante mille hommes en furent le produit ; de 1809 à 1831, ce genre de TROUPE n'a point été mis sous les armes. — Le GÉNIE, réorganisé en 1815, comprend les mineurs, les sapeurs et les pionniers ; les mineurs et les sappurs sont surtout sous sa direction ; les pontonniers et les pionniers dépendent plutôt de l'état-major. — Depuis la paix continentale il a été mis sur pied un corps de raquetiers. — En 1818, trente-cinq régiments d'infanterie de landwehr sont créés à deux bataillons ; ce premier ban est composé d'hommes propres à la guerre ; un équipement et des armes leur sont délivrés, mais ils ne sont point habillés ; les seconds bataillons ne sont qu'un cadre sur papier. Le règlement de 1819 (7 juin) règle cette matière. — N° 2. Composition. — Il y a à examiner la constitution des troupes, l'organisation militaire du pays, le système et les formes du recrutement, les méthodes d'avancement, la nature des armes personnelles et ce qui a trait aux dispositions de l'état civil. — Au temps de Machiavel (1510, A), ainsi qu'il le déclare, les pays héréditaires donnaient à la maison d'Autriche peu de troupes et des soldats médiocres ; le trône ne s'appuyait que sur les troupes impériales germaniques. — Un notable changement s'est opéré. — Effrayée des succès de Frédéric deux, Marie-Thérèse s'efforça, dans la guerre de 1756, de lutter d'égal à égal ; dépourvue d'armée et de trésor, elle trouva en Hongrie des essaims de tolpaches, de pandours, de troupes irrégulières, qui se contentèrent du pillage à défaut de solde. — Elle chercha à imiter la discipline et l'instruction prussienne ; c'était le plus difficile. — Elle donna à l'armée un accroissement proportionné à ses vues ; la chose était plus aisée, car la nature du pays s'y prêtait, les institutions favorisaient ce développement, la Hongrie abondait en hommes durs, sobres, lestes, vigoureux, subordonnés. — M. Bundschuh témoigne que l'organisation actuelle ne remonte qu'à l'année 1767 ; mais par organisation il faut entendre seulement le système de composition intérieure des corps et l'administration légale ; car la grande organisation de guerre, celle qui a constitué en corps d'armée la Milice autrichienne, à l'instar des troupes françaises, ne remonte qu'à 1808 ; elle est due au prince Charles, et, au contraire, l'existence de certains régiments date de deux à trois siècles ; de là l'éclat, la valeur, l'esprit de corps de plus d'une troupe, et surtout de plus d'un corps de cavalerie. — La cour aulique, espèce de ministère de la guerre, existait déjà au temps de Walstein, mais ce généralissime absolu avait exigé de son maître qu'elle ne s'immiscerait en rien dans les opérations et l'administration de son ar-

mée ; il la gouvernait en dictateur. — Le célèbre feld-maréchal Stahremberg exerça la présidence de la cour aulique de 1716, à 1757. — Maintenant elle est l'âme du système ; elle est en même temps cour de haute justice et de cassation ; ses décisions ont force sur toutes les branches de la chose militaire ; elle est présidée par un feld-maréchal ; il travaille directement avec l'empereur ; il est secondé d'un vice-président, de vingt conseillers, d'administrateurs militaires, de fonctionnaires civils, d'employés, de commis, formant en tout cent cinquante personnes. Une description de cette institution est consignée dans le *Journal des Sciences militaires*, 1834, p. 160. — Il y a loin de là à l'énorme ministère de la guerre et au chiffre des sous-intendants de France. — Un prince du sang a la haute administration du génie, un autre est directeur général de l'artillerie. — Dans l'autre siècle, la milice belge était une pépinière de bons régiments auxquels l'Autriche a dû renoncer ; mais la seule acquisition de la Lombardie a plus que comblé ce déficit de population et de forces militaires. Ce que peut fournir le Milanais était évalué, dans le siècle dernier, à vingt ou vingt-cinq mille hommes, dont un quart de cavalerie ; le chiffre est maintenant de trente mille hommes, et l'appui que donne le pays est de onze places fortes. — De nos jours, trente-deux millions à trente-trois millions et demi d'âmes composent les Etats d'Autriche ; mais les Etats allemands n'en forment que le tiers ; les sujets héréditaires ne composent que trois millions et demi ; les Hongrois quatre millions. — La Milice autrichienne se compose de troupes réglées, de troupes frontières ou coloniales, *militaer gruenzen*, et de la landwehr. — Le mariage des hommes de troupe y est autorisé, à raison de huit sur cent individus. — Les troupes réglées et coloniales composent la ligne proprement dite. — La landwehr est une garde nationale non permanente, mais mobilisable et susceptible d'être amalgamée. — Les grenadiers hongrois sont physiquement les plus belles troupes. — Les troupes frontières et la landwehr ont de l'analogie avec les camps de vétérans et les bans que Bonaparte avait commencé à organiser. — L'Autriche fournit à l'armée confédérée ses trois premiers corps. — Les corps privilégiés sont pour ainsi dire inconnus en Autriche, cependant il y existe une garde ou maison militaire ; cette agrégation indigeste est à la fois et composée de militaires et en dehors de l'armée. Elle se divise en com-

PAGNIES NOBLES et en TRABANS ; les OFFICIERS y sont GÉNÉRAUX, les SOLDATS des corps nobles y sont officiers. Dans une Milice remarquable par sa simplicité et son économie, il y a donc comme ailleurs des grades inutiles, des faveurs de cour. — Les GARDES du corps s'appellent ARQUEBUSIERS nobles ou ARCHERS nobles. Par cette désignation leur COMPAGNIE se distingue des HONGROIS ; elle est composée de soixante-treize hommes environ. — Les GARDES nobles ou GARDE HONGROISE forment une COMPAGNIE, que des ÉCRIVAINS appellent aussi ARCHERS. Les SOLDATS y sont SOUS-LIEUTENANTS et au nombre de quarante-trois ; elle s'élève, tout compris, à soixante hommes environ.— La COMPAGNIE des TRABANS de VIENNE se compose de SOUS-OFFICIERS au nombre de quatre-vingts ; cette TROUPE roturière s'alimente de SOLDATS ayant dix ans de service. — Les TRABANS de MILAN sont au nombre de trente. — Une GARDE, dite BOURGEOISE, veille aux portes du palais de VIENNE , et se compose de VÉTÉRANS. —Un régiment de GENDARMERIE autrichienne réside en Lombardie ; c'est le seul corps conservé de l'ancien royaume d'Italie. — L'organisation militaire d'AUTRICHE manque d'ensemble, défaut inévitable dans un gouvernement dont la constitution n'est pas une ; mais l'impulsion motrice n'en est pas moins nerveuse. — Les Etats d'AUTRICHE comptaient, en 1831, une population de 33,650,584 âmes ; ils se divisent en quatorze COMMANDEMENTS ou GÉNÉRALATS, *general-commando;* ils sont gouvernés par des FELD-MARÉCHAUX LIEUTENANTS qui y résident. Leur rang répond à peu près à celui de nos LIEUTENANTS GÉNÉRAUX ou de nos anciens GOUVERNEURS DE PROVINCES ; ils correspondent directement avec le CONSEIL AULIQUE. L'administration y est exercée, sous leurs ordres, par cinq RÉFÉRENDAIRES, *referent,* chargés chacun d'une branche spéciale. — L'Annuaire AUTRICHIEN témoigne que l'état-major en activité était, en 1826, de dix FELD-MARÉCHAUX, dix-huit GÉNÉRAUX DE CAVALERIE et d'ARTILLERIE ou *feld-zeugmeister,* soixante-sept FELD-MARÉCHAUX LIEUTENANTS et cent dix-huit GÉNÉRAUX-MAJORS ; en total deux cent treize OFFICIERS GÉNÉRAUX ; il y en avait en outre cent trente et un non employés. En 1835, il y avait neuf FELD-MARÉCHAUX, y compris le prince royal, le roi de Hollande et WELLINGTON. Le nombre des autres grades est indiqué par M. RAVICHIO (1832). Cet ÉTAT-MAJOR était moitié moins nombreux que celui de FRANCE et d'ANGLETERRE. — L'empereur n'avait qu'un seul AIDE DE CAMP, le prince impérial en a également un. — L'état-major des places était, en 1835, de

deux cent trente-six officiers. — Le corps d'ÉTAT-MAJOR se compose d'un CHEF D'ÉTAT-MAJOR ou QUARTIER-MAITRE GÉNÉRAL , d'un GÉNÉRAL MAJOR, de trois COLONELS, six LIEUTENANTS—COLONELS , dix MAJORS, vingt-trois CAPITAINES. Ces officiers s'occupent des fonctions longtemps confiées en FRANCE aux INGÉNIEURS GÉOGRAPHES. L'ÉTAT-MAJOR a dans ses attributions les travaux de triangulation, de GÉOGRAPHIE, de STATISTIQUE, de TOPOGRAPHIE, les LEVÉES, la rédaction des MÉMOIRES descriptifs et historiques, la direction des PIONNIERS et des PONTONNIERS, les détails des MARCHES et de l'exécution des OPÉRATIONS, l'examen censorial, la critique littéraire, l'acquisition des LIVRES MILITAIRES. Ce corps est peu nombreux, mais il n'a pas à fournir d'AIDES DE CAMP GÉNÉRAUX. — Indépendamment de ce CORPS, il a été conservé à MILAN un institut militaire et géographique qui y avait été établi avant l'occupation. — En temps de GUERRE, les QUARTIERS GÉNÉRAUX ont pour GARDE de sûreté, des corps créés sous le nom de DIVISIONS D'INFANTERIE D'ÉTAT-MAJOR ; c'est une espèce de GENDARMERIE préposée aussi à la police des MAGASINS ; les jours d'action, elle est chargée de relever les BLESSÉS et de les porter aux HOPITAUX AMBULANTS ; par là elle n'est pas sans analogie avec les DÉPOTATS de l'antiquité. — Il y a en outre, sous le nom de DIVISION de DRAGONS, des DRAGONS D'ÉTAT-MAJOR, *stabsdragoner,* qui accompagnent les QUARTIERS GÉNÉRAUX, veillent au bon ordre, poursuivent les MARAUDEURS et forment une GENDARMERIE à cheval. — Il y a, à la tête de l'ADMINISTRATION, dix-neuf ORDONNATEURS, quatre-vingt-dix-neuf COMMISSAIRES , quatre-vingt-deux ADJOINTS et dix ASPIRANTS. Au total, deux cent vingt administrateurs. Ce corps a été organisé en 1806 ; ses attributions sont détaillées dans le *Journal des Sciences militaires* (1834, p. 1545).—Les réglements ne permettaient aux officiers de contracter MARIAGE qu'après avoir fourni un cautionnement déterminé ; cette injonction était de nouveau reproduite en 1835. — L'ARMÉE AUTRICHIENNE avait , dans le siècle dernier, moins d'OFFICIERS que l'ARMÉE PRUSSIENNE , qui, elle-même, en avait moins que l'ARMÉE FRANÇAISE. Il en est encore de même. — Les AUMONIERS de corps sont nommés par l'évêque de Saint-Poëlten. Ce prélat est, à leur égard, une espèce de CHAPELAIN GÉNÉRAL ou de primat militaire. — Le nombre des ORDONNATEURS d'AUTRICHE répond à peu près à celui des INTENDANTS français. — L'organisation de l'ÉTAT-MAJOR des armes diverses diffère, en plusieurs points, de nos usages actuels ; ainsi, il s'y voit des AUMI-

TEURS, des CADETS GENTILSHOMMES, des CAPI-
TAINES LIEUTENANTS, des FOURRIERS-GUIDES,
fuehrer ou comptables, des AIDES-FOURRIERS,
furierschutz, des ENSEIGNES, des EXEMPTS,
des PRÉVOTS, etc., etc. — Les CADETS, imités
de ceux que Louis QUATORZE avait institués,
sont de deux classes, savoir : les impériaux,
ou ordinaires, ou d'ÉTAT-MAJOR ; ils sont pris
parmi les fils d'OFFICIERS, et commencent par
être SOUS-OFFICIERS. Ces CADETS sont à la nomination du CONSEIL AULIQUE et jouissent
d'une solde.—Les CADETS de seconde classe,
ou extraordinaires, sont sans solde et au
choix du COLONEL.—Les FOURRIERS, *fuehrer*,
ou porte-guidon, sont tirés de la classe des
ENROLÉS VOLONTAIRES, *unobligater*, ou de
celle des conscrits de famille aisée ; la plupart sortent des ÉCOLES MILITAIRES. Un d'eux
remplit, en temps de guerre, les fonctions
d'OFFICIER comptable, *rechnungs fuehrer*.
— Chaque RÉGIMENT en campagne a un OF-
FICIER de distributions nommé *proviant
meister*, maître pourvoyeur. — En tout
temps il y a, dans chaque CORPS, un VAGUE-
MESTRE, *wagen meister*, maître des chariots.
Il est tiré de la classe des *fuehrer*, guides
ou adjoints de comptabilité. Il y a des régiments qui ont des CHANTEURS. A Brünn en
Moravie, en 1854 (1er septembre), le chœur
de CHANTEURS du régiment de Michaïlowic
salue le monarque du chant national *Dieu
conserve notre empereur François.* —
Avant la GUERRE DE LA RÉVOLUTION, les Français étaient nombreux dans l'ARMÉE d'AU-
TRICHE ; nos DÉSERTEURS y affluaient, non
qu'ils pussent espérer y être moins mal que
dans les TROUPES FRANÇAISES, mais l'esprit
d'aventure et les inclinations de la nation les
y poussaient. C'est maintenant une mode
passée ; nos compatriotes se sont dégoûtés de
cette émigration. — Le recrutement s'exerce
sur les BOHÉMIENS, Carinthiens, Carnioles,
CROATES, DALMATES, Esclavons, Galliciens,
HONGROIS, ILLYRIENS, LOMBARDS, Moraves,
POLONAIS, Transylvaniens, VÉNITIENS. — Le
gouvernement d'AUTRICHE approprie sagement à chaque circonscription du territoire
le genre d'ARMES qui y convient le mieux.
Ainsi la CROATIE, l'ILLYRIE, l'ESCLAVONIE
donnent l'INFANTERIE LÉGÈRE et les troupes
qu'on appelait MANTEAUX ROUGES ; le Tyrol
fournit les CHASSEURS ; la HONGRIE donne des
HUSSARDS et des GRENADIERS ; la CAVALERIE
LOURDE est levée dans la BOHÊME ; les HUL-
LANS dans la GALLICIE. — La plupart des
SOLDATS LÉGERS, tirés de populations nomades, CAVALIERS dès l'enfance, endurcis aux
privations, habitués à la frugalité, réunissent les qualités qui font les meilleurs militaires. — Mais à côté de principes et de cou-

tumes plausibles, bien des abus existent ou
existaient.—Le mécanisme du RECRUTEMENT,
vaguement déterminé, et presque entièrement arbitraire, fut fixé par un rescrit de
1804, qui ne le rendait guère moins défectueux. Des dispositions promulguées en
1807(juillet)l'amendèrentenplusieurspoints.
En 1811, il fut plus convenablement réglé,
et ses formes participèrent quelque peu de
celles que la FRANCE avait adoptées. — Le
RECRUTEMENT a reçu de nouvelles modifications en 1827. Des ENGAGEMENTS A VIE étaient
contractés surtout dans l'ARTILLERIE et le GÉ-
NIE.—En résumé, la CONSCRIPTION est établie
dans les provinces ALLEMANDES, ITALIENNES
et POLONAISES pour un service de quatorze
ans ; l'ENROLEMENT LIBRE et à vie recrute les
RÉGIMENTS HONGROIS. — L'immobilité reprochée aux institutions de l'AUTRICHE cède
ainsi à la loi puissante du temps ; mais l'autorité s'y prend toujours un peu tard, comme
à regret et incomplétement. Ainsi tous les
GENTILSHOMMES sont exempts de conscription,
et une infinité de dispenses sont accordées.
— Une espèce de presse de terre, comme
en ESPAGNE, s'exerce dans quelques provinces éloignées du cœur de l'empire. *On cir-
conscrit* (dit le *Spectateur militaire*, 1826,
septembre) *les villes et les villages ; les
autorités visitent les maisons, s'emparent
de tous les jeunes gens en état de porter
les armes, mariés ou non ; l'opération ne
s'arrête que quand le contingent est formé ; tant mieux pour ceux qui ont pu s'y
soustraire, on ne les recherche plus. Les
malheureux qui ont été saisis sont encadrés, et doivent servir vingt ans.* — La
HONGRIE, la Transylvanie, l'ITALIE ne RECRU-
TENT pas leurs TROUPES suivant les mêmes errements que le reste de l'empire. En HON-
GRIE, il faut le consentement des Etats ; partout ailleurs un rescrit impérial décide de la
levée. Dans la plupart des provinces, une
circonscription territoriale alimente un RÉ-
GIMENT et ses deux BATAILLONS de LANDWEHR.
Les célibataires de vingt à trente-six ans les
plus propres au service, ou jugés le moins
indispensables à leur famille, font partie du
premier de ces BATAILLONS ; le reste des
hommes du district, tenus à servir, est en-
cadré dans le second BATAILLON. La basse
classe y fournit presque seule. Il y a loin
de cette institution à celle de la PRUSSE, qui
lui a servi de modèle. Elle en diffère aussi
en ce que celle d'Autriche ne se compose
que d'hommes de pied.—En temps de paix,
le REMPLACEMENT est permis. Le REMPLAÇANT
consigne une somme à la caisse militaire ;
elle est perdue pour lui s'il se conduit mal
ou déserte. — Les ENROLEMENTS VOLONTAIRES

contribuent pour beaucoup à la formation de l'ARMÉE ; ce sont en général des étrangers ou des gens sans aveu qui y fournissent. L'ENROLEMENT ne peut avoir lieu pour moins de six ans. L'ENGAGEMENT A VIE était autorisé.—Avant la GUERRE DE 1756, le commandement des RÉGIMENTS n'était donné qu'à l'ancienneté. MARIE-THÉRÈSE prit des COLONELS parmi de jeunes courtisans ; on les appelait ironiquement des COLONELS à la française. — Plus tard sont venues les charges abusives des COLONELS PROPRIÉTAIRES et le cumul si déraisonnable des emplois de général et de chef de corps. — Les COLONELS PROPRIÉTAIRES, *inhaber*, le sont de nom, mais pas de fait. Ce titre exprime seulement quelques prérogatives étendues, telles que de donner son nom au CORPS, de nommer des conseils de guerre, des commissions rogatoires, etc. — Rarement ils sont présents au CORPS ; ainsi leurs prérogatives leur étant personnelles, sont souvent nulles de fait. — L'empereur était, dans le siècle dernier, trop pauvre pour faire des PENSIONS. Le maréchal de LASCY recourut, dans les derniers lustres de ce siècle, à la ressource de la vénalité ; des imberbes furent mis à la tête des RÉGIMENTS. Cette mesure décida quantité d'officiers expérimentés à quitter le service. — Les SOUS-OFFICIERS ne sont pas précisément inhabiles à devenir OFFICIERS, mais ils en ont rarement la chance, et la seule noblesse est appelée à la possession des GRADES. Cependant les preuves de noblesse ne sont plus exigées comme autrefois.—Le célèbre Czerni Georges servit l'Autriche comme sergent dans les TROUPES FRONTIÈRES de l'Esclavonie ; il se retira de dépit de ne pouvoir devenir OFFICIER. Un plus grand rôle était réservé au sergent esclavon. — L'usage de maintenir dans son ARME le GÉNÉRAL qui sort de tel ou tel RÉGIMENT, est originaire d'AUTRICHE. A son instar, la FRANCE reconnaît depuis peu des GÉNÉRAUX DE CAVALERIE, D'INFANTERIE, etc. — Maintenant l'AVANCEMENT des OFFICIERS particuliers n'a lieu, en Autriche, qu'à l'ANCIENNETÉ. Il n'y a pas de service où il soit aussi lent ; quantité d'officiers sont destinés à végéter éternellement dans le même grade. — La CAVALERIE est le septième de l'ARMÉE, comme dans les troupes de la CONFÉDÉRATION. — L'ARTILLERIE en est le quinzième. L'AUTRICHE est le seul pays où cette dernière proportion soit si faible, puisque dans la CONFÉDÉRATION même elle est le quatorzième. — Le corps du GÉNIE constitue la cent dix-septième partie de l'ARMÉE ; il n'est aussi peu fort nulle autre part, puisqu'il est le centième dans l'ARMÉE CONFÉDÉRÉE. — Des COMPAGNIES SANITAIRES sont des-

tinées à tous les soins que demande le SERVICE DE SANTÉ. — De 1805 à 1810, l'INFANTERIE comprenait cinquante-cinq RÉGIMENTS de ligne, dont cinq AUTRICHIENS, seize bohémiens, un carinthien, sept galliciens, quinze HONGROIS, neuf moraviens, deux styriens. — Depuis 1810, l'INFANTERIE de ligne, considérée à part de la LANDWEHR, s'est composée de cinquante-huit RÉGIMENTS de BATAILLE, un d'INFANTERIE LÉGÈRE tyrolienne, douze BATAILLONS de CHASSEURS, cinq BATAILLONS DE GARNISON. — En 1826, sur cinquante-huit régiments, dix sont AUTRICHIENS, neuf bohémiens, cinq moraves, onze galliciens, quatre VÉNITIENS, quatre lombards, douze HONGROIS, trois transylvaniens. — Ils portent des noms de provinces ou de COLONELS et un numéro de série ; la série comprend soixante-trois numéros dont cinq sont vacants, savoir : 5, 6, 46, 50, 55. — En outre des huit RÉGIMENTS d'INFANTERIE, l'ITALIE en fournit un de CAVALERIE et deux BATAILLONS de CHASSEURS ; ce qui équivaut à vingt-deux mille hommes en temps de paix, à trente mille en temps de guerre. — En 1851, soixante et un RÉGIMENTS de bataille se composent comme il suit : onze galliciens, dix-huit HONGROIS, onze bohémiens, huit ITALIENS, sept AUTRICHIENS, cinq moravo-silésiens, un tyrolien. — En AUTRICHE, dit ODIER (1824, E), les TAMBOURS, loin d'être les derniers SOLDATS de la COMPAGNIE, sont des HOMMES D'ÉLITE. — Il faut ajouter vingt BATAILLONS de GRENADIERS, soixante et dix de LANDWEHR, dix TIRAILLEURS. — Suivant la nation, la force des RÉGIMENTS variait de trois mille deux cents à trois mille six cents hommes. — Au commencement du siècle, les TROUPES FRONTIÈRES étaient au nombre de onze RÉGIMENTS, dont deux du bannat, deux CROATES, trois esclavons et quatre transylvains. Complets, ces régiments formaient près de vingt-neuf mille hommes. — GUIBERT (1803, D), le premier, a tracé un tableau de ce genre de COLONISATION ou de FIEFS. Le même sujet a exercé la plume de LECOUTURIER (1825, D).— Les TROUPES FRONTIÈRES, composées d'hommes à la fois cultivateurs et soldats, ont été génériquement connues sous les noms de CROATES, Dalmates, Hasciens ; elles occupent l'est et le sud de l'empire. Les provinces auxquelles elles appartiennent, la Transylvanie exceptée, donnent, en 1851, dix-sept RÉGIMENTS d'INFANTERIE, un bataillon de bateliers, un régiment de HUSSARDS. La composition de ces CORPS diffère de celle des RÉGIMENTS AUTRICHIENS ; de là vient qu'on les appelait IRRÉGULIERS ; ils étaient commandés par des notables du pays, *austererhalter*. — En temps de guerre, s'il en était besoin, les TROUPES FRONTIÈRES se doublaient, et une moitié de chaque corps marchait à l'armée. — On licenciait à la paix ce surplus, ce qui s'opposait à ce que ces corps fussent estimés et aussi vigoureux que l'espèce des hommes permettait qu'ils le devinssent. — Les TROUPES FRONTIÈRES sont réparties dans l'Esclavonie, le bannat de Croatie, la Transylvanie, le Tyrol, les GÉNÉRALATS de Carlstadt et de Warasdin. — Un RÉGIMENT d'INFANTERIE autrichienne se compose, en temps de paix, de deux COMPAGNIES de GRENADIERS et de dix-huit de FUSILIERS, réparties en trois BATAILLONS; chaque BATAILLON n'est réellement que de six COMPAGNIES, parce que, la plupart du temps, les GRENADIERS s'embataillonnent à part. Leurs BATAILLONS sont de six COMPAGNIES, accouplées en trois DIVISIONS; il y avait cependant, en 1826, des BATAILLONS DE GRENADIERS qui n'étaient que de quatre COMPAGNIES. — En temps de guerre il était formé un quatrième BATAILLON, nommé BATAILLON DE DÉPÔT; il était de quatre compagnies; maintenant la LANDWEHR fournit le quatrième BATAILLON. — Il y a, en total, cent soixante-quatorze BATAILLONS de FUSILIERS; ceux des GRENADIERS sont à peu près à ceux de FUSILIERS ce que un est à huit. — L'Annuaire de 1851 mentionnait trente-neuf RÉGIMENTS à deux BATAILLONS de ligne et à un de LANDWEHR; les régiments HONGROIS, ITALIENS et transylvaniens n'ont que deux BATAILLONS de ligne; l'INFANTERIE des frontières est également de deux BATAILLONS. — En 1857, la Milice autrichienne comprend trois armées : l'armée allemande, régie par les ordonnances impériales; l'armée frontière, qui est ordinairement sédentaire; l'armée hongroise, qui ne consiste qu'en hussards et qu'en infanterie, et qui est régie de concert par l'empereur et par la diète. — Chaque RÉGIMENT est commandé ou censé commandé par un COLONEL PROPRIÉTAIRE, car il y a en outre un COLONEL COMMANDANT; les BATAILLONS le sont par le LIEUTENANT-COLONEL ou par un MAJOR. Cette composition défectueuse, empreinte de féodalité, rappelle les temps plus modernes où les RÉGIMENTS se divisaient uniquement en COMPAGNIES, non en BATAILLONS; elle s'est conservée plus ou moins complétement chez des peuples plus novateurs et pourtant routiniers aussi; les Milices anglaise et prussienne en fournissent les preuves. Partout le fond du système blesse la saine raison; la propriété d'un RÉGIMENT ne peut convenir que dans une oligarchie. Deux COLONELS qui ne sont réellement en chef ni l'un ni l'autre, un LIEUTENANT-COLONEL et des MAJORS dont l'appellation contredit les fonctions,

puisqu'ils ne sont en réalité que chefs de bataillon, tout cela est un ensemble d'incohérences. — Il est attaché à chaque RÉGIMENT d'INFANTERIE un CHAPELAIN ou AUMONIER, un AUDITEUR, un QUARTIER-MAÎTRE, *rechnungs fuehrer*, un ADJUDANT de RÉGIMENT, trois ADJUDANTS de BATAILLONS, six CADETS ordinaires, *kaiserliche, kœnigliche*, des CADETS extraordinaires, *privat-cadettere*, au nombre de trente à quarante, un CHIRURGIEN-MAJOR, treize CHIRURGIENS de diverses classes, dix FOURRIERS, neuf *fuehrer*, ou guides, ou adjoints de comptabilité, un TAMBOUR-MAJOR, dix-huit MUSICIENS, un PRÉVOT, quatre DOMESTIQUES militaires, huit DOMESTIQUES civils. — Les musiciens montent en réalité à un bien plus haut nombre; il s'en voit jusqu'à quatre-vings et quatre-vingt-dix. Ils se recrutent, en général, parmi les hommes levés en Bohême et dans l'institut musical autrichien, où sont admis, dès l'âge de dix ans, les enfants de troupe, sous condition, après leur éducation achevée, de servir douze ans dans un corps. — Il y a jusqu'à quatre AIDES-CHIRURGIENS par BATAILLON; c'est la conséquence du système des INFIRMERIES RÉGIMENTAIRES. — Les COMPAGNIES autrichiennes sont commandées par un CAPITAINE ou un CAPITAINE LIEUTENANT, un LIEUTENANT, un SOUS-LIEUTENANT, un ENSEIGNE, *fahurieh*, un SERGENT, six CAPORAUX, deux TAMBOURS, huit APPOINTÉS ou SOUS-CAPORAUX, ou VICE-CAPORAUX, *gefreite*. Il y est attaché quatre DOMESTIQUES et un SAPEUR; une COMPAGNIE comprend cent cinquante FUSILIERS; son total est de cent soixante et dix-huit hommes. — L'ENSEIGNE et le SOUS-LIEUTENANT sont une double imitation des usages français; mais, en France, le SOUS-LIEUTENANT s'est substitué à l'ENSEIGNE, dont le titre était devenu impropre et faux. En AUTRICHE, le grade d'ENSEIGNE s'est conservé alors que celui de SOUS-LIEUTENANT prenait naissance. — Les RÉGIMENTS HONGROIS et transylvaniens étaient de quatre BATAILLONS, et les COMPAGNIES de deux cents hommes. Un RÉGIMENT est de quatre mille hommes environ; cependant l'Annuaire de 1850 ne les compose que de deux bataillons. — Ainsi des COMPAGNIES de cent cinquante à deux cents hommes, qui, de tout temps, ont été plus fortes que celles de France, n'avaient que quatre OFFICIERS et quinze SOUS-OFFICIERS; les CAPORAUX y sont comparables à NOS SERGENTS et les APPOINTÉS à NOS CAPORAUX. — En 1854, suivant le *Spectateur militaire* (t. XVI, p. 261), l'infanterie comprenait trois cent quatre-vingt-un bataillons et huit mille huit cent quarante-six officiers, dont trois cent quatre-vingt-dix officiers supérieurs. — MIRABEAU (1788, C) disait à cet égard : *La force des compagnies et le petit nombre des officiers et des bas officiers est une composition absurde ; cela est vrai de la cavalerie comme de l'infanterie.* — Les bataillons ont aussi de tout temps été démesurés. On lit dans les mémoires de BONAPARTE que, à Montenotte, l'ARMÉE AUTRICHIENNE avait des BATAILLONS de quinze cents hommes. — Les OFFICIERS d'un corps, capitaines y compris, ont chacun un DOMESTIQUE militaire (*furierschutz*), aide-fourrier) soldé par le gouvernement ; les autres OFFICIERS, l'AUMONIER, le CHIRURGIEN ont des DOMESTIQUES particuliers (*privat-diener*). — La landwehr est divisée, comme on l'a vu, en deux bataillons ; leur total est de soixante et dix. Les premiers bataillons sont exercés quinze jours par an, les seconds huit jours. Cette conscription, destinée surtout à faire au besoin le SERVICE des GARNISONS, est appelée, en cas de guerre, aux ARMÉES AGISSANTES. Ses premiers BATAILLONS deviennent les quatrièmes BATAILLONS de la plus grande partie de l'INFANTERIE de ligne ; ils augmentent ainsi de six COMPAGNIES les RÉGIMENTS. — La CAVALERIE se compose de trente-sept RÉGIMENTS, dont huit de CUIRASSIERS, six de DRAGONS, sept de CHEVAU-LÉGERS OU LANCIERS, quatre de HULLANS, douze de HUSSARDS, y compris *szekler*, hussards des frontières ; il n'y est point institué de CHASSEURS. Les TIRAILLEURS A CHEVAL s'y appellent CARABINIERS. — La CAVALERIE AUTRICHIENNE passait pour la meilleure de l'EUROPE. — Les DRAGONS et les CUIRASSIERS constituent la grosse CAVALERIE ; ils sont, en temps de paix, à six ESCADRONS ; ils se composent de mille cinquante-cinq hommes ; ils sont, en temps de guerre, de dix-sept à dix-huit cents chevaux. Les autres RÉGIMENTS ont huit ESCADRONS et sont la CAVALERIE LÉGÈRE ; leur effectif est de mille huit cent six hommes ; en campagne ils sont de douze cents chevaux. Le total des ESCADRONS est de deux cent soixante ; chacun d'eux forme une COMPAGNIE de cent soixante-dix hommes, divisée en deux ailes ; deux ESDADRONS forment une DIVISION. — Dans la CAVALERIE, les ENSEIGNES s'appellent SOUS-LIEUTENANTS ; il ne s'y voit point de maréchaux de logis, mais seulement des brigadiers nommés CAPORAUX ; les chefs d'escadron s'appellent CAPITAINES COMMANDANTS. Il n'y a dans la CAVALERIE que des CADETS particuliers, ou engagés, ou quasi-cadets ; il n'y est pas attaché de CADETS impériaux. — Les RÉGIMENTS de CAVALERIE LÉGÈRE ont, au nombre de leurs ouvriers, un corroyeur. — La plus célèbre de ses CAVALERIES LÉGÈRES est la HONGROISE. — Le vrai

HUSSARD HONGROIS ne songe à lui qu'après avoir pourvu à tous les besoins de sa monture ; son CHEVAL est pour lui un ami avec qui il partage son pain. — Mais le HONGROIS n'était pas le modèle de la fidélité. Dans les guerres du milieu du dernier siècle, l'habitude de butiner éteignait en lui tout patriotisme et le jetait d'un parti dans un autre, suivant que le succès de l'ARMÉE rendait plus lucratif le rôle de l'avant-garde. — Deux cent soixante-huit escadrons, commandés par mille neuf cent soixante et onze officiers, dont cent quarante-quatre officiers supérieurs, composaient, en 1834, cette cavalerie, suivant le *Spectateur militaire* (t. XVI, p. 265). — L'ARTILLERIE, organisée conformément au système de l'ordonnance de 1777 (16 mai), comprend les MINEURS, et se divise en ARTILLERIE DE CAMPAGNE, d'ARSENAL et de GARNISON. Celle de CAMPAGNE forme cinq RÉGIMENTS ; chaque RÉGIMENT est de dix-huit ou de vingt COMPAGNIES, réparties en trois ou en quatre BATAILLONS ; chaque COMPAGNIE sert trois ou quatre BATTERIES de six PIÈCES ; le total des BATTERIES est de cent quatre-vingts. Il est tenu sur pied quatre BATTERIES de FUSÉENS, composées en total de cinq cents RAQUETIERS. — Les BOMBARDIERS et les ARTIFICIERS forment corps à part. Les BOMBARDIERS, au nombre de cinq compagnies, jouissent d'une haute estime et sont la pépinière des officiers d'artillerie ; ils sont recrutés parmi les CAPORAUX D'ARTILLERIE OU tirés des écoles régimentaires. — L'ARTILLERIE DE CAVALERIE, créée en 1778 à l'occasion de la guerre contre les TURCS, diffère des autres ARTILLERIES A CHEVAL ; elle a une organisation particulière ; chacun des cinq RÉGIMENTS d'ARTILLEURS A PIED contribuent à l'alimenter ; une partie des hommes est portée sur l'affût, l'autre sur les SOUS-VERGES. — Le MATÉRIEL se compose de PIÈCES DE SIX et d'OBUSIERS de vingt-quatre, c'est-à-dire de six pouces environ. — Chaque PIÈCE est accompagnée de CHEVAUX DE BAT qui portent des MUNITIONS dans des COFFRETS ; ils sont sous la conduite d'un SOLDAT monté. — Il n'y a pas en EUROPE d'ARTILLERIE plus savante, peut-être pas d'aussi savante. Elle comptait en 1834, suivant le *Spectateur militaire* (t. XVI, p. 265), mille vingt-six officiers, dont soixante-deux de grade supérieur ; ainsi, parmi les puissances de premier ordre, *celle qui avait le personnel d'artillerie le moins nombreux était celle dont l'*ARTILLERIE *servait le plus de pièces.* — Le CORPS DU GÉNIE comprenait les SAPEURS. Le nombre des officiers du génie était de deux cent vingt, dont vingt-huit de grade supérieur. — En campagne, le corps des

PONTONNIERS était à part de l'artillerie, et il agissait sous la direction du QUARTIER-MAITRE GÉNÉRAL. — Les PIONNIERS étaient attachés à l'ÉTAT-MAJOR ; ils ouvraient et rendaient praticables les routes des ARMÉES AGISSANTES. Ce qui les concerne est exposé dans le *Spectateur militaire* (t. XVI, p. 98). — Un TRAIN des ÉQUIPAGES MILITAIRES, *militaer fuhrwesens-corps*, était destiné aux attelages de l'ARTILLERIE, des PONTONS, de la BOULANGERIE, des HOPITAUX AMBULANTS, des APPROVISIONNEMENTS DE BOUCHE et des TRANSPORTS militaires en général. — Il était entretenu deux COMPAGNIES DE CADETS. — L'ORDRE de MARIE-THÉRÈSE, qui est la principale des DÉCORATIONS que les MILITAIRES puissent obtenir, rappelait un grand règne. Plus anciennement existait l'ORDRE DE THÉRÈSE-ELISABETH, et plus récemment avait été fondé l'ORDRE DE SAINT-LÉOPOLD, et avait été nationalisé l'ordre franco-italique DE LA COURONNE DE FER, créé par BONAPARTE en 1805. — Des détails sur ces sujets et sur la composition de l'ARMÉE AUTRICHIENNE sont contenus dans le *Journal des Sciences militaires* (1834, p. 157) et dans le *Spectateur militaire* (t. XVI, p. 261). — La *Gazette militaire universelle de Darmstadt* de 1838 (août) et la *Sentinelle de l'Armée* (t. IV, p. 509) en traitaient aussi. — N° 3. FORCE. — Dans le cours du dernier siècle l'AUTRICHE pouvait, en temps de paix, avec un revenu borné, mettre sur pied deux cent trente mille COMBATTANTS, et les porter au besoin à trois cent mille. — Dans la GUERRE DE 1756, son état militaire était inférieur à celui de la FRANCE ; il n'égalait même pas celui de la PRUSSE. Si l'AUTRICHE pouvait lutter contre elle, c'est que, comme le dit MIRABEAU (1788, C), elle avait le *double d'excellents soldats et la facilité funeste d'engloutir tous ses sujets dans ses légions.* — Plus correctement parlant, un SOLDAT AUTRICHIEN valait mieux que deux SOLDATS PRUSSIENS ; c'est la pensée de MIRABEAU, ou plutôt de MAUVILLON, dont MIRABEAU était le prête-nom. — De 1775 à 1784, les FORCES autrichiennes, sous JOSEPH DEUX, étaient, sur pied de paix, de deux cent trente mille hommes. Au moyen de la CONSCRIPTION établie dans tous les Etats autrichiens, elles étaient, en 1785, de trois cent soixante-quatre mille, et pouvaient s'élever en peu de temps à quatre cent mille hommes. — M. MARCEL DE SERRES a dressé, en 1805, sur les lieux, une récapitulation des forces de l'AUTRICHE qui peut servir de terme de comparaison, et qui n'a varié que par quelques différences survenues dans le nombre des corps, plusieurs cadres nouveaux ayant été créés. — Suivant

ses aperçus, en supposant complets les RÉGIMENTS D'INFANTERIE, leur effectif serait de. . . . . 178,000 h.

Neuf BATAILLONS de CHASSEURS de 600 hommes l'un. . . .	5,400
Quatre BATAILLONS DE GARNISON.	3,728
Huit RÉGIMENTS de CUIRASSIERS à SIX ESCADRONS.	6,592
Six RÉGIMENTS de DRAGONS à six ESCADRONS.	4,944
Douze RÉGIMENTS de HUSSARDS dont onze à huit ESCADRONS, un à six.	13,646
Six RÉGIMENTS de CHEVAU-LÉGERS à huit ESCADRONS.	6,972
Trois RÉGIMENTS de HULLANS à huit ESCADRONS.	3,486
Quatre RÉGIMENTS d'artillerie de campagne de seize compagnies l'un.	9,280
Un corps de BOMBARDIERS de six COMPAGNIES.	764
Un corps d'ARTILLERIE d'état-major de huit compagnies..	1,779
Un d'ARTILLERIE de GARNISON de.	2,110
Un corps d'INGÉNIEURS de . . .	157 off.
Un de MINEURS en six compagnies de.	721 h.
Un de SAPEURS..	660
Un corps de TRAIN, en temps de paix..	6,000
Un BATAILLON de MARINS. . . .	1,068
Des bataillons frontières de douaniers..	3,200
Le corps des invalides.. . . .	10,000

— M. MARCEL DE SERRES évalue ainsi les forces autrichiennes, à deux cent quatre-vingt-cinq mille hommes. — Elles s'augmentent, en 1808, de soixante-douze mille hommes de réserve et de cent cinquante BATAILLONS de LANDWEHR. On a affirmé qu'en 1809 quatre cent mille hommes étaient sur pied ; M. Alex. DELABORDE va jusqu'à supposer que l'ARMÉE se montait à cinq cent mille hommes, et que le MATÉRIEL de l'ARTILLERIE était supérieur à celui de la FRANCE, mais probablement ces totaux sont exagérés. — Depuis 1809, l'organisation de la LANDWEHR permit d'élever à cinq cent soixante mille hommes l'ARMÉE. En 1813 et 1814, le total des forces était de quatre cent vingt-cinq mille hommes. En 1815, de cinq cent vingt-quatre mille hommes. — Depuis la fin de la GUERRE DE LA RÉVOLUTION, la Milice autrichienne s'est accrue des TROUPES que peut fournir le Milanais, et qui dans le siècle dernier étaient évaluées à vingt ou vingt-cinq mille hommes, dont un quart de CAVALERIE. — La force de l'INFANTERIE de bataille de ligne était, en 1826, de 1044 COMPAGNIES de fusiliers, et de cent seize COMPAGNIES de GRENADIERS, réparties les unes en 174 BATAILLONS de FUSILIERS, les autres en vingt bataillons de GRENADIERS; en temps de guerre, le nombre des FUSILIERS s'accroît à onze cent trente-quatre COMPAGNIES et à cent quatre-vingt-neuf BATAILLONS. — En 1827, la population de l'AUTRICHE est forte de trente millions et demi d'âmes; on prétend qu'elle permet d'élever à quatre cent mille hommes la LANDWEHR. — Un tableau statistique des forces militaires européennes qu'on trouve dans le *Spectateur militaire* (juin 1827) évalue à cette époque l'effectif des forces permanentes à deux cent soixante et onze mille hommes en temps de paix, et sept cent cinquante mille hommes en temps de guerre, y compris le contingent de l'ARMÉE CONFÉDÉRÉE de quatre-vingt-quatorze mille huit cent vingt-deux hommes. — En 1828, la population donne à l'armée, en temps de paix, un homme sur soixante individus, et en temps de guerre un homme sur quarante. — Ce même journal présente en 1829 (t. VII, p. 418) les résultats suivants :

Les BATAILLONS de GARNISON. . . 4,850 h.
Dix-sept RÉGIMENTS FRONTIÈRES. 45,050
Les CHASSEURS à pied, à l'exception d'un régiment tyrolien, sont formés en BATAILLONS de quatre COMPAGNIES.. 9,900
L'INFANTERIE de ligne comprend en tout, deux cent vingt-neuf BATAILLONS évalués sur pied de paix à.. 205,554
La CAVALERIE comprend en temps ordinaire deux cent soixante-huit ESCADRONS. . . 56,508
L'ARTILLERIE est de.. 23,394
Le GÉNIE et sa troupe dans laquelle figurent les PONTONNIERS.. 5,551
OFFICIERS D'ÉTAT-MAJOR du GÉNIE.. 182
La MAISON MILITAIRE, y compris deux cents TRABANS, se monte à peine, OFFICIERS compris, à. 640
L'INTENDANCE et ses EMPLOYÉS.. 1,700
Le pied de paix de l'ARMÉE de ligne se montant à. 296,698
Atteindrait presque, en temps de guerre.. 418,000

— En 1830 elle est regardée comme pouvant mettre sur pied, en temps de paix, deux cent soixante et onze mille hommes, qui s'élèveraient, dit-on, en temps de guerre, jusqu'au chiffre énorme de sept cent cinquante mille quatre cent quatre hommes.

— Ces nombres paraissent enflés. Les contrôles de la LANDWEHR présentent, dit-on, un total de cent quatre-vingt mille noms; mais la force effective atteindrait à peine trente-cinq mille hommes s'il fallait entrer en campagne. — Le *Spectateur militaire* (t. XII, p. 464) l'évalue, en 1831, à trois cent vingt mille hommes. — En 1852, si l'on en croit le journal anglais nommé *Month'y Magazine*, la Milice autrichienne répond au tableau qui suit :

INFANTERIE.

50 BATAIL. de GRENADIERS à 800 h.　24,000
64 RÉGIMENTS à 3 BATAIL.　id.　153,600
17 RÉGIM. INFANT. LÉGÈRE　id.　40,800
8 BATAIL. TIRAILLEURS (*Jagers*).　6,400
　　　　　224,800

ARTILLERIE et GÉNIE.

5 RÉGIMENTS.　　20,000

CAVALERIE.

12 RÉG. HUSSARDS à 800 h.　9,600 ⎫
8 — CUIRASS. —　6,400 ⎪
8 — DRAGONS —　6,400 ⎬ 25,600
4 — HULLANS —　3,200 ⎭
　　　　　270,400

En temps de guerre la
　LANDWEHR y ajoute　120,000 ⎫
Et l'insurrection hon-　　　⎬ 170,000
groise.. . . . . . . 50,000 ⎭
　　　　　440,400

— M. le général RAVICHIO (1852) l'évalue, en temps de paix, à trois cent vingt-neuf mille hommes et affirme qu'elle outre-passait, en 1809 et 1815, cinq cent mille hommes. — Le *Journal des Sciences militaires* (t. XXIX, p. 153) estime la force des RÉGIMENTS FRONTIÈRES seuls, non compris l'INSURRECTION HONGROISE, à deux cent mille hommes. — Le *Spectateur militaire* (t. XII, p. 464) l'évaluait, en 1831, à trois cent vingt mille hommes; il donnait d'autres aperçus en 1833 (t. XV, p. 85, et t. XVI, p. 252). Il contenait, à la page 258, la nomenclature des quatre-vingt-deux FORTERESSES de l'empire. Le *Journal de la Société de statistique* (t. III, p. 192, et t. V, p. 145) et le *Journal de l'Armée* (1833, p. 24) offraient d'autres chiffres. — En 1856, la population était de trente-deux millions d'habitants; la superficie du sol, de cent quatre-vingt-quatorze milles carrés, et son revenu ne montait pas à la moitié de celui de la France. — N° 4. UNIFORME. — Dans l'avant-dernier siècle, l'INFANTERIE AU-

TRICHIENNE avait adopté le MOUSQUET quand les FRANÇAIS se servaient encore de PIQUES. — La couleur nationale a autrefois été le vert; c'est aujourd'hui le jaune et le noir; cependant des drapeaux d'Autriche sont blanc et rouge, suivant le *Dictionnaire de la Conversation* (au mot *Drapeau*). — Dans le dernier siècle, l'armée a été tourmentée, disent les ÉCRIVAINS, par plus d'une innovation en fait d'uniforme. — En AUTRICHE, on s'appesantissait sur les minuties et le *punctilio* de la TENUE des hommes de TROUPE, sur la symétrie des frisures, sur le renflement des queues au moyen d'un mandrin de bois, etc. — Cependant, dans la dernière moitié du siècle dernier, les OFFICIERS étaient vêtus sans uniformité: au dire de GUIBERT (1803, D), *ils s'habillent en vestes et culottes de toutes couleurs.* — Convenons cependant que le costume purement autrichien est, de tous, le plus sage, le plus simple. — L'HABIT COURT, la CAPOTE, le PANTALON DE CAVALERIE, le SCHAKO, le DRAPEAU NOIR, le CRÊPE de DEUIL MILITAIRE sont passés d'AUTRICHE dans toutes les ARMÉES. — Le maréchal de LASCY, qui goûtait les systèmes que MAURICE DE SAXE appelle ses rêveries, donna à l'INFANTERIE l'HABIT-VESTE et la CAPOTE. — Elle renonça au CHAPEAU, et lui substitua des bonnets ou CASQUETTES de cuir; elle imita le BONNET A POIL des PRUSSIENS; elle garda, une des dernières, le CANAPSA ou carnassière d'ancienne forme. — Une partie du costume des TROUPES d'AUTRICHE a été généralement imité; l'EUROPE a plus ou moins fidèlement copié l'uniforme bizarre, incommode et dispendieux des HUSSARDS; mais elle a sagement adopté dans quelques-unes de ses parties celui de l'infanterie autrichienne. — Les TROUPES d'AUTRICHE ont maintenant l'HABILLEMENT le moins coûteux et la TENUE la moins changeante. — En 1854, des CULOTTES courtes continuaient à se porter avec des GRANDES GUÊTRES. — S'il s'agit de hussards et de Hongrois, ce que nous avons dit d'une simplicité louable cesse d'être applicable; on raconte qu'au couronnement de l'empereur à Milan, en août 1838, les pantalons et dolmans de la garde noble hongroise étaient garnis de SOUTACHES en or, perles et pierreries, et que l'ensemble des pelisses en tigre, plissées en polacre de boyards, les somptueux équipages de cheval, etc., etc., coûtaient par hussard quarante mille francs. — Le blanc est la COULEUR de fond la plus générale; l'ARTILLERIE a l'HABIT vert à collet rouge, la culotte de peau, les bottes à la Souwarow, le chapeau à trois cornes et à plumet. — Tout EFFET D'UNIFORME est confectionné par

des mains de SOLDATS, avec des matières indigènes et sous la surveillance de l'AUTORITÉ MILITAIRE; les ÉTOFFES DE TROUPE le sont par les soins de l'État; les ARMES D'OFFICIERS sortent des ARSENAUX du pays. Des ateliers de couture sont établis à Stocker, auprès de VIENNE. — La CAVALERIE, depuis la fin du siècle dernier, avait emprunté de Milices plus élégantes le CASQUE DE CUIR. — Les OFFICIERS n'ont pas adopté l'ÉPAULETTE, et ils ont bien fait; presque seuls, en EUROPE, ils ont résisté à cette mode française; la DRAGONNE et l'ÉCHARPE OU CEINTURE étaient leurs MARQUES DISTINCTIVES. — Les régiments AUTRICHIENS ne connaissaient pas la COCARDE; le branchage vert ou SIGNE DE CAMPAGNE en tenait lieu pendant la guerre. — L'ARMEMENT de TROUPES n'était pas la partie la mieux traitée. Le FUSIL était lourd et grossier: son BOIS était de chêne ou de hêtre; sa BAGUETTE, presque CYLINDRIQUE, avait été une imitation de la mode prussienne; mais de nombreux et opiniâtres essais avaient eu lieu; et en 1859, s'il en faut croire la *Sentinelle de l'Armée* (t. v, p. 74), l'Autriche avait en magasin quarante mille fusils disposés suivant le système console. — Deux BATAILLONS de PIONNIERS avaient le SABRE A SCIE. — Le MATÉRIEL de l'ARTILLERIE est loin de la perfection de l'ARTILLERIE ANGLAISE. — La CARABINE A VENT a été une ARME DE GUERRE. — Quelques CARABINES rayées, sont en usage dans quelques CORPS de CAVALERIE. — Le SERGENT porte un junc, les CAPORAUX et VICE-CAPORAUX une BAGUETTE de coudrier, ayant pour cordon une lanière de buffle, et susceptible de s'introduire dans le canon du fusil. — Chaque COMPAGNIE a un CHEVAL DE BAT pour le transport de ses USTENSILES DE CAMPAGNE; mais, dans quelques CORPS AUTRICHIENS, l'usage de faire porter les MARMITES par les SOLDATS s'était introduit; ces MARMITES sont en tôle, suffisent pour six ou huit hommes, et pèsent deux kilogrammes environ. — Les pâtres de la HONGRIE et de la BOHÊME se garantissent de vermine et prolongent la durée de leur linge en le baignant dans du suif fondu; ce même usage s'est pratiqué dans une partie des TROUPES AUTRICHIENNES; à défaut de suif, elles recourent à tout autre corps gras, et surtout au lard rance. — On a vu, en 1794, des PRISONNIERS AUTRICHIENS se précipiter sur des tonnes d'huile qu'un accident venait de briser sur le quai d'Orléans; ils y plongeaient leur chemise. — Toute la CAVALERIE AUTRICHIENNE, tous les officiers montés n'ont qu'un seul genre de SELLE. — Le port de la décoration de la LÉGION D'HONNEUR y a été permis; M. de Metternich s'est paré de celle de simple légionnaire; mais maintenant cet ORDRE n'est plus autorisé; ceux d'ALLEMAGNE, de RUSSIE, de ROME décorent au contraire quantité d'UNIFORMES. — Un réglement nouveau sur l'UNIFORME paraissait à la fin de 1856. Le *Spectateur militaire* (t. XXII, p. 444) en donnait une idée. — Le journal *la Presse* (14 août 1838) annonçait que, en vertu d'un décret de l'empereur, toute l'ARMÉE AUTRICHIENNE recevait des FUSILS A PERCUSSION. Les détails de l'uniforme autrichien se trouvent dans le *Journal des Sciences militaires* (1854, p. 149), dans le *Journal de l'Armée* (3ᵉ année, n° 5, p. 90, et t. IV, gravure n° 4) et dans la *Sentinelle de l'Armée* (t. IV, p. 509 et 517). — N° 5. ALLOCATIONS, SOLDE. — SERVAN (1780, B) a mis au jour quelques aperçus touchant les usages autrefois suivis. Un rapide examen des usages plus modernes va signaler quelques différences principales entre l'ADMINISTRATION AUTRICHIENNE et FRANÇAISE. Les MAJORS de toutes ARMES reçoivent un CHEVAL de remonte qui leur est fourni à raison d'un prix fixe; il ne leur est point libre de s'en défaire. Les OFFICIERS sont en général montés aux frais de l'État, comme le témoigne ODIER (1824, E). — En 1852 le simple fantassin touche, par jour, six kreutzer, ou quatre sous de France; l'ARTILLERIE, la CAVALERIE, les GRENADIERS ont de huit à dix kreutzer; cette solde subvient à l'achat d'une demilivre de viande. — Le PAIN autrichien était de forme carrée et d'une qualité inférieure à celui de la France. — Les appointements, évalués en monnaie de France, étaient par mois :

COLONEL.	750
LIEUTENANT-COLONEL.	575
MAJOR.	250
CAPITAINE. . { en 1ᵉʳ.	184
{ en 2ᵉ.	89
LIEUTENANT . { en 1ᵉʳ.	71
{ en 2ᵉ.	59
ENSEIGNE.	52

— Il était en outre accordé le logement, les rations de PAIN et de chauffage, et l'entrée aux divers théâtres à raison du tiers du prix ordinaire. — Le *Dictionnaire de la Conversation*, au mot *Solde*, offrait le tableau de la solde en 1859. — Les RETRAITES accordées aux OFFICIERS sont, dans certains grades, plus que doubles des PENSIONS DE RETRAITE de FRANCE. — Le LIEUTENANT GÉNÉRAL jouit de sept mille huit cents francs; le COLONEL de trois mille cent vingt francs; le CAPITAINE de quinze cent soixante francs; le LIEUTENANT de huit cent vingt francs. — Les SOLDES DE RETRAITE ne sont basées que sur un TRAITEMENT unique, et sans différence d'arme à arme, ce qui est bien plus sage qu'en FRANCE. Elles se bonifient par l'obtention des FONCTIONS CIVILES; car une ordonnance de 1816 (15 décembre) ne permet de faire remplir ce genre d'emploi par des individus de la classe civile, qu'à défaut d'OFFICIERS pensionnés ayant la capacité requise. — Les RETRAITES ne sont accordées qu'aux MILITAIRES qui ne peuvent plus servir; cette incapacité est rigidement constatée par un conseil supérieur. — Les OFFICIERS PENSIONNÉS ne sont point forcés de prendre un EMPLOI CIVIL; mais s'ils s'y refusent, leur RETRAITE est d'un tiers plus faible. Plusieurs HOTELS d'invalides reçoivent les OFFICIERS INFIRMES; ils ne cessent pas de toucher leur SOLDE DE RETRAITE, quoique admis à l'HOTEL. Le gouvernement d'AUTRICHE est, en cela, plus généreux que celui de FRANCE. — N° 6. INSTRUCTION. — La Milice autrichienne était gouvernée, au temps de CHARLES-QUINT, par des règles ESPAGNOLES, SUISSES, ITALIENNES; son ARTILLERIE était savante pour le temps; sa CAVALERIE LÉGÈRE jouissait d'une estime méritée. — WALSTEIN déterminait, à son gré, la SOLDE et les RÉCOMPENSES de ses TROUPES; il composait les RÈGLEMENTS qu'il lui convenait d'imposer à son ARMÉE. — La Hongrie, cinq fois révoltée en un siècle depuis l'envahissement, donna de coûteuses leçons d'art militaire pratique à l'ARMÉE AUTRICHIENNE. — MONTECUCULI appliqua à l'organisation des troupes les calculs de la studieuse école d'ITALIE. Cette Milice n'a marché ainsi, et bien tard, que sur des traditions, et s'est traînée de coutume en coutume. — A défaut de règlements officiels, divers corps de la Milice autrichienne ont été régis d'abord par des manuels ou des RÈGLEMENTS dressés à l'usage de quelques RÉGIMENTS; tels furent les traités mis au jour par RÉGAL (1717, A), colonel du régiment d'infanterie de l'empereur, et par KHÉVENHULLER (1726, C; 1759, C). Ils ont été mainte fois réimprimés. Ainsi WALTHER (1785, C) mentionne un ouvrage intitulé : *Pratique et règlements impériaux pour les troupes de Charles six*, 1717, Naples, et M. RUMPF (1824, C) indique un *Règlement d'exercice* de 1757. — EUGÈNE goûtait le règlement de RÉGAL, mais son ARMÉE se refusait à s'y conformer; les COLONELS prétendaient n'obéir qu'aux rescrits du CONSEIL AULIQUE, et arrivaient par cette voie évasive à exercer sur leur CORPS un pouvoir absolu. A l'affaire de BELGRADE, en 1717, le RÉGIMENT de RÉGAL eut du désavantage ou fit mal son devoir; les autres CORPS AUTRICHIENS en *furent enchantés,* s'il faut en croire DELIGNE

(1780, A), parce qu'ils jalousaient un RÉGI-
MENT qu'on voulait leur imposer pour modèle. — En 1758, aucune ordonnance n'a-
vait encore été promulguée officiellement.
EUGÈNE venait de mourir, et ce grand homme,
aussi habile dans la conduite d'une ARMÉE
qu'indifférent à la fondation d'une Milice,
n'avait pas laissé la moindre instruction à
ses successeurs : discipline, exercice, tout
était dans le chaos. — En 1759, une nouvelle édition du traité de KHÉVENHUELLER parut, et les évolutions qui y étaient décrites
furent suivies jusqu'en 1758, époque de la
publication du règlement pour l'INFANTERIE,
la CAVALERIE et l'ARTILLERIE de campagne
(in-4°, Francfort); on la nomma : *La nouvelle théorie de Lascy*. — A la même époque, le général de KINSKI, gouverneur de
l'école des CADETS de Wienerneustadt, charge qu'il a exercée pendant vingt-six ans, devenait un des législateurs autrichiens en fait
de TACTIQUE. — Cependant, au milieu du
dernier siècle, suivant M. ROCQUANCOURT,
l'ARMÉE d'AUTRICHE était restée en arrière de
celle de PRUSSE et même de celle de FRAN-
CE ; elle passait pour plus habile aux MANIE-
MENTS D'ARMES qu'aux MANŒUVRES de campagne, quoique, au jugement de FRÉDÉRIC DEUX,
nulle autre Milice n'avait poussé plus loin,
l'habileté dans le choix des POSTES et l'art des
CAMPEMENTS. — En 1757, l'impératrice
reine était réduite, faute d'INGÉNIEURS, à
en emprunter à la FRANCE; ils servirent, au
nombre de quinze, dans son ARMÉE de Silésie, et assistèrent au siége de Schweidnitz.
Des ARTILLEURS aussi avaient été prêtés à
l'AUTRICHE par LOUIS QUINZE; les uns et les
autres sollicitèrent, le plutôt qu'ils le purent,
leur rappel. — Le célèbre Alvinzi, que Jo-
SEPH DEUX avait donné pour professeur de
TACTIQUE à son neveu François, depuis empereur, travailla, après la GUERRE DE SEPT
ANS, aux règlements proposés par LASCY,
sur les services et les manœuvres; cette partie était jusque-là peu avancée encore. —
GUIBERT (1779, D) en parlant de la coopération des AUTRICHIENS à la GUERRE DE 1756
disait : *Ils savent prendre des positions,
se retrancher, combattre; mais remuer
des armées, donner des batailles, les gagner par l'ascendant des manœuvres,
cette branche de l'art leur est inconnue.* —
MIRABEAU (1788, C) regardait la Milice autrichienne comme *fort inférieure, en instruction à l'armée prussienne; superbe
sous les armes, bien vêtue, bien équipée,
composée de grands et vigoureux soldats,
elle ne sait pas agir d'ensemble, ne sait
pas se mouvoir.* — Aux époques où nous
écrivons, l'ÉTAT-MAJOR, quant à la profon-

deur et à l'exactitude des études, la CAVALE-
RIE quant à son organisasion et son équitation, l'ARTILLERIE quant au savoir positif et
aux habitudes du travail, les MUSIQUES
quant à l'habileté et à l'ensemble, ne sont
surpassées en aucun autre pays. — L'ARTIL-
LERIE autrichienne a eu dans le prince de
Lichtenstein, mort en 1772, son GRIBEAU-
VAL; elle a été redevable au comte de Collo-
rédo de perfectionnements encore plus
marqués ; elle a fourni le modèle de l'AR-
TILLERIE DE CAMPAGNE que GRIBEAUVAL a
introduite en FRANCE; son ARTILLERIE DE
CAVALERIE servait utilement, longtemps
avant que la FRANCE n'eût son ARTILLERIE A
CHEVAL, et elle a été, en partie, imitée par
l'ARTILLERIE A CHEVAL anglaise. — La POU-
DRE autrichienne l'emportait sur celle de
France. — Les établissements autrichiens
sont au-dessus des nôtres par la perfection
et le prix modéré des TRAVAUX mécaniques,
et l'on peut citer comme modèles les ARSE-
NAUX, les FONDERIES, les MOULINS A POUDRE,
les COMMISSIONS D'ÉCONOMIE. —] Faible en
nombre, son ARTILLERIE est du reste loin de
celle de l'Angleterre quant au matériel. —
Jusqu'à la GUERRE DE LA RÉVOLUTION l'INFAN-
TERIE maniait habilement les armes aux signaux du FLIEGELMAN, elle exécutait avec
précision des MANŒUVRES d'esplanade ; c'é-
tait trop et point assez, la guerre en a fourni
la preuve. — Les GÉNÉRAUX autrichiens
passaient pour partisans des postes disséminés;
on lit ces paroles de BONAPARTE, dans le général MONTHOLON (1825, t. II, p. 75, note);
*Les mouvements très-étendus sont
conformes à la tactique autrichienne,
mais contraires aux vrais principes de
la guerre.* — L'ARMÉE, en général, réussissait mal dans les grands MOUVEMENTS du
champ de bataille ; rien n'était plus lourd
que ses formations en bataille ; une fois en
ligne, rompre, varier l'ordre, se renouer,
s'appuyer passaient son savoir-faire ; à WA-
GRAM elle fut foudroyée avant d'avoir essayé
de se mouvoir. — En 1806 parut le règlement de l'instruction des flanqueurs, adopté
avec l'approbation du prince CHARLES. — En
1814, suivant M. MARCEL DE SERRES, les règlements sur l'exercice de l'infanterie
étaient surchargés de dispositions compli-
quées et la plupart inutiles ; ils ne développaient pas en grand les principes du passage
à l'ordre en bataille et l'inverse. — Aujour-
d'hui ces règlements, ainsi que les nôtres,
n'ont encore ni ÉCOLES DE BRIGADES ni ÉCOLES
DE DIVISION. — En 1826, l'ordonnance
nommée articles de guerre a été révisée. —
Depuis longtemps la CAVALERIE, au nombre
de ses règlements, en a un qui manque à l'AR-

MÉE FRANÇAISE : c'est celui de l'ESCRIME A CHE-
VAL, qu'on nomme *l'escrime aux six coups*.
M. le général DUNFORT en a le premier traduit en français la théorie. A l'instar et à
l'envi des MILICES ANGLAISE et DANOISE, l'art
des FUSÉES est cultivé. — Le corps des ARTIFI-
CIERS raquetiers, composé d'hommes choisis,
laborieux, discrets, se livrent avec persévérance aux TRAVAUX et aux essais des FUSÉES
de guerre, *raketen*; elles se fabriquent à
Rakelendorf, sous les ordres du colonel Agos-
tin, qui a voyagé en ALLEMAGNE et en ANGLE-
TERRE pour le perfectionnement de cette
nouvelle ARME. Les plaines de Neustadt, à six
milles de VIENNE, sont le théâtre d'expériences fréquentes et mystérieuses. Les
RAQUETIERS s'y exercent contre des CIBLES qui
représentent des MASSES de troupes. Ils tirent
la FUSÉE presque horizontalement. On en
lance qui portent des OBUS de deux kilogrammes. Ces FUSÉES, remplies d'une espèce
de FEU GRÉGEOIS, percent et pénètrent irrésis-
tiblement ce qu'elles ont atteint. Elles s'ajus-
tent au moyen de CHEVALETS en TRÉPIEDS qui,
en campagne, sont portés par des CHEVAUX
DE BAT. Aux exercices, les RAQUETIERS se partagent les fardeaux; les uns portent le TRÉ-
PIED, les autres les FUSÉES. — La guerre de
NAPLES fut l'occasion d'un rescrit qui a doublé les équipages de FUSÉES. — Le CORPS
D'ÉTAT-MAJOR est chargé des TRAVAUX de
TOPOGRAPHIE et de GÉODÉSIE; la STATISTIQUE,
les RECONNAISSANCES, les FORTIFICATIONS PAS-
SAGÈRES sont de son ressort. Il s'occupe, sous
le point de vue militaire, des TRAVAUX HISTO-
RIQUES et politiques; il est chargé de la
tenue des ARCHIVES et de la critique des traités militaires; il s'acquitte des TRAVAUX DE
CAMPAGNE et de FORTIFICATION, et commande
à cet effet à trois BATAILLONS de PIONNIERS.
—M. le colonel WERKLEIN a exposé, avec
étendue, la composition et les devoirs de ce
CORPS; ses OFFICIERS doivent être administrateurs, diplomates, pontonniers, dessina-
teurs, mathématiciens, castramétateurs. —
Après avoir distribué le TERRAIN, ils ne peuvent s'absenter pendant l'opération du CAM-
PEMENT que quand rien ne manque, comme
bois, paille, etc., et qu'autant qu'il ne
s'élève aucune réclamation. — L'organisation du CORPS D'ÉTAT-MAJOR de FRANCE et la
récente fusion des INGÉNIEURS GÉOGRAPHES en
sont des imitations. — Les ÉCOLES MILITAIRES
destinées à former des OFFICIERS ont, en
AUTRICHE, le nom d'INSTITUTS et d'ACADÉ-
MIES; telles sont : la compagnie des CADETS
d'Olmutz, celle de Gratz; l'école militaire
de MILAN, l'académie des CADETS de VIENNE,
ou plutôt de Neustadt; les cinq ÉCOLES D'AR-
TILLERIE, celle des BOMBARDIERS, celle des

INGÉNIEURS fondée en 1717. — Une ÉCOLE de
PIONNIERS est établie à Korn-Neubourg. — Le
pays compte en outre huit ÉCOLES DE SOUS-
OFFICIERS et des ÉCOLES D'ENFANTS DE TROUPE.
ODIER (1824, E) a traduit en français les statuts
de celle-ci, et il remarque que la FRANCE est à
cet égard moins avancée que l'AUTRICHE. Il
témoigne quelles racines a jetées le système
nouveau qui dans les écoles d'enseignement
a introduit les récompenses, et combien ce
système l'emporte par ses résultats sur celui
des punitions. — On forme utilement des
CAMPS D'INSTRUCTION; ils se rassemblent près
de VIENNE, près de Pest, et en Gallicie. Le
premier était, en 1828, de trente-quatre
mille hommes; le second se composait surtout des corps des HUSSARDS HONGROIS; il s'en
rassemble aussi à Milan. — En 1834, les
TROUPES du camp de Vérone mettaient à l'é-
tude le nouveau système de tactique du FELD-
MARÉCHAL Radetzki, tandis que trente mille
hommes campés à Turas, près d'AUSTERLITZ,
sous les ordres du FELD-ZEUG-MEISTER Zuc-
chelli, répétaient les leçons des règlements
jusque-là en vigueur. — Il est publié à
Vienne une production mensuelle, habilement et consciencieusement rédigée par
M. SCHELS; c'est le *Journal militaire autrichien* (OEstereichische militarische zeit-
schrift). Ce recueil, favorisé et aidé par le
gouvernement, a paru en 1811, et a été suspendu de 1814 à 1818. — La NATATION militaire est cultivée à VIENNE avec succès. —
Le *Spectateur militaire* (t. XVII, p. 611)
rend témoignage des progrès de l'érudition
militaire en AUTRICHE. — N° 7. TACTIQUE. —
M. Moritz-MEYER affirme que l'AUTRICHE
adoptait le fusil en 1684, mais c'est présenter sous forme trop absolue ce qui n'était
encore qu'un essai et une exception. — Les
Mémoires de VILLARS (1734) témoignent
combien la science des MANŒUVRES était peu
avancée du temps du prince EUGÈNE; l'AR-
MÉE AUTRICHIENNE mit, en 1685, trente-six
heures à se former en bataille vis-à-vis des
TURCS. — Au commencement du siècle dernier, l'empereur Charles six dressa au service de l'INFANTERIE de ligne les HONGROIS,
jusque-là uniquement troupes légères, et
devenus une ARME excellente. — Peu après
la suppression des PIQUES, on voit, dans les
expéditions contre les Turcs, les premiers
rangs de l'infanterie autrichienne reprendre
la pique, ou suppléer à cet ancien et puissant
moyen de défense en adoptant des CHEVAUX
DE FRISE portatifs, à l'abri desquels les bataillons ou un CARRÉ A SIX RANGS attendaient la CA-
VALERIE TURQUE, et la saluaient d'un FEU DE
BILLEBAUDE ou d'un FEU DE RANGS inventé par
Montécuculi. — La FRANCE, vers le milieu

du dernier siècle, a imité ce FEU DE RANGS pendant quelque temps ; il a repris faveur de nos jours, mais il ne s'est pas enraciné dans nos réglements. — Après les succès et la gloire que l'ARMÉE AUTRICHIENNE dut au prince EUGÈNE, elle se fit peu d'honneur dans la guerre de 1755 contre les TURCS. Négligence, mollesse, lourdeur, tout semblait lui présager des désastres qu'elle n'eût pas évités en face d'un ENNEMI moins inhabile que le musulman d'alors. — DELIGNE (1780, I) accuse l'armée d'Autriche d'avoir fait faute sur faute dans la GUERRE DE 1756 ; elle ne savait encore se former que sur une seule LIGNE ; quand les BATAILLONS étaient à l'instant de faire feu, les deux COMPAGNIES DE GRENADIERS, qui étaient ordinairement COMPAGNIES DE FLANC du BATAILLON, se portaient à cinquante pas en avant, se jetaient à terre, plaçaient devant eux le HAVRE-SAC en manière de parapet et tiraient les premiers sur l'ENNEMI ; alors la fusillade générale s'engageait. Ces BATAILLONS étaient encore sur quatre RANGS et faisaient des FEUX DE DIVISION, les deux premiers RANGS à genoux ; dans cette position gênante, ils ne pouvaient bourrer ; ils eussent risqué de casser leurs BAGUETTES DE FUSIL, qui étaient encore de bois ; ils se contentaient de frapper la crosse du FUSIL à terre pour achever l'introduction de la CARTOUCHE ; ce moyen imparfait et dangereux rendait leur FEU de peu d'effet. — Le système autrichien se prêtait peu aux CHARGES D'INFANTERIE ; aussi n'est-ce que plus tard que la COLONNE PAR LE CENTRE fut une imitation de la COLONNE D'ATTAQUE des Français. — Les FEUX A GÉNUFLEXION ont été abandonnés ensuite. — LANDON, le seul GÉNÉRAL qui sut lutter quelquefois avec avantage contre FRÉDÉRIC, introduisit dans la tactique le système des MASSES ; elles furent sa ressource dans sa guerre contre les TURCS, vis-à-vis desquels LASCY, par l'étendue de ses LIGNES, n'avait éprouvé que des revers. — La CAVALERIE d'Autriche marchait à la CHARGE silencieusement ; les cavaleries des autres puissances du Nord n'engageaient le sabre qu'au bruit des hourras. — La GUERRE DE 1778 ne fut brillante ni pour l'AUTRICHE ni pour ses adversaires ; il paraît cependant que la tactique des AUTRICHIENS y fut la moins habile. — MIRABEAU (*Histoire secrète de la cour de Berlin*, 1786) les considère, sous le rapport des grandes MANOEUVRES, comme *bien inférieurs aux Prussiens ;* il en attribue la cause *au trop petit nombre d'officiers et de bas officiers ;* à l'habitude de *ne tenir sous les armes que le quart, à peine, des compagnies d'infanterie, ce qui laissait sans instruction une quantité*

d'hommes ; à l'habileté bien moindre des capitaines et des officiers, etc. — Peu avant la fin du dernier siècle, les tacticiens reprochaient à la Milice autrichienne d'avoir, une des dernières, renoncé aux GRENADES A MAIN, aux QUATRE RANGS de l'INFANTERIE, aux trois RANGS de la CAVALERIE, à l'application trop minutieuse du système des COLONNES COMBINÉES ; à force de vouloir rester forte sur trop de points, elle s'affaiblissait, à la guerre, sur tout son front ; dans la GUERRE DE 1792, elle n'avait pas su renoncer encore aux marches lourdes de la GUERRE DE SEPT ANS. — On lit dans M. LASCASES (t. II, p. 179) ces paroles de BONAPARTE : *Marengo était la bataille où les Autrichiens s'étaient le mieux battus ; leurs troupes s'y étaient montrées admirables ; mais leur valeur s'y enterra ; on ne les a plus retrouvés depuis.* — Depuis le dix-neuvième siècle, les troupes les moins sûres de l'ARMÉE AUTRICHIENNE étaient tenues en MASSE derrière une LIGNE D'INFANTERIE solide, et attendaient, s'il y avait lieu, l'ordre de charger à la baïonnette. — En 1806, la cavalerie n'était plus ordonnée que sur deux RANGS. Les CHEVAUX de la plus grande taille tenaient les AILES de l'ESCADRON ; c'était l'opposé des coutumes de la MILICE ANGLAISE. — Au dix-septième siècle, l'infanterie se conformait à l'ORDONNANCE D'EXERCICE D'INFANTERIE de MONTECUCULI, que nous ne sachons pas avoir été imprimée et traduite, et qu'on croit composée en 1674 ; elle regarda ensuite comme ayant force de loi les RÈGLEMENTS de RÉGAL, de Daun, de KHÉVENHUELLER (1726, C) ; vers 1740 ce dernier devint tout à fait officiel. — Le règlement que suivait de nos jours l'INFANTERIE était de 1807 ; il disposait (chap. 2, sect. 2), que le TROISIÈME RANG ferait à l'instant du FEU fonctions de TIRAILLEURS ; il était rappelé au cadre, s'il s'agissait de consolider la LIGNE pour résister à la CAVALERIE, ou pour se porter à une CHARGE, ou pour se déployer sur les AILES en potence. Ce départ et ce retour avaient lieu, dit-on, avec à-propos et célérité ; nous sommes persuadés au contraire qu'il en résulterait devant l'ennemi confusion et désordre. Ce mode, qui changeait le TROISIÈME RANG en INFANTERIE LÉGÈRE, et qui semblerait convenir moins à certaines TROUPES AUTRICHIENNES qu'aux INFANTERIES plus méridionales, a été imité dans plusieurs MILICES ALLEMANDES et dans celle du PIÉMONT. — L'INFANTERIE était ou sur deux ou sur trois RANGS, les plus grands hommes en avant. La COMPAGNIE était partagée en quatre *zuge* ou escouades qui ont les SOUS-OFFICIERS et CAPORAUX aux AILES ; le TROISIÈME RANG était formé des meilleurs TIREURS. — Le règlement n'endivisionnait pas dans le BATAILLON les GRENADIERS avec les FUSILIERS ; c'était un système sage que les FRANÇAIS avaient pratiqué par imitation et abandonné étourdiment. — Deux COMPAGNIES de FUSILIERS formaient une DIVISION de BATAILLON, sous les ordres du plus ancien CAPITAINE. — Deux RÉGIMENTS d'INFANTERIE formaient une BRIGADE, sous les ordres d'un GÉNÉRAL MAJOR ; deux ou trois BRIGADES formaient une DIVISION, sous les ordres d'un FELD-MARÉCHAL LIEUTENANT. — Chaque SOUS-OFFICIER D'INFANTERIE avait vingt CARTOUCHES dans sa giberne ; chaque SOLDAT soixante CARTOUCHES ; les CHASSEURS avaient jusqu'à cent coups ou CARTOUCHES. — En 1836, le TIR A CAPSULES prenait faveur dans l'emploi et des ARMES A FEU PORTATIVES et de l'ARTILLERIE, comme le témoignait le *Journal des Sciences militaires*, p. 186. — La Milice autrichienne imitait, en 1809, les formes de l'organisation française appliquées à la GUERRE ; elle commençait à partager ses ARMÉES BELLIGÉRANTES en CORPS et en DIVISIONS ; elle attachait à chaque CORPS D'ARMÉE une DIVISION composée de CHASSEURS A PIED et de CAVALERIE LÉGÈRE ; elle réunissait, sous forme de RÉSERVE, ses BATAILLONS DE GRENADIERS et sa CAVALERIE LOURDE. — En TEMPS DE GUERRE, plusieurs DIVISIONS formaient un CORPS D'ARMÉE, sous les ordres d'un feld-zeug-meister, d'un GÉNÉRAL D'ARTILLERIE ou de CAVALERIE, ou sous ceux du plus ancien FELD-MARÉCHAL LIEUTENANT. — Les CORPS D'ARMÉE composaient une ou plusieurs ARMÉES, sous les ordres d'un FELD-MARÉCHAL ou d'un FELD-ZEUG-MEISTER. — Les BATTERIES AUTRICHIENNES étaient de six à huit PIÈCES ; les OBUSIERS formaient le tiers ou le quart des CANONS. Ce sont des OBUSIERS COURTS. — L'ARTILLERIE DE CAVALERIE se divise par BATTERIES de six BOUCHES ; elle est, en partie, transportée sur des WURTZ. — Les batteries de CAVALERIE combattent avec des PIÈCES DE SIX et des OBUSIERS DE SEPT POUCES. Elles soutiennent le FEU plus longtemps que dans aucune autre ARMÉE ; elles réunissent des conditions d'économie, de simplicité, de mobilité. — Leurs CHEVAUX DE BAT les dispensent de mettre des CAISSONS en ligne. — Trente BOUCHES A FEU accompagnent une DIVISION D'ARMÉE. — Au nombre des PIÈCES DE CAMPAGNE et D'INFANTERIE sont ou étaient les CANONS DE TROIS, de SIX, de DOUZE et de DIX-HUIT. Leur nombre est proportionné à raison de trois PIÈCES par mille hommes. Comme PIÈCES DE SIÈGE, l'Autriche employait du VINGT-QUATRE COURT. — Pendant la GUERRE DE LA RÉVOLUTION, les BATTERIES INCENDIAIRES des AUTRICHIENS ont joué un grand rôle ; ils ont aussi approprié au TIR du FUSIL l'usage des BALLES INCENDIAIRES ; c'é-

tait un diminutif de BOMBARDEMENT, une miniature de BOULETS ROUGES ; les CARTOUCHES de ce genre servaient surtout en cas de révolte des villages ; ces projectiles mettaient rapidement et de très-loin le feu aux chaumières ; ils n'étaient confiée qu'à un petit nombre d'hommes choisis ou de SOUS-OFFICIERS. — Depuis 1815, l'AUTRICHE a adopté les FUSÉES DE GUERRE ; pour la première fois, elle en fit usage à l'époque de l'échauffourée des NAPOLITAINS en 1821 ; l'ARMÉE avait avec elle quinze AFFUTS à FUSÉES. — Des journaux allemands ont prétendu que, dans cette même année, ses FUSÉES DE SIGNAUX s'étaient vues de quarante lieues. — Dans le CAMP D'INSTRUCTION de 1833, l'essai du règlement d'exercice d'infanterie du comte de Radetzki a eu lieu ; on y procède par ÉCOLES DE BRIGADE et de DIVISION, sage innovation que la France imitera un jour. — La *Sentinelle de l'armée*, 1835 (20 avril) donne quelques détails touchant cette tactique nouvelle de l'INFANTERIE ; du reste, le *Spectateur militaire*, t. XIX, p. 231, se montre persuadé que le système de ce général n'est pas près de s'introduire dans l'ARMÉE. — Les troupes en temps de guerre portent sur la coiffure, comme le disent KÉRALIO (1757, F, p. 255) et AUDOUIN (t. Ier, p. 99 ; t. II, p. 284), des branchages verts, ou SIGNE DE CAMPAGNE, comme les GUERRIERS le faisaient autrefois pour se reconnaître dans les ASSAUTS. C'était un usage emprunté des ESPAGNOLS au seizième siècle. — Car la TACTIQUE autrichienne a emprunté à tous les peuples, à toutes les LANGUES ; ainsi le système de nomenclature qu'elle a adopté est tout FRANÇAIS. Elle se sert même de mots français inconnus de notre ARMÉE ; ainsi, par opposition à DISLOCATION, elle appelle CONTRACTION les RASSEMBLEMENTS D'ARMÉE. — Les AUTRICHIENS commencent à pratiquer le système des MARTELLO anglais, sous le nom de TOURS MAXIMILIENNES. — On peut, à l'égard de la tactique autrichienne, citer surtout LLOYD (1777, I, préface), M. le général RAVICHIO (1832), M. ROCQUANCOURT (t. II, p. 49), le *Spectateur militaire* (t. XIII, p. 234), le *Journal des Sciences militaires* (t. XXVIII, p. 313). — N° 8. SUBORDINATION. — La Milice autrichienne semble résoudre le problème de la résignation, de la régularité de conduite, de l'économie ; c'est celle où il y avait le moins de DÉSERTEURS, le moins d'OFFICIERS, la TENUE la plus simple, la DISCIPLINE la plus égale. Ses COMPAGNIES D'INFANTERIE étaient de deux cents hommes, à la tête desquels suffisaient quatre OFFICIERS et cinq ou six SOUS-OFFICIERS ; les GRADES et les subordonnés y étaient dans la proportion d'un à vingt. — Si ce mode est profitable aux finances et suffit au temps de paix, peut-être est-il nuisible à la GUERRE ; c'est l'opinion de MIRABEAU (1788, C); c'est celle de M. le colonel CARRION (1824, A); il attribue à cette cause le défaut de *mobilité*, *d'agilité*, *d'audace*. Les CHARGES de la CAVALERIE FRANÇAISE ont souvent réussi sur l'INFANTERIE autrichienne, faute d'une quantité suffisante de SERRE-FILES. — L'Autriche ne connaît ni chefs de bataillon, ni chefs d'escadron ; leurs fonctions sont remplies par des OFFICIERS d'une dénomination différente. — Des GÉNÉRAUX ont toujours, depuis l'avant-dernier siècle, commandé spécialement les ARMES diverses. — Des GÉNÉRAUX, dont le GRADE répond à celui de nos primitifs LIEUTENANTS GÉNÉRAUX, se nomment FELD-ZEUG-MEISTER ; ils occupent un GRADE intermédiaire entre le FELD-MARSHALL et le FELD-MARSHALL LIEUTENANT ; cette institution est plutôt une affaire d'habitude que de raisonnement. — Le GÉNÉRAL MAJOR y répond à peu près au moderne MARÉCHAL DE CAMP français. — L'ÉTAT-MAJOR autrichien comprend un QUARTIER-MAITRE GÉNÉRAL secondé par des ADJUDANTS GÉNÉRAUX ; le premier peut se comparer à un CHEF D'ÉTAT-MAJOR GÉNÉRAL, les autres sont à la tête du service d'ÉTAT-MAJOR, veillent à la POLICE générale de l'ARMÉE, dirigent les OFFICIERS D'ÉTAT-MAJOR des CORPS et ceux de l'INFANTERIE et des DRAGONS ; ils recueillent les ÉTATS DE SITUATION. Le SERVICE AU CAMP est de leur compétence ; la distribution des ORDRES et la rédaction des ORDRES DU JOUR les concernent ; ils remplissent ces devoirs sous les ordres du FELD-MARÉCHAL commandant. — N° 9. PUNITIONS, PEINES. — La DISCIPLINE AUTRICHIENNE l'emportait en quelques parties sur la sévérité de celle de PRUSSE ; l'une et l'autre étaient autrefois brutales. — Par rapport aux HOMMES DE TROUPE, la CANNE des OFFICIERS et des SERGENTS, la branche de coudrier des CAPORAUX, la SCHLAGUE infligée par jugement, en étaient le ressort et la manifestation. — La fustigation HONGROISE, les BAGUETTES allemandes avaient été le modèle du *gantlope* ANGLAIS. — Les CONSEILS DE GUERRE d'AUTRICHE sont une contre-épreuve perfectionnée de ceux de LOUIS QUATORZE. — Les CONSEILS JUDICIAIRES RÉGIMENTAIRES procèdent suivant un système qui participe du JURY ; le COLONEL en est le PRÉSIDENT ; l'AUDITEUR y porte la parole ; douze JURÉS, pris deux à deux dans chaque GRADE, y prononcent. — Le JUGEMENT est public, et les JUGES décident à leur gré du genre de la PEINE. — Tout militaire, tout individu de l'un ou de l'autre sexe, attachés aux CORPS militaires, en sont justiciables. — Les OFFI-

CIERS ne sont révocables que de l'avis d'un JURY D'OFFICIERS ; ce genre de JUGEMENT des pairs prouve le respect que le gouvernement professe pour l'indélébilité du grade, à moins d'enquête et de sentence. — Les OFFICIERS supérieurs sont jugés par des OFFICIERS d'autres CORPS. — Les COLONELS PROPRIÉTAIRES étaient revêtus du droit de prononcer PEINE DE MORT et de FAIRE GRACE, *jus gladii et agraciandi.* — Quelques détails concernant les punitions autrichiennes se trouvent dans le *Spectateur militaire*, t. XXII, p. 204. — N° 10. SERVICE. — Un tableau contenant les noms de tous les hommes de dix-neuf à trente ans, est le rôle des APPELS que promulgue le gouvernement. Les plus jeunes sont les premiers requis. Un mode particulier règle le SERVICE HONGROIS. — La durée du SERVICE est, par rapport aux usages des autres gouvernements, comme nous l'avons exprimé en traitant des MILICES en général et de la COMPOSITION en particulier ; le service conscriptionnaire est de quatorze ans : ainsi, après le conscrit RUSSE, celui d'AUTRICHE est retenu le plus longtemps sous les DRAPEAUX. — Les RÉGIMENTS HONGROIS n'obtiennent jamais de CONGÉS TEMPORAIRES ; les troupes d'autres nations en reçoivent à raison d'un cinquième de l'effectif. — Des CONGÉS D'OFFICIERS s'accordent facilement. — En campagne, et dans les GRANDES ÉVOLUTIONS, les COMPAGNIES de GRENADIERS se détachent de leurs RÉGIMENTS OU BATAILLONS à l'ancienne manière prussienne. — N° 11. ADMINISTRATION. — MACHIAVEL (1510, A) dit que de son temps *une armée coûte plus cher à l'empereur qu'à tout autre prince*, parce que l'ALLEMAND ne veut aller à la GUERRE que bien payé et n'obéit qu'à gens de sa nation. — Une révolution bien remarquable s'est opérée dans toutes les ARMÉES ; celle d'AUTRICHE est aujourd'hui la moins dispendieuse. — Il est vrai que les provinces restent chargées de beaucoup d dépenses qui, ailleurs, sont au compte du trésor, telles que diverses prestations en nature, les frais de transport, le logement, etc. — Depuis le règne de MARIE-THÉRÈSE l'ADMINISTRATION de la Milice autrichienne avait fait des progrès ; ce n'était plus, dit MIRABEAU (1788, C), *cette armée à laquelle il fallait des mois pour se recruter et s'équiper ; ce ne sont plus ces arsenaux, ces magasins dépourvus de tout ; elle est complète et incessamment fournie de ce qu'il faut pour camper.* — Elle passait pour supérieure à la MILICE PRUSSIENNE quant à l'intelligence et aux principes de l'ADMINISTRATION de détails ; cependant un manuel légal administratif, tracé en 1767, n'avait encore subi de nos jours que de légères modifications. — Avant le règne de JOSEPH DEUX l'ARMÉE avait à peine quelques méchantes CASERNES; des couvents supprimés ont diminué cette pénurie. — Elle a conservé l'usage, plus économique que philanthropique, des HOPITAUX RÉGIMENTAIRES. — Le CONSEIL AULIQUE, dont nous avons expliqué la composition, tient les rênes de l'ADMINISTRATION depuis plus d'un siècle; c'est une espèce de suprême CONSEIL DE LA GUERRE, dont le président participe du rang d'un MARÉCHAL DE FRANCE, de l'autorité d'un MINISTRE DE LA GUERRE. — Pendant le cours du dernier siècle, la monarchie et la maison de LORRAINE n'ont dû le terme de leurs désastres qu'à la vigueur de cette cour; la persévérance, la sagesse qu'elle a déployées, ont produit une impulsion centrale et constante, un rare esprit d'ensemble et d'économie; mais sa prud'homie est devenue une vertu insuffisante quand elle a eu BONAPARTE pour antagoniste. Les événements ont prouvé que, vis-à-vis d'un tel adversaire, la COUR AULIQUE avait des attributions trop étendues et redoutait trop la DICTATURE nommée CARTE BLANCHE; autre chose est la direction pacifique qu'on pourrait appeler la routine économique et domestique; autre chose est la pensée des PLANS de CAMPAGNE et la conduite des OPÉRATIONS DE GUERRE. — Des commissions spéciales, *montur-œconomie-commissionen*, sont chargées de pourvoir à tout ce qui concerne l'uniforme; de nombreuses manufactures nationales, des ARSENAUX bien organisés satisfont à tous les besoins. — De nos jours les revenus publics ne sont que de deux cent soixante millions; la dette publique est de mille trois cent soixante millions, et cependant l'AUTRICHE entretient une armée égale à celle de FRANCE, quoique cette dernière coûte en 1832 plus que tout le revenu public dont l'empereur dispose. — La BOHÉME et la Moravie fournissent aux remontes de la grosse CAVALERIE; des haras impériaux donnent les CHEVAUX de la CAVALERIE LÉGÈRE. — L'ÉTAT-MAJOR est juge compétent de l'acceptation ou du rejet des DENRÉES. — En campagne tout COMMANDANT DE RÉGIMENT peut extraordinairement prescrire des DISTRIBUTIONS. — L'ADMINISTRATION rend publics, tous les mois, les mouvements résultant des NOMINATIONS D'OFFICIERS. — En 1827 le BUDGET militaire de l'AUTRICHE n'était que de cent vingt millions de francs; sa Milice cependant excédait au moins d'un tiers l'ARMÉE FRANÇAISE, qui coûtait plus de deux cent millions. Ainsi la proportion financière entre les BUDGETS des deux pays, était à peu près ce que deux sont à un; et

cependant les pensions militaires, si elles sont moins nombreuses, sont bien plus larges en Autriche, et ce gouvernement entretient des écoles primaires militaires qui nous manquent; elle paye même un peu plus cher ses GÉNÉRAUX, mais elle en a moins. — Le rapport sur le budget français, séance de 1832 (24 janvier), énonce la dépense pour l'entretien de deux cent soixante-dix mille Autrichiens comme ne s'élevant qu'à cent soixante millions, et l'HOMME MOYEN comme n'occasionnant qu'une dépense de six cent cinquante francs. — En 1832 la dette de l'AUTRICHE était évaluée à deux milliards, son revenu brut à quatre cent quarante millions; ses fonds disponibles, l'intérêt de la dette payée, à trois cent cinquante millions. — En vertu d'un système administratif et politique dont le but est facile à saisir, le gouvernement s'applique à dépayser ses RÉGIMENTS; tous les CORPS, les COLONISATIONS exceptées, sont retenus loin de la terre natale; les ALLEMANDS sont en ITALIE, les ITALIENS en ALLEMAGNE, etc. — S'il faut croire aux merveilles de la MÉDECINE homéopathique, une prodigieuse économie résulte de son introduction dans les HOPITAUX MILITAIRES de l'AUTRICHE, parce qu'une caisse de pharmacie moins volumineuse qu'une fonte de pistolet d'arçon suffirait à la guérison des malades d'une ARMÉE pendant une campagne. — Le système des COUCHETTES EN FER était essayé en 1838, et l'emploi des lits à une place commençait à être pratiqué.

MILICE BADOISE (F). Sorte de MILICE que le système conscriptif alimente, et dans laquelle le service de REMPLAÇANT est autorisé. — Les RÉGIMENTS d'infanterie étaient depuis 1815 à deux BATAILLONS, partagés en six COMPAGNIES, dont une de GRENADIERS, et une de VOLTIGEURS. — Le TROISIÈME RANG des COMPAGNIES du centre était dressé au service des TIRAILLEURS. Ainsi la formation de l'armée participait de celle de la FRANCE en 1808; sa tactique était analogue à celle de l'AUTRICHE en 1830. — Bade concourait à la formation du huitième corps de l'ARMÉE CONFÉDÉRÉE. — En 1830, la Milice badoise n'avait rien à envier aux milices du premier ordre, sous le rapport de la TACTIQUE, de l'administration et de la tenue. — En 1831, des jeunes gens de toutes les classes de la société deviennent admissibles à l'institut des cadets; après leur éducation terminée les cadets ne passent plus officiers d'emblée, mais doivent acquérir d'abord les premières notions du service en exerçant l'emploi de sous-officiers. — Les punitions arbitraires commencent

à s'adoucir, et la BASTONNADE n'est plus permise que pour des fautes déshonorantes ou
une inconduite incorrigible. — Le ministère
de la guerre, qui était partagé entre un aide
de camp général et le MINISTRE, ne ressortissait plus, en vertu d'une ordonnance de 1832
(janv.), que du MINISTRE de la guerre seul, la
charge d'aide de camp général étant supprimée. — Suivant le *Journal de l'Armée*
(t. I, p. 186), la force de l'ARMÉE était évaluée, en 1833, à onze mille cinq cents
hommes ; elle se composait d'une DIVISION
D'INFANTERIE, de dix BATAILLONS en deux
BRIGADES, d'une BRIGADE de CAVALERIE, d'une
BRIGADE D'ARTILLERIE. — Les drapeaux sont
rouges et jaunes avec bords blancs. — L'IN-
FANTERIE comprenait un BATAILLON de GRE-
NADIERS de la GARDE, quatre RÉGIMENTS de
bataille de ligne et un BATAILLON D'INFAN-
TERIE légère. — L'uniforme de l'INFANTERIE
de ligne est bleu avec collet et parements
rouges ; l'INFANTERIE légère a la buffleterie
noire ; l'armement se compose du fusil à
baïonnette et du COUTEAU A FASCINES. — La
CAVALERIE comprend un RÉGIMENT de DRAGONS
de la GARDE, deux RÉGIMENTS de DRAGONS de
ligne. Leur uniforme est bleu clair, la
moitié des ESCADRONS porte la carabine. —
L'ARTILLERIE est composée d'une COMPAGNIE
d'ARTILLERIE à cheval, de trois d'ARTILLERIE à
pied, d'une COMPAGNIE du TRAIN, d'une de
PIONNIERS. — Son uniforme est bleu foncé
avec collet et parements noirs. — Les BAT-
TERIES sont de huit pièces, dont deux obusiers. Le total des bouches à feu est de
trente-deux pièces. — Les DÉCORATIONS militaires comprennent l'ordre du mérite et la
médaille du service. — Quelques circonstances particulières à cette Milice ont été
décrites par M. KRIEG. Ce qui concerne son
ARTILLERIE est exposé dans l'*Annuaire des
Armées de terre*, etc. (1836, p. 543), le
Spectateur militaire (t. XV, p. 526 ; t. XXI,
p. 692, 694 ; t. XXII, p. 444). Ce même recueil (t. XIX, p. 232) mentionne le camp de
neuf mille hommes commandés en 1834 par
le margrave Maximilien. — Le *Journal des
Sciences militaires*, (1834, p. 153), donne
un apperçu des forces badoises et mentionne
la population du grand duché, comme s'é-
levant, le premier janvier 1832, à un million
deux cent vingt-trois mille cinq cent quatre-
vingt-quatre âmes.

MILICE BATAVE. V. BATAVE, adj. V. MILICE
HOLLANDAISE.

MILICE BAVAROISE (F). Sorte de MILICE
qui est la troisième de la CONFÉDÉRATION ;
sous le rapport de son importance et de sa
force numérique, elle est du second ordre ;
elle est une des mieux organisées, et des

plus instruites ; elle participe des coutumes
FRANÇAISES par ses bases constitutives ;
elle se rapproche des règles prussiennes
par le fond de la discipline et le service de
sa LANDWEHR. — L'analogie entre elle et
les TROUPES FRANÇAISES rappelle le temps où
elle a marché, non sans éclat, sous le patronage de la FRANCE. Mais, en 1813 (18 octobre), à LEIPZIG, l'ARMÉE BAVAROISE quitte les
rangs français pour combattre inopinément
les frères qu'elle abandonne ; défection
que le prétexte de nécessités politiques ne
justifiera jamais que difficilement. La transition de l'alliance aux hostilités voulait au
moins la politesse d'un armistice et le sa-
voir-vivre d'un adieu. — On peut consulter
touchant quelques particularités de cette
milice, M. EICKHEIMER (1824) ; l'ouvrage intitulé : *État actuel du royaume de Bavière*, Erlangen, 1827 ; l'*État militaire*
publié à Munich, en 1831 ; le *Bulletin des
Sciences militaires*, 1831, p. 251 ; le
Journal des Sciences militaires, 1834,
p. 149 ; le *Journal de l'Armée*, t III, p. 56 ;
le *Journal de la Société de statistique*,
t. V, p. 183, 185 ; le *Spectateur militaire*,
t. XX, p. 335 ; la *Sentinelle de l'Armée*,
t. II, p. 309 ; le journal *la Presse*, du 21
avril 1837. — Jetons un coup d'œil sur
la CRÉATION, la COMPOSITION, la FORCE,
l'UNIFORME, les ALLOCATIONS, les PUNITIONS,
les PEINES, le SERVICE, l'ADMINISTRATION de la
Milice bavaroise. — N° 1. CRÉATION, COM-
POSITION. — La CRÉATION de la Milice bavaroise est du vieux domaine de la bulle d'or ;
mais elle ne saurait nous occuper qu'à partir de l'époque où la BAVIÈRE est devenue
un royaume. Une organisation a eu lieu en
1825 ; elle diffère tant soit peu dans l'annuaire de 1831. — Cette Milice se distingue
en ARMÉE permanente ; BATAILLONS de RÉSERVE
et LANDWEHR. — Le RECRUTEMENT bavarois est
analogue à celui de FRANCE ; la CONSCRIPTION
y est établie, le REMPLACEMENT y est autorisé ;
une loi de 1818 y règle les ENGAGEMENTS VO-
LONTAIRES. — Les BATAILLONS de RÉSERVE devaient rester dans leurs foyers pendant la
paix, sauf les exercices ; mais ce système est
tombé en désuétude dès 1824. — Le royaume se partage en quatre DIVISIONS militaires ;
elles ont pour chefs-lieux : Munich, Augs-
bourg, Nuremberg, Wurtzbourg ; chacune
d'elles se compose en général de quatre RÉ-
GIMENTS d'INFANTERIE et d'un à trois RÉGI-
MENTS de CAVALERIE. La Milice bavaroise
comprend deux BANS de LANDWEHR ; l'un
entre au besoin dans les cadres de l'ARMÉE.
La seconde portion de cette RÉSERVE se compose des hommes les moins propres au SER-
VICE ; elle ne doit marcher que jusqu'aux li-

mites du district où elle est levée. Il n'a été formé de LANDWEHR que dans quelques grandes villes. Une commission de GÉNÉRAUX est chargée, en 1829, de proposer un système de LANDWEHR mieux en harmonie avec les mœurs nationales. — Un PIED DE GUERRE et un PIED DE PAIX sont constitutivement établis. — La BAVIÈRE fournit le septième CORPS de l'ARMÉE CONFÉDÉRÉE. — L'AGE MILITAIRE, d'abord fixé de dix-neuf à vingt-cinq ans, a été porté à vingt et un ans par la loi de 1828. — L'ancienne institution des CADETS s'y est conservée; ils sont au nombre de deux cents. Leur école s'appelle *hôtel*. — Un AUDITARIAT général est un haut TRIBUNAL militaire établi à Munich. Un CONSEIL DE GUERRE établi à Nuremberg juge en appel. — Des CONSEILS RÉGIMENTAIRES jugent en première instance. — Le roi a eu jusqu'à treize aides de camp ou officiers d'ordonnance, dont quatre du grade de GÉNÉRAL. — Le MINISTRE de la guerre se nomme ministre de l'armée; l'appellation est préférable; il a sous ses ordres un conseil de la guerre. — Dans le MINISTÈRE est compris un DÉPÔT scientifique, nommé conservatoire; une BIBLIOTHÈQUE y est attachée. — L'ÉTAT-MAJOR GÉNÉRAL comprend un FELD-MARÉCHAL, sept GÉNÉRAUX en chef, vingt-trois GÉNÉRAUX LIEUTENANTS, soixante GÉNÉRAUX MAJORS; sur ce total de quatre-vingt-onze, vingt-quatre GÉNÉRAUX sont pensionnés et dix-neuf en non activité. — Le CORPS d'ÉTAT-MAJOR est présidé par le QUARTIER-MAITRE GÉNÉRAL, qui est en même temps CHEF D'ÉTAT-MAJOR; il est secondé par un GÉNÉRAL LIEUTENANT, un GÉNÉRAL MAJOR, vingt OFFICIERS d'ÉTAT-MAJOR de divers grades, dix-sept OFFICIERS de ligne et quelques INGÉNIEURS géographes; il dirige un bureau topographique et une compagnie de PIONNIERS. — Par l'organisation de 1825, l'INFANTERIE s'y composait d'un RÉGIMENT de GRENADIERS de la GARDE, de seize RÉGIMENTS de bataille de ligne et de quatre BATAILLONS de CHASSEURS; c'était un total de trente-sept BATAILLONS et de quarante-trois mille cinq cents hommes sur papier; mais en réalité, l'effectif de l'INFANTERIE est faible et se proportionne aux besoins du gouvernement. — L'annuaire de 1831 ne mentionne que quinze RÉGIMENTS de bataille de ligne, chacun à deux BATAILLONS et à six COMPAGNIES par BATAILLONS dont une de TIRAILLEURS ou VOLTIGEURS; il n'y est pas reconnu de GRENADIERS. — Les COMPAGNIES sont en tout temps de cent soixante et douze SOLDATS, sous les ordres de quatre OFFICIERS: sur PIED DE GUERRE, il y a quatre SOUS-OFFICIERS et un TAMBOUR de plus; sur PIED DE PAIX il y a en

congé permanent soixante-deux hommes non équipés. Le *Spectateur militaire*, t. XIX, p. 254, énumérait les forces bavaroises en 1834. — Dix hommes du TROISIÈME RANG des COMPAGNIES du CENTRE sont TIRAILLEURS; suivant d'autres renseignements, tout le TROISIÈME RANG agit au besoin en TIRAILLEURS. — La CAVALERIE comprenait: un RÉGIMENT de GARDES du corps, deux de CUIRASSIERS à quatre ESCADRONS et six RÉGIMENTS de CHEVAU-LÉGERS à six ESCADRONS: c'était un total de quarante-huit ESCADRONS, dont six mille chevaux et neuf mille cinq cent quarante hommes; il ne restait, en hiver, qu'un homme par deux chevaux. — Il existe deux RÉGIMENTS d'ARTILLERIE à deux BATAILLONS et cinq COMPAGNIES d'OUVRIERS. L'ARTILLERIE légère est en partie A CHEVAL, en partie sur avant-train. — Les BATTERIES sont de huit bouches, savoir: deux obusiers et six PIÈCES DE SIX. — Le corps du GÉNIE comprend trois COMPAGNIES nommées COMPAGNIES techniques, et un ÉTAT-MAJOR de cinquante et un OFFICIERS ou employés. — Il y a sur pied huit COMPAGNIES de GENDARMERIE. — Les conseils d'administration se nomment CONSEILS D'ÉCONOMIE. — L'INFANTERIE et la CAVALERIE forment quatre DIVISIONS permanentes. — Il existe un hôtel d'INVALIDES, ils sont au nombre de cent. — Une décision supérieure de 1831 (9 mai) soumet à de sévères formalités l'admission des étrangers dans l'ARMÉE BAVAROISE. — L'ORDRE DU MÉRITE MILITAIRE est celui de Maximilien Joseph; une MÉDAILLE de service ou d'honneur a été instituée en 1794; il y en a d'or et d'argent; une pension y est attachée; il y a aussi une MÉDAILLE du SERVICE MÉDICAL. — N° 2. FORCE. — Le *Bulletin des Sciences militaires* (1824, p. 55) et le *Spectateur militaire*, t. XV, p. 85, donnent des aperçus à cet égard. — Elle était, en 1789, de 31,600 hommes ou le soixante-cinquième de la population. — En 1804, 36,000 hommes ou le soixante-sixième. — En 1812, 46,300 hommes ou le soixante-dix-septième. — En 1818, 79,160 hommes ou le quarante-quatrième. — En 1819, 43,260 hommes ou le quatre-vingt et unième. — En 1824, 45,000 hommes ou le soixante-seizième. — En 1827, l'état militaire était démesuré, eu égard à la population du royaume; elle ne surpassait pas trois millions six cent mille âmes, et la BAVIÈRE avait sous les armes quarante-cinq mille SOLDATS; un budget de seize millions, à peine, y subvenait. — Les forces varient comme il suit:

	PIED DE PAIX.		PIED DE GUERRE.
Infanterie.	. 40,608	—	41,688
Cavalerie..	. 9,246	—	9,560
Artillerie.	. 3,120	—	3,456
Ouvriers. .	. 650	—	720

Total 53,594 Total 55,224

— En 1828, le pied de paix est évalué à cinquante-quatre mille hommes : le pied de guerre, la landwehr y comprise, à soixante-onze mille hommes. — Le contingent que la Bavière fournit ou doit à l'armée confédérée est de trente-cinq mille hommes. — En 1832 (1ᵉʳ janvier) la population de la Bavière était de 4,238,205 âmes. — Depuis 1830, la Bavière s'évertuait à fortifier Ingolstadt; le devis estimatif s'en élevait à prés de vingt-trois millions de florins. — Landau, l'admirable Landau, qu'elle s'était fait céder par la France, était remarquable par la beauté de ses écuries à stalles et par les perfectionnements apportés dans la construction d'une caserne neuve. — En 1856, on évaluait la surface du sol à 22,120 milles carrés; la population à 4,750,000 âmes; le revenu à soixante-dix millions. — N° 3. Uniforme, allocations, instruction. — La Milice bavaroise a introduit en Allemagne l'usage du casque de cuir à l'anglaise. La couleur des vêtements était le bleu. Celle du drapeau était le bleu, marqué d'un carreau blanc, coupé d'une croix bleue. —Les sous-officiers des bataillons de chasseurs sont pourvus de carabines à raies; c'était une imitation des règles françaises. Les chasseurs sont armés de fusils courts et légers. Le fusil bavarois est le moins lourd de tous les fusils de l'Europe. Sa baguette est cylindrique, sa baïonnette est d'une forme particulière. — Le fusil a piston était en 1856 l'objet d'essais suivis; il était adopté en 1859, suivant la *Sentinelle*, t. v, p. 74. — Les sous-officiers d'infanterie ont un sabre particulier et à lame plus longue que celui de la troupe.—L'artillerie a pied n'a, depuis 1851, que des trompettes au lieu de tambours. — En 1858, une partie des cuirassiers commençait à être armée de lances. — Une représentation graphique, sous le titre : *Nouvel uniforme, équipement, armement de l'armée*, etc., est publiée, en 1828, à Darmstadt. — Un tableau de la solde bavaroise se trouve dans le *Bulletin des Sciences militaires* (1824, p. 7). — La solde comparée des capitaines bavarois a été mentionnée dans l'article qui traite des officiers d'infanterie. — La solde de retraite, réglée par l'ordonnance de 1822 (12 octobre), n'est que d'une seule classe, quelle que soit l'arme dans laquelle le pension-

naire ait servi; cette disposition est préférable aux usages de France. Pour certains grades, elle est deux fois plus élevée que dans l'armée française; ainsi un colonel y jouit de quatre mille six cents francs; le capitaine de deux mille six cents francs; le lieutenant de treize cents francs. — Les officiers sont mis en retraite soit quand la demande qu'ils forment à cet égard est accueillie, soit quand le gouvernement le juge convenable. — En 1829, la gymnastique est enseignée et suivie avec succès dans les troupes bavaroises. — Une école de natation y a été inaugurée avec solennité, en 1826; un vaste établissement de ce genre a été fondé en 1829 à Ulm; c'est une espèce d'institut normal; il fournit de professeurs toute l'armée. — N° 4. Punitions, peines, service, administration. — Le réglement de 1823, sur le service intérieur, a créé des tribunaux d'honneur, à l'imitation de ceux de la milice prussienne. La première idée en vient de ce qui s'appelait dans l'armée française : calotte; ils se composent de six juges tirés des officiers particuliers; ils sont présidés par un officier supérieur. — Les ordonnances de 1824 (février), 1825 (avril), 1826 (juillet), les ont investis de la connaissance des affaires d'honneur et du duel entre militaires, fût-il même coloré sous le nom de rencontre. — Ces tribunaux sont de formes mixtes, s'il s'agit d'un duel entre un officier et un citoyen. Le tribunal d'honneur a droit d'interroger sous serment les hommes de troupe, de censurer par jugement la conduite des officiers, d'exiger qu'en cas de querelles ceux qui ont eu le tort de leur côté fassent des excuses. — Ils prononcent sans appel, et l'officier qui ne se soumettrait pas au jugement serait à l'instant censé démissionnaire. — Un ordre du jour, donné en 1853 (octobre) par le roi, applique aux officiers ou cadets duellistes les peines portées par l'édit de 1779, c'est-à-dire la perte des titres et grades, et l'expulsion de l'armée. Le bâton est la principale punition du soldat.—La durée du service des hommes engagés est de six ans; cette mesure de temps s'appelle capitulation. — La landwehr est appelée, même en temps de paix, à concourir aux mesures de tranquillité publique, si l'armée de ligne y est insuffisante; mais déjà il s'était manifesté quelque répugnance pour le service des réserves, et des adoucissements au système étaient sollicités. — En 1829, des lits en fer à l'anglaise sont adoptés comme essais dans les casernes de Munich, mais les couchettes de Landau étaient encore, en 1856, à deux places. — En 1851, le budget proposé par le minister était de six millions de florins. Dans le rapport sur le budget français (1832, 24 janvier), on voit que la dépense à laquelle les généraux donnent lieu est plus forte en Bavière qu'en France, à peu près dans la proportion de quatre à trois.— En 1836, si l'on en croit la *Sentinelle de l'Armée*, t. ii, p. 310, en quelques mois plus de trois cents déserteurs étaient passés de Landau en France. — Des détails plus favorables à l'armée de Bavière étaient consignés dans le *Spectateur militaire*, t. xii, p. 445.

MILICE BAVARO-GRECQUE. V. BAVARO-GREC. V. MILICE HELLÉNIQUE.

MILICE BELGE (F), ou milice des Pays-Bas, depuis 1831. Sorte de milice à l'égard de laquelle il y a peu à s'étendre, parce que jusqu'ici elle n'avait pas eu précisément encore de nationalité; elle a été successivement une fraction dépendante, une auxiliaire forcée des milices bourguignonne, espagnole, autrichienne, française, anglaise et hollandaise. Elle commence à peine à être elle-même, depuis la scission violente qui l'a détachée en 1830 de la milice néerlandaise dans laquelle elle était fondue, mais mal amalgamée. —Quatre régiments d'infanterie nationale belge avaient été créés en 1725. C'était dans celui de Kaunitz que le jeune architecte Kléber, entré d'emblée comme sous-lieutenant en 1788, par une faveur peu commune, puisqu'il n'était pas Belge, fit ses premières armes dans une carrière qui devait le mener à une si haute célébrité. — La réputation des gardes wallones était un témoignage de l'estime dont jouissait depuis Charles-Quint la Milice belge; elle a produit de tout temps des soldats vigoureux; tel était ce célèbre régiment des dragons de la Tour qui, au commencement de la guerre de la révolution, combattait sous les drapeaux d'Autriche les Français. — Vers la même époque, les légions belges devinrent, sous les drapeaux français, le fonds de l'infanterie légère de l'armée du Nord. — A la création du royaume des Pays-Bas, la population était de trois millions sept cent soixante-douze mille quatre-vingt-quatre âmes; elle était, le 1er janvier 1838, de 4,273,170 habitants. — En 1832 (mai) la Milice belge se composait de troupes de ligne et de gardes civiques mobilisées. — La ligne comprenait douze régiments d'infanterie de bataille, à quatre bataillons de campagne et un bataillon de dépôt; trois régiments de chasseurs à pied à trois bataillons, quelques bataillons de marche, deux bataillons de partisans, un bataillon de la légion étrangère. Les bataillons de

ligne et léger étaient de six compagnies, dont une de grenadiers, une de voltigeurs; les bataillons étaient de neuf cents à mille hommes; en tout soixante-cinq bataillons évalués à cinquante-cinq mille hommes. — Il y avait un régiment de cuirassiers, deux de chasseurs à cheval, deux de lanciers. — La cavalerie légère formait deux brigades, les cuirassiers en formaient une avec trois escadrons de gendarmerie mobilisée. — Deux escadrons de guides royaux sur pied de cavalerie légère pouvaient être regardés comme la garde du roi. — L'artillerie de campagne était de cent trente pièces attelées. — En 1832 (avril) les régiments étaient portés à six escadrons de campagne. — L'artillerie était partagée en quatorze batteries de huit pièces, chaque batterie comprenait six canons et deux obusiers. Les canons de trois batteries étaient du calibre de douze; les autres, du calibre de six; il y avait de plus une batterie de montagnes. — L'artillerie belge a appliqué, une des premières, les platines à percussion aux batteries de campagne. — Le personnel comprenait en outre la quantité d'artilleurs nécessaire au service de l'artillerie des forteresses. — Il y avait six compagnies de mineurs, une de pontonniers. — Le premier ban de la garde civique mobilisée était destiné à former cinq régiments d'infanterie de bataille, en outre de vingt-cinq bataillons déjà mobilisés; on l'évaluait en 1832 à vingt mille hommes. — Par le décret de 1832 (5 octobre), les forces actives étaient ordonnées en quatre divisions, dont une de réserve et une division de cavalerie. — Le budget belge de 1832 (décembre) et l'ordonnance de 1832 (31 décembre) élevaient le pied de guerre à cent dix mille hommes pour 1833, non compris la garde civique mobilisée. Le complet sur pied de paix n'était pas déterminé. Les levées annuelles étaient fixées à douze mille hommes. — Les couleurs de l'armée étaient l'union du rouge, du jaune, du noir. La première rappelait l'antique Brabant; la seconde, la Flandre: la troisième, le Hainaut. Elles étaient empruntées du blason du Brabant moderne, dont le fond est noir, et le lion, couleur d'or, avec la langue écarlate. — En 1836, la population de la Belgique était évaluée à 3,817,000 âmes; le sol à neuf millions sept cent milles de superficie; le revenu à quatre-vingt-cinq millions, dont la moitié consacrée aux dépenses de l'armée. — En 1839, il existait un régiment de grenadiers et de voltigeurs réunis, un régiment de l'Escaut, neuf régiments de réserve à trois bataillons. L'infanterie était évaluée à soixante-huit

mille hommes et à quatre-vingt-huit bataillons. L'artillerie était de quatre mille cinq
cents hommes. Les régiments de cavalerie
légère étaient à sept escadrons de guerre,
la grosse cavalerie à six escadrons. Son total était de six mille hommes en quarante-
sept escadrons. On évaluait l'effectif de
l'armée à quatre-vingt-dix mille hommes.
— En février 1839, les forces belges comprenaient une armée de réserve et une armée active. On en évaluait à cent dix mille
hommes le total; il s'en trouvait soixante-
dix mille sous les armes, à petite portée de
canon d'une armée hollandaise de force
équivalente et réciproquement animée d'une
haine violente et héréditaire. L'armée devait
être portée à cent cinq mille huit cent
soixante-neuf hommes, y compris la cavalerie de quatorze mille deux cent soixante et
onze chevaux. — L'HOMME MOYEN était évalué
à trois cent quatre-vingt-deux francs par an.
— On peut consulter, touchant la Milice
belge, ses CAMPS D'INSTRUCTION, ses forces sur
pied, le *Spectateur militaire*, t. XIII, p.
56; t. XV, p. 85 et 649; t. XIX, p. 255; t.
XXI, p. 695; t. XXII, p. 447; t. XXIV, p.
680; t. XXV, p. 615; t. XXVI, p. 676; le
Journal des Sciences militaires, 1834, p.
164; le *Journal des travaux de la Société de statistique*, t. IV, p. 144; l'*Annuaire des Armées de terre*, 1856; la
Sentinelle de l'Armée, t. III, p. 164; t. V,
p. 37.

MILICE (milices) BOURGEOISE (F). Sorte
de MILICE ou de GARDES URBAINES qui, dans
l'histoire de FRANCE, figurent chronologiquement entre les MILICES COMMUNALES et les
GARDES NATIONALES. — Une INFANTERIE des
communes, sous le nom de Milices bourgeoises, reparaît dans le quinzième siècle.
C'était, dit VELLY à la date de 1484, la seule
INFANTERIE de FRANCE, depuis que Madame
avait licencié les six mille SUISSES par lesquels LOUIS ONZE avait remplacé les FRANCS
ARCHERS. — Sous le règne de LOUIS DOUZE,
les villes du LANGUEDOC entretiennent des
Milices bourgeoises. — La GUERRE DE 1756
ayant épuisé de soldats la FRANCE, la garde
des villes est confiée aux Milices bourgeoises.—L'ORDONNANCE DE 1768 (1er MARS)
renferme quelques dispositions relatives aux
Milices bourgeoises tenues sur pied en quelques provinces de FRANCE.

MILICE BRÉSILIENNE (F). Sorte de MILICE
dont l'existence date de l'époque de la séparation politique du PORTUGAL et du BRÉSIL.
— Cette Milice naissante était, dans le principe, un détachement de la MILICE PORTU-
GAISE; par conséquent son ADMINISTRATION, sa
TACTIQUE, ses règlements, son harnachement,

sont ANGLAIS, et elle n'est pas plus exempte
d'abus que tant d'autres ARMÉES bien plus
vieilles. La composition, suivant M. Lienau,
n'est rien moins que satisfaisante, et *celle
des officiers est détestable*. Mais ce jugement acerbe est-il équitable? — Du reste,
ce qui manque à tant d'autres pays, Rio-Janeiro le possédait en 1826; nous voulons
parler d'une ACADÉMIE MILITAIRE.—En 1829,
il était question d'organiser à la française
l'ARMÉE du Brésil. Les journaux ont publié
que tel était l'objet du voyage d'un colonel
français, M. Brack, appelé au Brésil en
qualité d'aide de camp de l'empereur. —
Une CONSCRIPTION rigoureuse est en vigueur.
L'ENRÔLEMENT LIBRE ou la PRESSE fournissent
l'ARMÉE. — De 1824 à 1825, six appels de
conscrits ont été publiés. Le SERVICE VOLON-
TAIRE est de trois ans, ainsi que celui des
conscrits soumis; il est de huit ans pour les
INSOUMIS, s'ils sont saisis; l'ENRÔLEMENT
FORCÉ est A VIE. — En 1826, l'INFANTERIE
était de trente-deux BATAILLONS indigènes,
dont quatre de GRENADIERS et huit BATAIL-
LONS étrangers; elle était ordonnée par BRI-
GADES fortes de deux à quatre BATAILLONS.
— La CAVALERIE se partageait en RÉGIMENTS
dont les ESCADRONS étaient en nombre iné-
gal. — Cette CAVALERIE avait ses COSAQUES,
troupe terrible par son impétuosité et son
adresse; ce sont les GAUCHOS, soldats indigènes, porteurs d'une LANCE démesurée et
d'une ARME A LACS attachée à droite de l'arçon. Leur équipage consiste en une selle de
bois, où pend, en guise d'ÉTRIERS et d'étri-
vières, une corde terminée en ligne horizon-
tale par un bâton large comme la plante du
pied, sur lequel se cramponnent les doigts
de leurs pieds nus. Ils ont pour vêtements
un chapeau de paille, une chemise et une
culotte courte.—L'ARTILLERIE était passable-
ment tenue; elle était traînée par des MU-
LETS; mais il y avait des BATTERIES A PIED
qui étaient traînées par des nègres; elle formait cinq RÉGIMENTS à dix COMPAGNIES, dont
une de BOMBARDIERS. Les COMPAGNIES D'INFAN-
TERIE et d'ARTILLERIE étaient de cent quinze
hommes, y compris quatre OFFICIERS. — Les
soldats nationaux vivent de farine de ma-
nioc ou de maïs non préparée, et de viande
de buffle séchée au soleil, *carne seca.*—Les
soldats étrangers reçoivent le pain de munition, du riz, des légumes, la viande.—La solde
est servie sous forme de prêt; elle se calcule
par réis; mille réis valent six francs soixante-
deux centimes. Le soldat a huit vintens par
jour, dont deux seulement comme deniers
de poche. — Une école militaire est établie
à Rio-Janeiro, sous la direction de professeurs européens. Elle est visitée en 1829

par l'empereur. — Les coups de canne sur le dos nu sont le genre de punition usité envers les soldats étrangers. Ce châtiment est administré par les tambours, qui se relèvent à chaque huitième coup. On en donne cinquante, cent, deux cents, suivant la décision de l'officier qui punit. — Le hasard a donné naissance aux couleurs du Brésil. Don Pédro, dans une halte pendant une expédition, recevait de l'ancienne métropole des lettres qui déniaient à son royaume adoptif le droit de se déclarer indépendant; enflammé de colère, le prince arrachant la cravate qu'il portait, elle fut mise en pièces par les officiers qui l'entouraient; on se fit de ces débris un signe apparent. De là la cocarde et le drapeau jaune et vert. — Quelques aperçus qui ont rapport à cette armée ont été recueillis dans l'ouvrage sur le Brésil du major Scheffer, dans le *Bulletin des Sciences militaires* (1826, p. 414); dans le *Journal des Sciences militaires* (1826, 14e livraison (cet article est emprunté des observations publiées par M. Lienau, ancien officier danois, qui avait pris du service au Brésil.); dans le *Journal de l'Armée* (t. 1, p. 93); dans la *Revue des Deux-Mondes* (1853, 15 mars); dans l'*Annuaire des Armées de terre*, etc. (1856, p. 214).

MILICE BUÉNOS-AYRIENNE (F). Sorte de milice qui s'élevait à peine à trois mille hommes en 1826. Quelques renseignements ont été donnés à son égard dans le *Bulletin des Sciences militaires* (1826, p. 176). — Les jésuites étaient autrefois les généraux et les officiers de Buénos-Ayres, aujourd'hui capitale de la république argentine; ils y possédaient la couleuvrine qui avait estropié Loyola; elle y était l'objet d'un culte dont les cérémonies avaient quelque chose d'idolâtre. — En parlant des armes à mailles, nous avons fait mention des combats livrés aux Buénos-Ayriens par des tribus nomades dont les guerriers rappellent les rétiaires de l'antiquité. Habitués à jeter des lacets sur des bêtes fauves, ils se rendaient maîtres par le même artifice ou d'un cavalier monté, ou d'une pièce attelée. De sa pirogue, un marin emprisonnait un défenseur du rivage. — Les armées de cette partie du monde sont celles qui consomment le plus de bœufs et qui usent le plus de chevaux. Pendant la guerre avec le Brésil, six mille hommes de l'armée fédérale étaient suivis de plus de trente mille chevaux. En 1829, il en périt quatre-vingt mille en cinq mois; leurs cadavres infectaient quinze lieues de pays autour de Buénos-Ayres, alors bloquée par l'armée patriotique. — Un bœuf, du même poids à peu

près qu'en France, était la ration journalière de cinquante hommes. Dix mille hommes consommèrent soixante-dix mille de ces animaux pendant ces cinq mois; c'est du moins ce qui est attesté par le *Journal de l'Armée*, t. 1, p. 93, et par la *Revue des Deux-Mondes* (1853, 15 mars).

MILICE BYSANTINE (F). Sorte de milice qui prit naissance après la translation du trône de Constantin en Orient; on en rapporte la création à l'époque de la mort de Jovien en l'an 363. — La science des armes était abâtardie chez les Romains par l'abandon de la cuirasse, par l'interruption des exercices, par l'oubli des évolutions, par la multiplication de la cavalerie et des corps privilégiés; les cohortes s'étaient partagées en deux demi-bataillons nommés *pedatura superior, pedatura inferior;* et leur nom se changea en celui d'*auxilium, numerus, præfectura.* — Bysance seule conservait ainsi une armée dressée conformément à des règles écrites, exercée par des tacticiens dépendants d'un ministre de la guerre. Les institutions de cette Milice ne sont pas considérées, sans doute, comme classiques; on en retrouve toutefois plus d'une trace dans les usages modernes, parce que la science bysantine a été comme un chaînon entre les temps nouveaux et l'art ancien d'Italie et de Grèce. Ainsi nos premiers rois empruntèrent d'elles leurs patrices, espèces de généralissimes; leur oriflamme, espèce de labarum; leurs aumôniers (*abbates castrorum*); leurs officiers de santé, espèces de dépotats; et leurs maisons militaires, *domestici palatii*, ou *palatini.* — L'époque où la milice bysantine s'éteint répond à la renaissance de la science en Occident, à l'apparition des armes à feu, à la disparition de la chevalerie. — Les croisés, dans leurs rapports avec l'empire grec, commencèrent à y entrevoir l'utilité des sciences mathématiques, de la géographie et de la tactique; ils y étudièrent une fortification plus perfectionnée, et saisirent les secrets de l'artillerie grégeoise, le mécanisme des engins à feu, des mangonneaux, des siphons et des grandes machines à ressorts nommées doriboles, euthytones, monancones, oxiboles, palintones, pétroboles. — Les Occidentaux apprécièrent de même, en Orient, la trempe des cimeterres, la supériorité des lampians, l'arrangement et les détails des arsenaux, la construction des forteresses roulantes, des beffrois ambulatoires, etc. — La composition, l'armement, la tactique des armées bysantines demandent donc quelque examen. — Les termes militaires y ont eu une précision calculée, quoiqu'il soit difficile aujourd'hui de les traduire nettement et de les rapporter à des dates précises. — La composition était une combinaison, ou plutôt un mélange de formes ROMAINES et GRECQUES. — Les fonctions y étaient ordonnées savamment; les emplois et les grades y étaient nombreux, surabondants même; on en a la preuve dans les termes : ACOLYTE, AMIRAL, BARBARICAIRE, BARDARIOTE, BUCCELLAIRE, CENTARQUE, CHANTEUR, COMTE, CONNÉTABLE, CRIEUR, DÉCURION, DENDROPHORE, DÉPOTAT, DOMESTIQUE, DUC, ÉPISTATE, ETHNARQUE, GENTIL, HÉRAUT, HUPERSTRATÈGUE, HUPOSTRATÈGUE, ILARQUE, INSIDIATEUR, LATRON, MAITRE, MENSEUR, MÉRARQUE, NOMARQUE, OURAGUE, patrice, PHILARQUE, PROCLASTE, PROFULAXE, PROTOSTATE (chef de dimœrie), PSILITE, QUINTENIER, SCRIBONE, STRATÈGUE, TURMARQUE, VICAIRE, etc., etc. — Des GARDES veillant près du trône, sous le titre d'ARCADIQUES, y avaient été créés par Arcadius. Un CORPS D'ÉLITE, nommé les VARANGES, y accomplissait un service pareil sous les ordres d'un CHEF ayant le titre d'ACOLYTE. — GODIN (ch. 2, n° 52) et GANEAU parlent de l'ARCHONTE; ils mentionnent l'ALAGE, qui était CAPITAINE d'une COMPAGNIE de cavalerie de la GARDE du souverain; mais ces ÉCRIVAINS ne définissent pas autrement ce titre. — Les CHILIARCHIES et les DRONGES y participaient de la COHORTE et de la PHALANGE; elles se divisaient en BANDES ou TAGMES, distinguées par des FLAMMES A HAMPE; les DRONGUAIRES, les DUCS, les ILARQUES, les TURMARQUES y jouaient le rôle des anciens QUESTEURS, PRÉFETS et TRIBUNS de LÉGIONS; les DUCS, les domestiques, les GENTILS, les NOMARQUES étaient GOUVERNEURS DE PROVINCES; les GUTTONAIRES étaient des cavaliers lourds. Les CENTARQUES, les CENTENIERS y remplaçaient les CENTURIONS OU CAPITAINES. Les ETHNARQUES étaient gouverneurs de province ou proconsuls. Les GENTILS succédaient aux PRÉTORIENS. Les EXCITATEURS et les CHANTEURS rappelaient les augures et les HÉRAUTS de l'antiquité, et répondaient aux MÉNESTRELS de l'Occident. La MÉRARCHIE y était devenue MÉROS et MÉRIE. — Des corps comparables aux TROUPES FRONTIÈRES se nommaient DIOGMITES, comme le témoigne AMMIAN-MARCELLIN; c'étaient des espèces de VOLTIGEURS dont la dénomination était analogue aux mots GRECS poursuite, poursuivre. M. Raymond les appelle, à tort ou à raison, DIOCONITES, DIOCTINITES. — Les DÉCURIES représentaient les anciennes DÉCARCHIES et les MANIPULES; chaque DÉCURIE était sous les ordres d'un DIXAINIER, secondé d'un PENTARQUE qui en commandait la seconde moitié, ou la demi-escouade. Les DARDEURS, les GROSPHONAQUES, les SCUTIFÈRES (porteurs de BOUCLIERS), les PROCLASTES, pro-

klastas, y combattaient en VÉLITES ou PSILITES. — Les CROISADES y introduisirent le goût des CARROUSELS; cependant les ARMOIRIES, seules propres à y distinguer les CHEVALIERS qui s'escrimaient, ne prirent pas racine dans l'empire GREC. — La Milice bysantine a eu, comme le témoigne LACHESNAIE (1758, 1), des IRÉNARQUES, ou princes de la paix, espèces de PRÉVOTS DE MARÉCHAUSSÉE; elle a eu des DÉPOTATS, espèces d'INFIRMIERS DE GUERRE, qui recueillaient, désaltéraient, emportaient les BLESSÉS, comme l'explique DUCANGE; MAIZEROY (1771, A) en dit à peu près autant des SCRIBONES, chercheurs de BLESSÉS, chargés de les relever et de bander leurs plaies. Avant cette philanthropique institution, rien de pareil n'a existé dans les autres ARMÉES, et les HOPITAUX MILITAIRES de l'OCCIDENT sont plus modernes, de bien des siècles, que les établissements sanitaires de BYSANCE. — En OCCIDENT, certaines formes de l'ARMEMENT du MOYEN AGE et des temps actuels sont bysantines d'origine : les BANNIÈRES NATIONALES rappellent le LABARUM ou le primitif DRAPEAU chrétien; nos SALLES D'EXERCICE rappellent les basiliques militaires; les CHEVAUX DE FRISE modernes ressemblent aux TRIBOLES; les FUSÉES D'INFANTERIE sont analogues aux FLÈCHES A FEU OU SIPHONS, *keirosiphona*, de FEU GRÉGEOIS; les BOMBES sont l'ASTIOCHE perfectionné; les HERSES de châteaux étaient les CATARACTES des portes de villes. — Les archers bysantins garantissaient leur bras gauche au moyen d'un GANTELET nommé *keirotheca, dactylotheca;* l'usage s'en est conservé, assez tard, sous le nom de BRASSARD. — Des troupes avaient le casque à PANACHE de feu ou de phosphore; les boucliers à lanternes en ont été l'imitation. — La classe des PSILITES, des tireurs de MARTIOBARBULES et des hommes qui manœuvrent les CHIROBALISTES, était dilochite, surtout des SOLDATS à épée ou machérophores, *makerophoros.* — A la GUERRE, des CORNISTITES ou troupe d'AILE étaient chargées de renverser les AILES de l'armée ennemie; des HÉMÉRODROMES OU SPÉCULATEURS étaient des COUREURS envoyés à la découverte; des MANDATEURS faisaient fonctions d'ORDONNANCES A CHEVAL; des MENSEURS veillaient au soin du CAMPEMENT et du LOGEMENT; des HÉRAUTS avaient le titre de CHANTEURS, d'excitateurs, d'orateurs; des CRIEURS étaient les traducteurs de la SÉMANTIQUE, interprètes des ÉVOLUTIONS, et les porte-voix de l'EXERCICE; des BARDARIOTES formaient la garde du souverain. — Les CONVERSIONS modernes ont été une image des ANTISTROPHES et des ÉPISTROPHES bysantines. — L'ORDRE EN PREMIÈRE LIGNE rappelle la PROSTAXE. Le QUINCONCE a eu du rapport avec la PAREMBOLE. FOLARD (1727, A) a puisé dans les tacticiens de BYSANCE la MARCHE DE BATAILLON et la forme qu'il a appelée COLONNE. MESNIL-DURAND (1774, B; E) y a emprunté sa COLONNE MÉSOPLÉSIONNAIRE, devenue, de nos jours, COLONNE DOUBLE. — Des reliques ouvraient la marche des ARMÉES; le reliquaire s'appelait CHAPE, *cappa*; celui qui en avait la garde marchait, suivant DUCANGE, à la suite du PORTE-ENSEIGNE (*post bandophorum*). — Ces souvenirs autorisent à croire que notre chape de SAINT-MARTIN était une imitation des usages bysantins, et qu'elle était la chapelle, le tabernacle d'une armée française, de même que l'ORIFLAMME de France fut une sorte de LABARUM. — Dès le septième siècle, la Milice de Bysance n'était plus que l'ombre d'elle-même; elle se montra dans toute sa nullité sous le lâche et dévotieux Héraclius : en vain il impose le jeûne à ses soldats, le Dieu des armées veut de la bravoure au moins autant que de la foi; la victoire se range du côté des Turcs, et les murailles de la ville deviennent les frontières de l'empire bysantin. — Du quatrième au quinzième siècle, du premier au dernier des CONSTANTINS, les usages grecs se modifièrent sans cesse; les peines austères que décrit MAIZEROY (1771) y étaient prescrites, non pratiquées. — Dernier débris de la grandeur romaine, la Milice de BYSANCE décline; depuis les déchirements et les luttes insensées du christianisme, elle s'est engloutie au milieu des dissensions théologiques, après avoir combattu, non pour ses foyers, sa gloire ou son Dieu, mais pour la vaine question de la lumière créée ou incréée. — La superstition avait éteint le patriotisme. — La religion de l'État est quelquefois le plus grand ennemi de l'État; il en fut ainsi à Bysance; la manière d'adorer Dieu a renversé cette souveraineté et celle de Jérusalem ; tandis qu'affranchis d'une religion dominante, tel peuple est resté puissant, telle dynastie est restée debout, quoique le culte eût changé, et que le christianisme ou l'islamisme s'y fussent introduits, soit en se succédant, soit en régnant de concert. Cette tolérance politique et militaire, cette indifférence en fait de culte règne dans les empires chinois et anglo-indien. — Des renseignements touchant la Milice bysantine se trouvent dans les œuvres d'ANNE COMNÈNE, M. CYRIACI (1830), DUCANGE, l'ENCYCLOPÉDIE (1785, C, au mot *Cavalerie*), GANEAU, GODIN, LACHESNAIE (1758, I), LÉON (900, A), MAIZEROY (1771, A), MAURICE (590, A), PORPHIROGÉNÈTE (950, A), ROYOU, SAUMAISE.

MILICE CARTHAGINOISE (F). Sorte de MILICE

dont l'HISTOIRE s'est effacée en partie et est en partie suspecte; nous en avons fourni quelques preuves en traitant des institutions de ROME, et en rapportant les jugements que BONAPARTE prononçait sur les événements militaires des temps anciens. — Rassemblons pourtant les traditions qui semblent dignes de foi. — D'habiles FRONDEURS BALÉARES servaient dans les ARMÉES de CARTHAGE; de valeureux GAULOIS, d'infatigables Ibères, l'ardente et nombreuse CAVALERIE NUMIDE étendirent son gouvernement en SICILE, en SARDAIGNE, en AFRIQUE, en ESPAGNE. A l'aide d'une ARMÉE DE MER, qui fit plus d'une fois trembler le peuple-roi, les Carthaginois s'illustrèrent dans les trois GUERRES PUNIQUES; ils prolongèrent pendant cent vingt-cinq ans une lutte souvent glorieuse, contre tout ce que ROME et ses LÉGIONS purent leur opposer de troupes aguerries et de grands hommes; ANNIBAL eût suffi à l'immortalité de sa patrie. — Sur terre, les CARTHAGINOIS ne connurent que bien tard, à ce que dit VITRUVE, l'artifice des MACHINES de grand échantillon, mais ils excellèrent dans l'art de dresser des ÉLÉPHANTS, devinrent habiles dans le jeu des CATAPULTES et des ARMES NÉVROBALISTIQUES; surpassèrent tous les peuples dans la construction des FORTIFICATIONS, et l'emportèrent de beaucoup par leur cavalerie sur celle des Romains; ils élevèrent des CASERNES d'une telle capacité qu'elles pouvaient recevoir toute une ARMÉE d'INFANTERIE, des milliers d'ÉLÉPHANTS et de CHEVAUX et tous les approvisionnements que nécessitaient de pareilles FORTERESSES. — Ils savaient la tactique grecque : le Lacédémonien Xantippe la leur avait enseignée. Ils lançaient contre les lignes de l'ennemi des éléphants ivres et des taureaux furieux. — L'art de se donner pour appui des CORPS DE RÉSERVE leur fut emprunté par les ROMAINS; à leur tour les CARTHAGINOIS italiques reconnurent l'insuffisance de leur ARMURE et adoptèrent celle des LÉGIONS. — Mais l'ARMÉE CARTHAGINOISE n'était pas nationale, l'opulence et le commerce confiaient leur défense à des soldats étrangers : cette GRANDE-BRETAGNE de l'antiquité a péri pour s'être reposée sur des épées mercenaires, sur des FORCES douteuses, et vainement le SUPPLICE de la croix menaçait les GÉNÉRAUX s'ils se laissaient vaincre. — Opposer aux récits qu'on fait de ROME conquérante, un tableau étendu et un portrait fidèle de la Milice carthaginoise, un aperçu de la constitution et de la tactique de ses stipendiaires, serait important et curieux; mais c'est une tâche qu'il est à jamais impossible de remplir, car les vainqueurs de CARTHAGE détruisirent les bibliothèques de la rivale de

Rome, en rasèrent les monuments, et se conduisirent avec la barbarie renouvelée par les Sarmates vainqueurs de Rome, par les Latins vainqueurs à Constantinople. — Polybe (150 av. J. C.), quelques historiens, tels que Appian (150, A), Florus, quelques poëtes, tels que Lucrèce, et de nos jours Rollin, Royou (1805), Saint-Cyr, etc., nous ont transmis les faibles renseignements qui nous restent sur Carthage et ses armées. Le sujet a été traité aussi par M. Kausler (1805), M. le général Vaudoncourt (1812), l'*Encyclopédie des Gens du monde*, au mot *Carthage*. `

MILICE chinoise (F). Sorte de milice dont l'histoire n'est pas une des moins curieuses, et qui pourtant est une des moins connues. Quelques éclaircissements nous sont donnés sur ce sujet par Amiot (1772, D ; 1780, O), l'Encyclopédie (1785, C, t. i, p. 158); id au mot *Arme*, les Kings (1150 av. J.-C.), Lolooz (1770, K), Puységur (1773, O), les publications imprimées depuis quelques années à Calcutta, le *Journal des Voyages*, le *Bulletin des Sciences militaires* qui contient les relations modernes de M. Timkouski, voyageur russe, la *Revue des Deux-Mondes*, 1831, qui contient la *Statistique de la Chine* par M. Rienzi, le *Journal de la Société de statistique*, vol. iii, p. 25, 50, le *Journal de l'Académie de l'industrie*, t. vi. p. 555.—Suivant M. Rienzi, dont le *Spectateur militaire* a fait connaître en France les récits, l'armée chinoise n'est remarquable ni par la discipline, ni par l'esprit militaire, ni par le savoir ; il en apporte pour preuve une proclamation ou un ordre du jour que le dernier empereur, Kia-King, publia en 1800. pour reprocher aux Mantchous d'être, par leur mollesse, indignes de leurs ancêtres. — Cette Milice, comme le témoigne un article du *Bulletin des Sciences militaires*, 1825, p. 353, *ne causa jamais de sédition, ne prit parti dans aucun trouble civil; ses vainqueurs, Mantschous ou Mogols, lui sont redevables de leur instruction dans l'art de la guerre.* — Le sujet ici examiné peut appeler l'attention sous les rapports que voici : composition, force, uniforme, allocations, solde, instruction, tactique, punitions, service, administration. — N° 1. Composition. — 2637 ans avant J.-C., des règles militaires auraient déjà, dit-on, été en vigueur ; cette Milice remonterait ainsi à une plus ancienne date que la milice égyptienne ; cette antiquité n'est pas invraisemblable, puisque le savant académicien Biot a constaté qu'en Chine, 2357 ans avant notre ère, les calculs de l'astronomie étaient déjà poussés à la perfection.

— Il y a en Chine, comme dans presque tout l'Occident et le Nord, une armée de ligne, une armée privilégiée, une maison militaire ; dans cette garde on voit figurer un corps russe, qui professe librement la religion de son pays. — Chaque général s'entoure, à la manière orientale, de gardes du corps et d'archers. — L'armée se divise par compagnies de cent hommes. — La profession de soldat est héréditaire ; les hommes au service sont mariés ; leurs enfants mâles sont enrôlés. C'est une trace de la démarcation des castes indiennes. — La surabondance de population et la misère des basses classes procurent constamment à l'empire autant de soldats que le gouvernement veut en admettre. — La proportion de la cavalerie par rapport aux autres armes est à peu près, dans l'armée régulière, comme un est à trois ; mais par proportion au total de la Milice, les hommes de cheval sont à peu près comme un est à deux ; c'est la continuation du système qui régnait en Orient et dans l'Inde il y a plusieurs milliers d'années. — N° 2. Force. — Dans le dernier siècle, l'armée régulière passait pour être de cinq cent quatre-vingt mille fantassins et de deux cent mille cavaliers; ce qui répondrait à 780,000. — Suivant les calculs de l'académie de Pétersbourg, en 1812 la force de l'armée était de 952,510 hommes. — Le *Journal des Voyages* contenait en 1826 un état de statistique extrait d'un livre chinois composé à Macao, et traduit à Calcutta par ordre de la compagnie des Indes orientales ; le fond en est puisé d'un ouvrage chinois que le gouvernement fait publier tous les trois mois, sous le titre de *Tsin-Shin*. L'état de l'armée y est présenté comme il suit :

Officiers.	7,550	
Infanterie.	822,000	1,259,550
Cavalerie.	410,000	

— Le journal anglais *United services*, en 1852, donne comme il suit un état des forces chinoises :

Infanterie réglée.	300,108
— irrégulière..	400,000
Cavalerie réglée.	227,000
— irrégulière.	275,000
Artillerie.	17,000
Gens à la suite des troupes régulières.	50,000
Officiers.	6,892
Gens à la suite des troupes irrégulières.	5,201
	1,259,201

— Cette force n'a rien de démesuré, elle ne s'élève pas à un millier de militaires par million d'habitants, puisque la population de l'empire est de 146,000,000 d'âmes. — Il reste à savoir si les 7,550 officiers composent uniquement l'état-major général, comme nous le supposons, et si les officiers de corps sont compris dans le reste de l'effectif; car si c'était la totalité des officiers de tout grade, ce nombre ne répondrait qu'à un officier pour 1,600 hommes; il y a loin de là aux usages de la France, où il y avait, sous le régime de la restauration, un général par cent ou par cent cinquante hommes et un commandant pour deux ou trois commandés; nos anciens ministres de la guerre, qui ne parvenaient à constituer l'armée qu'en dépensant autant pour l'état-major que pour tout le reste, auraient eu besoin d'aller constater les merveilles de Chine et d'y refaire leur éducation. — M. Timkouski présente un nombre qui se rapporte à l'effectif ci-dessus; il partage les troupes régulières en quatre agrégations ou castes. — La première, tartare d'origine, descend des anciens conquérants; la famille impériale en fait partie; elle comprend l'armée d'élite des Mantcheous; elle se divise en 678 compagnies ou. 67,800

Les Mogols forment la seconde caste et comprennent 210 compagnies. 21,000

Les Chinois dont les ancêtres sont alliés aux Tartares conquérants, *Udschen-Tschocha*, recrutent la troisième caste qui est de 270 compagnies. 27,000

Le moins estimé des quatre corps d'armée s'appelle *corps du drapeau vert*; il comprend 500,000 aborigènes. 500,000

Il est tenu sur pied comme troupes irrégulières ou miliciens. . 125,000

——————

740,800

Dans ce total sont compris 175,000 cavaliers réguliers, et les artilleurs nécessaires au service de 400 pièces. — Une cavalerie mogole oudangola, comparable aux Cosaques du Don, est évaluée à 500,000 hommes. . . 500,000

——————

1,240,800

— Ainsi la cavalerie, montant à six cent soixante-quinze mille hommes, formerait plus du double de l'armée. — Suivant les renseignements donnés par le document officiel chinois nommé *Tsin-chin*, l'armée était, en 1825, de 1,270,552 hommes, dont 7,552

officiers, et 51,000 marins, 410,000 cavaliers; le reste comprenait l'infanterie. — Si ce calcul est exact, il n'y aurait qu'un officier par mille hommes. Ainsi les traducteurs n'ont apparemment appelé officiers que des militaires d'un grade qui répond à la classe des officiers généraux et supérieurs. — Un journal anglais, mentionné dans le journal la *Presse* du 24 mai 1858, établit que la principale force, ou l'armée de l'étendard, est de 266,000 hommes; la seconde classe, ou des étendards verts, de 666,500 hommes; ce qui fait, non compris les troupes du Thibet, 932,500 hommes. — Suivant le *Journal de statistique universelle*, t. viii, p. 665, etc., les forces chinoises répondaient à 906,000 hommes. Ce journal citait le *Asiatic journal de Calcutta*, suivant lequel elles s'élevaient à la même époque (1858) à 1,275,000 hommes. — N° 3. Uniforme. — Ici le mot uniforme ne saurait s'appliquer à la couleur des vêtements, puisqu'ils sont disparates; ce qui produit une bigarrure qu'aucune autre Milice ne présente; il s'agit seulement des autres parties, telles que l'armement, les instruments, etc. —Si l'on ajoutait foi aux récits d'Amiot, dont plus d'un antagoniste a contesté les opinions, nos armes les plus savamment imaginées avaient eu en Chine leurs analogues vingt-sept siècles avant Jésus-Christ. — Il est sûr que des brulots, des chars à feu, des fusées de guerre, des machines infernales, des armes défensives, des pontons, y sont connus depuis une antiquité qui passe toute croyance. — Cet auteur fait particulièrement mention de l'arme à feu nommée *nid d'abeilles*, qui tient un milieu entre les fusils et les canons, et fait plus d'effet dans une bataille que les uns et les autres à la fois. Sa charge est d'une centaine de balles; un homme porte le nid d'abeilles sur ses épaules. —Malheureusement le dessin qu'il en donne, d'après les historiens chinois, nous éclaire mal. — Il parle aussi de la *machine nommée tonnerre de la terre, employée avec succès par Koung-ming, environ deux cents ans avant J.-C.; Koung-ming n'était pas l'inventeur de cette manière de nuire, il l'avait puisée dans les ouvrages des anciens guerriers.* — Il avoue que quantité d'armes dont il donne les images ont cessé d'être en usage. Cependant des pièces de l'armure antique se sont conservées, des cottes d'armes, des cuirasses sont encore de mode, et dans le dernier siècle on combattait avec des armes de jet d'ancien système, avec des flèches *à diviser les épaules, à percer la cuirasse, en cizeaux, en sourcils.* — Quoique la Chine ne soit pas étrangère à l'art des FLÈCHES EMPOISONNÉES, il ne paraît pas que les troupes s'en servissent. — Elles avaient l'ARBALÈTE, l'ARC, les ARMES BLANCHES à l'orientale, les BOUCLIERS, les CARQUOIS, les COUTEAUX DE BRÈCHE, les CRICS, les FUSILS, les HALLEBARDES, les MOUSQUETS A MÈCHE, les SABRES A HAMPES. — La poudre à tirer est blanche, et le fusilier porte ses munitions dans ses poches; l'usage de la giberne ne leur est pas connu. — En temps de paix, les SOLDATS ne sont armés de SABRES que pendant le temps où ils FONT FACTION; ils le portent pendant la paix la pointe en avant, pendant la guerre la garde en avant. — Au nombre des CHEVAUX DE FRISE dessinés par AMIOT (1782, O), les uns sont pareils aux nôtres, d'autres étaient des HÉRISSONS ROULANTS destinés à repousser un assaut; ils consistaient en rouleaux armés de pointes de fer; un essieu traversait le rouleau et s'attachait à des cordes au moyen desquelles les assiégés retiraient à eux cette MACHINE après l'avoir roulée sur l'ENNEMI. *Il y en avait qui étaient formées de pièces de fer triangulaires; elles ont un trou dans lequel on passe une corde, on les place à un pied de distance l'une de l'autre, chaque rang de troupe est enfermé par cinq rangs de cordes ainsi armées; chaque soldat porte dans son bouclier cinq de ces pièces avec la corde qui les lie. On en fait usage dans les campements pour empêcher les hommes et les chevaux de s'écarter.* — Des QUEUES DE CHEVAL sont au nombre des ENSEIGNES chinoises. — Nulle part la gradation et la vraie destination des DRAPEAUX et des FANIONS n'a été mieux sentie et plus rigidement observée; bien avant le siége de TROIE, des draperies en soie flottaient à de longues HAMPES et étaient classées sous un ÉTENDARD dominant. — Les INSTRUMENTS SONNANTS, dont les MUSIQUES d'EUROPE ont consacré l'origine en leur laissant le nom de CHINOIS, étaient en usage dans cet empire plus de deux mille ans avant J.-C. — A l'époque de la GUERRE de 1622, les FOUETS TARTARES, qui, en guise de TROMPETTES, déchiraient l'air sur un rhythme de trois notes, ont donné aux CHINOIS le spectacle d'une MUSIQUE nouvelle pour eux, mais aussi vieille que les plus anciennes armes; nous ignorons si l'usage s'en est maintenu. — Ce qu'on appelle MUSIQUE TURQUE est bien plutôt chinoise; la GROSSE CAISSE, le TAMBOUR, le TAMTAM et les INSTRUMENTS SONNANTS sont originaires de l'INDE et de la CHINE. — N° 4. ALLOCATIONS, SOLDE. — Le SOLDAT D'INFANTERIE qui fait partie des castes soldées, reçoit en CHINE un tanc par mois (six ou huit francs) et trois mesures de RIZ; le CAVALIER reçoit deux tancs et six mesures de RIZ; il lui est fourni gratis le CHEVAL, le FOURRAGE, les armes, le logement. — Mais il est difficile d'établir de satisfaisantes supputations, parce que l'HABITANT est obligé de faire aux SOLDATS diverses FOURNITURES dont nous ne connaissons ni la nature ni la quantité. Aussi estime-t-on que la SOLDE des trois premières castes répond à peu près à trois ou quatre tanes par mois, ou à vingt sols par jour, non compris le RIZ et le LOGEMENT. Sur cette somme chaque militaire s'habille à son goût. — La quatrième caste vit du revenu des terres que le gouvernement lui donne à exploiter. — SERVAN (1780, B, p. 506) est entré dans quelques détails touchant l'ancienne solde chinoise. — N° 5. INSTRUCTION. — L'art du CAMPEMENT remontait au règne de l'empereur Hoang-ti, deux mille six cent trente-sept ans avant J.-C. Les gravures qu'en donne AMIOT (1782, O) ont été copiées, suivant lui, des dessins transmis aux modernes par les historiens CHINOIS. — Les exercices des troupes ont lieu aux lunes nouvelles; ce qu'on en sait donne une faible idée de cette partie. L'art des ÉVOLUTIONS ne paraît dans les dessins d'AMIOT qu'un jeu de théâtre et un puéril simulacre de fleurs diverses. — Les VILLES FORTIFIÉES des CHINOIS sont fermées de MURAILLES, flanquées de TOURS et quelquefois entourées de FOSSÉS; mais ces OUVRAGES ne sont pas assez robustes pour servir d'appui aux PIÈCES DE CANON; la commotion du tir les ferait crouler. — La principale FORTIFICATION du pays est la grande MURAILLE qui ferme ses frontières du nord à l'ouest; elle a cinq cents lieues de long. Ce monument gigantesque n'est interrompu ni aux vallées profondes, ni aux montagnes escarpées; mais ce rideau a été plus d'une fois percé par des conquérants. — L'ARTILLERIE est la partie faible de cette ARMÉE si colossale. En 1607, à ce que rapporte M. Stanislas Julien, le missionnaire Matthieu Ricci enseignait au précepteur du prince royal de Chine la théorie des ARMES A FEU d'EUROPE; mais aucun progrès ne sortit de cet enseignement; le personnel et le matériel de l'artillerie sont restés au-dessous du médiocre; elle ne connaît les CANONS DE BRONZE que depuis 1641, époque où il en fut fondu à PÉKIN sous la direction du jésuite SHALL. La fabrication de la POUDRE, quoique en CHINE on ait connu sa composition antérieurement à l'ère chrétienne, est dans l'enfance, parce qu'elle n'est pas confectionnée par l'Etat, mais manipulée par chaque SOLDAT qui doit s'en servir. — Si l'on en croit les missionnaires et AMIOT, de sages précautions règlent les PROMOTIONS; les ASPI-

RANTS aux grades d'OFFICIERS, les élèves sortant des ÉCOLES DE TACTIQUE, les CANDIDATS qui postulent de l'AVANCEMENT, sont soumis à la loi de l'examen et à l'épreuve des CONCOURS ; ils sont tenus de paraître devant un jury de DOCTEURS D'ARMES ; il faut qu'ils y répondent à toutes les questions prévues dans le code nommé king, qu'ils commandent en public, qu'ils prouvent leur dextérité à tirer de l'ARC, à s'escrimer de toutes les ARMES suivant les principes voulus ; les PROFESSEURS DE TACTIQUE prononcent ensuite sur le degré de capacité et le droit des adeptes. — AMIOT affirme qu'il en était ainsi pour toutes les ARMES. — N° 6. TACTIQUE. — En fait d'ART MILITAIRE et d'ORDONNANCES TACTIQUES, l'Occident qualifie de découvertes, ou commence à deviner telles ou telles applications qui ont traversé vingt ou trente siècles en CHINE ; ainsi, le FEU GRÉGEOIS de nos FUSÉES modernes et ces FUSÉES elles-mêmes en sont originaires. — Partager en grandes DIVISIONS combattantes les ARMÉES, est une coutume immémoriale chez les CHINOIS ; la FRANCE ne s'est arrêtée pour ainsi dire que d'hier à cette idée simple. — L'OCCIDENT et le NORD ont imité la FRANCE ; mais nulle part on n'a eu, comme nos précurseurs, l'idée sage d'attacher à chaque DIVISION son DRAPEAU spécial et de la caractériser par ses COULEURS. Quelque chose de pareil commence à être cependant d'usage en RUSSIE. — Deux ARMES distinctes, la CAVALERIE SUR CHEVAUX et la CAVALERIE SUR CHARS, manœuvraient par grandes DIVISIONS, *deux mille six cent trente-sept ans avant J.-C., ou la soixante et unième année du règne de Hoang-ti, imitateur lui-même de Fou-hi.* — Quinze ou vingt siècles avant J.-C., la GUERRE se faisait, dit AMIOT (1772, D), à l'aide des MACHINES de toutes espèces et de divers AFFUTS D'ARTILLERIE ; les CHINOIS connaissent l'usage des MANTELETS, des HARASSES de SIÉGES OFFENSIFS, des abris roulants, qui se nomment *ânes de bois à tête pointue ;* ils se servaient d'ÉCHELLES volantes et d'ESCALADE, d'ÉCHELLES doubles et sur roues qui s'appellent *échelles à monter aux nues,* d'ÉCHELLES surmontées d'une GUÉRITE qui servait d'observatoire, de GUÉRITES roulantes nommées *chars à garantir du vent ;* ils avaient des TARIÈRES pour percer et faire crouler les MURAILLES des VILLES ASSIÉGÉES ; ils se servaient d'ÉTANÇONS appelés *chemins dans la terre,* c'étaient des treteaux de sept pieds et demi de long et de huit de haut ; ils menaient à leur suite des PAUX ou PIEUX pour la défense des POSTES ; ils employaient aux PASSAGES des fleuves, des BATEAUX de cuir, des OUTRES, des RADEAUX, des PONTS soutenus par des SCA-

PHANDRES. — L'an 1122 avant J.-C., l'ORDRE EN CARRÉ était pratiqué par les CHINOIS : ils se rangeaient en cinq CARRÉS séparés entre eux *par un espace vide, égal à celui qu'il* (que chacun de ces carrés) *occupait.* — On aura idée de cet ÉCHIQUIER en regardant sur un damier cinq cases de même couleur, par opposition aux quatre autres cases intermédiaires d'une couleur différente. — L'histoire de la dynastie de Mongoux et les Mémoires de littérature affirment qu'à des époques qu'il est difficile de déterminer, les CHINOIS remplissaient de POUDRE des GLOBES de fer qui faisaient explosion à une distance de plus de mille pas. — On appelait, suivant AMIOT (1782, O), *ruche d'abeille et tonnerre de la terre un globe en fer, creux, assez grand pour contenir un boisseau de poudre mêlée de mitraille ; on enfouit ce globe dans l'endroit où l'ennemi doit passer ; on a des cordelettes soufrées cachées en des tuyaux de bambous, la mèche porte en même temps le feu à tous les globes. Ce stratagème était souvent employé par Koung-ming, contre les Tartares ; il était général d'armée l'an 200 de l'ère chrétienne ; il avait puisé dans les livres anciens cette manière de nuire.* — Ces moyens ne sont autres que nos FOURNEAUX DE FOUGASSES et leurs SAUCISSONS. — AMIOT (1782, O) nous entretient aussi de l'ancien CHAR DE GUERRE, nommé *Kang-tcho, qui n'était fait que pour porter des guerriers armés comme on l'était alors. Le char moderne peut porter des canons. On accouple ces chars quand on a de l'espace ; ils servent à entourer le camp ; ils ont des trous par lesquels on tire les fusils, et d'où on lance des flèches enflammées. Les Chinois ont aussi le char à feu, pour porter le feu dans le camp ennemi ; il porte cinq lances de face ; il est rempli de cent flèches à feu.* — Ils emploient, mais surtout pour incendier les portes de villes, *le char à huile ; il est de bois, et à deux roues. On y met un vase plein d'huile au milieu duquel est un bassin rempli de braise. On attache aux quatre côtés du char des matières combustibles. Enfin les Chinois ont aussi le char volant, ainsi appelé à cause de sa légèreté ; à l'exception du brancard et des roues qui sont d'un bois dur, tout le reste est de planchettes de bambous. Ce char peut contenir jusqu'à vingt-cinq personnes. Vide, un seul cheval peut le traîner ; six hommes peuvent le porter dans les lieux où on ne peut se servir de chevaux.* — Des CANONS, employés dès le commencement de l'ère moderne, étaient cerclés en fer comme

l'ont été plus tard nos bombardes et nos acquéraux ; il y en avait de métal d'une seule pièce et longs d'un mètre et demi, leur affut était sur trois roues ; cette arme se nommait *grand esprit* ; il y en avait en bambous, nommés *le général sans pareil*. — En l'an 1055, à ce que Vossius assure, les Chinois possédaient des bouches à feu en fer et en bronze artistement travaillées. — Dans la guerre que l'armée chinoise soutient en 1252 contre les Tartares, elle emploie à la défense de ses villes des feux d'artifice, des bombes, des fusées de guerre nommées *esprit caché* et *flèche de défense*. Amiot (1772) en donne la description et le dessin ; mais quoique les machines fulminantes y remontent à une ancienneté qu'on ne peut évaluer, il ne paraît pas que, jusque-là, les Chinois eussent appliqué en grand, à la guerre, la connaissance qu'ils avaient des effets du feu grégeois, de la poudre et des artifices ; on croit même qu'ils ne combattaient pas encore avec des armes a feu portatives en 1622 ; la guerre qui, à cette époque, a substitué la dynastie actuelle à celle qui l'a précédée, s'est terminée avec le secours des armes blanches et de quelque grosse artillerie. — La poudre chinoise était encore blanche de nos jours, à ce qu'affirme le marquis de Sainte-Croix qui avait visité les contrées chinoises où il est permis d'aborder, et qui avait rapporté de cette poudre à Paris. — Un décret impérial rendu en 1832 recommande aux troupes l'exercice de l'arbalète, et ordonne la fabrication de deux millions de flèches. — Nº 7. Punitions, service. — Les soldats mantcheous qui encourent châtiments, reçoivent la fustigation à coups de knout ; le reste de l'armée est puni à coups de bambous. — Le code pénal chinois publié en 1830 par le *Journal asiatique*, témoigne que la bastonnade est également infligée et aux officiers dont la troupe est mal tenue et aux soldats coupables d'indiscipline. — La quatrième caste *ou corps du drapeau vert* fournit aux garnisons de l'intérieur. — Les autres castes sont chargées de la garde des forts dans les villes et les provinces. — Dans le service ordinaire chaque militaire est pourvu d'un fouet ; c'est le puissant moyen de la police chinoise. — Le général donne, au moyen de son étendard, les signaux principaux du service ; lorsque l'enseigne à queue de léopard est hissée près de sa tente, ou de sa résidence, nul ne serait si téméraire que de se présenter sans ordre ou sans permission ; il y va de la vie ; le général fait abaisser le pennon, quand il veut faire connaître que l'accès est libre. — Tels sont, ou peut-être

tels ont été les usages décrits par Amiot. — Longtemps, en Allemagne et dans les villes frontières de France, on a donné l'alarme au moyen de cloches de corps de garde, c'est encore la manière chinoise. — La ponctualité du service intérieur est poussée à certains égards aussi loin qu'elle l'était dans les camps romains ; chez l'un et l'autre peuple l'usage des fanions à lanternes a existé. — Dans le siècle dernier, nos fourriers en route rendaient reconnaissable leur logement, en laissant flotter au dehors le fanion de la compagnie ; mais le perfectionnement n'était pas encore poussé jusqu'au fanion lumineux, ou fanion de jour et de nuit. — Ce qui ne se voit que dans l'armée chinoise, c'est le singulier usage du signal du silence, c'est un bâillon que décrit et dessine Amiot (1782, O) : *Il est en partie dans la bouche, en partie hors de la bouche. Il sert à ceux qui sont chargés de quelque commission importante, ou de donner quelque avis secret à quelque commandant. L'officier ou soldat muni du bâillon peut passer sans répondre à qui que ce soit ; tous les passages lui sont ouverts ; on ne doit pas l'interroger. Une planchette de bambous pend à ce bâillon ; on y écrit le nom de l'émissaire, le genre de sa commission ; de quelle compagnie il est ; etc., etc. L'officier met lui-même son seing au bas.* — Nº 8. Administration. — Le budget militaire de la Chine était évalué à cent soixante-quinze millions ; mais celui des dernières années n'est pas mentionné dans les modernes publications qui ont paru à Calcutta sur ces matières. — M. Timkousky l'évalue à 87,400,000 tanes, qui équivalent à 200,000,000. fr. Ainsi, quoique la cavalerie soit presque moitié de l'infanterie, cinq ou six soldats chinois coûteraient ce que coûte un soldat français. — Le King ou *Vou-King* est le code militaire des Chinois. Nous répétons ici qu'une de ses sections passe pour antérieure de quatre siècles environ au règne de Romulus, et que l'opinion des savants est mal arrêtée touchant les époques où les autres sections y ont été successivement ajoutées. — Ce code est comme le catéchisme de l'armée.

MILICE cochinchinoise. v. cartouche a fusil. v. cochinchinois, adj. v. couvre-platine. v. giberne. v. mot. v. pulvébir. v. sentinelle. v. signe de ralliement.

MILICE colombienne (F). Sorte de milice des temps modernes qui existait depuis 1817, et qui rappelle le nom de Bolivar. — Le compte rendu par le ministre de la guerre de la Colombie au congrès de 1823, en supputait la force à vingt-trois mille hommes ; il proposait de porter l'ARMÉE à trente-deux mille cinq cents hommes, dont quatre mille trois cents SOLDATS de CAVALERIE et deux mille cinq cents d'ARTILLERIE. — L'ÉTAT-MAJOR comprenait des GÉNÉRAUX DE BRIGADE et DE DIVISION. — L'INFANTERIE était ordonnée en BATAILLONS RÉGIMENTAIRES à huit COMPAGNIES de cent hommes. Il y avait vingt-cinq BATAILLONS de bataille et cinq d'infanterie légère. — La CAVALERIE, divisée en vingt-quatre ESCADRONS, se composait de RÉGIMENTS disparates ; les uns étaient de trois, les autres de deux ESCADRONS. Il y avait des ESCADRONS RÉGIMENTAIRES, d'autres étaient embrigadés ; il y en avait dix-huit de bataille nommés LANCIERS OU DRAGONS, les autres étaient HUSSARDS ; il y avait des GAUCHOS. — L'ARTILLERIE s'ordonnait par COMPAGNIES de cent hommes. — Il y avait une seule COMPAGNIE d'ARTILLERIE à cheval. — Le corps du génie était à créer. — La GARDE du gouvernement consistait en dix BATAILLONS, ordonnés en une DIVISION et deux BRIGADES ; la CAVALERIE, forte de six ESCADRONS, était en une BRIGADE. — L'ARMEMENT passait pour être plus que médiocre. — Une création de MILICES PROVINCIALES, établies comme second ban, était ébauchée. — Quelques casernes restaient sur pied ; mais, dans la lutte avec les ESPAGNOLS, la plupart avaient été ruinées ou négligées. — Le *Moniteur* (1824, 15 août) mentionne une levée de cinquante mille hommes ; elle équivalait à deux miliciens sur cent habitants. — Des détails ont été donnés sur ce sujet par le *Bulletin des Sciences militaires* (1824, p. 524).

MILICE (milices) COMMUNALE (F), ou COMPAGNIES DE PAROISSE, OU MILICE DES COMMUNES. Sorte de MILICE qui prend naissance au onzième siècle. La charte d'affranchissement de la ville du Mans, en 1070, et celle d'Amiens, en 1115, paraissent les plus anciennes ; il ne s'en retrouve pas qui soit antérieure à LOUIS LE GROS, qui, le premier, s'allia au peuple pour combattre la NOBLESSE. — La construction d'un BEFFROI était le premier soin de la Milice ; son premier serment était de se réunir au son de la CLOCHE D'ALARME et d'obéir aux maires ou mayeurs, aux consuls, aux échevins, aux jurés, aux syndics, que les communiers ou conjurateurs élisaient. — Le premier acte de la magistrature était d'interdire à qui que ce fût l'érection de TOURS, de BEFFROIS, de POSTES FORTIFIÉS dans la circonscription de la COMMUNE. — Des villes qui relevaient nuement du roi, telles que PARIS et ORLÉANS, ne parvinrent jamais à jouir de ces avantages. — Des Mi-

lices communales ont figuré plus d'une fois dans des ARMÉES FÉODALES, mais elles s'y sont fait peu d'honneur. — Le tiers état a sa racine dans la Milice communale. — Elle ne consistait, en général, qu'en INFANTERIE vêtue de BLIAUDS et armée d'ARCS, de MASSES, de PLOMBÉES, de BOUGES et de diverses ARMES DE LONGUEUR. Ainsi son histoire est celle de l'INFANTERIE COMMUNALE. — Cependant, à certaines époques, il y figure dans maintes villes quelque CAVALERIE LÉGÈRE OU SERGENTS A CHEVAL, quelques COUTILLIERS qui se transformèrent en ARBALÉTRIERS A CHEVAL. Cette CAVALERIE se composait, suivant M. SISMONDI, des NOBLES sans patrimoine, des cadets de famille, des GENTILSHOMMES sans château, qui étaient réduits à se mettre sous la protection des MURAILLES des VILLES pour se soustraire à la tyrannie des SEIGNEURS FIEFFÉS. Quoique réduits à combattre pour la même cause, ils n'en conservaient pas moins, dit cet historien, la morgue des CHEVALIERS OU des HOMMES A CHEVAL, car ces locutions étaient synonymes. — Peut-être cette combinaison de CAVALERIE amena-t-elle l'usage que prirent quelques ÉCRIVAINS d'appeler LÉGIONS ces TROUPES COMMUNALES. — L'objet des conjurations, ou communions, ou confédérations, ainsi s'appelait la formation des COMMUNES, était de se préserver des GUERRES PRIVÉES ; mais quand les cités eurent acquis de la puissance, leurs Milices, à leur tour, se livrèrent plus d'une fois à des GUERRES PRIVÉES. — Les MILICES BOURGEOISES et les gardes de ville succédèrent, en quelques lieux, aux TROUPES des COMMUNES. — Sur ces sujets, on peut consulter BEAUMANOIR, BENETON (1742, A), DANIEL (1721, A, t. I, p. 88), DELAMARRE (*Traité de la police*), M. MONTEIL, M. SISMONDI, VELLY, le *Dictionnaire de la Conversation* (au mot *Milices*), l'*Annuaire des Armées de terre* (1856, p. 215).

MILICE CONSCRIPTIVE. V. ARMÉE FRANÇAISE N° 2. V. CONSCRIPTIF. V. MILICE FRANÇAISE N° 2. V. MILICE PROVINCIALE. V. RÉFRACTAIRE. V. REMPLAÇANT.

MILICE DANOISE (F). Sorte de MILICE qui est de troisième ordre quant à l'effectif des TROUPES et au chiffre du CONTINGENT fédéral ; mais elle est en première ligne quant aux développements de certaines branches de l'ART MILITAIRE DE TERRE. — Au MOYEN AGE, on a nommé DANOIS ou NORMANDS ces hordes d'AVENTURIERS intrépides, à qui il suffisait de quelques barques d'osier ou de cuir pour composer de formidables ARMÉES DE MER. Leurs ravages dans les GAULES ont contribué à y implanter la FÉODALITÉ, à y répandre l'usage des COMBATS DE JUGEMENTS, et à hérisser de CASTELS un sol désolé. Leurs

BACHES D'ARMES, leurs HALLEBARDES en ont
gardé le nom français de DANOISES. La peau
éclatante et les blonds cheveux des CAUCHOI-
SES sont des vestiges de l'établissement des
Danois sur les côtes de France. Mais le véritable pays natal de ces hommes du Nord
était-il le Danemark? C'est un point d'histoire qui ne s'éclaircira jamais. — Bornons
nos recherches aux questions qui intéressent
le dernier siècle; nous y verrons que les
MILICES dont celle-ci participe le plus, sont
les MILICES ANGLAISE et FRANÇAISE. — Les AU-
TEURS ou les traités qu'on peut consulter sur
ce sujet, sont : BINZER (1801), le général
BISMARK, CAMERER, GUIBERT (1805, C), JAHN
(F.-J.), SOHN, le *Journal militaire autrichien* (1822), le *Spectateur militaire*
(1827, t. XX, p. 350; t. XXII, p. 447; t. XXV,
p. 617), le *Bulletin des Sciences militaires* (1830), le *Bulletin de la Société française de statistique* (1830, p. 79, et t. V,
n° XII, p. 202), le *Journal des Sciences
militaires* (1834, p. 165), le *Journal de
l'Armée* (t. III, p. 379). — Parcourons ce
qui intéresse cette Milice en en examinant
la COMPOSITION, FORCE, UNIFORME, ALLOCA-
TIONS, INSTRUCTION, TACTIQUE, PUNITIONS. —
N° 1. COMPOSITION. — La Milice de DANE-
MARK consistait, en 1824, en une ARMÉE permanente et une de RÉSERVE; la première
comprenait l'ÉTAT-MAJOR, les CADETS de terre,
la MAISON militaire, treize RÉGIMENTS d'INFAN-
TERIE de bataille, cinq BATAILLONS de CHAS-
SEURS, neuf RÉGIMENTS de CAVALERIE, l'ARTIL-
LERIE, les RAQUETTIERS, le GÉNIE. — Le chef
de la première section de l'ÉTAT-MAJOR était
un adjudant général, secondé de lieutenants ADJUDANTS GÉNÉRAUX et d'ADJUDANTS
SUPÉRIEURS; cette section était de sept membres. — La seconde section était de neuf
OFFICIERS, et se composait d'un QUARTIER-
MAITRE GÉNÉRAL, secondé de divers lieutenants quartiers-maîtres. — Cette organisation et ces qualifications rappellent des usages anglais. — L'école des CADETS de terre a
été fondée en 1725; tous les jeunes DANOIS
y étaient admissibles, mais les fils de militaires ou d'employés salariés par l'Etat y
étaient reçus de préférence. — La MAISON
du roi était de deux ESCADRONS de GARDES A
CHEVAL et de quatre compagnies de GARDES
A PIED. — Les TROUPES à pied et à cheval se
distinguaient en TROUPE DE LIGNE et en GARDE
royale. — Ce qu'en d'autres services on appelle le GRAND et le PETIT ÉTAT-MAJOR d'un
RÉGIMENT, se distingue, en DANEMARK, en
ÉTAT-MAJOR, ÉTAT MOYEN et ÉTAT MINOR. Il y
a du moins de la logique dans ces appellations. — Chaque compagnie a un MAITRE
D'ARMES. — Les RÉGIMENTS d'INFANTERIE se

composent de deux BATAILLONS, formés chacun de cinq COMPAGNIES. Une des COMPAGNIES
du premier BATAILLON est de GRENADIERS; elle
tient la droite. Une des COMPAGNIES du second BATAILLON est de CHASSEURS; elle occupe
la gauche. — Ce système est celui de la FOR-
MATION française de 1776. SAINT-GERMAIN,
qui avait servi en DANEMARK, avait apporté
en FRANCE le germe de cette ORGANISATION.
— Les CORPS d'INFANTERIE sont forts de treize
cent soixante-huit hommes; ils portent, à
l'exception des cinq premiers RÉGIMENTS,
une dénomination provinciale. — Toutes les
COMPAGNIES de CHASSEURS ont des CLAIRONS. —
L'INFANTERIE de la GARDE royale se compose
des deux premiers RÉGIMENTS de bataille de
ligne et du dernier BATAILLON léger de ligne.
— La CAVALERIE de la GARDE se compose du
premier RÉGIMENT de CUIRASSIERS de ligne et
du premier de DRAGONS de ligne; ainsi le
total de cette GARDE entre dans le total de
l'ARMÉE de ligne. Il n'y a pas de royaume où
la différence entre la GARDE et la ligne soit
si peu marquée. C'est encore une imitation
des temps où les gardes françaises n'étaient,
en réalité, que le premier régiment d'infanterie de ligne de FRANCE. — La CAVALERIE
se compose de deux RÉGIMENTS de CUIRAS-
SIERS, quatre de DRAGONS LÉGERS, deux de
LANCIERS, un de HUSSARDS. — Les RÉGIMENTS
sont de quatre ESCADRONS; chacun d'eux est
de six cent quatre-vingt-trois combattants.
— Un aperçu de l'ORGANISATION de la CAVA-
LERIE danoise a été tracé par M. le général
BISMARK; le compte en a été rendu dans le
Bulletin des Sciences militaires (1850,
p. 12) et dans le *Bulletin de la Société de
statistique* (1831, 4° livraison). — Les OFFI-
CIERS d'INFANTERIE et de CAVALERIE sont tirés
de préférence de l'INSTITUT des CADETS de
terre; mais toutes les classes de citoyens
peuvent également fournir de SOUS-LIEUTE-
NANTS l'ARMÉE, pourvu que les aspirants aient
été élevés dans une ÉCOLE militaire ou qu'ils
soient assez instruits pour subir des EXAMENS
déterminés. — L'ARTILLERIE, divisée en dix-
huit COMPAGNIES, forme deux BRIGADES : l'une,
danoise, de douze compagnies; l'autre, du
Holstein, de six. — Les RAQUETTIERS ou FU-
SÉENS, formés en arme spéciale depuis 1808,
se composent de cent trente-deux hommes.
— Les OFFICIERS d'ARTILLERIE sortent des INS-
TITUTS d'artillerie. — Les OFFICIERS d'ÉTAT-
MAJOR et du GÉNIE, au nombre de trente-
deux, sont tirés en partie de la classe des
PAGES de l'INSTITUT des CADETS, c'est-à-dire
de la fraction de ces élèves qu'on pourrait
appeler d'élite, parce qu'ils ont le mieux
réussi dans les études de l'INSTITUT. Les OF-
FICIERS d'armes savantes sont tirés aussi des

OFFICIERS de TROUPE qui méritent cette distinction. — Les INGÉNIEURS des ponts et chaussées sont destinés à suppléer, au besoin, aux INGÉNIEURS militaires; leur éducation est dirigée en conséquence. — Les nominations sont soumises aux sages lois de l'examen, l'AVANCEMENT à celles du CONCOURS. — Les OFFICIERS récipiendaires sont non-seulement tenus de prononcer un SERMENT de fidélité, mais même de l'écrire de leur main. La pièce qui contient cet engagement devient une note de chancellerie; elle y repose dans le dossier de l'OFFICIER. — La CONSCRIPTION alimente l'armée; mais dans l'INFANTERIE un cinquième et dans la CAVALERIE un dixième des SOUS-OFFICIERS n'étaient pas indigènes. Le gouvernement s'efforce cependant d'appeler à ce genre d'emplois des sujets nationaux. Une prime était offerte aux SOLDATS libérés qui consentaient à s'engager comme SOUS-OFFICIERS, et ils étaient exempts à l'avenir du service de la RÉSERVE. — Quantité de dispenses affaiblissaient les produits de la CONSCRIPTION; elle ne pesait presque que sur les cultivateurs. — Le REMPLACEMENT est permis en substituant un indigène. — La durée du SERVICE est en général de huit ans, excepté dans la CAVALERIE de la GARDE; les hommes n'y servent que six ans, mais pendant ce laps de temps ils sont retenus en permanence au CORPS. — Il n'est pris qu'extraordinairement des hommes de moins de cinq pieds un pouce, ou de soixante pouces du pied du Rhin; car le *minimum* des TAILLES des armes diverses ne se règle que par pouces : la proportion est entre soixante-sept et soixante. — La durée du SERVICE, dans l'ARMÉE de RÉSERVE, est de huit ans. — L'ARMÉE de RÉSERVE, ou la Milice provinciale, comprend trente-deux BATAILLONS destinés à faire partie des diverses armes. Cette Milice a été créée par une ordonnance de 1778 (20 juin). — En 1830, la population danoise était de un million neuf cent trente-deux mille cent cinquante-trois âmes. — L'ORDRE militaire de DANEBROG a été l'occasion de plus d'une fable, comme GANEAU le témoigne. — N° 2. FORCE. — Vers le milieu du dernier siècle, le DANEMARK entretenait, en temps de paix, 36,000 hommes d'infanterie et 8 à 9,000 de CAVALERIE. L'ARMÉE, en temps de guerre, pouvait être portée à 50 ou 60,000 hommes; elle avait des troupes miliciennes qui furent incorporées dans l'armée en vertu de l'ordonnance de 1778 (20 juin). — En 1824, la MAISON, à pied et à cheval, était de 649 hommes. — En 1824, le total de l'INFANTERIE de bataille était de 17,914 hommes; celle de l'INFANTERIE légère de 2,753 hommes. — Le total de la CAVALERIE était de 9,578 hommes. — L'ARTILLERIE était de 3,259 hommes. — La force générale de l'ARMÉE permanente était de 50,833 hommes. — Tel est le relevé donné dans le *Bulletin des Sciences militaires* (1824, p. 560; 1825, p. 417); mais les calculs qui y sont présentés ne concordent pas tous entre eux. — Un tableau statistique des forces militaires de l'EUROPE, qui se trouve dans le *Spectateur militaire* (1827, juin), porte l'effectif de paix de l'ARMÉE à 59,000 hommes et l'effectif de guerre à 99,000, y compris 3,600 combattants formant le CONTINGENT de l'ARMÉE CONFÉDÉRÉE. — En 1830, le total de la CAVALERIE est de 6,297 hommes. — N° 3. UNIFORME. — Le DRAPEAU est rouge, traversé d'une croix blanche. — L'INFANTERIE DE LIGNE et de la GARDE ont l'habit rouge; celui de la ligne est un HABIT-VESTE A REVERS; celui de la GARDE est sans revers et un peu plus long, il est orné de BRANDEBOURGS blancs comme l'habit ANGLAIS. — Les FUSILS DANOIS sont de forme ANGLAISE. — Les CHASSEURS à pied portent, suspendue sur la poitrine, une MESURE DE CHARGE; ils ont près de leur bras droit une POUDRIÈRE, soutenue par une cordelette attachée à leur CEINTURON; cette poudrière est une corne plate telle que la portaient, dans le siècle dernier, les MOUSQUETAIRES à pied; elle pend au-dessous d'un SAC A BALLES. — La CAVALERIE de la GARDE a l'UNIFORME écarlate. — Les CUIRASSIERS ont l'HABIT-VESTE en drap blanc; les DRAGONS, l'HABIT rouge; les HUSSARDS, le dolman bleu de ciel; les LANCIERS, l'habit bleu de ciel. — Toute la CAVALERIE, hormis les LANCIERS, porte le CASQUE. — Les OFFICIERS sont distingués par des ÉPAULETTES d'argent et des CEINTURES ou ÉCHARPES. — Le HARNACHEMENT est le même pour toutes les armes, la SELLE est HONGROISE. — Un dessin lithographié des uniformes danois était publié, en 1825, à Copenhague. — N° 4. ALLOCATIONS. — Les SOLDATS DANOIS ne vivent point en ORDINAIRE et par ESCOUADES à une SOUPE commune; chacun d'eux reçoit son pain et touche la presque totalité de sa modique SOLDE; il pourvoit à sa nourriture comme il l'entend. On s'étonne du maintien de ce système. — N° 5. INSTRUCTION. — L'ARMÉE DANOISE se réunit à deux époques dans des CAMPS D'INSTRUCTION: l'un, dans le HOLSTEIN, du 10 au 25 juin; l'autre, près de COPENHAGUE, du 2 au 15 octobre. — Le système d'instruction des INSTITUTS militaires est poussé très-loin; l'étude de la LANGUE FRANÇAISE y est cultivée avec fruit. — Une des classes de l'INSTITUT de terre s'appelle ÉCOLE D'INTONATION; régler le TON DE COMMANDEMENT y est l'objet d'une espèce d'étude musicale. — Le DANEMARK avait des BIBLIOTHÈQUES militaires plus d'un demi-siècle avant que la FRANCE ne songeât à des établissements de ce genre. — Celle des CADETS a été fondée en 1750 ; celle de l'ÉTAT-MAJOR en 1786 ; celle de l'ARTILLERIE en 1789. COPENHAGUE a une BIBLIOTHÈQUE à l'usage de la garnison. Plusieurs CORPS ont des bibliothèques régimentaires. On en comptait, en total, quinze en 1824, comme le témoigne le *Bulletin des Sciences militaires* (1825, p. 265). La FRANCE entière n'en possédait pas alors autant. — L'instruction des hommes de TROUPE répond au reste ; il n'y a pas, depuis 1810, un SOLDAT qui ne soit GYMNASTE et LETTRÉ. Sur mille recrues, on n'en compte pas plus de sept à huit qui n'aient pas puisé, dans les nombreuses écoles du royaume, les premières notions de la lecture, et bientôt, grâce à l'enseignement mutuel généralement admis en DANEMARK et dans toutes les ÉCOLES DE RÉGIMENTS, ils ne tardent pas à acquérir le savoir qui leur manquait. — La GYMNASTIQUE étant étudiée, non-seulement dans les ÉCOLES publiques civiles et militaires, mais même dans les institutions d'éducation privée, comme l'exigeait un ordre émané du cabinet en 1820, toutes les recrues arrivent déjà dégrossies et assouplies ; le nouveau venu n'est déclaré SOLDAT, le *tyro* ne devient initié que quand il sait voltiger, qu'il traverse à la nage, avec armes et bagages, une nappe de quatre cents pieds, et qu'après avoir grimpé lestement ayant le fusil en bandoulière, il réussit à le charger et à faire feu du point culminant d'un arbre, d'une poutre, d'une corde. — L'instruction des SERGENTS DANOIS est comparable à celle des SOUS-LIEUTENANTS des autres ARMÉES. — Les OFFICIERS DANOIS remplissent les longues soirées d'hiver en faisant à leurs SOLDATS la lecture des règlements en vigueur. — L'INFANTERIE est exercée à l'escrime de la baïonnette suivant les principes de SELMNITZ, comme le témoigne la traduction de cette théorie, qu'on doit à M. JENSEN. — Dans la CAVALERIE, le système tactique de M. le général BISMARK est adopté ; chaque ESCADRON comprend des TIRAILLEURS qui en sont les HOMMES D'ÉLITE. — Les OFFICIERS de l'ARTILLERIE danoise, CORPS distingué par son instruction, ont reconnu pendant le bombardement de COPENHAGUE, en 1807, la différence de PORTÉE des BOULETS anglais et danois, et ont attribué la supériorité de ceux des ANGLAIS moins à la qualité de la POUDRE qu'à la confection du PROJECTILE ; cette donnée a produit d'importantes améliorations. — Dès l'année 1811, le capitaine Schumacher, savant estimé, s'est occupé des études

de la fabrication des FUSÉES de GUERRE, et il a dressé des tables appliquées à leur TIR. — L'incendie qui a dévoré COPENHAGUE, en 1812, n'a que trop démontré les terribles effets de l'ARME ANGLAISE, que M. Schumacher s'était appliqué à introduire. Le militaire danois a payé, comme on le voit, un peu cher à ses précepteurs anglais les perfectionnements de son éducation. — Pendant les exercices annuels de l'ARTILLERIE, en 1819 et 1820, les OFFICIERS ont fait l'essai de l'application du galvanisme au jeu des MINES. Le professeur Oerstedt, connu dans l'Europe par ses découvertes sur les effets de l'électricité et sur les mouvements de l'aiguille aimantée, est auteur de ce nouveau procédé. Au moyen d'un fort appareil galvanique, il est parvenu à porter le feu à une grande distance, et en faisant traverser par un fil galvanique un fossé plein d'eau. En 1819, l'expérience a réussi ; en 1820, elle a été moins heureuse, parce que l'état de l'atmosphère la contrariait. — En 1828, dans le mois de juin, les grands exercices ont eu lieu, sous les ordres même du roi, dans le camp de Juttland ; ils ont duré quinze jours. — Une ÉCOLE centrale des hautes études militaires a été instituée à COPENHAGUE en 1829, sous la direction de M. le lieutenant-colonel Abrahamson, aide de camp du roi. — La Milice danoise a un journal militaire qui s'imprime à Copenhague ; il s'appelle, en 1828, *Nouveau Magasin des Sciences militaires.* — N° 6. TACTIQUE, PUNITIONS. — Des ÉCRIVAINS sont d'opinion que, quoique les TROUPES DANOISES soient plus fréquemment exercées que celles de PRUSSE, elles le sont d'une manière moins efficace et moins bien entendue. Suivant eux, les exercices gymnastiques sont peut-être poussés trop loin, tandis qu'on s'applique trop peu au MANIEMENT DES ARMES, à la précision des MANOEUVRES, à l'instruction des OFFICIERS. — Les FUSÉES DE GUERRE sont maintenant une ARME d'un usage consacré dans l'ARMÉE danoise ; elle en a perfectionné la confection et le TIR, et c'est en partie à son imitation que la MILICE AUTRICHIENNE les a adoptées. — En 1831, les capitaines du RÉGIMENT du roi obtiennent une décision royale qui abolit dans leurs COMPAGNIES la BASTONNADE. — En 1833, des associations d'officiers, dans le Holstein, réclament l'abolition de la fustigation des militaires fautifs. — En 1836, par ordonnance du 17 octobre, la PEINE DES VERGES était abolie et remplacée par l'EMPRISONNEMENT AU PAIN ET À L'EAU.

MILICE de LOUIS QUATORZE. V. LOUIS QUATORZE. V. MILICE ESPAGNOLE N° 2. V. MILICE PROVINCIALE.

MILICE des communes. v. communes. v. milice communale. v. recrutement. v. tambour tripolique.

. **MILICE** des Etats-Unis. v. milice anglo-américaine.

MILICE des Pays-Bas (F). Sorte de milice qu'il faut considérer à part des milices belge, hollandaise, néerlandaise, quoique pourtant, suivant les temps, suivant les écrivains, elle se soit prise ou pour tout, ou pour partie de l'une ou de l'autre de ces Milices qui, chacune, demandent une mention à part. — Au moyen age, les Braban-çons, les Wallons, les troupes flamandes ont joué un rôle important dans les grandes luttes de ces époques ; il en était resté à une arme empruntée d'eux le nom de godendac. — Depuis ces époques, la Milice des Pays-Bas a été successivement bourguignonne, espagnole, hollandaise, autrichienne, française avant de redevenir milice belge.

MILICE du moyen age. v. milices du moyen age. v. moyen age.

MILICE écossaise. v. bouclier. v. chaussure. v. écossais, adj. v. milice anglaise n° 4.

MILICE égyptienne (F). Sorte de milice qui va être examinée ici comme une question d'antiquité et comme type primitif des milices grecque et romaine. Quant à la Milice égyptienne moderne, elle nous occupera sous la dénomination de turco-égyptienne. — La Milice égyptienne se composait de forces de terre et de mer, et elle n'était pas étrangère à l'art de la fortification et de la castramétation. — Ses généraux, suivant Diodore, avaient inventé l'usage des allocutions ; ils les prononçaient du haut de leurs chars et du milieu de leurs camps. Ils correspondaient entre eux au moyen de chiffres stéganographiques. — Mais l'histoire de cette Milice est mal connue. Hérodote, le seul annaliste qui en ait entretenu la postérité, ne s'exprime qu'avec obscurité à l'égard des choses de la guerre. Le roman historique de Xénophon (370 ans avant J.-C.) est la seule lumière du sujet. Ces deux écrivains ont été recopiés par Diodore de Sicile, Jabro (1777, G), M. Kausler (1825, 1827), Rollin, Royou (1803), Saint-Cyr. — Le sujet a été traité au moyen de recherches plus positives et à l'aide des monuments par M. Wilkinson, ancien militaire et savant distingué. Des détails sur le même sujet sont consignés dans le *Dictionnaire de la Conversation,* aux mots *Art militaire* et *Armée,* le *Journal de l'Armée,* t. ii, p. 4, etc., etc. — M. Dureau de la Malle, le savant Champollion, M. Wilkinson ont tiré quelques

déductions nouvelles des monuments graphiques qui nous restent ; mais ces monuments ne donnent eux-mêmes que de faibles éclaircissements. — Résumons cependant ce qu'on sait des armées d'Egypte, de leur composition, force, uniforme, tactique et administration. — N° 1er. Composition. — Des écrivains font remonter à l'an 2082 avant J.-C. l'existence d'une caste guerrière en Egypte. Il n'y aurait ainsi entre cette ancienneté et celle de la milice chinoise que cinq ou six siècles ; mais on doit croire bien plus anciennes les institutions militaires d'Egypte, puisque le célèbre académicien Biot a reconnu que 3285 ans juliens avant J.-C. l'astronomie égyptiaque florissait déjà. Or, aucune science ne peut prospérer qu'à l'ombre de la science des armes. Si l'on en croit M. Dubois, conservateur du musée égyptien de Paris, les découvertes faites dans les tombeaux d'Egypte depuis 1830 prouvent que 3700 ans avant J.-C. l'écriture hiéroglyphique était arrivée déjà à sa perfection. M. Bontemps (1838) ne faisait, au contraire, remonter l'existence de l'Egypte qu'à l'an 2966 avant J.-C. — Ganeau et le géographe Etienne parlent de troupes qui servaient Sésostris (1720 avant J.-C.), et qui se nommaient hermotymbiques, calasyriens, labaréens, mais ce sont autant de détails perdus dans la nuit des temps. — Le militaire formait, en Egypte, une caste sous un seul chef ; elle était la seconde, et venait après l'ordre sacerdotal. — L'esprit des institutions ne faisait pas des Egyptiens un peuple guerrier ; ils n'ont jamais poussé au loin des conquêtes. Leur armée était surtout une force défensive. La nation devait donc faire beaucoup pour avoir des soldats à qui elle ne pouvait promettre ni gloire, ni butin. De là ces privilèges, ces exemptions d'impôts, cette dispense de la contrainte par corps, ces bénéfices agraires dont ils jouissaient. — L'armée égyptienne passait pour valeureuse au temps de Cyrus (557 ans avant J.-C.) ; elle était nationale alors. Plus tard, l'Egypte prit à sa solde des troupes étrangères, comme elle en avait eu bien plus anciennement. — N° 2. Force, uniforme. — L'Egypte aurait été assez puissante, dit-on, pour mettre sur pied 200,000 hommes d'infanterie, ainsi qu'une cavalerie nombreuse. — Le *Journal de l'Armée* (t. ii, p. 5) mentionne même 600,000 hommes de pied, 24,000 chevaux et 27,000 chars. Ces chars, ces chevaux auraient exigé, tant en guerriers qu'en palefreniers, 50, peut-être 100,000 individus ; qu'on y joigne ce qu'il eût fallu de préposés aux administrations, et qu'on ne peut pas évaluer à moins de 150,000 employés, il en résultera une réunion de plus de 800,000 combattants ou valets. Cette force est fabuleuse. Les parties habitables de l'ÉGYPTE nourrissaient au plus 6 ou 8,000,000 d'habitants, et il n'y a que dans les crises extraordinaires que 1,000,000 d'âmes pourrait donner 50,000 SOLDATS. — Ajoutons qu'aucun monument égyptien, comme le témoigne M. VILKINSON, ne montre de soldat égyptien combattant à cheval, à moins que ce ne soit depuis l'ère romaine. — L'ENCYCLOPÉDIE (1751, C, au mot *Officier*) dit que l'ARMÉE était habituellement de 400,000 âmes, que Sésostris tenait sur pied 1,600,000 soldats; mais comment croire à ces assertions? — L'image d'un épervier était l'ENSEIGNE principale de la Milice égyptienne. — Elle connaissait l'usage des ARMURES, CASQUES, COTTES DE MAILLES OU ÉCAILLÉES OU GAMBOISIÉES, JAVELINES, JAVELOTS, DARDS A MAIN, FLÈCHES, ARCS, CARQUOIS, ARMES DE JET, ARMES A LAME de forme orientale, SABRES A RAMPE, COUTEAUX DE BRÈCHE, COUTELAS, MASSES D'ARMES, HACHES D'ARMES. Elle avait approprié le fer à la fabrication des ARMES BLANCHES; mais les monuments ne témoignent pas qu'elle fît usage d'ÉPÉES analogues à celles des temps plus modernes. Elle combattait avec de petits sabres courbes. Cependant, au muséum égyptien de PARIS, il était conservé une épée, la seule qu'on eût retrouvée; elle a disparu par suite de la spoliation de l'établissement en juillet 1830. — Le BOUCLIER des ARMÉES d'ÉGYPTE différait de ceux des peuples de l'ASIE et de l'ORIENT; il était si grand, que le SOLDAT pouvait à peine voir l'ennemi. Au temps de Cléopâtre, les symboles qui rappelaient le nom de cette reine y étaient peints ou figurés. — Plus de deux mille ans, peut-être trente-six siècles avant que l'OCCIDENT ne connût les INSTRUMENTS A PEAU, l'ÉGYPTE se servait de TAMBOURS. Il en a été retrouvé un qui existe intact à PARIS, et dont nous donnons la description au mot *Tambour;* mais l'art de battre la caisse ne consistait qu'à la frapper avec les doigts, non avec des BAGUETTES. — Du reste, il n'est pas démontré que l'ARMÉE marchât au son de la CAISSE et des LYRES, et quoique dans les cérémonies sacrées, les HARPES, les INSTRUMENTS A VENT et A PERCUSSION fussent d'un usage fréquent, on ne les voit pas figurer dans les dessins que M. CHAMPOLLION a rapportés de ses voyages en ORIENT, et où sont présentées des troupes en bataille ou en MARCHES D'ARMÉE, des SOLDATS prêts au combat ou ayant remporté la victoire, de l'INFANTERIE de bataille et de l'INFANTERIE légère. — On voit,

dans M. WILKINSON, dix-neuf espèces d'ENSEIGNES sans draperies, composées de figures d'animaux ou de signes d'idolâtrie, dont les ENSEIGNES GRECQUES et ROMAINES furent l'imitation. Une moitié environ de ces ENSEIGNES était à cravate. — Des détails concernant les armes égyptiennes sont représentés dans les planches du *Journal de l'Armée*, t. II, p. 41. — N° 3. TACTIQUE. — L'ART MILITAIRE DE TERRE, tel que l'OCCIDENT l'a pratiqué, passe pour être originaire d'ÉGYPTE. C'est de cette contrée que la GRÈCE aurait emprunté sa PHALANGE et ses premières ÉVOLUTIONS. — Cette infanterie se distinguait en légère et grave, combattait du poignard, de la lance, de l'arc, de la masse, marchait serrée et du même pied, en emboîtant le pas, soit par files, soit en colonne par subdivisions, se servait de savantes machines de guerre et de tortues roulantes, tirait de l'arc simultanément et en avançant la même jambe, comme de nos jours un rang exécuterait des feux d'ensemble. Les monuments que retrace M. VILKINSON témoignent de tous ces faits. — Les CHARS DE GUERRE étaient un des grands moyens de choc des ÉGYPTIENS. Leur INFANTERIE, fréquemment exercée, était en tout temps prête à ENTRER EN CAMPAGNE; elle se rangeait en CARRÉS dont le front et la HAUTEUR étaient également de cent hommes, et c'était, suivant XÉNOPHON (570 ans avant J.-C.), *conforme à ses anciennes coutumes.* A THYMBRÉE, cent vingt mille ÉGYPTIENS sont rangés en douze BATAILLONS CARRÉS; mais il ne faut croire qu'avec réserve à ces récits que les monuments ne justifient pas. — La CAVALERIE, aussi, combattait par gros ESCADRONS carrés. Ces espèces de PHALANGES s'entrecoupaient de réguliers INTERVALLES, disent quelques ÉCRIVAINS. Cet ORDRE PROFOND, ces VIDES défendus par des ARCHERS, auraient servi, suivant eux, de modèles aux Milices plus modernes. — DIODORE DE SICILE prétend que ce peuple n'observait d'abord aucun ORDRE dans le COMBAT, qu'il était vaincu fréquemment, mais qu'ayant inventé l'emploi des ENSEIGNES, il leur dut sa DISCIPLINE et sa TACTIQUE. — N° 4. ADMINISTRATION. — On prétend que chaque SOLDAT égyptien touchait, par jour, deux livres de PAIN, cinq livres de VIANDE et une mesure de VIN. Si ces quantités sont analogues à ce que les termes représentent à l'esprit, chaque SOLDAT nourrissait apparemment un ou plusieurs VALETS, comme cela s'est vu en d'autres Milices. Peut-être tout militaire était-il chef de famille; c'était probablement pour qu'en tout temps lui et les siens pussent exister, que l'État lui donnait douze arures ou six arpents de terre exempte d'impôts. Ce sont les plus anciens BÉNÉFICES MILITAIRES dont l'histoire fasse mention.

MILICE ESPAGNOLE (F). Sorte de MILICE qui est une des vieilles gloires de l'EUROPE; car si la milice de VENISE est bien plus ancienne, elle n'était pas nationale; et si l'INFANTERIE SUISSE a servi de modèle aux Espagnols, si elle manœuvrait plus anciennement avec habileté, elle n'était cependant qu'une GARDE NATIONALE mobile plutôt qu'une armée proprement dite. — La renaissance de l'ART MILITAIRE DE TERRE, à part la TACTIQUE actuelle, est due à l'ESPAGNE; ses enfants chrétiens ont arraché aux MAURES la communauté du territoire; ils ont conquis le nouveau monde qu'une poignée d'AVENTURIERS avait soumis; ils ont refoulé le TURC par l'habileté des ARMÉES DE MER, bridé l'OCCIDENT à l'aide des TERZES de GONSALVE, balancé la fortune de HENRI QUATRE avec les BANDES de FARNÈSE et du duc d'ALBE. — La Milice espagnole a légué plus d'un usage aux MILICES AUTRICHIENNE, BELGE, FRANÇAISE, etc. Elle était à son apogée quand CHARLES-QUINT mourait; sa supériorité s'est évanouie sous les règnes suivants; la MILICE DES PAYS-BAS la combattait avec avantage, et à la fin du dix-septième siècle le MOUSQUET et la hache d'un FLIBUSTIER portaient la terreur dans l'équipage espagnol d'un VAISSEAU de haut bord. Mais les défauts du MILITAIRE espagnol n'étaient imputables qu'à son gouvernement, et l'on ne peut qu'applaudir aux éloges que fait du SOLDAT ESPAGNOL le général FOY (t. II, p. 220). — Au commencement du dernier siècle l'ESPAGNE n'était plus comptée au nombre des puissances à ÉTAT MILITAIRE. — De nos jours la Milice espagnole offrait un mélange indigeste d'usages surannés et de jeunes institutions qu'elle n'admettait qu'à regret, et qui ne s'y glissaient que furtivement avant que les événements de 1854 eussent redonné du ton et de l'élan à l'esprit militaire. — Les AUTEURS qui jettent de la lumière sur son histoire, son développement, sa législation, sa décadence, sont: BILLON (1612, B), BRANTÔME (1600, A), M. le colonel CARRION (1824, A), CASANI, DARU (1787, D, t. I, p. 635), DÉCHALES, DELANOUE (1559, A), le général FOY, GUIBERT (1773, E), LORENTE, MACHIAVEL (1510, A), MARCILLAC, MEDINA (JUAN DE), MELZO, MORETTI (don Fréd.), PORTUGUES, RIOS, RIPA, ROBERTSON, ROHAN (1638, C), SALA (1736), SANTA-CRUZ (1758, A), M. SICARD (1830), M. TORENO; le *Spectateur militaire*, 1827 (juin); le *Bulletin de la Société de statistique*, 1850 (décembre), 1831, 4e livraison; le *Constitutionnel de 1855* (27 octobre); le *Journal des travaux de la So-*

ciété de statistique, t. V, p. 70; le *Journal des Sciences militaires*, 1854, p. 160; le *Journal des travaux de la Société de statistique*, 1854, p. 160; le *Spectateur militaire*, t. XVII, p. 679; t. XX, p. 337; t. XXII, p. 449; la *Sentinelle de l'Armée*, t. III, p. 70, 171; t. IV, p. 268; l'*Annuaire des armees de terre*, etc., p. 220. — L'examen qui la concerne va se diviser sous les chapitres: CRÉATION, COMPOSITION, FORCE, UNIFORME, ALLOCATIONS, RANG, INSTRUCTION, TACTIQUE, PUNITIONS, PEINES, SERVICE, ADMINISTRATION. — N° 1er. CRÉATION. — La Milice des ESPAGNES a pris naissance pendant les luttes acharnées qui ont préparé l'expulsion des SARRASINS. Au milieu de pays moutueux, durant de longues GUERRES DE SIÉGE, l'utilité de l'INFANTERIE s'est fait sentir; elle se dressa à la manière GRECQUE et SUISSE; elle était secondée d'une CAVALERIE LÉGÈRE de forme orientale. Ferdinand et Isabelle donnèrent l'âme et l'ensemble à leurs TROUPES; une ARMÉE NAVALE en devint l'auxiliaire puissant. — La première ARMÉE de terre qui, en ESPAGNE, ait été constituée à la moderne a été celle d'un moine; Ximénès, cordelier, cardinal et régent du royaume, la lève à ses frais; il la commande en froc et en sandales; il passe en AFRIQUE et s'empare d'Oran; c'était une ère nouvelle; la catholique ESPAGNE n'avait plus à combattre au sein de la péninsule l'islamisme; elle osait l'insulter sur les rivages où elle l'avait refoulé. — Réduit à la portion congrue d'évêque de Tolède par CHARLES-QUINT encore imberbe, le GÉNÉRALISSIME encapuchonné et retraité en mourut de chagrin. — Ce grand roi a été le vrai créateur de l'ARMÉE; des hommes d'un cœur intrépide et d'un rare génie la dirigeaient; l'ESPAGNE lui a dû sa prépondérance. Mais depuis que le premier chantier maritime du monde s'est changé en un vaste et sombre cloître, la splendeur passée n'avait laissé après elle que le régime de fer qui pesait sur le nouveau monde et sur les victimes de l'inquisition. — La Péninsule vivait d'une vie artificielle et nonchalante; aux évolutions de mer ont succédé les courses de taureaux, aux revues de TROUPES les auto-da-fé. Quand l'AMÉRIQUE a retenu les galions, quand elle s'est émancipée, richesses, éclat, puissance, crédit, tout a disparu; il a survécu des moines et des mendiants. — N° 2. COMPOSITION. — En ARAGON, dès le neuvième siècle, un système conscriptif était en vigueur; il se nommait en latin barbare, *appellitum*; c'était un ARRIÈRE-BAN; les provinces catholiques ont eu recours à cette CONSCRIPTION jusqu'au quinzième siècle; l'imposition nommée *lanza* en était une trace; ce tribut féodal, avant de s'être changé en une redevance pécuniaire, consistait dans l'obligation de fournir un homme armé d'une LANCE. — Le royaume d'ESPAGNE étant un composé de royaumes dont plusieurs ont conservé quantité de leurs usages, les SOMATÈNES étaient de temps immémorial l'INFANTERIE COMMUNALE de la Catalogne. Si la patrie était en danger, tous les Catalans de seize à soixante ans devenaient SOMATÈNES, et cette LEVÉE EN MASSE, dit le général FOY (t. IV, p. 143), s'armait des instruments de labourage ou de tout ce qui lui tombait sous la main. — A des époques où la LANGUE ESPAGNOLE empruntait des termes de guerre à la LANGUE des ARABES, les Amogabarès étaient en renom. — Dès le règne de Ferdinand et d'Isabelle existait le régiment royal immémorial, *immemorial del rey*, régiment créé à une date inconnue. — Depuis Colomb et Cortez l'usage des LEVÉES FORCÉES allait s'éteignant; l'or du nouveau monde mettait les monarques d'ESPAGNE en état de stipendier des TROUPES toutes royales; les EXPÉDITIONS lointaines et prolongées faisaient une nécessité de ce système nouveau. — Les BANDES, changées ou en COLONIES armées ou en AVENTURIERS nomades, et combattant aux INDES, en ITALIE, en FLANDRE, devinrent nécessairement MERCENAIRES et PERMANENTES. Telle fut la cause de la DISCIPLINE, de la solidité, de la rapidité des MARCHES de ces fameux ou fameuses TERZES de *nains basanés*, comme les appelaient les historiens. — CHARLES-QUINT ayant sur les autres monarques l'avantage de posséder une CAVALERIE LÉGÈRE nationale, et la belle race de chevaux arabes, aujourd'hui perdue, n'organisa pas la GENS D'ARMERIE en LANCES FOURNIES comme celles d'ITALIE, de FRANCE, de BOURGOGNE; il ne la composa que d'HOMMES D'ARMES sans mélange de VALETS ou de CAVALIERS LÉGERS; ses ESCARRES de GÉNÉTAIRES et d'ALBANAIS, analogues aux HUSSARDS des rois de HONGRIE, déjà sur pied dès le siècle précédent, devinrent le modèle de la CAVALERIE LÉGÈRE des autres puissances; ce fut le signal de la création des CORPS qui ne comptaient plus qu'un CHEVAL par MAITRE. L'ESPAGNE avait des RÉGIMENTS A CHEVAL bien avant que la CAVALERIE FRANÇAISE fût organisée par RÉGIMENTS. — La GENDARMERIE espagnole, ordonnée la première en ESCADRONS, c'est-à-dire en TROUPES combattant par GROUPES sur plusieurs RANGS, prit une forme à laquelle répond la GROSSE CAVALERIE moderne; cette constitution d'une CAVALERIE DE BATAILLE sans amalgame de CHEVAU-LÉGERS concourut partout à l'extinction de la CHEVALERIE, et

s'appela l'*ordonnance* en *ost*, comme on dirait : l'ORDRE propre à la BATAILLE. — Les ARQUEBUSIERS A PIED, rangés par ENSEIGNES ou COMPAGNIES, furent le modèle de ceux de FRANCE. — Des ADELANTADES, personnages dont le titre pourrait se traduire par FONCTIONNAIRES avancés, ou de haut rang, étaient à la fois hauts justiciers civils et GOUVERNEURS de PROVINCE. — Au milieu du quinzième siècle la dénomination de MESTRE DE CAMP, déjà ancienne dans la Milice d'Espagne, avait à peu près le sens qu'elle a pris dans l'ARMÉE FRANÇAISE. — Au commencement du dix-huitième siècle, la Milice espagnole comptait vingt-quatre RÉGIMENTS WALLONS et quatre-vingts ESCADRONS levés dans les PAYS-BAS; c'était l'élite des TROUPES. Quant aux SOLDATS purement ESPAGNOLS, ils n'étaient plus que l'ombre d'eux-mêmes. — Depuis l'établissement des Bourbons en ESPAGNE, l'ARMÉE, longtemps modèle, est devenue imitatrice. —Une LEVÉE, *leva*, à la manière des ENRÔLEMENTS FORCÉS sous HENRI QUATRE et sous son petit-fils, a été mise en pratique au delà des Pyrénées; ce RECRUTEMENT rappelle la presse anglaise; des suppôts de la justice, assistés de la force armée, s'emparaient, dans les rues, et même dans les maisons, des hommes qui paraissaient être sans profession; ils en faisaient de force des SOLDATS. — Un autre genre de RECRUTEMENT par le tirage au sort, une CONSCRIPTION de trente-six mille ROTURIERS, a été une imitation des MILICES DE LOUIS QUATORZE; la LEVÉE de cette RÉSERVE, qui, jusqu'en 1834, n'était qu'en partie sur pied, s'appelait QUINTA; elle s'exerçait, mais non dans toutes les provinces, sur tout ESPAGNOL célibataire ou veuf, de dix-sept à trente-six ans; mais les cas d'exceptions étaient si nombreux, les remplacements si faciles, que l'ARMÉE était la sentine de la nation; des hommes repris de justice avaient accès dans les CORPS; et les TRIBUNAUX CIVILS condamnaient fréquemment des malfaiteurs à embrasser la PROFESSION DES ARMES; il a cessé d'en être ainsi, si l'on en croit M. SICARD (1830). De nos jours, la QUINTA, c'est-à dire la distribution en cinq classes de la population recrutable, et l'ENGAGEMENT VOLONTAIRE, alimentaient l'ARMÉE; au besoin la *leva* y concourait; l'ENGAGEMENT libre avait lieu de seize à trente ans; la CONSCRIPTION, de dix-huit à quarante; si la première classe de la QUINTA était insuffisante, on recourait à la suivante, etc. Les REMPLACEMENTS étaient interdits; les hommes repris de justice n'étaient plus admis.—Les GARDES ESPAGNOLES et WALLONES composaient la principale partie de la MAISON MILITAIRE; ces CORPS vivaient sur la réputation qu'ils s'étaient faite dans la GUERRE DE LA SUCCESSION. — La CAVALERIE de ligne avait peu de renom ; elle en avait conservé, dit le général Foy, jusqu'à la guerre de 1701; elle l'avait perdu depuis cette époque. — Dans le dernier siècle, l'INFANTERIE était à deux BATAILLONS partagés en huit COMPAGNIES chacun; c'était une imitation de la CONSTITUTION de CHOISEUL. — La RÉSERVE, créée en 1724, était appelée au service conformément aux ordonnances : *Reale declaracion*, ou *Ordenanzas de milicias*, publiées en 1745 et 1767 à Madrid; elle a été réorganisée en 1824. — En 1807, l'INFANTERIE comprenait trente-neuf RÉGIMENTS de trois BATAILLONS, divisés chacun en quatre COMPAGNIES, et quarante-deux RÉGIMENTS de MILICES PROVINCIALES d'un seul BATAILLON et de deux COMPAGNIES; on évaluait ces Milices à trente-six mille hommes; les COMPAGNIES s'assemblaient et s'amalgamaient, en temps de guerre, en un CORPS de CHASSEURS et en un CORPS de GRENADIERS. — En 1814, Ferdinand sept, remonté sur le trône, s'empressa de licencier tous les corps armés, il exila la plupart des chefs militaires dont l'épée avait favorisé son retour; il procéda à une réorganisation sur l'ancien pied; il consacra cinq années à breveter des *capitaines*, des *tenientes generales*, des *mariscales de campo*, des *brigadiers*; les croix et les médailles, *cruces y medallas*, abondaient; mais il n'y avait ni soldats de ligne ni canons. — La révolution de 1820 fit revivre la constitution de 1812 et ses articles 9, 131, 356. — Les forces sur pied consistaient dans la MAISON MILITAIRE, plusieurs régiments de GARDE ROYALE à la française, trente-sept RÉGIMENTS D'INFANTERIE DE BATAILLE, quatorze BATAILLONS d'INFANTERIE LÉGÈRE, portant chacun un vieux nom de roi, dix RÉGIMENTS de CAVALERIE de bataille, douze de CAVALERIE LÉGÈRE, cinq régiments d'ARTILLERIE A PIED; cinq ESCADRONS d'ARTILLERIE LÉGÈRE, le CORPS des SAPEURS; soixante COMPAGNIES de CANONNIERS vétérans et quarante-deux RÉGIMENTS de MILICIENS; il devait en outre être armé cent mille GARDES NATIONALES. Cette faible ARMÉE comptait un ÉTAT-MAJOR général de sept cent vingt-neuf GÉNÉRAUX, et point de corps d'état-major. — Cette surabondance d'habits brodés eût suffi à la conduite de sept cent mille hommes, ou même du double. — Un décret de 1828 (6 juin) a arrêté une organisation nouvelle; il divisait l'armée en forces actives et en RÉSERVES. — En 1825, Ferdinand, redevenu le type des rois absolus, anéantit l'organisation que les cortés avaient adoptée, et s'acharna surtout sur les corps de

l'ARTILLERIE et du GÉNIE. En 1825, sauf la GARDE, il n'y avait plus d'ARMÉE ESPAGNOLE. — De 1825 à 1830, la Milice espagnole est modelée sur les usages admis aux mêmes époques en FRANCE; même luxe de corps PRIVILÉGIÉS, même superfétation d'ÉTAT-MAJOR; mais l'ESPAGNE a eu une plaie de plus, c'était son armée de la foi et ses volontaires royalistes. — La population du royaume était alors de 13,953,959 âmes. — L'ÉTAT-MAJOR se partageait en ÉTAT-MAJOR des PLACES et en ÉTAT-MAJOR général actif; cette dernière dénomination caractérise, avec plus de précision, l'ÉTAT-MAJOR non sédentaire que ne le fait notre langue. — Le grade des CAPITAINES GÉNÉRAUX répondait à celui des MARÉCHAUX DE FRANCE; la plupart de ces CAPITAINES ne l'étaient qu'à titre honorifique; ainsi les infants, un de leurs neveux et les généraux BERESFORD et WELLINGTON portent, à tort ou à raison, ce titre pompeux et insignifiant. — En outre de dix CAPITAINES GÉNÉRAUX, il était reconnu soixante-dix-sept LIEUTENANTS GÉNÉRAUX, cent vingt-deux MAJORS GÉNÉRAUX et trois cent cinquante BRIGADIERS. — Cette immensité d'EMPLOIS fourmillait de sinécures. Il n'y avait pas le tiers de cet ÉTAT-MAJOR qui fût en activité. — En 1835, il y avait, suivant la *Sentinelle de l'Armée* (n° 22, p. 153), 7 CAPITAINES GÉNÉRAUX, 72 lieutenants généraux, 144 maréchaux de camp, 572 brigadiers. — Le général Foy (t. II, p. 225) présente un calcul différent; suivant lui, depuis Charles trois la force de l'ÉTAT-MAJOR avait monté au chiffre de 86 LIEUTENANTS GÉNÉRAUX, 139 MARÉCHAUX DE CAMP et 1,093 BRIGADIERS. — L'AUTORITÉ ADMINISTRATIVE comprenait un INTENDANT GÉNÉRAL, espèce de MINISTRE DIRECTEUR; il avait sous ses ordres, par chaque CAPITAINERIE, y compris celle hors d'ESPAGNE, un INTENDANT, un CONTROLEUR, un PAYEUR. Il y avait dans toute l'ESPAGNE huit COMMISSAIRES ORDONNATEURS, soixante-deux COMMISSAIRES DES GUERRES et quinze AUDITEURS DE JUSTICE. — Les COMMANDANTS DE PLACE étaient de tous GRADES, à partir de celui de SOUS-LIEUTENANT inclusivement; ils s'appelaient LIEUTENANTS DE ROI, GOUVERNEURS, SERGENTS-MAJORS DE PLACE; ces titres et ceux de BRIGADIER et de CAPITAINE GÉNÉRAL concouraient à témoigner la confusion des temps et des choses. — La LANGUE militaire espagnole n'est pas beaucoup plus exacte que la nôtre; ainsi le territoire espagnol était militairement partagé en douze CAPITAINERIES; mais ce n'étaient point des CAPITAINES GÉNÉRAUX qui y commandaient, comme cela devait être dans le principe; c'étaient des LIEUTENANTS GÉNÉRAUX souvent remplacés par un GÉNÉRAL d'un rang inférieur. Ces chefs de CAPITAINERIES s'entouraient d'un ÉTAT-MAJOR aussi nombreux qu'ils le voulaient; ils y employaient même à leur gré des OFFICIERS EN RETRAITE. — Le roi était le chef suprême de l'ARMÉE; il donnait ses ordres par l'organe du MINISTRE DE LA GUERRE; un frère du roi, un infant était GÉNÉRALISSIME, mais c'était un titre *ad honores*. — Un TRIBUNAL SUPRÊME DE GUERRE dirigeait le PERSONNEL, et avait la haute main en fait de JUSTICE. — L'ARMÉE de ligne comprenait INFANTERIE, CAVALERIE, ARTILLERIE, GÉNIE, VÉTÉRANS et GENDARMES. La MAISON MILITAIRE est de quatre ESCADRONS et d'une COMPAGNIE de HALLEBARDIERS, espèce de CENT-SUISSES créés en 1707. — La GARDE royale était à la ligne comme un est à cinq; elle était organisée à l'imitation de celle de Louis DIX-HUIT; elle comprenait deux DIVISIONS d'INFANTERIE, une de CAVALERIE, deux COMPAGNIES d'ARTILLERIE à pied et un ESCADRON d'ARTILLERIE à cheval. — Les DIVISIONS de la GARDE étaient de deux BRIGADES. La division de CAVALERIE comprenait un RÉGIMENT de GRENADIERS, un de CUIRASSIERS, un de CHASSEURS et un de LANCIERS ou de chevau-légers. Tel était l'état des choses à la mort de Ferdinand; mais il n'y avait pas 50 pièces d'artillerie en état d'entrer en campagne. — Le *Bulletin de statistique universelle* (1850) évaluait la force de la GARDE à dix-neuf mille huit cent quatre-vingt-neuf hommes et à deux mille cent quatre-vingt-deux chevaux. — L'INFANTERIE de bataille de ligne se composait de dix RÉGIMENTS à trois BATAILLONS; il y avait un AUMONIER par BATAILLON; ce luxe des emplois ecclésiastiques surpassait ce qui se voyait en FRANCE. — Il y avait le régiment suisse de Wimpfen et deux autres faibles cadres suisses à trois BATAILLONS. — A Ceuta, un RÉGIMENT était institué comme CORPS DE DISCIPLINE. — L'INFANTERIE légère comprenait sept RÉGIMENTS à deux BATAILLONS; les COMPAGNIES étaient au nombre de huit, dont une de GRENADIERS, une de CHASSEURS, six de FUSILIERS. — Chaque RÉGIMENT avait à sa tête un COLONEL et un LIEUTENANT-COLONEL-MAJOR; le petit ÉTAT-MAJOR était composé d'un TAMBOUR-major, douze musiciens en outre des TAMBOURS, un maître tailleur, un maître cordonnier. — L'ÉTAT-MAJOR d'un BATAILLON l'était d'un commandant, d'un ADJUDANT en premier (ou CAPITAINE-ADJUDANT-major), un ADJUDANT en second ou LIEUTENANT, un SOUS-ADJUDANT ou SOUS-LIEUTENANT. — La COMPOSITION des COMPAGNIES répondait aux usages français. — L'ARMÉE non permanente, ou TROUPES provinciales organisées en gardes urbaines, se composait de quarante-trois RÉGIMENTS de MILICIENS, chacun d'un BATAILLON et de huit COMPAGNIES. Leurs GRENADIERS et leurs CHASSEURS étaient incorporés en BATAILLONS, et formaient la seconde DIVISION de l'INFANTERIE de la GARDE. Les MILICES PROVINCIALES, GARDE non comprise, équivalaient à vingt-cinq mille neuf cent dix hommes. — Dans les autres SERVICES d'EUROPE, l'ARMÉE permanente ou RÉGULIÈRE était la plus solide, la plus estimée; en ESPAGNE, c'était l'INFANTERIE de l'ARMÉE non permanente qui jouissait de plus de considération; c'était elle qui était appelée à garder le trône; ainsi était justifiée, en ESPAGNE, la préférence que mérite la conscription sur l'enrôlement libre. — La CAVALERIE de bataille de ligne était de cinq RÉGIMENTS; la CAVALERIE LÉGÈRE de ligne, de sept RÉGIMENTS; ces douze RÉGIMENTS montaient à six mille trois cent quarante-huit hommes et quatre mille six cent soixante-huit chevaux. — Il y avait quelque CAVALERIE à Ceuta, savoir : un RÉGIMENT de LANCIERS espagnols et un RÉGIMENT de MAURES; ils ne formaient qu'une poignée d'hommes et de chevaux. — En général, la CAVALERIE de ligne espagnole était incomplète et médiocrement montée; il n'y avait pas par RÉGIMENT deux cent cinquante hommes à cheval. — L'ARTILLERIE espagnole, organisée à la prussienne, avait de l'ARTILLERIE A CHEVAL en 1763. — L'annuaire, ou état militaire, *el Estado militar* (1828) faisait mention d'ARTILLERIE SAVANTE et d'ARTILLERIE PRATIQUE; cette dernière était l'ensemble des OFFICIERS et du PERSONNEL attachés aux ARSENAUX. — Il y avait en outre un PERSONNEL d'ARTILLERIE d'AMÉRIQUE. — Les RÉGIMENTS d'ARTILLERIE n'atteignaient pas les deux tiers de leur effectif légal; ils comprenaient à peine quatre mille cinq cents hommes et cinq cents chevaux. — Le CORPS du GÉNIE espagnol, créé en 1711, avait pour TROUPE un RÉGIMENT de SAPEURS-mineurs-pontonniers; le chef du GÉNIE se nommait INGÉNIEUR GÉNÉRAL; c'était un GÉNÉRAL-MAJOR. Le tout ne montait pas à onze cents hommes. — Il y avait par chaque ARME un INSPECTEUR GÉNÉRAL permanent. — Il y avait quelques CORPS hors ligne ou COMPAGNIES FRANCHES; une COMPAGNIE d'ARQUEBUSIERS, un corps d'*esquadras*, ou troupe de GENDARMERIE, des établissements d'INVALIDES, quatorze compagnies de VÉTÉRANS sédentaires, enfin les volontaires royalistes dont l'organisation est de fantaisie, puisque l'*Estado militar* avait la pudeur de passer sous silence ces tristes descendants de l'armée de la foi. — D'autres systèmes eussent amené des résultats bien différents; l'ESPAGNE aurait pu avoir une armée excellente ; car, aujourd'hui comme toujours, l'indigène est sobre, vif, infatigable, opiniâtre, brave : telle était la division de la Romana. — La durée du service militaire était réglée à dix ans par la loi ; mais la force, l'injustice et les abus retardaient sous mille prétextes la délivrance du congé. — Les caporaux n'obtenaient leur grade qu'autant qu'ils s'engageaient à compléter un service de vingt-quatre ans ; ils avaient en ce cas la promesse, sinon l'assurance, de jouir, après ce laps de temps, de leur congé et de la totalité de leur paye. — Jusqu'au détrônement du père de Ferdinand, il fallait être noble pour devenir cadet, et on ne tirait que des cadets les officiers. La guerre de l'indépendance avait amené d'autres usages ; le tiers des sous-lieutenances était dévolu aux sergents, surtout s'ils étaient nobles ; la noblesse était en possession des deux autres tiers. — L'avancement des sous-officiers et des caporaux en premier et en second avait lieu, soit à l'ancienneté, soit au choix des chefs de compagnies. — L'avancement des officiers avait lieu, soit au choix, soit à l'ancienneté ; le ministre nommait exclusivement au grade de capitaine ; le roi nommait aux emplois plus élevés sur la proposition du ministre ; presque toujours c'était le tour au choix qui avait lieu au préjudice du droit d'ancienneté. — Le collège militaire de Ségovie, institution qui a longtemps joui d'un renom mérité, fournissait les sujets qui obtenaient, sur examen, le grade d'officier ; l'ancienneté devait faire le reste. Ainsi s'exprimait la loi. Mais telle n'est pas en réalité la marche de l'avancement. Un auteur éclairé et consciencieux assurait, au temps de Ferdinand sept, que : *Les grades et les récompenses militaires sont au pillage : dans la Péninsule devient général, colonel, capitaine, qui est poussé par une faction, ou donne quelques onces d'or aux commis du ministre.* — Les décorations et les dignités, mais sans émoluments, ont été prodiguées pendant la guerre de l'indépendance, et même depuis la paix de 1814. — Deux ordres, *ordene militar,* destinés à récompenser le mérite militaire, sont sous l'invocation d'un saint : l'un est *Fernando* et l'autre est *Herménégild.* — Mais bien d'autres ordres trop nombreux pour être ici mentionnés sont énumérés dans le *Spectateur militaire* (t. xvii, p. 704) et dans le *Journal de statistique universelle* (t. viii, p. 612). — Les médailles figurent actuellement au nombre des récompenses décoratives. — Madrid possède un conservatoire d'armes (*armeria*) assez précieux ; ce cabinet a, comme

en France, le nom ampoulé de muséum d'artillerie. — Depuis la mort de Ferdinand sept, les journaux ont maintes fois mentionné des corps de Milice nommés chapelgories ou chapelgorris : c'étaient des bataillons ou des compagnies composés d'habitants du pays. Leur nom signifiait chapeaux ou bérets rouges, parce que, en basque et en espagnol, *gorria, gorris* signifient rouge ; ils avaient en effet le béret rouge au lieu de l'avoir bleu. Les chapelchouris avaient le béret blanc. — En 1837, il n'existait pas encore d'établissements d'invalides ; Madrid regorgeait de soldats estropiés, ou soi-disant tels, qui mendiaient. — N° 3. Force. — Dans le dernier siècle, on regardait la force de l'armée comme pouvant s'élever à cent mille hommes, non compris des compagnies franches et les milices provinciales. — Le *Journal des travaux de la société de statistique* (1834, t. v, p. 70) donnait les évaluations suivantes :

En 1760... 87,664 h. d'infanterie ⎱ 98,344
       10,680 — de cavalerie ⎰

  1768. 103,457

— Suivant les aperçus du général Foy, l'armée s'élevait en 1807, non compris les troupes coloniales et 30,000 miliciens, à 80,000 hommes, dont 16,000 hommes de cavalerie. — Le tableau des forces que l'Espagne a opposées à la France pendant la guerre péninsulaire, se trouve dans une histoire de cette guerre publiée officiellement, mais incomplète, en 1821, à Madrid. — En 1808 la garde du souverain était de 8,000 hommes, et l'armée de ligne fut portée à 145,000, au moins sur papier sinon sur le terrain ; elle était, tout compris, suivant le *Journal des travaux de statistique* (1834, p. 70) de 162,000 hommes. Il y avait en outre, suivant les mêmes renseignements, dans les colonies 147,800 hommes. — Un décret de 1818 (1er juin) licenciait et recomposait l'armée sur le pied de 70,000 hommes ; mais en Espagne de telles organisations ont été trop peu solides pour qu'on puisse y faire fonds. — Un décret des cortès rendu, en 1820, instituait comme il suit l'armée sur le pied de paix et le pied de guerre.

Maison

	PIED DE PAIX.	PIED DE GUERRE.
Maison du roi.	5,000	6,000
37 régiments d'infante-rie.	37,000	74,000
14 bataillons d'infante-rie légère.	7,000	14,000
10 régiments de cavale-rie de bataille. . .	5,000	8,000
12 régiments de cavale-rie légère.	6,000	10,000
5 régiments d'artille-rie.	5,000	10,000
Génie et sapeurs. . . .	0 1,00	2,000
Totaux	66,000	124,000
Milices provinciales.	34,000	34,000
Total.	100,000	158,000

ÉTAT-MAJOR.

9 capitaines généraux.
120 lieutenants généraux.
180 généraux-majors.
420 brigadiers.
____
729

— Le *Spectateur militaire* (juin 1827), dans un tableau statistique des forces militaires européennes, portait l'effectif de l'armée active à 45,000 hommes en temps de paix, à 174,000 en temps de guerre. Il en donnait un nouvel aperçu t. xv, p. 83. — Le *Bulletin de statistique universelle*, 1830, p. 86, et le *Journal de la Société de statistique*, t. v, p. 70, offrent des détails différents, mais qui donnent un chiffre à peu près pareil. L'effectif général des hommes était de 97,202 hommes ; celui des chevaux et mulets, de 73,084 ; mais l'armée de ligne et les forces sur pied seraient à peine de 50,000 hommes. — Si l'on comprend dans l'effectif les troupes d'Amérique, les vétérans à poste fixe et les miliciens, le total, en temps de paix, pourrait s'élever à 90,000 hommes ; 70,000 à peine étaient soldés ; ainsi la Péninsule ne pouvait disposer, à moins de levées extraordinaires, que de 75,000 hommes, non compris les troupes outre-mer ; encore eût-il fallu que le gouvernement eût pris des mesures pour solder les milices et pour mettre au courant la paye de l'armée de ligne. — Un décret de 1828 (6 juin) établissait à peu près le même pied de paix, mais réduisait les lieutenants généraux à 60, les maréchaux de camp à 75, les brigadiers à 95. — L'effectif de la garde était de 19,889 hommes et de 2,182 chevaux ; on y comptait 9 officiers généraux et 50 aumôniers. En 1830, l'infanterie de ligne n'était pas au tiers de son complet,

tandis que la maison et la garde montaient à 15,000 fantassins et à 3,000 cavaliers. — D'autres aperçus (*Journal des travaux de la Société de statistique*, 1834, p. 70) évaluaient la garde à 25,000 hommes, la ligne à 55,000 hommes. — Un auteur remarque, à ce sujet, *qu'à mesure que l'armée diminue, l'effectif de la garde augmente ;* le gouvernement mettait l'éclat à la place de l'utilité, et se donnait le superflu dans l'absence du nécessaire. On évaluait, en 1831 (25 octobre), à la tribune française, les forces que l'Espagne pouvait opposer à la France, comme ne dépassant pas 55,000 hommes. — En 1833, l'état des forces espagnoles pouvait répondre au tableau que voici :

INFANTERIE.

1re division d'infanterie de garde royale.	7,945
2e division, id.	9,500
17 régiments de ligne.	25,000
6 régiments légers.	6,700
Total	49,145

— En y ajoutant 43 régiments de milices provinciales à un bataillon de huit compagnies, et dont l'effectif, déduction faite des compagnies de grenadiers et de chasseurs attachées à la garde royale, était de. 27,000 h.

Le total répondait à. 76,145

CAVALERIE.

Garde royale.	1,500 ch.
Garde du corps.	500
Cavalerie de ligne. Grosse et légère cavalerie..	4,000
Total.	6,000

Artillerie à pied..	5,000 h.
— légère.	500
Sapeurs du génie..	1,200

— Le *Journal de Statistique universelle*, t. viii, p. 610, donne le tableau de la force en 1838, et la porte à 95,118 hommes. — — L'Espagne a, de tout temps, assuré sa défense par quantité de forteresses ; le nom originairement donné à la province ou marche de Castille faisait allusion à ses castels nombreux ; le royaume comptait jus-150 postes ou places, tant à l'intérieur qu'à l'extérieur. — En 1825, la population de l'Espagne passait pour être de douze millions et demi d'âmes, et son revenu de deux cent quatre-vingt millions de francs ; la force de l'armée, évaluée alors à 120,000 hommes, si l'on s'en rapporte au *Journal de la Société de statistique*, t. iii, p. 9, était considérable, proportion gardée ; mais ce même journal, p. 11, ne l'évaluait qu'à 75,000 hommes, ce qui prouve avec quelle défiance il faut croire aux effectifs publiés. Les recensements des populations ne sont guère plus sûrs, puisqu'en 1835, suivant le *Constitutionnel* (18 septembre) le dénombrement ne montait qu'à 10,609,000 habitants. —Le *Spectateur militaire*, t. xix, p. 256, témoigne cependant qu'en 1835 le ministère se proposait de porter l'armée à 200,000 hommes. — La surface de l'Espagne était évaluée en 1836 à 157,000 milles carrés, sa population à 13,000,000 d'âmes, son revenu à 178,600,000 francs. — Nº 4. Uniforme. — Rome antique admira et adopta l'épée celtibérienne. — Dans le moyen age, et à la renaissance de l'art, les armes fabriquées en Espagne étaient les plus réputées de l'Europe ; elles étaient l'objet d'un commerce florissant. La Péninsule fournissait d'arbalètes et de bois d'arcs l'Angleterre ; elle livrait aux autres Etats les casques et armets, les clairons et attabales, les cottes de mailles et tous les genres d'armures et d'armes défensives. — Au quinzième siècle, comme le dit M. le colonel Carrion (1824, A), les longues lances à arrêt étaient inusitées en Espagne ; les armes d'host du pays consistaient en cannes d'armes et en arzegaies, vestiges de la gèse antique ; cependant il existait, comme le témoigne Melzo, des compagnies de lances ; les capitaines en étaient reconnaissables par la banderole de leur genette ou espolton. — Les évolutions et le genre des carrousels se ressentirent du genre de l'armure. — Les piquiers et les soldats armés de la hallebarde faisaient usage du broquel ; car l'infanterie d'Espagne est celle qui a conservé une des dernières le bouclier. — L'artillerie fit en Espagne des progrès marqués sous Charles-Quint ; son armée avait, à la bataille de Ravennes, quantité d'arquebuses à croc. — Sous son successeur, en 1549, l'uniformité commence à régner dans l'habillement. — La fabrication des armes a feu ne répondait pas à celle des anciennes armes ; l'Espagne tirait de Milan ses arquebuses à serpentin. — Les gens d'armes du duc d'Albe portaient, dit Brantome (1600, A), *casaques belles et riches.* — L'armée avait pour enseigne principale l'étendard royal. Depuis l'usage des drapeaux, ils étaient rouges et blancs. — Dans l'avant-dernier siècle, les escopettiers, les arquebusiers espagnols faisaient usage de bacinets, de cabassets, de charges a bandoulières et de coffins que les autres pays ont imités. — La cocarde est un

signe aussi peu ancien en Espagne qu'en France, à peine y a-t-il un demi-siècle que la couleur en est déterminée ; elle est rouge comme l'était dans les derniers siècles l'écharpe militaire. — La giberne a la Corse a été longtemps en usage parmi les troupes légères d'infanterie. — Le fusil espagnol, *escopeta*, a longtemps conservé la platine moresque, la batterie à cannelure, le silex brute et non ébiselé, et le chien de sûreté. — L'infanterie de bataille, dit le général Foy, avait l'habit blanc ; les douze bataillons d'infanterie légère avaient l'habit bleu. — En 1820 les cortés donnèrent à leurs drapeaux une forme plus raisonnable ; un lion de cuivre y reposait sur une bombe. — De 1815 à 1830, le fond de l'habillement est de drap bleu ; les habits diffèrent par la couleur des collets, doublures, parements et revers. L'infanterie de la garde portait des brandebourgs blancs à l'anglaise. L'uniforme des gardes du corps était modelé sur celui que portaient en France les gardes du corps sous le régime de la restauration. — Les grenadiers provinciaux avaient le bonnet a poil ; l'artillerie de la garde était coiffée du colback. — La double épaulette portée par les capitaines espagnols a été imitée dans les modernes usages de la France ; c'est une circonstance remarquable, car depuis longtemps nous ne tirions plus nos modes de delà les Pyrénées. — L'uniforme des officiers généraux rappelle les broderies françaises. Les brigadiers employés hors de leur régiment ont la broderie en argent. — Rien n'est bien fixe quant à l'équipement des troupes, et les effets d'armement sont une ferraille de toutes formes, que les troupes de tous pays ont abandonnée sur les champs de bataille pendant les sept années où elles ont parcouru et ensanglanté la Péninsule. — Il y avait, en Espagne, plusieurs belles manufactures d'armes, elles sont tombées toutes ; la seule fabrique qui ait subsisté, celle de Ripoll, n'a pas assez de bras pour l'entretien des armes, et en 1834 c'était à la France que l'Espagne avait recours pour ses fournitures d'armes, mais elle travaillait à restaurer ses fabriques d'armes et à faire refleurir celle de Séville. — Nº 5. Allocations. — L'ancien système de solde a été l'objet de quelques recherches de la part de Servan (1780, B). — Les discussions des cortés en 1822 (10 avril) prouvent que l'état-major de l'Espagne coûtait plus au trésor que tout le reste de l'armée. — Il n'y avait que la partie active des régiments de miliciens qui reçût une paye, le reste n'avait aucune solde. — La paye du soldat d'infanterie équivalait en Espagne à trente-six centimes ; vingt-quatre étaient consacrés aux dépenses de l'ordinaire ; douze centimes, *sous le nom de sobras, étaient destinées à l'acquittement des fournitures de petit équipement ;* mais, dans le cours d'un an, on payait à peine sept ou huit mois, et les RÉGIMENTS qui ne perdaient qu'un tiers se regardaient comme favorisés. — La SOLDE accordée aux OFFICIERS de tous grades était moins forte en ESPAGNE que partout ailleurs ; mais, ce qui est pire, elle n'était pas payée. — La nourriture des TROUPES répondait à ce tableau ; elle ne consistait qu'en deux minces repas de LÉGUMES, jamais de VIANDE. De là, le dégoût, la désertion, les révoltes, les maladies.—Pour toute récompense de leurs SERVICES, les hommes de troupe pouvaient être admis aux INVALIDES ou dans les COMPAGNIES de VÉTÉRANS. — Les retraites d'OFFICIERS ne s'obtenaient qu'après quarante-cinq ans de SERVICE ; ils jouissaient à cette époque de la totalité de la SOLDE d'INFANTERIE. — Un décret des cortés, de 1820 (7 novembre), se montrait plus généreux ; il accordait, après quinze ans de service, le tiers de la solde entière, à vingt ans la moitié, à vingt-cinq ans les deux tiers, à trente ans la totalité. — Postérieurement au règne de Ferdinand sept, les veuves d'officiers avaient droit à une PENSION proportionnée au grade du mari défunt ; mais comme les fonds de ces PENSIONS n'étaient faits qu'au moyen d'une retenue exercée sur une solde d'activité indéfiniment arriérée, les PENSIONS n'étaient point acquittées. — Nous avons parlé des PENSIONS DE RETRAITE jadis accordées à des DOGUES qui avaient noblement servi dans les ARMÉES espagnoles ; tel était le célèbre chien *Beresillo*, dont le nom a honorablement figuré dans le grand livre de la dette publique. — Nº 6. RANG. — Les batailles de la BICOQUE, de PAVIE, de SAINT-QUENTIN, de GRAVELINES mirent dans tout leur jour la TACTIQUE et la DISCIPLINE d'une ARMÉE alors au premier rang ; à ces époques, il dépendait des ESPAGNOLS d'abattre la FRANCE ; il est surprenant qu'ils s'en soient abstenus. — L'INFANTERIE d'Espagne passait pour bien supérieure à sa CAVALERIE. *Parmi les Espagnols*, a dit BRANTOME (1600, A), *leurs gens de pied sont beaucoup plus estimés que leurs gens de cheval ;* mais ce jugement n'est pas entièrement exact ; l'ESPAGNE n'avait pas, il est vrai, une GENDARMERIE qui valût celle de FRANCE, mais elle avait une excellente CAVALERIE LÉGÈRE quand nous n'en avions pas encore ; ainsi à la bataille de RAVENNES, en 1515, de nombreuses troupes de GENÉTAIRES combattaient sous un CAPITAINE GÉNÉRAL ;

c'est à l'imitation de ce genre de troupe que furent appelés en France des GENÉTAIRES ESPAGNOLS et que furent créés des CARABINS français. — Le commencement du dix-septième siècle a été l'époque la plus brillante de l'ARMÉE ESPAGNOLE ; elle disposait des MILICES ITALIENNES ; CHARLES-QUINT leur donnait de ses mains un COLONEL GÉNÉRAL. —La lutte des Espagnols dans les PAYS-BAS commença à effleurer leur réputation ; les atrocités commises à HARLEM, et rappelées dans le CRI DE GUERRE : ARLAN, les vouèrent à une exécration qui les perdit. LOUIS TREIZE, au lit de mort, opposa aux vieilles BANDES castillanes le duc d'Enghien ; elles trouvèrent à ROCROI leur tombeau. — L'esprit militaire déclinait dès la GUERRE DE TRENTE ANS. Les Espagnols n'étaient plus animés du génie de CHARLES-QUINT. L'étoile de leurs GÉNÉRAUX pâlissait devant les troupes que guidait le lion du Nord. — Dans le siècle suivant, l'ARMÉE d'ESPAGNE perd toute prépondérance sous les faibles successeurs du Néron des ESPAGNES. — Nº 7. INSTRUCTION. — Sous la direction des MAITRES de l'ARTILLERIE, l'art de la construction des MACHINES et des ARGANÈTES s'est développé de bonne heure et conservé tard en ESPAGNE ; les BOMBES y étaient une ARME en usage un siècle avant qu'elles ne fussent familières à nos ancêtres. Les MORTIERS A L'ESPAGNOLE portaient témoignage des améliorations qu'ils devaient à cette nation et à son ÉCOLE D'ARTILLERIE de Burgos créée dès 1515. — L'INFANTERIE ESPAGNOLE manœuvrait déjà avec précision et solidité à des époques où l'ARMÉE française n'avait encore ni ordre, ni RÈGLEMENTS. Dès le dix-septième siècle, et plus de cent ans avant que des principes d'EXERCICE n'eussent été établis en FRANCE, il en existait en ESPAGNE (1616, E). BRANTOME, parlant de la bataille de DREUX, où les ESPAGNOLS combattaient du côté catholique, s'émerveille *de leur bonne mine et assurée, qu'ils firent toujours serrez et rangez en leur ordre et vieille discipline.* — L'ESCRIME et l'ÉQUITATION, alors habilement cultivées en Espagne, revivent dans une quantité de termes que la LANGUE ESPAGNOLE a prêtés à la nôtre, et qu'elle a légués, par notre intermédiaire, à toute l'EUROPE. — On retrouve, dans le génie de ces expressions, le témoignage des rapports qui ont longtemps existé entre les Milices espagnoles et ITALIENNES. — La Milice espagnole a eu, la première, des RÈGLEMENTS DE SERVICE et de DISCIPLINE étudiés et étendus ; tel fut le RÈGLEMENT DE 1702 (10 AVRIL). L'usage des PARADES DE TROUPES lui doit son origine. Cette supériorité en fait de tactique lui échappa sous les inhabiles successeurs de Charles-Quint, et ce fut un Français, le maréchal de Puységur, qui travailla à la rédaction des réglements espagnols qui parurent au commencement du dernier siècle ; ils servirent, comme avaient servi les anciennes ordonnances d'Espagne, de modèle à toutes les autres puissances ; notre règlement sur l'exercice de 1705 (20 mars) est tout espagnol. — Un des plus anciens monuments de législation militaire moderne était intitulé *Ordenanzas d'Hispania* (1728, A). Il a été traduit en allemand, et imprimé à Berlin en 1756, sous le titre *Kriegs-Artikel;* on le traduisait en russe en 1757. — Deux volumes d'ordonnance *Ordenanzas militares,* sont publiés de nouveau à Madrid en 1768. — Le collége de Ségovie où l'artillerie était enseignée était célèbre. L'académie de *Alcala de Henares* formait les officiers du génie. — La Milice d'Espagne, oublieuse de ce qui lui appartenait par primauté de possession, a repris de la France une partie des règles qui venaient originairement de la Péninsule. L'introduction des Bourbons y avait porté nos coutumes militaires ; mais entre les règles écrites et leur exécution il y avait loin ; pendant tout le cours du dernier siècle la vraie discipline avait disparu ; la science ne marchait pas en Espagne à l'égal des découvertes des autres pays ; ce qu'on y rédigeait n'était plus qu'une traduction de principes étrangers, parce que la Milice d'Espagne se composait bien moins de soldats nationaux que d'Allemands, de Hongrois, de Bohémiens, d'Italiens, de Flamands et de déserteurs français. — La restauration espagnole avait peu amélioré l'état des choses : *N'exigez pas,* disait un auteur digne de foi, *de tenue dans l'habillement, de propreté dans les casernes, de diligence ni d'obéissance dans le service;* mais, à dire vrai, que pouvait on exiger d'hommes qui manquaient d'argent, de nourriture et de vêtements. — Depuis la guerre de la révolution, un comité d'officiers attachés aux bureaux de la guerre, sous le nom de section d'histoire militaire, avait été chargé de retracer le grand drame dont le dénoûment venait d'avoir lieu. Deux volumes avaient paru en 1821 ; mais le ton d'âcreté et les personnalités offensantes qui s'y rencontraient ont motivé la suspension de *los Fastos de la guerra de España contra Bonaparte.* — L'entreprise quoique avortée est pourtant un fait remarquable ; il y avait longtemps que les officiers espagnols n'avaient fait gémir la presse. L'armée, dit le général Foy, n'avait d'ouvrages techniques que les traités traduits des autres langues. *Santa-Cruz, leur Folard, a écrit très-prolixement ce qu'on*

devine par *l'expérience de la guerre, non ce qu'il faudrait apprendre.* Foy oubliait Colliado, Melzo, etc. — Le génie et l'artillerie d'Espagne se sont illustrés dans l'opiniâtre et valeureuse défense qu'ils ont opposée, sous Napoléon, aux armées françaises ; ils ont montré le talent d'un noble désespoir : mais les officiers éprouvés au milieu de ces grandes catastrophes s'éteignaient peu à peu et ne se remplaçaient pas. — Les sapeurs, destinés à être en même temps mineurs et pontonniers, étaient loin de posséder ce triple savoir. — En 1834, le gouvernement s'appliquait à raviver l'esprit des troupes, à relever leur instruction. Les armes savantes, la célèbre école de Ségovie, les colléges militaires, les fonderies exerçaient la sollicitude du gouvernement. Il était question de remanier les principes d'une administration jusque-là dans l'enfance, et d'emprunter à l'île de Cuba les errements d'un système militaire qui, dit-on, y laissait peu à désirer. — En 1837, il était question de transporter à Séville le collége d'artillerie, jusque-là établi à Alcala de Henares. — N° 8. Tactique. — Dressés à l'école de la nécessité, les Espagnols adoptèrent d'abord une tactique toute orientale : *ils s'étaient jetés,* dit Brantome (1600, A), *à porter la zagaie et à être genétaires, à la mode des Mores et Arabes.* Ayant à combattre des Orientaux bien plus avancés qu'eux dans la culture des arts, dans la fabrication des armes, ils ne pouvaient résister à leurs ennemis qu'en imitant leurs systèmes, en s'appropriant leurs ressources, en les attaquant à armes égales ; ils avaient pris d'eux les cymbales, les clairons, la poudre, le sabre courbe, l'épaisseur des rangs ; ils montaient de même à la genette, ou sur des selles d'armes, dardaient le djenid et se précipitaient à la suite de l'alfier ; les marmites figurées dans quantité de cartels de l'Aragon, sont un vestige des modes que le pays avait empruntées de ses ennemis. — Mais cette espèce de guerre civile de la Péninsule venant à cesser par l'expulsion des mahométans, mais l'emploi plus général de la poudre et la renommée de l'infanterie suisse introduisant un système nouveau, l'armée des Espagnes a, depuis ces époques, suivant les termes du même écrivain, *toujours faict profession valeureuse de l'infanterie ; aux plus beaux combats, leur infanterie s'est trouvée pour les bien exécuter.* — Ce fut, suivant M. le colonel Carrion (1824, A), en combattant les Suisses en Italie, qu'ils apprirent d'eux l'usage de la pique et des bataillons épais. — Dés l'an 1496, suivant Moritz-Meyer, un tiers de leur infanterie était fourni d'ARMES A FEU, alors qu'il n'y avait, dans l'INFANTERIE FRANÇAISE, qu'un dixième qui en fût armé. — Cette transition de la TACTIQUE moresque à la TACTIQUE SUISSE fit succéder l'ÉPÉE plus longue au SABRE oriental ; de là ce nouveau genre d'ESCRIME, ce COMBAT A LA MAZZA, ce jeu des DAGUES A ROELLES, cet arrangement du MANTEAU COURT, qui prirent naissance dans l'ARMÉE de la Péninsule et qui ont fait école en EUROPE. — Au milieu du quatorzième siècle, la FRONDE était l'arme d'une grande partie des TROUPES; elles se servaient habilement aussi de l'ARBALÈTE; la preuve s'en trouve dans l'emploi qui s'est maintenu des termes *ballesteria*, BALISTIQUE, *ballesteros*, BON TIREUR. Les GRENADES, vers l'époque de leur invention, furent d'abord lancées au moyen de FRONDES ou de FLÈCHES, avant de l'être au moyen de CUILLERS, où à la main. — Les GENÉTAIRES s'ordonnaient par ESCADRES et dardaient l'ARZEGAIE simultanément et non pas homme par homme. — Ces ESCADRES d'ESPAGNE ont été le premier type des ESCADRONS d'EUROPE, et ce tir simultané des dards a fait imaginer les FEUX RÉGLÉS. — Le même CRI D'ARMES était en usage du temps de PLUTARQUE et du temps de JUSTE-LIPSE (1596, A); s'il en faut croire l'un et l'autre, ce CRI était le nom du royaume. — Nous avons fait connaître avec quelques détails le parti que les ESPAGNOLS ont su tirer des CHIENS de combat; ces animaux composaient dans leur ARMÉE une véritable ARME, de véritables RÉGIMENTS. — L'INFANTERIE espagnole, pendant la guerre des Pays-Bas, ne se portait à l'ATTAQUE d'une FORTERESSE qu'après avoir, à l'avance, confectionné autant de FASCINES qu'il y avait de fantassins ; chacun d'eux n'entreprenait la JOURNÉE DE MARCHE qu'après s'être chargé de sa FASCINE. — Ils faisaient usage du SIGNE DE CAMPAGNE encore usité par les AUTRICHIENS. En 1576, dit BRANTOME (1600, A) au sujet du siége d'ANVERS, *pour plus grande bravade ou pour présage de victoire, chascun* (chaque Espagnol) *venant d'alors au service de ceux de la citadelle, prit un rameau de chesne qu'il pendit sur son morion et sa bourguignote.* BRANTOME se trompe ; il n'y avait pas en cela de bravade, mais un moyen de toute ancienneté pour se reconnaître dans la MÊLÉE. — Les CONTRE-VALLATIONS à l'antique ont été remises en usage dans les SIÉGES OFFENSIFS que les ESPAGNOLS ont faits. — Le mot CORRIDOR, qui dans la LANGUE ESPAGNOLE exprima d'abord le CHEMIN COUVERT d'une PLACE DE GUERRE, autorise à supposer que l'invention de cette PIÈCE DE FORTIFICATION est espagnole; il en est de même des CASEMATES:—La langue et l'ART

MILITAIRE de FRANCE doivent à la LANGUE et à l'ART MILITAIRE d'ESPAGNE les substantifs ESCOUADE, ESCADE ou ESCADRE, le terme ESCADRON qui, en ESPAGNE, était un CARRÉ ou d'INFANTERIE ou de CAVALERIE, les expressions CAPITAINE GÉNÉRAL, COLONEL, INFANTERIE, LIEUTENANT DE ROI ou VICE-ROI, MESTRE DE CAMP, ORDONNANCE EN OST, SERGENT-MAJOR, enfin le mot RÉGIMENT qui a pris naissance par allusion aux districts militaires nommés corrégiments. — Quand la CAVALERIE ou les PIQUIERS d'ESPAGNE devaient exécuter une CHARGE, leurs OFFICIERS les mettaient en mouvement au commandement : *A ejos*, signifiant à eux ou marchons à l'ennemi. Le SOLDAT y répondait par le CRI DE GUERRE : *A mat*, exterminons. — Les ENSEIGNES ou COMPAGNIES de CHARLES-QUINT participaient des formes de la COHORTE des LÉGIONS de CÉSAR ; elles en exécutaient les CONTRE-MARCHES. Elles ont été le modèle de nos COMPAGNIES ou BANDES d'INFANTERIE ; elles avait laissé loin d'elles la TACTIQUE SUISSE. — La CAVALERIE de ce prince, ordonnée sur huit ou dix RANGS, chargeait RANG par RANG, conformément à l'ancien système pratiqué dans les FOULES de TOURNOIS et qu'on nommait COUP DE LANCE ; c'était une TACTIQUE toute différente de celle de nos COMPAGNIES D'OR-DONNANCE. — Ce genre de combinaison qu'on a appelé techniquement MÉLANGE-D'ARMES, et qui consistait à entrecouper de PELOTONS d'ARQUEBUSIERS ou de MOUSQUETAIRES des PELOTONS de CAVALIERS, est d'origine espagnole. — La réputation de l'INFANTERIE espagnole, créée, constituée, disciplinée par GONSALVE de Cordoue et par Antoine de Lève, se soutint, s'agrandit même sous leurs successeurs. La vigilance de ses ARRIÈRE-GARDES était passée en proverbe. — Leurs SOLDATS sont les premiers qui, comme le remarque M. le colonel CARRION (1824, A), aient porté sur le champ de bataille les MOUSQUETS A FOURQUINE. — Quelques AUTEURS espagnols, tels que Juan de Medina et Lorente Bravo, en traitant de la TACTIQUE d'ESPAGNE, nous ont fait connaître ses BATAILLONS RONDS et CARRÉS, son ORDRE PROFOND, l'ARRANGEMENT de ses FILES et le jeu de ses PIQUIERS ; mais à l'époque où leurs écrits se répandent, l'INFANTERIE d'ESPAGNE avait cessé d'être la première du monde. — Dans la GUERRE de Champagne contre le grand CONDÉ, le vice des gros BATAILLONS ESPAGNOLS devint évident, parce qu'ils offraient trop de prise à l'ARTIL-LERIE, dont la science et le matériel venaient d'être accrus et perfectionnés par HENRI QUATRE et par SULLY. — La destruction des BATAILLONS ESPAGNOLS à la JOURNÉE de ROCROY détraqua le mécanisme tactique qui leur était propre et par lequel ils triomphaient ; cet événement abaisse la puissance de l'ESPAGNE pour longtemps ; car des hommes de génie, et alors ils commençaient à être rares, auraient pu seuls substituer à une TACTIQUE jusque-là savante, mais devenue défectueuse, un système qui pût la remplacer, en s'accommodant à la nécessité des temps. — Dans la GUERRE DE 1701, des MIQUELETS avaient figuré dans l'armée d'Espagne ; les sept campagnes contre NAPOLÉON ont enfanté les GUÉRILLAS, espèce de MIQUELETS STRATÉGICIENS. Ce mot GUÉRILLAS, maintenant francisé, avait produit en espagnol un nouveau terme technique, le substantif *dispersos*, sorte d'ABSENTS dont on suppose que le retour est prochain et dont on regarde la réunion comme assurée, à heure dite, sur un point donné : les *dispersos* font partie du chiffre de l'effectif et de la force ; même usage se retrouvait dans la chouannerie. — La manière dont les ESPAGNOLS ont fait la guerre de 1810 à 1814 eût été couronnée de peu de succès, sans la coopération de la Milice anglo-portugaise ; là étaient la discipline, l'art, la tactique. — Dans la GUERRE DE 1823, l'ARMÉE d'Espagne a eu sa MARSEILLAISE ; c'était le CHANT de l'île de Léon, c'était la TRAGALA. — Les TROUPES d'ESPAGNE manœuvrent médiocrement ; aucune autorité n'y donne ses soins, excepté dans la GARDE ; elles suivent nos ordonnances qui ont été traduites en espagnol ; celle de l'INFANTERIE ne présente que de légères différences, telles que le DEMI-TOUR A GAUCHE et le PORT D'ARMES à la FUNÉRAILLE qui est une trace de la PIQUE TRAÎNANTE. — Nº 9. PUNITIONS, PEINES. — Des ADALIDES (le mot *adalid* était purement ARABE, avant d'être ESPAGNOL et FRANÇAIS) exerçaient à titre de CAPITAINES la JUSTICE MILITAIRE. — Au temps de CHARLES-QUINT on punissait du BÂTON les SOLDATS, mais seulement, dit BRANTOME, ceux pris en flagrant délit. — La DISCIPLINE participe encore de ses formes anciennes ; ainsi en 1825, à l'imitation de la SCHLAGUE autrichienne, les CAPORAUX espagnols étaient armés de la BAGUETTE CORRECTIONNELLE. — La JUSTICE MILITAIRE condamne aux GALÈRES de terre les DÉSERTEURS ; ils sont employés à des TRAVAUX PUBLICS. Sauf cet usage commun avec les usages actuels de FRANCE, la JUSTICE appliquée aux troupes se ressent de l'ancien et barbare mélange des formes de JUSTICE civile et militaire ; aussi les TRIBUNAUX MILITAIRES connaissent en même temps des affaires civiles ; chaque RÉGIMENT forme son CONSEIL DE GUERRE à l'ancienne manière française, pour juger les délits commis par des membres du CORPS. Si la PEINE CAPITALE est encourue, l'exécution doit être approuvée par le CAPITAINE GÉNÉRAL ou le commandant de la CAPITAINERIE ; s'il s'agit d'AFFAIRES civiles, les AUDITEURS DE JUSTICE sont juges nés et exclusifs des TROUPES ; des exceptions ont lieu en faveur du GÉNIE, de l'ARTILLERIE, des GARDES du corps et de la GARDE ROYALE. — La JUSTICE d'ESPAGNE et la classification des DÉLITS nous rappellent les usages des tristes règnes de HENRI DEUX et de HENRI TROIS de France ; le blasphémateur espagnol était condamné comme de leur temps à avoir la LANGUE PERCÉE d'un fer rouge ; il est vrai que si le texte vit encore, l'usage du fer rouge est en désuétude ; le cadavre du voleur sacrilége était brûlé. le SOLDAT ENDORMI en faction était pendu, tandis que la RÉVOLTE envers l'OFFICIER, si elle n'était manifestée que par le geste et la menace, n'était punie que de dix ans de présides, c'est-à-dire de GALÈRES. Telle était la JUSTICE écrite, la JUSTICE distributive, à peu près aussi équitable qu'elle l'était en FRANCE sous les Valois. — Nº 10. SERVICE. — Depuis son expulsion des PAYS-BAS, depuis son échec à ROCROY, l'INFANTERIE espagnole a été regardée comme médiocre sur le territoire espagnol, comme nerveuse quand elle se rassemblait et franchissait ses frontières. — La division de la ROMANA, transportée au nord de l'Europe, donnait à l'ARMÉE française le spectacle d'un CORPS excellent ; par la vigueur et la légéreté de SA MARCHE, il pouvait rivaliser avec les meilleures TROUPES. — Habituellement, et même pendant le cours du SERVICE, les habits ne sont ni colletés, ni agrafés ; la chaleur du climat s'y oppose. — Nº 11. ADMINISTRATION. — Dans le siècle dernier, une ADMINISTRATION sage, une organisation raisonnable manquaient à l'ESPAGNE militaire, non moins qu'un gouvernement habile et fort à l'ESPAGNE politique ; peu d'améliorations s'étaient introduites jusqu'en 1852. L'ADMINISTRATION n'était pas la partie brillante du militaire des Espagnes. — Au commencement du siècle actuel, le système de CASERNEMENT était peu avancé, la propreté peu observée ; les SOLDATS couchaient dans des hangards sur des peaux de bœuf ; pour qu'ils fussent, la nuit, moins tourmentés de vermine, on leur faisait faire, après la prière du soir, une promenade en procession et les cheveux épars ; chaque homme secouait de ses deux mains la chevelure de son chef de file. — Si la composition comporte des abus et des sinécures, ce n'est pas quant au nombre des administrateurs ; nulle part il n'y en a moins. — L'usage des CASERNES n'est pas encore établi, ou du moins les méthodes répondent mal à ce qui se voit dans les milices bien organisées. — Le soldat espagnol couche seul, il est vrai, mais une paillasse sur trois planches et deux tréteaux composent son lit; il a autant à y souffrir du froid et de l'humidité que de la vermine; autour de lui, point de tables ni de bancs, point de planches ni d'armoires; quelques clous suspendent le havre-sac et les armes; l'homme qui n'est pas disposé à rester debout, à manger debout, s'accroupit à terre ou s'y agenouille. — Les hôpitaux sédentaires n'offrent pas des images beaucoup plus satisfaisantes; l'usage des infirmeries régimentaires est inconnu. — Il n'y a rien de fixe dans la forme de la fourniture des effets d'habillement et d'équipement délivrés aux troupes. La qualité en est plus que médiocre, ainsi que celle des effets de linge et chaussures; l'administration en est laissée aux régiments. Quelle que soit la cause des abus, ils sont grands; nous transcrirons d'un auteur digne de foi : *les troupes sont sans chemises, sans guêtres, et nu-pieds.*

MILICE ÉTRANGÈRE. V. ÉTRANGER, adj. V. MILICES ÉTRANGÈRES.

MILICE FÉODALE. V. ARMÉE FÉODALE. V. ARMÉE FRANÇAISE. V. FÉODAL. V. MILICE TURQUE N° 2.

MILICE FIEFFÉE. V. ARMÉE FÉODALE. V. FIEFFÉ, adj. V. PAILLER.

MILICE FRANÇAISE (F). Sorte de milice considérée comme un grand tout dont l'armée française de terre est une partie. La description de la milice répondra à un laps de vingt siècles et sera purement historique; les aperçus qui concernent l'armée sont, au contraire, plus didactiques qu'historiques; embrassent un moindre espace de temps et retracent des usages modernes. — Une solde fixe, assise sur des impôts réguliers, est, de nos jours, la condition de l'existence d'une milice; mais, en nous conformant à une fiction convenue, et faute d'un terme plus juste, supposons que la Milice française ait précédé l'institution et l'assiette des impôts, et reportons-nous au berceau de la monarchie et même aux premiers temps connus des Gaules. — Tour à tour la Milice française a assuré la nationalité du pays, a brillé de l'éclat du trône, ou a été submergée dans les naufrages de la monarchie, hormis en 1793, époque où elle a survécu à la royauté. — La Milice est triomphante sous la conduite de Clovis, de Charles Martel et de Charlemagne; elle s'abâtardit et se dissout quand les maires du palais s'en arrogent le commandement; Philippe Auguste lui rend quelque éclat; elle perd tout esprit d'unité au temps de la chevalerie, se montre désavantageusement sous

Louis neuf et se déshonore aux croisades; ses ennemis l'écrasent sous le roi Jean et sous Charles six; elle sauve la France quand une fille courageuse et illuminée électrise ou subjugue un prince brave, frivole et indolent. — Pour la première fois depuis Casilin, la Milice de France intervient dans les affaires de l'Italie sous la conduite de Charles huit. — Pour la première fois depuis Charlemagne, elle s'immisce dans les affaires du Nord; en 1505, François premier envoie à Christiern deux de Danemark trois mille hommes qui font campagne en Suède. Cette troupe, battue, mal payée, poursuivie par les paysans, rentre, à peine au nombre de trois cents, dans le royaume; *suite ordinaire,* dit Voltaire, *de toute expédition qui se fait trop loin de la patrie.* — La Milice de France compromet l'existence du royaume quand un monarque trop préconisé succombe à Pavie. — Depuis le règne des Valois, depuis qu'une armée de mer et une armée de terre prennent naissance, l'histoire de notre Milice, conformément à l'esprit de notre ouvrage, se resserre dans le cadre de l'armée de terre. — Guibert (1773, E) avait ébauché l'histoire critique, politique et comparée de cette Milice; mais cette vaste esquisse atteignit à peine aux événements du onzième siècle. — D'autres auteurs se sont occupés ou des phases diverses, ou de quelques particularités du même sujet; ce sont : Agathias, Beneton (1742, A), Carré (1785, E), M. le colonel Carrion (1824, A), César (51, A), Courtin aux mots *Armée* et *Division,* Daniel (1721, A), Despagnac (1751), Fauchet, Jabro (1777, G), Hérigon, Labaume (1834, t. i, chap. 14), Lenormant (1652) A), Montgommery, Moreri (au mot *Gaule,* Picaire (1590, B), Pinard, Procope, Servan (1780, B; 1806, E), Sicard, Sidonius, Sigrais, M. Sissmondi, Strabon, Velly, Viton, Weisse, le *Journal des travaux de la Société de statistique,* (t. 5, p. 10), le *Spectateur militaire* (t. 21, p. 399), l'*Encyclopédie des Gens du monde,* au mot *Garde.* — Divisons, sous les chapitres suivants, ce qui se rapporte à la Milice française : Création, composition, dénomination, uniforme, instruction, tactique, peines, punitions, administration. — N° 1. Création. — Voltaire ne fait remonter qu'à Charles Martel et à Pépin la création de la Milice française. — On a douté que Charlemagne eût une Milice proprement dite, parce que les capitulaires témoignent que la couronne n'avait d'autres revenus que les produits des métairies royales; mais l'éclaircissement du sujet exige que nous écartions ces questions et que nous remontions plus haut. — L'esprit guerrier de la nation se retrouve dans les plus anciens souvenirs de l'HISTOIRE des GAULOIS et des FRANCS. — Dès que le GAULOIS se civilise, il est tourmenté de l'esprit d'aventure, il est travaillé du besoin de chercher fortune. — Ses conquêtes en ITALIE, en ANGLETERRE, en ALLEMAGNE, en Galatie en rendent témoignage. Les AVENTURIERS gaulois fourmillent dans les MILICES CARTHAGINOISE, GRECQUE, ROMAINE. — Les hommes émigrent en foule, soit pour se soustraire à la férocité de leurs druides, soit par une suite de l'exubérance de la population sur un sol encore couvert de forêts; il n'y avait pas, dit CÉSAR (51, A), une seule ARMÉE où des GAULOIS ne figurassent, *nulla acies sine milite gallo;* ils ont été le type des TROUPES MERCENAIRES et le modèle des cavaliers renommés. MARIUS disait aux ROMAINS assemblés : *Si les Gaulois l'emportent sur nous par la valeur, c'est par notre constance que nous devenons les maîtres du monde.* — La nation GAULOISE ayant, pour ainsi dire, disparu sous l'épée de CÉSAR, les SOLDATS qui survivent à cette catastrophe se rangent sous les AIGLES. Cette paix de la servitude et des tombeaux, ces annales si stériles d'un pays presque désert, embrassent près de cinq siècles; l'étude des événements de cette période appartient à l'histoire romaine plus qu'à la nôtre, car la GAULE n'était alors aux yeux de ses dominateurs qu'une barrière politique de l'empire, un sol de colonisations italiques, un dépôt de recrues romaines. — ROME ménageait l'amour-propre militaire des GAULOIS asservis et les intéressait à ses succès. — Sous le régime impérial, les CHEFS GAULOIS avaient accès aux premiers grades des armées. Ainsi, sous le règne de VESPASIEN, un lieutenant de l'EMPEREUR disait aux GAULOIS : *Quelle différence existe-t-il, entre les Romains et vous? Rome ne vous met-elle pas à la tête de ses légions; ne vous appelle-t-elle pas au commandement des provinces?* — Les Cattes, peuples qui, du temps de TRAJAN, occupaient les pays nommés HESSE et Brunswick, n'étaient pas moins braves que les LÉGIONS ROMAINES; ils les combattirent, finirent par en triompher, les refoulèrent du nord des GAULES, s'y établirent et formèrent une partie du ramas qu'on a nommé les FRANCS. Ce sont, dit-on, nos ancêtres, puisque nos ÉCRIVAINS aiment mieux nous rattacher à la lignée des spoliateurs heureux qu'à celle des GAULOIS vaincus. Ainsi l'histoire a salué le pouvoir et insulté aux opprimés. — Depuis le troisième siècle, les FRANCS, longtemps repoussés ou

contenus, se prêtent à des alliances et consentent à s'incorporer dans les LÉGIONS ROMAINES, ou à former eux-mêmes des LÉGIONS franco-romaines; ils deviennent maintes fois les arbitres du sort de l'EMPIRE d'OCCIDENT; ainsi le Franc ARBOGASTE, GRAND MAITRE DE LA MILICE, est plus EMPEREUR que l'EMPEREUR VALENTINIEN deux, à qui il arrache la vie en 388. — De l'année 406 à 412, le cercle des possessions romaines se resserre par l'irruption des VISIGOTHS et des BOURGUIGNONS; les premiers s'emparent de l'Aquitaine et des provinces de la langue d'Oc; les BOURGUIGNONS s'établissent sur la rive gauche du RHIN. — En quel lieu Aétius et Mérovée ont-ils triomphé d'ATTILA, vers 440? est-ce près d'Orléans, de Toulouse, de Châlons-sur-Marne ou de Clermont en Auvergne? Quand des événements de cette importance sont enveloppés de doutes, qui oserait se flatter de posséder l'histoire primitive de notre Milice? — Vers le milieu du cinquième siècle, Mérovée, ou plutôt des chefs de race à longue CHEVELURE, deviennent indépendants des ROMAINS; une poignée de trois à quatre mille guerriers saliens est gouvernée par CLOVIS, à TOURNAY, avant la fin du cinquième siècle. — En 613, CLOTAIRE DEUX incorpore dans son armée gallo-française les BOURGUIGNONS; ces victoires remportées par les FRANCS sur leurs rivaux successivement subjugués ont donné à notre nation et à notre Milice le nom qui leur est resté. — N° 2. COMPOSITION. — Avant la conquête des ROMAINS, une ORGANISATION militaire existait depuis longtemps dans les Gaules, comme le témoigne SIGRAIS. La GARDE des CHEFS de l'ARMÉE se composait de CLIENTS ou dévoués; c'étaient ou des MERCENAIRES ou des affranchis qui se partageaient, suivant JARRO (1777, G), en AMBACTES et en SOLDURIERS. Tel a été à des époques bien plus modernes le genre de troupe appelée la MAISON MILITAIRE. — Au temps de la domination romaine, les CATAPHRACTES GAULOIS se nommaient CRUPELLAIRES; d'autres TROUPES se nommaient GALÉAIRES à cause de leur CASQUE. — Mais la composition de l'ARMÉE GAULOISE est mal connue avant CÉSAR et avant que les CATERVES combattissent à côté des LÉGIONS ROMAINES. On sait, en général, que dans la plupart des peuplades des GAULES, la caste militaire venait après celle des druides et avant le peuple ou les SERFS; elle a été nommée la CHEVALERIE, ou les CHEVALIERS, par les anciens AUTEURS; elle constituait la Milice permanente de la nation. — Depuis le commencement de l'ère chrétienne, le peuple, formé du mélange des GAULOIS et des ROMAINS, fut, à maintes reprises, assailli par les Francs. Ces barbares assirent leurs camps sur le Wahl, poussèrent progressivement des colonies, les alimentèrent en tirant leurs recrues des bords du Rhin et surtout de la rive droite; car ils ne pouvaient, dans le principe, se maintenir que par l'extermination des peuplades de la rive gauche, et non encore par des alliances. — L'état-major royal se composait d'antrustions, de barons, de gentils. — Chaque district du faible royaume de Clovis, de 481 à 511, était sous la dépendance d'un comte révocable. Ce titre romain, *comes, comites*, était devenu celui des nobles franconiens ou saliens que M. Sismondi nomme grafions, *graf*. — Les colonies des Francs existèrent longtemps sans se mélanger avec les indigènes qu'elles asservissaient. — Childebert, roi de Paris, mort en 558, n'avait pas de Gaulois dans ses armées. Théodoric premier, roi d'Austrasie et du midi de la France, opposait en Italie cent mille hommes, en 553, à Bélisaire, et dans cette armée il ne se voyait pas, dit Procope, un Gaulois; il n'y en avait pas non plus au nombre des soldats francs qui combattaient Narsès, en 554, à Casilik. — Postérieurement à ces époques, un système nouveau de composition de troupes prenait naissance: chaque province fournissait au besoin des troupes qui portaient son nom. — Clotaire, fils de Clovis, commença à faire des levées d'indigènes. Des troupes provinciales du Berry s'appelaient *Biturici;* celles du Maine, *Cœnonici;* celles d'Anjou, *Andegavi*. La fusion des Francs et des indigènes semblait donc s'être opérée, quoique les races continuassent à être nuancées par les mœurs, les vêtements, la chevelure. — De quelle souche les Français sortent-ils? Est-ce des Gaulois, comme l'indiquerait, au sommet de nos enseignes, le coq rajeuni par une tradition fabuleuse et remis en honneur par un jeu de mots? c'est une origine revendiquée bien tard par le parti populaire. Est-ce des Francs que notre nation est issue, comme le témoignerait le nom que nous portons? c'était l'opinion de la féodalité et de la noblesse, parce qu'il leur convenait de se rattacher à la race des vainqueurs. Quels que soient les aïeux qu'il plaira à chaque descendant de proclamer, on est convenu d'appeler Milice française, les bandes de Francs progressivement grossies des Bourguignons vaincus, des Goths soumis et des débris de la milice gauloise. Elle avait, pour officiers, des Teutons; pour soldats, des Romains et des Gaulois; mais des troupes gallo-romaines restaient encore

en armes sur une grande partie du sol qui compose actuellement la France. — Les coutumes des peuples d'origine germaine se ressemblaient en un point fondamental, c'était l'obligation du service militaire fieffé; elle était la condition de l'existence politique, et, à cet égard, la loi des Visigoths peut suppléer à la législation perdue des Saliens; mais la loi visigothe appuie moins sur cette obligation, qui était une convention immémoriale, universelle, liée à toute religion, que sur les exemptions en faveur des femmes, des enfants, des vieillards. Les malades pouvaient seuls se refuser au service; les ducs et les comtes, les Visigoths et les Gaulois, les fiscalins ou concierges des domaines royaux, les ingénus, les affranchis étaient, suivant les époques, tenus de conduire aux armées la dixième partie de leurs serfs. — Le roi était général d'armée; il avait pour lieutenant le dignitaire qu'on a désigné, suivant les temps et les langues, sous le nom de grand maitre de la milice, dapifer, préfet des armées, maire du palais; dans un ordre ou des grades moins élevés se présentaient les avoués, les baillis, les viguiers. — Depuis Charles Martel, la Milice, jusque-là royale, se changea en armée féodale; ce prince imita et étendit l'usage des bénéfices militaires, en y joignant la condition de l'hommage-lige; les vassaux directs, par une sorte de sous-location, affermaient leurs terres à des conditions analogues à celles que dans un ordre plus élevé ils subissaient eux-mêmes. Cette ramification de concessions et d'obligations féodales marque l'époque du dépérissement de la Milice, que Charlemagne restaure en s'en constituant chef unique. Après lui la féodalité devient oligarchique, et jusqu'à François premier, ou même jusqu'à Henri quatre, la Milice n'est qu'un composé confus d'éléments discordants. — Reprenons le récit à partir de l'extinction de la première race. — Un capitulaire de Charlemagne obligeait les comtes et seigneurs à fournir un état des hommes dispensés, des hommes retenus sous les armes; une amende de soixante sous d'or, ou de soixante fois sept à huit francs, était imposée aux chefs, par tête d'homme libre qu'ils auraient contraints à servir au delà du terme fixé par l'édit royal de convocation. — On n'aperçoit pas clairement si Charlemagne modifia les formes du service féodal, en instituant un service permanent, ou s'il se contenta des armées temporaires appartenant aux comtes; mais ses expéditions continuelles, et surtout l'existence de son armée de mer, portent à croire qu'une véritable conscription était en vigueur. — La SECONDE RACE amène à sa suite les LEUDES, les MARÉCHAUX, le SÉNÉCHAL, le GRAND SÉNÉCHAL, les HÉRAUTS, les BEDEAUX; c'était l'imitation des coutumes OSTROGOTHES et VISIGOTHES. — D'abord hommes de domesticité ou de palais, les MARÉCHAUX deviennent hommes d'ARMÉE et PRÉVOTS; ensuite MARÉCHAUX DE CAMP; enfin MARÉCHAUX DE FRANCE. — Sous les PREMIÈRE et SECONDE RACES, il y a, à la suite des ARMÉES, des espèces de CHAPELAINS ou abbés de camp, *abbates castrorum;* la CHAPE sacrée, le CARROUSE, sont à la fois des insignes et de guerre et de dévotion. — Depuis que les ROIS fainéants livrent leur Milice à des MAIRES DU PALAIS, à un DUC DE FRANCE, la FÉODALITÉ oligarchique renverse leur trône; le BAN ET ARRIÈRE-BAN en devient l'ennemi plus que le soutien. — Les ARMÉES FÉODALES des dixième et onzième siècles se composent des TROUPES A CHEVAL nommées CHEVALERIE, GENS D'ARMERIE; elle est suivie de SERFS employés comme FOSSIERS ou PIONNIERS, comme GASTADOURS ou porte-brandons; c'est une chair à émousser le sabre, à fatiguer le bras de l'ennemi; on les transforme, au besoin, en fascines, en matériaux de parapet; parfois on ne traite pas plus humainement les courtisanes qui suivent; en troupes nombreuses, l'ARMÉE. — Depuis l'avénement de la TROISIÈME RACE, les BANNERETS surgissent de l'agrandissement des FIEFS : tels d'entre eux devenaient MARQUIS à raison du genre de leurs fonctions militaires. — Depuis le commencement du onzième siècle, le CONNÉTABLE passe de la domesticité royale au premier grade de l'ARMÉE. — Depuis l'institution de l'INFANTERIE COMMUNALE, les curés en sont les AUMONIERS, et quelquefois les CAPITAINES. — Avant le milieu du douzième siècle, le CONNÉTABLE est le CHÉVETAIN ou le ROI de l'ARMÉE; il portait légalement ce nom de ROI. PHILIPPE AUGUSTE donne le vrai caractère d'une Milice aux GUERRIERS de son temps; il dut ses conquêtes sur les ANGLAIS à ses troupes soldées, à ses ARQUEBUSIERS, à ses BRABANÇONS, à ses MINOURS; il leur donna pour OFFICIERS des CHATELAINS, des COMMANDÈRES; il faisait faire la police par le ROI des RIBAUDS; mais il y eut loin de ces essais à une CONSTITUTION d'armée. — Sous Louis neuf les FRONDEURS s'appellent BAILLAIRES. — PHILIPPE LE BEL prend à son service des ALLEMANDS; il avait pour GÉNÉRAUX DE TERRE des AMIRAUX, et pour TROUPES LÉGÈRES des ENFANTS PERDUS. — Dans le même siècle, le CHANCELIER de France a plus d'une fois exercé de hauts emplois militaires. — Depuis l'institution de l'INFANTERIE COMMUNALE

jusqu'à l'abolition des COMPAGNIES D'ORDONNANCE, on voit figurer les COUTILLIERS communaux, ceux de la CHEVALERIE, ceux des LANCES FOURNIES. — Le treizième siècle donne naissance aux MAITRES DE L'ARTILLERIE. Le quatorzième siècle les subordonne au GRAND MAITRE. — Le roi JEAN avait à ses ordres des BANDES et des CONNÉTABLIES. CHARLES CINQ s'entourait des GENS D'ARMES de ses ordonnances. — La FRANCE solde des ALLEMANDS, des ANGLAIS, des ARCHERS A PIED d'ITALIE, des AVENTURIERS de toutes nations; mais il s'en fallait que la Milice française fût alors aussi bien conduite que celle d'ANGLETERRE. — CHARLES SIX substitue au ROI DES RIBAUDS un GRAND PRÉVOT. — CHARLES SEPT établit les FRANCS ARCHERS, les COMPAGNIES D'ORDONNANCE; à son règne se rattachent les CRANEQUINIERS, les COULEVRINIERS, les CORNETTES. — LOUIS ONZE entretient des ARGOULETS, des ARCHERS ÉCOSSAIS, des SUISSES, des COMPAGNIES DE GENTILSHOMMES; les villes de FRANCE ont des COMPAGNIES FRANCHES; l'ARMÉE a des MARÉCHAUX DES LOGIS. — A la suite des TROUPES de CHARLES HUIT il se voit des ÉCHELEURS. — LOUIS DOUZE tient sur pied des ALBANAIS, des LANSQUENETS. Les corps des ARCHERS A CHEVAL se forment; c'est l'aurore de notre CAVALERIE LÉGÈRE, elle est le DÉDOUBLEMENT des LANCES FOURNIES. — FRANÇOIS PREMIER combat à l'aide des BANDES NOIRES; il institue les corps nommés LÉGIONS, dont les COMPAGNIES se nommaient CENTAINES. — En 1558, l'ARMÉE FRANÇAISE comprend neuf mille REITRES, douze mille SUISSES, vingt mille LANSQUENETS. — Ce siècle est celui où commencent à figurer les COLONELS GÉNÉRAUX, les MESTRES DE CAMP, les RÉGIMENTS et les CHEVAU-LÉGERS. — De là jusqu'à nos jours, il ne s'agit plus de Milice, mais d'armée. Exceptons cependant de cette donnée la MILICE CONSCRIPTIVE ou les MILICIENS de LOUIS QUATORZE. — N° 3. DÉNOMINATION. — La victoire de Tolbiac a fondé la puissance des FRANCS; ce n'était encore qu'une milice celte, teutonne, franconienne sur un territoire encore-romain en partie; la dénomination de Milice franque lui conviendrait donc mieux, jusqu'au temps où les successeurs de CLOVIS incorporent aux nouveaux habitants les anciens. — Des auteurs disent que des FRANÇAIS combattent à CASILIN, mais ce n'étaient que des FRANCS d'ALLEMAGNE. — Depuis la bataille de POITIERS, gagnée par Charles Martel, nos ancêtres commencent à être appelés FRANÇAIS; cependant la Milice française ne peut prendre ce nom que depuis l'usage de la langue romane, depuis l'entier mélange des Gallo-Romains et des FRANCS. Depuis, il n'y a plus que deux classes, celle des maîtres, celle des serfs ; l'une est la caste des militaires par privilége, l'autre est celle des GASTADOURS, c'est-à-dire des dévastateurs, *vastatores.*— N° 4. UNIFORME. — Les GAULOIS passent pour inventeurs de la CUIRASSE DE FER. — Porter CULOTTE ou n'en pas avoir, était un usage caractéristique dans la milice gauloise: de là les noms de *braccati* et de *Gallia braccata,* donnés à quelques contrées, par opposition aux pays qui faisaient usage, non de BRAIES, mais de toges à la romaine, *togati.* — Nous avons parlé de la CHEVELURE des alouettes, *alaudarum legio.* — L'INFANTERIE GAULOISE avait ARCS, FRONDES, PIQUES et DARDS; la CAVALERIE avait la LANCE et la HACHE. — Les ÉPÉES gauloises, lourdes, longues, sans pointe, étaient d'une mauvaise trempe. — TACITE dit que les GERMAINS portaient le SAYON de cuir. La tête de l'animal dont ce cuir était la dépouille, était le chaperon du SAYON ou le BONNET A POIL de l'époque. — Les FRANCS, possesseurs de la GAULE depuis le cinquième siècle, avaient le même HABILLEMENT; les mots COTTE et JAQUE, teutons d'origine, en étaient provenus. — Sous CLOVIS, les chefs commencèrent, en partie, à s'armer à la romaine. La COULEUR dominante était, suivant CARNÉ (1785, E), le BLANC; BENETON (1742, A) dit, au contraire, que c'était le BLEU. — SIDONIUS APOLLINARIS témoigne que, de son temps, l'habit des FRANCS est si court, qu'il ne leur couvre pas le genou; si serré, qu'il accuse la forme de leur corps; ils portent un CEINTURON large, où pend une ÉPÉE lourde et tranchante. — Les ARMES ont d'abord été celles que TACITE dit être en usage chez les GERMAINS; peu d'ÉPÉES, peu de grandes LANCES; mais des FRAMÉES, des DARDS; la CATEIE, la FRANCISQUE, l'ANGON; cette dernière ARME ne fut pas d'un usage constant ou général; AGATHIAS et APOLLINAIRE la mentionnent; PROCOPE dit que les FRANCS ne la portent pas. — Jusqu'au temps de la CHEVALERIE, à peine se voyait-il quelques CASQUES, quelques CUIRASSES; la Milice n'avait pour ARME DÉFENSIVE que le BOUCLIER. Le SOLDAT en était curieux, dit TACITE, il l'ornait avec soin. — En plaine, la Milice ne se sert ni de FRONDES, ni de FLÈCHES, mais elle en fait usage dans les SIÉGES. — Au temps de CHARLEMAGNE, les Francs renoncèrent à l'INFANTERIE et par conséquent à l'ARMURE romaine. Leur CAVALERIE commença à porter le SAYON DE MAILLES, la BROGNE, *brunia,* le HAUBERT; ce genre d'ARMURE, après avoir varié dans ses dimensions, sa fabrication, ses accessoires, se conserva cependant, comme système, jus-

qu'au temps où l'ARMURE DE FER PLEIN lui fut substituée, vers le règne de CHARLES SIX. — La CHAPE DE SAINT MARTIN appartient aux PREMIÈRE et SECONDE RACES. — La BANNIÈRE DE FRANCE, au dixième siècle, l'ORIFLAMME, au onzième, le PENNON royal, à des époques plus modernes, l'ARBALÈTE, le CLAIRON, l'ARZEGAIE, en usage depuis les CROISADES, sont abandonnés à la fin du MOYEN AGE. — La CHAUSSURE des CHEVALIERS était défensive; ils portaient GRÈVES et PÉDIEUX, tandis que les HEUSES et SOLERETS de leurs ÉCUYERS ou BACHELIERS étaient uniquement de cuir. — Les FANTASSINS et les AVENTURIERS étaient, pour la plupart, pieds nus. — La COIFFURE s'est nommée, suivant les temps, ARMET, CASQUE, CHAPEAU, CHAPERON, HUGUE. — Tout, pour les BANNERETS et les CHEVALIERS, était MARQUES DISTINCTIVES, les ARMOIRIES, la BANDEROLE de LANCE, le BAUDRIER, le COLLIER, le COSTUME DE FER, le MENU VAIR du MANTEAU, les emblèmes de la COTTE D'ARMES, l'orfévrerie du HOQUETON, l'ÉCHARPE, les ÉPERONS et tant d'autres INSIGNES. — A l'égard de l'ARMEMENT, des INSTRUMENTS et des MACHINES, quelques lumières ont été fournies aux articles ARME DE TRAIT, ARMURE, ARTILLERIE, BAUDELAIRE, BOMBE, BONCON, BOURDON, BRANC, CARREAU, CATAPULTE, CATTUS, CÊTRE, COR, CORNET, COVIN, CRANEQUIN, DARD, ÉPIEU, ENGIN, ESCOPETTE, ESPARE, ÉTENDARD, FALARIQUE, FAUCHARD, FAUCHON, FIFRE, FUSÉE, GÈSE, GRENADE, HACHE, HALLEBARDE, JAVELINE, JAVELOT, MARTEAU D'ARMES, MASSUE, MATRAS, PATEL, PISTOLET, SAETTE, TAMBOURIN. — Depuis l'invention de la POUDRE et l'usage des PETITES ARMES A FEU, la France se pourvoit d'abord le plus possible, et par contrebande, d'ARQUEBUSES, en Italie, parce que les ouvriers FRANÇAIS fabriquaient mal les ARQUEBUSES A SERPENTIN. — Le perfectionnement des ARMES A FEU PORTATIVES marque la limite entre le MOYEN AGE et la renaissance de l'ART; cette époque établit une nuance entre la Milice française et l'ARMÉE FRANÇAISE. — Un *examen* des armes à feu modernes comparées à celles des ANGLAIS a été l'objet des travaux de M. SCHLIMMBACH. — N° 5. INSTRUCTION. — Les GAULOIS savent deux choses, disait César (51 avant J.-C.) : l'ART MILITAIRE et bien parler. La vanité de ce conquérant relevait d'autant, par ces éloges, l'éclat de ses victoires et les difficultés de ses triomphes. — STRABON témoigne que la CAVALERIE GAULOISE était bien supérieure à l'INFANTERIE; elle s'ordonnait par TRIMARCHISIES, types primitifs de la LANCE FOURNIE ou agrégation d'un CAVALIER suivi de deux ARCHERS. — En général, ce que la Milice a pu valoir sous le rapport d'une certaine

DISCIPLINE, d'une TACTIQUE plus ou moins étudiée, et des combinaisons d'une STRATÉGIE dont il se retrouve de vagues témoignages historiques, est resté inconnu ou mal démontré; les seules preuves que nous retrouvions du savoir militaire du MOYEN AGE, ce sont ses FORTIFICATIONS et quelques ARMURES. Les historiens de CHARLES MARTEL, de CHARLEMAGNE, de PHILIPPE AUGUSTE, de CHARLES SEPT ne répandent que de faibles lumières; on sait imparfaitement que PHILIPPE DEUX restaura l'art des MACHINES et des CIRCONVALLATIONS, et que LOUIS ONZE forma des CAMPS D'INSTRUCTION. — La SCIENCE DES ARMES est nulle au temps des ARMÉES FÉODALES et de la CHEVALERIE; sa renaissance a été préparée par les CONDOTTIERI, par la SUISSE, par la MILICE ESPAGNOLE: la FRANCE en a reçu ses premières leçons; l'ART a fait des progrès depuis les essais de FRANÇOIS PREMIER. De nos jours ses règlements, ses usages se retrouvent plus ou moins dans toutes les autres MILICES. — N° 6. TACTIQUE. Primitivement l'INFANTERIE GAULOISE combattait à coups d'ÉPÉE, sans CASQUE, sans BOUCLIER, et presque nue, suivant TITE LIVE et POLYBE. — César (51, A) vante l'habileté des ARCHERS de la GAULE; la CAVALERIE de cette nation ne le cédait à aucune autre. — La milice gauloise connaissait l'usage des CHARS ou COVINS, *covini*, que les LANGUES CELTIQUE ou GAULOISE appelaient *esseda, benna, rheda.* — La cadence de la MARCHE des GAULOIS était marquée par le CHANT des bardes, par l'accompagnement des CORNEMUSES. — Dans des villes des GAULES, la milice maniait habilement la BALISTE, la FALARIQUE, les ARMES DE TRAIT; ainsi le fit MARSEILLE au temps de CÉSAR; mais dans d'autres provinces, l'art des MACHINES était peu avancé; si l'on en croit TACITE, les transfuges ROMAINS y étaient les seuls professeurs en cette partie. — Les TROUPES GAULOISES attaquaient en COURONNADE les FORTERESSES qu'elles assiégeaient. Quand elles construisaient des LIGNES, elles n'y attendaient pas l'ENNEMI, mais en sortaient pour courir à sa rencontre. — Du temps de VÉGÈCE (390, A) l'infanterie se rangeait en CATERVES de six mille hommes, et employait comme MACHINE de guerre le CATTUS. — Les soldats d'origine germaine se rangeaient en bataille par nations ou peuplades; ils formaient des MASSES ou des COINS de cent HOMMES DE PIED; c'étaient des triangles dont la pointe émoussée regardait l'ENNEMI. Telles sont, du moins, les formes que l'opinion des modernes donne à leur ordonnance mal connue. — MAIZEROY (1766, F; 1767, E) dit que leur INFANTERIE

savait former une sorte de TORTUE TACTIQUE. — Les TROUPES GERMAINES étaient faibles en cavalerie, au dire de TACITE; à leur instar, les FRANCS des GAULES étaient presque tous hommes de pied. — S'il faut en croire un éloge peut-être exagéré que SIDONIUS APOLLINARIS fait d'eux, ce sont de tous les peuples connus ceux qui entendent le mieux les ÉVOLUTIONS; *ils sont d'une adresse si singulière, qu'ils frappent toujours où ils visent; d'une légèreté si prodigieuse, qu'ils tombent sur leur ennemi en même temps que le trait qu'ils ont lancé contre lui; enfin, d'une intrépidité si grande, que rien ne les étonne, ni le nombre des ennemis, ni le désavantage des lieux, ni la mort même, avec toutes ses horreurs.* — La POLIORCÉTIQUE des premiers FRANCS était peu différente de celle des ROMAINS, tant par la forme et l'usage des TRAVAUX et des MACHINES que par les méthodes de l'ATTAQUE et de la DÉFENSE des PLACES. — A l'époque de la fusion du sang FRANC ou GAULOIS, une nouvelle manière de guerroyer s'introduit. L'une de ces TROUPES n'était que de GENS DE PIED; l'autre avait brillé de temps immémorial comme CAVALERIE. — Les GAULOIS, encadrés parmi les FRANCS, inspirèrent à leurs compagnons d'armes le goût des chevaux et leur enseignèrent la TACTIQUE ROMAINE ou plutôt BYZANTINE dont ils étaient les conservateurs; CHARLEMAGNE passe pour l'avoir pratiquée. — Sous la PREMIÈRE RACE, on n'avait combattu d'abord qu'à pied; sous la SECONDE RACE, on ne faisait CAMPAGNE qu'avec des TROUPES presque toutes de CAVALERIE; ce système s'est perpétué jusqu'à la renaissance de l'ARMÉE FRANÇAISE. — Les FORTERESSES GAULOISES avaient été rasées, démantelées par les ROMAINS et les FRANCS; leur système de domination ne s'accommodait point des lieux forts. Des milliers de CHATEAUX se relèvent quand la FÉODALITÉ s'assoit; le dixième siècle est le triomphe de la FORTIFICATION. — La science de la BALISTIQUE romaine s'était perdue; LOUIS LE GROS et PHILIPPE AUGUSTE firent revivre la CATAPULTE; PHILIPPE recourait pour le service des BALISTES au savoir-faire des ITALIENS et des GRECS. Il paraît qu'il renouvela les CONTREVALLATIONS des anciens. — Sous la SECONDE et la TROISIÈME RACE, les CHANTS militaires, les CRIS D'ARMES, étaient sur le champ de bataille de puissants moyens d'excitation: les CRIS DE GUERRE étaient le SIGNAL et le COMMANDEMENT auxquels s'ENTAMAIENT les CHARGES; la CHANSON DE ROLAND a eu une longue vogue dans une grande partie de l'EUROPE. — Sous la TROISIÈME RACE, on s'est servi, à la fois, pendant longtemps, et des MACHINES anciennes et de l'ARTILLERIE nouvelle. — Des CORNETS ou CORNABOUX étaient les INSTRU-MENTS à vent des PIÉTONS. — Dans le treizième siècle, l'utilité des CORPS DE RÉSERVE commence à se faire sentir. — LES JOURS DE BATAILLE, on décidait ordinairement, en CONSEIL, quelles manœuvres il convenait d'exécuter ; il fallait bien se concerter, se recorder, aucun principe n'étant alors posé ou fixe ; il y avait loin de là aux théories, si imparfaites pourtant encore, de l'ARMÉE moderne. — N° 7. PUNITIONS, PEINES. — La CANNE de pommier était, chez les FRANCS, et le BATON DE COMMANDEMENT et l'instrument de RÉPRESSION. — Dès la PREMIÈRE RACE, le COMBAT DE JUGEMENT est la JURISPRUDENCE du SOLDAT ; le vainqueur est l'arbitre de la PEINE encourue par l'ENNEMI vaincu. Cette atroce coutume est passée des mœurs des milices BOURGUIGNONNE et VISIGOTHE dans celles de toutes les classes de la société. Le DUEL en est, de nos jours, la dernière trace. — La DÉCIMATION à la ROMAINE s'exerçait sous le règne de CHARLEMAGNE ; mais depuis les CAPITULAIRES qui prescrivaient ce genre d'EXÉCUTION, tout vestige d'une JUSTICE réglée, distributive, s'était effacée. — Que pourrions-nous dire de la pénalité ancienne, puisque, de nos jours, la JURISPRUDENCE de l'ARMÉE et la RÉPRESSION des CRIMES sont encore dans le chaos. — Nous avons raconté comment le bon Louis DOUZE, dans ses excursions en pays ennemis, faisait pendre sans forme de procès les CASTELANS qui ne lui ouvraient pas leurs PORTES ; comment le chevalier sans peur et sans reproche faisait massacrer les ARQUEBUSIERS, parce qu'ils se battaient à coups d'ARQUEBUSE ; comment on se débarrassait des FEMMES D'ARMÉE quand elles encombraient les MARCHES. Le cure-dent et les patenôtres du connétable de Montmorency sont historiques. Ce grand justicier, comme l'appelaient ses soldats, envoyait d'un clin d'œil à la mort les patients, tout en disant ses prières. — Mais à chaque temps, à chaque coutume, il faut faire une part de louanges et de blâme. Quand les Valois essayèrent d'instituer une DISCIPLINE, ils chargèrent de son administration des PRÉVOTS et des ARCHERS ; ils en firent les correcteurs des FAUTES, les ministres des CHATIMENTS, les répartiteurs des coups, les arbitres des SUPPLICES. Il y avait là une pensée politique et législative. Les PIQUETS D'EXÉCUTION ne se composaient pas de CAMARADES DE LIT ; depuis le siècle philosophique, au contraire, des CAMARADES sont chargés de PASSER PAR LES ARMES leurs FRÈRES D'ARMES. — N° 8. ADMINISTRATION. — A l'origine de la mo-

narchie, chaque CHEF, devenu possesseur de BÉNÉFICES MILITAIRES, était chargé de l'entretien de ses TROUPES FAISANT CAMPAGNE ; ce qui se bornait à peu près à dire à chaque SOLDAT FIEFFÉ : Pourvoyez-vous de VIVRES pour tant de jours ; jeûnez *tels jours*. — L'impossibilité ou la désobéissance étaient presque toujours à côté de l'injonction ; la rapine et la spoliation étaient la ressource obligée dans un temps où il n'existait point de TRÉSOR D'ARMÉE. Mais il fallait que les CHEVAUX, dont l'administration s'occupait plus que des hommes, trouvassent des APPROVISIONNEMENTS ; de là les emmagasinements de DENRÉES pour les réunions nommées CHAMP DE MARS et CHAMP DE MAI ; de là l'institution des FOURRIERS, *fodrarii*. — Sous la TROISIÈME RACE, il fut établi des COMMIS VIVRIERS ou des CLERCS exerçant en vertu de commission du CONNÉTABLE ou des GÉNÉRAUX. On les nomma ensuite COMMISSAIRES DES VIVRES et ils devinrent les hommes du roi. On ne voit pas de FOURNITURES réglées ni de DISTRIBUTIONS faites par des préposés de cette dernière espèce avant PHILIPPE LE BEL, en 1311 ; depuis les deux siècles précédents c'était à la SOLDE à pourvoir à tout. Au milieu du quatorzième siècle, des COMMISSAIRES DES GUERRES furent institués. — SERVAN (1780, B) donne quelques aperçus touchant la solde que percevaient, avant CHARLES SEPT, les ARBALÉTRIERS, ARCHERS, BACHELIERS, BANNERETS, FRANCS ARCHERS, GENTILS HOMMMES A PIED, HOMMES D'ARMES, SERGENTS. — En 1470, Louis ONZE créa deux commis ou COMMISSAIRES GÉNÉRAUX des vivres. — HENRI TROIS, en 1574, au camp de Lusignan, souscrivit un TRAITÉ de VIVRES et de FOURRAGES avec un habitant de Niort, nommé *Amory Bourguignon* : c'est le plus ancien entrepreneur ou traitant que l'histoire mentionne. — Au quinzième siècle, les SOLDATS réformés qui ne se sentaient pas assez de détermination pour se livrer au brigandage, se faisaient mendiants ou se plaçaient, comme MORTES-PAYES, dans des CHATEAUX seigneuriaux ; quelques estropiés, quelques INVALIDES, ou des sujets protégés entraient comme MOINES LAIS dans des abbayes ou des couvents. — Telles étaient presque les seules mesures de l'administration politique et gouvernementale des ARMÉES. Ce fut à peu près l'époque où l'on commença à s'occuper des TRANSPORTS, où l'on songeait à en organiser les moyens.

COUIN. V. COURONNADE. V. CRUPELLAIRE. V. CUI-
RASSE. V. CULOTTE. V. DARD A MAIN. V. ÉPÉE.
V. FALARIQUE. V. FLÈCHE. V. FORTERESSE. V.
GALÉAIRE. V. GAULOIS (adj. et noms propres).
V. GÈSE. V. MILICE FRANÇAISE N° 1, 2, 4. V. SA-
RISSE. V. TRIMACRÉSIE. V. TRIMARKISIE.

MILICE (milices) GRECQUE (F). Sorte de
milices considérées ici comme antiques et
comme comprenant génériquement et dans
un même cadre celles de MACÉDOINE, d'E-
PIRE, de SPARTE, d'ATHÈNES, de THÈBES, etc.;
car, au temps de la haute civilisation, le
fond des institutions et de la TACTIQUE différait peu dans ces diverses contrées, ou du
moins les ÉCRIVAINS ne nous éclairent pas
suffisamment sur les dissemblances qui de-
manderaient à être signalées. — Quant à la
Milice de BYSANCE, qui était plus ROMAINE
que grecque, nous en traiterons sous le titre
de MILICE BYSANTINE; et, quant à la Milice
grecque moderne, qui n'a pris, pour ainsi
dire, naissance que depuis la GUERRE DE
1828, nous en dirons quelques mots sous le
titre de MILICE HELLÉNIQUE. — L'existence des
Milices grecques, considérées pendant la
phase où elles ont été habilement organisées et savamment conduites, a été plus
brillante que longue; d'abord féodales aux
temps héroïques, citoyennes ensuite, elles
ont joué plus tard un rôle mercenaire; HÉ-
RODOTE et XÉNOPHON (570 avant J.-C.) nous
les montrent à la solde des rois de PERSE,
ennemis naturels de la Grèce. — La chute
des Milices grecques a été brusque; bien
différentes de la MILICE ROMAINE, elles ont
péri sans maladie, sans agonie. Miltiade, à
MARATHON, prépara leur célébrité; PAUL
EMILE, à Pydne, creusa leur tombeau. —
Avant la fin du MOYEN AGE, les SUISSES ont
ressuscité la PHALANGE; les ESPAGNOLS l'ont
vue périr à ROCROY. Mais la Grèce militaire
a survécu partout dans sa LANGUE; elle est
empreinte dans celle de toute l'Europe. —
Les AUTEURS qui se sont occupés didactique-
ment ou historiquement des armes de la
Grèce sont : ALFIO - GRASSI , APOLLODORE
(150, A), ARRIEN (110, A), ATHÉNÉE (260, A),
BARTHÉLEMY, BAUMGARTNER (1779, E), BEAU-
SOBRE (1757, I), BENETON (1741, A), BITON
(500 avant J.-C.), BOSSUET (*Essai sur l'his-
toire*), BOUCHAUD (1771, I), M. CANCRIN,
M. le colonel CARRION (1824, A), CAVAL-
CANTI (1552, C), CINUZZI, M. CIRIACY,
M. COURTIN (1823, E, aux mots *Armée* et
Phalange), DAGOBERT (1795, A), DANDRÉ-
BARDON, DECRAMMEVILLE (1789, A), DESPA-
GNAC (1751, D), DILICH, ÉLIEN (1757, G),
ENCYCLOPÉDIE (1751, C, et suppl. au mot
Forces; 1785, C; id. aux mots *Cavalerie*
et *Levée*), ÉNÉE (1757, I), FOLARD (1727,

A), GRASSI (1821, K), GUISCHARDT (1758, H),
HÉRODOTE, HÉRON (217 avant J.-C.), HESY-
CHIUS, HOMÈRE, JULES AFRICAIN (220, A),
JUSTE LIPSE (1596, A), KAUSLER (1825,
1826, 1827), KIESWETTER, LACHESNAIE (1758,
I; id. au mot *Paye*), LISKENNE, LOUOZ
(1770, C), LOUIS ONZE (1616, B), MABLY
(*Observations sur l'histoire de la Grèce*),
MACHAULT (1618, B), MACHIAVEL (1510, A),
MAIZEROY (1766, F; 1771, A, préface; 1775,
A), MAUBERT (1762, F), MESNIL-DURAND
1774, B, préface), MONCHABLON, MONTÉCUCULI
(1704, D), MORETTI (don F.) (1829, D), NAST
(1780), ODIER (1824, E), PATRIZZI (1594,
A), PAUSANIAS, PLUTARQUE (*Vie d'Epami-
nondas*, etc.), POLYBE (150 avant J.-C.),
POLLUX, POTTER (t. II), PRAISSAC (1622, A),
PUYSÉGUR (1748, C), QUINTE-CURCE, RA-
CHETTI, RENNELL, ROBINSON, M. ROCQUAN-
COURT, M. le général ROGNIAT (1816, B),
ROHAN (1757, Q), ROYOU (1803), SAINT-CYR,
SCAPULA, SEDLER, SERVAN (1780, B), STIER-
NEMAN, SUIDAS, SILIUS ITALICUS, TITE LIVE,
THUCYDIDE, THUILLIER, TURNER, TURPIN (1783,
O), ULPIEN, URBICIUS (500, A), VALÈRE-
MAXIME, M. le général VAUDONCOURT (1812),
XÉNOPHON (570 avant J.-C.), le *Diction-
naire de la Conversation* (aux mots *Ar-
mée, Art militaire*, etc.), *l'Armée* (jour-
nal), p. 85, enfin les *Mémoires de l'A-
cadémie des belles-lettres* (t. VI et XLV). —
Ce qui concerne la Milice grecque va nous
occuper dans l'ordre suivant : CRÉATION,
COMPOSITION, FORCE, UNIFORME, INSTRUCTION,
TACTIQUE, SUBORDINATION, PUNITIONS, ADMI-
NISTRATION. — N° 1. CRÉATION. — POLYEN
attribue au dieu Pan l'invention de la PHA-
LANGE. Cette assertion prouve que l'usage
s'en perd dans la nuit des temps fabuleux.
Cependant plusieurs ÉCRIVAINS sont d'avis
que si HOMÈRE donne quelque idée de cette
forme de tactique, elle n'a pourtant réellement fait des progrès que sous PHILIPPE DE
MACÉDOINE. ÉLIEN le donne à entendre; et,
à l'en croire, ce prince perfectionna ce système en l'empruntant des descriptions que
traçait l'Iliade. — Les opinions qui supposent la phalange d'origine bien plus ancienne que le règne de Philippe ont prévalu. — Si l'on compare à la MILICE ÉGYP-
TIENNE, qu'on pourrait appeler milice-mère,
celle de la GRÈCE, l'origine de cette dernière
présente plus de points vraisemblables :
dans l'autre, presque tout se borne à des
suppositions dont plusieurs cependant ont
été confirmées par des découvertes modernes. — Ce que les ÉCRIVAINS primitifs disent
des GRECS leurs ancêtres se compose de
vérités semées sur un fond fabuleux; la
Milice de ROME, elle-même, qui tire son

origine de celle de la Grèce, a son berceau entouré de nuages. — Avant le siége de Troie, le maximum d'agglomération de l'infanterie de bataille est la pentacosiarchie, ou du moins de petites masses comparables à des bataillons en ordre profond. Cette armée (car c'en était une) et ses accessoires pouvaient équivaloir à quatre ou cinq cents hommes. — La milice athénienne connaissait, dit-on, 1500 ans avant J.-C. l'usage du char; il n'est question dans l'Iliade, à part les hommes à pied, que de ce moyen de combattre, et non d'hommes à cheval. — La phalange est inventée dans les plaines de la Troade; mais si le groupe tactique qui y était employé était de même force numérique que la phalange plus moderne des Macédoniens, il avait plus de profondeur que celle-ci. — De la guerre de Troie à la guerre médique, huit siécles s'écoulent; pendant ce laps de temps, la phalange était indubitablement en usage; mais des hommes de cheval n'y sont attachés que fort tard. — Vers la phase des temps historiques, les Grecs apprennent des Scythes l'art de combattre en troupes à cheval. — Depuis Homère, dont une partie des récits porte un caractère historique, jusqu'au cinquième siécle, ou jusqu'à Hérodote, il n'est pas de recherches possibles, l'art devait cependant avoir fait des progrès. — N° 2. Composition. — Etablir une distinction logique, concluante, absolue, entre les lois de la composition et celles de la tactique grecque, est difficile, impossible même; car l'organisation de l'armée grecque n'avait pas pour but la facilité de l'administration, la rapidité des marches, mais le combat, pour ainsi dire, sur place; les troupes grecques n'étaient pas des forces de précaution, mais d'action; il fallut tout le talent d'Agésilas, de Xénophon, de Parménion, de Pyrrhus, d'Annibal, pour mobiliser et faire vivre leurs armées; et probablement ils apportèrent de nombreuses modifications aux formes que les modernes ont gratuitement supposées positives et permanentes, mais dont les savants ont négligé de dévoiler le jeu secret, de retrouver les époques et la durée, et de mettre en lumière les variations et les exceptions. — Une partie du présent chapitre tient donc autant aux choses du champ de bataille qu'à l'économie militaire; c'est une confusion inévitable. — Le sujet est vaste et abonde en détails curieux et importants: il intéresse l'histoire, la science, la langue française. — Passons en revue le système des levées, l'organisation des troupes, la formation de l'état-major, l'institution des corps privilégiés, les éléments de l'infante-

rie et de la cavalerie; mais n'oublions pas que les Etats de la Grèce ont été nombreux et de forme changeante, que les dialectes différents ont employé des dénominations diverses, que nos assertions s'appliquent au plus grand nombre des Etats grecs ou aux plus importants d'entre eux; mais que ce qui est vrai à l'égard de la plupart pourrait n'être pas vrai à l'égard de tous. — La conscription était le principe national de la formation des armées grecques; l'appel des hommes libres impliquait celui de leurs esclaves dans une proportion qui a varié; l'enrolement mercenaire fournissait dans plusieurs Milices les armés à la légère et la cavalerie. Quantité de Gaulois et de Gésates venaient en Grèce y servir à cheval. Ce système d'appel aux mercenaires donnait lieu à de fréquentes désertions. — Les lois de l'age militaire n'étaient pas les mêmes dans toute la Grèce; mais, en général, le serment militaire était prononcé par les Grecs de vingt ans, époque de l'inscription sur la liste civique. La conservation du bouclier était une des formules du serment; le déshonneur attaché à sa perte tenait, suivant Plutarque, à ce principe, qu'*un citoyen brave doit songer à défendre son pays avant d'attaquer son* ennemi. — L'époque de la libération et l'age de l'inhabileté à l'enrolement tombaient à la soixantième année de la vie. C'était la phase apomaque. — Les Athéniens, suivant Ulpien, servaient, dans l'intérieur, de dix-huit à vingt ans : c'était leur noviciat. — Une nation, une peuplade avait sa phalange. Quand la Macédoine accrut sa puissance, son armée fut de deux phalanges ou fut diphalangarchique; quand elle se déploya en Asie sous Alexandre, elle fut de quatre phalanges ou tétraphalangarchique. — A Lacédémone, comme le disent Barthélemy et les anciens dont il est l'interprète, l'armée était de cinq corps, nommés *mora* ou *lochos*, ou plutôt elle se levait dans cinq districts ou tribus, ce qui donnait peut-être dix mille hommes. Xénophon la partage en six corps, parce qu'il y ajoute les six cents servites qui formaient la garde à cheval du stratége. — Un polémarque était chef de mora; mais, dans d'autres Etats de la Grèce, ce titre avait un sens différent. — Il y a eu des dissemblances marquées entre les Milices des monarchies et des républiques; quantité de ces nuances se sont effacées sans retour. Il ne faut pas chercher à atteindre la vérité dans sa pureté, mais se contenter de rassembler ce que la lecture des auteurs et l'unanimité des savants nous autorisent à regarder comme vrai. — Le système de formation était concerté et pondéré dans ses moindres parties ; ainsi les PSILITES étaient en même nombre que la CAVALERIE. Les PELTASTES étaient le double de celle-ci ; les OPLITES, le double des PELTASTES ; telle était du moins l'ARMÉE macédonienne. — En général, les Milices des républiques se partageaient en trois principales catégories ou échelons hiérarchiques, les HOMMES HORS RANG, ou OFFICIERS de tout GRADE, les HOMMES DE RANG, A PIED et A CHEVAL, les PSILITES. On ne faisait pas aux ilotes et aux esclaves l'honneur de les nommer. — Les HOMMES DE RANG étaient comparables aux modernes HOMMES DE TROUPE, tels étaient les OPLITES et les PELTASTES ; ces derniers, quoique de même ordre à certains égards, étaient d'une classe moins considérée que les OPLITES ; ils étaient comparables à l'INFANTERIE LÉGÈRE actuelle, avec cette différence que celle-ci marche au même rang que l'infanterie de bataille. — Au-dessous des PELTASTES étaient les PSILITES, qui faisaient fonctions de COUREURS, de BATTEURS D'ESTRADE et de SOLDATS D'ESCARMOUCHE.— Les HOMMES DE RANG avaient pour SOUS-OFFICIERS les hommes d'avant et d'arrière. — Au nombre des HOMMES HORS RANG étaient les CENTARQUES ou HÉCATONTARQUES, comparables à des CAPITAINES D'INFANTERIE ; dans cette même classe figuraient les OFFICIERS supérieurs., les POLÉMARQUES ou chefs d'ARMÉE, les PHALANGARQUES OU CHEFS DE PHALANGE ; les HIPPARQUES ou chefs de chevaux ; les EXARQUES ou chefs d'EXARCHIE. — A la tête des alliés étaient des PHILARQUES ; au-dessus de tous dominait le STRATÉGE OU GÉNÉRAL D'ARMÉE. — Le système de l'ADMINISTRATION se rattachait à ces trois degrés de hiérarchie ; les devis de la SOLDE et le taux des ALLOCATIONS y répondaient ; mais il y avait quantité d'autres rangs, GRADES ou fonctions ; ceux qui en étaient revêtus n'en retiraient que l'honneur attaché au COMMANDEMENT, et la gloriole d'un titre ou d'une place tactique qui annonçaient préférence ou supériorité. — L'AVANCEMENT, la théorie des RÉCOMPENSES, étaient réglés dans les républiques grecques par de sages lois ; le principe en était consacré dès le siècle où XÉNOPHON (370 avant J.-C) écrivait. — Il ne se voyait pas de FEMMES à la suite des ARMÉES GRECQUES. — La SCIENCE nommée HERCOTECTONIQUE, ou art de l'ARCHITECTURE des forteresses, était exercée par des INGÉNIEURS nommés *teichopoios*.

— Les rois de Sparte étaient accompagnés de cent guerriers prêts à se sacrifier pour le salut du prince. — Des DORYPHORES précédaient le STRATÉGE comme GARDES ou comme guides. — Quels que fussent la dignité ou le rang politique du GÉNÉRAL D'ARMÉE, son escorte se composait des athlètes qui avaient remporté le prix dans les jeux ; son ÉTAT-MAJOR comprenait, comme OFFICIERS supérieurs sans troupe, comme CHEF D'ÉTAT-MAJOR, comme INTENDANT, des TAXIARQUES, un POLÉMARQUE, des BIARQUES ; il avait sous ses ordres des HÉRAUTS, messagers de paix, parlementaires sacrés, nommés IRÉNOPHILACES ; d'autres s'appelaient *ceryces*, *irenodices*. — Des PLAGIOPHULAQUES (de *playiophula-kai*, qui défend le côté, suivant DILLON, ou de *plagios*, oblique, *philax*, gardien) étaient flanqueurs ou défenseurs du flanc. — L'adjonction des FILES, suivant le même ÉCRIVAIN, s'appelait SYLLOCHISME (*sullochismos*) ; toute troupe de plus d'une file était un SYLLOCHISME. — La GARDE des rois de MACÉDOINE se nommait AGÉMA ; des soldats à BOUCLIERS de cuivre en faisaient partie sous le nom de CHALCASPISTES ; ils prenaient rang entre les PELTASTES et les OPLITES ; on pourrait donc supposer que le poste du roi, en ORDRE DE BATAILLE, était entre ses deux lignes. — L'INFANTERIE était le fonds de l'ARMÉE ; elle se composa d'abord d'une PENTACOSIARCHIE, ensuite d'une PHALANGE, ensuite de plusieurs. — Des halacres que cite M. RAYMOND étaient des soldats au service d'ALEXANDRE ; c'étaient, suivant Ganeau, des Phrygiens commandés par un chef nommé Balcurer. — Si l'usage, ou peut-être l'abus des CORPS PRIVILÉGIÉS existait en GRÈCE, il ne s'y voyait rien du moins qui ressemblât aux COMPAGNIES D'ÉLITE de l'INFANTERIE moderne. — Les SUBDIVISIONS nommées DÉCURIES, ÉNOMOTIES, LOCHOS, MORA, n'ont pas eu une force fixe ; elle est inégalement accusée dans THUCYDIDE, dans XÉNOPHON et dans leurs interprètes ; ces différences, entre lesquelles il est difficile de saisir la vérité, résultent des différences de peuplades ou d'époques que ces AUTEURS ont en vue, ou bien elles sont le résultat du plus ou moins d'exactitude ou d'habileté des traducteurs. — L'infanterie oplitique ou l'INFANTERIE DE BATAILLE, quand elle eut été perfectionnée en MACÉDOINE, était formée comme l'indique le tableau qui suit :

	Nombre D'OPLITES.	Fractions de l'UNITÉ TACTIQUE, équivalant à
ENOMOTIE.	4	quart de FILE.
DIMOERIE.	8	DEMI-FILE.
DÉCARCHIE. . . . . DÉCURIE DE SPARTE. . . . . LOCHOS DE MACÉDOINE.. . . STIQUE.	16	1 FILE.
DILOCHIE.	32	2 FILES.
PENTECOSTYS. . . . . . . TÉTRARCHIE.	64	4 FILES, ou cinquantaine.
EXARCHIE.	96	6 FILES.
CENTURIE. . . . . TAXIARCHIE DE MACÉDOINE. .	128	8 FILES, ou centaine.
SYNTAGME. . . . . XÉNAGIE.	256	16 FILES.
PENTACOSIARCHIE.	512	32, ou commandement de 500.
CHILIARCHIE.	1024	64, ou commandement de 1000.
ÉPIXÉNAGIE. . . . . . . MÉRARCHIE DE MACÉDOINE. . MORA DE SPARTE. . . . . . TÉLARCHIE. . . . . . . TELOS.	2048	128 FILES.
PHALANGARCHIE. . . . . . PHALANGE. . . . . PHALANGIE. . . . . PETITE PHALANGE. . . . . STRATÉGIE.	4096	256 FILES.
DIPHALANGARCHIE. . . . . DIPHALANGIE. . . . . . . DOUBLE PHALANGE.	8192	512 FILES.
GRANDE PHALANGE. . . . . STRATÉGIE. . . . . TÉTRAPHALANGARCHIE.. . . . TÉTRAPHALANGIE.	16384	1024 FILES.

— L'OPLITE se faisait suivre, pour le service de sa personne, d'un ou de plusieurs VALETS ou SKEUOPHORES; l'OPLITE athénien n'avait qu'un VALET; l'OPLITE spartiate avait, à la bataille de Platée, comme le témoigne M. le colonel CARRION, jusqu'à SEPT ilotes. On conçoit mal, militairement parlant, ce mélange de maître et d'esclaves. — Les VALETS étaient-ils PSILITES, comme le fait semble supposable? mais leur proportion numérique ne correspondrait pas aux lois tacti-

ques connues. Étaient-ils uniquement SKEUOPHORES *sarcinatores*, comme les goujats des derniers siècles, c'est-à-dire PORTEURS du bagage nommé, de nos jours, CHARGE DE SOLDAT? mais, en ce cas, la surabondance des VALETS serait encore inexplicable; d'abord l'infanterie légère ne se composait que de PSILITES; plus tard les PSILITES devenant une infanterie demi-grave, prirent la PELTE ou DEMI-BOUCLIER et devinrent PELTASTES, en même temps, de nouveaux PSILITES sans bou-

CLIER devinrent FRONDEURS et ARCHERS ; ceux-ci furent, suivant les temps, tirés des esclaves. Le nom de PSILAGIE, qu'une des subdivisions de PELTASTES conserva, et qui fut probablement un maximum élémentaire d'AGRÉGATION, autorise cette conjecture ; il en est arrivé absolument de même dans la LÉGION ROMAINE, quand les VÉLITES de créa-tion primitive devinrent solides sous le nom de HASTATS, alors que des VÉLITES d'institution nouvelle étaient créés. — L'ÉPITAGME des PELTASTES se rangeait en arrière, du moins le plus souvent, à ce qu'on croit ; ses subdivisions correspondaient à celles des PHALANGITES. — La formation des peltastes était conforme au tableau que voici :

	NOMBRE DES PELTASTES.	NOMBRE DES FILES.
DIMOERIE.	4	1/2
STIQUE, OU DÉCURIE, OU LOCHIE.	8	1
DILOCHIE.	16	2
SYSTASE.	52	4
PENTACONTARCHIE.	64	8
HÉCATONTARCHIE.	128	16
PSILAGIE.	256	52
XÉNAGIE.	512	64
SYSTRÈME.	1024	128
ÉPIXÉNAGIE.	2048	256
STYPHE.	4096	512
ÉPITAGME.	8192	1024

— La CAVALERIE n'avait pris aucun développement à ATHÈNES et à SPARTE. Les LACÉDÉMONIENS en méprisaient l'usage ; la leur était toute mercenaire. — Les CHARS DE GUERRE, CAVALERIE primitive, disparurent à mesure que la SCIENCE se perfectionna ; la CAVALERIE, faible d'abord, inconnue presque au temps de XÉNOPHON, ne prit un développement étudié qu'en ÉPIRE et en MACÉDOINE ; ailleurs, elle était un ramas d'étrangers. A mesure que cette ARME prit de l'importance, elle se modela sur les systèmes de la MILICE PERSE. — Après la bataille de Platée, l'assemblée générale de la GRÈCE décréta une LEVÉE de CAVALERIE, constituée sur le pied du onzième de l'INFANTERIE ; plus tard elle se proportionna à raison du septième et du huitième. — Des ÉLÉPHANTS commencent à figurer dans l'ARMÉE de MACÉDOINE après qu'ALEXANDRE se fût emparé de ceux de Porus. — La CAVALERIE était ordonnée en troupes graves et en TROUPES légères ; la CAVALERIE de bataille se nommait CATAPHRACTES, la CAVALERIE LÉGÈRE s'appelait ACROBALISTES OU HIPPOTOXOTES (*hippotoxota*). — Mais on est mal éclairé sur ce genre de détails et sur les différences qui en résultaient dans l'intérieur de l'ÉPITAGME ; peut-être les HIPPOTOXOTES et les DIMAQUES étaient-ils des PSILITES A CHEVAL.

	NOMBRE DE CAVALIERS CATAPHRACTES.	NOMBRE DE FILES.
LOCHOS.	8	1
DILOCHIE.	16	2
EMBOLON, OU TÉTRARCHIE.	52	4
ARCHIE, OU ILE.	64	8
ÉPITARCHIE.	128	16
TARENTINARCHIE.	256	32
XÉNAGIE, OU HIPPARCHIE.	512	64
ÉPHIPPARCHIE.	1024	128
MÉRARCHIE, OU TÉLARCHIE, OU TÉLOS.	2048	256
ÉPITAGME.	4096	512

— Dans l'ARMÉE de MACÉDOINE, des DIMAQUES, espèce de DRAGONS, étaient destinés au SERVICE A PIED et A CHEVAL. — La Thessalie, la THRACE, l'Etolie, Tarente, donnaient à la MACÉDOINE une CAVALERIE estimée et en grande partie nationale. — La formation de la CAVALERIE athénienne différait de celle de MACÉDOINE, puisque dans la première, comme le témoignent l'ENCYCLOPÉDIE (1751, C) et ROBINSON, le HIPPARQUE y commandait quatorze cents CHEVAUX. — Des CAVALIERS à BOUCLIERS particuliers se nommaient THYRÉOPHORES, comme le témoigne l'Encyclopédie (1785, C, t. 1, p. 133). — N° 3. FORCE. — Le chiffre des forces grecques a été trop peu fixe pour qu'un tableau en puisse être tracé; comment serait-il exact, puisque, de nos jours, malgré le perfectionnement du système administratif, il ne se dresse pas un état de situation qui ne soit un à peu près ou un mensonge. — La force totale d'une PHALANGE ou d'une ARMÉE équivalait à cinq ou six mille hommes. — Les dix mille de XÉNOPHON répondaient à deux phalanges. — A Marathon, dix ou douze mille Athéniens, ou deux PHALANGES, soutiennent l'effort des PERSES. — La PHALANGE de PHILIPPE de MACÉDOINE est de six mille cinq cents hommes. — ALEXANDRE entra en Asie, disent les historiens, avec cinq mille chevaux et trente mille fantassins. C'était quatre PHALANGES et leurs accessoires. Il avait à ARBELLES, suivant d'autres narrateurs, sept mille chevaux et quarante mille PIÉTONS; cette contradiction pourrait faire supposer que son ARMÉE s'était grossie d'auxiliaires. — PYRRHUS conduisit dans la Lucanie trois mille chevaux et vingt-trois mille fantassins; c'était une TÉTRAPHALANGARCHIE. — L'effectif légal d'une ARMÉE GRECQUE, borné d'abord à une PHALANGE, fut ensuite, suivant les temps ou les contrées, de seize mille OPLITES, de huit mille PELTASTES, de quatre mille CAVALIERS, de quatre mille PSILITES. — On considérait la PHALANGE, à ce que dit VÉGÈCE (590, A), comme un CORPS de huit mille hommes; cette assertion donnée comme absolue est erronée. — N° 4. UNIFORME. — La couleur rouge était surtout celle des VÊTEMENTS du SOLDAT grec. Aristote et, d'après lui, SUIDAS, affirment que les LACÉDÉMONIENS regardaient l'ÉCARLATE comme propre à rehausser à leurs propres yeux les hommes de guerre, à les accoutumer à la vue du sang; VALÈRE MAXIME dit que, vêtus de la sorte, ils parvenaient à dérober à l'ennemi la connaissance des blessures qu'ils en avaient reçues. SILIUS ITALICUS dit que les ATHÉNIENS faisaient usage de l'ÉCARLATE pour que le soldat ne fût point ému à l'aspect du sang de ses compagnons. — Le VÊTEMENT qui répondait à la CAPOTE moderne s'appelait *abolla*. — La CHLAMYDE était un MANTEAU COURT que les HOMMES DE GUERRE jetaient sur la TUNIQUE et attachaient sur l'épaule droite pour laisser libre le bras droit. — La COIFFURE se portait sur la CHEVELURE coupée courte; elle consis-

tait principalement en CASQUE à AMPHOTIDES ou oreillons. Les CASQUES FERMÉS étaient ceux des Grecs de haut rang. — Les MARQUES DISTINCTIVES des GRECS étaient empreintes sur le BOUCLIER. XÉNOPHON (340 avant J.-C.) témoigne qu'il y était tracé des lettres initiales ou des emblèmes qui caractérisaient la nation et le SOLDAT. Quelquefois il y était figuré une devise du choix du maître du BOUCLIER. Un SOLDAT y avait peint une mouche avec cette inscription : *l'ennemi ne la verra que de près.* Quelques ÉCRIVAINS ont cru voir dans les emblèmes de ce genre l'origine des ARMOIRIES. — Le BATON DE COMMANDEMENT se nommait *scipio*; le SKYTALE, le CADUCÉE, étaient aussi des marques de dignité. — La CUIRASSE d'ALEXANDRE était de lin, ainsi que celle du CORPS macédonien, nommée par cette raison *alexandrini*. C'était primitivement aussi la matière de l'ARMURE athénienne, mais Iphicrate la remplaça par la CUIRASSE de métal. — La CUIRASSE d'airain fut toujours de mode à SPARTE. — Les CATAPHRACTES ou CLIBANAIRES se nommaient ainsi à cause de la solidité de leur enveloppe; l'ARMURE À ÉCAILLES servait aux HIPPOTOXOTES. — Les OPLITES portaient l'ARMURE pesante, une ÉPÉE courte et légère suspendue à un ceinturon; une SARISSE, un BOUCLIER parallélogramme, en tuile à canal : celui des ATHÉNIENS et des LACÉDÉMONIENS était de grande dimension. IPHICRATE en diminua la longueur. PHILOPÉMEN rendit aux OPLITES le grand BOUCLIER d'airain nommé *thyreos*. — L'ÉPÉE de SPARTE était un grand poignard; de là ce mot d'AGÉSILAS: *C'est pour joindre l'ennemi de plus près.* — IPHICRATE allongea du double la LAME de l'épée athénienne et donna un tiers de plus à la HAMPE de la SARISSE. — PHILOPÉMEN allongea encore plus les SARISSES achéennes; il remit en usage les ARMES DÉFENSIVES de métal. — Le JAVELOT était l'arme des GROS PHOMAQUES. — Les CHAUSSE-TRAPES s'appelaient TRIBOLES; l'arc était donné à une partie des PSILITES. — La FRONDE que décrit XÉNOPHON lançait des cailloux, des PIERRES, des MASSES ou OLIVES de métal. — D'autres FRONDES servaient à jeter des FLÈCHES nommées CESTRES. — L'ARME nommée YSSE était le GÈSE gaulois. — Avant l'emploi du fer, l'airain entra longtemps, seul, dans la fabrication des ARMES et même des ÉPÉES. — Les ASTROCHES, les FALARIQUES étaient les ARMES à double effet que lançaient, en outre des PROJECTILES ordinaires, les BALISTES, les CATAPULTES, les MACHINES de tout genre. La MILICE MACÉDONIENNE a, la première, employé des CATAPULTES sur roues. — Les ARMES GRECQUES furent, de contrée à contrée, de nature et de formes diverses, comme le témoignent POLLUX et ROBINSON. Les SARISSES MACÉDONIENNES étaient les plus longues; les Arcadiens et les THÉBAINS avaient une partie de leurs hommes de pied armés de MASSUES. — Les ENSEIGNES étaient, en général, des IMAGES sculptées; elles ne prirent une DRAPERIE que depuis la corruption des TROUPES et l'introduction du christianisme; nos DRAPEAUX A DRAPERIES en ont été l'imitation. — On trouve à l'égard de ces enseignes quelques notions dans l'ouvrage de M. REY. — Des INSTRUMENTS A CORDE, A PERCUSSION, A VENT, ont été en usage dans les TROUPES GRECQUES. La LYRE et la FLUTE de TYRTÉE sont restées célèbres. — La CLOCHE portative tenait en éveil les GARDES; son retentissement annonçait les RONDES. PLUTARQUE, SUIDAS, THUCYDIDE, en rendent témoignage; mais, peut-être, cette CLOCHE était-elle un tympan à battant détaché, ou une grosse CYMBALE qu'on tenait d'une main et qu'on frappait de l'autre avec une espèce de marteau; ce doute résulte de la quantité de synonymes par lesquels les écrivains latins exprimaient cet INSTRUMENT. — Le bagage s'enfermait dans un HAVRE-SAC DE PEAU. — Le CARQUOIS des ARCHERS se portait en arrière de l'épaule droite. Une CORYTE servait d'étui à leur ARC; l'espèce de giberne où les FRONDEURS gardaient leurs PROJECTILES était aussi une CORYTE ou sac de cuir. — La CHAUSSURE consistait en des BOTTINES verticalement fendues sur le côté et fixées au-dessus de la cheville au moyen d'une courroie. Le devant d'une d'elles, ou de toutes les deux, était garni défensivement d'une lame de métal nommée CNÉMIDE; tel a été le type des GRÈVES des avant-derniers siècles. — N° 5. INSTRUCTION. — La Grèce, lieu natal de la vraie DISCIPLINE, a perfectionné habilement les coutumes ÉGYPTIENNES; elle a donné aux ÉTRUSQUES et aux Romains les premières leçons de la SCIENCE DES ARMES. Ses découvertes respirent dans nos usages. — XÉNOPHON (370 avant J-C.), EPAMINONDAS, DÉMÉTRIUS POLIORCÈTE, PHILIPPE et son fils, PYRRHUS, IPHICRATE, PHILOPÉMEN ont été les principaux législateurs des TROUPES GRECQUES; PLATON et SOCRATE même ont appliqué aux perfectionnements de l'ART MILITAIRE leurs méditations. — Nulle part on n'a poussé aussi loin qu'en Grèce l'art de la FORMATION, c'est-à-dire l'organisation appropriée aux mœurs, aux temps, aux ARMES, à la politique; cette perfection se retrouve dans la combinaison de la HIÉRARCHIE, dans la pondération des GRADES, dans la richesse de la nomenclature, dans le choix calculé des COMMANDEMENTS nommés phleg-

matiques, dans les études de l'ACONTISMOLOGIE, de la BALISTIQUE, de la CATABALISTIQUE, de la CATAPELTIQUE, de la CYCLODIATOMIE, de la GYMNASTIQUE et de la TACTIQUE. — La CASTRAMÉTATION était soumise en GRÈCE à des règles profondes. HOMÈRE parle déjà de CAMPS défensifs; mais, entre tous les Grecs, les Macédoniens surtout possédaient l'art des CAMPS RETRANCHÉS. — La même habileté se faisait remarquer dans les TRAVAUX DE LA CAMPAGNE, les constructions en FASCINES, la FORTIFICATION permanente; les CATARACTES qui fermaient les FORTERESSES sont devenues, plus tard, les HERSES des temps féodaux; les TRIBOLES revivent dans nos CHEVAUX DE FRISE. Les LIGNES DE CONTREVALLATION et de CIRCONVALLATION ont été imitées de celles des Grecs; ils ont poussé dans quelques-unes la perfection jusqu'à y construire en briques de commodes et vastes CASERNES; cependant POLYBE regarde les GRECS comme ayant été moins habiles que les ROMAINS en fait de PALISSADEMENT; leurs CAMPEMENTS étaient, en général, de forme ronde; le général en occupait le centre d'où l'on découvrait toutes les rues. — L'usage du CHIFFRE ou écriture mystérieuse est GREC, s'il n'est ÉGYPTIEN; les GRECS nommaient cette science CRIPTOGRAPHIE, POLIGRAPHIE, STÉGANOGRAPHIE. — L'usage des DANSES militaires considérées comme EXERCICES, comme images d'ÉVOLUTIONS, est de la plus haute antiquité. Le siége de TROIE rappelle la *memphitique* inventée par Pallas; XÉNOPHON faisait intervenir la DANSE militaire dans les cérémonies sacrées. — La DANSE PYRRHIQUE a eu une longue célébrité; PLATON et ISOCRATE ont considéré le discrédit où elle tombait, comme le présage de la décadence de la GRÈCE. — Les INSTRUCTEURS ou PÉDOTRIBES ou GYMNASTES d'ATHÈNES et de MACÉDOINE, étaient de véritables PROFESSEURS D'ART MILITAIRE. — Pella, capitale de la MACÉDOINE, était renommée pour ses ACADÉMIES et ses ÉCOLES TACTIQUES. — A SPARTE, l'éducation militaire devait être achevée à quinze ans; à ATHÈNES, à dix-huit. — La science du GÉNÉRAL se formulait sous la dénomination d'ARÉOTECTONIQUE, et d'APOMÉCOMÉTRIE, de STRATÉGIE; celle des INGÉNIEURS, sous le nom de HERCOTECTONIQUE. — Mais la branche philanthropique de la science des armes, la CHIRURGIE MILITAIRE, était de toutes les autres parties la moins avancée. On en peut dire autant du sublime de l'ART et de la PETITE GUERRE; la conception des PLANS DE CAMPAGNE, la conduite des SIÉGES, l'aptitude à profiter des POSITIONS, la science des MARCHES et de la STRATÉGIE (en prenant ce dernier mot dans le sens moderne) firent en

GRÈCE bien moins de progrès que dans la MI-
LICE ROMAINE. Comment en eût-il été autrement dans des pays qui, rigoureusement
parlant, ignoraient ce que c'était qu'un pont,
ce que c'était qu'une route! — Les TROUPES
LÉGÈRES elles-mêmes le cédaient en dextérité
aux Asiatiques. Dans la retraite des dix mille,
les ARCHERS candiotes se montrèrent inférieurs, soit par l'ARMEMENT, soit par l'habileté, aux JACULATEURS perses ; aussi Xénophon
perdit-il plus d'hommes par les FLÈCHES de
l'ENNEMI, que ses PSILITES n'en mirent hors
de combat. — Ces diverses assertions se trouvent confirmées par BEAUSOBRE (1757, 1),
BOUCHAUD (1771, 1), LOLOOZ (1770, C),
XÉNOPHON (570 avant J.-C.) — N° 6. TAC-
TIQUE. — La TACTIQUE GRECQUE est, aux
yeux de beaucoup d'AUTEURS, une matière
obscure ; ils déplorent la perte ou la mutilation des traités qui auraient pu jeter du
jour sur ce point d'antiquité. Nous énumé-
rons ces pertes en traitant de la tactique en
général. — Cependant des savants ont essayé d'expliquer le mécanisme de la PHA-
LANGE ; nous allons résumer leurs opinions,
et, s'il se peut, les faire concorder, les
éclaircir. — Développons d'abord la TAC-
TIQUE des OPLITES, des PELTASTES, des PSILI-
TES ; retraçons l'ORDRE qu'ils observent sur
le TERRAIN, entrons dans l'esprit des ÉVOLU-
TIONS qu'ils ont pratiquées. — A des époques fort anciennes, la TACTIQUE grecque
s'aidait puissamment de la coopération des
CHIENS et de l'emploi des CHARS. — La TAC-
TIQUE de LACÉDÉMONE se présente la première, et se montre la moins compliquée
de toutes ; elle a été adoptée par les CAR-
THACINOIS, imitée par les TOSCANS ou ETRUS-
QUES, transmise par eux aux ROMAINS, dé-
grossie par les ATHÉNIENS et les THÉBAINS, et
portée à sa perfection en MACÉDOINE. — Les
ARMÉES de la GRÈCE étaient déjà habiles dès
le temps d'HOMÈRE. L'Iliade dépeint la cohésion des RANGS, l'épaisseur de la CATERVE, la
simultanéité d'action, le silence observé, la
régularité du PAS, la CADENCE de la MARCHE,
le concours des INSTRUMENTS A VENT. —
Pendant bien des siècles et jusqu'au temps
de XÉNOPHON et d'EPAMINONDAS, les variations, les changements qui eurent lieu en
fait d'agents, de systèmes, de principes,
restent mal connus, mais ils furent nombreux sans doute. — La SCIAMACHIE devint
ensuite l'étude élémentaire. — En MACÉ-
DOINE, les PSILITES voltigeaient en ESCARMOU-
CHEURS ; la CAVALERIE servait d'APPUI ou combattait à part de la PHALANGE ; les PELTASTES
manœuvraient ; les OPLITES attendaient de
pied ferme, comme un homme en garde, ou
comme deux hommes adossés ; au centre du

neuvième rang de chaque SYNTAGME, était
l'ENSEIGNE tenue par le SEMÉIOPHORE, comme
l'appelle DILLON ; les PROTOSTATES donnaient
l'exemple et l'impulsion ; la BAGUETTE des
chefs était le véhicule de la célérité et le
ressort de l'obéissance ; les ATHÉNIENS qui,
chez eux, ne battaient pas même les esclaves, manœuvraient sous l'empire du bâton. — Dans le septième siècle avant J.-C.,
le MANIPULE ROMAIN fut une imitation de
la CENTURIE GRECQUE ; il rappelait le système décimal des temps primitifs et des
EGYPTIENS. Il fut d'abord une ARMÉE comme
la CENTURIE GRECQUE en fut une : cent
SOLDATS suffisaient, comme force publique,
à un peuple de quelques mille hommes. —
Quand la CENTURIE GRECQUE se doubla, la
TROUPE nouvelle s'y adjoignit sur la même
ligne, latéralement et en contiguïté ; c'é-
tait un accroissement de FRONT. Quand le
MANIPULE romain se doubla, l'AGRÉGATION
nouvelle se rattacha parallélement au FRONT,
mais en observant une distance égale à la
mesure de ce FRONT primitif ; c'était un accroissement de PROFONDEUR. Tel est tout le
nœud des variétés originelles ; telle est la
cause des modifications successives dont
sortirent deux produits si différents : la LÉ-
GION et la PHALANGE ; la dernière, presque
compacte habituellement, ou sans porosité,
à l'instant de l'action ; l'autre, habituellement tant pleine que vide, mais suivant
des degrés variables. — Si la GRÈCE a ins-
truit ROME, elle l'imita ensuite en plusieurs
points. PLUTARQUE et POLYBE (150 avant
J.-C.) applaudissent à PHILOPÉMEN qui
avait emprunté de la TACTIQUE et des AR-
MES des ROMAINS ce qu'il y trouva de préférable aux coutumes thébaines. — La
formation grecque ne se prêtait pas à la
SCIENCE des POSITIONS, à l'audace des OPÉRA-
TIONS ; la TACTIQUE était timide, la PHALANGE
était lourde. — Les expéditions lointaines
d'AGÉSILAS, d'ALEXANDRE, de PYRRHUS, de
XÉNOPHON, ont été des exceptions savantes,
des témérités d'hommes de génie. — Les
GRECS, moins entreprenants que les RO-
MAINS, bridés par des voisins rivaux, et dépourvus de centralisation, ont laissé peu de
leçons de STRATÉGIE ; les imitateurs ou les
partisans de leur TACTIQUE estimaient à tel
point les plaines rases, que Darius, prêt à
combattre ALEXANDRE, fit niveler le champ
de bataille d'ARBELLES pour n'y être pas
gêné par des collines. — Quantité d'ÉCRI-
VAINS supposent qu'EPAMINONDAS enseigna
l'ART DE LA GUERRE à PHILIPPE ; que la COHORTE
SACRÉE de THÈBES fut le modèle de toutes.
— Cette opinion est dans le vers de FRÉ-
DÉRIC DEUX (1760, E) :

La phalange aux Thébains a dû son origine.

— Mais longtemps auparavant, un ART approfondi présidait à l'organisation et au jeu des TROUPES ; plus de cinq cents ans avant Jésus-Christ, la SCIENCE était étendue et raffinée ; mais elle a éprouvé trop de changements, à jamais en oubli, pour qu'on en puisse appliquer d'une manière absolue les termes et retracer clairement les lois ou les règles. — En voici quelques causes : — ARMÉE et PENTACOSIARCHIE, ou double syntagme, étaient d'abord même chose ; la PENTACOSIARCHIE en s'accroissant a contribué à constituer la PHALANGE ; celle-ci s'est doublée et il a fallu, à partir de là, distinguer l'ARMÉE en PETITE PHALANGE, c'était la primitive PHALANGE, et en GRANDE PHALANGE, c'était la phalange doublée, c'était la DIPHALANGARCHIE ; celle-ci s'est encore doublée et a pris le nom de TÉTRAPHALANGARCHIE ou PHALANGE quadruple. — D'autres modifications ont de même faussé d'autres expressions. — Le système décimal a régné d'abord : les quarante RANGS de la PHALANGE homérique le prouvent, non moins que les expressions DÉCARCHIE et DÉCURIE (dizaine), PENTECOSTYS, PENTACONTARCHIE (cinquantaine), PENTACOSIARCHIE (commandement de cinq cents hommes), CHILIARCHIE (commandement de mille hommes). Toutes ces appellations numérales ont continué à être employées alors même qu'elles ne concordaient plus qu'à des nombres différents, et que le système ancien avait fait place à la FORMATION ordonnée duodécimalement. — Les révolutions de MACÉDOINE et d'ÉPIRE, l'instabilité des gouvernements de SPARTE et d'ATHÈNES, la destruction ou la rivalité des ÉCOLES, multiplièrent les contradictions et les incohérences de ce genre. — La renommée des THÉBAINS, les conquêtes des MACÉDONIENS, la hardiesse de leur HÉLÉPOLES, de leurs MANGONNEAUX nommés *alacatia*, la puissance de leurs PROJECTILES, l'habileté de la CASTRAMÉTATION de PYRRHUS, la symétrie et la rectitude de ses HÉMISTRIGES, prouvent la supériorité de la TACTIQUE dans les royaumes grecs pendant le quatrième siècle avant Jésus-Christ. Elle ne fut pas moins cultivée à ATHÈNES ; elle y était plus savante qu'à LACÉDÉMONE, la bataille de Platée en fournit la preuve. — Suivant GUISCHARDT (1758, H) l'ordonnance grecque *était éminemment flexible et sa tactique d'une admirable précision* ; mais ces éloges souvent trop absolus des ÉCRIVAINS, s'adressent surtout à la MILICE MACÉDONIENNE, et s'il y avait flexibilité, il y avait défaut de mobilité, ou bien c'était celle d'un coursier réduit à n'agir que dans un manége. — Les ARMÉES, d'abord presque entièrement d'INFANTERIE,

formérent un PLÉSION ; son FRONT n'était pas ouvert par un intervalle ; sa profondeur s'appelait, suivant ROBINSON, *toichos*. Quand la DIPHALANGARCHIE prit naissance, il fut ménagé, au centre, un INTERVALLE nommé BOUCHE. Quand la TÉTRAPHALANGARCHIE fut instituée, la BOUCHE s'agrandit du double, devint INTERVALLE central, et s'appela NOMBRIL ; il était large de quarante pieds et égalait le FRONT d'une PENTACOSIARCHIE ; deux bouches, images en petit du nombril, équivalaient au FRONT d'un SYNTAGME et pouvaient avoir vingt pieds. Suivant d'autres opinions, le nombril répondait à trente-deux mètres et la bouche à seize. — L'INFANTERIE solide ou oplitique était le fonds de l'ARMÉE ; le nombre des rangs se réduisait de QUARANTE à DIX. A SPARTE ils ont été de HUIT et de NEUF ; en MACÉDOINE ils étaient de DOUZE. — La PHALANGE n'avait ni CORPS DE RÉSERVE ni SECONDE LIGNE. PHILIPPE reconnut la faiblesse d'un tel ordre ; il sentit que la PHALANGE dépourvue de profondeur était vaincue, si elle était percée ; il l'épaissit à SEIZE RANGS et lui donna une arrière-ligne de PELTASTES, qui tantôt flanquaient la PHALANGE en en étendant du double le FRONT, tantôt la soutenaient, la doublaient en arrière, en augmentant de moitié la PROFONDEUR. Ce perfectionnement, ce rudiment d'ORDRE SUR DEUX LIGNES ou ordre distome, cette élasticité, qui, à volonté, développaient ou massaient la troupe, assurérent aux MACÉDONIENS, sur les autres peuples GRECS, une puissance de cent vingt ans. — Ce que nous nommons AILES, les GRECS l'appelaient CORNES, ou bien TÊTE et QUEUE ; la droite était la tête, *ce qui semblerait*, dit M. le colonel CARRION, *indiquer que l'ordre de marche était habituellement par le flanc droit.* — Ce que nous appelons FRONT était, chez eux, EMPROSTATE ; par opposition, l'arrière-rang de l'ORDRE EN BATAILLE était ÉPISTATE ; *qui a tergo omnium est.*, dit HENRI ESTIENNE ; les mots QUEUE, DERNIER RANG, OURAGUE, SERRE-FILE y répondent ou y ont répondu. — Dans les Milices de GRÈCE, comme dans celle de ROME, la place tactique des CHEFS principaux était à la droite de leur TROUPE ; la gauche était fermée par des CHEFS de second ordre. ÉLIEN (70, A) énumère divers cas de MARCHE pendant lesquels les CHEFS étaient soit à droite, soit à gauche, ou alternativement à droite et à gauche, par subdivision. — La MARCHE ordinaire, dans des chemins resserrés, avait lieu par ÉNOMOTIE. La première ou la dernière, ou peut-être une subdivision intermédiaire, se mettait en MARCHE, soit dans la direction où elle se trouvait en bataille, soit en FAISANT PAR LE FLANC ; les autres la suivaient, probablement avec des intervalles. Cet ORDRE oblong se nommait PLÉSION ; mais toutes les fois que le terrain le permettait, la MARCHE avait lieu sur un FRONT de cent à deux cents FILES. — L'ARMÉE GRECQUE campait en rond, à moins qu'un appui naturel ne motivât une autre forme ; la CAVALERIE veillait au dehors du RETRANCHEMENT ; des POSTES d'IN-FANTERIE étaient établis en dedans. — Les troupes étaient exercées et inspec-tées tous les jours ; le cri des HÉRAUTS en indiquaient l'heure, ainsi que celle des repas, de la PRIÈRE, de la RETRAITE à la tombée du jour. — L'air de la CHANSON de Castor était joué par les FLUTES de l'ARMÉE LACÉDÉMO-NIENNE. — La dimension du FRONT et de la PROFONDEUR de l'INFANTERIE grecque, la po-sition et l'arrangement de la CAVALERIE va-riaient suivant les circonstances et la volonté des GÉNÉRAUX. — Elle opérait ses RETRAITES EN CARRÉS, soit pleins, soit vides, suivant qu'elle avait, ou non, des bagages à couvrir ; les ARMÉS A LA LÉGÈRE occupaient dans ce cas le centre de la phalange, la CAVALERIE en formait l'AVANT-GARDE et l'ARRIÈRE-GARDE. — L'INFANTERIE LÉGÈRE, nommée les PELTASTES, se distinguait des OPLITES par une ARMURE moins pesante ; elle se tenait en bataille sur huit RANGS, à peu de distance derrière la PHALANGE. L'ordonnance des PELTASTES sur le TERRAIN ne différait de celle des OPLITES que par une PROFONDEUR moindre de moitié. Quelquefois les PELTASTES serraient sur la PHALANGE qui se trouvait ainsi avoir vingt-quatre RANGS. Quelquefois ils s'y introdui-saient et formaient EUTAXE, ce qui doublait les huit premiers RANGS ; quelquefois ils la traversaient pour combattre ou pour se reti-rer ; la porosité ou dilatation de la PHALANGE permettait qu'ils la traversassent aussi bien perpendiculairement que parallèlement. — Au besoin, ils se détachaient et manœu-vraient ; l'immobilité, au contraire, était le mode, l'état normal des OPLITES ; se déplacer, fût-ce pour combattre, était un crime puni de mort. — Les PSILITES, à titre d'ARCHERS de frondeurs, de DARDEURS, n'avaient pas de poste fixe. On suppose qu'en ORDRE DE PA-RADE OU DE REVUE, ils étaient en avant des OPLITES. — La formation tactique compre-nait ORDRE DE REVUE OU DE MARCHE, ORDRE DE CHARGE OU d'ATTAQUE, SYNASPISME OU TORTUE, et enfin ordre de résistance ; l'ordre de revue ou de marche répondait à un TERRAIN INDI-VIDUEL d'un mètre et demi, et laissait un mètre environ entre les FILES et entre les RANGS. — Des AUTEURS ont évalué à une toise ou deux mètres ce TERRAIN, et l'ORDRE DE PARADE des modernes en a été une imitation. La mesure du TERRAIN de la CHARGE ou de la

TORTUE était de moins d'un mètre et laissait à peine un pied de vide ; c'était, suivant DILLON, la PICHNOSIE (du grec *pichnosis*). — Le SYNASPISME s'opérait sur un TERRAIN de dix-huit pouces à peine, et forçait les hom-mes à prendre une position oblique et à tenir le BOUCLIER au-dessus de la tête. Ces trois systèmes répondaient à l'ORDRE OUVERT, DEMI-PRESSÉ, COMPACTE. Un ORDRE différent était la PAREMBOLE, mais elle n'est pas clai-rement définie. — En ORDRE COMPACTE, toutes les SARISSES ayant vingt-quatre pieds dépas-saient le FRONT des OPLITES ; en ORDRE OUVERT, les SARISSES des cinq premiers rangs le dé-bordaient ; les autres étaient tenues diago-nalement, le fer en avant, et tremblaient pour rompre l'effet des PROJECTILES et en pa-rer les coups. — La PHALANGE avait trois ORDONNANCES fondamentales pour l'accom-plissement des MANOEUVRES ; les modernes les lui ont empruntées absolument d'abord ; elles se retrouvent aujourd'hui encore, mais mo-difiées. — L'ÉPAGOGUE est devenue la COLONNE D'INFANTERIE ; la CLISE ou PARAGOGUE s'est changée en ORDRE PAR LE FLANC ; la PARATAXE est la LIGNE DE BATAILLE. Remarquons que M. ROBINSON donne comme équivalent de CLISE ou de PARAGOGUE, le mot *térédon* signifiant, dit-il, *armée disposée sur une longue file, nom dérivé du nom du ver qui s'insinue dans le bois. La phalange siphoïde était propre à pénétrer dans les passages les plus difficiles.* — Depuis que les GRECS pratiquèrent la FORMATION sur deux LIGNES, l'arrière-LIGNE était ÉPITAXE ; il en était ainsi quand les PELTASTES ne serraient pas sur les OPLITES, ou bien quand deux PETITES PHALANGES étaient en arrière-ordre. — L'ORDRE sur une seule LIGNE était la MONO-TAXE par opposition à l'ORDRE SUR DEUX LIGNES ou sur deux CATACHRÈSES ; la première s'appe-lait PROSTAXE. — L'ORDRE AMPHISTOME chan-geait en FRONT les AILES ; l'ORDRE ANTISTOME ou DISTOME était une LIGNE DE BATAILLE à deux FRONTS ou HÉTÉROSTOME. — En ORDRE DE BA-TAILLE, tout CHEF DE FILE était PROTOSTATE ou EMPROSTATE ; tout homme qui suivait le CHEF DE FILE était ÉPISTATE. — L'OPLITE accoudé à un autre était PARASTATE ; deux FILES étaient PARASTATES l'une par rapport à l'autre. — Deux hommes de FRONT formaient un GLOGO, l'accoudement de plusieurs GLOGOS formait un RANG ; mais quelquefois les AUTEURS grecs prennent la partie pour le tout et appellent GLOGO le RANG lui-même. — Les files de seize hommes se réduisaient à huit par le SYLLOCHISME. — Deux hommes l'un devant l'autre formaient le VERSO ; une profon-deur de plusieurs VERSO était une FILE, nommée aussi STIQUE (*stichos*) ou LOCHOS. Le

stique se composait alternativement d'ÉPIS-
TATES et de PARASTATES; le STIQUE de PEL-
TASTES et de PSILITES était moins nombreux
que celui d'OPLITES. — Un peu en avant
du SYNTAGME se tenait le SYNTAGMATARQUE; en
arrière de lui, et à sa gauche, était le HÉRAUT
ou CRIEUR, nommé *stratokerux*. — Dans
certaines ÉVOLUTIONS, les DIMOERIES agissaient
indépendamment de l'autre DIMOERIE du
même LOCHOS : tel était le cas, quand la DE-
MI-FILE postérieure voltait, restait adossée à
l'autre, et formait l'ORDRE HÉTÉROSTOME.— Il
en était probablement ainsi quand les PEL-
TASTES manœuvraient au dehors et qu'il fallait tenir tête à des HOMMES DE CHEVAL. — Au
siége de Potidée, chaque OPLITE était servi
par un VALET qui, à l'instant du COMBAT,
sortait de la PHALANGE; c'est un cas et un
fait dont il n'est pas aisé de se rendre compte :
c'était, apparemment, pour que la TROUPE
passât de l'ORDRE OUVERT à l'ORDRE DEMI-
PRESSÉ.—A la manière des SCYTHES, et sous le
nom d'ORDRE SCYTHIQUE, les GRECS pratiquaient
le COFLEMBOLON : c'était un demi-cercle dont
la convexité regardait l'ENNEMI. On est mal
éclairé touchant l'époque du fait et la différence précise entre cet ORDRE CONVEXE, ou PE-
PHLEGMENON, ou TENAILLE, et l'EMBOLON ou
ORDRE CONCAVE. — PHILIPPE de MACÉDOINE, en
ILLYRIE, Xantippe combattant RÉGULUS, rangèrent, disent les historiens, l'ARMÉE en un
BATAILLON ROND. — La TRIPHALANGE, ordre
dont on connaît mal la disposition vraie, a
donné aux modernes l'idée du BATAILLON
TRIANGULAIRE. Probablement ils ont créé en
croyant imiter. Les PELTASTES de l'INFANTERIE
athénienne furent dressés les premiers à
exécuter au PAS DE COURSE les CHARGES; ce
système fut imité par les ROMAINS. — Les
ÉVOLUTIONS de la PHALANGE étaient nombreuses et savantes, elles étaient plutôt sur
place; celles de la LÉGION au contraire étaient
plutôt en dehors du terrain primitif. —Vol-
ter, se dédoubler, faire subitement face au
côté voulu, dilater ou resserrer le FRONT, accroître la PROFONDEUR aux dépens du FRONT,
ou le contraire, et mouvoir, avec une variété
infinie, tout le contenu d'un CADRE sans que
la symétrie de ce CADRE en fût altérée, tels
étaient les chefs-d'œuvre du système grec.
— Une ÉVOLUTION qui, dans la LANGUE FRAN-
ÇAISE, manque d'une appellation, celle qui
consiste à FAIRE PAR LE FLANC, s'appelait CLISE
ou PARAGOGUE; elle se distinguait en CLISE
du côté du BOUCLIER et en clise du côté de la
SARISSE; c'était la clef de quantité de MANŒU-
VRES; il en était d'abord de même chez les
modernes, au temps de l'ORDRE PROFOND. —
METTRE DES PELOTONS ou des FILES EN ARRIÈRE
était une ABDUCTION nommée APOGOGUE.—Le

moyen de faire VOLTE FACE en bataille consistait dans l'emploi de CONTRE-MARCHES de
plusieurs genres; elles s'accomplissaient, ou
par des CONVERSIONS de SUBDIVISIONS, ou par
des mouvements individuels. Ce dernier
moyen s'appelait MÉTABOLE; c'était le DEMI-
TOUR par homme. Le PÉRISPASME était une
CONVERSION ou VOLTE-FACE par troupe. — Les
CONTRE-MARCHES par SUBDIVISIONS étaient des
INFLEXIONS par PÉRISPASME, ou égales à la révolution d'une AIGUILLE DE MONTRE parcourant
la moitié du cadran; elles pouvaient se
faire en ORDRE SERRÉ. — Les CONTRE-MARCHES
par homme ne pouvaient se faire qu'en OR-
DRE OUVERT, elles se distinguaient en crétoise, laconienne, macédonienne; le fond
de toutes trois était le même, mais le mécanisme en différait par les détails que nous
avons expliqués; elles s'exécutaient ou en
avant ou en arrière, ou du côté de la SARISSE
ou du côté du BOUCLIER, ou en perdant du terrain ou en en gagnant. — Ces CONTRE-MAR-
CHES par homme se faisaient avec rapidité
ou même à la course; il y avait un moment
de MOUVEMENT général et de désordre apparent qui avait fait donner à ces ÉVOLUTIONS
le nom de DANSES; ainsi la crétoise s'appelait
également DANSE PERSIQUE. — L'ÉPISTROPHE
équivalait à un QUART DE CONVERSION en avant
par SUBDIVISION, par le premier RANG; l'AN-
TISTROPHE ou ÉVOLUTION inverse était le
QUART DE CONVERSION subdivisionnaire, en
arrière par le dernier RANG. — Les tacticiens du seizième siècle ont appelé distraction ou DIVERSION, toute MANŒUVRE grecque
de nature à changer diamétralement l'aspect
de la TROUPE. — La RÉVERSION était une
reprise de terrain, comparable à un QUART
DE CONVERSION en arrière, ou à reculons,
après un QUART DE CONVERSION naturel ou en
avant. — Le PÉRISPASME ou DEMI-CONVERSION
équivalait à deux ÉPISTROPHES ou à la péri-
phérie d'une demi-cercle; la RÉVERSION
équivalait à deux ANTISTROPHES. — La CIR-
CONFLEXION nommée ECPÉRISPASME, était
égale à trois ÉPISTROPHES ou à un PÉRISPASME
et demi. — L'INFANTERIE française imitait
encore dans l'autre siècle ce mouvement,
pour FAIRE FACE EN ARRIÈRE en bataille, par
trois quarts de CONVERSION. — De ces trois
variétés qui ont donné naissance aux CON-
VERSIONS A PIVOT FIXE, des modernes, il ne
s'est conservé que le quart de CONVERSION ou
l'imitation de l'ÉPISTROPHE. — A l'instar des
ÉGYPTIENS, la GRÈCE adopta l'usage fréquent
des EXERCICES MILITAIRES. On démontrait à
l'INFANTERIE grecque des CONVERSIONS EN-
TIÈRES; ainsi l'a fait jusqu'à nos jours la CA-
VALERIE, dans ses études sur le terrain. —
Les CONVERSIONS grecques ne se faisaient

qu'en ordre ouvert et par subdivision, non par demi-phalange. La phalange ne pratiquait pas la conversion centrale ou moulinet des derniers siècles. — Des auteurs modernes ont comparé à des déploiements, les doublements de rangs nommés synaspisme ; mais il n'est pas démontré que la phalange pratiquât des déploiements analogues à ceux de l'infanterie moderne. — L'embolon ou coin offensif était un parallélogramme ayant moins de front que de profondeur, ou bien c'était une masse composée soit d'infanterie soit de cavalerie, ou une modification de la phalange amphistome.—S'agissait-il d'attaquer l'ennemi, les peltastes s'y portaient en s'introduisant par files dans l'entre-deux des files des oplites en ordre dilaté ; quand l'affaire était engagée, ils revenaient en arrière des oplites, qui alors serraient en ordre condensé.—L'infanterie de bataille, lorsqu'elle se préparait à recevoir une charge de cavalerie, serrait ses rangs, prenait une position hypoclastique en s'agenouillant presque de la jambe droite, et elle appuyait le talon de la sarisse contre le pied droit. — Elle ne se servait pas de la sarisse pour défendre des remparts, elle n'y employait que l'épée et le bouclier. — L'introduction des armés a la légère dans les rangs des phalangites, se nommait eutaxe. — L'ordre en hypotaxe était l'arrangement des armés a la légère, établis aux ailes de la phalange en manière de hache ou de crochet ; c'est ce que les modernes appellent être en potence. — Les marches d'armées étaient la chose compliquée, difficile, le côté faible de l'art ; les parties de la phalange étaient liées entre elles par des lois si absolues que cette citadelle vivante devenait fragile, si elle cessait d'être stationnaire. Xénophon (370 avant J.-C.) avoue qu'il dut inventer des espèces de marches de bataillons en colonne par le centre, comme seules ressources de sa retraite. — M. le colonel Carrion suppose que la phalange faisait habituellement usage de marches de flanc par dimœries, ou, plus correctement parlant, de marches par le flanc. Folard (1727, A) et Montécuculi (1704, D) ont supposé que le défilement en avant en colonne par le centre, était une manœuvre familière à la phalange. Folard étayait sur cette assertion le système de sa colonne.—Avant les temps que nous appellerons positifs, avant que la science ne fût chose convenue, les hérauts, les poëtes inspirés, concouraient à la transmission des signaux du champ de bataille, comme l'ont fait en d'autres contrées les bardes, les ménestrels ; ceux de Grèce y employaient les chants consacrés, les invocations aux di-

vinités, l'harmonie des flutes, des lyres, la puissance des harangues. Le choc était annoncé par des hourras. Le cri de guerre était *Alala*. — Quand des théories plus précises régnèrent, un triple moyen de transmettre les commandements était adopté. — Le jeu télégraphique des enseignes annonçait les mouvements à exécuter ; les crieurs traduisaient ce langage des porte-enseignes ; si les poumons humains ne suffisaient pas, le son de la trompette s'y unissait ; si les signes étaient inaperçus, si la brume voilait les signaux, si le vent ou le bruit couvrait les sons, les aides ou les lieutenans couraient faire en personne les commandements. — Le trompette, *salpingtes*, se tenait à la droite du séméiophore ; un sergent ou adjudant, ou fourrier nommé hyperète (*hyperetes*) se tenait en dehors du flanc gauche de la phalange. — Le système du mélange d'armes ou ordre entremêlé dont parlent Arrien (110, A) et Elien (70, A) a été appelé imposition par Maizeroy (1771, A). Il a été remis en vigueur par les milices des quatorzième et quinzième siècles ; celles d'Espagne et de Suisse avaient fait revivre l'infanterie grecque, et leur exemple avait été imité par la France. — Au temps d'Epaminondas, la cavalerie se divisait par agrégations de quatre hommes de front sur huit de hauteur ; il la réduisit en petits carrés de quatre rangs et de quatre files. — Cette distribution en faibles groupes avait probablement pour objet de faciliter le passage des hommes de cheval à travers les bouches et le nombril. — Polybe dit qu'il était joint à la phalange un corps de huit cents cavaliers sur huit rangs, occupant par homme un terrain d'un stade ou de deux mètres ; ainsi, dans l'ordre ouvert, le piéton aurait eu le même terrain que le cavalier dans l'ordre habituel. — Cette agrégation que décrit Polybe était une sorte d'éphipparchie. — Arrien, Elien, Xénophon parlent des losanges ou rhombes thessaliens ; si le rang du milieu était de quinze cavaliers, le total de cette ile était de cent treize cavaliers. Chaque demi-rhombe s'appelait coin. M. Liskenne (p. 576) reproduit quelques-unes de ces idées. — Les cavaliers grecs ne connaissaient, suivant Robinson, ni selle, ni étriers. Ils avaient d'abord guidé à la voix leurs chevaux, ils leur avaient ensuite imposé une simple bride de corde, il y fut ensuite ajouté un mors de fer. — Le cavalier montait sur son cheval dressé à se mettre à genoux, ou bien il se servait, en guise d'étrier, du dos de son esclave, ou enfin il s'élançait d'un saut ou à l'aide de sa lance. — De distance en distance il était placé sur les routes des contrées grecques, des blocs de pierre destinés à l'usage des cavaliers faisant route, s'ils voulaient monter à cheval ou en descendre. — Le système qui distinguait une cavalerie légère d'une cavalerie de bataille a pris naissance en Grèce ; cette combinaison, ignorée de Rome et du moyen age, n'a reparu en Europe que depuis Charles-Quint et en France que depuis les Valois.— Mais on reproche à la tactique grecque d'avoir donné à la cavalerie légère la même profondeur qu'à l'autre ; pouvait-on appeler légère, une troupe qui manœuvrait sur huit rangs, ou au moins sur quatre? — Des auteurs ont appelé escadron l'épitarchie ; d'autres ont comparé, au contraire, l'escadron à l'ile.—A Arbelles, Alexandre fait charger sa cavalerie en ordre de colonne, et la jette dans les intervalles de l'armée Perse. — Arrien (110, A), M. le colonel Carrion (1824, A) Elien (70, A) Folard (1727, A) Guischardt (1758, H) sont entrés, plus ou moins, dans le fond de la tactique grecque ; Thucydide, militaire habile et éclairé, a décrit avec détails la bataille de Mantinée ; Guischardt s'en occupe didactiquement ; l'abbé Barthélemy a traité de cette branche de la science et de l'histoire, mais ses recherches sont peu spéciales et manquent de critique. — L'Encyclopédie (1751, C) embrasse le sujet aux mots *Guerre, File, Marche* et *Phalange*, et en a donné des images dans ses planches. Robinson mentionne la tactique en tête de son traité ; il s'occupe des déclarations de guerre, des camps, du service, des sentinelles, de la vie militaire. — N° 7. Subordination, punitions. — Dans l'infanterie de bataille, ou dans l'oplitique, l'énomotarque était chef de quatre hommes ; le dimœrite, de huit. C'étaient les fractions de la file ou de l'unité tactique. — Le lochague était chef de file de seize hommes ; il était en même temps, énomotarque, dimœrite ou chef de la demi-file d'avant ; l'ouragué l'était de la demi-file d'arrière.—Le dilochite était chef de deux lochos ; le lochague de droite était dilochite. — Le tétrarque était chef de soixante-quatre hommes, ou de quatre files. Le lochague de droite était à la fois dilochite et tétrarque. — Le taxiarque ou centarque ou centurion était chef de huit files ; il était officier hors rang ; il se plaçait en avant et près du milieu de ses tétrarchies. — Le syntagmatarque était chef de deux cent cinquante-six hommes ou seize files ; il était secondé d'un aide qui se tenait à sa gauche, et d'un lieutenant qui se tenait en arrière du dernier rang de la syntagme ; il avait près de lui, et en arrière, un

porte-enseigne, un crieur à droite, un trompette à gauche ; il était à égale distance et un peu en avant de ses deux taxiarques.— Le pentacosiarque était chef de cinq cent douze hommes ou de trente-deux files. — Le chiliarque ou dronguaire, de mille vingt-quatre hommes ou de soixante-quatre files. — Le mérarque ou épixénage ou tétrarque, de deux mille quarante-huit hommes ou cent vingt-huit files. — Le phalangarque, de quatre mille quatre-vingt-seize hommes, ou deux cent cinquante-six files ; il se tenait en avant de la droite de la phalange. — Le diphalangarque était chef de huit mille cent quatre-vingt douze hommes ou de cinq cent douze files. — Le tétraphalangarque, de seize mille trois cent quatre vingt-quatre hommes ou mille vingt-quatre files.—Quoique la profondeur de l'épitagme des peltastes fût moitié moindre que celle de la phalange de bataille, l'organisation hiérarchique était cependant la même : ainsi il y avait presque autant d'officiers et de sous-officiers, quoiqu'il y eut moitié moins de soldats. Cette modification était rationnelle, puisqu'il faut plus de chefs à des soldats éparpillés qu'à ceux qui restent en cohésion. — Le lochague commandait le stique ou huit peltastes ; c'était le total de la file ou unité de l'épitagme. — Le dilochite commandait seize hommes ou deux files. — Le systarque, trente-deux hommes ou quatre files.— Le pentacontarque, soixante-quatre hommes ou huit files. — L'hécatontarque, cent vingt-huit hommes, ou seize files.—Le psilague, deux cents cinquante-six hommes ou trente-deux files. — Le xénage, cinq cent douze hommes ou soixante-quatre files. — Le systremmatarque, mille vingt-quatre hommes ou cent vingt files.—L'épixénage, deux mille quarante-huit hommes ou deux cent cinquante-six files. — Le styparque, quatre mille quatre-vingt-seize hommes, ou cinq cent douze files. — L'épitagmatarque, huit mille cent quatre-vingt douze hommes ou mille vingt-quatre files. — Dans la cavalerie, la subordination était analogue depuis l'ouragué ou brigadier, le plagiophularque ou lieutenant, suivant Praissac (1622, A) l'ilarque ou hylarque, ou capitaine, jusqu'au général de cavalerie nommé hipparque ou épitagmatarque. — Arrien ne divise pas la cavalerie au-delà de l'ile ; cependant il est supposable qu'il y avait un chef au moins pour huit cavaliers ou par file. On sait qu'une subdivision plus faible que l'ile existait au temps d'Epaminondas. Des tétrarchies de cavalerie, ou agrégations de quatre files, étaient composées de trente-deux hommes ; Epaminondas en réduisit de moitié la profondeur. — La GRÈCE est le lieu natal de la DISCIPLINE, mais la pénalité, comme le témoigne ROBINSON, consistait plus dans les traditions et les coutumes que dans la loi écrite ; l'usage était de LAPIDER les DÉSERTEURS, de punir de mort celui qui jetait son BOUCLIER pour fuir ou qui abandonnait son POSTE, de décimer les corps coupables en masse, de marquer d'un stigmate à la main les DÉSERTEURS, disent ÉLIEN et ROBINSON, pour les distinguer des ESCLAVES marqués au front. — Les OFFICIERS portaient avec eux une BAGUETTE EN SIGNE DE COMMANDEMENT. — La BASTONNADE était le CHATIMENT des coupables. — ULPIAN fournit à cet égard quelques lumières. — N° 8. ADMINISTRATION. — En GRÈCE l'ADMINISTRATION des ARMÉES ne paraît pas avoir eu de bases fixes, ou du moins elle différait de pays à pays ; elle dépendait des BIARQUES (*conservateurs de la vie*), espèce d'INTENDANTS subordonnés eux-mêmes au STRATÉGE. — QUINTE-CURCE, AUTEUR peu accrédité, peut seul donner quelque idée des moyens administratifs qu'ALEXANDRE employait pour faire vivre ses TROUPES. ÉLIEN (70, A) fournit quelques lumières touchant la manière dont marchaient les bagages et les transports. — ROBINSON rapporte, d'après Aristophane, que chaque soldat grec portait dans un long panier à long cou, nommé *gylion*, la viande salée, le fromage, les olives, les oignons, etc. — Les proportions et le mode des FOURNITURES DE VIVRES sont mal connus. On sait cependant que deux litrons environ de BLÉ étaient alloués par jour à chaque SOLDAT. — La PAYE était en usage en GRÈCE dès le cinquième siècle avant J.-C.; elle avait été instituée, dit-on, par Périclès. FESTUS (Pompeius-Sextus) en fait remonter la création au commencement de la guerre du Péloponèse, 431 ans avant J.-C. — Au siége de Potidée, et vers le milieu de ce siècle, l'OPLITE athénien percevait une SOLDE pour sa personne et une pour son esclave, l'une et l'autre au même taux ; THUCYDIDE (livre 3) le témoigne ; elle était, dit M. le colonel CARRION, de deux drachmes par jour, ou trois livres douze sous ; le cavalier recevait seize drachmes par mois pour la nourriture de son cheval. — Au temps de Lysandre (400 ans avant J.-C.) les LACÉDÉMONIENS, quand ils portaient la guerre dans l'Asie-Mineure, jouissaient d'une paye. Les SOLDATS servant sur les galéres touchaient par jour trois oboles ou cinq sous. Lysandre ayant obtenu de CYRUS le jeune qu'il portât à quatre oboles la PAYE, quantité de matelots attirés par cet appât désertérent. — Pendant la guerre de la Messénie, SPARTE soldait des ARCHERS CRÉTOIS, et les SOLDATS indigénes

jouissaient d'une PAYE qui pourrait répondre à soixante centimes par jour. — POLYEN rapporte qu'IPHICRATE faisait exercer sur la SOLDE athénienne une retenue du quart ; il en formait une MASSE qui lui répondait de la fidélité des TROUPES, et qui se partageait à la fin de la campagne. — Les tarifs grecs, du moins ceux qui sont connus, étaient d'une simplicité et d'une économie remarquables ; trois degrés ou variétés y répondaient aux trois classes de la COMPOSITION des TROUPES. La SOLDE de l'OPLITE ou simple fantassin de ligne, jusqu'au TAXIARQUE ou CAPITAINE exclusivement, équivalait à peu près à trente-six francs par mois ; la PAYE des hommes gradés qui primaient l'OPLITE, et non compris le STRATÉGE, était le double ; enfin le STRATÉGE percevait par mois cent quarante-quatre francs à peu près. — Les TROUPES de XÉNOPHON touchaient mensuellement et par homme une darique ou dix francs ; elles obtinrent ensuite de Cyrus une darique et demie. — A l'époque du siége de Potidée, l'OPLITE ATHÉNIEN percevait par jour, pour lui et son VALET, deux drachmes, ce qui représentait trois francs soixante centimes, suivant quelques auteurs ; mais deux drachmes ne valaient, suivant M. LISKENNE, que trente-six sous par jour. — Cette différence de solde d'ARMÉE à ARMÉE, qui est presque comme un est à trois ou quatre, peut s'expliquer en faisant distinction du SOLDAT national, accompagné d'un VALET ou du SOLDAT mercenaire dépourvu de VALETS. — La SOLDE, ensuite, fut assez longtemps d'une drachme par jour ; puis elle se réduisit à vingt drachmes, ou trente-six francs par mois ; il est probable que ces différences, mal expliquées par les ÉCRIVAINS, tinrent au nombre plus ou moins grand des VALETS, des ilotes, des esclaves que les OPLITES avaient à leur suite. — M. le colonel CARRION suppose que la PAYE des VALETS était moindre que celle de l'OPLITE; mais s'ils étaient de la classe des ilotes ou des esclaves, il est probable que leur maître ne faisait pour eux de DÉPENSES que celle de la nourriture et de l'entretien. — Le CAVALIER avait en outre, en paix comme en guerre, seize drachmes par mois pour la nourriture de son cheval. — Le partage du BUTIN était une des hautes et sérieuses mesures de l'administration ; la régle observée dans la plupart des milices était de le déposer en commun ; le STRATÉGE en avait de droit le tiers ; il faisait répartir le reste à toute l'ARMÉE, en proportion du taux de la PAYE. — L'évaluation du BUTIN délivré était en déduction de la PAYE, ou, en d'autres termes, la SOLDE se composait ou des deniers du trésor ou d'une compensation en BUTIN. — L'État défrayait, dans l'ARMÉE spartiate, les GARDES ou la MAISON MILITAIRE dont le CHEF était accompagné. — Quand un souverain était STRATÉGE, quand des TROUPES marchaient sous PHILIPPE, ALEXANDRE, PYRRHUS, le bon plaisir décidait certainement des DÉPENSES et de la SOLDE. — Tels ont été les usages connus; mais nous ne voudrions pas répondre ni de la durée des temps pendant lesquels ils ont régné, ni des contrées qui les ont institués, ni des Milices qui ont servi de modèle ou de celles qui les ont imitées.

MILICE HAITIENNE. (F). Sorte de MILICE moderne dont la création répond à l'époque où le peuple noir de SAINT-DOMINGUE s'est séparé violemment de l'ARMÉE FRANÇAISE, et s'est soustrait au gouvernement de la métropole. — La Milice domingoise se compose de l'ÉTAT-MAJOR, de la GARDE du souverain, de l'ARMÉE de ligne, de la GENDARMERIE et de la GARDE NATIONALE. — L'ÉTAT-MAJOR présente quelques particularités; les titres de GÉNÉRAUX DE BRIGADE et DE DIVISION se sont conservés chez les HAITIENS, en cela plus conséquents que les Français, dont ils ont du reste adopté le système militaire. — Les GÉNÉRAUX DE DIVISION ont une espèce de gardes du corps consistant en dix GUIDES; les GÉNÉRAUX DE BRIGADE n'ont que cinq GUIDES. — Le souverain a imité, outre-passé même dans le nombre de ses AIDES DE CAMP le système impérial français; il en a eu dix-huit. — Sa GARDE est une image de notre luxe d'Europe quant au nombre d'hommes, sinon quant à la tenue; elle était à peu près de force pareille à celle de LOUIS DIX-HUIT; elle en différait en ce qu'un de ses RÉGIMENTS de CAVALERIE s'appelait CARABINIERS. Cette GARDE tient la tête de l'ARMÉE ACTIVE. — L'ARMÉE de ligne comprenait soixante-trois RÉGIMENTS d'INFANTERIE à deux BATAILLONS; la forme des BATAILLONS rappelle en partie notre organisation de 1808. Ils étaient de six COMPAGNIES à cinquante l'une; mais en réalité ils ne dépassaient guère quatre cents hommes. — La CAVALERIE de ligne consistait en deux RÉGIMENTS de DRAGONS, de deux ESCADRONS chacun; six LÉGIONS de GENDARMERIE nationale à cheval étaient sur pied, ainsi qu'une espèce de GARDE URBAINE nommée CORPS DE POLICE. — L'ARTILLERIE et le GÉNIE étaient peu considérables. — La GARDE NATIONALE se distingue en garde nationale soldée et en ARMÉE PASSIVE ou non soldée; elle est composée d'INFANTERIE et de CAVALERIE; elle comprend tous les HAITIENS valides de quinze à soixante ans; les OFFICIERS particuliers et les SOUS-OFFICIERS sont au choix de la COMPAGNIE; le président de la république est investi du droit de choisir les

OFFICIERS supérieurs. — On a fait d'abord grand récit de la Milice haïtienne; mais ce qu'on en racontait était exagéré, à ce qu'il paraît, s'il en faut croire le *Spectateur militaire* (1828 [décembre]); l'organisation était alors dans l'enfance. — En 1828, la force de l'ARMÉE de ligne peut être portée, suivant les documents officiels, à quarante-cinq mille hommes, les GARDES NATIONALES à cent trente mille; mais en réalité, suivant d'autres renseignements, le total de l'ARMÉE de ligne, INFANTERIE, CAVALERIE, ARTILLERIE et troupe du GÉNIE, est, sur pied de paix, de vingt-quatre mille huit cent quatre-vingt-seize hommes, et l'effectif général, y compris l'ÉTAT-MAJOR et la GARDE du souverain, est de vingt-six mille six cents hommes répartis en vingt-trois garnisons. — Le *Spectateur militaire* affirme que les choses de l'UNIFORME et les combinaisons de l'ADMINISTRATION avaient fait peu de progrès; que *les corps mal armés y sont presque nus, que les souliers y sont regardés comme un objet de luxe.* — Le *Journal de l'Armée* (t. IV, p. 245) témoigne combien, en 1836, l'armée noire était inférieure aux troupes d'Europe.

MILICE HANOVRIENNE (F). Sorte de MILICE qui l'emporte sur quantité d'autres par l'économie de sa constitution, la sagesse de ses lois sur l'AVANCEMENT, l'espèce des hommes, l'esprit de suite des essais et l'habileté de la CAVALERIE; elle a donné aux autres armées leurs CHASSEURS A PIED, les INSTRUMENTS DE CUIVRE à CLEFS, les BUGLES, les CORNETS, leurs SONNERIES; elle a apporté des perfectionnements au HAVRE-SAC. — Nous ne la regarderons que comme une sœur cadette de la MILICE ANGLAISE, comme un poste gardien d'une tête de pont continental, et comme le représentant de la GRANDE-BRETAGNE dans le contingent de l'ARMÉE CONFÉDÉRÉE. — Le *Journal de la société de statistique* (t. V, p. 210), le *Journal des Sciences militaires* (1834, p. 152), le *Spectateur militaire* (t. XVII, p. 482; t. XVIII, p. 78; t. XXII, p. 100), l'*Annuaire des armées de terre*, etc. (1836, p. 245) peuvent être consultés. — Nous passerons sous silence la phase de peu de durée pendant laquelle elle s'est fondue dans l'ARMÉE FRANÇAISE; bornons-nous à un rapide examen de ce qui concerne sa CRÉATION, COMPOSITION, FORCE, INSTRUCTION, TACTIQUE. — N° 1. CRÉATION, COMPOSITION, FORCE. — Nous ne ferons pas remonter la fondation de cette Milice au delà de l'époque où une même famille a uni au droit de l'électorat hanovrien la royauté britannique. — La population du royaume était de 1,557,900 avant le 1er jan-

vier 1852. — L'organisation de l'état-major
rappelle les grades en usage dans la Grande-
Bretagne ; mais la composition des troupes
se rapproche davantage des formes modernes
perfectionnées ; elle a été réglée par une ordonnance de 1820 (14 juillet) et reconsti-
tuée par un décret de 1855. — L'état-major
se compose d'un feld-maréchal, d'un adjudant général, d'un quartier-maitre général, de deux inspecteurs généraux, de trois
brigadiers généraux ; tous, suivant leur
rang, ont un ou deux aides de camp. —
L'infanterie et la cavalerie sont ordonnées
en divisions permanentes. — L'infanterie
comprenait deux régiments de la garde et
douze régiments de ligne partagés en deux
bataillons, chacun de quatre compagnies de
fusiliers et sans grenadiers ; il y avait dans
chacune d'elles, en temps de paix, dix
francs tireurs ; le nombre s'en augmentait
en temps de guerre. — L'effectif de chaque
régiment était de douze cent quatre-vingt-
quatre hommes. — En 1851, les douze régiments de ligne formaient six brigades et
trois divisions. — En 1855, les régiments
se changent, en vertu d'un décret, en autant de bataillons ; l'effectif de chacun d'eux
était de neuf cent quarante-huit hommes.
— En 1851, la cavalerie était partagée en
huit régiments, dont deux de cuirassiers
de la garde, quatre de hussards, deux de
hullans ou lanciers, tous à quatre cent
soixante et un hommes. Les huit régiments
formaient une division. — En 1855, la cavalerie était réduite, non compris les gardes
du corps, à quatre régiments de hussards de
six escadrons chacun. — La cavalerie s'alimente par enrôlement volontaire, ne reçoit
que des fils de riches laboureurs qui contractent un engagement de dix à douze ans,
mais rentrent dans leurs foyers avec leurs
armes, leur cheval, leur équipage, sitôt
qu'ils sont regardés comme suffisamment
instruits. — L'artillerie consiste en un régiment à deux bataillons chacun de trois
compagnies, dont une à cheval ; les batteries sont conformes aux modèles anglais, et
sont de six pièces. — La durée du service
est de quatre ans dans la garde, de six
dans le reste des troupes, sauf les enrôlés
dans la cavalerie. — Le génie comprend,
tant en officiers qu'en hommes de troupe,
soixante-cinq hommes. — La Milice hanovrienne concourt à la formation du dixième
corps de l'armée confédérée. — Dans toutes
les armes l'avancement au grade d'officiers n'a lieu qu'en vertu d'un concours.
Tous ceux qui se croient susceptibles d'a-
vancement ont le droit de se présenter à un
examen qui ne peut avoir lieu dans le régi-

ment dont fait partie le candidat ; un procès-
verbal constate la capacité de l'aspirant ; les
promotions ont lieu à mesure des vacances,
car on n'attend pas que les emplois soient
vacants pour procéder aux examens. — Le
Bulletin des sciences militaires (1825,
p. 56) évalue l'effectif de la Milice hanovrienne à vingt mille neuf cent dix-sept
hommes, officiers et troupe. — Le contingent fédéral est de treize mille hommes.
— Suivant d'autres renseignements, l'armée
est sur le pied de paix de trente-cinq mille
hommes, et sur le pied de guerre de quarante-huit mille. — Le *Spectateur militaire* (t. xvi, p. 451) mentionne les changements apportés, en 1855 (1er juillet), dans
la composition de l'artillerie et du génie.
— N° 2. Instruction, tactique. — L'aplomb
de l'infanterie hanovrienne égale au moins
celui des troupes anglaises ; l'artillerie de
campagne des Hanovriens n'est pas inférieure à celle des Anglais ; ses pièces font
feu au moyen de platines à percussion ; sa
cavalerie est supérieure à celle de la
Grande-Bretagne, suivant l'opinion de plus
d'un auteur. — Sa réputation datait déjà de
la bataille de Saint-Gothard, sous Montécuculi ; elle n'a pas décru dans la guerre
péninsulaire et à Waterloo. — Ses sonneries d'infanterie sont devenues le modèle
de celles des autres nations ; elles donnaient
trente-sept signaux aux tirailleurs. Tous les
régiments d'infanterie hanovrienne devaient
connaître ces signaux, puisque chaque compagnie comprenait dans sa composition un
tambour et un clairon ou bugle. — M. le
général Bismark (1827) la regarde comme
celle dont l'instruction est la plus parfaite,
et qui laisse le moins à désirer sous le rapport de la composition des hommes et de
l'espèce des chevaux. — Les tirailleurs ou
les francs tireurs d'infanterie se réunissent
dans les manœuvres à l'ensemble de leurs
corps, et forment deux pelotons qui, en
ordre de bataille, se rangent en arrière de
l'aile droite et de l'aile gauche : c'est une
particularité en fait d'évolutions. — En
1828, au camp d'instruction de Liebenau,
l'armée hanovrienne a fait de nombreuses
expériences relativement au tir d'infanterie
et à l'emploi des fusils à percussion. Ces
essais avaient considérablement diminué le
nombre des ratés. — Au commencement de
1829, il en a été délivré quarante à chaque
régiment, et il leur a été enjoint de tenir
note de toutes les observations et d'en faire
l'objet d'un rapport détaillé. — En 1851, les
fusils à piston étaient d'un usage général
dans plusieurs régiments d'infanterie légère ; ils étaient universellement adoptés

dans les troupes hanovriennes en 1839, suivant ce qu'affirme la *Sentinelle de l'Armée* (t. v, p. 74). — Le *Spectateur militaire* (t. xxiv, p. 682) annonçait que, en 1838, une nouvelle organisation de l'armée allait avoir lieu, et qu'il était question d'éliminer des corps de la garde royale les officiers roturiers. — Une publication militaire, intitulée *Harmoversches-militarisches-journal*, qui paraissait à des époques indéterminées, était due à la plume de M. Xilander; et, en 1831, un autre journal commençait à se répandre sous le titre : *le Guerrier en temps de paix.*

MILICE HELLÉNIQUE (F). Sorte de MILICE que nous distinguons de la MILICE GRECQUE que nous décrivons comme antique; la Milice hellénique est moderne. — La Milice des Hellènes est trop jeune pour qu'une satisfaisante image en puisse être tracée; le portrait, avant d'être achevé, aurait cessé d'être ressemblant. — Les Roméliotes, à la suite de leurs guerres si sanglantes contre MAHOMET DEUX, furent autorisés par ce sultan à tenir sur pied un certain nombre de SOLDATS IRRÉGULIERS qui furent placés sous les ordres des capitaines de la Romélie, et qui étaient préposés au maintien de la tranquillité publique; les Turcs les appelaient ARMATOLIS; le peuple les nommait BRAVI, PALIKARES, PALICARES. C'étaient des SOLDATS rudes, infatigables, irréguliers dans toute la force du terme, qui portaient sur eux leurs munitions de guerre et de bouche, leurs effets de bivac, un long fusil à l'albanaise, de gros pistolets, un YATAGAN, un poignard, un PALETOT OU CABAN. Ecrasés sous un tel équipage, ils savaient pourtant pénétrer partout, y vivre, y combattre. Au moment où éclata l'insurrection de la Grèce contre la Turquie, ils furent tout prêts à prendre parti contre les TURCS. — Depuis cette révolution, la GRÈCE n'a eu pendant longtemps comme TROUPES irrégulières que les CAPITAINERIES, espèces de GUÉRILLAS de cinquante à cent hommes, restes des BRAVI des capitaines rouméliotes, et, comme TROUPES régulières, que les PHILHELLÈNES et le régiment d'Ypsilanti. Ce prince consacrait, en 1822, sa fortune à l'entretien de ces corps. Après qu'ils eurent été presque anéantis sous le cimeterre turc, le colonel Fabvier réorganisait, en 1824, au nombre de quatre mille, les philhellènes. — Après la défense de l'Acropolis, le général Trézel en eut le commandement. — Le costume de ces TROUPES était tout national; et leur CABAN, que par erreur Raymond appelle CABADE, rappelait le sagum des Romains. — Un décret rendu en 1828 (19 février), par le président de la

GRÈCE, organisait sous les ordres d'un STRATARQUE, ou général d'armée, l'INFANTERIE de l'ARMÉE GRECQUE, et la distribuait en CHILIARCHIES OU RÉGIMENTS, divisés en deux PENTACOSIARCHIES OU BATAILLONS. Chaque PENTACOSIARCHIE comprenait cinq HÉCATONTARCHIES OU COMPAGNIES. Les RÉGIMENTS étaient de onze cent vingt-deux hommes. Les OFFICIERS se distinguaient en CHILIARQUES, ou chefs de mille hommes; pentacosiarques, ou chefs de cinq cents hommes; HÉCATONTARQUES, ou chefs de cent; pentacontarques, ou chefs de cinquante; EICOSIPENTARQUES, ou chefs de vingt-cinq; DODÉCARQUES, ou chefs de douze; PENTARQUES, ou chefs de cinq; ce qui composait un total de trois cent treize chefs. — L'évacuation de la MORÉE par les TROUPES FRANÇAISES ayant eu lieu, la création d'une MILICE BAVARO-GRECQUE succéda, en 1833 (26 mars), au licenciement des TROUPES HELLÉNIQUES RÉGULIÈRES et IRRÉGULIÈRES OU PALIKARES; elle comprenait huit BATAILLONS régimentaires d'INFANTERIE DE BATAILLE à six COMPAGNIES de sept cent vingt-six hommes l'une, et dix BATAILLONS de CHASSEURS à pied à quatre COMPAGNIES de cinquante hommes l'une, un RÉGIMENT de LANCIERS de six escadrons, six COMPAGNIES d'ARTILLERIE, une COMPAGNIE DU TRAIN. — L'uniforme des TROUPES était analogue à celui de l'ARMÉE BAVAROISE : c'était un HABIT-VESTE. La COULEUR PRINCIPALE de l'HABIT de l'INFANTERIE DE BATAILLE était blanc, avec revers et collet rouges; celui de l'ARTILLERIE, bleu avec revers et collet cramoisi; celui de l'INFANTERIE légère, gris de fer à collet et revers rouges; le pantalon large, la calotte rouge, la GIBERNE A LA CORSE, le FUSIL FRANÇAIS; cette TROUPE agissait en tirailleurs, ne se formait que sur deux rangs, ne marchait qu'au pas accéléré. — Le total de l'INFANTERIE et de la CAVALERIE était de huit mille neuf cent quatre hommes. — Trois cents GARDES DU CORPS avaient été créés ensuite, ainsi qu'un corps de GENDARMERIE de dix COMPAGNIES. — Une ÉCOLE militaire était établie à Nauplie. Dans cette même ville, un journal militaire français-grec publiait ses premières livraisons, en 1835, sous le titre : *Ephore militaire.* — Une ordonnance de 1838 (1er janvier) réorganisait l'armée; il ne devait plus y être admis que des volontaires grecs. — Une COMPAGNIE DE RAQUETIERS s'exerçait avec succès à Athènes en juin 1838. — En cette même année, une colonie allemande était établie à une lieue d'Athènes. Le *Spectateur militaire* (t. xxiv, p. 682) en décrivait l'institution. — Un grand nombre de villes fortes, ou du moins à enceinte de maçonnerie, existait en Grèce; la nomenclature s'en trouve dans le *Journal de statistique universelle* (6ᵉ vol., avril, nº 10, p. 627). — Quelques détails concernant cette naissante Milice sont consignés dans le *Bulletin des sciences militaires* (1825, p. 465, et année 1831, p. 252), dans le *Spectateur militaire* (août 1828, t. vii, 42ᵉ livr.; t. xvi, p. 444; t. xxii, p. 99 ; t. xxv, p. 548; t. xxvi, p. 678), dans l'*Annuaire des armées de terre* (1856, p. 245), dans la *Gazette de Smyrne* (1855 [septembre]), dans la *Sentinelle de l'Armée* (t. iv, p. 55).

MILICE HESSOISE (F). Sorte de MILICE dont il va être tracé quelques aperçus généraux.— Plusieurs principautés sont HESSES, comme le témoigne le tableau où nous avons traité de l'ARMÉE CONFÉDÉRÉE; cette fâcheuse homonymie existe depuis que le landgrave Philippe le Magnanime se fut avisé, en 1567, de partager, comme un héritage particulier, sa souveraineté entre ses quatre fils, ce qui produisit la Hesse de Marbourg, de Butshach, de Cassel, de Darmstadt, familles et principautés longtemps rivales, et dont le principal revenu consistait dans le produit de la vente des TROUPES MERCENAIRES. Depuis la guerre de trente ans, les HESSOIS figurent à ce titre dans tous les débats européens, et même dans la campagne de l'indépendance américaine. — Il ne doit être question ici que de la Hesse-Électorale ou Hesse-Cassel, de la Hesse - Grand - Ducale ou Hesse-Darmstadt, de la Hesse-Brunswick, de la Hesse-Hombourg, démembrement tour à tour fondu et rétabli de la souveraineté de Darmstadt, puissance dont l'armée fut, pendant un demi-siècle, de deux cents hommes. — Deux principautés de HESSE concourent à la formation du huitième corps de l'ARMÉE CONFÉDÉRÉE; la troisième Hesse concourt à la formation du neuvième corps. — La Milice hessoise électorale répond à l'ancienne armée westphalienne; en 1830, la population du pays est de six cent vingt mille âmes ; son revenu, de quatre millions de florins; son contingent fédéral, de six mille cent quatre - vingt - quinze hommes. — Le MINISTÈRE de la guerre se nomme département général de la guerre; en vertu de la décision de 1821 (12 avril), il se compose de deux sections, l'une appelée constitution et commandement, l'autre économie. — La durée du service était fixée à douze ans par différentes ordonnances mal observées; l'assemblée des États discute, en 1852 (février), une loi qui règle, en temps de paix, cette durée à quatre ans, et la porte jusqu'à cinq en temps de guerre; le droit de se faire remplacer et des congés de longue durée sont autorisés. L'âge d'enrôlement, fixé d'a-

bord à dix-neuf ans, était porté à vingt ans en 1855. — L'ARMÉE se compose d'une BRIGADE D'INFANTERIE, une de CAVALERIE, une d'ARTILLERIE.— La BRIGADE D'INFANTERIE comprend un RÉGIMENT des GARDES, un BATAILLON de CHASSEURS de la GARDE, trois RÉGIMENTS de ligne; le tout sous les ordres d'un GÉNÉRAL-MAJOR. — Les GARDES sont de deux BATAILLONS; les RÉGIMENTS de ligne en avaient trois, dont deux de MOUSQUETAIRES et un de FUSILIERS; chaque BATAILLON se partageait en quatre COMPAGNIES, et n'avait pas de grenadiers; la force des RÉGIMENTS était de dix-sept cent vingt-cinq hommes; celle de la BRIGADE de six mille neuf cents hommes. — Un ordre du jour de 1852 (29 juillet) réduisait à deux BATAILLONS tous les RÉGIMENTS, et reconnaissait deux BATAILLONS légers. — La BRIGADE de CAVALERIE comprenait les GARDES du corps et deux RÉGIMENTS de HUSSARDS à quatre ESCADRONS. Le total de la BRIGADE est de mille sabres. — La BRIGADE D'ARTILLERIE est de trois compagnies dont une à cheval. — La force de l'ARMÉE HESSOISE était évaluée à neuf mille huit cent soixante-dix-neuf hommes, et le total des présents, de quatre mille cent soixante-douze hommes. Il y a en plus, depuis 1820, une GENDARMERIE ducale composée en grande partie de l'ancienne GENDARMERIE du royaume de WESTPHALIE; ce corps est de deux cent soixante-trois hommes. Un corps de CADETS est formé en ÉCOLE militaire; une partie d'entre eux fait le service des PAGES. Après avoir subi l'examen, les CADETS sont susceptibles de devenir OFFICIERS. — Tous les SOUS-OFFICIERS sont tenus d'assister aux écoles régimentaires: la LANGUE FRANÇAISE y est enseignée. — Le TRIBUNAL militaire le plus élevé se nomme AUDITORAT général. L'usage de la punition des lattes, *latten-strafe*, était encore en vigueur en 1855. — L'uniforme de l'INFANTERIE est l'habit bleu foncé, avec revers et collet rouge, capote et pantalons gris. — La GARDE a des boutons blancs; la ligne les a jaunes. — Le schako est en feutre noir.— Les GARDES du corps ont l'habit blanc, le casque, la cuirasse blanches.—Le BATAILLON de CHASSEURS a l'habit vert; l'ARTILLERIE est en vert foncé. — Les épaulettes d'OFFICIERS ont la demi-lune dorée ou argentée et portant le numéro du régiment. — Des détails plus circonstanciés se trouvent dans le *Bulletin des sciences militaires* (1851, p. 5), dans le *Spectateur militaire* (t. xx , p. 576). — Les SOLDATS de HESSE sont, en EUROPE, les derniers qui aient porté la QUEUE; ils n'ont les cheveux coupés courts qu'en 1820. — L'électorat de Hesse est un des premiers qui ait possédé des traités sur l'exercice de l'infanterie : tel était celui de BACKHAUSEN (1664, C). — L'organisation, la discipline, le savoir, sont poussés, dans cette ARMÉE, aussi loin qu'en aucune autre. — Un édit de 1820 (25 avril) a réglé le montant des RETRAITES; elles sont de quatre classes; la moindre PENSION s'obtient après dix ans de service. Si l'OFFICIER qui la postule prouve qu'il est inhabile à continuer de servir, la pension à laquelle il peut prétendre est égale aux six dixièmes de la solde du grade. — Après vingt ans de service et de grade, l'OFFICIER qui se retire jouit d'une PENSION qui excède à peu près du double l'ancien minimum français. — La solde du grade est acquise en entier à l'OFFICIER qui se retire après cinquante années de service. — L'OFFICIER pensionné ne peut se refuser à remplir un EMPLOI CIVIL émolumenté au taux de la PENSION à laquelle il a droit. — Une ESCRIME A CHEVAL était l'objet des études théoriques de la cavalerie hessoise depuis longtemps déjà, aux époques où M. le général DURFORT en conseillait aux Français l'imitation. — La FUSTIGATION a cessé depuis quelques années d'y être pratiquée comme PUNITION. — La Milice hessoise de Darmstadt a ses RÉGIMENTS D'INFANTERIE formés de deux BATAILLONS de cinq COMPAGNIES. L'une de ces compagnies a le titre de COMPAGNIE LÉGÈRE. Elles se réunissent annuellement au CAMP D'INSTRUCTION près de Darmstadt. — Une gazette militaire paraît deux ou trois fois par semaine à Darmstadt, sous le titre : *Allgmeine - militar - zeitung*, une demi-feuille in-4°. — Ce qui concerne les diverses Hesses, le chiffre de leur force, celui de la population, etc., sont exposés dans le *Journal des Sciences militaires* (1854, p. 154), le *Spectateur militaire* (t. XVII, p. 485; t. XVIII, p. 80), l'*Annuaire des Armées de terre* (1856, p. 545, etc.), le *Dictionnaire de la Conversation* (au mot *Hesse*), la *Sentinelle de l'Armée* (t. III, p. 171).

MILICE HOLLANDAISE (F). Sorte de MILICE dont l'histoire se rattache à celle des ducs de BOURGOGNE, mais qui ne saurait être prise de si haut, puisque l'existence des HOLLANDAIS, comme grande nation, est un fait moderne. — La partie de cette Milice qui a eu le plus d'illustration est son ARMÉE DE MER, mais elle ne doit point ici nous occuper. — Des AUTEURS appellent MILICE BELGE, des PAYS-BAS, des Provinces-Unies, flamande, ce que nous appelons Milice hollandaise; ces différences dans la désignation pourraient produire des erreurs, et demandent une explication. — Les définitions qui vont être présentées concourent à montrer la Milice hollandaise comme indépendante de

celle des PAYS-BAS dont la maison d'AUTRICHE avait la souveraineté ; elle devient MILICE BATAVE après l'expulsion du stathouder; elle reprend une apparence de vie par l'érection du royaume de HOLLANDE, en 1804 ; elle cesse d'exister quand le chef de la famille des rois transforme la Batavie en départements français; elle renaît à la nationalité quand la GUERRE DE LA RÉVOLUTION prend fin. — Elle se change en MILICE NÉERLANDAISE quand la sainte alliance, en vue d'affaiblir la France de Louis DIX-HUIT, associe en une souveraineté la HOLLANDE, la BELGIQUE, le HAINAUT, les LIÉGEOIS, etc., etc. — Elle rentre dans son titre de Milice hollandaise quand la conférence de LONDRES assoit un prince de Cobourg sur le trône belge, et dédouble les MILICES BELGE et hollandaise. — Des éclaircissements plus étendus que ceux que nous fournirons sur les troupes de HOLLANDE, pourraient être recherchés dans les ouvrages de BRILON (1612, B), BOXEL (1675, C), M. le colonel CARRION 1824, A), D'AUZON, DECHALES (1676), GHEYN, MANSFELD (1649), PLAAK, M. TREUFKEN, WALTHER (1795, p. 105), un auteur anonyme (1796, H) ; l'*Annuaire des armées de terre* (1856, p. 250); la *Sentinelle de l'armée* (t. III, p. 171) ; le *Spectateur militaire* (t. XIII, p. 56, t. XXII p. 449); le *Journal des Sciences militaires* (1854, p. 163); le *Journal des travaux de Statistique* (t. IV, p. 144); dans les historiens des Nassau ; dans les mémoires de Frédéric (Henri) ; dans les ordonnances militaires 1720, A); dans un ouvrage anonyme (1796, H). — Si l'on voulait étudier l'histoire de la Hollande et des Pays-Bas à des époques antérieures à notre point de départ, on pourrait recourir à M. de BARANTE et aux ÉCRIVAINS qui l'ont guidé dans ses recherches. — Nous allons seulement diviser le sujet sous les indications : CRÉATION, COMPOSITION, FORCE, UNIFORME, INSTRUCTION, PEINES, ADMINISTRATION. — N° 1. CRÉATION. — La Milice hollandaise a pris naissance à l'époque des débats acharnés qui éclatèrent entre la HOLLANDE et PHILIPPE DEUX. — Ecolière de la MILICE ESPAGNOLE, elle disputa avec elle d'habileté ou plutôt d'énergie, et l'élève battit le maître. En commémoration du succès, les stathouders s'étaient donné le titre espagnol de CAPITAINE GÉNÉRAL ; ils l'ont conservé jusqu'à l'extinction du stathouderat. — On peut rapporter la fondation de la Milice hollandaise à l'année 1566, époque de l'émancipation des Provinces-Unies ; mais la législation politique du pays et par conséquent la constitution militaire, ne datent que de 1648 et du traité de